Marcel Friesen
Die Tempelweiherzählung

Beihefte zur Zeitschrift für die alttestamentliche Wissenschaft

Herausgegeben von
John Barton, Reinhard G. Kratz, Nathan MacDonald,
Sara Milstein und Markus Witte

Band 554

Marcel Friesen

Die Tempelweih-
erzählung

Ein Modell ihrer Genese ausgehend
von 1Kön 8,1–9,9, 3Kgtm 8,1–9,9 und 2Chr 5–7

DE GRUYTER

ISBN 978-3-11-129091-1
e-ISBN (PDF) 978-3-11-129097-3
ISSN 0934-2575

Library of Congress Control Number: 2023943543

Bibliografische Information der Deutschen Nationalbibliothek
Die Deutsche Nationalbibliothek verzeichnet diese Publikation in der Deutschen Nationalbiblio-
grafie; detaillierte bibliografische Daten sind im Internet über http://dnb.dnb.de abrufbar.

© 2023 Walter de Gruyter GmbH, Berlin/Boston
Druck und Bindung: CPI books GmbH, Leck

www.degruyter.com

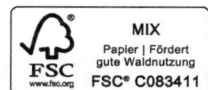

MIX
Papier | Fördert
gute Waldnutzung
FSC
www.fsc.org   FSC® C083411

Für Diana,
in Liebe und Freundschaft

Vorwort

Dieses Buch steht am Ende eines langen Weges. Das wissenschaftliche Arbeiten und Schreiben hat mir Freude bereitet. Besonders dankbar macht mich die Unterstützung, die ich auf diesem Weg erhalten haben.

Zu danken habe ich zuallererst meinen zwei Doktorvätern. Die vorliegende Studie wurde im Sommersemester 2022 von der Theologischen Fakultät der Georg-August-Universität Göttingen als Dissertation angenommen. Prof. Dr. Reinhard Müller aus Göttingen hat den Teil zur Literargeschichte betreut und Dr. Tuukka Kauhanen aus Helsinki den Teil zur Textgeschichte. Mit beiden saß ich über viele Monate hinweg stundenlang zusammen, um text- und literargeschichtliche Fragen zur Tempelweiherzählung zu diskutieren. Ihr Interesse und ihr geschulter Blick haben meine Arbeit entscheidend vorangetrieben.

Für philologische Fragen zu den antiken Sprachen standen mir dankenswerterweise zur Verfügung: apl. Prof. Dr. Thilo Rudnig aus Göttingen für Hebräisch und die semitischen Sprachen; Dr. Annette Hüffmeier vom INTF aus Münster für Griechisch und übersetzungstechnische Fragen; PD Dr. Peter Juhás aus Münster für Syrisch; Dr. Georg Gäbel vom INTF aus Münster und Paul Thomas für Latein und Übersetzungen ins Lateinische. Ihre Hilfe hat mich an zentralen Stellen weitergebracht. Zu danken habe ich zudem Dr. Felix Albrecht, der in Göttingen die Septuaginta-Forschung weiterführt (bis 2015 Göttinger Septauginta-Unternehmen). Er hat mir den Gebrauch der Göttinger Kollationshefte ermöglichte und stand mir für Fragen rund um die Septuaginta zur Verfügung. Wertvoll war für mich ebenfalls das Feedback aus den Kolloquien in Göttingen um Prof. Dr. Reinhard G. Kratz, in Münster um Prof. Dr. Reinhard Achenbach und in Helsinki um Prof. Dr. Anneli Aejmelaeus und Dr. Juha Pakkala sowie die zahlreichen textkritischen „diagnostic sessions" um Dr. Tuukka Kauhnen, Dr. Timo Tekoniemi und Dr. Ville Mäkipelto. Diese institutionelle Anbindung an die text- und literargeschichtliche Spitzenforschung hat die Qualität meiner Arbeit in erheblichem Maße gesteigert.

Finanziell ermöglicht wurde mir das Forschen durch ein Promotionsstipendium der Studienstiftung des deutschen Volkes. Für die Endredaktion waren mir meine zahlreichen Korrekturleser:innen eine große Hilfe. Den Herausgebern der Reihe BZAW danke ich für die Aufnahme und den Mitarbeitenden des Verlags Walter de Gruyter für die professionelle Zusammenarbeit – hier besonders Elisabeth Stanciu für den technischen Support beim Setzen des Manuskriptes.

Bielefeld, im September 2023   Marcel Friesen

https://doi.org/10.1515/9783111290973-202

Inhalt

Teil II: Die Literargeschichte der Tempelweiherzählung

Abkürzungsverzeichnis

Im Folgenden werden die wichtigsten Begriffe, Abkürzungen, Zeichen, Markierungen und textkritischen Symbole aufgeschlüsselt. Alle anderen Abkürzungen gehen nach: Siegfried M. Schwertner, *IATG³. Internationales Abkürzungsverzeichnis für Theologie und Grenzgebiete*, 3., überarbeitete und erweiterte Aufl., Berlin und Boston 2014.

Abkürzungen alttestamentlicher Bücher: Gen Ex Lev Num Dtn Jos Ri Rut 1-2Sam (in der LXX 1–2Kgtm = 1.–2. Königtümer) 1–2Kön (in der LXX 3–4Kgtm = 3.–4. Königtümer) 1–2Chr Esra Neh Tob Jdt Est 1–2Makk Ijob Ps Spr Koh Hld Weish Sir Jes Jer Klgl Bar Ez Dan Hos Joel Am Obd Jona Mi Nah Hab Zef Hag Sach Mal (gemäß: ebd., XXIX, dort nach „Ökumenisches Verzeichnis der biblischen Eigennamen nach den Loccumer Richtlinien. Stuttgart ²1981").

* nach Bibelstelle	Bezeichnet die Grundschrift oder eine literarhistorische Vorstufe der genannten Bibelstelle. Z. B. 1Kön 8,1–11* = Grundschrift oder Vorstufe von 1Kön 8,1–11 vs. 1Kön 8,1–11 = Text wie man ihn grob aus den deutschen Bibeln kennt.
„ABC"] „DEF" X Y	Zum Wort „ABC" ist der alternative Text „DEF" in den Textzeugen X und Y belegt.
=	„Entspricht"
≈	Ungefähre Entsprechung.
+pre	Zusatz vor dem angegebenen Wort.
+	Zusatz nach dem angegebenen Wort.
∩	Textausfall durch einen Augensprung. Beispiel: „Wort X" ∩ „Wort X". Bedeutung: Ein Schreiber ist von „Wort X" versehentlich zum einem gleichlautenden „Wort X" weiter hinten im Text gesprungen und hat den dazwischenliegenden Text übersehen.
[ ]	Textbestand unsicher.
′	hinter Zahl/Buchstabe: Handschriftengruppe (vgl. S. 25).
1° / 2° / 3°	In diesem Vers gibt es mehrere gleich aussehende Wörter. Die Nummer gibt an, ob das erste, zweite, dritte Wort gemeint ist.
* vs. ^{c}	X* = ursprüngliche Lesart; X^{c} = Korrektur im Text.
^{txt} **vs.** ^{mg}	X^{txt} = Lesart im Text; X^{mg} = dazugehörige Lesart am Rand.
>	Auslassung.
?	Ursprünglicher Wortlaut unbekannt. Text ist korrupt.
⁜	Asterisk. Ein hexaplarisches Zeichen (vgl. S. 28f.).
÷	Obelus mit zwei Punkten. Ein hexaplarisches Zeichen (vgl. S. 28f.).
⸓	Obelus mit einem Punkt. Ein hexaplarisches Zeichen (vgl. S. 28f.).
—	Obelus ohne Punkt. Ein hexaplarisches Zeichen (vgl. S. 28f.).
α'	s. u. unter Aquila.
σ'	s. u. unter Symmachus.
θ'	s. u. unter Theodotion.

https://doi.org/10.1515/9783111290973-204

A	Kodex Alexandrinus (vgl. S. 25f.).
Aquila	Kürzel: α'. Revision der Septuaginta gemäß des Königsbuches (vgl. S. 28f.).
Archetyp	(altgriechisch „Urbild, Original"; früher „Urtext") Älteste Text *einer Texttradition*, in der Regel eklektisch aus allen ältesten Lesarten zusammengestellt. Vgl. Hyparchetyp.
B	Kodex Vatikanus (vgl. S. 25ff.).
Chr	Chronik. Bezeichnet entweder den Archetypen oder die Texttradition des Chronikbuches (vgl. Kap. 1).
Hyparchetyp	Ältester Text *aller vorhandenen Textzeugen*, in der Regel eklektisch aus allen ältesten Lesarten zusammengestellt. Vgl. Archetyp.
JHWH	JHWH = Gottesname יהוה. Die genaue Aussprache ist unbekannt.
kaige	Revision der Septuaginta anhand des Königsbuches (vgl. S. 25ff.).
Kgtm	Buch der Königtümer. Bezeichnet die griechische Septuaginta des Königsbuches (vgl. Kap. 1).
Kön	Königsbuch. Bezeichnet entweder den Archetypen oder die Texttradition des Königsbuches (vgl. Kap. 1).
L	Lukian = Antiochenische Text (vgl. S. 32f.).
La^M	Altlateinische Übersetzungen von Versen aus der Septuaginta am Rand von fünf spanischen Vulgatakodizes (vgl. S. 33f.).
MT	Masoretischer Text. MT^L = Kodex Leningradensis, MT^A = Kodex Aleppo, MT^{1-XYMs} Anzahl der masoretischen Textzeugen, die dieselbe angegebene Lesart haben (vgl. S. 46ff.).
O	Hexaplarischen Textzeugen (vgl. S. 28f.).
OG	Old Greek. Bezeichnung für den ältesten Text der Septuaginta-Überlieferung (vgl. S. 21ff.).
P	Peshiṭta. Syrische Übersetzung des Alten Testamentes. PKön = Peshiṭta des Königsbuches. PChr = Peshiṭta des Chronikbuches (vgl. S. 46ff.).
Ra / Rahlfs	Der Text der Septuaginta von Alfred Rahlfs (vgl. S. 22ff.).
rel	*reliqui* = „übrige" Textzeugen.
sub	lateinisch „unter". Die genannte Lesart wurde durch das genannte hexaplarische Zeichen markiert.
Symmachus	Kürzel: σ'. Revision der Septuaginta gemäß des Königsbuches (vgl. S. 28f.).
SyrH	Syrohexapla. Syrische Übersetzung eines hexaplarischen Textzeugen (vgl. S. 28f.).
Tg	Targum. Aramäische Übersetzung des ATs. TgJ = Targum Jonathan = Targum des Königsbuches. TgChr = Targum des Chronikbuches (vgl. S. 46ff.).
Theodotion	Kürzel: θ'. Revision der Septuaginta gemäß des Königsbuches (vgl. S. 28f.).
tr.	tr. = *transpondere* = „versetzen". Beispiele: „Wort1 Wort2"] tr. X. Bedeutung: „Wort1 Wort2" wurde in Textzeuge X umgestellt zu „Wort2 Wort1".
Vg	Vulgata. Lateinische Übersetzung des Alten Testamentes aus dem 4. Jhd. n. Chr. (vgl. S. 46ff.).

Markierung alternativer Lesarten

farbig	Unterschiede im Text zwischen Textzeugen derselben Sprache.
⟨**Lesart**⟩	= Kön. Text stammt aus dem Archetypen von Kön (vgl. S. 308f.).
⟨**+ Lesart**⟩	= Plus aus Kön mit unsicherer Zuordnung, kein Text in den anderen Archetypen aus Kgtm und Chr, Text des Hyparchetyps ist unsicher (vgl. S. 308f.).
⟨**Vers-Nummer**⟩	Position des Verses im Königebuch (vgl. S. 308f.).
{**Lesart**}	= Kgtm. Text stammt aus dem Archetypen von Kgtm (vgl. S. 308f.).
{**+ Lesart**}	= Plus aus Kgtm mit unsicherer Zuordnung, kein Text in den anderen Archetypen aus Kön und Chr, Text des Hyparchetyps ist unsicher (vgl. S. 308f.).
{**Vers-Nummer**}	Position des Verses in Kgtm (vgl. S. 308f.).
|**Lesart**|	= Chr. Text stammt aus dem Archetypen von Chr (vgl. S. 308f.).
|**+ Lesart**|	= Plus aus Chr mit unsicherer Zuordnung, kein Text in den anderen Archetypen aus Kgtm und Kön, Text des Hyparchetyps ist unsicher (vgl. S. 308f.).
⌐**Lesart**⌐	= 4QKgs. Text stammt von einem Fragment des Königebuches, welches bei Qumran gefunden wurde (vgl. S. 308f.).
Lesart 1 Lesart 2	Textbestand unsicher. Im Text könnte „Lesart 1" oder „Lesart 2" gestanden haben. ⟨⟩ = Kön; {} = Kgtm; || = Chr (vgl. S. 308f.).

Tabellenverzeichnis

https://doi.org/10.1515/9783111290973-205

Abbildungsverzeichnis

https://doi.org/10.1515/9783111290973-206

1 Einleitung

1.1 Einführung

Gegenstand dieser Studie ist die Tempelweiherzählung aus 1Kön 8,1–9,9 = 3Kgtm 8,1–9,9 = 2Chr 5–7.[1] Die Verse erzählen die Weihe des Jerusalemer Tempels unter dem König Salomo. Die Erzählung liegt in drei Fassungen[2] vor: (1) Die erste findet sich in 1Kön 8 im Königebuch, wie man es aus der Hebräischen Bibel und den allermeisten Bibelübersetzungen kennt. (2) Die zweite Fassung ist in der Septuaginta (LXX) erhalten.[3] Es handelt sich um eine griechische Übersetzung des Königebuches. In der LXX heißen die Bücher Samuel und Könige „ΒΑΣΙΛΕΙΩΝ Α–Δ", was gewöhnlich mit „1–4. Königtümer" übersetzt wird (1–2Kgtm = 1–2Sam; 3–4Kgtm = 1–2Kön). Die Tempelweiherzählung befindet sich in 3Kgtm ebenfalls in Kapitel 8 (3Kgtm 8). (3) Das Chronikbuch enthält eine dritte Fassung. Es reformuliert die Tempelweihe und erzählt sie in 2Chr 5–7.

Die Studie möchte der Tempelweiherzählung historisch auf die Spur kommen. Wann sind ihre einzelnen Narrationen und Textteile entstanden? Wie und in welchem Umfang wurden sie fortgeschrieben und bearbeitet? Das Ziel ist, die Genese der Tempelweiherzählung zu rekonstruieren – von ihren möglichen literarhistorischen Anfängen bis zu den drei Fassungen aus 1Kön 8, 3Kgtm 8 und 2Chr 5–7 und ihrer Überlieferung.

Die Fragestellung ist nicht neu. Es gilt als klassische Aufgabe der modernen Bibelwissenschaft, die Genese und Redaktionsgeschichte alttestamentlicher Texte zu rekonstruieren. Nur sind solche Rekonstruktionen in den Büchern Samuel und Könige stellenweise äußerst komplex, was an ihrer textlichen Bezeugung liegt. In allen drei Fassungen der Tempelweiherzählung wurde Text nachträglich geändert, hinzugefügt oder ausgelassen. Dazu kommen versehentliche Abschreibefehler oder Augensprünge. Es handelt sich um Abweichungen im Umfang von einzelnen Morphemen, Worte, Wortverbindungen oder Teilsätzen. Der älteste Text ist

---

1 Die Erscheinung JHWHs in 1Kön 9,1–9 wird in dieser Studie einbezogen, weil dieser Abschnitt in seinen kanonischen Fassungen eng mit 1Kön 8 verbunden ist. Die Erscheinung ist durch 9,3 auf Salomos Buß- und Bittgebet bezogen. Die Chronik verstärkt den Zusammenhang durch den Zusatz von 2Chr 7,13–15 und die andere Kapiteleinteilung.

2 In der Forschung werden die „Fassungen" mit dem Begriff *Archetyp* bezeichnet. Der „älteste Text" wird *Hyparchetyp* genannt. Diese Begriffe werden in Kap. 2 eingeführt und ab dann durchgehend gebraucht.

3 In der Forschung wird zwischen dem *Old Greek* (OG/OG-Text) als dem ältesten Text und der *Septuaginta* (LXX) als Bezeichnung für die gesamte Texttradition unterschieden. Diese Begriffe werden in Kap. 2 eingeführt und ab dann durchgehend gebraucht und unterschieden.

https://doi.org/10.1515/9783111290973-001

stellenweise nur in einer Fassung erhalten geblieben und in den anderen verlorengegangen. Dazu kommen Bearbeitungen und Fortschreibungen in größerem Umfang. In Kön wurden die Verse 1–6 umfassend überarbeitet und mit zahlreichen Zusätzen versehen. In Kgtm ist der Text dieser Verse um die Hälfte kürzer. Der sogenannte Tempelweihspruch ist in Kgtm im Vergleich zum Text des Königebuches fast nicht wiederzuerkennen. Er hat einen anderen Wortlaut und findet sich an einer anderen Stelle im Text (1Kön 8,12–13 vs. 3Kgtm 8,53a). Der Palastbau erscheint in Kgtm ebenfalls an einer anderen Stelle. In Chr wurde ein Teil der Tempelweiherzählung unverändert übernommen, andere Teile wurden hingegen überarbeitet, ausgelassen oder mit Zusätzen jeglichen Umfangs versehen. Man wird textkritisch für jeden Fall neu entscheiden müssen, in welcher Fassung der ältere Text bewahrt wurde.

Dazu kommt eine weitere Herausforderung: Mit Kgtm ist eine der drei Fassungen nur als griechische Übersetzung in der Septuaginta (LXX) erhalten; die hebräische Vorlage ist verloren gegangen. Stellenweise sind die ältesten Lesarten also nur auf Griechisch erhalten. Damit müssen auch übersetzungstechnische Fragen einbezogen werden: Lässt sich die hebräische Vorlage hinter der griechischen Übersetzung an diesen Stellen rekonstruieren? Sind die abweichenden Lesarten beim Übersetzen entstanden oder existierten sie bereits in der hebräischen Vorlage? Alle abweichenden Lesarten der LXX müssen zugeordnet werden. Nur auf diesem Weg wird man zu dem ältest-erhaltenen Text der Tempelweiherzählung vordringen können, der wiederum die Grundlage für alle weiteren Rekonstruktionen und historischen Fragen bildet.

Die Komplexität des Vorhabens korreliert mit einem Desiderat in der Forschung. Eine moderne textkritische Edition der Septuaginta steht für das Königebuch nicht zur Verfügung. Deswegen wurde mit den Kollationsheften des Göttinger Septuaginta-Unternehmens gearbeitet und der Old Greek-Text eigenständig rekonstruiert. Ebenso fehlen systematische Studien zur Übersetzungstechnik und zum Quellenwert der abweichenden Lesarten in der LXX. Aufgrund dieser Lücken musste in der vorliegenden Studie zunächst Grundlagenforschung betrieben werden.

Zudem hat sich die Septuaginta-Forschung zu einem hochspezialisierten Forschungsbereich entwickelt; sie betreibt ihrerseits Textkritik aber meist losgelöst von der redaktionsgeschichtlichen Forschung. Von der redaktionsgeschichtlichen Forschung wiederum wird die Septuaginta-Forschung kaum in wünschenswerter Gründlichkeit berücksichtigt. Der folgende Forschungüberblick wird dies deutlich machen und damit die Notwendigkeit dieser Studie unterstreichen.

1.2 Forschung zur Tempelweiherzählung

Forschung zur Textgeschichte

Die Septuaginta von 1–4. Königtümer wurde lange Zeit in ihrem historischen Quellenwert unterschätzt, was forschungsgeschichtliche Konsequenzen nach sich zog. Aktuell existiert keine moderne textkritische Edition der Septuaginta für 3Kgtm. Die Göttinger Edition der Septuaginta inklusive vollständigem Variantenapparat befindet sich in der Vorbereitung. Mit dem Erstellen dieser Edition betraut sind die spanischen Wissenschaftler Julio Trebolle Barrera und Pablo A. Torijano Morales. Systematisch erforscht wurden bisher die Lesarten mit hexaplarischem Ursprung durch eine Studie von Timothy M. Law[4] und die Zitate aus 3. Königtümer in den Werken des Kirchenvaters Lucifer von Cagliari durch eine Studie von Tuukka Kauhanen.[5] Als moderne textkritische Ausgaben existieren eine Edition des antiochenischen Textes (L) von 3. Königtümer[6] sowie der Kommentar dieses Textes von dem Kirchenvater Theodoret von Cyrus.[7]

Der Quellenwert aller im Vergleich zu Kön und Chr abweichenden Lesarten wurde noch nicht systematisch untersucht; umfassende übersetzungstechnische Studien zur griechischen Übersetzung in 3. Königtümer fehlen bisher.[8] Eine zusammenhängende Rekonstruktion der hebräischen Vorlage von 3Kgtm wird durch die Edition *The Hebrew Bible: A Critical Edition (HBCE)* vorgelegt, die sich noch in der Vorbereitung befindet.

Am meisten Interesse hat die Septuaginta dort auf sich gezogen, wo sie stark von den bekannten hebräischen Textzeugen abweicht (für konkrete Beispiele s. o. Kap. 1.1 und in Kap. 2). In den vergangenen Jahren sind einige textgeschichtliche Studien dazu erschienen.[9] Die meisten dieser großen Unterschiede gehen nicht

---

4 Vgl. Law, *Origenes*.

5 Vgl. Kauhanen, *Lucifer*.

6 Vgl. Fernández Marcos/Busto Saiz, *1–2 Reyes*.

7 Vgl. Fernández Marcos/Busto Saiz, *Quaestiones*.

8 Es existieren natürlich eine unzählige Reihe an Studien zu textkritischen Einzelfällen sowie zu bestimmten syntaktischen, übersetzungstechnischen und philologischen Phänomenen im OG-Text von 3Kgtm. Eine vollständige Aufzählung würde jede Fußnote sprengen. Man vergleiche exemplarisch die Publikationen der Herausgeber der Göttinger Editionen der Septuaginta von 1–4 Königtümer: Anneli Aejmelaeus, Tuukka Kauhanen, Julio Trebolle Barrera und Pablo A. Torijano Morales.

9 Die wichtigsten Namen seien kurz aufgezählt: Henry Thackeray (vgl. Thackeray, *Translators*); William Wevers (vgl. Wevers, *A Study*; Wevers, *Principles of*; Wevers, *Exegetical Principles*), David Gooding (vgl. Gooding, *Problems*; Gooding, *Version*; Gooding, *Timetabling*; Gooding, *Temple*; Gooding, *Ahab*; Gooding, *Rival Versions*; Gooding, *Text-sequence*; Gooding, *Relics*), Philippe Hugo (vgl. Hugo, *Les deux visages*; Hugo, *Text History*), Michael Pietsch (vgl. Pietsch, *Von Königen*),

auf den Übersetzer zurück, sondern bestanden bereits in der hebräischen Vorlage. Darüber besteht in der etablierten textgeschichtlichen Forschung Einigkeit.[10] Was die Bearbeitungsrichtung betrifft gehen die Meinungen auseinander. Die größeren Änderungen werden entweder der (hebräischen) Vorlage von Kgtm (E. Tov, Z. Talshir) oder dem Königebuch (J. Trebolle Barrera, A. Schenker) zugeschrieben.[11]

Von der redaktionsgeschichtlichen Forschung wurde die Septuaginta bisher wenig beachtet. Als ein konkretes Beispiel können die Verse 1–6 in 1Kön 8 = 3Kgtm 8 dienen. Dort ist der Text aus Kgtm um die Hälfte kürzer als die hebräischen Textzeugen aus Kön und Chr. In der Forschung zur Septuaginta ist man sich einig, dass Kgtm hier den ältesten Text als griechische Übersetzung enthält und der Text in Kön nachträglich erweitert wurde.[12] Das Phänomen wurde erst in jüngster Zeit von Julian Chike eingehender mit genau diesem Ergebnis analysiert.[13] In der redaktionsgeschichtlichen Forschung hingegen wird die Textgeschichte dem literarkritischen Ergebnis angepasst, ohne textkritische Plausibilitäten zu berücksichtigen. Viele finden in 8,1–6 nämlich eine königszeitliche Grundschrift (s. u. S. 5ff.). Sie sind dabei aber auf Textteile aus den Versen 2–3 angewiesen, die in Kgtm fehlen.[14] Für das gewünschte literarhistorische Ergebnis wird kurzerhand die nötige Hilfshypothese

---

Adrian Schenker (vgl. Schenker, *Textgeschichte*; Schenker, *Septante*; Schenker, *Erzählungen*), Ziporah Talshir (vgl. Talshir, *1 Kings*; Talshir, *Pseudo-Connections*; Talshir, *Story*; Talshir, *Contribution*; Talshir, *Alternate Tradition*), Emanuel Tov (vgl Tov, *Strange Books*), Frank Polak (vgl. Polak, *Account*), Julio Trebolle Barrera (vgl. Trebolle Barrera, *Salomón*; Trebolle Barrera, *Use*; Trebolle Barrera, *From the Old Latin*; Trebolle Barrera, *Old Latin, Old Greek*; Trebolle Barrera, *Redaction*), Steven McKenzie (vgl. McKenzie, *1 Kings 8*), Jobst Bösenecker (vgl. Bösenecker, *Text*; Bösenecker, *Basileion III.*), Percy van Keulen (vgl. Van Keulen, *Versions*) und Andrzej Turkanik (vgl. Turkanik, *Of Kings*).

10 Vgl. Kauhanen u. a., *Kings (Handbook)*; Law, *3–4 Kingdoms (Companion)*. Für eine Einordnung der Außenseiter-Positionen von Percy S. F. van Keulen (mit Gooding als Vorläufer) und Andrzej S. Turkanik (mit Wevers als Vorläufer) vgl. Law, *Use*, sowie die Hinweise in Kap. 2.1 ab S. 21.

11 Ausführlichere Forschungsüberblicke dazu sind zu finden in Law, *3–4 Kingdoms (Companion)*; Kauhanen u. a., *Kings (Handbook)*; Kreuzer, *5.5 Kings (THB)*; Van Keulen, *Versions*, 4–20.

12 Vgl. z. B. Bösenecker, *Text*, 165–167; McKenzie, *1 Kings 8*, 25–28; Stade, *Kings*, 10.98–99; Mulder, *1 Kings 1–11*, 377–386.

13 Vgl. Chike, *Development*.

14 Martin Noth z. B. rekonstruiert folgenden Anfang der Grundschrift: „Es war im X. Jahr 2 im Ethanim-Monat *am Fest, 3 da kamen alle Ältesten Israels zusammen* 4 und sie brachten herauf die Lade 5....“ Die Jahresangabe „Es war im X. Jahre" am Textanfang sei in allen Textzeugen verloren gegangen, aber mit Blick auf die Jahresangaben im Baubericht (1Kön 6,1.38) hier zu erwarten und wird deswegen von ihm konjiziert (vgl. Noth, *I. Könige 1–16*, 168–178; kursiv MF. Die Verse 1–3 werden von Noth selbst auf S. 176 als Fließtext in deutscher Übersetzung angegeben. Der Rest ist hier als fortlaufender Bibeltext gemäß des Kommentars und der Übersetzung von Noth zusammengestellt).

konstruiert: Die Septuaginta habe beim Übersetzen sporadisch Text gekürzt.[15] Dabei ist diese Behauptung textkritisch unwahrscheinlich und kann nicht ohne weitere Begründung angenommen werden (vgl. Kap. 12.3 ab S. 339).

Forschung zur Literargeschichte

In der literargeschichtlichen Forschung zu 1Kön 8,1–9,9 wird spätestens seit den Arbeiten von Julius Wellhausen und Martin Noth ein redaktioneller und zeitlicher Bruch zwischen 8,1–13 und 8,14–9,9 angenommen. Diese Grundlegung prägt die Forschung bis heute.

J. Wellhausen vermutet hinter 1Kön 8,1–13 eine alte Quelle, deren Ursprünge bis in die salomonische Königszeit zurückreichen könnten: „Es scheint unserer Untersuchung von 1. Reg. 3–11 hervorzugehen, dass ein älteres Werk (ספר דברי שלמה 11,41?) zu Grunde liegt."[16] Diese Vermutung wurde bei M. Noth zur Gewissheit. Für 8,1–6 nimmt er einen alten Kern an, der „indirekt auf offizielle Aufzeichnungen der Salomozeit zurückgeht".[17] Auch einen durchlaufenden Erzählfaden von dem Verlust der Lade bis zu ihrer Überführung in den Tempel habe es zu dieser Zeit bereits gegeben (1Sam 4–6; 2Sam 6; 1Kön 8,1–11).[18] 8,14–9,9 hält J. Wellhausen als Ganzes für „deuteronomistisch".[19] Dieser Abschnitt stamme damit

---

Andere sehen den Anfang der Grundschrift im Sondergut von Kön aus 8,2: „*Und es versammelten sich zum König Salomo alle Männer Israels* im Monat Ethanim..." (so z. B. Jepsen, *Quellen*, 22, der eine Grundschrift bestehend aus 8,2a.3b.5abα.6–8a annimmt. Kursiv MF). Sie können dadurch auf Konjekturen verzichten. Die kursiven Textteile fehlen jeweils in Kgtm; sie stehen nur im Sondergut von Kön.

15 Vgl. Noth, *I. Könige 1–16*, 174: „In diesem Stück bietet LXX gegenüber MT einen wesentlich kürzeren Text; aber es ist fraglich, ob diese Tatsache literarkritisch verwertet werden kann, ob nicht vielmehr der griechische Übersetzer nach eigenem Ermessen den schwülstigen Text gekürzt und vereinfacht hat, da seine Auslassungen nicht recht mit dem übereinstimmen, was eine literarkritische Untersuchung als wahrscheinlich ergibt." Ähnlich Hölscher, *Könige*, 163: „In I 8,1–13 ist der Text ungewöhnlich stark aufgefüllt; viele der sekundären Zusätze fehlen noch in LXX. Doch ist der blinde Glaube an den LXX-Text hier wie auch sonst, vom Übel, da LXX öfters auch eigenmächtig gestrichen hat."

16 Wellhausen, *Composition*, 273. ספר דברי שלמה = „Buch der Worte Salomos".

17 Vgl. Noth, *I. Könige 1–16*, 168–180; Zitat aus ebd., 175.

18 M. Noth selbst übernimmt die These einer vor-exilischen Ladeerzählung von Leonhard Rost. Vgl. den Verweis auf Rost, *Überlieferung*, für 1Sam 4–6 in Noth, *ÜSt*, 54, Fn. 1; sowie den Verweis auf Rost, *Überlieferung*, 47ff. in Noth, *ÜSt*, 64, in Bezug auf 2Sam 6: „L. Rost hat in der literarischen Analyse dieses Kapitels (= 2Sam 6) im wesentlichen das Richtige getroffen". Für eine ausführliche Darstellung und Auseinandersetzung mit Rost sowie für weiterführende Literatur vgl. Porzig, *Lade*, 130–136.

19 Zu 8,14–9,9 schreibt er nur lapidar: „Darüber, dass sowol (sic!) 8, 14–66 als auch 9, 1–9 von Anfang bis zu Ende deuteronomistisch sind, braucht man kaum ein Wort zu verlieren." Wellhausen,

aus der Zeit nach dem Zusammenbruch des Südreiches im Jahr 587 v. Chr. und wurde Jahrhunderte später als sein Vortext aus 8,1–13* verfasst. M. Noth sieht in 8,14–9,9 einen Schlüsseltexte des von ihm rekonstruierten „Deuteronomistischen Geschichtswerkes".[20]

Viele sind J. Wellhausen und M. Noth gefolgt und diskutieren den Umfang der königszeitlichen Grundschrift in 1Kön 8,1–11*. Ernst Würthwein und Jochen Nentel übernahmen M. Noths Rekonstruktion nahezu unverändert.[21] Andere wie Alfred Jepsen und Immanuel Benzinger rekonstruieren unabhängig von M. Noth einen recht ähnlichen Grundbestand mit einer vergleichbaren Datierung.[22]

Die neuere redaktionsgeschichtliche Forschung kommt hingegen zu anderen Ergebnissen. Reinhard Kratz ordnet einen Großteil der Erzählungen zur Lade der von ihm sogenannten „sekundären deuteronomistischen Bearbeitung" zu (Dtr[S]).[23] Nur für 1Sam 4 kann er sich eine ältere Ladeepisode vorstellen, bei der die Lade unwiederbringlich verloren ging.[24] 1Kön 8,1–9,9 spricht für ihn durchweg die „Sprache der sekundären deuteronomistischen Bearbeitung".[25] Auf ein ähnliches Ergebnis kommt Peter Porzig in seiner Studie *Die Lade JHWHs im Alten Testament und in den Texten vom Toten Meer*. Er kann im Ladezyklus der Bücher Samuel und Könige (1Sam 4–6; 2Sam 6; 1Kön 8,1–11) ebenfalls keinen durchlaufenden Erzählfaden aus der vor-exilischen Zeit finden.[26] Als „vor-deuteronomistisch" kommt auch für ihn nur eine kurze Ladeepisode aus 1Sam 4* infrage, in der die Lade unwiederbringlich verloren gegangen ist (1Sam 4,1b–2aα.10aα2– 17aα.[aβ–bβ?.]by–18a).[27] Ohne alte Ladeerzählung kann es keine alte Überführung der Lade in 1Kön 8,1–11* geben.[28] P. Porzig vermutet anstatt dessen die literarhistorischen Anfänge von 1Kön 8,1–11* in der Zeit des Zweiten Tempels, zwischen P[G] und P[S].[29]

Composition, 268. Eine eingehendere Analyse schien er nicht für notwendig gehalten zu haben; angesichts seiner getroffenen Grundentscheidungen in *Prolegomena* erschien ihm der Befund vermutlich offensichtlich. Vgl. dazu Wellhausen, *Prolegomena*, 17–158.224–291.

20 Vgl. Noth, *ÜSt*, 5–6. Für sein Gesamtmodell vgl. ebd., 3–110.

21 Vgl. Würthwein, *1. Könige 1–16*, 84–86; Nentel, *Trägerschaft*, 195–199.

22 Vgl. Jepsen, *Quellen*, 21–23; Benzinger, *Könige*, 57.

23 Vgl. Kratz, *Komposition*, 166–167.191–193. Zu 1Sam 4–6 vgl. ebd., 179, und zu 2Sam 6 ebd., 187.

24 In den Worten von R. Kratz: „Anlaß für die Versammlung in Mizpa (7,5ff.) ist eine akute Gefahr, wofür nur 4,1b–2 oder eine ältere Ladeepisode, bei der die Lade unwiederbringlich verloren geht, also etwa 4,1b–2 (= V. 10) + V. 11–22, in Frage kommt." (ebd., 179).

25 Vgl. ebd., 168. Lediglich für den Tempelweihspruch deutet er an, dass ein „älterer Überlieferungssplitter" verwendet worden sein könnte (vgl. ebd., 168).

26 Vgl. Porzig, *Lade*, 104–221.

27 Vgl. ebd., 141.

28 Zu 1Kön 8,1–11 vgl. ebd., 190–213.

29 Vgl. ebd., 211.

Trotz dieser Einwände wird M. Noths Frühdatierung der Grundschrift bis heute rezipiert – in der Regel mit E. Würthwein als zusätzlichem Gewährsmann. Zwei Beispiele sind die Studien von Othmar Keel und Thomas Römer. Beide übernehmen die Rekonstruktion und Datierung von M. Noth (und E. Würthwein), ohne Diskussionsbedarf zu sehen.[30] Auch Petri Kasari zählt in seiner redaktionsgeschichtlichen Studie aus dem Jahr 2009 1Kön 8,1–6* zur vordeuteronomistischen „Source-Text".[31] Er rekonstruiert zwar im Vergleich zu M. Noth und E. Würthwein einen anderen Grundbestand, hält aber nach wie vor an derselben Frühdatierung fest.

Die Forschung zu 1Kön 8,14–9,9 lässt sich als Ausdifferenzierung der Einsichten von J. Wellhausen und M. Noth begreifen. Über das grundlegende Phänomen herrscht Einigkeit. Eine Herkunft dieser Redaktion aus der frühen und mittleren Königszeit gilt als ausgeschlossen; die Qualifizierung als „deuteronomistisch" ($\approx$ frühestens hiskianisch oder josianisch, i. d. R. post-587 v. Chr.) wurde weitestgehend übernommen.[32] Man differenzierte aber und hob mehrere „deuteronomistische" Hände voneinander ab, denen man in Anlehnung an den Begriff „Deuteronomistisch" = Dtr verschiedenste Kürzel und Bezeichnungen gab (z. B. Dtr$^{H/P/N/S}$, oder Dtr$^{G/S}$, oder Dtr$^{1/2}$).[33] Anstatt von einem einheitlichen Geschichtswerk (M. Noth) ging man entweder von mehreren redaktionellen Bearbeitungsschichten aus (oft bezeichnet als „Göttinger" Schichtenmodell),[34] oder man nahm einen ursprünglichen Abschluss des Werkes in 2Kön 18–20* (Hiskia) und/oder 2Kön 22–23* (Josia) an und ging von einer sukzessiven Erweiterung bis zum heutigen Ende in 2Kön 25 aus (oft bezeichnet als „Block- oder Stufenmodell").[35] Vielfach werden beide Modelle miteinander kombiniert, indem man z. B. tradierte Überlieferungseinheiten ausmacht, die durch übergreifende „deuteronomistische" Redaktionen zusam-

---

30 Vgl. Keel, *Geschichte*, 267 = 2007; Römer, *Erfindung*, 113 = 2018. Der Entwurf von R. Kratz ist 2000 erschienen, die Studie von P. Porzig 2008.

31 Vgl. Kasari, *Promise*, 111–125.

32 Das Label „deuteronomistisch" wird unterschiedlich definiert; die jeweilige Definition hängt vom vorausgesetzten redaktionsgeschichtlichen Gesamtmodell ab. Für eine Problemanzeige und weiterführende Literatur vgl. z. B. Römer, *So-Called*; Gertz, *I. Tora*, 195–208.278–302. Für einen Definitionsversuch, der sich mit den Ergebnissen dieser Studie verbinden lässt, vgl. Kratz, *Komposition*, 158–159; 166–167.

33 Für die Bedeutung dieser Kürzel vgl. z. B. Gertz, *I. Tora*, 213f. Mit den Kürzeln Dtr$^{H/P/N/S}$ optieren hauptsächlich Vertreter des sog. „Göttinger Schichtenmodells": Smend, *Entstehung*; Veijola, *Verheißung*; Dietrich, *Prophetie*; sowie Nentel, *Trägerschaft*; Kasari, *Promise*. Die Kürzel Dtr$^{G/S}$ werden verwendet bei Kratz, *Komposition*. Mit einer Nummerierung (Dtr$^{1/2}$) arbeiten z. B. Cross, *Myth*; Talstra, *Prayer*.

34 Vgl. z. B. Gertz, *I. Tora*, 213. Als Vertreter gelten: Smend, *Entstehung*; Veijola, *Verheißung*; Dietrich, *Prophetie*.

35 Vgl. z. B . Gertz, *I. Tora*, 214. Als Vertreter gelten: Cross, *Myth*; Halpern, *Historians*.

mengefasst wurden.[36] Auch die Verse aus 1Kön 8,1–9,9 teilte man auf verschiedene Hände und Redaktionen auf. Ausführlichere redaktionsgeschichtliche Analysen von 1Kön 8,14–9,9 wurden zum Beispiel vorgelegt von Timo Veijola,[37] Eep Talstra,[38] Jochen Nentel,[39] und Petri Kasari.[40] Die Identifikation einiger Nachträge ist heute Konsens (z. B. 8,44–51; 8,59–60). Andere literargeschichtliche Lösungen werden sich im Laufe dieser Studie als unplausibel erweisen. Die einzelnen Rekonstruktionsvorschläge aus der Forschung werden in der Aufarbeitung der Literargeschichte einbezogen (Teil II) und dort mit den Ergebnissen dieser Studie ins Verhältnis gesetzt.

Forschung zum Tempelweihspruch

Ein besonderes Problem der Text- *und* Literargeschichte bildet der sogenannte Tempelweihspruch:

> 1Kön 8,12–13: Damals sprach Salomo: „JHWH beabsichtigt, im Wolkendunkel zu wohnen. Hiermit habe ich gebaut ein Haus der Erhabenheit für dich, eine Stätte für dein Thronen in Ewigkeiten."
>
> 2Chr 6,1–2: Damals sprach Salomo: „JHWH beabsichtigt, im Wolkendunkel zu wohnen. Ich aber habe gebaut ein Haus der Erhabenheit für dich und eine Stätte für dein Thronen in Ewigkeiten."
>
> 3Kgtm 8,53a: Damals redete Salomo über das Haus, als er vollendet hatte, es zu bauen: „(Die) Sonne hat kund getan am Himmel der Herr; er hat gesagt, um in Dunkelheit zu wohnen: ,Baue mein Haus, ein hervorragendes Haus für dich, um aufs Neue (in einem Heiligtum) zu wohnen.'" Steht dies nicht geschrieben in dem Buch des Gesanges?[41]

---

36 So z. B. Würthwein, *Erwägungen*; Kratz, *Komposition*, 155–225, bes. 159–161.
37 Vgl. Veijola, *Verheißung*, 150–158. Zusammenfassung in ebd., 154: DtrH: 8,14.15abα.17–21 + 8,62–63.65*.66abα; DtrN[1]: 8,15bβ.16.22–26.28 + 8,54a.55–58.61.66bβγδ; DtrN[2]: 8,31–43* > 8,44–51* > 8,29–30.52–53.59.60. 1Kön 9,1a.2–9 setzt nach Veijola DtrN[1] voraus (vgl. ebd., 156–158).
38 Vgl. Talstra, *Prayer*. Zusammenfassung in der Schichtentabelle in ebd., 276–287: Pre-Dtr: 8,31–32.37–39*.41–43*; Dtr[1]-דוד: 8,14–20.22.23*.24–25.28*.29*; Dtr[1]-מקום: 8,21.26–27.30.54a.55–56; Dtr[2]: 8,44–45.46*.47–49.50* Post-Dtr: 8,33–36.52–53.57–61. Punktuelle Bearbeitungen innerhalb einzelner Verse sind vernachlässigt und in der Schichtentabelle nachzuschlagen.
39 Vgl. Nentel, *Trägerschaft*, 187–261. Zusammenfassung nach ebd., 240.244f. DtrH: 1 Kön 8, 1a*.b.2a.3a.4aa*.5*.6*.7–9.14–21.22–25a.26.28–29.55–56.62.63b (unter Aufnahme alten Materials); 9,1–5*. DtrS: 1 Kön 8,1a*.3b.4aa*.4abb.5aa*.6a*.10–13.25b.30–41.42b–54a.57–61.63a.64.65*.66; 9,6–9 (in 8,12–13 unter Verwendung von altem Material).
40 Vgl. Kasari, *Promise*, 111–192. Gemäß den Schichtentabellen aus ebd., 124f.138f.158f.171–173.187: Source: 8,1*. 2*. 3*. 4*. 6*. 33–34*. 35–36*. 30*. 31–32. 38–39*. 41. 43*. 62*.65–66*. DtrH: 8,12*. 13. 25. DtrP: 8,27. DtrN[1]: 8,5*14–15*. 17–20. 22–23*. 24. 28. 54*. 55–56. 64; 9,1a. 2. 3*. 5. DtrS: 8,7–11. 15–16. 21. 26. 29. 40. 42. 44–51. 52–53. 57–61. 63; 9,1b. 4. 6–9.
41 Zur Textgrundlage für diese Übersetzung von 3Kgtm 8,53a s. u. S. 99ff.

Im Königebuch und in der Chronik ist er zwischen der Überführung der Lade (1Kön 8,1–11 = 2Chr 5,1–14) und den Reden Salomos (1Kön 8,14–61 = 2Chr 6,3–42) positioniert und steht in 1Kön 8,12–13 = 2Chr 6,1–2. Im Buch der Königtümer sucht man ihn an dieser Stelle vergebens; er steht dort nach der zweiten Rede Salomos (1Kön 8,22–53 = 3Kgtm 8,22–53) zwischen 8,53 und der Abschlussnotiz in 8,54. Diese Position des Tempelweihspruches wird in der Regel mit 3Kgtm 8,53a angegeben. Zudem erscheint der Spruch in einem anderen Wortlaut.

Wie die Unterschiede im Text zustande kamen, wird in der Forschung kontrovers diskutiert. Die einen sehen den ursprünglichen Wortlaut in 3Kgtm 8,53a bewahrt (O. Keel und T. Römer), die anderen halten die Version aus 1Kön 8,12–13 für älter (F. Hartenstein und M. Rohde); dritte rekonstruieren den Hyparchetyp eklektisch aus mehreren Textzeugen (J. Pakkala und M. Richelle). Einig ist man sich darin, dass der Spruch ursprünglich in 8,12–13 gestanden hat und von dort hinter den Vers 53 umgestellt wurde.

Die historischen und redaktionsgeschichtlichen Einordnungen der Tempelweihsprüche fallen sehr unterschiedlich aus. Die Mehrheit der Forschenden geht von einer königszeitlichen Herkunft des Spruches aus. Nicht wenige datieren den Spruch in die salomonische Zeit. Eine königszeitliche Herkunft kann dabei sowohl für 1Kön 8,12–13 als auch für 3Kgtm 8,53a (oder für eine eklektische Rekonstruktion aus beiden Fassungen) behauptet werden.

Forschungsgeschichtlich geht diese Tradition der Frühdatierung auf die redaktionsgeschichtlichen Annahmen zurück, die sich spätestens mit den Studien von J. Wellhausen und M. Noth durchgesetzt haben (s. o. ab S. 5). In 8,1–13* sei ein königszeitlicher Überlieferungskern zu erkennen, der der „deuteronomistischen" Redaktion bereits vorgelegen habe. Diese Annahme bildet die redaktionsgeschichtliche Grundlage, auf der eine Frühdatierung des Tempelweihspruches möglich war. Von redaktionsgeschichtlichen Forschern wie M. Noth und E. Würthwein wird der Tempelweihspruch dementsprechend als ein „Anhängsel" gegenüber 8,1–11* betrachtet. Er gebe sich durch das אז als Einschub zu erkennen und sei erst nachträglich an die Überführung der Lade aus 8,1–11* angehängt worden.

Eine Herkunft der Ladeerzählung aus der Königszeit wurde mittlerweile grundlegend infrage gestellt (s. o.). Folgerichtig wird das hohe Alter des Tempelweihspruches zunehmend hinterfragt.[42] Wenn der Überlieferungskern von 8,1–11* Jahrhunderte jünger ist, dann fehlt die redaktionelle Grundlage, um in 8,12–13 nach königszeitlichem Textgut suchen zu können.

---

42 Vgl. z. B. Porzig, *Lade*, 202–205.

Von Anfang an hat sich die Annahme aber auch verselbstständigt, der Tempelweihspruch stamme aus der Königszeit. Bereits M. Noth hat dieses Phänomen wahrgenommen:

> Man rechnet ihn [den Tempelweihspruch; Anm. MF] wohl im allgemeinen – meist stillschweigend – mit zum ältesten Bestand von 1–13, und zwar mit Rücksicht auf die ohne weiteres unterstellte Urtümlichkeit bzw. Ursprünglichkeit des salomonischen Tempelweihspruchs.[43]

Was M. Noth sieht, beschreibt bis heute einen Teil der Forschung treffend. Man hält den angeblich archaischen Wortlaut für offensichtlich und das hohe Alter des Spruches damit für evident. Die redaktionsgeschichtlichen Voraussetzungen dieser Annahme werden nicht bedacht. Oder man hält die Infragestellung einer königszeitlichen Herkunft von 8,1–11* für kein relevantes Hindernis für eine Frühdatierung.

Als Beispiele sollen die beiden historischen Einordnungsversuche von Othmar Keel und Friedhelm Hartenstein dienen. Jeder von ihnen hält jeweils eine andere Fassung des Tempelweihspruches für die Ältere. Beide nehmen eine königszeitliche Herkunft der jeweils ältesten Fassung des Spruches an.

Nach O. Keel ist der Jerusalemer Tempel ursprünglich ein Tempel für den Sonnengott Schemesch gewesen, der im Laufe der Zeit zu einem Tempel für Jhwh wurde.[44] Alles habe mit einer Kohabitation beider Gottheiten im Jerusalemer Tempel angefangen.[45] Der Wettergott Jhwh sei im Jerusalemer Tempel zunächst als untergeordnete Gottheit neben dem Hauptgott Schemesch präsent gewesen. Für Jhwh sei zunächst nur eine Seitenkapelle vorgesehen worden,[46] bevor er dann nach und nach den Sonnengott Schemesch als Hauptgott verdrängt haben soll. Als (einzigen!) Beleg für diese Kohabitation führt O. Keel die von ihm rekonstruierte OG-Vorlage des griechischen Tempelweihspruches (3Kgtm 8,53a) an:

> Die Sonne hat vom Himmel her bekannt gemacht:
> „Jahwe hat gesagt, er wolle im Dunkeln thronen.
> Baue mein Haus, ein erhabenes Haus für dich,
> um (darin immer wieder) von neuem zu thronen."[47]

---

43 Noth, *I. Könige 1–16*, 175.

44 Vgl. zu folgendem: Keel, *Geschichte*, 267–272; Keel, *Tempelweihspruch*, 12–20.

45 In früheren Publikationen bezeichnete Keel den Prozess zunächst noch als eine Ausbürgerung des Sonnengottes durch Jhwh (vgl. Keel/Uehlinger, *Sonnengottheit*, 286f. Keel, *Kulttraditionen*, 488f. Keel, *Sturmgott*). In seinen neueren Publikationen modifizierte die Vorstellung des Tempelweihspruches dann zu einer Kohabitation (vgl. Keel, *Geschichte*, 267–272; sowie: Keel, *Tempelweihspruch*, 12–20).

46 Vgl. Keel, *Geschichte*, 270.

47 Text übernommen aus: ebd., 269.

Der Sonnengott Schemesch („Die Sonne") gebe den Ausbau des Tempels in Auftrag, sodass auch der Wettergott Jhwh in diesem wohnen könne. Der Tempel solle für Schemesch gebaut werden (deswegen „mein Haus") und diene Salomo als Zeichen für seine Herrschaft („ein erhabenes Haus für dich").

Die religionsgeschichtliche Einordnung von O. Keel hat in der Forschung für viel Aufsehen gesorgt.[48] In der religionsgeschichtlichen Forschung ist O. Keels Vorschlag auf Skepsis und Widerspruch gestoßen. Bernd Janowski erhebt mehrere Einwände gegen seine Argumentation und kommt zu dem Ergebnis, dass der Tempelweihspruch nicht als Beleg für den Jerusalemer Tempel als ursprüngliches Sonnenheiligtum angeführt werden könne.[49] Martin Arneth und Juliane Kutter sehen das in ihren Studien zur Solarisierung der Jhwh-Religion ähnlich.[50] F. Hartenstein setzte sich ebenfalls ausführlich mit den religionsgeschichtlichen Implikationen der These O. Keels auseinander und hält sie für wenig überzeugend.[51]

Trotz des Widerspruchs findet der Vorschlag von O. Keel aber nach wie vor Zustimmung. Thomas Römer übernahm seine Deutung vorbehaltlos in sein Buch *Die Erfindung Gottes. Eine Reise zu den Quellen des Monotheismus*, das im Jahr 2018 im WBG-Verlag erschienen ist.[52] Hinweise auf alternative Sichtweisen gibt er nicht. Andere machen sich Teile von O. Keels Argumentation zu eigen. Martin Leuenberger schließt sich in seiner 2011 erschienenen Monographie *Gott in Bewegung. Religions- und theologiegeschichtliche Beiträge zu Gottesvorstellungen im alten Israel* der Kern-These von O. Keel explizit an. Der Tempelweihspruch bezeuge die prozesshafte Übernahme eines Jerusalemer Heiligtums, das vorher dem Jerusalemer Sonnengott gewidmet gewesen sei.[53] Juha Pakkala teilt mit O. Keel die Auffassung, dass mit שמש in der OG-Vorlage der Sonnengott Schemesch gemeint sei. Nur handle es sich bei Schemesch und Jhwh um ein- und dieselbe Gottheit. Jhwh selbst sei hier als Sonnengott identifiziert, der Salomo den Auftrag zum Tempelbau erteile.[54]

F. Hartenstein hält die Fassung des Königebuches für ursprünglich und begreift sie als Ausdruck einer vor-exilischen Jerusalemer Tempeltheologie. Das Wohnen

---

48 Er präsentierte diese religionsgeschichtliche Deutung unter anderem in seinem Hauptwerk *Die Geschichte Jerusalems und die Entstehung des Monotheismus* (Vgl. ebd., 267–272), was seiner Theorie zusätzliche Bekanntheit verliehen haben dürfte.

49 Vgl. Janowski, *Sonnengott 1999*, 202–204. In der Erstveröffentlichung in: Janowski, *Sonnengott 1995*, 224–226.

50 Vgl. Arneth, *Sonne*, 12–16; Kutter, *Sonnengottheiten*, 359–363. Auf M. Arneth reagiert O. Keel in Keel, *Tempelweihspruch*, 20, mit Fn. 40.

51 Vgl. Hartenstein, *Sonnengott*, 53–60. Keels Antwort auf Harteinsteins Kritik in: Keel, *Minima methodica*; Keel, *Ligaturen*.

52 Vgl. Römer, *Erfindung*, 112–118.

53 Vgl. Leuenberger, *Bewegung*, 44–47.

54 Vgl. Pakkala, *Omitted*, 226–228; Pakkala, *Sun-god*, 381–383.

JHWHs im עֲרָפֶל sowie die Bezeichnung des Tempels als „Fundament/Podest" des Gottesthrones (מָכוֹן לְשִׁבְתְּךָ) und als „fürstliches Haus für dich" (בֵית זְבֻל לָךְ) passen seiner Meinung nach gut zu den anderen Belegstellen für eine vor-exilische Jerusalemer Tempeltheologie.[55] In der LXX-Tradition sei der Spruch tiefgreifend überarbeitet worden.[56] In diesem Zuge sei die Aussage über die Sonne hinzugekommen: שֶׁמֶשׁ הוֹדִיעַ בַּשָּׁמַיִם יְהוָה = שֶׁמֶשׁ „(Die) Sonne hat bekannt gemacht am Himmel JHWH."[57] Dieser Teil sei Ausdruck einer monotheistischen Schöpfungstheologie aus hellenistischer Zeit, wie sie sich u. a. im Sirachbuch (Sir 42,15–18; 43,1–2.5.13–16) und in Ps 19 niederschlage.[58]

Insgesamt mangelt es nicht an Rekonstruktionsversuchen zum Tempelweihspruch.[59] Nur selten aber werden *sowohl* textkritische und übersetzungstechnische *als auch* redaktionsgeschichtliche Plausibilitäten in wünschenswerter Gründlichkeit und methodischer Sorgfalt einbezogen. Die vorliegende Studie möchte dies versuchen und dabei auch stärker als bisher die Unsicherheiten bei einzelnen textkritischen und übersetzungstechnischen Entscheidungen transparent zu machen.

---

55 Vgl. Hartenstein, *Sonnengott*, 55f. Hartenstein, *Unzugänglichkeit*, 144–150. In den Worten Hartensteins: „Insofern fügt sich die masoretische Fassung des Tempelweihspruchs gut in das für die vor-exilische Jerusalemer Tempeltheologie rekonstruierbare Aussagengefüge, das sich nach meiner Überzeugung immer noch aus einer überschaubaren Textgruppe erschließen lässt (v. a. Ps 18*; 24,7–11; 29; 93; Jes 6; Jer 17,12; vgl. Ps 46*; 48*). Ein mögliches hohes Alter der masoretischen Fassung ist also nicht ausgeschlossen." (Hartenstein, *Sonnengott*, 56).

56 Vgl. ebd., 57–69.

57 Zitat aus: ebd., 58.

58 Vgl. ebd., 65–69.

59 In dieser Studie einbezogen wurden Rekonstruktionen zum Tempelweihspruch in folgenden Studien (nach Erscheinungsjahr sortiert): Burkitt, *Lucianic Text*; Thackeray, *Jashar*; Van den Born, *Tempelweihspruch*; Stolz, *Strukturen*; Loretz, *Torso*; Peterca, *Auslegungsbeispiel*; Görg, *Gattung*; Keel, *Kulttraditionen*; Keel, *Sturmgott*; Keel/Uehlinger, *Sonnengottheit*; Janowski, *Sonnengott 1995*; Janowski, *Sonnengott 1999*; Knauf, *Le roi*; Bösenecker, *Text*; Schenker, *Septante*; Arneth, *Sonne*; Van Keulen, *Versions*; Keel, *Tempelweihspruch*; Keel, *Geschichte*; Hartenstein, *Sonnengott*; Kutter, *Sonnengottheiten*; Rösel, *Sonne*; Keel, *Minima methodica*; Rohde, *Konzeptionen*; Gerhards, *Sonne*; Bösenecker, *Basileion III*; Leuenberger, *Bewegung*; Pakkala, *Omitted*; Pakkala, *Sun-god*; Trebolle Barrera, *Versions*; Richelle, *Edit*; Römer, *Erfindung*; Kató, *Tempelweihspruch*.

1.3 Forschungsbeitrag und Gang der Untersuchung

In der Forschung liegt keine Monographie vor, in der die Text- *und* Literargeschichte der Tempelweiherzählung aufgearbeitet wurde.[60] Dabei hat der Forschungsüberblick deutlich gemacht: Will man ein historisch akkurates Gesamtbild über die Genese der Tempelweiherzählung erhalten, dann ist ein substanzieller Einbezug beider Forschungsbereiche unumgänglich. Die vorliegende Studie soll genau das leisten.

In Teil I werden die genannten Lücken in der Grundlagenforschung geschlossen, indem die *Textgeschichte* der Tempelweiherzählung rekonstruiert wird – also die textlich bezeugte Genese der Tempelweiherzählung. Die Textgeschichte der Septuaginta wird textkritisch sowie übersetzungstechnisch detailliert aufgearbeitet und die älteren Lesarten jeweils mit den anderen zwei Fassungen (Kön und Chr) verglichen. Das ist notwendig, um zu ältesten Text der Tempelweiherzählung zu gelangen, den man wiederum als Startpunkt für die Rekonstruktion der Literargeschichte braucht. Das Kap. 2 bildet eine kurze Einführung in die erhaltenen Textzeugen und das methodische Vorgehen. Danach wird die textlich bezeugte Genese der Tempelweiherzählung mit einem Schwerpunkt auf der Septuaginta Abschnitt für Abschnitt analysiert (Kap. 3–Kap. 9). Am Ende ist der ältesten Text der Tempelweiherzählung (Hyparchetyp) als fortlaufender, hebräischer Konsonantentext dargestellt (vgl. Kap. 10).

In Teil II dieser Studie wird die sogenannte *Literargeschichte* der Tempelweiherzählung rekonstruiert. Die Literargeschichte wird in dieser Studie definiert als die Bearbeitung und Fortschreibung eines biblischen Textes *vor* der Textgeschichte. Der Begriff beschreibt also die Genese der Tempelweiherzählung von der ersten Verschriftlichung bis zur Textbezeugung durch aufbewahrte oder gefundene Handschriften. Kap. 11 bildet eine kurze Einleitung über die Notwendigkeit dieses Schrittes und die Methoden der Rekonstruktion. Die Rekonstruktion der Literargeschichte findet in den Kap. 12–14 statt. Die Ergebnisse werden in Kap. 15 durch zwei Schaubilder überblickt und durch das Gesamtmodell in Kap. 16.2 zusammengefasst.

Die Forschung zur Literargeschichte hängt vor allem in 1Kön 8,1–13 von den Ergebnissen der textkritischen und übersetzungstechnischen Aufarbeitung der

---

[60] Am nächsten kommt die Monographie von Eep Talstra aus dem Jahr 1993 (vgl. Talstra, *Prayer*). Er analysiert das Gebet Salomos (1Kön 8,14–61), spart allerdings die Erzählteile (1Kön 8,1–11.62–66 sowie 1Kön 9,1–9) sowie den Tempelweihspruch (8,12–13) aus. Weil der erzählerische Rahmen nicht in die literarhistorische Analyse einbezogen wird, kann Talstra kein vollständiges redaktionsgeschichtliches Modell zur Tempelweihe präsentieren. Damit bleiben auch bei ihm entscheidende Fragen zur historischen Genese der Tempelweiherzählung unbearbeitet.

Septuaginta ab. Weil die Septuaginta bisher kaum oder nur punktuell einbezogen wurde, sind hier neue Erkenntnisse zu erwarten. In der Vergangenheit fand man in 1Kön 8,1–6 königszeitliches Textgut und konnte auf dieser Grundlage für die Überführung der Lade und den Tempelweihspruch eine Herkunft aus der Königszeit behaupten, überging dabei in 8,1–6 aber die Septuaginta als Textzeugin (s. o. Kap. 1.2). Bezieht man hingegen die Septuaginta-Überlieferung systematisch ein und rekonstruiert die Genese von 1Kön 8 auf dieser Grundlage, dann mehren sich Zweifel bei der bisher angenommenen Unterscheidung zwischen einer königszeitlichen Herkunft von 8,1–13* und einem deuteronomistischen Ursprung von 8,14–9,9*. Die Ergebnisse dieser Studie werden nah legen, dieses redaktionelle Modell aufzugeben. Tut man dies, dann müssen alle redaktionsgeschichtliche Unterscheidungen in 8,1–11 überdacht werden, die diese Frühdatierung direkt oder indirekt voraussetzen. Eine erneute Aufarbeitung der Literargeschichte von 1Kön 8,1–13 ist unumgänglich.

Die neue Perspektive wirkt sich auch auf die redaktionelle Einordnung von 1Kön 8,14–9,9 aus. Wenn der Tempelweihspruch redaktionell kein archaisches „Anhängsel" an 8,1–11 bildet sondern den Beginn der Reden Salomos aus 8,12–61, dann wird der Abschnitt über David aus 8,15–21* nicht mehr als Anfang der „deuteronomistischen" Reden Salomos gebraucht. Das eröffnet die Möglichkeit, 8,15–21* als jüngsten Textblock in 1Kön 8,11–66 zu betrachten und damit als ein Vorläufer der chronistischen Redaktion und ihrem Bild von David. Gibt man die Herkunft von 8,1–13* aus der Königszeit auf, dann ist zudem der Weg frei, 9,1 beim Wort zu nehmen und die Erscheinung Jahwes aus 9,1–9* redaktionsgeschichtlich mit dem Tempel- und Palastbau zu verbinden.

Das Gesamtergebnis wird in Teil III dieser Studie zusammengefasst (Kap. 16). Kap. 16.1 gleicht die Ergebnisse mit alternativen Forschungsmeinungen ab. Danach werden die Ergebnisse zu einem Modell über die Genese der Tempelweiherzählung zusammengefasst (Kap. 16.2). Das Modell setzt sich zusammen aus allen umfangreicheren Bearbeitungen und Fortschreibungen und reicht von den möglichen literarhistorischen Anfängen bis zu den drei Fassungen aus 3Kgtm 8, 1Kön 8 und 2Chr 5–7 und ihrer Überlieferung.

Teil I: **Die Tempelweiherzählung und ihre Textgeschichte**

2 Quellenwert der Textzeugen und methodisches Vorgehen

Der Quellenwert der Textzeugen lässt sich für die Tempelweiherzählung grob vereinfacht mithilfe eines Stammbaumes überblicken (vgl. Abb. 2.1).

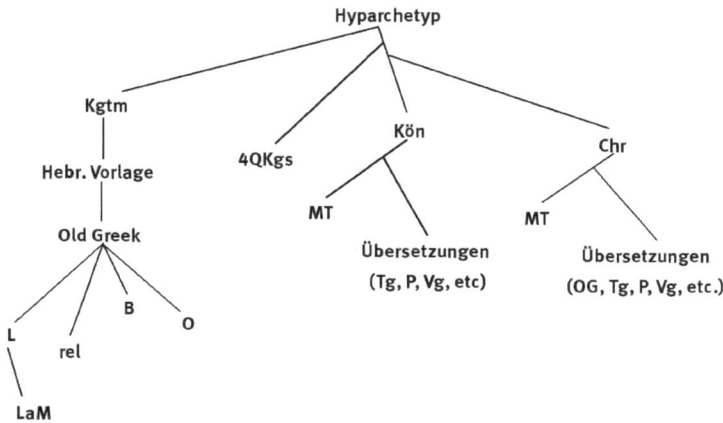

Abb. 2.1: Die Textzeugen der Tempelweiherzählung

Über die Grundzüge der textlich bezeugten Überlieferung ist man sich einig. Die verschiedenen Texttraditionen gehen jeweils auf einen sogenannten *Archetypen* zurück, der den Anfang der jeweiligen textlich bezeugten Überlieferung bildet (im Diagramm: Kgtm, Kön, 4QKgs und Chr).

Die Archetypen stammen alle von einem hebräischen Vorfahren ab, dem sogenannten *Hyparchetyp* (früher: „Urtext"). Dieser Vorfahre wird von keinem der Archetypen vollständig bezeugt. Man erhält ihn, wenn man die Archetypen vergleicht und die jeweils älteren Lesarten zu einem fortlaufenden Text zusammenstellt.[1] Dieser Hyparchetyp bildet den Anfangspunkt der uns erhaltenen Textgeschichte.

Von jedem Archetypen stammen eine große Zahl an gefundenen oder aufbewahrten Handschriften ab, die dessen Text mal mehr und mal weniger zuverlässig bezeugen. Abbildung 2.1 bildet die wichtigsten Textzeugen ab.[2]

---

[1] Für den Hyparchetyp als fortlaufenden Text vgl. Kap. 10 ab S. 308.
[2] Die Kürzel werden in den Kapiteln 2.1 und 2.2 sowie im Abkürzungsverzeichnis aufgeschlüsselt.

https://doi.org/10.1515/9783111290973-002

Die erste Texttradition ist nur als griechische Übersetzung („Old Greek" in Abb. 2.1) eines alten hebräischen Textes des Königebuches erhalten (in der Septuaginta „Buch der Königtümer" = Kgtm genannt).[3] Es handelt sich um die älteste existierende Übersetzung der Tempelweiherzählung. Sie entstand ca. im 2. Jhd. v. Chr.[4] Die hebräische Vorlage ist verloren gegangen und nicht durch gefundene oder aufbewahrte Handschriften erhalten; man kann sie aber in Teilen über eine übersetzungstechnische Analyse aus der vorhandenen griechischen Übersetzung rekonstruieren. Diese Übersetzung weicht teilweise stark vom hebräischen Text des Königebuches ab. Die größten Unterschiede in der Tempelweiherzählung wurden bereits in Kap. 1.1 aufgezählt. Ähnliche Unterschiede bestehen auch an anderen Stellen in 3Kgtm/1Kön. Um nur ein paar Beispiele zu nennen: Der Bericht des Tempel- und Palastbaus ist unterschiedlich arrangiert, ganze Textblöcke sind umgestellt und neu angeordnet; die Zusammenfassung von Salomos Bauvorhaben und weiteren Unternehmungen finden sich an unterschiedlichen Stellen (vgl. 1Kön 9,15–25 mit 3Kgtm 2,35a–o; 2,46a–l); der Text aus 1Kön 6,11–14.17b.18.21a.22b–d.37f. und 1Kön 11,38b.39 fehlt in der Septuaginta; usw. Die Liste der Unterschiede ist zu lang, um sie hier vollständig aufzuzählen.[5] Viele dieser Unterschiede bestanden bereits in der hebräischen Vorlage („Hebr. Vorlage" in Abb. 2.1). Deswegen wird Kgtm als eine eigenständige Texttradition neben den Büchern Könige und Chronik geführt. Textlich bezeugt wird diese Übersetzung durch eine Vielzahl griechischer Handschriften (B, L, O, rel). Dazu kommen zahlreiche sogenannte Tochterübersetzungen dieses griechischen Textes in weitere Sprachen (LaM in der Abb. 2.1; nicht abgebildet: Syrohexapla, armenische, bohairische Übersetzungen, etc.). Teil dieser Texttradition sind ebenfalls zahlreiche Revisionen und Überarbeitungen der griechischen Übersetzung (Aquila, Symmachus, Theodotion, *kaige*-Revision, antiochenische Bearbeitung; s. u. Kap. 2.1.2). Die meisten Revisionen überarbeiten die Übersetzung, um sie an den hebräischen Text des Königebuches anzupassen. Weil die griechische Texttradition deswegen mehr ist als nur eine Übersetzung, differenziert man in der Foschung zwischen den Bezeichnungen *Old Greek* (OG)

---

3 Für Einführungen in die Septuaginta vgl. vor allem: Salvesen/Law (Hrsg.), *Handbook*; Lange/Tov (Hrsg.), *THB*; Aitken (Hrsg.), *Companion*; Jobes/Silva, *Invitation*; Albrecht, *Einführung*.
4 Kauhanen u. a., *Kings (Handbook)*. Die absolute Datierung ist eine Forschungsfrage für sich. Vgl. ebd.; Law, *3–4 Kingdoms (Companion)*; Kreuzer, *5.5 Kings (THB)*, und über diese Artikel die historischen Indizien.
5 Vgl. die Aufzählungen in Kauhanen u. a., *Kings (Handbook)*; Kreuzer, *5.5 Kings (THB)*; Law, *3–4 Kingdoms (Companion)*. Wer sich ein eigenes Bild machen will, schaue die deutsche Übersetzung der OG-Texte durch (Karrer/Kraus (Hrsg.), *Septuaginta Deutsch*). Alle Unterschiede zum hebräischen Königebuch sind dort *kursiv* markiert.

für den ältesten Text der griechischen Übersetzung und Septuaginta (LXX) für die gesamte Texttradition inklusive der Revisionen und Überarbeitungen.

Kön und Chr sind bezeugt durch hebräische Handschriften der Masoreten aus dem Mittelalter (MT) und Übersetzungen z. B. ins Aramäische (Tg = Targumim), Syrische (P = Peshiṭta) und lateinische (Vg = Vulgata). Zudem wurden in Qumran Fragmente einer hebräischen Handschrift des Königebuches gefunden, die u. a. Text der Verse 1–9 und 16 enthält. In der Überlieferung der Chronik gibt es auch einen griechischen OG-Text. Dieser weicht aber nicht so stark von dem bekannten hebräischen Text der Chronik ab und bildet deswegen dort keine eigenständige Texttradition.

Der Schwerpunkt liegt in diesem Teil zur Textgeschichte auf der Septuaginta-Überlieferung aus 3. Königtümer, weil hier Lücken in der Grundlagenforschung geschlossen werden müssen (s. o. Kap. 1.3). Zuerst wird der älteste Text (OG) der griechischen Übersetzung rekonstruiert (s. u. Kap. 2.1.1).[6] Als nächstes werden alle im Vergleich zu Kön und Chr abweichenden Lesarten zugeordnet (s. u. Kap. 2.1.2). Sind sie beim Übersetzen entstanden oder existierten die abweichenden Lesarten bereits in der hebräischen Vorlage? Beantwortet werden kann diese Frage durch eine übersetzungstechnische Analyse der abweichenden Lesarten. Diese hebräische Vorlage der Septauginta ist zwar verloren gegangen und nicht durch gefundene oder aufbewahrte Handschriften erhalten. Über den Weg kann sie aber aus der vorhandenen griechischen Übersetzung rekonstruiert werden. In einem dritten Schritt werden diese rekonstruierte, hebräische Vorlage und die hebräischen Fassungen aus Kön und Chr (und 4QKgs in 1Kön 8,1–9.16) synoptisch gegenübergestellt.[7]

---

6 In der Forschung bezeichnet man diesen ältesten Text als *Old Greek* (OG/OG-Text). Dieser Begriff wird in Kap. 2 eingeführt und ab dann durchgehend gebraucht.

7 Alle Texte werden als unvokalisierte Konsonantentexte in aramäischer Quadradschrift dargeboten. Das ermöglicht eine direkte Vergleichbarkeit. Alle masoretischen Akzente und Zeichen sind entfernt. Die Textsegmentierung folgt der BHt von Wolfgang Richter (Richter, *BHt*). Unter Kgtm steht die vorher rekonstruierte hebräische Vorlage als fortlaufender hebräischer Text. Diese Rekonstruktion enthält alle vorher gefällten textkritischen und übersetzungstechnischen Urteile. Wie der Wortlaut von Kgtm zustande kommt, ist in der vorhergehenden Rekonstruktion nachzuschlagen. In dem Apparat unter der Synopse werden die abweichenden Lesarten aus den Textzeugen von Kön und Chr nur dargestellt, wenn mehrere Textzeugen dieselbe Abweichung bezeugen. In Kap. 2.2 ab S. 46 finden sich Hinweise, wie man sich ein Gesamtbild über alle abweichenden Lesarten machen kann. Übersetzungstechnische Fragen zu den Übersetzungen von Kön und Chr werden ebenfalls vernachlässigt (für Hinweise zur Literatur darüber vgl. ebenfalls Kap. 2.2 ab S. 46). Wann immer der Text von Kön und Chr unsicher ist oder in mehr als einem Textzeugen aus MT, Tg, P und Vg dieselbe abweichende Lesart vorkommt, wird der Befund kommentiert. Die systematischen Bearbeitungen in den Targumim und PChr werden in der Einleitung in Kap. 2 ab S. 17 und in der Aufarbeitung der Textgeschichte nicht nochmal dargestellt und/oder kommentiert.

Die weitere Aufarbeitung der textgeschichtlichen Genese konzentriert sich auf zwei Dinge: (1) Eingehender analysiert werden substanzielle Bearbeitungen und Fortschreibungen, die sich exegetisch und interpretierend mit dem konkreten Vorlagentext auseinandersetzen. Sie bilden die zentralen Stationen der textlich bezeugten Genese. Im Fokus stehen vor allem die Überarbeitungen in Kgtm und Kön, die chronistischen Bearbeitungen und die exegetischen Zusätze in den aramäischen Übersetzungen von Kön und Chr, den sogenannten Targumim. (2) Zudem werden alle abweichenden Lesarten zwischen Kgtm, Kön und Chr textkritisch zugeordnet werden. Am Ende von Teil I werden die jeweils älteren Lesarten zu einem fortlaufenden Text zusammengestellt und damit alle textkritischen Entscheidungen zusammengefasst (Kap. 10). Dieser rekonstruierte Text bildet den Anfangspunkt der textlich bezeugten Tempelweiherzählung und die Textgrundlage für alle weiteren Rekonstruktionen.

Die Grundregeln der Textkritik im Alten Testament können in den gängigen Methodenlehrbüchern nachgeschlagen werden.[8] In der Überlieferung eines Textes unterscheidet man zwischen absichtlichen und unabsichtlichen Änderungen. Unabsichtliche Änderungen sind Abschreibefehler wie z. B. Buchstabenverwechslungen, Haplographie, Dittographie, Zeilen- und Augensprünge. Absichtliche Änderungen verlaufen nach weniger klaren Mustern; die Möglichkeiten sind nahezu unbegrenzt. Für jeden textkritischen Fall ist unter Berücksichtigung aller bekannten Muster und Bearbeitungstechniken neu zu entscheiden, welche Lesart die ältere ist. Die wichtigste Regel lautet: Älter ist diejenige Lesart, aus der sich die Entstehung aller anderen Lesarten am besten erklären lässt. Literarhistorische oder exegetische Gründe alleine reichen für die Identifikation der ältesten Lesart nicht aus.[9] Alle anderen Lesarten müssen von dieser ausgehend von *textkritischen* Wahrscheinlichkeiten abstammen können.

---

8 Standardwerk: Tov, *Textual Criticism*. Speziell zur Septuaginta: Tov, *Text-Critical Use*; Trebolle Barrera, *Use*. Gelungen sind auch die Einführungskapitel in THB: Tov, *1.1.1.1 Criticism (THB)*; Tov/ Ulrich, *1.1.1.2 Theories (THB)*; Ulrich, *1.1.1.3 Nature (THB)*. Ein vielversprechendes Hilfsmittel ist zudem das angekündigte *Textual History of the Bible. Volume 3: A Companion to Textual Criticism*. Allgemeiner: Fischer, *Text*; Becker, *Exegese*; Utzschneider/Nitsche, *Arbeitsbuch*; Steck, *Exegese*.
9 Vgl. beispielsweise die Rekonstruktion einer königszeitlichen Grundschrift in 1Kön 8,1–6 mithilfe von Sondergut aus dem Königebuch (vgl. dazu Kap. 12.3 ab S. 339). Die Rekonstruktion eines angeblich verlorengegangenen OG-Textes des Tempelweihspruches mithilfe einer altlateinischen Randlesart aus mittelalterlichen Vulgata-Kodizes (vgl. dazu S. 103ff.). Die Rekonstruktion eines Tempelbau-Befehls mithilfe des OG-Textes des Tempelweihspruches (vgl. dazu S. 121ff.). Ähnliche Kurzschlüsse lassen sich an den Stellen beobachten, wo der Hyparchetyp aller Wahrscheinlichkeit nach korrupt gewesen ist, z. B. in 1Kön 8,31.37; 9,7.

Alle rekonstruierten Texte gelten nur *zusammen mit dem Variantenapparat und dem textkritischen Kommentar.* Ein abgekoppelter Gebrauch einzelner rekonstruierter Texte ist gängige Praxis aber nicht im Sinne der Textkritik.

2.1 Das Buch der Königtümer (Kgtm)

2.1.1 Der Old Greek-Text und seine Überlieferung

Die Textgrundlage für die Rekonstruktion des OG-Textes bilden die Göttinger Kollationshefte und die bereits publizierten Textzeugengruppen (s. u.).[10] Die Tochterübersetzungen sind in wichtigen Fällen auf Grundlage der Cambridge-Edition einbezogen.[11] Wo es für die Rekonstruktion des OG-Textes notwendig ist, werden weitere Textzeugen einbezogen (Syrohexapla, der Scholienkommentar von Bar Hebraeus, die altlateinischen Randlesarten La^M, Zitate bei den Kirchenvätern usw.). In dieser Studie werden im Variantenapparat *alle* Lesarten von B, A und L einbezogen, sowie alle Fälle, die für die Rekonstruktion des OG-Textes relevant sind.[12] Kommentiert werden alle für die OG-Rekonstruktion relevanten Lesarten sowie alle Lesarten mit potentiell hexaplarischem Ursprung, nahezu alle B-Lesarten und alle von Rahlfs abweichenden textkritischen Entscheidungen. Die Darbietung eines vollständigen Variantenapparats ist Aufgabe der (hoffentlich bald erscheinenden) Göttinger Septuaginta-Edition.

---

10 Von Rahlfs übernommen wurden die Interpunktion, orthographische Konventionen sowie die Groß- und Kleinschreibung (Großbuchstabe am Absatzanfang und am Anfang von direkter Rede). Ebenfalls aus Rahlfs entnommen sind die Schreibweise von Eigennamen und Orten sowie anderen Transkriptionen (κύριος, Σαλωμων, Δαυιδ, Μωυσῆ, Ισραηλ, Αἴγυπτος, Χωρηβ, χερουβιν, Σιων, Αθανιν, Ιερουσαλημ, Ημαθ, Γαβαων). Verschiedene Schreibweisen dieser Bezeichnungen in den Textzeugen sind vernachlässigt und die Schreibweise vollständig vereinheitlicht – auch wenn der Text von einzelnen Textzeugen zitiert wird. Beispielsweise liest in 3Kgtm 8,1 der Kodex B ΔΑΥ˚ΕΙΔ und der Kodex A ΔᾹΔ, in dieser Studie wird aber immer Δαυιδ geschrieben. Bei orthographischen Varianten und Konventionen wird ebenfalls Rahlfs gefolgt, ohne auf die alternative Orthographie einzugehen – egal wie gut sie bezeugt ist. Im Varianten-Apparat ist das Griechisch ebenfalls mit Akzenten versehen. Wann immer Griechisch verwendet wird, sind die Akzente entsprechend der Regeln angepasst (Änderung von Gravis zu Akut, wenn kein griechischer Text folgt).
11 Brooke/Mc Lean/Thackeray, *1–2 Kings*. Dort wurde als Textgrundlage gebraucht: Für die armenische Version: Zohrab, *Armenisch*. Für die äthiopische Version: Dillmann, *Aethiopici*.
12 Der gesamte Text von B und A wurde mit dem Text der online zugänglichen, digitalisierten Kodizes abgeglichen. Vgl. *Codex Vaticanus Graecus 1209*, und die digitalisierte Fassung des Kodex Alexandrinus im *Centre for the stury of New Textament Manuscripts (CSNTM)*, wo bei A auch das AT verfügbar ist. Der L-Text wurde mit der Edition Fernández Marcos/Busto Saiz, *1–2 Reyes*, abgeglichen.

Zu den Textausgaben

Die prominenteste Textausgabe bildet ohne Zweifel die Septuaginta-Edition von Alfred Ralhfs (LXX^{Ra} oder Ra).[13] Diese Edition wurde in den letzten Jahrzehnten sukzessiv durch die Edition des Septuaginta-Unternehmens aus Göttingen ersetzt.[14] Diese wird für 3. Königtumer aktuell von den spanischen Wissenschaftlern Julio Trebolle Barrera und Pablo A. Torijano Morales erarbeitet (vgl. den Forschungsüberblick ab S. 3).

Wo der hier rekonstruierte OG-Text von Rahlfs abweicht, wird die Entscheidung an der jeweiligen Stelle kurz kommentiert. Anders rekonstruiert wird in den folgenden Fällen:

8,8: ὑπερεῖχεν] ὑπερεῖχον B O L^{-93} 328 509 (= Ra; = OGChr); ὑπερεχον 93

8,14: τόν] > B A CI 509 244 245 460 (= Ra); tr. post Ισραηλ 247

8,14: ἡ] > B O 509 o 245 372 707 (= Ra; = OGChr)

8,15: στόματι] +pre τῷ B CI 242 o 244 (= Ra)

8,16: Ισραηλ 1°] +pre τόν B M O 328 509 55 71 158 245 318 342 372 460 707 (= Ra)

8,16: ἡγούμενον] > B M O 509 245 460 707 (= Ra; = Kön)

8,16: Ισραηλ 3°] > L; +pre τόν B M O 509 56 488 x 71 158 244 245 318 342 372 (= Ra)

8,23: θεὸς ὡς σύ] ὡς σὺ θεός B O L CI f 68 mixti (= Ra; = Kön)

8,23: καρδίᾳ (=OGChr)] +pre τῇ B M L CI f 55 71 158 244 342 372 (= Ra)

8,24: [τῷ] in B 247 L CI 242′ b f o 55 244 245 318 342 460 (= Ra); > rell

8,25: Δαυιδ] +pre τῷ B M x 55 158 245 372 (= Ra); = OGChr)

8,25: σοι (= OGChr)] σου A B M 509 x 71 158 318 372 707 (= Ra); > CI^{-328} s

8,25: μοῦ 3°] ἐμοῦ B CI 244 (= Ra)

8,25: μοῦ in O M L CI 328 f o 119 55 71 158 244 245 318 342 372 707; ἐμοῦ in rell (= Ra)

8,28: τῆς τέρψεως καὶ τῆς προσευχῆς] τῆς δεήσεως καὶ τῆς προσευχῆς 247 L^{-93} 328 (= OGChr); τῆς προσευχῆς καὶ τῆς δεήσεως 158; τῆς τέρψεως B CI 509 71 244 245 460 707 (= Ra); τῆς προσευχῆς f; τῆς δεήσεως καὶ τῆς τέρψεως καὶ τῆς προσευχῆς 93

8,30: προσεύχωνται] προσεύχονται 247 CII$^{-46'-328}$ d f 488 71; προσεύξωνται B 93-127 342 460 (= Ra; = Ant; = OGChr); προσεύξονται 19-82-108 509 245 707

8,31: ἀράσασθαι] ἀρᾶσθαι B 247 82 CI b 488 x^{-527} 71 244 318 372 460 (= Ra; = OGChr)

8,32: εἰσακούσῃ] -ει B* 370 799 158 460 627 700 (= Ra); -σης 93

---

13 Rahlfs, *Septuaginta*; Neuauflage durch Robert Hanhart: Rahlfs/Hanhart, *Septuaginta*. Ausführlich zur Geschichte der Septuaginta-Editionen: Albrecht, *History (Handbook)*. Für eine biographisch-wissenschaftsgeschichtliche Studie zu A. Ralhfs und den kritischen Editionen der Septuaginta vgl. Schäfer, *Rahlfs*.

14 *Septuaginta Vetus Testamentum Graecum auctoritate Academiae Scientiarum Gottingensis editum.* Erschienen sind bisher vom Kanon der HB: Gen, Ex, Lev, Num, Dtn, Ruth, 2Chr, Esther, Ijob, das Zwölfprophetenbuch, Jes, Jer, Ez.

8,32: ἀνομῆσαι] +pre τοῦ CI f x⁻⁵²⁷ 244; ἀνομηθῆναι B CII⁻⁴⁶⁻³²⁸ 509 246 o s⁻¹³⁰ (= Ra); τοῦ ἀνομηθῆναι L (-ῆσαι 19-108); ἀνο|ηθῆναι A

8,34: ἐπιστρέψεις] ἀποστρέψεις B O M 19 328 509 71 158 342 460 707 (= Ra; = OGChr)

8,35: ἐπιστρέψουσιν (= OGChr)] ἀποστρέψουσιν B L 509 71 342 460 (= Ra)

8,37: πάντα] πᾶν B CI⁻⁷³¹ᶜ b 246 t⁻³⁷⁰ 55* 244* 318 707 (= Ra)

8,41: τοῦ] > B A 372 (= Ra)

8,43: τῆς γῆς] > B L 328 509 92 74ᵗˣᵗ 158 342 372 460 707 (= Ra)

8,44: ἀποστρεψεις] ἐπιστρέψεις B O 509 55 158 460 (= Ra); ἀποστελεῖς L⁻⁸² (= OGChr)

8,45: εἰσακούσῃ Bᶜ A L C′⁻⁷³¹ᶜ⁻²⁴ 2 b d 246 o s t⁻³⁷⁰ z x 55c 71 244 245 318 342 372 460c 554 707] -σει B* 731* 242 56 370 158 460* 627 (= Ra)

8,46: ἢ/καὶ] μακρὰν καὶ ἐγγύς B O L 509 460 (= Ra); μακρὰν ἢ ἐγγύς rell (= OGChr; = Kön)

8,47: ἐπιστρέψουσιν 2°] -ωσι(ν) B A L d 64 130 120-134 55* 158 245 318 554ᶜ 707 (= Ra)

8,48: καὶ τῆς πόλεως] > καί B O 328 509 246 71 460 (= Ra)

8,50: αἰχμαλωτευσάντων] +pre τῶν L 121 z 342 460; -τευόντων B O 82-127 x⁻⁵²⁷ 318 372 (= Ra;= Ant)

8,53: σεαυτῷ] σαυτῷ B A 509 (= Ra) | δούλου] +pre τοῦ L 121 246 489 158ᶜ

8,58: τάς] > B A 328 55 (= Ra)

8,58: [τά] > B A CII⁻³²⁸⁻⁵³⁰ 121 d f o s⁻⁴⁸⁸′ t 55 (= Ra)

8,59: σήμερον] > B A L 509 460 (= Ra; = Kön)

8,63: προβάτων] +pre καί O L 243ᵐᵍ-731ᵐᵍ 125ᵐᵍ SyrH (= Ra)

8,63: καί 3°] > O 243ᵐᵍ-731ᵐᵍ 246 x mixti (= Ra)

8,64: δεξασθαι] > B O b 68 527 158 460 (= Ra)

8,64: καὶ τὸ δῶρον] > B 509 460 (= Ra)

8,64: τῶν εἰρηνικῶν] + ὑπενεγκεῖν B CI 244 (= Ra)

8,66: καὶ εὐλόγησαν τὸν βασιλέα O SyrH rell] καὶ εὐλόγησεν (ηυλογησεν 509 460) αὐτόν B 509 460 (= Ra); καὶ εὐλόγησεν (ηυλογησεν 55*) τὸν βασιλέα 242 92 55*; καὶ εὐλόγησεν (ηυλεγεισεν 158) αὐτόν καὶ εὐλόγησαν (ηυλεγεισαν 158) καὶ (> 82) αὐτοὶ τὸν βασιλέα L 328 158

9,1: οἰκοδομῆσαι] οἰκοδομεῖν Bᵗˣᵗ (= Ra); οἰκοδομῶν A Bᵐᵍ 328 246 o x 55 71 158 245 318 372

9,3: τῆς δεήσεώς] + σου B 247 L 74 245 342 554 707 (= Ra; = Kön)

9,3: μου] ἐμοῦ B A 460 509 (= Ra)

9,4: μου] ἐμοῦ B CI 121 d 130 t⁻³⁷⁰ z 244 342 554 707 (= Ra)

9,5: Δαυιδ τῷ πατρί σοι] tr. τῷ Δαυιδ πατρί σου B CI (= Ra); tr. τῷ πατρί σου Δαυιδ L 554

9,8: Ἕνεκεν] Ἕνεκα B O CI⁻⁹⁸ 509 244 460 (= Ra)

Die meisten Änderungen fallen inhaltlich kaum ins Gewicht. Es gibt aber auch größere Unterschiede, wie z.B. in 8,64.[15]

A. Rahlfs rekonstruiert den OG-Text vorrangig auf Grundlage der drei ältesten Textzeugen B (Kodex Vatikanus; 4. Jhd.) S (Kodex Sinaiticus; 4. Jhd.) und A (Kodex Alexandrinus; 5. Jhd.).[16] In S ist 1–4. Königtümer nicht erhalten,[17] bleiben also B und A als Textgrundlage für seine Rekonstruktion. Diese Limitation hatte vor allem pragmatische Gründe. A. Rahlfs wollte in kurzer Zeit eine Handausgabe des griechischen Textes für Studierende und Pfarrer herstellen.[18] Dementsprechend kurz fällt der Variantenapparat mit den abweichenden Lesarten aus. Für ein eigenständiges textkritisches Urteil reicht dieser bei weitem nicht aus. Von größerem Nutzen für die textkritische Arbeit mit der Septuaginta von 1–4Kgtm ist die diplomatische Edition der Septuaginta *The Old Testament in Greek* aus Cambridge.[19] Im Haupttext steht der Text des Kodex Vatikanus (B). In dem großen Variantenapparat ist eine Vielzahl von Textzeugen miteinbezogen.[20] Für die Hexapla wird bis heute die Edition von Frederick Field gebraucht.[21] Die vollständigste Sammlung aller Lesarten der griechischen Textzeugen bilden die Kollationshefte des Göttinger Septuaginta-Unternehmens. Diese Kollationshefte bilden die Grundlage für die Göttinger Edition der Septuaginta und liegen auch dieser Studie zugrunde. Dankenswerterweise hat mir Felix Albrecht aus Göttingen Zugang zu den Kollationsheften für 3Kgtm 8 ermöglicht. Kennt man zusätzlich die Textzeugengruppen der griechischen Textzeugen, dann bilden diese Kollationshefte aktuell den bestmöglichen Ausgangspunkt für ein eigenständiges textkritisches Urteil. Die Textzeugengruppen wurden bereits mit dem Einverständnis der Editoren Julio

---

15 OG: τοῦ μὴ δύνασθαι δέξασθαι τὴν ὁλοκαύτωσιν καὶ τὸ δῶρον καὶ τὰς θυσίας τῶν εἰρηνικῶν. Rahlfs: τοῦ μὴ δύνασθαι τὴν ὁλοκαύτωσιν καὶ τὰς θυσίας τῶν εἰρηνικῶν ὑπενεγκεῖν.

16 Rahlfs/Hanhart, *Septuaginta*, XXIV: „Die vorliegende Handausgabe der Septuaginta gründet sich hauptsächlich auf die drei berühmten, ursprünglich das ganze A. und N. T. enthaltenen Bibelhss. B S A."

17 Vgl. Rahlfs, *Verzeichnis 2004*, 201–206, bes. 204.

18 Rahlfs/Hanhart, *Septuaginta*, XIV: „Die Handausgabe, die sich in der Hauptsache auf die drei wichtigsten Textzeugen B S A beschränkt und nur gelegentlich, wo es wünschenswert erscheint, auch noch anderes Material mit heranzieht, hat den Zweck, vor allem den Studenten und Pfarrern die Septuaginta in zuverlässiger Bearbeitung zu erschwinglichem Preis zugänglich zu machen und ihnen so ein wichtiges Hilfsmittel fürs Studium nicht nur des Alten, sondern auch des Neuen Testaments darzubieten."

19 Brooke/Mc Lean/Thackeray, *1–2 Samuel*; Brooke/Mc Lean/Thackeray, *1–2 Kings*.

20 Vorläufer bilden die wesentlich kürzere aber auch unvollständige Ausgabe von Swete, *The Old Testament in Greek according to the Septuagint. Vol I. Gen–4Kings*, und Homes/Parsons, *Testamentum*.

21 Field, *Hexaplorum 1/2*; Field, *Hexaplorum 2/2*.

Trebolle Barrera und Pablo A. Torijano Morales publiziert und können damit auch in dieser Studie verwendet werden:[22]

```
Uncials: A B V
O: A-247
L: 19-82-93-108-127
            19′: 19-108
CI: 98-(243)-379-731
            98′: 98-379
CII: 46-52-236-242-313-328-530
            46′: 46-52
            242′: 242-328
            C′: = CI + CII
b: 121-509
d: 44-106-107-125-610
f: 56-246
o: 64-381
s: 92-130-314-488-489-(762)
            488′: 488-489
t: 74-120-134-(370)
z: 68-122
x: 119-527-799
Manuscripts without grouping:
55 71 158 244 245 318 (342) 372 460 554 627 (700 in 1 Kgs) 707
```

Zum Quellenwert der einzelnen Textzeugen

Die wichtigsten Textzeugen sind wegen ihres hohen Alters der Kodex Vatikanus (B, 4. Jhd.) und der Kodex Alexandrinus (A, 5. Jhd.)[23] sowie der antiochenische Text (L), wegen seiner frühen Bezeugung durch Zitate in einigen Werken der Kirchenväter (z. B. bei Theodoret von Cyrus aus dem 5. Jhd. n. Chr.; s. u.). In keinem dieser Textzeugen ist der OG-Archetyp aber vollständig erhalten. Alle sind kontaminiert mit sekundären Lesarten. Ausgangspunkt jeder textkritischen Entscheidung muss

---

22 In: Law, *Origenes*, 14; Kauhanen, *Lucifer*, 19–20. Folgende Auflistung geht nach ebd., 19–20. Für die Datierungen der Handschriften, den Umfang des bezeugten Textes und den Aufbewahrungsort vgl. *Offizielles Verzeichnis der Rahlfs-Sigeln*. Für weiterführende Informationen zu den Handschriften: Rahlfs, *Verzeichnis 1914*; Rahlfs, *Verzeichnis 2004*.
23 Text des Kodex Vatikanus ist abgedruckt in Brooke/Mc Lean/Thackeray, *1–2 Kings*. Für den Kodex selbst vgl. Vercellone/Cozza (Hrsg.), *Vaticanus*, digitalisiert und online verfügbar in: *Codex Vaticanus Graecus 1209*. Für den Kodex Alexandrinus vgl. Kenyon (Hrsg.), *Alexandrinus*, digitalisiert und online verfügbar beim Centre for the Study of New Testament Manuscripts (CSNTM). Für die Datierungen und Beschreibungen der Kodizes vgl. z. B. Rahlfs, *Verzeichnis 2004*.

damit die Gesamtheit der Textzeugen sein. Urteile sind immer mit Blick auf alle Textzeugengruppen und Sub-Archetypen und ihr Verhältnis zu B, A und L zu fällen.

Zum Kodex Vatikanus (B)

Statistisch und qualitativ steht der Kodex Vatikanus dem OG-Text der Tempel-weiherzählung am nächsten. Dennoch enthält er eine hohe Zahl an sekundären Lesarten. Diese sekundären Lesarten in B erkennt man in der Regel, wenn man B mit der Mehrheit der Textzeugen vergleicht. Wenn der Text in B mit der Mehrheit übereinstimmt, handelt es sich in der Regel um die ältere Lesart. Wenn B (zusam-men mit einer kleinen Anzahl an Textzeugen) gegen die Mehrheit eigene Wege geht, wird es sich um eine sekundäre Lesart handeln.

Diese Überlieferungslage offenbart ein methodisches Problem bei Rahlfs prag-matischem Ansatz, den OG-Text nur auf Grundlage der Textzeugen B und A zu rekonstruieren (s. o.). Mit der Beschränkung auf B und A blendet man aus, wie sich die Mehrheit der Textzeugen zum Text von B und A verhalten, und kommt deswegen oft zu falschen Rekonstruktionen.[24] Beide Kodizes haben nicht dieselbe Stellung und Qualität, wie beispielsweise der Kodex Leningradensis und der Kodex Aleppo, die den Archetypen der masoretischen Textzeugen (nahezu) vollständig und mit großer Zuverlässigkeit überliefern (s. u. Kap. 2.2 ab S. 46). Es bestehen zudem keine Hinweise darauf, dass der OG-Text in der Mehrheit der Textzeugen verloren gegangen und ausschließlich in einzelnen Textzeugen enthalten sei.

Der Quellenwert von B hängt in 1–4Kgtm des Weiteren maßgeblich davon ab, in welchem Textbereich man sich befindet. In 1Kgtm 1,1–2Kgtm 11,1 und 3Kgtm 2,12–21,43 ist B ein zuverlässiger Zeuge des OG-Textes. Auch die Tempelweiherzäh-lung in 3Kgtm 8 ist Teil dieser sogenannten „OG-Sektionen". In 2Kgtm 11,2/3–3Kgtm 2,11 und 3Kgtm 22,1–4Kgtm 25 hingegen findet sich in B anstelle des OG-Textes ein Text der sogenannten „*kaige*-Revision".[25] Diese Textbereiche nennt man deswegen „*kaige*-Sektionen". Der Text wurde vollständig überarbeitet, umfassend an den he-bräischen Text des Königebuches angepasst (großenteils = MT^L) und ist deswegen von geringem Wert für die Rekonstruktion des OG-Textes. Dieser überarbeitete Text

---

24 Das Priorisieren von B und A wird teilweise bis heute noch unreflektiert übernommen. Ein gutes Beispiel dafür ist die Studie von Jobst Bösenecker (Bösenecker, *Text*), der vielfach auch dort die Lesart von B bevorzugt und für den OG-Text hält, wo sich selbst Rahlfs gegen B entscheidet. So z B. in 3Kgtm 8,12 (vgl. Fn. 2 auf S. 99); 8,17 (vgl. Fn. 43 auf S. 143); 8,19 (vgl. Fn. 47 auf S. 145); 8,36 (vgl. Fn. 116 auf S. 193); 8,45 (vgl. Fn. 175 auf S. 215); 8,53 (vgl. Fn. 211 auf S. 232); 8,56 (vgl. Fn. 9 auf S. 238); 8,58 (vgl. Fn. 17 auf S. 240).

25 Vgl. z. B. Hugo, *1–2 Kingdoms (Companion)* und Law, *3–4 Kingdoms (Companion)* für diese Anga-ben und weitere Informationen. Der Name *kaige* stammt von dem typischen Übersetzungsmerkmal der Revision: וגם = καί γε = transkribiert auf Deutsch „kaige".

ist in den *kaige*-Sektionen auch in viele andere griechische Textzeugen gelangt. Nur L blieb relativ frei von diesen Bearbeitungen. Der Quellenwert der einzelnen Textzeugen muss in diesen Textbereichen deswegen anders bewertet werden. Für die griechische Übersetzung des Tempelweihspruches haben diese Erkenntnisse aber nur eine untergeordnete Relevanz. 3Kgtm 8 ist Teil der OG-Sektionen. Dort wurde der OG-Text in B nicht umfassend überarbeitet, sondern blieb größtenteils erhalten.

„Sporadische" *kaige*-Bearbeitungen

Auch in den OG-Sektionen findet man gelegentlich *kaige*-Lesarten. Anneli Aejmelaeus spricht bei 1Sam = 1Kgtm von „sporadische" *kaige*-Bearbeitungen.[26] Diese Bearbeitung fand aber bei weitem nicht so systematisch statt wie in den *kaige*-Sektionen und konnte nur in B und seine engsten Begleitern (A B O b) gefunden werden.[27] Als *kaige*-Lesarten kommen also auch nur ähnlich bezeugte Angleichungen in 3Kgtm in Betracht.[28] Folgende Lesarten konnten in der Tempelweiherzählung gefunden werden, die dafür infrage kommen könnten:

8,9: ἐκεῖ] > B f o 71 245 318 372 460 509 707 (= Chr); tr. post ςῆσυωΜ A

8,16: ἡγούμενον] > B M O 509 245 460 707 (= Ra; = Kön)

8,23: θεὸς ὡς σύ] ὡς σὺ θεός B O L CI f 68 mixti (= Ra; = Kön)

8,58: πρὸς αὐτόν = אליו (Kön)] ἐπ' αὐτόν B CI 244 (= עליו?)

8,59: σήμερον] > B A L 509 460 (= Ra; = Kön)

9,8: καὶ ὁ οἶκος οὗτος ὁ ὑψηλός] καὶ ὁ οἶκος οὗτος ἔσται ὁ (>A) ὑψηλός B A (= Kön); καὶ ὁ οἶκος οὗτος ὁ ὑψηλός ἔσται L 328 509 246 460

Wahrscheinlich ist eine sporadische *kaige*-Bearbeitung vor allem in 9,8. In diesem Vers ergibt der Text aus Kön keinen guten Sinn; dort heißt es „dieses Haus soll erhaben sein" (והבית הזה יהיה עליון), obwohl der Tempel im genannten Szenario in Trümmern liegt. Trotzdem wurde der Text in B an den Wortlaut aus Kön angepasst (καὶ ὁ οἶκος οὗτος ἔσται ὁ ὑψηλός). Diese Änderung entspricht dem übersetzungstechnischen Ansatz der *kaige*-Revision, den griechischen Text um jeden Preis an den Text aus Kön anzupassen. Die fehlenden Morpheme aus Kön

---

26 Vgl. Aejmelaeus, *Readings*.

27 Vgl. ebd., 182–183

28 Vgl. das Kriterium zur Identifikation von *kaige*-Lesarten in Nicht-*kaige*-Sektionen in Kauhanen/Pessoa, *Recognizing*, 69: „In the non-kaige sections, the reading is typically found in the B-text with some support in the minuscules, but not in L and the majority."

werden einzeln mechanisch ins Griechische übertragen und ergänzt – selbst wenn der daraus resultierende Text unverständlich ist.[29]

In allen anderen Fällen bleibt die Identifikation der Lesarten als sporadische Bearbeitungen der *kaige*-Revisoren unsicher; die abweichenden Lesarten könnten auch unabhängig davon entstanden sein. Die Textgrundlage ist mit nur einem Kapitel (3Kgtm 8) zu dünn, um Muster zu erkennen. Es obliegt der zukünftigen Forschung alle möglichen Fälle in 3Kgtm zusammenzutragen und zuzuordnen. Auch die typischen sprachlichen und übersetzungstechnischen Merkmalen der *kaige*-Revision finden sich in diesen Fällen nicht wieder.[30]

Textzeugen der hexaplarischen Texttradition (O = A-247; SyrH)
Wichtige Textzeugen für den OG-Text sind neben B die Textzeugen der hexaplarischen Texttradition. Die sogenannte Hexapla ist das Werk des Kirchenvater Origenes aus dem 3. Jhd. n. Chr.[31] Es handelt sich um eine sechsspaltige Synopse („sechs" auf Grie. = „hexa"), die von links nach rechts enthielt: (1) einen hebräischen Text von Kön aus der Zeit des Origenes, (2) eine griechische Transkription dieses hebräischen Textes, (3) den Text von Aquila, (4) den Text von Symmachus, (5) ein alter griechische Text der Septuaginta aus der Zeit des Origenes und (6) den Text von Theodotion. Bei den Texten von Aquila (α'), Symmachus (σ') und Theodotion (θ') handelt es sich um griechische Revisionen der Septuaginta, in denen der Text systematisch an den damals vorliegenden hebräischen Text von Kön angepasst wurde.[32] Auf Grundlage dieser Hexapla wurde (vermutlich auch bereits von Origenes selbst) ein revidierter Text der Septuaginta hergestellt. Textgrundlage war der alte griechische Text der Septuaginta aus der Spalte (5) der Hexapla. Was in dem hebräischen Text aus Kön aus Spalte (1) fehlte, wurde im Text belassen, aber mit einem Obelus (÷/‾/–) markiert. Er soll anzeigen, dass dieser Teil des griechischen Textes der Septuaginta im hebräischen Text von Kön fehlt. Wo in der Septuaginta Text fehlte, wurde dieser von den griechischen Übersetzungen der Revisionen ergänzt (α', σ', θ'), in der Regel von der Theodotion. Dieser Text wurde mit einem Asterisk (⁕) markiert. Er zeigt an, dass dieser Teil ursprünglich kein Äquivalent in

---

29 Für eine ausführlichere Diskussion dieses Falls vgl. S. 298ff.
30 Für eine Anleitung, wie man *kaige*-Lesarten in 1–4Kgtm erkennt, vgl. Kauhanen/Pessoa, *Recognizing*. Nicht jede potentielle Angleichung an den MT ist eine *kaige*-Lesart; das wäre eine unzulässige Vereinfachung.
31 Für eine Einführung in die Hexapla von Origenes auf aktuellstem Stand vgl. Gentry, *Hexapla (Handbook)*. Vgl. ebd. für alle weiteren Hinweise zu den Quellen und zur Forschungsliteratur.
32 Für aktuelle Einführungen in diese Revisionen vgl. Gentry, *1.3.1.2 Translations (THB)*; Veltri/Salvesen, *Aquila (Handbook)*; van der Meer, *Symmachus (Handbook)*; Kreuzer, *Theodotion (Handbook)*. Vgl. diese Artikel für alle weiteren Hinweise zu den Quellen und zur Forschungsliteratur.

der Septuaginta hatte und hier ergänzt wurde. Das Ende der Markierung wurde in beiden Fällen oft mit einem Metobelus (↘) markiert. Diese Markierungen nennt man hexaplarische Zeichen.

Dieser überarbeitete Text der Septuaginta wird für 3Kgtm 8 durch O = A-247 (O nach Origenes) und der sogenannten Syrohexapla (SyrH) bezeugt. Zieht man die Bearbeitungen mit hexaplarischem Ursprung ab, erhält man einen sehr alten Text der LXX-Überlieferung, wie er Origenes in 3. Jhd. vorgelegen haben muss. Deswegen gehören O und SyrH zu den wichtigsten Textzeugen des OG-Text. In A und 247 sind die hexaplarischen Zeichen größtenteils verloren gegangen. Der revidierte Text wurde ohne hexaplarischen Zeichen abgeschrieben. Die Syrohexapla ist eine sehr wörtliche Übersetzung des revidierten Textes ins Syrische.[33] In ihr wurden die meisten hexaplarischen Zeichen abgeschrieben und sind uns deswegen erhalten. Leider ist die Syrohexapla in 1Kön 8 nur ab dem Vers 62 erhalten.[34] Teilweise haben einige Lesarten mit hexaplarischem Ursprung Einzug in andere griechische Textzeugen gefunden. Auch die hexaplarischen Zeichen sind vereinzelnd in einigen griechischen Textzeugen erhalten. Lesarten mit hexaplarischer Herkunft sind für 3Kgtm 8 zudem gelegentlich in den Text-Anmerkungen im Scholienkommentar zur Peshitta von Bar Hebraeus (SyrH-ap-Barh) erhalten (vgl. 3Kgtm 8,2 für ein Beispiel).[35]

Folgende Hinzufügungen mit hexaplarischem Ursprung sind in der Tempelweiherzählung gemeinsam mit dem dazugehörigen hexaplarischen Zeichen (Asterisk) erhalten:

Plus = Kön, mit erhaltenen Asterisk

8,4: μαρτυρίου] + καὶ ἀνεβίβασαν αὐτὰ οἱ ἱερεῖς καὶ οἱ Λευῖται Ο 127(sub ※) 158 (= Kön)

8,6: ἱε|※ρεῖς 127 | κιβωτόν] + διαθήκης κυρίου O L⁻¹⁹⁻¹²⁷ 246 (= Kön); τῆς διαθήκης κυρίου 19

8,26: τῷ Δαυιδ] ὃ ἐλάλησας τῷ δούλῳ σου Δαυιδ O (= Kön); ὃ ἐλάλησας τῷ Δαυιδ 127(sub※) 158 372

8,33: καὶ ἐπιστρέφουσιν] + πρὸς σέ O (= Kön) | καὶ ἐξομολογήσονται] +pre ※ 243-731 | καὶ δεηθήσονται] + πρὸς σέ O (= Kön)

8,62: Ισραηλ] + μετ᾽ αὐτοῦ O SyrH(↘ܡ̇ ✶) Arm (= Kön)

8,63: προβάτων ἑκατὸν εἴκοσι χιλιάδας SyrH(sub ※ s.u.) 243ᵐᵍ-731ᵐᵍ 125ᵐᵍ 244ᵐᵍ rel] > B 98-243ᵗˣᵗ-379-731ᵗˣᵗ d⁻¹²⁵ᵐᵍ 328 509 mixti⁻²⁴⁴ᵐᵍ (χιλιάδας χιλιάδας)

---

33 Als Edition der Syrohexapla wird nach wie vor verwendet: de Lagarde, *Syriacae*. Für eine Einführung vgl. Liljeström, *Syrohexapla (Handbook)*; Carbajosa, *1.4.5 Syro-Hexapla (THB)*.

34 Vgl. de Lagarde, *Syriacae*, 200.

35 Vgl. die Edition Sauma, *Bar-Hebraeus's*. Die Abkürzung SyrH-ap-Barh stammt aus Brooke/Mc Lean/Thackeray, *1–2 Samuel*; Brooke/Mc Lean/Thackeray, *1–2 Kings*.

8,65: ἑπτὰ ἡμέρας] + καὶ ἑπτὰ νύκτας 247; + καὶ τεσσαρεσκαίδεκα ἡμέρας 93 Thdt (= Ant); + καὶ ἑπτὰ ἡμέρας τέσσαρας[36] καὶ δέκα ἡμέρας A 19´-127(sub ※ s.u.) CI^{mg} CII 246^{mg} s^{-130} 158 554^c SyrH(α´ sub ※ s.u.) (= Kön)

8,66: τοῖς ἀγαθοῖς] +pre πᾶσιν O θ´(sub ※; vgl. SyrH) (= Kön)

9,2: ὤφθη 2°] + αὐτῷ O L^{(127 sub ※)} 328 342 (= Kön)

Der Asterisk ist in den erhaltenen Teilen der Syrohexapla (ab 1Kön 8,62) erhalten. Von den griechischen Textzeugen enthält lediglich 127 einige Asterisk. In 8,6 ist der Asterisk in 127 an der falschen Stelle platziert. Vielleicht hat der Schreiber die Bedeutung des hexaplarischen Zeichens nicht verstanden und ihn deswegen an der falschen Stelle eingefügt.

Die meisten Hinzufügungen mit hexaplarischem Ursprung sind allerdings ohne den dazugehörigen Asterisk erhalten. Er wurde im Laufe der Überlieferung irgendwann nicht mit abgeschrieben:

Plus = Kön, ohne erhaltenen Asterisk

8,1: Ισραηλ] + σὺν πάσας (συμπασας M 247) κεφαλὰς (κειφ. 158) τῶν ῥαβδῶν (ῥαυδων 158) ἐπηρμένους (ἐπησμ. A; ἐπηρμένας 247) τῶν πατέρων τῶν (> 158) υἱῶν Ισραηλ πρὸς τὸν βασιλέα Σαλωμών (προς – σαλωμων > 247) M O 158 318 (= Kön)

8,1: Σιων] + καὶ ἐξεκκλησιάσθησαν πρὸς τὸν βασιλέα Σαλωμών πᾶς ἀνὴρ Ισραηλ O (= Kön)

8,2: Αθανιν] + ἐν τῇ ἑορτῇ αυτος ὁ μὴν (A: + ἑβδομηκοστὸς) ἕβδομος A Arm (= Kön); σ´ τῷ ἀρχαίῳ in M^{mg} SyrH-ap-Barh; εβρ. ܐ‍ܬ‍ܢ‍ܝ‍ܢ in SyrH-ap-Barh; + αθανιν ἡ γοῦν ἐν μηνὶ Αθανιν 52

8,3: +pre καὶ ἦλθον πάντες οἱ πρεσβύτεροι Ισραηλ A (= Kön)

8,4: +pre καὶ ἀνεβίβασαν (ἀνεβήβασαν 247) τὴν κιβωτὸν κυρίου O (= Kön)

8,5: ὁ βασιλεὺς καὶ πᾶς Ισραηλ] ὁ βασιλεὺς Σαλωμών καὶ πᾶσα συναγωγὴ Ισραηλ οἱ συντεταγμένοι ἐπ᾽ αὐτὸν σὺν αὐτῷ A (= Kön); ὁ βασιλεὺς Σαλομών οἱ συντεταγμένοι ἐπ᾽ αὐτῶν σὺν αὐτῷ καὶ πᾶσα συναγωγὴ Ισραηλ 247

8,5: ἀναρίθμητα] ἃ οὐ ψηφισθησεται αναριθμητα ἀπὸ πλήθους A (= Kön); ἃ οὐ ψηφισθησονται 247

8,8: ἔξω] + καὶ ἐγένοντο ἐκεῖ ἕως τῆς ἡμέρας ταύτης O (= Kön)

8,10: νοκῖο] + υοίρυκ O L 328 (= Kön)

8,11: νοκῖο] + υοίρυκ O L f (= Kön)

8,24: Δαυιδ τῷ πατρί μου] τῷ πατρί μου Δαυιδ f; + ὅσα ἐλάλησας αὐτῷ A (= Kön)

8,28: τὴν δέησίν μου] +pre τὴν (>A) προσευχὴν τοῦ (>A) δούλου σοῦ καί O (= Kön)

8,33: καὶ ἐπιστρέψουσιν] + πρὸς σέ O (= Kön) | καὶ ἐξομολογήσονται] +pre ※ 243·731 | καὶ δεηθήσονται] + πρὸς σέ O (= Kön)

8,36: ἐπὶ τὴν γῆν] + σου O L CII 246 s^{-130} (= Kön)

---

36 -ες in A 19´-127 98´ 328-530 92.

8,37: λιμὸς ἐὰν γένηται] + ἐν τῇ γῇ O (= Kön)

8,37: βροῦχος] +pre ἴκτερος O (= Kön)

8,38: παντὶ ἀνθρώπῳ] + παντὸς λαοῦ σου (> 247) Ισραηλ O (= Kön)

8,39: κατὰ τὰς ὁδοὺς αὐτοῦ] κατὰ πάσας τὰς ὁδοὺς αὐτοῦ A L 246 (= Kön)

8,41–42: οὗτος] οὗτος καὶ ἔλθῃ (tr. καὶ ἔλθῃ οὗτος 247) ἀπὸ γῆς μακρόθεν ἕνεκα (ἕνεκεν τοῦ 247) ὀνόματός σου [42] ὅτι ἀκούσουσιν (-σονται 247) τὸ ὄνομά σου τὸ μέγα καὶ τὴν χεῖρά σου (σοι 488ᶜ) τὴν ἰσχύουσαν (ἰσχύουσ 488) καὶ (τὸν 488) βραχίονά σου τὸν ἐκτεταμένον (-μμένον 247) O 488 (= Kön)

8,46: αὐτούς] > B (= OGChr); post οἱ αἰχμαλωτίζοντες L; αὐτοὺς οἱ αἰχμαλωτίζοντες αὐτούς O 460 (= Kön)

8,46: $\frac{ἢ}{καὶ}$] μακρὰν καὶ ἐγγύς B O L 509 460 (= Ra); μακρὰν ἢ ἐγγύς rel (= OGChr; = Kön)

8,49: κατοικητηρίου σου] + τὴν προσεύχην αὐτῶν καὶ τὴν δέησιν αὐτῶν καὶ ποιήσεις κρίσιν αὐτῶν O 488 (= Kön)

8,51: κληρονομία σου] + εἰσίν O L 246 (= Kön)

9,3: τῆς δεήσεώς] + σου B 247 L 74 245 342 554 707 (= Ra; = Kön)

9,8: καὶ ὁ οἶκος οὗτος ὁ ὑψηλός] καὶ ὁ οἶκος οὗτος ἔσται ὁ (>A) ὑψηλός B A (= Kön); καὶ ὁ οἶκος οὗτος ὁ ὑψηλός ἔσται L 328 509 246 460

Der hexaplarische Ursprung der Hinzufügungen ist in vielen Fällen wahrscheinlich, aber manchmal nicht eindeutig nachweisbar, weil das hexaplarische Zeichen als Beweis fehlt und die Syrohexapla an den meisten Stellen nicht erhalten ist. Einige Hinzufügungen können auch auf anderem Wege entstanden sein; manchmal kann dieselbe Hinzufügung in O hexaplarischen Ursprungs sein, aber per Zufall in anderen Textzeugen auch unabhängig davon entstanden sein. Enthält O einen Zusatz, der ebenfalls in dem hebräischen Text von Kön zu finden ist, kann man aber in der Regel mindestens für diesen Hauptzeugen der hexaplarischen Bearbeitung einen solchen Ursprung annehmen. In jedem Fall unstrittig sind beispielsweise die hexaplarischen Ursprünge der Hinzufügungen in 8,1.2.3.4.5.37.38.41–42.46.49.

Ein Obelos als hexaplarisches Zeichen ist für die Tempelweihezählung ausschließlich in der Syrohexapla (erhalten ab 8,62!) bezeugt:

Erhaltener Obelos

8,62: οἱ υἱοί] ܘܒܢ⁻ SyrH (= Kön)

8,65: ἐν τῷ οἴκῳ – θεοῦ ἡμῶν] sub ⁻ SyrH | ἐσθίων – ἡμέρας] sub – 127

8,66: ἕκαστος] sub ⁻ SyrH (= Kön)

Die einzige Ausnahme ist 127 in 8,65. Dort ist allerdings wie auch stellenweise beim Asterisk der falsche Text markiert. Irgendwann wurde der Obelus nicht mehr abgeschrieben, ohne aber den entsprechenden Text aus der Septuaginta zu streichen. Deswegen blieb der OG-Text in O oft erhalten. An einigen Stellen fehlt in O allerdings genau derjenige Text, der im heutigen Text von Kön kein Äquivalent hat:

Minus = Kön, ohne erhaltenen Obelus

8,1: καὶ – ἔτη] > V O 44 245 707 (= Kön)

8,14: ὁ βασιλεύς] > 247 L 328 d⁻¹⁰⁶ f 381 (= Kön; = Chr)

8,16: ἡγούμενον] > B M O 509 245 460 707 (= Ra; = Kön)

8,27: τῷ ὀνόματί σου] > A (= Kön)

8,53: ἐκ γῆς Αἰγύπτου] ἐξ Αἰγύπτου O (= Kön); εκ γυπτου 246^{txt}

8,59: σήμερον] > B A L 509 460 (= Ra; = Kön)

8,60: Κύριος ὁ θεός, αὐτὸς θεός] σὺ Κύριος ὁ θεός L 328; Κύριος, αὐτὸς ὁ θεός A (= Kön)

9,4: καὶ τοῦ ποιεῖν] > καί O L CII 246 s⁻¹³⁰⁻⁴⁸⁸ 71 245 707 (= Kön)

In einigen dieser Fällen könnte es sich um Auslassungen mit hexaplarischem Ursprung handeln, auch wenn ein eindeutiger Nachweis aufgrund der fehlenden hexaplarischen Zeichen fehlt. Relativ eindeutig sind z. B. die große Auslassung des LXX-Sondergutes in 8,1 und die Bearbeitung in A in 8,60. Bei beidem handelt es sich um Auslassungen, die auf die Hexapla zurückgehen.

Des Weiteren lassen sich einige Umstellungen in dem hexaplarischen Hauptzeugen O beobachten, die sich ebenfalls mit dem heutigen hebräischen Text von Kön decken:

Umstellung = Kön

8,23: θεὸς ὡς σύ] ὡς σὺ θεός B O L CI f 68 mixti (= Ra; = Kön)

8,29: ἡμέρας καὶ νυκτὸς 1°] νυκτὸς καὶ ἡμέρας A (= Kön)

8,53: δούλου σου Μωυσῆ] tr. Μωυσῆ (A: Μωσῆ) δούλου σου O 158 (= Kön)

8,63: δύο καὶ εἴκοσι] tr. εἴκοσι καὶ δύο O SyrH (= Kön)

8,65: τὴν ἑορτὴν ἐν τῇ ἡμέρᾳ ἐκείνῃ] tr. ἐν τῇ ἡμέρᾳ ἐκείνῃ τὴν (> 247) ἑορτήν O (= Kön)

Ein hexaplarischer Ursprung ist möglich. Die Variante in 8,63 wird immerhin auch durch die Syrohexapla bezeugt. In keinem dieser Fälle kann allerdings eindeutig nachgewiesen werden, dass die Umstellung auf die Hexapla zurückgeht.

Der antiochenische Text (L)

Als antiochenischen Text bezeichnet man den Vorfahren der Textzeugen 19-82-93-108-127.[37] Die jeweiligen Handschriften stammen erst aus der Zeit ab dem 9. Jhd.

---

[37] Einführungen zum antiochenischen Text finden sich in: Kauhanen, *Antiochian (Handbook)*; Albrecht, *hebraica*.

Der Vorfahre ist aber wesentlich älter. Dieser wird nämlich von einigen Kirchenvätern zitiert, wie z. B. bei Theodoret von Cyrus aus dem 5. Jhd. n. Chr.[38] In dieser Texttradition wurde der OG-Text stilistisch und sprachlich umfassend überarbeitet. Das gibt ihn als eigenen Texttypen zu erkennen.[39] Viele Lesarten des OG-Text sind aber trotzdem erhalten geblieben. Zudem ist er relativ unbeeinflusst von der *kaige*-Revision (s. o.) und wird deswegen in den *kaige*-Sektionen zu einem wichtigen Textzeugen des OG-Textes. Für die Nicht-*kaige*-Sektionen und damit für die Tempelweiherzählung aus 3Kgtm 8 gilt dies aber nicht.[40] Oft enthält L gegen B und A den OG-Text, wenn die entsprechende OG-Lesart auch in der Mehrheit der Textzeugen enthalten ist. Eindeutige Fälle von „OG = L ≠ B O rel" konnten in der Überlieferung der Tempelweiherzählung keine gefunden werden. Die Lesarten von L sind in den Variantenapparaten dieser Studie allesamt aufgeführt, damit sich die Leserschaft ein eigenes Bild machen kann. Sie werden aber nur kommentiert, wenn die Lesart als OG-Text infrage kommt oder exegetisch relevant ist.

Die altlateinischen Randlesarten aus LaM

In fünf aus Spanien stammenden Vulgata-Kodizes (91–95) aus dem Mittelalter sind am Rand altlateinische Übersetzungen einzelner Verse aus der Septuaginta erhalten. Die Vorlage stand dem antiochentischen Text (L) nah. Wo der Vulgata-Text sich von diesem griechischen L-Text unterschied, wurden gelegentlich altlateinische Übersetzungen von L eingefügt. In allen fünf Vulgata-Kodizes finden sich am Rand grob dieselben Randlesarten; die Abweichungen entstanden am ehesten beim Abschreiben der Randlesart. Diese lateinischen Randlesarten wurden editiert und als eklektischer Text mit einem Variantenapparat herausgegeben von Antonio Moreno Hernández.[41] Bezeichnet werden die Lesarten entweder mit La$^{91-95}$ nach den fünf spanischen Vulgata-Kodizes, an dessen Rändern sie gefunden wurden, oder mit La^M (M entweder = „Margin" für Rand[glossen] oder = „Moreno" gemäß

---

38 Vgl. die moderne textkritische Edition des antiochenischen Textes inkl. einer genauen Beschreibung von dessen Textzeugen in: Fernández Marcos/Busto Saiz, *1–2 Reyes*, sowie die kritische Edition des entsprechenden Werkes von Theodoret *Theodoreti Cyrensis Quaestiones in Reges et Paralipomena. Editio Critica* in: Fernández Marcos/Busto Saiz, *Quaestiones*.
39 Vgl. Kauhanen, *Antiochian (Handbook)*, und darüber die weitere Literatur.
40 Anders Kreuzer, *5.5 Kings (THB)*, wenn er schreibt: „Again as in Samuel, the Antiochian text is the best representative of the Old Greek." und „The identification of the Antiochene text as 'more or less reflecting the Old Greek' is important for describing OG-Kgs.". Dabei handelt es sich aber um eine Minderheiten-Position. Vgl. dazu bes. Kauhanen/Law, *Remarks*; Kauhanen, *Problem*; Kauhanen u. a., *Kings (Handbook)*; Kauhanen, *Antiochian (Handbook)*.
41 Moreno Hernández, *Las glosas marginales*.

des Autors Moreno Hernández).[42] Relevant sind diese Lesarten in dieser Studie nur für den Tempelweihspruch (vgl. dazu S. 103ff.).

Zitate aus der Septuaginta bei Kirchenvätern

Von großem Quellenwert können Zitate aus der Septuaginta in den Werken der spätantiken Kirchenvätern sein. Während die allermeisten griechischen Handschriften der LXX-Überlieferung aus dem Mittelalter stammen, können die Zitate verraten, welche Textversionen in der Spätantike bekannt waren.[43] Für diese Studie relevant sind die Kommentierung des griechischen Tempelweihspruches bei Theodoret von Cyrus aus dem 5. Jhd. n. Chr.[44] und das Zitat von 1Kön 9,8 vom Kirchenvater Lactantius (250–320 n. Chr.) in seinem Werk *Divinae Institutiones* (Buch IV: *De vera sapientia et religione*, Kap. 18,32) und in *Epitome divinarum institutionum* (Kap. 46,8).[45] Bei der Rekonstruktion des jeweiligen OG-Textes sind die genannten Zitate allerdings keine Hilfe. In den konkreten Fällen bezeugten sie lediglich sekundäre Lesarten.[46]

2.1.2 Zur hebräischen OG-Vorlage

Die Frage nach der hebräischen OG-Vorlage ist der zweite wichtige Schritt, um den Quellenwert von Kgtm im Vergleich zu Kön und Chr zu klären. Welche abweichenden Lesarten gehen auf den Übersetzer (oder mögliche innergriechische Änderungen) zurück? In welchen Fällen ist eine anders lautende hebräische Vorlage der mögliche Ursprung des abweichenden Textes? Der OG-Text von Kgtm ist die älteste Übersetzung der Tempelweiherzählung. Wenn die abweichenden Lesarten bereits in der hebräischen OG-Vorlage bestanden, besteht die realistische Möglichkeit, dass es sich um den ältesten verfügbaren Text der Tempelweiherzählung handelt. Wer der Tempelweiherzählung historisch auf die Spur kommen

---

42 In der LXX von Brooke/McLean lag für die Randlesarten in 1–4Kgtm die Vorgänger-Ausgabe von Carolus Vercellone (Vercellone, *Variae Lectiones Bd. II*; für 3Kgtm 8,53 vgl. ebd., 489) zugrunde (vgl. Brooke/Mc Lean/Thackeray, *1–2 Samuel*, vii; im Apparat von 3Kgtm 8,53 mit dem Kürzel „L"; vgl. Brooke/Mc Lean/Thackeray, *1–2 Kings*, 58).

43 Für eine ausführlichere Einführung vgl. die Überblicksartikel in THB: Lange, *1.7.1 Quotations (THB)*; Meiser, *1.7.2 Quotations (THB)*. Für methodische Hinweise zum textkritischen Gebrauch von Zitaten bei Kirchenvätern vgl. z. B. die Einleitung in Kauhanen, *Lucifer*, 1–20.

44 Sein Bibelkommentar *Quaestiones in libros Regnorum et Paralipomenon* liegt als moderne Edition vor in Fernández Marcos/Busto Saiz, *Quaestiones*. Älter, aber online verfügbar: Migne, *Patrologia Graeca*.

45 Lateinischer Text in ebd. Englische Übersetzung in Lactantius, *The Divine Institutes*.

46 Vgl. für den Tempelweihspruch S. 101; und für 1Kön 9,8 S. 298.

möchte, kann deswegen der Frage nach der hebräischen OG-Vorlage von Kgtm
nicht ausweichen.[47]

Für jede von den bekannten hebräischen Textzeugen abweichende Lesart ist
neu zu entscheiden, ob eine eindeutige Zuordnung zum Übersetzer oder zum
hebräischen Vorlagentext möglich ist. Grundlage der Entscheidung bildet eine
übersetzungstechnische und philologische Untersuchung der Lesarten. Für die Rekonstruktion eines hebräischen Vorlagentextes müssen zwei Bedingungen erfüllt
sein: (1) Es muss (mindestens) ein hebräisches Äquivalent zur Verfügung stehen,
das mehrfach als gezielte Übersetzung des jeweiligen griechischen Lexems verwendet wurden (im Idealfall von dem gleichen Übersetzer). (2) Die Rekonstruktion
muss einen plausiblen hebräischen Text ergeben, der durch andere Belegstellen
gedeckt ist.

Quellenwert der OG-Vorlage

Wie bereits aus der Einführung hervorgegangen ist, weicht der OG-Text teilweise
signifikant von den bekannten hebräischen Texten aus Kön und Chr ab (vgl. Kap. 1.1
für Beispiele). Viele der Abweichungen bestanden bereits in der hebräischen Vorlage des OG-Textes. Insbesondere bei größeren Abweichungen im Umfang von
Teilsätzen, Sätzen und ganzen Abschnitten sowie bei den umfangreichen Umstellungen ist man sich dessen sehr sicher, und zwar aus folgenden Gründen:

(a) Der Übersetzer des OG-Textes von Kgtm unterlag wie alle anderen Übersetzer autoritativer Texte einer doppelten Verpflichtung: Auf der einen Seite ist
er seiner hebräischen Vorlage verpflichtet. Er übersetzt mit dem Ziel, ihren Text
und Inhalt treu und möglichst akkurat wiederzugeben. Auf der anderen Seite ist
er der Leserschaft der Zielsprache verpflichtet. Er übersetzt mit dem Ziel, für sie
eine verständliche und inhaltlich wie sprachlich sinnvolle Übersetzung herzustellen. Die doppelte Verpflichtung gegenüber seiner autoritativen Vorlage und der
Zielsprache seiner Leserschaft kann den Übersetzer zu kreativeren Übersetzungen
zwingen, wenn die Zielsprache keine vollständig „wörtliche" Übersetzung zulässt.
Der Übersetzer kann auch einmal einen Absatz übersehen und dann ggf. an späterer Stelle nachtragen. Er wird den Text aber kaum vollständig neu anordnen oder
Teilsätze, Sätze oder ganze Abschnitte erfinden und eigenständig dazu dichten.
Dies gilt für relativ „wörtliche" Übersetzungen wie die aus OGKgtm, aber genauso
für „freie" Übersetzungen. Im OG-Text von Jesaja ist der Text beispielsweise wesentlich paraphrasierender übersetzt, es werden aber trotzdem keine Verse oder
Abschnitte umgestellt, hinzugefügt oder weggelassen.

---

[47] Grundlegend zum textkritischen Gebrauch der Septuaginta: Tov, *Text-Critical Use*; Aejmelaeus,
Hebrew Vorlage.

(b) Ein ähnliches Bild ergibt sich durch einen Vergleich mit den anderen Übersetzungen der hebräischen Texte von Kön und Chr ins Aramäische (Tg), Syrische (P), Lateinische (Vg), etc. In keiner der Übersetzungen sind annähernd so viele größere Zusätze/Auslassungen und Umstellungen erhalten wie im OG-Text von Kgtm. Wenn Text fehlt, ist ein Augensprung (oder wie im Falle von PChr Angleichungen an Kön) dafür verantwortlich. Größere Umstellungen sind in ihnen nicht bezeugt. Wenn Übersetzer wie in den Targumim stärker eingriffen und überarbeiteten, tun sie das nach klar erkennbaren, sich wiederholenden Mustern (z. B. exegetische Kommentierung durch Dublikation oder Vermeidung von expliziter Verkörperung JHWHS). Sie stellen den Text nie um und dichten auch keine Verse neu hinzu oder lassen sie aus.

(c) Eine Überarbeitung innerhalb der griechischen Überlieferung als Ursache für die vielen Unterschiede von OGKgtm zu den bekannten hebräischen Texten ist unwahrscheinlich. In der bekannten griechischen Überlieferung wurden Verse oder Textabschnitte weder hinzugefügt oder bewusst gestrichen noch umgestellt oder neu angeordnet. Größere Auslassungen findet man in der Regel nur dort, wo Text aufgrund eines Augensprunges ausgefallen ist. Belegt (und allgemein bekannt) sind in 3Kgtm innergriechischen Revisionen des Septuaginta-Textes gemäß eines hebräischen Textes von Kön (Aquila, Symmachus, Theodotion, Hexapla, Kaige, etc.). In ihnen wurde die OG-Übersetzung grundlegend mit dem Ziel überarbeitet, den abweichenden OG-Text an den bekannten hebräischen Text aus Kön anzupassen. Im OG-Text fehlende Textstücke wurden ergänzt und der zusätzliche Text (teilweise) gestrichen. Innergriechische Überarbeitungen, die sich von den bekannten hebräischen Texten wegbewegen, sind für 3Kgtm nicht bekannt. Gleiches lässt sich auch bei den anderen semitischen- und nicht-semitischen Übersetzungen beobachten. Sobald der hebräische Text von 3Kgtm übersetzt war, wurde er entweder konservativ überliefert oder an bestehende Texttraditionen angepasst.

(d) An einigen Stellen ist der abweichende Text von OGKgtm durch das Chronikbuch auf Hebräisch belegt. In folgenden Fällen stimmt OGKgtm zwar nicht mit dem Text des Königebuches, dafür aber mit dem hebräischen Chroniktext überein (Kön ≠ Kgtm = Chr):

7,51: שלמה המלך Kön] > המלך Chr Kgtm

8,4: ויעלו את ארון Chr] ארון ארון Kgtm; + יהוה Kön

8,26: אלהי ישראל Kön] +pre יהוה Chr = κύριε Kgtm

8,26: דבריך Kön] דברך Chr Kgtm (τὸ ῥῆμά σου)

8,27: על הארץ Kön] +pre את האדם Chr Kgtm (μετὰ ἀνθρώπων)

8,27: הנה השמים Kön] הן השמים Chr Kgtm

8,29: לילה ויום Kön] יומם ולילה Chr Kgtm (εἰ ὁ οὐρανός)

8,33: אשר Kön] כי Chr Kgtm (ὅτι)

8,33: ושבו Kgtm Chr] + אליך Kön

8,39: לבדך ידעת Kgtm Chr] tr. ידעת לבדך Kön
8,63: [שלמה] +pre המלך Chr Kgtm (ὁ βασιλεύς)
8,64: מהכיל Kön vs. להכיל יכול לא Chr Kgtm (τοῦ μὴ δύνασθαι δέξασθαι)
9,5: ישראל כסא מעל Kön vs. בישראל מושל Chr Kgtm (ἡγούμενος ἐν Ισραηλ)
9,7: הבית ואת Kön] + הזה Chr Kgtm (τοῦτον)
9,7: אשלח Kön vs. אשליך Chr Kgtm (ἀπορρίψω)

Die Chronik belegt, dass die abweichenden Lesarten aus Kgtm auf Hebräisch existiert haben. In Einzelfällen können die Übereinstimmungen Zufall sein; in vielen Fällen wird im Chroniktext die hebräische Vorlage von OGKgtm erhalten sein.

(e) Unter den Textfunden in den Qumranhöhlen am Toten Meer in den 1950er Jahren hat man Teile der stark abweichenden OG-Texte auf Hebräisch gefunden. Was vorher bereits viele vermuteten, wurde durch diese Textfunde bewiesen: In der Zeit des Zweiten Tempels haben mehrere Texttraditionen auf Hebräisch nebeneinander existiert; eine davon ist in der Septuaginta-Überlieferung als griechische Übersetzung erhalten. Das prominenteste Beispiel sind die Textfunde zum Jeremiabuch. Die Fassung der Septuaginta ist im Jeremiabuch um ca. ein Siebtel (= ca. 3000 Worte) kürzer als der Masoretische Text.[48] Teile von dessen stark abweichenden OG-Textes wurden in den Qumranhöhlen auf Hebräisch gefunden (Jer 9,22–10,21 ist enthalten in 4QJer[b] und Jer 43,2–10 in 4QJer[d]).[49] Auch in den anderen Handschriften sind zahlreiche Lesarten größeren und kleineren Umfangs erhalten, die vorher nur aus der Septuaginta bekannt waren.[50] Bei den Büchern 1–4Kgtm (=1–2Sam; 1–2Kön) enthält die Handschrift 1QSam[a] die meisten Septuaginta-Lesarten.[51]

Für die Tempelweiherzählung lässt sich dieser Befund folgendermaßen zusammenfassen: Die umfassende Neuordnung in 3Kgtm sowie Umstellungen im Baubericht in 1Kön 6–7 und die damit zusammenhängenden Zusätze (8,1a) werden bereits in der hebräischen OG-Vorlage bestanden haben (vgl. Kap. 3.1 ab S. 57). Gleiches gilt für den um die Hälfte kürzeren OG-Text in 8,1–6 (vgl. Kap. 3.2 ab S. 63). Für alle anderen Abweichungen auf der Ebenen von einzelnen Morphemen,

---

48 Vgl. Stipp, *Jeremia / Jeremiabuch*.

49 Vgl. dazu mit konkreten Textbeispielen: Ulrich, *Composition*, 141–150; Stipp, *Jeremia / Jeremiabuch*; Schmid, *II. Hintere Propheten (Nebiim)*, 336.

50 Ausführlichere Auswertungen zur Bezeugung von Septuaginta-Lesarten in Qumran mit vielen konkreten Beispielen sind zu finden in: Tov, *Text-Critical Use*, 206–216; Tov, *Qumran Hebrew Texts*; Ulrich, *Composition*, 229–249.

51 Vgl. dazu Tov, *Text-Critical Use*, 209–211; Tov, *Qumran Hebrew Texts*, 7–9. Für das Königebuch sind in Qumran nur (sehr) kleine, unvollständige Fragmente (4QKgs) gefunden worden, die zudem dem Masoretischen Text an nächsten stehen (Ausnahme: 1Kön 8,16!).

Worten und Wortverbindungen ist mit der realistischen Möglichkeit zu rechnen, dass diese ebenfalls auf eine anders lautende hebräische Vorlage zurückgehen. Die eindeutige Zuordnung solcher Lesarten bleibt ein schwieriges Unterfangen. Die Bearbeitungen und Änderungen können auf die hebräische Vorlage, den Übersetzer oder eine innergriechische Entstehung zurückgehen. Für jede einzelne Lesart muss neu entschieden werden, ob eine eindeutige Zuordnung möglich ist.

Zu den Studien von Percy S. F. van Keulen und Andrzej S. Turkanik
In den Jahren 2005 und 2008 sind zwei Monographien erschienen, die den Quellenwert der OG-Vorlage anders einschätzen und zu Ergebnissen abseits des oben skizzierten Konsens kommen. Dabei handelt es sich um Außenseiter-Positionen, die an die früheren Studien von John Wevers und David Gooding anknüpfen, aber in der etablierten texthistorischen Forschung zu 1–4Kgtm für Irrwege gehalten werden.[52] Sie sind jedoch in prominenten bibelwissenschaftlichen Schriftreihen erschienen (*Vetus Testamentum Supplements* und *Forschungen zum Alten Testament [2. Reihe]*), und sollen deswegen kurz eingeordnet werden.

Im Jahr 2005 ist die Studie *Two Versions of the Solomon Narrative. An Inquiry into the Relationship between MT 1 Kgs. 2–11 and LXX 3 Reg. 2–11* von Percy S. F. van Keulen erschienen. P. van Keulen vergleicht darin den Masoretischen Text des Königebuches mit der Septuaginta. Sein Ergebnis besteht aus zwei Punkten: (1) Die umfangreichen Umstellungen und Abweichungen sind seiner Meinung nach in der Septuaginta-Überlieferung vorgenommen worden. (2) Diese Bearbeitungen seien von einem griechischen „reviser" vorgenommen wurden.[53]

Der zweite Teil seines Ergebnisses beruht allerdings auf Deutungen von einer relativ geringen Anzahl an uneindeutigen Textphänomenen. Nach P. van Keulen hängen die Neueinordnungen in 3Kgtm 5,32–6,1b; 9,14.26; 10,22a mit speziellen Formulierungen des Griechischen zusammen; in den zusammengestellten „Miscellanies" (3Kgtm 2,35a–k.46a–k) lasse sich zudem im Vergleich zum Übersetzer das Werk einer zweiten Hand erkennen.[54] Sieht man sich P. Van Keulen's Analyse dieser Textstellen aber im Detail an, entpuppen sich die angeführten Textphänomene als mehrdeutig und für texthistorische Zuordnungen einer umfassenden Bearbeitung wenig belastbar. Eine vom Übersetzer zu unterscheidende zweite Hand in den „Miscellanies" (3Kgtm 2,35a–k.46a–k) ist ebenfalls alles andere als

---

52 Für eine ausführliche Auseinandersetzung mit beiden Studien sowie eine vergleichbar grundlegende Kritik vgl. Law, Use. In Kürze in: Kauhanen u. a., *Kings (Handbook)*; Law, *3–4 Kingdoms (Companion)*.
53 Vgl. die Zusammenfassung in Van Keulen, *Versions*, 300–306.
54 Vgl. ebd., 302

eindeutig erkennbar; die von Van Keulen dafür angeführten Textphänomene sind allesamt mehrdeutig. Auch bei dem „specific phrasing of the Greek text" in 3Kgtm 5,32–6,1b; 9,14.26; 10,22a handelt es sich nicht um stichhaltige Belege, die einer Gegenprobe standhalten. Und selbst wenn die griechischen Wendungen mit den Neuordnungen in 3Kgtm in einen Zusammenhang gebracht werden können, muss beides nicht zwingend von derselben Hand stammen.

Zudem ist in der gesamten Septuaginta keine griechische Überarbeitung bekannt, die sich von den bekannten hebräischen Textzeugen wegbewegt (s. o.).[55] Belegt sind lediglich griechische Revisionen, die den Text an den Masoretischen Text angleichen (Kaige, Aquila, Symmachus, Theodotion, Hexapla, etc.). Die von P. Van Keulen behauptete eigenmächtige und umfassende Überarbeitung von einem griechischen Schreiber wäre ein singuläres Phänomen. Bearbeitungen können theoretisch von einem griechischen Schreiber stammen; *a priori* ausschließen kann man das nicht. Die Beweislast liegt allerdings bei demjenigen, der dies behauptet. P. Van Keulen's angeführte Textphänomene reichen für einen Nachweis nicht aus.

Die zweite Studie wurde im Jahr 2008 von Andrzej S. Turkanik mit dem Titel *Of Kings and Reigns. A Study of Translation Technique in the Gamma/Gamma Section of 3 Reigns (1 Kings)* veröffentlicht. Nach A. Turkanik haben die umfassenden Neuanordnungen und Überarbeitungen in 3Kgtm auf Seite der Septuaginta stattgefunden. Die Bearbeitung seien seiner Meinung nach *vom Übersetzer* vorgenommen worden (ähnlich zuvor J. Wevers).

Auch bei ihm hält der zweite Teil des Ergebnisses einer Prüfung nicht stand. A. Turkanik möchte in seiner Studie nach seinen eigenen Angaben die Übersetzungstechnik des Übersetzers der γγ-section von 3Kgtm untersuchen. Dabei grenzt er sich von der „Skandinavian School" ab, die sich hauptsächlich auf die Erforschung der grammatischen und syntaktischen Übersetzungstechnik konzentriert.[56] Er möchte sich auf die „exegetische" Übersetzungstechnik konzentrieren und die exegetischen Prinzipien („exigetical principles") des Übersetzers herausarbeiten.[57] Dabei kommt er zu dem Ergebnis: Der OG-Übersetzer habe die Absichten gehabt, den Text in Hinblick auf seine logische Stimmigkeit zu überarbeiten und

---

55 Ähnlich T. Law: „No evidence whatsoever exists of revisions of the Greek Bible that carried the Greek text further away from the emerging MT, as would a targum or midrash. The attribution of the great differences between the Greek and Hebrew texts of Kings to the work of revisers is unrealistic, and cannot be supported with any parallel trends elsewhere." (Law, *Use*, 285).
56 Vgl. Turkanik, *Of Kings*, 7, bes. Fn. 26, wo auf Arbeiten von Anneli Aejmelaeus und Ilmari Soisalon-Soininen verweist.
57 Vgl. ebd., 7.

die Hauptfiguren der Erzählung und ihre Frömmigkeit in ein positiveres Licht zu rücken.[58]

Eindeutige Belege für eine Zuordnung der umfassenden Bearbeitungen zu dem Übersetzer sucht man bei A. Turkanik vergeblich.[59] Der Fehler liegt in der Gesamtanlage der Studie. A. Turkanik interessiert sich für die exegetischen Prinzipien, die hinter den großen Unterschieden im Text von 3Kgtm stehen. In seiner Einleitung definiert er dafür diese „exegetischen Prinzipien" als Übersetzungstechnik des Übersetzers und ordnet die „exegetischen" Bearbeitungen damit von vorne herein dem Übersetzer zu. Mit dieser methodischen Voraussetzung ist nur zu erwarten, dass er den Ursprung der „exegetischen" Bearbeitungen in einer anders lautenden hebräischen Vorlage nicht ernsthaft in Betracht zieht.[60] Dabei ist gerade die Zuordnung der „exegetischen" Überarbeitungen zum Übersetzer fraglich und müsste begründet werden. Anstatt eine „exegetische" Übersetzungstechnik als Untersuchungsgegenstand ins Auge zu fassen, müsste Turkanik begründen, warum man die „exegetischen" Bearbeitungen überhaupt dem Übersetzer zuordnen kann.

Zur Datenlage

Die Datenlage für eine methodisch kontrollierte Rekonstruktion der hebräischen Vorlage ist bei dem OG-Text von 3. Königtümer besonders günstig: (1) Der Übersetzer von OGKgtm übersetzt verhältnismäßig konservativ. (2) Die Übersetzung überschneidet sich großflächig mit dem bekannten hebräischen Text aus Kön. (3) Mit dem hebräischen Chroniktext, der griechischen OG-Übersetzung dieses Chroniktextes und den zahlreichen weiteren Übersetzungen von Kön und Chr (Tg, P, Vg, usw.) stehen eine Vielzahl von Kontrollinstanzen zur Verfügung, die bei der Zuordnung der abweichenden OG-Lesart von Kgtm eine Hilfe sein können.

---

58 A. Turkanik spricht von dem „translator's desire of logical consistency" (Turkanik, *Of Kings*, 205), welches er in seinem Kapitel 2 untersucht, und der „piety" der Hauptfiguren (ebd., 206), die er in seinem Kapitel 3 untersucht. In Kapitel 4 untersucht er die „Treatment of the main characters in 3 Reigns". Für seine Zusammenfassung der Ergebnisse vgl. ebd., 205–210.

59 Im Gegensatz zu P. Van Keulen macht sich A. Turkanik nicht die Mühe, in seiner Zusammenfassung auf konkrete Textphänomene zu verweisen, die seine Zuordnung eindeutig belegen sollen. Ein ähnlich hartes Urteil fällt T. Law: „Turkanik's study is much less sophisticated than Van Keulen's, his evaluation of the texts is the bare minimum, and his conclusions are arrived at without thorough attention given to the textual history, or even to the relevant scholarship." (Law, *Use*, 286).

60 Dieselbe Kritik in anderen Worten äußert: ebd., 286–289. Für ein konkretes Beispiel aus Turkaniks Studie vgl. ebd., 290f.

(1) Innerhalb der Septuaginta-Überlieferung wird der OGKgtm zu den tendenziell „wörtlichen" bzw. „isomorphen" Übersetzungen gezählt.[61] Im Vergleich mit eher „freieren" und paraphrasierenden Übersetzungen, wie beispielsweise beim Jesajabuch, geht der Übersetzer von Kgtm verhältnismäßig konservativ mit seiner hebräischen Vorlage um.[62] Der Übersetzer hielt sich strikt an die Wortreihenfolge seiner hebräischen Vorlage. Abweichungen sind in 3Kgtm 8 sehr selten. Zudem ist eine klare Tendenz erkennbar, möglichst alle hebräischen Morpheme aus seinem Vorlagentext durch Äquivalente in der Zielsprache zu erhalten. Was die lexikalische Äquivalenz betrifft, übersetzt OGKgtm weniger statisch. Der Übersetzer verwendet zwar vielfach feststehende Standard-Äquivalente, kann aber auch stilistisch variieren. Andererseits verfolgt der OG-Übersetzer von Kgtm keinen rigorosen Isomorphismus wie z. B. die *kaige*-Schreiber, die die Vorlage auch um den Preis eines verständlichen Textes konsequent mechanisch übersetzen (vgl. 1Kön 9,7 für ein Beispiel). Er ist als Übersetzer eben nicht nur seiner hebräischen Vorlage, sondern auch der Leserschaft seiner Zielsprache verpflichtet. Tritt beides in Konflikt, entscheiden sich auch eher konservative Übersetzer um der Verständlichkeit willen nicht selten für eine freie Paraphrase.

Berücksichtigt werden müssen dabei auch die Möglichkeiten der Zielsprache. Weil das Griechische in der Wortreihenfolge viel Spielraum ermöglicht, ist der Erhalt der Wortreihenfolge des Hebräischen in der Regel problemlos möglich. Wegen der großen Unterschiede in dem Aufbau der Verbalsysteme ist z. B. eine abweichende Rekonstruktion der Binyanim am Anfang eines Teilsatzes oft nicht möglich.[63]

Eine konservative Übersetzungstechnik garantiert dementsprechend keine Rekonstruierbarkeit der hebräischen Vorlage, genauso wenig wie eine paraphrasierende Übersetzung solche Rekonstruktionen kategorisch unmöglich macht. Selbst in einer freien Übersetzung, wie im Jesajabuch, ermöglichen die Determinationen durch Ausgangs- und Zielsprache stellenweise die Rekonstruktion einer nachweisbar vom MT verschiedenen hebräischen Vorlage; andererseits kann auch der konservativste Übersetzer durch eine unleserliche, korrupte oder (für ihn) unverständliche Vorlage zur Kreativität gezwungen werden – ohne dass man jemals verstehen wird, was in diesem Fall genau in der Vorlage gestanden hat und ob sie überhaupt von MTKön abwich. Auf Grundlage von übersetzungstechnischen und

---

61 Vgl. zu Folgendem: Law, *3–4 Kingdoms (Companion)*; Kauhanen u. a., *Kings (Handbook)*; Kreuzer, *5.5 Kings (THB)*.

62 Wer ein Kapitel aus Kgtm beispielsweise mit einem Kapitel aus Jesaja Wort für Wort vergleicht (LXX vs. MT), wird den Unterschied merken!

63 Mit guten Gründen wurde keine anders lautende OG-Vorlage rekonstruiert in 8,43: καὶ γνῶσιν = ולירא[ו]; καὶ γνῶσιν = ולדעת; in 8,52: καὶ ἔστωσαν = להיות; in 8,54: καὶ ἀνέστη = קם.

philologischen Daten ist von Fall von Fall zu entscheiden, ob die Rekonstruktion der hebräischen Vorlage möglich ist oder nicht.

(2) In einem erheblichen Teil ist OGKgtm mit dem hebräischen Text aus Kön identisch. Das ermöglicht in vielen Fällen eine genaue Bestimmung der Übersetzungstechnik und macht Vorhersagen über mögliche Vorlagen bei einem abweichenden Text möglich. Wenn der Übersetzer eine hebräische Konstruktion 99 Mal mit derselben griechischen Konstruktion übersetzt hat, wird er es auch beim 100. Mal getan haben – auch wenn die OG-Vorlage an dieser Stelle nicht auf Hebräisch belegt ist.

(3) Besonders ist die Datenlage auch deswegen, weil mit Chr eine weitere hebräische Textversion existiert, die ebenfalls ins Griechische übersetzt wurde (OGChr). Vielfach kann man am OGChr beobachten, wie eine griechische Übersetzung des Textes aus Kön/Chr aussieht. Der Vergleich zwischen OGKgtm und OGChr liefert wertvolle Daten, die bei der Rekonstruktion der OG-Vorlage weiterhelfen können:

Tendenzieller Ursprung einer Abweichung in Kgtm: Übersetzer
- **Kön = Chr ≠ OGKgtm = OGChr** OGChr und OGKgtm haben beide dieselbe griechische Konstruktion, die das Gemeinte der hebräischen Texte kommuniziert, aber nicht offensichtlich mit diesen identisch ist. In solchen Fällen ist die Übersetzung ins Griechische Ursprung der Abweichung. In der Regel hat die Abweichung mit den Determinationen von Ursprungs- und Zielsprache zu tun.

Tendenzieller Ursprung einer Abweichung in Kgtm: hebr. OG-Vorlage
- **Kön ≠ OGKgtm = Chr = OGChr** Kön und Chr haben zwei unterschiedliche hebräische Lesarten. OGKgtm übersetzt wie OGChr den hebräischen Text der Chronik.
- **Kön = Chr = OGChr ≠ OGKgtm (= plausibler hebr. Text)** Kön und Chr haben denselben hebräischen Text. OGChr übersetzt diesen hebräischen Text zielsicher ins Griechische. Die Übereinstimmung zwischen Kön/Chr und OG-Chr ist offensichtlich und die Übersetzung nahezu selbstevident. OGKgtm hat hingegen einen abweichenden Text, der über eine übersetzungstechnische Analyse auf eine anders lautende hebräische Vorlage zurückgeführt werden kann. Der hebräische Vorlagentext ist plausibel und konkordantisch belegt.

Eine zweite wichtige Kontrollinstanz sind die anderen semitischen und nicht-semitischen Übersetzungen der bekannten hebräischen Texte. Berücksichtigt werden in dieser Studie vor allem Tg und P, sowie stellenweise Vg. Der Vergleich kann ebenfalls wertvolle Daten für die Zuordnung des abweichenden Textes in

OGKgtm liefern. Tauchen in allen Übersetzungen vergleichbare Änderungen an derselben Stelle auf, wird sich auch die OG-Vorlage nicht von Kön unterscheiden:

Tendenzieller Ursprung einer Abweichung in Kgtm: Übersetzer
- **Hebr. Text ≠ OGKgtm ≈ antike Übersetzungen** Geben alle Übersetzungen denselben hebräischen Vorlagentext paraphrasierend wieder und gehen mit ihm freier um, wird es auch der OG-Übersetzer getan haben und die OG-Vorlage sich nicht von dem bekannten hebräischen Text unterscheiden. In der Regel werden die Übersetzungen wegen der Determinationen durch Ursprungs- und Zielsprache dazu gezwungen oder der hebräische Text ist enigmatisch und schwer verständlich.

Tendenzieller Ursprung einer Abweichung in Kgtm: hebr. OG-Vorlage
- **Hebr. Texte = antike Übersetzungen ≠ OGKgtm (= plausibler hebr. Text)** Haben alle anderen Übersetzungen keine Probleme bei der inhaltlichen Interpretation und Übersetzung des hebräischen Textes und nur OGKgtm weicht stark ab, wird es an der anders lautenden hebräischen OG-Vorlage liegen.

Bei diesen Szenarien handelt es sich um theoretische Fälle einer idealen und offensichtlichen Datenlage. Die Realität ist selten eindeutig. In letzter Instanz hat immer der Einzelfall das letzte Wort.

Umgang mit wiederkehrenden Phänomenen
Wer einen längeren Textabschnitt übersetzungstechnisch analysiert, wird mit wiederkehrenden Phänomenen konfrontiert. Die Begründung der Rekonstruktion ist in diesen Fällen oft dieselbe; der Festlegung eines einheitlichen Vorgehens wird man in einigen Fällen kaum ausweichen können. Im Folgenden sei das Vorgehen bei den häufigsten wiederkehrenden Phänomenen und Befunden kurz erläutert:
- **Umgang mit καί/ו:** Bei Kgtm = Kön = Chr wird das Waw rekonstruiert. In allen anderen Fällen sind sichere Rekonstruktionen nicht möglich. Das Waw wird dann in eckigen Klammern gesetzt ([ו]).
- **Seins-Prädikation:** In Nominalsätzen ergänzt der Übersetzer regelmäßig das Hilfsverb εἰμί, ohne das dahinter ein hebräisches Äquivalent steht. Ein εἰμί wird 23 Mal in 1–4Kgtm bei einem mit אשר eingeleiteten Relativsatz und 26 Mal bei Nominalsätzen mit הוא hinzugefügt.
- **Numerus bei Rückübersetzung ohne hebr. Evidenz:** Folgende Faustregeln und Tendenzen gelten in der Rückübersetzung beim Numerus: (a) Ist ein Text nicht auf Hebräisch belegt, wird der Numerus des Griechischen für die hebräische Vorlage erhalten. In jedem Fall ist vorher zu prüfen, welcher Numerus auf

Hebräisch möglich ist. (b) Unterscheiden sich der hebräische und griechische Text nur im Numerus, wird der bekannte hebräische Text als Vorlage übernommen. Der Übersetzer hat sich bei der Numerus-Wahl nicht sklavisch an seine Vorlage gehalten; die kontrollierte Rekonstruktion eines anderen Numerus im Unterschied zu den bekannten hebräischen Texten ist deswegen in der Regel nicht möglich.

– **Artikel:** Folgende Faustregeln und Tendenzen gelten in der Rückübersetzung beim Artikel: (a) Ist für einen OG-Text kein hebräischer Text überliefert, wird der Artikel im Hebräischen gemäß des OG-Textes gesetzt – sofern dies hebraistisch möglich ist. (b) Stimmen der hebräische und griechische Text bis auf den Artikel überein, wird in der Regel keine anders lautende hebräische Vorlage rekonstruiert. Der Übersetzer hat sich in der Determination nicht sklavisch an seine Vorlage gehalten; stichhaltige Rekonstruktion von Vorlagen, die nur in der Determination abweichen, sind in der Regel nicht möglich.

– **Präpositionen:** Auffällige Abweichungen werden kommentiert. Ansonsten wird die Rekonstruktion von im Vergleich mit MTKön abweichenden Präpositionen nur äußerst zurückhaltend vorgenommen. Bei den Präpositionen hatte der Übersetzer zwar präferierte Äquivalente; die Determinationen durch Ursprungs- und Zielsprache erlauben aber keine vollständig feststehenden Äquivalenzen. Stilistische Varianz bei den Präpositionen ist für 3Kgtm ebenfalls belegt. Ist kein inhaltlicher Unterschied erkennbar, wird der hebräische Text aus Kön als OG-Vorlage übernommen; die Wahl der griechischen Präposition wird in solchen Fällen vernachlässigt und nicht kommentiert.

Zur Darstellung

Die OG-Vorlage wird in dieser Studie als fortlaufender hebräischer Text rekonstruiert und dem OG-Text in einer Tabelle gegenübergestellt. Wo der OG-Text eindeutig mit Kön identisch ist und sich nicht signifikant von ihm unterscheidet, wird der hebräische Text aus Kön als hebräische Vorlage für Kgtm übernommen. Dieser Text ist in der Farbe Grau gedruckt und damit in den Hintergrund gerückt. Die Übereinstimmung beider Texte ist derart offensichtlich, dass es keiner besonderen Rekonstruktion bedarf; die Leserschaft kann diese Teile des rekonstruierten Textes als von Kön übernommen wahrnehmen und vernachlässigen. Sobald Zweifel über die Übereinstimmung des OG-Textes mit den anderen hebräischen Textzeugen (vorrangig Kön) besteht, bedarf es bei der Rekonstruktion einer Begründung. Dieser Text ist schwarz abgedruckt, weil eine textkritische Entscheidung getroffen wurde. Diese Darstellungweise ermöglicht der Leserschaft eine schnelle Orientierung über die Zuordnung der abweichenden Lesarten des OG-Textes. Alle anderen

Darstellungsweisen haben sich für die Zwecke dieser Studie als unpraktikabel herausgestellt.[64]

Manchmal ist eine Rückübersetzung oder Rekonstruktion der OG-Vorlage nicht möglich. Folgende Fälle können in der Rekonstruktion eintreten:

1. $\frac{\text{OG-Vorlage A}}{\text{OG-Vorlage B}} \neq$ **Kön, Chr:** In diesem Fall ist eine im Vergleich zu Kön und Chr anders lautende hebräische Vorlage der mögliche Ursprung des abweichenden Textes. Für den Wortlaut der OG-Vorlage bestehen zwei Optionen, die beide aufgrund von übersetzungstechnischen und philologischen Daten möglich sind.

2. **[Text in eckigen Klammern]** In solchen Fällen haben Kön und Chr kein Text an dieser Stelle. OGKgtm hat an dieser Stelle ein Plus. Die Zuordnung dieses Plus ist unsicher. Es könnte von dem Übersetzer stammen oder bereits in der OG-Vorlage existiert haben. Die Gründe werden in der Kommentierung angegeben.

3. **[?]** Für diese abweichenden Lesart sind keine belastbaren übersetzungstechnischen und philologischen Daten vorhanden. Die Abweichung kann auch nicht eindeutig dem Übersetzer zugeordnet werden. Ggf. werden mögliche Optionen im Kommentar bzw. Apparat angegeben.

Grundsätzlich gilt für diesen rekonstruierten Text der OG-Vorlage, dasselbe wie für jeden anderen textkritisch hergestellten Text: Der rekonstruierte Text ist nur

---

64 Zweisprachige Synopsen *ohne* Markierung der Unterschiede (OGKgtm in Griechisch; Kön und Chr in Hebräisch) enthalten keine übersetzungstechnische Urteile. Sie bilden den Anfangspunkt einer eigenen text- und literarhistorischen Beschäftigung mit dem Text. Für eine übersichtliche Darstellung der Ergebnisse dieser Studie ist diese Darstellungsweise aber ungeeignet. Wer spontan vergleichen will, muss sich erst beide Texte in den unterschiedlichen Sprachen philologisch erschließen; das erschwert eine schnelle Übersicht über die Ergebnisse erheblich.
Ein Mittelweg besteht in der Gegenüberstellung des griechischen Textes mit den anderen zwei hebräischen Textzeugen *inklusive* der Markierung der Unterschiede. Gemeinsamkeiten und Unterscheide sind auf den ersten Blick sichtbar, der griechischen OG-Text bleibt aber erhalten. Eine sinnvolle und transparente Markierung aller Gemeinsamkeiten bzw. Unterschiede ist in einer gedruckten Monographie allerdings nicht zu erreichen und wenig sinnvoll. Bei der Markierung muss nämlich zwischen Gemeinsamkeiten auf Ebene der Wortstellung, der Syntax und der Bedeutungsebene unterschieden werden. Um die vielschichtigen Gemeinsamkeiten und Unterschiede zwischen Texten aus zwei Sprachen darzustellen, bräuchte es eine digitale und flexible Darstellung, bei der die Benutzerschaft selbst entscheiden kann, welche Gemeinsamkeiten angezeigt werden sollen. Aus diesen Gründen haben sich beispielsweise die Editoren der *Biblia Hebraica Qumranica* (zurecht) dafür entschieden, Unterschiede nicht zu markieren (vgl. Ego u. a., *Biblia Qumranica. Volume 3B: Minor Prophets*). Erwähnenswert, weil besonders ausgefeilt und ein ganz eigener Fall ist die Darstellungsweise von Hermann-Joseph Stipp zum Jeremiabuch (vgl. Stipp, *Synopse*).

gemeinsam mit dem Variantenapparat und der Kommentierung zu gebrauchen und eng mit dem verfolgten Ziel der Rekonstruktion verzahnt.

In der Gegenüberstellung des OG-Textes und der OG-Vorlage ist die Textsegmentierung nach der BHt von Wolfgang Richter vorgenommen.[65] Die Textsegmentierung orientiert sich am hebräischen Vorlagentext, weil dieser das Ziel der Rekonstruktion ist.

2.2 Die Bücher Könige (Kön) und Chronik (Chr)

Die Bücher Könige und Chronik können zusammen besprochen werden. Die textliche Bezeugung ist grob dieselbe und bedarf keiner ausführlichen Diskussion (vgl. die Abb. 2.1 auf S. 17).[66]

Die hebräischen Archetypen von Kön und Chr sind nahezu vollständig in den zwei masoretischen Texten des Kodex Leningradensis/Petropolitanus B19a (MT[L]) aus dem Jahr 1008/1009 n. Chr. sowie im Kodex Aleppo (MT[A]) enthalten.[67] Bei der Tempelweiherzählung sind die Konsonantentexte und ihre Vokalisation in beiden Kodizes vollständig identisch. Sie bezeugen den Archetypen sehr zuverlässig und sind deswegen die Grundlage heutiger Bibelübersetzungen der Bücher Könige und Chronik.

Von ihnen stammen hunderte masoretische Textzeugen aus dem Mittelalter ab. Die Lesarten dieser Textzeugen schlägt man bis heute in einer Edition der masoretischen Textzeugen von Benjamin Kennicott aus dem 18. Jhd. nach.[68] Eine moderne

---

65 Richter, *BHt*.

66 Mit dem Kompendium *Textual History of the Bible* steht neuerdings ein qualitatives Einführungswerk auf dem aktuellsten Stand zur Verfügung: Lange/Tov (Hrsg.), *THB*. Wer sich grundlegender zur Textgeschichte der Bücher Könge und Chronik informieren will, sollte hier nachschauen. Vgl. darin für das Königebuch die Artikel von: Hugo/Schenker, *5.2 Kings (THB)*; Lange, *5.3.1 Ancient (THB)*; Hugo/Schenker, *5.3.2 Masoretic Texts (THB)*. Für das Chronikbuch die Artikel von: Piquer Otero, *20.1 Chronicles (THB)*; Pajunen, *20.2.2 Texts (THB)*; Knoppers, *20.3.1 Septuagint (THB)*; Gottlieb, *20.3.3 Targum (THB)*; Phillips, *20.3.4 Peshitta (THB)*; Meade, *20.3.5 Translations (THB)*; Dickie, *20.3.6 Translations (THB)*; Gallagher, *20.3.7 Vulgate (THB)*. Für eine allgemeine Einführung vgl. die „Overview articles". Zu den hebräischen und anderen semitischen Textzeugen allgemein vgl. Lange, *1.2.2 Texts (THB)*; für eine Einführung in die masoretischen Textzeugen: Martín-Contreras, *1.5 Medieval MT (THB)*. Zu den Targumim vgl. Ego, *1.3.3 Targumim (THB)*. Zur Peshitta vgl. Carbajosa, *1.3.4 Peshitta (THB)*. Zur Vulgata vgl. Graves, *1.3.5 Vulgate (THB)*. Über diese Artikel gelangt man zur weiteren Literatur.

67 Beide Kodizes sind digitalisiert und online zu finden. Print-Editionen: Goshen-Gottstein (Hrsg.), *The Aleppo Codex*; Freedman (Hrsg.), *The Leningrad Codex*.

68 Kennicott, *VT, Vol. 1*; Kennicott, *VT, Vol. 2*. Als eine weitere aber weniger übersichtliche Edition aus der Zeit steht zur Verfügung: De Rossi, *Variae lectiones*; Doederlein/Meisner, *Biblia*.

Edition wurde mit dem *Hebrew University Bible Project* (HUB) angefangen. Bisher sind aber nur die Editionen zu den Büchern Jesaja im Jahr 1997, Jeremia im Jahr 1998 und Ezekiel im Jahr 2004 erschienen.[69] Dieses Desiderat in der Forschung fällt wegen dem hohen Quellenwert der Texte aus MT^L und MT^A nur seltenen auf. Es wird aber zum Problem, wenn man zum Beispiel die Textgeschichte von ונשא בו אלה in 1Kön 8,31 aufarbeiten möchte und nach der Überlieferung verschiedener Lesetraditionen und Masorah-Notizen fragt (jeweils zu ונשא vs. ונשׁא). Die oben genannte Edition von B. Kennicott enthält lediglich einen Konsonantentext und keine Hinweise zur Masora. Aktuell ist es deswegen nicht möglich, die oben genannten Fragen ohne eine unverhältnismäßig aufwändige Durchsicht aller einzelnen Handschriften zu klären. Wegen einer fehlenden modernen Edition wird man sich mit Stichproben begnügen müssen und den Sachverhalt nicht in wünschenswerter Gründlichkeit aufarbeiten können (vgl. für alles Weitere zu diesem Fall ab S. 175).

Als weitere Textzeugen werden in dieser Studie einbezogen: die syrische Übersetzung in der Peshiṭta (P) sowie die aramäische Übersetzung in den Targumim (Tg) und die lateinische Übersetzungen in der Vulgata (Vg). Diese Übersetzungen liegen in modernen Editionen vor und wurden von dort übernommen.[70] Für die Chronik kommt als weiterer Textzeuge der griechische OG-Text der Septuaginta hinzu.[71] Dieser weicht nicht so stark von dem bekannten hebräischen Text ab wie der OG-Text von Kgtm und bildet deswegen keine eigenständige Texttradition.

Die jeweiligen Archetypen der Bücher Könige und Chronik werden in dieser Studie definiert als gemeinsamer Vorfahre der masoretischen Textzeugen ($MT^{L,A,rel}$) und der Übersetzungen (Tg, P, Vg; im Falle von Chr + OGChr). Dessen Text ist als Konsonantentext in aramäischer Quadradschrift ohne Vokalisation dargeboten.

In den allermeisten Fällen ist der Archetyp von Kön durch MT^L bezeugt, während die anderen genannten Textzeugen und Übersetzungen (MT^{rel}, Tg, P, Vg) jeweils eigene Wege gehen können und viele sekundäre Lesarten enthalten. Die allermeisten abweichenden Lesarten können wegen ihres geringen Quellenwertes

---

69 Goshen-Gottstein (Hrsg.), *HUB Isaiah*; Rabin/Tov (Hrsg.), *HUB Jeremiah*; Goshen-Gottstein/ Talmon (Hrsg.), *HUB Ezekiel*.

70 Peshiṭta: The Peshiṭta Institute Leiden (Hrsg.), *Peshiṭta*, 1–2Kön dort in Gottlieb, *Peshiṭta Kings*; 1–2Chr in: Gordon, *Peshiṭta Kings*. Targumim: Sperber, *Bible Vol. 1*; Sperber, *Bible Vol. 2*. Vulgata: Weber/Gryson (Hrsg.), *Biblia Sacra iuxta Vulgatam Versionem, Editio quinta*. Alle drei Übersetzungen sind online digital zugänglich. Für P und Tg wurde der Text aus dem digital zugänglichen (und äußerst hilfreichen) *CAL – Comprehensive Aramaic Lexicon Project* (*CAL*) gebraucht und mit dem Text der Print-Editionen abgeglichen. Für P wird dort die Leidener Peshiṭta verwendet. Für TgJ der Text aus *Miqrâ'ôt*. Abweichungen in der Edition von Sperber, *Bible Vol. 1*, werden dort ebenfalls notiert. Für TgChr wurde in CAL Déaut (Hrsg.), *Targum des Chroniques (Cod. Vat. Urb. Ebr. 1)*, verwendet.

71 Dieser liegt ebenfalls in einer modernen Textedition vor: Hanhart, *Paralipomenon Liber II*.

für den Archetypen in dieser Studie vernachlässigt werden. Es obliegt zukünftiger Editionen und Synopsen, alle abweichenden Lesarten systematisch und vollständig zu präsentieren.[72] Ebenfalls unberücksichtigt bleiben aus denselben Gründen übersetzungstechnische und philologische Fragen zu den Übersetzungen.[73] Einen eigenständiges Bild über die abweichenden Lesarten in den Übersetzungen verschafft man sich am besten an den mittlerweile existierenden englischen Übersetzungen. Die Übersetzung der Peshiṭta *The Syriac Peshiṭta Bible with English Translation* bietet den Text der Peshiṭta nebeneinander in Syrisch und als englische Übersetzung und notiert alle Änderungen vom hebräischen Archetyp (in diesem Fall wohl MT[L]).[74] *The Aramaic Bible* bietet eine englische Übersetzung der Targumim, in denen alle Abweichungen zum hebräischen Archetyp *kursiv* markiert sind; dadurch erhält man einen schnellen Überblick über alle abweichenden Lesarten.[75]

Sekundäre Lesarten in MT[L] sind sehr selten, aber trotzdem möglich. An einigen Stellen besteht die realistische Möglichkeit dazu:

1Kön 8,1: כֹל in MT[27Ms] P (= Kgtm)] > MT[L, A, rel] TgJ (= Chr)
1Kön 8,1: ראשי את כל MT[41Ms]] +pre Waw Tg P MT[L] MT[A] MT[rel]
1Kön 8,1: שלמה המלך אל] ܫܠܝܡܘܢ ܡܠܟܐ ܠܘܬ ܟܠܗܘܢ P
2Chr 5,5: והלוים OG Tg P MT[14Ms]] הלוים MT[L] MT[A] MT[rel]
1Kön 8,48: בניתי MT[Qere] MT[22Ms] Tg P] בנית MT[Ketiv] MT[rel]
2Chr 6,42: משיחך OG P Tg V (= Ps 132,10) vs. משיחיך MT[L] MT[rel]
2Chr 7,6: מחצצרים MT[L-Ketiv, rel]] מחצרים MT[L-Qere, 2Ms]
1Kön 9,6: חקתי :[ו]חקתי MT[L, A, rel] vs. וחקתה Tg P MT[10Ms] (= Kgtm)
1Kön 9,9: וישתחוו MT[24Mss] Tg P, Qere in MT[L] MT[A] (= Kgtm)] וישתחו MT[rel], Ketiv in MT[L] MT[A]
1Kön 9,9: ויעבדום MT[rel]] ויעבדם MT[30Mss], וַיַּעַבְדֵם MT[L, A]

---

72 Die bisherige Edition der BHS liefert nur ein sehr unvollständiges Bild. Modernere Editionen des Königebuches existieren nicht. Die Veröffentlichung des Königebuches in den neueren Editions-Projekten steht noch aus (Biblia Hebraica Quinta = BHQ; Hebrew University Bible = HUB; The Hebrew Bible Critical Edition = HBCE). Eine wirklich zufriedenstellende Präsentation der abweichenden Lesarten wird aber ohnehin nur durch digitale online Synopsen möglich sein. Es bleibt zu hoffen, dass die Textkritiker im AT die Chancen der Digitalisierung nutzen und die entsprechenden Mittel für solche Projekte zur Verfügung gestellt werden.
73 Als Studien dazu stehen u. a. zur Verfügung zu TgKön: Houtman/Sysling, *Traditions*; Dray, *Translation*. Zum TgChr: Gottlieb, *Place*. Zur Peshiṭta von Kön: Dyk/Keulen (Hrsg.), *Language System, Translation Technique, and Textual Tradition in the Peshitta of Kings*; Williams, *Studies*; Walter, *Studies*; Greenberg u. a., *Peshitta*; Berlinger, *Peschitta*. Zur Peshiṭta von Chr: Kiraz/Bali/Gordon (Hrsg.), *Peshitta*. Über diese Studien gelangt man zur weiteren Forschungsliteratur.
74 Vgl. zu PKön: Greenberg u. a., *Peshitta*. Zu PChr: Kiraz/Bali/Gordon (Hrsg.), *Peshitta*. Vorläufer-Übersetzung mit wesentlich geringerer Qualität: Lamsa, *Bible*.
75 Vgl. McNamara (Hrsg.), *Targums*. Konkrete Edition des Targum Jonathan der Vorderen Propheten: Harrington, *Targum*. Chronik in: Beattie/McIvor, *Targums*.

Sicher sekundär ist MT^L z. B. in 2Chr 5,5. Dort stand im Hyparchetyp הכהנים
והלוים wie überall sonst auch in der Chronik, während das Waw in הלוים MT^L
und MT^A ausgefallen ist. In den anderen Fällen besteht die realistische Möglichkeit,
dass MT^L eine sekundäre Lesart enthält. Eine sichere textkritische Entscheidung
ist in vielen Fällen kaum möglich.

Besonders an den Targumim (TgJ, TgChr) und PChr ist, dass diese Übersetzungen den Text der Tempelweiherzählung *systematisch* überarbeiten. Beide Targumim (TgJ und TgChr) übersetzen einerseits relativ „wörtlich", greifen andererseits
aber an bestimmten Stellen systematisch und nach klar erkennbaren Mustern in
den Text ein. Die Bearbeitungstechniken sind gut erforscht und müssen deswegen
nicht im Detail aufgearbeitet werden. Ein Überblick mit Beispielen aus der Tempelweiherzählung sollte genügen. Die Bearbeitungstechniken lassen sich in folgende
Kategorien von Änderungen zusammenfassen:[76]

- *Eine antropomorphe und verkörperte Beschreibung Gottes wird systematisch*
  vermieden. Aus „der mit seinem Mund geredet hat" (אשר דבר בפיו) in 8,15
  wird „der (es) beschlossen hat in seinem Wort" ([ד]י גזר במימריה) und aus
  „und durch seine Hand erfüllt hat" (ובידו מלא) wird „und es aufgestellt hat
  durch seinen Willen" (וברעותיה קיים). Dieselbe Änderung wird in 8,24 vorgenommen. Beide Targumim machen in 8,29–30.32.34–36.39.43.45.49.52 aus
  שמע = „Hören" des Gebetes ein קבל = „Empfangen", um den Anthropomor-
  phismus abzuschwächen. Aus „es seien deine Augen geöffnet" (להיות עינך
  פתחות) in 8,29.52 wird „es seien die Bitten vor dir" (למהוי רעוא קדמך).
- *Der exklusive Monotheismus wird verschärft und die Existenz anderer Gottheiten*
  explizit ausgeschlossen. Aus „keiner ist wie Du, Gott" in 8,23 wird „es gibt
  keinen außer Dir, Du bist Gott" (TgJ: לית בר מנך את הוא אלהא; TgChr: לא
  אית בר מנך את הוא אלהא). Im Szenario von 9,6–9 halten sich die Israeliten
  in 9,7.9 nicht an „andere Götter" (באלהים אחרים) sondern an „die Götzen der
  Nationen" (בטעוות עממיא).
- *Bezeichnungen für Gott und seine Gegenwart werden ersetzt* durch Gottes
  „Memra" (מימר; Wort)[77] und „Shekina" (שכינה; Gegenwart/Wohnen).[78] Nach
  8,16.29; 9,3.7 wohnt nicht Jhwhs „Name", sondern seine „Shekina" im Tempel.
  Gelegentlich kann ein zusätzliches „Name" vor den Gottesnamen eingefügt

---

76 Folgende Kategorien nach Ego, *1.3.3 Targumim (THB)*; Harrington, *Targum*, 5–13. Vgl. zum
TgChr noch Gottlieb, *Place*. Über diese Analysen kommt man zur weiteren Forschungsliteratur.
77 מימר in der Tempelweiherzählung von TgJ und TgChr in 1Kön 8,15.24.50.57; 9,7; 2Chr 6,1.4.10.15;
7,12.15–16.
78 שכינה in der Tempelweiherzählung von TgJ und TgChr in 1Kön 8,12–13.16.23.27.30.39.43.49; 9,3;
2Chr 6,1–2.5–6.14.18.20–21.30.33.39; 7,1–3.10.16.20.

werden. TgChr in 2Chr 6,4: „Gepriesen sei *der Name* Jнwнs, des Gottes Isra-els"(בריך שמא דייי אלהא דישראל).

- *Verwendung von Ortsnamen aus der Zeit des Übersetzers.* In 8,65 wird das נחל ("bis *zum Fluss* Ägyptens") durch den Flussnamen נילוס ("bis *zum Nil* Ägyptens") und der Ortsname חמת ("Hamat") durch דאנטיוכיה ("Antiochien") ersetzt.
- *Gebrauch von Standardausdrücken* z. B. „Haus des Heiligtums" (בית מקדשא) für „Haus = Tempel" (הבית) in 1Kön 8,10–11.13.63–64; 9,1 und 2Chr 5,1.13–14; 6,1–2.10.34.38; 7,2.5.7.10–11. „Haus der Versöhnung" (בית כפורי) für den Fachausdruck הדביר Debir in 1Kön 8,6.8; 2Chr 5,7. „Thron des Königreiches Israels" (כורסי מלכותא דישראל) für „Thron Israels" (כסא ישראל) in 1Kön 8,20.25; 9,5.
- *Doppelungen.* TgChr verdoppelt in 2Chr 7,18 das מושל בישראל ("der über Israel herrscht") zu יתיב על כורסי מלכותי ושליט על ישראל ("der auf dem Thron meines Königreiches sitzt und herrscht über Israel") und inkorporiert damit zusätzlich das מעל כסא ישראל aus 1Kön 9,5 und 8,25.
- *Ersetzen und Vermeiden von Metaphern.* TgJ und TgChr ersetzen in 1Kön 8,19 = 2Chr 6,9 das כי אם בנך היצא מחלציך (wörtlich: „sondern dein Sohn, der aus deinen Lenden hervorkommt") durch ארום בר דתוליד ("sondern *ein* Sohn, der *dir geboren wird*"). Die gleiche Änderung findet sich im Bezugstext, im TgJ von 2Sam 7,12.
- *Assoziative Übersetzungen auf Grundlage von graphisch oder phonetisch ähnlichen Lesarten.* TgChr 2Chr 7,13: Der Begriff „Engel des Todes" im TgChr aus 2Chr 7,13 ergibt sich aus der graphischen Nähe zu „Engel der Pest" im Aramäischen: מלאכא דמותנא = „Engel der Pest"; מלאכא דמותא = „Engel des Todes".
- *Anachronistische Übersetzungen und Bezüge zur Zeit des Übersetzers.* Der TgJ ersetzt in 8,66 das לאהליהם durch לקרוידהון („und sie gingen *in ihre Städte*" anstatt „in ihre Zelte"). Der TgChr dupliziert das שלח את העם לאהליהם seiner Vorlage, um das לקרוידהון einfügen zu können (פטר ית עמא למשכניהון ואזלו לקרוידהון = „er sandte das Volk zu ihren Zelten *und sie gingen in ihre Städte*").

Die Grenzen zwischen den Kategorien sind fließend. Mehrere Bearbeitungsmuster können miteinander kombiniert werden. Die genannten Beispiele sind nur ein kleiner Ausschnitt. Ein vollständiges Bild über alle wiederkehrenden Bearbeitungen in der Tempelweiherzählung kann man mithilfe der englischen Übersetzung *The Aramaic Bible* erhalten (s. o.). Zu diesen systematischen Bearbeitungsmustern kommen punktuelle Fortschreibungen, die sich exegetisch und interpretierend mit dem konkreten Vorlagentext auseinandersetzen. Diese Bearbeitungen werden in der fortlaufenden Aufarbeitung der Textgeschichte dargestellt und analysiert (vgl. z. B. die Textgeschichte von 8,8.9.10–11.12–13.27.65.66 in Teil I dieser Studie).

Eine weitere *systematische* Bearbeitung liegt in PChr vor. Wo der Text der Chronik eigene Wege geht, passt PChr den Text entweder an Kön oder an PKön an:

2Chr 5,2: אל ירושלם] ܘܐܬܘ ܠܘܬ ܡܠܟܐ ܫܠܝܡܘܢ ܠܐܘܪܫܠܡ P (≈ Kön). PChr passt den Text von der Struktur an PKön an, indem es אל ירושלם mit ܘܐܬܘ ܠܘܬ ܡܠܟܐ ܫܠܝܡܘܢ ܠܐܘܪܫܠܡ wiedergibt („und sie kamen zu dem König Salomo nach Jerusalem"; vgl. ויבאו כל זקני ישראל in 1Kön 8,3 = 2Chr 5,4 mit PChr: ܘܐܬܘ ܟܠܗܘܢ ܣܒ̈ܝܐ ܕܐܝܣܪܝܠ).

2Chr 5,4: הלוים] +pre πάντες OG; ܟܗܢ̈ܐ P (= Kön)

2Chr 5,5: כל] > MT1Ms P (= PKön[79]?)

2Chr 5,10 ממצרים] ܐܪܥܐ ܕܡܨܪܝܢ P = ἐκ γῆς Αἰγύπτου OG (= Kön)

2Chr 5,12–13] > PChr (= Kön?)

2Chr 5,14: לשרת] +pre Waw P (= PKön)

2Chr 6,5: את עמי] + ישראל Tg = ܐܝܣܪܝܠ P (= Kön; = Kgtm)

2Chr 6,5: ולא בחרתי באיש – שם] > MT2Ms P (= Kön/להיות שמי שם ∩ להיות שמי שם)

2Chr 6,11: שם את ארון] ܕܩܝܡܬܐ ܠܩܒܘܬܐ P (= Kön) ≠ PKön[80]

2Chr 6,11: אשר כרת עם בני ישראל] ܕܝܗܒ ܠܐܒܗ̈ܬܢ ܟܕ ܐܦܩ ܐܢܘܢ ܡܢ ܐܪܥܐ ܕܡܨܪܝܢ P (= Kön)

2Chr 6,12: ויעמד] + ܫܠܝܡܘܢ (= Kön)

2Chr 6,12: ויפרש כפיו] + בצלו Tg; + ܫܡܝܐ ܠܘܬ P (= Kön)

2Chr 6,14: ויאמר] +pre ܘܨܠܝ P (= PKön)

2Chr 6,16: בתורתי] ܩܕܡܝ ܒܢܡܘܣܝ P (= PKön)

2Chr 6,17: לעבדך לדויד] ܠܥܒܕܟ ܐܒܝ ܕܘܝܕ P (≈ Kön) Kön: לעבדך דוד אבי

2Chr 6,19: לפניך] + σήμερον OG = ܝܘܡܢܐ P (= Kön)

2Chr 6,22: אלה] καὶ ἀράσηται OG = ܘܢܐܡܐ P (= PKön) ויומניה = Tg

2Chr 6,23: לתת דרכו] +pre Waw P (= PKön)

2Chr 6,24: ושבו] + לפולחנך Tg; + ܠܘܬܟ P (= Kön)

2Chr 6,26: מחטאתם] +pre Waw MT21Ms OG, Tg, P, V (= Kön)

2Chr 6,27: על ארצך] ܥܠ ܐܪܥܐ P (= PKön; = Kgtm)

2Chr 6,29: נגעו ומכאבו] ܡܚܘܬܐ ܕܠܒܗܘܢ P (= Kön)

2Chr 6,30: לבדך ידעת] tr. ידעת לבדך PChr (= MTKön)

2Chr 6,30: בני האדם] ܠܠܒܗܘܢ ܕܟܠܗܘܢ ܒܢܝ̈ܢܫܐ P (≈ Kön); +pre כל MT5Mss (= Kön)

2Chr 6,32: שמך] + ܡܛܠ ܕܢܫܡܥܘܢ ܠܫܡܟ ܕܪܒܘܬܟ P (= Kön)

2Chr 6,32: והתפלל] + ܩܕܡܝܟ P (= PKön)

2Chr 6,38: ולבית] ܘܠܒܝܬܐ P (= Kön)

2Chr 7,7: לא יכול להכיל] +pre דחיק Tg (= Kön); +pre ܕܙܥܘܪ ܗܘܐ: P (= Kön)

2Chr 7,7: את העלה ואת המנחה ואת החלבים] ܕܒܚ̈ܐ ܘܢܟܣܬܐ ܘܥܠܬܐ ܕܫܠܡ̈ܐ P (ܕܫܠܡ̈ܐ = Kön)

79 כל] > P MT1Ms

80 מקום לארון אשר שם ברית יהוה] ܐܬܪܐ ܕܩܝܡܬܗ ܕܡܪܝܐ PKön.

2Chr 7,8–10: Mischform aus Chr und Kön

2Chr 7,18: מלכתך] + ܠܚܡܪ (= Kön)

2Chr 7,18: כרת לדויד] ܠܕܘܝܕ ܕܐܬܚܪ P (= Kön)

2Chr 7,19: ואם תשובון אתם]. ܐܢܬܘܢ ܟܕ ܬܬܦܢܘܢ ܘܐܢ ܘܐܦ ܬܬܚܙܘܢ ܘܐܢ P (= Kön)

2Chr 7,19: ועזבתם חקותי ומצותי] ܘܦܘܩܕܢܝ ܢܡܘܣܝ ܘܬܫܒܩܘܢ ܐܠܐ P (= Kön)

2Chr 7,22: עליהם] +pre ܚܛܗܐ P (= Kön)

PChr beweist damit die Existenz von Anpassungen des abweichenden Chroniktextes an Kön. Systematische Anpassungen des Kön-Textes an Chr sind nicht belegt. Oft wird lediglich die chronistische Darstellung als hermeneutische Leseanweisung für den Text aus Kön verwendet, wie z. B. in der Nacherzählung der Tempelweiherzählung bei Josephus.

4QKgs

Der Text aus 1Kön 8,1–9.16 ist durch Fragmente aus den Textfunden bei Qumran bezeugt (4QKgs bzw. 4Q54). Es handelte sich um Teile einer Schriftrolle des Königebuches. Sie ist leider nur sehr bruchstückhaft und in wenigen Fragmenten erhalten geblieben. Die Fragmente wurden von Julio Trebolle Barrera bearbeitet, editiert und herausgegeben.[81] Der Text wurde anhand der digitalisierten Handschrift überprüft. Er ist insgesamt gut lesbar und bedarf deswegen (vermutlich) keiner erneuten Aufarbeitung.[82] Eine kleine Sensation ist die Bezeugung eines Textes von 1Kön 8,16, der vorher nur aus der Chronik bekannt war. Chr hat an dieser Stelle den ursprünglichen Text des Königebuches konserviert; in Kön ist dieser später aufgrund eines Augensprunges verloren gegangen. 4QKgs enthält damit den ursprünglichen Text von Kön, der vorher nur aus der Chronik bekannt war (zu 8,16 vgl. S. 5ff.).

Der Text von 4QKgs ist wegen seines hohen Alters und seiner Abweichungen zu MT^L in 1Kön 8,1–9.16 als eigenständiger Textzeuge und Archetyp aufgeführt. In dieser Studie wird nur der erkennbare Text auf den Fragmenten abgedruckt. Für die Rekonstruktion ist DJD zu konsultieren.[83]

---

81 Trebolle Barrera, *DJD XIV*. Der Text der Handschrift ist ebenfalls zu finden in Ulrich, *Biblical Qumran Scrolls*.
82 Vgl. die digitalisierte Handschrift unter 4Q54 – 4Q Kgs in Israel Antiquities Authority (Hrsg.), *DSS Digital Library*.
83 Trebolle Barrera, *DJD XIV*.

Zum Quellenwert des Chronikbuches

Das Chronikbuch (Chr) reformuliert die Geschichte von Adam (Gen 1–3) bis Zedekia (2Kön 25).[84] Der Schwerpunkt liegt auf der Neuerzählung der Königszeit (von David bis zum Exil = 1Chr 11–2Chr 36). Für die Textgeschichte der Tempelweiherzählung ist Chr in zwei Hinsichten von Bedeutung:

(1) Die Chronik übernahm große Teile der Tempelweiherzählung nahezu unverändert aus ihrer Vorlage (vgl. Tab. 2.1 auf S. 54). In diesen Textteilen ist Chr ein wichtiger dritter Textzeuge neben Kgtm und Kön. Chr könnte nämlich ein Text konserviert haben, der in Kgtm und Kön nach dem Abfassen der Chronik verändert wurde und dort verloren gegangen ist. In diesen Fällen bezeugt Chr die älteste Lesart. Folgende Lesarten kommen dafür infrage:

1Kön 8,1 = 2Chr 5,2: שְׁלֹמֹה [וַיִּקְהֲלוּ] Kgtm (ἐν Σιων); אֶל צִיּוֹן Kgtm [Chr אֶל יְרוּשָׁלַ͏ִם [Chr יְרוּשָׁלַ͏ִם Kön

1Kön 8,16 = 2Chr 6,5: אֶת יִשְׂרָאֵל + [Chr אֶת עַמִּי Kön Kgtm (Ισραηλ)

1Kön 8,16 = 2Chr 6,5–6: לִהְיוֹת שְׁמִי שָׁם וְלֹא־בָחַרְתִּי בְאִישׁ לִהְיוֹת נָגִיד עַל־עַמִּי יִשְׂרָאֵל וָאֶבְחַר בִּירוּשָׁלַ͏ִם לִהְיוֹת שְׁמִי שָׁם Chr 4QKgs] לִהְיוֹת שְׁמִי שָׁם Kön

8,28: לְפָנֶיךָ [Chr הַיּוֹם + Kön Kgtm

8,40: לָלֶכֶת בִּדְרָכֶיךָ [Chr > Kön Kgtm (Homoioteleuton)

8,44: אֵלֶיךָ [Chr אֶל יהוה Kön; ἐν ὀνόματι κυρίου OGKgtm (Vorlage unsicher)

8,48: וְהִתְפַּלְלוּ [Chr אֵלֶיךָ + Kön Kgtm (πρὸς σέ)

8,48: הָעִיר אֲשֶׁר בָּחַרְתָּ וְהַבַּיִת אֲשֶׁר בָּנִיתָ [Chr הָעִיר אֲשֶׁר בָּנִית Kön; הָעִיר אֲשֶׁר בָּחַרְתָּ וְהַבַּיִת אֲשֶׁר בָּחַרְתִּי בְחַרְתָּ וְהַבַּיִת אֲשֶׁר בָּנִיתִי Kgtm (καὶ τῆς πόλεως, ἧς ἐξελέξω, καὶ τοῦ οἴκου, οὗ ᾠκοδόμηκα τῷ ὀνόματί σου)

9,4: דָוִד אָבִיךָ [Chr בִּישֶׁר + בְּתָם לֵבָב וּבְיֹשֶׁר Kön Kgtm (ἐν ὁσιότητι καρδίας καὶ ἐν εὐθύτητι)

Die Chronik wird in vielen dieser Fälle als einziger Textzeuge den unbearbeiteten Text konserviert haben. 2Chr 6,5–6 stellte sich durch den Fund von 4QKgs als ursprünglicher Text von Kön heraus.

(2) Andere Teile der Tempelweiherzählung wurden in der Chronik tiefgreifend überarbeitet (vgl. Tab. 2.1 auf S. 54). Unter anderem strichen die chronistischen Schreiber ganze Textabschnitte (z. B. 1Kön 8,51–53.54–61) und fügten Abschnitte jeglichen Umfangs hinzu (z. B. 2Chr 5,11b–13a; 6,13.41–42; 7,1–3.6.13–16). In diesen

---

84 Eine solche Reformulierung und Neu-Erzählung der heiligen Geschichte hat in der parabiblischen Überlieferung einige nahestehende Parallelen. Zu nennen sind beispielsweise nach Kratz, *Israel*, 166 Fn. 114: Jubiläenbuch; Reworked Pentateuch 4Q158, 4Q364–367; Genesis Apocryphon 1QapGen; Commentary on Genesis A; Pseudo-Jubiläen 4Q225–227; Liber Antiquitatum Biblicarum. Das Phänomen wird vielfach mit dem Begriff „rewritten bible" bezeichnet. Die Grenzen zwischen Überlieferung und Bearbeitung, Abschrift und Reformulation sind fließend. Zum Phänomen und der Problematik des Begriffs vgl. Zahn, *Rewriting*, und den Sammelband Zsengellér (Hrsg.), *Rewritten*. Über diese Werke sind weiterführende Literaturhinweise zu finden. Zur Frage des Autoritätsanspruches der parabiblischen Literatur vgl. Kratz, *Israel*, 177–179.

Passagen bezeugt die Chronik Bearbeitungen und Fortschreibungen der Tempelweiherzählung (vgl. die Tab. auf S. 54).

Tab. 2.1: Übersicht zur chronistischen Bearbeitung von 1Kön 8

Kön	Chr
Überführung d. Lade in d. Tempel (8,1–6 MT)	= 2Chr 5,2–7
Die Lade: Sichtbarkeit und Inhalt (8,7–9)	= 2Chr 5,8–10
Einzug der Herrlichkeit Jʜᴡʜs (8,10–11)	8,10a = 2Chr 5,11a; + 2Chr 5,11b–13a: Ordnung der Priester u. Leviten; 8,10b–11 = 2Chr 13b–14
Der Tempelweihspruch (8,12–13 MT)	= 2Chr 6,1–2
Die erste Rede Salomos (8,14–21)	= 2Chr 6,3–11
Überleitung zur zweiten Rede (8,22)	= 2Chr 6,12; + 2Chr 6,13: Die Position Salomos (Podest)
Die zweite Rede Salomos (8,23–53)	= 2Chr 6,14–39 (> 1Kön 8,50b–51.53); + 2Chr 6,41–42: Zitat aus Ps 132,8–10
Salomos Schlussworte (8,54–61)	>
	+ 2Chr 7,1–3: Annahme des Opfers durch Jhwh
Opfer und Einweihung des Tempels (8,62–63)	= 2Chr 7,4–5
	+ 2Chr 7,6: Ordnung der Priester u. Leviten
Salomo heiligt die Mitte des Vorhofes (8,64)	= 2Chr 7,7
Die Feier des Festes (8,65)	= 2Chr 7,8
	+ 2Chr 7,9: Chronologie der Ereignisse
Salomo entlässt das Volk (8,66)	= 2Chr 7,10

Als Vorlage für die chronistische Komposition diente grob die Erzählung aus den Büchern Samuel und Könige, wie wir sie heute kennen. Das ist seit den bahnbrechenden Analyse der chronistischen Bearbeitung von Wilhelm Martin Leberecht de Wette und Julius Wellhausen Konsens.[85] Zu erkennen ist dies an einer ganzen Reihe an konkreten Textbeobachtungen:[86] (a) Am eindeutigsten sind die Beobach-

---

[85] de Wette, *Beiträge*; Wellhausen, *Prolegomena*. Für einen ausführlichen und qualifizierten Forschungsüberblick vgl. Maskow, *Tora*, 19–49.

[86] Bereits bei J. Wellhausen finden sich schlagende Beispiele (vgl. Wellhausen, *Prolegomena*, 165–223). Vgl. dazu zudem z. B.: Kratz, *Komposition*, 42–50; Kalimi, *Geschichtsschreibung*, 80–91; Kalimi, *Reshaping*, 85–98. Zu den Auslassungen in Chr vgl. z. B.: Pakkala, *Omitted*, 253–294. Als fortlaufender Kommentar zur Chronik: Knoppers, *I Chronicles, 1–9*; Knoppers, *I Chronicles, 10–29*. In diesen Studien finden sich weiterführende Literaturhinweise.

tungen zur Theologiegeschichte. Ein Großteil der Texte aus 1Sam–2Kön wurde zu einer Zeit verfasst, in der zentrale Institutionen des Kultes in den Erzählungen aus Ex–Num noch nicht existierten, wie z. B. das Wüstenheiligtum und die Ämter der Leviten.[87] Den Chronisten hingegen waren diese Teile der Erzählungen bekannt.[88] Sie schrieben diese konsequent in die Erzählungen ein (vgl. z. B. 1Kön 3 mit 2Chr 1) und wählten auch nur Texte aus, die mit diesen Kulttraditionen vereinbart waren.[89] (b) An nicht wenigen Stellen setzt die Chronik die Inhalte des ausgelassenen Textes voraus.[90] (c) Manchmal dienen ausgelassene Aussagen über das Nordreich als Anhalte für Sondergut über das Südreich.[91] (d) Dazu kommt eine Vielzahl von textkritischen und sprachgeschichtlichen Beobachtungen.[92] Diese Beobachtung ergibt ein Basisszenario zur Abhängigkeitsrichtung: Die Chronik reformuliert die Erzählung der Samuel- und Königebücher (Kön > Chr).[93]

Punktuell sind post-chronistische und chronistisch inspirierte Änderungen und Zusätze in 1Sam–2Kön möglich – also Änderungen die in Kön und/oder Kgtm nach dem Abfassen der Chronik vorgenommen wurden.[94] Textkritisch liegen post-chronistische Änderungen in 1Sam–2Kön dann vor, wenn die ältere Lesart in Chr

---

87 Vgl. Kratz, *Komposition*, 155–219; Kratz, *Israel*, 15–38.68–72.140–159; Levin, *Das Alte Testament*, 31–32.53–58. Zum berühmten „Leviten-Schweigen" in 1Sam–2Kön vgl. Samuel, *Von Priestern*.

88 Vgl. Kratz, *Komposition*, 14–53; Kratz, *Israel*, 68–72.159–179; Levin, *Das Alte Testament*, 95–98.

89 J. Wellhausen sprach noch pauschal von „dem Priestercodex", der 1Sam–2Kön unbekannt war und nach dessen Maßgabe die Chronik die Überlieferung überarbeitete (vgl. Wellhausen, *Prolegomena*, 166). Sein Anliegen war, die Traditionen D und P ins richtige relative Verhältnis zu setzen. Heute ist man wesentlich differenzierter und unterscheidet zwischen mehreren Redaktionen, Traditionen und theologischen Denkschulen, die in der Abfassung der Chronik wirksam waren (vgl. Maskow, *Tora*, 19–21). Das relative Verhältnisses und den „Zeitunterschied" zwischen 1Sam–2Kön und 1–2Chr stellen die Modifizierungen aber nicht infrage.

90 Vgl. Kratz, *Komposition*, 43, Fn. 39, für Beispiele.

91 Vgl. ebd., 29, Fn. 8, für Beispiele.

92 Vgl. Kalimi, *Geschichtsschreibung*; Kalimi, *Reshaping*; Kalimi, *Quelle(n)*, für zahlreiche konkrete Beispiele.

93 Ganz anders A. Graeme Auld (vgl. Auld, *Privilege*; Auld, *Main Source*; Auld (Hrsg.), *Threshold*; Auld, *I and II Samuel*). Er ignoriert aber auch die genannten bahnbrechenden Studien von W. de Wette und J. Wellhausen und geht auf die offensichtliche theologischgeschichtliche Entwicklung von 1Sam–2Kön zu 1–2Chr nicht ein. Dementsprechend ist G. Auld in der alttestamentlichen Forschung niemand gefolgt bis auf ein paar einzelne Anhänger (vgl. z. B. Clancy, *Kalimi verses Auld*; Person, *Deuteronomic History*, dort z. B. 163; Person, *Trouble*). Grundlegende Kritiken an den Argumenten von G. Auld sind zahlreich vorgebracht worden, sodass eine ausführlichere Auseinandersetzung hier nicht notwendig ist (vgl. Kalimi, *Quelle(n)*. Für weitere Kritiken vgl. Maskow, *Tora*, 35–38; Williamson, *Response*; Johnstone, *Review*; Knoppers, *Review*; McKenzie, *Trouble*, 305–308; McKenzie, *1–2 Chronicles*, 39–40).

94 Vgl. zu diesem Phänomen vor allem die Beiträge in dem Sammelband Becker/Bezzel (Hrsg.), *Rereading*.

erhalten ist und der Text in Kön und/oder Kgtm nachträglich geändert wurde. Mögliche Fälle wurden bereits oben aufgezählt.

Immer wieder werden für die Textgeschichte der Tempelweiherzählung zudem *chronistisch inspirierte Änderungen* in Kön und/oder Kgtm vorgeschlagen sowie *die Übernahme von chronistischem Sondergut in Kön*. Und in der Tat muss in alle Richtungen ermittelt werden. Die Beweislast obliegt allerdings denjenigen, die eine chronistische Herkunft von Lesarten in Kön/Kgtm behaupten. Im Zweifel sollte man bis dahin dem Basisszenario gegenüber der Ausnahme den Vortritt lassen.

Das prominenteste Beispiel für chronistisch inspirierte Änderungen ist der Vers aus 3Kgtm 8,54 = 1Kön 8,54 (> Chr). Dort steht Salomo von den Knien auf, obwohl er sich zuvor nur in der Chronik (vgl. 2Chr 6,13) und nicht in 3Kgtm 8 = 1Kön 8 hingekniet hatte. Ein Schreiber von 3Kgtm 8,54 = 1Kön 8,54 könnte aus der Chronik von dem Hinknien Salomos gewusst haben und das Aufstehen von den Knien in 3Kgtm 8,54 = 1Kön 8,54 eingeschrieben haben. Allerdings könnte auch umgekehrt 2Chr 6,13 unter dem Einfluss von 3Kgtm 8,54 = 1Kön 8,54 entstanden sein. Das doppelte „und er trat hin" = ויעמד in 8,22.55 könnte den Zusatz zum Hinknien Salomos in 8,54 ausgelöst haben (alles weitere zu diesem Fall in Kap. 13.3.2 ab S. 382). Als ein weiteres Beispiel werden oft die doppelten sieben Tage in 8,65 (Kön) angeführt, die das Sondergut aus 2Chr 7,9 voraussetzen könnten. Vermutlich reagiert allerdings 2Chr 7,9 bereits auf die doppelten sieben Tage in 8,65 (Kön) und stellt aus der enigmatischen Zeitangabe eine verständlichere Chronologie her (alles weitere zu diesem Fall in Kap. 8.5 ab S. 272).

Die Übernahme von chronistischem Sondergut in Kön wird gelegentlich bei dem geteilten Sondergut von Kön = Chr in 8,1–6 angenommen. Die Zusätze seien zunächst durch die chronistische Bearbeitung in den Text gekommen und von dort aus in Kön eingeschrieben worden.[95] Konkordantisch nah liegt das vor allem bei dem Plus „und es brachten herauf die Lade die Priester *und* Leviten" in Kön = Chr.[96] Eine Herkunft des Sondergutes aus Kön liegt allerdings näher. Es wurde zunächst in Kön eingeschrieben und dann in Chr bearbeitet (vgl. dazu Kap. 3.2.2 ab S. 74). Die Beteiligung der Priester und Leviten ist zwar typisch für die Chronik. Der Schreiber von Kön könnte sich die Beteiligung beider Priesterklassen aber auch eigenständig erschlossen haben. Es wäre nicht der einzige Fall, bei dem Sondergut in Kön einen Vorläufer der chronistischen Bearbeitung bildet (vgl. z. B. 1Sam 2,22).

---

95 Lars Maskow zum Beispiel sieht in Anschluss an A. Jepsen in dem erklärenden Zusatz „das ist der siebte Monat" eine post-chronistische Glosse. Vgl. Maskow, *Tora*, 486. Dasselbe nimmt er für das Kön-Sondergut in 1Kön 8,5 = 2Chr 5,6 an. Vgl. ebd., 490.

96 הכהנים והלוים in der HB in 1Kön 8,4; 1Chr 13,2; 15,14; 23,2; 28,13.21; 2Chr 8,15; 11,13; 24,5; 30,15.25; 31,2.4.9; 34,30; 35,18; Esra 1,5; 2,70; 3,8.12; 6,20; 7,7; 8,29–30; 9,1; Neh 7,72; 8,13; 11,3; 12,1.30. Vertreten wird dies z. B. von Porzig, *Traces*, 97f.

3 Die Überführung der Lade und der Einzug der Wolke (8,1–11)

3.1 Zum literarischen Anschluss (1Kön 7,51)

Tab. 3.1: Synopse zum literarischen Anschluss von 1Kön 8,1 par.

Kgtm	Kön	Chr
in 7,38	7,1a ואת ביתו בנה שלמה שלש עשרה שנה	>
in 7,50	7,1b ויכל את כל ביתו	>
in 7,39–49	7,2–12: Beschreibung Palastbau	>
[...]	[...]	[...]
7,37 ותשלם כל המלאכה	7,51 ותשלם כל המלאכה	5,1 ותשלם כל המלאכה
אשר עשה שלמה בית יהוה	אשר עשה המלך שלמה בית יהוה	אשר עשה שלמה לבית יהוה
ויבא שלמה את קדשי דוד אביו ואת קדשי שלמה	ויבא שלמה את קדשי דוד אביו	ויבא שלמה את קדשי דויד אביו
את הכסף ואת הזהב ואת הכלים נתן באצרות בית יהוה	את הכסף ואת הזהב ואת הכלים נתן באצרות בית יהוה	ואת הכסף ואת הזהב ואת כל הכלים נתן באצרות בית האלהים
7,38 ואת ביתו בנה שלמה שלש עשרה שנה	in 7,1a	
7,39–49: Beschreibung Palastbau	in 7,2–12	
7,50 ויכל שלמה את כל ביתו	in 7,1b	
8,1 ויהי ככלות שלמה לבנות את בית יהוה ואת ביתו מקץ עשרים שנים	>	>
אז יקהל המלך שלמה את כל זקני ישראל ...	8,1 אז יקהל שלמה את זקני ישראל ...	5,2 אז יקהיל שלמה את זקני ישראל ...

Das Königebuch (Kön) und das Buch der Königtümer (Kgtm) erzählen den Tempel-
und Palastbau in unterschiedlichen Abfolgen. Daraus ergeben sich zwei verschiedene Anschlüsse für die Überführung der Lade (vgl. die Tab.).

https://doi.org/10.1515/9783111290973-003

In Kön wird der Palastbau[1] zwischen dem Tempelbau und der Anfertigung der Geräte für den Tempel erzählt: Tempelbau (1Kön 6,1–38) > Palastbau (1Kön 7,1–12) > Anfertigung der Geräte für den Tempel (1Kön 7,13–51). Tempel- und Palastbau sind Teil desselben Bauprojektes. In Kgtm erscheint der Palastbau am Ende des Bauberichtes zwischen 3Kgtm 7,37 (= 1Kön 7,51) und dem Anfang der Tempelweiherzählung: Tempelbau (3Kgtm 6,1–38) > Anfertigung der Geräte für den Tempel (3Kgtm 7,1–37) > Palastbau (3Kgtm 7,38–50). Tempel- und Palastbau werden nacheinander erzählt und erscheinen als zwei getrennte Bauprojekte. In Chr wird der Bericht des Palastbaus ausgelassen.

Durch die Umstellungen ergeben sich folgende zwei Textanschlüsse für die Überführung der Lade mit ihrer Einleitung in 8,1: (1) Im Königebuch schließt sie an 1Kön 7,51 an: „Und es waren vollendet alle Arbeiten, die der König Salomo gemacht hatte (am/für das) Haus JHWHs. Und es brachte hinein Salomo die heiligen Gaben Davids, seines Vaters; das Silber, das Gold und die Geräte gab er in die Schatzkammer des Hauses JHWHs." Der Tempelbau ist vollendet. Salomo bringt die „heiligen Gaben Davids" und als letztes die Lade in den Tempel. Die Chronik hat denselben Textanschluss (1Kön 7,51 = 2Chr 5,1).

(2) Im Buch der Königtümer schließt die Überführung der Lade an den Palastbau und seine Abschlussnotiz in 3Kgtm 7,50 an: „Und Salomon vollendete sein ganzes Haus." Nach diesem Vers findet sich in 3Kgtm 8,1a eine zusätzliche Überleitung: „Und es geschah, als Salomo beendet hatte, zu bauen das Haus JHWHs und sein Haus nach 20 Jahren..." (ויהי ככלות שלמה לבנות את בית יהוה ואת ביתו מקץ עשרים שנים = καὶ ἐγένετο ἐν τῷ συντελέσαι Σαλωμων τοῦ οἰκοδομῆσαι τὸν οἶκον κυρίου καὶ τὸν οἶκον ἑαυτοῦ μετὰ εἴκοσι ἔτη).

Im Hyparchetyp schloss 8,1 ursprünglich an 1Kön 7,51 an. In Kgtm wurde der Palastbau ans Ende des Bauberichtes (zwischen 1Kön 7,51 und 8,1) umgestellt; in diesem Zuge bekam der Text von Kgtm mit 8,1a eine zusätzliche Überleitung.[2] Für diese Bearbeitungsrichtung (Kön = Hyparchetyp > Kgtm) sprechen zwei Textbeobachtungen:

Erstens gehören 1Kön 7,51 und 8,1–11 inhaltlich zusammen. Nachdem der Tempelbau vollendet ist (1Kön 7,51a) bringt Salomo zunächst die „heiligen Gaben Davids" (1Kön 7,51b) und dann die Lade (8,1–11) in den Tempel. Ein Schreiber von Kgtm stellte den Palastbau ans Ende der Bauberichte und riss 1Kön 7,51 und 8,1 auseinander. Dadurch ging 1Kön 7,51 (= 3Kgtm 7,37) als Überleitung zur Überführung

---

1 Für eine aktuelle Untersuchung von 1Kön 6–7 vgl. Dubovský, *Temple*, und darüber die weiter Forschungsliteratur.

2 Von einer Umstellung in Kgtm gehen ebenfalls aus: Gooding, *Timetabling*, 155; Talshir, *Pseudo-Connections*, 239; Talshir, *Contribution*, 34; Van Keulen, *Versions*, 140; Turkanik, *Of Kings*, 239; Stade, *Kings*, 90; Burney, *Notes*, 78.

der Lade verloren. Letztere schließt jetzt unvermittelt an den Palastbau an. Deswegen schuf man mit 1Kgtm 8,1a eine zusätzliche Überleitung. Die zwanzigjährige Baudauer entnahm der Schreiber entweder aus den Angaben des vorhergehenden Bauberichtes (Tempel = 7 Jahre in 3Kgtm 6,1d = 1Kön 6,38; Palast = 13 Jahre in 3Kgtm 7,38 = 1Kön 7,1a) oder aus der errechneten Summe in 9,10 (zwanzig Jahre). Die neue Einleitung entspricht denjenigen aus 9,1[3] und 9,10.[4]

Einen zweiten Hinweis auf die Bearbeitungsrichtung „Kön > Kgtm" liefert 3Kgtm 7,31. Dort wird der Palast erwähnt und als bekannt vorausgesetzt („Haus des Königs" = τοῦ οἴκου τοῦ βασιλέως). Der Bericht über den Palastbau muss ursprünglich mal davor gestanden haben. Vor dieser Notiz steht der Palastbau allerdings nur in Kön (1Kön 7,1–12), in Kgtm folgt er erst in 3Kgtm 7,38–50.[5] Ein Schreiber von Kgtm hat den Palastbau ans Ende des Bauberichtes gestellt. Er verzichtete auf Textänderungen und beließ den Verweis auf den Palast in 3Kgtm 7,31 im Text. Deswegen steht er trotz der Bearbeitung immer noch dort und zeugt von der Umstellung in Kgtm.

Der Schreiber wollte den Palastbau in seiner Bedeutung depotenzieren. In Kön erscheinen Tempel- und Palastbau noch als Teil desselben Bauvorhabens. Tempel und Palast bildeten eine untrennbare Einheit.[6] Ein Schreiber von Kgtm könnte diese fehlende Trennung als Problem empfunden haben, weil sie nicht der Unterscheidung zwischen Königtum und Tempel entsprach. Er stellte den Palastbau um und trennte ihn von dem Tempelbau. Der Bau des heiligen Tempels steht damit im Vordergrund. Der Palastbau ist nicht mehr als eine profane Bautätigkeit und fand nach dem Tempelbau statt.

---

3 Kön/Kgtm: „Und es geschah, als Salomo beendet hatte zu bauen das Haus Jhwhs und das Haus des Königs und den ganzen Wunsch Salomos, der (ihm) gefiel zu tun."

4 Kön „Und es geschah am Ende der zwanzig Jahre, in denen Salomo gebaut hatte die beiden Häuser, das Haus Jhwhs und das Haus des Königs."; Kgtm: *„Damals brachte Salomon die Tochter des Pharao aus der Stadt Davids in sein Haus hinauf, das er für sich in jenen Tagen gebaut hatte.* [10] *20 Jahre lang, in denen Salomon die beiden Häuser, das Haus des Herrn und das Haus des Königs, baute"* (Karrer/Kraus (Hrsg.), *Septuaginta Deutsch*; kursiv MF). Für den kursiven Text vgl. 1Kön 9,24.

5 Man beachte: Dieser Teil fehlt im entsprechenden Vers im Königebuch (3Kgtm 7,31 = 1Kön 7,45). Die von Hiram angefertigten Geräte werden in 3Kgtm 7,31 wie folgt zusammengefasst (*kursiv* = fehlt in 1Kön 7,45): „[...] [31] und die Kessel und die Brennscheren und die Schüsseln und alle Geräte, die Chiram für König Salomon für das Haus des Herrn machte, *und die 48 Säulen des Hauses des Königs und des Hauses des Herrn. Alle Arbeiten des Königs, die Chiram machte,* (waren) vollständig aus Bronze." (Übersetzung: ebd. Kursiv MF). Entweder dieser Teil wurde in Kön ausgelassen oder er wurde in Kgtm vor der Umstellung des Palastbaus eingefügt.

6 Zur Einheit von Tempel und Palast im Alten Orient vgl. Hurowitz, *Exalted*.

Aus demselben Grund könnte die Chronik den Palastbau ganz ausgelassen haben.[7] Der Bau eines *profanen* Palastes muss in der Erzählung der *heiligen* Geschichte Israels nicht erwähnt werden. Die Chronik weiß um den Palastbau. Er wird mehrfach kurz erwähnt und als bekannt vorausgesetzt (vgl. 2Chr 7,11; 8,1; 9,11), aber nicht eigens erzählt.

Explizit gemacht wird dieses redaktionelle Motiv bei Josephus. In seiner Nacherzählung der biblischen Heilsgeschichte in *Antiquitates Judaicae* (Ant. 8,130–132) beschreibt er seine Sicht auf den Palastbau.[8] Er erzählt den Palastbau erst nach der zweiten Erscheinung Jʜᴡʜs (1Kön 9,1–9) und ist dabei sehr darauf bedacht, scharf zwischen Tempel- und Palastbau zu unterscheiden. Ausführlich rechtfertigt er, warum er überhaupt den Bau des Palastes nacherzählt:

> Nach der Erbauung des Tempels, die, wie gesagt, in sieben Jahren vollendet wurde, schritt Solomon zum Bau eines Königspalastes, den er in kaum dreizehn Jahren fertig stellte. Immerhin ging der Bau desselben langsamer voran als der des Tempels. Denn der Tempel, der in einem in Anbetracht seiner gewaltigen Grösse fast unglaublichen Zeitraum erbaut wurde, verdankte seine Vollendung in dieser Frist nur der Hilfe Gottes, für den er errichtet wurde. Zum Königspalast aber waren die Baumaterialien nicht so lange vorher und nicht so eifrig gesammelt worden, und übrigens verzögerte sich seine Erbauung auch ebendeswegen, weil er eine Wohnung nur für Könige und nicht für Gott werden sollte. Gleichwohl war auch er ein Prachtbau und entsprach dem Wohlstand des Volkes wie seines Königs. Ich halte es deshalb für notwendig, seine ganze Anordnung und Einrichtung zu beschreiben, damit meine zukünftigen Leser sich eine Vorstellung davon machen können.[9]

Eine ähnliche Wahrnehmung wird in Kgtm zu der Umstellung des Palastbaus und in Chr zu seiner Auslassung geführt haben.

Die Umstellung wird in der hebräischen OG-Vorlage vorgenommen worden sein und könnte mit weiteren Umstellungen und Bearbeitungen im Baubericht von 3Kgtm 6–7 zusammenhängen.[10] Bei Übersetzungen und innergriechische Revisionen sind solche tiefgreifenden Bearbeitungen nicht zu erwarten.[11]

In Kgtm werden zusätzlich „heiligen Dinge Salomos" (ואת קדשי שלמה = καὶ πάντα τὰ ἅγια Σαλωμων) neben den „heiligen Dingen Davids" in den Tempel

---

7 Vgl. den Aufsatz von Talshir zu redaktionellen Parallelen zwischen Kgtm und Chr (Talshir, *Pseudo-Connections*).

8 Vgl. dazu: Feldman, *Josephus' View of Solomon*, 365. Auf Josephus verweisen auch: Van Keulen, *Versions*, 140; Gooding, *Timetabling*, 155.

9 Clementz, *Josephus*, 490f. Diese Übersetzung ist in vielem veraltet, aber bisher die einzige deutsche Übersetzung. Für den griechischen Text vgl. Ant. 8,130–132 in Niese, *Josephi*. Für eine englische Übersetzung dieses Textes vgl. die entsprechende Stelle in Whiston, *Josephus*.

10 Vgl. Tov, *Strange Books*, 285–292.

11 Vgl. dazu die Einführung in den Quellenwert von Kgtm in Kap. 2.1 ab S. 21.

gebracht. Entweder ein Schreiber hat an die Anfertigungen Salomos für den Tempel gedacht. 2Kön 14,13 kennt goldene Geräte, die Salomo gemäß Jhwhs Anweisungen angefertigt hat (אֵת כָּל כְּלֵי הַזָּהָב אֲשֶׁר עָשָׂה שְׁלֹמֹה מֶלֶךְ יִשְׂרָאֵל בְּהֵיכַל יהוה כַּאֲשֶׁר דִּבֶּר יהוה), sowie Schätze des Tempels und des Palastes (אֵת כָּל אוֹצְרוֹת בֵּית יהוה וְאוֹצְרוֹת בֵּית הַמֶּלֶךְ). Oder der Schreiber hat sich über 1Kön 10,25 erschlossen, dass er wie David geheiligte Gaben oder Beute besessen haben muss. Der Vers zählt die Gaben der „ganzen Welt" (V. 24) an König Salomo auf und erwähnt u. a. Geräte aus Gold und Silber (כְּלִי כֶסֶף וּכְלֵי זָהָב).

In der Chronik wird der Text aus Kön nur geringfügig geändert. Vor das erste בֵּית יהוה wird ein לְ gestellt (לְבֵית יהוה). Danach ist eine Setuma (ס) erhalten, die in Kön fehlt. Es trennt die Abschlussnotiz von dem Hineinbringen der heiligen Dinge Davids. Das zweite בֵּית יהוה ändert der Chronist zu בֵּית הָאֱלֹהִים. Die Wendung בֵּית הָאֱלֹהִים kommt nur in den Ketuvim vor (Ausnahme: Ri 18,31) und dort vorrangig in der Chronik.[12] Der Chronist hatte also offensichtlich eine Präferenz für בֵּית הָאֱלֹהִים. Das erste בֵּית יהוה beließ er jedoch im Text. Das gleiche tat er nochmal in 1Kön 8,10–11 = 2Chr 5,11a.13b–14 und in 1Kön 8,63 = 2Chr 7,5. Wie an dieser Stelle beließ er in 1Kön 8,10–11 = 2Chr 5,11a.13b–14 das erste בֵּית יהוה im Text und änderte das zweite zu בֵּית הָאֱלֹהִים.

Alternative Lösungsvorschläge

Adrian Schenker geht von einer umgekehrten Bearbeitungsrichtung aus. Kgtm sei der Hyparchetyp und die Umstellung in Kön vorgenommen worden. Ursprünglich erzähle der Text zunächst den Tempelbau, dann der Palastbau und dann die Einweihung des Tempels. Darin sah der bearbeitende Schreiber nach A. Schenker ein Problem. Der Palastbau stehe dem Zusammenhang zwischen Tempelbau und Tempelweihe im Weg. Deswegen habe man in Kön den Palastbau in den Tempelbau integriert und den Bericht mit dem Bau der Geräte für den Tempel enden lassen.[13] Auf diese Weise sei die Erzählabfolge aus Kön zustande gekommen.

A. Schenkers Argumentation kann die Bearbeitungsrichtung „Kgtm > Kön" nicht hinreichend begründen. Er sieht einen Bruch in Kgtm als Auslöser für die

---

12 בֵּית הָאֱלֹהִים in der HB in Ri 18,31; 1Chr 6,33; 9,11.13.26–27; 22,2; 23,28; 25,6; 26,20; 28,12.21; 29,7; 2Chr 3,3; 4,11.19; 5,1.14; 7,5; 15,18; 22,12; 23,3.9; 24,7.13.27; 25,24; 28,24; 31,13.21; 33,7; 35,8; 36,18–19; Esra 1,4; 2,68; 3,8–9; 6,22; 8,36; 10,1.6.9; Neh 6,10; 8,16; 11,11.16.22; 12,40; 13,7.9.11; Koh 4,17; Dan 1,2.
13 Schenker, *Septante*, 130: „En conclusion, il semble raisonnable d'expliquer les différences entre TM et LXX concernant la succession des constructions et de la fabrication des ustensiles en métal par une décision éditoriale qui se situe du côté de la forme narrative préservée par TM. Celle-ci chercha à supprimer une question que le récit dans la forme de LXX devait immanquablement soulever, à savoir la raison du délai imposé avant la consécration d'un temple construit et parfaitement équipé depuis treize ans."

Umstellung in Kön, erklärt aber nicht, wie dieser Bruch zustande kam. Wenn ein Schreiber die Stellung des Palastbaus zwischen Tempelbau und Tempelweihe als Problem empfand, warum wurde der Palastbau dann vorher von einem anderen Schreiber genau an diese Stelle gestellt? Dazu kommen konkrete Textbeobachtungen, die Schenkers Vorschlag im Weg stehen. In 3Kgtm 7,31 wird der Palast erwähnt. 1Kön 8,51b und 8,1–6 gehören inhaltlich zusammen. Die zusätzliche Einleitung in 3Kgtm 8,1a lässt sich durch die Umstellung des Palastbaus in Kgtm erklären (s. o.). Diese drei Textphänomene geben den Ausschlag zugunsten der hier vorgeschlagenen Bearbeitungsrichtung. Schenker geht aber auf keine dieser Textbeobachtungen ein.

Wie Schenker ist Julio Trebolle Barrera der Meinung, die Umstellung habe in Kön stattgefunden (Kgtm > Kön). Allerdings nennt er andere Gründe:[14] Der Bericht des Tempelbaus mit 1Kön 6,36 (/1Kön 7,12b) habe seine natürliche Fortsetzung in 7,13ff.[15] Der Palastbaubericht sei nachträglich zwischen 1Kön 6,36 und dem Bericht über die Anfertigungen für den Tempel (1Kön 8,13–51) umgestellt worden; die Wiederaufnahme von 1Kön 6,36[16] am Ende des Palastbau-Berichtes in 1Kön 7,12,[17] zeuge noch von dieser Umstellung.[18] J. Trebolle Barrera bemerkt mit dieser Wiederaufnahme in der Tat eine mögliche Bearbeitungsspur im Text. Die beobachtete Wiederaufnahme belegt allerdings nicht, dass der Palastbau vorher am Ende des Bauberichtes stand und von dort nach vorne umgestellt wurde. Mit einer Wiederaufnahme wird in der Regel neues Textgut in bestehende Texte nachgetragen und nicht bestehendes Textgut umgestellt.[19] Der Palastbau wurde mithilfe der genannten Wiederaufnahme zwischen 6,36 (/1Kön 7,12b) und 7,13 in den bestehenden Bericht des Tempelbau eingefügt (Literargeschichte)[20] und von dort ans Ende des Bauberichtes umgestellt (Kön > Kgtm = Textgeschichte). J. Trebolle Barrera

---

14 Vgl. zu folgendem Trebolle Barrera, *Redaction*, 24–28.

15 „After the description of the debir ("inner shrine") and the hekhal ("great hall") with their respective doors (6:18aß–33[6:19–35]), we pass logically to the description of the third section of the temple: the ulam or vestibule framed by its bronze pillars (7:13–22)" (ebd., 27f.).

16 „Und er baute den inneren Vorhof aus drei Lagen Quadern und aus einer Lage Zedernbalken" (*Elberfelder Bibel*).

17 „Und der große Hof ringsum [hatte] drei Lagen Quader und eine Lage Zedernbalken, und zwar dem inneren Hof des Hauses des HERRN entsprechend und entsprechend der Vorhalle des Hauses." (ebd.).

18 „This double parallelism of text and context facilitates the movement from one text to the other and simplifies the insertion of the block MT 7:1–9(10–11) between the two, with 7:12 forming a *Wiederaufnahme* of 6:36." (Trebolle Barrera, *Redaction*, 27).

19 Vgl. Kuhl, *Wiederaufnahme*, nach dem das „Kuhlsche Prinzip der Wiederaufnahme" benannt ist.

20 Vgl. Kratz, *Komposition*, 168.

bedenkt diese Möglichkeit nicht. Ebenfalls unkommentiert bleiben bei ihm die drei bereits genannten Textbeobachtungen (s. o. bei A. Schenker), die allesamt für eine Umstellung in Kgtm sprechen.

3.2 Die Lade wird in den Tempel gebracht (8,1–6)

3.2.1 Synopse der drei Archetypen (Kgtm, Kön, Chr)

In diesem Unterkapitel wird der OG-Text und die hebräische Vorlage von Kgtm rekonstruiert und ansonsten nur Varianten zwischen den Archetypen besprochen, die nicht eindeutig zugeordnet werden können, sowie alle inhaltlich bedeutungs- volle Varianten in den Übersetzungen von Kön und Chr. Für die Bearbeitungen durch die Schreiber der Archetypen Kgtm, Kön und Chr siehe Kap. 3.2.2 ab S. 74 und für die Rekonstruktion des Hyparchetyp Kap. 3.2.3 ab S. 83.

Tab. 3.2: Synopse 1Kön 8,1–2 par.

Kgtm (OG)	Kgtm (Vorl.)	Kön	4QKgs	Chr
[1a] Καὶ ἐγένετο	ויהי [1a]			
ἐν τῷ συντελέσαι Σαλωμὼν	ככלות שלמה			
τοῦ οἰκοδομῆσαι τὸν οἶκον κυρίου καὶ τὸν οἶκον ἑαυτοῦ μετὰ εἴκοσι ἔτη,	לבנות את בית יהוה ואת ביתו מקצה עשרים שנים			
[1] τότε ἐξεκκλησίασεν ὁ βασιλεὺς Σαλωμὼν πάντας τοὺς πρεσβυτέρους Ισραηλ ἐν Σιων	[1] אז יקהל המלך שלמה את כל זקני ישראל אל ציון	[1] אז יקהל שלמה את [כל] זקני ישראל [ו]את כל ראשי המטות נשיאי האבות לבני ישראל [ויקהלו] אל המלך שלמה ירושלם	[1] ר[אשי המטות נשיא]י	[5,2] אז יקהיל שלמה את זקני ישראל ואת כל ראשי המטות נשיאי האבות לבני ישראל אל ירושלם
τοῦ ἀνενεγκεῖν τὴν κιβωτὸν διαθήκης κυρίου ἐκ πόλεως Δαυιδ, (αὕτη ἐστὶν Σιων)	להעלות את ארון ברית יהוה מעיר דוד היא ציון	להעלות את ארון ברית יהוה מעיר דוד היא ציון	[ברית] יהוה מעיר ד[ו]ד	להעלות את ארון ברית יהוה מעיר דויד היא ציון

Tab. 3.2 – Fortsetzung

² ἐν μηνὶ Αθανιν.	² בירח האתנים	² ויקהלו אל המלך שׁלמה כל איש ישׂראל בירח האתנים בחג הוא החדשׁ השׁביעי	² האתני]ם בחג הוא חדשׁ השׁ]ביעי	⁵,³ ויקהלו אל המלך כל אישׁ ישׂראל בחג הוא החדשׁ השׁבעי

Kgtm (OG): καὶ – ἔτη] > V O 44 245 707 (= Kön) | ἐν τῷ συντελέσαι] ὡς συντέλεσεν B* | ἑαυτοῦ] αὐτοῦ M L 313ᶜ-328 610* f o 74 x 55 71 158 318 342 372 | Ισραηλ] + σὺν πάσας (συμπασας M 247) κεφαλὰς (κειφ. 158) τῶν ῥαβδῶν (ῥαυδων 158) ἐπηρμένους (ἐπησμ. A; ἐπηρμένας 247) τῶν πατέρων τῶν (> 158) υἱῶν Ισραηλ πρὸς τὸν βασιλέα Σαλωμών (προς – σαλωμων > 247) M O 158 318 (= Kön) | Σιων] + καὶ ἐξεκκλησιάσθησαν πρὸς τὸν βασιλέα Σαλωμὼν πᾶς ἀνὴρ Ισραηλ O (= Kön) | **Vers 2:** ἐν μηνὶ Αθανιν] tr. post 8,3 κιβωτόν 247 | Αθανιν] + ἐν τῇ ἑορτῇ αυτος ὁ μὴν (A: + ἑβδομηκοστὸς) ἕβδομος A Arm (= Kön); σ′ τῷ ἀρχαίῳ in M^{mg} SyrH-ap-Barh; εβρ. ܐܬܐܢܝܡ in SyrH-ap-Barh; + αθανιν ἤ γοῦν ἐν μηνὶ Αθανιν 52

Kön: [כל] in MT^{27Ms} P (= Kgtm); > MT$^{L, A, rel}$ TgJ זקני] ܣܒ̈ܐ P | את כל ראשׁי MT^{41Ms}] +pre Waw Tg P MT^{L} MT^{A} MT^{rel} | נשׂיאי] +pre Waw P | לבני ישׂראל] > P | אל המלך שׁלמה] ܘܐܬܟܢܫܘ ܠܘܬ ܡܠܟܐ ܫܠܝܡܘܢ P | **Vers 2:** כל אישׁ ישׂראל] ܟܠܗܘܢ ܕܒܝܬ ܐܝܣܪܝܠ P | בירח האתנים] ܒܝܪܚܐ ܕܛܠܠܐ P; בירחא חגא וכען +pre [בחג הוא | Tg דעתיקיא קרו ליה ירחא קדמאה

Chr: זקני] +pre כל MT^{2Ms} P | אל ירושׁלם] ܘܐܬܘ ܠܘܬ ܡܠܟܐ ܫܠܝܡܘܢ ܠܐܘܪܫܠܡ P (≈ Kön) | **Vers 3:** ויקהלו אל המלך כל אישׁ ישׂראל] ܘܐܬܟܢܫܘ ܘܐܬܘ ܠܘܬ ܡܠܟܐ ܫܠܝܡܘܢ ܠܐܘܪܫܠܡ P | בחג] בחגא דמטליא Tg; ܒܝܪܚܐ ܕܐܝܟܐ ܒܥܐܕܐ ܕܛܠ̈ܠܐ P

Die Verse 1–2

Der OG-Text in 3Kgtm 8,1–2 ist im Vergleich zu Kön beträchtlich kürzer. Dementsprechend umfangreich fallen Zusätze mit hexaplarischem Ursprung aus, durch die der OG-Text an Kön angeglichen wurde.[21] Die Zusätze entsprechen exakt dem Text aus Kön: σὺν πάσας κεφαλὰς τῶν ῥαβδῶν ἐπηρμένους τῶν πατέρων τῶν υἱῶν Ισραηλ πρὸς τὸν βασιλέα Σαλωμών = את כל ראשׁי המטות נשׂיאי האבות לבני ישׂראל אל המלך שׁלמה ירושׁלם; καὶ ἐξεκκλησιάσθησαν πρὸς τὸν βασιλέα Σαλωμὼν πᾶς ἀνὴρ Ισραηλ = ויקהלו אל המלך שׁלמה כל אישׁ ישׂראל; ἐν τῇ ἑορτῇ αὐτὸς ὁ μὴν ἕβδομος = בחג הוא החדשׁ השׁביעי. Der letzte Zusatz nach Αθανιν ist in 247 vermutlich aufgrund eines Augensprunges verloren gegangen.[22] Am Ende enthält A einen fehler-

21 Zu den Lesarten mit hexaplarischem Ursprung vgl. Kap. 2.1 ab S. 28 in der Einleitung.

22 247 liest: καὶ ἐξεκκλησιάσθησαν πρὸς τὸν βασιλέα Σαλωμὼν πᾶς ἀνὴρ Ισραηλ καὶ ἦραν οἱ εἱερεῖς τὴν κιβωτὸν ἐν μηνὶ Αθανιν. Sie kam durch einen Augensprung zwischen den zwei Ισραηλ zustande. Erst ging der Text zwischen den beiden Ισραηλ verloren (oder wurde bewusst gekürzt): καὶ ἐξεκκλησιάσθησαν πρὸς τὸν βασιλέα Σαλωμὼν πᾶς ἀνὴρ Ισραηλ

haften Text (αυτος ὁ μὴν ἑβδομηκοστὸς ἕβδομος = „das ist der siebenundsiebzigste Monat"). Der zu erwartende Text (αυτος ὁ μὴν ἕβδομος = „das ist der siebte Monat") ist nur in der armenischen Übersetzung (Arm) erhalten.[23] Die lange, zusätzliche Einleitung in OGKgtm (καὶ ἐγένετο ἐν τῷ συντελέσαι Σαλωμὼν τοῦ οἰκοδομῆσαι τὸν οἶκον κυρίου καὶ τὸν οἶκον ἑαυτοῦ μετὰ εἴκοσι ἔτη) fehlt in Kön und wurde in O (sowie in V 44 245 707) deswegen ausgelassen. Im OG-Text steht im Vergleich zu Kön noch ein zusätzliches πάντας (πάντας τοὺς πρεσβυτέρους vs. את זקני). Dies wurde im hexaplarisch bearbeiteten Text belassen.

Interpretierende Lesarten sind vor allem für den transkribierten Monatsnamen Αθανιν überliefert. Die Lesart τω ἀρχαίῳ von Symmachus (σ') ist am Rand des Kodex M[24] erhalten sowie in den Text-Anmerkungen des Scholienkommentar von Bar Hebraeus.[25] Symmachus übersetzte איתן konsequent mit ἀρχαῖος[26] und entschied sich gegen eine Transkription (hier ἐν μηνὶ τῷ ἀρχαίῳ vllt. verstanden als „im Monat des [Ernte-]Anfangs"/„im Monat der Vorzeit"). In der Peshitta von Kön ist nämlich das hebräische בירח האתנים nicht transkribiert, sondern mit ܒܝܪܚܐ ܕܚܠܠܐ. („im Monat des Feldertrages/der Ernte") wiedergegeben. Bar Hebraeus notiert in seinem Scholienkommentar zur Peshitta an dieser Stell ein ܐܬܢܝܡ mit der Herkunftsangabe εβρ (= ὁ ἑβραῖος) und stellte durch diese Transkription das Hebräische האתנים wieder her.[27]

Die Rekonstruktion der hebräischen Vorlage hinter dem großen Plus im OG-Text bereitet keine Schwierigkeiten. Der Übersetzer verwendet standardmäßig die Äquivalenz συντελέω = כלה. In 1Sam 13,10; 24,17; 1Kön 8,54; 9,1 wird ויהי ככלות mit καὶ ἐγένετο ὡς συνετέλεσεν übersetzt.[28] Für τοῦ οἰκοδομῆσαι = לבנות vgl. z. B. 1Kön 8,16.18. Dem τὸν οἶκον κυρίου entspricht ein את בית יהוה und

---

ἐν μηνὶ Αθανιν ἐν τῇ ἑορτῇ αυτος ὁ μὴν ἑβδομηκοστὸς ἕβδομος καὶ ἦλθον πάντες οἱ πρεσβύτεροι Ἰσραηλ καὶ ἦραν οἱ ειερεῖς τὴν κιβωτόν. Dann wurde in einem zweiten Schritt die ausgefallene Monatsangabe ἐν μηνὶ Αθανιν ans Ende hinter κιβωτόν gehängt.

23 Vgl. Brooke/Mc Lean/Thackeray, *1–2 Kings*, der die Lesart aus Zohrab, *Armenisch*, entnommen hat. Homes/Parsons, *Testamentum*, verweist noch auf die Georgischen und Slavischen Übersetzungen.

24 Vgl. *Coisl. 1, „Codex Coislinianus" (M), aus der Bibliothèque Nationale in Paris.* Einzusehen im digitalisierten Archiv der Bibliothèque Nationale Paris. Die Randlesart findet sich in Folie 460. Notiert ist diese Lesart und ihre Herkunft aus M bei Brooke/Mc Lean/Thackeray, *1–2 Kings*; sowie Field, *Hexaplorum 1/2*.

25 Vgl.Sauma, *Bar-Hebraeus's*, 199.283. Siehe auch in Brooke/Mc Lean/Thackeray, *1–2 Kings*, dort ist dieser Scholienkommentar von Bar Hebraeus abgekürzt mit S-ap-Barh.

26 Vgl. Field, *Hexaplorum 1/2*, der auf die Übersetzung von איתן mit ἀρχαῖος in Ex 14,27 und Ps 74(73),15 verweist, sowie Hatch/Redpath, *Concordance* zu ἀρχαῖος.

27 Vgl. Sauma, *Bar-Hebraeus's*, 199.283.

28 Als einzige Alternative zu כלה kommt שלם wie in 1Kön 7,51 und 9,25 in Frage. In 3Kgtm 7,37 (= 1Kön 7,51) wird es allerdings nicht mit συντελέω übersetzt. Zudem kommt ויהי mit שלם in der

dem καὶ τὸν οἶκον ἑαυτοῦ ein ואת ביתו (vgl. 1Kön 3,1 mit 3Kgtm 5,14).[29] Hinter μετὰ εἴκοσι ἔτη steht entweder מקץ עשרים שנים (vgl. 1Kön 2,29; 1Kön 17,7; ferner: Gen 41,1; Ex 12,41; 2Chr 8,1)[30] oder שנים עשרים שנים (vgl. 1Kön 9,10),[31] aber nicht אחרי עשרים שנים.[32] Das ἔτος ist immer Äquivalent von שנה[33] und εἴκοσι für עשרים.[34] Das μετά + Akk. kann zwar in Zeitangaben ein אחר wiedergeben (vgl. 1Kön 13,33; 19,11; 19,12); in einer direkten syntagmatischen Verbindung mit Jahreszahlen (שנה) sind aber in der HB nur מקץ[35] und מקצה[36] belegt.

Der Titel „König" in ὁ βασιλεὺς Σαλωμών (hebr. המלך שלמה) fehlt in Kön und Chr (dort nur אז יקהל שלמה). Kön ist inhaltlich stimmig. Dort ist die Langversion המלך שלמה im vorhergehenden Vers in 1Kön 7,51a genannt, was das kurze שלמה im folgenden Vers aus 1Kön 8,1 erklären würde.[37] In Kgtm wurde der Palastbau-Bericht und eine zusätzliche Einleitung dazwischen geschoben (vgl. die Synopse auf S. 57). In beidem findet sich nur die Kurzform שלמה. Der Titel „König" kommt in 3Kgtm 8,1 überraschend, weil vorher nur ein einfaches „Salomo" steht.[38] Ein nachträglicher Zusatz von ὁ βασιλεύς = המלך in Kgtm ist damit unwahrscheinlich.

Inhaltlich sinnvoll wäre die Langform „König Salomo" im Hyparchetyp. Mit 8,1 beginnt ein neuer Abschnitt; deswegen könnte die Langform „König Salomo" hier

---

ganzen HB nicht vor. ויהי ככלות hingegen ist überaus häufig: in Num 16,31; Dtn 20,9; 31,24; Jos 8,24; 10,20; Ri 15,17; 1Sam 13,10; 18,1; 24,17; 2Sam 13,36; 1Kön 8,54; 9,1; 2Kön 10,25; Jer 26,8; 43,1; 51,63.

29 Das τὸν οἶκον αὐτοῦ in Nicht-Kaige (Rahlfs) 37 Mal: 1Sam 1,19.21; 3,12–13; 7,17; 10,26; 15,34; 23,18; 25,1.17.36; 27,3; 2Sam 2,3; 4,11; 5,9; 6,19–21; 7,1.16.25; 9,9; 1Kön 2,33–35.46; 4,7; 5,25.28; 7,38.45.50; 9,9; 12,24; 13,19; 16,3.7.

30 So Thenius, *Könige*, 124; Porzig, *Lade*, 191.

31 So Bösenecker, *Text*, 165.

32 So Tov/Polak, *CATSS*.

33 Vgl. den Eintrag in Hatch/Redpath, *Concordance*.

34 Vgl. ebd.

35 Vgl. Gen 16,3; Ex 12,41; Dtn 15,1; 31,10; 2Sam 15,7; 1Kön 2,39; 2Chr 8,1; Jes 23,15.17; Jer 34,14; Ez 29,13.

36 Vgl. Dtn 14,28; 1Kön 9,10; 2Kön 8,3; 18,10.

37 1Kön 7,51–8,1: „Und es waren vollendet alle Arbeiten, die *der König Salomo* gemacht hatte (am/für das) Haus JHWHS. Und es brachte hinein *Salomo* die heiligen Dinge Davids, seines Vaters; das Silber, das Gold und die Geräte gab er in die Schatzkammer des Hauses JHWHS. Damals versammelte *Salomo* [die/alle] Ältesten Israels nach Jerusalem, um heraufzubringen die Lade des Bundes JHWHS aus der Stadt Davids – das ist Zion."

38 3Kgtm 7,50–8,1: „Und *Salomon* vollendete sein ganzes Haus. Und es geschah, als *Salomon* nach 20 Jahren vollendet hatte, das Haus des Herrn und sein eigenes Haus zu bauen, da versammelte *König Salomon* alle Ältesten Israels in Sion, um die Bundestruhe des Herrn hinaufzubringen aus der Stadt Davids – das ist Sion." (Karrer/Kraus (Hrsg.), *Septuaginta Deutsch*; kursiv MF).

stehen.[39] Stand der Titel im Hyparchetyp, dann stand er auch in der OG-Vorlage; in Kön könnte er wegen der Doppelung zu 1Kön 7,51 (beide male „König Salomo") ausgefallen sein. Das zweifache המלך שלמה in 1Kön 8,1b und 8,2 könnte noch davon zeugen, dass המלך שלמה dort auch mal in 8,1 stand.

Kgtm liest πάντας τοὺς πρεσβυτέρους Ισραηλ, was einem את כל זקני ישראל entspricht; in Chr fehlt das כל. In Kön ist die Existenz des כל im Archetyp unsicher. 27 hebräische Textzeugen sowie PKön haben ein כל; im Rest der Textzeugen fehlt es. Das ἐν Σιων entspricht einem אל ציון (vgl. Zech 8,3); Kön hat אל המלך שלמה שלמה und Chr ein אל ירושלם.

In Kön und Chr wurden diese Verse auf allen Überlieferungsebenen bearbeitet. In Vers 2 ist die Zuordnung des שלמה unsicher (Kön: אל המלך שלמה; Chr: אל המלך). Der Eigenname könnte in Kön hinzugefügt oder in Chr ausgelassen worden sein.

Beim Archetyp von Kön besteht in mehreren Fällen die realistische Möglichkeit, dass der ursprüngliche Wortlaut im Kodex Leningradensis verloren gegangen ist. Der Hauptzeuge dieses Archetypes könnte an dieser Stelle die sekundäre Lesart enthalten. In Vers 1 steht „alle Ältesten Israels" (את כל זקני ישראל = πάντας τοὺς πρεσβυτέρους Ισραηλ) in Kgtm gegen „die Ältesten Israels" (את זקני ישראל) in Chr. In Kön ist das כל vor זקני in PKön und 27 hebräische Textzeugen des Königebuches enthalten (sowie Kgtm, PChr und 2 hebr. Textzeugen des Chronikbuches). Es fehlt in TgJ und der Mehrheit der hebr. Textzeugen inkl. MT[L] und MT[A].

In Kön haben TgJ und P sowie eine große Zahl hebräischer Textzeugen ein Waw vor את כל ראשי; im Kodex L und Kodex A sowie in 41 hebräischen Textzeugen fehlt es.[40] Nur ganz selten stehen derart viele hebräische Textzeugen gegen den Kodex Leningradensis.

Innerhalb der Texttraditionen von Kön und Chr sind ebenfalls zahlreiche Varianten belegt. Die Aufzählung der Personengruppen wird in PKön relativ stark umgeformt.

Aus dem את זקני ישראל („Älteste Israels") werden „alle Stämme Israels" („Älteste Israels" wäre ; vgl. 2Sam 5,3).

---

39 Hyparchetyp 7,51–8,1: „Und es waren vollendet alle Arbeiten, die *der König Salomo* gemacht hatte (am/für das) Haus J𝐻W𝐻s. Und es brachte hinein *Salomo* die heiligen Dinge Davids, seines Vaters; das Silber, das Gold und die Geräte gab er in die Schatzkammer des Hauses J𝐻W𝐻s. Damals versammelte *der König Salomo* [die/alle] Ältesten Israels nach Jerusalem, um heraufzubringen die Lade des Bundes J𝐻W𝐻s aus der Stadt Davids – das ist Zion."

40 Wie viele und welche hebräische Textzeugen das Waw haben, kann leider nicht aus der Edition von Kennicott erschlossen werden (vgl. Kennicott, *VT, Vol. 1*). Kennicott hat ואת כל ראשי im Haupttext und gibt nur an, wie viele hebräische Textzeugen das Waw nicht haben, nämlich insg. 41.

Die gleiche Änderung wird in PKön nochmal in 8,3 vorgenommen. Aus כל זקני ישׂראל wird dort ebenfalls ein ܟܠܗܘܢ ܩܫ̈ܝܫܐ ܕܐܝܣܪܝܠ, was hier aber in einigen Textzeugen wieder zu ܟܠܗܘܢ ܣ̈ܒܐ ܕܐܝܣܪܝܠ = „alle Ältesten Israels“ korrigiert. Aus den Männern Israels in 8,2 (כל איש ישׂראל) werden „alle Söhne Israels“ (ܟܠܗܘܢ ܕܒ̈ܢܝ ܐܝܣܪܝܠ) gemacht und dafür das לבני ישׂראל in 8,1 gestrichen. Aus dem אל המלך שׁלמה ירושלם in Kön wird in PKön zudem ein ܘܐܬܟܢܫܘ ܠܘܬ ܡܠܟܐ ܫܠܝܡܘܢ ܠܐܘܪܫܠܡ („*und sie versammelten sich* zum König Salomo nach Jerusalem“).

PChr passt den Text an die grammatische Form von PKön an (s. o.), übernimmt das Verb aber aus 1Kön 8,3 = 2Chr 5,4. Anstatt des אל ירושלם (Chr) hat PChr ein ܘܐܬܘ ܠܘܬ ܡܠܟܐ ܫܠܝܡܘܢ ܠܐܘܪܫܠܡ = „und sie kamen zu dem König Salomo nach Jerusalem“ (vgl. ויבאו כל זקני ישׂראל in 1Kön 8,3 = 2Chr 5,4 mit PChr: ܘܐܬܘ ܟܠܗܘܢ ܡܕ̈ܒܪܢܐ ܕܐܝܣܪܝܠ).

Der alte Monatsname in בירח האתנים („im Monat Etanim“) wird nur in OGKgtm transkribiert (ἐν μηνὶ Αθανιν). PKön hat ܒܝܪܚܐ ܕܚܠܠܬܐ („im Monat des Feldertrages/der Ernte“). TgJ erweitert zu „an dem Monat, den die Alten genannt haben den ersten Monat, das (/am)[41] Fest – heute ist es der siebte Monat“ (בירחא דעתיקיא קרו ליה ירחא קדמאה [ב]חגא וכען הוא ירחא שׁביעאה). TgChr erweitert zu בחגא דמטליא („am Fest der Laubhütten“). PChr hat „am Fest der Früchte, am Fest(tag) der Laubhütten“ (ܒܝܪܚܐ ܕܐܒܐ ܒܥܐܕܐ ܕܡ̈ܛܠܐ).

Tab. 3.3: Synopse 1Kön 8,3–4 par.

Kgtm (OG)	Kgtm (Vorl.)	Kön	4QKgs	Chr
		3 ויבאו כל זקני ישׂראל	3	5,4 ויבאו כל זקני ישׂראל
3 καὶ ἦραν οἱ ἱερεῖς τὴν κιβωτὸν	3 וישׂאו הכהנים את הארון	וישׂאו הכהנים את הארון		וישׂאו הלוים את הארון
4 καὶ τὸ σκήνωμα τοῦ μαρτυρίου καὶ τὰ πάντα σκεύη τὰ ἅγια	4 ואת אהל מועד ואת כל כלי הקדשׁ	4 ויעלו את ארון יהוה ואת אהל מועד ואת כל כלי הקדשׁ	4 וי]עֲלו את ארון יהוה ואת אה[ל	5,5 ויעלו את הארון ואת אהל מועד ואת כל כלי הקדשׁ
τὰ ἐν τῷ σκηνώματι τοῦ μαρτυρίου,	אשׁר באהל מועד	אשׁר באהל		אשׁר באהל

41 Die Präposition ב wurde in einigen Textzeugen nachgetragen. Vgl. Sperber, *Bible Vol. 1*.

Tab. 3.3 – Fortsetzung

ויעלו אתם		העלו אתם
הכהנים	ה[כ]הנים	הכהנים
והלוים	והלוים	והלוים

Kgtm (OG): Vers 3: +pre καὶ ἦλθον πάντες οἱ πρεσβύτεροι Ισραηλ A (= Kön) | **Vers 4:** +pre καὶ ἀνεβίβασαν (ἀνεβήβασαν 247) τὴν κιβωτὸν κυρίου O (= Kön) | πάντα] > B 509 o 55 318 372 460 | μαρτυρίου] + καὶ ἀνεβίβασαν αὐτὰ οἱ ἱερεῖς καὶ οἱ Λευῖται O 127(sub ※) 158 (= Kön)

Kön: Vers 3: זקני P⁹ᵃ¹ᶠᵃᵐ rel] ܐܠܟ.ܠ P | **Vers 4:** ויעלו את ארון] ܠܣܡܡܡܘ,ܐ ܠܣܚܠܡ P | כל] > P MT¹ᴹˢ | וכלי < MT¹ᴹˢ | הכהנים] ܠܐܢܪ̈ܐ.ܐ P | מסلܡܐ P ܠܣܚܠܡ [ויעלו אתם P

Chr: Vers 4: הלוים]+pre πάντες OG; ܟܣܘ P (= Kön) | **Vers 5:** מועד] ܪ̈ܓܪܐ P | כל] > MT¹ᴹˢ P (= PKön?) | והלוים] OG Tg P MT¹⁴ᴹˢ] הלוים MTᴸ MTᴬ MTʳᵉˡ

Die Verse 3–4

Wieder ist der OG-Text beträchtlich kürzer als Kön und Chr. Wie zu erwarten sind die fehlenden Teile über die Hexapla in den O-Textzeugen ergänzt.[42] Das καὶ ἦλθον πάντες οἱ πρεσβύτεροι Ισραηλ entspricht ויבאו כל זקני ישראל; καὶ ἀνεβίβασαν τὴν κιβωτὸν κυρίου = ויעלו את ארון יהוה und καὶ ἀνεβίβασαν αὐτὰ οἱ ἱερεῖς καὶ οἱ Λευῖται = ויעלו אתם הכהנים והלוים. Der erste Zusatz fehlt in 247. Der letzte Zusatz ist noch in 127 und 158 enthalten. Der notierte Asterisk (※) in 127 zeugt davon, dass es sich um einen Text aus der Hexapla handelt.

Die Rekonstruktion der OG-Vorlage bereitet keine Probleme. Der vorhandene Text ist deckungsgleich mit Kön und kann von dort übernommen werden. Das τῷ σκηνώματι τοῦ μαρτυρίου übersetzt zu Beginn des Verses bereits ein באהל מועד. Hier ist deswegen ebenfalls von einem באהל מועד als Vorlage auszugehen.[43] Kön und Chr haben im zweiten Fall nur ein באהל. Möglicherweise hat der Übersetzer מועד[44] als Hof Ptz von עוד₂ (מוּעָד?) „Zeuge sein" aufgefasst (in HB nur als Hif. überliefert). Dabei mag auch an das אהל העדת aus der Tora gedacht sein (Num 9,15; 17,22–23; 18,2; 2Chr 24,6). Für eine Rekonstruktion von אהל העדת als OG-Vorlage hinter τῷ σκηνώματι τοῦ μαρτυρίου besteht kein Anlass.[45] באהל מועד = τῷ σκηνώματι τοῦ μαρτυρίου ist wegen der Äquivalenz in 8,4a die wahrscheinlichere Option.

Dem zweiten ויעלו in Kön steht in Chr ein העלו gegenüber. Kön hat damit ein zweifaches ויעלו in Vers 4. Die Bearbeitungsrichtung bleibt unklar.

---

42 Zu den Lesarten mit hexaplarischem Ursprung vgl. Kap. 2.1 ab S. 28 in der Einleitung.
43 So auch Bösenecker, *Text*, 166, Kittel (Hrsg.), *BHK* und Tov/Polak, *CATSS*.
44 Eigentlich מוֹעֵד Nom maqtil, miqtil v. d. Wrz. יעד. Vgl. Bauer/Leander, *Grammatik*, §61uζ.
45 Gegen Porzig, *Lade*, 192.

Innerhalb der Texttraditionen von Kön und Chr sind ebenfalls zahlreiche Varianten belegt. PKön hat einen stark bearbeiteten Text. Wie schon in 8,1 wird aus den „ganzen Ältesten Israels" (כל זקני ישׂראל) „alle Stämme Israels". (ܟܠܗܘܢ ܫܒܛܐ ܕܐܝܣܪܐܝܠ), wobei hier der Text in der Handschriftengruppe 9a1*fam* wieder an die Vorlage angeglichen wurde (ܣܒܐ ܕܐܝܣܪܐܝܠ). Die Wiederholung von ויעלו אתם („sie brachten sie herauf") wird vermieden, indem es durch ܘܣܠܩܘ ܥܡܗܘܢ („und kamen herauf mit ihnen") ersetzt wird. Aus den Priestern (הכהנים) werden die „Priester Israels" (ܟܗܢܐ ܕܐܝܣܪܐܝܠ).

Das כל כלי ist anfällig für Haplographien. Das כל ist in PKön und einer hebräischen Handschrift ausgefallen. כלי entspricht ܡܐܢܐ, sodass der Abschreibefehler nicht im Syrischen passiert sein kann; er muss in der hebräischen Vorlage von P passiert sein. In PChr fehlt ebenfalls das כל, wobei hier auch der Text an PKön angepasst sein könnte. Das כלי ist in einer hebräischen Handschrift von MTKön ausgefallen.

Tab. 3.4: Synopse 1Kön 8,5 par.

Kgtm (OG)	Kgtm (Vorl.)	Kön	4QKgs	Chr
⁵ καὶ ὁ βασιλεὺς καὶ πᾶς Ισραηλ ἔμπροσθεν τῆς κιβωτοῦ θύοντες πρόβατα καὶ βόας	⁵ והמלך וכל ישׂראל לפני הארון מזבחים צאן ובקר	⁵ והמלך שׁלמה וכל עדת ישׂראל הנועדים עליו אתו לפני הארון מזבחים צאן ובקר	⁵ והמלך שׁלמה וכ]ל מז]בחים צאן ובקר	⁵ʹ⁶ והמלך שׁלמה וכל עדת ישׂראל הנועדים עליו לפני הארון מזבחים צאן ובקר
ἀναρίθμητα.	אין מספר	אשׁר לא יספרו	אשׁר לא יספרו	אשׁר לא יספרו
	ולא ימנו מרב		ולא]	ולא ימנו מרב

Kgtm (OG): Ισραηλ] ὁ λαός L⁻¹²⁷ | πρόβατα καὶ βόας] πρόβατα βόας B; βόας καὶ πρόβατα L f o 74 (= OGChr) | ὁ βασιλεὺς καὶ πᾶς Ισραηλ] ὁ βασιλεὺς Σαλωμὼν καὶ πᾶσα συναγωγή Ισραηλ οἱ συντεταγμένοι ἐπ' αὐτὸν σὺν αὐτῷ A (= Kön); ὁ βασιλεὺς Σαλωμὼν οἱ συντεταγμένοι ἐπ' αὐτῶν σὺν αὐτῷ καὶ πᾶσα συναγωγὴ Ισραηλ 247 | ἀναρίθμητα] ἃ οὐ ψηφισθήσεται ἀναρίθμητα ἀπὸ πλήθους A (= Kön); ἃ οὐ ψηφισθήσονται 247

Kön: אתו] +pre קימין TgJ = ܩܕܡܘܗܝ P | מזבחים] +pre Waw P

Chr: וכל עדת ישׂראל] ܟܠܗ ܥܡܐ ܕܐܝܣܪܐܝܠ P | הנועדים] +pre καὶ οἱ φοβούμενοι καὶ οἱ ἐπισυνηγμένοι OG | מזבחים] מנכסין ודבחין Tg; +pre Waw P | צאן ובקר] tr. μόσχους καὶ πρόβατα OG

Der Vers 5

Bei πρόβατα καὶ βόας fehlt in B das „und" (πρόβατα βόας), L f o 74 stellen zu βόας καὶ πρόβατα um. OGChr hat dieselbe Wortreihenfolge wie L. In den O-Textzeugen sind die im Vergleich zu Kön fehlenden Teile aus der Hexapla ergänzt.[46] In A ist dieser Text vollständig erhalten. Das καὶ ὁ βασιλεὺς Σαλωμὼν καὶ πᾶσα συναγωγὴ Ισραηλ οἱ συντεταγμένοι ἐπ' αὐτὸν σὺν αὐτῷ entspricht והמלך שלמה וכל עדת עליו עליו הנועדים ישראל; ἃ οὐ ψηφισθήσεται ἀναρίθμητα ἀπὸ πλήθους = אשר מרב ימנו ולא יספרו לא. Die Hs. 247 bezeugt den gleichen Text, nur umgestellt.[47]

Wo OGKgtm Text hat, entspricht er dem hebräischen Text von Kön. Der OG-Text hat lediglich ein ἀναρίθμητα („unzählbar"), wo Kön und Chr ein אשר לא מרב ימנו ולא יספרו („die nicht gezählt und deren Menge nicht berechnet werden konnte.") haben. OGChr übersetzt diese hebräische Wendung wortgetreu mit οἳ οὐκ ἀριθμηθήσονται καὶ οἳ οὐ λογισθήσονται ἀπὸ τοῦ πλήθους.

Welche Vorlage hinter ἀναρίθμητα steckt, ist schwer zu sagen. Die Äquivalenz von מספר אין = ἀναρίθμητος in Joel 1,6 und Ijob 21,33 und die konsequente Wiedergabe von מספר mit dem Adjektiv ἀριθμός in 1–4Kgtm machen מספר אין als Vorlage am wahrscheinlichsten. Konstruktionen wie ימנה לא אשר oder לא אשר יספרו hätte der Übersetzer vermutlich als Relativsatz übersetzt. Bei einer freien Wiedergabe von אשר לא יספרו ולא ימנו מרב mit ἀναρίθμητα würde der Übersetzer von seiner üblichen Übersetzungstechnik abweichen. Allerdings ist die Datenlage dünn. Das Adjektiv ἀναρίθμητος kommt in Gen–2Kön nur hier vor (ansonsten noch in 2Makk 3,6; 3Makk 2,26; 5,46; 6,5; Spr 7,26; Ijob 21,33; 22,5; 31,25; Weish 7,11; 18,12; Sir 37,25; Joel 1,6). Warum der Übersetzer dieses seltene Adjektiv verwendet, bleibt unklar. Das verwandte Adjektiv ἀριθμός kommt in 1–4Kgtm 8 Mal vor (1Sam 6,4.18; 27,7; 2Sam 2,15; 21,20; 24,2.9; 18,31) und ist immer Äquivalent von מספר. In drei Fällen geht der Übersetzer aber mit der Wiedergabe von מספר freier um, indem er eine Präposition oder ein Artikel ergänzt (vgl. 1Sam 6,4.18; 27,7). Das ἀριθμέω kann sowohl für מנה als auch für ספר gebraucht werden. Nahestehend ist 1Kön 3,8, wo אשר לא ימנה ולא יספר מרב in Kön einem ὃς οὐκ ἀριθμηθήσεται in OGKgtm gegenübersteht. Aber auch hier ist die Vorlage hinter OGKgtm unsicher. In Gen 16,10 und 32,13 wird לא יספר מרב mit οὐκ ἀριθμηθήσεται ἀπὸ τοῦ πλήθους übersetzt. מספר אין findet sich in Gen 41,9; Ri 6,5; 7,12; 1Chr 22,16; Ijob 5,9; 9,10; Ps 40,13; 147,5. In Jer 2,32 wird es mit οὐ + εἰμί + ἀριθμός übersetzt; in Joel 1,6 und Ijob 21,33 mit ἀναρίθμητος.

---

46 Zu den Lesarten mit hexaplarischem Ursprung vgl. Kap. 2.1 ab S. 28 in der Einleitung.
47 247 liest: καὶ ὁ βασιλεὺς Σαλωμὼν οἱ συντεταγμένοι ἐπ' αὐτῶν σὺν αὐτῷ καὶ πᾶσα συναγωγὴ Ισραηλ ἔμπροσθεν τῆς κιβωτοῦ θύοντες πρόβατα καὶ βόας ἀναρίθμητα ἃ οὐ ψηφισθήσονται.

Das אתו in Kön wird in TgJ und in P durch ein zusätzliches Verb zu einem eigenständigen Satz gemacht („und sie standen (קימין/ﻣﺤﺐ) mit ihm"). OGChr verdoppelt הנועדים zu καὶ οἱ φοβούμενοι καὶ οἱ ἐπισυνηγμένοι („die (Gottes-)fürchtigen und diejenigen, die sich versammelt haben". הנועדים entspricht οἱ ἐπισυνηγμένοι; das οἱ φοβούμενοι könnte auf ein interpretiertes הנוראים zurückgehen.[48]

Am Ende des Verses steht das אין מספר = ἀναρίθμητα in Kgtm gegen ein אשר לא יספרו ולא ימנו מרב in Kön und Chr. Die Bearbeitungsrichtung bleibt unklar. Das kurze „in nicht zählbarer Anzahl" in Kgtm mag gegen das lange „die nicht gezählt und deren Menge nicht berechnet werden konnte" bevorzugt werden. Kgtm könnte aber auch gekürzt haben. Ein analoges Phänomen findet sich in 1Kön 3,8, wo sich in Kön eine ähnlich lange Unzählbarkeitsnotiz findet (אשר לא ימנה ולא יספר מרב). In Kgtm steht eine kürzere Formulierung (ὃς οὐκ ἀριθμηθήσεται). In 1Kön 3,8 wird mit der langen Unzählbarkeitsnotiz an die Mehrungsverheißungen der Genesis erinnert, wie sie sich in Gen 32,13 findet (אשר לא יספר מרב).[49] Hier in 1Kön 8,5 ist der Zusammenhang aber ein anderer: es geht um Opfer.

Tab. 3.5: Synopse 1Kön 8,6 par.

Kgtm (OG)	Kgtm (Vorl.)	Kön	4QKgs	Chr
[6] καὶ εἰσφέρουσιν οἱ ἱερεῖς τὴν κιβωτὸν εἰς τὸν τόπον αὐτῆς, εἰς τὸ δαβιρ τοῦ οἴκου, εἰς τὰ ἅγια τῶν ἁγίων, ὑπὸ τὰς πτέρυγας τῶν χερουβιν·	[6] ויבאו הכהנים את הארון אל מקומו אל־דביר הבית אל קדש הקדשים אל תחת כנפי הכרובים	[6] ויבאו הכהנים את ארון ברית יהוה אל מקומו אל דביר הבית אל קדש הקדשים אל תחת כנפי הכרובים	[6] [יהוה אל מקומו לדביר הבית אל קדש]	[5,7] ויביאו הכהנים את ארון ברית יהוה אל מקומו אל דביר הבית אל קדש הקדשים אל תחת כנפי הכרובים

Kgtm (OG): κιβωτόν] + διαθήκης κυρίου O L[-19-127] 246 (= Kön); τῆς διαθήκης κυρίου 19 | δαβιρ] χρηματιστηρί B[mg]; τοῦτ' ἔστι χρηματιστήριον 56[mg]

Kön: אל דביר הבית אל קדש הקדשים Tg | לבית כקורי ליה בגו ביתא [אל דביר הבית ﻟﺒﺤﺘﺎ. ﻟﺒﻌﻨﺎ ﺭﻋﻤﺘﺎ ﻫﻔﻌﻤﺎ.

Chr: לבית כפורי די מתקן ליה במצע [אל דביר הבית במצע P | ﻫﺤﻨﺎﺀ ﺣﺴﻨﺘﺎ [את ארון ברית יהוה הקדשים Tg | דביר [אל מקומו אל דביר Tg | ﻫﺪﻫﻤﺎ. ﻟﻤﺒﺤﺎﺀ ﻣﺴﻤﺤﺘﺎ P | הקדשים אל קדש [הבית P | ﻫﻔﻌﻤﺎ.
P ﻫﻔﻤﺎ. ﺣﺎﺀ ﻣﺘﺎ

---

48 Vgl. Tov/Polak, *CATSS*.

49 Gen 32,13: „Du hast doch selbst gesagt: Gutes, ja Gutes will ich dir tun und deine Nachkommenschaft [zahlreich] machen wie den Sand des Meeres, *den man vor Menge nicht zählen kann.*" 1Kön 3,8: „Und dein Knecht ist inmitten deines Volkes, das du erwählt hast, eines großen Volkes, *das wegen [seiner] Menge nicht gezählt noch berechnet werden kann.*" (*Elberfelder Bibel* + kursiv.

Der Vers 6

O und L ergänzen hinter τὴν κιβωτόν das διαθήκης κυρίου gemäß dem את ארון
ברית יהוה in Kön. Der Text stammt aus der Hexapla.[50] In 127 findet sich Asterisk,
der noch von dem hexaplarischen Ursprung der Lesart zeugt; die Lesart selbst aber
fehlt in 127.[51]

Als OG-Vorlage kann der Text aus Kön übernommen werden. Er ist mit Kgtm
vollständig identisch ist. Nur für die Präposition vor דביר ist seit dem Fund von
4QKgs die Vorlage unsicher (Kön/Chr: אל דביר vs. 4QKgt: לדביר). Sowohl אל (Kön,
Chr) als auch ל (4QKgs) wären als Vorlage für εἰς τό möglich.[52]

In Vers 6 liest Kgtm את ארון, während Kön und Chr mit את ארון ברית יהוה die
volle Bezeichnung haben. Die Langversion braucht es hier nicht, weil diese Bezeichnung bereits in Vers 1 eingeführt wurde. Die Bearbeitungsrichtung bleibt
unklar. Entweder die Langversion wurde gekürzt oder die Näherbestimmung ברית
יהוה ergänzt.

Kön und Chr haben einheitlich ein אל (אל מקומו אל דביר); in 4QKgs sind
zwei unterschiedlichee Präpositionen enthalten (אל מקומו לדביר).

Der Ort, der für die Lade bestimmt ist, unterliegt in der Textgeschichte großer
Varianz. Aus אל דביר הבית („ins Debir des Hauses") wird in TgJ „in das Haus
der Versöhnung, die eingerichtet wurde für sie inmitten des Hauses" (לבית כפורי
דמתקן ליה בגו ביתא) und in TgChr „in das Haus der Versöhnung, das eingerichtet
wurde für sie in der Mitte des Hauses" (לבית כפורי די מתקן ליה במצע ביתא).
PKön macht aus אל דביר הבית אל קדש הקדשים ein „in den Tempel, in das
Haus des Allerheiligsten" (ﬞﬞﬞ) und PChr aus הבית אל קדש
הקדשים ein „in das Haus des Allerheiligsten" (ﬞﬞ).

---

50 Zu den Lesarten mit hexaplarischem Ursprung vgl. Kap. 2.1 ab S. 28 in der Einleitung.
51 Vgl. Fernández Marcos/Busto Saiz, *1–2 Reyes*, zur Stelle.
52 Tov-Polak rekonstruieren אל (vgl. Tov/Polak, *CATSS*). Bösenecker hält ל wegen des folgenden
אל קדש הקדשים für einen Fehler in 4QKgs (Bösenecker, *Text*, 167).

3.2.2 Die Bearbeitung des Hyparchetyps in Kgtm, Kön und Chr

3.2.2.1 Der Bearbeitung des Hyparchetyps in Kgtm

Der Text von 8,1–6 wurde in Kgtm wie folgt bearbeitet:[53]

> {*3Kgtm 7,37*} Und es war vollendet die ganze Arbeit, die Salomo gemacht hatte (für) das Haus JHWHS. Und es brachte hinein Salomo die heiligen Dinge Davids, seines Vaters, {*+und die heiligen Dinge Salomos*}; das Silber, das Gold und die Geräte gab er in die Schatzkammer des Hauses JHWHS.
>
> {*38*} Und sein Haus baute Salomon in 13 Jahren. [...] {*39–49*} [...] {*50*} Und Salomon vollendete sein ganzes Haus.
>
> {*+ 8,1a Und es geschah, als Salomo beendet hatte, das Haus JHWHS und sein eigenes Haus zu bauen nach 20 Jahren,*} 8,1 da versammelte Salomo {*alle*} Ältesten Israels {*in Zion*}, um heraufzubringen die Lade des Bundes JHWHS aus der Stadt Davids – das ist Zion – 2 im Monat Etanim 3 und die Priester trugen die Lade 4 {>}[54] und das Zelt der Begegnung und alle Geräte des Heiligtums, die (vorher) im Zelt {*+ der Begegnung*} (waren). 5 Und der König und ganz Israel, (waren) vor der Lade, (und) opferten Kleinvieh und Großvieh in {*nicht zählbarer Anzahl*} 6 Und die Priester brachten (hinein) die Lade an ihren Ort, ins Debir des Hauses, in das Allerheiligste unter die Flügel der Cherubim.

In Kgtm wurde der Palastbau ans Ende des Bauberichtes zwischen 1Kön 7,51 = 3Kgtm 7,37 und 8,1 umgestellt und der Text mit einer zusätzlichen Einleitung bestehend aus 8,1a versehen (3Kgtm 7,38 = 1Kön 7,1a; 3Kgtm 7,39–49 = 1Kön 7,2–12; 3Kgtm 7,50 = 1Kön 7,1b; + 3Kgtm 8,1a). Diese Umstellung wurde bereits ausführlich in Kap. 3.1 ab S. 57 besprochen.

Die Ortsangabe „in Zion" wird in Kgtm unnötigerweise wiederholt: „Damals versammelte Salomo die Ältesten [...] *in Zion*, um heraufzuholen die Lade [...] *aus der Stadt Davids – das ist Zion*" Das אל ציון (ἐν Σιων = „in Zion") macht die Identifikation der Stadt Davids mit Zion überflüssig. Im Hyparchetyp stand hier ein אל ירושלם („in Jerusalem"). Ein Schreiber von Kgtm wird אל ירושלם („in Jerusalem") zu אל ציון („in Zion") verschrieben bzw. geändert haben.[55]

---

53 Legende: unmarkierter Text = Hyparchetyp; {*Lesart*} = Bearbeitung des Hyparchetyp in Kgtm; + = Zusatz; > = Auslassung; {*Versnummer*} = Umstellung; {Lesart} = Lesart aus Kgtm mit unsicherer Zuordnung (vgl. zu diesen Lesarten Kap. 3.2.1 ab S. 63).

54 Versehentliche Auslassung von „und sie brachten herauf die Lade" durch einen Augensprung zwischen den zwei Lexemen „Lade": „und die Priester trugen die ~~Lade und sie brachten herauf die Lade~~ und das Zelt der Begegnung...".

55 Er könnte in der Zeile gesprungen sein und das darauf folgende ציון versehentlich zweimal abgeschrieben haben: שנים אז יקהל המלך שלמה את כל זקני ישראל אֶל ירושלם להעלות את ארון ברית יהוה מעיר דוד היא צִיֹּון בירח האתנים וישאו הכהנים את הארון ויעלו

In Vers 4a fehlt in Kgtm ein Äquivalent für ויעלו את ארון („und sie brachten herauf die Lade"). Dieses Minus ({>}) ist am besten durch einen Augensprung erklärt:

וישאו הכהנים את הארון ויעלו את הארון ואת אהל מועד

Ein Schreiber ist zwischen den zwei Lexemen „Lade" (את הארון) gesprungen und hat das dazwischenliegende übersehen.[56] Ggf. könnte bewusst gekürzt worden sein. In diesem Fall bildete der Text der Chronik die Vorlage von Kgtm. In Kön wurde nach dem Abfassen der Chronik nach dem zweiten את הארון noch ein יהוה eingefügt („und sie brachten herauf die Lade *JHWHs*"). Die gegenteilige Bearbeitungsrichtung „Kgtm > Kön/Chr" ist unwahrscheinlich. Der Einschub von ויעלו את ארון („und sie brachten herauf die Lade") täte dem Text nichts neues hinzu.[57]

In Vers 4b hatte der Hyparchetyp ein einfaches באהל („im Zelt"; vgl. Kön, Chr). In Kgtm wurde hier der Text zu באהל מועד erweitert (ἐν τῷ σκηνώματι τοῦ μαρτυρίου = „im Zelt *der Begegnung*"). Ein „im Zelt der Begegnung" (באהל מועד) wird kaum bewusst zu „im Zelt" (באהל) gekürzt worden sein; das אהל מועד ist eine geprägte feststehende Wendung.

3.2.2.2 Der Bearbeitung des Hyparchetyps in Kön
Der Text von 8,1–6 wurde in Kön wie folgt bearbeitet:[58]

8,1 Damals versammelte Salomo $\frac{die}{alle}$ Ältesten Israels, ⟨+ <u>*und*</u> *alle Oberhäupter der Stämme, die Vorsteher der Väterhäuser unter den Söhnen Israels* [PKön: + und sie versammelten sich] *zum König Salomo*⟩ in Jerusalem, um heraufzubringen die Lade des Bundes JHWHs aus der Stadt Davids – das ist Zion – 2 ⟨+*Und es versammelten sich zum König Salomo alle Männer Israels*⟩ im Monat Etanim ⟨+*zum Fest – dies ist der siebte Monat.*⟩ 3 ⟨+*und es kamen hin alle Ältesten Israels*⟩ und die Priester trugen die Lade 4 und sie brachten herauf die Lade ⟨+*JHWHs*⟩ und das Zelt der Begegnung und alle Geräte des Heiligtums, die (vorher) im Zelt (waren). ⟨+*und die Priester und Leviten brachten sie herauf*⟩ 5 Und der König ⟨+*Salomo*⟩ und ⟨+*die*⟩ ganz⟨+*e Gemeinde*⟩ Israel, ⟨+*die sich versammelt hatten um ihn* mit ihm,⟩ (waren) vor der Lade, (und) opferten Kleinvieh und Großvieh, ⟨die nicht gezählt und deren Menge nicht berechnet werden konnte.⟩ 6 Und die Priester brachten (hinein) die Lade ⟨+des Bundes JHWHs⟩ an ihren Ort, ins Debir des Hauses, in das Allerheiligste unter die Flügel der Cherubim.

---

56 Vorgeschlagen hat dies meines Wissens als Erster Chike, *Development*, 54.

57 Das ויעלו את ארון wurde in der Literargeschichte durch den Nachtrag von Vers 4 wiederholt und und damit das Zelt der Begegnung im Text verankert (vgl. Kap. 12.1 ab S. 323).

58 Legende: unmarkierter Text = Hyparchetyp; + = Zusatz; ⟨Lesart⟩ = Bearbeitung des Hyparchetyp in Kön; ⟨*Lesart*⟩ = post-chronistischer Zusatz in Kön; ⟨Lesart⟩ = Lesart aus Kön mit unsicherer Zuordnung (vgl. zu diesen Lesarten Kap. 3.2.1 ab S. 63); $\frac{\text{Lesart X}}{\text{Lesart Y}}$ = Text des Archetyps Kön unsicher (vgl. zu diesen Lesarten Kap. 3.2.1 ab S. 63); – = kein Text in Kön.

An einigen Stellen bleibt die Zuordnung der Lesarten aus Kön unsicher: ⟨die nicht gezählt und deren Menge nicht berechnet werden konnte⟩; ⟨+des Bundes Jʜᴡʜs⟩. Unklar ist zudem, ob der Archetyp in 1Kön 8,1 „die Ältesten Israels" oder „alle Ältesten Israels" lautete, und ob darauf ein „und" folgte (vgl. zu den Lesarten mit unsicherer Zuordnung Kap. 3.2.1, S. 63).

Alle anderen *kursiv* markierte Zusätze lassen sich gut als planvolle Überarbeitung begreifen: In den Versen 1–3 wurden an das Objekt „die/alle Ältesten Israels" weitere Personengruppen angehängt, die anwesend gewesen sein sollen: „⟨+ *[und]* alle Oberhäupter der Stämme, die Vorsteher der Väterhäuser unter den Söhnen Israels⟩". Die besondere Stellung der Ältesten Israels wird aber beibehalten, indem in Vers 3a ein „und es kamen hin alle Ältesten Israels" hinzugefügt wird. Der Schreiber kehrt zum Grundgerüst seiner Vorlage zurück („Damals versammelte Salomo die alle Ältesten Israels" in V. 1 = „und es kamen hin alle Ältesten Israels" in V. 3), bevor er mit dem wortwörtlichen Abschreiben fortfuhr („und die Priester trugen die Lade"). Der Fokus auf die Ältesten bleibt erhalten und gleichzeitig werden weitere Personengruppen integriert.[59]

Die hinzugefügten Personengruppen sind: את כל ראשׁי המטות נשׂיאי האבות לבני ישׂראל = „[und] alle Oberhäupter der Stämme, die Vorsteher der Väterhäuser unter den Söhnen Israels". In der HB gibt es keine direkte Parallele für diese Anordnung der Begriffe. Die einzelnen Ausdrücke haben einen deutlichen Belegungsschwerpunkt im Numeribuch.[60] In Numeri wird das Volk Israel hierokratisch geführt; der Klerus besteht aus einem Hohepriester, zwei Priesterklassen (Aaroniden und Leviten) sowie *Würdenträgern* (נשׂיא) und *Oberhäuptern* (ראשׁ) der *Stämme* (מטה) und *Familien* (בית אבות).[61] Hier in 1Kön 8,1 wurden diese Begriffe aufgenommen, aber neu kombiniert.

Den Ausdruck ראשׁי המטות („Oberhäufter der Stämme") findet man in Num 30,2 – der Einleitung zu den Gesetzen über Gelübde und Eide (וידבר משׁה אל ראשׁי המטות לבני ישׂראל לאמר). In Num 32,28; Jos 14,1; 19,51; 21,1 ist von den ראשׁי אבות המטות die Rede. An allen vier Stellen wird sich unter der Aufsicht des Hohepriesters Eleasar und Josua zur Landverteilung versammelt. Der Plural „Stämme" Israels (מטות im Pl.) wird ausschließlich im Numeribuch (Num 1,16; 7,2; 26,55; 30,2; 31,4; 32,28; 33,54; 34,13.15; 36,8–9) und in davon abhängigen Stellen in Jos (Jos 14,1–4; 19,51; 21,1; 22,14) verwendet.[62]

---

59 Ähnlich Porzig, *Lade*, 198f.

60 Vgl. zu folgendem vor allem Achenbach, *Pentateuch*, 245.

61 Vgl. ebd., 230–233. Ausführlich in Achenbach, *Vollendung*.

62 נשׂיאי מטות אבותם in Num 1,16. Gehäuft treten auf: מטות בני ישׂראל in Num 30,3; 32,28; 36,8.9; Jos 14,1; 19,51; 21,1. מטות ישׂראל in Num 31,4; Jos 22,14.

Die Wendung נשיאי האבות ist in der HB singulär. Von den נשיאי im Plural Konstruktus („Oberhäuter der …") ist vorrangig im Numeribuch (Num 1,16.44; 3,32; 4,34.46; 7,2.84; 16,2; 17,17.21; 31,13; 32,2) die Rede, sonst nur noch in Ex 16,22; Jos 9,15.18; 22,30 (überall נשיאי העדה) und dann erst wieder in 1Kön 8,1. Nah steht vor allem das נשיאי מטות אבותם in Num 1,16, dem der Singular-Ausdruck נשיא בית אב in Num 3,24.30.35; 17,17; 25,14 entspricht. Das נשיאי האבות könnte aber auch auf die levitischen נשיא בית אב („Fürsten der Väterhäuser") anspielen (Num 3,24.30.35 und Jos 21,1).

Möglicherweise hat der Schreiber in 1Kön 8,1 konkret an Num 7,2 gedacht.[63] In Num 7 werden die Weihgaben Israels aufgezählt, die die Würdenträger zur Einweihung des Zeltheiligtums (hier משכן) brachten. In Num 7,2 findet sich dabei die Aufzählung נשיאי ישראל ראשי בית אבתם הם נשיאי המטת. Hier kommen alle Begriffe vor, die im Zusatz von 1Kön 8,1 verwendet werden (ראשי המטות נשיאי האבות).[64]

Eine weitere Parallele bildet 1Chr 28,1, wo David ähnliche Personengruppen wie in 1Kön 8,1 = 2Chr 5,2 versammelt, um Salomo als sein Nachfolger vorzustellen. Die Struktur beider Verse ist identisch: Das Verb קהל im Hifil + eine lange Aufzählung verschiedener anwesender Gruppen + אל ירושלם als Ortsangabe.[65]

In Vers 2 wird in Kön zusätzlich eine Festversammlung einberufen: „⟨+ *und es versammelten sich* (ויקהלו) *zum König Salomo alle Männer Israels [...] zum Fest*⟩". Alle Männer Israels versammelten sich zum Laubhüttenfest (חג; s. u.) in Jerusalem. Der Neueinsatz ist auch formal notwendig. Ohne ihn würde der vorhandene Teilsatz zu einer unmöglichen Länge aufgebläht werden („um heraufzubringen die Lade des Bundes JHWHs aus der Stadt Davids – das ist Zion. 2 im Monat Etanim *an dem Fest* – *dies ist der siebte Monat*."). Dtn 27,14 (Verkündigung von Segen und Fluch) und Dtn 29,9 (Bundesschluss am Moab) könnten den Schreiber auf „alle Männer Israels" = כל איש ישראל (und nicht „ganz Israel" oder „das ganze Volk") gebracht haben.[66] Das Nifal von קהל in diesem Zusatz könnte mit Blick auf Lev 8,4 und/oder

---

63 Das vermuten: Chike, *Development*, 52f. Maskow, *Tora*, 484f.

64 Für eine detaillierte Gegenüberstellung beider Texte vgl. Chike, *Development*, 52f.

65 „Und David versammelte alle Obersten Israels, die Obersten der Stämme und die Obersten der Abteilungen, die dem König dienten, und die Obersten über Tausend und die Obersten über Hundert und die Verwalter über das ganze Eigentum und den ganzen Viehbestand des Königs und seiner Söhne samt den Hofbeamten und den Helden und allen angesehenen Männern nach Jerusalem." (*Elberfelder Bibel*). MTChr: ויקהל דויד את כל שרי ישראל שרי השבטים ושרי המחלקות המשרתים את המלך ושרי האלפים ושרי המאות ושרי כל רכוש ומקנה למלך ולבניו עם הסריסים והגבורים ולכל גבור חיל אל ירושלם.

66 Alle andere Belegstellen für den Ausdruck כל איש ישראל sind unauffällig. Vgl. כל איש ישראל in Dtn 27,14; 29,9; Jos 10,24; Ri 7,8; 20,11.33; 1Sam 11,15; 14,22; 17,19.24; 2Sam 16,18; 17,14.24; 19,42; 20,2; 1Kön 8,2; 1Chr 10,7; 16,3; 2Chr 5,3.

Jos 18,1 verwendet worden sein.[67] In Lev 8,4 versammelt sich die Gemeinde (עדה) Israels zur Weihe der aaronitischen Priesterklasse. In Jos 18,1 versammelt sich die „ganze Gemeinde der Söhne Israels" (כל עדת בני ישראל) in Silo und schlägt dort das „Zelt der Begegnung" (אהל מועד) auf. Die עדת [כל] aus Lev 8,4 und Jos 18,1 findet sich in Vers 5 der Kön-Bearbeitung wieder (וכל עדת ישראל הנועדים עליו אתו); das אהל מועד aus Jos 18,1 wird in 1Kön 8,4 erwähnt.

Der Schreiber lässt die Versammlung „am/zum Fest" (בחג) stattfinden. Bezogen auf den siebten Monat bezeichnet der Begriff das Laubhüttenfest (vgl. Lev 23,33–36). Aus 1Kön 8,65 weiß der Schreiber von dem siebentägigen Laubhüttenfest, welches Salomo und das ganze Volk zur selben Zeit feierten: „Und Salomo feiert zu jener Zeit (Kgtm: an jenem Tag) das (Laubhütten-)Fest, und ganz Israel mit ihm" (8,65; Kön: ויעש שלמה בעת ההיא את החג וכל ישראל עמו). Anfangs- und Schlussnarration sind bereits durch die Opfer und großen Opferzahlen in 8,5.62f. miteinander verzahnt; die übereinstimmende Datierung verstärkt diese Verbindung.

Die Glosse „⟨+*das ist der siebte Monat*⟩" (הוא החדש השביעי) ordnet den Monatsname „Etanim" in die alttestamentliche Monatszählung ein.[68] In 1Kön 6,1.38 sind die kanaanäisch-phönizischen Monatsnamen Siw und Bul bereits im Hyparchetyp mit derartigen Glossen erklärt. Der Monat Siw ist „der zweite Monat" (הוא החדש השני in 6,1), der Monat Bul „der achte Monat" (הוא החדש השמיני in 6,38). In Kgtm findet sich die Erklärung zum Monat Siw in 3Kgtm 6,1c. Hier in 1Kön 8,2 wird diese Erklärung zum Monat Etanim von Kön nachgetragen.

Erklärungsbedürftig ist die Wortreihenfolge: „sie versammelten sich im Monat Etanim zum Fest – das ist der siebte Monat". „Zum Fest" steht zwischen dem Monatsnamen und der zum Monatsnamen gehörenden Erklärung. Erwarten würde man eher ein „sie versammelten sich im Monat Etanim – das ist der siebte Monat – am Fest" oder ein „sie versammelten sich am Fest im Monat Etanim – das ist der siebte Monat". Vielleicht bildete „das ist der siebte Monat" zunächst eine Randnotiz; ein zweiter Schreiber könnte es an die jetzige, unglückliche Stelle im Text aufgenommen haben.[69] Das könnte die eigenartige Wortstellung erklären.

---

67 קהל Nifal ist in der HB selten und wird in der Tora sonst nur noch im negativem Sinne als „versammeln/zusammenrotten *gegen*" (Nifal קהל + על) verwendet (Ex 32,1; Num 16,3; 17,7; 20,2). Nifal קהל in Ex 32,1; Lev 8,4; Num 16,3; 17,7; 20,2; Jos 18,1; 22,12; Ri 20,1; 2Sam 20,14; 1Kön 8,2; 2Chr 5,3; 20,26; Est 8,11; 9,2.15–16.18; Jer 26,9; Ez 38,7.

68 Zu den entsprechenden Kalender-Systemen der HB vgl. vor allem Albani, *Kalender (AT)*, Kap. 2.3.1.

69 In den masoretischen Archetypen (MT^L und MT^A) fehlen solche Kommentare als Randnotizen vollkommen, genauso wie entsprechende Glossen-Markierungen im Text und direkte Text-Anmerkungen zwischen den Zeilen. Sie hat es in antiken hebräischen Textzeugen aber in großer

In Vers 3b wurden bereits die Priester als Träger der Lade eingeführt; durch den Zusatz in Vers 4b werden nun auch die Leviten am Transport der Lade beteiligt: „⟨+ *und die Priester und Leviten brachten sie (= Lade + Zelt etc.) herauf*⟩" (ויעלו אתם הכהנים והלוים). Nach dem Gesetz sind die Leviten für den Transport des Zeltheiligtums (Num 1,48–51; 4,15.24–48) und das Tragen der Lade (Dtn 10,8) verantwortlich, während die aaronitischen Priester die Oberaufsicht über das Zeltheiligtum hatten (Num 3,1–10.32) und für die Abdeckung des Heiligen zuständig waren (Num 4,5–20). Nur die aaronitischen Priester durften das Allerheiligste im Tempel betreten und konnten die Lade dort deponieren (vgl. 8,6). Deswegen beteiligt der Bearbeiter *sowohl* die Leviten *als auch* die (aaronitischen) Priester.[70]

In Vers 5 macht der Bearbeiter aus „ganz Israel" die „⟨*ganze Gemeinde Israels, die sich um ihn versammelt hat*⟩" (כל עדת ישראל הנועדים עליו). In der HB wird der Begriff עדת ישראל [כל] durch Einsetzung der Passahfeier in Ex 12 geprägt (Ex 12,3.6.19.47).[71] Von der כל עדת ist ansonsten hauptsächlich im Numeribuch die Rede.[72] Von Num 1,2 an zieht sich der Begriff durch das ganze Buch. Die *figura etymological* mit dem Niphal von יעד (וכל עדת ישראל הנועדים עליו) hat ihre nächste Parallele in Num 10,3–4.[73] Mose soll dort zwei silberne Trompeten anfertigen, um damit die Gemeinde Israel bei der Stiftshütte zu versammeln (Num 10,3:

Zahl gegeben, sie sind nur allesamt in den Text aufgenommen worden. Vgl. Fishbane, *Biblical Interpretation*, 41: „The virtual absence from the Massoretic text of scribal marginalia, interlinear notes, or vertical gloss-markers, thus require a historian to rely on internal *textual* criteria for the identification of glosses." (Kursiv im Original).

70 הכהנים והלוים in der HB in 1Kön 8,4; 1Chr 13,2; 15,14; 23,2; 28,13.21; 2Chr 8,15; 11,13; 24,5; 30,15.25; 31,2.4.9; 34,30; 35,18; Esra 1,5; 2,70; 3,8.12; 6,20; 7,7; 8,29–30; 9,1; Neh 7,72; 8,13; 11,3; 12,1.30. Peter Porzig hält den Konkordanz-Befund für hinreichend, um den Zusatz dem Chronisten zuordnen zu können, der erst von dort aus in das Königebuch in 1Kön 8,3b übernommen worden sei (vgl. Porzig, *Traces*, 97f.). Eine Herkunft des Sondergutes aus Kön ist aber genauso möglich. Die Beteiligung der Priester und Leviten ist zwar typisch für die Chronik. Der Schreiber von Kön könnte sich die Beteiligung beide Priesterklassen aber auch eigenständig aus Num 3–4 haben. Wenn die Chronik auf diese Idee kam, kann es ein Schreiber von Kön auch. Es wäre zudem nicht der einzige Fall, bei dem Sondergut in Kön ein Vorläufer der chronistischen Bearbeitung bildet (vgl. z. B. 1Sam 2,22).

71 In der HB findet sich עדת ישראל in Ex 12,3.6.19.47; Lev 4,13; Num 16,9; 32,4; Jos 22,18.20; 1Kön 8,5; 2Chr 5,6. כל עדת ישראל steht dabei in Ex 12,3.47; Lev 4,13; Jos 22,18.20; 1Kön 8,5; 2Chr 5,6.

72 Der Ausdruck hat einen deutlichen Belegungsschwerpunkt im Numeribuch. כל עדת in Ex 12,3.6.47; 16,1–2.9–10; 17,1; 35,1.4.20; Lev 4,13; 8,3; 9,5; 10,6; 19,2; 24,14.16; *Num 1,2.18; 3,7; 8,9.20; 10,3; 13,26; 14,1–2.5.7.10.35–36; 15,24–26.33.35–36; 16,3.5–6.11.16.19.22; 17,6; 20,1.22.27.29; 25,6; 26,2; 27,2.19–22; 31,27*; Jos 9,18–19.21; 18,1; 22,12.16.18.20; Ri 21,13; 1Kön 8,5; 2Chr 5,6; Ijob 16,7.

73 Niphal יעד in Ex 25,22; 29,42–43; 30,6.36; Num 10,3–4; 14,35; 16,11; 17,19; 27,3; Jos 11,5; 1Kön 8,5; 2Chr 5,6; Neh 6,2.10; Ijob 2,11; Ps 48,5; Am 3,3. Die anderen Belegstellen außerhalb von Num 10 sind inhaltlich nicht nahestehend.

ונועדו אליך כל העדה), sowie die נשיאים und die ראשים (Num 10,4; vgl. 1Kön 8,1!).
Nahestehend ist zudem Jos 18,1, wo sich die „ganze Gemeinde der Söhne Israels"
versammelt (ויקהלו כל עדת בני ישראל) und das Zelt der Begegnung (אהל מועד)
in Silo aufschlägt. Aus diesen Texten könnte sich für 1Kön 8,5 die Anwesenheit der
ganzen *Gemeinde* Israels (כל עדת ישראל הנועדים עליו) ergeben haben.[74]

Post-chronistische Zusätze in Kön
An mehreren Stellen sind post-chronistische Zusätze in Kön nachweisbar – also
Lesarten, die nach dem Abfassen der Chronik in den Text von Kön eingefügt wurden
(⟨Lesart⟩ im Textschaubild oben).

Das fehlerhafte „[PKön: + und sie versammelten sich] zum König Salomo" wird
erst nach dem Abfassen der Chronik entstanden sein. Chr enthält hier vermutlich
als einziges den Hyparchetyp („damals versammelte Salomo [...] in Jerusalem").
MTKön hat damit keinen sinnvollen Text: „damals versammelte Salomo [...] *zum
König Salomo*" (אז יקהל שלמה ... אל המלך שלמה). Zu erwarten wäre mit PKön ein
ויקהלו אל המלך שלמה: „*und sie wurden versammelt/sie versammelten sich* zum
König Salomo nach Jerusalem" (ܘ=ܐܬܟܢܫܘ ܠܘܬ ܫܠܝܡܘܢ ܠܐܘܪܫܠܡ) (המלך שלמה אל ירושלם). Allerdings macht auch dieser Text keinen planvollen
Eindruck: „Damals versammelte Salomo die Ältesten [...] und sie versammelten sich
zum König Salomo [...] und es versammelten sich zum König Salomo alle Männer
Israels." Dreimal das gleiche Verb „versammeln" קהל ist mindestens eins zu viel.
Die Existenz eines ויקהלו in Vers 1 bleibt deswegen unsicher. PKön könnte MTKön
vorgefunden und den enigmatischen Text nachträglich korrigiert haben. Eine
sehr ähnliche Formulierung findet sich bei Kön in Vers 2: „und es versammelten
sich *zum König [Salomo]* alle Männer Israels" (ויקהלו אל המלך שלמה כל איש)
(ܘ=ܐܬܟܢܫܘ ܠܘܬ ܫܠܝܡܘܢ ܟܠܗܘܢ ܓܒܪ̈ܐ ܕܝܣܪܐܝܠ = ישראל). Von dort könnte sie in Vers
1 eingedrungen sein.[75]

In Vers 5 hat Kön gegenüber Chr ein zusätzliches אתו: „und die ganze Gemeinde Israels, die sich versammelt hatte um ihn *mit ihm* (אתו) vor der Lade" (Chr:
אתו <). Vermutlich hat das הנועדים עליו diesen Zusatz in Kön ausgelöst. In der HB
wird הנועדים + על sonst nur iSv. „zusammenrotten gegen" gebraucht – was hier
nicht gemeint sein kann (vgl. Num 14,35 הנועדים עלי; Num 16,11 הנעדים על יהוה;

---

74 Chike spricht sich für einen primären Einfluss von Num 10,3–4 aus. Vgl. Chike, *Development*,
55.
75 Vielleicht durch einen Zeilensprung zwischen den zwei אל, den der Schreiber bemerkte und
deswegen nach המלך שלמה direkt mit ירושלם fortfuhr: זקני ישראל את כל ראשי המטות נשיאי
האבות לבני ישראל אל ירושלם להעלות את ארון ברית יהוה מעיר דוד היא ציון ויקהלו אל
המלך שלמה כל איש ישראל בירח האתנים בחג הוא החדש השביעי

Num 27,3 הנועדים על יהוה). Dieser Umstand könnte einen post-chronistischen Schreiber dazu gebracht haben, ein klärendes אתו („mit ihm") einzufügen. Es könnte als Leseanweisung gemeint sein, עליו hier iSv. אתו und iSv. „die sich versammelt hatte *um/mit ihn*" zu lesen.[76] Die Gegenprobe bestätigt die Rekonstruktion. Die Chronik wird kaum das אתו anstatt des עליו gestrichen haben. Der vorliegende Gebrauch des עליו steht den anderen Belegstellen in der HB entgegen; der Chronist hätte deswegen wohl eher das עליו gestrichen und ein הנועדים אתו im Text belassen.

Post-chronistisch hinzugefügt wurde in Kön zudem der Gottesname in „Lade JHWHS" aus Vers 4. Möglich ist diese genaue Zuordnung durch den Textausfall in 3Kgtm 8,4. In Kgtm ist aufgrund eines Augensprunges der Text zwischen den beiden Graphemen „Lade" ausgefallen (s. o. Kap. 3.2.2 ab S. 74).[77] Vor dem Augensprung entsprach der Text der Chronik („und sie brachten herauf die Lade und das Zelt der Begegnung"). Mit dem Text aus Kön kann der Augensprung nicht passiert sein; die zusätzliche Bestimmung der Lade als „Lade JHWHS" muss nach der Entstehung der Chronik ergänzt worden sein.

3.2.2.3 Bearbeitungen des Hyparchetyps in Chr

Die Chronik hatte den Archetyp von Kön zur Vorlage (ohne אתו und ein יהוה; s. o.). Folgende Änderungen wurden in der Chronik vorgenommen:[78]

> 5,2 Damals versammelte Salomo die Ältesten Israels, |und| alle Oberhäupter der Stämme, die Vorsteher der Väterhäuser unter den Söhnen Israels in Jerusalem, um heraufzubringen die Lade des Bundes JHWHS aus der Stadt Davids – das ist Zion – 3 Und es versammelten sich zum König Salomo alle Männer Israels |>| zum Fest – dies ist der siebte Monat. 4 und es kamen hin alle Ältesten Israels und die |Leviten| trugen die Lade 5 und sie brachten herauf die Lade und das Zelt der Begegnung und alle Geräte des Heiligtums, die (vorher) im Zelt (waren). Die Priester und Leviten brachten sie herauf 6 Und der König Salomo und die ganze Gemeinde Israel, die sich versammelt hatte um ihn, (waren) vor der Lade, (und) opferten Kleinvieh und Großvieh, die nicht gezählt und deren Menge nicht berechnet werden konnte. 7 Und die Priester brachten (hinein) die Lade des Bundes JHWHS an ihren Ort, ins Debir des Hauses, in das Allerheiligste unter die Flügel der Cherubim.

---

76 Möglicherweise geht das עליו auch gänzlich auf einen Abschreibefehler zurück. יעד steht im hier gebrauchten Sinne in der HB in der Regel mit einem אל; zu erwarten wäre demnach ein הנועדים אליו (vgl. Num 10,3 ונועדו אליך; Num 10,4 ונועדו אליך). Das Aleph könnte in ein Ajin verlesen worden sein (עליו > אליו), was später wiederum das אתו ausgelöst haben könnte.
77 Versehentliche Auslassung von „und sie brachten herauf die Lade" in Kgtm durch einen Augensprung zwischen den zwei Lexemen „Lade": „und die Priester trugen die ~~Lade und sie brachten herauf die Lade~~ und das Zelt der Begegnung...".
78 Legende: unmarkierter Text = Kön als Vorlage von Chr; |Lesart| = unsichere Zuordnung; |*Lesart*| = Bearbeitung in Chr; > = Auslassung.

Chr macht in 1Kön 8,3b = 2Chr 5,4b aus den „Priestern" die „|*Leviten*|" (Kön: „und die Priester trugen die Lade"; Chr „und die *Leviten* trugen die Lade"; Synopse auf S. 68). Der Chronist folgt damit den Anweisungen der Tora. Nach Dtn 10,8 sind die Leviten als Träger (נשׂא) der Lade vorgesehen und in Dtn 31,9.25; Jos 3,3; 8,33; 2Sam 15,24 als solche erwähnt. In 1Chr 15,2[79] wird die Bestimmung der Leviten zu Trägern der Lade (נשׂא) bestätigt und in der folgenden Erzählung konsequent durchgehalten (vgl. 1Chr 15,2.15.26f.). Bei der Überführung der Lade müssen demnach die Leviten die Lade getragen haben (נשׂא).

In 1Kön 8,6 = 2Chr 5,7 werden die „Priester" als Akteure im Text belassen: „Und die Priester brachten die Lade hinein". Die aaronitischen Priester brachten die Lade in das Allerheiligste.[80] Die Leviten dürfen das Allerheiligste nicht betreten; dies ist nur den Priestern vorbehalten. Es braucht also die „Priester", um die Lade in das Allerheiligste zu bringen (Hifil בוא):[81]

Dazwischen steht 1Kön 8,4b = 2Chr 5,5b: „(Und) es brachten sie (= die Lade) herauf die Priester und die Leviten" (ויעלו אתם הכהנים והלוים). Hier in 2Chr 5,5b ist gegen MT[L] „die Priester *und* die Leviten" zu lesen (ויעלו אתם הכהנים והלוים).[82] Das Waw = „und" haben alle Übersetzungen (OG, Tg, P) und 14 masoretische Textzeugen („Priester *und* Leviten"); in der Mehrheit der masoretischen Textzeugen inkl. der zwei Hauptzeugen Kodex Leningradensis und des Kodex Aleppo fehlt es (הכהנים הלוים). Den Ausschlag gibt der exegetische Befund: Die Beteiligung der Priester *und* Leviten am Heraufbringen der Lade (Hifil עלה) ist in der Chronik durch 1Chr 15,14 verankert. Dort sollen sich die „Priester *und* Leviten" (הכהנים והלוים) heiligen, um die Lade heraufzubringen (Hifil עלה). Das bedeutet für die Chronik: Die Leviten sind die Träger der Lade im engeren Sinne (נשׂא); die aaronitisch-zadokidischen Priester stehen dem hierokratischen Klerus vor und sind selbstverständlich auch beteiligt (Hifil עלה). Nur sie können die Lade in das Allerheiligste bringen (s. o.).

Durch das gestrichene Waw = „und" in den masoretischen Textzeugen wird aus zwei Parteien eine Gruppe: die „levitischen Priester" (הכהנים הלוים; vgl.

---

79 „Damals sagte David: Die Lade Gottes soll niemand tragen außer den Leviten; denn sie hat der HERR erwählt, die Lade des HERRN zu tragen und seinen Dienst zu verrichten auf ewig." (*Elberfelder Bibel*).

80 Die Chronik unterscheidet zwischen der aaronitisch-zadokidische Linie der Nachkommen Levis als obere Priesterklasse (vgl. 1Chr 6,33–38; 16,39f; 29,22) und nicht-zadokidischen Leviten als untergeordnete Priesterklasse (vgl. 1Chr 5,16–32; 9,17–34; 23–27). Erstere werden in der Chronik „Priester", zweiter „Leviten" oder „levitische Priester" genannt. Für eine ausführliche Analyse zum Kultpersonal im Chronikbuch vgl. das Kapitel „5. Kult-Personal" in Maskow, *Tora*, 240–333. Dort finden sich weiterführende Literaturhinweise.

81 Für diese Erklärung des Chronik-Textes von 2Chr 5,1–7 vgl. Samuel, *Von Priestern*, 343.

82 So auch: ebd., 343.

Dtn 17,9.18; 18,1; 24,8; 27,9; Jos 3,3; 8,33). Möglicherweise hat ein späterer Schreiber die Leviten als Träger aus 2Chr 5,4 im Kopf gehabt und deswegen in 5,5 aus den „Priestern und Leviten" die „levitischen Priester" gemacht.

Des Weiteren wurde in der Chronik der kanaanäisch-phönizische Monatsname Etanim ausgelassen; das בירח האתנים hat in der Chronik kein Äquivalent: |>|. Die erklärende Glosse „das ist der siebte Monat" wurde im Text belassen, hat aber durch die Auslassung ihre Referenzgröße und damit ihren eigentlichen Sinn verloren – was der Schreiber in Kauf nahm. Gleiches geschah mit den Monatsangaben Siw und Bul in 1Kön 6,1.37–38.

3.2.3 Der Hyparchetyp

Textrekonstruktion
Zieht man alle erkennbaren Zusätze in Kgtm, Kön und Chr vom Text der Tempel-weiherzählung ab (vgl. Kap. 3.2.2 ab S. 74), erhält man folgenden Hyparchetyp:

> ⟨7,51⟩ Und es war vollendet die ganze Arbeit, die ⟨+ der König ⟩ Salomo gemacht hatte (für) das Haus JHWHs. Und es brachte hinein Salomo die heiligen Dinge Davids, seines Vaters; das Silber, das Gold und die Geräte gab er in die Schatzkammer des Hauses JHWHs.

> 8,1 Damals versammelte Salomo $\frac{\langle|die|\rangle}{\{\langle alle\rangle\}}$ Ältesten Israels |in Jerusalem|, um heraufzubringen die Lade des Bundes JHWHs aus der Stadt Davids – das ist Zion – 2 ⟨{im Monat Etanim}⟩ 3 und {⟨die Priester⟩} trugen die Lade 4 und sie brachten herauf die Lade und das Zelt der Begegnung und alle Geräte des Heiligtums, die (vorher) im Zelt (waren). 5 Und der König und ganz Israel, (waren) vor der Lade, (und) opferten Kleinvieh und Großvieh $\frac{\{\text{in nicht zählbarer Anzahl}\}}{\langle|\text{die nicht gezählt und deren Menge nicht berechnet werden konnte}|\rangle}$ 6 Und die Priester brachten (hinein) die Lade ⟨|+ des Bundes JHWHs|⟩ an ihren Ort, ins Debir des Hauses, in das Allerheiligste unter die Flügel der Cherubim.

Der Hyparchetyp folgt größtenteils dem wesentlich kürzerem Text aus Kgtm; in Kön wurde der Text substanziell bearbeitet und ist dort fast auf die doppelte Länge angewachsen (vgl. Kap. 3.2.2 ab S. 74).

Kgtm enthält den Hyparchetyp aber nicht in Reinform. Die Ortsangabe in Vers 1 lautete „nach Jerusalem". Der ursprüngliche Wortlaut der Ortsangabe ist hier nur in der Chronik erhalten. Die Abfolge „Damals versammelte Salomo die Ältesten [...] *nach Jerusalem*, um heraufzuholen die Lade [...] *aus der Stadt Davids – das ist Zion*" ergibt einen organischen Text. Salomo versammelte die Ältesten „nach Jerusalem" (אל ירושלם). Dort steht der Tempel, in den die Lade gebracht wird. Dort spielt sich das Geschehen ab. Das doppelte „nach Zion" in Kgtm ergibt keinen sinnvollen Text („nach Zion ... – das ist Zion"; vgl. Kap. 3.2.2 ab S. 74). Kön enthält ebenfalls einen fehlerhaften Text.[83]

In Vers 4 ist in Kgtm „und sie brachten herauf die Lade" durch einen Augensprung zwischen den zwei Lexemen „Lade" ausgefallen (ausführlich auf S. 68ff.).[84] In demselben Vers stand zudem ein אֲשֶׁר בָּאֹהֶל ohne מוֹעֵד („die [vorher] im Zelt waren").

An einigen Stellen ist der Text des Hyparchetyps unsicher (vgl. die Angabe alternativer Lesarten mit $\frac{X}{Y}$); in diesen Fällen ist eine Unterscheidung zwischen Bearbeitung und Vorlage nicht möglich (detailliert in Kap. 3.2.1 ab S. 63).

3.3 Zur Sichtbarkeit der Lade (8,7–8)

Tab. 3.6: Synopse 1Kön 8,7 par.

Kgtm (OG)	Kgtm (Vorl.)	Kön	4QKgs	Chr
[7] ὅτι τὰ χερουβιν διαπεπετασμένα ταῖς πτέρυξιν ἐπὶ τὸν τόπον τῆς κιβωτοῦ,	[7] כִּי הכרובים פרשים כנפים אֶל מקום הארון	[7] כִּי הכרובים פרשים כנפים אל מקום הארון	[7] הכרוב[ים פרשי כנפים אל מקום הארון	[5,8] ויהיו הכרובים פרשים כנפים על מקום הארון
καὶ περιεκάλυπτον τὰ χερουβιν ἐπὶ τὴν κιβωτὸν καὶ ἐπὶ τὰ ἅγια αὐτῆς ἐπάνωθεν,	ויסכו הכרבים על הארון ועל בדיו מלמעלה	ויסכו הכרבים על הארון ועל בדיו מלמעלה	ויסכו]	ויכסו הכרבים על הארון ועל בדיו מלמעלה

Kgtm (OG): ἐπὶ τὸν τόπον] ἐπὶ τὸ πρόσωπον L 158; ἐπὶ πρόσωπον f

Kön: אל מקום הארון ܐܬܪܗ ܕܩܒܘܬܐ P[9a1fam] rel] ܩܒܘܬܐ ܕ P

Vers 7

Hinter ἐπί in ἐπὶ τὸν τόπον τῆς κιβωτοῦ steht entweder ein אל wie in Kön und 4QKgs (אל מקום הארון) oder ein על wie in Chr (על מקום הארון) = ἐπὶ τὸν τόπον τῆς κιβωτοῦ OGChr).[85] על = ἐπί ist das häufigste Äquivalent (in 1–4Kgtm 568 Mal). Eine Übersetzung von אל ist aber ebenso möglich (in 1–4Kgtm 106 Mal).

---

83 Kön: „Damals versammelte Salomo [...] *zum König Salomo* nach Jerusalem."

84 „Und die Priester trugen die ~~Lade und sie brachten herauf die Lade~~ und das Zelt der Begegnung...".

85 Für ein על votiert: Bösenecker, *Text*, 167.

Hinter dem περιεκάλυπτον stand eher das ויסכו aus Kön/4QKgs und nicht das ויכסו aus Chr.[86] כסה = περικαλύπτω ist eine nachweisbare Äquivalenz in 1–4Kgtm; für סכך gibt es keine übersetzungstechnischen Daten. כסה wird sowohl in 1–4Kgtm als auch sonst in der LXX häufig mit Worten der Wurzel -κάλυπτ- übersetzt wird (vgl. 1Sam 19,13; 1Kön 7,41–42; 11,29; 2Chr 4,12–13; 5,8; 18,29). כסה = περικαλύπτω ist in 1Kön 7,42 belegt. Das סכך aus Chr kommt in 1–4Kgtm nur hier vor; wie es übersetzt worden wäre, wissen wir nicht. Ganz ausgeschlossen kann סכך als OG-Vorlage deswegen nicht. In der LXX werden Derivate der Wurzel σκεπάζω (Ex 40,3.21; Lam 3,43.44) und der Wurzel σκιάζω (Ex 37,9; 1Chr 28,18; Ijob 40,22) gebraucht.

Die Übersetzung von בד durch Ptz Pf ἁγιάζω/Adj. ἅγιος in 8,7–8 (8,7: ועל בדיו = καὶ ἐπὶ τὰ ἅγια αὐτῆς; 8,8: הבדים = τὰ ἡγιασμένα; ראשי הבדים = αἱ κεφαλαὶ τῶν ἡγιασμένων) ist überraschend und singulär in der LXX. Für gewöhnlich werden die Tragestangen der Bundeslade in der LXX mit ἀναφορεύς wiedergegeben (vgl. Ex 25,13–15.27–28; 35,12; Num 4,6.8.10–12.14; 13,23; 1Chr 15,15; 2Chr 5,8–9), wie es auch der OG-Übersetzer der Chronik tut (vgl. den OG-Text von 2Chr 5,8–9). Eigentlich entsprächen ἅγιος und das Ptz Pf ἁγιάζω einem קדש. Setzt man Formen mit קדש allerdings an die Stellen im Text ein, ergibt das auf Hebräisch keinen sinnvollen Text (z. B. ויארכו הקדשים ויראו ראשי הקדשים מן הקדש).[87] Vermutlich fand der Übersetzer den Inhalt des Verses 8 genauso rätselhaft wie wir oder er kannte die Vokabel בד = Tragstangen nicht. Beides sind Gründe, die auch einen konservativen Übersetzer zu einer freieren Übersetzung bewegen können. Der Übersetzer von Kgtm könnte die Konsonanten ועל בדיו in 8,7 und הבדים in 8,8 in Anschluss an die Wurzel בדד mit der Grundbedeutung „Trennung, Abgetrenntes" iSv. „Abgesondertes, Heiliges" verstanden. Er könnte dabei entweder an die „heilige Geräte" in 8,4 oder in 3Kgtm 7,47 = 1Kön 7,51 gedacht haben (vgl. ἅγιος vorher nur in 3Kgtm 7,37; 8,4) und dementsprechend zu Derivaten der Wurzel ἁγι* gegriffen haben. Oder er hat den Konsonantentext auf die Wurzel ברר zurückgeführt, welches die Grundbedeutung „reinigen, aussondern" hat.[88] Belegt ist ein

---

86 Tov-Polak entscheiden sich für ויסכו (vgl. Tov/Polak, *CATSS*); Bösenecker für ויכסו (vgl. Bösenecker, *Text*, 167).

87 Anders Adrian Schenker. Er nimmt hier ein קדש als hebräische OG-Vorlage und als ursprünglichen Wortlaut des Hyparchetyps an und entwirft auf dieser Grundlage eine religionsgeschichtlich weitreichende Redaktionsgeschichte (vgl. Schenker, *Ark*). Er verpasst dabei aber, die philologische und innerbiblische Plausiblität des angenommenen hebräischen Vorlagentextes nachzuweisen. Bei ihm findet sich kein Wort darüber, wie z. B. ein מן הקדש ויראו ראשי הקדשים ויארכו הקדשים gemeint sein soll. Die Begriffe „lang sein" (ארך) und „Enden" (ראשי) sind klare Indizien, dass hier die Tragstangen gemeint sind. Die Formulierung ויראו ראשי הקדשים מן הקדש ist ganz und gar unplausibel.

88 Dies wird vielfach vorgeschlagen. Vgl. Bösenecker, *Basileion III*, 168; Mulder, *1 Kings 1–11*, 390; Montgomery, *Kings*, 186; Rehm, *Untersuchungen*, 53–55.

ähnliches Vorgehen mit den Konsonanten בד in Ez 10,6f. (hier בד = „Leinen"). Dort gibt der OG-Übersetzer לבש הבדים („ein Gewand aus Leinen") mit τὴν στολὴν τὴν ἁγίαν („das heilige Gewand") wieder und verortet die Konsonanten בד ebenfalls im semantischen Feld "Heilig, Ausgesondert".

Vor dem מקום הארון ist die Präposition unsicher. Kön und 4QKgs überliefern ein אל מקום הארון. Die Präposition אל entspricht der Kette von Lokalangaben in 8,6 (אל מקומו אל דביר הבית אל קדש הקדשים אל תחת כנפי הכרובים). Die Chronik hat ein על מקום הארון. Die Präposition על entspricht dem folgenden על הארון ועל בדיו. Sprachlich und textkritisch sind also אל und על möglich.

Tab. 3.7: Synopse 1Kön 8,8 par.

Kgtm (OG)	Kgtm (Vorl.)	Kön	4QKgs	Chr
[8] καὶ ὑπερεῖχεν τὰ ἡγιασμένα,	[8] ויארכו הבדים	[8] ויארכו הבדים	[8]	[5,9] ויאריכו הבדים
καὶ ἐνεβλέποντο αἱ κεφαλαὶ τῶν ἡγιασμένων ἐκ τῶν ἁγίων εἰς πρόσωπον τοῦ δαβιρ	ויראו ראשי הבדים מן הקדש על פני הדביר	ויראו ראשי הבדים מן הקדש על פני הדביר	[ראשי הבדים מן הקדש]	ויראו ראשי הבדים מן הקדש על פני הדביר
καὶ οὐκ ὠπτάνοντο ἔξω.	ולא יראו החוצה	ולא יראו החוצה		ולא יראו החוצה
		ויהיו שם עד היום הזה		ויהי שם עד היום הזה

Kgtm (OG): ὑπερεῖχεν] ὑπερεῖχον B O L⁻⁹³ 328 509 (= Ra; = OGChr); ὑπερεχον 93 | ἐνεβλέποντο] ἐβλέποντο 247 L f (= OGChr) | εἰς πρόσωπον] ἐπὶ πρόσωπον L | ἔξω] + καὶ ἐγένοντο ἐκεῖ ἕως τῆς ἡμέρας ταύτης O (= Kön)

Kön: הדביר פני על] על אפי בית כפורי Tg; ܥܠ ܐܦܝ P

Chr: הארון מן] > Tg; νωίγά νῶτ κὲ OG = הקדש מן MT²ᴹˢ (= Kön)

Vers 8

Im OG-Text fehlt ein Äquivalent für ויהיו שם עד היום הזה aus Kön („und sie waren dort bis auf diesen Tag"). O ergänzt die dieses fehlenden Stück: καὶ ἐγένοντο ἐκεῖ ἕως τῆς ἡμέρας ταύτης. Das Plus wird hexaplarischen Ursprungs sein.

Rahlfs folgt den ältesten Textzeugen (B O L⁻⁹³ 328 509) und rekonstruiert ὑπερεῖχον als Plural, sodass Verb und Substantiv im Numerus übereinstimmenn: καὶ ὑπερεῖχον τὰ ἡγιασμένα = „und die geheiligten Dinge (Pl.) ragten heraus (Pl.)". Die große Mehrheit der Textzeugen hat allerdings den Singular (ὑπερεῖχεν); der

Numerus von Verb und Substantiv stimmen damit nicht überein (καὶ ὑπερεῖχεν τὰ ἡγιασμένα).[89] Der Singular ὑπερεῖχεν ist als schwierigere Lesart für den OG-Text zu bevorzugen. In B O L⁻⁹³ 328 509 wurde der Numerus des Verbes nachträglich an das dazugehörige Substantiv angepasst.

In Vers 8 haben Kön und Kgtm zwei Lokalangaben: מן הקדשׁ = „von dem Heiligen aus" und על פני הדביר = „vor dem Debir"). In MTChr steht für das מן הקדשׁ ein מן הארון („die Tragstangen *von der Lade*"); die Chronik hat damit nur על פני הדביר = „vor dem Debir" als Lokalangabe. OGChr hat hingegen mit ἐκ τῶν ἁγίων einen Text, der מן הקדשׁ entspricht. In TgChr fehlt ein Äquivalent für מן הקדשׁ/הארון. PChr hat hier wegen eines Textausfalles durch einen Augensprung keinen Text.

Die großen textlichen Unsicherheiten in der Chronik sprechen für מן הקדשׁ aus Kgtm, Kön und 4QKgs als Hyparchetyp. Der Chronist könnte die doppelte Lokalangabe מן הקדשׁ על פני הדביר vermeiden wollen und deswegen מן הקדשׁ zu מן הארון geändert haben. Durch die Änderung zu הבדים מן הארון erhält er das מן und die graphische Form des Textes. Umgekehrt wäre ein הבדים מן הארון kaum zu einem הבדים מן הקדשׁ geändert, sondern eher zu הבדים מן הארון מן הקדשׁ aufgefüllt worden. Für ein Streichen des מן הארון besteht kein Anlass.

Nach Vers 8 könne man sich zur Zeit Salomos visuell vergewissern, dass die Lade im Debir steht. Die Enden ihrer Tragestangen seien vom Tempel aus sichtbar. Diese Möglichkeit zur Vergewisserung wird in Kön und Chr durch eine historisierende Notiz bekräftigt: „Und sie waren dort bis auf diesen Tag" (ויהיו שׁם עד היום הזה). Kön bezieht diese Notiz auf die Stangen (Plural): *sie waren* (ויהיו im Plural) dort bis auf diesen Tag. Die Chronik bezieht die Notiz auf die Lade: *sie ist* (ויהי im Singular) dort bis auf diesen Tag. Diese Änderung hängt mit dem chronistischen מן הארון zusammen (Kön, Kgtm: מן הקדשׁ). Damit besteht im Vortext ein Bezugswort, um die Notiz auf die Lade beziehen zu können.

Die historisierenden Notiz passt zur Grundidee des Verses und könnte von Anfang an im Text gestanden haben. Sie wurde eher in Kgtm gestrichen als in Kön und Chr nachträglich hinzugefügt. Je weiter Lesende von dem erzählten Ereignis entfernt ist, desto unverständlicher erscheint ihm die Vergewisserungs-Möglichkeit „bis auf diesen Tag". In der heiligen Geschichte verlieren sich die Spuren der Lade mit der Zerstörung des Tempels. In den Zweiten Tempel ist sie nie zurückgekehrt. Der Schreiber von Kgtm weiß, dass die Lade aktuell nicht im Tempel steht, und

---

89 Zu dem methodischen Ansatz von Rahlfs und seiner Problematik vgl. Kap. 2.1 ab S. 22 in der Einleitung.

streicht deswegen die Notiz.[90] Ihre Auslassung liegt in diesem Fall näher als ihr nachträglicher Einschub.[91]

Eine weitere exegetische Interpretation ist im TgChr dieses Verses enthalten und zusätzlich durch Diskussionen im Talmud belegt (vgl. b. Yom. 54a und b. Men. 98a–b). Die Schreiber von TgChr sahen vor allem in der Sichtbarkeit der Gegenstände im Allerheiligsten ein Problem; bei der Stiftshütte sowie gemäß 2Chr 3,14 waren das Allerheiligste nämlich durch einen Vorhang vollständig vor den Blicken geschützt. Das führte im TgChr zu folgenden Zusätzen (kursiv):

> Und die Stangen waren lang, *und sie beulten (den Vorhand des Allerheiligsten) aus,* und die Enden der Stangen waren sichtbar *wie zwei (die Kleidung ausbeulenden) Brüste* in Richtung des Hauses der Versöhnung blickend, und sie waren nicht sichtbar von außerhalb *des Vorhanges* und sie sind dort bis zu diesem Tag.[92]

Gelöst wurde dieses Problem in TgChr wie auch im Talmud mit der Vorstellung, dass die Stangen wie zwei die Kleider ausbeulende Brüste durch den Vorhang sichtbar waren. So waren die Stangen der Bundeslade sichtbar, ohne das man sie sehen könnte. Der ausgebeulte Vorhang bewies, dass die Lade im Allerheiligsten stand, ohne dass man sie direkt erblicken musste.

---

90 Dasselbe Argument findet sich bei: Van Keulen, *Versions*, 155.
91 Anders: Bösenecker, *Text*, 168. Bösenecker geht von einem Nachtrag in Kön und Chr aus, ohne allerdings eine Begründung zu liefern.
92 Auf Aramäisch: ואריכו נגריא והוון בליטין ומתחזין רישי נגריא הי כתרתין תדיין על אפי בית כפורי ולא מתחזן לברא מן פרגודא והוון תמן עד יומא הדין.

3.4 Zum Inhalt der Lade (8,9)

Tab. 3.8: Synopse 1Kön 8,9 par.

Kgtm (OG)	Kgtm (Vorl.)	Kön	4QKgs	Chr
⁹ οὐκ ἦν ἐν τῇ κιβωτῷ πλὴν δύο πλάκες λίθιναι, πλάκες τῆς διαθήκης,	⁹ אין בארון רק שני לחות האבנים לחות הברית	⁹ אין בארון רק שני לחות האבנים	⁹]רֹק שני הלחות האבנים[	⁵,¹⁰ אין בארון רק שני הלחות
ἃς ἔθηκεν ἐκεῖ Μωυσῆς ἐν Χωρηβ,	אשר [?] שם משה בחרב	אשר הנח שם משה בחרב		אשר נתן משה בחרב
ἃ/ἃς διέθετο κύριος μετὰ τῶν υἱῶν Ισραηλ	אשר כרת יהוה עם בני ישראל	אשר כרת יהוה עם בני ישראל		אשר כרת יהוה עם בני ישראל
ἐν τῷ ἐκπορεύεσθαι αὐτοὺς ἐκ γῆς Αἰγύπτου.	בצאתם מארץ מצרים	בצאתם מארץ מצרים		בצאתם ממצרים

Kgtm (OG): ἃς] ἃ B | ἐκεῖ] > B f o 71 245 318 372 460 509 707 (= Chr); tr. post Μωυσῆς A | ἃ B M A L 509 71 158 318 460 707 (= Ra; = OGChr); ἃς rel

Kön: ממצרים [מארץ מצרים ...] P; MT[7Ms] (= Chr)

Chr: שני הלחות [שני הלחות ...] P | ממצרים [ממצרים ...] P = ἐκ γῆς Αἰγύπτου OG (= Kön)

Das ἐκεῖ fehlt in einer Reihe von Textzeugen (B f o 71 245 318 372 460 509 707). Dabei könnte es sich um eine sporadische Kaige-Lesart handeln, bei der der OG-Text an einen hebräischen Text (in diesem Fall nicht Kön sondern Chr) angepasst wurde.[93] Das ἐκεῖ könnte aber auch innergriechisch ausgefallen sein (vgl. z. B. das gleichlautende -ηκε- und εκε- in ἔθηκεν ἐκεῖ). In A erscheint das ἐκεῖ nach Μωυσῆς (Μωυσῆς ἐκεῖ). Auch hier ist unklar, wie die Umstellung zustande kam (über einen hebr. Text der Hexapla, der nicht mit Kön identisch war, oder innergriechisch?).

Unsicher bleibt, ob der OG-Text beim zweiten Relativpronomen ein ἃς oder ἃ hatte. Das ἃ wird von den ältesten Textzeugen gestützt (B M A L 509 71 158 318 460 707) und dementsprechend von Rahlfs für den OG-Text gehalten.[94] OGChr hat dasselbe Relativpronomen (δύο πλάκες ἃς ἔθηκεν Μωυσῆς ἐν Χωρηβ ἃ διέθετο κύριος). Das ἃς hingegen wird von der großen Mehrheit der griechischen Textzeugen über-

---

93 Zur Möglichkeit von „sporadischen" Kaige-Bearbeitungen vgl. Kap. 2.1 ab S. 27 in der Einleitung.
94 Zu dem methodischen Ansatz von Rahlfs und seiner Problematik vgl. Kap. 2.1 ab S. 22 in der Einleitung.

liefert. Das erste ἅς entspricht dem Akkusativ πλάκες im Numerus und Genus (Pl. f.). Das zweite ἅς würde sich ebenfalls auf die „Tafeln des Bundes" (πλάκες τῆς διαθήκης) beziehen. Das ἅ (Nom/Akk n. Pl.) hingegen hätte kein Bezugswort im Neutrum und ist als „relativischer Anschluss" zu verstehen.[95]

Die Rückübersetzung von δύο πλάκες λίθιναι, πλάκες τῆς διαθήκης (Kön: שְׁנֵי לֻחֹת הָאֲבָנִים; Chr: שְׁנֵי הַלֻּחוֹת) und ἐκ γῆς Αἰγύπτου (Kön: מֵאֶרֶץ מִצְרָיִם Chr: מִמִּצְרָיִם) ist selbstevident. Das πλάκες τῆς διαθήκης entspricht לֻחוֹת הַבְּרִית; ἐκ γῆς Αἰγύπτου = מֵאֶרֶץ מִצְרָיִם.

Welches hebräische Verb hinter ἔθηκεν steht, ist hingegen unklar (Kön: הִנַּח; Chr: נתן = OGChr: ἔθηκεν). Rein statistisch ist in 1–4Kgtm שׂים das häufigste Äquivalent für τίθημι. Aber auch נתן (1Sam 6,8; 9,22; 1Ki 6,27; 7,39) und Hif. נוח (1Sam 10,25; 1Ki 8,9; 13,31) sind mit τίθημι wiedergegeben. In 1Sam 6,8 sind sowohl שׂים als auch נתן in Bezug auf das Bewegen der Bundeslade gebraucht. OG übersetzt beide Male mit τίθημι. Wie die hebräische Vorlage lautete, muss offen bleiben; נתן, הנח und שׂים sind möglich.

Das zweite אֲשֶׁר hat keine klare Bezugsgröße im vorhergehenden Text; es fehlt das zu erwartende בְּרִית (cf. TgJ). Dementsprechend mussten die antiken Übersetzungen kreativ werden. Der OG interpretiert das Gemeinte im Sinne eines relativen Satzanschlusses („diejenigen Dinge, die/dasjenige, was Jнwн mit den Israeliten beschlossen hat"). Die Peschiṭta ersetzt das אֲשֶׁר durch ein ܟܕ („als") und macht so den Relativsatz zu einem temporalen Nebensatz („...die Mose am Horeb dort hineingelegt hat, als Jнwн (einen Bund) mit den Söhnen Israels geschlossen hatte").

In den Targumim wird dieser Vers fortgeschrieben; im TgChr ist er auf die doppelte Länge angewachsen. Im Kodex Reuchlinianus findet sich zu diesem Vers zusätzlich noch eine Randnotiz mit einer weiteren Paraphrase dieses Verses:

> TgJ: In der Lade sind verwahrt die zwei steinernen Tafeln, die Mose dort am Horeb platziert hat, *auf denen geschrieben sind die zehn Worte des Bundes*, die der Herr erlassen hat mit den Söhnen Israels, als sie herauskamen aus dem Land Ägypten.[96]
>
> TgJ Randnotiz im Kodex Reuchlinianus: Es ist nichts verwahrt in der Lade, nur die zwei Tafeln des Bundes *und die zwei zerbrochenen Tafeln*, die Mose dort hineingelegt hatte, *als sie zerbrochen waren wegen der Anfertigung des Kalbes am Horeb*.[97]

---

95 Vgl. von Siebenthal, *Grammatik NT*, §289g. Entsprechend übersetzt die Karrer/Kraus (Hrsg.), *Septuaginta Deutsch*: „dasjenige, was der Herr unter den Israeliten bei ihrem Auszug aus dem Land Ägypten erlassen hatte."

96 בארונא מחרין תרין לוחי אבניא דאצנע תמן משה בחרב דעליהון כתיבין עסרא פתגמי קימא דגזר יוי עם בני ישראל במפקהון מארעא דמצרים

97 לית מידעם מיחת בארונא אלהין תרין לוחי אבני קיימא ולוחיא תבירייא דאצנע תמן משה כד איתברו על עובדי עגלא בחורב.

TgChr: Es ist nichts verwahrt in der Lade, nur die zwei Tafeln, die Mose dort hineingetan hat, *nachdem sie zerbrochen wurden wegen des Kalbes, das sie am Horeb gemacht hatten, und die zwei anderen richtigen Tafeln, auf die in einer klaren Schrift die zehn Worte graviert sind. Dies sind die Tafeln des Bundes,* den der Herr mit den Söhnen Israels beschlossen hat, nachdem er sie aus Ägypten herausgeführt hat.[98]

Der TgJ macht explizit, was auf den Tafeln stand: Die „zehn Worte/Dinge des Bundes" (עסרא פתגמי קימא). Diese Wendung für die Zehn Gebote ist der Hebräischen Bibel aus Ex 34,28; Dtn 4,13; 10,4 bekannt (dort עשרת הדברים). Die Formulierung עישׂרתי דביריא = „zehn Worte" im TgChr ist eine wiedergabe, die sich vorrangig in den späteren Targumim dafür findet.[99] Die Näherbstimmung der Tafeln „auf denen in einer klaren Schrift die zehn Worte graviert sind" (דעליהון חקיק כתב מפרשׁ עישׂרתי דביריא) geht auf Ex 32,16 und dessen Wiedergabe in den palästinischen Targumim zurück (TgN, TgPJ).[100]

Gemäß der Randnotiz aus dem Kodex Reuchlinianus und dem TgChr befanden sich in der Lade neben den eigentlichen Tafeln (Dtn 10,1–5) zusätzlich die von Mose zerbrochenen Tafeln (Ex 32–34).[101] Dieselbe Interpretation findet sich im babylonischen Talmud wieder (b. B. B. 14a–b).[102] Die Wendung „andere Tafeln" (לוחיא חורניתא) ist im TgPJ in Ex 34,28 für die Beschreibung des zweiten Stets von Tafeln belegt.[103] Der Auslöser dürfte das Stichwort כרת gewesen sein (übertragen: „Bund *schließen*"). Dessen Grundbedeutung „schneiden, zerteilen" könnte die Schreiber auf die zerbrochenen Tafeln gebracht haben. Den Ausgangspunkt in der heiligen Geschichte bildet die unbekannte Schicksal der von Mose zerstörten ersten Tafeln. Diese Leerstelle wird gefüllt; beide Sets haben sich in der Lade befunden.

Am Anfang des Verses steht ein שׁני לחות האבנים aus Kön gegen ein kurzes שׁני הלחות aus Chr und ein langes שׁני לחות האבנים לחות הברית = δύο πλάκες λίθιναι, πλάκες τῆς διαθήκης in Kgtm. Das לחות הברית ist am ehesten eine sekundäre Zutat. Der Text ist auf diese Wendung nicht angewiesen.[104] Der zweite Relativsatz (אשׁר כרת...) bezieht sich in 1Kön 8,9 auf „Horeb" und nicht auf die Tafeln (aus-

---

98 לית מדעם מיחת בארונא לחוד תרין לוחיא דיהב תמן משׁה כד אתברו על עיסק עגלא דעבדו בחרב ותרין לוחיא חורניתא שׁרירא דעליהון חקיק כתב מפרשׁ עישׂרתי דביריא הנון לוחה קיימא די גזר ייי עם בני ישׂראל במפקהון ממצרים.

99 Vgl. Gottlieb, *Place*, 456.

100 Vgl. ebd., 456.

101 Ausführlicher zu folgendem: ebd., 454–457.

102 Vgl. dazu Beattie/McIvor, *Targums*, 152, Fn. 12.

103 Vgl. Gottlieb, *Place*, 455.

104 Ähnlich Van Keulen, *Versions*, 155–156; Mulder, *1 Kings 1–11*, 394. Anders Porzig, der die „Tafeln des Bundes" als Apposition hinzunehmen möchte (vgl. Porzig, *Lade*, 196). Als Begründung verweist er darauf, dass der zweite Relativsatz (אשׁר כרת...) sonst „völlig in der Luft hängt" (ebd., 196). Er übersieht die Möglichkeit von בחרב als Bezugswort für den zweiten Relativsatz, die eine

führlich in Kap. 12.1 ab S. 323). Das lange לחות האבנים לחות הברית findet sich noch genauso in Dtn 9,11 – und in Dtn 9,9, allerdings ohne das שני. In Dtn 9,9 wird derselbe Relativsatz (...אשר כרת) verwendet, aber direkt an sein Bezugswort angeschlossen (Dtn 9,9: בעלתי ההרה לקחת לוחת האבנים לוחת הברית אשר כרת יהוה עמכם). Vermutlich hat der sehr ähnliche Relativsatz aus 1Kön 8,9 (כרת יהוה עם בני ישראל) den Schreiber von Kgtm an Dtn 9,9 erinnert und ihn dazu veranlasst, die dortige Langform לחות האבנים לחות הברית in 1Kön 8,9 einzutragen. Hier musste der Schreiber das לחות הברית allerdings so eintragen, dass es nicht direkt an den Realtivsatz אשר כרת... anschließt. Dementsprechend interpretiert auch die OG-Übersetzung לחות הברית nicht als Bezugswort für אשר כרת.

Bleiben שני לחות האבנים aus Kön und שני הלחות als Chr für den Text des Hyparchetyps. Beide Lesarten könnten den ältesten Text repräsentieren. In 4QKgs könnte ein altes שני הלחות erhalten sein. Sein Text ist fehlerhaft und lautet שני הלחות האבנים. Entweder האבנים wurde in 4QKgs von einem Schreiber vermisst und nachträglich an das ältere שני הלחות angehängt. Oder der Artikel wurde fehlerhafterweise zunächst vor לחות gestellt (הלחות), was z. B. bei einem Zeilenbruch vorstellbar wäre.[105] Insofern bleibt die Datenlage auch mit 4QKgs als zusätzlichen Textzeugen uneindeutig.

Im zweiten Teilsatz steht הנח in Kön gegen נתן in Chr. Was hinter dem ἔθηκεν im OG-Text stand, wissen wir nicht (s. o.). Dazu kommt ein שם („dort") in Kgtm und Kön, welches in Chr fehlt.

Die Verwendung von הנח für das „Hineinlegen" der Tafeln ist singulär in der HB. Dtn 10,2.5 verwendet שים. Womöglich hat der Schreiber von 1Kön 8,9 das Verb שים aus Dtn 10,2.5 durch das Verb נוח ersetzt, um eine unnötige Doppelung der Konsonanten mit שם („dort") zu vermeiden (Kön: אשר הנח שם משה בחרב anstatt אשר שם שם משה בחרב). Das würde die singuläre Wortwahl mit הנח gut erklären. Die Wahl des ungewöhnlichen Verbes הנח wurde also durch das folgende שם („dort") ausgelöst. Das שם stand also auch bereits im Hyparchetyp. In Ex 25,16.21; 40,20 steht נתן für das „Hineinlegen" der Tafeln. Die Chronik hat den Text durch das נתן vermutlich an diese Texte angepasst und bei der Gelegenheit noch das nicht zwingend notwendige שם („dort") ausgelassen.

---

sinnvolle Interpretation des Relativsatzes in Kön und Chr ermöglicht. Auf die „Tafeln des Bundes" ist der Text also nicht angewiesen.

105 Wenn z. B. nach לחות die nächste Zeile anfängt, könnte der Schreiber das folgende האבנים aus der nächsten Zeile zunächst übersehen, לחות für den Absolutus gehalten und deswegen ein Artikel davor gesetzt haben (שני הלחות < שני לחות // :היום הזה אין ברק ארון רק שני לחות). Als er das האבנים in der nächsten Zeile bemerkte, beließ er auch dies einfach als Absolutus im Text („die zwei Tafeln, die Steine") und fuhr mit dem Abschreiben fort.

Am Schluss steht ein מֵאֶרֶץ מִצְרַיִם in Kön und Kgtm gegen ein מִמִּצְרַיִם in der Chronik. Wie der Hyparchetyp lautete, bleibt unsicher. Innerhalb der Archetyp-Überlieferungen wird ebenfalls zwischen der Lang- und Kurzform gewechselt (ممصرים MTKön[7Ms] = ܡܢ ܡܨܪܝܢ PKön; ܐܪܥܐ ܘܡܢ PChr = ἐκ γῆς Αἰγύπτου OGChr).

3.5 Der Einzug Jнwнs in den Tempel (8,10–11) + 2Chr 5,11b–13a

Tab. 3.9: Synopse 1Kön 8,10–11 par.

Kgtm (OG)	Kgtm (Vorl.)	Kön	Chr
[10] καὶ ἐγένετο	[10] ויהי	[10] ויהי	[5,11] ויהי
ὡς ἐξῆλθον οἱ ἱερεῖς ἐκ τοῦ ἁγίου,	בצאת הכהנים מן הקדש	בצאת הכהנים מן הקדש	בצאת הכהנים מן הקדש
			כי כל הכהנים
			הנמצאים התקדשו
			אין
			לשמור למחלקות
			[5,12] והלוים
			המשררים לכלם
			לאסף להימן
			לידתון ולבניהם
			ולאחיהם מלבשים
			בוץ במצלתים
			ובנבלים וכנרות
			עמדים מזרח
			למזבח
			ועמהם כהנים
			למאה ועשרים
			מחצררים
			בחצצרות
			[5,13] ויהי כאחד
			למחצצרים
			ולמשררים
			להשמיע קול אחד
			להלל
			ולהדות ליהוה
			וכהרים קול
			בחצצרות
			ובמצלתים ובכלי
			השיר

Tab. 3.9 – Fortsetzung

ובהלל ליהוה
כי טוב
כי לעולם חסדו

καὶ ἡ νεφέλη ἔπλησεν τὸν οἶκον·	והענן מלא את בית יהוה	והענן מלא את בית יהוה	והבית מלא ענן בית יהוה
[11] καὶ οὐκ ἠδύναντο οἱ ἱερεῖς	[11] ולא יכלו הכהנים	[11] ולא יכלו הכהנים	5,14 ולא יכלו הכהנים
στῆναι	לעמד	לעמד	לעמוד
λειτουργεῖν	לשרת	לשרת	לשרת
ἀπὸ προσώπου τῆς νεφέλης,	מפני הענן	מפני הענן	מפני הענן
ὅτι ἔπλησεν δόξα κυρίου τὸν οἶκον.	כי מלא כבוד יהוה את בית	כי מלא כבוד יהוה את בית יהוה	כי מלא כבוד יהוה את בית האלהים

Kgtm (OG): ἔπλησεν] ἐνέπλησεν L 158 | οἶκον] + κυρίου O L 328 (= Kön) | **Vers 11:** στῆναι] στήκειν B 509 460 | ἔπλησεν] ἐνέπλησεν L 158 | δόξα] +pre ἡ 247 CI 121 f o 55 244 318 372 (= OGChr) | οἶκον] + κυρίου O L f (= Kön)

Der OG-Text ist mit Kön bis auf zwei zusätzliche יהוה in Kön vollständig identisch; die OG-Vorlage kann aus Kön übernommen werden. Die zwei zusätzlichen יהוה wurden in O (und L) wohl auf Grundlage der Hexpla ergänzt.[106]

Kgtm hat zweimal ein kurzes את בית, während in Kön ein zusätzliches יהוה angehängt wird (את בית יהוה). Beide Lesarten kommen für den Hyparchetyp infrage. Entweder יהוה wurde nachträglich hinzugefügt oder von einem Schreiber übergangen. Beide Bearbeitungsrichtungen sind denkbar. Der Chronist präferiert die Bezeichnung בית האלהים[107] und änderte das zweite את בית יהוה zu את בית האלהים. Das gleiche tat er in 1Kön 7,51 = 2Chr 5,1 und in 1Kön 8,63 = 2Chr 7,5.

---

106 Zu den Lesarten mit hexaplarischem Ursprung vgl. Kap. 2.1 ab S. 28 in der Einleitung.
107 בית האלהים in der HB in Ri 18,31; 1Chr 6,33; 9,11.13.26–27; 22,2; 23,28; 25,6; 26,20; 28,12.21; 29,7; 2Chr 3,3; 4,11.19; 5,1.14; 7,5; 15,18; 22,12; 23,3.9; 24,7.13.27; 25,24; 28,24; 31,13.21; 33,7; 35,8; 36,18–19; Esra 1,4; 2,68; 3,8–9; 6,22; 8,36; 10,1.6.9; Neh 6,10; 8,16; 11,11.16.22; 12,40; 13,7.9.11; Koh 4,17; Dan 1,2.

Die Anordnung der Leviten und Priester (2Chr 5,11b–13a)

Die Chronik erweitert 1Kön 8,10 um einen Zusatz im Umfang von ca. drei Versen.[108] Zwischen 1Kön 8,10a und 8,10b ist ein Kommentar über die Anordnung der Leviten und Priester gesetzt (kursiv):

> 11 Und es geschah, als die Priester herausgegangen waren aus dem Heiligen, – *denn aflle anwesenden Priester hatten sich geheiligt, ohne sich an die Abteilungsordnung zu halten* –, 12 *Und die Leviten, die Sänger waren, mit ihnen allen waren Asaf, Heman, Jeduton und ihre Söhne und ihre Brüder, bekleidet mit Byssus, mit Zimbeln und mit Harfen und mit Kastenleier standen sie östlich von dem Altar und mit ihnen 120 Priester, die auf Trompeten trompeteten. 13 Und als die Trompeter und Sänger wie ein Mann waren, um mit einer Stimme einzusetzen (wörtl: hören zu lassen), um zu loben und zu preisen Jhwh. Und als sie die Stimme erhoben mit Trompeten und Zimbeln und Musikinstrumente, um Jhwh zu loben: „Denn er ist gut und ewig ist seine Gnade"* da wurde das Haus Jhwhs von einer Wolke erfüllt, 14 Und die Priester konnten nicht herantreten, um ihren Dienst zu verrichten wegen der Wolke, denn die Herrlichkeit Jhwhs erfüllte das Haus Gottes.

Das Sondergut der Chronik setzt sich aus drei Sinnabschnitten zusammen. Vers 11b begründet das Heraustreten der Priester mit einer nicht-eingehaltenen Abteilungsordnung und reist den Zusammenhang zwischen dem Heraustreten der Priester und der Erfüllung durch die Wolke auseinander. In Vers 12 wird die Anordnung der Priester und Leviten sowie ihre Kleidung, Position, Aufgabe und Anzahl beschrieben. Vers 13a nimmt das ויהי vom Anfang von 1Kön 8,10a = 2Chr 5,11a wieder auf und bildet die neue Einleitung von 1Kön 8,10b =2Chr 5,13b.[109]

2Chr 5,11b begründet das Heraustreten der Priester damit, dass diese sich nicht an die Abteilungsordnung gehalten haben. Im Verständnis der Chronik sind die הכהנים die aaronitischen Priester. Sie durften sich im „Heiligen" aufhalten. Das könnte bei einem Schreiber die Frage ausgelöst haben, warum sie für den Einzug herausgehen mussten. Sie hatten sich zwar geheiligt, aber offensichtlich nicht an die Abteilungsordnung gehalten – so seine Antwort, die er in den Text einschrieb. Mit der Aufstellung der Priester und Leviten in 2Chr 5,12 erhält der Einzug ein würdiges Setting. Die Priester und Leviten stellten sich als Trompetenspieler und Sänger auf. Als sie Jhwh mit einer Stimme priesen und lobten, zog er in Form *einer* Wolke in den Tempel ein (ענן in Chr undeterminiert!).

---

108 Der Text dieses Zusatzes ist bis auf geringfügige Differenzen stabil und durch MTChr, OGChr und TgChr überliefert. Einzig die Peshiṭta hat eine kürzere, singuläre Version der Verse 11–14.
109 Durch die den Handlungsverlauf unterbrechende Begründung mit כי in 2Chr 5,11b und die Wiederaufnahme des ויהי als Überleitung zur Vorlage aus 1Kön 8,10b =2Chr 5,13b könnte der Einschub vermutlich auch ohne textliche Bezeugung identifiziert werden.

Die „Abteilungsordnungen" (מחלקות) sind aus dem Vortext bekannt und werden in 1Chr 23–27 genau geregelt.[110] In 1Chr 15,14 heiligten sich die Leviten und Priester ebenfalls, als sie die Lade nach Jerusalem brachten. Die Aufstellung der Sänger wird in 1Chr 25,7–31 geregelt. Die Instrumente sind aus 1Chr 15,16 und 25,1 bekannt.[111] Asaph und seine Brüder wurden in 1Chr 16,37 für den Dienst bei der Lade eingeteilt; Heman und Jeduton waren für das Zeltheiligtum bei Gibeon zuständig (1Chr 16,41). Lade und Zelt wurden soeben in den Tempel gebracht; das legt die Beteiligung genau dieser Personen nah. Die hohen Zahlen der Anwesenden entsprechen der Wichtigkeit des Ereignisses. Hinter der Anzahl von 120 Trompetern mag mal eine Idee gesteckt haben; diese entzieht sich aber unserer Kenntnis.[112]

---

110 מחלקות in 1Chr 23,6; 24,1; 26,1.12.19; 27,1-2.4-15; 28,1.13.21; 2Chr 5,11; 8,14; 23,8; 31,2.15-17; 35,4.10.
111 מצלתים in 1Chr 13,8; 15,16.19.28; 16,5.42; 25,1.6; 2Chr. 5,12–13; 29,25. נבל in 1Chr 13,8; 15,16.20.28; 16,5; 25,1.6; 2Chr 5,12; 9,11; 20,28; 29,25. כנור in 1Chr 13,8; 15,16.21.28; 16,5; 25,1.3.6; 2Chr 5,12; 9,11; 20,28; 29,25.
112 Zu möglichen Vorschlägen vgl. Japhet, *2 Chronik*, 72f. Maskow, *Tora*, 489f.

4 Der Tempelweihspruch Salomos (1Kön 8,12–13, 3Kgtm 8,53a)

Tab. 4.1: Synopse Tempelweihspruch (3Kgtm 8,53a; 1Kön 8,12–13; 2Chr 6,1–2)

Kgtm (OG)	Kgtm (Vorl.)	Kön	Chr
53a Τότε ἐλάλησεν Σαλωμων ὑπὲρ τοῦ οἴκου, ὡς συνετέλεσεν τοῦ οἰκοδομῆσαι αὐτόν	53a אָז אָמַר שְׁלֹמֹה עַל הבית ככלות לבנותו	8,12 אז אמר שלמה	6,1 אז אמר שלמה
Ἥλιον ἐγνώρισεν ἐν οὐρανῷ	בשמים [?] שמש		
κύριος, εἶπεν τοῦ κατοικεῖν ἐν γνόφῳ	יהוה אמר לשכן בערפל	יהוה אמר לשכן בערפל	יהוה אמר לשכון בערפל
Οἰκοδόμησον οἶκόν μου οἶκον $\frac{ἐκπρεπῆ}{ἐυπρεπῆ}$ σεαυτῷ,	בנה ביתי בית זבל לך	13 בנה בניתי בית זבל לך	2 ואני בניתי בית זבל לך
τοῦ κατοικεῖν ἐπὶ καινότητος.	[?]	מכון לשבתך עולמים	ומכון לשבתך עולמים
οὐκ ἰδοὺ αὕτη γέγραπται ἐν βίβλῳ τῆς ᾠδῆς;	הלא היא כתובה על ספר השיר		

Kgtm (OG): Τότε – ᾠδῆς] > 71; sub ※ 55 | Τότε – οὐρανῷ] sub – 127 | ἐγνώρισεν] ἔστησεν L 328 246 Thdt Eth | κύριος] +pre ὁ 242; καί 247 127; + καί L^{-127} 246 328 Eth La^M Thdt | ἐν γνόφῳ] ἐκ γνόφου 55* 121 122* x 318 372; ἐκ νοφου B 509 245 342 707; ἐν νοφου 246; ἐκ νωφου 460; ἐκ γνόφων 68; ἐπὶ καινότιτος εγνοφου 158; *in dedicatione domus* La^M | οἰκοδόμησον] -μῆσαι 93 328 318 Boh; -σεν 44 | οἶκόν 1°] +pre τόν 318 | οἶκόν μου οἶκον] οἶκον 342; οἶκόν οἶκον μου 247; οἶκόν μοι οἶκον Thdt | οἶκόν 2°] οἶκός 509 460 | ἐκπρεπῆ B A 236-313-530 d^{-44} 64 s$^{-488'}$ t x^{-527} 55 71 342 554 707; ἐυπρεπῆ 247 L Cl 46-52 b 44 246 381 488′ z 527 244 245 318 342 La^M | σεαυτῷ] σαυτῷ B 509 318 (= Ra) | καινότητος] κενότητος A 127 242 318; κενωτητος 245 707; κενότητι 488 | οὐκ ἰδού] οὐχί O La^M; οὐχ ἰδού 509 460 | ἐν βίβλῳ] ἐν βιβλίῳ 247 243-731 121 o x 245 318 342 372 707 (= Ra); ἐπὶ βιβλίου L 328 Thdt

Kön: יהוה אמר] ܐܡܪ ܡܪܝܐ ܕܢܥܡܪ P | בנה] ܒܢܝ P +pre [בית זבל לך] ܠܗ P (= Chr) | ܡܬܟܬܒ ܟܬܒ ܒܣܦܪ P

Chr: ומכון לשבתך] ܘܡܬܩܢ ܠܡܘܬܒܟ P (= PKön) | בית זבל לך] ܠܗ ܒܝܬܐ P | ואני בניתי] + ܘܐܢܐ ܒܢܝܬ ܒܝܬܐ ܕܡܬܩܢ P | בית זבל לך] οἶκον τῷ ὀνόματί σου ἅγιόν σοι OG | ומכון לשבתך] καὶ ἕτοιμον τοῦ κατασκηνῶσαι OG

Der OG-Text von Kgtm wurde von Rahlfs größtenteils richtig rekonstruiert; er ist grob in A und B und der Mehrheit der Textzeugen erhalten (Kap. 4.1). Die Schreiber des antiochenische Textes (L) haben den Teilsatz über die Sonne gezielt in eine schöpfungstheologische Aussage transformiert, um den Textsinn verständlicher

https://doi.org/10.1515/9783111290973-004

zu machen (s. u. S. 101). Dieser veränderte L-Text bildete die Textgrundlage für eine altlateinische Übersetzung (La^M), die als Randlesart in fünf mittelalterlichen Vulgatakodizes erhalten ist (s. u. S. 103). Es handelt sich um eine lateinische Paraphrase des Spruches; der Sinn wurde an vielen Stellen verändert, um einen verständlicheren Text herzustellen. Elemente eines verloren gegangenen OG-Textes lassen sich weder in L noch in La^M nachweisen – auch wenn dies in der Vergangenheit immer wieder behauptet wurde.

Die hebräische Vorlage des OG-Textes von Kgtm kann nicht mehr vollständig rekonstruiert werden. Einige abweichende Lesarten gehen auf Eingriffe des Übersetzers zurück (Kap. 4.2). Ein Großteil dieser abweichenden Lesarten aus dem OG-Text bestanden bereits in der hebräischen OG-Vorlage (s. u. S. 110). Bei ein paar abweichenden Lesarten ist die Herkunft unklar (s. u. S. 113).

Die Archetypen von Kön und Chr sind durch die jeweiligen Masoretischen Texte gut erhalten (Kap. 4.3). Dessen Übersetzungen greifen stellenweise in den Text ein und verändern seine Aussage. VgKön orientiert sich am genauesten am Sinn und Wortlaut der Vorlage. Die Änderungen häufen sich an denselben Stellen. Am stärksten weicht TgChr ab.

Die drei Archetypen aus Kgtm, Kön und Chr gehen auf einen gemeinsamen Hyparchetyp zurück. Das lässt sich an den Gemeinsamkeiten noch gut erkennen (אז + שְׁלמה; יהוה אמר לשכן בערפל בית זבל לך לך). Die Texte aus Kön und Chr sind sich relativ ähnlich. Die Chronik ersetzt lediglich den Inf. abs. בנה durch ein ואני und ergänzt vor dem מכון ein Waw (ומכון). Ansonsten sind beide Texte vollständig identisch. Der Text von Kgtm unterscheidet sich stark. Dort ist der Spruch an einer anderen Stelle zu finden; er steht zwischen den Versen 8,53 und 8,54. Der Text hat eine längere Redeeinleitung, eine zusätzliche Aussage über die Sonne und einen Quellenverweis. Dazu findet sich anstatt des deklaratorischen Ausrufs (Kön, Chr: „Wahrlich, ich habe gebaut ein fürstliches Haus für dich!") ein Baubefehl (Kgtm: „Bau mein Haus, ein fürstliches Haus für dich!").

Aller Wahrscheinlichkeit nach wurde der Tempelweihspruch in Kgtm tiefgreifend überarbeitet. Die älteren Lesarten sind allesamt in Kön erhalten. Die Bearbeitungen in Kgtm werden in Kap. 4.4 abgehoben. In Kap. 4.5 wird der Hyparchetyp aus den älteren Lesarten zusammengestellt.

4.1 Der OG-Text von Kgtm und seine Überlieferung

Der OG-Text

In der OG-Rekonstruktion liegt Rahlfs größtenteils richtig. Die ältesten Lesarten sind in A, B und der Mehrheit der Textzeugen enthalten. Lediglich an zwei unbedeutenden Stellen unterscheidet sich der hier rekonstruierte Text von Rahlfs. Mit der Mehrheit der Textzeugen ist σεαυτῷ als OG-Text zu sehen; Rahlfs folgt hier B und liest σαυτῷ.[1] Zudem ist mit der Mehrheit der Textzeugen ἐν βίβλῳ anstatt ἐν βιβλίῳ zu rekonstruieren.

Unsicher bleibt, ob der OG-Text ein ἐκπρεπῆ („hervorragend") oder ein εὐπρεπῆ („angemessen, schön") hatte. Beide Lesarten sind gleichstark bezeugt. B und A haben ἐκπρεπῆ, L hat εὐπρεπῆ. Den Unterschied macht ein einzelner Buchstabe – Kappa vs. Ypsilon (K/Y). Die beiden Lesarten werden im Griechischen durch einen Abschreibefehler oder Verlesen entstanden sein. Aus den semantischen Unterschieden zwischen beiden Adjektiven lässt sich kein Kriterium für eine textkritische Entscheidung gewinnen. Die übersetzungstechnische Analyse hilft ebenfalls nicht weiter (s. u.).

Mit der Mehrheit der Textzeugen ist ἐν γνόφῳ als OG-Text zu lesen. In B steht ein ἐκ νοφου. Dieser Text ist fehlerhaft und geht auf ein ἐκ γνόφου zurück. Ein Schreiber könnte den zweiten Guttural verschluckt (ΚΓ > Κ) und ἐκ γνόφου zu ἐκ νοφου verlesen haben. Das ἐκ γνόφου ist im Vergleich zu ἐν γνόφῳ zu schwach bezeugt; es ist nur in vereinzelnden Textzeugen enthalten (ἐκ γνόφου 55* 121 122* x 318 372; indirekt in ἐκ νοφου B 509 245 342 707). Die Übersetzung ἐν γνόφῳ entspricht dem Hebräischen בערפל. Das ἐκ γνόφου ist innergriechisch aus ἐν γνόφῳ hervorgegangen.[2] Der ganze Teilsatz ist im Griechischen schwer verständlich („Jʜwʜ spricht, um zu wohnen *in der Dunkelheit*: Bau mein Haus"). Ein Schreiber könnte den Text zu ἐκ γνόφου geändert haben, um einen verständlicheren Text herzustellen. Vielleicht hat er an ein Sprechen aus der Dunkelheit (ἐκ γνόφου) gedacht („Jʜwʜ spricht, um zu wohnen, *aus der Dunkelheit*).

Für ἐπὶ καινότητος („[um zu wohnen] *aufs Neue*") ist in A 127 242 318 noch die alternative Lesart ἐπὶ κενότητος ([um zu wohnen] „*im Leeren [Raum]*") erhalten (κενωτητος in 245 707; κενότητι in 488). Diese Variante findet sich auch bei Theodoret von Cyrus als sekundäre Lesart wieder (s. u. die Fn. 8 auf S. 102).

---

1 Zu dem methodischen Ansatz von Rahlfs und seiner Problematik vgl. Kap. 2.1 ab S. 22 in der Einleitung.

2 Gegen Bösenecker, der ἐκ γνόφου für den OG-Text hält. Vgl. die Einleitung S. 26, Fn. 24.

Zum hexaplarischen Text (O)

In MTKön steht der Tempelweihspruch in 8,12–13, in OGKgtm findet man ihn in 8,53a. Die Bearbeitungen mit hexaplarischem Ursprung haben in 8,12–13 stattgefunden. Dort wurde eine zweite Version des Tempelweihspruches gemäß MTKön eingefügt. Diese griechische Übersetzung ist in M Z O 127 71 158 enthalten. Ihr Wortlaut lässt sich aus diesen Textzeugen noch gut erkennen:

3Kgtm 8,11: + [12] Τότε εἶπεν Σαλωμων Κύριος εἶπεν τοῦ σκηνῶσαι ἐν γνόφῳ [13] οἰκοδομῶν οἰκοδομήσα οἶκόν κατοικητηρίου σοι ἔδρασμα τῇ καθέδρᾳ σου αἰῶνος

Erhalten in M Z O 127 71 158   Τότε – αἰῶνος] sub ※ 127 | -δομων – σοι] sub ※ M | Vers 13: | οἰκοδομῶν] > A | οἰκοδομήσα] οἰκοδομῆσαι A[c] 247 71

Der Text wurde mit einem Asterisk (※) markiert, um ihn als Plus aus MTKön kenntlich zu machen. Dieser Asterisk ist in seiner ursprünglichen Position in 127 erhalten. In M wurde er am Rand von zwei Zeilen notiert, ohne hinreichend kenntlich zu machen, welchen Text genau das Plus umfasst.[3]

Der Tempelweihspruch aus 8,53a wurde mit einem Obelus markiert. Dieser zeigt an, das der Text in MTKön fehlt. Die korrekte Markierung ist allerdings nicht mehr erhalten. Der Obelus (–) ist in 127 erhalten, markiert dort aber nur Τότε – οὐρανῷ. In 55 wurde der gesamte Tempelweihspruch aus 3Kgtm 8,53a (Τότε – ῳδῆς) fälschlicherweise mit einem Asterisk (※) markiert.

Der griechische Text aus 8,12–13 lautet übersetzt: „Dann sprach Salomon: Der Herr hat gesagt, dass er sein Zelt aufschlägt in Dunkelheit. Ich habe gebaut ein Haus als Wohnstätte für dich, ein Sitzplatz (Wohnstätte) deines Sitzens in Ewigkeit." Es handelt sich um eine Übersetzung, die MTKön Wort-für-Wort entspricht:

אז אמר שלמה = Τότε εἶπεν Σαλωμων
יהוה אמר לשכן בערפל = Κύριος εἶπεν τοῦ σκηνῶσαι ἐν γνόφῳ
בנה בניתי = οἰκοδομῶν οἰκοδομήσα
בית זבל לך = οἶκόν κατοικητηρίου σοι
מכון לשבתך = ἔδρασμα τῇ καθέδρᾳ σου
עולמים = αἰῶνος

Die Herkunft dieser Übersetzung von Aquila, Symmachus oder Theodotion wird in keiner der Textzeugen durch ein entsprechendes Sigel angezeigt (α′/σ′/θ′). Es gibt aber Hinweise, dass es sich um die Übersetzung des Aquila handeln könnte. Die Übersetzung der Konstruktion „מכון + Inf. cs. ישב" (hier לשבתך) (מכון) mit ἔδρασμα

---

3 Vgl. die digitalisierte Handschrift M „Coislin 1", Folie 226v, aus der französischen Nationalbibliothek (*Bibliothèque nationale de France*). Zugriff auf die Handschrift über den Link: https://gallica.bnf.fr/ark:/12148/btv1b84683074/f460.item, letzter Zugriff 21.07.22.

+ καθέδρᾳ wird an anderen Stellen explizit Aquila zugeschrieben. In Ps 33,14 (LXX 32,14) nennt Eusebius in seinem Psalmen-Kommentar für מִמְּכוֹן שִׁבְתּוֹ = ἐξ ἑτοίμου κατοικητηρίου αὐτοῦ ein ἀπὸ ἐδράσματος καθέδρας αὐτοῦ als Übersetzung von Aquila und ἀπὸ ἕδρας κατοικίας als Übersetzung von Symmachus.[4] In Ps 89,14 (LXX 88,14) nennt Eusebius für מְכוֹן כִּסְאָךְ = ἑτοιμασία τοῦ θρόνου ebenfalls ein τὸ ἔδρασμα τοῦ θρόνου als Übersetzung von Aquila.[5] Allerdings ist für מְכוֹן לְשִׁבְתְּךָ in Ex 15,17 die Übersetzung ἔδρασμα εἰς καθέδραν σου für Aquila *und* Symmachus als hexaplarische Notiz in mehreren Textzeugen erhalten.[6]

Der antiochenische Text (L)

Der Text der antiochenischen Textzeugen ist durch die mittelalterlichen Textzeugen 18-82-93-108-127 bezeugt. Er entspricht weitestgehend dem OG-Text.[7] Zwei Änderungen sind textgeschichtlich von Relevanz (unterstrichen):

> OG: Ἥλιον ἐγνώρισεν ἐν οὐρανῷ κύριος, εἶπεν τοῦ κατοικεῖν ἐν γνόφω = Eine Sonne (Obj.) hat bekannt gemacht (ἐγνώρισεν) am Himmel (der) Herr (Subj.); er hat gesagt, um in Dunkelheit zu wohnen.

> L: Ἥλιον ἔστησεν ἐν οὐρανῷ Κύριος· καὶ εἶπε τοῦ κατοικεῖν ἐν γνόφω. = Eine Sonne (Obj.) hat gesetzt (ἔστησεν) an den Himmel der Herr (Subj.); und (+ καί) er hat gesagt, um in Dunkelheit zu wohnen.

In L ist aus dem ἐγνώρισεν („er hat bekannt gemacht") ein ἔστησεν („er hat gesetzt") geworden und ein zusätzliches καί eingefügt. Mit dem ἔστησεν wird die Aussage schöpfungstheologisch aufgefasst: „Eine Sonne (Obj.) hat an den Himmel gesetzt (ἔστησεν) der Herr (Subj.)". Der enigmatische OG-Text wird in eine verständliche Aussage verwandelt. Durch das zusätzliche καί kann κύριος nur noch als Subjekt

---

4 Ἀντὶ δὲ τοῦ· Ἐξ ἑτοίμου κατοικητηρίου αὐτοῦ, ὁ μὲν Ἀκύλας, ἀπὸ ἐδράσματος καθέδρας αὐτοῦ, ἡρμήνευσεν· ὁ δὲ Σύμμαχος, ἀπὸ ἕδρας κατοικίας αὐτοῦ ἐπέβλεψεν. (Migne, *Patrologia Graeca*, Bd. 23, S. 285. Text aus: http://stephanus.tlg.uci.edu/Iris/Cite?2018:034:358163), letzter Zugriff 21.07.22.
5 Ἀντὶ δὲ τοῦ, Δικαιοσύνη καὶ κρίμα ἑτοιμασία τοῦ θρόνου σου, (25) κατὰ τὸν Ἀκύλαν, Δικαιοσύνη καὶ κρίμα τὸ ἔδρασμα τοῦ θρόνου αὐτοῦ, εἴρηται· ὁ δὲ Σύμμαχος τὴν βάσιν αὐτὴν εἶναί φησι τὴν δικαιοσύνην καὶ τὸ κρῖμα. (ebd., Bd. 23, S. 1093. Text aus: http://stephanus.tlg.uci.edu/Iris/Cite?2018:034:1759335), letzter Zugriff 21.07.22.
6 Vgl. Reider/Turner, *Index*, 66; Field, *Hexaplorum 1/2*, 108.
7 Der L-Text lautet als fortlaufender Text: τότε ἐλάλησε Σολομῶν ὑπὲρ τοῦ οἴκου ὡς συνετέλεσε τοῦ οἰκοδομῆσαι αὐτόν Ἥλιον ἔστησεν ἐν οὐρανῷ Κύριος· καὶ εἶπε τοῦ κατοικεῖν ἐν γνόφω. Οἰκοδόμησον οἶκόν μου, οἶκον εὐπρεπῆ σεαυτῷ τοῦ κατοικεῖν ἐπὶ καινότητος οὐκ ἰδοὺ αὕτη γέγραπται ἐπὶ βιβλίου τῆς ᾠδῆς; (Wortlaut und Punktation aus: Fernández Marcos/Busto Saiz, *1–2 Reyes*, 27).

des ersten Teilsatzes aufgefasst werden: „Eine Sonne (Obj.) hat an den Himmel gesetzt der Herr (Subj.); *und* er hat gesagt, zu wohnen in Dunkelheit."

Dieser L-Text ist zusätzlich durch den Bibelkommentar *Quaestiones in libros Regnorum et Paralipomenon* des antiochenischen Kirchenvaters Theodoret von Cyrus aus dem 5. Jhd. n. Chr. belegt. Er kommentiert den griechischen Tempelweihspruch folgendermaßen:

> Wie ist wahrzunehmen das: „Eine Sonne hat gesetzt an den Himmel der Herr, und er sprach, um zu wohnen in Dunkelheit" (Ἥλιον ἔστησεν ἐν οὐρανῷ Κύριος, καὶ εἶπε τοῦ κατοικεῖν ἐν γνόφῳ)?
>
> Von den Melodien. Die Seligpreisung sprach David: „Wolken und Dunkelheit sind rings um ihn" (LXX Ps 96,2 MT Ps 97,2). „Und er neigte den Himmel und stieg herab, und Dunkelheit war unter seinen Füßen. Und er stieg auf Cherubin auf und flog, flog auf den Flügeln der Winde. Und er machte die Finsternis zu seinem Versteck." (LXX Ps 17,10–12; MT Ps 18,10–12). Finsternis aber und Dunkelheit des göttlichen Seins deuten (rätselhaft) das Unsichtbare an. Es sagte also nun Salomon, dass einer (es ist), der die Sonne an (den) Himmel gesetzt hat, so dass die Menschen genießen können das Licht; er (der Herr) selbst sagt, „dass er in Dunkelheit wohnt" (τοῦ κατοικεῖν ἐν γνόφῳ). Ich meine aber, dass hier der Tempel (rätselhaft) angedeutet wird. Als Licht-zuführende (Fenster) nämlich hatte er sehr, sehr kleine, weil er auch andere kleine Räume hatte, gebaute. Dieses nämlich veranlasste er: „Bau ein Haus für mich, ein schönes Haus für dich, um zu wohnen um (dort) zu wohnen aufs Neue/im Leeren (Raum)." (Οἰκοδόμησον οἶκόν μοι, οἶκον εὐπρεπῆ σεαυτῷ, τοῦ κατοικεῖν ἐπὶ κενότητος/καινότητος).[8] Aber nicht er selbst nämlich bedurfte des so beschaffenen Gebäudes/Hausbaus, sondern wegen des Wunsches der Menschen befahl er, dass es gebaut werde.[9]

---

8 Ursprünglich stand hier wie im L-Text ein καινότητος. Migne hat κενότητος als Text (vgl. Migne, *Patrologia Graeca*, Bd. 80, S. 693–695). Fernández Marcos/Busto Saiz, *Quaestiones*, 146 hat hier ein καινότητος und eine Notiz im Variantenapparat. Die Mehrheit der Textzeugen des Werkes von Theodoret haben καινότητος und nur zwei lesen κενότητος.

9 Übersetzung von MF (unter freundlicher Mithilfe von Annette Hüffmeier). Die Übersetzung der LXX-Zitate stammt aus: Karrer/Kraus (Hrsg.), *Septuaginta Deutsch*. Für den griechischen Text vgl. Fernández Marcos/Busto Saiz, *Quaestiones*, 145–146, sowie Migne, *Patrologia Graeca*, Bd. 80, S. 693–695. Als fortlaufender griechischer Text: ΕΡΩΤ. ΚΗʹ. Πῶς νοητέον τὸ, «Ἥλιον ἔστησεν ἐν οὐρανῷ Κύριος, καὶ εἶπε τοῦ κατοικεῖν ἐν γνόφῳ;» Μελῳδῶν ὁ μακάριος ἔφη Δαβίδ, «Νεφέλη καὶ γνόφος κύκλῳ αὐτοῦ.» (LXX Ps 96,2; MT Ps 97.2) Καὶ ἀλλαχοῦ, «Καὶ ἔκλινεν οὐρανοὺς, καὶ κατέβη, καὶ γνόφος ὑπὸ τοὺς πόδας οὐρανοὺς, καὶ κατέβη, καὶ γνόφος ὑπὸ τοὺς πόδας αὐτοῦ. Καὶ ἐπέβη ἐπὶ Χερουβὶμ, καὶ ἐπετάσθη· ἐπετάσθη ἐπὶ πτερύγων ἀνέμων, καὶ ἔθετο σκότος ἀποκρυφὴν αὐτοῦ.» (LXX Ps 17,10–12; MT Ps 18,10–12) Σκότος δὲ καὶ γνόφος τῆς θείας αἰνίττεται οὐσίας τὸ ἀόρατον. Ἔφη τοίνυν ὁ Σολομὼν, ὅτι τὸν ἥλιον ἐν οὐρανῷ τεθεικὼς, ὥστε τοὺς ἀνθρώπους ἀπολαύειν τοῦ φωτὸς, αὐτὸς εἶπε «τοῦ κατοικεῖν ἐν γνόφῳ.» Οἶμαι δὲ ἐνταῦθα τὸν ναὸν αἰνίττεσθαι. Φωταγωγοὺς γὰρ εἶχε ἄγαν σμικροτάτους, ἐπειδὴ καὶ ἑτέρους οἰκίσκους εἶχε δεδομημένους. Τοῦτο γὰρ ἐπήγαγεν· «Οἰκοδόμησον οἶκόν μοι, οἶκον εὐπρεπῆ σεαυτῷ, τοῦ κατοικεῖν ἐπὶ κενότητος» (ließ hier aber nach Fernández Marcos/Busto Saiz, *Quaestiones*, 146: καινότητος). Οὐδὲ γὰρ αὐτὸς ἐδεῖτο τῆς τοιαύτης οἰκοδομίας, ἀλλὰ διὰ τὴν τῶν ἀνθρώπων χρείαν οἰκοδομηθῆναι προσέταξεν. (Migne, *Patrologia Graeca*, Bd. 80, S. 693–695).

Der zitierte Text ist mit L größtenteils identisch. Er lag Theodoret von Cyrus bereits im 5. Jhd. vor. Einzig den Genitiv μου setzt Theodoret analog zum σεαυτῷ in die Dativ-Form μοι: „Bau ein Haus *für mich*, ein schönes Haus für dich" (Οἰκοδόμησον οἶκόν μοι, οἶκον εὐπρεπῆ σεαυτῷ). Die Änderung hängt mit seiner Interpretation des Personenwechsels zusammen: Jhwh selbst bedürfe keines Tempels (Οὐδὲ γὰρ αὐτὸς ἐδεῖτο τῆς τοιαύτης οἰκοδομίας). Er wurde wegen des Wunsches und des Begehrens der Menschen (διὰ τὴν τῶν ἀνθρώπων χρείαν) gebaut. Deswegen heißt es nicht nur „ein Haus *für mich*", sondern auch „ein schönes Haus *für dich*". Der Tempel ist nicht nur für Gott („für mich"), sondern auch für Salomo als Mensch („für dich") gebaut. Diese Erklärung ist ein Versuch, sich auf kreative Art und Weise einen Reim aus dem Personenwechsel zu machen („mein Haus ...Haus für dich").

Theodoret hatte zudem einige Mühe mit der inhaltlichen Interpretation des τοῦ κατοικεῖν ἐν γνόφῳ. Das Motiv der Finsternis γνόφος (= עֲרָפֶל) führt ihn zu den Theophanien in LXX Ps 96,2 (= MT Ps 97,2) und LXX Ps 17,10–12 (= MT Ps 18,10–12), die er ausführlich zitiert. Diese Theophanien verbindet Theodoret mit der schöpfungstheologische Aussage. Jhwh hat die Sonne geschaffen und an den Himmel gesetzt, damit die Menschen das Licht genießen können. Gott selbst sagt, dass er in Dunkelheit wohnt (καὶ εἶπε τοῦ κατοικεῖν ἐν γνόφῳ). Es handelt sich bei diesem Teil des Spruches also nach Theodoret um ein Aussпruch Jhwhs zur Schöpfung. Das Zitat bei der Tempelweihe zeige an, dass Jhwh den Tempelbau seit der Schöpfung im Blick habe (Οἶμαι δὲ ἐνταῦθα τὸν ναὸν αἰνίττεσθαι: „Ich meine aber, dass hier der Tempel [rätselhaft] angedeutet wird.").

Eine lateinische Randlesart aus mittelalterlichen Vulgata-Kodizes (La^M)
In fünf aus Spanien stammenden Vulgata-Kodizes aus dem Mittelalter ist am Rand von 8,53 eine altlateinische Übersetzung des griechischen L-Textes notiert:[10]

> 53 *Tunc locutus est Salomon pro domo, quam consumavit aedificans: Solem statuit in caelo Dominus; et dixit commorare in dedicatione domus: Aedifica mihi domum pulcherrimam inhabitare in novitate. Nonne haec scripta sunt in libro Cantici?*[11]
> Al: 53 *stare fecit...*[12]
> Al: 53 *In nebula aedificationis domus meae...*[13]

---

10 Text und Apparat übernommen aus: Moreno Hernández, *Las glosas marginales*, 137–138.
11 *Consumavit]* consummavit 95 | *aedificans]* edificans 91 92; *hedificans* 95 | *solem]* > 95 *commorare]* > 94 95 | *in 2° - Cantici]* > 95 | *dedicatione]* dedicationé 92 | *aedifica]* edifice 91 92 | *pulcherrimam]* pulcerrimum 91; pulcherrimum 92 | *inhabitare]* in abitare 91.
12 *Fecit]* + commorare 94; + commorare in dedicatione 95.
13 *Aedificationis]* edificationis 91 92; hedificationis 95 | *domus]* + hedifica mihi domum, domus mee, pulcherima inhabitare in novitate. Nonne hec scripta sunt in libro cantici 95 | *meae]* > 95.

53 Dann sprach Salomo vor dem Haus, das er vollendet hatte zu bauen: „Die Sonne hat gesetzt an den Himmel der Herr." // Und er sagte, er (erg. *se*) verweile, bei der Weihe des Hauses. „Bau mir ein (besonders) schönes Haus, zu wohnen in Neuheit. Steht dies nicht geschrieben im Buch des Gesanges?"
Al: 53 „er machte das Stehen (iSv. er stellte den Tempel hin)..."
Al: 53 „in der Wolke in dem Bauwerk meines Hauses..."

Die Randlesart ist Teil einer umfassenden „Glossierung" am Rand dieser Vulgata-Kodizes (vgl. die Einführung zu La^M in Kap. 2.1 ab S. 21). In der Forschung wird teilweise behauptet, in dieser Randlesart sei eine ansonsten verloren gegangene Lesart des OG-Textes erhalten (s. u. Fn. 17 auf S. 106 und die Diskussion dort). Deswegen ist eine ausführliche Aufarbeitung notwendig.

Die Randlesart bietet eine lateinische Übersetzung des griechischen L-Textes. Die zwei markanten L-Lesarten sind auch in La^M enthalten (im Folgenden unterstrichen). An anderen Stellen ändert La^M den Sinn, um einen verständlicheren Text herzustellen:

Ἥλιον = *Solem*
ἔστησεν = *statuit*
ἐν οὐρανῷ = *in caelo*
Κύριος· = *Dominus;*
καὶ εἶπε = *et dixit*
τοῦ κατοικεῖν = *commorare*
ἐν γνόφῳ ≠ *in dedicatione domus:* (auf Grie.: τοῦ ἐγκαινισμοῦ τοῦ οἴκου; vgl. Ps 29,1 [MT: 30,1])
Οἰκοδόμησον = *Aedifica*
οἶκόν μου, οἶκον εὐπρεπῆ σεαυτῷ, ≠ *mihi domum pulcherrimam* (auf Grie.: μοί οἶκον εὐπρεπῆ)
τοῦ κατοικεῖν = *inhabitare*
ἐπὶ καινότητος = *in novitate.*

Mit dem L-Text gemeinsam hat La^M die schöpfungstheologisch aufgefasste Aussage zur Sonne. Beide Versionen sind inhaltlich identisch: „Die Sonne (Obj.) *hat gesetzt* an den Himmel der Herr (Subj.). *Und* er sprach...." (≠ OG: „Die Sonne (Obj.) *hat bekannt gemacht* an den Himmel der Herr (Subj.). Er sprach"). Dem ἔστησεν entspricht das *statuit*. Beide Texte haben auch den zusätzlichen „Und"-Anschluss gemeinsam (καὶ = *et*).

Aus καὶ εἶπε τοῦ κατοικεῖν ἐν γνόφῳ in L (= אמר לשכן בערפל) wird in La^M ein *et dixit commorare in dedicatione domus* = „und er sagte, er verweile, bei der Weihe des Hauses." Die Verbform *commorare* ist als Infinitiv von *commoro* in Äquivalenz zu τοῦ κατοικεῖν aufzufassen.[14] La^M wollte das zweifache τοῦ κατοικεῖν des OG-Textes grammatisch möglichst mechanisch wiedergeben und tat dies mit den zwei Infinitiven, *commorare* und *inhabitare* (VgKön: *ut habitaret*). In *et dixit commorare* wäre dann der Subjektakkusativ *se* mitzudenken und die Konstruktion als AcI zu übersetzen: *et dixit [se] commorare* = „Und er (der Herr) sprach, dass er verweile".

Anstatt des ἐν γνόφῳ steht in La^M ein *in dedicatione domus* („bei/an der Weihe des Hauses"). Es könnte sich um eine Angabe handeln, wann das vorangegangene Zitat gesprochen wurde. Salomo sprach *in dedicatione domus* = zur Weihe des Hauses: „Eine Sonne hat gesetzt an den Himmel der Herr; er sprach, dass er (erg. im Tempel) verweile". Mit der Glosse *in dedicatione domus* verstärken sich die Assoziation mit der Psalm-Überschrift von Ps 30,1 (LXX 29,1): „Ein Psalm. Ein Lied zur Einweihung des Hauses" = *psalmus cantici in dedicatione domus* (מזמור שיר חנכת הבית = ψαλμὸς ᾠδῆς τοῦ ἐγκαινισμοῦ τοῦ οἴκου). Ein *in dedicatione domus* findet sich in der Vulgata nur noch an dieser Stelle. Bereits der Quellenverweis könnte in Richtung der Psalmen weisen (*libro Cantici* = „Buch des Gesanges" = Buch der Psalter).

Der Baubefehl wird in La^M grundlegend umgeformt. In L wurde der Text noch unverändert aus dem OG-Text übernommen: „Bau mein Haus, ein schönes Haus für dich!" (οἰκοδόμησον οἶκόν μου, οἶκον εὐπρεπῆ σεαυτῷ). In La^M wird daraus ein „Bau für mich ein (besonders) schönes Haus!" (*Aedifica mihi domum pulcherrimam*). Das entspräche einem οἰκοδόμησον μοί οἶκον εὐπρεπῆ auf Griechisch. Das σεαυτῷ entfällt; das οἶκόν μου ist gestrichen und durch ein *mihi* ersetzt (= μοί). Der Baubefehl wurde umgeformt, um den Verweis auf zwei Häuser zu vermeiden. In L wird noch zwischen zwei Häusern unterschieden („mein Haus, ein schönes Haus für dich"). In La^M wird diese Unterscheidung durch Textänderungen beseitigt und der Text dadurch verständlicher: Jhwh befiehlt Salomo, ihm ein besonders schönes Haus zu bauen. Das οἶκον könnte ggf. auch aufgrund eines Augensprungs weggefallen sein (ΟΙΚΟΔΟΜΗΣΟΝ ΟΙΚΟΝ) und μου deswegen zu μοί geändert worden sein.

Mit dieser Änderung des Baubefehles bewegt sich La^M auf einer Ebene mit den äthiopischen und bohairischen Tochterübersetzungen sowie dem Kommentar von Theodoret. Der kaum verständliche Vorlagentext gab den Anlass für Texteingriffen bei den (Ab)Schreibern und kreativen Interpretationen bei den Kommentatoren. Theodoret macht sich mittels seines assoziativen Kommentars einen Reim aus dem Baubefehl („Bau mein Haus, ein Haus für dich"). In Äth und Boh wird dieser Teil

---

14 Ein *commorare* wäre im klassischen Latein eigentlich ein Imperativ des Deponens *commoror* (Inf. = *commorari*); im Mittellateinischen wird anstatt des Deponens *commoror* aber die Nebenform *commoro* als regelmäßiges Verb gebraucht. Dessen Infinitiv ist *commorare*. Vgl. *Mittellateinisches Wörterbuch*, abgerufen am 15.12.2021, Bd. 2, Sp. 989–991.

analog zu La^M im Zuge der Übersetzung geändert. Äth liest „und er baute mein Haus" und Boh gemeinsam mit den griechischen Hs. 93 328 318 „um zu bauen mein Haus" anstatt „Baue mein Haus".[15]

Am Rand La^M sind noch zwei alternative Lesarten überliefert (vgl. die „Al." Lesarten oben): Erhalten ist einerseits ein *in nebula aedificationis domus meae* = „[JHWH spricht, um zu wohnen] in der Wolke des Bauwerkes meines Hauses". *In nebula* soll das *in dedicatione domus* ersetzen. Das Motiv der Wolke/Dunkelheit aus dem OG-/L-Text (ἐν γνόφῳ) wird wiederhergestellt. Es wird aber nicht wie in MTKön zwischen ענן und ערפל bzw. νεφέλη und γνόφος unterschieden (vgl. OGChr), sondern in allen Fällen mit *nebula* übersetzt (vgl. *nebula* in VGKön 8,10–12 für ענן und ערפל). Das *aedificationis domus meae* („des Bauwerkes meines Hauses") soll wohl den Imperativ *aedifica mihi* ersetzen. Es stellt das οἶκόν μου wieder her (= *domus meae*) und vermeidet zusätzlich den Baubefehl (*aedificationis* anstatt *aedifica*).

Als zweite alternative Lesart ist ein *stare fecit* erhalten („er machte das Stehen..."). Die Zuordnung dieser Lesart bleibt unklar. Die Aussage könnte sich auf den seit Salomo stehenden Tempel („er stellte den Tempel auf") oder auf die am Himmel stehende Sonne beziehen („er stellte [iSv. schuf] sie an den Himmel"). Die Textzeugen 94 und 95 scheinen das *stare fecit* auf den Satz *et dixit commorare in dedicatione domus* zu beziehen. 94 ergänzt ein *commorare*, 95 ein *commorare in dedicatione*. In der Ausgabe von Vercellone ist das *stare fecit* als Variante zu *statuit* angegeben („*Solem statuit* [Alias *stare fecit*] in caelo Dominus;"[16]). In der Ausgabe von Moreno bleibt die Zuordnung von *stare fecit* offen.

Entgegen dieser textgeschichtlichen Rekonstruktion sehen z. B. Julio Trebolle Barrera (gefolgt von Matthieu Richelle) und Juha Pakkala den OG-Textes an einer Stelle nur in La^M erhalten; in allen anderen griechischen Textzeugen sei diese Lesart verloren gegangen.[17] J. Pakkala rekonstruiert auf Grundlage des *Aedifica mihi domum pulcherrimam* aus La^M ein לי בנה ביתי בית זבל = „Build my temple, an exalted house for me" als Hyparchetyp des Tempelweihspruches.[18] Das *mihi* = לי aus dem Hyparchetyp sei nur durch La^M erhalten. In den griechischen Textzeugen ist es nirgends belegt. Dort findet sich ein σεαυτῷ, welches dem לך aus

---

15 Zu den Tochterübersetzungen Äth und Boh vgl. Brooke/Mc Lean/Thackeray, *1–2 Kings*. Der äthiopische Text ist dort von Dillmann, *Aethiopici*, übernommen und mit den Textzeugen S und A abgeglichen (vgl. Brooke/Mc Lean/Thackeray, *1–2 Samuel*, vii). Der bohairische Text stammt aus Lagarde, *Orientalia* (vgl. das Vorwort in Brooke/Mc Lean/Thackeray, *1–2 Kings*).

16 Vercellone, *Variae Lectiones Bd. II*, 489.

17 Vgl. Pakkala, *Sun-god*; Pakkala, *Omitted*, 224–231; Trebolle Barrera, *Versions*, 204–207; Richelle, *Edit*.

18 Vgl. Pakkala, *Sun-god*, 387; Pakkala, *Omitted*, 230.

Kön entspricht. J. Trebolle Barrera rekonstruiert auf Grundlage des *Aedifica mihi domum pulcherrimam* aus La^M den OG-Text οἰκοδόμησον μοι οἶκον ἐκπρεπῆ. Als hebräischen Vorlagentext dafür gibt er an: בנה לי בית זבול.[19] M. Richelle übernimmt diese Rekonstruktion von ihm und gibt בנה לי בית זבל als hebräischen Text des Hyparchetyps an.[20]

Die Argumentation ist bei J. Pakkala und J. Trebolle Barrera dieselbe:[21] Der OG-Text οἰκοδόμησον οἶκόν μου οἶκον ἐκπρεπῆ σαυτω = „Bau mein Haus ein hervorragendes Haus für dich" sei kein sinnvoller Text und könne deswegen nicht der ursprüngliche Text gewesen sein („mein Haus" vs. „ein Haus für dich"). An dieser Stelle sei der ursprüngliche OG-Text und Hyparchetyp des Tempelweihspruches nur in der La^M-Lesart *aedifica mihi domum pulcherrimam* = „Bau für mich ein (besonders) schönes Haus" erhalten.

Der OG-Text hat in der Tat einen merkwürdigen Wortlaut; das „Bau mein Haus ein hervorragendes Haus für dich" wird kaum am Anfang der Textgeschichte gestanden haben. Das haben beide richtig gesehen (s. u. ab S. 121). Allerdings ist die ältere Lesart im Königebuch enthalten. Von Kön aus kann die Entstehung aller anderen Lesarten plausibel erklärt werden (s. u. ab S. 121 und Kap. 4.5 ab S. 126). Mit der Lesart aus La^M ist dies nicht möglich. Eine solche Rekonstruktion des Hyparchetyps setzt nämlich die Bearbeitungsrichtung „La^M > LXX^{B,O,L,rel}" voraus. Ein Schreiber müsste das *aedifica mihi domum pulcherrimam* = Οἰκοδόμησον μοί οἶκον εὐπρεπῆ in La^M zu dem Οἰκοδόμησον οἶκόν μου, οἶκον εὐπρεπῆ σεαυτῷ in L verändert haben. Aus einem „Bau für mich ein schönes Haus!" wäre ein „Bau mein Haus, ein schönes Haus für dich!" geworden. Eine solche Textgenese ist unplausibel; der Text wäre inhaltlich verunstaltet worden. Textgeschichtliche Erklärungen dazu sucht man bei J. Pakkala und M. Richelle vergeblich. Bei J. Trebolle Barrera finden sich nur ein paar Spekulationen über einen möglichen Einfluss der bekannten hebräischen Texte.[22] Aber auch ein möglicher Einfluss des hebräischen Textes kann die Bearbeitungsrichtung „La^M > L > OG" nicht erklären. In der Hexapla wurden nur in 8,12–13 Anpassungen an Kön vorgenommen; der Wortlaut von 3Kgtm 8,53a

---

19 Vgl. Trebolle Barrera, *Versions*, 206.

20 Vgl. Richelle, *Edit*, 212, inkl. Fn. 17 und 214.

21 Vgl. zu folgendem: Trebolle Barrera, *Versions*, 205; Pakkala, *Omitted*, 228.383–385. Bei M. Richelle findet sich keine eigenständige Argumentation. Er verweist lediglich auf die Rekonstruktion von J. Trebolle Barrera, die ihn mehr überzeugt als die von J. Pakkala, weil sie näher am Text von La^M ist (vgl. Richelle, *Edit*, 212, Fn. 17).

22 „The present text of LXX^{BL} οἰκοδόμησον οἶκόν μου οἶκον εὐπρεπῆ with the repetition of οἶκόν seems to be formed by the reading OG οἰκοδόμησον οἶκόν μου εὐπρεπῆ or οἰκοδόμησον μοι οἶκον εὐπρεπῆ (*aedifica mihi domum pulcherrimam*) and the addition of the word σεαυτῷ in correspondence with MT לך." (Trebolle Barrera, From Secondary Versions, 205).

blieb nahezu unverändert und wurde lediglich mit hexplarischen Zeichen versehen. Von der *kaige*-Rezension ist L weitestgehend unbeeinflusst. L und der OG-Text
haben zudem nur das σεαυτῷ mit hebräischen Text aus Kön gemeinsam (= לך). In
L steht der Befehl „Bau mein Haus!" (Οἰκοδόμησον οἶκόν μου), in Kön hingegen der
deklaratorischer Ausruf „Wahrlich ich habe gebaut ein fürstliches Haus für dich"
(Kön: בנה בניתי = οἰκοδομῶν οἰκοδομήσα in der Hexapla = *aedificans aedificavi* in
VgKön).

4.2 Die hebräische OG-Vorlage

Der OG-Text unterscheidet sich stark von den bekannten hebräischen Texten (Kön
und Chr). Die hebräische Vorlage des OG-Textes kann nicht mehr vollständig rekonstruiert werden. Einige abweichende Lesarten gehen auf Eingriffe des Übersetzers
zurück (s. u. S. 108). Ein Großteil dieser abweichenden Lesarten aus dem OG-Text
bestanden bereits in der hebräischen OG-Vorlage (s. u. S. 110). Bei ein paar abweichenden Lesarten ist die Herkunft unklar (s. u. S. 113).

Eingriffe des Übersetzers
Der Anfang der direkten Rede lautet im OG-Text: Ἥλιον ἐγνώρισεν ἐν οὐρανῷ
κύριος, εἶπεν τοῦ κατοικεῖν ἐν γνόφῳ = „*Eine Sonne* (Obj.) hat bekannt gemacht am
Himmel *der Herr* (Subj.); er sprach, um zu wohnen in Dunkelheit". Der Übersetzer
hat „Herr" als handelndes Subjekt und die „Sonne" als Objekt aufgefasst und
damit die ungewöhnliche Wortreihenfolge „Obj. > Präd. > LokA. > Subj." erzeugt.
Im Hebräischen ist diese Wortreihenfolge nicht möglich; dort ist שמש = „Sonne"
als Subjekt aufzufassen (s. o. S. 110). Auf der Suche nach einem direkten Objekt für
ἐγνώρισεν erschien es dem Übersetzer wohl naheliegender, die Sonne als Objekt
und Jʜᴡʜ als Subjekt zu interpretieren. Das Griechische bietet größere Freiheiten
und ermöglicht diese Wortreihenfolge. Dementsprechend riss der Übersetzer den
Gottesnamen aus seinem ursprünglichen Satzzusammenhang (יהוה אמר לשכן
בערפל) und machte יהוה = κύριος zum Subjekt von ἐγνώρισεν. Das ermöglicht
es dem Übersetzer, seine konservative Übersetzungsstrategie beizubehalten und
den Satz Wort-für-Wort wiederzugeben. Er muss nichts umstellen und auch keine
Wörter hinzufügen, die in der Vorlage nicht enthalten sind.

Diese eigenwillige Wiedergabe verrät, dass für diesen Teil eine hebräische
Vorlage existiert haben muss. Die Wortstellung „Obj. > Präd. > LokA. > Subj." wird
sich der Übersetzer nicht frei ausgedacht haben. Hätte der Übersetzer den Text ohne
Vorlage gesponnen, würde dieser sicher nicht so aussehen – sondern z. B. Κύριος
ἐγνώρισεν ἥλιον ἐν οὐρανῷ, εἶπεν τοῦ κατοικεῖν ἐν γνόφῳ. Die umständliche

Interpretation von „Sonne" als Objekt (und nicht als Subjekt) lässt sich nur mit einem existierenden hebräischen Vorlagentext erklären.

Warum der Übersetzer den Teilsatz grammatisch uminterpretierte, entzieht sich unserer Kenntnis. Der hebräische Vorlagentext lässt sich nicht mehr vollständig rekonstruieren (בשמים [?] שֶׁמֶשׁ; s. u. S. 110 und S. 113). Ohne hebräischen Vorlagentext kann man über die redaktionelle Motive des Übersetzers keine methodisch kontrollierbaren Aussagen machen.

Vielfach wird dem Übersetzer hingegen ein dogmatisches Motiv unterstellt. Die „Sonne" als handelnde Instanz stünde zu nah an der Vorstellung einer Sonnengottheit, weswegen der Übersetzer κύριος zum Subjekt gemacht habe.[23] Der Übersetzer muss den Eingriff aber nicht vorgenommen haben, um einem Verweis auf Schemesch zu entgehen. Zwar stand hinter ἥλιον in der Tat ein artikelloses שמש, welches im Hebräischen als Subjekt des Satzes aufzufassen ist, der Übersetzer aber zum Objekt gemacht hat. Man kann das artikellose שמש aber auch als gewöhnliches Substantiv für den Himmelskörper „Sonne" begreifen; das Fehlen des Artikels ist in poetischen Texten nichts ungewöhnliches.[24] Bei einer schwer verständlichen Vorlage bietet es sich auch ohne dogmatische Motive an, ein Substantiv vom Subjekt zum Objekt umzuinterpretieren. Das ermöglicht dem Übersetzer interpretativen Freiraum, ohne dass er von seiner konservativen Übersetzungstechnik abrücken muss (s. o.). Mehr lässt sich aufgrund der unzureichenden Kenntnis des hebräischen Vorlagentextes nicht sagen.

---

23 Vertreter dieser These identifizieren das artikellose ἥλιον = שמש als Eigennamen der Sonnengottheit „Schemesch": „Schemesch tat (es) am Himmel kund // JHWH beabsichtigt im Wolkendunkel zu wohnen." Um einem solchen Verweis auf Schemesch zu entgehen, habe ein Schreiber des Königebuches die Zeile gestrichen und der Übersetzer des OG-Textes das artikellose שמש zum Objekt gemacht (ἥλιον). Der Verweis auf Schemesch sei in keinem Textzeugen mehr erhalten, aber als Konjektur anzunehmen, weil er die Textgeschichte plausibel erklären könne. Am profiliertesten vertreten wird diese Erklärung im Buch *God's Word Ommitted* von Juha Pakkala in Pakkala, *Omitted*, 224–231. Es sei ein Fallbeispiel einer gezielten Auslassung in der Textgeschichte der Hebräischen Bibel. Vgl. auch: Pakkala, *Sun-god*. Das Argument ist in der gängigen Kommentarliteratur und in den Publikationen zum Tempelweihspruch überaus häufig. Vgl. z. B. Van den Born, *Tempelweihspruch*, 244; Würthwein, *1. Könige 1–16*, 85, Fn. 12.

24 Vgl. z. B. die Belegstellen für שמש ohne Artikel in den Psalmen in Ps 50,1; 58,9; 72,5.17; 84,12; 104,19; 113,3; 148,3 sowie z. B. Joel 2,10; 4,15; Nah 3,17; Hab 3,11; Mal 3,20.

Lesarten der OG-Vorlage

Für die Redeeinleitung ergibt sich entweder ein אז דבר שלמה על הבית ככלות לבנותו oder ein אז אמר שלמה אל הבית ככלות לבנותו als hebräischer Vorlagen-text. Mit Kön hat der Text die Konstruktion אז + Verb „sprechen" + שלמה ge-meinsam (Kön: אז אמר שלמה). Die Rückübersetzung von ὡς συνετέλεσεν τοῦ οἰκοδομῆσαι αὐτόν zu לבנותו ככלות wird durch die sehr ähnlichen Überleitun-gen aus 1Kön 8,54 und 9,1 gestützt. Der suffingierte Inf. cs. von בנה ist durch 1Kön 6,7 belegt. Alternativ wäre noch ein לבנות לו oder לבנות אתו denkbar.

Die Präposition ὑπέρ kann in 1–4Kgtm für על und für אל stehen. Beide Prä-positionen können sowohl mit אמר als auch mit דבר iSv. „sprechen *über etw.*" verwendet werden.[25] Die Konstruktion λαλέω + ὑπέρ + Gen. findet sich in der LXX nur in 2Sam 7,19.28. Dort wird דבר + אל in 2Sa 7,19 mit Bezug auf das Objekt Tempel (אל בית עבדך) und in 2Sam 7,28 in Bezug auf eine Person (אל עבדך) mit λαλέω + ὑπέρ wiedergegeben.

Hinter dem τότε ἐλάλησεν Σαλωμων könnte ein אז דבר שלמה oder das אז אמר שלמה (= Kön und Chr) gestanden haben. Für דבר spricht die Übersetzungstechnik: Das Verb λαλέω ist in 1–4Kgtm das Standardäquivalent für דבר; אמר wird in der Regel mit λέγω übersetzt. Sprachliche Gründe sprechen aber für ein אז אמר שלמה im Hebräischen. Das אז דבר שלמה + direkte Rede entspricht im Hebräischen nicht der Normalform. Direkte Rede ist nach einem דבר in der Regel mit לאמר oder ויאמר eingeleitet, während sie auf ein אמר folgen kann.[26] Dasselbe gilt für die Konstruktion אז + דבר oder אמר. Bei אז + אמר folgt die direkte Rede unmittelbar (vgl. Ex 4,26; 1Kön 22,50; 1Chr 15,2; Ps 40,8; 126,2). Bei אז + דבר folgt in Jos 10,12 ein ויאמר (אז ידבר יהושע ... ויאמר) und in Ps 89,20 ein ותאמר (לחסידיך ותאמר). Im Tempelweihspruch fehlte eine solches Element; das spricht für ein אז אמר שלמה auf Hebräisch.[27] Eine ausnahmsweise Übersetzung von אמר mit λαλέω ließe sich zudem über 3Kgtm 8,53 erklären.[28] Im Vortext von 3Kgtm 8,53a ist von einer Verheißung die Rede, die Jʜwʜ durch die Hand seines Knechtes Mose sprach (דברת ביד משה = ἐλάλησας ἐν χειρὶ δούλου σου). Dieses דבר = λαλέω könnte den Übersetzer zu der Wiedergabe von אז אמר שלמה mit τότε ἐλάλησεν Σαλωμων in 3Kgtm 8,53a bewegt haben.

---

25 Vgl. die Einträge zu אמר und דבר in Gesenius/Meyer/Donner, *Handwörterbuch* und Koehler/Baumgartner/Richardson, *HALOT Online*.
26 Vgl. Gesenius/Meyer/Donner, *Handwörterbuch* und Koehler/Baumgartner, *Hebräisches und aramäisches Lexikon* sowie Schmid, Art. *'mr sagen*, in: THAT I und Gerleman, Art. *dābār Wort*, in: THAT I.
27 Vgl. Stade, *Kings*, 10.101, der ebenfalls darauf verweist und אז אמר שלמה rekonstruiert.
28 Diese Idee äußert Bösenecker, *Text*, 169.

Der Anfang der direkten Rede lautet im OG-Text: Ἥλιον ἐγνώρισεν ἐν οὐρανῷ κύριος, εἶπεν τοῦ κατοικεῖν ἐν γνόφῳ = „*Eine Sonne* (Obj.) hat bekannt gemacht am Himmel *der Herr* (Subj.); er sprach, um zu wohnen in Dunkelheit". Der Übersetzer veränderte an zwei Stellen den Kasus und fasste „Herr" ist handelndes Subjekt und die „Sonne" als Objekt auf (s. o. S. 108). Der hebräische Vorlagentext lautete:

שֶׁמֶשׁ [?] בַּשָּׁמַיִם יהוה אמר לשכן בערפל

Die hebräische Vorlage hinter Ἥλιον ἐγνώρισεν ἐν οὐρανῷ lässt sich nicht mehr vollständig rekonstruieren. Wie ἐγνώρισεν zustande kam, entzieht sich unserer Kenntnis (s. u. S. 113). Der Teilsatz wird aber einmal auf Hebräisch existiert haben (בשמים [?] שֶׁמֶשׁ); die grammatische Uminterpretation des Übersetzers lässt sich nur mit einem existierenden hebräischen Vorlagentext erklären (s. o. ab S. 108). Das artikellose ἥλιος entspricht auf Hebräisch einem שֶׁמֶשׁ und ἐν οὐρανῷ einem בשמים.

Das שֶׁמֶשׁ ist im Hebräischen als Subjekt der ersten Aussage aufzufassen; יהוה gehört zu dem zweiten Teilsatz. Eine Interpretation von שֶׁמֶשׁ als vorangestelltes Objekt ist nicht möglich.[29] Ein Schreiber wird eine direkte Rede kaum mit einem vorangestellten Objekt starten und das Subjekt erst nach der Lokalangabe positionieren.

Das κύριος εἶπεν τοῦ κατοικεῖν ἐν γνόφῳ entspricht dem יהוה אמר לשכן בערפל aus Kön. Das Substantiv γνόφος steht in 2Sam 22,10 für ערפל; von derselben Äquivalenz ist auch hier auszugehen. Das Verb κατοικέω übersetzt normalerweise ישב (in 1–4Kgtm 29 Mal). Semantisch ergibt τοῦ κατοικεῖν aber auch eine plausible Übersetzung für לשכן, die sich grammatisch eng am Vorlagentext orientiert (ל + Inf. cs. = τοῦ + Inf.). Das Verb שכן ist in 1Sam–2Kön sehr selten (2Sam 7,10; 1Kön 6,13 [> OG]; 2Kön 4,3). Der Übersetzer hatte es vorher noch nie übersetzt. Vielleicht hatte er kein Standard-Äquivalent für diese Vokabel und deswegen ein τοῦ κατοικεῖν für לשכן gewählt. Auch im OGChr werden im Tempelweihspruch לשכן und לשבת beide Male gleich übersetzt mit τοῦ κατασκηνῶσαι (2Chr 6,1–2).

Der Baubefehl im OG-Text (οἰκοδόμησον οἶκόν μου) wird auf ein בנה ביתי zurückgehen. Die Konsonanten בנה wurden als Imperativ (בְּנֵה) gedeutet. Dieser Text unterscheidet sich nur durch ein fehlendes Nun von Kön (Kön: בנה בניתי gelesen

---

29 So richtig erkannt u. a. von: Keel, *Geschichte*, 268–269; Pakkala, *Omitted*, 226–227. Im Hebräischen wäre die Wortstellung „Obj. > Präd. > LokA. > Subj." am Anfang einer Sinneinheit ohne Parallele. Innerhalb eines Abschnittes sind Pendenskonstruktionen mit vorangestelltem Objekt im Hebräischen zwar möglich (vgl. Joüon/Muraoka, *Grammar*, §156c.h für Beispiele), in der Regel aber durch poetische Parallelismen oder den Vortext verursacht und deswegen als solche erkennbar (vgl. ebd., §156aa: „In many cases poetic parallelism appears to lead to the use of the casus pendens" mit einer Auflistung konkreter Beispiele).

als בָּנֹה בָנִיתִי = „Hiermit habe ich gebaut" vs. Kgtm: בנה ביתי gelesen als בְּנֵה בֵיתִי = „Bau mein Haus"). Welche Lesart davon die ältere ist, wird später zu entscheiden sein. Vermutlich geht der Baubefehl in Kgtm auf einen Abschreibefehler zurück (s. u. ab S. 121). Der Hyparchetyp ist in diesem Fall in Kön erhalten (s. u. Kap. 4.5 ab S. 126).

Das οἶκον ἐκπρεπῆ σεαυτῷ bzw. οἶκον εὐπρεπῆ σεαυτῷ übersetzt das בית זבל לך aus Kön. Dort ist זבל als Genitivattribut gedacht („Haus der Erhabenheit, Fürstlichkeit"; vgl. Kap. 13.2.1 ab S. 350). Dem entspricht im OG-Text die Übersetzung von mit זבל mit dem Adjektiv ἐκπρεπής.[30] Auch eine Übersetzung mit εὐπρεπής[31] wäre semantisch möglich. Alle verwendeten Lexeme (זבל, ἐκπρεπής, εὐπρεπής) sind in der HB/LXX sehr selten. Übersetzungstechnische Muster stehen an dieser Stelle deswegen nicht zur Verfügung.

Beim Quellenverweis lässt sich die hebräische Vorlage leicht erschließen. Hinter οὐκ ἰδοὺ αὕτη γέγραπται ἐν βιβλίῳ τῆς ᾠδῆς wird ein הלא היא כתובה על ספר השיר gestanden haben. Ähnliche Quellenverweise sind in dem Königebuch überaus häufig und die übersetzungstechnische Datenlage deswegen günstig (οὐκ ἰδου + γράφω + βιβλίον/βίβλος in 1Kön 11,41; 14,29; 15,7; 16,5.14.20.27–28; 22,39.46; 2Kön 1,18; 8,23; 12,20; 15,6.21; 21,25; 24,5). כתובה ist Singular wegen des Singulars αὕτη. Der Plural כתבים wäre auch möglich, da der Numerus in ähnlichen Formulierungen nicht übereinstimmen muss (vgl. 1Kön 20,11; 22,39; 2Kön 8,23). בספר wäre eine mögliche Alternative zu על ספר (vgl. 2Kön 14,6), wobei על ספר die deutlich häufiger gebrauchte Wendung ist. Das Substantiv ᾠδή ist die Standardübersetzung für שיר. Mit diesem „Buch des Liedes" (על ספר השיר = ἐν βιβλίῳ τῆς ᾠδῆς) könnte an ein möglichen Psalm Salomos gedacht sein (vgl. שיר in den Psalmüberschriften und in Ps 30,1), vielleicht analog zum Moselied aus Ex 15 (15,1: אז ישיר משה ... את). הַשִּׁירָה הַזֹּאת). Der Verweis auf weitere Lieder Salomo aus 1Kön 5,12 und die Stichwortverbindungen von מכון und ערפל ins Psalterbuch könnten den Schreiber auf diese Assoziation gebracht haben (s. u. ab S. 123).

Vielfach wird das השיר in Anlehnung an das ספר הישר („Buch Jaschar/der Redlichen") aus 2Sam 1,18 und Jos 10,13 (MT) zu הישר konjiziert. Aus dem הישר könne leicht durch einen Buchstaben-Dreher ein השיר geworden sein – so das Argument.[32] Allerdings bestehen keine hinreichende Anlässe, die eine Konjektur

---

30 Gemoll/Vretska, *Handwörterbuch*: „hervorleuchtend; ausgezeichnet"; Muraoka, *Lexicon*: „preeminent"; Liddell/Scott/Jones, *Lexicon*: „distinguished out of all, preëminent, remarkable".
31 Gemoll/Vretska, *Handwörterbuch*: „1. anständig, schicklich, angemessen; 2. in die Augen fallend, stattlich, schön; 3. einen ehrbaren Eindruck machen, schön klingend".
32 Vgl. Wellhausen, *Composition*, 269; Noth, *I. Könige 1–16*, 172.181 und Thackerays Aufsatz *New Light on the Book of Jashar (A Study of 3 Regn. VIII 53b LXX)* (vgl. Thackeray, *Jashar*). Von dort aus hat die Konjektur Einzug in viele Kommentare und Publikationen erhalten. Man wird kaum

rechtfertigen könnten. Der Text ergibt mit הַשִּׁיר einen guten Sinn und lässt sich plausibel im vorliegenden Textzusammenhang interpretieren (s. u. ab S. 123). Die vielfach gesehenen Parallelen zwischen dem Tempelweihspruch und Jos 10,12–13a bestehen nur auf der Oberfläche. Die Aussage über die Sonne hat in Jos 10,12–13 eine andere Kontur. Außerdem steht der Quellenverweis in Jos 10,12–13a nur im Masoretischen Text; hier steht er in der LXX. Die hebräische Vorlage des LXX-Schreibers wird den Quellenverweis in Jos 10,13a vermutlich noch nicht enthalten haben.

Lesarten mit unsicherer Zuordnung

Wie ἐγνώρισεν zustande kam, entzieht sich unserer Kenntnis – deswegen: בשמים [?] שָׁמַשׁ. Damit ein hebräischer Vorlagentext methodisch nachvollzieh-bar rekonstruiert werden kann, müssen zwei Bedingungen erfüllt sein: Es muss (mindestens) ein hebräisches Äquivalent zur Verfügung stehen, das mehrfach als gezielte Übersetzung des jeweiligen griechischen Lexems verwendet wurde. Die Rekonstruktion muss einen plausiblen hebräischen Text ergeben, der durch andere Belegstellen gedeckt ist. Bei allen bekannten Vorschlägen ist entweder das eine oder das andere nicht gegeben.

Als hebräischen Äquivalent für γνωρίζω kommt nur das Hifil von ידע (הודיע) infrage. Es ist das einzige Äquivalent, welches in der LXX mehrfach mit γνωρίζω übersetzt wird. Wo in 1–4Kgtm ein γνωρίζω zu finden ist, steht im hebräischen Text immer das Hifil von ידע (vgl. 1Sam 6,2; 10,8; 14,12; 16,3; 28,15; 2Sam 7,21; 1Kön 1,27). In der gesamten LXX steht das Verb γνωρίζω 28 Mal für das Hifil von ידע. Umgekehrt wird auch das Hifil von ידע fast ausschließlich mit γνωρίζω übersetzt (daneben in seltenen Fällen mit Verben der Wurzel -αγγέλλω).

Alle Belegstellen mit anderen hebräischen Äquivalenten hinter γνωρίζω sind Einzelfälle: Das Nifal von ידע in Ex 21,36 und Rut 3,3; das Qal von ידע in Spr 3,6 und Hos 8,4; נשא in Ez 20,5; יעד in Am 3,3; נכר in Ijob 34,25. An allen diesen Stellen ist die Übersetzungstechnik und textgeschichtliche Genese genauso un-klar, wie beim griechischen Tempelweihspruch. Sie können keine alternativen übersetzungstechnischen Muster für γνωρίζω begründen.

Ein hebräischer Vorlagentext ergibt mit dem Hifil von ידע nun aber keinen vollständigen Satz. Ein direktes Objekt fehlt: שֶׁמֶשׁ הוֹדִיעַ בַשָּׁמַיִם = „[Die] Sonne hat [wen oder was?] bekannt gemacht am Himmel". Ein Gang durch alle 70 Belegstellen des Hifil von ידע bestätigt diesen Befund. In den allermeisten Fällen steht ein

---

jemanden finden, der diese Konjektur nicht annimmt oder zumindest erwägt. Vgl. z. B. Benzinger, *Könige*, 59; Cogan, *1 Kings*, 281; De Vries, *1 Kings*, 125; Ehrlich, *Randglossen*, 232; Eissfeldt, *Könige*, 513; Fritz, *Könige*, 87f. Kittel, *Könige*, 74; Hölscher, *Könige*, 165; Wiseman, *1 and 2 Kings*, 119.

direktes Akk-Objekt (*etw.* kundtun/bekannt machen; *jmd.* belehren).[33] Das direkte Objekt wird in seltenen Fällen nur dann ausgespart, wenn es aus dem Vortext leicht erschließbar ist (in der PK: Hab 3,2; als Inf.cs.: 2Sam 7,21; Neh 8,12). Im Tempelweihspruch steht der Teilsatz aber am Anfang der direkten Rede.

Immer wieder wird deswegen versucht, den Teilsatz grammatisch umzuinterpretieren. Die einen erklären שֶׁמֶשׁ zum Objekt, andere bessern den Text mit Konjekturen aus. שֶׁמֶשׁ kann aus sprachlichen Gründen nicht das Objekt gewesen sein. שֶׁמֶשׁ ist damit als Subjekt aufzufassen; das יהוה gehört zu dem darauf folgenden Teilsatz (Kön: יהוה אמר לשכן בערפל).[34] Die Satzstellung „Obj. > Präd. > LokA. > Subj." wie im OG-Text ist im Hebräischen am Anfang einer Sinneinheit nicht denkbar (zur Begründung s. o. ab S. 110). Auch der folgende Teilsatz lässt sich nicht ohne weiteres als Objektsatz begreifen iSv. „(Die) Sonne macht bekannt am Himmel: (dass) JHWH beabsichtigt, im Wolkendunkel zu wohnen.". Ein Objektsatz findet sich beim Hifil von ידע nur zusammen mit einem doppelten Akkusativ „Er tat jmd. kund, dass..." im AK oder PK (Ex 33,12; Num 16,5; 1Sam 10,8; 16,3; 1Kön 1,27) oder als Voluntativ „Tue kund, dass...". In allen Fällen wird der Objektsatz zudem durch eine Partikel eingeleitet.[35]

Die Schwierigkeiten bei ἐγνώρισεν = הודיע haben zu zahlreichen Konjekturen geführt, die weder durch Textzeugen noch durch übersetzungstechnische Daten abgesichert werden können. Die Liste an Vorschlägen ist mittlerweile kaum zu überblicken. Ohne Anspruch auf Vollständigkeit seien die wichtigsten genannt:

– Nach Julius Wellhausen wurde הכין (כון Hifil) mit einem הבין (בין Hifil) = ἐγνώρισεν verwechselt.[36] Mehr als diese Behauptung ist bei ihm nicht zu finden. Martin Noth übernimmt die Rekonstruktion und bringt הכין in einen Zusammenhang mit dem ἔστησεν aus dem L-Text.[37] Diese Konjektur hat wegen

---

33 In den Afformativ- und Präformativ-Konjugationen: Gen 41,39; Ex 18,16.20; 33,13; Dtn 4,9; Jos 4,22; Ri 8,16; 1Sam 14,12; 1Chr 16,8; 17,19 (vgl. 2Sam 7,21); Neh 9,14; Ijob 13,23; 26,3; 32,7; Ps 16,11; 32,5; 51,8; 77,15; 89,2; 98,2; 103,7; 105,1; Spr 1,23; 22,19; Jes 38,19; 40,13–14; Jer 11,18; Ez 20,11; 22,2.26; 39,7; 44,23; Hos 5,9. Partizip mit direktem Objekt: Jer 16,21; Dan 8,19. Inf.cs. mit direktem Objekt: Ps 25,14; 78,5; 106,8; 145,12; Jes 64,1. Voluntative mit direktem Objekt: Ijob 38,3; 40,7; 42,4; Ps 25,4; 143,8; Spr 9,9; 22,21; Jes 12,4; Ez 16,2; 20,4; 43,11.
34 So richtig erkannt u. a. von Pakkala, *Omitted*, 227.
35 Ein אֶת אֲשֶׁר in Ex 33,12; Num 16,5; 1Sam 10,8; 16,3. מִי in 1Kön 1,27. bei Voluntativen: בַּמֶּה in 1Sam 6,2; עַל מֶה in Ijob 10,2; מֶה in Ijob 37,19; לְ + Inf.cs. in Ps 90,12; אֶת אֲשֶׁר in Jes 5,5. Bei einem Inf.cs.: כִּי in Dtn 8,3; מֶה in 1Sam 28,15. Ptz mit Objektsatz מֵאֲשֶׁר in Jes 47,13.
36 Vgl. Wellhausen, *Composition*, 269.
37 Vgl. Noth, *I. Könige 1–16*, 172.

ihrer zwei prominenten Vertreter eine unverhältnismäßige Rezeption erfahren; sie wurde vielfach übernommen.[38]

- Nach Albert Šanda repräsentiert ברא den ursprünglichen Text, der zu באר (Piel, „auslegen, erklären") = ἐγνώρισεν verlesen wurde.[39]
- Nach Adrian Van den Born lautete die OG-Vorlage הועיד (עוד im Hifil „bezeugen")[40]
- Nach Francis C. Burkitt wurde הופע (יפע Hifil Ipv.) = „Sun, shines forth in the heaven!" zu הודע verlesen.[41]
- Nach Henry St. John Thackeray ist הודיע בשמים zu lesen als הוד יעב שמים = „(O Sun), the Glory beclouds the heavens"[42]
- Nach August Klostermann ist שמש יודע בשמים zu lesen mit יודע als Nifal Ipf. (יִוָּדַע anstatt יוֹדֵעַ) iSv. „Die Sonne wird am Himmel wahrgenommen"[43]
- Nach Percy van Keulen hatte der ursprüngliche Text den Nifal Pf. נודע (Nif) anstatt הודע (Hifil): שמש נודע בשמים = „The sun made itself known in heaven"[44]
- Nach Szabolcs-Ferencz Kató bildet die Sonnenreferenz einen Parallelismus mit שמש. יהוה אמר לשכן בערפל entspricht יהוה, הודיע entspricht אמר und בשמים entspricht בערפל; nur לשכן hat im ersten Teilsatz kein Äquivalent. Daraus schließt er, dass in der Sonnenreferenz ein Äquivalent für לשכן zu ergänzen ist und rekonstruiert ein שמש הודיע לשבת בשמים.[45]
- Jobst Bösenecker schlägt folgende Entstehung vor: העמד > העוד/העויד > הודיע > ἐγνώρισεν[46]

Die konjizierten Texte sind in keinem Textzeugen mehr enthalten und weder textkritisch noch übersetzungstechnisch kontrollierbar. Die Rekonstrukionen sind entweder von anderen, übersetzungstechnisch ebenfalls unsicheren Einzelfällen abhängig oder nehmen Übersetzungs-Äquivalente für ἐγνωρίζω an, die in der LXX nicht belegt sind. Für alle konjizierten Wendungen fehlen zudem Belegstellen

---

38 Vgl. z. B. in Würthwein, *1. Könige 1–16*, 85; Rehm, *Könige*, 89; Görg, *Gattung*, 32; Kittel, *Könige*, 73–74; Knauf, *Le roi*, 82–83, mit Fn. 6. Benzinger, *Könige*, 59; Fritz, *Könige*, 87; Gray, *I & II Kings*, 212; Hentschel, *1 Könige*, 56; Werlitz, *Könige*, 94.
39 Vgl. Šanda, *Könige*, 218. Es schließt sich an: Landersdorfer, *Könige*, 57.
40 Van den Born, *Tempelweihspruch*, 237f.
41 Vgl. Burkitt, *Lucianic Text*, 441.
42 Vgl. Thackeray, *Jashar*, 520.
43 Vgl. Klostermann, *Samuelis*, 315.
44 Vgl. Van Keulen, *Versions*, 175, mit Fn. 38.
45 Vgl. Kató, *Tempelweihspruch*, 228–232.
46 Vgl. Bösenecker, *Text*, 171.

in inhaltlich ähnlichen Kontexten, die so eindeutig sind, dass sie den fehlenden übersetzungstechnischen Befund kompensieren könnten.

Gegen das ἔστησεν als OG-Text (vgl. M. Noth) spricht die geringe Bezeugung (nur L). Die L-Reviser fanden das ἐγνώρισεν genauso schwer verständlich wie wir und änderten es deswegen zu ἔστησεν (s. o. S. 101ff.).[47] Für eine umgekehrte Bearbeitungsfolge gibt es keine handfesten Anhalte.

Wie das τοῦ κατοικεῖν ἐπὶ καινότητος = Bau mein Haus „*um (dort) zu wohnen aufs Neue.*" zustande kam, lässt sich ebenfalls nicht mehr durchschauen. Die hebräischen Textzeugen sehen an dieser Stelle anders aus: מכון לשבתך עולמים = „eine Stätte deines Thronens in Ewigkeiten" (Kön und Chr).

Für eine Bearbeitung im Rahmen der Übersetzung spricht der Vergleich mit den anderen Übersetzungen von מכון לשבתך (vgl. zu Folgendem Kap. 4.3 ab S. 117). Nur PKön und VgKön übersetzen vorlagengetreu. Alle anderen Übersetzer verändern die Aussage: VGChr: *ut habitaret ibi* = „dass er dort wohnt" (auf Hebr. לשבת שם); OGChr: καὶ ἕτοιμον τοῦ κατασκηνῶσαι = „und bereitet, um dort zu wohnen" (auf Hebr. ומכון לשבת). PChr: ܐܬܪܐ ܠܥܒܘܢܝ = „und ein Ort für deine Shekina". OGChr übersetzt לשׁכן und לשׁבתך beide Male mit τοῦ κατασκηνῶσαι. Dem entspricht im OGKgtm das doppelte τοῦ κατοικεῖν. In beiden griechischen Übersetzungen steht die Wohnabsicht Jhwhs im (Wolken)Dunkel damit parallel zu Jhwhs Wohnabsicht im Tempel: „er sprach, *zu wohnen* im (Wolken)Dunkel (τοῦ κατοικεῖν ἐν γνόφῳ) // Baue [das Haus], *zu wohnen* aufs Neue (τοῦ κατοικεῖν ἐπὶ καινότητος)". Das τοῦ κατοικεῖν könnte unter dem Einfluss des τοῦ κατοικεῖν in Vers 12 entstanden sein.[48] Teile von τοῦ κατοικεῖν ἐπὶ καινότητος in OGKgtm könnten also durchaus auf Sinn-Änderungen beim Übersetzen zurückgehen.

Andererseits unterscheidet sich OGKgtm wesentlich stärker als OGChr und VgChr von dem hebräischen Paralleltext. Das עולמים hat im OG-Text von Kgtm keine Entsprechung; in allen anderen Tochterübersetzungen wird es hingegen Vorlagen-getreu übersetzt. Das מכון שבתך wird in 3Kgtm 8,39.43.49 zudem sehr wörtlich mit ἐξ ἑτοίμου κατοικητηρίου σου wiedergegeben. Einer Wiedergabe mit ἕτοιμον κατοικητήριόν σου wie im OG-Text von Ex 15,17 wäre übersetzungstechnisch im Bereich des Möglichen. Diese Beobachtungen könnten darauf hindeuten, dass bereits der hebräische Vorlagetext anders lautete als Kön und Chr. Nur reicht die Datenlage nicht aus, um den Ursprung in einer anders lautenden hebräischen Wendung nachzuweisen. Das τοῦ κατοικεῖν ließe sich noch auf ein לשׁבת zurück-

---

47 Zur selben Einschätzung kommen: Burkitt, *Lucianic Text*, 444; Bösenecker, *Text*, 170 mit Verweis auf Rahlfs, *Rezension*, 262.

48 Das wird z. B. vorgeschlagen von: Bösenecker, *Text*, 170.

führen. Das Verb κατοικέω steht in 1–4Kgtm für ישׁב (in 1–4Kgtm 29 Mal). Die Übersetzung würde sich dann grammatisch eng am Vorlagentext orientieren (ל + Inf. cs. = τοῦ + Inf.). Das Substantiv καινότης findet sich in der LXX aber nur in Ez 47,12 (τῆς καινότητος αὐτοῦ) und steht dort für לחדשׁיו. Der hebräische Text spricht von einem Frucht bringen „an ihren Monaten" = לחדשׁיו (*Luther84*: „alle Monate"; Menge, *Heilige Schrift*/*Elberfelder Bibel*: „Monat für Monat"; *Einheitsübersetzung*: „jeden Monat"). Der dortige Übersetzer verband das חדשׁ vermutlich mit der Wurzel καίν- und übersetzte deswegen mit τῆς καινότητος αὐτοῦ (Pietersma/Wright (Hrsg.), *NETS*: „of its newness"; Karrer/Kraus (Hrsg.), *Septuaginta Deutsch*: „immer wieder"). Die im Tempelweihspruch verwendete Konstruktion mit ἐπί + καινότης ist in der antiken griechischen Literatur allerdings nicht belegt; die Suche nach der Konstruktion im *Thesaurus Linguae Graecae* blieb ergebnislos. Es steht also weder ein mehrfach gebrauchtes Äquivalent für das Substantiv καινότης zur Verfügung, noch ist die relevante Konstruktion auf Griechisch belegt. Von einem nachweisbaren hebräischen Vorlagentext kann keine Rede sein.

4.3 Die Bearbeitungen in Kön und Chr

Die Übersetzungen von Kön und Chr

Die Archetypen von Kön und Chr sind durch die jeweiligen Masoretischen Texte gut erhalten. VgKön orientiert sich am genauesten an der Vorlage. Alle anderen Übersetzungen greifen in den Text ein und verändern seine Aussage. Die Änderungen häufen sich an denselben Stellen. Am stärksten weicht TgChr ab.

Die syrischen Übersetzungen (PKön und PChr) ändern die Aussagen des Vorlagen-Textes an folgenden Stellen (*kursiv*):

> PKön: 12 Dann sprach Salomo: Herr, *du hast gesprochen* (ܐܢܬ ܐܡܪܬ), dass du wohnst im Wolkendunkel. 13 *Und ich* (ܘܐܢܐ) habe wahrlich gebaut *das Haus, das Haus des Wohnsitzes für dich* (ܒܝܬܐ ܒܝܬ ܡܥܡܪܐ ܠܟ) eine Stätte für dein Thronen in Ewigkeiten.[49]

> PChr: 1 Dann sprach Salomo: Herr, *du hast gesprochen* (ܐܢܬ ܐܡܪܬ), dass du wohnst im Wolkendunkel. 2 Und ich *habe wahrlich gebaut* (ܡܒܢܐ ܒܢܝܬ) *das Haus für dich* (ܒܝܬܐ ܠܟ), *ein Ort für deine Shekina* (ܘܕܘܟܬܐ ܠܫܟܝܢܬܟ) in Ewigkeiten.[50]

---

49 ܗܝܕܝܢ ܐܡܪ ܫܠܝܡܘܢ: ܡܪܝܐ ܐܢܬ ܐܡܪܬ ܠܡܫܪܐ ܒܥܪܦܠܐ ܘܐܢܐ ܡܒܢܐ ܒܢܝܬ ܒܝܬܐ ܒܝܬ ܡܥܡܪܐ ܠܟ ܡܬܘܒܐ ܠܬܘܬܒܟ ܠܥܠܡܝܢ܀

50 ܗܝܕܝܢ ܐܡܪ ܫܠܝܡܘܢ: ܡܪܝܐ ܐܢܬ ܐܡܪܬ ܠܡܫܪܐ ܒܥܪܦܠܐ ܘܐܢܐ ܡܒܢܐ ܒܢܝܬ ܒܝܬܐ ܠܟ ܘܕܘܟܬܐ ܠܫܟܝܢܬܟ ܠܥܠܡܝܢ.
In der Leidener Peshiṭta ist der Text fehlerhaft. Dort heißt es ܕܘܟܬܐ ܠܫܟܝܢܬܟ, es muss aber ܘܕܘܟܬܐ ܠܫܟܝܢܬܟ heißen. In *CAL* fehlt 2Chr 6,1–2 ganz, was ebenfalls ein Fehler sein muss.

In PKön und PChr spricht Salomo über Jhwh nicht mehr in 3. Person, sondern adressiert ihn in 2.Sg. Aus „Jhwh sprach, dass er wohnt im Wolkendunkel" (יהוה אמר לשכן בערפל) wird „Herr, du hast gesagt, dass du wohnst im Wolkendunkel". PChr hat die Lesart aus PKön übernommen. In PKön ist ein ܐܢܐ ergänzt, wie es sich in der Chronik findet (ܐܢܐ ܘܒܢܝܬ ܒܝܬܐ = ואני בנה בניתי). PKön ist damit ein Hybrid aus Kön (בנה בניתי) und Chr (ואני בניתי). PChr übernimmt den Text von PKön (ܐܢܐ ܘܒܢܝܬ ܒܝܬܐ = ואני בנה בניתי). PKön erweitert das בית זבל לך zu einem zweiteiligen Objekt: ܒܝܬܐ ܒܝܬ ܡܥܡܪܐ ܠܟ = „das Haus, das Haus des Wohnsitzes für dich". PChr verkürzt das בית זבל לך zu ܒܝܬܐ ܠܟ = „das Haus für dich" und macht aus dem ומכון לשבתך ein ܐܬܪܐ ܠܫܟܝܢܬܟ = „ein Ort für deine Shekina".

Die Vulgata-Übersetzung von Kön hält sich relativ genau an die hebräische Vorlage. VgChr weicht stärker ab (kursiv):

VgKön: 12 Dann sagte Salomo: Der Herr hat gesagt, dass er in eine Wolke wohnen würde. 13 Gebaut (Ptz.), ich habe gebaut ein Haus an deinem Aufenthaltsort, deinen stabilsten/dauerhaftesten Thron in Ewigkeit.[51]

VgChr: 1 Dann sagte Salomo: Der Herr hat versprochen, dass er in Dunkelheit wohnen würde. 2 Aber ich habe gebaut *ein Haus für seinen Namen* (*domum nomini eius*), *dass er dort wohne* (*ut habitaret ibi*) für immer.[52]

VgKön unterscheidet lexikalisch nicht zwischen der Wolke aus 8,10–11 (ענן) und dem Wolkendunkel in 8,12 (ערפל); hier steht in beiden Fällen *nebula* (≈ ענן). VgChr gibt בערפל mit *in caligine* („in Dunkelheit") wortgetreuer wieder. VgChr verändert zusätzlich das בית זבל לך ומכון לשבתך. Das Haus wird für Jhwhs Namen gebaut (*domum nomini eius*); Jhwhs Name soll im Tempel für immer wohnen (*ut habitaret ibi*). Der Tempelweihspruch wird dabei der Vorstellung angepasst, dass Jhwh nur in Form seines Namens im Tempel wohne (vgl. 1Kön 8,27–30).

Die OG-Übersetzung des Chronikbuches weist eine Änderung auf, die ganz ähnlich zu der in VgChr ist (kursiv):

OGChr: 1 Damals sprach Salomo: Der Herr sprach, dass er im Wolkendunkel wohne. 2 Ich aber habe gebaut *ein Haus für deinen Namen* (οἶκον τῷ ὀνόματί σου), *ein heiliges für dich* (ἅγιόν σοι) und bereitet, *um (dort) zu wohnen* (τοῦ κατασκηνῶσαι) in Ewigkeiten.[53]

---

51 *Tunc ait Salomon Dominus dixit ut habitaret in nebula 13 aedificans aedificavi domum in habitaculum tuum firmissimum solium tuum in sempiternum.*

52 *Tunc Salomon ait Dominus pollicitus est ut habitaret in caligine 2 ego autem aedificavi domum nomini eius ut habitaret ibi in perpetuum.*

53 τότε εἶπεν Σαλωμων Κύριος εἶπεν τοῦ κατασκηνῶσαι ἐν γνόφῳ· καὶ ἐγὼ ᾠκοδόμηκα οἶκον τῷ ὀνόματί σου ἅγιόν σοι καὶ ἕτοιμον τοῦ κατασκηνῶσαι εἰς τοὺς αἰῶνας.

Wie in VgChr wird das בֵּית זְבֻל לָךְ וּמָכוֹן לְשִׁבְתֶּךָ stark verändert und die Namens-Vorstellung in den Text eingetragen: οἶκον τῷ ὀνόματί σου ἅγιόν σοι καὶ ἕτοιμον τοῦ κατασκηνῶσαι. Das „für deinen Namen" (τῷ ὀνόματί σου) ist dem Text hinzugefügt. Das זְבֻל wird als Adjektiv aufgefasst, aber freier mit „heilig" (ἅγιον) wiedergegeben. Das וּמָכוֹן wird zwar wie zu erwarten mit καὶ ἕτοιμον wiedergegeben; von לְשִׁבְתֶּךָ entfällt aber der 2.Sg.-Suffix. Der Infinitiv τοῦ κατασκηνῶσαι kommt dem Infinitiv τοῦ κατοικεῖν aus OGKgtm bemerkenswert nah.

Die tiefgreifendste Überarbeitung erfährt der Spruch im TgChr. In TgJ finden sich teilweise ähnliche Bearbeitungen:

> TgKön: 12 Damals sprach Salomo: Der Herr beabsichtigt, *seine Shekina wohnen zu lassen in Jerusalem*. 13 Gebaut, ja gebaut habe ich ein Haus *des Heiligtums* für Dich; ein Ort bereitet als Haus *für deine Shekina* in Ewigkeit.[54]

> TgChr: 1 Damals sprach Salomo: Der Herr beabsichtigt, *seine Shekina wohnen zu lassen in der Stadt Jerusalem im Haus des Heiligtums, das ich gebaut habe für den Namen Memra; und* eine dunkle Wolke (war) *der Schemel vor ihm.* (2Sam 22,10 = Ps 18,10 in Tg) 2 Und ich habe gebaut ein Haus *des Heiligtums* vor dir, *ein Ort bereitet als Haus für deine Shekina, (aus)gerichtet gemäß des Thrones deines Hauses, wo du wohnst, das (ist) im Himmel* in Ewigkeit.[55]

Beide Übersetzungen sprechen von dem Wohnen der Shekina in Jerusalem und nicht mehr von Jнwнs Wohnabsicht im Wolkendunkel. Die Wendung „Haus des Heiligtums" ist in den Targumim ein Standardbegriff für den Tempel.

Im TgChr wächst der Tempelweihspruch um den doppelten Umfang. Alle Zusätze gehen auf Assoziationen zu den Begriffen aus der hebräischen Vorlage zurück und schreiben den Text in jeweils unterschiedliche Richtungen fort: Das לְשֶׁכֶן bietet den Anlass für לְאַשְׁרָאָה שְׁכִנְתֵּיהּ בְּקַרְתָּא דִירוּשְׁלֵם בְּבֵית מַקְדְּשָׁא דִי בְּנֵיתִי לְשׁוּם מֵימְרֵיהּ = „wohnen zu lassen in der Stadt Jerusalem im Haus des Heiligtums, das ich gebaut habe für den Namen Memra". Jнwн möchte in Jerusalem wohnen; der Tempel ist für den göttlichen Namen gebaut (לְשׁוּם מֵימְרֵיהּ). Das בַּעֲרָפֶל wird wiederaufgenommen durch וַעֲנַן אֲמִטְּתָא כִּיבֵשׁ קֳדָמוֹי = „und eine dunkle Wolke (war) der Schemel vor ihm." Jнwнs Wohnabsicht wird damit durch eine Anspielung auf 2Sam 22,10 = Ps 18,10 ersetzt. Dieser Text steht genauso in den jeweiligen aramäischen Targumim von Ps 18,10 und 2Sam 22,10 und bildet dort die aramäische Übertragung des hebräischen וַעֲרָפֶל תַּחַת רַגְלָיו = „und Wolkendunkel

---

54 בְּכֵן אֲמַר שְׁלֹמֹה יְוָי אָתְרְעֵי לְאַשְׁרָאָה שְׁכִינְתֵּיהּ בִּירוּשְׁלֵם מִבְנָא בְּנֵיתִי בֵּית מַקְדְּשָׁא קֳדָמָךְ לָךְ אֲתַר מַתְקַן לְבֵית שְׁכִינְתָּךְ עָלְמִין.

55 הָא בְּכֵן אֲמַר שְׁלֹמֹה יְיָי אָתְרְעֵי לְאַשְׁרָאָה שְׁכִנְתֵּיהּ בְּקַרְתָּא דִירוּשְׁלֵם בְּבֵית מַקְדְּשָׁא דִי בְּנֵיתִי לְשׁוּם מֵימְרֵיהּ וַעֲנַן אֲמִטְּתָא כִּיבֵשׁ קֳדָמוֹי וַאֲנָא בְּנֵיתִי בֵּית מַקְדְּשָׁא קֳדָמָךְ אֲתַר מַתְקַן לְבֵית שְׁכִנְתָּךְ וּמְכַוֵּון כָּל קֳבֵל כּוּרְסֵי בֵּית מוֹתְבָךְ דְּבִשְׁמַיָּא לְעָלְמִין.

war unter seinen Füßen" (im Tg: וְעָנָן אֲמִיטְתָא כִיבַשׁ קֳדָמוֹי = „und eine dunkle Wolke (war) der Schemel vor ihm."). Das וּמְכוֹן לְשִׁבְתֶּךָ wird verdoppelt zu אֲתַר מַתְקַן לְבֵית שְׁכִנְתָּךְ = „ein Ort bereitet als Haus für deine Shekina" und וּמְכוֹן כָּל קֳבֵל כּוּרְסֵי בֵית מוֹתְבָךְ דְּבִשְׁמַיָּא = „(aus)gerichtet[56] gemäß[57] des Thrones des Hauses, wo du wohnst, das (ist) im Himmel".

TgChr ist damit Ausdruck einer durchdachten Wohnvorstellung: In Jerusalem und im Tempel wohnt Jhwhs Shekina (אֲתַר מַתְקַן לְבֵית שְׁכִנְתָּךְ). Der Tempel ist wie auch im Bittgebet „für den Namen" Jhwhs gebaut. Dunkle Wolken sind kein Ort mehr, an dem Jhwh zu wohnen beabsichtigt, sondern lediglich der Schemel seiner Füße (ähnlich Jes 40,22: „er thront über dem Kreis der Erde"). Beim Tempel wird zwischen einem irdisch-gegenständlichen Haus und einem kosmisch-transzendenten Tempel und Thron unterschieden. In dem gebauten Tempel wohnt lediglich Jhwhs Shekina. Der irdische Tempel dient als Abbild des kosmisch-transzendenten Tempels (und Gottesthrones), der im Himmel über dem Jerusalemer Tempel imaginiert wird. In Jerusalem existierte von Anfang an ein kosmisch-transzendenter Tempel; der von Salomo erbaute Tempel bildet diesen auf der Erde ab („ausgerichtet gemäß des Thrones deines Hauses, wo du wohnst, das (ist) im Himmel in Ewigkeit"). Diese „Prä-"Existenz des kosmisch-transzendenten Tempel wird hier nur angedeutet, aber u. a. durch einem Zusatz im Targum von 1Chr 21,15 expliziert (= 2Sam 24,16). Als der Engel die Strafe an David und dem Volk vollzog, sah Jhwh beim späteren Tempelplatz u. a. die Asche von der Bindung Isaaks am Fuße des Altars und „das Haus des Heiligtums, welches oben war" (וּבֵית מוּקְדְּשָׁא דִלְעֵיל).[58] Daraufhin reute es Jhwh und er befahl dem Engel mit der Bestrafung aufzuhören.

---

56 Jastrow, *Dictionary*: Part. Pass. „directed towards, corresponding". Levy, *Wörterbuch*: „gerade machen, auf etwas ausrichten"

57 כָּל קֳבֵל = „in accordance with" nach *CAL*.

58 2Chr 21,14–15 in TgChr nach Beattie/McIvor, *Targums*: „14. So the Lord sent *the* pestilence throughout Israel, and seventy thousand men of Israel fell. 15. Then *the Memra of the Lord* sent *the* angel *of the pestilence* to Jerusalem to destroy it. When he was destroying it, *he* observed *the ashes of the binding of Isaac which were at the base of the altar, and he remembered his covenant with Abraham which he had set up with him on the mountain of worship;* (he observed) <u>the sanctuary-house which was above,</u> *where the souls of the righteous are, and the image of Jacob which was engraved on the throne of glory,* and he repented *in himself* of the evil *which he had planned to do.* So he said to the destroying angel: "You have had enough. Now *take Abishai, their leader; from among them,* and stop *your striking down the rest of the people.*" And an angel *sent from before* the Lord was standing on the threshing floor of *Arwan,* the Jebusite." (*kursiv* übernommen = Abweichungen in TgChr zum MT; <u>unterstrichen</u> zur Hervorhebung von MF).

4.4 Die Bearbeitung des Hyparchetyp in Kgtm

Die erheblichen Unterschiede zwischen Kgtm und Kön (= Chr) lassen sich am besten durch eine sukzessive Bearbeitung des Tempelweihspruches im Buch der Königtümer erklären. Die älteren Lesarten wären dann im Text des Königebuches enthalten (zum Hyparchetyp s. u. Kap. 4.5 ab S. 126). Die Bearbeitung fand hauptsächlich auf der Ebene der hebräischen OG-Vorlage statt ({Lesart} = Textänderung; {+Lesart} = Hinzufügung in der OG-Vorlage):[59]

אז אמר שלמה {+על הבית ככלות לבנותו} {+שמש} [?] בשמים} יהוה אמר

לשכן בערפל בנה {ביתי} בית זבל לך [?] {+הלא היא כתובה על ספר השיר}

> Damals sprach Salomo über das Haus, {+als er vollendet hatte, es zu bauen:} „{+(Die) Sonne [?] am Himmel;} Jhwh hat gesagt, um im Wolkendunkel zu wohnen: ‚{Baue mein Haus,} ein Haus der Erhabenheit für dich, [?]'" {+Steht dies nicht geschrieben in dem Buch des Gesanges?}

Im Zentrum dieser Fassung steht der Baubefehl von zwei Häusern: „Bau mein Haus, ein Haus der Erhabenheit für dich". Dieser Baubefehl entstand durch einen Flüchtigkeitsfehler beim Abschreiben von בנה בניתי = „Hiermit habe ich gebaut" in Kön (entweder בנה ביתי > בנה ב׳יתי oder בנה בניתי/בנה ביתי > בנה בּיתי; s. u. ab S. 121). Das Ergebnis ist eine rätselhafte Aussage. Spätere Schreiber fügten in Kgtm an mehreren Stellen Zusätze ein, um dem Text einen neuen Sinn abzugewinnen. Sie ergänzten am Ende den Quellenverweis (s. u. ab. S. 123), am Anfang der direkten Rede eine Aussage über die Sonne (s. u. ab S. 124) und verlängerten am Anfang die Redeeinleitung (s. u. ab S. 125). Zudem wurde der Spruch zwischen 8,53 und 8,54 umgestellt (s. u. ab S. 125).

Der Baubefehl: „Bau mein Haus, ein [...] Haus für dich"
Der entscheidende Unterschied zu dem Tempelweihspruch aus Kön (= Chr) ist der Baubefehl von zwei Häusern: „Bau mein Haus, ein Haus der Erhabenheit für dich" (בנה ביתי בית זבל לך) = Οἰκοδόμησον οἶκόν μου οἶκον $\frac{\text{ἐκπρεπῆ}}{\text{εὐπρεπῆ}}$ σεαυτῷ,).
Dieser Baubefehl entstand durch einen Flüchtigkeitsfehler beim Abschreiben von „Hiermit habe ich gebaut" aus Kön. Der Hyparchetyp hatte entweder die Kon-

---

59 Auf Griechisch: Τότε ἐλάλησεν Σαλωμων ὑπὲρ τοῦ οἴκου, ὡς συνετέλεσεν τοῦ οἰκοδομῆσαι αὐτόν Ἥλιον ἐγνώρισεν ἐν οὐρανῷ κύριος, εἶπεν τοῦ κατοικεῖν ἐν γνόφῳ Οἰκοδόμησον οἶκόν μου οἶκον $\frac{\text{ἐκπρεπῆ}}{\text{εὐπρεπῆ}}$ σεαυτῷ, τοῦ κατοικεῖν ἐπὶ καινότητος. οὐκ ἰδοὺ αὕτη γέγραπται ἐν βίβλῳ τῆς ᾠδῆς; Für die Rekonstruktion der OG-Vorlage s. o. Kap. 4.2 ab S. 108. Wie die Vorlage hinter ἐγνώρισεν und κατοικεῖν ἐπὶ καινότητος. lautete, entzieht sich unserer Kenntnis (vgl. dazu S. 113).

sonanten בנה בניתי, gelesen als בָּנֹה בָּנִיתִי = „Hiermit habe ich gebaut" (= MTKön, MTChr). Oder die Wendung wurde im Hyparchetyp noch defektiv geschrieben: בנה בנתי gelesen als בָּנֹה בָּנִתִי = „Hiermit habe ich gebaut" (vgl. das defektive בנתי = בָּנִתִי in 1Kön 8,44 vs. בניתי = בָּנִיתִי in 2Chr 6,24). Im ersten Fall wurde das zweite Nun übersehen und versehentlich nicht abgeschrieben: בנה בניתי > בנה ביתי.[60] Oder das (ggf. hochgestellte?) Nun wurde in dem defektiv geschriebenen בנה בנתי für ein Jod gehalten (בנה בנתי/בנה ב°תי > בנה ביתי). Nun und Jod (נ/י) sind sich graphisch sehr ähnlich; sie können in hebräischen Textzeugen leicht verwechselt werden.[61]

Aus diesem versehentlichen Abschreibefehler entstand ein Baubefehl nach dem Tempelbau. Das Ergebnis ist ein rätselhafter Text. In dieser Fassung fordert der Spruch zum Bau von zwei „Häusern" auf, als Tempel und Palast schon längst fertiggestellt sind („damals sprach Salomo über das Haus als er vollendet hatte, es zu bauen"). Die Aufforderung kommt unvermittelt und ergibt an dieser Stelle keinen guten Sinn („mein Haus, ein Haus [...] für dich"). Adrian Schenker sieht in dem „ein Haus für dich" (οἶκον ἐκπρεπῆ σαυτῷ) einen Verweis auf das salomonische Herrschaftshaus[62] und verweist auf den Fokus auf die Herrscherdynastie in 1Kön 8,15–21.[63] Martin Rösel bezeichnet den LXX-Spruch gar als „Dynastieweihspruch" und bringt ihn mit dem Wortspiel aus 2Sam 7,11 in Verbindung.[64] Gemessen an dem gut verständlichen Text aus Kön und der realistischen Möglichkeit eines technischen Abschreibefehlers in Kgtm wirken diese Interpretationsversuche des Baubefehls aber wie Verlegenheitslösungen. Der Baubefehl lässt sich nicht als ältere Lesart begreifen. Einen Baubefehl würde man *vor* dem Tempelbau erwarten – z. B. nach der Traum-Vision in 1Kön 3. Die Assoziation mit dem Herrscherhaus oder gar dem Dynastie-Thema ergibt sich nur wegen des merkwürdigen Verweises auf die zwei „Häuser". Ansonsten gibt es im Tempelweihspruch keine Anhalte im Text, die für eine metaphorische Interpretation von „Haus" als „Dynastie" sprechen würden.[65] In neueren Publikationen wird deswegen der Hyparchetyp

---

60 So Van Keulen, *Versions*, 169.

61 Zur graphischen Verwechselbarkeit von י/נ in der aramäischen Quadratschrift vgl. Tov, *Textual Criticism*, 230 und Teeter, *Scribal Laws*, 191.

62 Vgl. Schenker, *Septante*, 132: „Le parallélisme entre la maison du Seigneur et la maison du roi dans le chant de Salomon selon LXX à la ligne 3".

63 Vgl. ebd., 132–134.

64 Vgl. Rösel, *Sonne*, 412.

65 In 1Kön 8,14–21 und 2Sam 7 wird die Herrscherdynastie explizit thematisiert. Auch das Wortspiel in 2Sam 7,11 geht aus dem Textzusammenhang und der Wortwahl hervor. Von einer vergleichbaren Eindeutigkeit ist der griechische Tempelweihspruch weit entfernt.

zurecht zunehmend mit Kön rekonstruiert und der Baubefehl für eine sekundäre Lesart gehalten.[66]

Dieser versehentliche Abschreibefehler könnte die Keimzelle für weiteren Überarbeitungen in Kgtm gewesen sein. Steht der Baubefehl einmal in der heiligen Vorlage, dürfte er den folgenden Schreibern einige Kopfzerbrechen bereitet haben. Sie müssen sich einen Reim darauf machen, warum ein Baubefehl nach dem Tempelbau zitiert wird („Damals sprach Salomo über das Haus, als er vollendet hatte es zu bauen …Bau mein Haus") und was der Verweis auf die „zwei Häuser" zu bedeuten hat („mein Haus, ein Haus für dich"). Spätere Schreiber fügten in Kgtm an mehreren Stellen Zusätze ein, um dem Text einen neuen Sinn abzugewinnen. Sie ergänzten am Ende den Quellenverweis (s. u. ab S. 123), am Anfang der direkten Rede eine Aussage über die Sonne (s. u. ab S. 124) und verlängerten am Anfang die Redeeinleitung (s. u. ab S. 125).

Das Buch des Gesanges als vermutete Herkunft des Spruches

Der Baubefehl muss vor dem Tempelbau geäußert worden sein. Ein Schreiber vermutete, der Baubefehl könnte mal in Form eines Liedes im Psalterbuch existiert haben und fügte einen als Frage formulierten Quellenverweis ein: „Steht dies nicht geschrieben in dem Buch des Gesanges?" = הלא היא כתובה על ספר השיר = οὐκ ἰδοὺ αὕτη γέγραπται ἐν βιβλίῳ τῆς ᾠδῆς;. Aus 1Kön 5,12 wusste der Schreiber von tausenden von Sprüchen und Liedern Salomos, die es mal gegeben haben muss: „Und er (Salomo) verfasste/dichtete 3000 Sprüche, und es waren seine Lieder (in der Anzahl) 1005."[67] Das Stichwort שיר kommt dort das letzte Mal vor. Angesichts dieser Aussage kann man leicht auf den Gedanken kommen, dass es noch weitere „Lieder" bzw. „Psalmen" Salomos gegeben haben muss, die nicht im heutigen Buch der Psalmen enthalten sind. In Anlehnung an die Psalmen nennt der Schreiber diese Liedsammlung „Buch des Gesanges" (ספר השיר). שיר ist als Überschrift über Psalmen sehr geläufig.[68] Mit Ps 30,1 ist bereits ein „Lied zur Einweihung des Hauses" erhalten (שיר חנכת הבית).

Liest man die verschiedenen Fassungen des Tempelweihspruches mit Blick auf die Psalmen, ergeben sich weitere Stichwortverbindungen, die den Schreiber auf die Psalmen gebracht haben könnten. Das Wolkendunkel (ערפל) findet sich

---

66 Vgl. Bösenecker, *Text*, 170.172; Bösenecker, *Basileion III*, 913; Van Keulen, *Versions*, 166f.169; Gerhards, *Sonne*, 207, Kató, *Tempelweihspruch*, 226.
67 MTKön: וידבר שלשת אלפים משל ויהי שירו חמשה ואלף.
68 שיר als Überschrift über einzelne Psalmen in Ps 30,1; 45,1; 46,1; 48,1; 65,1; 66,1; 67,1; 68,1; 75,1; 76,1; 83,1; 87,1; 88,1; 92,1; 96,1; 98,1; 108,1; 120,1; 121,1; 122,1; 123,1; 124,1; 125,1; 126,1; 127,1; 128,1; 129,1; 130,1; 131,1; 132,1; 133,1; 134,1; 149,1.

in Ps 18,10 und 97,2 wieder, das Motiv der „Stätte (מכון) des Gottesthrones" in Ps 33,14; 89,15 und 97,2. In Ps 97,2 sind wie im Tempelweihspruch beide Motive kombiniert (ענן וערפל סביביו צדק ומשפט מכון כסאו).

Alternativ könnte שיר auch auf das Lied (שיר) aus Ex 15 anspielen (Ex 15,1: אז ישיר משה ובני ישראל את השירה הזאת ליהוה). Immerhin ist מכון לשבתך von dort zitiert. Für diese Verbindung gibt es aber keine weiteren Belege. Die Assoziation mit den Psalmen ist durch den Kommentar von Theodoret (s. o. ab S. 101) und den TgChr des Tempelweihspruches (s. o. Kap. 4.3 ab S. 117) belegt.

Die Aussage über die Sonne

Die hebräische Vorlage des Teilsatzes über die Sonne lässt sich nicht mehr vollständig rekonstruieren (שמש [?] בשמים); die Interpretation der Aussage über die Sonne bleibt deswegen eine Rechnung mit Unbekannten (s. o. Kap. 4.2 ab S. 108).

Ließt man den Spruch im Licht der Psalmen, lässt sich eine kosmologische und/oder schöpfungstheologische Aussage erahnen. Der OG-Text könnte eine Spielart dieser Aussage erhalten haben, auch wenn der Übersetzer seine Vorlage grammatisch uminterpretiert (s. o. ab S. 108). Die Theophanien im „Wolkendunkel" stehen im heutigen Psalterbuch im Zusammenhang mit Aussagen über die kosmische Verkündigung von Jhwhs Herrlichkeit durch „die Himmel" und die von Jhwh geschaffene Sonne. Das Motiv Wolkendunkel (ערפל) führt zu Ps 18,10 und 97,2. Auf Ps 97,2 folgt in 97,6 eine kosmische Verkündigung von Jhwhs Herrlichkeit durch „die Himmel" (הגידו השמים צדקו וראו כל העמים כבודו). An Ps 18 ist der schöpfungstheologische Ps 19 angeschlossen. Darüber ergibt sich für die Wettergott-Motivik aus Ps 18,10 eine Verbindung zur kosmischen Verkündigung von Jhwhs Herrlichkeit durch die Himmel (19,1: השמים מספרים כבוד אל ומעשה ידיו מגיד הרקיע). Ein Teil dieser Verkündigung ist die von Jhwh geschaffene Sonne (Ps 19,5).

Wolkenartige und solare Elemente werden als Metaphern für Theophanien erst in der letzten Phase der alttestamentlichen Literaturgeschichte im Rahmen monotheistischer Schöpfungstheologien miteinander verbunden (F. Hartenstein verweist auf Sir 42,15–18 + 43,1–2.5.13–16 und Ps 19,2–7).[69] Aus dieser Zeit könnte auch die Sonnenaussage aus dem Tempelweihspruch in Kgtm stammen.

---

[69] Vgl. dazu Hartenstein, *Sonnengott*, 65–69, der den griechischen Tempelweihspruch als „Produkt frühjüdischer Schöpfungstheologie" bezeichnet (ebd., 68).

Die erweiterte Redeeinleitung
In Zuge dieser Überarbeitungen dürfte dann auch die Redeeinleitung durch eine temporale adverbiale Bestimmung erweitert worden sein: „[er sprach] *über das Haus, als er vollendet hatte, es zu bauen*" = על הבית ככלות לבנותו = ὑπὲρ τοῦ οἴκου ὡς συνετέλεσεν τοῦ οἰκοδομῆσαι αὐτόν. Zusammen mit dem Quellenverweis hebt diese Einleitung auf die Erfüllung des göttlichen Baubefehls ab. Salomo sprach als er den Tempel vollendet hatte: „Jнwн sprach (einst) [...]: ‚Bau mein Haus!' [...] Steht dies nicht geschrieben im Buch des Gesanges?"

Bereits in 8,1 wurde eine vergleichbare Temporalangabe in Kgtm nachgetragen; vor das ויהי ככלות שלמה לבנות את בית יהוה ואת ביתו wurde ein שלמה שלמה אז יקהל מקץ עשרים שנים[70] gestellt (vgl. dazu Kap. 3.1 ab S. 57). In 3Kgtm 8,53a wird die temporale adverbiale Bestimmung ebenfalls nachgetragen worden sein. Das אז אמר שלמה war dem Schreiber vorgegeben. Anders als in 3Kgtm 8,1a stellte er die Temporalangabe nicht davor, sondern hänge ein על הבית ככלות לבנותו an. Der Zusatz ist so konstruiert, das der bestehende Text nicht geändert werden musste.[71]

Zur Umstellung zwischen 8,53 und 8,54
Im Hyparchetyp stand der Tempelweihspruch in 8,12–13. Der Spruch wurde für diese Position im Text geschaffen und gehört hier hin. Durch das Motiv des Wolkendunkels (ערפל) ist er mit dem Einzug der Wolke in das Heiligtum verbunden (ענן in 8,10–11).

In Kgtm wurde der Spruch irgendwann zwischen 8,53 und 8,54 umgestellt. Dort unterbricht er den Zusammenhang zwischen dem Bittgebet Salomos (8,22–53) und der dazugehörigen Abschlussnotiz aus 8,54a: „Und es geschah, als Salomo vollendet hatte, zu beten zu Jнwн das ganze Gebet (את כל התפלה) und dieses Bitten (והתחנה הזאת)".[72] Der Vers 8,54 nimmt durch die Stichworte תפלה und תחנה auf das davor stehende Bittgebet aus 8,22–53 Bezug (תפלה in 1Kön 8,28–29.38.45.49.54; תחנה in 1Kön 8,28.30.38.45.49.52.54).

Wieso (und wann) der Spruch an diese eigenartige Position umgestellt wurde, bleibt schwer zu greifen. Ein klares redaktionelles Interesse lässt sich bei dieser Umstellung nicht erkennen. Unauffälliger wäre z. B. eine Umstellung hinter die ers-

---

70 „Und es geschah, als Salomo beendet hatte, das Haus Jнwнs und sein eigenes Haus zu bauen nach 20 Jahren, da versammelte Salomo ...".
71 Gegenprobe: Gelegentlich wird angenommen, die temporale adverbiale Bestimmung wurde in Kön aufgrund der Redundanz zu den anderen Abschlussnotizen aus 3Kgtm 8,1a; 1Kön 8,54; 9,1.10 gestrichen. Diese Annahme verschiebt das Problem aber nur auf eine andere Ebene. Man muss dann erklären, warum die Redundanz im Hyparchetyp hergestellt wurde. Deswegen ist es in jedem Fall naheliegender, von einem Zusatz in 3Kgtm 8,53a auszugehen.
72 MTKön: ויהי ככלות שלמה להתפלל אל יהוה את כל התפלה והתחנה הזאת.

te Rede (zwischen 8,21 und 8,22) oder ganz an das Ende der Reden Salomos (nach 8,61). Hier würde er keine erkennbaren Zusammenhänge unterbrechen. Vielleicht ist dem bearbeitenden Schreiber beim Abschreiben des Bittgebetes aufgefallen, dass er den Tempelweihspruch übersehen hatte, und er trug ihn an der nächstbesten Gelegenheit nach. Vielleicht schien ihm die *Bitte* „Bau mein Haus" zu Salomos *Bitten* aus 8,22–53 zu passen.

4.5 Der Hyparchetyp

Zieht man alle erkennbaren Bearbeitungen des Hyparchetyps ab und stellt ausgehend von allen auf Hebräisch verfügbaren Lesarten die ältesten zusammen, dann stand folgender Text am Anfang der handschriftlich erhaltenen Textgeschichte:

⟨$^{8,12-13}$⟩ אז אמר שלמה יהוה אמר לשכן בערפל ⟨בנה⟩} { ⟨בניתי|⟩
בית זבל לך ⟨|מכון לשבתך עולמים|⟩

⟨$^{8,12-13}$⟩ Damals sprach Salomo: JHWH beabsichtigt, im Wolkendunkel zu wohnen. ⟨Hiermit⟩ ⟨|habe ich gebaut|⟩ ein Haus der Erhabenheit für dich, ⟨|eine Stätte für dein Thronen in Ewigkeiten.|⟩

Dabei handelt es sich um einen eklektisch rekonstruierten Text – auch wenn dieser am Ende mit dem Text des Königebuches identisch ist.[73] Für jedes Wort bzw. jede Wortverbindung ist neu entschieden worden, in welcher Lesart der Hyparchetyp erhalten ist:
- Der Tempelweihspruch stand ursprünglich in 8,12–13. Über das Motiv des Wolkendunkels ist er mit dem Einzug der Wolke aus 8,10–11 verbunden. In Kgtm wurde er im Laufe der Überlieferung zwischen 8,53 und 8,54 umgestellt; dort reißt er den Zusammenhang dieser beiden Verse auseinander (s. o. ab S. 125).
- Der Hyparchetyp beinhaltete eine kurze Redeeinleitung mit אז אמר שלמה ("Damals sprach Salomo"). In Kgtm wurde nachträglich eine temporale adverbiale Bestimmung angehängt („[er sprach] *über das Haus, als er vollendet hatte, es zu bauen*" = על הבית ככלות לבנותו = τοῦ οἴκου, ὡς συνετέλεσεν τοῦ οἰκοδομῆσαι αὐτόν; s. o. ab S. 125). אז אמר שלמה ist der einzige hebräische Text, der zur Verfügung steht. Ein אז דבר שלמה hinter dem τότε ἐλάλησεν Σαλωμων in OGKgtm ist zwar übersetzungstechnisch möglich, aber philologisch unwahrscheinlich (s. o. ab S. 110).

---

73 Vgl. Stade, *Kings*, 10, der einen sehr ähnlichen Hyparchetyp eklektisch rekonstruiert.

- JHWHs Wohnabsicht im Wolkendunkel ist in allen drei Archetypen enthalten: יהוה אמר לשכן בערפל = „[JHWH] beabsichtigt, im Wolkendunkel zu wohnen" (s. o. Kap. 4.3 ab S. 117).
- Der Hyparchetyp beinhaltete den Ausruf Salomos: בנה בניתי בית זבל לך = „Hiermit habe ich gebaut ein Haus der Erhabenheit für dich". Der Inf. abs. בָּנֹה ist durch Kön belegt. Die Konsonanten בנה sind indirekt im Imperativ aus Kgtm erhalten (οἰκοδόμησον = בְּנֵה). In Chr wurde der Inf. abs. durch ein ואני („und ich") ersetzt (s. o. Kap. 4.3 ab S. 117). Das בניתי/בנתי wurde in Kgtm zu einem ביתי verlesen („mein Haus"; s. o. ab S. 121) Das בית זבל לך ist in allen drei Archetypen erhalten (s. o. Kap. 4.3 ab S. 117).
- Die Wendung מכון לשבתך („Stätte deines Thrones") ist in Kön und Chr erhalten. 1Kön 8,30.39.43.49 zitiert diese Wendung in modifizierter Form (8,30: השמים מכון שבתך; אל מקום שבתך; אל השמים; vgl. dazu Kap. 13.3.1 ab S. 374) und bestätigt damit diesen Wortlaut des Hyparchetyps in 8,13. Das τοῦ κατοικεῖν im OG-Text ist damit in jedem Fall erst später entstanden; wie genau diese griechische Wendung zustande kam, entzieht sich unserer Kenntnis (s. o. ab S. 113).
- Das עולמים aus Kön und Chr ist der einzige hebräische Text, der an dieser Stelle zur Verfügung steht. Die hebräische Vorlage hinter ἐπὶ καινότητος lässt sich mit den zur Verfügung stehenden Methoden nicht mehr ausmachen; wie dieser Text zustande kam, wissen wir nicht (s. o. ab S. 113).

Dieser rekonstruierte Hyparchetyp lässt sich plausibel in das redaktionsgeschichtliche Gefälle von 1Kön 8 einordnen. Die redaktionsgeschichtlichen Analyse und historische Einordnung dieses Tempelweihspruches findet sich in Kap. 13.2.1 ab S. 350. Die alternativen historischen und religionsgeschichtlichen Rekonstruktionsvorschläge werden in Kap. 13.2.2 ab S. 354 besprochen.

5 Der Abschnitt zu David (8,14–21)

Tab. 5.1: Synopse 1Kön 8,14 par.

Kgtm (OG)	Kgtm (Vorl.)	Kön	Chr
¹⁴ Καὶ ἀπέστρεψεν ὁ βασιλεὺς τὸ πρόσωπον αὐτοῦ,	¹⁴ ויסב המלך את פניו	¹⁴ ויסב המלך את פניו	⁶,³ ויסב המלך את פניו
καὶ εὐλόγησεν ὁ βασιλεὺς τὸν πάντα Ισραηλ,	ויברך [המלך] את כל ישראל	ויברך את כל קהל ישראל	ויברך את כל קהל ישראל
καὶ πᾶσα ἡ ἐκκλησία Ισραηλ εἱστήκει.	וכל קהל ישראל עמד	וכל קהל ישראל עמד	וכל קהל ישראל עומד

Kgtm (OG): ἀπέστρεψεν] ἐπέστρεψεν CI 56 o 55 244 (= OGChr) | ὁ βασιλεύς] > 247 L 328 d⁻¹⁰⁶ f 381 (= Kön; = Chr) | τόν] > B A CI 509 244 245 460 (= Ra); tr. post Ισραηλ 247 | ἡ] > B O 509 o 245 372 707 (= Ra; = OGChr)

Kön: ויסב] ואסחר Tg; ܩܐ P

Chr: ואחזר ; ويسب] ܩܐ P

Vers 14

Der OG-Text enthielt die Artikel τόν in τὸν πάντα Ισραηλ und ἡ in πᾶσα ἡ ἐκκλησία Ισραηλ. Sie stehen in der großen Mehrheit der Textzeugen. Die genannten Artikel sind vermutlich in B A und ein paar weiteren Textzeugen ausgefallen. Rahlfs folgt in seiner Rekonstruktion B und A, blendet aber auch die Gesamtverteilung der Lesart aus.[1]

Das ὁ βασιλεύς ist in 247 L 328 d⁻¹⁰⁶ f 381 ausgelassen. Ein המלך fehlt auch in Kön und Chr. In 247 und L könnte es sich um eine Auslassung mit hexaplarischem Ursprung handeln.[2] 247 ist ein hexaplarischer Textzeuge und L kann hexaplarische Lesarten enthalten. Das zweite ὁ βασιλεύς könnte auch aufgrund des doppelten ὁ βασιλεύς ...ὁ βασιλεύς gestrichen worden sein.

Dem τὸν πάντα Ἰσραήλ = את כל ישראל in Kgtm steht in Kön und Chr ein את כל קהל ישראל gegenüber. Der Übersetzer von Kgtm hat ein את כל ישראל übersetzt. Er könnte aber auch ein קהל übersehen haben (את כל קהל ישראל > את כל ישראל = τὸν πάντα Ἰσραήλ).

---

1 Zu dem methodischen Ansatz von Rahlfs und seiner Problematik vgl. Kap. 2.1 ab S. 22 in der Einleitung.

2 Zu den Lesarten mit hexaplarischem Ursprung vgl. Kap. 2.1 ab S. 28 in der Einleitung.

https://doi.org/10.1515/9783111290973-005

Für das Verb סבב in ויסב את המלך אל פניו hat OGKgtm ein ἀπέστρεψεν, das in einigen Textzeugen (CI 56 o 55 244) zu ἐπέστρεψεν geändert wurde. OGChr hat ein ἐπέστρεψεν. Der Grund für die Varianz ist hier das Fehlen einer Lokalangabe. Im Hebräischen fehlt eine Angabe darüber, von wo oder wohin er sich wendet (ויסב המלך את פניו = „und er wandte sein Angesicht"). Das eröffnet dem Übersetzer und den Abschreibern Spielraum in der Interpretation und Wortwahl. Mit den Präfixen ἀπο- und ἐπι- (sowie ἀνα- und ὑπο-) vor στρέφω verändert sich die semantischen Felder in unterschiedliche Richtungen. In Gemoll sind für ἐπιστρέφω die transitiven Bedeutungen „1. hinwenden, hinkehren; 2. Umwenden, zum Umkehren nötigen" und die intransitiven Bedeutungen „sich wenden nach, zu; kehrtmachen" angegeben und für ἀποστρέφω die transitiven Bedeutungen „a) zurückdrehen, rückwärts drehen; b) abwenden, abbringen" und die intransitiven Bedeutungen „sich umkehren, zurückkehren".[3] Eine mögliche semantische Differenz wäre also der Fokus auf dasjenige Ziel der Bewegung, zu dem umgekehrt wird, bei ἐπιστρέφω iSv. „hinwenden (zu); (um)kehren (zu)" und der Fokus auf das, von dem umgekehrt wird bei ἀποστρέφω iSv. „abwenden (von); (um)kehren (von)". Die semantischen Felder stehen sich aber auch so nah, dass beide Verben in vielen Kontexten gegeneinander ausgetauscht werden können.[4]

Die OG-Vorlage ist (fast) vollständig durch die hebräischen Texten aus Kön = Chr erhalten. In Kgtm ist lediglich ein zusätzliches ὁ βασιλεύς enthalten: „Und der König wandte sein Angesicht und *der König* segnete...". Diese zweifache Nennung macht den Text redundant. Im Hyparchetyp stand nur ein המלך. Die Existenz von המלך in der OG-Vorlage bleibt unsicher. Das ὁ βασιλεύς könnte auf ein המלך in der OG-Vorlage zurückgehen,[5] aber auch auf jeder anderen Überlieferungsstufe ergänzt worden sein – z. B. durch eine versehentliche Doppelschreibung im Griechischen (καὶ ἀπέστρεψ̲ε̲ν̲ ὁ βασιλεὺς ...εὐλόγησ̲ε̲ν̲ ὁ βασιλεύς).

---

3 Vgl. die entsprechenden Einträge in Gemoll/Vretska, *Handwörterbuch*. Muraoka gibt für ἐπιστρέφω an: I tr. To bring back to the point of origin or home; 2. To cause to come back; 3. To direct backwards; 4. To transform" (vgl. Muraoka, *Lexicon*). Für ἀποστρέφω gibt Muraoka die Bedeutungen an: „I tr. 1. to turn away, divert ... 2. To cause to move back to a point of departure ... 3. to restore, recover" (vgl. ebd.). Bei Louw / Nida sind beide Verben z. B. Teil desselben semantischen Feldes „31H Change an Opinion Concerning Truth" Vgl. die Einträge für ἐπιστρέφω und ἀποστρέφω bei Louw / Nida in dem semantischen Feld „31H Change an Opinion Concerning Truth". Für ἐπιστρέφω wird hier die Bedeutung „to cause a person to change belief, with focus opon that to which one turns" und für ἀποστρέφω „to cause someone to turn away from a previous belief" angegeben (vgl. die entsprechende Semantic Domain in Louw/Nida, *Lexicon*, Domain 31H).
4 Vgl. die Übersicht über den Austausch von ἐπιστρέφω und ἀποστρέφω in den griechischen Textzeugen von 1–4Kgtm bei Kauhanen, *Problem*, 106f. Fn. 71 und 107f. Fn. 77.
5 So Tov/Polak, *CATSS* und Bösenecker, *Text*, 172.

Der Hyparchetyp wird nur ein הַמֶּלֶךְ gehabt haben. Die Existenz des zweiten הַמֶּלֶךְ in der OG-Vorlage bleibt unsicher (zum OGKgtm s. o.).[6]

Das direkte Objekt von Salomos Segen lautete in 8,14a entweder אֵת כָּל יִשְׂרָאֵל = „ganz Israel" gemäß OGKgtm (τὸν πάντα Ἰσραήλ) oder אֵת כָּל קְהֵל יִשְׂרָאֵל = „die ganze Versammlung Israels" gemäß Kön und Chr. Wie der Hyparchetyp aussah, entzieht sich unserer Kenntnis. Das קְהֵל könnte nachträglich ergänzt worden sein.[7] Das קְהֵל könnte aber auch entfallen sein: אֵת > אֵת כָּל קְהֵל יִשְׂרָאֵל כָּל יִשְׂרָאֵל = τὸν πάντα Ἰσραήλ.

Tab. 5.2: Synopse 1Kön 8,15 par.

Kgtm (OG)	Kgtm (Vorl.)	Kön	Chr
[15] καὶ εἶπεν	[15] וַיֹּאמֶר	[15] וַיֹּאמֶר	[6,4] וַיֹּאמֶר
Εὐλογητὸς κύριος ὁ θεὸς Ισραηλ σήμερον,	בָּרוּךְ יְהוָה אֱלֹהֵי יִשְׂרָאֵל הַיּוֹם	בָּרוּךְ יְהוָה אֱלֹהֵי יִשְׂרָאֵל	בָּרוּךְ יְהוָה אֱלֹהֵי יִשְׂרָאֵל
ὃς ἐλάλησεν ἐν στόματι αὐτοῦ περὶ Δαυιδ τοῦ πατρός μου	אֲשֶׁר דִּבֶּר בְּפִיו אֵת דָּוִד אָבִי	אֲשֶׁר דִּבֶּר בְּפִיו אֵת דָּוִד אָבִי	אֲשֶׁר דִּבֶּר בְּפִיו אֵת דָּוִיד אָבִי
καὶ ἐν ταῖς χερσὶν αὐτοῦ ἐπλήρωσεν	וּבְיָד[י]וּ מִלֵּא	וּבְיָדוּ מִלֵּא	וּבְיָדָיו מִלֵּא
λέγων	לֵאמֹר	לֵאמֹר	לֵאמֹר

Kgtm (OG): στόματι] +pre τῷ B CI 242 o 244 (= Ra)
Kön: אֵת] עם Tg = ܟܒܪ P; אֶל MT[3Ms]; > MT[1Ms] | וּבְיָדוּ] Pl. ܘܒܐܝܕܝ P
Chr: [בָּרוּךְ] + שְׁמָא Tg | אֵת] עם Tg = ܟܒܪ P; πρός OG | אֵת דָּוִיד אָבִי > MT[1Ms] | וּבְיָדָיו] וּבְיָדוּ MT[20Ms]

Vers 15

In den Textzeugen B CI 242 o 244 steht vor στόματι der Artikel τῷ. Damit wird der Gebrauch des Artikels nachträglich vereinheitlicht (ἐν τῷ στόματι αὐτοῦ ...ἐν ταῖς χερσὶν αὐτοῦ). Rahlfs folgt dem B-Text.[8] Im OG-Text wurde der Artikel allerdings uneinheitlich gebraucht (ἐν στόματι αὐτοῦ ...ἐν ταῖς χερσὶν αὐτοῦ). In 3Kgtm 8,24 wird dieselbe Wendung ebenfalls uneinheitlich wiedergegeben (בְּפִיךְ וּבְיָדְךָ = ἐν

---

6 Für הַמֶּלֶךְ in OG-Vorlage optiert Bösenecker, *Text*, 172.
7 In 8,14b steht in allen drei Archetypen כָּל קְהֵל יִשְׂרָאֵל („und die ganze Versammlung Israels stand"). In 8,22.54 ist ebenfalls in allen drei Textzeugen die כָּל קְהֵל יִשְׂרָאֵל anwesend.
8 Zu dem methodischen Ansatz von Rahlfs und seiner Problematik vgl. Kap. 2.1 ab S. 22 in der Einleitung.

τῷ στόματί σου καὶ ἐν χερσίν σου). Der OG der Chr übersetzt ובידו ... בפיו einheitlich ohne Artikel (OGChr: ἐν στόματι αὐτοῦ ... ἐν χερσὶν αὐτοῦ). Der OG-Übersetzer von 3Kgtm benutzt für ב + Subst. + Suff. sowohl (etwas häufiger) eine Konstruktion mit Artikel (Präp. + *Art.* + Subst. + PersP); als auch ohne Artikel (Präp. + Subst. + PersP).[9]

Das griechische σήμερον geht auf ein היום in der hebräischen Vorlage zurück.[10] Der Text entspricht dem εὐλογητὸς Κύριος σήμερον = ברוך יהוה היום in 3Kgtm 8,56; dort fehlt das היום = σήμερον ebenfalls in Kön und Chr. Ein ... ברוך היום findet sich auf Hebräisch in 1Kön 5,21.[11] Vom Übersetzer wird dort ברוך יהוה היום mit εὐλογητὸς ὁ θεὸς σήμερον wiedergegeben. Auch sonst ist in 1–4Kgtm σήμερον die Standardwiedergabe von היום.[12]

Das את דוד אבי wird von dem Übersetzer mit περὶ Δαυιδ τοῦ πατρός μου wiedergegeben. Die Präposition περί verwendet der Übersetzer eigentlich als Äquivalent für על (in 1–4Kgtm 26 Mal) oder אל (in 1–4Kgtm 13 Mal) und nicht für את. Die Präposition περί kann iSv. „über / betreffend" gebraucht werden.[13] Übersetzt wurde frei von den üblichen Äquivalenten, damit sich die Spannung zu 8,16 nicht ergibt: „er sprach mit seinem Mund *über / betreffend* meinen Vater David (περὶ Δαυιδ) [...] Ich habe David erwählt" anstatt „er sprach zu (את) David [...] ich habe David erwählt".[14] In diesem Fall war dem Übersetzer der Erhalt des Sinnes wichtiger als eine Übersetzung nach feststehenden Äquivalenten.[15]

Der OG-Text hat die Pluralform καὶ ἐν ταῖς χερσὶν αὐτοῦ („und durch seine Hände"). Kön hat die Konsonanten ובידו und Chr ובידיו. Beide Konsonantentexte sind als OG-Vorlage möglich. Das ובידיו in Chr ist eindeutig ein Plural (וּבְיָדָיו =

---

9 Vgl. die Wiedergabe der Konstruktion ב + Subst. + Suff. in den Nicht-kaige-Teilen von 1–4Kgtm in LXX^Ra (129 Mal) in 1Sam 1,18; 2,1.13.31–32.36; 3,2.9.18; 8,3.5.9.11.22; 9,19; 10,10.26; 11,10; 12,1.14–15; 14,7.20.27.34.36.40; 15,17.24; 16,1–2.16.23; 17,35.40.43.49.54.57; 18,3.8.10.20.23; 19,4–5.9; 20,3.17.29; 21,13–14; 22,6.14–15; 23,4.6.11.14; 24,5.19.21; 25,1.8.24.36–37.39; 26,8.21; 27,5.12; 28,3.21.23; 29,8; 2Sam 1,11.23; 2,18; 3,36; 4,10–11; 5,19; 6,17; 7,1.3.19; 8,10; 10,3.12; 1Kön 2,23.34.37.44; 3,28; 5,28; 7,24; 8,15.24.32.59.61; 9,12; 10,24.29; 11,12; 12,26; 13,19.30; 14,22; 15,26.30.34; 16,2.13.19.26.34; 17,24; 18,36; 19,13; 20,6.13.28.32; 21,2.8.11.29.
10 Vgl. Bösenecker, *Text*, 172 und Tov/Polak, *CATSS*.
11 Für die Konstruktion ברוך + Bezug auf Taten am היום, für die Jhwh gepriesen wird, vgl. auch: Rut 4,14; 1Sam 25,32–33; 1Kön 1,48.
12 52 Mal in 1–4Kgtm. Nennenswerte Alternativen, die textkritisch unumstritten sind, gibt es keine.
13 Vgl. Gemoll/Vretska, *Handwörterbuch* unter περί und von Siebenthal, *Grammatik NT*, §184n.
14 Diese Spannung weist auf einen Eingriff in der Literargeschichte hin. Vgl. dazu Kap. 13.4.1 ab S. 421.
15 Gegen. Bösenecker, der על als OG-Vorlage rekonstruiert (vgl. Bösenecker, *Text*, 172).

„und durch seine Hände").[16] Das ובידו in Kön punktieren die Masoreten als Singular (וּבְיָדוֹ = „und durch seine Hand"). Der Übersetzer könnte diesen Singular gelesen und ihn trotzdem in den Plural gesetzt haben (vgl. 1Kön 8,24 / 2Chr 6,15: Kön/Chr = Sg. ובידך <> OGKgtm/OGChr = Pl. καὶ ἐν χερσίν σου). Er könnte den Suffix ו in ובידו aber auch als *Plural*-Suffix 3.Sg. interpretiert haben (וּבְיָדָו = „und durch seine Hände").[17] und auch in der HB steht oft ein ידו, wo die Masoreten durch eine Qere-Randnotiz anweisen, ידיו – also יָדָיו = יָדָו und nicht יָדוֹ – zu lesen (vgl. Ex 32,19; Lev 9,22; 16,21; Ijob 5,18; Ez 43,26).[18]

Die Texte von Kgtm, Kön und Chr sind nahezu identisch. Kgtm hat ein zusätzliches היום. Im Hyparchetyp wird es noch nicht gestanden haben; es wurde eher hinzugefügt (*lectio brevir potior*). Im Hyparchetyp werden zudem die Konsonanten ובידו gestanden haben. Das ובידיו in Chr ist eindeutig ein Plural (וּבְיָדָיו = „und durch seine Hände"). Die Masoreten von Kön punktieren das ובידו als Singular (וּבְיָדוֹ = „und durch seine Hand"), es kann aber auch als Plural וּבְיָדָו = „und durch seine Hände" gelesen werden (vgl. dazu Fn. 17 auf S. 132). Der Numerus ist auch in der weiteren Überlieferung ständig hin- und her gewechselt (vgl. PKön für Sg>Pl und MTChr[20Ms] für Pl>Sg).

Das את in דבר בפיו את דוד אבי ist als Präposition mit der Bedeutung „mit / zu" zu verstehen („JHWH sprach mit / zu David").[19] Dieser Gebrauch von את mit דבר ist ungewöhnlich[20] und zwang die Schreiber und Übersetzer zur Abweichung von ihren Äquivalenten und zu freieren Wiedergaben, um einen verständlichen Text in der Zielsprache herzustellen.

Zu erwarten wäre eigentlich לדוד oder אל דוד als hebräischer Text für „JHWH sprach *zu* David" (vgl. אשר דברת לו in 8,24f.; דברת לעבדך דוד in 8,26; ויאמר יהוה אל דוד in 8,18). Dementsprechend ändern drei hebräische Textzeugen das את דוד zu אל דוד („JHWH sprach zu David").[21] Ein hebräischer Textzeuge strich

---

16 Für בידיו als OG-Vorlage vgl. Bösenecker, *Text*, 173.

17 Tov/Polak, *CATSS*, vermuten eine solche „difference in vocalisation (pronounciation tradition)". Diese ursprüngliche Schreibweise des Plural-Suffix 3.Sg. ist durch die Aussprache von יו als /āw/ bezeugt (ay-hū > ayū > āw).Lettinga/Siebenthal, *Grammatik BH*, §225(4). Joüon-Muraoka bezeichnet das י in der Endung יו als „purely historical-etymological" (Joüon/Muraoka, *Grammar*, §94d). In hebräischen Inschriften findet sich das ו als *Plural*-Suffix 3.Sg. Vgl. Lettinga/Siebenthal, *Grammatik BH*, §225(4) und Joüon/Muraoka, *Grammar*, §94d.Fn.7.

18 In Lev 9,22 ist zweifelsfrei der Dual gebraucht. Vgl. dasselbe Phänomen bei Ketiv עינו und Qere עיניו in 1Sam 3,2; 2Sam 13,34; 19,19; 24,22; Ijob 21,20; Jer 32,4).

19 Vgl. Gesenius/Meyer/Donner, *Handwörterbuch*, unter אֵת₂ mit 1Kön 8,15 als Beispiel dieser Bedeutung.

20 Für eine mögliche Deutung vgl. Kap. 13.4.2 ab S. 424.

21 Vgl. Kennicott, *VT, Vol. 1*, 618.

das אבי דוד את ganz.[22] Die Spannung zu 8,16 ist damit vermieden („und Jнwн sprach ~~zu David meinem Vater~~ [...] Ich habe David erwählt").

PKön und PChr übersetzen das את mit ܥܲܡ = „mit" (ܘܡܠܠ ܥܲܡ ܕܘܝܕ ܐܒܝ). Damit wird את als Präposition „mit" aufgefasst und vereindeutigt. OGKgtm und OGChr hingegen übersetzen את mit περί und fassen damit את möglicherweise als Hervorhebungspartikel[23] und דוד אבי als adverbiales AkkO auf: „(er verhieß) *betreffend / über* David meinen Vater".[24] Mit את = περί weichen die Übersetzer von der sonst üblichen Äquivalenzen ab, um einen sinnvollen Text in der Zielsprache herzustellen, der nicht in Konflikt zu 8,16 steht (zur Übersetzungstechnik s. o.).

Die Targumim übersetzen am freiesten. Das אשר דבר בפיו את דוד אבי mit wird wiedergegebenn mit ד[י] גזר במימריה עם דוד אבא = „der (es) *beschlossen hat* in seinem Wort *mit* David seinem Vater". Das את entspricht wie in PKön und PChr der Präposition עם = „mit". Das דבר wird aber nicht wie sonst mit מלל, sondern mit גזר wiedergegeben. Das Verb גזר hat im Peal die Bedeutungen „beschneiden", „einen Bund (קיים) schließen" und „erlassen, beschließen" und entspricht sonst dem Hebräischen כרת.[25] Mit der Präposition עם meint גזר „einen Bund schließen mit". Diese Konstruktion kann wie in 1Kön 8,9 und 8,21 mit קיים („Bund") oder wie in 2Chr 7,18 (די גזרית עם דוד) ohne ein Äquivalent für „Bund" gebraucht werden. Nach Auffassung der Targumim spricht Jнwн in 1Kön 8,15 also nicht direkt zu oder mit David, sondern „vereinbarte durch sein Wort [einen Bund] mit David".[26] Ähnliches geschieht in 1Kön 9,5 bereit in der Chronik. Sie ändert dort das כאשר דברתי על דוד אביך לאמר aus Kön zu כאשר כרתי לדויד אביך לאמר. TgChr übersetzt entsprechend mit די גזרית עם דוד אבוך למימר („denn ich vereinbarte [einen Bund] mit David, deinem Vater, indem ich sprach").

---

22 Vgl. Kennicott, *VT, Vol. 2*, 689.

23 Laut dem Handwörterbuch von Gesenius kann את als unübersetzbares Hervorhebungsartikel vor einem adverbialen Akkusativ stehen (vgl. Bedeutung 1.d unter אֵת₁ in Gesenius/Meyer/Donner, *Handwörterbuch*, mit dem Verweis auf 1Kön 15,23: חלה את רגליו „er litt an seinen Füßen"). So auch Koehler/Baumgartner/Richardson, *HALOT Online*: „–4. את a) may introduce any type of acc., but esp. one of specification" ebenfalls mit Verweis auf 1Kön 15,23 (dort zusätzlich mit Verweis auf Brockelmann, *Syntax*, §102).

24 Vgl. Karrer/Kraus (Hrsg.), *Septuaginta Deutsch*. Pietersma/Wright (Hrsg.), *NETS* übersetzt ähnlich mit „concerning my father David".

25 Vgl. Levy, *Wörterbuch*, unter dem entsprechenden Eintrag. Ähnlich Jastrow, *Dictionary*.

26 *The Aramaic Bible* übersetzt in 2Chr 6,4 dementsprechend: „who *my his Memra made a decree with my* father David" (vgl. Beattie/McIvor, *Targums*; kursiv aus dem Original übernommen) an entsprechender Stelle. TgJ von 1Kön 8,15 wird von Harrington mit „who *decreed by his Memra* with David my father" (vgl. Harrington, *Targum*; kursiv aus dem Original übernommen) übersetzt.

Tab. 5.3: Synopse 1Kön 8,16 par.

Kgtm (OG)	Kgtm (Vorl.)	Kön	4QKgs	Chr
¹⁶ Ἀφ' ἧς ἡμέρας	מִיּוֹם ^{16a1}	מִן הַיּוֹם ^{16a1}	16a1	מִן הַיּוֹם ^{6,5a1}
ἐξήγαγον τὸν λαόν μου Ἰσραηλ ἐξ Αἰγύπτου,	הוצאתי את עמי את ישראל ממצרים	אשר הוצאתי את עמי את ישראל ממצרים		אשר הוצאתי את עמי מארץ מצרים
οὐκ ἐξελεξάμην ἐν πόλει ἐν ἑνὶ σκήπτρῳ Ἰσραηλ	לֹא ^{a2} בחרתי בעיר באחד שבטי ישראל	לֹא ^{a2} בחרתי בעיר מכל שבטי ישראל	a2	לֹא ^{a2} בחרתי בעיר מכל שבטי ישראל
τοῦ οἰκοδομῆσαι οἶκον	לבנות בית	לבנות בית		לבנות בית
τοῦ εἶναι τὸ ὄνομά μου ἐκεῖ·	להיות שמי שם	להיות שמי שם		להיות שמי שם
	a3	a3	a3	ולא ^b בחרתי באיש
			ל[היות נגיד על עמ]י[	להיות נגיד על עמי ישראל
καὶ ἐξελεξάμην ἐν Ἰερουσαλημ	ואבחר ^{b1} בירושלם	b1	b1	ואבחר ^{6,6a} בירושלם
εἶναι τὸ ὄνομά μου ἐκεῖ	להיות שמי שם			להיות שמי שם
καὶ ἐξελεξάμην τὸν Δαυιδ	ואבחר ^{b2} בדוד	ואבחר ^{b2} בדוד	b2	ואבחר ^b בדויד
τοῦ εἶναι ἡγούμενον ἐπὶ τὸν λαόν μου Ἰσραηλ.	להיות נגיד על עמי ישראל	להיות על עמי ישראל	[להיות על עמי על]	להיות על עמי ישראל

Kgtm (OG): ἐξήγαγον] ἀνήγαγον L f (= OGChr) | Ἰσραηλ 1°] +pre τόν B M O 328 509 55 71 158 245 318 342 372 460 707 (= Ra) | πόλει] + σκηνήν L; σκηνων f | οἶκον – ἐκεῖ 1°] sub ※ M | καί 1° – ἐκεῖ 2°] > O L 731* CII⁻⁵² 125 f 55 71 245 318 460 707 (= Kön) | τὸν Δαυιδ] ἐν Δαυιδ L f (= OGChr) | ἡγούμενον] > B M O 509 245 460 707 (= Ra; = Kön) | Ἰσραηλ 3°] > L; +pre τόν B M O 509 56 488 x 71 158 244 245 318 342 372 (= Ra)

Kön: [להיות שמי] MT^{14Ms} | מארץ מצרים [ממצרים | (בני ישראל =) P | ܡܢ, ܐܠܦ [את ישראל] (נגיד =) TgJ מלכא pre+ [על עמי | (להיות להיות =) (להיות להיות) MT^{1Ms} | [שמי > TgJ לאשראה שכינתי

Chr: [הוצאתי] ἀνήγαγον OG (= העליתי) | [את עמי + ישראל Tg = ܡܢ P (= Kön; = Kgtm) | מארץ [מארץ – ישראל] P (ܡܢ ܐܠܦ =) | Tg > [מכל – בית] | להיות שמי] ܡܢ P MT^{1Ms} ממצרים [ממצרים | [להיות שמי שם להיות שמי שם / Kön =) P MT^{2Ms} > [ולא בחרתי באיש – שם | TgJ לאשראה שכנתי

Vers 6: pre+ [על עמי | (להיות להיות) > MT^{1Ms} | [שמי שם – להיות | Tg לאשראה שכנתי [להיות נגיד MT^{4Ms} TgJ P

Vers 16

Die direkten Objekte der Erwählungsaussagen (בְּ + Subst.) werden im OG-Text nicht einheitlich wiedergegeben („ich habe [nicht] erwählt XY"). Dem בְעִיר = ἐν πόλει und בִירוּשָׁלַם = ἐν Ιερουσαλημ steht ein בְדָוִד = τὸν Δαυιδ gegenüber. Die Textzeugengruppen L f vereinheitlichen und ändern τὸν Δαυιδ zu ἐν Δαυιδ. Im OGChr ist die Präposition בְּ ebenfalls uneinheitlich wiedergegeben: ἐν πόλει = ἐν ἀνδρί = ἐν Δαυιδ ≠ τὴν Ιερουσαλημ. Es handelt sich entweder um Abweichungen bei der Übersetzung oder um eine innergriechische Lesart. Die OG-Vorlage war mit den bekannten hebräischen Textzeugen (Kön und Chr) identisch.

In B M O 509 und ein paar mixti-Textzeugen ist vor dem ersten und dritten Ισραηλ ein Artikel ergänzt (τὸν λαόν μου τὸν Ισραηλ und ἐπὶ τὸν λαόν μου τὸν Ισραηλ). Der Artikel beim dritten Ισραηλ ist etwas besser bezeugt (56 488 x). Rahlfs folgt B und entscheidet sich beide Male für den Artikel. Wegen der weitaus besseren Bezeugung ist Ισραηλ ohne Artikel für den OG-Text zu bevorzugen. In den Nicht-Kaige Teilen wird Ισραηλ vorrangig ohne Artikel gebraucht.[27]

Gegen Rahlfs ist das ἡγούμενον in den OG-Text aufzunehmen. Es fehlt nur in wenigen Textzeugen (B M O 509 245 460 707). Die Auslassung in O (und M) kann hexaplarischen Ursprungs sein; in Kön fehlt das entsprechende Äquivalent (נָגִיד). In B könnte das fehlende ἡγούμενον auf eine sporadische Kaige-Revision ebenfalls in Angleichung an Kön zurückgehen.[28]

In einer handvoll Textzeugen fehlt der mittlere Teil des dreigliedrigen Parallelismus (> καὶ ἐξελεξάμην ἐν Ιερουσαλημ εἶναι τὸ ὄνομά μου ἐκεῖ). In den meisten betroffenen Textzeugen wird es sich um einen versehentlichen Textausfall aufgrund eines Augensprunges entweder von τὸ ὄνομά μου ἐκεῖ zu τὸ ὄνομά μου ἐκεῖ oder von καὶ ἐξελεξάμην zu καὶ ἐξελεξάμην handeln:

3Kgtm 3,16: OG-Text zu O L 731* CII[-52] 125 f 55 71 245 318 460 707:
τοῦ εἶναι τὸ ὄνομά μου ἐκεῖ· ~~καὶ ἐξελεξάμην ἐν Ιερουσαλημ εἶναι τὸ ὄνομά μου ἐκεῖ,~~ καὶ ἐξελεξάμην τὸν Δαυιδ
[oder]
τοῦ εἶναι τὸ ὄνομά μου ἐκεῖ· καὶ ἐξελεξάμην ~~ἐν Ιερουσαλημ εἶναι τὸ ὄνομά μου ἐκεῖ,~~ ~~καὶ ἐξελεξάμην~~ τὸν Δαυιδ

---

27 Vgl. die 322 Belegstellen im Nicht-Kaige-Teil von Rahlfs. Selbst wenn „Israel" im Hebräischen in einer Constructus-Verbindung steht, wird im Griechischen Ισραηλ zumeist ohne Artikel wiedergegeben (Vgl. beispielsweise τὸν λαόν σου Ισραηλ in 2Sam 7,24; 1Kön 8,32–33; τοῦ λαοῦ σου Ισραηλ in 1Kön 8,30.34.36.52; τὸν λαόν μου Ισραηλ in 1Sam 9,16; 2Sam 7.7.11; 1Kön 16,2 und τῷ λαῷ αὐτοῦ Ισραηλ in 1Kön 8,56). Ein אֶת יִשְׂרָאֵל wird zwar mehrheitlich mit Artikel übersetzt (z. B. τὸν Ισραηλ); sobald אֶת יִשְׂרָאֵל aber in einer Constuctusverbindung steht, kann der Artikel fehlen (2Sam 7,7: אֶת עַמִּי אֶת יִשְׂרָאֵל = τὸν λαόν μου Ισραηλ).
28 Zur Möglichkeit von „sporadischen" Kaige-Bearbeitungen vgl. Kap. 2.1 ab S. 27 in der Einleitung.

Der Text ist damit sehr anfällig für den Ausfall des durchgestrichenen Textes. Der Fehler wird mehrfach unabhängig voneinander passiert sein. In O handelt es sich um eine Auslassung mit hexaplarischem Ursprung; in Kön fehlt dieser Teil des Textes.[29] Der hexaplarische Asterisk ist indirekt durch M belegt:[30]

Abb. 5.1: Der falsch platzierte Asterisk im Kodex M von 3Kgtm 8,16

Dort hat ein Schreiber am Rand von V. 16 einen Asterisk notiert (siehe eingekreister ※), ihn aber an der falschen Stelle eingetragen. Weil es wegen des Parallelismus zwei Zeilen mit identischem Wortlaut gab (siehe umkästeter Text in der Abbildung) ist er vermutlich in der Zeile gesprungen und hat mit dem ersten εἶναι τὸ ὄνομά μου ἐκεῖ den falschen Teil markiert. Der Asterisk hätte zwei Zeilen darunter platziert werden müssen (siehe leerer Kreis).

Das ἀφ' ἧς ἡμέρας am Textanfang ist ungewöhnlich. Im klassischen Griechisch wäre ἀπὸ τῆς ἡμέρας ἧς (ἀπὸ τῆς ἡμέρας ἧς ἐξήγαγον τὸν λαόν μου = „*seit dem Tag, an dem* ich mein Volk herausgeführt habe") oder als Abkürzung davon ἀφ' ἧς (ἀφ' ἧς ἐξήγαγον τὸν λαόν μου = „*seitdem* ich mein Volk herausgeführt haben") zu erwarten.[31] Am besten erklärt sich der OG-Text als Übersetzung eines מיום aus der

---

29 Zu den Lesarten mit hexaplarischem Ursprung vgl. Kap. 2.1 ab S. 28 in der Einleitung.

30 *Coisl. 1, „Codex Coislinianus" (M), aus der Bibliothèque Nationale in Paris*, auf Folie 227r, 461/472. Markierungen MF. Digital zugänglich unter dem Link https://gallica.bnf.fr/ark:/12148/btv1b84683074/f461.item (zuletzt aufgerufen am 20.07.2023).

31 Im TLG sind (nur) 35 Treffer für ἀφ' ἧς ἡμέρας zu finden. Für die Übersetzung des OG-Textes muss dementsprechend von der Langform ἀπὸ τῆς ἡμέρας ἧς ausgegangen werden („seit dem Tag, *an dem...*"). Vgl. Karrer/Kraus (Hrsg.), *Septuaginta Deutsch*: „Seit dem Tag, *(als)* ich mein

Vorlage (מ = ἀφ' ἧς; יום = ἡμέρα).[32] Den Text von Kön und Chr (מן היום אשר) hätte der Kgtm-Übersetzer genauso wie der Übersetzer von OGChr als ἀπὸ τῆς ἡμέρας ἧς übersetzt (siehe auch 2Kön 21,15 und 2Chr 17,5).

Hinter ἡγούμενον steht eindeutig ein נגיד wie in 2Chr 6,5. Hinter dem ἐν ἑνί steht ein באחד (für אחד im Konstruktus mit שבט vgl. Dtn 12,14; 2Sam 7,7; 15,2). Das Zahlwort εἷς, μία, ἕν ist Standardäquivalent für אחד und ἐν für ב.

An mehreren Stellen stehen für den Hyparchtypen zwei alternative Lesarten zur Verfügung. Die Bearbeitungsrichtung lässt sich in diesen Fällen nicht eindeutig bestimmen. Am Anfang steht ein מן היום אשר in Kön und Chr gegen ein kürzeres מיום in Kgtm. Dem מכל שבטי ישראל in Kön und Chr (vgl. 1Kön 11,32; 14,21; 2Kön 21,7) steht ein באחד שבטי ישראל in Kgtm (vgl. 2Sam 7,7) gegenüber. ממצרים in Kgtm und Kön steht gegen die Langversion מארץ מצרים in Chr. Die Varianz setzt sich in letzterem Fall in der Überlieferung fort. In mehreren hebräischen Textzeugen von Kön wurde ממצרים durch מארץ מצרים ausgetauscht.[33] In einer hebräischen Chronikhandschrift wurde umgekehrt מארץ מצרים zu ממצרים geändert.[34]

Dazu kommen mehrere kleine Plus. Für den Hyparchetyp wird jeweils der kürzere Text bevorzugt (*lectio brevior potior*). Hinter עמי את ist in Kgtm und Kön ein את ישראל ergänzt. TgChr und PChr ebenfalls ein ישראל. PKön macht aus dem את ישראל ein ܟܢ܃ ܝܣܪܐܝܠ (= ישראל בני). In PChr wurde das fehlende ישראל wohl aus PKön ergänzt und nachträglich in einigen Textzeugen zusätzlich noch das ܟܢ܃ aus PKön hinzugefügt (PKön: ܝܣܪܐܝܠ ܟܢ܃ = PChr: ܝܣܪܐܝܠ [ܠܚܒܪ] ܟܢ܃).

In Kgtm wurde am Versende ein נגיד ergänzt (Kön/Chr: להיות על עמי ישראל; Kgtm: להיות נגיד על עמי ישראל). Es wird auch ergänzt in TgJ, MTChr[4Ms], TgChr, PChr (מלכא in Aramäisch und ܡܠܟܐ in Syrisch). In 2Chr 6,5b steht bereits ein נגיד (להיות נגיד על עמי ישראל), sodass eine Wiederholung in 2Chr 6,6b naheläge (להיות נגיד על עמי ישראל) zu ישראל על עמי להיות in MTChr[4Ms], TgChr, PChr). 2Sam 7,8 (MT: להיות נגיד על עמי על ישראל) könnte ebenfalls eine Inspirationsquelle für das נגיד gewesen sein.

In 4QKgs wurde das על עמי ישראל vermutlich zu einem על ישראל על עמי על erweitert, wobei nur das על עמי על auf dem Fragment sichtbar ist.

---

32 Vgl. ἀφ' ἧς ἡμέρας = מיום in 1Sam 7,2; 8,8; 29,3.6. Alternativ ἀφ' ἧς ἡμέρας = אשר מיום in 1Sam 29,8 und ἀφ' ἧς ἡμέρας = למיום in 2Sam 7,6.

33 מארץ מצרים MT[14Ms] ממצרים].

34 ממצרים MT[1Ms] מארץ מצרים].

Der OGChr hat ein ἀνήγαγον, hinter dem vermutlich ein העליתי im Unterschied zu הוצאתי in den anderen Textzeugen steht. Das ἀνάγω ist in OGChr eine feststehendes Äquivalent für עלה.[35]

Ausfälle durch Augensprünge in 8,16

Den größten Unterschied zwischen den Archetypen macht der zusätzliche Text in Kgtm und Chr (= 4QKgs) im Parallelismus der zweiten Vershälfte:

> Kön: „Ich habe nicht erwählt eine Stadt aus allen Stämmen Judas, um darin ein Haus zu bauen, damit mein Name dort sei. Und ich habe erwählt David, zu sein über meinem Volk Israel."
>
> Kgtm: „Ich habe nicht erwählt eine Stadt von einem der Stämme Judas, um darin ein Haus zu bauen, damit mein Name dort sei. *Und ich habe erwählt Jerusalem, damit mein Name dort sei* und ich habe erwählt David, zu sein ein Fürst über meinem Volk Israel."
>
> Chr (4QKGs): „Ich habe nicht erwählt eine Stadt aus allen Stämmen Judas, um darin ein Haus zu bauen, damit mein Name dort sei. Und ich habe nicht erwählt einen Mann, ZU SEIN EIN FÜRST ÜBER MEIN VOLK Israel. *Und ich habe erwählt Jerusalem, damit mein Name dort sei* und ich habe erwählt David, ZU SEIN ÜBER MEINEM VOLK (über) Israel."

Der *kursive* Text findet sich in Kgtm *und* Chr, der unterstrichene Text nur in Chr. Ein kleines Fragment von 4QKgs (KAPITÄLCHEN) enthält Teile des Parallelismus, die nur aus Chr bekannt sind.

Der kurze Text aus Kön ist durch einen Augensprung beim Abschreiben entstanden. Der Ausgangstext ist in Chr erhalten. Ein Schreiber sprang versehentlich von einem להיות שמי שם = „damit mein Name dort sei" zum zweiten und übersah den Text dazwischen:[36]

Kön-Vorlage (= Chr; = 4QKgs) zu Kön:

לא בחרתי בעיר מכל שבטי ישראל לבנות בית להיות שמי שם ולא בחרתי באיש להיות נגיד

על עמי ישראל ואבחר בירושלם להיות שמי שם ואבחר בדויד להיות על עמי על ישראל

Bei der langen Version aus dem Chronikbuch handelt es sich also nicht um chronistisches Sondergut. Die Chronisten haben den Text aus ihrer Vorlage übernommen

---

35 Interessanterweise hat in 3Kgtm 8,16 der antiochenische Text auch ein ἀνήγαγον (s.o.). Ob die Chr hier direkt oder indirekt L beeinflusst hat, ist schwer zu sagen.

36 Auf die Entstehung von Kön durch diesen Abschreibefehler machen ebenfalls aufmerksam: Trebolle Barrera, *DJD XIV*, 177; Trebolle Barrera, *Kings, First and Second Books of*, 467; Ulrich, *Composition*, 70–72; Ulrich, *Biblical Qumran Scrolls*, 325; Bösenecker, *Text*, 173; Bösenecker, *Basileion III*, 911; Japhet, *2 Chronik*, 80; Rudolph, *Chronikbücher*, 221; Klein, *2 Chronicles*, 81; Tov, *Textual Criticism*, 223; Dillard, *2 Chronicles*, 46.

und damit konserviert. Dieser ursprüngliche Text des Königebuches wird zusätzlich durch 4QKgs (= 4Q54) bezeugt. In der Qumranhöhle 4 wurden sieben Fragmente einer Handschrift des Königebuches gefunden.[37] Ein Fragment enthält Teile dieses Verses (s. o. den farbigen bzw. fettgedruckten Text). Enthalten sind dabei u. a. Wörter von genau dem Textteil, der in Kön durch einen Augensprung ausgefallen und in Chr erhalten ist. In der masoretischen Überlieferung des Chroniktextes ist dieser Abscheibefehler nochmal passiert. Zwei Textzeugen von MTChr haben ebenfalls den kurzen Text (s. u.).

Der Hyparchetyp ist entweder in Kgtm oder in Chr erhalten. Kgtm enthält nur einen Teil des längeren Textes aus Chr (= 4QKgs), nämlich die Erwählung Jerusalems: „Und ich habe erwählt Jerusalem, damit mein Name dort sei" (ואבחר בירושלם להיות שמי שם). Der Text von Kgtm könnte den Hyparchetyp enthalten; dann wäre der Text in 4QKgs = Chr aufgefüllt worden.[38] Ein Schreiber ergänzte zunächst das „und ich habe nicht erwählt einen Mann, zu sein ein Fürst über mein Volk Israel", bevor der Abschreiberfehler passierte, der zum kurzen Text von Kön geführt hat. Technisch könnte der Text aus Kgtm auch die direkte Vorlage von Kön gewesen sein und ein Schreiber die Erwählung Jerusalems aufgrund des doppelten ואבחר[39] oder des doppelten להיות שמי שם[40] ausgelassen haben. Dann wäre der Text von Kgtm in 4QKgs aufgefüllt worden. Andererseits könnte der Text von Kgtm auch fehlerhaft sein und der fehlende Text durch einen Augensprung zwischen zwei καί ausgefallen sein.[41] Die Anfälligkeit des Parallelismus für mehrere Augensprünge und die Bezeugung des langen Textes durch 4QKgs machen es sehr unwahrscheinlich, dass Kön am Anfang der Textgeschichte stand.[42]

---

37 Vgl. Trebolle Barrera, *DJD XIV*.

38 Über Kgtm als Hyparchetyp wurde erstaunlich wenig nachgedacht. Selbst Ulrich, Tov und Trebolle Barrera erwähnen die OG-Lesart nur am Rande und ziehen Kgtm als Hyparchetyp nicht in Betracht; vgl. ebd., 177.183 und Trebolle Barrera zitierend Ulrich, *Composition*, 71 und Tov, *Textual Criticism*, 223. Für Kgtm als Hyparchetyp argumentieren: Thenius, *Könige*, 131 und Klostermann, *Samuelis*, 316 sowie Kittel, *Könige*, 74; Landersdorfer, *Könige*, 58; Benzinger, *Könige*, 59f. De Vries, *1 Kings*, 117; Gray, *I & II Kings*, 244f. Fn. b); Ehrlich, *Randglossen*, 232.

39 לבנות בית להיות שמי שם בדויד להיות על עמי ישראל ~~ואבחר שם שם~~שמי להיות בירושלם ~~ואבחר~~ שם שמי להיות בית לבנות

40 לבנות בית ~~להיות שמי שם~~ בירושלם ואבחר ואבחר בדויד ~~להיות שמי שם~~ בירושלם ~~ואבחר~~ עמי ישראל

41 Οὐκ ἐξελεξάμην ἐν πόλει ἐν ἑνὶ σκήπτρῳ Ἰσραὴλ τοῦ οἰκοδομῆσαι οἶκον τοῦ εἶναι ὄνομά μου ἐκεῖ ~~καί~~ οὐκ ἐξελεξάμην ἐν ἀνδρὶ τοῦ εἶναι εἰς ἡγούμενον ἐπὶ τὸν λαόν μου Ἰσραὴλ ~~καί~~ ἐξελεξάμην ἐν Ιερουσαλημ γενέσθαι τὸ ὄνομά μου ἐκεῖ καὶ ἐξελεξάμην τὸν Δαυιδ τοῦ εἶναι ἡγούμενον ἐπὶ τὸν λαόν μου Ἰσραήλ.

42 Vor den Qumranfunden wurde vielfach Kön als der Hyparchetyp angesehen, der sukzessiv aufgefüllt wurde. Vgl. Stade, *Kings*, 103; Montgomery, *Kings*, 195; Noth, *I. Könige 1–16*, 183; Šanda, *Könige*, 221f. Lumby, *Kings*, 87f. Für Kön als den Hyparchetyp trotz der Evidenz von 4QKgs argu-

Auch auf allen anderen Überlieferungsebenen ist vielfach Text aufgrund von Augensprüngen ausgefallen. Das liegt an der besonderen Anfälligkeit des Parallelismus für Augensprünge. Zahlreiche Formulierungen werden mehrfach genutzt bzw. wiederholt – vor allem, wenn man den Text aus Chr (= 4QKgs) zugrunde legt. Einmal wiederholt werden ואבחר ,שם שמי להיות und על עמי ישׂראל. Das Nomen „Israel" findet sich an drei Stellen. Das להיות für sich genommen kommt sogar in allen vier Teilen des Parallelismus vor. Insgesamt kommen ca. 8 größere Minus/Plus zusammen. Folgende sind in der griechischen Textüberlieferungen bezeugt:

3Kgtm 3,16: OG-Text zu O L 731* CII[52] 125 f 55 71 245 318 460 707:
τοῦ εἶναι ⌐τὸ ὄνομά μου ἐκεῖ·⌐ ~~καὶ ἐξελεξάμην ἐν Ιερουσαλημ εἶναι τὸ ὄνομά μου ἐκεῖ,~~ καὶ ἐξελεξάμην τὸν Δαυιδ
[oder]
τοῦ εἶναι τὸ ὄνομά μου ἐκεῖ· ⌐καὶ ἐξελεξάμην⌐ ~~ἐν Ιερουσαλημ εἶναι τὸ ὄνομά μου ἐκεῖ,~~ ~~καὶ ἐξελεξάμην~~ τὸν Δαυιδ

2Chr 6,5: OG-Text zu 107:
6,5 [...] ⌐οὐκ ἐξελεξάμην⌐ ~~ἐν πόλει ἀπὸ πασῶν φυλῶν Ισραηλ τοῦ οἰκοδομῆσαι οἶκον τοῦ εἶναι~~ ~~ὄνομά μου ἐκεῖ καὶ⌐ οὐκ ἐξελεξάμην⌐ ἐν ἀνδρὶ τοῦ εἶναι εἰς ἡγούμενον ἐπὶ τὸν λαόν μου Ισραηλ

2Chr 6,6: OG-Text zu B 60 158:
6,6 ⌐καὶ ἐξελεξάμην⌐ ~~ἐν Ιερουσαλημ γενέσθαι τὸ ὄνομά μου ἐκεῖ καὶ ἐξελεξάμην⌐ ἐν Δαυιδ ὥστε εἶναι ἐπάνω τοῦ λαοῦ μου Ισραηλ

Die Lesart in 3Kgtm wurde bereits verhandelt (s. o.). In O (und eventuell L) wird es sich um eine hexaplarische Angleichung an Kön handeln. Die restliche Bezeugung des kürzeren Textes ist am besten durch mehrere unabhängig voneinander geschehene Textausfälle erklärt. Immerhin ist der Text doppelt anfällig für einen Augensprung. In LXXChr wird der kurze Text von 107 ebenfalls auf einen Augensprung zurückgehen. Der zustande kommende Text ist sonst nirgends überliefert. Gleiches gilt für B 60 158, wo die Erwählung Jerusalems ausgefallen ist. Gegen eine Angleichung an Kön spricht, dass die Erwählung eines Mannes im Text erhalten geblieben ist.

---

mentierten z. B. Mulder, *1 Kings 1–11*, 407; Talstra, *Prayer*, 138f. Van Keulen, *Versions*, 246–249. Steiner verteidigt in Auseinandersetzung mit Kasari eine MTKön-Priorität gegenüber Chr, ohne die Lesart aus 4QKgs oder den OG-Text aus Kgtm überhaupt wahrzunehmen (vgl. Steiner, *Salomo*, 263 Fn. 856 mit Kasari, *Promise*, 126 Fn. 72). Einfach vorausgesetzt wird Kön als Text von 1Kön 8,16 z. B. in Knauf, *1 Könige 1–14*, 196; Walsh, *1 Kings*; Werlitz, *Könige*, 95.

In der syrischen Überlieferung weist die Peshiṭta des Chronikbuches gleich zwei Minus auf:

PChr-Vorlage zu PChr (2. Minus = Kön):

ܕܡܢ ܝܘܡܐ ܕܐܦܩܬ ܠܥܡܝ [ܒܢ̈ܝ] ܐܝܣܪܝܠ ܡܢ ܡܨܪܝܢ. ~~ܠܐ ܓܒܝܬ ܒܡܕܝܢܬܐ ܡܢ ܟܠܗܘܢ ܫܒ̈ܛܐ ܕܐܝܣܪܝܠ~~
ܠܡܒܢܐ ܒܝܬܐ ܕܢܗܘܐ ܫܡܝ ܬܡܢ. ~~ܠܐ ܓܒܝܬ ܠܓܒܪܐ ܕܢܗܘܐ ܡܠܟܐ ܥܠ ܥܡܝ ܐܝܣܪܝܠ. ܘܓܒܝܬ ܠܐܘܪܫܠܡ~~
~~ܕܢܗܘܐ ܫܡܝ ܬܡܢ.~~ ܘܓܒܝܬ ܠܕܘܝܕ ܕܢܗܘܐ ܡܠܟܐ ܥܠ [ܥܡܝ] ܐܝܣܪܝܠ.

Das zweite Minus von ܠܐ ܓܒܝܬ ܠܓܒܪܐ ܕܢܗܘܐ ܡܠܟܐ ܥܠ ܥܡܝ ܐܝܣܪܝܠ. ܘܓܒܝܬ ܠܐܘܪܫܠܡ ולא בחרתי באיש להיות נגיד על עמי ישראל ואבחר בירושלם = ܕܢܗܘܐ ܫܡܝ ܬܡܢ. להיות שמי שם ist vermutlich eine Angleichung an den Text von Kön bzw. PKön. Solche Angleichungen sind in PChr bekannt (vgl. die Einleitung in Kap. 2.2 ab S. 46). Das Minus könnte aber auch auf einen Textausfall durch einen Augensprung zwischen den beiden ܕܢܗܘܐ ܫܡܝ ܬܡܢ. = להיות שמי שם zurückgehen. Das erste Minus geht vermutlich auf zwei Abschreibevorgänge zurück. Als erstes wurde aus Kön das fehlende ܐܝܣܪܝܠ ergänzt. Es fehlt in der Chronik (את עמי מארץ מצרים), steht aber in Kön (את עמי את ישראל ממצרים). Ein Schreiber von PChr änderte den Text zu ܠܥܡܝ ܐܝܣܪܝܠ ܡܢ ܡܨܪܝܢ und passte den Text damit an Kön an. Diese Angleichung könnte zusammen mit der Streichung des zweiten Minus gemäß Kön vorgenommen worden sein. PKön hat ein ܠܥܡܝ ܒܢ̈ܝ ܐܝܣܪܝܠ ܡܢ ܡܨܪܝܢ; von PKön kam in PChr vermutlich das zusätzliche ܒܢ̈ܝ in einigen Textzeugen dazu. Nimmt man eine solche für PChr übliche Bearbeitung an, kann das Minus gut als Textausfall durch einen Augensprung zwischen den zwei ܐܝܣܪܝܠ erklärt werden. Ein zweiter Schreiber übersah den Text dazwischen und auf diese Weise kam vermutlich der eigenartig kurze Text von PChr zustande.

Bei den aramäischen Übersetzungen hat TgChr einen kürzeren Text, der am besten durch einen Textausfall durch einen Augensprung bei einem Homoioteleuton erkärt werden kann:

TgChr-Vorlage (= TgJ) zum TgChr:

לא אתרעיתי בקרתא ~~מכל שבטיא דישראל למבני ביתא~~ לאשראה שכנתי תמן

Ein Schreiber sprang von der einen Endung תא zu anderen und übersah den Text dazwischen. Auf diese Weise entstand ein Text, der sonst nirgends für diesen Vers überliefert ist.

In den mittelalterlichen Masoretischen Texten sind insg. drei verschiedene Minus durch Textzeugen bezeugt:

1Kön 8,16: MT^L zu MT^{1Ms}:

לא בחרתי בעיר מכל שבטי ישראל לבנות בית להיות שמי שם ואבחר בדויד להיות על עמי ישראל

2Chr 6,6: MT^L zu MT^{1Ms}:

6,6 ואבחר בירושלם להיות שמי שם ואבחר בדויד להיות על עמי ישראל

2Chr 6,5–6: MT^L zu MT^{2Ms}:

לא בחרתי בעיר מכל שבטי ישראל לבנות בית להיות שמי שם ולא בחרתי באיש להיות נגיד על עמי 6,6 ישראל ואבחר בירושלם להיות שמי שם ואבחר בדויד להיות על עמי ישראל

In einer Handschrift des Königebuches sprang ein Schreiber von einem להיות zum anderen und ließ den Text dazwischen versehentlich aus. Auf diese Weise entstand ein Text, der inhaltlich nicht verständlich ist („ich habe nicht erwählt eine Stadt aus allen Stämmen Israels, um (dort) ein Haus zu bauen und zu sein (>) über das Volk Israel"). In einer Handschrift des Chronikbuches ist ein Schreiber von einem anderen להיות zum nächsten gesprungen; der Text dazwischen fiel aus. Das Ergebnis ist ebenfalls ein unverständlicher Text („und ich habe Jerusalem erwählt, zu sein (>) über das Volk Israel"). In zwei weiteren Textzeugen sprang ein Schreiber vermutlich von einem שמי שם להיות zum nächsten und erzeugte dabei (vermutlich versehentlich) einen Text, der mit Kön identisch ist. Durch genau den selben Abschreibefehler könnte auch Kön aus Chr/4QKgs entstanden sein.

Tab. 5.4: Synopse 1Kön 8,17 par.

Kgtm (OG)	Kgtm (Vorl.)	Kön	4QKgs	Chr
17 καὶ ἐγένετο ἐπὶ τῆς καρδίας Δαυιδ τοῦ πατρός μου	17 ויהי עם לבב דוד אבי	17 ויהי עם לבב דוד אבי	17	6,7 ויהי עם לבב דויד אבי
οἰκοδομῆσαι οἶκον τῷ ὀνόματι κυρίου θεοῦ Ισραηλ.	לבנות בית לשם יהוה אלהי ישראל	לבנות בית לשם יהוה אלהי ישראל	י[שראל	לבנות בית לשם יהוה אלהי ישראל

Kgtm (OG): τῆς καρδίας] τὴν καρδίαν L$^{-19-108}$ f (= OGChr) | Δαυιδ] > B d^{-106} | θεοῦ] +pre τοῦ L 56 489

Vers 17

Das Δαυιδ ist innergriechisch in B d⁻¹⁰⁶ ausgefallen.[43] Sowohl OGKgtm als auch OGChr übersetzten in 8,17 und 8,18 היה + עם + לב konsequent mit γίνομαι + ἐπί + καρδία (8,17: ויהי עם לבב = καὶ ἐγένετο ἐπὶ τῆς καρδίας OGKgtm, καὶ ἐγένετο ἐπὶ καρδίαν OGChr; 8,18: היה עם לבבך = ἐγενήθη ἐπὶ τὴν καρδίαν σου OGKgtm, ἐγένετο ἐπὶ καρδίαν σου OGChr).[44] Die Übersetzer weichen in diesem Fall von der Standard-Äquivalenz על = ἐπί ab, um einen verständlichen Text in der Zielsprache zu produzieren. Die Präposition ἐπί steht 568 Mal in 1–4Kgtm für על; = אל 106 Mal; = ב 59Mal); für עם steht ἐπί außerhalb von 1Kön 8,17–18 sehr selten: 1Sam 13,5; 2Sam 2,5(textkritisch unsicher); 1Kön 20,26.

Der Hyparchetyp ist in allen hebräischen Archetypen vollständig erhalten (zum Text des Hyp. vgl. Kap. 10 ab S. 308). In den Übersetzungen von Kön und Chr sind ebenfalls keine Varianten belegt. Die Archetypen werden unverändert wiedergegeben.

Tab. 5.5: Synopse 1Kön 8,18 par.

Kgtm (OG)	Kgtm (Vorl.)	Kön	4QKgs	Chr
¹⁸ καὶ εἶπεν κύριος πρὸς Δαυιδ τὸν πατέρα μου	¹⁸ ויאמר יהוה / אל דוד אבי	¹⁸ ויאמר יהוה / אל דוד אבי	¹⁸ ויאמר]	⁶,⁸ ויאמר יהוה / אל דויד אבי
Ἀνθ' ὧν ἦλθεν ἐπὶ τὴν καρδίαν σου	יען אשר בא / על לבבך / לבבך	יען אשר היה / עם לבבך		יען אשר היה / עם לבבך
τοῦ οἰκοδομῆσαι οἶκον τῷ ὀνόματί μου,	לבנות בית / לשמי	לבנות בית / לשמי		לבנות בית / לשמי
καλῶς ἐποίησας	הטיבת	הטיבת		הטיבות
ὅτι ἐγενήθη ἐπὶ τὴν καρδίαν σου·	כי היה עם / לבבך	כי היה עם / לבבך		כי היה עם / לבבך

Kgtm (OG): ἀνθ' ὧν ἦλθεν] ὅτι ἐγένετο L | τοῦ] > O L f | καλῶς ἐποίησας] ἠγάθυνας L | ἐγενήθη] ἐγένετο L 509 460 (= OGChr)

[43] Bösenecker sieht in B den OG-Text und versteht Δαυιδ als innergriechischen Nachtrag (Bösenecker, *Text*, 173), obwohl die große Mehrheit der Textzeugen dagegen steht. Selbst Rahlfs entscheidet sich an dieser Stelle allerdings gegen B. Warum Bösenecker trotzdem B folgt, erklärt er durch ein redaktionsgeschichtliches Geschmacksurteil („es lässt sich gut als Zusatz in M aus 16b [...] verstehen"). Wie das Δαυιδ in die Mehrheit der Textzeugen gelangt ist, erklärt er nicht. Zur Problematik der Annahme von „B = OG-Text" bei Rahlfs und Bösenecker vgl. die Einleitung auf S. 22. Bösenecker bevorzugt B dabei noch konsequenter als Rahlfs (vgl. Fn. 24 auf S. 26).
[44] Anders 1Kön 10,2: כל אשר היה עם לבבה = ὅσα ἦν ἐν τῇ καρδίᾳ αὐτῆς.

Vers 18

L vereinheitlicht die inhaltlich synonymen Nebensätze ἀνθ᾽ ὧν ἦλθεν ἐπὶ τὴν καρδίαν σου und ὅτι ἐγενήθη ἐπὶ τὴν καρδίαν σου und hat beide Male ὅτι ἐγένετο ἐπὶ τὴν καρδίαν σου.

Das ἀνθ᾽ ὧν ist eine Standardübersetzung von יען אשר. Das הטיבת gibt der Übersetzer wie auch OGChr freier mit καλῶς ἐποίησας wieder. Das ὅτι ἐγενήθη ἐπὶ τὴν καρδίαν σου am Satzende entspricht dem כי היה עם לבבך in Kön und Chr. Bei dieser Wendung weicht der Übersetzer von seiner Standardäquivalenz על = ἐπί ab (s.o. den Kommentar zu Vers 17).

Das ἀνθ᾽ ὧν ἦλθεν ἐπὶ τὴν καρδίαν σου ist eine Übersetzung von יען אשר בא על לבבך in der OG-Vorlage. Das Verb ἔρχομαι in dem OG-Text ist Standardäquivalent für בוא. 2Chr 7,11 belegt die Existenz eines בוא + in Hebräisch (vgl. auch Lev 26,36 und Spr 2,10).[45] Kön und Chr haben einheitlich יען אשר היה עם לבבך.[46] Eine Übersetzung von היה mit ἔρχομαι wäre in 3Kgtm singulär. Stünde עם היה לבבך wie in Kön und Chr in der OG-Vorlage, wäre eine Übersetzung wie in der zweiten Vershälfte mit ὅτι ἐγενήθη ἐπὶ τὴν καρδίαν σου oder wie in 8,17 mit ἐγένετο ἐπὶ τῆς καρδίας zu erwarten. Der Übersetzer von OGChr übersetzt wie zu erwarten יען אשר היה עם לבבך mit διότι ἐγένετο ἐπὶ καρδίαν σου und כי היה עם לבבך mit ὅτι ἐγένετο ἐπὶ καρδίαν σου.

Der Hyparchetyp wird von allen Archetypen zuverlässig überliefert. Offen bleibt lediglich der Wortlaut des zweiten Teilsatzes. Dem יען אשר בא על לבבך in Kgtm steht ein יען אשר היה עם לבבך in Kön und Chr gegenüber. Beide Versionen sind auf Hebräisch belegt und als Text des Hyparchetyps möglich. Das יען אשר היה עם לבבך entspricht dem כי היה עם לבבך vom Versende.

---

45 Der OGChr dieser Stelle ist ein Problem für sich. Der OG-Text von 2Chr 7,11 übersetzt ואת כל הבא על לב mit καὶ πάντα ὅσα ἠθέλησεν ἐν τῇ ψυχῇ. Die Formen ἦλθεν (von ἔρχομαι) und ἠθέλησεν (von θέλω) sind sich graphisch ähnlich, sodass innergriechisch aus ἦλθεν ein ἠθέλησεν geworden sein könnte. Alternativ könnte hinter dem καὶ πάντα ὅσα ἠθέλησεν in 2Chr 7,11 auch das ואת כל חשׁק aus der Könige-Parallele (1Kön 9,1 = 2Chr 7,11) stehen.

46 Tov/Polak, CATSS, setzen diesen Text mit OGKgtm gleich, ohne Unterschiede zu markieren und Gründe zu nennen.

Tab. 5.6: Synopse 1Kön 8,19 par.

Kgtm (OG)	Kgtm (Vorl.)	Kön	Chr
¹⁹ πλὴν σὺ οὐκ οἰκοδομήσεις τὸν οἶκον,	¹⁹ רק אתה לא תבנה הבית	¹⁹ רק אתה לא תבנה הבית	6,9 רק אתה לא תבנה הבית
ἀλλ' ἢ ὁ υἱός σου ὁ ἐξελθὼν ἐκ τῶν πλευρῶν σου,	כי אם בנך היצא מחלציך	כי אם בנך היצא מחלציך	כי בנך היוצא מחלציך
οὗτος οἰκοδομήσει τὸν οἶκον τῷ ὀνόματί μου.	הוא יבנה הבית לשמי	הוא יבנה הבית לשמי	הוא יבנה הבית לשמי

Kgtm (OG): πλήν] > B 509 460 | σὺ οὐκ B rel] οὐ σύ A L f | τὸν οἶκον 1°] + τῷ ὀνόματί μου L⁻¹⁰⁸ f; + τὸ ὀνόματί μου 108 158 | τόν 2°] > 247 L 379* 46'-530 121 d⁻¹⁰⁶ f 71 245 342

Vers 19

In B 509 und 460 ist das πλήν ausgefallen.[47] In L und f wird ein zweites τῷ ὀνόματί μου hinzugefügt. Entweder die Wendung wurde absichtlich an den letzten Teilsatz (οὗτος οἰκοδομήσει τὸν οἶκον τῷ ὀνόματί μου) angeglichen oder das τὸν οἶκον τῷ ὀνόματί μου wurde durch einen Augensprung versehentlich zweimal abgeschrieben.

Der OG-Text entspricht weitestgehend den auf Hebräisch überlieferten Versionen aus Kön und Chr. An der Position von ἀλλ' ἢ hat Kön ein כי אם und Chr ein כי. Tendenziell gibt der Übersetzer כי אם mit ὅτι ἀλλ' ἢ oder ἀλλ' ἢ und כי mit ὅτι und gelegentlich mit ἀλλά wieder (Ausnahme: 1Sam 8,7 und 18,25). Diese Präferenz legt כי אם als OG-Vorlage nah.

Alle drei Archetypen sind (fast) identisch. In der Chronik ist das כי אם aus Kgtm und Kön durch ein einfaches כי ersetzt. Die Chronik verwendet für ein adversatives „sondern" bevorzugt כי anstatt des כי אם.[48] Für dieselbe Änderung vgl. 1Kön 22,8 mit 2Chr 18,7 und 2Kön 14,6 mit 2Chr 25,4. PKön fügt wie schon der griechische L-Text ein ܠܫܡܝ („für meinen Namen") ein (vgl. 2Sam 7,13 MT: הוא יבנה הבית לשמי).

---

47 So auch Rahlfs. Anders Bösenecker: „Auch hier wird sich in Gᴮ der alte Text von G erhalten haben." (Bösenecker, *Text*, 174). Er versteht πλήν als innergriechischen Nachtrag und behauptet B = OG. Gründe nennt er nicht. Die reine Behauptung B = OG-Text setzt voraus, dass B den Archetypen nahezu in Reinform erhält, was in der LXX bekanntermaßen nicht der Fall ist. Zur Problematik der Annahme von „B = OG-Text" vgl. die Einleitung auf S. 22. Bösenecker bevorzugt B dabei noch konsequenter als Rahlfs (vgl. Fn. 24 auf S. 26).

48 Vgl. Kropat, *Syntax*, 31; und Joüon/Muraoka, *Grammar*, 603, Fn. 4 (mit Verweis auf Kropat).

Tab. 5.7: Synopse 1Kön 8,20 par.

Kgtm (OG)	Kgtm (Vorl.)	Kön	Chr
²⁰ καὶ ἀνέστησεν κύριος τὸ ῥῆμα αὐτοῦ,	²⁰ ויקם יהוה את דברו	²⁰ ויקם יהוה את דברו	⁶,¹⁰ ויקם יהוה את דברו
ὃ ἐλάλησεν,	אשר דבר	אשר דבר	אשר דבר
καὶ ἀνέστην ἀντὶ Δαυιδ τοῦ πατρός μου	ואקם תחת דוד אבי	ואקם תחת דוד אבי	ואקום תחת דויד אבי
καὶ ἐκάθισα ἐπὶ τοῦ θρόνου Ισραηλ,	ואשב על כסא ישראל	ואשב על כסא ישראל	ואשב על כסא ישראל
καθὼς ἐλάλησεν κύριος,	כאשר דבר יהוה	כאשר דבר יהוה	כאשר דבר יהוה
καὶ ᾠκοδόμησα τὸν οἶκον τῷ ὀνόματι κυρίου θεοῦ Ισραηλ.	ואבנה הבית לשם יהוה אלהי ישראל	ואבנה הבית לשם יהוה אלהי ישראל	ואבנה הבית לשם יהוה אלהי ישראל

Kgtm (OG): ἀνέστην] ἀνέστησε(ν) με L⁻⁸² 328 | ἐκάθισα] ἐκάθισέ(ν) με L | ἐπὶ τοῦ θρόνου] ἐπὶ θρόνου L⁻¹⁹⁻¹⁰⁸ 71 | τὸν οἶκον] οἶκον L f | θεοῦ] +pre τοῦ M L 489 158

Vers 20

Die Vorlage des OG-Textes ist durch Kön und Chr auf Hebräisch belegt. Relevante Unterschiede zwischen dem OG-Text und dem hebräischen Text von Kön und Chr gibt es keine.

Im antiochenischen Text wird JHWH zum Subjekt des zweiten und dritten Hauptsatzes gemacht.[49] Nicht Salomo hat sich an die Stelle Davids begeben (1Sg im OG: ἀνέστην), sondern JHWH hat Salomo als Davids Nachfolger eingesetzt (3Sg in L: ἀνέστησεν με); nicht Salomo hat sich auf den Thron Israels gesetzt (1Sg im OG: ἐκάθισα), sondern JHWH (3Sg in L: ἐκάθισέν με).

Der Hyparchetyp ist in allen drei hebräischen Archetypen von Kgtm, Kön und Chr unverändert erhalten geblieben (zum Text vgl. Kap. 10 ab S. 308). Der OGChr vermeidet Salomo als aktives Subjekt im zweiten Hauptsatz (vgl. den L-Text in 3Kgtm). Dafür musste der Übersetzer von OGChr von seiner Standardäquivalenz קום = ἀνίστημι und היה = γίνομαι abweichen. Er übersetzt das Verb קום ausnahmsweise mit dem Passiv von γίνομαι und ließt καὶ ἐγενήθην ἀντὶ Δαυιδ τοῦ πατρός μου „und *ich bin gekommen* an die Stelle meines Vaters David").

---

[49] Der gesamte Vers lautete in L (Änderungen gegenüber dem OG-Text farbig bzw. kursiv in der Übersetzung): καὶ ἀνέστησεν κύριος τὸ ῥῆμα αὐτοῦ ὃ ἐλάλησεν· καὶ ἀνέστησε με ἀντὶ Δαυιδ τοῦ πατρός μου, καὶ ἐκάθισέ με ἐπὶ θρόνου Ισραηλ: „Und der Herr hat sein Wort bestätigt, das er gesprochen hat, *und hat mich an die Stelle meines Vaters erhoben und mich auf den Thron Israel gesetzt*").

Tab. 5.8: Synopse 1Kön 8,21 par.

Kgtm (OG)	Kgtm (Vorl.)	Kön	Chr
²¹ καὶ ἐθέμην ἐκεῖ τόπον τῇ κιβωτῷ,	²¹ ואשם שם מקום לארון	²¹ ואשם שם מקום לארון	6,11 ואשים שם את הארון
ἐν ᾗ ἐστιν ἐκεῖ διαθήκη κυρίου,	אשר שם ברית יהוה	אשר שם ברית יהוה	אשר שם ברית יהוה
ἣν διέθετο κύριος μετὰ τῶν πατέρων ἡμῶν	אשר כרת [יהוה] עם אבתינו	אשר כרת עם אבתינו	אשר כרת עם בני ישראל
ἐν τῷ ἐξαγαγεῖν αὐτὸν αὐτοὺς ἐκ γῆς Αἰγύπτου.	בהוציאו אתם מארץ מצרים	בהוציאו אתם מארץ מצרים	

Kgtm (OG): διαθήκη] +pre ἡ L f

Vers 21

Der OG-Text ist mit Kön nahezu identisch. Ein κύριος kommt dazu. Die Existenz eines יהוה in der OG-Vorlage ist möglich, bleibt aber unsicher. Eigennamen können auf allen Ebenen der Überlieferung ergänzt worden sein (vgl. z. B. die Textgeschichte von 8,1–6). In 1Kön 8,9 ist genau diese Formulierung auf Hebräisch mit יהוה belegt ist (אשר כרת יהוה עם בני ישראל). Von dort wird die Ergänzung des Subjekts inspiriert sein.

Der Archetyp ist in diesem Vers in Kgtm und Kön erhalten. Die Chronik nimmt einige Änderungen vor: In ihr wird das מקום לארון („[Salomo setzte] einen Ort für die Lade") zu את הארון („[Salomo setzte] die Lade") geändert. Nach 1Chr 15,1 gründet *David* in der Stadt Davids durch das Aufschlagen eines Zeltes einen מקום für die Lade (vgl. 1Chr 15,1: ויכן מקום לארון האלהים ויט לו אהל; vgl. 2Chr 1,4).[50] Dementsprechend wird hier das מקום gestrichen. David und nicht Salomo bereitete einen מקום für die Lade; Salomo brachte (nur) die Lade an diesen Ort. In der Chronik fehlt zudem das בהוציאו אתם מארץ מצרים und עם אבתינו ist zu עם בני ישראל geändert. Dies ist nicht der einzige Fall, wo ein Verweis auf den Exodus in Kön in der Chronik fehlt. Der veränderte Rezeptionsfokus der Chronisten könnte dazu geführt haben, solche und ähnliche Exodusverweise sporadisch zu reduzieren. Von sechs Verweisen auf den Exodus in 1Kön 8–9 finden sich nur drei in der Chronik wieder (1Kön 8,9 = 2Chr 5,10; 1Kön 8,16 = 2Chr 6,5; 1Kön 9,9 = 2Chr 7,22); die

---

50 Die Lade befand sich zu diesem Zeitpunkt noch im Hause Obed-Edoms (vgl. 1Chr 13–16 [≈ 2Sam 6]). Nachdem David einen מקום für die Lade hergerichtet hatte, holte er sie nach Jerusalem und hielt eine kleine kultische Zeremonie ab (vgl. 1Chr 16,4–6 und 16,37–42).

Exodus-Verweise in 1Kön 8,21.51.53 fehlen in der Chronik.[51] An diesen drei Stellen lassen sich dabei keine mechanischen oder anderweitigen redaktionellen Gründe für eine Auslassung finden.

OGChr hat anstatt אֲשֶׁר כָּרַת עִם בְּנֵי יִשְׂרָאֵל ein einfaches ἦν διέθετο τῷ Ισραηλ, was möglicherweise auf ein אֲשֶׁר כָּרַת אֶת יִשְׂרָאֵל zurückgehen könnte (vgl. Ex 34,27 und für כרת + אֶת + Objekt vgl. Dtn 28,69 und Jer 31,31.33).

In TgChr sind es „die Tafeln des Bundes JHWHs" (לוחי קיימא דייי), die in der Lade waren (Kön / Chr: „der Bund JHWHs", ברית יהוה). PChr ergänzt in demselben Relativsatz das Verb ܣܡ ܗ („[die Lade], in die er den Bund JHWHs *gelegt hat*"). PChr ersetzt zudem das כרת aus Chr durch ein ܝ ܗ ܒ : PChr: „(der Bund JHWHs), den er unseren Vätern *gegeben hat* (ܝ ܗ ܒ)" vs. Chr: „(der Bund JHWHs), den er mit unseren Vätern *geschlossen hat* (כרת)". TgJ verdoppelt מקום zu אֲתַר מַתְקַן („einen Ort, der bereitet wurde") und formt den ersten Relativsatz zu דבֵיה מַחֲתִין תְּרֵין קִימָא דייי [כתיבין] לוחי אַבְנַיָא דעֲלֵיהוֹן um („in der hineingelegt wurden die zwei Steintafeln, auf denen [geschrieben] war der Bund JHWHs"). In allen Fällen (TgJ, TgChr, PChr) wird der „Bund JHWHs" (ברית יהוה) aus Kön und Chr als Chiffre für die zwei Gesetzestafeln aufgefasst, die sich in der Lade befinden (vgl. 1Kön 8,9).

PKön streicht מקום, die Präposition ל vor אֲרוֹן und das zweite שָׁם, sodass der Relativsatz komplett aufgelöst wird (ܐ ܪ ܘ ܢ ܩ ܝ ܡ ܐ ܕ ܡ ܪ ܝ ܐ ܬ ܡ ܢ ܣ ܡ ܬ : „ich habe dort hingesetzt die Lade des Bundes JHWHs") und der Text inhaltlich dem ersten Satz aus Chr entspricht (PKön wäre auf Hebräisch: וָאֲשִׂים שָׁם אֶת הָאָרוֹן בְּרִית יהוה). Damit ist die Aussage vermieden, dass Salomo einen מקום schafft (vgl. Chr).

---

51 Überblickt man in beiden Kompositionen als Ganze beispielsweise Exodus-Verweise mit יצא oder עלה + מצרים, zeigt sich ein ähnliches Bild: In 1Sam–2Kön sind Exodus-Verweise mit יצא oder עלה + מצרים überaus häufig (1Sam 8,8; 10,18; 12,6.8; 15,2.6; 27,8; 2Sam 7,6; 1Kön 6,1; 8,9.16.21.51.53; 9,9.16; 10,29; 12,28; 14,25; 2Kön 17,4.7.36; 21,15; 23,29; 24,7); in der Chronik hingegen nur in 1Chr 17,5.21 (hier ohne מצרים bzw. mit einem anderen Verb) und in 2Chr 5,10; 6,5; 7,22 zu finden. Viele der Auslassungen haben nichts mit den Exodus-Verweisen zu tun sondern andere Gründe; aber die Chronik hätte solche Exodus-Verweise auch gelegentlich ergänzen können, was sie nicht tut.

6 Das Bittgebet (8,22–53)

6.1 Die Redeeinleitung (8,22) + 2Chr 6,13

Tab. 6.1: Synopse 1Kön 8,22 par. + 2Chr 6,13

Kgtm (OG)	Kgtm (Vorl.)	Kön	Chr
²² Καὶ ἔστη Σαλωμων κατὰ πρόσωπον τοῦ θυσιαστηρίου κυρίου ἐνώπιον πάσης ἐκκλησίας Ισραηλ	²² ויעמד שלמה לפני מזבח יהוה נגד כל קהל ישראל	²² ויעמד שלמה לפני מזבח יהוה נגד כל קהל ישראל	6,12 ויעמד לפני מזבח יהוה נגד כל קהל ישראל
καὶ διεπέτασεν τὰς χεῖρας αὐτοῦ εἰς τὸν οὐρανὸν	ויפרש כפיו השמים	ויפרש כפיו השמים	ויפרש כפיו
			6,13 כי עשה שלמה
			כיור נחשת
			ויתנהו בתוך
			העזרה
			חמש אמות ארכו
			וחמש אמות רחבו
			ואמות שלוש קומתו
			ויעמד עליו
			ויברך על ברכיו
			נגד כל קהל
			ישראל
			ויפרש כפיו
			השמימה

Kgtm (OG): ἔστη] ἀνέστη B M^mg CI 242′ 509 244* 318 460

Chr: [ויעמד] + ﺝﻠﺴﺟ P (= Kön)

Die OG-Vorlage ist in Kön vollständig auf Hebräisch erhalten. Die Präposition εἰς in εἰς τὸν οὐρανόν hat im Hebräischen Text kein direktes Äquivalent. Kön verwendet השמים als Lokalangabe ohne Präposition: „(Hände ausstrecken) *zum* Himmel". Dieselbe Wendung mit der gleichen Änderung im OG-Text kehrt in 8,54 wieder („[Hände ausstrecken] *zum Himmel*" השמים = εἰς τὸν οὐρανόν; Chr: >). Mit εἰς ergänzte der Übersetzer beide Male die fehlende Präposition.[1] Gleiches taten die Übersetzer der semitischen Übersetzungen (8,22.54: „[Hände ausstrecken] *zum* Himmel" השמים =

---

1 Vgl. Tov/Polak, *CATSS* und Bösenecker, *Text*, 174.

https://doi.org/10.1515/9783111290973-006

לצית שמיא in TgJ = ܠܥܠ in P). Dasselbe übersetzungstechnische Phänomen kehrt bei der Wendung „(erhören) vom Himmel" in 8,32.34.36.39.43.45.49 wieder. Kön verwendet die Lokalangabe הַשָּׁמַיִם ohne Präposition, alle Übersetzungen ergänzen eine (vgl. Tab. 6.14 auf S. 185).

Der Hyparchetyp von 8,22 ist unverändert in Kgtm und Kön erhalten. TgJ und PKön ergänzen in 8,22.54 bei der Lokalangabe הַשָּׁמַיִם eine Präposition: „(Hände ausstrecken) *zum* Himmel" (TgJ: לצית שמיא; PKön: ܠܥܠ). Es handelt sich um eine systematische Änderung in den Übersetzungen (vgl. Tab. 6.14 auf S. 185 für „erhören *aus* dem Himmel").

Die Chronik hängt über eine Wiederaufnahme von ויפרש כפיו den zusätzlichen Vers aus 2Chr 6,13 an:

> 2Chr 6,12 Und er trat hin vor den Altar Jhwhs gegenüber von der ganzen Versammlung Israels und breitete seine Hände aus. *13 Salomo hatte nämlich ein bronzenes Podest gemacht und es in die Mitte des Vorhofes gestellt. Fünf Ellen (war) seine Länge und fünf Ellen seine Breite und drei Ellen seine Höhe. Und er stieg auf es und kniete auf seine Knie gegenüber von der ganzen Versammlung Israels und er breitete seine Hände zum Himmel aus.* 14 und sprach...

Durch das כי ist der Kommentar nur lose in den Text eingebunden. Der Vers ergänzt spezifische Details zur Haltung Salomo: Er kniete auf einer selbstgebauten Kanzel aus Bronze in der Mitte des Vorhofes. Danach nahm er den letzten Teil seiner Vorlage aus 8,22 wieder auf und kehrt zum Abschreiben seiner Vorlage zurück („und er breitete seine Hände aus" > „und er breitete seine Hände aus zum Himmel"). Das הַשָּׁמַיִם wird mit dem Richtungssuffix ה als הַשָּׁמַיְמָה am Ende von 6,13 verwendet. Das שלמה steht in Chr im Sondergut; in 2Chr 6,12 fehlt es (Kgtm/Kön in 8,22: ויעמד שלמה; Chr: ויעמד).

Wortwahl und Inhalt weisen den Text als chronistisches Sondergut aus. Der Begriff עזרה („Vorhof") wird nur in der Chronik gebraucht, nicht im Königebuch (vgl. עזרה in 1Chr 4,17; 2Chr 4,9; 6,13; 28,21). Es handelt sich dabei vermutlich um den „großen Vorhof" und nicht den „Vorhof der Priester", der für die Öffentlichkeit zugänglich gewesen sein dürfte.[2] Zudem sind Zusätze in Verbindung mit Tempel und Liturgie für die Chronik typisch.

---

2 Die Chronik berichtet in 2Chr 4,9 über den Bau der Vorhöfe des Tempels. Es gibt zwei Vorhöfe: Einen sog. „Vorhof der Priester" (חצר הכהנים) und einen „großen Vorhof" (והעזרה הגדולה). Wie die Begrifflichkeiten andeuten, liegt der עזרה wohl außerhalb des inneren Vorhofes, der wohl gemäß seinem Namen nur von Priestern betreten werden durfte. Auf diesem äußeren „großen Vorhof" hat Salomo nun das Podest gestellt und von dort zum Volk gesprochen. Die Beschreibung des Baus des „inneren Vorhofes" (את החצר הפנימית) in 1Kön 6,36 fehlt in Chr. Ansonsten ist in Chr von den „Höfen" des Tempels für die Priester die Rede (cf. 1Chr 23,28; vgl. 2Chr 4,9) bzw. von den „Höfen des Tempels des Herrn" (1Chr 28:12לחצרות בית יהוה; vgl. 28,6; 2Chr 23,5; 24,21; 29,16). In 2Chr 29,16 wird dann differenziert zwischen dem „Inneren des Hauses des Herrn" (לפנימה

Über das redaktionelle Motiv hinter dem Einschub von 2Chr 6,13 wird viel spekuliert.[3] Der Zusatz könnte das geschehen auf den äußeren Vorhof verlagern wollen (s. o. zum Begriff עזרה), um Salomo und das Volk von dem zulassungsbeschränkten, inneren Vorhof fernzuhalten. In 8,54b berichten Kgtm/Kön von einem Aufstehen Salomos von den Knien.[4] Das könnte den Zusatz in 2Chr 6,13 nach 1Kön 8,22 = 2Chr 6,12 über den sich hinknienden Salomo ausgelöst haben. 1Kön 8,54–61 wird von der Chronik ausgelassen.[5] Ein Hinweis auf das Aufstehen Salomos von den Knien fehlt also wiederum in der Chronik. 8,54b könnte aber auch ein post-chronistischer Zusatz in Kgtm/Kön sein.[6] Der Schreiber von 1Kön 8,54b wusste aus 2Chr 6,13, dass Salomo sich hingekniet hatte.[7] Auf das Knien könnte der Schreiber auch durch Assoziationen über die Konsonanten ויברך in 1Kön 8,14 = 2Chr 6,3 gekommen sein. In 8,14 ist וַיְבָרֶךְ „und er segnete" zu lesen. Die Konsonanten lassen sich aber auch als וַיְּבְרַךְ = „und er kniete sich hin" lesen. Genau dieses Wort wählten die Chronisten in 2Chr 6,13: ויברך על ברכיו – und nicht die geläufigere Vokabel כרע (z. B. ויכרע על ברכיו) wie in 1Kön 8,54b (מכרע על ברכיו) und im chronistischen Sondergut aus 2Chr 7,3 (ויכרעו). Die gewählte *figura etymologica* ויברך על ברכיו ist singulär in der HB. Auch das Lexem ברך mit der Bedeutung „knien" ist in der HB selten. Es findet sich im Qal nur noch in Ps 95,6 (hier im Parallelismus zu כרע) und im Hifil in Gen 24,11. Häufiger anzutreffen ist es im rabbinischen Hebräisch und im Aramäischen wie beispielsweise in Dan 6,11 (ברך על ברכוהי) oder in den Targumim.[8].

Die Bedeutung „Podest, Plattform" für כיור ist singulär in der HB.[9] Der Begriff beschreibt normalerweise ein Becken bzw. Kessel für rituelle Waschungen (vgl. z.B. die Belege in Ex und 1Kön 7,38) oder zum Kochen (1Sam 2,14; Sach 12,6). Die כיור in Ex 30,18; 38,8 und in 1Kön 7,38 sind ebenfalls aus Bronze (כיור + נחשׁת,

---

בית יהוה) und dem außerhalb dessen liegenden „Hof des Hauses des Herrn" (לחצר בית יהוה). In 2Chr 33,5 ist dann von „zwei Höfen des Hauses des Herrn" (בשׁתי חצרות בית יהוה) die Rede.

3 Vgl. z. B. Japhet, *2 Chronik*, 78; Klein, *2 Chronicles*, 90, für eine Aufzählung der Möglichkeiten.
4 Zu 1Kön 8,54b vgl. Kap. 13.3.2 ab S. 382.
5 Vgl. dazu Kap. 8.1 ab S. 249.
6 Für diese Einordnung von 1Kön 8,54b vgl. Kap. 13.3.2 ab S. 382.
7 Andere spekulieren, dass 2Chr 6,13 ursprünglich auch im Text von Kgtm/Kön stand und dort wegen eines Augensprunges ausgefallen ist – so z. B. Japhet, *2 Chronik*, 78. Die Wortwahl von 2Chr 6,13 spricht allerdings dagegen (s. o.), sowie methodisch *Ockhams Rasiermesser*.
8 Vgl. Jastrow, *Dictionary*; *CAL*, jeweils zu dem Lexem.
9 כיור in: Ex 30,18.28; 31,9; 35,16; 38,8; 39,39; 40,7.11.30; Lev 8,11; 1Sam 2,14; 1Kön 7,30.38.40.43; 2Kön 16,17; 2Chr 4,6.14; 6,13; Sach 12,6.

dort ebenfalls mit עשׂה)[10]. Der chronistische Schreiber wird sich dieser Assoziation sicherlich bewusst gewesen sein. Die Maße des Podestes stimmen zudem überein mit denen des Brandopferaltars in Ex 27,1 und 38,1.

Die Inspirationsquelle für den Bau eines Podestes als eine Art Kanzel könnte Neh 8,4 gewesen zu sein. Dort ist von einer hölzernen Kanzel (מגדל עץ) die Rede, auf die sich Esra zur Verlesung des Gesetzes gestellt hat und die extra für diesen Zweck angefertigt wurde (אשׁר עשׂו לדבר).

6.2 Das Bittgebet (8,23–53)

Tab. 6.2: Synopse 1Kön 8,23 par.

Kgtm (OG)	Kgtm (Vorl.)	Kön	Chr
²³ καὶ εἶπεν	²³ ויאמר	²³ ויאמר	⁶,¹⁴ ויאמר
κύριε ὁ θεὸς Ισραηλ	יהוד אלהי ישראל	יהוה אלהי ישראל	יהוה אלהי ישראל
οὐκ ἔστιν θεὸς ὡς σὺ ἐν τῷ οὐρανῷ ἄνω καὶ ἐπὶ τῆς γῆς κάτω	אין אלהים כמוך בשמים ממעל ועל הארץ מתחת	אין כמוך אלהים בשמים ממעל ועל הארץ מתחת	אין כמוך אלהים בשמים ובארץ
φυλάσσων διαθήκην καὶ ἔλεος τῷ δούλῳ σου	שמר הברית והחסד לעבדך	שמר הברית והחסד לעבדיך	שמר הברית והחסד לעבדיך
τῷ πορευομένῳ ἐνώπιόν σου ἐν ὅλῃ καρδίᾳ αὐτοῦ	ההלך לפניך בכל לבו	ההלכים לפניך בכל לבם	ההלכים לפניך בכל לבם

Kgtm (OG): Ισραηλ] +pre τοῦ L | θεὸς ὡς σύ] ὡς σὺ θεός B O L CI f 68 mixti (= Ra; = Kön) | ἔλεος] ἔλεον L‑¹⁰⁸; | τῷ δούλῳ σου] + Δαυιδ τῷ πατρί μου L‑⁹³ 328 f; +pre Δαυιδ τῷ πατρί μου 93 | πορευομένῳ] πεπορευμένῳ L | ἐν ὅλῃ καρδίᾳ αὐτοῦ] +pre ἐν ἀληθείᾳ καὶ L 328 | καρδίᾳ (=OGChr)] +pre τῇ B M L CI f 55 71 158 244 342 372 (= Ra)

Kön: [בכל לבם] ܡܟܠܗ ܠܒܗ. ܘܚܠܡ ܘܚܠܡ ܢܚܠܡ ܠܟܡ ܐܦܬܡ P

Vers 23

Rahlfs folgt B (sowie M L CI f 55 71 158 244 342 372) und rekonstruiert ἐν ὅλῃ τῇ καρδίᾳ αὐτοῦ mit dem Artikel τῇ als OG-Text.[11] Im OG-Text stand ἐν ὅλῃ καρδίᾳ

---

10 In 1Kön 7,38 machte Hiram von Tyrus die כיור נחשׁת. In 2Chr 4,6 wird zunächst verschwiegen, dass die Geräte von Hiram angefertigt wurden. In 4,11 wird diese Aussage aber aus Kön übernommen. Ob diese Stelle etwas mit diesem Spannungsfeld zu tun hat, ist fraglich.

11 Zu dem methodischen Ansatz von Rahlfs und seiner Problematik vgl. Kap. 2.1 ab S. 22 in der Einleitung.

αὐτοῦ aber vermutlich ohne Artikel. Diese Lesart wird von der Mehrheit der Text-zeugen bezeugt. In 1–4Kgtm ist בכל + לב stets mit einem Syntagma ohne Artikel wiedergegeben (ἐν ὅλῃ καρδίᾳ in 1Sam 7,3; 12,20.24; 1Kön 2,4; 8,48; 2Kön 10,31; 23,25).[12] Gelegentlich wurde bei dieser Wendung der Artikel in einzelnen Text-zeugen ergänzt (mal L mal andere einzelne Textzeugen). Dasselbe ist auch hier geschehen – vielleicht mehrfach unabhängig voneinander. Muster einer systema-tischen Artikelergänzung sind bei dieser Wendung nicht zu erkennen.[13]

Die Lesart θεὸς ὡς σύ ist OG-Text. Das umgestellte ὡς σὺ θεός in B O L CI f 68 mixti entspricht dem כמוך אלהים aus Kön und Chr. Die Umstellung könnte in O (und L) hexaplarischen Ursprungs sein.[14] Für B CI f etc. könnte eine zweite sporadische Kaige-Angleichung an Kön infrage kommen.[15] Rahlfs folgt hier zu unrecht B und O.[16]

Hinter dem οὐκ ἔστιν θεὸς ὡς σύ steht in der OG-Vorlage ein אין אלהים כמוך und nicht das אין כמוך אלהים aus Kön und Chr. Der OG-Text erhält in diesem Fall den Text des Hyparchetyps; in Kön und Chr wurde er nachträglich zu אין כמוך אלהים (s. u.). Die Wortreihenfolge in Kgtm ist auf Hebräisch möglich. Die HB präferiert zwar אין כמוך ohne ein eingeschobenes Substantiv oder Adjektiv;[17] der Einschub eines anderen Satzgliedes ist aber möglich (vgl. Gen 41,39: אין נבון וחכם כמוך) und die Wortstellung des OG-Textes durch 2Sam 7,22 indirekt belegt (זולתך אלהים ואין כמוך אין כי; אלהים zwischen ואין und זולתך).

Als OG-Vorlage von διαθήκην καὶ ἔλεος ist הברית והחסד aus Kön und Chr anzunehmen, auch wenn im OG-Text der Artikel kein direktes Äquivalent hat. Der Übersetzer ließ in diesem Fall den Artikel unübersetzt. Im Hebräischen steht die Wendung immer mit Artikel (vgl. Kön/Chr für diese Stelle sowie Dtn 7,9.12; Neh 9,32; Dan 9,4; einzige Ausnahme Neh 1,5: הברית וחסד) bzw. ist determiniert (Ps 89,29: חסדי ובריתי). Im Griechischen kann die Formulierung mal mit und mal ohne Artikel wiedergegeben werden. So wird z. B. in Dtn 7 dieselbe Wendung in Vers 9 ohne Artikel (διαθήκην καὶ ἔλεος) und in Vers 12 mit Artikel (τὴν διαθήκην καὶ τὸ ἔλεος] übersetzt).

---

12 Bei ἐν ὅλῃ καρδίᾳ αὐτοῦ ohne Artikel wird es sich um eine subjektive Präferenz des Übersetzers handeln. Im Deuteronomium wird beispielsweise ἐξ ὅλης τῆς καρδίας stets mit Artikel benutzt wird (vgl. Dtn 4,29; 6,5; 10,12; 11,13; 13,4; 26,16; 30,2.6.10 in Rahlfs).

13 Vgl. Brooke/Mc Lean/Thackeray, *1–2 Samuel*; und Brooke/Mc Lean/Thackeray, *1–2 Kings* für die oben angegebenen Stellen.

14 Zu den Lesarten mit hexaplarischem Ursprung vgl. Kap. 2.1 ab S. 28 in der Einleitung.

15 Zur Möglichkeit von „sporadischen" Kaige-Bearbeitungen vgl. Kap. 2.1 ab S. 27 in der Einleitung.

16 Zu dem methodischen Ansatz von Rahlfs und seiner Problematik vgl. Kap. 2.1 ab S. 22 in der Einleitung.

17 Vgl. Ex 9,14; 1Sam 10,24; 21,10; 2Sam 7,22; 1Kön 8,23; 1Chr 17,20; 2Chr 6,14; Ijob 1,8; 2,3; 12,3; Ps 86,8; Jer 10,6–7; 30,7.

Der OG-Text hat am Ende des Verses mit τῷ δούλῳ σου und τῷ πορευομένῳ ἐνώπιόν σου ἐν ὅλῃ καρδίᾳ αὐτοῦ zwei Singular-Konstruktionen („[der du Bund und Gnade bewahrst,] für deinen Knecht, der geht vor dir mit seinem ganzen Herzen"); in Kön und Chr hingegen steht beides im Plural (לעבדיך ההלכים לפניך בכל לבם: „[Bewahrer von Bund und Gnade] für deine Knechte, die gehen vor dir mit ihrem ganzen Herzen"). Vermutlich hatte der Hyparchetyp Pluralformen und ist im Text von Kön und Chr erhalten (s. u.). Die Singularformen im OG-Text könnten trotzdem auf einen Singular-Text in der hebräischen OG-Vorlage zurückgehen (לעבדך הלך לפניך בכל לבו).[18] Das ההלכים vs. הלך wird den Hauptausschlag zur Wahl des Numerus gegeben haben. Die möglichen Konsonantentexte unterscheiden sich graphisch stark; das lange ההלכים kann der Übersetzer nicht versehentlich als Singular lesen (vgl. mit לעבדך vs. לעבדיך und לבו vs. לבם).

Die Singularformen „dein Knecht" (τῷ δούλῳ σου) und „der wandelt vor dir in seinem ganzen Herzen" (τῷ πορευομένῳ ἐνώπιόν σου ἐν ὅλῃ καρδίᾳ αὐτοῦ) im OG-Text können sich auf Salomo (vgl. z. B. 8,28) oder das Volk (vgl. z. B. 8,36) als „Diener" beziehen. Der L-Text identifiziert hingegen David als den „Diener". L fügt nach τῷ δούλῳ σου ein Δαυιδ τῷ πατρί μου und setzt das Partizip ins Perfekt (πεπορευομένῳ): „(der du bewahrst Bund und Barmherzigkeit) deinem Knecht *David, meinem Vater,* der *gewandelt ist* vor dir *in Wahrhaftigkeit* und vom seinem ganzen Herzen".[19] Das zusätzliche Δαυιδ τῷ πατρί μου findet sich genauso in 8,24–26 und wird von dort inspiriert sein. Des Weiteren fügt L ein ἐν ἀληθείᾳ („in Wahrhaftigkeit") ein. Diese Wendung findet sich in Bezug auf David genauso in 1Kön 2,4[20] und 1Kön 3,6[21] wieder und wird von dort stammen. Das ἐν ὅλῃ καρδίᾳ wird mit ἐν ἀληθείᾳ nur an diesen beiden Stellen (und in 1Sam 12,24) kombiniert.

Am Anfang ist der Hyparchetyp nur in Kgtm erhalten: „es gibt keinen Gott wie Du" (אין אלהים כמוך = οὐκ ἔστιν θεὸς ὡς σύ; s. o.). In Kön = Chr wurde umgestellt zu „keiner ist wie du Gott" (אין כמוך אלהים). Der Text aus Kgtm kann dogmatisch missverstanden werden. Das „es gibt keinen Gott wie Du" könnte die Existenz anderer Gottheiten neben Jhwh implizieren (iSv. es gibt andere Gottheiten, aber

---

18 So Bösenecker, *Text*, 174. Anders Tov/Polak, *CATSS*, wo die Änderungen wohl dem Übersetzer zugeschrieben werden.

19 Der L-Text im Zusammenhang (farbig = Änderungen im Vergleich zum OG-Text): [23] καὶ εἶπεν κύριε ὁ θεὸς τοῦ Ισραηλ, οὐκ ἔστιν ὡς σὺ θεὸς ἐν τῷ οὐρανῷ ἄνω καὶ ἐπὶ τῆς γῆς κάτω φυλάσσων διαθήκην καὶ ἔλεον τῷ δούλῳ σου Δαυιδ τῷ πατρί μου τῷ πεπορευομένῳ ἐνώπιόν σου ἐν ἀληθείᾳ καὶ ἐν ὅλῃ τῇ καρδίᾳ αὐτοῦ.

20 ללכת לפני באמת בכל לבבם ובכל נפשם = πορεύεσθαι ἐνώπιον ἐμοῦ ἐν ἀληθείᾳ ἐν ὅλῃ καρδίᾳ αὐτῶν καὶ ἐν ὅλῃ ψυχῇ αὐτῶν in Ra.

21 כאשר הלך לפניך באמת ובצדקה ובישרת לבב עמך = καθὼς διῆλθεν ἐνώπιόν σου ἐν ἀληθείᾳ καὶ ἐν δικαιοσύνῃ καὶ ἐν εὐθύτητι καρδίας μετὰ σοῦ in Ra.

keinen wie Du). Das wird die Umstellung in Kön und Chr zu „keiner ist wie du, Gott" ausgelöst haben. Dieser Text vermeidet eine solche Implikation. Die Targumim gehen noch einen Schritt weiter und schließen die Existenz anderer Gottheiten explizit aus: „Es gibt keinen außer Dir, Du bist Gott" (TgJ: לית בר מנך את הוא; TgChr: לא אית בר מנך את הוא אלהא).

Die Chronik kürzt das בשמים ממעל ועל הארץ מתחת = „im Himmel oben und auf der Erde unten" zu בשמים ובארץ = „im Himmel und auf der Erde" gekürzt. Vielleicht wollten die chronistischen Schreiber die Präpositionen vereinheitlichen (על ... ב zu ב ... ב)[22] und haben die Wendung bei der Gelegenheit gekürzt. Davids Lobpreis in 1Chr 29,11 verwendet ebenfalls בשמים ובארץ.

Am Versende ist der Hyparchetyp in den Pluralformen aus Kön = Chr erhalten: לעבדיך ההלכים לפניך בכל לבם: „[Bewahrer von Bund und Gnade] für deine Knechte, die gehen vor dir mit ihrem ganzen Herzen". Kgtm setzt nachträglich in den Singular: τῷ δούλῳ σου τῷ πορευομένῳ ἐνώπιόν σου ἐν ὅλῃ καρδίᾳ αὐτοῦ = „[der du Bund und Gnade bewahrst,] für deinen Knecht, der geht vor dir mit seinem ganzen Herzen", möglicherweise = לעבדך הלך לפניך בכל לבו in der OG-Vorlage (s. o.). Der „Diener" könnte hier theoretisch Salomo, David oder das Volk als Kollektiv sein. Der Text wird damit an die folgenden Verse angepasst, in denen es um den Diener David geht (vgl. לעבדך דוד in 8,24.25.26).[23] Mit den Versen 24–26 als folgenden Text ist der Plural „deine Diener" in 8,23 unpassend – und deswegen wohl Hyparchetyp (lectio difficilior potior).[24]

PKön passt den Text (genauso wie der griechische L-Text) durch Zusätze an 1Kön 2,4 an: „*Du* bewahrst den Bund und die Gnade für deine Knechte, die wandeln vor dir *in Wahrheit/Glaube* (ܗܝܡܢܘܬܐ) und mit ganzem Herzen *und mit ganzer Seele* (ܢܦܫܗܘܢ ܘܒܟܠ)."[25] In 1Kön 2,4 findet sich in Kön wie in PKön exakt dieselbe Formulierung: „(sodass sie gehen vor dir) in Wahrheit, mit ihrem ganzen Herzen und mit ihrer ganzen Seele" (ללכת לפני באמת בכל לבבם ובכל נפשם = ܠܗܠܟܘ). Ähnliche Änderungen finden sich

<hr>

22 Vgl. die Präpositionen in Ex 20,4: בשמים ממעל ואשר בארץ מתחת mit Dtn 4,39: בשמים ממעל ועל הארץ מתחת.

23 Dieser Spur folgend identifiziert der griechische L-Text den „Diener" in 8,23 explizit mit David (s. o.).

24 Der bruchstückhafte Übergang zu den Versen 24–26 kann literargeschichtlich erklärt werden (vgl. Kap. 13.3.3 ab S. 385).

25 PKön von 8,23 lautet als zusammenhängender Text (farbig/kursiv = Änderungen zu Kön): ܘܨܠܝ ܘܐܡܪ܂ ܡܡܪܐ ܐܠܗܐ ܕܐܝܣܪܐܝܠ܂ ܠܝܬ ܐܟܘܬܟ ܒܫܡܝܐ ܠܥܠ ܐܘ ܒܐܪܥܐ ܠܬܚܬ = *Und er betete* und sprach: Mamra, Gott Israels, keiner ist wie du im Himmel oben oder auf der Erde unten. *Du* bewahrst den Bund und die Gnade für deine Knechte, die wandeln vor dir *in Wahrheit/Glaube* und mit ganzem Herzen *und mit ganzer Seele*.

auch in TgChr: „die wandeln *in deinen Wegen und dienen* [באורחתך ופלחין] vor dir *mit der ganzen Entschlossenheit seiner Seele* [בכל רעוות נפשהון] und dem ganzen *Willen* [יצרא] seines Herzens."; und PChr: „die wandeln vor dir *aufrichtig* [ܬܪܝܨܐܝܬ] in ihrem ganzen Herzen.". 1Kön 2,4 wird die Inspirationsquelle für die Änderungen gewesen sein. L und PKön haben entweder in 1Kön 2,4 nachgeschlagen oder sie hatten die Wendungen von 1Kön 2,4 noch im Ohr.

Die Targumim machen zudem aus dem Verweis auf Himmel und Erde auch eine Aussage über den Wohnort der göttlichen Schekina: „dessen Schekina im Himmel oben ist / wohnt und der herrscht (/mächtig ist) auf der Erde unten".[26] PChr überarbeitet den Text in ählicher Weise und liest *„du bist* Marya, *der du wohnst* im Himmel *oben* und *dein Wille geschehe* auf der Erde *unten".*[27]

Tab. 6.3: Synopse 1Kön 8,24 par.

Kgtm (OG)	Kgtm (Vorl.)	Kön	Chr
[24] ἃ ἐφύλαξας τῷ δούλῳ σου Δαυιδ τῷ πατρί μου	[24] אשר שמרת לעבדך דוד אבי	[24] אשר שמרת לעבדך דוד אבי	[6,15] אשר שמרת לעבדך דויד אבי
		את אשר דברת לו	את אשר דברת לו
καὶ ἐλάλησας ἐν [τῷ] στόματί σου	ותדבר בפיך	ותדבר בפיך	ותדבר בפיך

---

26 TgJ 1Kön 8,23 lautet als zusammenhängender Text (farbig/kursiv = Änderungen zu Kön): ואמר יוי אלהא דישראל לית בר מנך את הוא אלהא דשכינתך בשמיא מלעילא ושליט על ארעא מלרע נטר קימא וחסדא לעבדך דמהלכין קדמך בכל לבהון = Und er sprach: Jнwн Gott Israels, es gibt niemand *außer dir*; *Du bist* Gott, *dessen Schekina im Himmel oben (ist) und der herrscht (/mächtig ist) auf der Erde unten*, der den Bund und die Barmherzigkeit für seine Knechte bewahrt, die vor ihm mit ganzem Herzen wandeln.
TgChr 6,14 lautet als zusammenhängender Text (farbig/kursiv = Änderungen zu Chr): ואמר ייי אלהא דישראל לא אית בר מנך את הוא אלהא דשכנתך שריא בשמיא מלעילא ושליט על ארעא מלרע נטיר קיימא וטיבו לעבדך די מהלכין באורחתך ופלחין קדמך בכל רעוות נפשהון ובכל יצרא דלבהון = Und er sprach: Jнwн Gott Israels, es gibt niemanden *außer dir*; *Du bist* Gott, *dessen Schekina im Himmel oben wohnt* und *der herrscht (/mächtig ist) auf der Erde unten*, der du bewahrst den Bund und *das Gute* für deine Knechte, die wandeln *in deinen Wegen und dienen* vor dir *mit der ganzen Entschlossenheit seiner Seele* und dem ganzen *Willen* seines Herzens.
27 PChr 6,14 lautet als zusammenhängender Text (farbig/kursiv = Änderungen zu Chr): ܨܠܝ ܘܐܡܪ܂ ܡܪܝܐ ܐܠܗܐ ܕܐܝܣܪܐܝܠ ܠܝܬ ܐܟܘܬܟ ܐܢܬ ܗܘ ܐܠܗܐ ܕܥܡܪ ܐܢܬ ܒܫܡܝܐ ܠܥܠ ܘܨܒܝܢܟ ܗܘܐ ܒܐܪܥܐ ܠܬܚܬ ܕܢܛܪ ܐܢܬ ܩܝܡܐ ܘܛܝܒܘܬܐ ܠܥܒܕܝܟ ܕܡܗܠܟܝܢ ܩܕܡܝܟ ܬܪܝܨܐܝܬ ܒܟܠܗ ܠܒܗܘܢ܂ = PChr [6,14] *Und er betete* und sprach: Marya, *Herr* Israels. Keiner ist wie du, *du bist* Marya, *der du wohnst* im Himmel *oben* und *dein Wille geschehe* auf der Erde *unten*, der *du* bewahrst den Bund und die Barmherzigkeit für deine Knechte, die wandeln vor dir *aufrichtig* in ihrem ganzen Herzen.

Tab. 6.3 – Fortsetzung

καὶ ἐν χερσίν σου ἐπλήρωσας ὡς ἡ ἡμέρα αὕτη.	וּבְיָדְךָ מִלֵּאתָ כַיּוֹם הַזֶּה	וּבְיָדְךָ מִלֵּאתָ כַיּוֹם הַזֶּה	וּבְיָדְךָ מִלֵּאתָ כַיּוֹם הַזֶּה

Kgtm (OG): τῷ δούλῳ σου] > L f | Δαυιδ τῷ πατρί μου] τῷ πατρί μου Δαυιδ f; + ὅσα ἐλάλησας αὐτῷ A (= Kön) | καί 1°] καὶ γάρ B M CI 509 158 244 460; ἄ; ὅσα 247 | ἐλάλησας] + αὐτῷ 489; + ἐν αὐτῷ 247 | [τῷ] in B 247 L CI 242′ b f o 55 244 245 318 342 460 (= Ra); > rel | χερσίν] +pre ταῖς L f | καί 1° – αὕτη] α′ ἃ ἐλάλησας ἐν τῷ στόματί σου καὶ ἐν χερσί σου πληρώσας κατὰ τὴν ἡμέραν ταύτην σ′ ἃ ἐλάλησας ἐν τῷ στόματί σου καὶ ταῖς χερσίν σου ἐπετέλεσας ὥσπερ ἐστὶ σήμερον 243^mg

Chr: לֹו] + λέγων OG (vgl. 2Chr 6,16)

Vers 24

In einer Vielzahl an Textzeugen ist ein Artikel (τῷ) vor στόματί eingefügt. Die Textzeugengruppen sind gleichmäßig verteilt (τῷ in B 247 L CI b f o vs. A CII d s t z x; = Ra). Deswegen wird die Existenz des Artikels offen gelassen ([τῷ]).

In A ist der Text an Kön angeglichen. Das zusätzliche ὅσα ἐλάλησας αὐτῷ entspricht dem im OG-Text fehlenden אֵת אֲשֶׁר דִּבַּרְתָּ לֹו. Der Text stammt aus der Hexapla und entspricht Kön Wort für Wort.[28] 247 hat eine Mischform: ὅσα ἐλάλησας ἐν αὐτῷ ἐν τῷ στόματί σου. Das ὅσα und das αὐτῷ könnten aus der hexaplarischen Angleichung stammen. Entweder ὅσα ἐλάλησας αὐτῷ ist zunächst aufgrund eines Augensprunges ausgefallen (ὅσα ἐλάλησας αὐτῷ, καὶ ἐλάλησας ἐν στόματί σου,) und ἐν αὐτῷ wurde in einem zweiten Schritt ergänzt; oder der Schreiber von 247 hat den Text zusammengekürzt.

In 243 sind am Rand eine Lesart von Aquila [α′] und eine von Symmachus [σ′] erhalten (vgl. die Abb. auf S. 158).[29] Beide haben den OG-Text ebenfalls mich Blick auf Kön überarbeitet. Es gibt aber Unregelmäßigkeiten: Der Text von α′ und σ′ stimmt nicht mit Kön überein.[30] Zudem sind beide Lesarten der falschen Stelle im Text zugeordnet. Die Texte von α′ und σ′ sind durch ein Zeichen im Text und zu Beginn der Randlesart dem ἐλάλησας in Vers 25 zugeordnet. Dabei handelt es sich

---

28 Zu den Lesarten mit hexaplarischem Ursprung vgl. Kap. 2.1 ab S. 28 in der Einleitung.

29 *Codex Coislin 8 (Ra: 243), aus der Bibliothèque Nationale in Paris*, auf Folie 93/299. Markierungen MF. Digital zugänglich unter https://gallica.bnf.fr/ark:/12148/btv1b11004841d/f93.item (zuletzt aufgerufen am 20.07.2023).

30 α′ ἃ ἐλάλησας ἐν τῷ στόματί σου καὶ ἐν χερσί σου πληρώσας κατὰ τὴν ἡμέραν ταύτην; σ′ ἃ ἐλάλησας ἐν τῷ στόματί σου καὶ ταῖς χερσίν σου ἐπετέλεσας ὥσπερ ἐστὶ σήμερον. Text zitiert nach Brooke/Mc Lean/Thackeray, *1–2 Kings*, allerdings sind die Akzente ergänzt. Beide entsprächen einem הַזֶּה כַיּוֹם מִלֵּאתָ וּבְיָדְךָ דִּבַּרְתָּ בְּפִיךָ אֲשֶׁר אֵת. Das וַתְּדַבֵּר לֹו aus Kön hat in diesen Texten kein Äquivalent.

um eine Lesart, die sich auf das ἐλάλησας in Vers 24 bezieht (vgl. die Markierungen in der Abb.).

Abb. 6.1: 3Kgtm 8,24–25 in der Handschrift 243

Vermutlich hat der Schreiber von 243 den Text von α′ und σ′ ohne ein Zeichen für die Zuordnung der Lesart am Rand seiner Vorlage vorgefunden und sie versehentlich für Lesarten für Vers 25 gehalten; oder ein Schreiber ist beim Einfügen des Zeichens in der Zeile gesprungen. Das zweifache ἐλάλησας in 8,24.25 macht diese Verwechslung möglich. Den Text von α′ und σ′ hat er dann so angepasst, dass er zu Vers 25 passt. Wegen des ἃ ἐλάλησας αὐτῷ in Vers 25 änderte er den Text von α′ und σ′ zu ἃ ἐλάλησας ἐν τῷ στόματί σου καὶ ἐν χερσίν σου. Das würde erklären, warum die Lesarten von α′ und σ′ mit ἃ anfangen. Das nach Kön zu erwartende, doppelte ἐλάλησας könnte der Schreiber gekürzt haben (vgl. die Hs. 247). So wurde aus ὅσα ἐλάλησας αὐτῷ καὶ ἐλάλησας ἐν τῷ στόματί σου καὶ ἐν χερσίν σου (= Kön: אשר דברת לו ותדבר בפיך ובידך) in α′ und σ′ ein ἃ ἐλάλησας ἐν τῷ στόματί σου καὶ ἐν χερσίν σου.

Der vorhandene OG-Text ist größtenteils mit dem hebräischen Text aus Kön identisch. Für die Singularform וביד֥ך steht im Griechischen der Plural καὶ ἐν χερσίν σου. Für diesen Unterschied ist der Übersetzer verantwortlich. Er kann die Singularform + Suff 2Sg בידך im Griechischen sowohl mit dem Singular von χείρ (1Sam 16,2; 1Kön 17,11; 20,28; 2Kön 4,29; 8,8; 9,1) als auch mit dem Plural (1Sam 23,4; 24,5.19.21; 26,8; 2Sam 5,19; 1Kön 14,3; 20,13) wiedergeben.

Im uns erhaltenen OG-Text fehlt allerdings ein Äquivalent für את אשר דברת לו aus Kön und Chr. Dieser Text ist in Kgtm ausgefallen. Er stand im Hyparchetyp und bildete dort das Objekt für den vorhergehenden Teilsatz: „der du bewahrt hast für deinen Knecht David, meinen Vater, *was du ihm verheißen hast*" (אשר שמרת

את אשר דברת לו (לעבדך דוד אבי את אשר דברת לו). Ohne את אשר דברת לו ergibt der Text auf Hebräisch keine sinnvolle syntaktische Konstruktion; das Objekt für den ersten Teilsatz würde fehlen (s. u.).

Unklar bleibt, auf welcher Ebene der Ausfall oder die Auslassung geschah. In 8,25 wird dieselbe Konstruktion in sehr ähnlicher Wortwahl wiederholt (שמר לעבדך דוד אבי את אשר דברת לו לאמר); das macht den Text anfällig für Kontamination und Verwechslungen.[31] Im Griechischen wäre ein Augensprung wegen des doppelten ἐλάλησας denkbar; das könnte auf einen frühen innergriechischen Textaufall hindeuten.[32] OGChr hat den vollständigen Text des Hyparchetyps aus der Chronik adäquat und wortgetreu übersetzt (אשר שמרת לעבדך דויד אבי את אשר דברת לו ותדבר בפיך = ἃ ἐφύλαξας τῷ παιδί σου Δαυιδ τῷ πατρί μου ἃ ἐλάλησας αὐτῷ λέγων καὶ ἐλάλησας ἐν στόματί σου). OGKgtm übersetzt den vorhandenen Text identisch (אשר שמרת לעבדך דוד אבי את אשר דברת לו = ἃ ἐφύλαξας τῷ δούλῳ σου Δαυιδ τῷ πατρί μου καὶ ἐλάλησας ἐν τῷ στόματί σου). Grammatisch muss man den ersten Teilsatz auf den vorhergehenden Text aus 8,24 beziehen: „23 der (du) Bund und Erbarmen deinem Diener bewahrst, [...] 24 das was du deinem Diener David, meinem Vater, bewahrt hast." Kriterien für eine Zuordnung des Textaufalles lassen sich aus diesem Befund nicht gewinnen.

Die drei Archetypen sind nahezu identisch. In Kgtm ist das את אשר דברת לו ausgefallen. Auf welcher Überlieferungsebene dies geschah, ist unklar (s. o.). In jedem Fall stand das את אשר דברת לו im Hyparchetyp und bildete dort das Objekt für den vorhergehenden Teilsatz: „der du bewahrt hast für deinen Knecht David, meinen Vater, *was du ihm verheißen hast*" (אשר שמרת לעבדך דוד אבי את אשר דברת לו). Ohne את אשר דברת לו ergibt der Text auf Hebräisch keine sinnvolle syntaktische Konstruktion; das direkte Objekt für den ersten Teilsatz würde fehlen – also das, was JHWH nach 8,24aα bewahrt hat. Direkt im folgenden Vers 25 findet sich eine nahezu identisch Formulierung (שמר לעבדך דוד אבי את אשר דברת לו לאמר). Die Konstruktion שמר mit את אשר als folgendes AkkO in Form eines Relativsatzes ist aus der HB wohl bekannt (vgl. Ex 34,11; 1Sam 13,14; 1Kön 8,24–25; 11,10; 2Chr 6,15–16). Eine analoge Verwendung von שמר mit einem direkten AkkO und ל d. Prs. findet sich in 1Kön 3,6 (ותשמר לו את החסד הגדול הזה) und Ps 89,29 (לעולם אשמ[ו]ר לו חסדי ובריתי נאמנת לו). Beide Stellen stehen 1Kön 8,24 auch

---

31 Kgtm ändert in 8,23 das לעבדיך in Anschluss an שמרת לעבדך דוד אבי in 8,24 zu לעבדך; OGChr ändert das את אשר דברת לו in 8,24 gemäß des את אשר דברת לו לאמר in 8,25 in ἃ ἐλάλησας αὐτῷ λέγων; in 3Kgtm 8,24 ergänzt wohl auch mit Blick auf des ἃ ἐλάλησας αὐτῷ in 8,25 die Hs. 489 ein αὐτῷ und die Hs. 247 ein ἐν αὐτῷ.
32 Vgl. ἃ ἐλάλησας ~~αὐτῷ, καὶ~~ ἐλάλησας ἐν στόματί σου > ἃ ἐλάλησας ἐν στόματί σου (= L) > καὶ ἐλάλησας ἐν στόματί σου. Allerdings müsste dann noch ἃ sekundär zu καὶ geändert worden sein. Oder L ist in diesem Fall OG-Text?

inhaltlich nah. Referenzgröße für das ל d. Prs. ist David und das zu bewahrende Objekt ist die Verheißung bzw. der Bund.

Tab. 6.4: Synopse 1Kön 8,25 par.

Kgtm (OG)	Kgtm (Vorl.)	Kön	Chr
25 καὶ νῦν,	ועתה 25	ועתה 25	ועתה 6,16
κύριε ὁ θεὸς Ισραηλ,	יהוה אלהי ישראל	יהוה אלהי ישראל	יהוה אלהי ישראל
φύλαξον τῷ δούλῳ σου Δαυιδ τῷ πατρί μου	שמר לעבדך דוד אבי	שמר לעבדך דוד אבי	שמר לעבדך דויד אבי
ἃ ἐλάλησας αὐτῷ	את אשר דברת לו	את אשר דברת לו	את אשר דברת לו
λέγων	לאמר	לאמר	לאמר
Οὐκ ἐξαρθήσεταί σοι ἀνὴρ ἐκ προσώπου μου καθήμενος ἐπὶ θρόνου Ισραηλ,	לא יכרת לך איש מלפני ישב על כסא ישראל	לא יכרת לך איש מלפני ישב על כסא ישראל	לא יכרת לך איש מלפני יושב על כסא ישראל
πλὴν ἐὰν φυλάξωνται τὰ τέκνα σου τὰς ὁδοὺς αὐτῶν	רק אם ישמרו בניך את דרכם	רק אם ישמרו בניך את דרכם	רק אם ישמרו בניך את דרכם
τοῦ πορεύεσθαι ἐνώπιον μοῦ,	ללכת לפני	ללכת לפני	ללכת בתורתי
καθὼς ἐπορεύθης ἐνώπιον μοῦ/ἐμοῦ ·	כאשר הלכת לפני	כאשר הלכת לפני	כאשר הלכת לפני

Kgtm (OG): Δαυιδ] +pre τῷ B M x 55 158 245 372 (= Ra; = OGChr) | τῷ δούλῳ σου Δαυιδ] tr. Δαυιδ τῷ δούλῳ σου L | σοι (= OGChr)] σου A B M 509 x 71 158 318 372 707 (= Ra; > Cl⁻³²⁸ s | φυλάξωνται (= Ra; = Ant)] φυλάξονται 247 19′-82 243 CII⁻⁴⁶′ 509 d⁻¹⁰⁶ 56 488 71 158 244 245 707 | τὰ τέκνα σου] οἱ υἱοὶ σύ L 318 (= OGChr) | τὰς ὁδούς] > τάς L | μοῦ 3°] ἐμοῦ B Cl 244 (= Ra) | ἐπορεύθης] + σύ 247 L f | μοῦ/ἐμοῦ : μοῦ in O M L Cl 328 f o 119 55 71 158 244 245 318 342 372 707; ἐμοῦ in rel (= Ra)

Kön: לפני] + حمقما ܐ P

Chr: בתורתי] مدحמ، حلحכמلهم P (= PKön)

Vers 25

In Abweichung zu Rahlfs ist in drei Fällen nicht dem Kodex B sondern der Mehrheit der Textzeugen zu folgen. Das Δαυιδ steht ohne Artikel, σοι ist anstatt σου zu lesen (vgl. 3Kgtm 2,4; 9,5) und πορεύεσθαι ἐνώπιον μοῦ anstatt πορεύεσθαι ἐνώπιον ἐμοῦ.[33] Immer gibt die bessere Bezeugung den Ausschlag. Zwischen ἐπορεύθης ἐνώπιον μοῦ und ἐπορεύθης ἐνώπιον ἐμοῦ teilen sich die Textzeugen gleichmäßig auf. Beide Lesarten sind als OG-Text möglich.

Die OG-Vorlage ist vollständig in Kön erhalten. Der Übersetzer verwendet τὰ τέκνα σου („deine Kinder") anstatt οἱ υἱοὶ σύ („deine Söhne"; vgl. OGChr) für בניך. Das Lexem υἱός ist eigentlich seine Standardübersetzung für בן ist (686 Mal in 1–4Kgtm). Der Übersetzer kann aber auch gelegentlich בן mit τέκνον und nicht mit υἱός übersetzen (insg. 24 Mal in 1–4Kgtm).[34] L ändert den Text zu dem erwarteten οἱ υἱοὶ σύ.

Während in Kgtm und Kön von dem gerechten Wandeln „vor mir" (לפני) die Rede ist, spricht Chr von dem Wandeln „in meiner Tora / meinem Gesetz" (בתורתי). PKön ergänzt ein ܒܩܘܫܬܐ („vor mir in Wahrheit / im Glauben") und PChr kombiniert die Lesarten aus Kön und Chr (ܩܕܡܝ ܒܢܡܘܣܝ: „vor mir in meinen Gesetzen").

Tab. 6.5: Synopse 1Kön 8,26 par.

Kgtm (OG)	Kgtm (Vorl.)	Kön	Chr
[26] καὶ νῦν,	[26] ועתה	[26] ועתה	[6,17] ועתה
κύριε ὁ θεὸς Ισραηλ,	יהוה אלהי ישראל	אלהי ישראל	יהוה אלהי ישראל
πιστωθήτω δὴ τὸ ῥῆμά σου	יאמן נא דבר	יאמן נא דבריך	יאמן דברך
τῷ Δαυιδ τῷ πατρί μου.		אשר דברת לעבדך	אשר דברת לעבדך
	דוד אבי	דוד אבי	לדויד

Kgtm (OG): πιστωθήτω] πιστωθή A | τῷ Δαυιδ] ὃ ἐλάλησας τῷ δούλῳ σου Δαυιδ O (= Kön); ὃ ἐλάλησας τῷ Δαυιδ 127(sub ※) 158 372 | τῷ πατρί μου] + ἃ ἐλάλησας αὐτῷ λέγων. Οὐκ ἐξαρθήσεταί σοι ἀνὴρ καθήμεν οτ ἐπὶ θρόνου Ισραηλ 460

Kön: אלהי] +pre יהוה P MT[20Ms] TgJ[cf] | דברך [דבריך] דברך MT[L-Qere] MT[26Ms] TgJ P V

Chr: יאמן] + נא MT[3Ms] Tg OG (= Kön) | [דברך] Plural in Tg P | לדויד [לעבדך] ܠܥܒܕܟ ܐܒܝ P (≈ Kön)

---

33 Zu dem methodischen Ansatz von Rahlfs und seiner Problematik vgl. Kap. 2.1 ab S. 22 in der Einleitung.
34 Vgl. 1Sam 1,8; 2,5.24; 3,9.16; 4,16; 6,7.10; 14,32; 24,17; 26,17.21.25; 30,22; 1Kön 8,25; 9,6; 10,22; 12,24; 15,4; 17,12–13.15; 21,3.5 in Rahlfs. Auffälligerweise findet sich τέκνον als Varianz zu υἱός nur in Nicht-Kaige Texten. Vermutlich hat in den Kaige-Texten der Überarbeiter alle Fälle zu υἱός geändert.

Vers 26

Der OG-Text ist kürzer als der hebräische Text von Kön ist. In O wurde er an Kön angeglichen (ὃ ἐλάλησας τῷ δούλῳ σου Δαυιδ = אֲשֶׁר דברת לעבדך דוד). In den Hs. 127 158 372 findet sich eine gekürzte Fassung dieser Angleichung (ὃ ἐλάλησας τῷ Δαυιδ), es fehlt das δούλῳ σου. Der Asterisk (※) in 127 markiert die hexaplarische Herkunft des Zusatzes.[35]

Die Hs. 460 schrieb die Verheißung aus 8,25 am Ende von Vers 26 nochmal ab und duplizierte sie auf diese Weise. In Vers 25 fehlt in 460 das ἐκ προσώπου μου, sodass dort wie auch hier ἃ ἐλάλησας αὐτῷ λέγων. Οὐκ ἐξαρθήσεταί σοι ἀνὴρ καθήμενος ἐπὶ θρόνου Ισραηλ ohne das ἐκ προσώπου μου (vgl. 3Kgtm 8,25) steht.

Der Vorlagentext ist durch Kön und Chr größtenteils erhalten (grau). Der Relativsatz אֲשֶׁר דברת לעבדך fehlt in Kgtm. Er ist durch einen Augensprung ausgefallen. Der Augensprung kann sowohl im Hebräischen[36] als auch im Griechischen[37] passiert sein. Der Fehler kann auf allen Ebenen passiert sein – in der hebräischen Vorlage, beim Übersetzen oder ganz am Anfang der griechischen Überlieferung. Der kürzere Text ergibt auf Hebräisch keine sinnvolle grammatische Konstruktion (יאמן נא דברך דוד אבי).[38] Es fehlt eine Präposition (vgl. 1Chr 1,9: עתה יהוה אלהים יאמן דברך עם דויד אבי = „Nun, JHWH, Gott, möge sich dein Wort *an* David meinen Vater als zuverlässig erweisen").

Das καὶ νῦν κύριε ὁ θεὸς Ισραηλ in OGKgtm entspricht dem ועתה יהוה אלהי ישראל in Chr, während Kön ein kürzeres ועתה אלהי ישראל hat. Das יהוה wird in Kön durch einen Augensprung wegen des Homoioteleuton ausgefallen sein (s. u.).[39]

Die Chronisten änderten דוד zu לדויד. Sie ergänzten das Jod als Mater Lectionis und kürzte in diesem Zuge das דוד אבי zu לדויד. Die Präposition ל wurde gemäß לעבדך hinzugefügt (לעבדך לדויד). Das Partikel נא wurde gestrichen. Es wird in der Chronik kaum verwendet (117 Belege in 1Sam–2Kön; 8 Belege in 1–2Chr).

Das καὶ νῦν κύριε ὁ θεὸς Ισραηλ in OGKgtm entspricht dem ועתה יהוה אלהי ישראל in Chr, während Kön ein kürzeres ועתה אלהי ישראל hat. Das יהוה wird in Kön durch einen Augensprung wegen des Homoioteleuton ausgefallen sein.[40] Die Langversion ועתה יהוה אלהי ישראל wiederholt den Anfang von Vers 25 (vgl. noch Ri 11,23). Das kürzere ועתה אלהי ישראל findet sich in der HB nur hier. Das fehlende יהוה wird in Kön von zwanzig hebräischen Textzeugen sowie in PKön

---

35 Zu den Lesarten mit hexaplarischem Ursprung vgl. Kap. 2.1 ab S. 28 in der Einleitung.

36 Aus יאמן נא דברך דוד אבי wird יאמן נא דברך אֲשֶׁר דברת לעבדך דוד אבי.

37 Aus τὸ ῥῆμά σου ὃ ἐλάλησας τῷ παιδί σου τῷ Δαυιδ wird τὸ ῥῆμά σου τῷ Δαυιδ.

38 Gegen Bösenecker, *Text*, 175, der behauptet, dieser Text wurde in Kön (und Chr) aufgefüllt.

39 Aus ועתה אלהי ישראל wird ועתה יהוה אלהי ישראל.

40 Aus ועתה אלהי ישראל wird ועתה יהוה אלהי ישראל.

und einigen aramäischen Textzeugen (TgJ^{cf}) ergänzt. Im Kodex Leningradensis wurde das kurze ועתה אלהי ישראל durch die Masora parva mit ל (= singulär in der HB) gekennzeichnet.

Im Hyparchetyp wird der Singular דברך gestanden haben. Er findet sich in Chr und entspricht dem Singular τὸ ῥῆμά σου in OGKgtm. In dem masoretischen Archetypen von Kön ist ein Jod hinzugefügt worden (דבריך). Der Kodex Leningradensis von 1Kön 8,26 hat diesen Plural דבריך im Haupttext, weist aber durch eine Qere-Randnotiz an, den Singular דברך (= דְּבָרְךָ) zu lesen. Der Kodex Aleppo markiert das Jod durch eine Randnotiz als יתיר = „überflüssig".[41] 26 masoretische Textzeugen, die Übersetzungen (TgJ, P, V) sowie Kgtm und Kön haben in Kön den Singular.

Der Relativsatz אשר דברת לעבדך fehlt in Kgtm. Er ist durch einen Augensprung ausgefallen. Auf welcher Ebene der Fehler passierte, entzieht sich unserer Kenntnis (s. o.).

PChr ändert das לעבדך לדויד der Chr zu ܠܗܡ ܐܒܝ ܥܒܕܟ („fü David, meinen Vater, deinen Knecht"); ein Schreiber ergänzte ein Äquivalent für אבי aus dem Kön-Text, stellt es allerdings nicht ans Ende, sondern zwischen beide Worte aus seiner Vorlage. In der Chronik haben zudem einige Textzeugen ein Äquivalent für das נא aus Kgtm/Kön ergänzt.

Tab. 6.6: Synopse 1Kön 8,27 par.

Kgtm (OG)	Kgtm (Vorl.)	Kön	Chr
^{27} ὅτι εἰ ἀληθῶς κατοικήσει ὁ θεὸς μετὰ ἀνθρώπων ἐπὶ τῆς γῆς;	^{27} כי האמנם ישב אלהים את האדם על הארץ	^{27} כי האמנם ישב אלהים על הארץ	^{6,18} כי האמנם ישב אלהים את האדם על הארץ
εἰ ὁ οὐρανὸς καὶ ὁ οὐρανὸς τοῦ οὐρανοῦ οὐκ ἀρκέσουσίν σοι,	הן השמים ושמי השמים לא יכלכלוך	הנה השמים ושמי השמים לא יכלכלוך	הנה שמים ושמי השמים לא יכלכלוך
πλὴν καὶ ὁ οἶκος οὗτος,	אף כי הבית הזה	אף כי הבית הזה	אף כי הבית הזה
ὃν ᾠκοδόμησα τῷ ὀνόματί σου;	אשר בניתי לשמך	אשר בניתי	אשר בניתי

Kgtm (OG): εἰ] > 82 98 f | ὁ θεός] > ὁ M O 509 f 71 342 460 707 | εἰ ὁ οὐρανός] > ὁ 98'-731* 44-106-610 64* 488 120* 68 | καὶ ὁ οὐρανὸς τοῦ οὐρανοῦ] > ὁ A 488 | πλὴν καί] πῶς 247 L 328; πῶς πλήν f; καὶ τίς OGChr | τῷ ὀνόματί σου] > A (= Kön)

Chr: שמים] +pre ה MT^{4Ms} Tg P (= Kön)

---

41 Für diese Bedeutung von יתיר vgl. Kelley/Mynatt/Crawford, *Masorah*, 114.

Vers 27

Für τῷ ὀνόματί σου fehlt in Kön und Chr ein Äquivalent; in A könnte die Auslassung deswegen hexaplarischen Ursprungs sein.[42]

Das τῷ ὀνόματί σου entspricht einem לשמך in der OG-Vorlage. Das μετὰ ἀνθρώπων geht auf ein את האדם zurück. Ein את האדם ist in der Chronik auf Hebräisch belegt und wird dort im OG-Text ebenfalls mit μετὰ ἀνθρώπων übersetzt. אדם wird dabei wie hier häufig als Kollektivum mit dem Plural von ἄνθρωπος übersetzt (vgl. z. B. 1Kön 5,11; 8,39). Das Substantiv ἄνθρωπος ist in 1–4Kgtm 69 Mal mit איש und 18 Mal mit אדם wiedergegeben. Die Präposition μετά steht in 1–4Kgtm 192 für עם und 120 mal für את.

Dem הנה השמים in Kön stehen die Konsonanten הנהשמים in der OG-Vorlage von Kgtm und Chr entgegen, das entweder als הן השמים = εἰ ὁ οὐρανός (OGKgtm, OGChr)[43] oder als הנה שמים (MTChr, TgChr [הא = הנה], PChr [ܣܐ = הנה]) gelesen werden kann.[44]

Das εἰ ὁ οὐρανός geht auf ein gelesenes הן השמים in der OG-Vorlage zurück. Das εἰ entspricht einem hebräischen דן (vgl. 2Chr 7,13). Der Hyparchetyp lautete הנה השמים wie in Kön. In der Chronik und in der OG-Vorlage von Kgtm ist ein He aufgrund einer Haplographie ausgefallen: הנהשמים > הנֿהֿ̄שמים. Dieses הנהשמים wird in MTChr als הנה שמים gelesen und in OGKgtm und OGChr als εἰ ὁ οὐρανός = הן השמים interpretiert. Damit ist der Satz in den OG-Texten als Konditionalsatz begriffen.[45] Ein הנה השמים wie in Kön hätten die Übersetzer mit ἰδοὺ ὁ οὐρανός wiedergegeben („Siehe, der Himmel und die Himmel der Himmel können Dich nicht fassen"). הנה = ἰδού ist ein feststehendes Äquivalent (219 Mal in 1–4Kgtm).

Das πλὴν καί entspricht dem אף כי aus Kön und Chr. Die Konstruktion אף כי kommt 8 Mal in 1–4Kgtm vor; immer übersetzt der Übersetzer anders (vgl. z. B. 1Sam 14,30; 21,6; 23,3; 2Sam 4,11; 16,11; 2Kön 5,13). Ein πλὴν καί findet sich in der gesamten LXX nur hier. Häufige Äquivalente für πλήν sind in 1–4Kgtm רק (20 Mal) und אך (17 Mal).[46] Das πλὴν καί ist im Griechischen keine klassische Einleitung

---

42 Zu den Lesarten mit hexaplarischem Ursprung vgl. Kap. 2.1 ab S. 28 in der Einleitung.

43 Für eine Rückübersetzung zu הן plädiert auch Tov-Polak (vgl. Tov/Polak, *CATSS*, unter 1Kön 8,27).

44 Der Artikel vor שמים wurde in der weiteren Textgeschichte von Chr mehrfach ergänzt (vgl. MT[4Ms], Tg, P).

45 Karrer/Kraus (Hrsg.), *Septuaginta Deutsch*: „Wenn = εἰ der Himmel und der Himmel des Himmels nicht für dich reichen werden"; Pietersma/Wright (Hrsg.), *NETS*: „If heaven and the heaven of the heaven will not suffice for you".

46 Gegenprobe: Ein πλήν als Übersetzung von אף wäre singulär. Das כי wird standardmäßig mit ὅτι wiedergegeben (563 Fälle in 1–4Kgtm; 36 Mal mit ἀλλά; 23 Mal für καί).

für rhetorische Fragen.[47] Einige Textzeugen ändern den Text in πῶς, welches in rhetorischen Fragen gebräuchlicher ist.[48] OGChr leitet den Fragesatz mit τίς ein.

Das אֶת הָאָדָם in Kgtm und Chr könnte in Kön ausgefallen sein: אֱלֹהִים אֶת־הָאָדָ֖ם; oder es wurde in Kgtm und Chr hinzugefügt.

Kgtm hat ein zusätzliches לִשְׁמֶ֑ךָ am Versende („das ich gebaut habe *für den Namen Jhwhs*"; vgl. 8,17–20.44.48). Im Hyparchetyp wird der Zusatz noch nicht gestanden haben (*lectio brevior potior*).

Der Anfang von 8,27b ist nur in Kön unversehrt erhalten und lautete הִנֵּה הַשָּׁמַיִם = „Siehe, die Himmel (und die Himmel der Himmel)...". In der Chronik und in Kgtm ist ein He aufgrund einer Haplographie ausgefallen: הִנֵּה‎הַשָּׁמַיִם > הִנְהַשָּׁמַיִם.[49] MTChr liest הִנֵּה שָׁמַיִם und lässt שָׁמַיִם undeterminiert. OGKgtm und OGChr lesen הֵן הַשָּׁמַיִם und übersetzen deswegen mit εἰ ὁ οὐρανός (s. o.). Der fehlende Artikel wird in der Überlieferung der Chronik von vier hebräischen Textzeugen sowie in TgChr und PChr ergänzt.

Im TgJ und TgChr ist der Vers grundlegend überarbeitet. Der Umfang des Verses ist teilweise auf das Doppelte an gewachsen:

> TgJ 8,27: (a) Siehe, wer hätte es gedacht, Und wer ist gleich dem, der in Wahrheit (ist)? (b) Jhwh beabsichtigt, dass seine Schekina inmitten der Söhne der Menschen wohnt, die auf der Erde wohnen. (c) Die Himmel und die Himmel der Himmel vermögen nicht zu erfassen (/tragen) deine Ehre. (d) Wie viel weniger dieses Haus, welches ich dir gebaut habe.[50]
> TgChr 6,18: (a) Siehe, wer hätte es gedacht, Und wer ist gleich dem, der in Wahrheit (ist)? (b) Jhwh beabsichtigt, dass seine Schekina inmitten der Söhne der Menschen wohnt, die auf der Erde wohnen. (c) Der obere Himmel und der mittlere Himmel und der untere Himmel, es ist nicht möglich für sie, dass sie die Ehre deine Schekina erfassen (/tragen). Denn du bist der Gott, der trägt alle Himmel und die Erde und die Tiefen und alles, was in ihnen ist. (d) Wie viel weniger dieses Haus, dass ich dir gebaut habe.[51]

Am stärksten bearbeitet ist die rhetorische Frage in 8,27a („Sollte Gott wirklich auf der Erde wohnen"). Die Targumim duplizieren den Satz zu zwei Aussagen (a) und (b). Die erste Aussage entspricht dem Vers der Form nach und bietet ebenfalls eine

---

47 Karrer/Kraus (Hrsg.), *Septuaginta Deutsch* übersetzt freier mit „wie auch nur (dieses Haus)" und Pietersma/Wright (Hrsg.), *NETS* mit „how much less even this house".

48 Vgl. Muraoka, *Lexicon*, unter diesem Lexem.

49 Vgl. für die Chronik: Japhet, *2 Chronik*, 77; Klein, *2 Chronicles*, 82; Rudolph, *Chronikbücher*, 212.

50 ארי מן סבר ומן דמי דמי [די] בקשטא אתרעי יוי לאשראה שכינתיה בגו בני אנשא דדיירין על ארעא הא שמיא ושמי שמיא לא יכלון לסוברא [ית] יקרך אף אלהין ביתא הדין דבניתי

51 ארום מן יסבר ומן ידמי די בקושטא אתרעי ייי לאשראה שכנתיה בגוא בני נשא דדיירין על ארעא הא שמיא עילאי ושמיא מיצעאי ושמיא תתאי לית איפשר להון די יסוברון יקר שכנתך ארום את הוא אלהא סביל כולא שמיא וארעא ותהומיא וכל מה דאית בהון אף אלא הן אלא את ביתא הדין די בניתי

rhetorische Frage, allerdings mit gänzlich anderem Inhalt (a): „Siehe, wer hätte es gedacht, und wer ist gleich dem, der in Wahrheit (ist)?“. Die zweite Aussage wird inhaltlich gewendet: In dem Archetyp wird noch durch eine rhetorische Frage behauptet, dass JHWH unmöglich auf der Erde wohnen kann; in den Targumim will JHWH hingegen mit seiner Schekina unter den Menschen wohnen. Aus „Sollte Gott wirklich auf der Erde wohnen“ wird „JHWH beabsichtigt, dass seine Schekina auf der Erde wohnt“. Durch die Überarbeitungen in den Targumim ist dieser Vers mit dem Tempelweihspruch in Einklang gebracht. Dort heißt es ebenfalls im TgJ von 1Kön 8,12: „JHWH beabsichtigt, dass seine Schekina in Jerusalem wohnen soll“ (יוי אתרעי לאשראה שׁכנתיה בירושלם). Die göttliche Schekina ist nicht mit JHWH identisch und ihr Wohnen auf der Erde kein Problem. Es wird nicht mehr zwischen JHWH im Himmel und seinem Namen im Tempel differenziert, da selbst im Himmel nicht JHWH selbst, sondern nur seine Schekina wohnt (vgl. die Targumim von 8,23). Die Schekina wohnt im Himmel wie auf der Erde. In PChr[52] ist derselbe Gedanke aufgenommen. Die rhetorische Frage in 8,27a wird in eine positive Aussage umformuliert („Aufgrund der Treue (/des Glaubens) veranlasste der Herr seine Shekina mit dem Volk Israel auf der Erde zu wohnen.“ vgl. Fn. 52).

Die Aussagen von 8,27b („die Himmel können ihn nicht fassen; wie viel weniger der Tempel“) fügen sich gut in diese Schekina-Wohnvorstellung ein und werden von den Targumim deswegen im Kern übernommen in den Aussagen (c) und (d). In dieser Vorstellung können weder der Himmel (und die Himmel der Himmel) noch der Tempel die „Ehre“ JHWHs (יקרך: „deine Ehre“ in TgJ) bzw. die „Ehre seiner Schekina“ (יקר שכנתך in TgChr) fassen. Der TgChr integriert in diesen Teil zudem die Vorstellung von unterschiedlichen Himmelebenen (obere, mittlere und untere Himmel) und fügt eine Aussage an, die JHWH als Begründer und Erhalter von Himmel und Erde andeutet.

Tab. 6.7: Synopse 1Kön 8,28 par.

Kgtm (OG)	Kgtm (Vorl.)	Kön	Chr
28 καὶ ἐπιβλέψῃ ἐπὶ τὴν δέησίν μου,	28 **ופנית** אל תחנתי	28 **ופנית** אל תפלת עבדך ואל תחנתו	6,19 **ופנית** אל תפלת עבדך ואל תחנתו
κύριε ὁ θεὸς Ισραηλ,	**יהוה אלהי** ישראל	**יהוה אלהי**	**יהוה אלהי**

52 ܡܛܠ ܕܒܗܝܡܢܘܬܐ ܐܫܪܝ، ܡܪܝܐ ܫܟܝܢܬܗ ܥܡ ܥܡܗ ܐܝܣܪܝܠ ܥܠ ܐܪܥܐ. ܗܐ ܫܡܝܐ ܘܫܡܝ ܫܡܝܐ، ܠܐ ܡܣܝܒܪܝܢ ܠܟ ܠܘ. ܐܦܠܐ ܟܡ ܗܢܐ ܒܝܬܐ. ܕܒܢܝܬ = „(b) Aufgrund der Treue bzw. des Glaubens veranlasste der Herr seine Shekina mit dem Volk Israel auf der Erde zu wohnen. (c) Siehe der Himmel und die Himmel der Himmel können dich nicht fassen. (d) Wie viel weniger dieses Haus, dass ich gebaut habe.“

Tab. 6.7 – Fortsetzung

ἀκούειν τῆς τέρψεως, καὶ τῆς προσευχῆς	לשמע אל הרנה ואל התפלה	לשמע אל הרנה ואל התפלה	לשמע אל הרנה ואל התפלה
ἧς ὁ δοῦλός σου προσεύχεται ἐνώπιόν σου πρὸς σὲ σήμερον,	אשר עבדך מתפלל לפניך אליך היום	אשר עבדך מתפלל לפניך דיום	אשר עבדך מתפלל לפניך

Kgtm (OG): καί 1°] +pre πλήν 247 L; +pre πλὴν τῆς δεήσεως καὶ τῆς προσευχῆς (/ευχῆς 56) f | τὴν δέησίν μου] +pre τὴν (>A) προσευχὴν τοῦ (>A) δούλου σοῦ καὶ Ο (= Kön) | κύριε] > A | τῆς τέρψεως καὶ τῆς προσευχῆς] τῆς δεήσεως καὶ τῆς προσευχῆς 247 L·⁹³ 328 (= OGChr); τῆς προσευχῆς καὶ τῆς δεήσεως 158; τῆς τέρψεως Β CI 509 71 244 245 460 707 (= Ra); τῆς προσευχῆς f; τῆς δεήσεως καὶ τῆς τέρψεως καὶ τῆς προσευχῆς 93

Kön: אל הרנה ואל התפלה] tr. צלותא ובעותא Tg | היום] + הזה MT²ᴹˢ Tg

Chr: אל הרנה ואל התפלה] καὶ ἐπὶ τὴν δέησίν μου OG (= Kgtm) | אל הרנה ואל התפלה] tr. ܘܠܨܠܘܬܗ ܠܒܥܘܬܗ P | לפניך] + σήμερον OG = ܝܘܡܢ P (= Kön)

Vers 28

Der Zusatz [τὴν] προσευχὴν [τοῦ] δούλου σοῦ καί in O entspricht dem אל תפלת עבדך ו aus Kön. Dieser Teil fehlt im OG-Text. O gleicht den Text an Kön an; das Plus ist aus der Hexapla übernommen.[53] Das τὴν δέησίν μου („*meine* Bitte" = תחנתי) im OG-Text wurde nicht an Kön angepasst; dort steht an dieser Stelle ein תחנתו („*seine* Bitte"). Ein Schreiber fügte das Plus aus der Hexapla ein, ohne in den bestehenden Text einzugreifen und die Personalpronomen aufeinander abzustimmen: [τὴν] προσευχὴν [τοῦ] δούλου σοῦ καὶ τὴν δέησίν μου = „[hab Acht] auf das Gebet *deines* Knechtes und *meine* Bitte" (Text = aus Hexapla übernommen).

Mit der Mehrheit der Textzeugen ist τῆς τέρψεως καὶ τῆς προσευχῆς als OG-Text anzunehmen. Ein zweigliedriges Objekt wie im OG-Text wird indirekt auch durch das τῆς δεήσεως καὶ τῆς προσευχῆς in 247 L·⁹³ 328 und τῆς προσευχῆς καὶ τῆς δεήσεως in 158 bezeugt. Rahlfs rekonstruiert τῆς τέρψεως aus B als OG-Text, welches aber nur noch in wenigen anderen Textzeugen enthalten ist (CI 509 71 244 245 460 707).[54] Das καὶ τῆς προσευχῆς wird in diesen Textzeugen im Laufe der Überlieferung ausgefallen sein. In f ist das τῆς τέρψεως καί ausgefallen. Der Textzeuge 93 wusste von allen drei Lexemen und hat das zweigliedrige zu einem dreigliedrigen Objekt ausgebaut (τῆς δεήσεως καὶ τῆς τέρψεως καὶ τῆς προσευχῆς).

---

53 Zu den Lesarten mit hexaplarischem Ursprung vgl. Kap. 2.1 ab S. 28 in der Einleitung.
54 Zu dem methodischen Ansatz von Rahlfs und seiner Problematik vgl. Kap. 2.1 ab S. 22 in der Einleitung.

Der Text der OG-Vorlage ist durch Kön und Chr größtenteils erhalten (grau). Kön und Chr haben nur ein יהוה אלהי („Jhwh, mein Gott"); in Kgtm wird die Anrede aufgefüllt zu „Jhwh, Gott Israels" (κύριε ὁ θεὸς Ισραηλ; hebr. יהוה אלהי ישראל). In diesem Fall wird bereits die OG-Vorlage die Langversion gehabt haben.[55] Den Unterschied macht auf Hebräisch nur ein zusätzliches ישראל. Ein Suffix 1. Sg. (אלהי = „mein Gott") hätte der OG-Übersetzer wohl mit ὁ θεός μου übersetzt; immerhin steht direkt davor ebenfalls ein 1.Sg.-Personalpronomen (τὴν δέησίν μου = „meine Bitte"). Es bräuchte schon ein ישראל in der OG-Vorlage, um אלהי nicht als Substantiv mit einem 1.Sg.-Suffix aufzufassen, also יהוה אלהי ישראל = κύριε ὁ θεὸς Ισραηλ.

Das ἐνώπιόν σου entspricht dem לפניך in Kön und Chr. Das ἐνώπιόν + Person.pron. ist Standardäquivalent für לפני + Personal-suff. (ca 120 Mal). Die Wendung „vor dem Angesichts Jhwhs beten" ist in 1–4Kgtm durch 1Sam 1,12 (להתפלל לפני יהוה) und 2Kön 19,15 (ויתפלל חזקיהו לפני יהוה) belegt; „vor Dir beten" findet sich in 1Chr 17,25 (להתפלל לפניך) und Neh 1,6 (מתפלל לפניך).

Der kurze Anfang des OG-Textes (καὶ ἐπιβλέψῃ ἐπὶ τὴν δέησίν μου) geht auf ein gelesenes ופנית אל תחנתי zurück („und wende dich zu meinem Flehen"). Kön und Chr haben ein längeres ופנית אל תפלת עבדך ואל תחנתו („wende dich zum Gebet deines Knechtes und zu seinem Flehen"). Die Rede Salomos über sich in 1. Person in Kgtm („*meinem* Gebet") fällt aus dem Rahmen. Im gesamten Gebet spricht Salomo über sich nicht in 1. Person, sondern in 2. Person („Gebet *deines* Knechts"; vgl. V. 28: אל [אליך] לפניך מתפלל עבדך אשר; V. 29: עבדך יתפלל אשר; V. 30: תחנת עבדך; etc.). Kön und Chr repräsentieren in diesem Fall vermutlich den Hyparchetyp.[56] Die 1. Person in Kgtm („*meinem* Gebet") könnte ein Textverderbnis oder Lesefehler sein. Entweder ein hebräischer Schreiber oder der Übersetzer hat den Text zu אל תחנתי gekürzt. Aus ~~ואל עבדך תפלת~~ אל ופנית wurde ופנית אל תחנתⒾ. Der Schreiber wird das Waw in תחנתו wohl versehentlich für ein Jod gehalten (ו/י) und תחנתי gelesen haben. In OGChr ist einem Schreiber dieselbe Verwechslung von ו/י passiert. Nur kam es dort nicht wie in Kgtm zusätzlich zu einem Textausfall. Für ופנית אל תפלת עבדך ואל תחנתו findet sich dort καὶ ἐπιβλέψῃ ἐπὶ τὴν προσευχὴν παιδός σου καὶ ἐπὶ τὴν δέησίν μου = „und wende dich zum Gebet *deines* Knechtes und zu *meinem* Flehen").

Das σήμερον am Textende entspricht einem היום wie in Kön; es fehlt in Chr. Das πρός σέ entspricht einem אליך.[57] Das πρός + Person.pron. übersetzt in der Regel אל + Person-suff; nur in Einzelfällen sind auch Konstruktinoen mit ל, את oder

---

55 So auch Bösenecker, *Text*, 175.

56 Gegen Bösenecker, der die OG-Vorlage für den Hyparchetyp hält (vgl. ebd., 175).

57 So auch ebd., 175.

עַל + Person.suff. möglich (vgl. alle Fälle von πρός + Person.pron. in der LXX von 1Sam–2Kön). אֵלֶיךָ mit dem Verb פלל ist belegt in 2Sam 7,27 (לְהִתְפַּלֵּל אֵלֶיךָ = τοῦ προσεύξασθαι πρὸς σέ) und 1Kön 8,48 (וְהִתְפַּלְלוּ אֵלֶיךָ = καὶ προσεύξονται πρὸς σέ). In 2Sam 7,27 ein אֵלֶיךָ לְהִתְפַּלֵּל, was in 1Chr 17,25 mit einem לְהִתְפַּלֵּל לְפָנֶיךָ wiedergegeben wird. אֵלֶיךָ und לְפָנֶיךָ können also austauschbar sein. Hier stehen sie nebeneinander.

Das kurze אֶל תְּחִנָּתִי („mein Flehen") in Kgtm geht vermutlich auf einen Abschreibefehler zurück (s. o.).[58] Im gesamten Gebet spricht Salomo über sich nicht in 1. Person, sondern in 2. Person („Gebet *deines* Knechtes"; vgl. 8,28.29.30).

Im Hyparchetyp stand das kurze יהוה אֱלֹהַי aus Kön und Chr („Jhwh, mein Gott"). Der Schreiber von Kgtm hat zu יהוה אֱלֹהֵי יִשְׂרָאֵל aufgefüllt („Jhwh, Gott Israels"). Er könnte das Suffix in אֱלֹהַי als Zeichen einer Konstruktus-Verbindung interpretiert und das seiner Meinung nach fehlende יִשְׂרָאֵל ergänzt haben.

Am Versende ist in Kgtm/Kön ein הַיּוֹם ergänzt. In Chr fehlt es. Chr bezeugt in diesem Fall den Wortlaut des Hyparchtyps (*lectio brevior potior*). Das zusätzliche אֵלֶיךָ am Textende in Kgtm doppelt das לְפָנֶיךָ und wird nicht im Hyparchetyp gestanden haben. Die Juxtaposition von לְפָנֶיךָ und אֵלֶיךָ wurde nachträglich vorgenommen (vgl. עָלָיו אִתּוֹ in Kön von 8,5).

In Chr haben sowohl der OG-Text als auch P am Ende des Verses ein Äquivalent für הַיּוֹם. Im OGChr könnte das σήμερον auf ein הַיּוֹם in der hebräischen Vorlage zurückgehen.[59] Die Peshiṭta hat ܝܘܡܢܐ wohl in Anschluss an Kön ergänzt, wie sie es auch an zahlreichen anderen Stellen nachweislich tut.

Im Bittgebet bezeichnet Salomo sein eigenes Gebet mit den Begriffen תְּפִלָּה und תְּחִנָּה (vgl. 1Kön 8,28.38.45.49.54; 9,3). In den Übersetzungen werden für beide Begriffe feststehende Äquivalente gebraucht (תְּפִלָּה = προσευχή = צְלוֹ = ܨܠܐ) sowie תְּחִנָּה = δέησις = בְעוּ = ܒܥܐ; vgl. Tab. 6.8 auf S. 170). Hier in 1Kön 8,28 wird einmalig das Lexem רנה verwendet (in 1–4Kgtm nur hier und in 1Kön 22,36). Nur OGKgtm übersetzt רנה mit einer eigenen Vokabel (τέρψις). PKön, OGChr, TgChr geben רנה mit dem Äquivalent für תְּחִנָּה wieder (תְּחִנָּה = δέησις = בְעוּ = ܒܥܐ; vgl. Tab. 6.8). TgJ und PChr ersetzen אֶל הָרִנָּה וְאֶל התפלה durch die Standardwiedergabe (אֶל = ܠܨܠܘܬܐ = צְלוֹתָא וּבָעוּתָא = ܠܨܠܘܬܐ ܘܠܒܥܘܬܐ) התפלה וְאֶל התחנה auf Hebräisch; vgl. Tab. 6.8). Ansonsten findet sich in 2Chr 6,21 noch ein תַּחֲנוּן anstatt des תְּחִנָּה in 1Kön 8,30. Dieses תַּחֲנוּן wird in TgChr und OGChr wie ein תְּחִנָּה übersetzt (δέησις = בְעוּ); nur PChr bevorzugt das Lexem

---

58 Aus וּפְנִית אֶל תְּחִנָּת und וָאֶל תְּפִלַּת עַבְדְּךָ wurde וּפְנִית אֶל תְּחִנָּת. Der Schreiber wird das Waw in תְּחִנָּתוּ wohl versehentlich für ein Jod gehalten (ו/י) und תְּחִנָּתִי gelesen haben. Vgl. OGChr!

59 Vgl. Tov/Polak, *CATSS*, an entsprechender Stelle.

Tab. 6.8: Gebetsbezeichnungen (Änderungen = farbig)

	Kön/Kgtm					Chr			
	MT	**OG**	**TgJ**	**P**		**MT**	**OG**	**Tg**	**P**
8,28	תפלה	>	צלו	ܨܠܘ	6,19	תפלה	προσευχή	צלו	ܨܠܘ
8,28	תחנה	δέησις	בעו	ܒܥܘ	6,19	תחנה	δέησις	בעו	ܒܥܘ
8,28	רנה	τέρψις	צלו	ܒܥܘ	6,19	רנה	δέησις	בעו	ܨܠܘ
8,28	תפלה	προσευχή	בעו	ܨܠܘ	6,19	תפלה	προσευχή	צלו	ܒܥܘ
8,29	תפלה	προσευχή	צלו	ܨܠܘ	6,20	תפלה	προσευχή	צלו	[ܨܠܘ]
8,30	תחנה	δέησις	בעו	ܒܥܘ	6,21	תחנון	δέησις	בעו	ܨܠܘ
8,38	תפלה	προσευχή	צלו	ܨܠܘ	6,29	תפלה	προσευχή	צלו	ܨܠܘ
8,38	תחנה	δέησις	בעו	ܒܥܘ	6,29	תחנה	δέησις	בעו	ܒܥܘ
8,45	תפלה	δέησις	צלו	ܨܠܘ	6,35	תפלה	δέησις	צלו	ܨܠܘ
8,45	תחנה	προσευχή	בעו	ܒܥܘ	6,35	תחנה	προσευχή	בעו	ܒܥܘ
8,49	תפלה	>	צלו	ܨܠܘ	6,39	תפלה	προσευχή	צלו	ܨܠܘ
8,49	תחנה	>	בעו	ܒܥܘ	6,39	תחנה	δέησις	בעו	ܒܥܘ
8,54	תפלה	προσευχή	צלו	ܨܠܘ	7,1	>	>	>	>
8,54	תחנה	δέησις	בעו	ܒܥܘ	7,1	>	>	>	>
9,3	תפלה	προσευχή	צלו	ܨܠܘ	7,12	תפלה	προσευχή	צלו	ܨܠܘ
9,3	תחנה	δέησις	בעו	>	7,12	>	>	>	>

ܨܠܘ (vgl. 6.8). In 2Chr 6,20 wurde der Vers von PChr vollständig überarbeitet. Er enthält an anderer Stelle ein ܨܠܘ.

Das Minus in 3Kgtm 8,49 (>) ist einer anders lautenden OG-Vorlage geschuldet (vgl. S. 226 für die Analyse). Das Minus in 3Kgtm 8,28 (>) geht entweder auf den Übersetzer oder auf einen hebräischen Schreiber der OG-Vorlage zurück (s. o.). Gleiches gilt für die Umstellung in den OG-Texten von 3Kgtm 8,45 und 2Chr 6,35. Sie gehen auf das Verlesen eines hebräischen Textes zurück – entweder vom OG-Übersetzer oder von einem hebräischen Schreiber der OG-Vorlage (vgl. S. 215 für die Analyse).

Tab. 6.9: Synopse 1Kön 8,29 par.

Kgtm (OG)	Kgtm (Vorl.)	Kön	Chr
²⁹ τοῦ εἶναι ὀφθαλμούς σου ἠνεῳγμένους εἰς τὸν οἶκον τοῦτον ἡμέρας καὶ νυκτός, εἰς τὸν τόπον,	²⁹ להיות עיניך פתחות אל הבית הזה יומם ולילה אל המקום	²⁹ להיות עינך פתחות אל הבית הזה לילה ויום אל המקום	⁶,²⁰ להיות עיניך פתחות אל הבית הזה יומם ולילה אל המקום
ὃν εἶπας	אשר אמרת	אשר אמרת	אשר אמרת
῞Εσται τὸ ὄνομά μου ἐκεῖ,	יהיה שמי שם	יהיה שמי שם	לשום שמך שם
τοῦ εἰσακούειν τῆς προσευχῆς,	לשמע אל התפלה	לשמע אל התפלה	לשמוע אל התפלה
ἧς προσεύχεται ὁ δοῦλός σου εἰς τὸν τόπον τοῦτον ἡμέρας καὶ νυκτός.	אשר יתפלל עבדך אל המקום הזה יומם ולילה	אשר יתפלל עבדך אל המקום הזה	אשר יתפלל עבדך אל המקום הזה

Kgtm (OG): ἠνεῳγμένους] ἀνεῳγμένους O 19′ CII⁻³²⁸⁻⁵³⁰ 44 381 s x⁻⁵²⁷ 71 460 554 (= OGChr) | ἡμέρας καὶ νυκτός 1°] tr. νυκτὸς καὶ ἡμέρας A (= Kön) | εἰς τὸν τόπον] + τοῦτον L 328 | ἧς προσεύχεται ὁ δοῦλός σου] tr. ἧς ὁ δοῦλός σου προσεύχεται A f (= OGChr, PKön; vgl. 8,28)

Kön: אשר יתפלל עבדך] tr. ܪܚܒܕܝ ܚܘܠܝ P (= OGChr)

Chr: אשר יתפלל עבדך] tr. ἧς ὁ παῖς σου προσεύχεται OG (=PKön)

Vers 29

A stellt ἡμέρας καὶ νυκτός gemäß Kön zu νυκτὸς καὶ ἡμέρας um. Die Umstellung könnte hexaplarischen Ursprungs sein.[60] Das zweite ἡμέρας καὶ νυκτός wurde nicht gestrichen, obwohl es in Kön fehlt.

A und f stellen zudem zu ἧς ὁ δοῦλός σου προσεύχεται um. Dieselbe Umstellung ist auch in OGChr (ἧς ὁ παῖς σου προσεύχεται) und PKön (ܪܚܒܕܝ ܚܘܠܝ) zu findet. Sie entspricht dem אשר עבדך מתפלל im vorhergehenden Vers 28 und wird von dort inspiriert sein.

Das ἡμέρας καὶ νυκτός im OG-Text entspricht יומם ולילה in der OG-Vorlage. Dieses יומם ולילה ist hier durch die Chronik auf Hebräisch belegt. Kön liest לילה ויום. Wenn יום = ἡμέρα und לילה = νύξ zusammen auftreten, erhält der Übersetzer für gewöhnlich die Wortreihenfolge und stellt nicht um (vgl. 1Sam 19,24; 25,16; 28,20; 30,12; 1Kön 8,59; 19,8). In 1Kön 5,59 übersetzt er יומם ולילה wie zu erwarten mit ἡμέρας καὶ νυκτός.

---

60 Zu den Lesarten mit hexaplarischem Ursprung vgl. Kap. 2.1 ab S. 28 in der Einleitung.

Das zweite ἡμέρας καὶ νυκτός = יומם ולילה wiederholt in Kgtm den Versanfang (יומם ולילה הזה המקום אל ... המקום אל). Es hat weder in Kön noch in Chr ein hebräisches Äquivalent, wird aber wohl in der OG-Vorlage gestanden haben (s. u.).

Am Versanfang lautete der Hyparchetyp entweder יומם ולילה wie in Kgtm und Chr oder לילה ויום wie in Kön. Am Ende steht in Kgtm ein weiteres יומם ולילה. Es könnte in Kön und Chr ausgefallen sein (הזה+יומם ולילה); in diesem Fall würde Kgtm den Hyparchetyp überliefern. Das יומם ולילה vom Versanfang könnte aber auch bewusst oder unbewusst verdoppelt worden sein.[61]

Die direkte Rede שם שמי יהיה = „(von dem du gesagt hast:) mein Name soll dort sein" wurde in der Chronik durch indirekte Rede ersetzt: לשום שמך = „(von dem du gesagt hast), dass du dein Name dort einsetzen wirst". Die Chronik bevorzugt in solchen Fällen nachweislich indirekte Rede.[62] Eine solche direkte Rede findet sich nur im Königebuch.[63] In der Chronik steht überall der Inf.cs. (להיות oder לשום mit indirekter Rede.

OGChr hat nach dem ersten המקום אל noch ein τοῦτον (= הזה המקום אל). Der Text wurde an das המקום הזה אל am Versende und das הזה הבית אל angepasst.

Tab. 6.10: Synopse 1Kön 8,30 par.

Kgtm (OG)	Kgtm (Vorl.)	Kön	Chr
³⁰ καὶ εἰσακούσῃ τῆς δεήσεως τοῦ δούλου σου καὶ τοῦ λαοῦ σου Ισραηλ,	³⁰ ושמעת אל תחנת עבדך ועמך ישראל	³⁰ ושמעת אל תחנת עבדך ועמך ישראל	⁶,²¹ ושמעת אל תחנוני עבדך ועמך ישראל
ἃ ἂν προσεύχωνται εἰς τὸν τόπον τοῦτον,	אשר יתפללו אל המקום הזה	אשר יתפללו אל המקום הזה	אשר יתפללו אל המקום הזה
καὶ σὺ εἰσακούσῃ ἐν τῷ τόπῳ τῆς κατοικήσεώς σου ἐν οὐρανῷ	ואתה תשמע אל מקום שבתך אל השמים	ואתה תשמע אל מקום שבתך אל השמים	ואתה תשמע ממקום שבתך מן השמים
καὶ ποιήσεις	ועשית	ושמעת	ושמעת
καὶ ἵλεως ἔσῃ.	וסלחת	וסלחת	וסלחת

---

61 אל המקום הזה יומם ולילה ... אל הבית הזה +יומם ולילה.

62 Vgl. Kropat, Syntax, 65.

63 In 2Kön 23,27 wird dieselbe direkte Rede ebenfalls mit אשר + Perfekt eingeleitet (vgl. 1Kön 8,29: ואת הבית אשר אמרתי יהיה שמי שם mit 2Kön 23,27: אל המקום אשר אמרת יהיה שמי שם).

Tab. 6.10 – Fortsetzung

Kgtm (OG): δεήσεως] φωνῆς A 158 707; + καὶ τῆς προσευχῆς 247 | καὶ τοῦ λαοῦ σου] > A (σου ∩ σου) | ἄ] ὅσα L f | προσεύχωνται] προσεύχονται 247 CΙΙ⁻⁴⁶′⁻³²⁸ d f 488 71; προσεύξωνται B 93-127 342 460 (= Ra; = Ant; = OGChr); προσεύξονται 19-82-108 509 245 707 | οὐρανῷ] +pre τῷ O L f o 71 554

Kön: P לֵ‎י אֲבהב ‎= Tg ‎מִן שָׁמַיא‎ Tg; ‎מֵאֲתַר בֵּית שְׁכִינְתָךְ‎ [אֶל מְקוֹם שִׁבְתָּךְ‎ | P ‎אֶל הַשָּׁמַיִם‎ [אֶל שָׁמַיא‎ (= Chr)

Chr: Tg ‎מֵאֲתַר בֵּית שְׁכִנְתָךְ‎ [מִמְּקוֹם שִׁבְתָּךְ‎ | MT³ᴹˢ ‎תְּפִלַּת‎ = P ‎אֲفْ‎ [תַּחֲנוּנִי‎

Vers 30

Die große Mehrheit der Textzeugen überliefert den Konj. Präs. προσεύχωνται. Rahlfs folgt B und rekonstruiert den Konj. Aor. προσεύξωνται als OG-Text.[64] Das wird allerdings eine Anpassung an den Konj. Aor. εἰσακούσῃ sein.

In diesem Vers hat A sekundäre Lesarten, die keine hexaplarische Herkunft haben. Das δεήσεως ist durch φωνῆς ersetzt. Das καὶ τοῦ λαοῦ σου ist aufgrund eines Augensprunges zwischen den zwei σου ausgefallen (τοῦ δούλου ̶σ̶ο̶υ̶ ̶κ̶α̶ὶ̶ ̶τ̶ο̶ῦ̶ ̶λ̶α̶ο̶ῦ̶ ̶σ̶ο̶υ̶ Ισραηλ).

Der OG-Text hat ein καὶ ποιήσεις, was einem ‎וְעָשִׂיתָ‎ in der OG-Vorlage entspricht. Kön und Chr haben ein ‎וְשָׁמַעְתָּ‎ = OGChr: καὶ ἀκούσῃ. Das Verb ποιέω ist Standardäquivalent für ‎עשׂה‎ (in 1–4Kgtm 444 Mal). Für eine Übersetzung von ‎וְשָׁמַעְתָּ‎ mit καὶ ποιήσεις gibt es keinen Anlass. Ein ‎וְשָׁמַעְתָּ‎ hätte der Übersetzer wie OGChr mit ἀκούσω übersetzt. Auf Hebräisch ist eine Änderung wegen der größeren Ähnlichkeit der Formen (‎וְשָׁמַעְתָּ‎ und ‎וְעָשִׂיתָ‎) schneller getan. Das Begriffspaar ‎וְעָשִׂיתָ‎ und ‎וְסָלַחְתָּ‎ ist in umgekehrter Reihenfolge in 1Kön 8,39 auf Hebräisch belegt (‎וְסָלַחְתָּ וְעָשִׂיתָ‎).

Die Chronik ersetzt das ‎תַּחַן‎ durch ein ‎תַּחֲנוּנִי‎. Das ‎תַּחַן‎ ist im Tempelweihgebet überaus häufig und wird auch hier im Hyparchetyp gestanden haben. Das ‎תַּחֲנוּנִי‎ kommt in Gen–2Kön nicht vor. Es findet sich hauptsächlich in den Psalmen und in Daniel[65] und wurde von dort in den Text der Chronik übernommen.

Im Hyparchetyp stand außerdem ‎אֶל מְקוֹם שִׁבְתָּךְ אֶל הַשָּׁמַיִם‎ mit der Präposition ‎אֶל‎ wie in Kgtm und Kön. In der späteren Geschichte des Textes wurde bei dem Syntagma „‎שָׁמַע‎ + Präp. + Ort" iSv. „hören von/aus/in/an [einem Ort]" das ‎אֶל‎ durch ein ‎מִן‎ ersetzt. Demgemäß wurde in der Chr aus ‎אֶל מְקוֹם שִׁבְתָּךְ‎ ein

---

64 Zu dem methodischen Ansatz von Rahlfs und seiner Problematik vgl. Kap. 2.1 ab S. 22 in der Einleitung.

65 Vgl. 2Chr 6,21; Ijob 40,27; Ps 28,2.6; 31,23; 86,6; 116,1; 130,2; 140,7; 143,1; Spr 18,23; Jer 3,21; 31,9; Dan 9,3.17–18.23; Sach 12,10.

מִמְּקוֹם שִׁבְתֶּךָ und aus אֶל הַשָּׁמַיִם ein מִן הַשָּׁמַיִם. Im TgJ und in PKön finden sich dieselben Änderungen. In תשמע אל מקום שבתך ist die Präposition אל wohl wie bei dem aus dem Deuteronomium bekannten אל המקום iSv. „höre *an* der Stätte deines Wohnens" gebraucht.[66] Die Präposition אל aus אל הַשָּׁמַיִם wurde an dieser Stelle auch für הַשָּׁמַיִם verwendet, sodass der Text תשמע ... אל הַשָּׁמַיִם ließt. Diese Formulierung ist zwar sehr ungewöhnlich;[67] aber אל kann auch iSv. „in" verwendet werden,[68] sodass תשמע ... אל הַשָּׁמַיִם dem im Deutschen üblichen „höre ... im Himmel" entspricht. Die Verwendung von מִן liegt hingegen für ein Syntagma mit שמע iSv. „hören *aus/von* einem Ort" sprachlich viel näher.[69] Der Gebrauch von מִן הַשָּׁמַיִם + שמע in der Chronik (vgl. 2Chr 6,21.23.25.30.33.35.39; 7,14) anstatt des הַשָּׁמַיִם/אל הַשָּׁמַיִם + שמע in Kön (vgl. 1Kön 8,30.32.34.36.39.43.45.49) überrascht deswegen wenig.

Zwischen וְעָשִׂיתָ aus Kgtm und וְשָׁמַעְתָּ aus Kön = Chr kann nicht entschieden werden. Die Änderung zu שמע könnte eine Anpassung an den Vortext sein (וְשָׁמַעְתָּ ... וְאַתָּה תִשְׁמַע).[70] Wegen der häufigen Wiederholung könnte aber auch zu וְעָשִׂיתָ geändert worden sein. Das Begriffspaar וְעָשִׂיתָ und וְסָלַחְתָּ ist in umgekehrter Reihenfolge in 1Kön 8,39 auf Hebräisch belegt (וְסָלַחְתָּ וְעָשִׂיתָ).

Aus dem „Ort deines Wohnens" (מקום שבתך) wird zudem der „Ort des Hauses deiner Shekina" (אתר בית שכינתך). Bemerkenswerterweise wird damit der Himmel nicht nur als Ort (אתר), sondern auch dezidiert als ביתא („Haus, Tempel") für JHWHs Shekina bezeichnet. Bezeichnet wird damit das kosmisch-transzendente Urbild des Tempels (vgl. die Wiedergabe des Tempelweihspruches in TgChr in Kap. 4.3 ab S. 117).

---

66 In Gesenius/Meyer/Donner, *Handwörterbuch*, wird bei אל unter „9. lok. bei, an" אל המקום aus Dtn 16,6 mit der Übersetzung „an d. Stätte" aufgelistet und auf 1Kön 8,30 verwiesen.

67 Dementsprechend ist die Formulierung תשמע ... אל הַשָּׁמַיִם einmalig und ein solcher Gebrauch von שמע + אל singulär in der HB. Für sich genommen wäre bei „höre im Himmel" eher ein בַּשָּׁמַיִם oder wie in Chr ein מִן הַשָּׁמַיִם zu erwarten.

68 Vgl. Koehler/Baumgartner/Richardson, *HALOT Online* Bdt. 5 „in, into" mit Verweis auf אל מערת („in der Höhle") in Gen 23,19. Vgl. auch אל בית iSv. „im Haus" beispielsweise in 1Kön 9,24 und 13,18.

69 Vgl. ebd. unter מִן 1.a).

70 Ähnlich Bösenecker, *Text*, 176.

Tab. 6.11: Synopse 1Kön 8,31 par.

Kgtm (OG)	Kgtm (Vorl.)	Kön	Chr
31 ὅσα ἂν ἁμάρτῃ ἕκαστος τῷ πλησίον αὐτοῦ,	31 את אשר יחטא איש לרעהו	31 את אשר יחטא איש לרעהו	6,22 אם יחטא איש לרעהו
καὶ ἐὰν λάβῃ ἐπ' αὐτὸν ἀρὰν	ונשא בו אלה	ונשא בו אלה	ונשא בו אלה
τοῦ ἀράσασθαι αὐτόν,	להאלתו	להאלתו	להאלתו
καὶ ἔλθῃ	ובא	ובא	ובא
καὶ ἐξαγορεύσῃ κατὰ πρόσωπον τοῦ θυσιαστηρίου σου ἐν τῷ οἴκῳ τούτῳ,	והתודה לפני מזבחך בבית הזה	אלה לפני מזבח בבית הזה	אלה לפני מזבחך בבית הזה

Kgtm (OG): ὅσα] ὅς M 509 x⁻⁵²⁷ 55 245 372 460 707; ὡς 121 527 158 318 | ἕκαστος] ἄνθρωπος L | ἀράσασθαι] ἀρᾶσθαι B 247 82 CI b 488 x⁻⁵²⁷ 71 244 318 372 460 (= Ra; = OGChr)

Kön: את אשר] ܐܪ P (= אם; vgl. Chr) | ואלה] ܘܡ P (= ואלה); יומיניה Tg; *propter iuramentum* V

Chr: ונשא בו אלה] καὶ λάβῃ (= ונשא) ἐπ' αὐτὸν ἀρὰν OG | אלה] καὶ ἀράσηται OG = ܘܡ P (= PKön) ורומיניה = Tg

Vers 31

Für das Verb ἀράομαι sind mit dem Inf. Präs. ἀρᾶσθαι und dem Inf. Aor. ἀράσασθαι zwei unterschiedliche Lesarten überliefert. Rahlfs entscheidet sich für das kurze ἀράομαι aus B 247 82 CI b 488 x.[71] Mit der Mehrheit der Textzeugen wird hier an ἀράσασθαι als OG-Text festzuhalten. Der starken Bezeugung entspricht die Erklärung des ἀρᾶσθαι durch eine Haplographie aus ἀράσασθαι (ΑΡΑΣΑΣΘΑΙ).

Bei der OG-Vorlage entspricht das ὅσα ἄν vermutlich dem את אשר aus Kön. Die Chronik hat ein אם יחטא, was der Übersetzer wie OGChr mit einem ἐὰν ἁμάρτῃ wiedergegeben hätte (vgl. z. B. 1Kön 8,25; 9,4.6). Ein ὅσος steht in 1–4Kgtm in der Regel zusammen mit einem πᾶς für ein כל אשר (ὅσος 91 Mal; davon 56 Mal πάντα ὅσα). Wird ὅσος mit einem Konjunktiv verwendet, steht wie hier ein zusätzliches ἄν oder ἐάν (vgl. 1Sam 10,7; 1Kön 2,3; 5,20; 8,43; 11,38; 2Kön 10,5).

Mit dem Gebrauch von ὅσος formt der Übersetzer die Protasis in einen Relativsatz um. Aus „wenn irgendjemand sündigt…" (את אשר יחטא) macht er ein „alles, was jmd. sündigt" (ὅσα ἄν ἁμάρτῃ).[72] Diese wörtliche Übersetzung von את

---

71 Zu dem methodischen Ansatz von Rahlfs und seiner Problematik vgl. Kap. 2.1 ab S. 22 in der Einleitung.

72 Muraoka sieht in der Mehrheit der Belege ὅσος als Relativpronomen gebraucht und gibt für ασō die Übersetzung „all that which" an (vgl. Muraoka, *Lexicon*, 509). Karrer/Kraus (Hrsg.),

אֲשֶׁר mit ὅσα ἄν zwang den Übersetzer dazu, die Konditionalperiode einen Teilsatz später beginnen zu lassen und ein ἐάν in den nächsten Teilsatz einzufügen (ὅσα ἄν ἁμάρτῃ ἕκαστος τῷ πλησίον αὐτοῦ καὶ ἐὰν λάβῃ ἐπ' αὐτὸν ἀρὰν). Deswegen wich er in diesem Fall von seiner üblichen Äquivalenz וְאִם = καὶ ἐάν ab[73] und stellte ein καὶ ἐάν an die Stelle eines einfachen Waws in seiner Vorlage. OGChr hat diese Probleme nicht, weil die Vorlage (Chr) ein אִם hat. OGChr kann אִם יֶחֱטָא אִישׁ לְרֵעֵהוּ וְנָשָׁא בוֹ אָלָה לְהַאֲלֹתוֹ aus Chr wörtlich mit ἐὰν ἁμάρτῃ ἀνὴρ τῷ πλησίον αὐτοῦ καὶ λάβῃ ἐπ' αὐτὸν ἀρὰν übersetzen.

Der Übersetzer hatte in seiner OG-Vorlage die Konsonanten וְנָשָׁא בוֹ אָלָה mit נשא ohne Punkttation vor sich. Er übersetzte mit καὶ ἐὰν λάβῃ ἐπ' αὐτὸν ἀράν („und wenn er einen Schwur ausspricht über ihn"). Der Übersetzer hat dabei vermutlich ein hebräisches וְנָשָׁא עָלָיו אָלָה vor Augen gehabt: וְנָשָׁא = καὶ ἐὰν λάβῃ; עָלָיו = ἐπ' αὐτόν; אָלָה = ἀράν. Auf dieselbe Weise interpretiert OGChr den Text; וְנָשָׁא בוֹ אָלָה ist dort ebenfalls mit καὶ λάβῃ ἐπ' αὐτὸν ἀράν übersetzt.

Das λαμβάνω kann in der LXX für „etw. sprechen, aussprechen" verwendet werden (vgl. das Deutsche „das Wort ergreifen").[74] Es entspricht dabei dem hebräischen נשא (heben, erheben; tragen; nehmen), dass ebenfalls iSv. „etw. sprechen, aussprechen" gebraucht werden kann (vermutlich über die Metapher „[Stimme] erheben"). Die Wendung נשא + עַל mit Suff. wird im Hebräischen iSv. „[Wort/Klage/Spott] aussprechen über jmd." verwendet (vgl. 2Kön 9,25; Am 5,1; Mi 2,4; Zef 3,18; Jer 9,17; Ez 26,17; in 2Kön 9,25 als Fig.etym. נָשָׂא אֵת הַמַּשָּׂא „(er) sprach einen Ausspruch über"). An allen diesen Stellen wird diese Wendung im OG-Text mit λαμβάνω + ἐπ' + Person.Pron. übersetzt. Hier in 3Kgtm 8,31 muss der Übersetzer das בוֹ dafür freier als ἐπ' αὐτόν übersetzen. Normalerweise steht ἐπ' αὐτόν für עָלָיו (ἐπί = עַל 568 Mal in Kgtm) und ἐν für בְּ (1602 Mal in Kgtm). Die Kausativform לְהַאֲלֹתוֹ wird zudem mit τοῦ ἀράσασθαι αὐτόν wiedergegeben („um ihn zu verfluchen / einen Fluch über ihn auszusprechen"). Den Fluch spricht damit eindeutig der Ankläger aus („und sprach einen Fluch über ihn aus, indem er schwörte").

Das καὶ ἔλθῃ καὶ ἐξαγορεύσῃ = „und er kommt und bekennt" geht vermutlich auf ein וּבָא וְהִתְוַדָּה in der OG-Vorlage zurück (Kön, Chr: וּבָא אָלָה). Das Verb ἐξαγορεύω ist in der LXX selten[75] und findet sich in 1–4Kgtm nur hier; es übersetzt aber so gut wie immer ein ידה Hitpael (vgl. Lev 5,5; 16,21; 26,40; Num 5,7; Esra 10,1; Neh 1,6; 9,2–3). Das gilt auch umgekehrt. Das Hitpael von ידה wird fast ausschließ-

---

Septuaginta Deutsch übersetzt diesen Vers mit „Alles was auch immer einer gegen seinen Nächsten begeht" und Pietersma/Wright (Hrsg.), NETS hat „What each sins against his neighbor".

73 Ein ἐάν steht in 1–4Kgtm in 58 Fällen für ein אִם, in 28 Fällen für ein אֲשֶׁר und in 12 Fällen für ein כִּי, nie aber für ein einfaches Waw.

74 Vgl. Muraoka, Lexicon, den entsprechenden Eintrag.

75 Lev 5,5; 16,21; 26,40; Num 5,7; 1Kön 8,31; Esra 10,1; Neh 1,6; 9,2–3; Ps 31,5; Ijob 31,34; Bar 1,14.

lich nur mit ἐξαγορεύω wiedergegeben (Lev 5,5; 16,21; 26,40; Num 5,7; Esra 10,1; Neh 1,6; 9,2–3; Dan 9,20). Daraus ergibt sich והתודה als wahrscheinlichste Vorlage für καὶ ἐξαγορεύσῃ in 3Kgtm 8,31.

Viele halten im Gegensatz dazu das καὶ ἔλθῃ καὶ ἐξαγορεύσῃ für eine freie Wiedergabe des schwer verständlichen ובא אלה. In der Tat ist dieser hebräische Text kaum verständlich, sodass die Übersetzer bei ובא אלה kreativ werden (müssen). Die freie Wiedergabe in den anderen Übersetzungen ist in diesem Fall aber kein Argument gegen die Rekonstruktion eines ובא והתודה in der OG-Vorlage. Die freien Wiedergaben von ובא אלה sehen an dieser Stelle nämlich anders aus. Die meisten fügen ein Waw ein: ואלה = καὶ ἀράσηται in OGChr = ܢܠܘܛ in PKön und PChr = ויומניה in TgChr. VKön lautet *et venerit propter iuramentum* = „und er geht wegen des Eides". Eine andere Alternative wäre das ובאים באלה = καὶ εἰσήλθοσαν ἐν ἀρᾷ aus Neh 10,30. Im Vergleich dazu sind das אלה („verfluchen") und das ἐξαγορεύω = Hitpael ידה („bekennen") im OG-Text zu verschieden. Von ובא אלה kommt ein konservativer Übersetzer nicht ohne weiteres auf ein καὶ ἔλθῃ καὶ ἐξαγορεύσῃ („und er kommt und bekennt").

Die Chronik ändert das את אשר in ein אם. אם ist als Einleitung eines Bedingungssatzes (Protasis) geläufiger und eindeutiger. Die gleiche Änderung nimmt PKön im Syrischen vor (ܐܢ =אם). Zur grammatischen Interpretation in OGKgtm (ὅσα ἂν ἁμάρτῃ ... καὶ ἐὰν λάβῃ) s. o..

Die uns erhaltene Textgeschichte des zweiten Teilsatzes geht von einem ונשא בו אלה aus – am Anfang noch ohne Punkt (שׁ oder שׂ). Dieses ונשא wurde entweder als ונשׂא mit שׂ oder als ונשׁא mit שׁ gelesen. OGKgtm las ונשׂא בו אלה = καὶ ἐὰν λάβῃ ἐπ' αὐτὸν ἀρᾶν (s. o.). Dieselbe Übersetzung wählte OGChr: ונשׂא בו אלה = καὶ λάβῃ ἐπ' αὐτὸν ἀρᾶν.

Die Targumim lasen ונשׁא בו אלה und übersetzten wortgetreu mit וירשׁי ביה מומי = „und er verlangt [wörtl: leihen] ihm einen Fluch ab".[76] Sie wählten רשׁי als aramäische Entsprechung für נשׁא[77] und übertrugen die Wendung Wort für Wort ins Aramäische (אלה = מומי ; בו = ביה ; ונשׂא = וירשׁי).

Alle anderen Tochterübersetzungen übersetzen dem Sinn und Kontext entsprechend, aber freier. Ob die jeweiligen Übersetzer konkret an ונשׁא oder ונשׂא gedacht haben, lässt sich bei diesen Übersetzungen deswegen nicht mehr ausmachen. PKön (ܘܡܘܡܬܐ ܡܚܣܕ ≈ „und er beschuldigt ihn (mit) einen Schwur / ist ihm

---

76 The Aramaic Bible übersetzt im TgJ als „and he forces him to swear an oath" (vgl. Harrington, *Targum*, 229) und im TgChr als „who insists that he swear an oath" (vgl. Beattie/McIvor, *Targums*, 155).

77 Vgl. Für die Entsprechung von נשׂא und רשׁי vgl. die Hinweise zur Etymologie bei נשׂא in Gesenius/Meyer/Donner, *Handwörterbuch* und Koehler/Baumgartner/Richardson, *HALOT Online* sowie Horst, *Privilegrecht*, 85f.

ein Schwur schuldig")[78] verwandelt das בּוֹ in ein Suffix und verwendet als Verb ܣܘܒ im Pael (= חוב).[79] PChr (ܐܟܬܒܐ, ܚܠܡܗܡ ܡܘܡܡܡܗ ≈ „und er verhängt über ihn einen Fluch")[80] und ersetzt damit בוּ durch ܠܗ (=עַל) und verwendet ܗܡܡ (=פסק) im Peal.[81] Die Vulgata paraphrasiert den Text noch freier (*et habuerit aliquod iuramentum quo teneatur adstrictus* ≈ „und er muss einen Eid ablegen, der von ihm verlangt wird, um zu schwören").

Die hebräische Textüberlieferung der Masoreten geht von einem וְנָשָׁא בוֹ אָלָה aus. Die Punktation als שׂ wurde von den masoretischen Schreibern bewusst vorgenommen, reflektiert und durch masoretischen Randnotizen (Mp und Mm) abgesichert. Der Kodex Aleppo, der Kodex Leningradensis und der Kodex Cairensis punktieren und vokalisieren in 1Kön 8,31 und 2Chr 6,22 ונשא als וְנָשָׁא. An beiden Stellen ist zu וְנָשָׁא am Rand ein בׄ (= „zweimal") notiert. Nach dieser Mp-Notiz (Masorah parva) kommt וְנָשָׁא zweimal in der HB vor – also nur an diesen beiden Stellen. Diese Lesart ist nach masoretischer Lesung von וְנָשָׂא zu unterscheiden. Am Rand wurde nämlich auch bei וְנָשָׂא eine Mp notiert – in diesem Fall ein יׄזׄ = „siebzehn Mal" (im Kodex L z. B. in Jes 11,12). Nach masoretischer Zählung kommt וְנָשָׂא damit siebzehn Mal in der HB vor. Die dazu passende Masorah magna ist in der Handschrift Or. 4445 bei Ex 28,29 am Rand notiert. Dort werden genau die genannten Stellen aufgelistet, an denen וְנָשָׂא im MT[L] vorkommt (Ex 28,12.29–30.38; Lev 5,1.17; 16,22; 17,16; 24,15; Num 30,16; 1Sam 17,34; 2Kön 23,4; Jes 5,26; 11,12; Ez 17,23; 29,19; Mal 2,3). Nach der ältest-erhaltenen masoretischen Überlieferung ist in 1Kön 8,31 und 2Chr 6,22 also וְנָשָׁא zu lesen und nicht וְנָשָׂא wie in den 17 anderen Fällen.

Trotz der Masorah-Notizen war die gesamte Konstruktion aber fehleranfällig. Eine Stichprobe von Mm-Notizen zu ונשא (vgl. Tab. 6.2 auf S. 178) macht deutlich, dass sowohl der Text der Mm-Notizen als auch die Zahlangaben instabil waren und auf allen Ebénen Fehler passieren konnten.

---

78 Die Syriac Peshiṭta Bible übersetzt „and is charged to take an oath" (vgl. Greenberg u. a., *Peshitta*, 59).

79 Die Grundbedeutung im Pael ist „schuldig machen; für schuldig erklären" (vgl. Levy, *Wörterbuch*, Jastrow, *Dictionary* („to declare guilty, to convict") und Payne Smith, *Syriac Dictionary* („to find guilty, condemn"). Payne Smith führt speziell für das Verb mit ܟܬܒܐ noch „to bind over, cause to take an oath" an, wobei bei „bind over" vermutlich an נשא und bei „cause to take an oath" vermutlich an נשא gedacht ist. *CAL* hat „1. to condemn 2. to make sin 3. to comdemn to, impose".

80 Lamsa übersetzt „and it is decreed upon him that he should take an oath" (vgl. Lamsa, *Bible*).

81 Für die Verwendung von ܗܡܡ mit ܟܬܒܐ siehe die Wiedergabe von Spr 29,24 in der Peshiṭta mit ܟܬܒܐ, ܡܗܡ ܚܠܗ ܡܘܡܡܝ („und sie verordneten über ihn Flüche"). Vgl. dazu Fox, *Proverbs (HBCE)*, 337. Das Verb hat die Grundbedeutung „abschneiden, zertrennen, zerschneiden" (vgl. Levy, *Wörterbuch*) und *CAL* kann aber auch im übertragenen Sinne für „urteilen, ein Urteil aussprechen" (vgl. Levy, *Wörterbuch*) und „to fix, determine, decree [...] (c) w. covenants, oaths: to make an agreement" (vgl. *CAL*) verwendet werden.

Tab. 6.12: Mm-Notizen zu ונשא: Eine Stichprobe

	Ex 28,29 in Or. 4445	Ex 28,29 in BN heb 1	Rb Lev 16	Rb 1K 8,31	Rb Ez 29,19	Ginsburg
Anzahl	יז	יז	יז	יז	יז	יז
Ex 28,12	X	X	X	X	X	X
Ex 28,29	X	X	X	X	X	X
Ex 28,30	X (post Lev 17,16)	X	X	X	X	X
Ex 28,38	X	X	X	X	X	X
Lev 5,1	X	X	X	X	X	X
Lev 5,17	X	X	X	X	X	X
Lev 16,22	X	X	X	X	X	X
Lev 17,16	X	X	X	X	X	X
Lev 24,15	X	X		X	X	X
Num 30,16	X	X	X	X	X	X
1Sam 17,34	X	X	X	X	X	
1Kön 8,31		X (vor 1Sam 17,34)		X (vor 1Sam 17,34)		
2Kön 23,4	X	X	X	X (+ תנינא)	X (+ תנינא)	X
Isa 5,26	X	(ונשאת)	X (oder bei 11,12)	(וחברו) vor Ez 17,23	(וחברו) vor Ez 17,23	X
Isa 11,12	וחבירו	(s.o. ונשאת?)		X	X	X
Ez 17,23	X	X	X	X	X	X
Ez 29,19	X	X	X	X	X	X
Mal 2,3	X	X	X	X	X	X
Zählung	16 + 1	16 + 1/2	15	17 + 1	16 + 1	15
Summe	17	17/18	15	18	17	15

Keine Mm gleicht der anderen. Sowohl die Anzahl der Belege (יז = 16 vs. יז = 17) als auch die angegebenen Belegstellen weichen voneinander ab. Auch der zitierte Wortlaut als Verweis auf die jeweiligen Belegstellen unterscheidet sich.

Die ursprüngliche Mm-Notiz ist in Or 4445 erhalten. Sie passt zu der Mp von L, A und C und enthält exakt diejenigen 17 וְנָשָׂא-Belege, die sich im Text des Kodex L finden lassen. Einzig eine der beiden Belege aus Ex 28,29–30 findet sich hier nicht an der zu erwartenden Stelle, sondern nach Lev 17,16.[82]

Die Mm in Ex 28,29 in BN heb 1 zählt 1Kön 8,31/2Chr 6,22 dazu, obwohl sie insgesamt auch nur 17 Belege angibt (יׄזׄ). Der Text aus 1Kön 8,31 ist vor 1Sam 17,34 notiert. Jes 5,26/11,12 wird mit einem einzigen ונשאת zitiert. Versteht man ונשאת als Verweis auf Jes 5,26 *und* 11,12, ergibt das insg. 18 Belege. Nimmt man ונשאת als Verweis auf Jes 5,26 *oder* 11,12, kommt man auf 17.

Ginsburg gibt in seiner Masorah 16 Belege an (יׄוׄ) und führt alle Stellen außer 1Sam 17,34 an,[83] obwohl er in seiner Biblia Hebraica in 1Sam 17,34 וְנָשָׂא ließt. In 1Kön 8,31 und 2Chr 6,22 ließt er וְנָשָׁא.

In der Rabbinerbibel (Rb) des Jakob ben Chajim („Bombergianta") finden sich in ein-und derselben Ausgabe insgesamt drei verschiedene Mm-Notizen zu וְנָשָׁא, eine bei Lev 16,22, eine bei 1Kön 8,31 und eine bei Ez 29,19. Keine ist mit der anderen identisch. Der zitierte Wortlaut der Belegstellen unterschiedet sich bei nahezu jeder Belegstelle. Auch die Zählungen unterscheiden sich. Die Mm-Notiz bei Ez 29,19 entspricht der ursprünglichen aus Or 4445.[84] Bei Lev 16,22 findet sich eine Mm zu וְנָשָׁא, die wie Ginsburg nur 16 Fälle zählt (יׄוׄ). Lev 24,15 wird übergangen. Das zitierte ונשא נס לגוים findet sich in Jes 5,26 und in Jes 11,12. Es wird nur einmal zitiert. Zählt man es deswegen einfach, kommt man insg. auf nur 15 zitierte Belegstellen. Zählt man es als Anspielung auf Jes 5,26 und in Jes 11,12, kommt man auf die angegebenen 16 Belegstellen. In 1Kön 8,31 ließt die Rabbinerbibel וְנָשָׂא (in 2Chr 6,22 allerdings וְנָשָׁא!) und hat hier eine Mm-Notiz, in der diesmal 1Kön 8,31 enthalten ist. Mit וחברו als Verweis auf eine der beiden Jesaja-Stellen kommt man damit insg. auf 18 Belegstellen. Zählt man von den Jesaja-Belegen deswegen nur Jes 5,26, kommt man auf die angegebenen 17 Belegstellen (יׄזׄ).

Auf allen Ebenen können Fehler passieren. Die Mp יׄזׄ (= siebzehn) kann leicht in יׄוׄ (= sechzehn) verlesen werden. Man kann beim Zählen, beim Nachschlagen oder dem Abschreiben des Haupttextes Fehler machen. Fehler können zu Folgefehlern führen, die als Korrekturen gedacht sind, sich aber durch falsche Anpassungen noch weiter von der ursprünglichen Konstruktion wegbewegen.

---

82 Mit וחבירו (= „seine Parallelstelle") wird in Anschluss an Jes 5,26 (zitiert mit נס לגוים מרחוק) auf Jes 11,12 verwiesen, dass ebenfalls ein נס לגוים hat (gebraucht wie in „ebd/ibid/dito" iSv. „die zweite Stelle hat ebenfalls ein נס לגוים, nämlich Jes 11,12").

83 Für seine Masorah vgl. Ginsburg, *The Massorah. Compiled from Manuscripts (Vol I: Aleph - Yod)* und Ginsburg, *The Massorah. Compiled from Manuscripts (Vol. 2: Caph - Tav)*. Für die Angabe zu וְנָשָׁא vgl. ebd., 286.

84 Auf Jes 5,26 wird wohl durch das וחברו vor dem Zitat aus Ez 17,23 verwiesen. Das תנינא nach 2Kön 23,4 könnte eine ähnliche Funktion haben.

Auch beim Abschreiben des Haupttextes kann וְנָשָׁא in 1Kön 8,31 und/oder 2Chr 6,22 leicht zu וְנָשָׁא verlesen werden. Die Stichprobe von Barthelemy hat das gezeigt.[85] Manche Handschriften haben ohne Masorah-Notiz in 1Kön 8,31 ein וְנָשָׁא, andere in 2Chr 6,22 und wiederum andere an beiden Stellen ein וְנָשָׁא.[86]

Der Hyparchetyp von 8,31

An zwei Stellen in Vers 31 ist der Hyparchetyp korrupt: ונשא בו אלה und [?] ובא. Welcher Text mal hinter [?] ובא am Versende stand, entzieht sich unserer Kenntnis. Die Archetypen Kön und Chr haben ein ובא אלה; dieser Text ist aber unverständlich. PKön, OGChr, TgChr und PChr fügen deswegen ein „und" ein: ואלה = καὶ ἀράσηται in OGChr = ܡܘܡܬܐ in PKön und PChr = ויומניד in TgChr. VKön übersetzt mit *et venerit propter iuramentum* = „und er geht wegen des Eides". Der Archetyp aus Kgtm hatte vermutlich ein והתודה = καὶ ἐξαγορεύσῃ (s. o.). Diese Lesart bietet eine verlockende Alternative, könnte aber ebenfalls das problematische ובא אלה beheben wollen. Vielfach werden zudem Konjekturen vorgeschlagen. In Neh 10,30 ist ein ובאים באלה = καὶ εἰσήλθοσαν ἐν ἀρᾷ belegt. Daran anschließend wird gelegentlich zu ובא באלה konjiziert. Andere vokalisieren um: וּבָא אָלָה. Mögliche machanische Fehlerquellen könnten eine Dittographie sein (בָּאאָלֹה > בָּאָּאֵלָה > בָא באלה), oder eine Kontamination durch בו אלה (> ובא אלה).

Wie ונשא בו אלה gelesen werden muss, wissen wir nicht. Für das Anwenden eines אלה-Fluches können ganz verschiedenen Verben verwendet werden.[87] נשא und נשא sind in den uns bekannten hebräischen Texten aber nicht belegt. Unter anderem im HALOT findet sich zwar ein Verweis auf ein angebliches שׂא אלו = „Fluch aussprechen" auf einem Armulet aus Aslan Tash verwiesen.[90] Dies Lesart von שׂא אלו = „Fluch aussprechen über" auf dem Armulet aus Aslan Tash (KAI 27) ist aber unsicher und wird in neueren Rekonstruktionen nicht mehr vertreten.[91]

---

85 Vgl. Barthélemy, *Critique textuelle: Jos–Esther*, 351–353.

86 Vgl. ebd., 352, für eine Aufzählung konkreter masoretischer Handschriften mit den jeweiligen Lesarten.

87 Ein Fluch kann zwischen zwei Parteien „sein" (in Gen 26,28), er kann „geschworen werden" (שבע Hif. in Num 5,21), er kann auf Feinde gelegt werden (נתן + על in Dtn 30,7), er kann an jmd. kleben (ידבקו בו כול אלות הברית הזות in 1QS 2,15–16[88]), er kann gefordert werden (שאל im Qal[89] in Ijob 31,30) und man kann selbst in einen Fluch eintreten (עבר in Dtn 29,11; בוא in Neh 10,30).

90 Vgl. z. B. Koehler/Baumgartner/Richardson, *HALOT Online*; Gesenius/Meyer/Donner, *Handwörterbuch*.

91 Für eine neuere, anders lautende Rekonstruktion vgl. Berlejung, *Amulet*, 15. Für die verschiedenen Interpretationsmöglichkeiten vgl. Hoftijzer/Jongeling, *Dictionary*, 762–763. Torczyner rekonstruierte einst שׂא אלה = „Take up the curse" mit Verweis auf ונשא בו אלה in 1Kön 8,31, wobei der ursprüngliche MT hier gerade nicht so lautet! Vgl. dazu Torczyner, *Incantation*, 21.28.

Vielfach wird zudem auf die Lesung von ונשא בו אלה in einigen masoretischen Handschriften verwiesen. Die philologische Aussagekraft dieser sekundären Lesart in der MT-Überlieferung bleibt aber ebenfalls unsicher. Es könnte sich auch um machanische Abschreibefehler oder um Fehlinterpretationen der Masorah handeln (s. o. für eine ausführliche Aufarbeitung).[92]

Verzichtet man auf freie Konjekturen und nimmt man den Konsonantentext, wie er dasteht, stehen für das ונשא בו אלה zwei Lesarten zur Verfügung:

(1) Die meisten punktieren gegen die masoretische Tradition das שׂ als שׁ und lesen ונשׁא בו אלה iSv. ונשׁא עליו אלה = „einen Fluch aussprechen *über/gegen* jmd".[93] So haben OGKgtm und OGChr den Text interpretiert. ונשׁא בו אלה wurde iSv. ונשׁא עליו אלה mit καὶ [ἐὰν] λάβῃ ἐπ' αὐτὸν ἀρὰν übersetzt (s. o.). Das Verb נשׁא kann im Qal in Schwurkontexten gebraucht werden. Mit יד wird das Verb iSv. „die Hand zum Schwur erheben" gebraucht (mit ב iSv. „gegen" vgl. 2Sam 20,21; mit ל־d.Pers. in Ez 20,5f.15.23).[94] Zu erwarten wäre dann aber allerdings z. B. ein ונשׂא

---

92 Die Verweise auf die Lesung von ונשא in den Apparaten (BHS, BHK), Texteditionen und Lexika müssen hier zudem richtig eingeordnet werden. Die meisten textkritischen Editionen vor der BHK lesen sowohl in 1Kön 8,31 als auch in 2Chr 6,22 וְנָשָׁא (vgl. Michaelis, *Biblia Hebraica*; Simonis, *Biblia Hebraica Manualia*; Letteris, *Torah, Neviim u-Khetuvim*; Hooght, *Biblia Hebraica (ed. A. Hahn)*; Hooght, *Biblia Hebraica (ed. C. G. G. Theile)*; Doederlein/Meisner, *Biblia*). In beiden Fällen וְנָשָׁא haben nur die Editionen von: Baer, *Liber Regum*; Baer, *Liber Chronicorum*; Ginsburg, *Vetus Testamentum ('Eśrim we-'arba'ā sifrē ha-qodeš)*. Die Rabbinerbibel des Jakob ben Chajim („Bombergianta") punktiert in 1Kön 8,31 als וְנָשָׁא und in 2Chr 6,22 als וְנָשָׁא.
Die BHS verweist für ונשא in 1Kön 8,31 auf „etliche hebräische Handschriften" (im Apparat: „nonn Mss") und in 2Chr 6,22 auf den Old Greek und „wenige hebräische Handschriften" (im Apparat: „pc Mss"). Mit der Abkürzung „Mss" ist hier auf die Editionen von Kennicott, De Rossi und Ginsburg verwiesen (vgl. das Abkürzungsverzeichnis in der BHS). Weil Kennicott und De Rossi nur den Konsonantentext ונשא haben, ist das Kürzel hier als Verweis auf Ginsburg zu verstehen.
Ginsburg verweist in 1Kön 8,31 auf fünf und in 2Chr 6,22 auf vier hebräische Texte mit ונשא – bei ihm mit den Kürzeln ז''ד, ט''ד, ב''די, ד''די, י''ד, דט''י in ebd., 631, für 1Kön 8,31 und die Kürzel ב''ד, ט''ד, ב''די, ד''די in ebd., 1747, für 2Chr 6,22. In Ginsburg's Edition verweisen die Abkürzungen im Apparat allerdings nicht auf individuelle hebräische Handschriften, die jeweils nur einmal existieren („Manuscripts"; vgl. Ginsburg, *Introduction*, 469–778), sondern auf gedruckte und vervielfältigte Textausgaben („Printed Texts of the Hebrew Bible"), wie zum Beispiel die berühmten Rabbinerbibeln (ד'' = דפוס ≈ „Edition"). Über die Auflistung der „Printed Texts of the Hebrew Bible" in ebd., 779–976 kann man nachschlagen, welche Editionen jeweils mit welchem Kürzel gemeint sind. Diese „Printed Texts" enthalte neben dem Bibeltext oft eine oder mehrere jüdische Kommentare oder wie die Rabbinerbibeln zusätzlich noch den Text des Targums, eine Massorah und mehrere jüdische Kommentare.
93 So die allermeisten Kommentare.
94 Für נשׁא + יד im Schwurkontext vgl. in der HB insg.: Ex 6,8; 23,1; Lev 9,22; Num 14,30; Dtn 32,40; 2Sam 18,28; 20,21; Neh 9,15; Ps 10,12; 28,2; 106,26; 134,2; Jes 49,22; Ez 20,5–6.15.23.28.42; 36,7; 44,12; 47,14.

יד בו. Für נשׂא ist zudem der Ausdruck „etw. über/gegen jmd. aussprechen" belegt (vgl. נשׂא עליו את המשׂא הזה in 2Kön 9,25; siehe auch: Am 5,1; Mi 2,4; Zef 3,18; Jer 9,17; Ez 26,17). Allerdings ist die Wendung immer mit על und nicht mit ב gebraucht, sodass ein ונשׂא עליו אלה zu erwarten wäre.[95]

(2) Das ונשׂא בו אלה wird gemäß der masoretischen Punktation und der rabbinischen Interpretation als ונשׂא בו אלה iSv. „und er legte ihm einen Schwur auf" gelesen. Das נשׂא hat die Grundbedeutung „jmd. eine Verpflichtung auferlegen" und wird in der Regel mit „jmd. etw. leihen" übersetzt. Über „leihen" > „beanspruchen"/„abverlangen" nimmt z. B. M. Noth für 1Kön 8,31 ein ונשׂא בו אלה = „und er verlangt ihm einen Fluch ab, indem er ihn schwören lässt" an.[96] Die Verwendung von נשׂא im Schwurkontext wäre zwar singulär in der HB. Dennoch lässt sich ונשׂא בו אלה mit der Grundbedeutung von נשׂא iSv. „und er legte ihm einen Schwur auf" gut verstehen. Das Verb נשׂא wird im Qal wie in 1Kön 8,31 üblicherweise mit ב-d.Prs. gebraucht wird (vgl. Dtn 24,11; Neh 5,10–11; Jes 24,2; Jer 15,10) und damit die in der Schuld stehende Partei bezeichnet wird (vgl. ולא נשׁו בי „nicht haben sie mir geliehen" in Jer 15,10).

---

95 Aus diesen Gründen ist wohl in Gesenius/Meyer/Donner, *Handwörterbuch*, im Eintrag von נשׂא 1Kön 8,31 weder unter 1. a) „die Hand (יָד) erheben" als Schwurgestus noch unter 1. g) „anheben, anstimmen, vortragen" oder 1. h) „aussprechen" angeführt, sondern bekommt mit 1. o) einen ganz eigenen Eintrag ohne Parallelen („jem.em einen Eid auferlegen").

96 Vgl. Noth, *I. Könige 1–16*, 173, für diese Annahme der Bedeutung von נשׂא in 1Kön 8,31 und die Angabe dieser Bedeutungsableitung.

Tab. 6.13: Synopse 1Kön 8,32 par.

Kgtm (OG)	Kgtm (Vorl.)	Kön	Chr
³² καὶ σὺ εἰσακούσῃ ἐκ τοῦ οὐρανοῦ	³² וְאַתָּה תִּשְׁמַע הַשָּׁמַיִם	³² וְאַתָּה תִּשְׁמַע הַשָּׁמַיִם	6,23 מִן תִּשְׁמַע וְאַתָּה הַשָּׁמַיִם
καὶ ποιήσεις	וְעָשִׂיתָ	וְעָשִׂיתָ	וְעָשִׂיתָ
καὶ κρινεῖς τὸν λαόν σου Ισραηλ	וְשָׁפַטְתָּ עַמְּךָ יִשְׂרָאֵל	וְשָׁפַטְתָּ אֶת עֲבָדֶיךָ	וְשָׁפַטְתָּ אֶת עֲבָדֶיךָ
ἀνομῆσαι ἄνομον	לְהַרְשִׁיעַ רָשָׁע	לְהַרְשִׁיעַ רָשָׁע	לְהָשִׁיב לְרָשָׁע
δοῦναι τὴν ὁδὸν αὐτοῦ εἰς κεφαλὴν αὐτοῦ	לָתֵת דַּרְכּוֹ בְּרֹאשׁוֹ	לָתֵת דַּרְכּוֹ בְּרֹאשׁוֹ	לָתֵת דַּרְכּוֹ בְּרֹאשׁוֹ
καὶ τοῦ δικαιῶσαι δίκαιον	וּלְהַצְדִּיק צַדִּיק	וּלְהַצְדִּיק צַדִּיק	וּלְהַצְדִּיק צַדִּיק
δοῦναι αὐτῷ κατὰ τὴν δικαιοσύνην αὐτοῦ.	לָתֵת לוֹ כְּצִדְקָתוֹ	לָתֵת לוֹ כְּצִדְקָתוֹ	לָתֵת לוֹ כְּצִדְקָתוֹ

Kgtm (OG): εἰσακούσῃ] -ει B* 370 799 158 460 627 700 (= Ra); -σῃς 93 | ἀνομῆσαι] +pre τοῦ CI f x⁻⁵²⁷ 244; ἀνομηθῆναι B CII⁻³²⁸ 509 246 o s⁻¹³⁰ 460 (= Ra); τοῦ ἀνομηθῆναι L (-ῆσαι 19-108); ἀνο|ηθῆναι A | καὶ τοῦ δικαιῶσαι] > τοῦ L⁻¹⁹⁻¹⁰³ 125 489

Chr: מִן הַשָּׁמַיִם] ἐκ τοῦ οὐρανοῦ τοῦ οὐρανοῦ OG; > מִן MT³ᴹˢ

Vers 32

Der Konjunktiv εἰσακούσῃ ist OG-Text. Mit dem Indikativ εἰσακούσει übernimmt Rahlfs eine Lesart aus B, die sich nur in ganz wenigen Textzeugen findet und in B umgehend zum Konjunktiv korrigiert wurde.[97]

Die große Mehrheit der Textzeugen überliefern den Inf. Aktiv ἀνομῆσαι von ἀνομέω. CI f x⁻⁵²⁷ 244 stellen ein τοῦ davor, sodass der Artikel im Parallelismus einheitlich verwendet wird (τοῦ ἀνομῆσαι ἄνομον καὶ τοῦ δικαιῶσαι δίκαιον).

Einige Textzeugen inkl. B setzen das Verb ins Passiv (ἀνομηθῆναι in B CII⁻⁴⁶⁻³²⁸ 509 246 o s⁻¹³⁰). L ergänzt ein τοῦ davor. A hat dieselbe Form (mit einem Abschreibefehler: ἀνο|ηθῆναι). Das ἀνομῆσαι ist besser bezeugt und entspricht dem δικαιῶσαι.

Dem τὸν λαόν σου Ισραηλ im OG-Text entspricht ein עַמְּךָ יִשְׂרָאֵל in der OG-Vorlage, wie es sich auch in den nächsten zwei Versen (8,33–34) findet. Kön und Chr haben ein אֶת עֲבָדֶיךָ.

Das ἐκ in ἐκ τοῦ οὐρανοῦ wurde vom Übersetzer eingefügt, um die fehlende Präposition zu ergänzen. Die OG-Vorlage entsprach Kön und lautete הַשָּׁמַיִם.

---

97 Zu dem methodischen Ansatz von Rahlfs und seiner Problematik vgl. Kap. 2.1 ab S. 22 in der Einleitung.

Das erkennt man an einem Vergleich mit den anderen Übersetzungen und Text-zeugen. Überall wo הַשָּׁמַיִם im Hyparchetyp als Lokalangabe ohne Präposition verwendet wird, ergänzen die Übersetzungen eine Präposition (vgl. Tab. 6.14 auf S. 185). Der Hyparchetyp ist nur in MTKön erhalten. Er lautet in 8,30 תִּשְׁמַע ... אֶל הַשָּׁמַיִם mit אֶל als Präposition („erhöre *im* Himmel") und in 8,32.34.36.39.43.45.49 שְׁמַע + הַשָּׁמַיִם ohne eine Präposition. Grammatisch ist הַשָּׁמַיִם ein lokaler Akku-sativ. Solch ein als Lokaladverbiale verwendeter Akkusativ hat normalerweise eine Präposition,[98] kann aber auch ohne Präposition stehen.[99] Ein „aus" bzw. „in" ist gemeint und in der Übersetzung entsprechend zu ergänzen: „(höre es) *in/aus* dem Himmel". Auch in 1Kön 8,22.54 ist הַשָּׁמַיִם ohne weitere Zusätze verwendet (1Kön 8,22: וַיִּפְרֹשׂ כַּפָּיו הַשָּׁמָיִם; und 8,54: וְכַפָּיו פְּרֻשׂוֹת הַשָּׁמָיִם; vgl. auch 1Sam 5,12), wohingegen Chr das Richtungssuffix ה hat (vgl. הַשָּׁמַיְמָה = „himmelwärts" in 2Chr 6,13) gebraucht.[100]

Tab. 6.14: Präpositionen in „erhöre es *(aus dem/im)* Himmel"

	Kön/Kgtm					Chr				
	MT	V	OG	TgJ	P		MT	V	OG	Tg	P
8,30	אֶל	in	ἐν	מן	ܡ	6,21	מן	de	ἐκ	מן	ܡ
8,32	–	in	ἐκ	מן	ܡ	6,23	מן	de	ἐκ	מן	ܡ
8,34	–	in	ἐκ	מן	ܡ	6,25	מן	de	ἐκ	מן	ܡ
8,36	–	in	ἐκ	מן	ܡ	6,27	–	de	ἐκ	מן	ܡ
8,39	–	in	ἐκ	מן	ܡ	6,30	מן	de	ἐκ	מן	ܡ
8,43	–	in	ἐκ	מן	ܡ	6,33	מן	de	ἐκ	מן	ܡ
8,45	–	in	ἐκ	מן	ܡ	6,35	מן	de	ἐκ	מן	ܡ
8,49	–	in	ἐκ	מן	ܡ	6,39	מן	de	ἐκ	מן	ܡ
						7,14	מן	de	ἐκ	מן	ܡ

98 Die einzigen Parallelstellen zu שְׁמַע + שָׁמַיִם sind Ps 76,9 und Neh 9,27.28. Dort ist dieselbe Formulierung mit מן und in umgekehrter Wortreihenfolge zu finden (וְאַתָּה תִּשְׁמַע מִשָּׁמַיִם in Neh 8,27.28; מִשָּׁמַיִם הִשְׁמַעְתָּ דִּין in Ps 76,9). Auch mit anderen Verben der Wahrnehmung und Verben des Sprechens ist immer מן als Präposition vor שָׁמַיִם gebraucht (vgl. Neh 9,13 (דבר), Ps 14,2; 53,3; 85,12; Klgl 3,50 (שׁקף); Ps 20,7 (ענה); Ps 33,13; 80,15; 102,20 (נבט); Jes 63,15 (נבט)).
99 Vgl. Lettinga/Siebenthal, *Grammatik BH*, §700,3(b). Waltke/O'Connor nennen ihn „Adverbial Accusative" und führt zahlreiche Beispiele an (vgl. Waltke/O'Connor, *Syntax*, 10.2.2). Joüon/Mu-raoka nennen ihn „Accusative of local determination" (vgl. Joüon/Muraoka, *Grammar*, §126.h.3).
100 Zum Richtungssuffix vgl. Brockelmann, *Syntax*, §89.

Die Chronik erhält den Hyparchetyp in 2Chr 6,27 (הַשָּׁמַיִם). Ansonsten fügt Chr konsequent die Präposition מִן ein (מִן הַשָּׁמַיִם); auch in 2Chr 6,21 ändert Chr das אֶל zu מִן. Die Übersetzungen der Chronik übernehmen einheitlich das מִן und übersetzen mit den entsprechenden Äquivalenten (*de*, ἐκ, מִן, ܡܢ). In 2Chr 6,27 wird die ausnahmsweise fehlende Präposition ergänzt.

Im Königebuch werden in dem Targum und der Peshiṭta einheitlich ein Äquivalent der hebr. Präpositions מִן eingefügt (מִן, ܡܢ). Die Vulgata hat in Kön einheitlich ein *in* (*in caelo*). Der OG-Text von Kgtm gibt אֶל noch mit ἐν wieder, hat aber ab 8,32 ebenfalls einheitlich ein ἐκ als Äquivalent der hebr. Präposition מִן.

Mit אֶת עֲבָדֶיךָ in Kön und Chr und עַמְּךָ יִשְׂרָאֵל in Kgtm sind zwei unterschiedliche Lesarten für das Objekt von וְשָׁפַטְתָּ überliefert. Beide könnten im Hyparchetyp gestanden haben. Zur Ergänzung der Präposition vor הַשָּׁמַיִם in Chr und den Übersetzungen vgl. Tab. 6.14 auf S. 185.

Der Chronist ersetzt das לְהַרְשִׁיעַ רָשָׁע („um den Schuldigen schuldig zu sprechen")[101] durch ein לְהָשִׁיב לְרָשָׁע („um es dem Schuldigen zu vergelten").[102] Das Hifil הָשִׁיב ist hier iSv. „vergelten, heimzahlen"[103] mit לְ d.Prs. gebraucht (vgl. Gen 50,15; Hos 12,15).[104]

PChr baut ܘܐܢܬ ܬܫܡܥ ܡܢ ܒܝܬ ܡܥܡܪܟ ܘܨܠܘܬܗܘܢ zu וְאַתָּה תִּשְׁמַע מִן הַשָּׁמַיִם („und höre *alle Gebete von deinem Wohnort*), vom Himmel" aus. Der OGChr hat ein ἐκ τοῦ οὐρανοῦ τοῦ οὐρανοῦ, was wohl auf eine innergriechische Dittographie von τοῦ οὐρανοῦ.

Tab. 6.15: Synopse 1Kön 8,33 par.

Kgtm (OG)	Kgtm (Vorl.)	Kön	Chr
[33] ἐν τῷ πταῖσαι τὸν λαόν σου Ισραηλ ἐνώπιον ἐχθρῶν,	[33] בְּהִנָּגֵף עַמְּךָ יִשְׂרָאֵל לִפְנֵי אוֹיֵב	[33] בְּהִנָּגֵף עַמְּךָ יִשְׂרָאֵל לִפְנֵי אוֹיֵב	6,24 וְאִם יִנָּגֵף עַמְּךָ יִשְׂרָאֵל לִפְנֵי אוֹיֵב
ὅτι ἁμαρτήσονταί σοι,	כִּי יֶחֶטְאוּ לָךְ	אֲשֶׁר יֶחֶטְאוּ לָךְ	כִּי יֶחֶטְאוּ לָךְ
καὶ ἐπιστρέψουσιν	וְשָׁבוּ	וְשָׁבוּ אֵלֶיךָ	וְשָׁבוּ

---

101 Ein solcher Gebrauch des Hif. von רשע ist gut bekannt (vgl. Ex 22,8) und auch der Gebrauch in einer *figura etymologica* ist in der HB belegt (vgl. Dtn 25,1).

102 Für eine mögliche Erklärung durch die Sprachentwicklung im Hebäischen vgl. Japhet, *2 Chronik*, 86. Vielleicht entstand der Text von Chr aber auch aufgrund einer Haplographie (לְהַרְשִׁיעַ רָשָׁע < לְרָשָׁע +pre לְהָשִׁיב). Koehler/Baumgartner/Richardson, *HALOT Online*, schlägt unter רשע Hif. vor, den Chr-Text mit Kön zu korrigieren.

103 Vgl. Gesenius/Meyer/Donner, *Handwörterbuch*, Hif. Bdt. 6.

104 Vgl. Brown/Driver/Briggs, *BDB* für den Verweis auf 2Chr 6,23 bei dieser Bedeutung.

Tab. 6.15 – Fortsetzung

καὶ ἐξομολογήσονται τῷ ὀνόματί σου	והודו את שמך	והודו את שמך	והודו את שמך
καὶ προσεύξονται	והתפללו	והתפללו	והתפללו
καὶ δεηθήσονται ἐν τῷ οἴκῳ τούτῳ,	והתחננו בבית הזה	והתחננו אליך בבית הזה	והתחננו לפניך בבית הזה

Kgtm (OG): ἐν τῷ πταῖσαι] +pre καί L 328 f | Ισραηλ 1°] + ἐνώπιόν σου L 328 f | ἐνώπιον ἐξθρῶν] καὶ πεσεῖν (-ει f; -ιν 158) ἐνώπιον ἐξθρῶν αὐτῶν (> 56) L 328 f; + αὐτῶν 247 158 | καὶ ἐπιστρέψουσιν] + πρὸς σέ O (= Kön); | καὶ ἐξομολογήσονται] +pre ※ 243-731 | καὶ δεηθήσονται] + πρὸς σέ O (= Kön)

Kön: אשר] כי MT[5Ms] (= Chr) | בבית הזה] ܚܘܕ݁ܬ݂ P

Vers 33

Für die metaphorische Umkehr (שוב) im Sinne einer Buße wählen sowohl OGKgtm als auch OGChr in der Tempelweiherzählung ἐπιστρέφω (vgl. 3Kgtm 8,33.35.47).

In OGKgtm fehlt zweimal ein Äquivalent für das אליך (vgl. die Synopse oben). In O ist auf Grundlage der Hexapla πρὸς σέ als Übersetzung von אליך ergänzt.[105] In den Textzeugen 243-731 ist der dazugehörige Asterisk erhalten. Dieser ist eigentlich dazu gedacht, das πρὸς σέ als hexaplarischen Zusatz zu markieren; hier steht er allerdings, ohne dass in 243-731 ein πρὸς σέ enthalten ist.

Der OG-Text hat den Plural ἐνώπιον ἐξθρῶν („vor Feinden"); Kön und Chr hingegen haben den Singular לפני אויב („vor dem Feind"). Der Plural stammt vom Übersetzer. Dasselbe Phänomen findet sich nochmal in 8,46: Plural ἐνώπιον ἐξθρῶν in OGKgtm; Singular לפני אויב in Kön und Chr. OGChr hat den Singular κατέναντι τοῦ ἐξθροῦ in 8,33 und den Plural κατὰ πρόσωπον ἐξθρῶν in 8,46.

Das ὅτι ἁμαρτήσονταί σοι geht auf ein כי יחטאו לך (Chr) und nicht auf ein אשר יחטאו לך (Kön) zurück.[106] Das ὅτι ist das Standardäquivalent für כי (563 Mal in 1–4Kgtm), wird hingegen fast nie für אשר gebraucht (in 1–4Kgtm nur 15 Mal).

Im Hyparchetyp setzt die Konditionalperiode mit einem כ ein (= Kgtm, Kön). Wie schon in 1Kön 8,31 lässt die Chr die Protasis mit einem אם beginnen und vereinheitlicht damit die Konditional-Konstruktionen des Bittgebetes.

Im nächsten Teilsatz hat Kön ein אשר und Kgtm = Chr ein כי. Beide Lesarten sind für den Hyparchetyp möglich. Kön hat zweimal ein zusätzliches אליך. Das erste fehlt in Kgtm und Chr. Anstelle des zweiten hat Chr ein לפניך.[107] Es wird sich

---

105 Zu den Lesarten mit hexaplarischem Ursprung vgl. Kap. 2.1 ab S. 28 in der Einleitung.

106 So auch Bösenecker, *Text*, 177

107 Nach ושבו ergänzt PChr ܠܘܬ݂ܟ aus Kön (אליך = ܠܘܬ݂ܟ in PKön). Für das zweite אליך haben TgJ מן קדמך und PKön ܠܟ. Für das לפניך in Chr haben TgChr מנך und PChr ܩܕܡܝܟ.

um nachträgliche Zusätze handeln (*lectio brevior potior*). Der Hyparchetyp ist nur in Kgtm erhalten geblieben. Die Verbform וּשָׁבוּ kann mit und ohne אֵלֶיךָ stehen (vgl. 1Kön 8,33.47.48; 2Chr 6,24.37.38). Das gleiche gilt für חנן = פלל.[108]

Tab. 6.16: Synopse 1Kön 8,34 par.

Kgtm (OG)	Kgtm (Vorl.)	Kön	Chr
[34] καὶ σὺ εἰσακούσῃ ἐκ τοῦ οὐρανοῦ	[34] וְאַתָּה תִשְׁמַע הַשָּׁמַיִם	[34] וְאַתָּה תִשְׁמַע הַשָּׁמַיִם	[6,25] וְאַתָּה תִשְׁמַע מִן הַשָּׁמַיִם
καὶ ἵλεως ἔσῃ ταῖς ἁμαρτίαις τοῦ λαοῦ σου Ισραηλ	וְסָלַחְתָּ לְחַטַּאת עַמְּךָ יִשְׂרָאֵל	וְסָלַחְתָּ לְחַטַּאת עַמְּךָ יִשְׂרָאֵל	וְסָלַחְתָּ לְחַטַּאת עַמְּךָ יִשְׂרָאֵל
καὶ ἐπιστρέψεις αὐτοὺς εἰς τὴν γῆν,	וַהֲשֵׁבֹתָם אֶל הָאֲדָמָה	וַהֲשֵׁבֹתָם אֶל הָאֲדָמָה	וַהֲשִׁיבוֹתָם אֶל הָאֲדָמָה
ἣν ἔδωκας τοῖς πατράσιν αὐτῶν.	אֲשֶׁר נָתַתָּ לַאֲבוֹתָם	אֲשֶׁר נָתַתָּ לַאֲבוֹתָם	אֲשֶׁר נָתַתָּה לָהֶם וְלַאֲבֹתֵיהֶם

Kgtm (OG): λαοῦ Bᶜ rel] δούλου B* 245 | ἐπιστρέψεις] ἀποστρέψεις B O M 19 328 509 71 158 342 460 707 (= Ra; = OGChr)

Kön: עַמְּךָ יִשְׂרָאֵל] ܐ̈ܡܬܟ ܕܝܣܪܝܠ ܥܡܟ P (= 8,36)

Vers 34

In B stand ursprünglich δούλου.[109] Es wurde dort blass radiert und zu λαοῦ korrigiert. Die entsprechende δούλου findet sich im OG-Text zwei Verse später in 8,36 (ταῖς ἁμαρτίαις τοῦ δούλου).

OGKgtm übersetzt וַהֲשֵׁבֹתָם אֶל הָאֲדָמָה = „und bring sie zurück in das Land" mit καὶ ἐπιστρέψεις αὐτοὺς εἰς τὴν γῆν. Das ἐπιστρέψεις ist OG-Text. Die Bezeugung gibt in diesem Fall den Ausschlag (zur Semantik vgl. den Kommentar zu 8,14 auf S. 128ff.). Die große Mehrheit der Zeugen enthalten es. Rahlfs entscheidet sich für ἀποστρέψεις, das in B O M und einigen weiteren Textzeugen enthalten ist.[110] OGChr hat ebenfalls ἀποστρέψεις (ohne Varianz in den Textzeugen).

---

108 Vgl. 1Kön 8,28–30.33.35.42.44.47–48.54.59; 2Chr 6,19–21.24.26.32.34.37–38; 7,1.14.
109 An dieser Stelle hat sich in BMT (Brooke/Mc Lean/Thackeray, *1–2 Kings*, 237) ein Fehler eingeschlichen. BMT gibt an, dass δούλου in B* und v (=245) steht. In A steht allerdings eindeutig λαοῦ, wie man an dem digitalisierten Scan des Kodex Alexandrinus leicht nachprüfen kann.
110 Zu dem Ansatz von Rahlfs und seiner Problematik vgl. Kap. 2.1 ab S. 22 in der Einleitung.

Die OG-Vorlage ist größtenteils in Kön erhalten (grau). Das ἐκ in ἐκ τοῦ οὐρανοῦ stammt vom Übersetzer; ähnliche Präpositionen wurde bei הַשָּׁמַיִם in allen Übersetzungen systematisch ergänzt (vgl. die Tab. 6.14 auf S. 185).

Das הַשָּׁמַיִם in Kön repräsentiert den Hyparchetyp; in Chr sowie in allen Übersetzungen in Kön und Chr (inkl. OGKgtm) wurden entsprechende Präpositionen ergänzt (vgl. die Tab. 6.14 auf S. 185 und die Analyse dort).

Die Chronik fügt ein לָהֶם ein, um die Landesverheißung auf das in der Gefangenschaft lebende Volk Gottes zu beziehen („das er *ihnen und* ihren Vätern gegeben hat").

PKön hat mit ܥܒܕܝܟ = עבדיך ועמך ישראל ein zusätzliches עבדיך; der Text lautet jetzt wie 8,36: עבדיך ועמך ישראל. Im griechischen Kodex B ist hier dasselbe עבדיך = τοῦ δούλου σου eingedrungen, nur das es dort τοῦ λαοῦ σου ersetzt.

Tab. 6.17: Synopse 1Kön 8,35 par.

Kgtm (OG)	Kgtm (Vorl.)	Kön	Chr
³⁵ ἐν τῷ συσχεθῆναι τὸν οὐρανὸν	³⁵ בהעצר [ה]שמים	³⁵ בהעצר שמים	⁶,²⁶ בהעצר השמים
καὶ μὴ γενέσθαι ὑετόν,	ולא יהיה מטר	ולא יהיה מטר	ולא יהיה מטר
ὅτι ἁμαρτήσονταί σοι,	כי יחטאו לך	כי יחטאו לך	כי יחטאו לך
καὶ προσεύξονται εἰς τὸν τόπον τοῦτον	והתפללו אל המקום הזה	והתפללו אל המקום הזה	והתפללו אל המקום הזה
καὶ ἐξομολογήσονται τῷ ὀνόματί σου	והודו את שמך	והודו את שמך	והודו את שמך
καὶ ἀπὸ τῶν ἁμαρτιῶν αὐτῶν ἐπιστρέφουσιν,	[ו]מחטאתם ישובון	ומחטאתם ישובון	מחטאתם ישובון
ὅταν ταπεινώσῃς αὐτούς,	כי תענם	כי תענם	כי תענם

Kgtm (OG): ἐν τῷ συσχεθῆναι] +pre καί L 328 | προσεύξονται] + σοι L | ἁμαρτιῶν] ἀνομιῶν L | ἐπιστρέφουσιν (= OGChr)] ἀποστρέφουσιν B L 509 71 342 460 (= Ra) | ταπεινώσῃς] -σεις 247 L⁻⁹³⁻¹²⁷ CII⁻⁴⁶⁻⁵²⁻³²⁸ 509 d 381 120*-134 122 799 71 245 460 707 (= OGChr)

Kön: שמים] +pre ה MT³ᴹˢ Tg P | כי תענם] כִּי תַעֲנֵם MT; אֲרִי תקבל צלותהון Tg; *fuerint propter adflictionem suam* V

Chr: [ה]שמים] > ה MT⁹ᴹˢ (= Kön) | [ו]מחטאתם] +pre Waw MT²¹ᴹˢ OG, Tg, P, V (= Kön) | [כי תענם] כִּי תַעֲנֵם MT; ארום תקבל צלותהון Tg; ὅτι ταπεινώσεις αὐτούς OG; *suis cum eos adflixeris* V

Vers 35

Im OG-Text stand ein ἐπιστρέψουσιν. Es wurde vermutlich mehrfach unabhängig voneinander zu ἀποστρέψουσιν geändert; das erklärt die verstreute Bezeugung (B L 509 71 342 460) am besten. Rahlfs folgt der B-Lesart.[111] Für die metaphorische Umkehr (שׁוב) im Sinne einer Buße wählen sowohl OGKgtm als auch OGChr in der Tempelweiherzählung ἐπιστρέφω (vgl. 3Kgtm 8,33.35.47). Hier steht die zusätzliche Angabe „(umkehren) *von ihren Sünden*" (ישׁובון ומחטאתם). Das könnte die Änderung zu ἀποστρέψουσιν iSv. „abwenden *von*" ausgelöst haben (zur Semantik vgl. den Kommentar zu 8,14 auf S. 128).

Die hebräische Vorlage des OG-Textes ist durch Kön und Chr gut erhalten. Unsicher bleibt, ob die OG-Vorlage שׁמים wie in Kön ohne oder wie in Chr mit Artikel (השׁמים) las. Der OG-Text (τὸν οὐρανόν) hat den Artikel, er könnte aber auch vom Übersetzer hinzugefügt worden sein. TgJ und PKön ergänzen den Artikel vor שׁמים ebenfalls. Das καί in καὶ ἐξομολογήσονται hat in Kön ein Waw als Äquivalent (ומחטאתם); in Chr fehlt es (מחטאתם).

Im Hyparchetyp von 8,35 wird JHWH als handelnde Instanz hinter Naturkatastrophen vermieden (vgl. 8,37). Dementsprechend kann שׁמים hier undeterminiert bleiben – שׁמים ist verschlossen (vgl. z. B. Hag 1,10: „Deshalb hat um euretwillen שׁמים den Tau zurückgehalten). Am Anfang lautete der Hyparchetyp deswegen בהעצר שׁמים wie in Kön – ohne Artikel. In allen anderen Belegstellen von עצר + שׁמים ist JHWH handelnde Instanz („JHWH verschließt den Himmel) und שׁמים dementsprechend determiniert (Dtn 11,17: ועצר את השׁמים; 2Chr 7,13: הן אעצר השׁמים).

In der Chronik wurde der Artikel hinzugefügt (השׁמים). Gleiches geschah in Kön in drei masoretischen Textzeugen sowie in TgJ und PKön. In der Chronik-Überlieferung wurde der Artikel in Anlehnung an Kön in neun masoretischen Textzeugen weggelassen. Die Chronik liest מחטאתם, Kön hat davor ein Waw (ומחטאתם). In Chr wurde das Waw von allen Übersetzungen (OG, Tg, P, V) und in 21 masoretischen Textzeugen ergänzt.

Der Hyparchetyp enthielt die Konsonanten כי תענם, das Verb mit der Wurzel עני im Imperfekt (2.m.Sg.) mit einem 3.m.Pl. Suffix. Dieses כי תענם war ursprünglich als „weil du ihnen antwortest" = כִּי תַעֲנֵם gemeint. Ähnliche Wendungen mit כי + עני₁ = „antworten" sind in den Psalmen belegt, z. B. als „ich rufe dich an, denn du erhörst mich (כי תענני)" (Ps 17,6; 86,7) oder als „ich will dich preisen, denn du hast mich erhört" (אודך כי עניתני in Ps 118,21).[112] Wie in 1Kön 8,35 wird hier das Gebet mit der Gewissheit begründet, dass JHWH es erhört.

---

111 Zu dem methodischen Ansatz von Rahlfs und seiner Problematik vgl. Kap. 2.1 ab S. 22 in der Einleitung.

112 Vgl. Talstra, *Prayer*, 116, für diese Lesung von כי תענם und den Verweis auf diese Psalmen. Auch der Gesenius führt 1Kön 8,35 bei ענה₁ („antworten") = „weil du sie erhörst" an, allerdings

Alternativ ließen sich die Konsonanten תענם aber auch entweder als Piel von
עַנֵּה₂ („demütigen") iSv. „weil du sie demütigst" (תְּעַנֵּם) oder als als Hifil von עַנֵּה₂
(„demütigen") iSv. „weil du sie demütig gemacht hast" (תַּעֲנֵם) lesen.[113] Allerdings
ist ein solcher Gebrauch von עַנֵּה₂ nur im Piel belegt. Wenn man von textkritisch
unsicheren Belegstellen absieht, ist עַנֵּה₂ = „demütigen" im Hifil nicht belegt.

Viele andere schlagen dementsprechend vor, תְּעַנֵּם als Piel zu lesen.[114] Und
in der Tat ist das Motiv der Demütigung durch Jʜᴡʜ als Strafe für den Abfall aus
der HB wohlbekannt. Nur wird in 1Kön 8,35 die Strafe bereits mit dem Sündigen
begründet (כי יחטאו לך). In Gebetskontexten ist das Piel von עַנֵּה₂ ebenfalls nicht
belegt.

In den Textzeugen spiegelt sich dieselbe Varianz wieder. Die Masoreten haben
die Konsonanten als תַעֲנֵם vokalisiert, also entweder (1) „weil du ihnen antworten willst" oder (2) „weil du sie demütig gemacht hast" gelesen. Die Targumim
übersetzen תענם mit צלותהון תקבל = „(denn) du willst ihre Gebete erhören" und
haben ihre hebräische Vorlage damit wohl als תַעֲנֵם im Sinne von (1) „weil du
ihnen antworten (≈ erhören) willst" interpretiert. PKön und PChr übertragen כי
תענם wortwörtlich ins Syrische (ܐܢܬ ܬܥܢܐ ܐܢܘܢ) und überlassen die Entscheidung
der Leserschaft, ܬܥܢܐ₁ („antworten"), oder ܬܥܢܐ₂ („demütigen") zu lesen. OGKgtm
(ὅταν ταπεινώσῃς αὐτούς) und OGChr (ὅτι ταπεινώσεις αὐτούς) verstehen beide
תענם iSv. (3) als Piel von עַנֵּה₂ („demütigen") und übersetzten deswegen mit „weil
du sie demütigst" (für עַנֵּה₂ = ταπεινόω vgl. 2Sam 7,10; 13,12.14.22). Ebenfalls עַנֵּה₂
(„demütigen") lesen VKön (*fuerint propter adflictionem suam*) und VChr (*suis cum
eos adflixeris*).

---

unter den textkritisch umstrittenen Fällen. Vgl. Gesenius/Meyer/Donner, *Handwörterbuch*, unter
עַנֵּה₁.

113 Zum Beispiel wird im HALOT und im BDB 1Kön 8,35 zusammen mit Ps 55,20 mit Bezug auf den
MT als Belegstellen für den Hifil von עַנֵּה₂ („demütigen") angeführt. Vgl. Koehler/Baumgartner/
Richardson, *HALOT Online*, unter עַנֵּה₂, allerdings auch mit Verweis auf die alternative Lesarten
als Piel תְּעַנֵּם im Sinne der OG-Texte. Im BDB wird 1Kön 8,35 ohne weitere Hinweise als einzige
Belegstelle für den Hifil von עַנֵּה₂ angeführt (vgl. Brown/Driver/Briggs, *BDB*, zu עַנֵּה).
114 Vgl. Elliger/Rudolph (Hrsg.), *BHS*, den Apparat zur Stelle; Noth, *I. Könige 1–16*, 170.173; Montgomery, *Kings*, 203; und viele andere. Gesenius verweist auf den Eintrag zu עַנֵּה₂ („demütigen"), wo
1Kön 8,35 im Piel neben Dtn 8,2f.16; 1Kön 11,39; 2Kön 17,20; Jes 64,11; Ps 90,15 als nah verwanden
Parallelstellen aufgelistet wird.

Tab. 6.18: Synopse 1Kön 8,36 par.

Kgtm (OG)	Kgtm (Vorl.)	Kön	Chr
³⁶ καὶ εἰσακούσῃ ἐκ τοῦ οὐρανοῦ	³⁶ ואתה תשמע השמים	³⁶ ואתה תשמע השמים	⁶,²⁷ ואתה תשמע השמים
καὶ ἵλεως ἔσῃ ταῖς ἁμαρτίαις τοῦ δούλου σου καὶ τοῦ λαοῦ σου Ισραηλ·	וסלחת לחטאת עבדיך ועמך ישראל	וסלחת לחטאת עבדיך ועמך ישראל	וסלחת לחטאת עבדיך ועמך ישראל
ὅτι δηλώσεις αὐτοῖς τὴν ὁδὸν τὴν ἀγαθὴν	כי תורם את הדרך הטובה	כי תורם את הדרך הטובה	כי תורם אל הדרך הטובה
πορεύεσθαι ἐν αὐτῇ	ללכת בה	אשר ילכו בה	אשר ילכו בה
καὶ δώσεις ὑετὸν ἐπὶ τὴν γῆν,	ונתתה מטר על ארצך	ונתתה מטר על ארצך	ונתתה מטר על ארצך
ἣν ἔδωκας τῷ λαῷ σου ἐν κληρονομίᾳ.	אשר נתתה לעמך לנחלה	אשר נתתה לעמך לנחלה	אשר נתתה לעמך לנחלה

Kgtm (OG): δούλου] λαοῦ A 120 | τοῦ δούλου σου καί] > C′⁻³²⁸ 121 d s t⁻³⁷⁰ z 244ᵗˣᵗ 318 707 (τοῦ τοῦ) | ἐπὶ τὴν γῆν] + σου O L CII 246 s⁻¹³⁰ (= Kön) | ἣν ἔδωκας] ἑκάστῳ CI d 130 t⁻³⁷⁰ z 244; > 92-489-762 318 | ἣν ἔδωκας τῷ λαῷ σου] + ἐπὶ τὴν γῆν ἑκάστῳ τῷ λαῷ σου 554 | τῷ λαῷ] τῷ δούλῳ B 318 372

Chr: אל הדרך [את הדרך MT⁴ᴹˢ = τὴν ὁδὸν OG = אורח Tg; ܐܘܪܚܐ P | [על ארצך ܐܪܥܟ ܠ P (= PKön; = Kgtm)

Vers 36

In O wurde das σου hinter ἐπὶ τὴν γῆν eingefügt, sodass der Text nun Kön entspricht (ἐπὶ τὴν γῆν σου = על ארצך).[115] Die anderen Textzeugen (L CII 246 s⁻¹³⁰) enthalten entweder ebenfalls diese Lesart mit potentiellem hexaplarischen Ursprung; oder das σου wurde in ihnen unabhängig davon eingefügt, vielleicht weil man τοῦ δούλου σου, τοῦ λαοῦ σου und τῷ λαῷ σου wahrnahm und deswegen ein σου hinter ἐπὶ τὴν γῆν vermisste.

Der Rest der aufgeführten Lesarten geht auf Schreibfehler durch Augensprünge zurück. Das τοῦ δούλου σου καί wurde in C′⁻³²⁸ 121 d s t⁻³⁷⁰ z 244ᵗˣᵗ 318 707 aufgrund eines Augensprunges zwischen den zwei τοῦ übersehen (τοῦ δούλου σου καὶ τοῦ λαοῦ σου). Der Fehler könnte mehrfach passiert sein; das könnte die Bezeugung in den vielen verschiedenen Textzeugengruppen erklären. In A wurde das λαοῦ versehentlich doppelt abgeschrieben (τοῦ λαοῦ σου καὶ τοῦ λαοῦ σου anstatt τοῦ

---

115 Zu den Lesarten mit hexaplarischem Ursprung vgl. Kap. 2.1 ab S. 28 in der Einleitung.

δούλου σου καὶ τοῦ λαοῦ σου). In B wurde τῷ λαῷ durch τῷ δούλῳ ersetzt.[116] Die Austauschbarkeit von τῷ λαῷ und τῷ δούλῳ mag sich vom Versanfang her nahelegen („vergib die Sünde *deiner Knechte und deines Volkes Israel*").

Die hebräische Vorlage des OG-Textes weicht an einer Stelle von Kön und Chr ab. Hinter πορεύεσθαι ἐν αὐτῇ steht vermutlich ein ללכת בה.[117] Ein אשר ילכו בה wie in Kön und Chr wäre wie im OGChr und in Neh 9,12.19 mit ἐν ᾗ πορεύσονται ἐν αὐτῇ übersetzt worden.

Das ἐκ in ἐκ τοῦ οὐρανοῦ stammt vom Übersetzer. Kön hat השמים; in allen anderen Textzeugen wird systematisch eine Präposition ergänzt (vgl. die Tab. 6.14 auf S. 185 und die Analyse dort).

Das ἐν κληρονομίᾳ entspräche einem בנחלה (Kön, Chr: לנחלה). Das ἐν ist die Standardpräposition für ב (1602 Mal in 1–4Kgtm); ל wird in 1–4 Kgtm nur 21 Mal mit ἐν übersetzt (vgl. בנחלה = ἐν κληρονομίᾳ in 1Sam 26,19; לנחלה = εἰς κληρονομίαν in 1Kön 8,53). OGChr übersetzt לנחלה wie zu erwarten mit εἰς κληρονομίαν. Ein κληρονομία kann in der LXX sowohl mit εἰς als auch mit ἐν als Präposition gebraucht werden. Kleine Änderungen bei Präpositionen können aber auch leicht vom Übersetzer vorgenommen werden. Deswegen bleibt die OG-Vorlage hier unsicher und es wird sich an die vorhandenen hebräischen Textzeugen gehalten.

Im ἐπὶ τὴν γῆν („auf das Land") vom OG-Text fehlt im Vergleich zu Kön und Chr ein Personalpronomen. Kön und Chr haben einen zusätzlichen Suffix: על ארצך („auf *dein* Land"). In PKön und PChr ist der Suffix ebenfalls ausgefallen (על [ארצך ܐܪܥܐ ܠܡ P). Das spricht für eine Auslassung durch den Übersetzer.[118] Das Personalpronomen kann als überflüssig erscheinen, weil das Substantiv bereits durch den folgenden Relativsatz näher bestimmt wird.

Kön und Chr lesen ואתה תשמע, was der OG-Text für gewöhnlich mit καὶ σὺ εἰσακούσει übersetzt (vgl. 8,32.34.39.43 sowie OGChr zu dieser Stelle). Hier in Kgtm hat der OG-Text aber nur καὶ εἰσακούσῃ. Das καὶ εἰσακούσῃ steht in 8,45.49 für ein ושמעת. An dieser Stelle ist aber vermutlich das σὺ in der frühen innergriechischen Überlieferung ausgefallen, ohne dass wir dafür einen direkten Beleg durch Textzeugen haben.

Der Übersetzer kommt als Ursprung des abweichenden Textes eher nicht infrage. Er ist bei der Wiedergabe von ואתה תשמע und ושמעת ähnlich konsequent wie die Targumim und die Peshiṭta konsequent (vgl. Tab. 6.19 auf S. 194). Das

---

116 Bösenecker folgt an dieser Stelle B und rekonstruiert τῷ δούλῳ als OG-Text, obwohl selbst Rahlfs τῷ λαῷ hat (vgl. Bösenecker, *Text*, 178). Zur Problematik der Annahme von „B = OG-Text" vgl. die Einleitung auf S. 22. Bösenecker bevorzugt B dabei noch konsequenter als Rahlfs (vgl. Fn. 24 auf S. 26).

117 Vgl. Tov/Polak, *CATSS*, zu dieser Stelle. So auch Bösenecker, *Text*, 178.

118 Gegen ebd., 176, der aber PKön und PChr nicht bemerkt.

ואתה תשמע entspricht in der Regel καὶ σὺ εἰσακούσῃ (OGKgtm, OGChr) = ואת תקבל (TgJ, TgChr) = ܘܐܢܬ ܬܫܡܥ (PKön, PChr) mit einem Personalpronomen und für ותשמע steht καὶ εἰσακούσῃ/καὶ ἀκούσῃ (OGKgtm, OGChr) = ותקבל (TgJ, TgChr) = ܘܬܫܡܥ (PKön, PChr). Abgewichen wird in der OG-Texten nur in 1Kön 8,36 und 2Chr 6.33. Freiere Wiedergaben sehen anders aus, wie man an VKön und VChr beobachten kann. Die Wiedergabe von den Personalpronomen und der Kopula ist hier äußerst uneinheitlich.

Tab. 6.19: Wiedergabe von „und (du) erhöre" (ואתה תשמע/ושמעת)

			Kön/Kgtm			
		MT	OGKgtm	Tg	P	V
1	8,32	ואתה תשמע	καὶ σὺ εἰσακούσῃ	ואת תקבל	ܘܐܢܬ ܬܫܡܥ	*tu exaudies*
2	8,34	ואתה תשמע	καὶ σὺ εἰσακούσῃ	ואת תקבל	ܘܐܢܬ ܬܫܡܥ	*exaudi*
3	8,36	ואתה תשמע	καὶ εἰσακούσῃ	ואת תקבל	ܘܐܢܬ ܬܫܡܥ	*exaudi eos*
4	8,39	ואתה תשמע	καὶ σὺ εἰσακούσῃ	ואת תקבל	ܘܐܢܬ ܬܫܡܥ	*tu audies*
5	8,43	אתה תשמע	καὶ σὺ εἰσακούσῃ	את תקבל	ܘܐܢܬ ܬܫܡܥ	*tu exaudies*
6	8,45	ושמעת	καὶ εἰσακούσῃ	ותקבל	ܘܬܫܡܥ	*et exaudies*
7	8,49	ושמעת	καὶ εἰσακούσῃ	ותקבל	ܘܬܫܡܥ	*exaudies*
			2Chr			
		MT	OG	Tg	P	V
1	6,23	ואתה תשמע	καὶ σὺ εἰσακούσῃ	ואת תקבל	ܘܐܢܬ ܬܫܡܥ	*tu audies*
2	6,25	ואתה תשמע	καὶ σὺ εἰσακούσῃ	ואת תקבל	ܘܐܢܬ ܬܫܡܥ	*tu exaudi*
3	6,27	ואתה תשמע	καὶ σὺ εἰσακούσῃ	ואת תקבל	ܘܐܢܬ ܬܫܡܥ	*exaudi*
4	6,30	ואתה תשמע	καὶ σὺ εἰσακούσῃ	ואת תקבל	ܘܐܢܬ ܬܫܡܥ	*tu exaudi*
5	6,33	ואתה תשמע	καὶ εἰσακούσῃ	ואת תקבל	ܘܐܢܬ ܬܫܡܥ	*tu exaudies*
6	6,35	ושמעת	καὶ ἀκούσῃ	ותקבל	ܘܬܫܡܥ	*ut exaudias*
7	6,39	ושמעת	καὶ ἀκούσῃ	ותקבל	ܘܬܫܡܥ	*ut exaudias*

An dieser Stelle ist das σύ am ehesten in der frühen innergriechischen Überlieferung ausgefallen. Zwischen den zwei Lesarten besteht im Hebräischen ein großer graphischer Unterschied (ואתה תשמע/ושמעת); im Griechischen ist es nur ein zusätzliches σύ (καὶ εἰσακούσει vs. καὶ σὺ εἰσακούσει). Zudem ist in der griechischen Überlieferung an zahlreichen Stellen Varianz im Text belegt (Tab. 6.20 auf S. 195). Mal wird das σύ in Textzeugen weggelassen, mal hinzugefügt.

Tab. 6.20: Lesarten zu καὶ (σὺ) εἰσακούσῃ in OGKgtm und OGChr

	OGKgtm			OGChr	
	Old Greek	Lesarten		Old Greek	Lesarten
8,32	καὶ σὺ εἰσακούσῃ	> σύ 19′ 158*	6,23	καὶ σὺ εἰσακούσῃ	
8,34	καὶ σὺ εἰσακούσῃ	> σύ 44 460	6,25	καὶ σὺ εἰσακούσῃ	> σύ 71
8,36	καὶ εἰσακούσῃ	+ σύ 372	6,27	καὶ σὺ εἰσακούσῃ	> σύ 71 44
8,39	καὶ σὺ εἰσακούσῃ		6,30	καὶ σὺ εἰσακούσῃ	
8,43	καὶ σὺ εἰσακούσῃ	> σύ A 125	6,33	καὶ εἰσακούσῃ	+ σύ L a(-107) 60
8,45	καὶ εἰσακούσῃ	καί] + σύ B o 318 372	6,35	καὶ εἰσακούσῃ	
8,49	καὶ εἰσακούσῃ	+ σύ 372	6,39	καὶ εἰσακούσῃ	

Das הַשָּׁמַיִם in Kön repräsentiert den Hyparchetyp; in Chr sowie in allen Übersetzungen in Kön und Chr (inkl. OGKgtm) wurden entsprechende Präpositionen ergänzt (vgl. die Tab. 6.14 auf S. 185 und die Analyse dort). Die Chronik ersetzt ein אֵת durch ein אֶל. Aus „du führst den guten Weg" in Kön und Kgtm wird in Chr „du führst/leitest *auf* dem guten Weg".

Vers 37

Das πᾶν συνάντημα, πάντα πόνον wurde in einigen Textzeugen (B CI-731c b 246 t-370 55* 244* 318 707) zu πᾶν συνάντημα, πᾶν πόνον vereinheitlicht. Rahlfs folgt dem B-Text.[119] Allerdings ist ατνᾶπ (Akk. m. Pl.) die schwierigere Lesart und deswegen wohl OG-Text. Ein Schreiber hat es durch πᾶν (Akk. m. Sg.) ersetzt, um vollständige Kongruenz herzustellen (πόνον = Akk. m. Sg.).

O fügt Text aus Kön hinzu, der im OG-Text fehlt. Das ἐν τῇ γῇ entspricht בָּאָרֶץ in Kön und Chr. Das ἴκτερος wird als Äquivalent für יֵרָקוֹן eingefügt. Beide Zusätze gehen aller Wahrscheinlichkeit nach auf die Hexapla zurück.[120]

Die Rekonstruktion der OG-Vorlage ist kompliziert. An vielen Punkten ist der OG-Text eigenwillig. Wer die Kgtm-Übersetzung mit OGChr vergleicht, merkt den Unterschied.

---

119 Zu dem methodischen Ansatz von Rahlfs und seiner Problematik vgl. Kap. 2.1 ab S. 22 in der Einleitung.
120 Zu den Lesarten mit hexaplarischem Ursprung vgl. Kap. 2.1 ab S. 28 in der Einleitung.

Tab. 6.21: Synopse 1Kön 8,37 par.

Kgtm (OG)	Kgtm (Vorl.)	Kön	Chr
37 λιμὸς	רעב 37	רעב 37	רעב 6,28
ἐὰν γένηται,	כי ידיה	כי יהיה בארץ	כי יהיה בארץ
θάνατος	דבר	דבר	דבר
ἐὰν γένηται,	כי יהיה	כי יהיה	כי יהיה
ὅτι ἔσται ἐμπυρισμός, βροῦχος, ἐρυσίβη	שדפון ארבה חסיל	שדפון ירקון ארבה חסיל	שדפון וירקון ארבה וחסיל
ἐὰν γένηται,	כי יהיה	כי יהיה	כי יהיה
καὶ ἐὰν θλίψῃ αὐτὸν ἐχθρὸς αὐτοῦ ἐν μιᾷ τῶν πόλεων αὐτοῦ,	[ו]כי יצר לו איבו בארץ שעריו	כי יצר לו איבו בארץ שעריו	כי יצר לו אויביו בארץ שעריו
πᾶν συνάντημα, πάντα πόνον,	כל נגע כל מחלה	כל נגע כל מחלה	כל נגע וכל מחלה

Kgtm (OG): λιμὸς ἐὰν γένηται] + ἐν τῇ γῇ O (= Kön) | θάνατος] +pre καί L 246 | ἐμπυρισμός] ἐνπυρισμός B* L⁻¹⁹′ 509 f 92-762 370 158 244 627 707 | βροῦχος] +pre ἴκτερος O (= Kön) | ἐὰν θλίψῃ] εκθλίψει A | ἐχθρός] +pre ὁ L 328 509 246 o 74 318 | πάντα] πᾶν B CI⁻⁷³¹ᶜ b 246 t⁻³⁷⁰ 55* 244* 318 707 (= Ra)

Kön: בארץ שעריו [ܒܐܪܥ ܩܪܘܝܗܘܢ P; בארע קרויהון Tg; *et inimicus eius portas obsidens* V

Chr: בארץ שעריו [ܒܐܪܥ ܩܪܘܝܗܘܢ P; κατέναντι τῶν πόλεων αὐτῶν OG; בארע קרויהון Tg; *et hostes vastatis regionibus portas obsederint civitatis* V

Für das dreimalige כי יהיה steht im OG-Text in allen Fällen ἐὰν γένηται. Dazu kommt ein zusätzliches ὅτι ἔσται (auf Hebr. כי יהיה oder כי הוא).[121] In jedem Fall hatte der Hyparchetyp nur die drei כי יהיה aus Kön = Chr. Dieses ὅτι ἔσται könnte eine Dittographie von כי יהיה in der hebräischen Vorlage bezeugen[122] oder vom Übersetzer hinzugefügt worden sein,[123] um θάνατος näher zu erklären: „Eine Hungersnot, wenn sie auftritt, *Tod, wenn er auftritt, weil (Wald-)Brand (und) Heuschrecken da sind;* Getreiderost, wenn es auftritt, …".[124] Die Übersetzung von

---

121 Vgl. in 1–4Kgtm: 1Sa 4:13 כי היה = ὅτι ἦν; 1Sa 17:46 כי יש = ὅτι ἔστιν; 1Sa 21:9 כי היה = ὅτι ἦν; 2Sa 10:5 כי היו = ὅτι ἦσαν; 2Sa 18:3 כי תהיה לנו = ὅτι ἔσῃ ἡμῖν; 1Ki 5:4 כי הוא רדה = ὅτι ἦν ἄρχων; 1Ki 12:15 כי היתה = ὅτι ἦν; 2Ki 5:8 כי יש = ὅτι ἔστιν.
122 Vgl. Tov/Polak, *CATSS*, die für ἐὰν γένηται und ὅτι ἔσται ein כי יהיה als hebr. Vorlage angeben.
123 So Bösenecker, *Text*, 179.
124 Ähnlich die Karrer/Kraus (Hrsg.), *Septuaginta Deutsch*: „Wenn Hunger auftritt, wenn Tod auftritt, weil es Brand, Heuschrecke gibt, wenn Getreiderost auftritt".

דבר ("Plage") mit θάνατος ist in der LXX üblich[125] aber semantisch ungewöhnlich. Das Substantiv θάνατος bezeichnet eigentlich den „Tod" und ist dementsprechend auch häufige Übersetzung von מות. Die semantisch ungewöhnliche Äquivalenz von דבר = θάνατος den erklärenden Einschub von ὅτι ἔσται ausgelöst haben.

In der Mitte des Verses haben Kön und Chr vier Substantive (שדפון ירקון ארבה חסיל; OGChr = ἀνεμοφθορία καὶ ἴκτερος ἀκρὶς καὶ βροῦχος); OGKgtm hingegen hat nur drei (ἐμπυρισμός, βροῦχος, ἐρυσίβη). Dahinter steht ein שדפון ארבה חסיל in der OG-Vorlage. Das ירקון könnte wegen des Homoioteleuton mit שדפון durch einen Augensprung beim Abschreiben verloren gegangen sein (שדפון ירקון > שדפון).

Das Begriffspaar βροῦχος - ἐρυσίβη entspricht ארבה חסיל (OGChr = ἀκρὶς καὶ βροῦχος). Die hebräische Lexeme bezeichnen Heuschreckenarten und beschreiben im Grunde dasselbe Phänomen. Das βροῦχος ist im klassischen Griechisch selten,[126] in der LXX kann es neben ἀκρίς[127] aber für ארבה stehen (vgl. die Aufzählung von erlaubten Heuschreckenarten in Lev 11,22 und Nah 3,15).[129] Das ἐρυσίβη steht für חסיל – wie sonst auch in der LXX (vgl. Ps 78,46; Joel 1,4; 2,25).[130] Warum der Übersetzer nicht das geläufige griechische Wort für Heuschrecke (ἀκρίς) verwendet und z. B. wie OGChr übersetzt (ἀκρὶς καὶ βροῦχος), bleibt rätselhaft.

Das ירקון wird in der Regel wie in 2Chr 6,28 mit ἴκτερος („rust"[131] = Rost, Gelbfraß, Gelbsucht; Fachwort für die Krankheit: Ikterus) übersetzt (vgl. Jer 30,6 und Am 4,9) – dazu noch einmal mit ὠχρός („Blässe, Bleichheit"[132]; vgl. Dtn 28,22). Das ירקון = ἴκτερος ist noch eine der bekanntesten Äquivalenten (vgl. OGChr zur Stelle). Die hexaplarischen Textzeugen vermissen in 3Kgtm 8,37 genau dieses ירקון und ergänzen deswegen ἴκτερος. Es steht nicht in OGKgtm da, weil es nicht in der Vorlage stand oder der Übersetzer es übersah (s. o.). Der Übersetzer hätte

---

Die Teilsätze werden neu arrangiert: θάνατος ἐὰν γένηται, ὅτι ἔσται ἐνπυρισμός, βροῦχος gehört zusammen; ἐρυσίβη steht mit λιμὸς und θάνατος parallel. Der „Tod" (θάνατος), „das sind (Wald-)Brand und Heuschrecken" (ὅτι ἔσται ἐνπυρισμός, βροῦχος).

125 Es kann im Kontext göttlichen Gerichtes aber auch als Äquivalent für דבר („Plage") gebraucht werden. 30 Mal in der LXX; vgl. z. B. 2Sam 24,13; Ex 9,3.15; Dtn 28,21; Jer und Ez passim.

126 Kein Eintrag in Gemoll/Vretska, *Handwörterbuch*.

127 ארבה = Heuschreckenschwarm, Wanderheuschrecke wird in der LXX für gewöhnlich mit ἀκρίς[128] als übliches Wort für Heuschrecke übersetzt – insg. 18 Mal in Ex 10,4.13.14.19; Dtn 28,38; Ri 6,5; 7,12; 2Chr 6,28; Ps 78,46; 105,34; 109,23; Spr 30,27; Jer 46,23; Hos 13,3; Joel 1,4 (2x); 2,25.

129 Dazu noch für ילק in Ps 105,34; Joel 1,4 (2x); 2,25; Nah 3,16 und für חסיל in 2Chr 6,28. Außerhalb dieser Stellen wird ילק = Heuschreckenart noch mit ἀκρίς 3 Mal in Jer 51,14.27; Nah 3,15 wiedergegeben.

130 Gegenprobe: חסיל außerhalb dieser Stellen noch in 2Chr 6,28 mit βροῦχος übersetzt.

131 Muraoka, *Lexicon*.

132 Gemoll/Vretska, *Handwörterbuch*.

שִׁדָּפוֹן יֵרָקוֹן zwar auch im Begriff ἐμπυρισμός zusammenfassen können; dies tat er bei den Heuschreckenarten (אַרְבֶּה חָסִיל) aber auch nicht.

Die Bedeutung des ἐμπυρισμός ist unklar; das Element -πυρ- im Wortstamm deutet auf Feuer hin.[133] Der Übersetzer könnte sich bei der Bedeutung von שִׁדָּפוֹן unsicher gewesen sein und es über das graphisch sehr ähnliche שְׂרֵפָה als ἐμπυρισμός interpretiert haben. Das ἐμπυρισμός ist in der LXX nur in Lev 10,6; Num 11,3; Dtn 9,22; Jos 6,24; 1Kön 8,37; Dan 3,95 zu finden;[134] nie steht es für שִׁדָּפוֹן oder יֵרָקוֹן.[135] In Lev 10,6 wird שְׂרֵפָה (Brand, Brennen) mit ἐμπυρισμός übersetzt. Das שְׂרֵפָה ist dem שִׁדָּפוֹן in 1Kön 8,37 zum Verwechseln ähnlich.

Kön und Chr haben beide בְּאֶרֶץ שְׁעָרָיו („im Land seiner Tore"). Diese eigenwillige Wendung ist aus der HB nicht bekannt. Dementsprechend frei gehen die Übersetzungen mit ihrer Wiedergabe um: OGKgtm liest ἐν μιᾷ τῶν πόλεων αὐτοῦ („in einem von seinen Städten") und PKön : ܚܕ ܡܢ ܡܕܝ̈ܢܬܗ („in einer von ihren Städten/Provinzen"). Beide ersetzen בְּאֶרֶץ durch ein Äquivalent für „in einer" (ἐν μιᾷ = ܚܕܐ; hebr: בְּאַחַד). VKön lässt בְּאֶרֶץ unübersetzt (et inimicus eius portas obsidens = und [wenn] sein Feind die Tore belagert); OGChr ersetzt בְּאֶרֶץ durch eine (Semi-)Präposition: κατέναντι τῶν πόλεων αὐτῶν („vor ihren Städten"). PChr fügt ein „und" ein und macht aus zwei Lokalangaben eine: ܒܐܪܥܗܘܢ ܘܒܡܕܝܢܬܗܘܢ („in ihrem Land und in ihren Städten"). VChr verdoppelt die Wendung zu et hostes vastatis regionibus portas obsederint civitatis („und [wenn] Feinde die Gegend der Tore verwüsten, die Städte belagern"). Dementsprechend wird auch hinter dem ἐν μιᾷ τῶν πόλεων αὐτοῦ im OGKgtm keine andere Vorlage gestanden haben. Die übersetzungstechnische Äquivalenzen sind zwar für Kgtm wie für Chr eindeutig שַׁעַר = πύλη; עִיר = πόλις und אֶחָד = εἷς, μία, ἕν; die eigenwillige Wendung בְּאֶרֶץ שְׁעָרָיו regte die beide OG-Übersetzer aber zu einer Abweichung von dieser

---

133 Muraoka vermutet „forest fire" (vgl. Muraoka, Lexicon). Lust/Eynikel/Hauspie, Greek-English Lexicon of the Septuagint, geben für 3Kgtm 8,37 wohl mit Blick auf das Hebräische „blight, rust" an. Liddell/Scott/Jones, Lexicon, gibt in seinen Ergänzungen zur LXX „burning" an. Gemoll/Vretska, Handwörterbuch hat unter ἐμπυρισμός keinen Eintrag. Unter εμπ- finden sich einige Einträge mit -πυρ- (Feuer) als Kern: ἐμπυρεύω = anzünden; ἐμπυριβήτης = der in das Feuer geht; ἐμπυρίζω = durch Feuer verwüsten; ἔμπυρος = brennend, glühend.

134 In Num 11,3 und Dtn 9,22 für den Eigennamen תַּבְעֵרָה in Anlehnung an seine in diesen Stellen behauptete Äthiologie abgeleitet von בָּעַר Qal: brennen. In Jos 6,24 für אשׁ. (verbrennen mit Feuer).

135 In 2Chr 6,28 ist שִׁדָּפוֹן mit ἀνεμοφθορία (Muraoka, Lexicon: damage by wind = Windschaden, Sturmschäden; von: ἄνεμος = Wind) und יֵרָקוֹן mit ἴκτερος (ebd.: rust = Rost, Gelbfraß, Gelbsucht (Fachwort für die Krankheit: Ikterus)). In Dtn 28,22 ist שִׁדָּפוֹן mit ἀνεμοφθορία (cf. 2Chr 6,28) und יֵרָקוֹן mit ὠχρός (Gemoll/Vretska, Handwörterbuch: Blässe, Bleichheit) übersetzt. In Am 4,9 ist שִׁדָּפוֹן mit πύρωσις (Brand) und יֵרָקוֹן mit ἴκτερος (Gelbsucht) übersetzt. In Hag 2,17 steht für בַּשִּׁדָּפוֹן וּבַיֵּרָקוֹן ein ἐν ἀφορίᾳ καὶ ἐν ἀνεμοφθορίᾳ (ebd.: ἀφορία = Unfruchtbarkeit). Hier ist eine Metathesis oder Interpretation des einen Wortes über das andere möglich.

Äquivalenz und zu einer freieren Übersetzung an. Nur die Targumim erhalten das באריץ und damit die Eigenheit der Wendung, ersetzen aber das Lexem שער mit einem Äquivalent für „Stadt" (בארע קרוידהון) = „im Land *ihrer Städte*").

Das καί hat in Kön und Chr kein Äquivalent. Das כל נגע כל מחלה ist als Vorlage für OGKgtm (πᾶν συνάντημα πᾶν πόνον) wie OGChr (κατὰ πᾶσαν πληγὴν καὶ πᾶν πόνον) semantisch möglich. Darüber hinaus ist der übersetzungstechnische Befund wenig aussagekräftig. Das συνάντημα ist in der LXX nur in Ex 9,14; 1Kön 8,37; Koh 2,14–15; 3,19; 9,2–3 belegt und hat kein feststehendes hebräisches Äquivalent.[136] Die Vokabel πόνος kommt zwar häufiger vor (53 Mal), ist aber auch keinem hebräischen Lexem fest zugeordnet.[137] Auch das πληγή im OGChr (κατὰ πᾶσαν πληγὴν καὶ πᾶν πόνον) lässt sich keinem Äquivalent zuordnen.[138]

Die ältest-erhaltene Text hatte die Konsonanten באריץ שעריו. Die Ortsangabe ist aber korrupt und hat keinen Sinn: „(wenn der Feind es belagert) *im Land seiner Tore*". Der Hyparchetyp ist an dieser Stelle korrupt gewesen – deswegen כי יצר לו [?] איבו. Wie der Text gelautet haben muss, kann man sich an parallelen Wendungen erschließen. Nur gibt es auch hier mehrere Möglichkeiten, von denen keine als zwingend hervorsticht. In Dtn 24,14 und 28,52 bilden beide Lexeme eine zweiteilige Lokalangabe (24,14: בארצך בשעריך = „in deinem Land, in deinen Toren"; 28,52: בכל שעריך בכל ארצך = „vor deinen ganzen Toren und in deinem ganzen Land"). Man könnte aber auch mithilfe der Tochterübersetzungen konjizieren. Möglichkeiten gäbe es viele: באחד שעריו („[Feinde belagern das Volk] an einem seiner Tore") gemäß OGKgtm (ähnlich PKön), בארצו ושעריו bzw. בארצו ועריו[139] gemäß PChr oder לפני שעריו bzw. לפני עריו gemäß OGChr. Genauso wie wir hatten alle Übersetzungen aber eher das fehlerhafte באריץ שעריו vor sich und versuchten durch Änderungen einen sinnvollen Text herzustellen. Eine Übersetzung ist der natürliche Anlass dazu. Man könnte auch באריץ ganz streichen (vgl. VKön) und nur von einer Belagerung „an seinen Toren" ausgehen. Dann könnte das באריץ aus dem כי יהיה באריץ in Kön und Chr hier eingedrungen sein, indem es versehentlich nochmal abgeschrieben wurde.

---

136 In Ex 9,14 ist es iSv. „Plage" für מגפה gebraucht. Für נגע steht es nur hier in 1Kön 8,37 (MT). Das נגע wird in 2Sam 7,14 und 1Kön 8,38 mit ἁφή übersetzt. Entweder der Übersetzer hat συνάντημα aus Ex 9,14 gekannt, oder er wollte passend zum πόνον ein allgemeineres Wort für „Schicksaalsschlag, Geschick" verwenden (vgl. Koh 2,14–15; 3,19; 9,2–3).
137 53 Mal. 15 Mal עמל; 7 Mal און; מחלה nur in 1Kön 8,37 und 2Chr 6,28. Auch מחלה wird in der LXX sehr uneinheitlich wiedergegeben (6 Mal: χορός; πόνος nur 2 Mal in 1Kön 8,37 und 2Chr 6,28).
138 In Chr: מכה (3 Mal), מגפה (2 Mal) und נגע (1 Mal hier in 2Chr 6,28) מכה 3Mal πληγή 2 מגפה 2 Mal πληγή; 1 Mal ἀπώλεια נגע 1 Mal πληγή 1 Mal ἁφή.
139 So der Vorschlag von: Rudolph, *Text*, 204.

Der Hyparchetyp hatte kein einziges Waw (vgl. Kön und Kgtm). Alle Elemente sind asyndetisch aneinandergereiht oder mit einem כי verbunden. Im Laufe der Textüberlieferung wurden Und-Anschlüsse vor allem in den Übersetzungen sukzessive ergänzt. Am Ende dieser Bearbeitung stehen die Texte von PKön und PChr, die an jeder möglichen Stelle ein Waw ergänzen.[140]

In Kön und Chr ist ein בארץ ergänzt: „eine Hungersnopt, wenn sie ist *auf der Erde*" = OGChr: λιμὸς ἐὰν γένηται ἐπὶ τῆς γῆς. In Kgtm fehlt ein Äquivalent für בארץ. In Kgtm ist ירקון aufgrund eines Augensprunges ausgefallen: יֵרָקוֹן שֵדָפוֹן > שֵדָפוֹן (s. o.). Die Begriffe שֵדָפוֹן ירקון tauchen in der HB in ähnlichen Kontexten nur als Begriffspaar auf (Dtn 28,22; Am 4,9; Hag 2,17). Chr las איבו als Plural (אֹיְבָו)[141] und vereindeutigte diese Lesart durch ein zusätzliches Jod; dazu kommt zudem ein ו als Mater Lectionis: איבו = אֹיְבָו wird zu אויביו = אוֹיְבָיו.

Tab. 6.22: Synopse 1Kön 8,38 par.

Kgtm (OG)	Kgtm (Vorl.)	Kön	Chr
[38] πᾶσαν προσευχήν, πᾶσαν δέησιν,	[38] כל תפלה כל תחנה	[38] כל תפלה כל תחנה	[6,29] כל תפלה כל תחנה
ἐὰν γένηται παντὶ ἀνθρώπῳ,	אשר יהיה לכל האדם	אשר תהיה לכל האדם לכל עמך ישראל	אשר יהיה לכל האדם ולכל עמך ישראל
ὡς ἂν γνῶσιν ἕκαστος ἀφὴν καρδίας αὐτοῦ	אשר ידעו איש נגע לבבו	אשר ידעון איש נגע לבבו	אשר ידעו איש נגע ומכאבו
καὶ διαπετάσῃ τὰς χεῖρας αὐτοῦ εἰς τὸν οἶκον τοῦτον,	ופרש כפיו אל הבית הזה	ופרש כפיו אל הבית הזה	ופרש כפיו אל הבית הזה

Kgtm (OG): πᾶσαν προσευχήν, πᾶσαν δέησιν] πᾶσα προσευχή, πᾶσα δέησις L (= OGChr) | παντὶ ἀνθρώπῳ] + παντός λαοῦ σου (> 247) Ισραηλ O (= Kön) | ὡς] ἕως L 246 | διαπετάσῃ] -σει 19′ CI 242-530 44-125 246 488 134 799 158 244 460

Kön: כל תחנה] +pre Waw MT[3Ms] P | תהיה] יהיה MT[8Ms] (= Chr)

Chr: כל תחנה] +pre Waw Tg OG MT[7Ms]; ܐܚܚܐ P

---

140 In der Überlieferung des Königebuches: רעב] +pre Waw P | דבר] +pre Waw P | שֵדָפוֹן] +pre Waw P | ירקון] +pre Waw Tg P | ארבה] +pre Waw P | חסיל] +pre Waw P | כי יצר לו] +pre Waw P | כל נגע] +pre Waw P | כל מחלה] +pre Waw Tg P MT[9Ms]. In der Chroniküberlieferung: רעב] +pre Waw P; +pre שֵדָפוֹן וירקון ארבה וחסיל] +pre Waw P | דבר] +pre Waw Tg | אולצין Tg | כל נגע] +pre καί OG.

141 Zu ו als Suffix von Plural-Substantiven vgl. Fn. 17 auf S. 132.

Vers 38

O ergänzt mit παντὸς λαοῦ σου Ισραηλ das im OG-Text fehlende Äquivalent für לכל
עמך ישראל aus Kön. Der Zusatz wird seinen Ursprung in der Hexapla haben.[142]
  Die OG-Vorlage ist durch Kön vollständig auf Hebräisch erhalten. Nur das לכל
עמך ישראל aus Kön und Chr fehlt im OG-Text und ist zu streichen. Für παντὶ
ἀνθρώπῳ ist aus Kön לכל האדם als OG-Vorlage zu übernehmen. Das ל hat in לכל
האדם zwar kein Äquivalent im Griechischen (כל = παντὶ; אדם = ἀνθρώπῳ); bei
direkten Objekten mit einem כל wird es aber in der Regel unübersetzt gelassen.
Eine Durchsicht aller 41 Vorkommnisse von לכל in 1–4Kgtm lässt dies sofort deutlich werden. Beim Artikel ist der Übersetzer ebenfalls nicht sklavisch (האדם ≠
ἀνθρώπῳ). Weil der Artikel bei πᾶς einen Bedeutungsunterschied machen kann,
ist Freiheit bei der Übersetzung in diesem Fall zu erwarten.
  Hinter ἐὰν γένηται könnte das אשר תהיה aus Kön oder das אשר יהיה aus
Chr stehen. In 8,37 wird כי יהיה drei Mal mit ἐὰν γένηται übersetzt. Hier ist auf
Hebräische aber nur ein אשר belegt (vgl. Kön und Chr). Auch אשר kann mit ἐάν
übersetzt werden.
  In Kön wurde an ידעו ein *Nun Paragogicum* gehängt (ידעון). Das תהיה in Kön
(f.) stimmt im Genus mit כל תפלה (f.) und כל תחנה (f.) überein. Die Chr hat ein
יהיה. Das Maskulinum richtet sich nach dem ersten der vier Substantive (נגע in
2Chr 6,28 = m.) und entspricht dem dreifachen יהיה in 8,37. Beide Lesarten sind
für den Hyparchetyp möglich. In acht hebräischen Manuskripten ist in Kön der
Text an die Chronik angepasst.
  In Kön wurde ein לכל עמך ישראל hinzugefügt. Es fehlt in Kgtm. Anlässe
für einen Augensprung bestehen nicht. Mit dem Zusatz sind mit „jeder Person" =
לכל האדם nur Personen aus dem Volk Israel gemeint: „(jedes Gebet), das kommt
von jedem Menschen, *von dem ganzen Volk Israel*". Chr übernimmt den Text aus
Kön und ergänzt ein Und-Anschluss (ולכל עמך ישראל). TgChr verbindet das
zweiteilige Objekt zu כל אנש מכל עמך ישראל („irgendeine Person *von* deinem
Volk Israel").
  Die Chronik hat das Begriffspaar נגעו ומכאבו („seine Plage und seinen
Schmerz") anstatt des Konstruktus נגע לבבו („die Plage seines Herzens") in Kgtm
und Kön. Von den Belegstellen für מכאב („Schmerz")[143] sticht Ex 3,7 hervor, weil
das Substantiv dort in einer Verbindung mit ידע verwendet wird (sonst noch in Jes
53,3–4; Jer 30,15; 45,3; 51,8). Dort „erkennt" Jнwн die Not und die Schmerzen der
Israeliten in der ägyptischen Gefangenschaft (כי ידעתי את מכאביו); hier soll der

---

142 Zu den Lesarten mit hexaplarischem Ursprung vgl. Kap. 2.1 ab S. 28 in der Einleitung.
143 Ex 3,7; 2Chr 6,29; Ijob 33,19; Ps 32,10; 38,18; 69,27; Koh 1,18; 2,23; Jes 53,3–4; Jer 30,15; 45,3;
51,8; Klgl 1,12.18.

fromme Israelit seine Schmerzen erkennen. Das נגע = Plage könnte den Chronisten darauf gebracht haben, das מכאב aus Ex 3,7 einzuspielen.

Tab. 6.23: Synopse 1Kön 8,39 par.

Kgtm (OG)	Kgtm (Vorl.)	Kön	Chr
^{39} καὶ σὺ εἰσακούσῃ ἐκ τοῦ οὐρανοῦ ἐξ ἑτοίμου κατοικητηρίου σου	^{39} ואתה תשמע השמים מכון שבתך	^{39} ואתה תשמע השמים מכון שבתך	^{6,30} ואתה תשמע מן השמים מכון שבתך
καὶ ἵλεως ἔσῃ	וסלחת	וסלחת	וסלחת
καὶ ποιήσεις	ועשית	ועשית	
καὶ δώσεις ἀνδρὶ κατὰ τὰς ὁδοὺς αὐτοῦ,	ונתת לאיש ככל דרכיו	ונתת לאיש ככל דרכיו	ונתתה לאיש ככל דרכיו
καθὼς ἂν γνῷς τὴν καρδίαν αὐτοῦ,	כאשר תדע את לבבו	אשר תדע את לבבו	אשר תדע את לבבו
ὅτι σὺ μονώτατος οἶδας τὴν καρδίαν πάντων υἱῶν ἀνθρώπων,	כי אתה לבדך ידעת את לבב כל בני האדם	כי אתה ידעת לבדך את לבב בני האדם	כי אתה לבדך ידעת את לבב בני האדם

Kgtm (OG): δώσεις ἀνδρί] δικαιώσεις L 246 | ‹κατὰ τὰς ὁδοὺς αὐτοῦ] κατὰ πάσας τὰς ὁδοὺς αὐτοῦ A L 246 (= Kön)

Kön: ידעת לבדך] tr. לבדך ידעת P (= Chr) | [כל בני האדם > כל MT⁴ᴹˢ (= Chr)

Chr: ככל דרכיו] κατὰ τὰς ὁδοὺς αὐτοῦ OG (= Kgtm) | לבדך ידעת] tr. ידעת לבדך PChr (= MTKön) | [בני האדם] ܩܡ̈ܕܩ̈ ܩܠܡ̈ ܩܡ̈ܩ P (≈ Kön); +pre כל MT⁵ᴹˢ (= Kön)

Vers 39

A ergänzt in κατὰ τὰς ὁδοὺς αὐτοῦ ein πάσας. Dabei handelt sich es um eine wohl aus der Hexapla stammende Angleichung an das כל in ככל דרכיו aus Kön.[144] Dieselbe Lesart ist auch in L und 246 eingedrungen.

Mit μονώτατος οἶδας bezeugt OGKgtm die Wort-Reihenfolge von Chr (לבדך ידעת) gegen Kön (ידעת לבדך). Der Suffix von לבדך wird in der Übersetzung von לבד standardmäßig weggelassen (vgl. die entsprechenden Belege in 1–4Kgtm).

Hinter dem καθὼς ἂν in OGKgtm wird ein כאשר gestanden haben. Kön und Chr haben ein einfaches אשר. Ein καθὼς ἂν ist in der LXX selten[145] und übersetzt in der Regel ein כאשר (vgl. Ri 7,17; Koh 5,3; Hos 7,12; Ez 1,16). In 1–4Kgtm ist καθὼς

---

144 Zu den Lesarten mit hexaplarischem Ursprung vgl. Kap. 2.1 ab S. 28 in der Einleitung.
145 Ri 7,17; 1Kön 8,39; 1 Es. 6,29; Koh 5,3; Hos 7,12; Ez 1,16; 46,11; Dan 11,3; Dat. 1,13.

Standardäquivalent für כאשר (in 1–4Kgtm 42 Mal). OGChr übersetzt das אשר mit ὡς ἄν – eine Übersetzung, die zu erwarten wäre.

Tab. 6.24: Die Wiedergabe von מכון שבתך

Kön/Kgtm			
MT	**TgJ und P**	**OGKgtm**	**V**
8,13 מכון לשבתך	אתר מתקן לבית שכינתך	8,53a: τοῦ κατοικεῖν	*firmissimum*
	מתתקנא לבהתך		*solium tuum*
8,39 מכון שבתך	מאתר בית שכנתך	ἐξ ἑτοίμου	*in loco*
	מן מתתקנא דבהתך	κατοικητηρίου σου	*habitationis tuae*
8,43 מכון שבתך	מאתר בית שכנתך	ἐξ ἑτοίμου	*in firmamento*
	מן מתתקנא דבהתך	κατοικητηρίου σου	*habitaculi tui*
8,49 מכון שבתך	מאתר בית שכנתך	ἐξ ἑτοίμου	*in firmamento*
	מן מתתקנא דבהתך	κατοικητηρίου σου	*solii tui*

Chr			
(1Kön 8,13 = 3Kgtm 8,53a = 2Chr 6,2;			
1Kön 8,39 = 2Chr 6,30; 1Kön 8,43 = 2Chr 6,33; 1Kön 8,49 = 2Chr 6,39)			
MT	**Tg und P**	**OG**	**V**
6,2 ומכון לשבתך	אתר מתקן לבית שכנתך	καὶ ἕτοιμον	*ut habitaret ibi*
	מתתקנא לבהתך	τοῦ κατασκηνῶσαι	
6,30 מכון שבתך	מאתר בית שכנתך	ἐξ ἑτοίμου	*de sublimi scilicet*
	>	κατοικητηρίου σου	*habitaculo tuo*
6,33 ממכון שבתך	מאתר בית שכנתך	ἐξ ἑτοίμου	*firmissimo*
	מן דבהתך	κατοικητηρίου σου	*habitaculo tuo*
6,39 ממכון שבתך	מדור בית שכנתך	ἐξ ἑτοίμου	*hoc est de firmo*
	מן דבהתך	κατοικητηρίου σου	*habitaculo tuo*

OGKgtm und OGChr haben ἀνδρὶ κατὰ τὰς ὁδοὺς αὐτοῦ („gemäß seinen Wegen") wo in Kön und Chr ein לאיש ככל דרכיו („gemäß *allen* seinen Wegen") steht. Beide Übersetzer wählen ἀνδρί für איש iSv. „jedermann" und lassen das ל unübersetzt (in 8,38 noch ἕκαστος = איש). Das כל lassen sie unübersetzt.[146]

---

146 In 8,58 übersetzt OGKgtm das כל in בכל דרכיו (ἐν πάσαις ὁδοῖς αὐτου). Dies tun OGKgtm und OGChr auch an allen anderen Stellen (vgl. 1Sam 18,14; 1Kön 8,39.58; 16,26; 22,43; 2Kön 22,2;

Das ἐκ in ἐκ τοῦ οὐρανοῦ stammt vom Übersetzer. Kön hat הַשָּׁמַיִם; in allen anderen Textzeugen wird systematisch eine Präposition ergänzt (vgl. die Tab. 6.14 auf S. 185 und die Analyse dort).

Das ἐξ in ἐξ ἑτοίμου κατοικητηρίου σου hat wie das ἐκ in ἐκ τοῦ οὐρανοῦ keine Entsprechung in Kön (מְכוֹן שִׁבְתֶּךָ). Auch hier stammt die Präposition vom Übersetzer: „(erhöre das Gebet) [...] von der Stätte deines Thrones". Der Hyparchetyp verwendet מְכוֹן שִׁבְתֶּךָ noch als Lokalangangabe ohne Präposition (wie schon bei הַשָּׁמַיִם, vgl. die Tab. 6.14 auf S. 185). Dieser Text ist nur im MT des Königebuches erhalten. In allen anderen Textzeugen wird die Präposition systematisch ergänzt (vgl. zu folgendem Tab. 6.24 auf S. 203):

Die Chronik fügt in 6,33 und 6,39 die Präposition מִן als Präfix hinzu (מִמְּכוֹן שִׁבְתֶּךָ). In 2Chr 6,30 fehlt die Präposition. Hier ist das מִן nur vor הַשָּׁמַיִם (מִן הַשָּׁמַיִם מְכוֹן שִׁבְתֶּךָ). Die Übersetzungen des hebräischen Chroniktextes übersetzen das מִן ordnungsgemäß und ergänzen in 6,30 die fehlende Präposition.

Die OG-Texte ergänzen systematisch die Präposition ἐξ. Dasselbe tun alle anderen Übersetzungen des Kön-Textes (TgJ: מִ; PKön: ܡܢ; OGKgtm: ἐξ; V: in). Die Präpositionen stimmen jeweils mit denen vor den Äquivalenten von הַשָּׁמַיִם überein (vgl. Tab. 6.14 auf S. 185).

In den Targumim wird die anthropomorphe Vorstellung eines Thronens, ja gar Wohnens JHWHs in מְכוֹן שִׁבְתֶּךָ durch die Shekina-Vorstellung ersetzt, indem mit מֵאֲתַר בֵּית שְׁכִנְתָּךְ („*von* der Stätte *des Hauses deiner Shekina*") übersetzt wird. In 2Chr 6,39 wird אֲתַר („Ort, Raum"[147]) durch מְדוֹר („Wohnort, Wohnstätte"[148]) ersetzt. In PChr 6,33.39 wird das מִמְּכוֹן שִׁבְתֶּךָ mit einem einfachen ܡܢ ܬܘܬܒܟ („von deinem Ort/Haus") übersetzt. Der Inf.cs. יֹשֵׁ bleibt unübersetzt. In 2Chr 6,33.39 wird zudem noch zu ܡܢ ܬܘܬܒܟ ܡܢ ܫܡܝܐ umgestellt („von deinem (Wohn)ort, vom Himmel"). In 2Chr 6,30 fehlt in P das ܬܘܬܒܟ, was auf einen Abschreibefehler durch einen Augensprung von einem ܡܢ zum anderen zurückgeführt werden kann (ܡܢ ܫܡܝܐ < ܡܢ ܬܘܬܒܟ ܡܢ ܫܡܝܐ).

Das הַשָּׁמַיִם in Kön repräsentiert den Hyparchetyp; in Chr sowie in allen Übersetzungen in Kön und Chr (inkl. OGKgtm) wurden entsprechende Präpositionen ergänzt (vgl. die Tab. 6.14 auf S. 185 und die Analyse dort).

Das וְעָשִׂיתָ aus Kgtm = Kön fehlt in der Chronik. Es wird dort wegen des Homoioteleuton durch einen Augensprung ausgefallen sein: וְסָלַחְתָּ‸וְעָשִׂיתָ wird zu וְסָלַחְתָּ). I 8,30.36 steht וְסָלַחְתָּ ohne וְעָשִׂיתָ. Ein וְעָשִׂיתָ könnte der Schreiber aus 8,32 kennen (vgl. 9,45.49). In 8,49–50 steht וְעָשִׂיתָ מִשְׁפָּטָם וְסָלַחְתָּ לְעַמְּךָ. Das כַּאֲשֶׁר in Kgtm

---

2Chr 6,30; 28,26). Die Wendung „jeder nach seinen Wegen" (אִישׁ כִּדְרָכָיו) ist in der HB sonst nur ohne כֹּל bezeugt (אִישׁ כִּדְרָכָיו in Jer 17,10; 32,19; Ez 18,30; 33,20).
147 So Levy, *Wörterbuch*.
148 So ebd.

(ausnahmslos = καθὼς, s. o.) steht gegen ein אשר in Kön und Chr. Beide Lesarten könnten im Hyparchetyp gestanden haben.

Im letzten Teilsatz lautete der Hyparchetyp לבדך ידעת. Diese Wortreihenfolge wäre zu erwarten; es soll betont werden, dass *allein* Gott die Herzen der Menschen kennt: „denn du *allein* kennst die Herzen der Menschen". Dieser Text wird von Kgtm und Chr bezeugt, sowie in der Kön-Überlieferung von PKön.[149] Nur in MTKön ist zu ידעת לבדך umgestellt. Es könnte sich um eine sehr späte proto-masoretische Änderung in Kön handeln, die entstand, als Chr bereits angefertigt war. Entweder ein Schreiber übersah versehentlich zunächst das לבדך, oder es wurde absichtlich nach hinten gestellt, um es im Sinne der monotheistischen Bearbeitung in den Targumim zu betonen („denn du, du allein / als einziger kennst die Herzen der Menschen" => Tg: „du bist der einzige und es gibt keinen außer dir" s. u.).

Das כל in כל בני האדם את לבב fehlt in der Chronik. Es könnt in Chr ausgefallen sein (את לבב כל בני האדם) oder der Chronist überging es, weil ihm aus der HB nur בני האדם geläufig war (ca. 155 Mal in der HB). כל בני האדם findet sich nur noch in Ps 33,13; 89,48.

In 8,39aγ–b wird zweimal über Gott ausgesagt, dass er die Herzen der Menschen kennt. Dieser Teil wird in den Targumim von Kön und Chr tief-greifend überarbeitet:

TgJ: „denn sein Herz ist offenbart vor dir, denn du bist der einzige und es gibt keinen außer dir, vor dir allein sind die Herzen aller Söhne der Menschen offenbart."[150]

TgChr: „denn sein Herz wird ans Licht kommen vor dir, denn du bist der einzige und es gibt keinen außer dir, vor dir allein sind die Herzen der Söhne der Menschen offenbart."[151]

Wieder ist die Idee einer direkten menschenähnlichen Wahrnehmung (erkennen) abgeschwächt. Die Herzen werden nicht direkt von Gott erkannt, sondern sind vor Gott offenbar (פרסם/גלי). Offenbar veranlasste das לבדך („du allein") den Übersetzer, einen zusätzlichen Verweis auf dem Monotheismus einzubauen („denn du bist der einzige und es gibt keinen außer dir") und ihn zwischen die zwei Sätze zur Offenbarung der Herzen zu stellen.

---

149 Die Targumim entfallen als Textzeugen für eine der beiden Wortstellungen, weil sie tiefgreifend überarbeiten. PChr passt den Text wie gewohnt an MTKön an.

150 גלי קדמך לביה ארי את הוא לית בר מנך קדמך לחוד גלי ליבא דכל בני אנשא .

151 די יפרסם קדמך לביה ארום את הוא ולית בר מנך ולחוד קדמך גליין לבביא דבני נשא.

Tab. 6.25: Synopse 1Kön 8,40 par.

Kgtm (OG)	Kgtm (Vorl.)	Kön	Chr
⁴⁰ ὅπως φοβῶνταί σε	⁴⁰ למען יראוך	⁴⁰ למען יראוך	6,31 למען ייראוך
πάσας τὰς ἡμέρας,	כל הימים	כל הימים	ללכת בדרכיך כל הימים
ἃς αὐτοὶ ζῶσιν ἐπὶ τῆς γῆς,	אשר הם חיים [?]	אשר הם חיים על פני האדמה	אשר הם חיים על פני האדמה
ἧς ἔδωκας τοῖς πατράσιν ἡμῶν.	אשר נתתה לאבתינו	אשר נתתה לאבתינו	אשר נתתה לאבתינו

Kgtm (OG): ὅπως] + ἄν L 246 | ἅς] > A 379; ὅσας B | ἐπὶ τῆς γῆς] ἐπὶ προσώπου (A: + πάσης) τῆς γῆς O

Chr: | על פני האדמה] ܐܪܥܐ P (= OGKgtm)

Vers 40

Im OG-Text (ἐπὶ τῆς γῆς) fehlt im Vergleich mit Kön ein Äquivalent für פני (Kön = Chr: על פני האדמה). Es ist in 247 ergänzt (ἐπὶ προσώπου τῆς γῆς = על פני האדמה).[152] Das zusätzliche προσώπου könnte hexaplarischen Ursprungs sein.[153] A hat ein zusätzliches πάσης.[154]

B enthält ein ὅσας anstatt des ἅς, steht damit aber alleine da. In A und 379 ist letzteres aufgrund einer Haplographie ausgefallen (ἡμέρ̣ας ἅς > ἡμέρ̣ας). Die hebräische Vorlage hinter ἐπὶ τῆς γῆς bleibt unsicher. Möglich wären neben על פני האדמה (= Kön, Chr) ein על הארץ oder על האדמה,[155] sowie בארץ. Alle diese hebräischen Wendungen sind mögliche Optionen hinter ἐπὶ τῆς γῆς.[156] Das γῆ ist nicht nur für אדמה, sondern auch für ארץ Standardäquivalent (ersteres in 1–4Kgtm 19 Mal, letzteres 194 Mal). Das Syntagma ἐπὶ τῆς γῆς findet sich 12 Mal in 1–4Kgtm und steht für על האדמה in 1Sam 20,31, für בארץ in 1Sam 23,23; 2Sam 7,9;

---

152 Ein על פני האדמה in HB 31 Mal in Gen 4,14; 6,1.7; 7,4.23; 8,8; Ex 32,12; 33,16; Num 12,3; Dtn 6,15; 7,6; 14,2; 1Sam 20,15; 2Sam 14,7; 1Kön 8,40; 9,7; 13,34; 17,14; 18,1; 2Chr 6,31; Jes 23,17; Jer 8,2; 16,4; 25,26.33; 28,16; 35,7; Ez 38,20; Am 9,8; Zef 1,2–3.
153 Zu den Lesarten mit hexaplarischem Ursprung vgl. Kap. 2.1 ab S. 28 in der Einleitung.
154 Ein על פני כל הארץ in der HB 11 Mal in Gen 1,29; 7,3; 8,9; 11,4.8–9; Dtn 11,25; 1Sam 30,16; 2Sam 18,8; Dan 8,5; Sach 5,3. Ein על פני כל האדמה ist in der HB nicht belegt.
155 Dies wird als OG-Vorlage rekonstruiert von: Bösenecker, *Text*, 180.
156 Davon zu unterscheiden ist der lokale Akkusativ ἐπὶ τὴν γῆν. Dafür sieht der übersetzungstechnische Befund anders aus. Die Wendung steht in 1–4Kgtm hauptsächlich für ארצה (ca. 22 von 33 Mal) und nur in Einzelfällen für על הארץ, ארץ, על האדמה, על ארצך oder בארץ כל הארץ.

1Kön 17,7, für ארצה in 2Sam 12,16; 14,14, für על הארץ in 1Kön 8,23.27; 2Kön 11,3 und für על פני האדמה in 17,14.[157] Das ἐπὶ τῆς γῆς könnte aber auch eine sinngemäße Übersetzung des על פני האדמה aus Kön und Chr sein (vgl. 1Kön 17,14) – nur wäre dafür eine Übersetzung wie in OGChr mit ἐπὶ προσώπου τῆς γῆς zu erwarten. Ein על פני wird in 1–4Kgtm standardmäßig mit ἐπὶ πρόσωπον übersetzt (24 Mal; על פני = ἐπί nur noch in 1Kön 17,14).

Das ללכת בדרכיך („um zu gehen in deinen Wegen") fehlt in Kgtm = Kön und steht nur in der Chronik. Es wird in Kgtm und Kön wegen des Homoioteleuton aufgrund eines Augensprunges ausgefallen sein (יראון‾ל‾ל‾כ‾ת‾‾ב‾ד‾ר‾כ‾ך‾כל הימים > ירָאוך כל הימים) – vielleicht zweimal unabhängig voneinander. כל הימים ist mit beiden Inf.cs. nachweisbar (vgl. Dtn 19,9: ללכת בדרכיו כל הימים und Dtn 4,10: ליראה אתי כל הימים). Das על פני האדמה aus dem Hyparchetyp stammt aus Kön und Chr. Wie Kgtm an dieser Stelle aussah, lässt sich nicht mehr rekonstruieren (s. o.).

Tab. 6.26: Synopse 1Kön 8,41–42 par.

Kgtm (OG)	Kgtm (Vorl.)	Kön	Chr
⁴¹ καὶ τῷ ἀλλοτρίῳ,	⁴¹ וגם אל הנכרי	⁴¹ וגם אל הנכרי	⁶,³² וגם אל הנכרי
ὃς οὐκ ἔστιν ἀπὸ τοῦ λαοῦ σου οὗτος,	אשר לא מעמך הוא	אשר לא מעמך ישראל הוא	אשר לא מעמך ישראל הוא
		ובא מארץ רחוקה למען שמך	ובא מארץ רחוקה למען שמך
		⁴² כי ישמעון את שמך הגדול ואת ידך החזקה וזרעך הנטויה	הגדול וידך החזקה וזרועך הנטויה
⁴² καὶ ἥξουσιν	⁴² ובא	ובא	ובאו
καὶ προσεύξονται εἰς τὸν τόπον τοῦτον,	והתפללו[ן] אל הבית הזה	והתפלל אל הבית הזה	והתפללו אל הבית הזה

Kgtm (OG): ἀπό] ἐκ L o | τοῦ] > B A 372 (= Ra) | λαοῦ σου οὗτος] λαοῦ σου Ισραηλ οὗτος A L 328 246 488 | οὗτος] οὗτος καὶ ἔλθη (tr. καὶ ἔλθη οὗτος 247) ἀπὸ γῆς μακρόθεν ἕνεκα (ἕνεκεν τοῦ 247) ὀνόματός σου ⁴² ὅτι ἀκούσουσιν (-σονται 247) τὸ ὄνομά σου τὸ μέγα καὶ τὴν χεῖρά σου (σοι 488ᶜ) τὴν ἰσχύουσαν (ἰσχύουσ 488) καὶ (τὸν 488) βραχίονά σου τὸν ἐκτεταμένον (-μμένον 247) O 488 (= Kön) | ἥξουσιν] ἥξει L 509* 246 158 | προσεύξονται] -ξεται L·⁹³ 246 158; -ξωνται 93 121

Chr: אל הבית הזה] εἰς τὸν τόπον τοῦτον OG (= OGKgtm); ܒܒܝܬܐ ܗܢܐ P

---

157 Das ἐπὶ τῆς γῆς im Text von Rahlfs wurde mit Hilfe von Brooke/Mc Lean/Thackeray, *1–2 Samuel* und Brooke/Mc Lean/Thackeray, *1–2 Kings* überprüft. Zu ἐπὶ τῆς γῆς gibt es in den jeweiligen Stellen keine nennenswerte Varianten. L liest in 2Sam 12,16; 14,14 und 1Kön 17,7 τὴν γῆν.

Die Verse 41–42

In den Versen 41–42 ist der OG-Text im Vergleich zu Kön und Chr um die Hälfte kürzer. In Kgtm ist Text aufgrund eines Augensprunges verloren gegangen (s. u.). O und 488 ergänzen das fehlende Textstück aus Kön. Die griechische Übersetzung dieses Plus stammt aus der Hexapla.[158] Der Text ist trotz einiger Abschreibefehler noch gut zu erkennen. Er lautete: καὶ ἔλθῃ ἀπὸ γῆς μακρόθεν ἕνεκα ὀνόματός σου [42] ὅτι ἀκούσουσιν τὸ ὄνομά σου τὸ μέγα καὶ τὴν χεῖρά σου την ἰσχύουσαν καὶ βραχίονά σου τὸν ἐκτεταμένον und entspricht dem ובא מארץ רחוקה למען שמך כי ישמעון את שמך הגדול ואת ידך החזקה וזרעך הנטויה in Kön.

Die Textzeugen A L 328 246 488 ergänzen ein Ισραηλ als Entsprechung für ישראל in Kön (מעמך ישראל). Das Plus könnte hexaplarischen Ursprungs sein und mag von dort auch in L eingedrungen sein.

Rahlfs folgt B A 372 und rekonstruiert λαοῦ ohne Artikel. Die überwältigende Mehrheit der Textzeugen liest allerdings τοῦ λαοῦ. Der Artikel könnte in den zwei ältesten Textzeugen B und A unabhängig voneinander ausgefallen sein.[159]

Wo Kgtm Text hat, da stimmt dieser größtenteils mit den vorhandenen hebräischen Textzeugen überein. Mit der Wiedergabe von וגם אל הנכרי mit καὶ τῷ ἀλλοτρίῳ bewegt sich der Übersetzer im Rahmen seiner Übersetzungstechnik. אל wird in 67 Fällen mit dem griechischen Artikel wiedergegeben. וגם wird in den Kaige-Teilen von 1–4Kgtm bekannterweise mit καί γε wiedergegeben und außerhalb davon mit καί übersetzt.

Das προσεύξονται steht im Plural. Kön hat den Singular והתפלל und Chr den Plural והתפללו. Entweder der Übersetzer hat das Verb in den Plural gesetzt oder der Plural stand in der hebräischen Vorlage = Chr.

OGKgtm und OGChr haben εἰς τὸν τόπον τοῦτον (hebr. אל המקום הזה), in Kön und Chr steht aber ein אל הבית הזה: „und sie beten an diesem Haus (Kön, Chr) / an diesem Ort (OGKgtm, OGChr)". Die Änderung wurde vermutlich von den Übersetzern vorgenommen. Sie lasen והתפלל אל הבית הזה = Kön/Chr in ihrer hebräischen Vorlage. Nach 8,29.30.35 erwarteten sie bei אל + פלל = „beten an LokA" ein מקום und änderten den Text zu εἰς τὸν τόπον τοῦτον = „und er betet an diesem Ort" (1Kön 8,29: אל המקום הזה; 8,30: יתפלל עבדך אל המקום הזה; 8,35: והתפללו אל המקום הזה). Die Wendung בית + פלל kommt sonst nur mit der Präposition ב vor: „und er betet in (ב) diesem Haus" (8,33: והתפללו אליך בבית הזה). Die Übersetzer passten den Text an die ihnen bekannten Verwendungsweisen an (אל הבית הזה zu εἰς τὸν τόπον τοῦτον = אל המקום הזה).

---

158 Zu den Lesarten mit hexaplarischem Ursprung vgl. Kap. 2.1 ab S. 28 in der Einleitung.
159 Zu dem methodischen Ansatz von Rahlfs und seiner Problematik vgl. Kap. 2.1 ab S. 22 in der Einleitung.

Die Anpassung könnte zweimal unabhängig voneinander in OGKgtm und OGChr geschehen sein; eine Abhängigkeit zwischen beiden Übersetzungen ist möglich aber bisher nicht nachgewiesen.

In 8,32 wurde dieselbe Änderung in PKön vorgenommen: Aus „und sie beten und flehen zu dir *in diesem Haus* (בבית הזה)˝ wird dort in PKön „und sie beten und flehen vor dir *an diesem Ort* (ܒܐܬܪܐ ܗܢܐ).˝ Mit solchen Änderungen ist also in konservativen Übersetzungen zu rechnen. Erwartet der Übersetzer ein anderes Lexem als in seiner Vorlage steht, dann kann er punktuell von seinen Standard-Äquivalenten abweichen[160] und den Text gemäß seiner Erwartungen anpassen. Semantisch ist das auch deswegen möglich, weil בית in anderen Kontexten auch „Aufenthaltsort" bedeuten kann.[161]

In Kgtm fehlt am Anfang ein ישראל; in Kön und Chr ist es auf Hebräisch belegt („ein Ausländer, der nicht zu deinem Volk *Israel* gehört"). Dieses ישראל wird in Kön = Chr nachträglich eingefügt worden sein; im Hyparchetyp stand es vermutlich noch nicht (*lectio brevior potior*).

Am Ende hat Chr zwei Pluralformen (ובאו והתפללו). Der Hyparchetyp hatte nur Singularformen und ist in Kön erhalten: ובא ... ובא והתפלל. Die Pluralformen in Chr können auf eine Dittographie des Waw zurückgehen: ובאוהתפלל < ובאו והתפללו < ובאוהתפלל.

Verglichen mit Kön und Chr ist OGKgtm von 8,41–42 zu kurz und inhaltlich unvollständig. OGKgtm wird durch einen Textausfall in der hebräischen Vorlage entstanden sein. Ein Schreiber sprang versehentlich von dem ersten ובא zum zweiten ובא und übersah den Text dazwischen. Das ישראל הוא ובא מארץ רחוקה למען שמך כי ישמעון את שמך הגדול ואת ידך החזקה וזרעך הנטויה ובא והתפלל wird dadurch zu ישראל הוא ובא והתפלל. Im Griechischen kann dieser Augensprung nicht passiert sein; für das zweite ובא ist mit καὶ ἥξουσιν übersetzt (ἥκω = „ankommen, eintreffen" mit Fokus auf dem Endpunkt der Bewegung[162]); das erste ובא hätte er wohl mit ἔρχομαι wiedergegeben (ובא = καὶ ἔλθῃ). Die Pluralform καὶ ἥξουσιν und καὶ προσεύξονται stammen vom Übersetzer (Kön: ובא והתפלל; Chr: ובאו והתפללו).

---

160 Gemäß der Standard-Äquivalenzen ist εἰς τὸν οἶκον τοῦτον zu erwarten für אל הבית הזה (vgl. 1Kön 8,29.38.42; 2Chr 6,20.29.32) und εἰς τὸν τόπον τοῦτον für אל המקום הזה (vgl. 1Kön 8,29–30.35; 2Kön 22,16; 2Chr 6,20–21.26). Das τόπος wird standardmäßig für מקום gebraucht (61 Mal in 1–4Kgtm; 27 Mal in Chr). In 1–4Kgtm steht τόπος nur noch in 1Sam 10,25 und 1Sam 24,23, wo in 1–4Kgtm בית verwendet ist. An beiden Stellen wird בית in einem anderen Zusammenhang gebraucht. In 1Sam 10,25 und 1Sam 24,23 bezeichnet בית das Zuhause der jeweiligen Personen, den ursprünglichen Aufenthaltsort, zu dem sie wieder zurückkehren.

161 Vgl. z. B. Koehler/Baumgartner/Dietrich, *KAHAL* unter בית.

162 Vgl. Muraoka, *Lexicon*, 319.

Auch Chr kann durch einen Textausfall aus Kön erklärt werden. Ein Schreiber sprang von einem שמך zum anderen und übersah den Text dazwischen: למען שמך הגדול ואת ידך wird zu שמך כי־ישמעון את־שמך הגדול ואת ידך החזקה. Ein nächster Schreiber strich dann noch überschüssige את, weil שמך auch keins hat.

Tab. 6.27: Synopse 1Kön 8,43 par.

Kgtm (OG)	Kgtm (Vorl.)	Kön	Chr
⁴³ καὶ σὺ εἰσακούσῃ ἐκ τοῦ οὐρανοῦ ἐξ ἑτοίμου κατοικητηρίου σου	⁴³ [ו]אתה תשמע מן השמים מכון שבתך	⁴³ אתה תשמע השמים מכון שבתך	⁶,³³ ואתה תשמע השמים ממכון שבתך
καὶ ποιήσεις κατὰ πάντα,	ועשית ככל	ועשית ככל	ועשית ככל
ὅσα ἂν ἐπικαλέσηταί σε ὁ ἀλλότριος,	אשר יקרא אליך הנכרי	אשר יקרא אליך הנכרי	אשר יקרא אליך הנכרי
ὅπως γνῶσιν πάντες οἱ λαοὶ τῆς γῆς τὸ ὄνομά σου	למען ידעו כל עמי הארץ את שמך	למען ידעון כל עמי הארץ את שמך	למען ידעו כל עמי הארץ את שמך
καὶ φοβῶνταί σε καθὼς ὁ λαός σου Ισραηλ	[ו]ליראה אתך כעמך ישראל	ליראה אתך כעמך ישראל	וליראה אתך כעמך ישראל
καὶ γνῶσιν	ולדעת	ולדעת	ולדעת
ὅτι τὸ ὄνομά σου ἐπικέκληται ἐπὶ τὸν οἶκον τοῦτον,	כי שמך נקרא על הבית הזה	כי שמך נקרא על הבית הזה	כי שמך נקרא על הבית הזה
ὃν ᾠκοδόμησα.	אשר בניתי	אשר בניתי	אשר בניתי

Kgtm (OG): σύ] > A 125 | σε] > 19-82 509 | ὅπως] + ἄν L 242′ 246 71 707 | τῆς γῆς] > B L 328 509 92 74ᵗˣᵗ 158 342 372 460 707 (= Ra) | γνῶσιν] γνῶσθη L | ᾠκοδόμησα] -σας C′⁻⁹⁸⁻³²⁸ d⁻¹⁰⁶ s t⁻³⁷⁰ z 244* 554 707

Kön: אתה] +pre ו PKön; MT²⁰ᴹˢ

Vers 43

Rahlfs rekonstruiert οἱ λαοί ohne τῆς γῆς und folgt damit dem Kodex B, sowie L und einigen vereinzelten Textzeugen (hauptsätzlich mixti). Mit der Mehrheit der Textzeugen ist allerdings an τῆς γῆς festzuhalten.[163] Die versprengte Verteilung der Lesart über die Textzeugen ist am besten durch einen (ggf. mehrfach geschehenen) Ausfall von τῆς γῆς erklärt.

---

163 Zu dem methodischen Ansatz von Rahlfs und seiner Problematik vgl. Kap. 2.1 ab S. 22 in der Einleitung.

Die OG-Vorlage ist fast vollständig in Kön = Chr erhalten. OGKgtm liest καὶ σύ und entspricht damit dem ואתה in Chr; Kön hat nur ein אתה (vgl. Tab. 6.19 auf S. 194). Kön und Chr haben die Infinitive [ו]ליר[אה] und ולדעת (Kön: ליראה; Chr: ולֹיראה). OGKgtm hat an diesen Stellen mit καὶ φοβῶνταί und καὶ γνῶσιν zwei Konjunktive, die למען ידעו = ὅπως γνῶσιν fortsetzen. Auf diese Weise sind die zwei Infinitive sinnvoll in die Zielsprache übersetzt.[164] Unsicher bleibt lediglich, ob die OG-Vorlage ליראה wie in Kön oder ולֹיראה wie in Chr lautete.

Die Präpositionen ἐκ und ἐξ in ἐκ τοῦ οὐρανοῦ ἐξ ἑτοίμου κατοικητηρίου σου stammen vom Übersetzer. Der Archetyp von Kön hat die Lokalangaben השמים מכון שבתך ohne Präposition; in allen anderen Textzeugen wird systematisch eine Präposition ergänzt (vgl. die Tab. 6.14 auf S. 185 und die Tab. 6.24 ab S. 203).

Der Hyparchetyp ist in allen drei Archetypen von Kgtm, Kön und Chr vollständig erhalten. Einzig die Existenz von zwei Waw im Hyparchetyp ist unsicher (אתה תשמע in Kön[165] vs. ואתה תשמע in Chr; ליראה in Kön vs. ולֹיראה in Chr).

Tab. 6.28: Synopse 1Kön 8,44 par.

Kgtm (OG)	Kgtm (Vorl.)	Kön	Chr
44 ὅτι ἐξελεύσεται ὁ λαός σου εἰς πόλεμον ἐπὶ τοὺς ἐχθροὺς αὐτοῦ ἐν ὁδῷ,	44 כי יצא עמך למלחמה על איב[ו]ר בדרך	44 כי יצא עמך למלחמה על איבו בדרך	6,34 כי יצא עמך למלחמה על אויביו בדרך
ἦ ἀποστρέψεις αὐτούς,	אשר [?]	אשר תשלחם	אשר תשלחם
καὶ προσεύξονται ἐν ὀνόματι κυρίου ὁδὸν τῆς πόλεως,	והתפללו [?] דרך העיר	והתפללו אל יהוה דרך העיר	והתפללו אליך דרך העיר הזאת
ἧς ἐξελέξω ἐν αὐτῇ,	אשר בחרת בה	אשר בחרת בה	אשר בחרת בה
καὶ τοῦ οἴκου,	והבית	והבית	והבית
οὗ ᾠκοδόμησα τῷ ὀνόματί σου,	אשר בנתי לשמך	אשר בנתי לשמך	אשר בניתי לשמך

Kgtm (OG): ὅτι ἐξελεύσεται] ἐὰν δὲ ἐξέλθη L (= OGChr) | ἀποστρέψεις] ἐπιστρέψεις B O 509 55 158 460 (= Ra); ἀποστελεῖς L⁻⁸² (= OGChr) | ἧς ἐξελέξω] ἐν ἦ ἐξελέξω L | οὗ] ὄν L⁻¹⁹ 246

Kön: על איבו [על איביהון Tg = ܟܠܕܒܒܝܗܘܢ P = *contra inimicos suos* V

Chr: על אויביו [על איביהון Tg = ܟܠܕܒܒܝܗܘܢ P | דרך העיר [דרך] ܐܘܪܚܐ ܕܩܪܝܬܐ ܗܝ ܐܝܟܢܐ ܕܓܒܝܬ ܒܗ P;

---

164 Die hebräischen und griechischen Verbalsysteme sind derart unterschiedlich, sodass abweichende Vorlagentexte nur ins sehr eindeutigen Fällen rekonstruiert werden können. Gegen Bösenecker, der hier w=yr'w und w=yd'w als OG-Vorlage angibt, ohne übersetzungstechnische Gründe in Erwägung zu ziehen (vgl. Bösenecker, *Text*, 181).

165 אתה] +pre ו PKön; MT²⁰ᴹˢ.

Vers 44

Mit der Mehrheit der Textzeugen ist ἀποστρέψεις als OG-Text zu rekonstruieren. Rahlfs folgt B und A und rekonstruiert ἐπιστρέψεις.[166]

Für den Plural ἐπὶ τοὺς ἐχθροὺς αὐτοῦ stehen in Kön die Konsonanten עַל איבו und in Chr die Konsonanten עַל אויביו. Der Übersetzer könnte die Pluralform עַל אויביו aus Chr (gelesen עַל אוֹיְבָיו) als Vorlage gehabt haben; er könnte aber auch עַל איבו als Plural gelesen (עַל אֹיְבוֹ)[167] oder wie die Masoreten von MTKön die Konsonanten als Singular (עַל אֹיְבוֹ) gelesen und trotzdem in den Plural gesetzt haben. MTKön liest als einziger Textzeuge den Singular „gegen seinen Feind" (עַל אֹיְבוֹ). Die aramäischen (TgJ, TgChr), syrischen (PKön und PChr) und lateinischen Übersetzungen setzen Substantiv und Suffix in den Plural „gegen ihre Feinde" (עַל בעלי דבביהון = ܥܠ ܒܥܠܕܒ̈ܒܝܗܘܢ = contra inimicos suos VKön). Bei איב mit עַל steht in der Regel ein Plural (כי תצא למלחמה עַל איביך in Dtn 20,1 und 21,10) Von allen 11 Belegstellen mit איב mit עַל ist 1Kön 8,44 (MT) die einzige mit einem Singular im MT (vgl. Lev 26,32; Dtn 20,1.3; 21,10; 23,10; 30,7; 1Sam 2,1; 1Kön 8,44; 2Chr 6,34; Ps 27,6; Jes 42,13).

Im OG-Text wird „im Namen des Herrn" (ἐν ὀνόματι κυρίου) gebetet; in Kön „zu Jhwh" (אל יהוה) und in Chr „zu dir" (אליך = OGChr: πρὸς σέ). Wörtlich rückübersetzt geht ἐν ὀνόματι κυρίου auf ein בשם יהוה zurück.[168] Allerdings ist das Verb פלל („beten") in der HB nie mit בשם יהוה belegt,[169] sondern nur mit אל יהוה (= Chr) sowie mit אליך (= Kön), לפני יהוה, ליהוה, oder עַל יהוה. Das macht בשם יהוה als hebräischen Vorlagentext unplausibel.

Wie die OG-Vorlage aussah, bleibt unsicher. Sie könnte z. B. das אל יהוה aus Kön enthalten haben. Salomo spricht Jhwh damit in 3. Person an („und sie beten *zu Jhwh*), obwohl er ihn sonst direkt anredet („und sie beten *zu dir* = אליך" Vgl. 8,33.48). Das könnte den Übersetzer dazu bewegt haben, in den Text einzugreifen. Er wich von seinen üblichen Übersetzungs-Äquivalenten ab und änderte das אל יהוה zu ἐν ὀνόματι κυρίου = „und sie beten im Namen des Herrn".

An einer Stelle ist OGKgtm wörtlich übersetzt schwer verständlich: „Wenn dein Volk in den Krieg ziehen wird in Richtung seiner Feinde, auf einem Weg,

---

166 Zu dem methodischen Ansatz von Rahlfs und seiner Problematik vgl. Kap. 2.1 ab S. 22 in der Einleitung.

167 Zu ו als Suffix von Plural-Substantiven vgl. Fn. 17 auf S. 132.

168 Die Wendung ἐν ὀνόματι κυρίου kommt 17 Mal in der LXX vor: Jos 9,9; 1Sam 17,45; 20,42; 2Sam 6,18; 1Kön 8,44; 18,24.32; 22,16; 2Kön 2,24; 1Chr 16,2; 21,19; 2Chr 18,15; Ps 19,8; 117,26; 123,8; 128,5; Mi 4,5.

169 Man kann „im Namen Jhwhs" Dinge tun und reden (vgl. 1Sam 17,45; 1Kön 18,32; 22,16; 2Kön 2,24). Entfernt verwandt ist nur 1Kön 18,24, wo Elia „den Namen Jhwhs" anruft (ואני אקרא בשם יהוה).

(auf) den du sie zurückführen/wenden wirst (ᾗ ἀποστρέψεις αὐτούς)".[170] Kön und
Chr haben im Vergleich dazu einen wesentlich verständlicheren Text: „Wenn dein
Volk auszieht in den Krieg gegen ihre Feinde auf den Weg (בדרך), *den du sie
sendest* (אֲשֶׁר תשלחם)" (Synopse s.u.). Dieser hebräische Relativsatz ist in OGChr
sachgemäß mit ᾗ ἀποστελεῖς αὐτούς übersetzt („[auf dem Weg,] *den du sie senden
wirst*").

Der eigenartige Text von OGKgtm mag die Änderung zu ἐπιστρέψεις in einigen
Textzeugen ausgelöst haben (iSv. „hinwenden"?), die den Text aber auch nicht
signifikant verbessert (zur Semantik von ἐπιστρέφω und ἀποστρέφω vgl. den
Kommentar zu 8,14 ab S. 128ff.). Der antiochenische Text stellt den Text von Kön
und Chr mit ἀποστελεῖς wieder her (vgl. OGChr).

Wie der rätselhafte Text aus OGKgtm zustande kam, bleibt unklar. Eine übersetzungstechnisch und philologisch belastbare Rückübersetzung von ἀποστρέψεις
im Unterschied zu תשלחם in Kön und Chr ist nicht möglich;[171] im Vergleich zum
wesentlich verständlicheren בדרך אֲשֶׁר תשלחם in Kön und Chr hält keine anders-
lautende Rekonstruktion stand. Aus dem vorhandenen בדרך אֲשֶׁר תשלחם kann
der OG-Text aber auch nicht erklärt werden. Vielleicht war die hebräische Vorlage
korrupt oder unleserlich. Denkbar wäre auch ein sehr früher innergriechischer Textausfall durch eine Haplographie zwischen den zwei Epsilons: ΑΠΟΣΤΕΛΕΙΣ wird
zu ΑΠΟΣΤΕΙΣ. Das wiederum wurde als ΑΠΟΣΤΡΕΨΕΙΣ interpretiert. Dann würde
L den OG-Text entweder sekundär (wohl als Angleichung an Kön) wiederherstellen
oder ggf. erhalten.

---

170 Karrer/Kraus (Hrsg.), *Septuaginta Deutsch* übersetzt: „auf dem Weg, auf den du sie wendest";
Pietersma/Wright (Hrsg.), *NETS* übersetzt: „by a way that you shall turn them".

171 Das שׁלח aus Kön und Chr wird in 1–4Kgtm konsequent mit ἀποστέλλω übersetzt (176 Mal;
sonst nur noch 36 Mal ἐξαποστέλλω) und nie mit ἀποστρέφω. Ein בדרך אֲשֶׁר תשלחם hätte der
Übersetzer wie OGChr als ἐν ὁδῷ ᾗ ἀποστελεῖς αὐτούς übersetzen können. Dieselbe Wendung
findet sich noch einmal in 1Sam 15,20 (בדרך אֲשֶׁר שׁלחני יהוה) und ist dort vom Übersetzer wie zu
erwarten mit ἐν τῇ ὁδῷ ᾗ ἀπέστειλέν με κύριος übersetzt worden. Ein ἐπιστρέφω steht in 1–4Kgtm
100 Mal für שׁוב, 10 Mal für סבב und nie für שׁלח; ἀποστρέφω steht 34 mal für שׁוב, 8 Mal für
סבב und ebenfalls nie שׁלח. Das Verb שׁוב steht 100 Mal für ἐπιστρέφω, 36 Mal für ἀναστρέφω und
34 Mal für ἀποστρέφω. Das Verb סבב steht 10 Mal für ἐπιστρέφω, 10 Mal für κυκλόω und 8 Mal für
ἀποστρέφω. Mögliche hebräische Vorlagen für ἀποστρεψεις wären also בדרך אֲשֶׁר תשיבם (Hif
שׁוב + Suff. wörtl.: „auf den du sie zurückbringen wirst") oder בדרך אֲשֶׁר תסבם (wörtl.: „auf
den du sie wenden/bringen wirst"). Schlagende Parallelen lassen sich für diese hebräischen
Wendungen aber nicht finden. Ein סבב + דרך heißt eigentlich „einen Umweg gehen (Qal) / führen
(Hif)" (Ex 13,18; 2Kön 3,9). Am nächsten an 3Kgtm 8,44 kommt 1Sam 5,10: „Sie haben die Lade
zu mir (her)gebracht/fortgeschafft (הסבו אלי את ארון) = τί ἀπεστρέψατε πρὸς ἡμᾶς τὴν κιβωτόν;
vgl. 1Sam 5,8f.). Die Bedeutung von סבב Hifil in 1Sam 5,8–10 bewegt sich in dem semantischen
Spektrum „bringen, holen, fortschaffen, wegschaffen" (vgl. סבב Hifil in Gesenius/Meyer/Donner,
Handwörterbuch; Koehler/Baumgartner/Dietrich, *KAHAL.*).

Chr las איבו als Plural (אֹיְבֵו)[172] und vereindeutigte diese Lesart durch ein zusätzliches Jod; dazu kommt zudem ein ו als Mater Lectionis: אֹיְבֵו = איבו wird zu אֹיְבָיו = אויביו. Der OG-Text ist an einer Stelle korrupt (s. o.). Das תשלחם aus Kön und Chr ergibt für den Hyparchetyp einen plausiblen Text.

Des Weiteren steht „zu JHWH" (אֶל יהוה) in Kön gegen „zu dir" in Chr (אליך = OGChr: πρὸς σέ). Im Textzusammenhang lauten die Lesarten: „und sie beten *zu dir / zu JHWH*". Der Hyparchetyp hat sich hier nur in der Chronik erhalten. Salomo spricht JHWH im Bittgebet immer direkt an (vgl. „und sie beten *zu dir* = אליך" in 8,33.48) – und nicht in 3. Person („zu JHWH"). Kön könnte aus einer Haplographie entstanden sein (אלי דרך > אליךדרך), bei der man das Jod (י) in אלי als Abkürzung des Gottesnamens verstand (אל יהוה > אלי).[173] OGKgtm ändert zu „im Namen des Herrn" (ἐν ὀνόματι κυρίου); ein בשם יהוה ist in solchen Aussagen aber auf Hebräisch nicht belegt.

PChr fügt das den Vätern gegebene Land als zusätzlichen Zielpunkt des Gebetes ein „und sie sollen beten vor dir in Richtung *des Landes, das er ihren Vätern gegeben hat*, (ܕܝܗܒ ܠܐܒܗܝܗܘܢ) der Stadt, die er erwält hat *für dich* (ܠܟ) und des Hauses, das ich deinem Namen gebaut habe". Damit ist der Vers an 2Chr 6,38 (= 1Kön 8,48) angeglichen.

Tab. 6.29: Synopse 1Kön 8,45 par.

Kgtm (OG)	Kgtm (Vorl.)	Kön	Chr
[45] καὶ εἰσακούσει ἐκ τοῦ οὐρανοῦ τῆς δεήσεως αὐτῶν καὶ τῆς προσευχῆς αὐτῶν	[45] ושמעת השמים את תחנתם ואת תפלתם	[45] ושמעת השמים את תפלתם ואת תחנתם	[6,35] ושמעת מן השמים את תפלתם ואת תחנתם
καὶ ποιήσεις τὸ δικαίωμα αὐτοῖς.	ועשית משפטם	ועשית משפטם	ועשית משפטם

Kgtm (OG): καὶ 1°] + σὺ B o 318 372 | εἰσακούση Bᶜ A L Cʹ⁻⁷³¹ᶜ⁻²⁴2 b d 246 o s t³⁷⁰ z x 55c 71 244 245 318 342 372 460c 554 707] -σει B* 731* 242 56 370 158 460* 627 (= Ra) | δεήσεως … προσευχῆς] tr. προσευχῆς … δεήσεως O L

Kön: ועשית משפטם] ותתפרע עולבנדהון Tg

Chr: את תפלתם ואת תחנתם] tr. δεήσεως … προσευχῆς OG (= OGKgtm) | ועשית משפטם] ותתפרע עולבנדהון Tg

---

172 Zu ו als Suffix von Plural-Substantiven vgl. Fn. 17 auf S. 132.
173 Für letzteres vgl. Tov, *Textual Criticism*, 256f.

Vers 45

Gegen Rahlfs ist εἰσακούσῃ zu lesen. Ein εἰσακούσει findet sich nur in B* 731* 242 56 370 158 460* 627. Im Kodex B wurde es zu εἰσακούσῃ korrigiert (Bᶜ).[174] Aus ίακ wird in B o 318 372 zudem καὶ σύ (vgl. 8,30.32.34.39.43).[175]

In O und L wird δεήσεως ... προσευχῆς zu προσευχῆς ... δεήσεως umgestellt und der Text damit an Kön angepasst (את תפלתם ואת תחנתם). Die Änderung könnte in O auf die Hexapla zurückgehen.[176] Sie könnte von dort aus auch in L eingedrungen sein; oder L hat die Umstellung unabhängig davon vorgenommen.

Das את תפלתם ואת תחנתם ist in beiden griechischen Texten (OGKgtm, OGChr) zu τῆς δεήσεως αὐτῶν καὶ τῆς προσευχῆς αὐτῶν = את תחנתם ואת תפלתם umgestellt. Die Abfolge erst תפלה und dann תחנה ist die Normalform (vgl. 8,28.38.45.54; 9,3). Diese Reihenfolge wird auch der Hyparchetyp gehabt haben (also: את תפלתם ואת תחנתם wie Kön und Chr). Beide OG-Texte übersetzen ansonsten תפלה einheitlich mit προσευχή und תחנה konsequent mit δέησις (vgl. Tab. 6.8 auf S. 170). Die Umstellung erklärt sich am ehesten durch ein Verlesen – entweder vom Übersetzer oder von einem Schreiber der hebräischen Vorlage. Das תפלתם אֵת ואֵת תחנתם wird zu את תחנתם verlesen und dann sofort das fehlende תפלה ergänzt (+ את תחנתם ואת תפלתם =).[177]

Der Hyparchetyp ist vollständig in Kön und fast vollständig in Kgtm und Chr erhalten. Das את תפלתם ואת תחנתם ist in Kgtm (und OGChr) zu τῆς δεήσεως αὐτῶν καὶ τῆς προσευχῆς αὐτῶν = את תחנתם ואת תפלתם umgestellt. Die Umstellung erklärt sich am ehesten durch ein Verlesen – entweder vom Übersetzer oder von einem Schreiber der hebräischen Vorlage.[178] Die Abfolge erst תפלה und dann תחנה ist die Normalform (vgl. 8,28.38.45.54; 9,3). Diese Reihenfolge wird auch der Hyparchetyp gehabt haben (also: את תפלתם ואת תחנתם wie Kön und Chr).

Beide Targumim geben die Wendung ועשׂית משׁפט („und verhelfe (ihnen) zu ihrem Recht") mit ותתפרע עולבנהון wieder: „und räche ihre Demütigungen". Vermutlich ist bei dieser Formulierung die Unterdrückung durch die römische

---

174 Zu dem methodischen Ansatz von Rahlfs und seiner Problematik vgl. Kap. 2.1 ab S. 22 in der Einleitung.

175 Bösenecker gibt hier mit B καὶ σύ als OG-Text an (Bösenecker, *Text*, 182), obwohl selbst Rahlfs B an dieser Stelle gegen B rekonstruiert. Zur Problematik der Annahme von „B = OG-Text" vgl. die Einleitung auf S. 22. Bösenecker bevorzugt B dabei noch konsequenter als Rahlfs (vgl. Fn. 24 auf S. 26).

176 Zu den Lesarten mit hexaplarischem Ursprung vgl. Kap. 2.1 ab S. 28 in der Einleitung.

177 Dasselbe ist theoretisch auch in Griechisch möglich: τῆς προσευχῆς αὐτῶν καὶ τῆς δεήσεως αὐτῶν + καὶ τῆς προσευχῆς αὐτῶν.

178 Das תפלתם אֵת ואֵת תחנתם wird zu את תחנתם verlesen und dann sofort das fehlende תפלה ergänzt (+ את תחנתם ואת תפלתם =).

Fremdherrschaft im Blick.[179] Das in den Krieg Ziehen ist als Befreiungsschlag gegen die Unterdrücker verstanden.

Tab. 6.30: Synopse 1Kön 8,46 par.

Kgtm (OG)	Kgtm (Vorl.)	Kön	Chr
⁴⁶ ὅτι ἁμαρτήσονταί σοι	⁴⁶ כי יחטאו לך	⁴⁶ כי יחטאו לך	⁶,³⁶ כי יחטאו לך
– ὅτι οὐκ ἔστιν ἄνθρωπος	כי אין אדם	כי אין אדם	כי אין אדם
ὃς οὐχ ἁμαρτήσεται –	אשר לא יחטא	אשר לא יחטא	אשר לא יחטא
καὶ ἐπάξεις ἐπ' αὐτοὺς	[?]	ואנפת בם	ואנפת בם
καὶ παραδώσεις αὐτοὺς ἐνώπιον ἐχθρῶν	ונתתם לפני אויב	ונתתם לפני אויב	ונתתם לפני אויב
καὶ αἰχμαλωτιοῦσιν αὐτοὺς οἱ αἰχμαλωτίζοντες εἰς γῆν μακρὰν $\frac{ἤ}{καί}$ ἐγγύς,	ושבום שבים אל ארץ האויב רחוקה קרובה	ושבום שביהם אל ארץ האויב רחוקה או קרובה	ושבום שוביהם אל ארץ רחוקה או קרובה

Kgtm (OG): οὐχ] οὐκ 19′-82 509 55* 460 | ἁμαρτήσεται] + σοι O 19 x | καί 1°] + ἐὰν L 158 | ἐπάξεις] ἐπαγάγῃς L⁻¹⁹′ (= Ant); επαγης 19′; ἐπάρεις A | ἐπ'] > B 120 z 318 707 | παραδώσεις] παραδῷς L | αἰχμαλωτιοῦσιν] αἰχμαλωτεύσωσιν L⁻⁸²⁻¹²⁷ (-ουσιν 82-127 509 460) | αὐτούς] > B (= OGChr); post οἱ αἰχμαλωτίζοντες L; αὐτοὺς οἱ αἰχμαλωτίζοντες αὐτούς O 460 (= Kön) | αἰχμαλωτίζοντες] αἰχμαλωτεύοντες L⁻¹⁹′ 509 (-σαντες 19′ 460) | γῆν] τὴν γῆν τοῦ ἐχθροῦ O | $\frac{ἤ}{καί}$] μακρὰν καὶ ἐγγύς B O L 509 460 (= Ra); μακρὰν ἤ ἐγγύς rel (= OGChr; = Kön)

Chr: ושבום שוביהם] καὶ αἰχμαλωτεύσουσιν οἱ αἰχμαλωτεύοντες αὐτούς OG | אל ארץ]+pre ויגלנון Tg; + ἐχθρῶν εἰς γῆν OG | או קרובה] וקרובה MT¹ᴹˢ

Vers 46

An einer Stelle ist der Wortlaut des OG-Textes unsicher. Die drei alten Texttraditionen B, O und L lesen μακρὰν <u>καὶ</u> ἐγγύς („fern *und* nah"); die große Mehrheit lesen hingegen μακρὰν ἤ ἐγγύς („fern *oder* nah"). Die hebräischen Texte haben רחוקה או קרובה (OGChr: μακρὰν ἤ ἐγγύς). Übersetzungstechnisch entspricht μακρὰν καὶ ἐγγύς einem רחוקה וקרובה und μακρὰν ἤ ἐγγύς einem רחוקה או קרובה. Das או wird in 1–4Kgtm 15 Mal mit ἤ übersetzt und mit καί sonst nur noch in 1Sam 13,19. Beide Wendungen sind in der HB belegt. Eine eindeutige Entscheidung ist nicht möglich (deswegen $\frac{ἤ}{καί}$ im OG-Text = $\frac{או}{ו}$ in der OG-Vorlage).

---

179 Vgl. Harrington, *Targum*, z. St.

Hinter dem zweiten ἁμαρτήσεται ergänzt O 19 x ein σοι. Es könnte vom vorhergehenden ἁμαρτήσονταί σοι übernommen worden sein. Ein solches לך ist in MTKön z. B. in einer hebräischen Handschrift ergänzt worden.[180]

Nach dem äußeren Befund ist καὶ ἐπάξεις ἐπ᾽ αὐτούς OG-Text: „und du bringst es über sie". Das ἐπάγω aus OGKgtm wird in solchen Kontexten in der Regel iSv. „bestrafen für/bringen über" mit + ἐπί τινα + AkkO gebraucht (vgl. Ex 32,34). Hier in 3Kgtm 8,46 fehlt allerdings das direkte Akkusativ-Objekt. Die hebräischen Textzeugen lauten anders: ואנפת בם = „und du zürnst gegen sie". Wie es historisch zu dem OG-Text kam, bleibt unklar. Entweder in OGKgtm (und OGChr; s. u.) wurde freier übersetzt oder die griechischen Texte gehen auf anders lautende hebräische Vorlagen zurück. Mangels Alternativen ist ואנפת בם als Text des Hyparchetyps anzunehmen.

Die hebräischen Äquivalente für καὶ ἐπάξεις ἐπ᾽ αὐτούς wären Hif. בוא + על + AkkO.[181] In 1Kön 9,9 gibt der Übersetzer על כן הביא יהוה עליהם את כל הרעה הזאת dementsprechend mit διὰ τοῦτο ἐπήγαγεν κύριος ἐπ᾽ αὐτοὺς τὴν κακίαν ταύτην wieder („deswegen hat Jhwh all dieses Unheil über euch gebracht"). Nimmt man den Gebrauch dieser Wendung an, würde καὶ ἐπάξεις ἐπ᾽ αὐτούς = והבאת עליהם entsprechen. Ein והבאת עליהם als OG-Vorlage in 1Kön 8,46 wäre aber unvollständig.Es fehlt das zu erwartende AkkO; deswegen ist καὶ ἐπάξεις ἐπ᾽ αὐτούς freier mit „und du bringst es über sie = und du bestrafst sie / gehst gegen sie vor" zu übersetzen.

Der OG-Text als Übersetzung von ואנפת בם wäre eigenwillig. Bei dem ואנפת בם in Kön und Chr wäre für das Verb אנף („zürnen, zornig sein") eine Übersetzung mit ὀργίζω (vgl. 1Kön 11,9; im Passiv „zornig sein") oder θυμόω (vgl. 2Kön 17,8; im Passiv „zornig sein") zu erwarten.[182] Weder OGKgtm noch OGChr entsprechen allerdings dieser Erwartung.

OGChr übersetzt mit καὶ πατάξεις αὐτούς („und du schlägst sie")[183] und überliefert damit einen dritten Wortlaut für diesen Teilsatz. Dahinter mag eine Interpretation über נגף (ונגפת בם) oder über נכה Hifil (והכית בם) liegen. Dabei kommt das ונגפת בם dem ואנפת בם aus den hebräischen Textzeugen und das והכית dem möglichen והבאת aus OGKgtm graphisch durchaus nah.

---

180 Vgl. Kennicott, *VT, Vol. 1*, die Handschrift mit der Nr. 70.
181 In 1–4Kgtm ἐπάγω 9 Mal für Hif von בוא; Ansonsten je einmal für אנף, פצר, שמם.
182 אנף in Sam/Kön nur 3 Mal in 1Kön 8,46 (mit ἐπάγω übersetzt); 11,9 (mit ὀργίζω übersetzt); 2Kön 17,18 (mit θυμόω übersetzt). אנף in HB 14 Mal. 6 Mal mit ὀργίζω übersetzt; 5 Mal mit θυμόω übersetzt.
183 Ein πατάσσω (schlagen) in Chr 39 Mal für נכה und 5 Mal für נגף. Gegenprobe: אנף in 1–2Chr nur einmal hier in 2Chr 6,36.

Das καὶ αἰχμαλωτιοῦσιν αὐτοὺς οἱ αἰχμαλωτίζοντες im OG-Text entspricht nicht genau dem bekannten aus Kön (Kgtm: „und die Bezwinger führen sie gefangen weg"; Kön: „und *ihre* Bezwinger führen sie gefangen weg"). Das Verb שבה bedeutet im Qal „gefangen fortführen/deportieren" (1Kön 8,46–48.50; 2Chr 6,36.38) und im Nifal „gefangen fortgeführt werden / deportiert werden" (1Kön 8,47 = 2Chr 6,37). Das Substantiv שְׁבִי (2Chr 6,37–38) beschreibt das, „was als Krieggefangene weggeführt wird",[184] also die „Gefangenen" oder die „Gefangenschaft". Die graphische Ähnlichkeiten erschweren die Übersetzungsarbeit für die antiken Schreiber und damit die Rekonstruktion der OG-Vorlage: Die Konsonanten für das Partizip Qal in defektiver Schreibweise (שׁבִים = „die die gefangen wegführen" vgl. Jes 14,2) sind mit dem des Substantives + 3. Pl. Suffix vollkommen identisch (שֶׁבְיָם = „ihre Gefangenschaft"; vgl. 2Chr 6,37–38; Jer 30,10; 46,27). Das verwendete Partizip Qal + 3. Pl. Suffix (שׁביהם) kommt diesem שבים graphisch sehr nah.

Folgende Äquivalente stehen auf Griechisch zur Verfügung: αἰχμαλωσία („Gefangenschaft") für שְׁבִי;[185] αἰχμαλωτίζω/αἰχμαλωτεύω („gefangen nehmen") für das Verb שבה.[186] Ebenfalls verwendet werden können μετάγω („hinüberbringen")[187] für שבה und μετοικία („Umsiedelung, Deportation; klassisch: das Wohnen an einem fremden Ort"[188]) für שְׁבִי.[189]

Überblickt man die Wiedergabe von Derivaten der Wurzel שׁבי (Verb שבה; Substantiv שְׁבִי), dann zeigt sich folgendes Bild (vgl. Tab. 6.31 auf S. 219):[190] In Kgtm sind an drei Stellen abweichende hebräische Vorlagentexte möglich: In 8,46, in 8,47 (3) und in 8,48. In der Chronik stammen die meisten Abweichungen im OG-Text vom Übersetzer. Eine abweichende hebräische Vorlage ist nur in 2Chr 6,38 möglich.

In 1Kön 8,47.50 stimmt der Text von Kön mit dem OG-Text überein. 8,47: בָּאָרֶץ אֲשֶׁר נִשְׁבּוּ שָׁם = ἐν τῇ γῇ οὗ μετήχθησαν ἐκεῖ; 8,50: לִפְנֵי שֹׁבֵיהֶם = ἐνώπιον αἰχμαλωτευόντων αὐτούς.

---

184 Vgl. Koehler/Baumgartner/Dietrich, *KAHAL*.

185 Nicht in 1–4Kgtm gebraucht. In Chr in 2Chr 6,37; 28,17 und 29,9 mit dem Nomen αἰχμαλωσία (Kriegsgefangenschaft; Kriegsgefangene) übersetzt. LXX Standardmäßig שְׁבִי = αἰχμαλωσία (35 Mal).

186 שבה in 1–4Kgtm 5 Mal αἰχμαλωτεύω, 2 Mal αἰχμαλωτίζω und 2 Mal μετάγω. In 1-2Chr: 5 Mal αἰχμαλωτεύω; 3 Mal αἰχμαλωτίζω; 1 Mal μετάγω.

187 Zweimal in 1–4Kgtm. Beide Male für שבה in 8,47.48.

188 Vgl. Muraoka, *Lexicon* und Gemoll/Vretska, *Handwörterbuch*.

189 Das ἐν γῇ μετοικίας αὐτῶν in 8,47 entspricht בארץ שבים wie in Chr und nicht בארץ שביהם wie in MTKön (s.u.; vgl. Tov/Polak, *CATSS*).

190 Die Akzente sind für diesen Teil der Analyse ausnahmsweise eingefügt, um die teilweise sehr ähnlich aussehenden Wendungen (vgl. z. B. שֶׁבְיָם vs. שׁבִים) besser unterscheiden zu können.

Tab. 6.31: Wiedergabe von שׁבה und שְׁבִי in 1Kön 8,46–50

		MTKön	OGKgtm = abweichende OG-Vorlage möglich
			Kgtm/Kön
1	8,46	וְשָׁבוּם שֹׁבֵיהֶם	καὶ αἰχμαλωτιοῦσιν αὐτοὺς οἱ αἰχμαλωτίζοντες = שֹׁבֵים וְשָׁבוּם
2	8,47	בָּאֶרֶץ אֲשֶׁר נִשְׁבּוּ שָׁם	ἐν τῇ γῇ οὗ μετήχθησαν ἐκεῖ (= MTKön)
3	8,47	בָּאֶרֶץ שֹׁבֵיהֶם	ἐν γῇ μετοικίας αὐτῶν = בָּאֶרֶץ שִׁבְיָם
4	8,48	בְּאֶרֶץ אֹיְבֵיהֶם אֲשֶׁר שָׁבוּ אֹתָם	ἐν τῇ γῇ ἐχθρῶν αὐτῶν οὗ μετήγαγες αὐτούς = בָּאֶרֶץ שֹׁבִים אֲשֶׁר שֶׁבְיָם אֹתָם
5	8,50	לִפְנֵי שֹׁבֵיהֶם	ἐνώπιον αἰχμαλωτευόντων αὐτούς (= MTKön)

		MTChr	OGChr = abweichende OG-Vorlage möglich
			Chr
1	6,36	וְשָׁבוּם שׁוֹבֵיהֶם	καὶ αἰχμαλωτεύσουσιν οἱ αἰχμαλωτεύοντες
2	6,37	בָּאֶרֶץ אֲשֶׁר נִשְׁבּוּ שָׁם	ἐν τῇ γῇ αὐτῶν οὗ μετήχθησαν ἐκεῖ
3	6,37	בָּאֶרֶץ שִׁבְיָם	ἐν τῇ αἰχμαλωσίᾳ αὐτῶν
4	6,38	בָּאֶרֶץ שֹׁבֵים אֲשֶׁר שָׁבוּ אֹתָם	ἐν γῇ αἰχμαλωτευσάντων αὐτούς = בָּאֶרֶץ שֹׁבֵיהֶם

In 1Kön 8,46 entspricht καὶ αἰχμαλωτιοῦσιν αὐτοὺς οἱ αἰχμαλωτίζοντες einem וְשָׁבוּם שֹׁבֵים auf Hebräisch („und die Bezwinger führen sie gefangen weg"). Kön hat ein וְשָׁבוּם שֹׁבֵיהֶם („und *ihre* Bezwinger führen sie gefangen weg"). Auf das Suffix in שֹׁבֵיהֶם von Kön ist der Satz nicht zwingend angewiesen. Das Partizip שֹׁבֵים ohne Suffix aus Kgtm ist in Jes 14,2 belegt. Allerdings sind die Konsonanten des Partizips שבים mehrdeutig (שִׁבְיָם „ihre Gefangenschaft" vs. שֹׁבֵים „die, die sie gefangen wegführten = die Bezwinger"; s.o. auf S. 217). Das könnte einen Schreiber dazu bewegt haben, den Text zu dem eindeutigen וְשָׁבוּם שֹׁבֵיהֶם in Kön zu ändern (für das Ptz Qal mit Suffix (שֹׁבֵיהֶם) vgl. 1Kön 8,46–47.50; 2Chr 6,36; 30,9; Ps 106,46; 137,3; Jes 14,2; Jer 50,33).

Das ἐν γῇ μετοικίας αὐτῶν in 3Kgtm 8,47 entspricht einem בָּאֶרֶץ שִׁבְיָם auf Hebräisch („im Land ihrer Gefangenschaft"). Das Substantiv μετοικία bedeutet „Umsiedelung, Deportation; klassisch: das Wohnen an einem fremden Ort"[191] und beschreibt nicht wie שֹׁבֵיהֶם die Bezwinger. Das שִׁבְיָם könnte hier wie bereits in 8,46 den Hyparchetyp repräsentieren, der wegen der Mehrdeutigkeit der Konsonanten שבים (s.o.) in Kön zu שֹׁבֵיהֶם geändert wurde („im Land ihrer Bezwinger"). In 2Chr 6,37 (3) ist an dieser Stelle ebenfalls das בָּאֶרֶץ שִׁבְיָם aus der OG-Vorlage von Kgtm

---

191 Vgl. Muraoka, *Lexicon* und Gemoll/Vretska, *Handwörterbuch*.

erhalten (vgl. noch Jer 30,10; 46,27). Die Wendung בְּאֶרֶץ שֹׁבֵיהֶם („im Land ihrer Bezwinger") in 1Kön 8,47 ist in der HB nur hier zu finden; das שֹׁבֵיהֶם im Vortext in 8,46. Das בְּאֶרֶץ שֶׁבְיָם ist an dieser Stelle durch die Chronik auf Hebräisch belegt und findet sich noch in 2Chr 6,38; Jer 30,10; 46,27.

In 1Kön 8,48 hat Kön בְּאֶרֶץ אֹיְבֵיהֶם אֲשֶׁר שָׁבוּ אֹתָם („im Land ihrer Feinde, in die sie gefangen weggeführt haben") und Chr בְּאֶרֶץ שֶׁבְיָם אֲשֶׁר שָׁבוּ אֹתָם („im Land ihrer Gefangenschaft, wohin sie [die Feinde] sie [Israel] gefangen weggeführt haben"). OGKgtm hat hingegen ein ἐν τῇ γῇ ἐχθρῶν αὐτῶν οὗ μετήγαγες αὐτούς: „in das Land ihrer Feinde, in das du [Jhwh] sie gefangen weggeführt hast". Auf Hebräisch entspräche dem ein בְּאֶרֶץ שֶׁבְיָם אֲשֶׁר שָׁבִיתָ אֹתָם[192] oder בָּאֶרֶץ שֶׁבְיָם אֲשֶׁר שְׁבִיתָם.[193] Das שָׁבוּ am Versanfang von der Wurzel שׁוב („und sie kehren um [zu dir];) und dieses שָׁבוּ von der Wurzel שׁבה sind graphisch vollständig identisch. Eine Änderung des zweiten שָׁבוּ אֹתָם zu שָׁבִיתָ אֹתָם oder אֲשֶׁר שְׁבִיתָם würde den Text weniger missverständlich machen. Ein אֲשֶׁר שָׁבִיתָ אֹתָם könnte der Übersetzer zudem mit οὗ μετήγαγον αὐτούς übersetzen. Vermutlich bestand der Unterschied also bereits in der hebräischen OG-Vorlage. In Kgtm wird dadurch Jhwh zu dem Subjekt, der Israel Gefangen wegführt (vgl. Jer 16,11; 29,7).

In der Chronik repräsentiert in 2Chr 6,36 MTChr den Archetyp. Im OGChr wird der Suffix in וְשָׁבוּם bzw. das αὐτούς im Laufe der Überlieferung verloren gegangen sein. Möglicherweise blieb der Suffix in שׁוֹבֵיהֶם ebenfalls unübersetzt. Beide Suffixe aus MTChr haben im OGChr kein Äquivalent: MTChr: וְשָׁבוּם שׁוֹבֵיהֶם = „und *ihre* Bezwinger führten *sie* gefangen weg"; καὶ αἰχμαλωτεύσουσιν οἱ αἰχμαλωτεύοντες[194] = „und diejenigen, die (*sie*) gefangen nehmen, führen (*sie*) gefangen weg". Inhaltlich ist der hebräische Text mindestens auf den Suffix hinter וּשָׁבוּ angewiesen (MTChr: „und ihre Bezwinger führten *sie* gefangen weg"). Grammatisch wird das Verb שׁבה Qal ausschließlich transitiv gebraucht und verlangt ein Objekt.[195] Ein Suffix als direktes Objekt bei שׁבה ist breit belegt (vgl. Num 24,22 Jer 41,10; 43,12; Ps 137,3).

---

192 So im Apparat der Elliger/Rudolph (Hrsg.), *BHS*.

193 So Bösenecker, *Text*, 183.

194 Man bemerke den Unterschied zwischen der Göttinger LXX und dem Rahlfs-Text. Der Rahlfs-Text hat noch das αὐτούς (καὶ αἰχμαλωτεύσουσιν οἱ αἰχμαλωτεύοντες αὐτούς). Dieses αὐτούς findet sich in LXXChr aber nur in sehr wenigen Textzeugen (a 55' La[109] Aeth Bo Ald Compl Sixt); es wurde hinzugefügt, um den Text an MTChr anzugleichen und zu vervollständigen. In dem Old Greek-Text fehlte es noch, weswegen die Göttinger LXX καὶ αἰχμαλωτεύσουσιν οἱ αἰχμαλωτεύοντες als OG-Text hat.

195 Vgl. שׁבה Qal in Gen 34,29; Num 21,1; 24,22; 31,9; Dtn 21,10; Ri 5,12; 1Sam 30,2; 1Kön 8,46–48.50; 2Kön 5,2; 6,22; 1Chr 5,21; 2Chr 6,36.38; 14,14; 21,17; 25,12; 28,5.8.11.17; 30,9; Ps 68,19; 106,46; 137,3; Jes 14,2; Jer 41,10.14; 43,12; 50,33; Obd 1,11.

In 2Chr 6,37 repräsentiert MTChr ebenfalls den Archetyp: בָּאָרֶץ אֲשֶׁר נִשְׁבּוּ שָׁם =
„in das Land, wohin sie gefangen weggeführt worden sind". Der OG-Text lautete
hingegen: ἐν τῇ γῇ αὐτῶν οὗ μετήχθησαν ἐκεῖ = „in *ihr* Land (≈ בארצם), wohin sie
weggeschleppt wurden". Das „Land" bezeichnet hier das Land der Gefangenschaft.
Als„ihr Land" (ἐν τῇ γῇ αὐτῶν ≈ בארצם), also das Land der Israeliten, wird
in der HB sonst nie bezeichnet; „ihr Land" ist ausschließlich das Land Israel
(vgl. ארצם in 2Chr 6,38!). Entweder der Suffix wurde aus dem vorhergehenden
אל לבבם = καρδίαν αὐτῶν oder mit Blick auf das ארצם = γῆς αὐτῶν in 6,38
versehentlich übernommen.

Ebenfalls im Archetyp der Chronik stand in 2Chr 6,37 das בְּאָרֶץ שֹׁבִים („im
Land ihrer Gefangenschaft") in MTChr. Das ἐν τῇ αἰχμαλωσίᾳ αὐτῶν im OG-Text
(„in ihrer Gefangenschaft") entspräche einem בְּשִׁבְיָם. In der HB ist שְׁבִי mit Suffix
allerdings nur in Kombination mit אֶרֶץ als „im Land ihrer Gefangenschaft" belegt
(2Chr 6,37–38; Jer 30,10; 46,27). Vermutlich hat der Übersetzer das בְּאָרֶץ שֹׁבִים einfach zu ἐν τῇ αἰχμαλωσίᾳ αὐτῶν verkürzt – vielleicht weil ein ἐν τῇ γῇ im selben
Vers kurz zuvor bereits vorkam.

Eine abweichende hebräische Vorlage ist in der Chronik nur in 6,38 möglich:
Das ἐν γῇ αἰχμαλωτευσάντων αὐτούς („im Lande derer, die sie gefangen genommen
haben") im OG-Text von 2Chr 6,38 könnte auf ein בְּאֶרֶץ שֹׁבֵיהֶם („im Land ihrer
Bezwinger") in der OG-Vorlage zurückgehen. Diese Wendung ist in 1Kön 8,47 auf
Hebräisch belegt. Hier in 2Chr 6,38 stellt sie eine Alternative zu dem langen בְּאֶרֶץ
שֹׁבְיָם אֲשֶׁר שָׁבוּ אֹתָם („in dem Land ihrer Gefangenschaft, in das sie gefangen
weggeführt wurden") aus MTChr dar.

Die hebräischen Archetypen von Kön und Chr sind in diesem Vers vollständig
identisch. In Kgtm ist an zwei Stellen der Text der hebräischen Vorlage und das
Zustandekommen des OG-Textes unsicher ([?] und אֶת).[196] Für den Hyparchetyp
wird in diesen Fällen deswegen an Kön = Chr festgehalten. In Kgtm ist zudem ein
שבים als OG-Vorlage im Unterschied zum שביהם in Kön = Chr möglich (s. o.). Die
Konsonanten שבים könnte in Kön wegen ihrer Mehrdeutigkeit zu שביהם geändert
worden sein. Allerdings könnte der Suffix auch in der Übersetzung weggefallen
sein. Wegen diesen Unsicherheiten in Kgtm wird für den Hyparchetyp an dem auf
Hebräisch belegten שביהם aus Kön = Chr festgehalten.

Das האויב fehlt in der Chronik und ist ausgelassen worden. Es handelt sich
damit nicht mehr um das „ferne und nahe Land *der Feinde*"; die Diaspora wird
neutraler beschrieben als „fernes und nahes Land," ohne das es sich betont um
feindliches Gebiet handelt. In 1Kön 8,48 = 2Chr 6,38 vermeidet die Chronik durch
denselben Eingriff ebenfalls, die Diaspora als „feindliches" Land zu bezeichnen.

---

196 Vgl. Chr: וקרובה [או קרובה MT[1Ms].

Im OGChr und im TgChr wird ein Äquivalent dafür wieder ergänzt (אֶל אֶרֶץ] +pre
וייגלנון TgChr; + ἐχθρῶν εἰς γῆν OGChr).

Tab. 6.32: Synopse 1Kön 8,47 par.

Kgtm (OG)	Kgtm (Vorl.)	Kön	Chr
⁴⁷ καὶ ἐπιστρέψουσιν καρδίας αὐτῶν ἐν τῇ γῇ,	⁴⁷ והשיבו אל לבם בארץ	⁴⁷ והשיבו אל לבם בארץ	⁶,³⁷ והשיבו אל לבבם בארץ
οὗ μετήχθησαν ἐκεῖ,	אשר נשבו שם	אשר נשבו שם	אשר נשבו שם
καὶ ἐπιστρέψωσιν	ושבו	ושבו	ושבו
καὶ δεηθῶσίν σου ἐν γῇ μετοικίας αὐτῶν	והתחננו אליך בארץ שבים	והתחננו אליך בארץ שביהם	והתהחננו אליך בארץ שבים
λέγοντες	לאמר	לאמר	לאמר
Ἡμάρτομεν	חטאנו	חטאנו	חטאנו
ἠνομήσαμεν	העוינו	והעוינו	העוינו
ἠδικήσαμεν,	רשענו	רשענו	ורשענו

Kgtm (OG): ἐπιστρέψουσιν] -ωσι L⁻⁹³⁻¹²⁷* | καρδίας] +pre τάς L 246 | μετήχθησαν] μετῳκίσθησαν L 246 | ἐπιστρέψωσιν B A L d 64 130 120-134 55* 158 245 318 554ᶜ 707 (= Ra)] -ουσιν rel | γῇ] +pre τῇ L 509 d 130 t⁻³⁷⁰ z 554 | μετοικίας] +pre τῆς L; μετοικεσίας O L Cl 328 158 244 460 707 | ἐν γῇ μετοικίας αὐτῶν] tr. post καὶ ἐπιστρέψωσιν B | ἡμάρτομεν, ἠνομήσαμεν, ἠδικήσαμεν·] tr. ἡμάρτομεν, ἠδικήσαμεν, ἠνομήσαμεν· B (= OGChr); > ἠδικήσαμεν L 527 245 707

Kön: רשענו] +pre Waw P; ורהרשענו MT⁴ᴹˢ

Chr: בארץ שביהם] ἐν τῇ αἰχμαλωσίᾳ αὐτῶν OG | העוינו] +pre Waw P MT⁶ᴹˢ (= Kön) | ורשענו] > ו OG; ורהרשענו MT⁶ᴹˢ

Vers 47

Am Schluss hat der Kodex B wie auch OGChr die Wortreihenfolge ἡμάρτομεν, ἠδικήσαμεν, ἠνομήσαμεν·. In L 527 245 707 ist ἠδικήσαμεν entfallen. Für die metaphorische Umkehr (שוב) im Sinne einer Buße wählen sowohl OGKgtm als auch OGChr in der Tempelweiherzählung ἐπιστρέφω (vgl. 3Kgtm 8,33.35.47).

Das ἐν γῇ μετοικίας αὐτῶν wird in B hinter καὶ ἐπιστρέψωσιν umgestellt. Damit ist die Vorstellung eines Gebetes im Land der Deportation vermieden: „und sie umkehren werden *im Land ihrer Deportation* und sie bitten werden" anstatt „und sie umkehren werden und sie bitten werden *im Land ihrer Deportation*".

Das אל in והשיבו אל לבם wird in καὶ ἐπιστρέψουσιν καρδίας αὐτῶν wie auch an vielen anderen Stellen unübersetzt gelassen (vgl. auch die Übersetzung von

שׁוב + אל + לב in Dtn 4,39; 30,1; 44,19; 46,8). Ggf. wäre nur der Artikel zu erwarten (vgl. L: καὶ ἐπιστρέψουσιν τὰς καρδίας αὐτῶν).

Bei der Trias ἡμάρτομεν, ἠνομήσαμεν, ἠδικήσαμεν fehlt ein Und-Anschluss vollkommen, während Kön (חטאנו והעוינו ורשענו) und Chr (חטאנו העוינו ורשענו) jeweils ein Waw haben (OGChr: ἡμάρτομεν, ἠδικήσαμεν, ἠνομήσαμεν). Das Waw könnte jeweils eine Dittographie der Endung ו des vorhergehenden Verbs sein[197] oder durch eine Haplographie (וו > ו) in Kgtm ausgefallen sein.

Die hebräischen Verben hinter ἡμάρτομεν, ἠνομήσαμεν, ἠδικήσαμεν in der OG-Vorlage sind dieselben wie in Kön und Chr: חטאנו [ו]העוינו [ו]רשענו. Das חטא entspricht ἁμαρτάνω. Die Äquivalente für ἀνομέω und ἀδικέω sind allerdings nicht feststehend. Dementsprechend kann für [ו]העוינו [ו]רשענו in OGKgtm ἠνομήσαμεν ἠδικήσαμεν und in OGChr ἠδικήσαμεν ἠνομήσαμεν stehen. Das Verb ἀνομέω findet sich in 1–4Kgtm nur noch in 1Kön 8,32 und steht dort für רשע. Hier im Text steht es allerdings, wo Kön und Chr ein עוה Hifil haben. Die Gegenprobe ist ebenfalls nicht eindeutig: עוה wird in 1–4Kgtm 1 Mal mit ἀδικέω (2Sam 19,20); hier steht im OGKgtm ein ἀνομέω, wo in Kön ein עוה steht. Das Verb ἀδικέω findet sich in 1–4Kgtm einmal für חטא (in 2Sam 24,17), einmal für עוה (in 2Sam 19,20) und hier steht in Kön und Chr ein רשע. Bei dem Verb רשע steht in OGKgtm einmal ἀδικέω, einmal ἀνομέω und einmal ἀσεβέω.

Das ἐν γῇ μετοικίας αὐτῶν in 3Kgtm 8,47 entspricht einem בְּאֶרֶץ שֹׁבְיָם auf Hebräisch („im Land ihrer Gefangenschaft"). Dieser Text ist ebenfalls in Chr bezeugt. Das שֹׁבְיָם könnte hier wie bereits in 8,46 den Hyparchetyp repräsentieren, der wegen der Mehrdeutigkeit der Konsonanten שבים (s.o.) in Kön zu שֹׁבֵיהֶם („im Land ihrer Bezwinger") geändert wurde (zur Begründung vgl. die Tab. 6.31 auf S. 219 und die Analyse ab S. 217).

In Kgtm ist hier ein שבים als OG-Vorlage im Unterschied zum שביהם in Kön möglich (s. o.). Die Konsonanten שבים könnte in Kön wegen ihrer Mehrdeutigkeit zu שביהם geändert worden sein. In diesem Fall ist die OG-Vorlage in Chr auf Hebräisch belegt (בארץ שבים). Für den Hyparchetyp sind beide Lesarten möglich.

Die „Und"-Anschlüsse in חטאנו [ו]העוינו [ו]רשענו können entweder durch eine Dittographie der Endung ו des vorherigen Verbes hinzugekommen (ו > וו) oder durch eine Haplographie der zwei Waw ausgefallen sein (וו > ו). Welche Waw im Hyparchetyp standen, muss offen bleiben. Die Varianz setzt sich in der Überlieferung der Archetypen fort: Kön: רשענו] +pre Waw P; ורשענו MT[4Ms]. Chr: העוינו] +pre Waw P MT[6Ms] (= Kön) | ורשענו] ו > OG; ורשענו MT[6Ms]

Die meisten Lesarten in den Übersetzungen betreffen Details. Am Ende wird an verschiedenen Stellen ein Waw ergänzt. Die Lesarten ἐν τῇ γῇ αὐτῶν und ἐν τῇ

---

197 So Bösenecker, *Text*, 183.

αἰχμαλωσίᾳ αὐτῶν von OGChr wurden bereits besprochen (vgl. die Tab. 6.31 auf S. 219). In Kön und Chr machen einige hebräische Textzeugen aus dem Qal רשׁענו ein Hifil הרשׁענו und passen den Text damit weiter an Ps 106,6; Dan 9,5 (und Neh 9,33) an.

Tab. 6.33: Synopse 1Kön 8,48 par.

Kgtm (OG)	Kgtm (Vorl.)	Kön	Chr
[48] καὶ ἐπιστρέψωσιν πρὸς σὲ ἐν ὅλῃ καρδίᾳ αὐτῶν καὶ ἐν ὅλῃ ψυχῇ αὐτῶν ἐν τῇ γῇ ἐχθρῶν αὐτῶν,	[48] ושבו אליך בכל לבבם ובכל נפשם בארץ איביהם	[48] ושבו אליך בכל לבבם ובכל נפשם בארץ איביהם	[6,38] ושבו אליך בכל לבב ובכל נפשם בארץ שבים
οὗ μετήγαγες αὐτούς,	אשר שבו אתם	אשר שבו אתם	אשר שבו אתם
καὶ προσεύξονται πρὸς σὲ ὁδὸν γῆς αὐτῶν,	והתפללו אליך דרך ארצם	והתפללו אליך דרך ארצם	והתפללו דרך ארצם
ἧς ἔδωκας τοῖς πατράσιν αὐτῶν,	אשר נתתה לאבותם	אשר נתתה לאבותם	אשר נתתה לאבותם
καὶ τῆς πόλεως,	[ו]העיר	העיר	והעיר
ἧς ἐξελέξω,	אשר בחרת[י]	אשר בחרת	אשר בחרת
καὶ τοῦ οἴκου,	והבית	והבית	ולבית
οὗ ᾠκοδόμηκα τῷ ὀνόματί σου,	בניתי לשמך	בניתי[ו] לשמך	בניתי לשמך

Kgtm (OG): ἐπιστρέψωσιν] -ουσι(ν) CI 46'-328-530 b 246 489-762 74 z x 55ᶜ 158 244 318 342 | ἐχθρῶν] +pre τῶν L 134 | προσεύξονται] -ωνται A 106 130 799 | γῆς] +pre τῆς L | καὶ τῆς πόλεως] > καί B O 328 509 246 71 460 (= Ra)

Kön: [העיר +pre Waw MT¹⁰ᴹˢ | [בניתי:בניתי MT^Qere MT²²ᴹˢ Tg P; בנית MT^Ketiv MT^rel

Chr: [בארץ שבים אשר שבו אתם ἐν γῇ αἰχμαλωτευσάντων αὐτούς OG | [בחרת ἐξελέξω OG (= OGKgtm)

Vers 48

Das καὶ τῆς πόλεως ist OG-Text. In B O 328 509 246 71 460 ist das καί ausgefallen.[198] Die Chronik hat ein „und" (והעיר); in Kön fehlt es (העיר). Das ἐν τῇ γῇ ἐχθρῶν αὐτῶν οὗ μετήγαγες αὐτούς („in das Land ihrer Feinde, in das du [Jhwh] sie gefangen weggeführt hast") im OG-Text geht auf ein בְּאֶרֶץ שְׁבְיָם אֲשֶׁר שָׁבִיתָ אֹתָם oder

---

[198] Gegen Rahlfs, der der Lesart von B und A folgt. Zu dem methodischen Ansatz von Rahlfs und seiner Problematik vgl. Kap. 2.1 ab S. 22 in der Einleitung.

בְּאֶרֶץ שֹׁבֵיהֶם אֲשֶׁר שָׁבוּ אֹתָם in der hebräischen OG-Vorlage zurück (zur Begründung vgl. die Tab. 6.31 auf S. 219 und die Analyse ab S. 217). Kön hat בְּאֶרֶץ אֹיְבֵיהֶם אֲשֶׁר שָׁבוּ אֹתָם („im Land ihrer Feinde, in die sie gefangen weggeführt haben") und Chr בְּאֶרֶץ שֹׁבֵיהֶם אֲשֶׁר שָׁבוּ אֹתָם („im Land ihrer Gefangenschaft, wohin sie [die Feinde] sie [Israel] gefangen weggeführt haben").

Im OG-Text hat Salomos Jerusalem erwählt: καὶ τῆς πόλεως ἧς ἐξελέξω = „und die Stadt, die *ich* (Salomo) erwählt habe". Diese Formulierung steht dem biblischen Sprachgebrauch entgegen. JHWH und nicht Salomo hat Jerusalem erwählt. Der Hyparchetyp lautete definitiv הָעִיר אֲשֶׁר בָּחַרְתָּ wie in Kön und Chr: „die Stadt, die *du* (= JHWH) erwählt hast". Das Waw aus וְהַבַּיִת könnte doppelt abgeschrieben (Haplographie) und/oder für ein Jod gehalten worden sein (י/ו). Damit läge הָעִיר אֲשֶׁר בָּחַרְתִּי auf Hebräisch vor. Vielleicht ist aber auch bei der Übersetzung die 1. Sg. von dem folgenden καὶ τοῦ οἴκου οὗ ᾠκοδόμηκα = „und des Hauses, das ich (= Salomo) gebaut habe" in die Erwählungs-Aussage eingedrungen. OGChr hat ebenfalls das fehlerhafte ἧς ἐξελέξω. Entweder der Fehler ist zweimal unabhängig voneinander geschehen oder OGChr ist von OGKgtm abhängig.

In der Chronik ist „im Land ihrer Feinde˝ (Kön, Kgtm) zu „im Land ihrer Gefangenschaft" geändert. Wieder ist in der Chronik der Ausdruck „Land der Feinde" für die Diaspora vermieden (vgl. 2Chr 6,36 mit 1Kön 8,46).

Das „zu dir" = אֵלֶיךָ in „und sie beten *zu dir* (אֵלֶיךָ) vor in Richtung ihres Landes" fehlt in der Chronik. Der Hyparchetyp ist hier nur in Chr erhalten. Der kürzere Text wird älter sein; die Wendung wird in Kgtm/Kön hinzugefügt worden sein (*lectio brevior potior*).

Am Ende des Verses ist der Hyparchetyp nur in Chr vollständig erhalten: „Die Stadt, die *du* erwählt hast (בָּחַרְתָּ) und das Haus, das *ich* gebaut habe (בָּנִיתִי) für deinen Namen." Der Numerus wurde in Kgtm und Kön fälschlicherweise vereinheitlicht. In Kgtm steht „die Stadt, die *ich* (= Salomo) erwählt habe" (τῆς πόλεως ἧς ἐξελέξω); es muss aber „die Stadt, die *du* (= JHWH) erwählt hast" heißen. Der gleiche Fehler hat sich in OGChr eingeschlichen. In der Vorlage für den masoretischen Archetyp stand ein „das Haus, das *du* (JHWH) gebaut hast" (וְהַבַּיִת אֲשֶׁר בָּנִיתָ לִשְׁמֶךָ); es muss aber heißen „das Haus, das *ich* (Salomo) gebaut habe" (וְהַבַּיִת אֲשֶׁר בָּנִיתִי לִשְׁמֶךָ). Weil der masoretische Archetyp dieses fehlerhafte בָּנִיתָ hatte, steht es im Konsonantentext von MT^L und MT^A (Ketiv). Die Masoreten wiesen durch eine Qere-Randlesart an, die Konsonanten בנית gemäß בָּנִיתִי = בָּנִיתִי als בָּנִיתְ („das ich gebaut habe") zu lesen. Genauso ist der Text auch in TgJ und PKön übersetzt. Unklar bleibt, ob das fehlerhafte בָּנִיתָ von Anfang an unkorrigiert im Archetyp von Kön stand oder das בָּנִיתִי erst später und nur im masoretischen Archetyp von MTKön zu בָּנִיתָ verlesen wurde.

Das ἐν γῇ αἰχμαλωτευσάντων αὐτούς in OGChr wurde bereits besprochen (vgl. Tab. 6.31 auf S. 219). Es geht vermutlich auf ein בְּאֶרֶץ שֹׁבֵיהֶם in der OG-Vorlage zurück, während MTChr ein בארץ שבים אשר שבו אתם hat.

Tab. 6.34: Synopse 1Kön 8,49 par.

Kgtm (OG)	Kgtm (Vorl.)	Kön	Chr
⁴⁹ καὶ εἰσακούσῃ ἐκ τοῦ οὐρανοῦ ἐξ ἑτοίμου κατοικητηρίου σου	⁴⁹ ושמעת השמים מכון שבתך	⁴⁹ ושמעת השמים מכון שבתך את תפלתם ואת תחנתם ועשית משפטם	⁶,³⁹ ושמעת מן השמים ממכון שבתך את תפלתם ואת תחנתיהם ועשית משפטם

Kgtm (OG): κατοικητηρίου σου] + τὴν προσεύξην αὐτῶν καὶ τὴν δεήσιν αὐτῶν καὶ ποιήσεις κρίσιν αὐτῶν O 488 (= Kön)

Kön: ועשית משפטם] ותתפרע עולבנדהון Tg

Chr: ועשית משפטם] ותתפרע עולבנדהון Tg; καὶ ποιήσεις κρίματα OG

Vers 49

Am Ende von Vers 49 wird in O 488 der im Vergleich zu Kön fehlende Teil ergänzt: τὴν προσεύξην αὐτῶν καὶ τὴν δεήσιν αὐτῶν καὶ ποιήσεις κρίσιν αὐτῶν = את תפלתם ואת תחנתם ועשית משפטם. Dieser Zusatz wird auf die Hexapla zurückgehen.[199]

Die Präpositionen ἐκ und ἐξ in ἐκ τοῦ οὐρανοῦ ἐξ ἑτοίμου κατοικητηρίου σου stammen vom Übersetzer. Der Archetyp (= MTKön) hat die Lokalangaben השמים מכון שבתך ohne Präposition; in allen anderen Textzeugen wird systematisch eine Präposition ergänzt (vgl. die Tab. 6.14 auf S. 185 und die Tab. 6.24 ab S. 203).

Der Hyparchetyp in in Vers 49 nur in Kgtm erhalten. In Kön (= Chr) wurde der Text mit Zusätzen versehen und ist auf die doppelte Länge angewachsen. Graphische Anlässe für einen Augensprung bestehen nicht. Ein Plus von את תפלתם ואת תחנתם ועשית משפטם ließe sich wiederum gut aus 1Kön 8,44–45 erklären. Dort findet sich fast derselbe Text (ושמעת השמים את תפלתם ואת תחנתם ועשית משפטם). Ein Schreiber könnte V. 49 bewusst gemäß 8,44–45 aufgefüllt haben; oder er ist für ein paar Worte in der Zeile verrutscht und hat die Wendung aus 8,44–45 in 8,49 versehentlich nochmal abgeschrieben. Für den kürzeren Text vgl. 8,30.34.36.39. In 8,34.36.39 folgt das וסלחת immer direkt auf die Bitte um Erhörung aus dem Himmel.

---

[199] Zu den Lesarten mit hexaplarischem Ursprung vgl. Kap. 2.1 ab S. 28 in der Einleitung.

Das ועשׂית משׁפטם wird in den Targumim mit ותתפרע עולבנדהון übersetzt wie in 8,45. In ועשׂית משׁפטם lässt OGChr den Suffix weg und setzt das Substantiv in den Plural καὶ ποιήσεις κρίματα. Scheinbar hat der Übersetzer משׁפטים gelesen. In 2Chr 6,35 steht für die Wendung noch ein καὶ ποιήσεις τὸ δικαίωμα αὐτῶν.

Tab. 6.35: Synopse 1Kön 8,50 par.

Kgtm (OG)	Kgtm (Vorl.)	Kön	Chr
50 καὶ ἵλεως ἔσῃ ταῖς ἀδικίαις αὐτῶν,	50 וסלחת לעונתם	50 וסלחת לעמך	וסלחת לעמך
αἷς ἥμαρτόν σοι,	אשר חטאו לך	אשר חטאו לך	אשר חטאו לך
καὶ κατὰ πάντα τὰ ἀθετήματα αὐτῶν,	וכל פשעיהם	ולכל פשעיהם	
ἃ ἠθέτησάν σοι,	אשר פשעו בך	אשר פשעו בך	
καὶ δώσεις αὐτοὺς εἰς οἰκτιρμοὺς ἐνώπιον αἰχμαλωτευσάντων αὐτούς,	ונתתם לרחמים לפני שביהם	ונתתם לרחמים לפני שביהם	
καὶ οἰκτιρήσουσιν αὐτούς·	ורחמום	ורחמום	

Kgtm (OG): τὰ ἀθετήματα] > τά C′ 121 d⁻¹²⁵ 246 s⁻⁹² t 68* 244 372 | ἠθέτησάν σοι] ἂν ἀθετήσωσι(ν) L 246 | αἰχμαλωτευσάντων] +pre τῶν L 121 z 342 460; -τευόντων B O 82-127 x⁻⁵²⁷ 318 372 (= Ra; = Ant) | οἰκτιρήσουσιν] + εἰς B 509

Vers 50

In Vers 50 ist αἰχμαλωτευσάντων als OG-Text zu rekonstruieren (Ptz. Aor.). In B O 82-127 x⁻⁵²⁷ 318 372 wurde das Partizip ins Präsens gesetzt (αἰχμαλωτευόντων). Es besteht kein Anlass, wie Rahlfs die Lesart und B und A zu bevorzugen.[200]

Hinter dem καὶ κατὰ πάντα τὰ ἀθετήματα αὐτῶν in Vers 50 steht ein וכל פשעיהם anstelle des ולכל פשעיהם in Kön und Chr.[201] Das κατά steht in 1–4Kgtm in der Regel, wo in 1–4Kgtm die Präposition כ verwendet wird (102 Mal; 27 Mal für ל). Inhaltlich läge zudem näher, das ἀθετήμα („ihre Übertretungen") parallel zu ἀδικία („ihre Ungerechtigkeiten") als direktes Objekt von καὶ ἵλεως ἔσῃ aufzufassen: וסלחת + ל-direktes Objekt + ל-direktes Objekt = „und sei gnädig *ihrer Ungerechtigkeiten*, die sie gegen dich gesündigt haben *und aller ihrer Übertretungen*, die sie

---

200 Zu dem methodischen Ansatz von Rahlfs und seiner Problematik vgl. Kap. 2.1 ab S. 22 in der Einleitung.

201 Vgl. Tov/Polak, *CATSS*.

gegen dich begangen haben." Es braucht schon ein כ in der Vorlage als Anstoß für eine nicht-parallele Übersetzung mit: „und sei gnädig ihren Ungerechtigkeiten (ταῖς ἀδικίαις αὐτῶν = ל + direktes Objekt), die sie gegen dich gesündigt haben, *gemäß aller ihrer Übertretungen* (καὶ κατὰ πάντα τὰ ἀθετήματα αὐτῶν = וככל פשעיהם), die sie gegen dich begangen haben."

In der Vorlage von OGKgtm wird hinter dem ταῖς ἀδικίαις αὐτῶν („[und sei gnädig] ihren Ungerechtigkeiten") die Pluralform עונתם („ihre Missetaten") oder alternativ die Singularform עונם („ihre Schuld") gestanden haben. Kön und Chr haben ein וסלחת לעמך („und vergib deinem Volk"; OGChr: καὶ ἵλεως ἔσῃ τῷ λαῷ „und vergib *dem* Volk"). Entweder der Übersetzer hat den Plural עונתם wortwörtlich als ταῖς ἀδικίαις αὐτῶν übersetzt oder den Singular עונם wegen des folgenden Plurals τὰ ἀθετήματα αὐτῶν in den Plural gesetzt.[202] Das Lexem ἀδικία ist in 1–4Kgtm das geläufige Äquivalent für עון (7 Mal; 2 Mal עולה). עון wird in 1–4Kgtm 7 Mal mit ἀδικία und 5 Mal mit ἀνομία übersetzt.[203] Die hebräische Konstruktion mit עון ist innerbiblisch gut bezeugt. סלח mit עון + ל + Suffix findet sich in Ex 34,9 (וסלחת לעוננו ולחטאתנו), Jer 31,34 (אסלח לעונם ולחטאתם), Jer 33,8 (וסלחתי לכל עונותיהם); Jer 36,3 (וסלחתי לעונם ולחטאתם); Ps 15,11 (וסלחת לעוני) und Ps 103,3 (הסלח לכל עונכי). Jer 33,8 hat denselben Relativsatz wie 1Kön 8,50: וסלחתי לכל עונותיהם אשר חטאו לי.

Für den Hyparchetyp kommen sowohl das לעונתם aus Kgtm als auch das לעמך aus Kön = Chr infrage. Wenn in 1Kön 8 hinter וסלחת ein direktes Objekt steht, ist es לחטאת עמך ישראל (V. 34) oder לחטאת עבדיך ועמך ישראל (V. 36). Das לעונתם als direktes Objekt wird in 8,50 durch ולכל פשעיהם fortgesetzt: „und vergib *ihre schuldhaften Vergehen*, die sie gegen dich gesündigt haben, und *ihre Missetaten*, die sie gegen dich gesündigt haben und ihre Vergehen, mit denen sich sich an dir vergangen haben". Ansonsten sind Kgtm und Kön vollständig identisch.

Ab der Mitte von Vers 50 verlässt uns das Buch der Chronik als Textzeuge. Der chronistischen Text von 2Chr 6,39–42 wird separat zu besprechen sein. Zur Auslassung des Verses in der Chronik s. u. Kap. 6.3 ab S. 232.

---

202 Eine Übersetzung von einer Singularform von עון eine Pluralform von ἀδικία wäre kein Einzelfall (vgl. 1Sam 3,13; 2Sam 3,8; 1Kön 17,18).
203 Tov-Polak vermuten vermutlich wegen dem zweifachen וסלחת לחטאת in 8,34.36 ein לחטאתם als Vorlage (vgl. Tov/Polak, *CATSS*, zu dieser Stelle). Ebenso rekonstruiert Bösenecker *l-ḥṭ't-m* (wohl *l-ḥṭ't-m* = לחטאתם) als OG-Vorlage (vgl. Bösenecker, *Text*, 184). In 1–4Kgtm wird für חטאת allerdings primär ἁμαρτία verwendet (35 Mal) und nie ἀδικία. In der gesamten LXX steht ἀδικία nicht einmal für חטאת.

Tab. 6.36: Synopse 1Kön 8,51 par.

Kgtm (OG)	Kgtm (Vorl.)	Kön	Chr
⁵¹ ὅτι λαός σου καὶ κληρονομία σου,	⁵¹ כי עמך ונחלתך [הם]	⁵¹ כי עמך ונחלתך הם	
οὓς ἐξήγαγες ἐκ γῆς Αἰγύπτου ἐκ μέσου χωνευτηρίου σιδήρου.	אשר הוצאת מארץ מצרים מתוך כור הברזל	אשר הוצאת ממצרים מתוך כור הברזל	

Kgtm (OG): κληρονομία σου] + εἰσίν O L 246 (= Kön)

Vers 51

Das zusätzliche εἰσίν in O L 246 entspricht dem הם in Kön und könnte (mindestens in O) hexaplarischen Ursprungs sein. Das הם hat in OGKgtm kein direktes Äquivalent. Es könnte in der OG-Vorlage gefehlt haben oder unübersetzt geblieben sein. In Nominalsätzen wird הם zumeist entweder mit αὐτός, οὑτός oder εἰμί wiedergegeben. In 1Sam 4,8; 2Kön 17,41 und hier in 1Kön 8,51 ist im OG-Text kein griechisches Äquivalent für הם überliefert. In diesem Vers könnte die Pluralform οὓς des Relativpronomens darauf hindeuten, dass der Übersetzer die Pluralform הם in seiner Vorlage gehabt hat. Das ἐκ γῆς Αἰγύπτου entspricht einem מארץ מצרים in der Vorlage. Kön hat das kürzere ממצרים.

Das הם hat in Kgtm kein Äquivalent, könnte aber auch beim Übersetzen übergangen worden sein (s. o.). Ansonsten steht ממצרים in Kön gegen מארץ מצרים in Kgtm. Zur Auslassung des Verses in der Chronik s. u. Kap. 6.3 ab S. 232.

Tab. 6.37: Synopse 1Kön 8,52 par.

Kgtm (OG)	Kgtm (Vorl.)	Kön	Chr
⁵² καὶ ἔστωσαν οἱ ὀφθαλμοί σου καὶ τὰ ὦτά σου ἠνεῳγμένα εἰς τὴν δέησιν τοῦ δούλου σου καὶ εἰς τὴν δέησιν τοῦ λαοῦ σου Ισραηλ	⁵² עיניך ואזניך פתחות אל תחנת עבדך ואל תחנת עמך ישראל	⁵² להיות עיניך פתחות אל תחנת עבדך ואל תחנת עמך ישראל	⁶,⁴⁰ עתה אלהי יהיו נא עיניך פתחות ואזניך קשבות לתפלת המקום הזה
εἰσακούειν αὐτῶν ἐν πᾶσιν, οἷς ἂν ἐπικαλέσωνταί σε,	לשמע אליהם בכל אשר קראם אליך	לשמע אליהם בכל קראם אליך	

Kgtm (OG): ἠνεῳγμένα] ἀνεῳγμένα 247 19 CII⁻³²⁸ 246 s 71 460ᶜ | ἄν] ἐάν A L 460 509 707 | ἐπικαλέσωνταί] -ονταί 247 L⁻¹²⁷ 236-242-313 b d 246 488 120 z⁻¹²²* 71 244 245 460* 707

Vers 52

Die hebräische Vorlage könnte an drei Punkten von den bekannten hebräischen Texten abweichen. Das καὶ τὰ ὦτά σου („[es seien] deine Augen *und deine Ohren* geöffnet") fehlt in Kön, wird aber auf ein ואזניך in der hebräischen OG-Vorlage zurückgehen.[204] In Chr ist dieses ואזניך an dieser Stelle auf Hebräisch belegt und in OGChr ebenfalls mit καὶ τὰ ὦτά σου übersetzt.

OGKgtm liest καὶ ἔστωσαν (Impv. 3. Pl.), während in Kön der Vers mit להיות startet und Chr mit עתה אלהי יהיו נא (OGChr = νῦν κύριε ἔστωσαν δή). OGKgtm ist hier vermutlich eine freiere Übersetzung des Inf. cs. להיות aus Kön. 8,52 setzt neu an und ist weder grammatisch noch inhaltlich eng mit dem vorhergehenden Vers verbunden. Das veranlasste den Übersetzer, von seiner Standardäquivalenz להיות = τοῦ εἶναί abzuweichen[205] und freier mit καὶ ἔστωσαν zu übersetzen: „*Und es seien* deine Augen geöffnet".[206] Am Versanfang ist להיות zwar noch in 1Kön 8,29 // 2Chr 6,20 bezeugt und wird mit τοῦ εἶναί übersetzt; dort ist der Satz aber eng mit dem Vortext verbunden, weswegen der Übersetzer in diesem Fall wörtlich übersetzen kann.

Hinter ἐν πᾶσιν οἷς in OGKgtm steht wohl ein בכל אשר.[207] Kön hat ein בכל, was OGKgtm konsequent mit ἐν/εἰς + πᾶς wiedergibt. Ein ἐν πᾶσιν οἷς wiederum steht in 1–4Kgtm immer für בכל אשר (2Sam 7,7.9.22; 8,6.14; 1Kön 8,52; 14,22; 2Kön 18,7).

In Kgtm steht ein zusätzliches ואזניך: „Es seien deine Augen *und deine Ohren* geöffnet." Es könnte in Kön durch einen Augensprung wegen des Homoioteleuton ausgefallen sein[208] oder es wurde in Kgtm nachträglich hinzugefügt. In der Chronik ist an dieser Stelle auch von geöffneten Ohren die Rede – auch wenn der Vers dort insgesamt anders lautet (vgl. 2Chr 6,40 mit 1Kön 8,52). Chr könnte das ואזניך dadurch trotzdem indirekt auf Hebräisch bezeugen. Die Wendung „(es seinen) deine Augen offen und deine Ohren aufmerkend" (עיניך פתחות ואזניך קשבות) ist in der HB in 2Chr 6,40; 7,15 und Neh 1,6 belegt – die „geöffneten Ohren" (אזן + פתח) noch

---

204 Vgl. Tov/Polak, *CATSS*.

205 Ein להיות wird in Kgtm in der Regel mit einem Infinitiv (τοῦ εἶναί) wiedergegeben (vgl. 1Sam 14,21; 19,8; 2Sam 7,8.29; 12,10; 1Kön 1,35; 8,16.29.52; 16,7; 2Kön 11,17; 15,19; 22,19). Die Wendung καί + Impv. εἰμί ist in 1–4Kgtm noch in 2Sam 18,22; 1Kön 8,59.61 belegt und steht dort für Waw + Impf. (2Sam 18,22; 1Kön 8,59) oder Pf.cons. (1Kön 8,61). Der Plural καὶ ἔστωσαν kann allerdings auch für eine hebräische Singularform stehen (vgl. 1Kön 8,61: והיה לבבכם שלם = καὶ ἔστωσαν αἱ καρδίαι ἡμῶν τέλειαι).

206 Gegen Bösenecker, *Text*, 184, der ויהיו als OG-Vorlage angibt.

207 Gegen ebd., 185, der an Kön als Vorlage für OGKgtm festhält.

208 עיניך פתחות ואזניך > עיניך פתחות.

in Jes 35,5; 48,8; 50,5. Zudem steht ein אֲשֶׁר בְּכֹל in Kgtm gegen ein בְּכֹל in Kön. Beide Texte sind als Hyparchetyp möglich.

In der Chronik ist der Vers (fast) vollständig mit 2Chr 7,15 identisch: 2Chr 6,40: „Jetzt, mein Gott, seien (bitte) deine Augen offen und deine Ohren aufmerksam auf das Gebet (an) diesem Ort."[209] Und in 2Chr 7,15: „Jetzt werden meine Augen offen und meine Ohren aufmerksam sein auf das Gebet (an) diesem Ort."[210] In 6,40 bittet Salomo und in 7,15 spricht Jhwh. Durch die Wiederaufnahme von 2Chr 6,40 macht Jhwh in 2Chr 7,15 deutlich, dass er Salomos Gebet erhört hat: Seine Augen sind ab jetzt offen und seine Ohren aufmerksam. 2Chr 7,15 ist Teil des chronistischen Sondergutes; der Wortlaut von 2Chr 6,40 ist auf diesen Zusatz abgestimmt und wird ebenfalls auf die chronistische Bearbeitung zurückgehen.

Tab. 6.38: Synopse 1Kön 8,53 par.

Kgtm (OG)	Kgtm (Vorl.)	Kön	Chr
53 ὅτι σὺ διέστειλας αὐτοὺς	53 כי אתה	53 כי אתה	
σεαυτῷ εἰς κληρονομίαν ἐκ	הבדלתם לך	הבדלתם לך	
πάντων τῶν λαῶν τῆς γῆς,	לנחלה מכל עמי	לנחלה מכל עמי	
	הארץ	הארץ	
καθὼς ἐλάλησας ἐν χειρὶ	כאשר דברת ביד	כאשר דברת ביד	
δούλου σου Μωυσῆ	עבדך משה	משה עבדך	
ἐν τῷ ἐξαγαγεῖν σε τοὺς	בהוציאך את	בהוציאך את	
πατέρας ἡμῶν ἐκ γῆς	אבתינו מארץ	אבתינו ממצרים	
Αἰγύπτου,	מצרים		
κύριε κύριε.	אדני יהוה	אדני יהוה	

Kgtm (OG): ὅτι Bᵐᵍ rel] καί Bᵗˣᵗ 460 509 | αὐτούς] > B | σεαυτῷ] σαυτῷ B A 509 (= Ra) | δούλου] +pre τοῦ L 121 246 489 158ᶜ | δούλου σου Μωυσῆ] tr. Μωυσῆ (A: Μωσῆ) δούλου σου O 158 (= Kön) | ἐκ γῆς Αἰγύπτου] ἐξ Αἰγύπτου O (= Kön); εκ γυπτου 246ᵗˣᵗ | κύριε κύριε] κύριε μου κύριε L 328; > A

Vers 53

Innerhalb der LXX ist O wie zu erwarten an Kön angepasst. Das δούλου σου Μωυσῆ ist gemäß משה עבדך aus Kön zu Μωυσῆ δούλου σου umgestellt. Das ἐκ γῆς Αἰγύπτου wurde zu ἐξ Αἰγύπτου gekürzt, um ממצרים in Kön zu entsprechen. Beide Änderungen könnten auf die Hexapla zurückgehen.

---

209 2Chr 6,40: עתה אלהי יהיו נא עיניך פתחות ואזניך קשבות לתפלת המקום הזה.

210 2Chr 7,15: עתה עיני יהיו פתחות ואזני קשבות לתפלת המקום הזה.

In B wurde der Text zunächst zu καὶ σύ geändert, dann aber das καί blass radiert und das ὅτι aus dem OG-Text am Rand nachgetragen. Für eine Bevorzugung der Bᵗˣᵗ-Lesart καί wie bei Bösenecker besteht kein Anlass.[211]

Das ἐκ γῆς Αἰγύπτου geht auf ein מארץ מצרים in der Vorlage zurück (Kön: ממצרים). Das δούλου σου Μωυσῆ entspricht einem עבדך משה, während Kön משה עבדך hat. Der Übersetzer erhält die Wortreihenfolge sehr konsequent.

Kgtm hat עבדך משה, Kön ein משה עבדך. Die Wortreihenfolge משה עבד ist wesentlich häufiger[212] als עבד משה[213] und ist in Kön auf Hebräisch belegt. Sie wird deswegen für den Hyparchetyp bevorzugt. Zwischen מארץ מצרים in Kgtm und ממצרים in Kön kann nicht entschieden werden. Zur Auslassung des Verses in der Chronik s. u. Kap. 6.3 ab S. 232.

6.3 Ein Gebet nach Psalm 132,8–10 (2Chr 6,40–42)

Die chronistischen Schreiber haben das Ende des Bittgebetes vollständig umgestaltet. Sie fügten mit 2Chr 6,41–42 ein Zitat aus Ps 132,8–10 ein und ließen das Bittgebet damit mit einem Wallfahrtslied enden über David als Inititator des Tempelbaus. Dieser Fokus auf David wird zu einer sporadischen Tilgung der Exodusbezüge aus 1Kön 8,51–53 geführt haben (vgl. die Synopsen zu 1Kön 8,51.53 ein paar Seiten zuvor). Die Schreiber schufen mit 2Chr 6,40 (basierend auf 1Kön 8,52) einen Abschluss, der besser zu ihren Bearbeitungsabsichten passte. Der Vers bildet einen pointierten Abschluss des Bittgebetes und ist genau auf 2Chr 7,15 abgestimmt (vgl. Synopsen und Kommentar zu 1Kön 8,52 ein paar Seiten zuvor). Der gekürzte Abschluss der letzten Bitte mit וסלחת לעמך אשר חטאו לך passt zu der Kürze der anderen Beispielbitten. Vielleicht haben die Schreiber auch gekürzt, um auf der Handschrift Platz für das Zitat von Ps 132,8–10 zu schaffen.

Der Archetyp aus 2Chr 6,41–42 ist mit dem MT von 2Chr nahezu identisch. Nur in einem Fall bleibt der Wortlaut des Archetypen unsicher. Die masoretischen Textzeugen von 2Chr haben den Plural משיחיך, während alle anderen Textzeugen wie die Vorlage aus Ps 132,10 den Singular משיחך haben. Mit der Singularform „dein Gesalbter" würde Salomo auf sich als gesalbten König oder nach dem Sinn von Ps 132 auf David referenziert. Der Plural „deine Gesalbten" bezieht sich vermut-

---

211 Zur Problematik der Annahme von „B = OG-Text" vgl. die Einleitung auf S. 22. Bösenecker bevorzugt B dabei noch konsequenter als Rahlfs (vgl. Fn. 24 auf S. 26).

212 Ex 14,31; Num 31,49; Dtn 34,5; Jos 1,1–2.7.13.15; 8,31.33; 9,24; 11,12.15; 12,6; 13,8; 14,7; 18,7; 22,2.4–5; 1Kön 8,53.56; 2Kön 18,12; 1Chr 6,34; 2Chr 1,3; 24,6.9; Neh 1,7–8; 9,14; 10,30; Ps 105,26; Dan 9,11; Mal 3,22.

213 Num 12,7–8; 2Kön 21,8.

lich auf die vorher genannten כהניך („deine Priester") und וחסידיך („und deine Frommen").

Tab. 6.39: Synopse Ps 132,8–10/2Chr 6,41–42

	Ps 132,8–10	2Chr 6,41–42	
8 Erhebe dich	8 קומה	41 ועתה קומה	41 Und nun erhebe dich
JHWH	יהוה	יהוה אלהים	JHWH, Gott
zu deiner Ruhestätte	למנוחתך	לנוחך	zu deinem Ruhen
du und die Lade deiner Stärke.	אתה וארון עזך	אתה וארון עזך	du und die Lade deiner Stärke.
9 Deine Priester	9 כהניך	כהניך	Deine Priester
		יהוה אלהים	JHWH, Gott
sollen sich in Gerechtigkeit kleiden	ילבשו צדק	תשועה ילבשו	sollen sich in Heil kleiden
und deine Frommen sollen jubeln!	וחסידיך ירננו	וחסידיך ישמחו בטוב	und deine Frommen sollen sich am Guten erfreuen!
		42 יהוה אלהים	42 JHWH, Gott
10 Wegen David deines Knechtes	10 בעבור דוד עבדך	אל תשב פני משיח[י]ך	Weise das Angesicht deines/r Gesalbten nicht ab.
weise das Angesicht deines Gesalbten nicht ab.	אל תשב פני משיחך	זכרה לחסדי דויד עבדך	Denke (doch) an die Gnadenerweise für David deinen Knecht.
		משיחך OG P Tg V vs. משיחיך MT	

Ps 132 ist ein Wallfahrtslied (שיר המעלות), das u.a. die Verheißungen an David und seinen Verdienst als Tempelbauer thematisiert und den Singenden zu einer angemessenen Haltung gegenüber JHWH und seinem Tempel anleiten soll. Das Zitat der Verse aus Ps 132,8–10 ergibt sich aus der Kontur des Psalmes. In Ps 132,3–5 wird Davids Schwur in 1. Person Singular zitiert, JHWH ein Tempel zu bauen. Ab Vers 8 beginnt der an JHWH gerichtete Lobpreis. Ps 132,8 steht zudem in engem

Zusammenhang mit dem Aufbruch der Lade zur מנחה aus Num 10,33–35.[214] Die Bitte aus Ps 132,10 eignet sich gut als Abschluss des Bittgebetes. Ab Ps 132,11 geht es um den Treueeid JHWHs. Dementsprechend eignet sich Ps 132,8–10 am besten für ein Zitat.

Ps 132,8–10 ist aus mehreren Gründen gut geeignet, um das Bittgebet im Sinne der Chronik abzuschließen: (a) Dem Bittgebet ist mit 2Chr 6,42 (= Ps 132,10) eine würdige Abschlussbitte gegeben: „JHWH, Gott, weise das Gesicht deines Gesalbten nicht ab. Denke (doch) an die Gnadenzusagen an David deinen Knecht". Dieser Text aus Ps 132,10 passt besser zum Bittgebet Salomos als Verweise auf den Exodus. (b) Der Psalm lenkt den Fokus auf David, dem Initiator des Tempelbaus und Stifter des Jerusalemer Kultes (vgl. 1Kön 8,14–21 = 2Chr 6,3–23 mit 1Chr 15–17; 22–29; 2Chr 1). (c) Das Psalmzitat verbindet die Tempelweihe mit der Überführung der Lade nach Jerusalem in 1Chr 16. Nur an diesen beiden Stellen werden in der Chronik Psalmen zitiert. (d) Das Zitat lenkt den Fokus wieder zurück auf die Lade und schafft damit einen Übergang zu 2Chr 7,1–3. Die Lade ist in den Tempel gebracht (1Kön 8,1–6 = 2Chr 5,2–7). Salomo spricht feierlich das fulminante Bittgebet (1Kön 8,22–53 = 2Chr 6,12–40). Als Reaktion auf beides verzehrt JHWH die Opfer und erfüllt den Tempel in Form seiner Herrlichkeit den Tempel (2Chr 7,1–3). Die Erwähnung der Priester in Ps 132,9 = 2Chr 6,41 passt gut zu deren Auftreten in 2Chr 7,2.6.

Die punktuellen Änderungen des Wortlautes von Ps 132,8–10 in 2Chr 6,41–42 ergeben sich entweder aus dem chronistischen Sprachgebrauch oder aus den redaktionellen Motiven der Chronisten.[215] Das ועתה und der Name יהוה אלהים sind typisch für den Sprachgebrauch der Chronik.[216] Die Änderung von למנוחתך aus Ps 132,8 zu לנוחך in 2Chr 6,41 erklärt sich aus der Bezugnahme auf Num 10,35–36: קומה יהוה in Num 10,35 und בנוחך in Num 10,36. Das ילבשו תשועה in 2Chr 6,41 kombiniert die direkte Vorlage aus Ps 132,9 (כהניך ילבשו צדק) mit אלביש ישע aus Ps 132,16. Die Änderung von בעבור in Ps 132,10 zu זכרה לחסדי in 2Chr 6,42 spielt zusätzlich das זכור יהוה לדוד aus Ps 132,1 ein. Das Motiv der „Gnadenerweise für David" (זכרה לחסדי) findet sich noch in Jes 55,3 und als Klage in Ps 89,50.

---

214 Vgl. Ps 132,8a: „erhebe dich, JHWH, zu deiner Ruhe (מנחה), du und die Lade deiner Stärke" mit Num 10,33.35: „³³ Und sie brachen auf von dem Berg des HERRN, drei Tagereisen weit, und die Lade des Bundes des HERRN zog drei Tagereisen vor ihnen her, um ihnen einen Ruheplatz (מנחה) auszusuchen; [...] ³⁵ Und es geschah, wenn die Lade aufbrach, sagte Mose: Steh auf, HERR, dass deine Feinde sich zerstreuen und deine Hasser vor dir fliehen!" (*Elberfelder Bibel*).

215 Vgl. zu Folgendem vor allem Beentjes, *Tradition*, 171–174.

216 ועתה in 1Chr 17,7.23.26–27; 21,8.12; 28,8; 29,13.17; 2Chr 2,6.12.14; 6,16–17.41; 7,16; 10,4.11; 13,8; 18,22; 19,7; 20,10; 28,10–11; 32,15. יהוה אלהים in 1Chr 17,16–17; 22,1.19; 28,20; 29,1; 2Chr 1,9; 6,41–42; 26,18; 32,16.

7 Die Schlussworte (8,54–61 in Kön/Kgtm; > Chr)

Der Hyparchetyp von 8,54–61 ist in Kön und Kgtm erhalten. Die Unterschiede zwischen diesen zwei Archetypen sind geringfügig. Die Chronik entfällt als Textzeugin für den Hyparchetyp oder die OG-Vorlage. In ihr wurde 1Kön 8,56–61 ausgelassen, um das Bittgebet aus 1Kön 8,22–53 = 2Chr 6,12–41 direkt an die Schlussnarration aus 1Kön 8,62–66 = 2Chr 7,1–10 anschließen zu können (s. u. Kap. 8.1 ab S. 249).

Tab. 7.1: Synopse 1Kön 8,54–55 par.

Kgtm (OG)	Kgtm (Vorl.)	Kön	Chr
⁵⁴ Καὶ ἐγένετο	⁵⁴ ויהי	⁵⁴ ויהי	
ὡς συνετέλεσεν Σαλωμων	ככלות שלמה	ככלות שלמה	⁷,¹ ככלות שלמה
προσευχόμενος πρὸς Κύριον ὅλην τὴν προσευχὴν καὶ τὴν δέησιν ταύτην,	להתפלל אל יהוה את כל התפלה והתחנה הזאת	להתפלל אל יהוה את כל התפלה והתחנה הזאת	להתפלל
καὶ ἀνέστη ἀπὸ προσώπου τοῦ θυσιαστηρίου κυρίου	קם מלפני מזבח יהוה	קם מלפני מזבח יהוה	
ὀκλακὼς ἐπὶ τὰ γόνατα αὐτοῦ	מכרע על ברכיו	מכרע על ברכיו	
καὶ αἱ χεῖρες αὐτοῦ διαπεπετασμέναι εἰς τὸν οὐρανόν.	וכפיו פרשות השמים	וכפיו פרשות השמים	
⁵⁵ καὶ ἔστη	⁵⁵ ויעמד	⁵⁵ ויעמד	
καὶ εὐλόγησεν πᾶσαν ἐκκλησίαν Ισραηλ	ויברך את כל קהל ישראל קול גדול	ויברך את כל קהל ישראל קול גדול	
φωνῇ μεγάλῃ λέγων	לאמר	לאמר	

Kgtm (OG): Vers 54: ὀκλακώς] ὠκλακώς 731 CII⁻²⁴²⁻⁵³⁰ 381 s 342; κεκλικώς L 246; ὀκακλώς A | **Vers 55:** ἐκκλησίαν] +pre τήν L⁻⁹³ 328

Kön: ܚܠܦ ܙܝܟ̈ܐ ܘܟܝܪ [קול גדול לאמר P

Die Verse 54–55

In Kgtm wird das מכרע (מן + Inf.cs.) mit dem Pf. Ptz. ὀκλακώς übersetzt (ὀκλάζω Ptz Pf Nom m Sg. „hinknieen, auf die Knie gehen"). Die Präposition מן bleibt ohne explizites Äquivalent in der Übersetzung.[1]

---

1 Ähnlich: Bösenecker, *Text*, 187.

https://doi.org/10.1515/9783111290973-007

OGKgtm hat καὶ ἀνέστη, wo Kön ein קם ohne Waw hat: Kgtm: „*und* er stand auf" vs. Kön: „er stand auf". Im Hebräischen macht das „und" einen großen Unterschied; die Konjugation ist eine andere (ויקם vs. קם). Im Griechischen liegt der Unterschied nur in dem zusätzlichen καί. Es handelt sich bei dem καί also mit größerer Wahrscheinlichkeit um eine Zutat des Übersetzers.[2] Vielleicht regte ihn die Länge der vorhergehenden Adverbiale dazu an, ein καί einzufügen („*Und es geschah*, als Salomo beendet hatte zu beten, *und* er stand auf" = καὶ ἐγένετο …καὶ ἀνέστη).[3]

In diesem konkreten Fall sind übersetzungstechnische Vorhersagen auch wegen der geringen Anzahl an Fällen von „ויהי + כ-Inf. cs. + Perfekt *ohne Waw*" nicht möglich. In der Konstruktion „ויהי / והיה + Adverbiale (כ + Inf. cs.) + finites Verb" wird in der HB für das finite Verb in der Regel ein Ipf. cons. gebraucht (ויהי + כ-Inf. cs. + Ipf. cons.).[4] Ein „ויהי + כ-Inf. cs. + Perfekt / Imperfekt *ohne Waw*" ist äußerst selten (1Kön 15,29; Jer 51,63; Neh 1,4; Ester 5,2). An diesen wenigen Stellen wird im jeweiligen OG-Text das καί mal ergänzt und mal nicht.[5] In 1Kön 15,29 und Jer 51,63 wird im OG-Text jeweils ein καί ergänzt: 1Kön 15,29: ויהי כמלכו הכה = καὶ ἐγένετο ὡς ἐβασίλευσεν καὶ ἐπάταξεν; Jer 51,63: והיה ככלתך ... תקשר = καὶ ἔσται ὅταν παύσῃ …καὶ ἐπιδήσεις. In Neh 1,4 fehlt es im OG-Text: Neh 1,4: ויהי כשמעי את הדברים האלה ישבתי = καὶ ἐγένετο ἐν τῷ ἀκοῦσαί …ἐκάθισα.

Vor השמים ergänzt der OG-Übersetzer mit εἰς eine Präposition (εἰς τὸν οὐρανόν). Es handelt sich um eine systematische Änderung in den Übersetzungen (vgl. den Kommentar zu „Hände ausstrecken *zum* Himmel" in Vers 22 und Tab. 6.14 auf S. 185 für „erhören *aus* dem Himmel").

Der Hyparchetyp ist in Kgtm und Kön unverändert erhalten. Die Chronik hat von 8,54 nur das ככלות שלמה להתפלל übernommen und gebraucht diesen Teil als Übergang zum Sondergut von 2Chr 7,1–3 (s. u. Kap. 8.1 ab S. 249).

---

2 Für einen ernstzunehmenden Alternativvorschlag vgl. Thenius, *Könige*, 138. Er schlägt vor, das וי könnte durch das vorausgehende ה als Haplographie „verschlungen" worden sein (הזאת ויקם > הזאת קם).

3 Gegen Bösenecker, *Text*, 187, der ein ויקם als OG-Vorlage rekonstruiert, ohne aber den übersetzungstechnischen Befund zu berücksichtigen.

4 Vgl. das Vorkommen von ויהי + כ-Inf. cs. in 1Sam–2Kön in 1Sam 4,5.18; 5,10; 9,26; 10,5.9; 13,10; 18,1; 24,17; 2Sam 13,36; 17,9.27; 1Kön 1,21; 5,21; 8,54; 9,1; 12,2.20; 13,4; 14,5–6; 15,21.29; 16,18; 18,17.29; 19,13; 20,12; 21,15–16.27; 22,32–33; 2Kön 2,9; 3,5.15; 4,6.25.40; 5,7–8; 6,20.30; 7,18; 9,22; 10,7.25; 12,11; 19,1; 22,11.

5 Im Griechischen kann ein καί stehen, muss aber nicht: „καὶ ἐγένετο + Adverbiale + καί (oder ohne καί) + finites Verb". Im NT beispielsweise ist beides möglich. Zu dieser Konstruktion im neutestamentlichen Griechisch vgl. von Siebenthal, *Grammatik NT*, §217e. Als Belegstellen im NT zählt er auf: MT 7,28; 9,10; 11,1; 13,53; 19,1; 26,1; Mk 1,9; 4,4; Lk 1,8.23.41.59; 2,6.15.46; 5,1.12.17; 6,12; 8,1; 14,1. Mehrheitlich fehlt das καί vor dem finiten Verb.

TgJ und PKön ergänzen in 8,22.54 bei der Lokalangabe הַשָּׁמַיִם eine Präposition: „(Hände ausstrecken) *zum* Himmel" (TgJ: לִצִית שְׁמַיָּא; PKön: ܠܫܡܝܐ). Es handelt sich um eine systematische Änderung in den Übersetzungen (vgl. den Kommentar zu Vers 22 für „Hände ausstrecken *zum* Himmel" und Tab. 6.14 auf S. 185 für „erhören *aus* dem Himmel").

In Kön unterscheiden sich die Textzeugen auch in der Textsegmentierung. Der MT hat die Haupttrennung durch das Atnach nach Israel (יִשְׂרָאֵל) und ordnet somit קוֹל גָּדוֹל zu לֵאמֹר: „und er segnete die ganze Versammlung Israels, indem er (mit) lauter Stimme sprach" (וַיְבָרֶךְ אֵת כָּל קְהַל יִשְׂרָאֵל קוֹל גָּדוֹל לֵאמֹר). P ergänzt ein Waw vor אמר, lässt die Präposition לֹ aus und ergänzt vor קוֹל die Präposition בֹ: „und er segnete die ganze Versammlung Israels *mit* lauter Stimme *und* sprach" (ܘܒܪܟ ܠܟܠܗ ܟܢܫܐ ܕܐܝܣܪܐܝܠ ܒܩܠܐ ܪܡܐ ܘܐܡܪ). Die BHT folgt der Textsegmentierung von P.[6]

In der Chronik steht für das וַיְהִי כְכַלּוֹת ein וּכְכַלּוֹת. Die Chronik verwendet כ -Inf. cs. in der Regel ohne ein vorangestelltes וַיְהִי.[7] Bei dieser Konstruktion wird der folgende Teilsatz häufig mit Perfekt ohne Waw fortgesetzt (1Chr 21,15; 2Chr 12,1; 15,8; 20,23 24,14.22 29,29 31,1.5; 33,12). Die Chronik kürzt das וַיְהִי כְכַלּוֹת zudem zu וּכְכַלּוֹת (vgl. 2Chr 7,1! Daneben: 2Chr 24,17; 29,29; 31,1). Mit וַיְהִי ist die Konstruktion wesentlich seltener (50 Mal 1–4Kgtm; 8 Mal 1–2Chr).[8] Wenn in der Chronik aber ein וַיְהִי in der Konstruktion steht, wird immer mit einem Ipf. cons. und nicht mit einem Perfekt ohne Waw fortgesetzt.

---

6 In Richter, *BHt*:
b *wa* = y'bar[r]ik 'åt kul[l] qåhal YŚR'L qōl gadu(w)l
bl *lē* = (')mur.
7 כ-Inf. cs. ohne ein vorangestelltes היה in 1Chr 21,15; 2Chr 5,13; 7,1; 15,8; 20,23.37; 21,13; 24,11.14.22; 29,29; 31,1.5; 33,12.23.
8 Vgl. ויהי + כ-Inf. cs. in 1Chr 14,15; 2Chr 10,2; 12,1; 16,5; 18,31–32; 22,8; 34,19.

Tab. 7.2: Synopse 1Kön 8,56 par.

Kgtm (OG)	Kgtm (Vorl.)	Kön	Chr
[56] Εὐλογητὸς κύριος σήμερον,	[56] ברוך יהוה היום	[56] ברוך יהוה	
ὃς ἔδωκεν κατάπαυσιν τῷ λαῷ αὐτοῦ Ισραηλ κατὰ πάντα,	אשר נתן מנוחה לעמו ישראל ככל	אשר נתן מנוחה לעמו ישראל ככל	
ὅσα ἐλάλησεν·	אשר דבר	אשר דבר	
οὐ διεφώνησεν λόγος εἷς ἐν πᾶσιν τοῖς λόγοις αὐτοῦ τοῖς ἀγαθοῖς,	לא נפל דבר אחד בכל דברו הטוב	לא נפל דבר אחד מכל דברו הטוב	
οἷς ἐλάλησεν ἐν χειρὶ Μωυσῆ δούλου αὐτοῦ.	אשר דבר ביד משה עבדו	אשר דבר ביד משה עבדו	

Kgtm (OG): Κύριος σήμερον, ὃς ἔδωκεν κατάπαυσιν] Κύριος ὁ θεὸς ὃς ἔδωκε σήμερον ἀνάπαυσιν L | Μωυσῆ δούλου αὐτοῦ] Μωσῆ τοῦ δούλου αὐτοῦ L; tr. δούλου αὐτοῦ Μωυσῆ B 71

Kön: יהוה] ܐܠܗܐ ܡܪܝܐ P (= L in Kgtm)

Vers 56

In B wurde Μωυσῆ δούλου αὐτοῦ zu δούλου αὐτοῦ Μωυσῆ umgestellt – vielleicht als Angleichung das δούλου αὐτοῦ Μωυσῆ in 8,53.[9]

Am Anfang steht ברוך יהוה היום = Εὐλογητὸς κύριος σήμερον in Kgtm gegen ברוך יהוה in Kön. Beides könnte im Hyparchetyp gestanden haben.[10] Das σήμερον wird auf ein היום in der OG-Vorlage zurückgehen.[11] In Kön fehlt es. Hinter dem Adverb σήμερον steht in 1–4Kgtm so gut wie immer היום.[12] In 1Kön 5,21 (ברוך יהוה היום) ist die zu erwartende Vorlage auf Hebräisch belegt. In 1Kön 8,15 findet sich in Kgtm ebenfalls ein zusätzliches σήμερον = היום.

---

9 Bösenecker, *Text*, 187, bevorzugt hier in 8,56 die B-Lesart und rekonstruiert δούλου αὐτοῦ Μωυσῆ als OG-Text. Für eine Bevorzugung von B für den OG-Text besteht an dieser Stelle kein Anlass. Zur Problematik der Annahme von „B = OG-Text" vgl. die Einleitung auf S. 22. Bösenecker bevorzugt B dabei noch konsequenter als Rahlfs (vgl. Fn. 24 auf S. 26).

10 Für היום als Zusatz plädieren: ebd., 187; Stade, *Kings*, 108. Thenius hingegen scheint das היום zum Hyparchetyp zu zählen (vgl. Thenius, *Könige*, 139).

11 So auch Bösenecker, *Text*, 187.

12 Bei 58 Belegen von σήμερον in der Nicht-kaige Sektion ist im MT ca. 47 Mal das Lexem יום vorhanden. Ein Teil der verbleibenden Stellen sind textkritisch anders zu erklären (vgl. Tov/Polak, *CATSS* zu 1Sam 14,30.44.45.48). Das σήμερον bleibt ohne Entsprechung in Sam/Kön in 1Sam 16,5; 1Sam 17,45 (aufgrund 17,46) 21,3; 1Sam 24,12; in Königen in 1Kön 2,31; 1Kön 8,15.56.

Das ἐν πᾶσιν τοῖς λόγοις αὐτοῦ τοῖς ἀγαθοῖς entspricht nicht genau dem מכל
דברו הטוב aus dem MT (Präp. ἐν ≠ Präfix מ; Plural τοῖς λόγοις αὐτοῦ vs. Singular
דברו). Der Hyparchetyp ist in diesem Fall in Kön erhalten: מכל דברו הטוב = „(es
ist nicht dahingefallen eine Sache) von seinem ganzen guten Wort". Das מכל wurde
in Kgtm zu einem בכל = ἐν πᾶσιν verlesen. Die Präposition ἐν ist die Standardübersetzung der Präposition ב (in 1–4Kgtm 1602 Mal so übersetzt). Die Formulierung
ἐν πᾶσιν gibt für gewöhnlich בכל oder לכל wieder und nicht מכל. Für מכל wäre
im Gegenteil ἐκ + πᾶς (24 Mal in 1–4Kgtm) oder ἀπό + πᾶς (8 Mal in 1–4Kgtm) zu
erwarten. Entsprechend wird in 1Sam 3,17 מכל הדבר mit ἐκ πάντων τῶν λόγων
und in 1Sam 3,19 מכל דבריו mit ἀπὸ πάντων τῶν λόγων αὐτοῦ übersetzt.[13]

Gemeint war im Hyparchetyp ein Dahinfallen „von" Worten (= מן); ein בכל =
ἐν πᾶσιν ist sprachlich nicht naheliegend.[14] Die Buchstaben ב und מ können in
hebräischen Handschriften wegen ihrer Ähnlichkeit leicht verwechselt werden.[15]

Was den Numerus betrifft, unterschied sich die OG-Vorlage nicht von Kön und
lautete ebenfalls דברו הטוב. Für דברו הטוב wählte der OG-Übersetzer den Plural
τοῖς λόγοις αὐτοῦ τοῖς ἀγαθοῖς. Die LXX hat eine eindeutige Präferenz für den
Plural (vgl. ἐκ / ἀπὸ πάντων τῶν λόγων in 1Sam 3,17; Dtn 28,14; Jos 23,14 und 1Sam
3,19 und ἐν πᾶσιν τοῖς λόγοις in Dtn 27,26; 1Kön 8,56 und Sir 7,36). Die Singular-
Variante (ἐκ / ἀπὸ παντὸς τοῦ λόγου oder ἐν παντὶ τῷ λόγῳ) ist in der LXX gar nicht
belegt. Im Hebräischen sind in nahezu identischen Konstruktionen sowohl der
Plural לא נפל דבר אחד מכל הדברים הטובים in Jos 24,14 als auch der Singular
לא נפל דבר מכל הדבר הטוב in Jos 21,45 belegt.

Vers 57

Die OG-Vorlage entspricht dem Text aus Kön. Der Hyparchtyp ist in Kön und Kgtm
vollständig erhalten.[16] Das „Verstoßen" in 1Kön 8,57 (ואל יטשנו) interpretiert der
OGKgtm-Übersetzer mit ἀποστρέφω als „abwenden" = μηδὲ ἀποστρέψοιτο ἡμᾶς
(zur Semantik von ἀποστρέφω vgl. den Kommentar zu Vers 14 ab S. 128ff.).

---

13 Eine innergriechische Entstehung des ἐν aus einem ἐκ ist unwahrscheinlich, weil ἐκ einen
Genitiv und nicht wie ἐν ein Dativ fordert und somit die ganze Konstruktion in ἐκ πάντων τῶν
λόγων umgeschrieben werden müsste.

14 Karrer/Kraus (Hrsg.), *Septuaginta Deutsch* greift deswegen zu der Übersetzung „Nicht ein
einziges Wort *unter* allen seinen guten Worten" (Kursiv hinzugefügt). Pietersma/Wright (Hrsg.),
NETS übersetzt strikt gemäß OG als „not one word failed in all his good words".

15 Vgl. Tov, *Textual Criticism*, 230f. für Beispiele.

16 Vgl. den Vers in der Synopse im Anhang ab S. 487. Variantenapparat OGKgtm: ἐγκαταλίποιτο]
-λείποιτο A 236-313 b 610 246 527 55 245 318 372 460 707; ἐγκαταλίποι L⁻⁸²⁻¹²⁷ (= Ant); ἐγκαταλίπη
82; ἐγκαταλείποι 127 | ἀποστρέψοιτο] -ψαιτο A CI b d⁻⁶¹⁰ o 130 t⁻³⁷⁰ z 55 71 244 554; ἀποστρέψαι L.

Tab. 7.3: Synopse 1Kön 8,58 par.

Kgtm (OG)	Kgtm (Vorl.)	Kön	Chr
⁵⁸ ἐπικλῖναι καρδίας ἡμῶν	⁵⁸ להטות לבבנו	⁵⁸ להטות לבבנו	
πρὸς αὐτὸν	אליו	אליו	
τοῦ πορεύεσθαι ἐν πάσαις ὁδοῖς αὐτοῦ	ללכת בכל דרכיו	ללכת בכל דרכיו	
καὶ φυλάσσειν πάσας τὰς ἐντολὰς αὐτοῦ καὶ [τὰ] προστάγματα αὐτοῦ,	ולשמר כל מצותיו וחקיו	ולשמר מצותיו וחקיו ומשפטיו	
ἃ ἐνετείλατο τοῖς πατράσιν ἡμῶν.	אשר צוה את אבתינו	אשר צוה את אבתינו	

Kgtm (OG): ἐπικλῖναι] +pre ἀλλ᾽ L 328 | καρδίας] +pre τάς L | πρὸς αὐτόν] ἐπ᾽ αὐτόν B CI 244 | ὁδοῖς] +pre ταῖς L CI 242 o x 71 244 318 372 ? | τάς] > B A 328 55 (= Ra) | [τά] > B A CII⁻³²⁸⁻⁵³⁰ 121 d f o s⁻⁴⁸⁸′ t 55 (= Ra)

Kön: לבבנו] לבבינו MT²⁹ᴹˢ = corda nostra V (= OGKgtm)

Vers 58

Das πρὸς αὐτόν wurde in B CI 244 zu ἐπ᾽ αὐτόν geändert.[17] Das ἐπ᾽ αὐτόν könnte eine sporadische Kaige-Anpassung an ein Hebräisches עליו sein (πρὸς αὐτόν = אליו; ἐπ᾽ αὐτόν = עליו).[18] Das אליו könnte in dem hebräischen Vergleichstext zu עליו verlesen worden sein.[19] Das τάς im OG-Text und ist nur in B A 328 55 ausgefallen. Für eine Bevorzugung von B und A für den OG-Text wie bei Rahlfs besteht hier kein Anlass, weil nur sehr wenige andere Textzeugen diese Lesart teilen.[20]

Die Existenz des τά im OG-Text ist unsicher. Es fehlt in einer größeren Anzahl an Textzeugen. Entweder der Artikel aus dem OG-Text ist in einen Hälfte der Textzeugen noch erhalten und in der anderen ausgefallen, oder der Artikel ist vor

---

17 Bösenecker bevorzugt die B-Lesart für den OG-Text, wozu hier aber kein Anlass besteht (vgl. Bösenecker, *Text*, 187). Zur Problematik der Annahme von „B = OG-Text" bei Rahlfs und Bösenecker vgl. die Einleitung auf S. 22. Bösenecker bevorzugt B dabei noch konsequenter als Rahlfs (vgl. Fn. 24 auf S. 26).

18 Zur Möglichkeit von „sporadischen" Kaige-Bearbeitungen vgl. Kap. 2.1 ab S. 27 in der Einleitung.

19 Vgl. Delitzsch, *Schreibfehler*, §136, für Beispiele von dieser Verwechslung.

20 Zu dem methodischen Ansatz von Rahlfs und seiner Problematik vgl. Kap. 2.1 ab S. 22 in der Einleitung.

dem Einsetzen der handschriftlichen Überlieferung verloren gegangen und wurde nachträglich wiederhergestellt (deswegen [τά]).

Der OG-Übersetzer wird die gesamte Wendung mit Artikel als πάσας τὰς ἐντολὰς αὐτοῦ καὶ τὰ προστάγματα αὐτοῦ übersetzt haben. In Aufzählungen wird der Übersetzer den Artikel einheitlich gebraucht haben.[21] Zudem steht im OG-Text von 3Kgtm bei einer determinierten Aufzählung von מצוה, חק und ggf. משפט stets der Artikel (vgl. 3Kgt 3,14; 8,58; 9,6; 11,11.38; 2Kön 17,37). Die Wendungen ἐν ὅλῃ καρδίᾳ ὑμῶν und ἐν πάσαις ὁδοῖς αὐτοῦ gibt der Übersetzer beide ohne Artikel wieder. Vor ὁδοῖς wird der Artikel dann in einigen Textzeugen ergänzt.

Den Singular לבבנו („unser Herz") wird als Plural καρδίας ἡμῶν („unsere Herzen") übersetzt. Auf ein לבבינו ist daraus nicht zu schließen, auch wenn 29 hebräische Textzeugen es haben.[22] Ein Plural von לבב mit einem Suffix 1.Pl. ist in der HB nicht bezeugt (Sg. לבבנו in Dtn 1,28; Jos 2,11; Klgl 3,41). Dieser Numeruswechsel ist eher der Übersetzung zuzuschreiben; die Vulgata bezeugt ebenfalls den Plural (*corda nostra*). Vgl. 8,61: לבבנו Sg. = αἱ καρδίαι ἡμῶν Pl.

Das πάσας τὰς ἐντολὰς αὐτοῦ καὶ τὰ προστάγματα αὐτοῦ im OG-Text wird auf ein כל מצותיו וחקיו in der OG-Vorlage zurückgehen (Kön: מצותיו וחקיו ומשפטיו). Das Lexem ἐντολή steht in 1–4Kgtm für gewöhnlich für מצוה.[23] Das πρόσταγμα wird in der Regel für ein Derivat der Wurzel חק verwendet.[24] Das Adjektiv πᾶς entspricht in solchen Zusammenhängen so gut wie immer einem כל.[25]

In Vers 58 steht das מצותיו וחקיו ומשפטיו aus Kön gegen das כל מצותיו וחקיו = πάσας τὰς ἐντολὰς αὐτοῦ καὶ [τὰ] προστάγματα αὐτοῦ aus Kgtm. Eine Änderung ist in beide Richtungen denkbar. Entweder bei כל מצותיו וחקיו wurde das כל gestrichen und die Aufzählung zu מצותיו וחקיו ומשפטיו erweitert; oder das ומשפטיו ist bewusst (oder unbewusst via Augensprung) gestrichen und durch das

---

21 In Aufzählungen mit ἐντολή und πρόσταγμα in der LXX sind die Artikel stehts einheitlich entweder mit (1Kön 3,14; 8,58; 9,6; 11,11.38; Neh 1,7) oder ohne Artikel (Esr 7,11; Neh 9,14). In den Aufzählungen von מצוה, חק und משפט in Dtn 5,31; 6,1; 7,11; 26,17; 1Kön 8,58; 2Kön 17,37; 2Chr 19,10; Neh 1,7 steht bei Determination des Hebräischen stets einheitlich der Artikel; bei indeterminierten Aufzählungen fehlt er entsprechend.

22 Anders: Bösenecker, *Text*, 187.

23 Genauer steht ἐντολή 14 von 20 Mal für מצוה. Der Rest sind singuläre Wiedergaben. Die Gegenprobe bestätigt die Rückübersetzung: מצוה ist in 1–4Kgtm 14 Mal mit ἐντολή und 2 Mal mit πρόσταγμα wiedergegeben.

24 In 1–4Kgtm steht πρόσταγμα vier Mal für חק, drei Mal für חקק und zwei Mal für מצוה. Gegenprobe: חק vier Mal für πρόσταγμα und einmal für ἐντολή.

25 Das Adjektiv πᾶς steht in 1–4Kgtm in 679 Fällen für כל. Für 1–4Kgtm ist keine statistische Häufung eines Hinzugefügten πᾶς nachweisbar. Die Formulierung πάσας τὰς ἐντολὰς αὐτοῦ ist sonst nur im Deuteronomium belegt. Dort ist ein כל im MT in 11,8; 13,9; 26,18; 28,1.15; es fehlt im MT von 11,13; 27,10; 30,10.

כל inhaltlich ersetzt worden (ומשפטיוחקם > מצותיו וחקתיו +pre כל). Das כל könnte
aus dem vorhergehenden ללכת בכל דרכיו inspiriert sein.

Tab. 7.4: Synopse 1Kön 8,59 par.

Kgtm (OG)	Kgtm (Vorl.)	Kön	Chr
⁵⁹ καὶ ἔστωσαν οἱ λόγοι οὗτοι,	⁵⁹ ויהיו דברי אלה	⁵⁹ ויהיו דברי אלה	
οὓς δεδέημαι ἐνώπιον κυρίου θεοῦ ἡμῶν σήμερον,	אשר התחננתי לפני יהוה אלהינו היום	אשר התחננתי לפני יהוה	
ἐγγίζοντες πρὸς κύριον θεὸν ἡμῶν ἡμέρας καὶ νυκτὸς	קרבים אל יהוה אלהינו יומם ולילה	קרבים אל יהוה אלהינו יומם ולילה	
τοῦ ποιεῖν τὸ δικαίωμα τοῦ δούλου σου καὶ τὸ δικαίωμα [τοῦ] λαοῦ σου Ισραηλ ῥῆμα ἡμέρας ἐν ἡμέρᾳ αὐτοῦ,	לעשות משפט עבדו ומשפט ישראל דבר יום ביומו	לעשות משפט עבדו ומשפט עמו ישראל דבר יום ביומו	

Kgtm (OG): οἱ λόγοι] + μου O (= Kön) | οὓς] ὡς B 707 | θεοῦ] +pre τοῦ L⁻¹⁹′ 509 246 71 | ἡμῶν⁸,⁵⁸ ἡμῶν 1° 19′ | σήμερον] > B A L 509 460 (= Ra; = Kön) | ἡμῶν 2° ἡμῶν 2° 488ᵗˣᵗ 342 | θεόν] +pre τόν L 328 509 489 71 460 | δούλου – τοῦ °2] > 19′ (τοῦ 3° τοῦ 4° in L) | σου σου 247 B 82 | [τοῦ] in L⁻⁸²⁻¹⁹′ 242 509 125-610 246 o 130-489 71 244 318 372 460; > rel | ἡμέρα] +pre τῇ 121 d 130 t⁻³⁷⁰ z 55 342 554 | αὐτοῦ] ἐνιαυτοῦ B CII 509 s⁻¹³⁰ 460

Vers 59

Wegen der vielen parallelen Formulierungen (κυρίου θεοῦ ἡμῶν // Κύριον θεὸν ἡμῶν; τὸ δικαίωμα τοῦ δούλου σου // τὸ δικαίωμα [τοῦ] λαοῦ σου) ist der Vers sehr anfällig für Augen- und Zeilensprünge (im Variantenapparat). Am stärksten betroffen sind die antiochenischen Textzeugen 19′ mit gleich zwei Augensprüngen.²⁶

Die Existenz des zweiten τοῦ im OG-Text ist unsicher: τὸ δικαίωμα τοῦ δούλου σου καὶ τὸ δικαίωμα [τοῦ] λαοῦ σου Ισραηλ. Das zweite τοῦ ist von ca. einem Drittel aller Textzeugen bezeugt (L⁻⁸²⁻¹⁹′ 242 509 125-610 246 o 130-489 71 244 318 372 460). Im Rest der Textzeugen fehlt es. Ursprünglich wird der Artikel hier gestanden haben. Er könnte im OG-Text gestanden und dann mehrfach unabhängig voneinander ausgefallen sein; oder er fehlte bereits im OG-Text und wurde in einem Drittel der Textzeugen ergänzt.

---

26 58 [...] ἃ ἐνετείλατο τοῖς πατράσιν ~~ἡμῶν.~~ 59 ~~καὶ ἔστωσαν οἱ λόγοι οὗτοι οὓς δεδέημαι ἐνώπιον κυρίου τοῦ θεοῦ ἡμῶν.~~ ἐγγίζοντες πρὸς Κύριον τὸν θεὸν ἡμῶν ἡμέρας καὶ νυκτός, τοῦ ποιεῖν τὸ δικαίωμα ~~τοῦ~~ δούλου σου καὶ τὸ δικαίωμα ~~τοῦ~~ λαοῦ σου Ισραηλ, ῥῆμα ἡμέρας ἐν ἡμέρᾳ αὐτοῦ.

In Kön fehlt ein Äquivalent für das σήμερον. Dessen Auslassung in A könnte deswegen eine Anpassung an Kön sein, die auf die Hexapla zurückgeht.[27] Von dort könnte es auch in L eingedrungen sein. In B könnte σήμερον unabhängig davon im Zuge einer sporadischen Kaige-Revision in Anpassung an Kön gestrichen worden sein.[28]

Das zusätzliche θεοῦ ἡμῶν entspricht einem אלהינו in der OG-Vorlage. Es wiederholt das אלהינו aus dem folgenden Teilsatz. Das σήμερον spiegelt ein hebräisches היום. Relativsätze mit פלל und היום bzw. σήμερον finden sich in 1Kön 8,28 (אשר אנכי מתפלל לפניך היום) und Neh 1,6 (אשר עבדך מתפלל לפניך היום) ולילה (יומם.[29] Die Konsonanten דברי אלה kann man entweder als אֵלֶּה דְּבָרַי le-sen (MTKön; TgJ: פִּתְגָּמַי אֵלֵּין; vgl. Dtn 11,18) oder als דְּבָרֵי אֵלֶּה (= PKön: ܗܵܠܹܝܢ ܦܸܬܓܵܡܹ̈ܐ; vgl. 1Kön 16,14). Der OG-Übersetzer entschied sich wie PKön für letztere Option und übersetzte οἱ λόγοι οὗτοι.[30]

Die Vorlage hinter υοσ ῦοαλ αμωίακιδ ὃτ ιακ υοσ υολύοδ ῦοτ αμωίακιδ ὃτ ist unsicher. Auf Hebräisch würde dieser Text משפט עבדך ומשפט עמך mit einem 2Sg-Suffix lauten. Kön hat allerdings mit משפט עבדו ומשפט עמו einen 3Sg-Suffix. Allerdings sind sich auch potentiellen griechischen Texte sehr ähnlich (αὐτοῦ vs. σου). Eine 2. Person Singular findet sich in der dritten Rede aus 8,56–61 sonst nicht; die Rede ist in 1. Plural gehalten. Deswegen wird der Hyparchetyp משפט עבדו ומשפט עמו gelautet haben. Im Bittgebet bezeichnet sich Salomos als Betende oft als „dein Knecht" (vgl. עמך ישראל ... עבדך in 8,30.36.52). Dieser Einfluss kann eine Änderung zur 2. Person Singular in 8,59 erklären. Wann die Änderung in Kgtm geschah, bleibt unklar. Es könnte auf allen Überlieferungs-Ebenen passiert sein.

Im Hyparchetyp sind die Konsonanten דברי אלה gemäß MTKön und TgJ als דְּבָרַי אֵלֶּה zu lesen (= פִּתְגָּמַי אֵלֵּין im TgJ). Ein artikelloses אלה ist in der HB nur bei einem vorangehenden Substantiv *mit Suffix* möglich.[31] Andernfalls wäre ein הדברים האלה zu erwarten (1Kön 16,14 ist die einzige Ausnahme). Der OG-Übersetzer hat das Jod vermutlich nicht als 1.Sg.-Suffix identifiziert und wie PKön an dieses הדברים האלה und mit οἱ λόγοι οὗτοι übersetzt (הדברים האלה = οἱ

---

27 Zu den Lesarten mit hexaplarischem Ursprung vgl. Kap. 2.1 ab S. 28 in der Einleitung.

28 Zur Möglichkeit von „sporadischen" Kaige-Bearbeitungen vgl. Kap. 2.1 ab S. 27 in der Einleitung.

29 Ein zusätzliches σήμερον findet sich im jeweiligen OG-Text auch in Dtn in 4,1.2(!); 6.2; 9,6; 11,7.22; 12,11.14(!); 13,1.

30 Vgl. Tov/Polak, *CATSS*, der ebenfalls die OG-Vorlage mit dem Konsonantentext von Kön gleich-setzt. Die Rekonstruktion von הדברים האלה (so z. B. Bösenecker, *Text*, 188; BHS) ist mit Blick auf PKön und 1Kön 16,14 nicht gerechtfertigt.

31 Vgl. Ex 10,1 = אלה אתתי; Ex 11,8 = אלה עבדיך כל; 1Kön 10,8 = אלה עבדיך; 1Kön 22,23 = כל; Neh ואמהתיהם אלה; Ezr 2,65 = אל עריך אלה; Jer 31,21 = עבדיך אלה; 2Kön 1,13 = נביאיך אלה; כמעשיו אלה = 6,14.

λόγοι οὗτοι in Dtn 4,30; Neh 6,7–8). Die Hexapla bestätigt diesen Befund. Dort wurde דברי אלה ebenfalls als דְּבָרַי אֵלֶּה gelesen und deswegen im OG-Text der fehlende Suffix durch das μου ergänzt (דברי אלה = οἱ λόγοι οὗτοι μου).

Der Hyparchetyp ist in diesem Vers vollständig in Kön erhalten. Die Konsonanten דברי אלה sind gemäß MTKön und TgJ als דְּבָרַי אֵלֶּה zu lesen (= פִּתְגָּמַי אֵלֶּין im TgJ). Ein artikelloses אלה ist in der HB nur bei einem vorangehenden Substantiv *mit Suffix* möglich.[32] Andernfalls wäre ein הדברים האלה zu erwarten (1Kön 16,14 ist die einzige Ausnahme).

Der Relativsatz אשר התחננתי לפני יהוה bestimmt das דברי אלה näher. In Kgtm ist der Relativsatz nachträglich verlängert worden (אשר התחננתי לפני יהוה אלהינו היום = οὓς δεδέηµαι ἐνώπιον κυρίου θεοῦ ἡµῶν σήµερον). Diese Überlänge widerstrebt der Funktion des Relativsatz als kurze Näher-Bestimmung von דברי אלה und wurde erst nachträglich hergestellt (vgl. die vergleichbare Kürze in 1Kön 9,3: ואת תחנת אשר התחננתה לפני). Das zusätzliche אלהינו stammt aus dem folgenden Teilsatz (קרבים אל יהוה אלהינו יומם ולילה) und das היום wiederholt das היום aus 3Kgtm 8,56.

Der Hyparchetyp lautete außerdem עבדו ... עמו („seines Knechtes ...seines Volkes"). Eine 2. Person Singular wie in Kgtm findet sich in der dritten Rede aus 8,56–61 sonst nicht (τὸ δικαίωµα τοῦ δούλου σου καὶ τὸ δικαίωµα λαοῦ σου). Die dritte Rede ist in 1. Plural gehalten. Im Bittgebet bezeichnet sich Salomos als Betende oft als „dein Knecht" (vgl. עבדך ... עמך ישראל in 8,30.36.52). Dieser Einfluss kann eine Änderung zur 2. Person Singular in Kgtm erklären.

Tab. 7.5: Synopse 1Kön 8,60 par.

Kgtm (OG)	Kgtm (Vorl.)	Kön	Chr
60 ὅπως γνῶσιν πάντες οἱ λαοὶ τῆς γῆς	60 למען דעת כל עמי הארץ	60 למען דעת כל עמי הארץ	
ὅτι	כי	כי	
κύριος ὁ θεός,	יהוה	יהוה	
αὐτὸς θεὸς	הוא האלהים	הוא האלהים	
καὶ οὐκ ἔστιν ἔτι.	אין עוד	אין עוד	

Kgtm (OG): Κύριος ὁ θεός, αὐτὸς θεός] σὺ Κύριος ὁ θεός L 328; Κύριος, αὐτὸς ὁ θεός A (= Kön)

---

32 Vgl. Ex 10,1 = אלה אתתי; Ex 11,8 = אלה כל עבדיך; 1Kön 10,8 = אלה עבדיך; 1Kön 22,23 = כל אלה; 2Kön 1,13 = אלה עבדיך; Jer 31,21 = אלה עריך; Ezr 2,65 = אלה נביאיך; Neh 6,14 = אלה כמעשיו.

Vers 60

Der Kodex A hat Κύριος αὐτὸς ὁ θεός. Dies Lesart entstammt der Hexapla und passt den Text an Kön an (יהוה הוא האלהים).[33] Der L-Text (und die Handschrift 328) hat ὅτι σὺ Κύριος ὁ θεός, καὶ οὐκ ἔστιν ἔτι: „Du (bist) Herr, der Gott, und es gibt darüber hinaus keinen (anderen)". Das zusätzliche σύ schließt an den 2. Singular in Vers 59 an (L: τὸ δικαίωμα τοῦ δούλου σου καὶ τὸ δικαίωμα τοῦ λαοῦ σου; Kön hat 3. Sg.). Das fehlende αὐτὸς θεός könnte auf einen Augensprung zurückgehen (Κύριος ὁ θεός, αὐτὸς θεός).

Im Vergleich zu Kön hat der OG-Text eine andere Gestalt. Ein ὁ θεός nach יהוה = κύριος und ein καί kommen dazu; der Artikel aus האלהים hat kein Äquivalent (θεός). Die OG-Vorlage war mit dem Text aus Kön identisch; für eine anders lautende OG-Vorlage gibt es keine Hinweise.[34] Die Änderungen wurden im Rahmen der Übersetzung ins Griechische vorgenommen, wie die griechischen Übersetzung derselben hebräischen Konstruktion in Dtn 4,35.39 belegt (Plus = Kasten; Änderung = unterstrichen):

1Kön / 3Kgtm 8,60: עוד אין האלהים הוא יהוה כי; ὅτι κύριος ὁ θεός, αὐτὸς θεός καὶ οὐκ ἔστιν ἔτι.

Dtn 4,35: מלבדו עוד אין האלהים הוא יהוה כי; ὅτι κύριος ὁ θεός σου, οὗτος θεός ἐστιν, καὶ οὐκ ἔστιν ἔτι πλὴν αὐτοῦ

Dtn 4,39: עוד אין מתחת הארץ ועל ממעל בשמים האלהים הוא יהוה כי; ὅτι κύριος ὁ θεός σου, οὗτος θεὸς ἐν τῷ οὐρανῷ ἄνω καὶ ἐπὶ τῆς γῆς κάτω, καὶ οὐκ ἔστιν ἔτι πλὴν αὐτοῦ·

Die Übersetzer von 1Kön und Dtn nahmen im Rahmen ihrer Übersetzung alle dieselben Änderungen vor. Vor עוד אין = οὐκ ἔστιν ἔτι wird ein καί ergänzt: „und es gibt ferner keinen (anderen)"; der Artikel aus האלהים bleibt ohne direktes Äquivalent. Die Übersetzer gaben das Pronomen הוא (er; dieser) wie sonst auch mit dem Personalpronomen αὐτός (er; selbst) bzw. mit dem Demonstrativpronomen οὗτος (dieser) wieder (Dtn 4,35: + ἐστιν).[35] Dieses αὐτός bzw. οὗτος machte eine Neu-Anordnung des Griechischen in drei Teilsätze notwendig: „dass der Herr (dein) Gott (ist), dieser / er (ist) (selbst) Gott und es gibt ferner keinen (anderen)".[36] In allen drei Übersetzungen wurde ein ὁ θεός/ὁ θεός σου eingefügt. In Dtn 4,35.39

---

33 Zu den Lesarten mit hexaplarischem Ursprung vgl. Kap. 2.1 ab S. 28 in der Einleitung.

34 Gegen Bösenecker, *Text*, 189, der die Änderungen der OG-Vorlage zuschreibt.

35 Eine Übersetzung von יהוה הוא האלהים mit Κύριος ἐστιν θεός würde dem Sinn des Hebräischen eher entsprechen (= „der Herr ist Gott [und keiner sonst]"), aber die üblichen Äquivalenz הוא = αὐτός/οὗτος übergehen.

36 Die Zeichensetzung bei Rahlfs und in der Cambridge LXX schreibt vor, ὅτι κύριος ὁ θεός als ersten Nebensatz zu begreifen. Karrer/Kraus (Hrsg.), *Septuaginta Deutsch* übersetzt: „dass *der Herr der Gott: Er (ist) Gott und* es gibt ferner keinen." (kursiv im Original); Pietersma/Wright (Hrsg.), *NETS* übersetzt angelehnt an das Hebräische: „that the Lord God, he is God and there is no other".

erklärt sich das ὁ θεός σου („*dein* Gott") aus der 2. Person Singular in den jeweiligen Versen (4,35: „du hast gesehen …"; 4,39: „erkenne …"). In 3Kgtm 8,60 geht es um die Nicht-Israeliten und ihre Gotteserkenntnis. Deswegen heißt es nicht wie in 8,57.59 אלהינו יהוה = κύριος ὁ θεὸς ἡμῶν („der Herr *unser* Gott"), sondern יהוה אלהים = κύριος ὁ θεός. Über den Weg entstand an dieser Stelle der Gottesname Κύριος ὁ θεός (hebr. יהוה אלהים).[37]

Der Hyparchetyp hat sich in Kön und der OG-Vorlage unverändert erhalten (zum Text vgl. Kap. 10 ab S. 308.). In Kgtm wurde der Text erst mit der Übersetzung ins Griechische umgeformt (s. o.).

Tab. 7.6: Synopse 1Kön 8,61 par.

Kgtm (OG)	Kgtm (Vorl.)	Kön	Chr
[61] καὶ ἔστωσαν αἱ καρδίαι ἡμῶν τέλειαι πρὸς κύριον θεὸν ἡμῶν καὶ ὁσίως	[61] והיה לבבנו שלם עם יהוה אלהינו [?]	[61] והיה לבבכם שלם עם יהוה אלהינו	
πορεύεσθαι ἐν τοῖς προστάγμασιν αὐτοῦ	ללכת בחקיו	ללכת בחקיו	
καὶ φυλάσσειν ἐντολὰς αὐτοῦ ὡς ἡ ἡμέρα αὕτη.	ולשמר מצותיו כיום הזה	ולשמר מצותיו כיום הזה	

Kgtm (OG): θεόν] +pre τόν A L 328 509 74 707 | ὁσίως] +pre τοῦ L | ἐντολάς] +pre τάς L 246 o t‑527 372
Kön: [בחקיו] ܡܬ̈ܝܐ ܟ̈ܬ̈ܘܗܝ P | [מצותיו] P ܘܡܦܩܕܘܗܝ, ܘܦܘܩ̈ܕܢܘܗܝ, ܘܢܡܘ̈ܣܘܗܝ, ܘܢܡܘܣܘܗܝ, ܘܢܡܘ̈ܣܐ

Vers 61

Das αἱ καρδίαι ἡμῶν aus dem OG-Text geht auf ein לבבנו in der OG-Vorlage zurück. Kgtm bewahrt an dieser Stelle den Hyparchetyp, der in Kön durch einen Abschreibefehler verloren gegangen ist (Kön: לבבכם = „eure Herzen"; s. u.).

Die Präposition πρός ist in 1–4Kgtm Standardäquivalent für אל.[38] Der MT hat עם, was der OG-Übersetzer für gewöhnlich mit μετά wiedergibt. In der HB ist die Wendung היה … לב … [?] יהוה nur mit עם belegt (vgl. 1Kön 8,61; 11,4.9; 15,3.14). Der Hyparchetyp wird auch hier ein עם gehabt haben. An allen diesen Stellen ist

---

37 יהוה אלהים in Gen 2,4–5.7–9.15–16.18–19.21–22; 3,1.8–9.13–14.21–23; Ex 9,30; 2Sam 7,25; 2Kön 19,19; 1Chr 17,16–17; 28,20; 29,1; 2Chr 1,9; 6,41–42; 26,18; Ps 59,6; 72,18; 80,5.20; 84,9.12; Jer 10,10; Jona 4,6. יהוה האלהים in Jos 22,34; 1Sam 6,20; 1Kön 18,21.37; 1Chr 22,1.19; 2Chr 32,16; Neh 8,6; 9,7.
38 Vgl. das πρός in 1–4Kgtm 728 Mal für אל ; 26 Mal für ל 16 Mal für על; 5 Mal für עם.

im OG-Text auch immer mit μετά übersetzt. Entweder ist πρός also innergriechisch entstanden oder aber ausnahmsweise mit עם übersetzt worden.

Das καὶ ὁσίως (Adv. fromm, gottgefällig) gehört als griechisches Adverb im OG-Text zum zweiten Teilsatz: „Und unsere Herzen seien vollständig bei dem Herrn unseren Gott, *um sowohl fromm zu wandeln in seinen Anordnungen* (καὶ ὁσίως πορεύεσθαι ἐν τοῖς προστάγμασιν αὐτοῦ) als auch seine Gebote zu bewahren (καὶ φυλάσσειν ἐντολὰς αὐτοῦ) bis auf diesen Tag"[39] Im Hebräischen fehlt ein Äquivalent für καὶ ὁσίως. Wenn es ein hebräisches Äquivalent gegeben hat, wird es Teil des vorherigen Satzes gewesen sein (iSv. „und eure Herzen seien ungeteilt beim Herrn und vollkommen"; vgl. den analogen Satzbau in 1Kön 9,4: כאשר הלך דוד אביך בתם לבב ובישר). Eine Rekonstruktion der OG-Vorlage ist wegen der dünnen Datenlage aber nicht möglich. Zu erwarten wäre ein Adjektiv analog zu שלם. Das Adverb ὁσίως ist in der LXX allerdings sehr selten (nur noch in Weish 6,10). Gebräuchlicher ist das Adjektiv ὅσιος (77 Mal) oder das Substantiv ὁσιότης (9 Mal). Mögliche Äquivalente sind ישר (Dtn 9,5), תמים/תם (1Kön 9,4; 1Sam 14,41) und חסיד. Möglich wäre z. B. ein והיה לבבנו שלם עם יהוה אלהינו ותמים, analog zum בתם לבב in 1Kön 9,4.

Das לבבנו des Hyparchetyps ist im αἱ καρδίαι ἡμῶν aus OGKgtm erhalten. Die dritte Rede ist in 1. Person Plural gehalten (8,58: להטות לבבנו אליו יהוה; אלהינו in 8,59.61) und לבבנו = „unsere Herzen" damit die zu erwartende grammatische Form (vgl. לבבנו in 8,58). Vers 58 entspricht dem OG-Text von Vers 61: „[58] um zu neigen *unsere* Herzen zu ihm …[61] und es seien *unsere* Herzen ungeteilt mit Jhwh *unserem* Gott". Das לבבכם („eure Herzen") aus Kön geht auf einen Abschreibefehler zurück. Die Endung נו kann mit einem ם-finalis verwechselt und das ב für ein כ gehalten werden (לבבנו > לבבכם/לבבכם).[40] Auf diese Weise ist der unvermittelte Numerus-Wechsel entstanden: „und es seien *eure* Herzen ungeteilt mit Jhwh *unserem* Gott".

Der Targum Jonathan ersetzt עם mit בדחלתא und liest „und es seinen eure Herzen ungeteilt *in der Furcht* Jhwhs, unseres Gottes". Immer wenn diese Formulierung im MT auftritt, ist der Text im TgJ so bearbeitet (vgl. 1Kön 11,4.6; 15,3.14).

Die Peshitta ändert das ללכת בחקיו („um zu gehen in seinen Satzungen) in die für das Königebuch übliche Formulierung ܠܡܗܠܟܘ ܒܐܘܪ̈ܚܬܗ („um zu gehen *in seinen Wegen*"; vgl. 1Kön 2,3; 3,14; 8,58; 11,10). Zudem ergänzten PKön weitere Synonyme

---

39 Kursiv MF. Ähnlich Karrer/Kraus (Hrsg.), *Septuaginta Deutsch*: „Und unsere Herzen seien vollständig beim Herrn, unserem Gott, *sowohl um in Heiligkeit in seinen Anordnungen zu wandeln*, als auch um seine Gebote zu beachten wie an diesem Tag." (ebd.; kursiv MF). Pietersma/Wright (Hrsg.), *NETS*: „And let our hearts be perfect to the Lord, our God, *to go devoutly in his ordinances* and to keep his commandments, as this day" (kursiv MF).

40 Vgl. Tov, *Textual Criticism*, 248–249.

für מצותיו (ܘܢܬܡ̈ܘܗܝ، ܘܕ̈ܝܢܘܗܝ، ܘܡܦ̈ܩܕܢܘܗܝ، ܩܡ̈ܦܕܢܘܗܝ ܕܢܛܪ ܘܡܠ : „und um zu bewahren *seine Gebote und seine Bundessatzungen und seine Gerichte und seine Gesetze*").[41]

---

41 Vgl. Gottlieb, *Peshiṭta Kings*. Ein oder mehrere Begriffe fehlen in einigen Textzeugen, weswegen *CAL* einen anderen Text hat. Für die innersyrischen Varianten vgl. den Variantenapparat in Gottlieb, *Peshiṭta Kings*.

8 Die Schlussnarration (8,62–66)

8.1 2Chr 7,1–3 und die Auslassung von 1Kön 8,54–61 in Chr

Tab. 8.1: Synopse 1Kön 8,54.62 par. + 2Chr 7,1–3

Kgtm	Kön	Chr
⁵⁴ ויהי	⁵⁴ ויהי	
ככלות שלמה	ככלות שלמה	^{7,1} ככלות שלמה
להתפלל אל יהוה את כל	להתפלל אל יהוה את כל	להתפלל
התפלה והתחנה הזאת...	התפלה והתחנה הזאת...	
[...]	[...]	
		והאש ירדה מהשמים
		ותאכל העלה והזבחים
		וכבוד יהוה מלא את הבית
		^{7,2} ולא יכלו הכהנים
		לבוא אל בית יהוה
		כי מלא כבוד יהוה את בית יהוה
		^{7,3} וכל בני ישראל ראים
		ברדת האש
		וכבוד יהוה על הבית
		ויכרעו אפים ארצה על הרצפה
		וישתחוו
		והודות ליהוה
		כי טוב
		כי לעולם חסדו
⁶² והמלך וכל בני ישראל זבחים...	⁶² והמלך וכל ישראל עמו זבחים...	^{7,4} והמלך וכל העם זבחים...

Die chronistischen Schreiber haben das Ende des Bittgebetes aus 1Kön 8,51–53 überarbeitet und es mit einem Zitat aus Ps 132,8–10 enden lassen (zu 2Chr 6,40–42 vgl. Kap. 6.3 ab S. 232). Das Zitat lenkt den Fokus auf die Lade und ihren Einzug in den Tempel (vgl. 2Chr 6,41 mit 2Chr 5,11–14 ≈ 1Kön 8,10–11). Das Ende aus 2Chr 6,42 ist auf das Bittgebet Salomos abgestimmt: „Denke (doch) an die Gnadenerweise für David deinen Knecht." Die Schlussworte Salomos aus 1Kön 8,55–61 werden übergangen und ausgelassen. Aus „Und als Salomo beendet hatte, zu beten" in

https://doi.org/10.1515/9783111290973-008

1Kön 8,54 machten die Schreiber eine Überleitung zum chronistischen Sondergut aus 2Chr 7,1–3 über die Einweihung des Altars. Diese Einweihung nach Lev 9 und die Erfüllung des Tempels werden als *direkte* Antwort auf Salomos Bittgebet inszeniert. Salomo bittet Jhwh in der zweiten Rede um seine Zuwendung; *als Salomo dieses Gebet beendet hatte*, nahm Jhwh sein Heiligtum in Besitz. Die temporale Einleitung aus 8,54 eignete sich, um die gewünschte Ereignisfolge zu explizieren und wurde deswegen übernommen. Die Schlussworte Salomos aus 1Kön 8,55–61 stand dafür im Weg und wurde ausgelassen.[1] Das Bittgebet ist Salomos wichtigster heilsgeschichtlicher Verdienst und wird deswegen zur Voraussetzung für Einzug und Einweihung gemacht. Diese Interpretation wird von TgChr aufgenommen und in 7,10 durch eine exegetische Glosse explizit gemacht (s. u. in Kap. 8.5 ab S. 272).[2]

Mit dem vom Himmel kommenden Feuer in 2Chr 7,1a weiht Jhwh nach dem Vorbild der Altarweihe in Lev 9 den Altar des Jerusalemer Tempels ein. Die Reaktionen des Volkes ähneln sich ebenfalls. Die Erfüllung des Tempels mit Jhwhs Herrlichkeit entspricht 1Kön 8,10–11 = 2Chr 5,1a.13b–14:

> Lev 9,24: „24 Und es ging heraus ein Feuer von Jhwh und es verzehrte auf dem Altar das Brandopfer und die Fettstücke. Und das ganze Volk sah es und jauchzte und fiel auf sein Angesicht."
>
> 1Kön 8,10–11: „10 Und es geschah, als die Priester herausgegangen waren aus dem Heiligen, da erfüllte die Wolke das Haus ⟨|+ Jhwhs|⟩. 11 Und die Priester konnten nicht herantreten, um ihren Dienst zu verrichten wegen der Wolke, *denn die Herrlichkeit Jhwhs erfüllte das Haus* ⟨+ Jhwhs⟩."
>
> 2Chr 7,1a.3: „1 Und als Salomo beendet hatte, zu beten, da kam Feuer vom Himmel herab und es verzehrte das Brandopfer und das Schlachtopfer. *Die Herrlichkeit Jhwhs aber erfüllte das Haus.* 2 Und die Priester konnten nicht in das Haus Jhwhs hineingehen, denn die Herrlichkeit Jhwhs erfüllte das Haus Jhwhs. 3 Und als alle Söhne Israels das herunterkommende Feuer und die Herrlichkeit Jhwhs auf dem Haus sahen, *knieten sie sich nieder mit dem Angesicht* zur Erde auf das Pflaster. Und sie warfen sich nieder und lobten Jhwh, dass er gut sei und seine Gnade ewig währe."

---

1 Ähnlich Klein, *2 Chronicles*, 104–105. Die Auslassungen schaffen zudem Raum für die chronistischen Zusätze. Der ausgelassene Text von 1Kön 8,50b–53.55–61 entspricht ungefähr der Menge an Text, der in der Chronik an dieser Stelle hinzugefügt wurde (2Chr 6,40–42; 7,1–3.6.9). Vgl. für diese Beobachtung vor allem Japhet, *2 Chronik*, 97.

2 TgChr 7,10: „Und am 23. Tag des siebten Monats entließ er das Volk. Und sie segneten den König und gingen zu ihren Zelten, fröhlich und guten Mutes über das Gute, dass Jhwh getan hat für David – denn die Tore des Hauses des Heiligtums wurden geöffnet aufgrund seines Verdienstes – und für Salomo *seinen Sohn – dessen Gebete Jhwh erhört hat, und die Shekina Jhwhs nahm (daraufhin) das Haus des Heiligtums in Besitz* – und für Israel, sein Volk – denn ihre Opfer wurden in Wohlgefallen angenommen und das Feuer kam herab vom Himmel und ließ sich auf den Altar herab und verzehrte ihre Opfer."

2Chr 7,2 passt den Text zudem vollständig an Ex 40,35 an: „Und Mose konnte nicht hineingehen in das Zelt der Begegnung, denn die Wolke hatte sich auf es niedergelassen und die Herrlichkeit Jhwhs erfüllte die Wohnung." 1Kön 8,11 ersetzt das „Nicht-Hineingehen-Können" durch eine stehende Wendung für den Tempeldienst der Priester, weil die Priester bereits herein- und herausgegangen waren (1Kön 8,11a: „und sie konnten nicht hinzutreten, um ihren Dienst zu verrichten"). Dieser inhaltliche Unterschied zwischen Ex 40,35 und 1Kön 8,11 wurden von den chronistischen Schreibern bemerkt und durch eine Wiederholung in 2Chr 7,2 behoben.

Das vom Himmel kommende Feuer verbindet die Tempelweihe zudem mit dem Fund des Tempelplatzes durch David in 1Chr 21 (≈ 2Sam 24). Dort baut bereits David auf dem Tempelplatz einen Altar und Jhwhs antwortet ihm in 1Chr 21,26 mit vom Himmel kommenden Feuer.

Das Lobpreis von „seiner Gnade" (חסדו) schließt an die „Gnadenerweise für David" (לחסדי דויד) aus 2Chr 6,42 an und verbindet den Text zudem mit Davids Überführung der Lade nach Jerusalem aus 1Chr 16–17 (≈ 2Sam 6–7). Dieselbe Wendung ידה „loben" + כי טוב כי לעולם חסדו findet sich dort genauso im Sondergut aus 1Chr 16,34.41 (vgl zudem וחסדי לא אסיר מעמו in 1Chr 17,13).[3] Der Begriff für „Pflaster" (רצפה) kommt in 1Sam–2Kön nicht vor, sondern stammt aus 40,17–18; 42,3.

---

[3] Für eine tabellarische Übersicht und eine ausführlichere Analyse dieser Zusammenhänge vgl. Maskow, *Tora*, 497.

8.2 Opfer und Einweihung (8,62–63) + 2Chr 7,6

Tab. 8.2: Synopse 1Kön 8,62–63 par.

Kgtm (OG)	Kgtm (Vorl.)	Kön	Chr
62 Καὶ ὁ βασιλεὺς καὶ πάντες οἱ υἱοὶ Ισραηλ ἔθυσαν θυσίαν ἐνώπιον κυρίου.	62 והמלך וכל בני ישראל זבחים זבח לפני יהוה	62 והמלך וכל ישראל עמו זבחים זבח לפני יהוה	7,4 והמלך וכל העם זבחים זבח לפני יהוה
63 καὶ ἔθυσεν ὁ βασιλεὺς Σαλωμων τὰς θυσίας τῶν εἰρηνικῶν	63 ויזבח המלך שלמה את זבח השלמים	63 ויזבח שלמה את זבח השלמים	7,5 ויזבח המלך שלמה את זבח
ἃς ἔθυσεν τῷ κυρίῳ,	אשר זבח ליהוה	אשר זבח ליהוה	
βοῶν δύο καὶ εἴκοσι χιλιάδας· προβάτων ἑκατὸν καὶ εἴκοσι χιλιάδας	בקר עשרים ושנים אלף [ו]צאן מאה ועשרים אלף	בקר עשרים ושנים אלף וצאן מאה ועשרים אלף	הבקר עשרים ושנים אלף וצאן מאה ועשרים אלף
καὶ ἐνεκαίνισεν τὸν οἶκον κυρίου ὁ βασιλεὺς καὶ πάντες οἱ υἱοὶ Ισραηλ.	ויחנכו את בית יהוה המלך וכל בני ישראל	ויחנכו את בית יהוה המלך וכל בני ישראל	ויחנכו את בית האלהים המלך וכל העם
			7,6 והכהנים על משמרותם עמדים והלוים בכלי שיר יהוה אשר עשה דויד המלך להדות ליהוה כי לעולם חסדו בהלל דויד בידם והכהנים מחצצרים נגדם וכל ישראל עמדים

Kgtm (OG): οἱ υἱοί] ܒܢܝ̈- SyrH (= Kön) | Ισραηλ] + μετ᾽ αὐτοῦ O SyrH(ܥܡܗ܁) Arm (= Kön) | θυσίαν] θυσίας L | ἐνώπιον κυρίου] + τοῦ θεοῦ L | **Vers 63:** ὁ βασιλεύς] ܡܠܟܐ- SyrH | τὰς θυσίας] τὴν θυσίαν L | ἅς] ἥν Bᵗˣᵗ L 509 246 460; ὧν Bᵐᵍ | δύο καὶ εἴκοσι] δύο καὶ εἴκοσι tr. εἴκοσι καὶ δύο O SyrH (= Kön) | χιλιάδας] χιλιάδες Bᶜ 82 68-122* 460 | προβάτων ἑκατὸν εἴκοσι χιλιάδας SyrH(sub ※ s.u.) 243ᵐᵍ-731ᵐᵍ 125ᵐᵍ 244ᵐᵍ rel] > B 98-243ᵗˣᵗ-379-731ᵗˣᵗ d⁻¹²⁵ᵐᵍ 328 509 mixti⁻²⁴⁴ᵐᵍ (χιλιάδας χιλιάδας) | προβάτων] +pre καί O L 243ᵐᵍ-731ᵐᵍ 125ᵐᵍ SyrH (= Ra) | καί 3°] > O 243ᵐᵍ-731ᵐᵍ 246 x mixti (= Ra)

Kön: המלך] + ܥܡܗ̈ P | זבח] + קדשין TgJ; + ܩܪܒܐ P | **Vers 63:** השלמים] קדשיא TgJ | אשר זבח ליהוה] ܡܢ ܩܕܡ P | [ליהוה

Chr: Vers 5: שלמה] > OG | המלך °2] + ܥܡܗ̈ P | **Vers 6:** מחצרים MTᴸ⁻ᴷᵉᵗⁱᵛ, ʳᵉˡ] מחצצרים MTᴸ⁻Qᵉʳᵉ, ²ᴹˢ

3Kgtm 8,62–63

Das οἱ υἱοί des OG-Textes geht auf ein בני in der Vorlage zurück.[4] In der SyrH ist die syrische Übersetzung von οἱ υἱοί (ܒܢ̈ܝ‐) mit einem Obelus markiert, weil es in Kön fehlt. In Kön steht ein zusätzliches עמו. Das syrische Äquivalent für עמו wurde mit einem Asterisk in der SyrH hinzugefügt (ܥܡܗ٭). O hat den hexaplarischen Text ohne die textkritischen Zeichen übernommen und deswegen sowohl οἱ υἱοί als auch μετ᾽ αὐτοῦ (O: καὶ πάντες οἱ υἱοί Ισραηλ μετ᾽ αὐτοῦ = MT: עמו וכל ישׂראל + OG: καὶ πάντες οἱ υἱοί).[5]

In der SyrH ist das syrische Äquivalent zu ὁ βασιλεύς mit einem Obelus markiert (ܡܠܟܐ‐), weil es in Kön fehlt. In den ersten zwei Propositionen unterscheiden sich die Textzeugen beim Numerus von θυσία (τὰς θυσίας vs. τὴν θυσίαν) und beim Relativpronomen (ἅς/ἥν/ὧν). Im Griechischen muss das Relativpronomen durch Kongruenz im Kasus, Numerus und Genus auf das entsprechende Bezugswort abstimmt werden, während im Hebräischen aufgrund des nicht-flektierbaren אשׁר der Bezugspunkt des Relativsatzes Sache der Interpretation ist. Folgende Versionen sind erhalten:

> OG καὶ ἔθυσεν ὁ βασιλεὺς Σαλωμων τὰς θυσίας τῶν εἰρηνικῶν ἅς ἔθυσεν τῷ κυρίῳ
> B καὶ ἔθυσεν ὁ βασιλεὺς Σαλωμων τὰς θυσίας τῶν εἰρηνικῶν ἥν mg:ὧν ἔθυσεν τῷ κυρίῳ
> L καὶ ἔθυσεν ὁ βασιλεὺς Σολομῶν τὴν θυσίαν τῶν εἰρηνικῶν ἥν ἔθυσεν τῷ κυρίῳ

Der OG-Text τὰς θυσίας ...ἅς ist durch eine große Mehrheit an Textzeugen gedeckt. In ihm bezieht sich der Relativsatz auf θυσία. Das ἥν im Haupttext von B geht auf einen Abschreibefehler zurück, wurde deswegen blass radiert und durch eine Randnotiz in Anschluss an das τῶν εἰρηνικῶν zu ὧν korrigiert. In L sind Nomen regens und Relativpronomen vollständig in den Singular gesetzt (τὴν θυσίαν ...ἥν).

Die meisten Varianten betreffen die Aufzählung der Opfertiere. Folgende unterschiedliche Versionen sind überliefert:

> OG rel: βοῶν δύο καὶ εἴκοσι χιλιάδας· προβάτων ἑκατὸν καὶ εἴκοσι χιλιάδας
> B CI d 328 509 mixti: βοῶν δύο καὶ εἴκοσι χιλιάδας·[6]
> L: βοῶν δύο καὶ εἴκοσι χιλιάδας· καὶ προβάτων ἑκατὸν καὶ εἴκοσι χιλιάδας
> SyrH ܘܕܒܚ̈ܐ ܕܫܠܡܐ ܕܕܒܚ ܡܠܟܐ ܬܘܪ̈ܐ ܬܪ̈ܝܢ ܘܥܣܪ̈ܝܢ ܐܠܦ̈ܝܢ
> O: βοῶν εἴκοσι καὶ δύο χιλιάδας· καὶ προβάτων ἑκατὸν εἴκοσι χιλιάδας

Die Umstellung von δύο καὶ εἴκοσι zu εἴκοσι καὶ δύο in O und SyrH ist wohl durch Kön (ושׁנים עשׂרים) verursacht. In den Textzeugen B CI d 328 509 und ein paar

---

4 So auch Bösenecker, *Text*, 189.
5 Zu den Lesarten mit hexaplarischem Ursprung vgl. Kap. 2.1 ab S. 28 in der Einleitung.
6 Randnotiz in 243mg-731mg 125mg 244mg: + καὶ προβάτων ἑκατὸν καὶ εἴκοσι χιλιάδας.

Weiteren aus der Gruppe *mixti* ist προβάτων ἑκατὸν εἴκοσι χιλιάδας aufgrund eines Augensprunges ausgefallen (βοῶν δύο καὶ εἴκοσι χιλιάδας· προβάτων ἑκατὸν καὶ εἴκοσι χιλιάδας).[7] In der Handschrift 125 aus der d-Gruppe und den Textzeugen 243-731 aus der CI-Gruppe und 244 (mixti) wurde der ausgefallene Teil später am Rand wieder ergänzt. Der Augensprung könnte mehrfach unabhängig voneinander passiert sein. Die Hexapla hat einen LXX-Text benutzt, in dem dieser Text ebenfalls bereits ausgefallen war. O und SyrH füllen den Text aus MTKön inkl. hexaplarischer Zeichen auf und stellen dabei zufällig den OG-Text mit zusätzlichem Kopula wieder her.[8] Der kurze Text spiegelt also weder den OG-Text noch den Hyparchetyp wieder.[9] Die genannte Möglichkeit des Augensprungs und die schwache Bezeugung (B CI d 328 509) machen das unwahrscheinlich.

Die große Mehrheit der Textzeugen ließt βοῶν …νωτάβορπ ohne Kopula. Der OG-Text ist damit gegen Rahlfs ohne die Kopula zu rekonstruieren.[10] Der Zusatz des καί vor προβάτων ist in O und SyrH eine hexaplarische Anpassung an den MT (OG: προβάτων; MT: ןאצו; O: καὶ προβάτων = SyrH: ܘܥܢ̈ܐ٭). L kann das καί hinzugefügt haben, um einen asyndetischen Anschluss der zweiten Tiergruppe zu vermeiden. Die Textzeugen 243mg-731mg aus der CI-Gruppe und 125mg aus der d-Gruppe haben das καί in einer Randlesart, in der der durch den Augensprung ausgefallene Text inklusive der Kopula (καὶ προβάτων ἑκατὸν εἴκοσι χιλιάδας) ergänzt wird. Bei der Hinzufügung dieses καί in den verschiedenen Textzeugen handelt es sich also wohl um voneinander unabhängigen Bearbeitungen. Das erklärt die Verteilung des hinzugefügten καί über die verschiedenen Textzeugen am besten.

---

7 So auch: Stade, *Kings*, 108).

8 Law (vgl. Law, *Origenes*, 67f.) schlägt als alternative Erklärung vor, dass der Augensprung bereits vor der Übersetzung ins Griechische in der Hebräischen Vorlage des OG-Textes passierte und B CI d 328 509 mixti den OG-Text ebenso überliefern könnten. Damit würden O und SyrH gemeinsam mit B CI d 328 509 mixti den kurzen OG-Text bezeugen. Aber woher hatte der große Rest der Zeugen den langen Text ohne Kopula (προβάτων ἑκατὸν καὶ εἴκοσι χιλιάδας), wenn er nie auf Griechisch existierte? O und SyrH haben den Text aus dem MT (καὶ προβάτων ἑκατὸν καὶ εἴκοσι χιλιάδας). Jeder andere Text, der vom MT herrührt, hätte wohl ebenfalls eine Kopula am Anfang. Das heißt προβάτων ἑκατὸν καὶ εἴκοσι χιλιάδας ohne anfängliche Kopula ist höchstwahrscheinlich OG-Text. Anders wäre die Herkunft dieses Textes kaum zu erklären.

9 Dies behaupten z. B. Montgomery, *Kings*, 200; Eissfeldt, *Könige*, 516; Landersdorfer, *Könige*, 64. Zumindest für möglich halten dies: Law, *Origenes*, 67–68 und Bösenecker, *Text*, 189–190. Für die Gründe, warum Rahlfs rekonstruierter OG-Text an dieser Stelle richtig ist und die Gründe für den kurzen Text als OG nicht stichhaltig sind vgl. Fn. 8.

10 Zu dem methodischen Ansatz von Rahlfs und seiner Problematik vgl. Kap. 2.1 ab S. 22 in der Einleitung.

Das dritte καί in ἑκατὸν καὶ εἴκοσι χιλιάδας ist von einer großen Mehrheit der Textzeugen überliefert. Deswegen ist gegen Rahlfs an der Kolupa als OG-Text festzuhalten.[11] Es fehlt nur in den Gruppen O und x und einigen wenigen anderen Textzeugen. Das καί passt zudem gut in das Textbild, da auch die erste Zahlenkombination eines enthält (δύο καὶ εἴκοσι χιλιάδας). Es wurde wohl in O und x versehentlich übergangen.

Der Text der OG-Vorlage ist zum großen Teil durch Kön und Chr auf Hebräisch belegt. Das ὁ βασιλεύς geht auf ein המלך in der hebräischen Vorlage zurück. In Kön fehlt es; Chr hat es (המלך). Das καὶ ἐνεκαίνισεν könnte auf die Singularform ויחנך zurückgehen oder eine Übersetzung der Pluralform ויחנכו aus Kön und Chr sein. Hebraistisch wäre der Singular von ויחנך eher zu erwarten, weil der Numerus des Prädikates sich bei einem mehrteiligen Subjekt (המלך וכל בני ישראל) in der Mehrheit der Fälle nach dem am nächsten stehenden Subjektteil richtet (in diesem Fall המלך).[12] Es gibt aber auch nicht wenige Ausnahmen.[13] Genauso gut könnte auch der Übersetzer die Pluralform ויחנכו mit Singular übersetzt haben[14] oder die Anpassung wurde innergriechisch vorgenommen. Nicht eindeutig zu klären ist, ob das Waw aus Kön und Chr בקר ... וצאן auch in der OG-Vorlage stand, oder ob gemäß des OG-Textes die Kopula fehlte (βοῶν ... προβάτων = צאן ... בקר).

Alle weiteren Abweichungen gegenüber den bekannten hebräischen Versionen gehen auf den Übersetzer zurück: (1) Sg. זבח ≠ Pl. τὰς θυσίας; (2) Sg. בקר ... וצאן ≠ Pl. βοῶν ... προβάτων; (3) Wortreihenfolge δύο καὶ εἴκοσι statt עשרים ושנים

(1) Der Übersetzer hat die Konstruktion את זבח השלמים als Kollektivum aufgefasst und deswegen vollständig in den Plural gesetzt (τὰς θυσίας τῶν εἰρηνικῶν). Auf Hebräisch ist nur את זבח השלמים wie in Kön (die Chr hat nur ein את זבח) oder זבחי שלמים überliefert.[15] Eine innergriechische Änderung ist unwahrscheinlich, da τὰς θυσίας mit dem Relativpronomen ἅς zusammenhängt; der Text hätte an allen drei Stellen geändert werden müssen (vgl. den L-Text).

---

11 Zu dem methodischen Ansatz von Rahlfs und seiner Problematik vgl. Kap. 2.1 ab S. 22 in der Einleitung.

12 Vgl. Lettinga/Siebenthal, *Grammatik BH*, §658,4. In der HB vgl. beispielsweise Jos 8,3; 10,15.29.31.34.36.38.43; 11,7; Ri 5,1; 8,21; 9,34; 14,5; 1Sam 17,11.21; 18,3; 23,5.13.25; 26,7; 27,8; 30,3; 2Sam 2,17; 5,21; 1Kön 5,5.

13 Ein Pluralverb bei nächst-stehendem Singular-Subjekt in vgl. z. B. 2Sam 2,24; 1Kön 12,3 (Ketiv); 2Chr 1,3; 23,11.

14 So wird z. B. in 2Sam 2,24 וירדפו יואב ואבישי mit καὶ κατεδίωξεν Ιωαβ καὶ Αβεσσα übersetzt. Für eine Übersetzung mit Singular vgl. auch 1Chr 1,3. In 2Chr 23,11 wird gemäß der Vorlage mit Plural übersetzt.

15 Vgl. Lev 17,5; Jos 22,23; 1Sam 10,8; 2Chr 30,22; 33,16; Spr 7,14. Immer steht זבחי שלמים ohne ein Artikel vor dem Absolutus. In 1Sam 10,8 ist mit θυσίας εἰρηνικάς übersetzt.

(2) Der OG-Übersetzer gibt die Kollektiva בקר und צאן in der Regel mit griechischen Pluralformen wieder (vgl. 1Sam 14,32; 15,21; 27,9; 1Kön 8,5). Das hat er auch hier getan und deswegen בקר ... וצאן mit den Pluralformen βοῶν ... προβάτων übersetzt.

(3) Innerhalb der Aufzählung der Opfertiere ändert der OG-Übersetzer zudem die Wortstellung von עשרים ושנים (vgl. MTKön) zu δύο καὶ εἴκοσι. Er hat vielleicht versehentlich zuerst δύο abgeschrieben und καὶ εἴκοσι nachgeschoben, um nicht durchzustreichen oder zu radieren zu müssen. Auf Hebräisch ist nur die Wortfolge עשרים ושנים belegt (vgl. 2Sam 8,5; 1Kön 8,63; 14,20; 16,29; 2Kön 8,26; 21,19).

1Kön 8,62–63 und 2Chr 7,4–6

Für nahezu alle Elemente des Textes sind Varianten überliefert. In den Tochterübersetzungen ballen sich die Varianten bei den Bezeichnungen von Personen („König"), den Opfern, dem Tempel und dem Gottesnamen.

In der Synopse von Vers 63 steht שלמה in Kön gegen המלך שלמה in Kgtm und Chr. Das המלך könnte in Kgtm und in Chr hinzugefügt oder in Kön weggelassen worden sein.[16] Die Varianz setzt sich in den Tochterübersetzungen fort. In Vers 62 ergänzt die PKön ܫܠܡܘ ("der König *Salomo*"). Im OG von Chr fehlt in 7,5 שלמה ("der König ~~Salomo~~"). PChr ergänzt hinter dem zweiten המלך ein ܫܠܡܘ ("der König *Salomo*").

Bei den Opferbegriffen übersetzt der TgJ in V. 63 das זבח השלמים wie auch sonst mit „Opfer der geheiligten Dingen" (נכסת קדשיא). Das einfache זבח in Vers 62 ändert TgJ zu demselben Konstruktus (נכסת קדשין). PKön macht aus זבח „ein großes Opfer" (ܕܒܚܐ ܪܒܐ). Darüber hinaus ändern die beiden Targumim wie gewohnt das בית zu מקדשא ("Heiligtum"). Aus האלהים wird in 2Chr 7,5 in TgChr und PChr ein יהוה (vgl. Kgtm und Kön). PKön kürzt אשר זבח ליהוה zu ܩܕܡ ܡܪܝܐ ("vor dem Herrn") und לפני יהוה wird in PChr 7,4 zu ܠܡܪܝܐ.

Die Chronisten haben 2Chr 7,1–3 vor diese Verse gestellt (s. o. Kap. 8.1 ab S. 249.) und auch den Text von 1Kön 8,62–63 punktuell bearbeitet. Der Chronist präferiert die Bezeichnung בית האלהים und ändert das את בית יהוה deswegen zu את בית האלהים.[17] Das gleiche tat er in 1Kön 7,51 = 2Chr 5,1 und in 1Kön 8,10–11 = 2Chr 5,11a.13b–14. Im Zuge der Überarbeitung änderten die Chronisten dann wohl auch

---

16 Bösenecker geht von einer Hinzufügung in der OG-Vorlage aus, übersieht aber sowohl den Chr-Text als auch die Varianz in den Tochterübersetzungen (vgl. Bösenecker, *Text*, 189).
17 בית האלהים in der HB in Ri 18,31; 1Chr 6,33; 9,11.13.26–27; 22,2; 23,28; 25,6; 26,20; 28,12.21; 29,7; 2Chr 3,3; 4,11.19; 5,1.14; 7,5; 15,18; 22,12; 23,3.9; 24,7.13.27; 25,24; 28,24; 31,13.21; 33,7; 35,8; 36,18–19; Esra 1,4; 2,68; 3,8–9; 6,22; 8,36; 10,1.6.9; Neh 6,10; 8,16; 11,11.16.22; 12,40; 13,7.9.11; Koh 4,17; Dan 1,2.

den zweiten Subjektteil zweimal zu וכל העם. Die Chronik hat einen Vers zuvor in 7,3 bereits ein וכל בני ישראל, was die Änderung zu וכל העם erklären könnte. Das כל העם entspricht zudem der Bezeichnung des Volkes aus Lev 9,24 (der Inspirationsquelle für 2Chr 7,1a.3; s. o. in Kap. 8.1 ab S. 249) und könnte von dort übernommen worden sein.

Im Chroniktext ist zudem das השלמים אשר זבח ליהוה ausgefallen. Stattdessen steht vor בקר ein Artikel (הבקר). Der Artikel ist vermutlich ein Überbleibsel des ausgefallenen Textes. Ein הבקר = „das Großvieh und ein Kleinvieh" ... וצאן ergibt keinen sinnvollen Text; eine Aufzählung mit unterschiedlicher Determination von בקר und צאן wäre in der HB singulär. Zu erwarten wäre entweder ein doppelter Artikel (הבקר ... והצאן) oder kein Artikel (בקר ... וצאן). Der Artikel könnte von dem Anfang (השלמים) oder Ende (יהוה) des ausgelassenen Textes stammen.

Der Hyparchetyp wird am zuverlässigsten von Kön und Kgtm überliefert. Bei dem ויחנכו wird am Plural festgehalten, weil nur diese Form auf Hebräisch erhalten ist; die OG-Vorlage ist hier unsicher (s. o.). Aufzählungen mit בקר und צאן sind in der HB in der Regel mit einem Waw verbunden, sodass im Hyparchetyp „22.000 Schafe *und* 120.000 Rinder" wie in Kön und Chr zu lesen ist.

Offen bleibt, ob der Hyparchetyp in Vers 62 das כל בני ישראל aus Kgtm oder das כל ישראל עמו aus Kön hatte (V. 62–63: Kgtm: 2x „alle Söhne Israels"; Kön: „ganz Israel mit ihm" und „ganz Israel"). Kgtm bezeichnen das Volk zweimal mit וכל בני ישראל. Die Subjektbezeichnung könnte vereinheitlicht worden sein. Das כל ישראל עמו aus 1Kön 8,62 MT stimmt dafür mit der Subjektbezeichnung in 8,65 überein (dort in allen drei Textzeugen) und könnte von dort inspiriert sein. Kgtm (וכל בני ישראל) und Kön (כל ישראל עמו) ließen sich in 8,62 zudem als voneinander unabhängige Erweiterungen von כל ישראל als Archetyp von Kgtm/Kön verstehen.[18] Konkordantisch findet sich כל בני ישראל vor 1Kön 8 das letzte Mal in 2Sam 7,7.[19] Das כל ישראל עמו ist in der HB die seltenste Lesart; sieben der vierzehn Belegstellen findet sich in Jos 10.[20]

Die Chronik fügt mit 2Chr 7,6 einen Vers zur feierlichen Anordnung der Priester und Leviten an. Dieses Sondergut wurde zwischen 1Kön 8,63 = 2Chr 7,5 und 1Kön 8,64 = 2Chr 7,7 eingefügt, um ordnungsgemäße Voraussetzungen für die Heiligung des Vorhofes in 2Chr 7,7 zu schaffen. Die Anordnung der Priester und Leviten wurde

---

18 Dies nimmt Bösenecker an (vgl. Bösenecker, *Text*, 189).
19 Insg. 30 Mal in der HB in Ex 10,23; 11,7; 12,42.50; 16,6; 34,30.32; Lev 17,2; 21,24; 22,18; Num 14,2.10.39; 17,24; 27,21; Jos 3,1; 7,23; 20,9; Ri 2,4; 10,8; 20,1.7.26; 1Sam 15,6; 2Sam 7,7; 1Kön 8,63; 18,20; 20,15; 2Chr 7,3; 31,1.
20 Jos 7,24; 10,15.29.31.34.36.38.43; 2Sam 17,24; 1Kön 8,62.65; 16,17; 2Chr 7,8; 12,1.

bereits durch 2Chr 5,11b–13b in 1Kön 8,10–11 = 2Chr 11a.13b–14 eingeschrieben (vgl. dazu Kap. 3.5 ab S. 95):

2Chr 5,11–14 (*kursiv* = chronistischer Zusatz): „11 Und es geschah, als die Priester herausgegangen waren aus dem Heiligen, – *denn alle anwesenden Priester hatten sich geheiligt, ohne sich an die Abteilungsordnung zu halten* –, *12 Und die Leviten, die Sänger waren, mit ihnen allen waren Asaf, Heman, Jeduton und ihre Söhne und ihre Brüder, bekleidet mit Byssus, mit Zimbeln und mit Harfen und mit Kastenleier standen sie östlich von dem Altar und mit ihnen 120 Priester, die auf Trompeten trompeteten. 13 Und als die Trompeter und Sänger wie ein Mann waren, um mit einer Stimme einzusetzen (wörtl: hören zu lassen), um zu loben und zu preisen JHWH. Und als sie die Stimme erhoben mit Trompeten und Zimbeln und Musikinstrumente, um JHWH zu loben: „Denn er ist gut und ewig ist seine Gnade"* da wurde das Haus JHWHs von einer Wolke erfüllt, 14 Und die Priester konnten nicht herantreten, um ihren Dienst zu verrichten wegen der Wolke, denn die Herrlichkeit JHWHs erfüllte das Haus Gottes."

2Chr 7,6: „Die Priester aber standen in ihren Abteilungsordnung sowie die Leviten mit den Musikinstrumenten JHWHs, die König David gemacht hatte zum Lobpreis JHWHs – denn seine Gnade (währet) ewig. Während in ihren (den Leviten) Händen der Lobpreis Davids war, trompeteten die Priester gegenüber von ihnen. Alle Israeliten aber standen."

Die Anordnung des Kultpersonals ist dieselbe; die redaktionellen Motive für die jeweiligen Zusätze aber verschieden. In 2Chr 5 wird das Herausgehen der Priester damit begründet, dass sie sich nicht an die Abteilungsordnung gehalten haben. Hier in 2Chr 7,6 befindet sich alles von Anfang an in bester Ordnung. Die Priester als Trompeter und die Leviten als Sänger sind ebenfalls bereits aus 2Chr 5,12–13 bekannt.[21] Die Wendung „die Musikinstrumente JHWHs, die David gemacht hatte" betont, dass die Instrumente von David kommen (vgl. כלי דויד in 2Chr 29,26–27).[22] Das בהלל דויד בידם explitiert, was durch den Relativsatz implizit ist: Der Lobpreis der Leviten wird durch David eingesetzt und von ihm geregelt und vorgegeben und hat nach seinen Vorschriften zu laufen (vgl. 2Chr 29,26–27). Vers 6b beschreibt die stufenweise Beteiligung, diesmal auch unter Erwähnung des Volkes: Leviten spielen; Priester posaunen; Das Volk steht dabei.

---

[21] Für den Konkordanzbefund und die chronistische Kultkonzeption vgl. die Analyse von 2Chr 5,12–13 in Kap. 3.5 ab S. 95.
[22] Vgl. auch bes. 1Chr 15,16 (David befiehlt den Leviten den Lobpreis) und 2Chr 5,1 (Salomo brachte das „Heilige Davids" in den Tempel, darunter ואת כל הכלים).

8.3 Kommentar zum Ort des Einweihungsopfers (8,64)

Tab. 8.3: Synopse 1Kön 8,64 par.

Kgtm (OG)	Kgtm (Vorl.)	Kön	Chr
64 τῇ ἡμέρᾳ ἐκείνῃ ἡγίασεν ὁ βασιλεὺς τὸ μέσον τῆς αὐλῆς τὸ	64 ביום ההוא קדש המלך **את תוך** החצר	64 ביום ההוא קדש המלך **את תוך** החצר	7,7 ויקדש שלמה את תוך החצר
κατὰ πρόσωπον τοῦ οἴκου κυρίου·	אשר לפני בית יהוה	אשר לפני בית יהוה	אשר לפני בית יהוה
ὅτι ἐποίησεν ἐκεῖ τὴν ὁλοκαύτωσιν καὶ τὰς θυσίας καὶ τὰ στέατα τῶν εἰρηνικῶν,	כי עשה שם את [?] העלה ואת חלבי השלמים	כי עשה שם את העלה ואת המנחה ואת חלבי השלמים	כי עשה שם העלות ואת חלבי השלמים
ὅτι τὸ θυσιαστήριον τὸ χαλκοῦν	כי מזבח הנחשת	כי מזבח הנחשת	כי מזבח הנחשת
τὸ ἐνώπιον κυρίου	**אשר** לפני יהוה	**אשר** לפני יהוה	**אשר** עשה שלמה
μικρὸν	קטן	קטן	
τοῦ μὴ δύνασθαι	לא יכול		לא יכול
δέξασθαι τὴν ὁλοκαύτωσιν καὶ τό δῶρον καὶ τὰς θυσίας τῶν εἰρηνικῶν.	להכיל **את העלה** ואת המנחה ואת [?] השלמים	מדכיל **את העלה** ואת המנחה ואת חלבי השלמים	להכיל **את העלה** ואת המנחה ואת החלבים

Kgtm (OG): τῇ ἡμέρᾳ ἐκείνῃ] +pre ἐν L | τὴν ὁλοκαύτωσιν °1] ܠܚܠ ܡܕ̈ܐ ܥܠܬܐ SyrH; + καὶ τὸ δῶρον O Arm α′ σ′ (vgl. SyrH; s.u.) | καὶ τὰς θυσίας] ܘܠܕܒܚ̈ܐ SyrH | τὰς θυσίας καὶ τὰ στέατα τῶν εἰρηνικῶν] tr. τὰς θυσίας τῶν εἰρηνικῶν καὶ τὰ στέατα L | ὅτι °2] διοτι L | μικρὸν] + ἦν L | δέξασθαι] > B O b 68 527 158 460 (= Ra) | καὶ τὸ δῶρον] > B 509 460 (= Ra) | τῶν εἰρηνικῶν] + ὑπενεγκεῖν B CI 244 (= Ra)

Kön:

Chr: את העלה ואת המנחה ואת [לא יכול להכיל] +pre דחיק Tg (= Kön); +pre ܚܘܒܐ ܕܝܢ P (= Kön) | את החלבים] ܬܪܒܐ ܕܝܢ ܕܫܠܡ̈ܐ P (= Kön)

Der letzte Teil des OG-Textes entscheidet sich wesentlich von der Rekonstruktion Rahlfs:

> OG: τοῦ μὴ δύνασθαι δέξασθαι τὴν ὁλοκαύτωσιν καὶ τὸ δῶρον καὶ τὰς θυσίας τῶν εἰρηνικῶν.
> Rahlfs: τοῦ μὴ δύνασθαι τὴν ὁλοκαύτωσιν καὶ τὰς θυσίας τῶν εἰρηνικῶν ὑπενεγκεῖν.

Der OG-Text wird von der Mehrheit der Textzeugen bezeugt. Der Rahlfs-Text findet sich in dieser Form nur in B; die anderen Textzeugen enthalten lediglich Teile davon und sind kontaminierte Mischtexte. Rahlfs bevorzugt in diesem Fall zu unrecht den Kodex B.[23] Der B-Text kann gut aus dem OG-Text erklärt werden:

Die Mehrheit der Textzeugen überliefert τοῦ μὴ δύνασθαι δέξασθαι („sodass [der Altar die Opfer] nicht fassen konnte."). Zunächst ist aufgrund eines Augensprunges in B das δέξασθαι ausgefallen: τοῦ μὴ δύνασθαι ~~δέξασθαι~~. Weil damit ein zweites Verb für das Hilfsverb „können" fehlte, ergänzte man ὑπενεγκεῖν und stellte es wie im Griechischen üblich ans Ende. Da δέξασθαι fehlt zusätzlich in O 121 68 527 158 460. Der Augensprung muss mehrfach unabhängig voneinander passiert sein. Das ὑπενεγκεῖν ist in CI 244 aus der B-Texttradition eingedrungen. Der Ausfall des καὶ τὸ δῶρον in B 509 460 ist ebenfalls gut durch einen Augensprung innerhalb der Aufzählung zu erklären: τὴν ὁλοκαύτωσιν καὶ ~~τὸ δῶρον καὶ~~ τὰς θυσίας.

Ungewöhnlich ist bei den beiden Aufzählungen der Opfer der Text der Syrohexapla.[24] Er weicht teilweise von dem MT ab, ohne dass diese Abweichungen mit hexaplarischen Zeichen markiert sind:

Tab. 8.4: Die Syrohexapla von 8,64

		Syrohexapla		Griechische Vorlage (rekonstruiert)
64a	1	ܠܟܠ ܡܣܩܐ ܥܠܬܐ	≈	τὴν πᾶσαν ὁλοκαύτωσιν (OG: τὴν ὁλοκαύτωσιν; Kön: את העלה)
	2	※ ܐ ܣ ܘܠܩܘܪܒܢܐ↙ ⁻ܘܠܕ̈ܒܚܐ↙	=	※ α′ σ′ καὶ τὸ δῶρον↙ ⁻καὶ τὰς θυσίας↙
	3	ܘܠܬܪ̈ܒܐ ܕܫ̈ܠܡܐ	=	καὶ τὰ στέατα τῶν εἰρηνικῶν (= OG; = Kön)
64b	1	ܡܣ̈ܩܐ ܥܠܬܐ	=	τὴν ὁλοκαύτωσιν (= OG; = Kön)
	2	ܘܩܘܪܒܢܐ	=	καὶ τὸ δῶρον (= OG; = Kön)
	3	ܘܕ̈ܒܚܐ ܕܫ̈ܠܡܐ	=	καὶ τὰς θυσίας τῶν εἰρηνικῶν (= OG; Kön: ואת חלבי השלמים)

In 64a2 nimmt die Syrohexapla eine Lesart von Aquilla und Symmachus auf. Die jüdischen Rezensenten verwenden καὶ τὸ δῶρον (= ܘܠܩܘܪܒܢܐ) für מנחה, um es konsequent von זבח zu unterscheiden.[25] Ungewöhnlich ist an dieser Stelle das ܠܟܠ

23 Zu dem methodischen Ansatz von Rahlfs und seiner Problematik vgl. Kap. 2.1 ab S. 22 in der Einleitung.

24 Der Text der Aufzählung lautet nach de Lagarde, *Syriacae*, 200: ܠܟܠ ܡܣܩܐ ܥܠܬܐ ※ ܐ ܣ ܘܠܩܘܪܒܢܐ↙ ⁻ܘܠܕ̈ܒܚܐ↙ ܘܠܬܪ̈ܒܐ ܕܫ̈ܠܡܐ … ܡܣ̈ܩܐ ܥܠܬܐ ܘܩܘܪܒܢܐ ܘܕ̈ܒܚܐ ܕܫ̈ܠܡܐ .

25 Unklar bleibt an dieser Stelle, ob καὶ τὰς θυσίας eine Übersetzung von מנחה gemäß des MT (deswegen =„MT?") oder von זבח und damit eine andere hebräische Vorlage spiegelt (s.u. zur Rückübersetzung).

ܐܠܗܐ ܡܢ in 64a1. Zwar ist ܩܕܡ ܐܠܗܐ Äquivalent für τὴν ὁλοκαύτωσιν (vgl. 64b1); aber das ܠܟܠ davor würde daraus strenggenommen ein τὴν πᾶσαν ὁλοκαύτωσιν machen. Des Weiteren hat SyrH in 64b3 ein ܘܕܒܚܐ ܕܫܠܡܐ (= καὶ τὰς θυσίας τῶν εἰρηνικῶν). Damit stimmt der Text zwar mit dem OG-Text überein; eigentlich wäre aber eine Korrektur gemäß חֶלְבֵי הַשְּׁלָמִים וְאֵת des MT in hexaplarischer Manier zu erwarten (z. B. ‾ܘܬܪܒܐ ×ܕܠܡܐܘܬ \ ܕܕܒܚܐ ܩܕܡ ܐܠܗܐ). Hier wird sich ein Fehler in den Text der SyrH eingeschlichen haben.

OG-Vorlage

Die Vorlage hinter τῇ ἡμέρᾳ ἐκείνῃ ist בַּיּוֹם הַהוּא (und nicht הַיּוֹם הַהוּא). In einer solchen syntagmatischen Funktion als Temporalangabe ist in der HB nur בַּיּוֹם הַהוּא belegt. Ein הַיּוֹם הַהוּא am Satzanfang ist in der HB nicht zu finden.

Die hebräische Vorlage hinter τοῦ μὴ δύνασθαι δεξασθαι entspricht dem Chroniktext: לֹא יָכוֹל לְהָכִיל. Die Anordnung der Äquivalente passt genau zueinander (לֹא = τοῦ μή; יָכוֹל = δύνασθαι; לְהָכִיל = δεξασθαι). OGChr übersetzt denselben Vorlagentext sehr ähnlich zu OGKgtm (לֹא יָכוֹל לְהָכִיל = OGChr: οὐκ ἐξεποίει δέξασθαι). Die Äquivalenz von כּוּל = δέχομαι ist durch OGChr für diese Stelle belegt.[26]

Teilweise offen gelassen werden muss die Rückübersetzung von Teilen der Aufzählung der Opfer (siehe die Tab. auf S. 262). Unsicherheiten bestehen bei καὶ τὰς θυσίας (64a2) und καὶ τὰς θυσίας τῶν εἰρηνικῶν (64b3). Die verschiedenen Elemente der Aufzählung können auf allen Ebenen der Überlieferung aneinander angepasst oder ausgetauscht werden.

Die hebräische Vorlage hinter τὰς θυσίας (64a2) ist nicht erkennbar. Auf Grundlage der konkordantischen Äquivalenzen ergeben sich drei Möglichkeiten: (1) In 1–4Kgtm wird מִנְחָה dreizehn Mal mit θυσία übersetzt, sodass וְאֵת הַמִּנְחָה wie im MT als Vorlage möglich ist. Der Wechsel in den Plural (τὰς θυσίας) wäre durchaus üblich (vgl. 1Sam 3,14; 26,19; 2Kön 3,20). Allerdings verwendet der Übersetzer in 64b2 die Äquivalenz וְאֵת הַמִּנְחָה = καὶ τὸ δῶρον. (2) Mit Blick auf den Numerus exakt rückübersetzt ergibt sich וְאֵת הַזְּבָחִים als hebräische Vorlage von τὰς θυσίας (vgl. 1Sam 6,15; 11,15; 2Kön 10,24; זֶבַח wird in 1–4Kgtm 18 Mal mit θυσία wiedergegeben). Dass ein Wechsel des Numerus zwischen Substantiven innerhalb der Aufzählung möglich ist (אֵת הָעֹלָה וְאֵת הַזְּבָחִים), macht 1Chr 7,1 (וַתֹּאכַל הָעֹלָה

---

26 Die Kombination von δύναμαι und δέχομαι ist in der LXX singulär. Das δέχομαι kommt in 1–4Kgtm gar nicht vor. In der LXX von Rahlfs ist es 48 Mal anzutreffen, aber keinem hebräischen Äquivalent eindeutig zugeordnet. Am häufigsten ist לקח hebr. Äquivalent (ca. 25 Mal; insb. in den Hinteren Propheten und Psalmen); jedoch wird δέχομαι für eine Vielzahl anderer hebräischer Lexeme benutzt (vgl. Hatch/Redpath, *Concordance*, I.294f.).

וֹהזבחים) deutlich. (3) Eine Rückübersetzung als וֹאת הזבח wäre ebenfalls möglich. Der Übersetzer hätte dann וֹאת הזבח im Griechischen in den Plural gesetzt hätte (τὰς θυσίας). Ein Wechsel vom Singular in den Plural ist möglich (vgl. 1Kön 8,63; 2Kön 16,15).

Tab. 8.5: Die Hebräische OG-Vorlage von 3Kgtm 8,64

		Old Greek-Text		Hebr. Vorlage (rekonstruiert)
64a	1	τὴν ὁλοκαύτωσιν	=	אֶת הֶעֹלה
	2	καὶ τὰς θυσίας	=	וֹאת המנחה [?] (= Kön)
				oder וֹאת הזבח/וֹאת הזבחים
	3	καὶ τὰ στέατα τῶν εἰρηνικῶν	=	וֹאת חלבי השׁלמים
64b	1	τὴν ὁλοκαύτωσιν	=	אֶת הֶעֹלה
	2	καὶ τὸ δῶρον	=	וֹאת המנחה
	3	καὶ τὰς θυσίας τῶν εἰρηνικῶν	=	וֹאת זבח[י] השׁלמים [?]
				(Kön = וֹאת חלבי השׁלמים)

Das Äquivalent von καὶ τὸ δῶρον = וֹאת המנחה in 64b2 ist ungewöhnlich, aber möglich. Wenn מנחה in einem Opferkontext iSv. „Opfergabe" gebraucht ist (vgl. Kön), verwendet der Übersetzer sonst nie δῶρον, sondern immer nur θυσία (vgl. 1Sam 2,17.29; 3,14; 26,19). Normalerweise übersetzt er sowohl זבח als auch מנחה in Opferkontexten mit θυσία. Das Lexem δῶρον wird in 1–4Kgtm nur iSv. „Geschenk" losgelöst vom Opferkontext gebraucht (7 Mal in 1Sam 8,3; 10,27; 1Kön 2,46; 5,14; 10,25; 15,19; 2Kön 16,8).[27] Wenn allerdings in der OG-Vorlage מנחה und זבח in demselben Vers nebeneinanderstehen, muss der Übersetzer beide Begriffe lexikalisch unterscheiden. In 1Sam 2,29 und 3,14 entscheidet er sich für θυμίαμα = זבח und θυσία = מנחה. Hier hat er sich für מנחה = δῶρον entschieden, da er מנחה in Nicht-Opferkontexten ja ohnehin so übersetzt.

Ebenfalls unklar bleibt die hebräische OG-Vorlage in 64b3. Das καὶ τὰς θυσίας τῶν εἰρηνικῶν könnte sich aus dem καὶ τὰς θυσίας καὶ τὰ στέατα τῶν εἰρηνικῶν in 64a2–3 ergeben haben. Kön hat ein וֹאת חלבי השׁלמים; mit Blick auf die Überset-

---

27 Der OG-Text von Chronik verwendet an dieser Stelle weder θυσία noch δῶρον, sondern transkribiert מנחה zu μαναα, obwohl OGChr sonst מנחה in Opferkontexten mit θυσία übersetzt (vgl. 1Chr 21,23; 23,29). Im Opferkontext wird das Lexem δῶρον für מנחה nur von den jüdischen Rezensenten (Aq., Sym.) gebraucht, vermutlich um מנחה und זבח lexikalisch voneinander zu unterscheiden (neben 1Kön 8,64 vgl. Aq. und Sym. in 1Sam 26,19; Hatch/Redpath, *Concordance*, I.359).

zungstechnik kommt dieser Text nicht als Vorlage in Frage. Das Lexem חלב wird in 1–4Kgtm konsequent mit στέαρ wiedergegeben (1Sam 2,15–16; 15,22; 2Sam 1,22; 1Kön 8,64a3). Stünde hier ואת חלבי השלמים, hätte der Übersetzer wohl wie in 64a3 mit τὰ στέατα τῶν εἰρηνικῶν übersetzt. Übersetzungstechnisch käme für καὶ τὰς θυσίας τῶν εἰρηνικῶν nur ein ואת זבח[י] השלמים infrage. Unsicher bliebe dabei aber, ob in der Vorlage זבח im Plural (ואת זבחי השלמים vgl. 1Sam 10,8) oder im Singular (ואת זבח השלמים; vgl. 1Kön 8,63) stand.

Während Kgtm und Kön durch das ביום ההוא in der Erzählung neu ansetzen, verzahnt die Chr den Vers 64 syntaktisch mit den vorhergehenden Versen. Die Chronik ändert das ביום ההוא קדש המלך („an jenem Tag heiligte Salomo") zu ויקדש שלמה („und Salomo heiligte"), um den Vers in die PK-cons.-Folge einzupassen (ויזבח > ויחנכו > ויקדש: „und Salomo opferte [Opfer] ...und er / sie weihte(n) [den Tempel] ein ...und er heiligte [den Vorhof] ...").

Die alternativen Lesarten häufen sich vor allem bei den Bezeichnungen der Opferarten. Der Hyparchetyp ist vermutlich in Kön erhalten geblieben. Die OG-Vorlage von Kgtm lässt sich nicht mehr vollständig rekonstruieren (s. o.). Der kürzere Chroniktext könnte auf einen Augensprung aufgrund des doppelten ואת zurückgehen (z.B. את העלה וואת┤המנחה┤וואת חלבי השלמים). Ein zweiter Chr-Schreiber könnte sich wiederum aus der zweiten Aufzählung erschlossen haben, dass ein Element fehlt, und deswegen את העלה (Sg.) zu העלות (Pl.) gemacht haben. Das ואת חלבי השלמים wurde in der Chronik vermutlich zu ואת החלבים gekürzt (ואתי-השלמים/החלב). Der Plural החלבים findet sich nur hier und in Lev (Lev 8,26; 9,19–20.24; 10,15; 2Chr 7,7). Die Varianz setzt sich in der Überlieferung der drei Archetypen fort. In der griechischen Überlieferung von OGKgtm ist eine Vielzahl an alternativen Lesarten belegt (s. o.). PChr ändert das ואת החלבים („und die Fettstücke") zu ܘܬܪܒ̈ܐ ܕܫܠܡܐ („und die Fettstücke der Friedensopfers") und passt den Text damit an Kön an (= ואת חלבי השלמים).

Die Chronisten änderten den Text zudem von מזבח הנחשת אשר לפני יהוה („der bronzene Altar, *der vor JHWH stand*" Kgtm, Kön) zu מזבח הנחשת אשר עשה שלמה („der bronzene Altar, *den Salomo gemacht hatte*"). Es handelt sich bei dem bronzenen Altar also um denjenigen, den Salomo für den Tempel gebaut hatte – und nicht um den bronzenen Alter des Zeltheiligtums.[28] Der bronzenen Altar des Salomo wird nämlich in der Chronik von dem bronzenen Altar der Stiftshütte unterschieden. In 2Chr 4,1 baut Salomo einen bronzenen Altar für den Tempel. Nach

---

[28] In der Chronik fehlt die Bemerkung zur Verzierung des Altars mit Gold im Paralleltext von 1Kön 6,20. Auch die nochmalige Erwähnung der Verzierung in 6,21–22 sucht man in Chronik vergebens (3Kgt OG hat nur 6,22a). In 2Chr 4,19 wird des Weiteren die Auflistung aller angefertigten Geräte inklusive des „goldenen Altars" übernommen. In der Chronik wird er hier erstmalig erwähnt. Der Bau des goldenen Altars bleibt also auch in der Chronik unerwähnt.

2Chr 1,5f. wurde der bronzene Altar des Zeltheiligtums von dem Kunsthandwerker Bezalel errichtet, der bereits aus dem Exodusbuch bekannt ist (ומזבח הנחשת אשר עשה בצלאל בן אורי בן חור שם לפני משכן). Indem die Chr zudem das כי מזבה הנחשת אשר לפני יהוה ("denn der bronzene Altar, der vor Jhwh [war]") aus 1Kön 8,64 zu כי מזבח הנחשת אשר עשה שלמה ändert ("denn der bronzene Altar, den Salomo gemacht hatte"), identifiziert sie den bronzenen Altar in 2Chr 7,7 (//1Kön 8,64) als denjenigen, den Salomo in 2Chr 4,1 gemacht hat.[29] Zusammen mit diesem Texteingriff könnte in der Chronik auch das קטן gestrichen worden sein.

Am Versende steht das מהכיל aus Kön dem לא יכול להכיל aus Kgtm und Chr entgegen. Beide Lesarten könnten im Hyparchetyp gestanden haben. Mit den drei Lesarten (Kgtm, Kön und Chr) gehen drei verschiedene Propositionsaufteilungen einher. In Kön ist der Satz als Komparation (מן + Inf.cs.) konzipiert (כי מזבח הנחשת [...] קטן מהכיל = "denn der bronzene Altar ist zu klein, um (die Opfer) zu fassen").[30] Die Chronik hingegen wählt eine Konstruktion mit יכל + לא und einem durch ל + Inf.cs. eingeleiteten Objektsatz (כי מזבח הנחשת [...] לא יכול להכיל = "denn der bronzene Altar [...] vermochte es nicht, [die Opfer] zu fassen"). Die Vorlage des OG-Textes kombiniert beide Möglichkeiten und hat somit drei Propositionen: Einen Nominalsatz (in dem ein היה stillschweigend oder wie explizit im griechischen L-Text), eine zweite Proposition und einen darauf folgenden Objektsatz mit ל + Inf.cs. (כי מזבח הנחשת [...] קטן לא יכול להכיל = "denn der bronzene Altar [...] *war* klein; er vermochte nicht, [die Opfer] zu fassen"). Jede Version ist für sich genommen inhaltlich sinnvoll. Hinweise auf mechanische Fehler liegen nicht vor.

---

29 In 2Chr 8,12 wird dann nochmals auf diesen von Salomo erbauten Altar verwiesen und dieser „vor der Vorhalle" lokalisiert (מזבח יהוה אשר בנה לפני האולם; für die Vorhalle vgl. 2Chr 3,4).
30 Vgl. Lettinga/Siebenthal, *Grammatik BH*, § 702,2; Speziell 1Kön 8,64 nennt als Beispiel: Waltke/O'Connor, *Syntax*, 14.4f.29; Gesenius/Kautzsch/Bergsträsser, *Hebräische Grammatik*, §133c.

8.4 Die Festfeier (8,65)

Tab. 8.6: Synopse 1Kön 8,65 par.

Kgtm (OG)	Kgtm (Vorl.)	Kön	Chr
⁶⁵ καὶ ἐποίησεν Σαλωμὼν τὴν ἑορτὴν ἐν τῇ ἡμέρᾳ ἐκείνῃ	⁶⁵ ויעש שלמה את [?] החג	⁶⁵ ויעש שלמה בעת ההיא את החג	⁷,⁸ ויעש שלמה את ההג בעת ההיא שבעת ימים
καὶ πᾶς Ισραηλ μετ' αὐτοῦ, ἐκκλησία μεγάλη ἀπὸ τῆς εἰσόδου Ημαθ ἕως ποταμοῦ Αἰγύπτου,	וכל ישראל עמו קהל גדול מלבוא חמת עד נחל מצרים	וכל ישראל עמו קהל גדול מלבוא חמת עד נחל מצרים	וכל ישראל עמו קהל גדול מאד מלבוא חמת עד נחל מצרים
ἐνώπιον κυρίου θεοῦ ἡμῶν	לפני יהוה אלהינו	לפני יהוה אלהינו	
ἐν τῷ οἴκῳ,	בבית		
ᾧ ᾠκοδόμησεν,	אשר בנה		
ἐσθίων καὶ πίνων καὶ εὐφραινόμενος	אכל ושתה ושמח		
ἐνώπιον κυρίου θεοῦ ἡμῶν	לפני יהוה אלהינו		
ἑπτὰ ἡμέρας.	שבעת ימים	שבעת ימים ושבעת ימים ארבעה עשר יום	

Kgtm (OG): τὴν ἑορτήν] > τήν 247 L⁻⁸² d⁻¹⁰⁶ 246 | τὴν ἑορτὴν ἐν τῇ ἡμέρᾳ ἐκείνῃ] tr. ἐν τῇ ἡμέρᾳ ἐκείνῃ τὴν (> 247) ἑορτήν O (= Kön) | ἕως] + ὁρίου L | θεοῦ 1°] +pre τοῦ L 509 | ἐν τῷ οἴκῳ – θεοῦ ἡμῶν] sub ⸓ SyrH | ἐσθίων – ἡμέρας] sub – 127 | εὐφραινόμενος] + καὶ αἰνῶν L 328 | θεοῦ 2°] +pre τοῦ L | ἑπτὰ ἡμέρας] + καὶ ἑπτὰ νύκτας 247; + καὶ τεσσαρεσκαίδεκα ἡμέρᾳ 93 Thdt (= Ant); + καὶ ἑπτὰ ἡμέρας τέσσαρες (-ες in A 19′-127 98′ 328-530 92.) καὶ δέκα ἡμέρας A 19′-127(sub ※ s.u.) Clᵐᵍ CII 246ᵐᵍ s⁻¹³⁰ 158 554ᶜ SyrH(α′ sub ※ s.u.) (= Kön)

Kön: בעת ההיא] ܡܢ P (= OGKgtm) | שבעת ימים] Tg חנוכת ביתא + | ושבעת ימים] Tg חגא +

Chr: שבעת ימים] + מן בתר דעבד שבעתי יומין דחנוכת ביתא Tg

Der L-Text verwandelt durch das Streichen des Artikels „das Fest" (τὴν ἑορτήν) in „ein Fest" (ἑορτήν), vielleicht weil er nicht wie in Kön ein konkretes Fest (das Laubhüttenfest) vor Augen hat und von einem einmaligen Tempelweihfest von Salomo ausgeht (vgl. die Handschrift 247). L fügt das Lexem ὅριον (Grenze) hinzu und expliziert so, dass der Fluss als Grenzangabe fungiert („ bis zur *Grenze* des Flusses Ägyptens"). Mit der αἰνέω (loben, preisen) wird ein kultisch-gottesdienstliches Element neben dem Essen, Trinken und sich Freuen ergänzt.

In O sind die Änderungen von Kön beeinflusst. Das τὴν ἑορτὴν ἐν τῇ ἡμέρᾳ ἐκείνῃ ist gemäß Kön (בעת ההיא את החג) in O zu ἐν τῇ ἡμέρᾳ ἐκείνῃ [τὴν] ἑορτήν umgestellt.[31] In 127 hat sich für ἐσθίων – ἡμέρας ein Obelus aus der Hexapla erhalten, der darauf hinweist, dass diese Passage nicht in Kön zu finden ist.[32] Der Obelus (–) markiert allerdings den Text erst ab ἐσθίων und nicht, wie bei einer Anpassung an Kön zu erwarten wäre, bei ἐν τῷ οἴκῳ.

Die Mehrheit der griechischen Textzeugen bezeugt ein ἑπτὰ ἡμέρας („sieben Tage"). Kodex Alexandrinus, die Syrohaxapla, die Textzeugengruppe CII und die antiochenischen Textzeugen 19-108-127 haben die lange Version aus Kön im Haupttext (ἑπτὰ ἡμέρας καὶ ἑπτὰ ἡμέρας τέσσαρας(/ες) καὶ δέκα ἡμέρας: „sieben Tage und sieben Tage, vierzehn Tage"). In der SyrH ist diese Passage mit einem Asterisk (※) und einem Verweis auf Aquila markiert.[33] Die Handschrift 127 der L-Gruppe enthält ebenfalls ein Asterisk.[34] Der Text aus 127 (und damit vermutlich auch aus 19-108 in der L-Gruppe) scheint also ebenfalls aus der hexaplarischen Tradition zu stammen. Darüber hinaus ist die Langversion als Randlesart in die Catenen-Gruppe sowie die Handschrift 246 aufgenommen worden (CI[mg] und 246[mg]) und so später in den Haupttext von CII gelangt. Die Handschrift 247 scheint die Langform als hexaplarischer Zeuge ebenfalls zu kennen; sie geht allerdings kreativ mit ihr um und macht aus dem schwer verständlichen „sieben Tage und sieben Tage, vierzehn Tage" ein ἑπτὰ ἡμέρας καὶ ἑπτὰ νύκτας („sieben Tage und sieben Nächte").

In der Handschrift 93 und bei Theodoret ist ἑπτὰ ἡμέρας καὶ τεσσαρεσκαίδεκα ἡμέρας = „sieben Tage und vierzehn Tage" erhalten.[35] Dieser Text dürfte ebenfalls

---

31 Zu den Lesarten mit hexaplarischem Ursprung vgl. Kap. 2.1 ab S. 28 in der Einleitung.

32 Der Text von 127 ist (aus Fernández Marcos/Busto Saiz, *1–2 Reyes*, 28–29 rekonstruiert): θεοῦ ἡμῶν ἐν τῷ οἴκῳ –ἐσθίων καὶ πίνων καὶ εὐφραινόμενος καὶ αἰνῶν ἐνώπιον κυρίου τοῦ θεοῦ ἡμῶν ἑπτὰ ἡμέρας⁄ (vgl. Law, *Origenes*, 186 und Brooke/Mc Lean/Thackeray, *1–2 Kings*, 240).

33 Der Text der SyrH lautet nach de Lagarde, *Syriacae*, 200: ﹍ ﹍ ﹍ ﹍ ﹍ ﹍ ﹍ ﹍ ﹍ ﹍ Der Asterisk ist vor dem ersten ἑπτὰ ἡμέρας eingetragen und nicht, wie zu erwarten wäre, nach dem ersten ἑπτὰ ἡμέρας (weil der OG-Text das erste ἑπτὰ ἡμέρας ja ebenfalls hat). Field (vgl. Field, *Hexaplorum 1/2*, 612–613 Fn. 47) und Law (vgl. Law, *Origenes*, 186) schlagen deswegen vor, dass der Asterisk im Laufe der Überlieferung versehentlich verschoben wurde. Im Syrischen steht das Waw vor dem zweiten ﹍ ﹍ einem Augensprung im Weg (﹍ ﹍ ﹍ ﹍ ﹍ vgl. ebd., 186). Im Griechischen wäre ein Augensprung als Ursache für den Fehler eher vorstellbar, besonders wenn der Asterisk (wie vermutlich in der Handschrift 127; s.u.) zunächst hinter καὶ stand (ἑπτὰ ἡμέρας καὶ ※ἑπτὰ ἡμέρας wird zu ※ἑπτὰ ἡμέρας καὶ ἑπτὰ ἡμέρας). Was genau geschehen ist, bleibt allerdings Spekulation.

34 Die genaue Position des Asterisk in 127 ist fraglich: *El texto antioqueno* (vgl. Fernández Marcos/ Busto Saiz, *1–2 Reyes*, 28–29) und Law (vgl. Law, *Origenes*, 186) gehen von ἑπτὰ ἡμέρας καὶ ※ἑπτὰ ἡμέρας τέσσαρας καὶ δέκα⁄ ἡμέρας aus. Laut Brooke/Mc Lean/Thackeray, *1–2 Kings*, 240 steht der Asterisk in 127 genau im Einklang mit dem Unterschied zwischen OG-Text und MT: ἑπτὰ ἡμέρας ※καὶ ἑπτὰ ἡμέρας τέσσαρας καὶ δέκα ἡμέρας⁄.

35 Bei Fernández Marcos/Busto Saiz, *1–2 Reyes*, 29 wird dies als der ursprüngliche L-Text angegeben.

aus der Langversion entstanden sein. Er könnte entweder durch Augensprünge entstanden sein.[36] Oder ein Schreiber hat das zweite ἑπτὰ ἡμέρας für einen Abschreibefehler gehalten und deswegen ausgelassen (ἑπτὰ ἡμέρας καὶ ~~ἑπτὰ ἡμέρας~~ τέσσαρας καὶ δέκα ἡμέρας).

OG-Vorlage

Der OG-Text unterscheidet sich an zwei Stellen von den anderen hebräischen Textzeugen.[37] Das ἐν τῇ ἡμέρᾳ ἐκείνῃ wäre auf Hebräisch ein ביום ההוא. Kön und Chr haben ein בעת ההיא. Die Wortstellung entspricht zudem der Chronik (Chr: את החג בעת ההיא = OGKgtm: τὴν ἑορτὴν ἐν τῇ ἡμέρᾳ ἐκείνῃ) und nicht dem Königebuch (בעת ההיא את החג). Das ἐν τῇ ἡμέρᾳ ἐκείνῃ = „an jenem Tag" passt den Text nachträglich an 8,64 an: „An jenem Tag (ביום ההוא) heiligte der König den Vorhof..."[38] Das בעת ההיא aus Kön und Chr enthält damit den Hyparchetyp. Unklar bleibt, ob das ἐν τῇ ἡμέρᾳ ἐκείνῃ bereits als ביום ההוא in der hebräischen OG-Vorlage existierte oder die Änderung vom Übersetzer (oder einem griechischen Schreiber) vorgenommen wurde.

Für ersteres spricht der übersetzungstechnische Befund. Das Lexem ἡμέρα ist in 1–4Kgtm Standard-Äquivalent für יום. In 299 Fällen wird in 1–4Kgtm יום mit ἡμέρα wiedergegeben. In 1–4Kgtm findet sich עת = ἡμέρα nur hier in 1Kön 8,65. Das Standard-Äquivalent für עת ist in 1–4Kgtm καιρός (12 Mal καιρός für עת). Im OG-Text von 1–4Kgtm ist ἐν τῇ ἡμέρᾳ ἐκείνῃ also eine Standardwiedergabe von ביום ההוא (bzw. ϛιανίεκὲ ϛιαρέμή ϛῖατ νὲ für den Plural בימים הדם = ἡμέραις ταύταις). Diese Änderung ist aber auch in anderen Übersetzungen belegt. PKön ändert das בעת ההיא ebenfalls zu ܒܝܘܡܐ ܗܘ = ביום ההוא. Mit 8,64 vor Augen könnte der Übersetzer von Kgtm einmalig zu ἐν τῇ ἡμέρᾳ ἐκείνῃ gegriffen haben.

Das große Plus im OG-Text (ἐν τῷ οἴκῳ ᾧ ᾠκοδόμησεν, ἐσθίων καὶ πίνων καὶ εὐφραινόμενος ἐνώπιον κυρίου θεοῦ ἡμῶν) ist mit בבית אשר בנה אכל ושתה ושמח לפני יהוה אלהינו rückzuübersetzen.[39] Das Verb ἐσθίω ist immer Äquivalent für אכל;[40] das Verb πίνω übersetzt immer שתה;[41] das Verb εὐφραίνω steht immer für

---

[36] Aus ἑπτὰ ⌐ἡμέρας⌐ ~~καὶ ἑπτὰ⌐ἡμέρας⌐~~ τέσσαρας καὶ δέκα ἡμέρας wird ἑπτὰ ἡμέρας τέσσαρας καὶ δέκα ἡμέρας. Einem zweiten Schreiber könnte in diesem Text ein καί gefehlt haben, dass er kurzerhand ergänzte (ἑπτὰ ἡμέρας ⌐καὶ⌐ τέσσαρας καὶ δέκα ἡμέρας).

[37] Die Textsegmentierung weicht zugunsten von mehr Übersichtlichkeit von Richter, BHt ab.

[38] So auch Bösenecker, Text, 190.

[39] So auch im Apparatus der BHS, in Klostermann, Samuelis, 324, in Thenius, Könige, 141 und in Bösenecker, Text, 190.

[40] Gegenprobe: In 1–4Kgtm אכל 101 Mal mit ἐσθίω, 17 Mal mit κατεσθιω und 1 Mal mit κατεσθιω übersetzt.

[41] Gegenprobe: שתה wird in 1–4Kgtm in allen 39 Fällen mit πίνω wiedergegeben.

שׂמח.[42] Partizipiale Aufzählungen mit אכל in Kombination mit שׁתה sind in der HB belegt in 1Sam 30,16; 1Kön 1,25; 4,20; 1Chr 12,40; Ijob 1,13.18; Jes 29,8; Sach 7,6. Die Konstruktionen werden in den jeweiligen griechischen Übersetzungen in der Regel mit Partizipien im gleichen Numerus wiedergegeben.[43] Besonders nah steht 1Kön 4,20, wo אכלים ושׁתים ושׂמחים in 3Kgtm 2,46 mit ἐσθίοντες καὶ πίνοντες καὶ χαίροντες wiedergegeben wird. Da in der HB eine Kombination von אכל und שׁתה als Partizipien nur im Plural belegt ist (vgl. die oben genannten Belegstellen), wäre grundsätzlich als Alternativtext auch, wie in 1Kön 4,20, אכלים ושׁתים ושׂמחים denkbar.[44]

Der Wortlaut des Verses unterliegt auf allen Ebenen einer erheblichen Varianz.[45] Glücklicherweise ist der Hyparchetyp aber noch gut zu erkennen. Er besteht aus dem gemeinsamen Text von Kgtm und Kön.

Die Chronik stellt das שׁבעת ימים vom Ende an den Anfang des Verses und wird bei dieser Gelegenheit auch die Wortstellung geändert haben (Kön: את החג ביום ההוא > Chr: את החג בעת ההיא). Der Wortlaut der OG-Vorlage ist unsicher und das ἐν τῇ ἡμέρᾳ ἐκείνῃ eine Anpassung an 8,64 (s. o.). Deswegen wird der Hyparchetyp mit Kön als את החג ביום ההוא rekonstruiert. Im Hyparchetyp dauerte die Festfeier „sieben Tage" (שׁבעת ימים) wie in Kgtm. Der Text setzt in Vers 66 mit „am achten Tag" (ביום השׁמיני) fort (zur Erweiterung „sieben Tage *und sieben Tage, vierzehn Tage*" in Kön s. u.). Das לפני יהוה אלהינו aus Kön und Kgtm ist korrupt (zum Plus in Kgtm s. u.). Ein יהוה אלהינו kommt in 1Sam – 2Kön sonst nur in direkter Rede vor (im MT in 1Sam 7,8; 1Kön 8,57.59.61; 2Kön 18,22; 19,19). Der 1. Person Plural Suffix („*unser* Gott") steht in Erzähltext nie außerhalb von direkter Rede. Wahrscheinlich wurde ein Mem-finalis (ם) versehentlich für ein נו gehalten.[46] Der Schreiber hatte möglicherweise das אלהינו aus 8,57.59.61 noch im Ohr und übernahm es hier automatisch. Damit hat der Hyparchetyp hier vermutlich לפני

---

42 Gegenprobe: In 1–4Kgtm wird שׂמח in 7 Fällen mit εὐφραίνω und in 6 Fällen mit χαίρω wiedergegeben.

43 In 1Sam 30,16; 1Kön 1,25; 4,20; 1Chr 12,40 und Ijob 1,18 wird das hebräische Partizip Plural jeweils mit einem griechischen Partizip Plural übersetzt.

44 Eine Infinitiv-Konstruktion (z. B. ל + Inf.cs.) kommt nicht in Frage. Die hätte der Übersetzer vermutlich wie sonst auch mit Infinitiven wiedergegeben.

45 Die Textsegmentierung weicht zugunsten von mehr Übersichtlichkeit von Richter, *BHt* ab.

46 In antiken hebräischen Textzeugen würde das Waw oft so nah an das davorstehende Nun gerückt, dass beide Buchstaben mit einem Mem-finalis verwechselt werden konnten. Vgl. Tov, *Textual Criticism*, 232. Tov verweist auf Jos 5,1 (Ketiv: עברנו; Qere: עברם) sowie 2Kön 22,4 (ויתם) und den Parallelvers in 2Chr 34,9 (ויתנו) und Jer 49,19 (אריצנו) im Vergleich zur identischen Formulierung in 50,44 (אריצם) als Beispiele.

יהוה אלהים gelautet. Ein יהוה אלהים ist in der HB zwar selten, aber möglich (nur 35 Mal; in 1–4Kgtm nur in 2Sam 7,25).[47]

PKön ersetzt wie auch Kgtm „zu jener Zeit" durch „an jenem Tag" (OG: ἐν τῇ ἡμέρᾳ ἐκείνῃ; PKön: ܒܝܘܡܐ ܗܘ). Beide ändern den Text entweder zugunsten einer zeitlichen Näherbestimmung oder in Anschluss an das „an jenem Tag" in 8,64. PChr ordnet die Verse 8–10 vollständig neu und bietet eine Neuformulierung beider Verse, die eine Mischform aus dem Text von Könge und Chronik darstellt.[48]

Die Chronik macht aus der „großen Versammlung" eine „*sehr* (מאד) große Versammlung". Eine Steigerung mit מאד wie in der Chronik ist neben dieser Stelle nur in 2Chr 30,13 (קהל לרב מאד) und Esra 10,1 (קהל רב מאד) belegt. In 2Chr 30 feiert Hiskia das Passah; hier feiert Salomo das Laubhüttenfest. die Steigerung verbindet beides miteinander.

In Kgtm wurde der Text über das Kuhlsche Prinzip der Wiederaufnahme erweitert (*Einschub*; Wiederaufnahme): „[Salomo veranstaltete das Fest und ganz Israel mit ihm ...vor JHWH, unserem Gott,] *in dem Haus, das er gebaut hat, es (das Volk) aß und trank und freute sich vor JHWH, unserem Gott*".[49] Nach dem לפני יהוה אלהינו wurde ein großer Zusatz eingefügt. Danach verdoppelte der bearbeitende Schreiber das לפני יהוה אלהינו und kehrte damit zum Abschreiben seiner Vorlage zurück.[50] Die Wiederaufnahme erklärt, warum der sperrige 1. Person Plural-Suffix in Kgtm zweimal im Text zu finden ist.[51] Im Kontext von 1Sam–2Kön erinnert das

47 Richtet man sich nach der Häufigkeit, wäre eher zu erwarten ein יהוה אלהי ישראל (vgl. z. B. 1Kön 8,15.17.20.23.25) oder ggf. ein יהוה אלהיהם (vgl. 1Sam 12,9; 1Kön 9,9; 2Kön 17,9.16.19; 18,12).

48 Der Schreiber des Textes hat sowohl die Tradition des TgChr gekannt (Antioch statt Hamat), als auch den Königetext, sowie vermutlich auch den unbearbeiteten Chr-Text. Der Königetext diente ihm als strukturgebende Vorlage, wohinein er die zusätzlichen Informationen der Chronik wob (*kursiv*) und zusätzliche Elemente aus der TgChr-Tradition einfügte (KAPITÄLCHEN): „8 Und Salomo machte in jener Zeit ein Fest, *sieben Tage lang* und ganz Israel mit ihm, eine große Versammlung, von ANTIOCH bis zum Fluss Ägyptens, vor dem Herrn (Marya), (unserem) Gott. 9 Sieben Tage (machte er) *das Fest* und sieben Tage *die Einweihung des Hauses*. Diese und jene sind in der Summe vierzehn Tage. 10 Und der König entließ das Volk und das Volk segnete den König und sie gingen IN IHRE STÄDTE, fröhlich und guten Mutes. Und sie dankten und priesen für ALL das Gute, das der Herr für David SEINEM KNECHT, und für Salomo SEINEN SOHN und für Israel, sein Volk getan hatte." 8 ܘܥܒܕ ܫܠܝܡܘܢ ܒܗ ܒܙܒܢܐ ܗܘ. ܥܐܕܐ ܫܒܥܐ ܝܘܡܝܢ ܘܟܠܗ ܐܝܣܪܝܠ ܥܡܗ. ܟܢܘܫܬܐ ܪܒܬܐ. ܡܢ
ܐܢܛܝܘܟܝ ܘܥܕܡܐ ܠܢܚܠܐ ܕܡܨܪܝܢ. ܩܕܡ ܡܪܝܐ ܐܠܗܢ. 9 ܫܒܥܐ ܝܘܡܝܢ ܥܐܕܐ. ܘܫܒܥܐ ܝܘܡܝܢ ܚܘܕܬܗ ܕܒܝܬܐ. ܗܠܝܢ
ܘܗܠܝܢ ܗܘܐ ܡܢܝܢܗܘܢ. ܐܪܒܥܣܪ ܝܘܡܝܢ. 10 ܘܫܪܐ ܡܠܟܐ ܠܥܡܐ. ܘܒܪܟܘ ܠܡܠܟܐ ܥܡܐ. ܘܐܙܠܘ ܠܩܘܪܝܗܘܢ ܟܕ ܚܕܝܢ
ܘܛܒ ܠܒܗܘܢ. ܘܡܘܕܝܢ ܘܡܫܒܚܝܢ ܥܠ ܟܠܗܝܢ ܛܒܬܐ ܕܥܒܕ ܡܪܝܐ ܠܕܘܝܕ ܥܒܕܗ: ܘܠܫܠܝܡܘܢ ܒܪܗ ܘܠܐܝܣܪܝܠ ܥܡܗ.

49 Benannt nach: Kuhl, *Wiederaufnahme*.

50 Davon geht aus: Bösenecker, *Text*, 190–191; vgl. auch Bösenecker, *Basileion III*, 913.

51 Theoretisch ist auch ein Ausfall des Zusatzes durch einen Augensprung zwischen den zwei לפני יהוה אלהינו möglich. Das wird z. B. angenommen im Apparatus der Elliger/Rudolph (Hrsg.), *BHS*, in Burney, *Notes*, 129 und De Vries, *1 Kings*, 119. Damit wäre Kgtm der Hyparchetyp. Dann

Plus in Kgtm an die Sieges- und Festmählern in 1Sam 30,16, 1Kön 1,25 sowie 1Kön 4,20. In 1Kön 4,20 (= 3Kgtm 4,46) wird dabei ebenfalls eine Kombination von שׁתה, אכל und einem Derivat von שׂמח verwendet (in 1Sam 30,16 und 1Kön 1,25 nur שׁתה und אכל). Ein weiterer auffälliger Paralleltext ist 2Chr 29,22. Im Kontext von Salomos „zweiter" Salbung durch David ist ebenfalls davon die Rede, dass das Volk in großer Freude Aß und Trank (ויאכלו וישׁתו לפני יהוה ביום ההוא בשׂמחה). Zusätzlich sind beide Text durch den Verweis auf ein Festmahl „vor Jʜwʜ" (פני יהוה) verbunden. Im Kontext der Festkalender erinnert das Kgtm-Plus vor allem an die zum Laubhüttenfest gehörende Festfreude (Dtn 16,14; Lev 23,40). Diese Festfreude beim Laubhüttenfest wird in Neh 8 (und 1Es 9,54, wohl basierend auf Neh 8) aufgenommen und mit einem Festmahl kombiniert.[52] Der Schreiber könnte sich die Festfeier aber auch aus der gängigen Praxis aus seiner Zeit erschlossen haben. Dies Deutung belegt z. B. der antiochenische Text. Er streicht den Artikel von „das Fest" (τὴν ἑορτήν) und liest „ein Fest" (ἑορτήν), vermutlich weil er nicht wie im MT ein konkretes Fest (das Laubhüttenfest) vor Augen hatte, sondern von einem einmaligen Tempelweihfest von Salomo ausging (vgl. so auch die Handschrift 247). Beim Essen und Trinken dürfte der Schreiber ebenso wenig an die Torah, sondern vielleicht an die gängige Praxis in den Tempeln anderer Gottheiten oder an gottesdienstliche Feiern gedacht haben. Mit der Hinzufügung von αἰνέω (loben, preisen) kommt ein kultisch-gottesdienstliches Element zum Essen, Trinken und sich Freuen dazu, welches dem Schreiber des L-Textes hier offensichtlich fehlte.

Der Hyparchetyp las eindeutig „65 Salomo veranstaltete das Fest [...] sieben Tage. 66 Am achten Tag entließ er das Volk...". In Kön wurde das Versende erweitert zu „sieben Tage *und sieben Tage, vierzehn Tage*" (שׁבעת ימים ושׁבעת ימים ארבעה עשׂר יום). Diese Zeitangabe widerspricht dem Entlassen des Volkes am achten Tag in 8,66 und ist daran als nachträglich eingefügter Zusatz erkennbar. Es könnte sich um eine Dittographie handeln. Das שׁבעת ימים könnte versehentlich zweimal abgeschrieben oder verdoppelt worden sein (שׁבעת ימים שׁבעת ימים). Ein zweiter Könige-Schreiber fand die Dittographie Königetext vor, fügte ein Waw zwi-

---

muss man aber erklären, wie Kgtm zustande kam und wird vermutlich trotzdem zum Ergebnis kommen, dass hier ein Zusatz vorliegt. Deswegen hält man es besser mit der einfachsten Lösung und geht von einem Zusatz in Kgtm in der Textgeschichte aus.

52 Im Zusammenhang mit der Verlesung des Gesetzes (Neh 8,1–12) wird das Volk aufgefordert, ein Fest- und Freudenmahl zu halten, was es daraufhin auch tut (Neh 8,12: וילכו כל העם לאכל ולשׁתות [...] ולעשׂות שׂמחה גדולה). Direkt im Anschluss wird das Laubhüttenfest gefeiert (Neh 8,13–18). Dabei werden Toralesung und Laubhüttenfest in einem engen Zusammenhang gesehen. Neh 8,17 denkt wohl über Dtn 31 (Verlesung der Tora als Bestandteil des Laubhüttenfestes) an Jos 1. Damit steht Neh 8,12 nicht nur konkordantisch durch eine Kombination von שׁתה, אכל und einem Derivat von שׂמח nah, sondern ist auch inhaltlich eng mit 3Kgtm 8,65 verwandt.

schen ihnen ein, addierte beides zu vierzehn Tagen und machte so daraus שבעת
ימים ושבעת ימים ארבעה עשר יום. Alternativ könnten die sieben Tage auch in
Anschluss an das chronistische Sondergut aus 2Chr 7,9 verdoppelt worden sein.[53]
Dort wird die Abfolge und Dauer der Ereignisse präzise angegeben: „Denn sie
feierten die Einweihung des Altars sieben Tage und das Fest sieben Tage.". Das
1Kön 8,65 in Anschluss an 2Chr 7,9 gelesen wurde, belegt der Targum Jonathan
(s. u.). Die zweimal sieben Tage erinnern auch an 2Chr 30.[54] Das spontan verlän-
gerte Passah zur Zeit Hiskia könnte den Zusatz der zweiten sieben Tage ebenfalls
inspiriert haben. In den beiden letztgenannten Fällen einer bewussten Bearbeitung
bleibt aber die Frage offen, warum die Entlassung am „achten Tag" aus 8,66 nicht
angepasst wurde. Das legt einen Abschreibefehler als Ursprung der Doppelung
nah. Die Chronik überarbeitet den Text und ändert dementsprechend auch die
Datierung der Entlassung (s. u. Kap. 8.5 zu 8,66).

Die Chronisten haben das Ende des Verses aufgelöst. Sie verschieben die
Zeitangabe שבעת ימים nach oben. In diesem Zuge ist wird auch das לפני יהוה
אלהינו ausgefallen sein; es ist ohnehin sperrig, weil es völlig überraschend eine
1. Person Plural einführt („*unseren* Gott"). Die zweifachen „sieben Tage" bieten
zudem den Anlass für das Sondergut aus 2Chr 7,9 (s. u. Kap. 8.5 zu 8,66 + 2Chr 7,9).

Targum Jonathan interpretiert die doppelten sieben Tage durch zwei Zusätze
mithilfe von 2Chr 7,9: „sieben Tage *(für) die Einweihung des Hauses* und sieben Tage
(für) das Fest" (חגא שבעת יומין חנוכת ביתא ושבעת יומין) Durch zwei Plus macht
TgJ deutlich, dass die ersten sieben Tage „die Einweihung des Hauses" (חנוכת
ביתא) und die zweiten sieben Tage „das Fest" (חגא) gefeiert wurde. Der Targum
von Chr implementiert die Vorstellung von 2Chr 7,9 zusätzlich in 7,8, indem nach
der Angabe שבעת ימים im Chroniktext den Zusatz einfügte: מן בתר דעבד שבעתי
יומין דחנוכת ביתא = „nachdem er sieben Tage lang die Weihe des Hauses gefeiert
hatte".

53 Davon gehen aus: Bösenecker, *Text*, 191; Stade, *Kings*, 109; Noth, *I. Könige 1–16*, 192; Van Keulen, *Versions*, 161; Burney, *Notes*, 129; Thenius, *Könige*, 141; Benzinger, *Könige*, 64; Kamphausen, *Könige*, 477; Kittel, *Könige*, 81; Cogan, *1 Kings*, 290.
54 Auf den Einfluss von 2Chr 30 an dieser Stelle verweist z. B. Klostermann, *Samuelis*, 324 und Montgomery, *Kings*, 201.

8.5 Salomo entlässt das Volk (8,66) + 2Chr 7,9

Tab. 8.7: Synopse 1Kön 8,66 par.

Kgtm (OG)	Kgtm (Vorl.)	Kön	Chr
			7,9 ויעשו ביום השמיני עצרת כי חנכת המזבח עשו שבעת ימים והחג שבעת ימים
66 καὶ ἐν τῇ ἡμέρᾳ τῇ ὀγδόῃ ἐξαπέστειλεν τὸν λαὸν	66 [ו]ביום השמיני שלח את העם	66 ביום השמיני שלח את העם	7,10 וביום עשרים ושלשה לחדש השביעי שלח את העם
καὶ εὐλόγησαν τὸν βασιλέα,	ויברכו את המלך	ויברכו את המלך	
καὶ ἀπῆλθον ἕκαστος εἰς τὰ σκηνώματα αὐτοῦ χαίροντες, καὶ ἀγαθῇ καρδίᾳ ἐπὶ τοῖς ἀγαθοῖς,	וילכו איש לאהליו שמחים וטובי לב על הטובה	וילכו לאהליהם שמחים וטובי לב על כל הטובה	לאהליהם שמחים וטובי לב על הטובה
οἷς ἐποίησεν Κύριος τῷ Δαυιδ δούλῳ αὐτοῦ καὶ τῷ Ισραηλ λαῷ αὐτοῦ.	אשר עשה יהוה לדוד עבדו ולישראל עמו	אשר עשה יהוה לדוד עבדו ולישראל עמו	אשר עשה יהוה לדויד ולשלמה ולישראל עמו

Kgtm (OG): καὶ εὐλόγησαν τὸν βασιλέα O SyrH rel] καὶ εὐλόγησεν (ηυλογησεν 509 460) αὐτόν B 509 460 (= Ra); καὶ εὐλόγησεν (ηυλογησεν 55*) τὸν βασιλέα 242 92 55*; καὶ εὐλόγησεν (ηυλεγεισεν 158) αὐτόν καὶ εὐλόγησαν (ηυλεγεισαν 158) καὶ (> 82) αὐτοὶ τὸν βασιλέα L 328 158 | ἀπῆλθον] ἀπῆλθεν B CI 236-242 107-610 68 244 245 342 460 554 | ἕκαστος] sub ⁻ SyrH (= Kön) | τὰ σκηνώματα] τὸ σκήνωμα L 318 245 707 | αὐτοῦ B* A L CI o 119 318 244 245 460 707 (= Ra)] αὐτῶν Bᶜ rel | καρδίᾳ] +pre ἡ B 247 | τοῖς ἀγαθοῖς] +pre πᾶσιν O θ′(sub ※; vgl. SyrH) (= Kön) | τῷ Ισραηλ λαῷ αὐτοῦ] tr. τῷ λαῷ Ισραηλ αὐτοῦ A

Chr: והחג] וחגא דמטליא Tg | 2°] ἑορτήν OG | ושלשה עשרים וביום] καὶ ἐν τῇ τρίτῃ καὶ εἰκάδι OG |

Die Pluralform καὶ εὐλόγησαν τὸν βασιλέα mit dem Volk als Subjekt („und sie segneten den König") ist durch die Mehrheit der Textzeugen bezeugt und OG-Text. Rahlfs rekonstruiert καὶ εὐλόγησεν αὐτόν = „und er segnete es" mit dem Kodex B.[55] Dieser Text ist aber lediglich in den Textzeugen B 509 460 überliefert und wohl

---

55 Zu dem methodischen Ansatz von Rahlfs und seiner Problematik vgl. Kap. 2.1 ab S. 22 in der Einleitung.

eine Vereinfachung oder Anpassung an den Segen Salomos an das Volk aus 8,55. Die von Rahlfs angenommene Änderung von „und sie segneten den König" (καὶ εὐλόγησαν τὸν βασιλέα) zu „und der König segnete es (das Volk)" (καὶ εὐλόγησεν αὐτόν) ist unplausibel. In 242 92 55* ist die Singularform eingedrungen, ohne dass τὸν βασιλέα in αὐτόν geändert wurde. L kombiniert beide Möglichkeiten: καὶ εὐλόγησεν αὐτόν. καὶ εὐλόγησαν καὶ αὐτοὶ τὸν βασιλέα = „und er segnete es. Und auch sie segneten den König".

OG-Vorlage
Das καί am Textanfang hat keine Entsprechung in Kön (καὶ ἐν τῇ ἡμέρᾳ = וביום vs. ביום in Kön). Ob es auf Hebräisch existierte, bleibt unklar.

Die Formulierung ἕκαστος εἰς τὰ σκηνώματα αὐτοῦ entspricht איש לאהליו auf Hebräisch (Kön und Chr: לאהליהם). Dies findet sich in der HB siebenmal in Ri 7,8; 1Sam 4,10; 13,2; 2Sam 18,17 (Qere); 19,9; 2Kön 14,12 (Qere); 2Chr 25,22. In 1Sam 4,10 und 13,2 (Nicht-kaige) ist איש לאהליו wie auch hier mit ἕκαστος εἰς σκήνωμα αὐτοῦ wiedergegeben.[56] Die Uneinheitlichkeit im Numerus (*„ein jeder* in *seine Zelte"*) stellt im Hebräischen keine Herausforderung dar. Die Singularform איש לאהלו ist in der HB nur viermal belegt (Ri 20,8; 2Sam 18,17 (Ketiv); 2Kön 14,12 (Ketiv) und Jer 37,10). Die Wendung איש לאהליהם, wie sie sich vielleicht aus Kön (לאהליהם) nahelegen würde, ist in der HB nicht belegt. Stünde das לאהליהם aus Kön und Chr in OG-Vorlage, hätte der Übersetzer vermutlich mit εἰς τὰ σκηνώματα αὐτῶν übersetzt (vgl. die OG-Übersetzung der Chronikparallele in 2Chr 7,10).

Das καὶ ἀγαθῇ καρδίᾳ ἐπὶ τοῖς ἀγαθοῖς ist in וטובי לב על הטובה rückzuüber-setzen. Der Text ist in der Chronik auf Hebräisch belegt und in OGChr ebenfalls mit καὶ ἀγαθῇ καρδίᾳ ἐπὶ τοῖς ἀγαθοῖς übersetzt.

Der Hyparchetyp ist in Kgtm und Kön erhalten. Beide Texte sind nahezu iden-tisch. Zwischen לאהליהם aus Kön (vgl. z.B. Jos 22,6–7) und איש לאהליו = ἕκαστος εἰς τὰ σκηνώματα αὐτοῦ aus Kgtm (für Belegstellen s. o.) kann nicht entschieden werden. Ebenso unklar bleibt, ob das zusätzliche כל in Kön im Hyparchetyp exis-tierte. Es könnte durch einen Augensprung in Kgtm und Chr ausgefallen sein (על הטובה כל > על הטובה) oder es wurde in Kön nachträglich hinzugefügt (vgl. Ex 18,9 sowie Jer 32,42; 33,9).

Am Versanfang weicht die Chronik stark von Kön/Kgtm ab. Die Vorlage der Chronik war der Text aus Kön: „65 Und Salomo veranstaltete das Fest [...] sieben Tage und sieben Tage, vierzehn Tage. 66 Und am achten Tag entließ er das Volk...". Die chronistischen Schreiber überarbeiteten diesen Text, um den Widerspruch

---

56 In Kaige-Abschnitten ist die Wendung als ἀνὴρ εἰς τὸ σκήνωμα(τα) αὐτοῦ übersetzt (vgl. 2Sam 18,17; 2Sam 19,9; 2Kön 14,12).

aufzulösen, die Festdauer zu klären und die Feier des Laubhüttenfestes mit den Vorschriften aus Lev 23 (und Num 29) in Übereinstimmung zu bringen:[57]

> 1Kön 8,65–66a: „65 Und Salomo veranstaltete [...] das Fest [...] sieben Tage und sieben Tage, vierzehn Tage. 66 Und am achten Tag entließ er das Volk...."
> 2Chr 7,8–10a: „8 Und Salomo veranstaltete das Fest [...] *sieben Tage.* [...] *9 Und er veranstaltete am achten Tag eine Festversammlung. 9 Denn die Weihe des Altars (dauerte) sieben Tage und das Fest (dauerte) sieben Tage. 10 Und am 23. des siebten Monats* entließ er das Volk..."

Gemäß Lev 23,36 fand „am achten Tag" eine „Festversammlung" (עצרת) statt. Die Weihe des Altars dauerte genauso wie das Laubhüttenfest sieben Tage (2Chr 7,8.9). Die zwei Mal „sieben Tage" aus der Vorlage werden damit als Verweis die zwei Anlässe interpretiert; die Summe „vierzehn Tage" bleibt unerwähnt. Ob die Anlässe nacheinander oder zeitlich zelebriert wurden, wird der Vorstellungskraft der Leserschaft überlassen; die Chronik zeigt an dieser Frage kein Interesse.[58] Das Laubhüttenfest startet gemäß Lev 23,34 am 15. Tag des siebten Monats; dementsprechend entließ Salomo das Volk in 2Chr 7,10 am 23. Tag des 7. Monats.[59] Die Interpretation der Tempelweihe als *Altar*weihe in 2Chr 7,9 ergibt sich bereits aus den Versen 2Chr 7,1–3 und deren Verbindung zur Altarweihe in Lev 9.

---

57 So: z. B. auch Japhet, *2 Chronik*, 100–101; Gray, *I & II Kings*, 232. Die Festangabe aus Kön/Kgtm orientiert sich noch am Festkalender aus Dtn 16 orientiert. In Ex 23 und 34 ist keine Festdauer angegeben. In Lev 23 ist für den achten Tag eine Festversammlung vorgesehen. Einzig in Dtn 16,13–15 werden für die Feier des Sukkot im siebten Monat sieben Tage anberaumt. Zu Dtn passt zudem die geschlossene Teilnahme des Volkes (וכל ישראל עמו V. 65), sowie die Feier des Festes am bzw. im Tempel (vgl. Dtn 16,15; expliziert in Kgtm möglicherweise durch בבית אשר בנה).

58 Der Übersetzer von OGChr hat sich anscheinend an diesen offenen Fragen gestört und übersetzt die vielen Zeitangaben in 2Chr 7,9–10a freier: Chr: כי חנכת המזבח עשו שבעת ימים והחג שבעת ימים ובים עשרים ושלשה לחדש השביעי שלח את העם; OGChr: ὅτι ἐγκαινισμὸν τοῦ θυσιαστηρίου ἐποίησεν ἑπτὰ ἡμέρας ἑορτὴν καὶ ἐν τῇ τρίτῃ καὶ εἰκοστῇ τοῦ μηνὸς τοῦ ἑβδόμου ἀπέστειλεν τὸν λαὸν = „9 da er die Einweihung der Opferstätte *als ein siebentägiges Fest* begangen hatte. 10 Am 23. des siebenten Monats schickte er das Volk zurück..." (Karrer/Kraus (Hrsg.), *Septuaginta Deutsch*; kursiv MF). Er lässt das zweite שבעת ימים sowie Waw + Artikel von והחג unübersetzt und verkürzt ובים עשרים ושלשה zu καὶ ἐν τῇ τρίτῃ καὶ εἰκοστῇ. Damit umgeht er den Verweis auf zwei Feste und verbindet beide Anlässe zu einem Anlass für ein Fest. Später in der Textgeschichte der LXX wurden die fehlenden Teile ergänzt (Vgl. Hanhart, *Paralipomenon Liber II*, z. St. και την εορτην επτα ημερας *L* 158 Arm[II](sim) Compl = MT[te]; εν τη ημερα τη εικοστη (ηκ. 108; + τη 19) και τριτη *L* Arm[II] = MT). Lars Maskow sieht im OGChr an dieser Stelle die ursprüngliche Lesart von Chr bewahrt und beobachtet auf dieser Grundlage komplexe redaktionsgeschichtliche Zusammenhänge (vgl. Maskow, *Tora*, 507–513). Er geht allerdings nur von einer Auslassung der zweiten שבעת ימים aus und übersieht anscheinend den ausgelassenen Artikel + Waw bei והחג = ἑορτήν. Diese Änderungen sind nur im Griechischen möglich. Das weist auf die Arbeit des Übersetzers hin.

59 Sieben Tage Laubhüttenfest vom 15–21. Tag des 7. Monats; die עצרת am achten Tag, also am 22. des Monats; Entlassung des Volkes dementsprechend am 23. Tag des 7. Monats.

Der Targum von Chronik schreibt die Deutung der Tempelweihe in der Chronik fort bzw. expliziert sie durch eine Aufzählung der heilsgeschichtlichen Verdienste von David und Salomo in 7,10 (die Änderungen farbig im Aramäischen und kursiv im Deutschen):

9 וֿעבדו ביומא תמינאה כניש קדם ייי ארום חנוכת מדבחא עבדו שֿבעתי יומין וחגא דמטליא

שבעתי יומין 01 וביום עשרין ותלתא לירחא שביעאה פטר ית עמא למשכניידהון

ואזלו לקרוידהון חדן ושפירי לבא על כל טבתא דעבד ייי לדוד עבדיה דאתפתחן תרעי בית

מקדשא מטול זכותיה ולשלמה בריה דקביל ייי צלותיה ושרת שכנתא דייי בבית מקדשא

ולישראל עמיה

דאתקבלן ברעוא קרבניהון ונחתת אשתא מן שמיא ואשתרבבת על מדבחא וגמרת נכסיהון

9 Und am achten Tag hielten sie ein Versammlung *vor JHWH*, denn sie hatten die Einweihung des Altars sieben Tage gefeiert und das *Sukkot*-Fest weitere sieben Tage. 10 Am 23. Tag des siebten Monats sandte er das Volk zu ihren Zelten und sie gingen in ihre Städte, fröhlich und guten Mutes über *all* das Gute, dass JHWH getan hat für *seinen Knecht* David – *denn die Tore des Haus des Heiligtums wurden geöffnet aufgrund seines Verdienstes* – und für *seinen Sohn* Salomo – *dessen Gebete JHWH erhört hat und die Shekina JHWHs nahm (daraufhin) das Haus des Heiligtums in Besitz* – und für Israel, sein Volk – *denn ihre Opfer wurden in Wohlgefallen angenommen und das Feuer kam herab vom Himmel und ließ sich auf den Altar herab und verzehrte ihre Opfer.*

Dieser große Zusatz bringt auf den Begriff, was in der Chronik an vielen Stellen deutlich wird: Die Gründung des ersten JHWH-Tempels in Jerusalem geht auf David und nicht Salomo zurück. Salomos Hauptleistung war nicht der Tempelbau, sondern das große Bittgebet aus 1Kön 8,23–53 = 2Chr 6,14–42. Der direkt darauf folgende Einzug JHWHs in den Tempel drückt JHWHs Wohlgefallen an Salomos Bittgebet aus.

9.1 Einleitung zur Jʜwʜ-Rede (9,1–2)

Tab. 9.1: Synopse 1Kön 9,1–2 par.

Kgtm (OG)	Kgtm (Vorl.)	Kön	Chr
9,1 Καὶ ἐγενήθη	9,1 ויהי	9,1 ויהי	
ὡς συνετέλεσεν Σαλωμων	ככלות שלמה	ככלות שלמה	7,11 ויכל שלמה את בית יהוה ואת בית המלך
οἰκοδομῆσαι τὸν οἶκον κυρίου καὶ τὸν οἶκον τοῦ βασιλέως	לבנות את בית יהוה ואת בית המלך	לבנות את בית יהוה ואת בית המלך	
καὶ πᾶσαν τὴν πραγματείαν Σαλωμων,	ואת כל חשק שלמה	ואת כל חשק שלמה	ואת כל הבא על לב שלמה
ὅσα ἠθέλησεν	אשר חפץ	אשר חפץ	
ποιῆσαι,	לעשות	לעשות	לעשות בבית יהוה ובביתו הצליח
2 καὶ ὤφθη κύριος τῷ Σαλωμων δεύτερον,	2 וירא יהוה אל שלמה שנית	2 וירא יהוה אל שלמה שנית	7,12a וירא יהוה אל שלמה בלילה
καθὼς ὤφθη ἐν Γαβαων,	כאשר נראה בגבעון	כאשר נראה אליו בגבעון	

Kgtm (OG): Vers 1: Καὶ ἐγενήθη] Καὶ ἐγένετο L 246 | οἰκοδομῆσαι] οἰκοδομεῖν B^txt (= Ra); οἰκοδομῶν A B^mg 328 246 o x 55 71 158 245 318 372 | **Vers 2:** δεύτερον] +pre τό L | ὤφθη 2°] + αὐτῷ O L(αὐτῷ ἐν Γαβαων καὶ εἶπε – sub ※ 127) 328 342 SyrH(sub ※ α′ θ′) (= Kön)

Kön: דארתעי [אשר חשק Tg; ܪܓܬܗ P

Die OG-Vorlage von Vers 1 ist vollständig durch den hebräischen Archetyp von Kön erhalten (grau). Das חשק שלמה („[der ganze] Wunsch Salomos") ist in 1Kön 9,1.19 eine stehende Wendung und im OG-Text beide Male frei mit πραγματεία („[jegliche] Betätigung Salomos") wiedergegeben. Das Verb θέλω kann verschiedene hebräische Verben wiedergeben (in 1–4Kgtm 14 Mal אבה und 5 Mal חפץ und 2 Mal מאן). Das Verb חפץ wird in 1–4Kgtm 7 Mal mit ιαμολύοβ und 5 Mal mit ωλέθ übersetzt.

In Vers 1 überliefert die große Mehrheit der Textzeugen mit οἰκοδομῆσαι den OG-Text. Der Kodex B hat an dieser Stelle ein οἰκοδομεῖν, welches Rahlfs als OG-

https://doi.org/10.1515/9783111290973-009

Text übernimmt.[1] Das οἰκοδομεῖν ist aber durch keine weitere Textzeugen belegt. Zudem sind im Kodex B an dieser Stelle die Buchstaben -μεῖν im Text blass radiert; direkt am Rand wurde dafür ein -μῶν notiert (= οἰκοδομῶν). Dieses οἰκοδομῶν findet sich noch in dem Kodex A und weiteren Textzeugen (328 246 o x 55 71 158 245 318 372). Der Inf. Präsens οἰκοδομεῖν ist vermutlich eine Anpassung an das Präsens von συνετέλεσεν.

Die OG-Vorlage von Vers 2 ist durch den Text von Kön auf Hebräisch erhalten (grau). Kön hat lediglich ein zusätzliches אליו, welches in Kgtm fehlt. In O L 328 342 wurde mit αὐτῷ ein entsprechendes Äquivalent für אליו eingefügt. Der Asterisk in Syrohexapla (mit der Herkunftsangabe α′ θ′) zeugt noch davon, dass das zusätzliche αὐτῷ auf die Hexapla zurückgeht.[2] In 127 ist der Asterisk ebenfalls noch enthalten, aber auf αὐτῷ ἐν Γαβαων καὶ εἶπε ausgeweitet.[3]

Der Hyparchetyp ist in den Texten aus Kgtm und Kön erhalten. Beide Archetypen entsprechen sich fast vollständig. Nur in Vers 2 hat Kön ein zusätzliches אליו. Es wird in Kön hinzugefügt worden sein. Das אליו entspricht dem אל שלמה im ersten Versteil und verdoppelt das אליו des direkten folgenden Anfanges von Vers 3 (Kön: ויאמר יהוה אליו / Kgtm: ויאמר אליו יהוה). Die abweichenden Lesarten in der Chronik gehören allesamt zur chronistischen Bearbeitung. Der Text wurde in der Chronik überarbeitet und erscheint dort in einem veränderten Wortlaut (zur Chronik s. u.).

Oft wird die Wendung ואת כל חשק שלמה אשר חפץ לעשׂות („den ganzen Wunsch Salomos, der (ihm) gefiel zu tun") aus 9,1b als fehlerhaft betrachtet und zu einer *figura etymologica* wie in 9,19 korrigieren (> ואת כל חשק שלמה אשר חשק לעשׂות).[4] Handfeste Gründe für eine Emendation von אשר חפץ zu אשר חשק bestehen aber nicht.[5] Die *figura etymologica* aus 1Kön 9,19 kommt nur einmal in der HB vor (1Kön 9,19 // 2Chr 8,6). Die Verwendung von חפץ in 9,1 lässt sich durch einen Einfluss von 9,11 erklären (לכל חפצו = „gemäß all der Wünsche [Salomos]"). Semantisch stehen sich beide Lexeme nah genug, sodass ein Austausch beider

---

1 Zu dem methodischen Ansatz von Rahlfs und seiner Problematik vgl. Kap. 2.1 ab S. 22 in der Einleitung.

2 Zu den Lesarten mit hexaplarischem Ursprung vgl. Kap. 2.1 ab S. 28 in der Einleitung.

3 Vgl. Fernández Marcos/Busto Saiz, *1–2 Reyes*; Law, *Origenes*, 68. Brooke/Mc Lean/Thackeray, *1–2 Kings*, gibt sub ※ bei 127 nur für αὐτῷ an. Fernández Marcos/Busto Saiz, *1–2 Reyes*, hat zudem noch Καὶ ἐγένετο, ὡς συνετέλεσε Σολομὼν sub – 127 und καὶ ὤφθη Κύριος τῷ Σολομῶντι sub – 127. Diese Obeli ist aber in Brooke/Mc Lean/Thackeray, *1–2 Kings*, nicht verzeichnet.

4 Vgl. Elliger/Rudolph (Hrsg.), *BHS*; Bösenecker, *Text*, 192; Noth, *I. Könige 1–16*, 194 sowie den Eintrag zu חשק in Gesenius/Meyer/Donner, *Handwörterbuch*.

5 Ähnlich Mulder, *1 Kings 1–11*, 462.

Verben sprachlich möglich ist.[6] Die BHS verweist in 1Kön 9,1 für die Emendation zu חשק noch auf TgJ und PKön und behauptet damit, TgJ und PKön hätten חשק gelesen. Übersetzungstechnisch lässt sich dies allerdings nicht erhärten.[7] TgJ übersetzt sowohl חשק in 1Kön 9,19 als auch חפץ in 1Kön 10,9 mit dem Hitpeel von רעי. Hinter dem Hitpeel von רעי im TgJ von 9,1 könnte also sowohl ein חשק als auch ein חפץ stehen. In der Peshiṭta findet sich das gleiche Phänomen auf syrisch.

Die Chronik kürzt das ויהי ככלות zu ויכל („Und es geschah, als er beendet hatte" > „und er vollendete"). Sie verwendet ein vorangestelltes ויהי insgesamt selten (50 Mal 1Sam–2Kön; 8 Mal 1–2Chr) und streicht es häufig aus dem Text (vgl. 2Chr 7,1: das ויהי ככלות aus 1Kön 8,54 wird dort zu וככלות gekürzt). Zudem wird aus dem Inf. cs. (ככלות) ein PK-Kons gemacht (ויכל). Damit führt der Vers nicht wie bei Kön und Kgtm in die Erzählung der Jʜwʜ-Erscheinung ein (1Kön 9,1–9),[8] sondern schließt die Schlussnarration aus 1Kön 8,62–66 = 2Chr 7,1–10 ab: „und Salomo vollendete (ויכל שלמה) den Tempel und den Palast.". In der Chronik bildet damit 1Kön 8,62–9,1 = 2Chr 7,1–11 eine Sinn-Einheit.[9] Diese Abschnitts-Einteilung wird zusätzlich durch das Petucha (פ) nach 2Chr 7,11 bestätigt. Das Zeichen soll anzeigen, dass die Erzählung zur Erscheinung Jʜwʜs mit 7,12 beginnt und 7,11 den vorhergehenden Text abschließt. Diese Petucha ist ebenfalls im MT des Königebuches zu finden. Diese Lesetradition hat offensichtlich auch dort durch das masoretische Lesezeichen (פ) Eingang gefunden, obwohl der Wortlaut von Kön/Kgtm einen Neueinsatz durch 9,1 nahelegt.

Die Chronik strukturiert auch den Rest des Verses grammatisch um und macht aus dem einen zusammenhängenden Satz von 9,1 in Kön/Kgtm[10] zwei eigenständige Teilsätze. Die zweite Vershälfte wird zu einem eigenständigen Satz umgeformt:

---

6 Gesenius/Meyer/Donner, *Handwörterbuch*: חשק = an jmd. hangen, lieben; חפץ = wollen, wünschen, begehren, Gefallen haben. Für denselben Hinweis vgl. Mulder, *1 Kings 1–11*, 462.

7 Ähnlich ebd., 462.

8 9,1 als Einleitung für 9,1–9: „Und es geschah, als Salomo vollendet hatte, zu bauen den Tempel und den Palast etc." (ויהי ככלות שלמה לבנות).

9 Vgl. das Grundgerüst von 2Chr 7,8–12a: „[8] Und Salomo veranstaltete das Fest in jener Zeit sieben Tage lang ...[9] und am achten Tag veranstaltete er eine Festversammlung ...[10] und am 23. Tag des siebten Monats entließ er das Volk ...[11] und Salomo vollendete das Haus Jʜwʜs und das Haus des Königs und alles, was Salomo am Herzen lag, zu tun an dem Haus Jʜwʜs sowie an seinem Haus, war gelungen. פ [12] Und Jʜwʜ erschien Salomo in der Nacht und sprach zu ihm: ...."

10 Vgl. den Satz a in der Richter, *BHt* zu 1Kön 9,1:

a wa = yïhy
aI k˙ = kallōt ŠLMH
aII1 l˙ = bnōt ʾat bēt YHWH w˙ = ʾat bēt ha = malk
aII2 w˙ = ʾat kul[l] ḥišq ŠLMH
aII2R ʾašr ḥapiṣ
aII2RI l˙ = ꜥśōt.

„Und alles, was Salomo am Herzen lag, zu tun an dem Haus Jhwhs sowie an seinem Haus, war gelungen" (כל הבא על לב שלמה לעשׂות בבית יהוה ובביתו הצליח).[11] Die Erwähnung von Tempel und Palast wird verdoppelt. Die Verdoppelung wurde vorgenommen, um auch das Gelingen von allen Herzensanliegen Salomos auf den Tempel- und Palastbau zu beziehen. Die Formulierung על לב + בוא („auf dem / am Herzen liegen") ist singulär in der HB. Das בוא Ptz. ersetzt das üblichere עלה + על לב (Jes 65,17; Jer 3,16; 7,31; 19,5; 32,35; 44,21; 51,50).

In 2Chr 7,11 erwähnt die Chronik den Palastbau: „und er vollendete das Haus des Königs [...] sein Haus" = ובביתו ... את בית המלך ... ויכל. Der Bericht des Palastbau selbst wurde vom Chronisten aber gestrichen (vgl. Kap. 3.1, S. 57). Das Wissen um den Bau des Palastes scheint der Chronist bei der Leserschaft aber vorauszusetzen. Der Palastbau wird zusammen mit dem Tempelbau in 2Chr 1,18 als Plan Salomos angekündigt und seine Fertigstellung hier notiert.

Über das Motiv des Gelingens (Hifil צלח) schließt der Chronist den Text an 1Chr 22,11.13 an. In 1Chr 22,11 wünscht David seinem Sohn Salomo Jhwhs Mitsein, sodass ihm der Tempelbau gelinge (Hifil צלח).[12] In 1Chr 22,13 wiederholt David den Wunsch des Gelingens (Hifil צלח) und bindet ihn an Gesetzesgehorsam.[13] In 2Chr 7,11 ist Salomo alles gelungen (Hifil צלח), was ihm auf dem Herzen lag. Davids Wunsch wurde Realität; der Tempel wurde von Salomo erfolgreich erbaut.

In der Chronik wurde zudem die explizite Referenz auf die Jhwh-Erscheinung bei Gibeon getilgt und durch eine einfache Zeitangabe ersetzt. Jhwh erscheint Salomo „in der Nacht" (בלילה). Die gleiche Änderung wird bei der Erscheinung Jhwhs in Gibeon vorgenommen. In 1Kön 3,5 hieß es noch: „In Gibeon erschien Jhwh dem Salomo in einem Traum bei Nacht" (בגבעון נראה יהוה אל שלמה בחלום הלילה). In 2Chr 1,7 wird daraus: „In jener Nacht erschien Gott dem Salomo" (בלילה ההוא נראה אלהים לשלמה). Der Zusammenhang zwischen der Erscheinung bei Gibeon und der Erscheinung Jhwhs nach dem Tempelbau wird also über die Zeitangabe „in der Nacht" hergestellt.[14] Diese Änderung wurde vorgenommen,

---

11 Vgl. die Sätze a und b in der BHt zu 2Chr 7,11:
a wa = yᵉkal[l] ŠLMH 'at bēt YHWH wᵉ= 'at bēt ha = malk
b wᵉ = 'āt kul[l] ha = bā(') 'al lib[b] ŠLMH
bI lᵉ = 'śōt bᵉ = bēt YHWH wᵉ = bᵉ = bēt = ō
b hiṣlīḥ.

12 1Chr 22,11: „Nun, mein Sohn, der HERR sei mit dir, *dass es dir gelinge* (Hifil צלח) *und du das Haus des HERRN, deines Gottes, bauest,* wie er über dich geredet hat!" Übersetzung: *Elberfelder Bibel*; kursiv: MF.

13 2Chr 22,13: „*Dann wird es dir gelingen* (Hifil צלח), *wenn du darauf achtest, die Ordnungen und die Rechtsbestimmungen zu befolgen,* die der HERR dem Mose für Israel geboten hat. Sei stark und mutig, fürchte dich nicht und sei nicht niedergeschlagen." Übersetzung: ebd.; kursiv: MF.

14 Gibeon in der Chronik in 1Chr 8,29; 9,35; 14,16; 16,39; 21,29; 2Chr 1,3.13.

um beide Erscheinungen mit der Erscheinung Jнwнs in 2Sam 7,4 = 1Chr 17,3 zu verbinden: „Und es geschah *in jener Nacht*, da geschah das Wort Jнwнs zu Natan: ‏ויהי בלילה ההוא ויהי דבר יהוה אל נתן לאמר‏ „…" (‏לאמר‏). Das Stichwort ‏לילה‏ kommt in der Chronik danach erst wieder bei der Erscheinung in Gibeon (2Chr 1,7) und hier in der Erscheinung Jнwнs nach dem Tempelbau vor (2Chr 7,12).

9.2 Jнwн hört Salomos Gebet (9,3) + 2Chr 7,12–16

Tab. 9.2: Synopse 1Kön 9,3 par.

Kgtm (OG)	Kgtm (Vorl.)	Kön	Chr
³ καὶ εἶπεν πρὸς αὐτὸν κύριος	‏ויאמר אליו יהוה‏ ³	‏ויאמר יהוה אליו‏ ³	‏ויאמר לו‏ 7,12b
Ἤκουσα τῆς φωνῆς τῆς προσευχῆς σου καὶ τῆς δεήσεως,	‏שמעתי את קול תפלתך ואת תחנה‏	‏שמעתי את תפלתך ואת תחנתך‏	‏שמעתי את תפלתך‏
ἧς ἐδεήθης ἐνώπιόν μου·	‏אשר התחננתה לפני‏	‏אשר התחננתה לפני‏	
πεποίηκά σοι κατὰ πᾶσαν τὴν προσευχήν σου,	‏עשיתי לך ככל תפלתך‏		
			‏ובחרתי במקום הזה לי לבית זבח‏
			‏הן אעצר השמים‏ 7,13
			‏ולא יהיה מטר‏
			‏והן אצוה על חגב‏
			‏לאכול הארץ‏
			‏ואם אשלח דבר בעמי‏
			‏ויכנעו עמי‏ 7,14
			‏אשר נקרא שמי עליהם‏
			‏ויתפללו‏
			‏ויבקשו פני‏
			‏וישבו מדרכיהם הרעים‏
			‏ואני אשמע מן השמים‏
			‏ואסלח לחטאתם‏

Tab. 9.2 – Fortsetzung

			וארפא את ארצם
			7,15 ועתה עיני יהיו
			פתחות
			ואזני קשבות
			לתפלת המקום
			הזה
			7,16 ועתה בחרתי
ἡγίακα τὸν οἶκον τοῦτον,	הקדשתי **את** הבית הזה	הקדשתי **את** הבית הזה	והקדשתי **את** הבית הזה
ὃν ᾠκοδόμησας,	אשר בנתה	אשר בנתה	
τοῦ θέσθαι τὸ ὄνομά μου ἐκεῖ εἰς τὸν αἰῶνα,	לשום שמי שם עד עולם	לשום שמי שם עד עולם	להיות שמי שם עד עולם
καὶ ἔσονται οἱ ὀφθαλμοί μου ~~ἐκεῖ καὶ ἡ καρδία μου~~ πάσας τὰς ~~καὶ ἡ καρδία μου ἐκεῖ~~ ἡμέρας.	והיו עיני ולבי שם כל הימים	והיו עיני ולבי שם כל הימים	והיו עיני ולבי שם כל הימים

Kgtm (OG): πρὸς αὐτὸν κύριος] tr. κύριος πρὸς αὐτόν O | τῆς φωνῆς] > L; ‫ܐܠܗܐ ܕܝ ܩܠܐ‬ ‫ـ‬‏ SyrH (= Kön) | τῆς δεήσεως] + σου B 247 L 74 245 342 554 707 (= Ra; = Kön) | μου 1°] ἐμοῦ B A 460 509 (= Ra) | πεποίηκά] +pre ἰδού L$^{(sub\ –\ 127)}$ 328 | σοι] > 247 L | πεποίηκα – σου] sub – 127 sub ‫~‬ SyrH (= Kön) | ἡγίακα] ἡγίασα A L 731 489 318 | οἱ ὀφθαλμοί μου ἐκεῖ, καὶ ἡ καρδία μου rel vs. οἱ ὀφθαλμοί μου, καὶ ἡ καρδία μου ἐκεῖ O L Cl 328 44-125 244 SyrH (= Kön) | οἱ ὀφθαλμοί μου ἐκεῖ] + εἰς τὸν αἰῶνα B

In zwei Fällen ist ein von Rahlfs abweichender OG-Text zu rekonstruieren.[15] Mit der Mehrheit der Textzeugen ἐνώπιόν μου ist anstatt ἐνώπιον ἐμοῦ zu lesen. Nach τῆς δεήσεως fehlt in der großen Mehrheit der Textzeugen das folgende σου. In B und vereinzelnden Textzeugen wurde es ergänzt. Der Nachtrag von σου legt sich aus dem vorhergehenden τῆς προσευχῆς σου nah. In 247 L könnte es hexaplarischen Ursprungs sein (Kön: ואת תחנתך)[16] und in B eine sporadische Kaige-Bearbeitung ebenfalls in Angleichung an Kön.[17]

Im Kodex B hat ein Schreiber das εἰς τὸν αἰῶνα durch einen Augensprung zwischen den zwei ἐκεῖ verdoppelt (τὸ ὄνομά μου ‫ἐκεῖ‬ εἰς τὸν αἰῶνα· καὶ ἔσονται οἱ ὀφθαλμοί μου ‫ἐκεῖ‬ εἰς τὸν αἰῶνα).

In den hexaplarischen Textzeugen wird πρὸς αὐτὸν κύριος gemäß Kön (יהוה אליו) zu κύριος πρὸς αὐτόν umgestellt. Das τῆς φωνῆς hat keine Entsprechung in

---

15 Zu dem methodischen Ansatz von Rahlfs und seiner Problematik vgl. Kap. 2.1 ab S. 22 in der Einleitung.

16 Zu den Lesarten mit hexaplarischem Ursprung vgl. Kap. 2.1 ab S. 28 in der Einleitung.

17 Zur Möglichkeit von „sporadischen" Kaige-Bearbeitungen vgl. Kap. 2.1 ab S. 27 in der Einleitung.

Kön. In SyrH ist es deswegen mit einem Obelus (⁻) markiert (ܠܐ ܟܠܗ ܕܦܠܝܢ ܡܠܡ). Der Obelus ist aus der Hexapla übernommen. In L fehlt das τῆς φωνῆς; vielleicht wurde es gemäß der Hexapla ausgelassen.

Das πεποίηκά – σου fehlt in Kön und ist in SyrH deswegen mit einem Obelus gekennzeichnet (⁻). Der Obelus ist aus der Hexapla übernommen. In 127 ist das ἰδού πεποίηκὰ κατὰ πᾶσαν τὴν προσευχήν σου ebenfalls mit einem Obelus markiert.[18] Der Text aus 127 entspricht allerdings durch das zusätzliche ἰδού und das fehlende σοι nicht ganz dem OG-Text. Ein Schreiber muss den Sinn der hexaparischen Zeichen verstanden und ἰδού auch markiert haben.

Das zweite ἐκεῖ taucht in den Textzeugen an zwei unterschiedlichen Positionen auf. Die Mehrheit der Textzeugen hat οἱ ὀφθαλμοί μου ἐκεῖ, καὶ ἡ καρδία μου. Das עיני ולבי שם aus Kön entspricht dem οἱ ὀφθαλμοί μου, καὶ ἡ καρδία μου ἐκεῖ in O L CI 328 44-125 244 SyrH. Das ἐκεῖ könnte durch einen Augensprung zwischen den zwei μου nach vorne gelangt sein (οἱ ὀφθαλμοί [μου] ~~καὶ ἡ καρδία [μου]~~ ἐκεῖ + καὶ ἡ καρδία μου). Dieser technische Fehler kann nur im Griechischen passieren. Ein עיני שם ולבי wäre zudem auf Hebräisch unplausibel und nicht zu erwarten. In der OG-Vorlage existierte also noch das עיני ולבי שם aus Kön; die Umstellung ist erst in griechischen Textzeugen passiert.[19] Die Textzeugen O L CI 328 44-125 244 SyrH könnten damit den OG-Text enthalten, während in der Mehrheit der Textzeugen das ἐκεῖ durch einen Augensprung-Fehler nach hinten gelangt ist – ggf. auch mehrfach unabhängig voneinander, was die breite Bezeugung erklären würde. Andererseits könnte die Wortreihenfolge in O L SyrH auch auf Grundlage der Hexapla an Kön angepasst worden sein.

Das umgestellte πρὸς αὐτὸν κύριος entspricht einem אליו יהוה (vgl. PKön) entgegen dem יהוה אליו im Kön. Der Übersetzer selbst nimmt in der Regel keine Umstellungen vor.

Des Weiteren hat der OG-Text ein zusätzliches τῆς φωνῆς („ich habe gehört *die Stimme* deines Gebetes") und hinter καὶ τῆς δεήσεως fehlt ein Äquivalent für den Suffix aus Kön (Kön: את תפלתך ואת תחנתך). Das τῆς φωνῆς τῆς προσευχῆς σου καὶ τῆς δεήσεως entspricht einem את קול תפלתך ואת תחנה auf Hebräisch.[20] Das את קול תפלתך = τῆς φωνῆς τῆς προσευχῆς σου bildet das erste Objekt. Die Wendung „Stimme des Gebetes" ist in den Psalmen vielfach belegt: תפלה + קול in

---

18 Gemäß des Kollations-Heftes aus Göttingen. Der Obelus steht auch in Brooke/Mc Lean/ Thackeray, *1–2 Kings*. In Fernández Marcos/Busto Saiz, *1–2 Reyes*, ist dieser Obelus im Apparatus nicht angeführt.

19 Anders Bösenecker, *Text*, 192, der diese Möglichkeit nicht bedenkt. Er sieht den Ursprung dewegen in einer anders lautenden hebräischen Vorlage.

20 Ähnlich: ebd., 192 und Tov/Polak, *CATSS*. Beide allerdings noch gemäß Rahlfs mit τῆς δεήσεως σου als OG-Text (s. o.).

Ps 66,19; קוֹל + תחנון in Ps 28,2.6; 31,23; 86,6; 116,1; 130,2; 140,7.[21] Das ואת תחנה =
καὶ τῆς δεήσεως steht als zweites Objekt ohne Suffix und wird von dem folgenden
Relativsatz (אשר התחננתה לפני) näher bestimmt. In 1Kön 8,28 wird ebenfalls ein
אשר-Satz an den zweiten Teil des suffix-losen Objekts angeschlossen (אל הרנה
ואל התפלה אשר עבדך מתפלל לפניך), nur das hier beide Objekte ohne Suffix
stehen.

Das πεποίηκά σοι κατὰ πᾶσαν τὴν προσευχήν σου hat im hebräischen Archetypen von Kön kein Äquivalent. In Kgtm wird es auf ein עשׂיתי לך ככל תפלתך in
der OG-Vorlage zurückgehen.[22] Derart große Textstücke wird sich der Übersetzer
nicht frei ausgedacht haben. Die Formulierung „tun gemäß allem" (עשׂה + כ + כל)
mit תפלה ist in der HB nicht belegt. Im Vortext ist mit ועשׂית משׁפטם aus 1Kön
8,45.49 aber eine ähnliche Wendung belegt.

In diesem Vers entfällt die Chronik als Zeugin für den Hyparchetyp. Die Chronisten haben den Vers tiefgreifend überarbeitet und mit 2Chr 7,13–15 zusätzlichen
Text ergänzt (s. u.).

Der Hyparchetyp hatte vermutlich die Wortreihenfolge ויאמר יהוה אליו. Die-
ser Text aus Kön entspricht der Normalform (181 Mal in der HB)[23] und ist durch
MTKön auf Hebräisch belegt. Der Text wurde im Laufe der Überlieferung in einigen
Textzeugen zu ויאמר אליו יהוה umgestellt – vermutlich mehrfach unabhängig
voneinander.[24] Diese Wortreihenfolge ist im Hebräischen selten (15 Mal in der
HB)[25] und nur hier in Übersetzungen belegt (Kgtm, PKön und eine aramäische
Handschrift).

Im Hyparchetyp hatte ואת תחנה vermutlich noch kein Suffix (= Kgtm), weil
das Substantiv durch den Relativsatz אשר התחננתה לפני näher bestimmt wird. In
Kön wurde die Wendung zu את תפלתך ואת תחנתך aufgefüllt. Wer את תפלתך mit
Suffix laut ließt, ergänzt den Suffix beim zweiten Substantiv fast automatisch.

Die Existenz des קוֹל im Hyparchetyp bleibt uneindeutig. Das את קול תפלתך
ואת תחנה = τῆς φωνῆς τῆς προσευχῆς σου καὶ τῆς δεήσεως aus Kgtm könnte in Kön zum gewohnten Parallelismus את תפלתך ואת תחנתך gekürzt worden sein (vgl. 1Kön 8,38.45.49; *lectio difficilior potior*). Das קוֹל könnte aber auch
nachträglich hinzugefügt sein worden (*lectio brevior potior*). Ein קוֹל wird mit
תחנון/תחנה/תפלה hauptsächlich in den Psalmen verwendet.[26]

---

21 Auf die Psalmen verweist ebenfalls: Bösenecker, *Text*, 192.
22 So auch: ebd., 192; Thenius, *Könige*, 142; Tov/Polak, *CATSS*.
23 Gesucht wurde nach der Wendung אמר + יהוה + אל in dieser Reihenfolge.
24 Das יהוה אליו wird in P und in einer aramäischen Handschrift wie schon in Kgtm zu אליו
יהוה umgestellt (OGKgtm: πρὸς αὐτὸν κύριος; PKön: ܐܠܗ ܐ; Tg[b]: לריה ייי).
25 Gesucht wurde nach der Wendung אמר + אל + יהוה in dieser Reihenfolge.
26 Ps 28,2.6; 31,23; 66,19; 86,6; 116,1; 130,2; 140,7. Diese Herkunft vermutet: Bösenecker, *Text*, 192.

In Kgtm wurde ein Teilsatz ergänzt: + עָשִׂיתִי לְךָ כְכֹל תְּפִלָּתֶךָ = πεποίηκά σοι κατὰ πᾶσαν τὴν προσευχήν σου = „Ich habe getan an dir gemäß deines ganzen Gebetes."[27] Technische Gründe für einen Ausfall in Kön sind nicht erkennbar. Dieser Teilsatz stellt einen zusätzlichen Bezug zur Erscheinung bei Gibeon in 9,3 her und wurde vermutlich dem „siehe, ich habe getan gemäß deiner Worte" in 3,12 nachgebildet. Die göttliche Antwort auf Salomos Bittgebet in 9,3 entspricht damit der göttlichen Antwort auf Salomos Bitte bei der ersten Erscheinung in 1Kön 3. Dort richtet Salomo das erste Mal eine Bitte an Jhwh, die dieser explizit erhört. In 3,12 erhört Jhwh Salomo mit den Worten: „Siehe, ich habe getan gemäß deiner Worte; siehe ich habe dir gegeben ein weises und verständiges Herz" (הִנֵּה עָשִׂיתִי כִּדְבָרֶיךָ הִנֵּה נָתַתִּי לְךָ לֵב חָכָם וְנָבוֹן). Der enge Bezug auf Salomo in 9,3 („ich habe getan *an dir* = לְךָ") entspricht der Gabe des weisen Herzens an Salomo (לְךָ).

Dieser Zusammenhang wurde von den L-Revisern gesehen. Sie veränderten den Text zu ἰδοὺ πεποίηκά κατὰ πᾶσαν τὴν προσευχήν σου = *„Siehe, ich habe getan gemäß deines ganzen Gebetes"*. Das ἰδοὺ = „Siehe" wurde gemäß des הִנֵּה עָשִׂיתִי כִּדְבָרֶיךָ = ἰδοὺ πεποίηκα κατὰ τὸ ῥῆμά σου aus 3,12 ergänzt.[28]

2Chr 7,12–16
Die Chronik baut die Gebetserhörung in 1Kön 9,3 zu einer ausführlichen Antwort Jhwhs aus (Änderungen *kursiv*):

> 7,12b und er (Jhwh) sprach *zu ihm*: Ich habe dein Gebet erhört *und diesen Ort auserwählt für mich als Opferhaus. 13 Wenn ich den Himmel verschließe und kein Regen fällt und wenn ich Heuschrecken gebiete, das Land abzufressen und wenn ich eine Pest sende unter mein Volk. 14 Und mein Volk, über das mein Name ausgerufen ist, sich dann demütigt, und sie beten und mein Angesicht suchen und umkehren von ihren bösen Wegen, dann werde ich es erhören vom Himmel und ihre Sünde vergeben und ihr Land heilen. 15 Und nun sollen meine Augen offen und meine Ohren aufmerksam sein auf das von diesem Ort gesprochene Gebet. 16 Und nun habe ich erwählt* und geheiligt dieses Haus, dass mein Name dort *sei* bis in alle Ewigkeit und meine Augen und mein Herz dort sei alle Tage.

---

27 Für einen Nachtrag gehalten von: Bösenecker, *Text*, 192; Noth, *I. Könige 1–16*, 194; Stade, *Kings*, 110.

28 Burney und Klostermann halten L für den OG-Text und rekonstruieren in 9,3 הִנֵּה עָשִׂיתִי כְכֹל תְּפִלָּתֶךָ (vgl. Burney, *Notes*, 130; Klostermann, *Samuelis*, 325). Tatsächlich könnte das ἰδοὺ durch einen Homoioteleuton-Fehler ausgefallen sein (εμου ιδου πεποικα). Allerdings wäre ein הִנֵּה = ἰδοὺ direkt am Anfang zu erwarten (הִנֵּה שְׁמַעְתִּי) und nicht erst hier. Vgl. das zweifache הִנֵּה in 1Kön 3,12. Dazu kommt das Streichen des לְךָ im L-Text, der den Text ebenfalls im Nachhinein glättet.

Nach der Gebetserhörung aus 9,3aα² (= 2Chr 7,12b) ist ein Zusatz im Umfang von drei Versen eingeschoben (2Chr 7,13–15). In 2Chr 7,12b wurde der Text im Vergleich zu 1Kön 9,3 gekürzt und auf das Nötigste reduziert: „und er (Jнwн) sprach zu ihm: Ich habe dein Gebet gehört". 2Chr 7,16 entspricht grob 1Kön 9,3aβ–b; אשׁר בנתה wurde gestrichen und לשׁום zu להיות verändert.

Die chronistische Antwort Jнwнs dreht die Pointe des Bittgebetes um. Das Bittgebet aus 1Kön 8,23–53 = 2Chr 6,14–42 setzt die vollzogene Umkehr des Frommen voraus und bittet Jнwн, das Gebet zu erhören, den Mangel zu wenden und damit seine Treue zu seinen Segensverheißungen zu beweisen. In 2Chr 7,12–16 hingegen stellt Jнwн die Verantwortlichkeit *des Betenden* in den Mittelpunkt. Wenn der Betende seine Frömmigkeit durch Umkehr, Buße und ein gesetzestreues Leben beweist, wird Jнwн ihn erhören.

Die Beschreibung der Mangelerfahrungen wird theologisch verschärft. Jнwн beschreibt sich in 2Chr 7,13 als direkter Verursacher der erlittenen Not. Jнwн selbst verschließt den Himmel, befiehlt den Heuschrecken, das Land zu verzehren und sendet die Pest. Im Bittgebet sind die Mangelerfahrungen noch im Passiv oder als Zustand beschrieben (vgl. 2Chr 7,13 mit 2Chr 6,26.28).

Jнwнs Zusage der Gebetserhörung (7,13–14) ist dem Bittgebet nachgebildet (vgl. 1Kön 8,31–52). Wie die Bitten Salomos ist Jнwнs Antwort als Konditionalperiode aufgebaut. Der Konditionalsatz beginnt mit הן. Der Partikel ist eigentlich eine Interjektion („Siehe"). Hier wird er wie im Aramäischen als Konditional-Konjunktion („wenn") verwendet.[29] Die Reihe wird mit einem zweiten הן und einem אם fortgesetzt (... ואם ... והן ... הן). Das Motiv der Dürre ist aus 1Kön 8,35 = 2Chr 6,26 entnommen. Dort wird das Verb עצר mit שׁמים im Niphal verwendet („wenn der Himmel verschlossen sein wird"), während hier wie in Dtn 11,17 Jнwн die handelnde Person ist (Qal: „wenn ich den Himmel verschließe"). Die darauf folgende Wendung ולא יהיה מטר findet sich wortwörtlich in Dtn 11,17 und 1Kön 8,35 = 2Chr 6,26. Die Motive der Heuschreckenplage und der Pest stammen aus 1Kön 8,37 = 2Chr 6,28. Dort werden beide Motive als Zustände beschrieben (דבר כי יהיה: „eine Pest, wenn sie geschieht"; ארבה חסיל כי יהיה: „eine Heuschreckenplage (und) eine Wanderheuschreckenplage, wenn sie geschehen"). Hier sendet Jнwн selbst die Pest und befiehlt den Heuschrecken, das Land zu verzehren (הן אצוה על חגב לאכול הארץ).[30] Die Wendung „eine Pest senden" (שׁלח + דבר) ist aus der Fluchandrohung aus Lev 26,25 (und Ez 28,23; Am 4,10) bekannt. Das Motiv der

---

29 Vgl. Joüon/Muraoka, *Grammar*, § 167l, der auf den aramäischen Einfluss aufmerksam macht und zusätzlich auf Lev 25.20; Hag 2.12 und Ijob 9.11, 12; 12.14, 15 verweist.

30 Das Lexem חגב kommt sonst nur noch in Lev 11,22; Num 13,33; 2Chr 7,13; Koh 12,5; Jes 40,22 vor. Das Motiv des „Land verzehren" findet sich in der HB nur ohne Bezug zu Heuschrecken in Dtn 32,22; Jes 24,6; Jer 8,16; Zef 1,18; 3,8.

Pest schlägt zusätzlich einen Bezug zu 2Sam 24 = 1Chr 21, wo es im Vortext das letzte Mal erwähnt wird. Dort muss David aus drei göttlichen Strafen gegen ihn wählen und wählt die Pest (vgl. 2Sam 24,13.15; 1Chr 21,12.14).

Aus Salomos Bittgebet bekannt sind zudem die Motive des Gebetes (פלל) und der Umkehr (שׁוב) bekannt. Ansonsten schöpft der Chronist aus seinem eigenen Wortschatz. Das Volk soll sich demütigen (ויכנעו עמי), beten (ויתפללו), Jʜᴡʜs Angesicht suchen (ויבקשׁו פני) und von seinen bösen Wegen umkehren (וישׁבו מדרכיהם הרעים). Das Nifal von כנע ist in der Chronik überaus häufig, ansonsten in der HB relativ selten gebraucht (15 von 21 Mal in der HB).[31]

Dazu kommt die Näherbestimmung des Volkes als eines, über das Jʜᴡʜ seinen Namen ausgerufen hat (עמי אשׁר נקרא שׁמי עליהם). In 1Kön 8,43 = 2Chr 6,33 sollen Nicht-Israeliten erkennen, dass Jʜᴡʜ seinen Namen über *den Tempel* ausgerufen hat (שׁמך נקרא על הבית הזה). Diese Wendung wird hier auf das Volk übertragen. Dazwischen steht Dtn 28,10, wo *alle Völker* erkennen sollen, dass Jʜᴡʜs Namen *über Israel* ausgerufen ist.

Das Suchen von Jʜᴡʜs Angesicht (hier: ויבקשׁו פני) wird in der Chronik an zahlreichen Stellen als Motiv für Gottesfurcht wiederverwendet (vgl. z. B. 1Chr 16,10–11; 2Chr 11,16; 15,4.15; 20,4). Das Motiv der Umkehr von bösen Wegen (hier: וישׁבו מדרכיהם הרעים) ist als Wendung von allem durch das Jeremiabuch geprägt.[32]

Jʜᴡʜs Zusage der Erhörung beinhaltet drei Aussagen: Die Erhörung, die Vergebung und die Heilung des Landes. Die Zusage der Erhörung in 2Chr 7,14 entspricht Salomos Bitten um Erhörung in 2Chr 6,23.25.27.30.33.35.39. Auf Salomos Bitte „und (Du) erhöre (vom Himmel)" folgt hier „und ich habe (es) erhört vom Himmel" (ואני אשׁמע מן השׁמים). Die Vergebung der Sünden (ואסלח לחטאתם) entspricht der Bitte um Vergebung (וסלחת לחטאת in 2Chr 6,25.27; ohne חטאת in 2Chr 6,21.30.39).

Neu ist das Versprechen, das Land zu heilen (וארפא את ארצם).[33] Der Fokus liegt auf den Bewohnern dem Land Israel. Auf der Bildebene bittet Salomo, das Land wegen der Dürre, der Heuschrecken-Plage und der Pest zu heilen. Realhisto-

---

31 Lev. 26,41; Ri 3,30; 8,28; 11,33; 1Sam 7,13; 1Kön 21,29; 2Kön 22,19; 1Chr 20,4; 2Chr 7,14; 12,6–7.12; 13,18; 30,11; 32,26; 33,12.19.23; 34,27; 36,12; Ps 106,42.

32 Insgesamt in 1Kön 13,33; 2Kön 17,13; 2Chr 7,14; Jer 18,11; 23,22; 25,5; 26,3; 35,15; 36,3.7; Ez 13,22; 33,11; Jona 3,8.10; Sach 1,4.

33 Das Motiv der Heilung (מרפא/רפא) wird in der Chronik an zwei weiteren Schlüsselstellen verwendet. In 2Chr 30,20 reagiert Jʜᴡʜ aus das Gebet Hiskias, indem er ihn erhörte und das Volk heilte (וישׁמע יהוה אל יחזקיהו וירפא את העם). In 2Chr 36,11–16 werden im Zusammenhang mit der Deporation und Tempelzerstörung die Verfehlungen Israels aufgezählt. Jʜᴡʜ wird so zornig, dass es „keine Heilung" mehr gibt (36,16: עד לאין מרפא). Gleich danach wird dann aber der Wiederaufbau des Tempels unter Kyros angekündigt (36,23: והוא פקד עלי לבנות לו בית בירושׁלם אשׁר ביהודה).

risch steht die stets prekäre Situation Israels in ihrem Land in der Zeit des Zweiten Tempels im Hintergrund. Wegführung und Rückkehr sind hier genauso wenig im Blick wie das Diaspora-Judentum (vgl. noch 1Kön 8,46–50 = 2Chr 36–39).

Auf die Konditionalperiode aus 2Chr 7,13–14 folgt in 2Chr 7,15 die Zusage von Jʜᴡʜs geöffneten Augen und aufmerkenden Ohren. Ausgelöst wurde dieser Zusatz vermutlich durch die Aussage in 1Kön 9,3b = 2Chr 7,16b. Der Vorlagentext beinhaltet an dieser Stelle die singuläre Aussage, dass Jʜᴡʜs Augen und Herz alle Tage beim Tempel sein werden. Diese Aussage wird durch das Plus von 2Chr 7,15 mit der Wohnvorstellung des Bittgebetes parallelisiert. 2Chr 6,40 wird dafür in 2Chr 7,15 nahezu wortwörtlich wiederaufgenommen.[34] Der Vers aus 2Chr 6,40 wiederum bildet (mit 2Chr 6,41–42) den Schluss von Salomos Bittgebet und schließt an die allgemeine Anfangsbitte für geöffnete Augen aus 2Chr 6,20 an (להיות עיניך פתחות אל הבית הזה יומם ולילה). Die Dublette in 2Chr 7,15 ist damit als Leseanweisung gedacht. 2Chr 7,16b = 1Kön 9,3b sei ebenfalls als Ausdruck der bekannten Wohnvorstellung aus 2Chr 6,20.40 = 2Chr 7,15 zu begreifen.

Gerahmt wird der Zusatz der Verse 2Chr 7,13–15 von zwei Erwählungsaussagen: „12bβ Ich habe diesen Ort erwählt für mich als Opferhaus […] 16 Und nun: ich habe erwählt und geheiligt dieses Haus …" (ובחרתי במקום הזה לי לבית זבח … ועתה בחרתי והקדשתי את הבית הזה). Die Wendung לבית זבח („Haus des Opfers") ist singulär in der HB. Nahestehend ist aber beispielsweise Esra 6,3, wo Kyros den Befehl erlässt: „Das Haus (der Jerusalemer Tempel) soll wieder aufgebaut werden als eine Stätte, wo man Schlachtopfer opfert" (in Aramäisch: ביתא יתבנא אתר די דבחין דבחין).[35] Das Motiv der *Erwählung des Tempelplatzes* (מקום + בחר) als Opferhaus (לבית זבח) spielt auf das Gebot der Kultzentralisation in Dtn 12 an.[36] Das Stichwort מקום verbindet in der Chronik[37] zudem drei Schlüsselstellen miteinander: Das Errichten eines Zeltplatzes für die von David zurückgeholte Lade (מקום in 1Chr 15,1.3), Davids Kauf der Tenne Ornans, auf dem Salomo dann später den Tempel baute (vgl. 1Chr 21,22.25 mit 2Chr 3,1), und die Tempelweiherzählung (מקום in 2Chr 6,20.21.26.40; 7,12.15).

---

34 2Chr 6,40: „Nun, mein Gott, seien deine Augen geöffnet und deine Ohren aufmerksam zu dem Gebet an diesem Ort." (עתה אלהי יהיו נא עיניך פתחות ואזניך קשבות לתפלת המקום הזה). 2Chr 7,15: „Nun werden meine Augen geöffnet sein und meine Ohren aufmerksam zu dem Gebet an diesem Ort" (עתה עיני יהיו פתחות ואזני קשבות לתפלת המקום הזה).
35 Auf diese Stelle verweist Japhet, *2 Chronik*, 103.
36 In der HB findet sich מקום + בחר nur in Dtn 12,5.11.14.18.21.26; 14,23–25; 15,20; 16,2.6–7.11.15–16; 17,8.10; 18,6; 23,17; 26,2; 31,11; Jos 9,27; 2Chr 7,12; Neh 1,9; Jer 8,3.
37 1Chr 13,11; 14,11; 15,1.3; 16,27; 17,9; 21,22.25; 2Chr 3,1; 5,7–8; 6,20–21.26.40; 7,12.15; 9,18; 20,26; 24,11; 25,10; 33,19; 34,24–25.27–28.

2Chr 7,16 entspricht grob 1Kön 9,3aα[3]–b. Das Motiv der Heiligung aus 1Kön 9,3 wird übernommen. Es hat in der Chronik seine eigene Dynamik. Mit 2Chr 30,8 und 36,14 wird der Tempel an zwei prominenten Stellen als von Jhwh geheiligt bezeichnet. In 2Chr 36,14 wird die Wegführung Judas damit begründet, dass sie das von Jhwh geheiligte Haus unrein gemacht haben (ויטמאו את בית יהוה אשר הקדיש בירושלם). Damit wird auf die in 2Chr 7,16 beschriebene Heiligung verwiesen. Der eingeschobene Relativsatz אשר בנתה wird gestrichen. Mit dem Relativsatz kann der Text so missverstanden werden, dass *Salomo* Jhwhs Namen im Tempel niederlegt. Dieser Umstand mag die Tilgung ausgelöst haben: „(den Tempel), ~~den du (Salomo) gebaut hast,~~ um meinen Namen dort niederzulegen für ewig". Zudem verwendet die Chronik den Inf.cs. להיות anstatt des לשׂום („Ich habe dieses Haus geheiligt, sodass mein Name dort *sei* für immer").

TgChr verknüpft das Senden der Pest in 2Chr 7,13 durch Texteingriffe zusätzlich mit Davids Auffindung des Tempelplatzes aus 2Sam 24 = 1Chr 21. Die Schreiber änderten den Text von 2Chr 7,13 zu: „und wenn ich den Engel des Todes anstachle wegen ihrer Sünden gegen mein Volk" (אגרי מלאך מותא על חוביהון דעמי). Durch den Begriff „Engel" wird die Verbindung zu 2Sam 24 = 1Chr 21 geschlagen. Dort wählt David aus drei Strafen die Pest, die von einem Engel vollzogen wird.[38]

---

38 Engel des Todes in den Targumim in Hab 3,5; Ps 89,49; 91,5; 140,12; Ijob 18,13; 28,22; Rut 4,22; 2Chr 7,13; Spr 16,14. Der Begriff „Engel des Todes" ergibt sich aus der graphischen Nähe zu „Engel der Pest" im Aramäischen: מלאכא דמותנא = „Engel der Pest"; מלאכא דמותא = „Engel des Todes". In TgChr von 1Chr 21,15 wird der Begriff „Engel der Pest" in einer späteren Handschrift durch „Engel des Todes" ersetzt.

9.3 Ankündigung von Segen und Fluch (9,4–9)

Tab. 9.3: Synopse 1Kön 9,4 par.

Kgtm (OG)	Kgtm (Vorl.)	Kön	Chr
⁴ καὶ σὺ ἐὰν πορευθῇς ἐνώπιόν μου,	⁴ ואתה אם תלך לפני	⁴ ואתה אם תלך לפני	⁷,¹⁷ ואתה אם תלך לפני
καθὼς ἐπορεύθη Δαυιδ ὁ πατήρ σου, ἐν ὁσιότητι καρδίας καὶ ἐν εὐθύτητι	כאשר הלך דוד אביך בתם לבב וביושר	כאשר הלך דוד אביך בתם לבב וביושר	כאשר הלך דויד אביך
καὶ τοῦ ποιεῖν κατὰ πάντα,	ולעשות ככל	לעשות ככל	ולעשות ככל
ἃ ἐνετειλάμην αὐτῷ,	אשר [?]	אשר צויתיך	אשר צויתיך
καὶ τὰ προστάγματά μου καὶ τὰς ἐντολάς μου φυλάξῃς,	וחקי ומצותי תשמר	חקי ומשפטי תשמר	וחקי ומשפטי תשמור

Kgtm (OG): σύ] > 246 119-527 71 245 707; ܐܬܝ̈ܢ ܪ ܐܢܬ ܐܦ ∞ ܪ SyrH | μου 1°] ἐμοῦ B CI 121 d 130 tˉ³⁷⁰ z 244 342 554 707 (= Ra) | καὶ ἐν εὐθύτητι] > καί A 460 | καὶ τοῦ ποιεῖν] > καί O L CII 246 sˉ¹³⁰ˉ⁴⁸⁸ 71 245 707 (= Kön)

Kön: לעשׂות] +pre Waw MT⁵ᴹˢ | וחקי] +pre Waw P

Chr: ולעשׂות | > Waw P | וחקי > Waw MT⁵ᴹˢ

Vers 4

Rahlfs folgt dem Kodex B und rekonstruiert ἐνώπιὸν ἐμοῦ.³⁹ Die Bezeugung von ἐνώπιόν μου in zwei Drittel der Textzeugen sowie in L und O gibt den Ausschlag für die Rekonstruktion von μου.

Das σύ fehlt in einer Reihe von Textzeugen (246 119-527 71 245 707). In der Syrohexapla findet sich ein ܐܬܝ̈ܢ ܪ ܐܢܬ ܐܦ ∞ ܪ.⁴⁰ Das ܐܬܝ̈ܢ ܪ ܐܢܬ ܐܦ entspricht dem καὶ σὺ ἐὰν πορευθῇς (ܐܦ = „auch"). Der Metobelus (ܐ) und die Siegel für Aquila (ܪ) und Symmachus (∞) sind enthalten. Zu erwarten wäre noch ein Asterisk (※), der den markierten Text als Plus im Gegenüber zum OG-Text markiert.⁴¹ Entweder der Text lautete mal ※ α' σ' καὶ σὺ✓ ἐὰν πορευθῇς = ܐܦ ∞ ܪ※

---

39 Zu dem methodischen Ansatz von Rahlfs und seiner Problematik vgl. Kap. 2.1 ab S. 22 in der Einleitung.

40 Vgl. de Lagarde, *Syriacae*.

41 Vgl. Wevers, *Textual History*, 184; Law, *Origenes*, 218f. Field, *Hexaplorum 1/2*, 613. Ein Obelus wäre hier nicht zu erwarten. Wenn der griechische Ausgangstext und der Hebräische Vergleichstext ein καὶ σύ hätten, wäre kaum dessen Ausfall bei Aquila und Symmachus markiert worden.

ܐܝܟ ܕ̈ ܝܐܬ.[42] Oder entsprechend zum fehlenden σύ in 246 119-527 71 245 707 wurde nur das אתה = σύ markiert und die SyrH lautete ursprünglich καὶ ※ α′ σ′ σὺ⸌ ἐὰν πορευθῇς = ܐܝܟ ܕ̈ ܝܐܬ ܘ ܪܒܐ.[43] Der griechische Ausgangstext der Hexapla enthielt hier mit ἐὰν πορευθῇς also eine sekundäre Lesart, die durch einen innergriechischen Ausfall von καὶ σύ zustande kam. Das καὶ σύ (bzw. σύ) wurde über die Versionen von Aquila und Symmachus ergänzt und damit zufällig der OG-Text wiederhergestellt. Die Existenz eines אם תלך oder ואם תלך auf Hebrä-isch lässt sich aus diesem Befund nicht ableiten.[44] Der griechische Ausgangstext der Hexapla wird genauso sekundäre Lesarten enthalten haben wie alle anderen griechischen Textzeugen auch.

Das ἐνετειλάμην αὐτῷ wäre auf Hebräisch ein צויתיו; Kön und Chr haben hier ein צויתיך. Der Suffix könnte in Kgtm auf allen Ebenen der Überlieferung geändert worden sein – deswegen ein ? in der Rückübersetzung. In Kön und Chr ist der zu erwartenden Text auf Hebräisch erhalten: לעשׂות ככל אשׁר צויתיך = „um zu tun alles, was ich *dir (= Salomo)* befohlen habe".[45] OGChr übersetzt akkurat mit καὶ ποιήσῃς κατὰ πάντα ἃ ἐνετειλάμην σοι. Der Bezug zu Salomo ergibt sich aus dem folgenden Textzusammenhang. Salomo soll Jhwhs Gebote bewahren (תשׁמור). In Kgtm verschiebt sich die Bezugsgröße für den Suffix (David statt Salomo). OGKgtm hat ein καὶ τοῦ ποιεῖν κατὰ πάντα ἃ ἐνετειλάμην αὐτῷ = „um zu tun alles, was ich *ihm (= David)* befohlen habe". Der Bezug zu David ergibt sich aus dem Vortext. Salomo soll leben „wie sein Vater David".

Das καί in καὶ τοῦ ποιεῖν fehlt in einigen Textzeugen (O L CII 246 s[-130-488] 71 245 707). Es könnte in der Hexapla gestrichen worden sein (Kön: חקי), was das

---

42 Vgl. Wevers, *Textual History*, 184, der sich ebenfalls nicht festlegt: „Here the exact text which Origen had seems somewhat in doubt."

43 Das vermuten: Field, *Hexaplorum 1/2*, 613; Law, *Origenes*, 218f. Law schreibt: „Field (p. 613) suggests the insertion of the asterisk at a different place than where Syh[ed] has placed the attributi-ons. Field is no doubt correct, as an examination of the manuscript shows that, while potentially confusing, the intention of the scribe was to note that the pronoun, not the conjunction, was the reading to which the attributions should be appended." (ebd., 218f.). Was genau Law bei der „examination of the manuscript" entdeckte, schreibt er nicht, weswegen diese Aussage nicht überprüft werden kann. Vollkommen vermischt wird der Befund bei Bösenecker, *Text*, 193, der καὶ ἐάν als OG-Text annimmt, obwohl es sich dabei nur um den Text von Aquila und Symmachus aus der Hexapla (!) handelt, und eben *nicht* den OG-Text. Der wurde erst nachträglich mit diesem Text korrigiert.

44 Gegen ebd., und Stade, *Kings*, zur Stelle, die hier sogar den Hyparchetyp überliefert sehen (vgl. ebd., 12), sich aber mit der hexaplarischen Überlieferung nicht ernsthaft auseinandersetzen und hier nicht gut genug informiert sind.

45 צויתיך in der HB in Gen 3,11.17; Ex 23,15; 31,6.11; 34,18; Dtn 12,21; Jos 1,9; 13,6; 1Sam 21,3; 1Kön 9,4; 2Chr 7,17; Jer 13,6; 26,2; 50,21.

Fehlen in O und L erklären würde.[46] Zweimal hat Kgtm im Vergleich zu Kön ein zusätzliches καί (καὶ τοῦ ποιεῖν und καὶ τὰ προστάγματά μου). In beiden Fällen steht in der Chronik an diesen Stellen ein Waw (s. u. die Synopse), was ein Waw auf Hebräisch in der OG-Vorlage möglich macht.

Hinter καὶ τὰς ἐντολάς μου stand wohl ein ומצותי und nicht wie in Kön und Chr ein ומשפטי. Für das חקי ומשפטי aus Kön und Chr wäre eine Übersetzung wie in OGChr mit καὶ τὰ προστάγματά μου καὶ τὰ κρίματά μου zu erwarten. Bei den infragekommenden Begriffen ist die Wortwahl des Übersetzers verhältnismäßig stabil. Ein ἐντολή steht in 1–4Kgtm 14 Mal für מצוה, zwei Mal für חקה, ein Mal für תורה.[47] Wo in Kön מצוה steht, findet sich 14 Mal ein ἐντολή und 2 Mal ein πρόσταγμα. חק wird wie hier 4 Mal mit πρόσταγμα und ein Mal mit ἐντολή wiedergegeben. Die Äquivalenz משפט = ἐντολή ist außerhalb von 1Kön 9,4 in 1–4Kgtm nicht belegt. Für משפט findet sich 15 Mal ein κρίμα, 11 Mal ein δικαίωμα und 6 Mal ein κρίσις. Deswegen ist καὶ τὰ προστάγματά μου καὶ τὰς ἐντολάς μου φυλάξης = וחקי ומצותי תשמר als OG-Vorlage im Unterschied zu Kön und Chr (חקי ומשפטי תשמר) das wahrscheinlichste Szenario.[48]

Ob das zweifache „und" = ו im Hyparchetyp existierte, bleibt unsicher. Zweimal haben Kgtm und Chr ein Waw, wo es in Kön fehlt (ולעשות vs. לעשות; וחקי vs. חקי). Die Varianz setzt sich in der weiteren Überlieferung fort.[49] Mit Kön und Chr ist צויתיך zu lesen (OGKgtm: ἐνετειλάμην αὐτῷ auf Hebr. צויתיו). Dem ומשפטי in Kön und Chr steht in Kgtm ein ומצותי gegenüber. Die Begriffe können zu jeder Zeit ausgetauscht worden sein; der Wortlaut des Hyparchetyps bleibt auch hier unsicher.

In Vers 4 haben Kgtm und Chr ein zusätzliches בתם לבב ובישר = „mit reinem Herzen und in Aufrichtigkeit". Technische Anlässe für Abschreibefehler liegen nicht vor. Diese Stilisierung Davids ist ganz im Sinne der Chronik und wäre von ihr kaum ausgelassen worden. Der kurze Hyparchetyp ist in diesem Fall also nur in der Chronik erhalten (*lectio brevior potior*).

---

46 Zu den Lesarten mit hexaplarischem Ursprung vgl. Kap. 2.1 ab S. 28 in der Einleitung.

47 Vgl. Kauhanen, *Lucifer*, 45–47, für eine genauere Unterscheidung zwischen Kaige und Nicht-Kaige und eine ausführlichere übersetzungstechnischere Analyse zu diesen Begriffen.

48 Von einer singuläre Übersetzung von משפט mit ἐντολή geht aus: Tov/Polak, *CATSS*. In der Ausgabe sind kein Anzeichen gegeben, dass die Vorlage von Kgtm sich von Kön unterscheiden könnte.

49 Kön: לעשות +pre Waw MT[5Ms] | חקי] +pre Waw P. Chr: ולעשות > Waw P | וחקי > Waw MT[5Ms].

Tab. 9.4: Synopse 1Kön 9,5 par.

Kgtm (OG)	Kgtm (Vorl.)	Kön	Chr
⁵ καὶ ἀναστήσω τὸν θρόνον τῆς βασιλείας σου ἐπὶ Ισραηλ εἰς τὸν αἰῶνα,	⁵ והקמתי את כסא ממלכתך על ישראל לעלם	⁵ והקמתי את כסא ממלכתך על ישראל לעלם	7,18 והקימותי את כסא מלכותך
καθὼς ἐλάλησα Δαυιδ τῷ πατρί σου	כאשר דברתי על דוד אביך	כאשר דברתי על דוד אביך	כאשר כרתי לדויד אביך
λέγων	לאמר	לאמר	לאמר
Οὐκ ἐξαρθήσεταί σοι ἀνὴρ ἡγούμενος ἐν Ισραηλ.	לא יכרת לך איש מושל בישראל	לא יכרת לך איש מעל כסא ישראל	לא יכרת לך איש מושל בישראל

Kgtm (OG): ἐπὶ Ισραηλ] ἐν Ιερουσαλημ L 246 | Δαυιδ τῷ πατρί σοι] tr. τῷ Δαυιδ πατρί σου B CI (= Ra); tr. τῷ πατρί σου Δαυιδ L 554 | ἐξαρθήσεταί σοι] ἐξαρθήσεταί σου A | ἡγούμενος] ηκουμενος A | ἐν Ισραηλ] ἐπὶ Ισραηλ L 246

Vers 5

In Vers 5 haben die Mehrheit der Textzeugen Δαυιδ τῷ πατρί σοι mit Artikel. OGChr setzt ebenfalls den Artikel zwischen Δαυιδ und πατρί. In 3Kgtm 8,24 steht Δαυιδ τῷ πατρί μου; in 8,25 Δαυιδ τῷ πατρί μου; in 8,26: τῷ Δαυιδ τῷ πατρί μου. In B und CI wurde der Artikel nachträglich nach vorne umgestellt (τῷ Δαυιδ πατρί σου). Vielleicht hat sich die Lesart aus Δαυιδ τῷ πατρί σοι > τῷ Δαυιδ τῷ πατρί σοι > τῷ Δαυιδ πατρί σοι entwickelt. Rahlfs sieht in B und CI den OG-Text.⁵⁰

Das על דוד אביך (דבר + על iSv. „etw. *über* jmd. (aus)sprechen"; vgl. 1Kön 2,4) wurde im OG-Text mit τῷ Δαυειδ πατρί σου wiedergegeben.⁵¹ Die Präposition על blieb unübersetzt. Die Präposition על wird in 1–4Kgtm zwar standardmäßig mit ἐπί wiedergegeben (568 Mal); Abweichungen von dieser Äquivalenz sind aber nichts ungewöhnliches. Man vergleiche nur die Wiedergabe von דבר + על-Pers. in 1–4Kgtm in 2Sam 7,25 (ὃ ἐλάλησας περὶ τοῦ δούλου σου), 2Sam 19,8 (λάλησον εἰς τὴν καρδίαν τῶν δούλων σου), 1Kön 2,4 (ὃν ἐλάλησεν), 1Kön 2,27 (ὃ ἐλάλησεν ἐπὶ τὸν οἶκον Ηλι), 1Kön 22,23 (ἐλάλησεν ἐπὶ σέ). Wörtlich wiedergegeben wäre על in den Übersetzungs-Sprachen mit על = ﻝﻋ = ἐπί. Die Präposition על in על דוד אביך wird aber in keiner Übersetzung wortwörtlich wiedergegeben. TgJ hat

---

⁵⁰ Zu dem methodischen Ansatz von Rahlfs und seiner Problematik vgl. Kap. 2.1 ab S. 22 in der Einleitung.

⁵¹ Gegen Bösenecker, *Text*, 193, der לדיד als OG-Vorlage rekonstruiert, aber die hier genannte Evidenz nicht bemerkt. Auch Stade, *Kings*, 110, übersieht die Evidenz und rekonstruiert אל als OG-Vorlage.

hier ein עם דויד, PKön ein ܕܘܝܕ, und OGKgtm ein Δαυιδ τῷ πατρί σου. In 15 hebräischen Manuskripten wurde על דוד zu אל דוד geändert. Die Chronik ändert כאשר דברתי על דוד אביך zu כאשר כרתי לדויד אביך; die Änderung von על דוד zu לדויד hängt hier mit כרת (anstatt des דבר) zusammen (ל + כרת = „Bund schließen mit"). OGChr übersetzt entsprechend mit διεθέμην Δαυιδ τῷ πατρί σου. Als Beleg für ein כאשר דברתי לדויד kann die Chronik deswegen nicht gelten.

Im letzten Teilsatz entspricht das Ende nicht dem Text von Kön, sondern dem Chroniktext.[52] Die Chronik hat לא יכרת לך איש מושל בישראל („es soll dir nicht an jemandem fehlen, *der über Israel herrscht*"). Dieser Text wird von OGChr mit οὐκ ἐξαρθήσεταί σοι ἀνὴρ ἡγούμενος ἐν Ισραηλ übersetzt („Es soll dir kein Mann, der Anführer ist in Israel, entfernt werden"). Genau denselben griechischen Text hat OGKgtm. Kön hingegen liest מעל כסא ישראל („[es soll dir kein Mann fehlen] *auf dem Thron Israels*"). Der Übersetzer hätte das wie schon in 8,25 mit οὐκ ἐξαρθήσεταί σου ἀνὴρ ἐπὶ θρόνου Ισραηλ übersetzt.

In Vers 5 ändert die Chronik das ממלכתך wie gewohnt zu מלכותך[53] und hat vermutlich bei dieser Gelegenheit auch das על ישראל לעלם = „über Israel für immer" gestrichen. Die Chronisten haben zudem das על + דבר = „(Verheißungs)Wort sprechen über" zu ל + כרת = „Bund schließen mit" geändert und damit aus der Verheißung an David einen Bundesschluss mit David gemacht: „wie ich es (als ein Bund) mit David deinem Vater beschlossen habe, als ich sprach" (כאשר כרתי לדויד אביך לאמר). Diese Änderung könnte durch das folgende לא יכרת verursacht worden sein.

Die Nichtausrottungsformel ist in Kgtm und Chr mit מושל בישראל (vgl. Micha 5,1) und in Kön mit מעל כסא ישראל (vgl. 1Kön 2,4; 8,25) überliefert. Beide Formulierungen sind sprachlich möglich und könnten im Hyparchetyp gestanden haben.

---

52 So auch: Bösenecker, *Text*, 193, mit Verweis auf Mi 5,1.
53 מלכותך in 1–2Chr in 1Chr 11,10; 12,24; 14,2; 17,11.14; 22,10; 26,31; 28,5.7; 29,25.30; 2Chr 1,1.18; 2,11; 3,2; 7,18; 11,17; 12,1; 15,10.19; 16,1.12; 20,30; 29,19; 33,13; 35,19; 36,20.22.

Tab. 9.5: Synopse 1Kön 9,6 par.

Kgtm (OG)	Kgtm (Vorl.)	Kön	Chr
⁶ ἐὰν δὲ ἀποστραφέντες ἀποστραφῆτε ὑμεῖς καὶ τὰ τέκνα ὑμῶν ἀπ' ἐμοῦ	⁶ אם שוב תשבון אתם ובניכם מאחרי	⁶ אם שוב תשבון אתם ובניכם מאחרי	⁷ʼ¹⁹ ואם תשובון אתם
καὶ μὴ φυλάξητε τὰς ἐντολάς μου καὶ τὰ προστάγματά μου,	ולא תשמרו מצותי וחקתי	ולא תשמרו מצותי [ו]חקתי	ועזבתם חקותי ומצותי
ἃ ἔδωκεν Μωυσῆς ἐνώπιον ὑμῶν,	אשר נתן משה לפניכם	אשר נתתי לפניכם	אשר נתתי לפניכם
καὶ πορευθῆτε	והלכתם	והלכתם	והלכתם
καὶ δουλεύσητε θεοῖς ἑτέροις	ועבדתם אלהים אחרים	ועבדתם אלהים אחרים	ועבדתם אלהים אחרים
καὶ προσκυνήσητε αὐτοῖς,	והשתחויתם להם	והשתחויתם להם	והשתחויתם להם

Kgtm (OG): ἀποστραφῆτε] -ται B* A 313*-530 | μὴ φυλάξητε] tr. post ἐνώπιον ὑμῶν L; φυλάξηται O 530 488 | τὰς ἐντολάς μου καί] > L | Μωυσῆς] sub ⁻ SyrH | πορευθῆτε] -ται A 242 | δουλεύσητε] -σηται B* 530* 245; -σεται A; -σειται 247 | προσκυνήσητε] -σηται A 82 158 245; -σειται 247

Kön: וחקתי[ו]: חקתי MT^{L, A, rel} vs. וחקתי Tg P MT^{10Ms} (= Kgtm)

Vers 6

Der L-Text erscheint in 9,6 stark verändert: Das μὴ φυλάξητε ist umgestellt, das τὰς ἐντολάς μου καί fehlt ganz. Möglicherweise war ein Augensprung die Ursache: καὶ μὴ φυλάξητε τὰς ἐντολάς μου καὶ τὰ προστάγματά μου ἃ ἔδωκεν Μωυσῆς ἐνώπιον ὑμῶν, bei dem das fehlende Verb (μὴ φυλάξητε) nachträglich ergänzt wurde (L = καὶ τὰ προστάγματά μου ἃ ἔδωκεν Μωυσῆς ἐνώπιον ὑμῶν μὴ φυλάξητε).

Hinter ἐὰν δέ könnte ein ואם mit Waw (= Chr) oder ein אם ohne Waw (= Kön) gestanden haben. Der Übersetzer hat Konditionalperioden je nach inhaltliche Kontur unterschiedliche wiedergegeben und dabei keine vollständig festgelegte Übersetzungs-Äquivalente gehabt.[54] Das ἐάν übersetzt אם. Ein ἐὰν δέ kann für ואם (vgl. 1Sam 12,15; 1Sam 17,9), aber auch für אם stehen (1Kön 20,39; 2Kön 20,39). Das ואם wird häufiger mit καὶ ἐάν übersetzt (1Sam 2,16.25; 6,9; 12,25; 14,10; 20,7; 1Kön 3,14). Für das אם kann neben dem ἐάν auch ein εἰ stehen.

In 3Kgtm 9,6 = 2Chr 7,19 ist vom „abwenden *von* (hinter) mir" (... אם שוב תשבון מאחרי) die Rede; dementsprechend wählen OGKgtm und OGChr beide ἀποστρέφω

---

54 Gegen Bösenecker, *Text*, 193; Stade, *Kings*, 110; Noth, *I. Könige 1–16*, 195, die allesamt ואם als OG-Vorlage angeben, den übersetzungstechnischen Befund aber nicht beachtet haben.

iSv. „abwenden *von*": OGKgtm = ἀπο|στραφῆτε …|ἀπ| ἐμοῦ (zur Semantik vgl. 8,14 ab S. 128ff.).

Der OG-Text von 9,6 unterscheidet sich nur an zwei Stellen von Kön. Das καί in τὰς ἐντολάς μου καὶ τὰ προστάγματά μου geht auf ein מצותי וחקתי zurück. Das καί hat in Kön kein Waw als Äquivalent; dort ist es wegen dem vorausgehenden Jod aufgrund einer Haplographie ausgefallen (י > יו). Chr hat das Waw und stellt dazu noch um (Chr: חקותי ומצותי). In TgJ und PKön ist hier ebenfalls ein Waw ergänzt.

Im OG-Text hat Mose dem Volk die Gebote gegeben: ἃ ἔδωκεν Μωυσῆς = „der sie (die Gebote) gegeben hat". Dem entspricht ein אשר נתן משה in der hebräischen Vorlage. In Kön ist Jнwн der Geber und die Wendung in 1. Sg. gehalten (אשר נתתי: „die ich gegeben habe"). Gemäß Kön ist Μωυσῆς in der Syrohexapla mit einem Obelus markiert.[55]

In Vers 6 ist Hyparchetyp in Kgtm und Kön erhalten. Mit Kgtm lautete der Hyparchetyp מצותי וחקתי. Das Waw ist der Mehrheit der masoretischen Textzeugen durch eine Haplographie wegen des vorausgehenden Jod ausgefallen (י > יו).[56] Es wird von TgJ, PKön und 10 masoretischen Textzeugen bezeugt und könnte im Archetypen von Kön gestanden haben.

Im Hyparchetyp gab Jнwн die Gesetze („[die Gebote und Ordnungen,] die ich euch gegeben habe" = אשר נתתי לפניכם). Damit steht die göttliche Gabe des Gesetztes parallel zur göttlichen Gabe des Landes in Vers 7 (האדמה אשר נתתי להם). In Kgtm wurde ohne Rücksicht auf den Parallelismus Mose zum Geber der Gebote und Ordnungen gemacht (אשר נתן משה לפניכם). Die einzige Parallele für einen ähnlichen Relativsatz mit Mose als Geber ist Neh 10,30 mit נתן im Niphal (בתורת האלהים אשר נתנה ביד משה): „(leben) in der Tora Gottes, die durch die Hand des Mose gegeben worden ist"). Die Formulierung mit Gott als Geber ist der Normalfall (vgl. Dtn 4,8; 11,32; 30,1; Jer 9,12; 26,4; 44,10; Dan 9,10).

Die Chronisten haben den Versanfang überarbeitet. Der Inf. abs. wurde getilgt (ואם תשובון > אם שוב תשבון) und bei der Gelegenheit das ובניכם מאחרי („und eure Söhne nach euch") gestrichen. Die Chronik ersetzt zudem das Verb שמר durch עזב (vgl. 1Kön 18,18; 2Kön 17,16; Esra 9,10) und macht aus dem Nicht-Bewahren ein Verlassen der Gebote (ועזבתם חקותי ומצותי). Bei der Gelegenheit werden auch die zwei Substantive umgestellt.

---

55 Zu den Lesarten mit hexaplarischem Ursprung vgl. Kap. 2.1 ab S. 28 in der Einleitung.
56 So bereits: Noth, *I. Könige 1–16*, 195.

Tab. 9.6: Synopse 1Kön 9,7 par.

Kgtm (OG)	Kgtm (Vorl.)	Kön	Chr
⁷ καὶ ἐξαρῶ τὸν Ισραηλ ἀπὸ τῆς γῆς	⁷ והכרתי את ישראל מעל האדמה	⁷ והכרתי את ישראל מעל פני האדמה	7,20 ונתשתים מעל אדמתי
ἧς ἔδωκα αὐτοῖς,	אשר נתתי להם	אשר נתתי להם	אשר נתתי להם
καὶ τὸν οἶκον τοῦτον,	ואת הבית הזה	ואת הבית	ואת הבית הזה
ὃν ἡγίασα τῷ ὀνόματί μου,	אשר הקדשתי לשמי	אשר הקדשתי לשמי	אשר הקדשתי לשמי
ἀπορρίψω ἐκ προσώπου μου,	אשליך מעל פני	אשלח מעל פני	אשליך מעל פני
καὶ ἔσται Ισραηλ εἰς ἀφανισμὸν καὶ εἰς λάλημα εἰς πάντας τοὺς λαούς.	והיה ישראל למשל למשם ולשנינה בכל העמים	והיה ישראל למשל ולשנינה בכל העמים	ואתננו למשל ולשנינה בכל העמים

Kgtm (OG): τοῦτον] sub ÷ SyrH (= Kön) | τῷ ὀνόματί μου] τῷ ὀνόματί σου A | ἀπορρίψω] ἀπορείψω B*
Kön: והכרתי] ואשיצי Tg; > Waw P
Chr: לשמי] לאשראה ביה שכנתי Tg

Vers 7

Hinter dem ἀπὸ τῆς γῆς in 9,7 wird ein מעל האדמה gestanden haben (Kön = מעל פני האדמה; Chr = מעל אדמתי). ⁵⁷ Ein γῆ kann sowohl אדמה als auch ארץ wiedergeben. Kön und Chr haben אדמה; deswegen wird es hier auch hinter dem γῆ in Kgtm anzunehmen sein. Das פני aus Kön wird nicht in der OG-Vorlage gestanden haben (vgl. Chr). Die Wendung פנה + Präp. מן wird so gut wie immer mit ἀπὸ προσώπου wiedergegeben⁵⁸ und in der Regel nicht mit einem einfachen ἀπό abgekürzt. Das Lexem πρόσωπον ist in der LXX das feststehende Äquivalent für פנה. Das מעל wird in 1–4Kgtm ca. 49 Mal mit ἀπό wiedergegeben (vgl. 2Chr 7,20: אדמתי = ἀπὸ τῆς γῆς).

Das καὶ τὸν οἶκον τοῦτον entspricht einem ואת הבית הזה wie in Chr und nicht dem ואת הבית in Kön. In der Syrohexapla wurde das τοῦτον gemäß Kön dementsprechend mit einem Obelus als Zusatz in Kgtm markiert.⁵⁹

---

57 So auch: Bösenecker, *Text*, 195; Stade, *Kings*, 110.
58 מעל פני האדמה = ἀπὸ προσώπου τῆς γῆς in 1Sam 20,15; 1Kön 13,34. פנה + Präp. מן von 42 Fällen in 39 ἀπὸ προσώπου; nur ἀπό in 1Sam 18,29; 1Kön 9,7; 2Kön 19,6.
59 Zu den Lesarten mit hexaplarischem Ursprung vgl. Kap. 2.1 ab S. 28 in der Einleitung.

Das Verb ἀπορρίπτω (Gemoll: „wegwerfen; verwerfen, verstoßen") kann in 1–4Kgtm Äquivalent für שׁלך („werfen, verwerfen") sein. Deswegen ist wohl wie in Chr אשׁליך („ich werden [sie] verwerfen") und nicht wie in Kön אשׁלח („ich werde [sie] wegsenden") zu lesen.[60] In 1–4Kgtm steht es 3 Mal für שׁלך und ein Mal für נבל. שׁלח wird in 1–4Kgtm konstant (176 Mal) mit ἀποστέλλω wiedergegeben und שׁלך in 1–4Kgtm 17 Mal mit ῥίπτω, 3 Mal mit ἀπορρίπτω, 2 Mal mit ἐπιρίπτω und 1 Mal mit βάλλω und ἐμβάλλω.

Hinter dem εἰς ἀφανισμὸν καὶ εἰς λάλημα („[und Israel wird] zur Zerstörung und zum Geschwätz"[61]) in Kgtm stand entweder ein למשׁל ולשׁנינה wie in Kön und Chr oder ein לשׁמה ולשׁנינה wie in Dtn 28,37. Das שׁנינה[62] entspricht in OGKgtm eindeutig dem λάλημα[63] (anders OGChr: שׁנינה = διήγημα[64]). Schwieriger ist die Rekonstruktion der Vorlage hinter εἰς ἀφανισμὸν.[65] Orientiert man sich streng am übersetzungstechnischen Befund, dann ist שׁמה[66] anzunehmen. Das ἀφάνισις steht in 2Kön 22,19 für שׁמה und ist auch in der LXX am häufigsten für שׁמה gebraucht (vgl. vor allem Dtn 28,37). Das משׁל[67] ist in OGChr mit παραβολή[68] übersetzt. Das Substantiv παραβολή ist in der LXX das häufigste Äquivalent für משׁל (30 von 42 Mal; 4 Mal in 1–4Kgtm). Es könnte sich bei εἰς ἀφανισμὸν καὶ εἰς λάλημα aber auch um eine freiere Übersetzung von למשׁל ולשׁנינה aus Kön handeln. Die semantische Nähe der hebräischen Begriffe lässt keine eindeutige Rekonstruktion zu. Wo die Begriffe שׁנינה/משׁל/שׁמה in der LXX nebeneinanderstehen, werden sie uneinheitlich und freier übersetzt.[69] למשׁל und לשׁמה stehen sich zudem graphisch durchaus nah, was eine Verwechslung bei einer undeutlichen Vorlage begünstigen würde.

---

60 So auch: Bösenecker, *Text*, 195; Stade, *Kings*, 110; Noth, *I. Könige 1–16*, 195.
61 Karrer/Kraus (Hrsg.), *Septuaginta Deutsch*: „und Israel wird zum Verschwinden kommen und zum Geschwätz bei allen Völkern werden."; Pietersma/Wright (Hrsg.), *NETS*: „and Israel will become a desolation and prattle among all the peoples".
62 Gesenius/Meyer/Donner, *Handwörterbuch*: Spott, Schimpf; Koehler/Baumgartner/Dietrich, *KAHAL*: Spottwort, scharfer Spott, Gespött.
63 Gemoll/Vretska, *Handwörterbuch*: Geschwätz, Geplauder.
64 ebd.: Erzählung.
65 ebd.: Vernichtung; Verschwinden.
66 Gesenius/Meyer/Donner, *Handwörterbuch*: Entsetzen; Koehler/Baumgartner/Dietrich, *KAHAL*: Entsetzliches.
67 Gesenius/Meyer/Donner, *Handwörterbuch*: Spottspruch; Koehler/Baumgartner/Dietrich, *KAHAL*: Sprichwort.
68 Gemoll/Vretska, *Handwörterbuch*: Denkspruch, Sprichwort.
69 Deu 28,37 והיית לשׁמה למשׁל ולשׁנינה = καὶ ἔσῃ ἐκεῖ ἐν αἰνίγματι καὶ παραβολῇ καὶ διηγήματι. Hier hatte der Übersetzer wohl Schwierigkeiten mit dem לשׁמה und verdoppelte es als ἐκεῖ und ἐν αἰνίγματι. 2Chr 7,20 ואתננו למשׁל ולשׁנינה = καὶ δώσω αὐτὸν εἰς παραβολὴν καὶ εἰς διήγημα. Jer 24,9 לחרפה ולמשׁל לשׁנינה ולקללה = καὶ ἔσονται εἰς ὀνειδισμὸν καὶ εἰς παραβολὴν καὶ εἰς μῖσος καὶ εἰς κατάραν.

In Vers 7 ist der Hyparchetyp ebenfalls nahezu unverändert in Kgtm und Kön (weite Teile auch in Chr) erhalten. Die Existenz des הזה hinter dem ואת הבית im Hyparchetyp ist unsicher (Kgtm, Chr: ואת הבית הזה; Kön: ואת הבית). Ebenfalls unsicher bleibt, ob der Hyparchetyp מעל האדמה wie in Kgtm oder מעל פני האדמה wie in Kön lautete.

Die Chronik bearbeitet den Anfang und den Ende des Verses. Am Anfang ersetzt sie den Hifil כרת (ausrotten) durch das Verb נתש („ausreißen"). Dadurch könnte die Chronik die Anwendung des Motives des Ausrottens (והכרתי) auf Israel vermeiden wollen. Das „Ausreißen" hat einen deutlichen Beleg-Schwerpunkt im Jeremiabuch und wird in Dtn 29,27 und Jer 12,14 wie hier in 1Kön 9,7 mit מעל האדמה gebraucht (vgl. auch 1Kön 14,15).[70] In dem Zuge wurde das את ישראל nach האדמה („das Land") gestrichen und zusätzlich ein Suffix ergänzt האדמי („mein Land"). Am Ende des Verses wird das והיה ישראל zu ואתננו. Das „(zum Spott) Dahingeben" (ואתננו) entspricht dem נתן in Jer 24,9 gegenüber dem היה in Dtn 28,37.

Der Hyparchetyp wird zudem wie in der Chronik (und Kgtm) ein אשליך für „Verwerfen" gehabt haben. In Kön steht dem ein אשלח gegenüber. Das „von vor meinem Angesicht" (מעל פני) kann mit שלך iSv. „verwerfen" gebraucht werden (vgl. 2Kön 13,23; 24,20; 2Chr 7,20; Jer 7,15; 52,3 und ferner Dtn 29,27). Etwas seltener wird es auch mit שלח iSv. „vertreiben, verjagen" gebracht (vgl. Gen 3,23; Jer 15,1; 28,16 und Ijob 14,20). Beide Verben beschreiben in diesen Verbindungen nie das Verwerfen des Tempels, sondern immer das Verjagen und Verwerfen von Menschen.[71] Dieser Sprachgebrauch wird nur in 1Kön 9,7 auf den Tempel als direktes Objekt übertragen. Bei solch einem übertragenen Gebrauch liegt die Verwendung der Wurzel שלך iSv. „verwerfen" näher. Das אשלח in Kön wird durch einen Hörfehler entstanden sein; אֲשַׁלַּח und אַשְׁלִיךְ stehen sich auditiv sehr nah.

Bei dem למשל ולשנינה in Kön und Chr ist der hebräische Text in Kgtm unsicher (εἰς ἀφανισμὸν = למשל oder לשמה). Deswegen wird für den Hyparchetyp am existierenden hebräischen Text festgehalten.

In 9,7 macht TgJ aus dem Ausrotten (והכרתי) ein Zerstören (ואשיצי). Aus dem Exil als Strafe (Kön: „ausrotten aus"; Chr: „ausreißen aus") wird eine Zerstörung im Land (TgJ: „zerstören im / auf dem Land").

---

70 1Kön 14,15: מעל האדמה הטובה; ונתש את ישראל מעל האדמה; Dtn 29,27: ויתשם יהוה מעל אדמתם; Jer 12,14: הנני נתשם מעל אדמתם. Vgl. Hausmann, *Art.* נָתַשׁ, *in: ThWAT V*, 727–729.

71 Gesenius/Meyer/Donner, *Handwörterbuch*, listet Gen 3,23; Jer 15,1 und Ijob 14,20 zusammen mit 1Kön 9,7 als Belegstellen für die Bedeutung „vertreiben, verjagen" unter der Oberkategorie „5. m. gesteigerter Bedeutung: werfen". Koehler/Baumgartner/Dietrich, *KAHAL*, notiert bei שלח nur, dass in 1Kön 9,7 mit 2Chr 7,20 zu אשליך emendiert werden muss. Den Vorschlag der Emendation macht auch: Thiel, *Art.* שלך, *in: ThWAT VIII*, 85.90.

Tab. 9.7: Synopse 1Kön 9,8 par.

Kgtm (OG)	Kgtm (Vorl.)	Kön	Chr
8 καὶ ὁ οἶκος οὗτος ὁ ὑψηλός,	8 והבית הזה	8 והבית הזה	7,21 והבית הזה
	יהיה עליון	יהיה עליון	אשר היה עליון
πᾶς ὁ διαπορευόμενος δι᾽ αὐτοῦ ἐκστήσεται	כל עבר עליו ישם	כל עבר עליו ישם	לכל עבר עליו ישם
καὶ συριεῖ	ושרק	ושרק	
καὶ ἐροῦσιν	ואמרו	ואמרו	ואמר
Ἕνεκεν τίνος ἐποίησεν κύριος οὕτως τῇ γῇ ταύτῃ καὶ τῷ οἴκῳ τούτῳ;	על מד עשה יהוה ככה לארץ הזאת ולבית הזה	על מד עשה יהוה ככה לארץ הזאת ולבית הזה	במד עשה יהוה ככה לארץ הזאת ולבית הזה

Kgtm (OG): καὶ ὁ οἶκος οὗτος ὁ ὑψηλός] καὶ ὁ οἶκος οὗτος ἔσται ὁ (>A) ὑψηλός B A (= Kön); καὶ ὁ οἶκος οὗτος ὁ ὑψηλός ἔσται L 328 509 246 460| ὁ διαπορευόμενος] ὁ > L⁻⁸²⁻⁹³ 488 | Ἕνεκεν] Ἕνεκα B O CI⁻⁹⁸ 509 244 460 (= Ra) | κύριος οὕτως] tr. οὕτως (+ὁ 247 44) κύριος 247 CII 121 d⁻¹⁰⁶⁻¹²⁵ s t⁻⁷⁴⁻³⁷⁰ z 55 71 158 554

Kön: [יהיה עליון דהוה עלאי יהי חרוב] Tg (doubl.); ܣܘܒ ܢܫܡܐ P;

Chr: [אשר היה עליון דהוה עלאה יהא חרוב] Tg (doubl.); ܢܫܡܐ P; היה < OG

Vers 8

Im letzten Teilsatz von Vers 8 ist mit der Mehrheit der Textzeugen ἕνεκεν als OG-Text zu rekonstruieren und nicht ἕνεκα mit B O CI⁻⁹⁸ 509 244 460 (gegen Rahlfs).[72]

Der Übersetzer wird in seiner Vorlage das והבית הזה יהיה עליון aus Kön vorgefunden haben. Der Text aus Kön ist mit der auf die Zukunft bezogenen Verbform יהיה = ἔσται kaum verständlich („Und dieses Haus *wird* ein Erhabenes sein"). Das könnte den Übersetzer zu einer freieren Wiedergabe veranlasst haben. Nur darüber ließ sich ein verständlicher Text herstellen. Der Übersetzer macht aus dem Text eine Pendenskonstruktion für den folgenden Teilsatz: „Und dieses erhabene Haus, jeder, der der hindurchgeht durch es, wird erstaunt sein...".[73] Das עליון erhält einen Artikel (ὁ ὑψηλός; auf Hebr. העליון) und das wird unübersetzt gelassen.

---

[72] Zu dem methodischen Ansatz von Rahlfs und seiner Problematik vgl. Kap. 2.1 ab S. 22 in der Einleitung.

[73] Karrer/Kraus (Hrsg.), *Septuaginta Deutsch*: „Und dieses (bis dahin) hoch geachtete Haus, jeder, der durch es hindurchgeht, wird sich entsetzen...". Pietersma/Wright (Hrsg.), *NETS*: „And as for this exalted house...".

Eine anders lautende Hebräische OG-Vorlage ist unwahrscheinlich.[74] Alle anderen
Übersetzungen (TgJ, PKön, VgKön) verändern ebenfalls den Sinn, um einen verständlicheren Text herzustellen (s. u.); das wird bei OGKgtm nicht anders gewesen
sein. OGChr hat denselben Text wie OGKgtm und greift also auf genau dieselbe Art
und Weise in den Text ein (s. u. ebd.).

In B und A ist mit ἔσται ein Äquivalent für dieses יהיה ergänzt und der Text
damit an Kön angepasst: καὶ ὁ οἶκος οὗτος ἔσται (ὁ) ὑψηλός = והבית הזה יהיה
עליון. In A (und L) wird das ἔσται aus der Hexapla stammen.[75] In B ist ebenfalls eine
Herkunft aus Kön anzunehmen („sporadische" Kaige-Bearbeitung).[76] Kön ergibt
keinen sinnvollen Text („und dieses Haus wird [יהיה] erhaben sein."); bei den
Änderungen in A und B handelt es sich damit um rein mechanische Angleichungen
an Kön. Ob der angeglichene Text, sinnvoll ist, spielt keine Rolle; wichtiger ist,
dass er so genau wie möglich an Kön angeglichen wird. Damit liegen handfeste
Gründe vor, um in diesem Fall bei der Angleichung in B von einer „sporadischen"
Kaige-Bearbeitung auszugehen. Die Absicht der Angleichungen an Kön um jeden
Preis passt gut zu den Motiven der Kaige-Bearbeitungen.

L (und 328 509 246 460) verschiebt das ἔσται ans Ende, sodass ἔσται auch zum
Folgenden dazugezogen werden kann und der Text verständlicher wird: „(und) es
wird sein, jeder, der hindurchgeht durch es, wird erstaunt sein".

Als hebräische Vorlage hinter ἕνεκεν τίνος ist mangels Alternativen das על
מה aus Kön anzunehmen (על = ἕνεκεν; מה = τίνος). Die Übersetzug von מה mit τίς
ist in 1–4Kgtm üblich. Das על מה findet sich in 1–4Kgtm nur hier. Wie es übersetzt
werden würde, ist schwer vorherzusagen. In 1–4Kgtm übersetzt ἕνεκα in der Regel
בעבור (vgl. 2Sam 6,12; 9,1; 12,21.25; 14,20; 18,18). In Dtn 29,23 und Jer 22,8 steht für
על מה ein διὰ τί. Das במה aus der Chronik wird im OGChr mit τίνος übersetzt.

Die Chronisten bearbeiteten den Vers 8, um den unverständlichen Text aus
MTKön 9,8aα durch Texteingriffe verständlicher zu machen. Dafür wurde der Vers
grammatisch umstrukturiert und das ושרק gestrichen (s. u. zu 9,8a). Das על in על
מה aus 9,8 entspricht dem על אשר in 9,9. Die Chronik macht aus dem על מה ein
במה, ohne auf diese graphische Entsprechung Rücksicht zu nehmen.

---

74 Es sei denn, man nimmt z. B. einen Ausfall von יהי in der Vorlage aufgrund eines Augensprunges zwischen zwei He an: והבית הזה יהיה עליון > והבית הזה העליון.
75 Zu den Lesarten mit hexaplarischem Ursprung vgl. Kap. 2.1 ab S. 28 in der Einleitung.
76 Zu möglichen „sporadischen" Kaige-Bearbeitung in 3Kgtm vgl. S. 27 in der Einleitung.

Zum korrupten Text von 9,8a

Der Anfang des Verses aus 9,8aα ist korrupt. Der ursprüngliche Wortlaut des Versanfanges ist verloren gegangen. Wie der Hyparchetyp hier lautete, wissen wir nicht (והבית הזה [?]).

Die durch Textzeugen erhaltene Textgeschichte beginnt mit dem hebräischen Text aus MTKön. Der Text ist aber offensichtlich fehlerhaft; Seine Konsonanten ergeben keinen inhaltlich sinnvollen Satz („und dieses Haus wird erhaben sein").

Alle anderen erhaltenen Textzeugen versuchen ausgehend von MTKön durch Texteingriffe einen verständlichen Text herzustellen. Folgende Versionen von 9,8aα sind durch Textzeugen erhalten:

> MTKön: „und dieses Haus wird erhaben sein" (והבית הזה יהיה עליון)
> MTChr: „Und dieses Haus, das erhaben war," (והבית הזה אשר היה עליון)
> OGKgtm, OGChr: „Und dieses erhabene Haus; (jeder der...)" (καὶ ὁ οἶκος οὗτος ὁ ὑψηλός)[77]
> TgJ, TgChr: „und dieses Haus, das erhaben war, wird verwüstet sein" (TgJ: וביתא הדין דהוה הדין דהוה עלאה יהא חרוב; TgChr: וביתא הדין דהוה עלאה יהא חרוב; עלאי יהי חרוב [חריב]
> PKön, PChr: „Und dieses Haus wird verwüstet sein" (ܘܒܝܬܐ ܗܢܐ ܢܗܘܐ ܚܪܒܐ)
> La^Lact^: „Und dieses Haus wird sein eine Verwüstung" (*et domus haec erit deserta*)
> VKön: „Und dieses Haus wird ein Beispiel sein" (*et domus haec erit in exemplum*)
> VChr: „Und dieses Haus wird ein Sprichwort sein" (*et domus ista erit in proverbium*)

MTChr überliefert den Archetyp des hebräischen Chroniktextes. Der ganze Vers wird grammatisch umgestaltet. Das והבית הזה wird zu einer Pendenskonstruktion gemacht, die mit לכל עבר עליו ישם fortgesetzt wird: „Und dieses Haus, das erhaben war, wird in Ruinen liegen für jeden, der an ihm vorübergeht und fragt: Warum hat Jhwh so gehandelt an diesem Land und an diesem Haus."[78] Das יהיה עליון wird zu einer Vergangenheitsaussage gemacht und in einen Relativsatz umgewandelt (אשר היה עליון = „das erhaben war"). Das ושרק wird gestrichen und dem כל עבר עליו ישם ein ל vorangestellt. Dadurch kann ישם auf den Tempel (והבית הזה) als Subjekt bezogen werden (שמם bedeutet auf Orte bezogen: „in

---

77 OGChr: ὁ ὑψηλός] ὃς (> 74 610()) ἦν ὑψηλός L a^–71 125^ La^109^ Arm^II^ (sim) Ald Compl (= MTKön); + ερημωθησεται L' 56' Arm^II^ Compl (= TgChr; vgl. PChr); + εσται επι λαλημα 728 (= VChr).
78 Vgl. die BHt (P = Pendenskonstruktion):
aP *w˙* = ha = bayt ha = zā̆
aPR *'ăšr hayā 'ilyōn*
a *l˙* = kul[l] '*ō*bir 'al-a(y)* = w yiššum[m]
b *w˙* = *'amar*
c *ba-mah 'ăśā YHWH ka-ka(h) l˙* = [h]a = *'arṣ ha* = zō(')t *w˙* = *l˙* = [h]a = bayt ha = zā̆.

Ruinen liegen, verwüstet sein"); כל עבר עליו wird damit vom Subjekt zum Objekt gemacht.[79]

OGKgtm und OGChr haben denselben Text, obwohl die jeweiligen Vorlagen aus Kön (= MTKön) und Chr (= MTChr) voneinander unterscheiden. Für das artikellose עליון haben sie ὁ ὑψηλός mit Artikel. Das יהיה in MTKön und das אשר היה in MTChr haben in den griechischen Übersetzungen kein Äquivalent.

Der Übersetzer von OGChr hätte das והבית הזה אשר היה עליון problemlos wörtlich mit καὶ ὁ οἶκος οὖτος ὃς ἦν ὑψηλός übersetzen können („Und dieses Haus, das erhaben war..."). Damit würde aber die Erhabenheit des Tempels betont werden. Diese Betonung tut im Textzusammenhang wenig zur Sache; es geht darum, dass er in Ruinen liegt und die Vorbeigehenden deshalb zurückschrecken. Deswegen hat OGChr das Adjektiv עליון attributiv nachstellt und mit καὶ ὁ οἶκος οὖτος ὁ ὑψηλός übersetzt („und dieser *erhabene* Tempel, jeder, der vorbeigeht, wird entsetzt sein" anstatt MTChr: „und dieser Tempel, *der erhaben war,* jeder, der vorbeigeht, wird entsetzt sein").

Der Übersetzer von OGKgtm hätte das korrupte והבית הזה יהיה עליון nicht Wort für Wort in die Zielsprache übersetzen können; der Text wäre unverständlich. Deswegen übersetzte OGKgtm das עליון als nachgestelltes Attribut (καὶ ὁ οἶκος οὖτος ὁ ὑψηλός) und ließ das ohnehin nicht sinnvolle Verb (יהיה) unübersetzt. Das עליון = ὑψηλός bleibt auf diese Weise im Text erhalten. Dieses Vorgehen entspricht dem übersetzungstechnischen Befund. Die Verbindung אשר + היה wird in der Regel dem Sinn nach übersetzt – mal als Relativ- mal als Konditionalsatz; היה mal mit εἰμί und mal mit γίνομαι.[80] In hebräischen Nominalsätzen wird häufig eine Form von εἰμί hinzugefügt, ohne dass ein entsprechendes Äquivalent in der Vorlage stand.[81] Auch Nominalsätze mit הוא/היא werden nicht sklavisch Wort-für-Wort, sondern dem Sinn nach übersetzt.[82] Das היה wird in bestimmten Verbindungen

---

79 Vgl. Seeligmann, *Indications*, 205–206, für diese Interpretation des Chronik-Textes. In MTKön bildet diese Wendung ohne ל den Satzanfang des zweiten Teilsatzes: „Und dieses Haus wird erhaben sein; *Jeder, der an ihm (den Tempel) vorübergehen, wird schaudern* und pfeifen und sprechen: Warum hat J$_{\text{HWH}}$ so gehandelt an an diesem Land und an diesem Haus. Vgl. BHt:

a w˙ = ha = bayt ha = zā̆ yihyā̆ 'ilyōn

b kul[l] 'ō*bir 'al-a(y) = w yiššum[m]

c w˙ = šaraq

d w˙ = 'amārū

e 'al mah 'aśā YHWH ka-ka(h) l˙ = [h]a = 'arṣ ha = zō(')t w˙ = l˙ = [h]a = bayt ha = zā̆.

80 Vgl. z. B. die Wiedergabe von אשר + היה in 1Kön 1,37; 5,8; 8,18.38.57; 9,19; 10,2; 11,11; 12,6; 14,9; 16,33; 18,31 und in der Chronik in 1Chr 14,4; 17,11.13; 18,7; 28,12; 2Chr 1,11; 6,8.29; 7,21; 8,6; 9,1; 10,6; 32,31.

81 Vgl. εἰμί in 1Kön 8,1.9.16.21.23.29–30.34.36–37.39.41.46.50.52.57.59–61.

82 Vgl. die Belegstellen in 1Kön 8,1–2.19.41.60.64–65.

mit γίνομαι,[83] in anderen mit εἰμί[84] übersetzt. Der Übersetzer von OGKgtm geht damit nicht so mechanisch vor, wie die *kaige*-Revision, die als einzige MTKön wortwörtlich ins Griechische übertragen (s. o.).

TgJ und TgChr wählen die exegetische Strategie der Dublikation, wie sie in den Targumim häufig zur Anwendung kommt. Ein Teilsatz wird verdoppelt; beide Teilsätze entsprechen in je unterschiedlichen Arten und Weisen dem einen Ausgangstext. Das Verb היה wird dupliziert, um eine Gegenüberstellung zu bilden: „und dieses Haus, das erhaben war, wird verwüstet sein" (TgJ: וביתא הדין דהוה רם דהות חרוב; TgChr: עלאי יהי חרוב [חריב] וביתא הדין דהוה עלאה יהא חרוב).

PKön und PChr ersetzen das Adjektiv עליון durch das Adjektiv ܚܪܒ (= חרב, verwüstet) und lesen: „Und dieses Haus wird verwüstet sein" (ܘܗܢܐ ܒܝܬܐ ܢܗܘܐ ܚܪܒ). Möglicherweise haben die syrischen Schreiber tatsächlich an ein לעיין gedacht; zumindest wird in der Peshiṭta [ל]עיים in Jer 26,18, Ps 79,1 und Mi 3,12 mit dem Substantiv ܚܪܒܬܐ (= חרבה) übersetzt; es besteht also eine nachweisbare Verbindung zwischen [ל]עיים und Derivaten der Wurzel ܚܪܒ = חרב. Allerdings wählt der Übersetzer hier mit ܚܪܒ ein Adjektiv. Für ein gelesenes Substantiv לעיין wäre wie in Jer 26,18, Ps 79,1 und Mi 3,12 das Substantiv ܚܪܒܬܐ als syrische Übersetzung zu erwarten. Das ܚܪܒ = חרב entspricht der grammatischen Form des עליון – beides sind Adjektive. Der Übersetzer hat also bei der Übersetzung eventuell an לעיין aus Jer 26,18, Ps 79,1 und Mi 3,12 gedacht, aber עליון übersetzt und deswegen das Adjektiv ܚܪܒ gewählt. PChr hat den Text aus PKön übernommen. Zwar weicht MTChr von MTKön ab; aber PChr passt den Text häufig an MTKön oder PKön an.

VKön und VChr sind freie Wiedergaben der jeweiligen hebräischen Vorlagentexte aus MTKön und MTChr (1Kön 9,8 = 2Chr 7,21). Beide interpretieren 9,8a durch den Vortext aus 9,7b. Was in 9,7b über das Volk ausgesagt wird, wird nach VKön und VChr über den Tempel ausgesagt. VKön liest in 9,8a „Und dieses Haus wird ein Beispiel sein" (*et domus haec erit in exemplum*) gemäß des Endes von 9,7, wo nach VKön Israel zum „Sprichwort" wird (VKön 9,8: *in proverbium*). Der korrupte Text wird über den Vortext interpretiert und auf diese Weise zu einem verständlichen Text gemacht. VChr liest in 2Chr 7,21a „Und dieses Haus wird ein Sprichwort sein" (*et domus ista erit in proverbium*) gemäß des Endes von 9,7, wo nach VChr Israel zu einem „Sprichwort" und zu einem abschreckenden „Beispiel" wird (VChr 7:20 *in parabolam et in exemplum*).

Zudem existiert mit La^Lact eine altlateinische Übersetzung dieses Verses. Diese Übersetzung findet sich als Zitat beim Kirchenvater Lactantius (250–320 n. Chr.) in seinem Werk *Divinae Institutiones* (Buch IV: *De vera sapientia et religione*,

---

83 1Kön 8,1.10.17–18.35.37–38.54.57.
84 1Kön 8,1.9.16.21.23.29–30.34.36–37.39.41.46.50.52.57.59–61.

Kap. 18,32) und in *Epitome divinarum institutionum* (Kap. 46,8),[85] einem Auszug aus dem erstgenannten Werk. Lactantius zitiert den kompletten Text von 1Kön 9,6–9.[86] Der Anfang von Vers 8 lautet dort: „Und dieses Haus wird sein eine Verwüstung" (*et domus haec erit deserta*). Am Ende geht das Zitat von 1Kön 9,9 fließend in die Auslegung über. „sie werden sagen: Weil sie den Herrn ihren Gott verlassen haben, ihren König verfolgt haben [...] und in gekreuzigt haben, deswegen brachte Gott dieses Übel über sie." Für Lactantius prophezeit Salomo durch 1Kön 9,6–9, dass der Tempel als Vergeltung für die Kreuzigung Jesu zerstört wurde. Der Bibeltext muss dementsprechend von einer „Verwüstung" (deserta) des Tempels gesprochen haben; das bildet die Grundvoraussetzung für Lactantius Interpretation. Sollte der Text anders gelautet haben (z. B. καὶ ὁ οἶκος οὗτος ὁ ὑψηλός), wird er ihn genauso wie das Ende von Vers 9 an seine Interpretation angepasst haben.

Wer nach der ursprünglichen Textgestalt von 9,8aα fragt, wird ohne direkte Textevidenz konjezieren müssen. Die Konjekturen müssen zwei Kriterien erfüllen, um als plausibel gelten zu können: (1) Der postulierte hebräische Text muss sprachlich möglich und konkordantisch plausibel sein. (2) Man muss erklären können, wie MTKön und alle anderen Textzeugen aus dem postulierten Hyparchetyp entstanden sind.

Am häufigsten wird עליון zu לעיים/לעיים konjiziert: והבית הזה יהיה לעיין = „Und dieses Haus wird ein Trümmerhaufen sein" (עי = Steinhaufen, Ruine, Trümmerhaufen).[87] Die Pluralform findet sich als עיין in Micha 3,12 und als עיים in Ps 79,1. Eine Konstruktion mit ל ist in Ps 79,1 belegt: שמו את ירושלם לעיים = „sie haben Jerusalem zu Trümmerhaufen gemacht". Ein לעיין wäre sprachlich also durchaus möglich. Die Form לעיין ist dem עליון graphisch sehr ähnlich. Jod und Waw sind leicht zu verwechseln (ו/י), dazu sind aber noch die Buchstaben ע und

---

85 Bei Barthélemy ist die Kapitelangabe falsch. Er gibt an „Epitome 41,8", es muss Epitome 46,8 heißen (Barthélemy, *Critique textuelle: Jos–Esther*, 356).

86 Das Zitat im Kontext von Lactantius Interpretation lautet in der englischen Übersetzung von Lactantius, *The Divine Institutes*: „But Solomon also, his son, who built Jerusalem, prophesied that this very city would perish in revenge for the sacred cross: "But if ye turn away from me, saith the Lord, and will not keep my truth, I will drive Israel from the land which I have given them; and this house which I have built for them in my name, I will cast it out from all: and Israel shall be for perdition and a reproach to the people; and this house shall be desolate, and every one that shall pass by it shall be astonished, and shall say, Why hath God done these evils to this land and to this house? And they shall say, Because they forsook the Lord their God, and persecuted their King most beloved by God, and crucified Him with great degradation, therefore hath God brought upon them these evils."

87 Vgl. den Apparat der BHS und der BHK; Burney, *Notes*, 132; Bösenecker, *Text*, 196; Kittel, *Könige*, 82; Mulder, *1 Kings 1–11*, 468f. Hentschel, *1 Könige*, 65; Montgomery, *Kings*, 204; Barthélemy, *Critique textuelle: Jos–Esther*, 355–357; Stade, *Kings*, 12.110; Würthwein, *1. Könige 1–16*, 104.106.

ל zu vertauschen. Entweder ein (ggf. undeutlich geschriebenes) לעיין wurde versehentlich zu einem עליון verlesen oder ein Schreiber hat das עליון graphisch aus dem לעיין abgeleitet, um die Vorstellung eines in Trümmern liegenden Jerusalemer Tempels zu umgehen (z. B. im Sinne des rabbinischen *Tiqqune Sopherim*).[88] Für beide Annahmen braucht man also zusätzliche Hilfshypothesen, für die man keine direkten Belege hat. In der Regel wird für diese Konjektur zudem auf die Peshiṭta und / oder die altlateinische Übersetzung von Lactantius verwiesen.[89] Die Übersetzungen bezeugen das לעיין aber nicht direkt; sie gehen von MTKön aus und versuchen durch Texteingriffe einen verständlicheren Text herzustellen und stellen dadurch ggf. im Nachhinein die eigentliche Vorlage wieder her.

Möglich wäre des Weiteren ein עליון אשר היה לעיין יהיה הזה והבית = „und dieses Haus wird in Trümmern sein, das (einst) erhaben war". Bei diesem Text würde ein einziger Augensprung reichen, um von dem konjizierten Text zu MTKön zu kommen: Aus עליון ~~אשר~~ ~~ההה~~ ~~לעיין~~ ~~יהיה~~ הזה והבית wird יהיה הזה והבית עליון = MTKön.

Alle anderen Vorschläge scheitern an den oben genannten Kriterien. Noth konjiziert in Anschluss an Roland de Vaux den Text gemäß OGKgtm zu הזה והבית העליון; das יהיה soll durch Doppelschreibungen in den Text gekommen sein.[90] Dieser Versteil sei damit als Pendenskonstruktion zu lesen („und dieses erhabene Haus, jeder, der an ihm vorübergeht, wird zurückschrecken..."). Thenius konjiziert gemäß der aramäischen Targum-Lesart zu לעיין יהיה עליון היה אשר הזה והבית: „und dieses Haus, das erhaben war, wird zu Trümmern werden."[91] Man kann von diesen Texten aus aber nicht erklären, wie MTKön zustande kam. Wenn die weitere Textgenese nicht erklärbar ist, dann ist die jeweilige Textrekonstruktion unplausibel.

---

88 So: De Vries, *1 Kings*, 119.
89 Vgl. die Literatur aus Fn. 87.
90 Noth, *I. Könige 1–16*, 195 und Vaux, *Rois*, 67.
91 Thenius, *Könige*, 143. Ähnlich: Klostermann, *Samuelis*, 326.

Tab. 9.8: Synopse 1Kön 9,9 par.

Kgtm (OG)	Kgtm (Vorl.)	Kön	Chr
⁹ καὶ ἐροῦσιν	⁹ ואמרו	⁹ ואמרו	⁷,²² ואמרו
Ἀνθ' ὧν ἐγκατέλιπον κύριον θεὸν αὐτῶν,	על אשר עזבו את יהוה אלהיהם	על אשר עזבו את יהוה	על אשר עזבו את יהוה אלהי אבתיהם
ὃς ἐξήγαγεν τοὺς πατέρας αὐτῶν ἐξ Αἰγύπτου ἐξ οἴκου δουλείας,	אשר הוציא את אבתם ממצרים מבית עבדים	אשר הוציא את אבתם מארץ מצרים	אשר הוציאם מארץ מצרים
καὶ ἀντελάβοντο θεῶν ἀλλοτρίων	ויחזקו באלהים אחרים	ויחזקו באלהים אחרים	ויחזיקו באלהים אחרים
καὶ προσεκύνησαν αὐτοῖς	וישתחוו להם	וישתחוו להם	וישתחוו להם
καὶ ἐδούλευσαν αὐτοῖς,	ויעבדם	ויעבדם	ויעבדום
διὰ τοῦτο ἐπήγαγεν κύριος ἐπ' αὐτοὺς τὴν κακίαν ταύτην.	על כן הביא יהוה עליהם את הרעה הזאת	על כן הביא יהוה עליהם את כל הרעה הזאת	על כן הביא עליהם את כל הרעה הזאת

Kgtm (OG): ἐγκατέλιπον] ἐνκατέλιπον B* 127; -λειπον A 236-242-313 509 158 245 318 372 460 | κύριον θεόν] Κύριον τὸν θεόν 247 L 509 44 246 381 489 134 z 527 245 318 460 707; τον Κύριον θεόν A | ὃς ἐξήγαγεν] τὸν ἐξαγαγόντα L | ἐξ Αἰγύπτου, ἐξ οἴκου δουλείας] tr. ἐξ οἴκου δουλείας, ἐξ Αἰγύπτου L; ܘܡܢ ܒܝܬ ܥܒܕܘܬܐ ܘܡܢ ܐܪܥܐ ܕܡܨܪܝܢ SyrH (= Kön) | καὶ ἀντελάβοντο] καὶ ὅτι ἀντελάβοντο L; καὶ ἀντελάβοντον A | θεῶν ἀλλοτρίων] θεῶν ἑτέρων O 799 | καὶ προσεκύνησαν αὐτοῖς] > L | καὶ ἐδούλευσαν αὐτοῖς] > A CII⁻³²⁸ d s t⁻³⁷⁰ z 318 554 | τήν] +pre σύμπασαν O +pre πᾶσαν L⁻¹⁹′ SyrH(sub ※ α′) (= Kön); +post πᾶσαν 19′

Kön: וישתחו MT²⁴ᴹˢ Tg P, MTᵠᵉʳᵉ⁻ᴸ/ᴬ (= Kgtm)] וישתחו MTʳᵉˡ, MTᴷᵉᵗⁱᵛ⁻ᴸ/ᴬ | ויעבדום MTʳᵉˡ] ויעבדם MT³⁰ᴹˢ, MTᴸ ᴬ: וַיַּעַבְדֻם | [וישתחוו להם ויעבדם tr. ܠܗܘܢ ܘܦܠܚܘ ܠܗܘܢ ܘܣܓܕܘ P; וישתחוו להם ויעבדום TgJ

Vers 9

In Vers 9 ist καὶ προσεκύνησαν αὐτοῖς in L ausgefallen vermutlich aufgrund eines Augensprung zwischen den zwei καί: ~~καὶ προσεκύνησαν αὐτοῖς καὶ~~ ἐδούλευσαν αὐτοῖς. In A CII⁻³²⁸ d s ist καὶ ἐδούλευσαν αὐτοῖς ausgefallen, was durch einen Augensprung zwischen den zwei αὐτοῖς erklärt werden kann: καὶ προσεκύνησαν αὐτοῖς ~~καὶ ἐδούλευσαν αὐτοῖς~~. Die Umstellung von ἐξ Αἰγύπτου, ἐξ οἴκου δουλείας in L kann auf einen Augensprung zwischen den zwei ἐξ zurückgehen (~~ἐξ Αἰγύπτου~~ ἐξ οἴκου δουλείας + ἐξ Αἰγύπτου). Das vor τὴν κακίαν ταύτην gestellte πᾶσαν in L und (in Form von σύμπασαν) in O entstammt wohl der Hexapla; dadurch ist der Text an das כל הרעה angeglichen.[92]

Das ἐξ Αἰγύπτου geht auf ein ממצרים zurück; Kön und Chr haben die Langform (מארץ מצרים). Das zusätzliche ἐξ οἴκου δουλείας entspricht einem מבית עבדים auf Hebräisch.[93] Dem τὴν κακίαν ταύτην entspricht ein את הרעה הזאת ohne das כל aus Kön und Chr (את כל הרעה הזאת).

In Vers 9 hat die Chronik hat zudem das את אבתם hochgezogen und das אלהי אבתיהם zu אלהיהם verlängert. Das את אבתם wird durch den Suffix in הוציאם ersetzt.

Der Hyparchetyp las ויחזקו וישתחוו ויעבדום als Reihe von Plural-Verben. Die Singular-Form des Ketiv וישתחו im Kodex Leningradensis und Kodex Aleppo ist vermutlich als Haplographie des Waws (וישתחו < וישתחוו) entstanden. Ca. 24 hebräische Textzeugen übernehmen das וישתחוו nach Kennicott in den Haupttext. In diesem Fall gibt das Qere nicht nur eine artifizielle Leseanweisungen, sondern erhält den Text des Hyparchetyps und korrigiert ihn damit sachgemäß. Zu Lesen ist ebenfalls der Plural ויעבדום. Vielleicht wurde das ויעבדום der Chronik in Anschluss an das (fehlerhafte) וישתחו auch mal zu ויעבדם gekürzt, sodass die Masoreten in 1Kön 9,9 die Form ohne das Waw als Plural vokalisieren mussten (וַיַּעַבְדֵם). Bei Kennicott hat das ויעבדום in Kön sogar im Haupttext; nur ca. 30 hebräische Textzeugen haben nach seiner Zählung überhaupt die Kurzform ויעבדם.

Unsicher bleiben die Existenz des יהוה aus Kön und Kgtm sowie des כל aus Kön am Ende des Verses. Das יהוה fehlt in der Chronik. Das את כל הרעה הזאת (vgl. Jer 32,42 und Neh 13,18) findet sich nur in Kön (Kgtm, Chr: את הרעה הזאת). Ebenso unsicher bleibt, ob das Motiv „Haus der Sklaverei" (בית עבדים)[94] aus Kgtm im Hyparchetyp stand. Es könnte in Kgtm hinzugefügt worden sein oder in Kön und Chr über einen Augensprung ausgefallen sein (ממצרים > ~~ממצרים מבית עבד~~).

---

92 Zu den Lesarten mit hexaplarischem Ursprung vgl. Kap. 2.1 ab S. 28 in der Einleitung.
93 Das ἐξ οἴκου δουλείας kommt 14 Mal in der LXX vor in Ex 13,3.14; 20,2; Lev 26,45; Dtn 5,6; 6,12; 7,8; 8,14; 13,11; Ri 6,8; 1Kön 9,9; Mi 6,4; Jer 41,13 und für gewöhnlich בית עבדים.
94 בית עבדים in der HB insg. in Ex 13,3.14; 20,2; Dtn 5,6; 6,12; 7,8; 8,14; 13,6.11; Jos 24,17; Ri 6,8; 2Sam 9,12; Jer 34,13; Mi 6,4. In Exodusverweisen (יצא ... מצרים ... מבית עבדים) kommt es in Ex 13,3.14; 20,2; Dtn 5,6; 6,12; 8,14; 13,11; Jer 34,13 vor.

10 Ergebnis zur Textgeschichte

10.1 Der Hyparchetyp als fortlaufender Text

Als ein Ergebnis der Kap. 3–9 werden im Folgenden alle ältesten Lesarten zu einem fortlaufenden hebräischen Text zusammengestellt. Dieser Hyparchetyp bildet den Anfangspunkt der textlich bezeugten Tempelweiherzählung und die Textgrundlage für die Rekonstruktion der Literargeschichte. Als deutsche Übersetzung findet man diesen Hyparchatyp in Kap. 15.1 ab S. 449 – dort als Textschaubild zur Literargeschichte.

Die Darstellung ist einfach gehalten. Ausgangspunkt bildet der gemeinsame Text der Archetypen aus Kgtm, Kön und Chr (sowie 4QKgs in 8,1–9.16). Wo diese drei Texte identisch sind, liegt der Hyparchetyp vor. Wenn der Hyparchetyp nicht in allen drei Archetypen enthalten ist und die Rekonstruktion einem (oder zwei von drei) Textzeugen folgt, wird die Herkunft des Textes durch Klammern angegeben. Dies Lesarten mit unsicherer Zuordnung werden als Alternativen angegeben. Die Klammern geben Auskunft, wo die alternativen Lesarten zu finden sind.

Der mit ⟨ ⟩ markierte Text stammt aus Kön, der mit { } markierte Text aus Kgtm, der mit | | markierte Text aus Chr und der mit ⌐ ¬ markierte Text aus 4QKgs. Der mit {⟨ ⟩} markierte Text findet sich dementsprechend in Kgtm und Kön, der mit ⟨| |⟩ markierte Text in Kön und Chr, der mit {| |} markierte Text in Kgtm und Chr. Ein + zeigt ein Plus mit unsicherer Zuordnung an. Die Markierung zeigt die Herkunft des Textes an. Die anderen Archetypen haben an dieser Stelle keinen Text.[1] Mit $\frac{X}{Y}$ markiert sind alternative Lesarten mit unsicherer Zuordnung. Beide Lesarten kommen als Text für den Hyparchetyp infrage; eine Entscheidung ist nicht möglich. Eine korrupte Stelle ist mit [?] markiert. Hier enthält in der Regel Kön den Text des Hyparchetyp. Der Text ist aber unverständlich; was hier ursprünglich stand, entzieht sich unserer Kenntnis. Alle anderen Textzeugen stammen von dem korrupten Text ab und bessern ihn jeweils durch Änderungen und Eingriffe aus. Auf Konjekturen wird aus gründen methodischer Zurückhaltung verzichtet. Welchen Text die Textzeugen hier haben, ist in den Kap. 3–9 nachzuschlagen.

Die klar erkennbaren Bearbeitungen des Hyparchetyps in Kgtm, Kön und Chr sind eindeutig nicht Teil des Hyparchetyps. Sie wurden bereits in Teil 1 dieser Studie analysiert, werden in Teil 3 zusammenfassend überblickt und sollen deswegen hier nicht nochmal durch einen Apparat abgebildet werden. Wo und warum Lesarten

---

1 Beispiel: ⟨+Lesart⟩ = Der markierte Text steht in Kön. Die anderen Archetypen aus Kgtm und Chr haben hier keinen Text. Ob der markierte Text im Hyparchetyp stand, bleibt unsicher.

https://doi.org/10.1515/9783111290973-010

aus Kgtm, Kön oder Chr nicht in den Hyparchetyp aufgenommen wurde, erfährt die Leserschaft in den Kap. 3–9 dieser Studie.

Die Wahl des gemeinsamen Textes von Kgtm, Kön und Chr als Ausgangspunkt hat darstellungstechnische Gründe. Die Rekonstruktion folgt beispielsweise in 8,1–6 dem wesentlich kürzeren Text aus Kgtm; der Text aus Kön wurde an diesen Stellen substanziell erweitert. Die klassische Wahl von Kön als Ausgangstext empfiehlt sich für die Tempelweiherzählung deswegen nicht.[2] Die Einteilung der Abschnitte orientiert sich an den Redeeinleitungen (8,12.22.54–55) und den Neueinsätzen in 8,1 und 9,1.

Legende zum Hyparchetyp

Unmarkierter Text = gemeinsamer Text von Kön, Kgtm und Chr

⟨Lesart⟩ = Kön; ⟨Vers-Nummer⟩ = Position des Verses aus Kön

{Lesart} = Kgtm; {Vers-Nummer} = Position des Verses aus Kgtm

|Lesart| = Chr

⌜Lesart⌝ = 4QKgs

$\frac{X}{Y}$ = alternative Lesarten mit unsicherer Zuordnung, Text des Hyparchetyps unsicher; ⟨⟩ = Kön; {} = Kgtm; || = Chr

⟨+ Lesart⟩ oder {+ Lesart} oder |+ Lesart| = Plus im angegebenen Textzeugen, kein Text in den anderen Archetypen, Text des Hyparchetyps ist unsicher

[?] = Text des Hyparchetyp ist korrupt

7 ⟨⁵¹⟩ ותשלם כל המלאכה אשר עשה ⟨+המלך⟩ שלמה בית יהוה ויבא שלמה את קדשי דוד אביו את הכסף ואת הזהב ואת הכלים נתן באצרות בית ⟨{יהוה}⟩ 8 ¹ אז יקהל שלמה את {+כל} זקני ישראל |⟨אל ירושלם⟩| להעלות את ארון ברית יהוה מעיר דוד היא ציון ² ⟨בירח האתנים⟩ {} ³ ⟨⟨הכהנים{} {⟨הכהנים⟩} את הארון ⁴ |⟨ויעלו את ארון⟩| ואת אהל מועד ואת כל כלי הקדש אשר באהל ⁵ והמלך וכל ישראל לפני הארון מזבחים צאן ובקר $\overset{\{אין\ מספר\}}{⟨|אשר\ לא\ יספרו\ ולא\ ימנו\ מרב|⟩}$ ⁶ ויבאו הכהנים את הארון ⟨|+ברית יהוה|⟩ אל מקומו $\overset{⌜ל⌝}{⟨|אל|⟩}$ דביר הבית אל קדש הקדשים אל תחת כנפי הכרובים ⁷ כי הכרובים פרשים כנפים $\overset{⌜אל⌝}{|על|}$ מקום הארון ⟨{ויסכו}⟩ {} הכרבים

---

2 Diese Alternative von MTKön als Ausgangstext verursacht auch insgesamt größere Darstellung-Schwierigkeiten. Wenn der Text des Hyparchetyps kürzer ist als der Text von Kön, wird man ein Minus-Zeichen gebrauchen müssen. Wie groß der Umfang dieses Minus ist, bleibt uneinsichtig. Der Umfang muss entweder offen gelassen werden oder man wird den übersprungenen Text durch eine Fußnote oder einen Apparat angeben müssen, was die Darstellung erheblich verkomplizieren würde. Geht man demgegenüber von dem gemeinsamen Text aller Textzeugen aus, kann man alle Rekonstruktionen mit Herkunfts-Zeichen versehen und Minus-Zeichen vollständig vermeiden.

על הארון ועל בדיו מלמעלה 8 ויארכו הבדים ויראו ראשי הבדים }⟩מן הקדש⟨{

על פני הדביר ולא יראו החוצה ⟨ויהיו |שם עד היום הזה|⟩ 9 אין בארון רק שני

אשר ⟨הנח⟩ }⟨שם⟩{ משה בחרב אשר כרת יהוה עם בני ישראל בצאתם $\overline{\text{לוחת האבנים}}^{|\text{הלחות}|}$

⟨מצרים מארץ⟩} 10 ויהי בצאת הכהנים מן הקדש ⟨והענן מלא⟩}{ את בית ⟨|+יהודה|⟩ $^{|\text{ממצרים}|}$

11 ולא יכלו הכהנים לעמד לשרת מפני הענן כי מלא כבוד יהוה את בית ⟨+יהודה⟩

⟨12⟩ אז אמר שלמה יהוה אמר לשכן בערפל ⟨13⟩ }⟨בנה⟩{ ⟨|בניתי|⟩

בית זבל לך ⟨|מכון לשבתך עולמים|⟩

14 ויסב המלך את פניו ויברך את כל ⟨|+קהל|⟩ ישראל וכל קהל ישראל עמד

15 ויאמר ברוך יהוה אלהי ישראל אשר דבר בפיו את דוד אבי ובידו מלא לאמר

16 מן היום אשר הוצאתי את עמי מ⟨|+מארץ⟩ |מצרים לא בחרתי בעיר $\overline{\text{שבטי}}^{|\text{מכל}|}_{|\text{באחד}|}$ $^{|\text{מערים}|}_{|\text{מן היום אשר}|}$

ישראל לבנות בית להיות שמי שם |+ולא בחרתי באיש ⌐להיות נגיד על עמי⌐

ישראל|⟩ |⟨ואבחר בירושלם להיות שמי שם|{ ואבחר בדוד להיות על עמי ישראל

17 ויהי עם לבב דוד אבי לבנות בית לשם יהוה אלהי ישראל 18 ויאמר יהוה אל דוד

אבי יען אשר $\overline{\text{}}^{|\text{בא על}|}_{|\text{היה עם|}}$ לבבך לבנות בית לשמי הטיבת כי היה עם לבבך 19 רק אתה

לא תבנה הבית כי ⟨|אם|⟩ בנך היצא מחלציך הוא יבנה הבית לשמי 20 ויקם יהוה

את דברו אשר דבר ואקם תחת דוד אבי ואשב על כסא ישראל כאשר דבר יהוה

ואבנה הבית לשם יהוה אלהי ישראל 21 ואשם שם }⟨מקום לארון⟩{ אשר שם ברית

יהוה אשר כרת ⟨עם אבתינו בהוציאו אתם מארץ מצרים⟩}{

22 ויעמד }⟨שלמה⟩{ לפני מזבח יהוה נגד כל קהל ישראל ויפרש כפיו }⟨השמים⟩{

23 ויאמר יהוה אלהי ישראל אין }אלהים כמוך{ בשמים }⟨ממעל⟩{ ועל הארץ

⟨מתחת⟩}{ שמר הברית והחסד ⟨|לעבדיך ההלכים לפניך בכל לבם|⟩ 24 אשר

שמרת לעבדך דוד אבי ⟨|את אשר דברת לו|⟩ ותדבר בפיך ובידך מלאת כיום הזה

25 ועתה יהוה אלהי ישראל שמר לעבדך דוד אבי את אשר דברת לו לאמר לא

יכרת לך איש מלפני ישב על כסא ישראל רק אם ישמרו בניך את דרכם ללכת

לפני⟨{ כאשר הלכת לפני 26 ועתה }|יהוה|⟩ אלהי ישראל יאמן }⟨נא⟩{ }|דבריך|{

|⟨אשר דברת לעבדך⟩| ⟨דוד אבי⟩ }{ 27 כי האמנם ישב אלהים }|+את האדם|{ על

הארץ ⟨הנה השמים⟩ ושמי השמים לא יכלכלוך אף כי הבית הזה אשר בניתי

28 ופנית ⟨|אל תפלת עבדך ואל תחנתו|⟩ יהוה אלהי לשמע אל הרנה ואל התפלה

אשר עבדך מתפלל לפניך 29 להיות עינך פתחות אל הבית הזה $\overline{\text{}}^{|\text{לילה ויום|}}_{|\text{יומם ולילה|}}$ אל

המקום אשר אמרת ⟨|יהיה שמי|⟩ }{ שם לשמע אל התפלה אשר יתפלל עבדך אל

המקום הזה 30 ושמעת אל ⟨תחנת⟩ |עבדך ועמך ישראל אשר יתפללו }|⟨אל⟩|{

המקום הזה ואתה תשמע א⟨|אל⟩{ מקום שבתך אל השמים 31 וסלחת $\overline{\text{}}^{|\text{ועשית|}}_{|\text{ושמעת|}}$ }⟨את

אשר⟩{ יחטא איש לרעהו ונשא בו אלה להאלתו ובא [?] לפני מזבחך בבית הזה

32 ואתה תשמע השמים ועשית ושפטת ⟨|להרשיע|⟩ }$^{|\text{את עבדיך|}}_{|\text{עמך ישראל|}}$ רשע לתת דרכו

בראשו ולהצדיק צדיק לתת לו כצדקתו 33 ⟨|בהנגף|⟩}{ עמך ישראל לפני אויב

$^{|\text{אשר}|}_{|\text{כי}|}$ יחטאו לך ושבו והודו את שמך והתפללו והתחננו בבית הזה 34 ואתה תשמע

השמים וסלחת לחטאת עמך ישראל והשבתם אל האדמה אשר ⟨נתת לאבותם⟩}{

³⁵ בהעצר ⟨שמים⟩ ולא יהיה מטר כי יחטאו לך והתפללו אל המקום הזה והודו את
שמך ⟨+ו⟩מחטאתם ישובון כי תענם ³⁶ ואתה תשמע השמים וסלחת לחטאת עבדיך
ועמך ישראל כי תורם ⟨את⟩} { הדרך הטובה ⟨אשר ילכו⟩|ללכת⟩ בה ונתתה מטר על ארצך
אשר נתתה לעמך לנחלה ³⁷ רעב כי יהיה דבר כי יהיה שדפון ⟨ירקון⟩ ארבה
חסיל כי יהיה כי יצר לו ⟨איבו⟩} [?] { כל נגע כל מחלה ³⁸ כל תפלה כל תחנה אשר
⟨תהיה⟩|תהיה⟩ לכל האדם אשר ידעו איש ⟨נגע לבבו⟩ } ופרש כפיו אל הבית הזה ³⁹ ואתה
תשמע השמים מכון שבתך וסלחת ⟨ועשית⟩} { ונתת לאיש ככל דרכיו כ+}⟨אשר
תדע את לבבו כי אתה |⟨לבדך ידעת|| את לבב ⟨כל⟩ } בני האדם ⁴⁰ למען יראוך
|ללכת בדרכיך| כל הימים אשר הם חיים ⟨על פני האדמה⟩| אשר נתתה לאבתינו
⁴¹ וגם אל הנכרי אשר לא מעמך הוא ⟨ובא מארץ רחוקה למען שמך⟩ ⁴² ⟨כי
ישמעון את שמך⟩ |⟨הגדול ואת ידך החזקה וזרעך הנטויה⟩| ⟨ובא והתפלל⟩} { אל
הבית הזה ⁴³ |+ו|} {אתה תשמע השמים מכון שבתך ועשית ככל אשר יקרא אליך
הנכרי למען ידעון כל עמי הארץ את שמך |+ו|}{ לֵירָאה אתך כעמך ישראל ולדעת
כי שמך נקרא על הבית הזה אשר בניתי ⁴⁴ כי יצא עמך למלחמה ⟨על איבו⟩ בדרך
אשר ⟨תשלחם⟩ |והתפללו |אליך| דרך העיר אשר בחרת בה והבית אשר בנתי
לשמך ⁴⁵ ושמעת השמים ⟨את תפלתם ואת תחנתם⟩ ועשית משפטם ⁴⁶ כי יחטאו לך
כי אין אדם אשר לא יחטא ⟨ואנפת בם⟩ ונתתם לפני אויב ושבום ⟨שביהם⟩ אל
ארץ ⟨האויב⟩ } ⟨או⟩ רחוקה |או| קרובה ⁴⁷ והשיבו אל לבם בארץ אשר נשבו שם ושבו
והתחננו אליך בארץ ⟨שביהם⟩|שבים⟩ לאמר חטאנו ⟨+ו⟩העוינו |+ו|רשענו ⁴⁸ ושבו אליך
בכל לבבם ובכל נפשם בארץ ⟨איביהם⟩} { אשר שבו אתם והתפללו אליך דרך ארצם
אשר נתתה לאבותם |+ו|} {העיר אשר ⟨בחרת⟩ והבית אשר |בניתי|} לשמך
⁴⁹ ושמעת השמים מכון שבתך ⁵⁰ וסלחת ⟨לעונתם⟩|לעמך⟩ אשר חטאו לך ⟨ולכל פשעיהם
אשר פשעו בך ונתתם לרחמים לפני שביהם ורחמום ⁵¹ כי עמך ונחלתך⟩ ⟨הם⟩
⟨אשר הוצאת⟩ } { ⟨מארץ מצרים⟩|ממצרים⟩ ⟨מתוך כור הברזל ⁵² להיות עיניך⟩ +|ואזניך⟩ }
⟨פתחות אל תחנת עבדך ואל תחנת עמך ישראל לשמע אליהם⟩ +|אשר⟩ } {בכל⟩
קראם אליך ⁵³ כי אתה הבדלתם לך לנחלה מכל עמי הארץ כאשר דברת ביד⟩ {
⟨משה עבדך⟩ } ⟨בהוציאך את אבתינו⟩ } ⟨מארץ מצרים⟩|ממצרים⟩ } ⟨אדני יהוה⟩
⁵⁴ ⟨ויהי⟩} { ככלות שלמה להתפלל ⟨אל יהוה את כל התפלה והתחנה הזאת קם
מלפני מזבח יהוה מכרע על ברכיו וכפיו פרשות השמים ⁵⁵ ויעמד ויברך את כל
קהל ישראל קול גדול לאמר ⁵⁶ ברוך יהוה⟩ } {⟨היום⟩ +|אשר נתן מנוחה לעמו
ישראל ככל אשר דבר לא נפל דבר אחד⟩ } ⟨מכל דברו הטוב⟩ } {⟨אשר דבר ביד
משה עבדו ⁵⁷ יהי יהוה אלהינו עמנו כאשר היה עם אבתינו אל יעזבנו ואל יטשנו
⁵⁸ להטות לבבנו אליו ללכת בכל דרכיו ולשמר⟩ } {⟨אשר צוה |מצותיו וחקיו ומשפטיו|⟨כל מצותיו וחקיו⟩
את אבתינו ⁵⁹ ויהיו דברי אלה אשר התחננתי לפני יהוה קרבים אל יהוה אלהינו
יומם ולילה לעשות משפט עבדו ומשפט עמו ישראל דבר יום ביומו ⁶⁰ למען דעת
כל עמי הארץ כי יהוה הוא האלהים אין עוד ⁶¹ ⟨והיה⟩ } {⟨לבבנו⟩ } ⟨שלם עם יהוה
אלהינו ללכת בחקיו ולשמר מצותיו כיום הזה⟩ {

62 והמלך וכל ⟨ישראל עמו / בני ישראל⟩ זבחים זבח לפני יהוה 63 ויזבח ⟨|+המלך|⟩ שלמה את זבח
⟨השלמים אשר זבח ליהוה⟩ בקר עשרים ושנים אלף וצאן מאה ועשרים אלף
ויחנכו את בית ⟨יהוה⟩ המלך וכל ⟨בני ישראל⟩ {} 64 ⟨ביום ההוא קדש המלך⟩
את תוך החצר אשר לפני בית יהוה כי עשה שם ⟨את העלה⟩ {} ⟨ואת המנחה⟩ ואת
חלבי השלמים כי מזבח הנחשת אשר ⟨לפני יהוה⟩ { קטן (מהכיל / לא יכול להכיל) את העלה
ואת המנחה ⟨ואת חלבי השלמים⟩ 65 ויעש שלמה ⟨בעת ההיא את החג⟩ וכל ישראל
עמו קהל גדול מלבוא חמת עד נחל מצרים ⟨לפני יהוה אלהים שבעת ימים⟩
66 ביום השמיני שלח את העם ⟨ויברכו את המלך וילכו⟩ (לאהליו איש / לאהליהם) שמחים
וטובי לב על ⟨+כל⟩ הטובה אשר עשה יהוה לדוד ⟨עבדו⟩ ולישראל עמו
9 1 ⟨ויהי ככלות⟩ שלמה ⟨לבנות⟩ {} את בית יהוה ואת בית המלך ואת שלמה
⟨כל⟩ חשק שלמה ⟨אשר חפץ⟩ לעשות 2 וירא יהוה אל שלמה ⟨שנית כאשר
נראה בגבעון⟩ {} 3 ויאמר ⟨יהוה אליו⟩ שמעתי את ⟨+קול⟩ תפלתך ⟨ואת תחנת⟩
⟨אשר התדננתה לפני⟩ הקדשתי את הבית הזה ⟨אשר בנתה לשום⟩ שמי שם עד
עולם והיו עיני ולבי שם כל הימים 4 ואתה אם תלך לפני כאשר הלך דוד אביך
|+ו|⟩ לעשות ככל אשר ⟨צויתיך⟩ |+ו|⟨חקי (ומשפטי / ומצותי) תשמר⟩ 5 והקמתי את כסא
⟨ממלכתך על ישראל לעלם⟩ כאשר ⟨דברתי על דוד⟩ אביך לאמר לא יכרת
לך איש (מושל בישראל / מעל כסא ישראל) 6 ⟨אם שוב⟩ { תשבון אתם ⟨ובניכם מאחרי ולא תשמרו
מצותי וחקתי⟩ אשר ⟨נתתי⟩ לפניכם והלכתם ועבדתם אלהים אחרים
והשתחויתם להם 7 ⟨והכרתי את ישראל⟩ מעל ⟨+פני⟩ ⟨האדמה⟩ אשר נתתי להם
ואת הבית |+הזה|⟩ אשר הקדשתי לשמי ⟨אשליד|⟩ מעל פני ⟨והיה ישראל⟩
למשל ולשנינה בכל העמים 8 והבית הזה [?] כל עבר עליו ישם ⟨ושרק ואמרו⟩
על מה עשה יהוה ככה לארץ הזאת ולבית הזה 9 ואמרו על אשר עזבו את יהוה
⟨אלהיהם⟩ אשר הוציא ⟨את אבתם⟩ מארץ מצרים ⟨מבית עבדים⟩ ויחזקו
באלהים אחרים וישתחוו להם ויעבדום על כן הביא ⟨+יהוה⟩ עליהם את ⟨|+כל|⟩
הרעה הזאת

Teil II: **Die Literargeschichte der Tempelweiherzählung**

11 Einführung zur Rekonstruktion der Literargeschichte

In Teil II dieser Studie wird ausgehend von dem zuvor rekonstruierten Hyparchetyp nach der *Literargeschichte* der Tempelweiherzählhlung gefragt (vgl. Kap. 1.1). Das Ziel ist ein Modell ihrer Genese von der ersten Verschriftlichung bis zur Textbezeugung durch aufbewahrte oder gefundene Handschriften.

11.1 Notwendigkeit der Fragestellung

Die Frage nach der Literargeschichte ist in der Forschung zum Alten Testament gängige Praxis.[1] Die Notwendigkeit dieses Analyseteils ergibt sich aus dem besonderen Charakter des Untersuchungsgegenstandes.[2] Bei dem Alten Testament handelt es sich nicht um Autorenliteratur, sondern um Traditions- und Fortschreibungsliteratur. Die Schreiber haben die durch die Tradition vorgegebenen Texte immer wieder redaktionell bearbeitet und fortgeschrieben, ohne sich als Autoren oder ihre schriftgelehrten Eingriffe in den Text kenntlich zu machen. Unterschiedlichste Einzelüberlieferungen wurden durch Gründungslegenden und theologische Deutungen zu einer übergreifenden, heiligen Geschichte zusammengefasst und durch schriftgelehrte Ausschmückungen ausgestaltet.[3] Die verschiedenen Schriften und Reformulierungen nehmen dabei in erheblichem Maße literarisch und inhaltlich aufeinander Bezug.[4] Konkrete Hinweise auf die Arbeit unterschiedlicher Hände sind die vielen inhaltlichen Uneinheitlichkeiten, theologischen Entwicklungsstufen, formalen Bruchstellen und zeitlichen Sprünge. Sie bilden die jeweiligen Anhalte im Text, anhand derer sich die Arbeit verschiedener Schreiber aus verschiedenen Epochen nahelegen kann.[5]

---

1 Vgl. z.B. Berlejung, *Quellen*, sowie die gängigen Methodenlehrbücher: Becker, *Exegese*; Steck, *Exegese*; Utzschneider/Nitsche, *Arbeitsbuch*; Vieweger u. a., *Arbeitsbuch*.

2 Vgl. zu Folgendem vor allem: Becker, *Exegese*, 42–66.81–102; Kratz, *Redaktionsgeschichte*; Kratz, *Exegese*; Kratz, *Israel*, XI–14.79–126.141–143.

3 Vgl. dazu z. B. Kratz, *Komposition*; Kratz, *Israel*, 140–180. Zu Jos–2Kön als ein Beispiel Kratz, *Komposition*, 155–225.

4 Vgl. dazu z. B. die Bemerkungen bei Kratz, *Israel*, XXXIV–XXXVII.

5 Die bis hierhin skizzierten Erkenntnisse sind aus solchen und ähnlichen Beobachtungen in den Texten der Hebräischen Bibel erwachsen. Am besten nachvollziehen lassen sie sich deswegen anhand umfangreicher Studien zu den alttestamentlichen Texten selbst. Wellhausen, *Prolegomena*, bietet bis heute einen guten und lesenswerten Einstieg. Für einen neueren Entwurf auf einem

https://doi.org/10.1515/9783111290973-011

Wegen der potentiell langen Bearbeitungsgeschichte der Texte und einzelnen Abschnitte müssen die Fragen der Quellenkritik stets mitreflektiert werden: Wer hat was wann (wo) geschrieben? Zu keinem Zeitpunkt kann man sich sicher sein, wer welchen Teilsatz, Satz oder Abschnitt zu welcher Zeit geschrieben hat. Für jeden Teilsatz, Satz oder Abschnitt muss neu geklärt werden, ob er von ein und demselben Schreiber stammt oder ob verschiedene Hände aus verschiedenen Zeiten nachweisbar sind. Wer den Texten historisch auf die Spur kommen will, darf weder die Einheitlichkeit noch die Uneinheitlichkeit eines Textes voraussetzen.

Die Tempelweiherzählung ist diesbezüglich keine Ausnahme. Die in den Textzeugen enthaltenen Überarbeitungen bestätigen die quellenkritischen Unsicherheiten, mit denen man bei der historischen Aufarbeitung der Texte konfrontiert ist. Im Königebuch ist der Text aus 8,1–6 auf die doppelte Länge angewachsen. Im Buch der Königtümer (LXX) wurde der Bericht des Palastbaus umgestellt. Die Chronik ergänzt, streicht und bearbeitet Texte in jeglichem Umfang. Die Bearbeitung setzt sich in den Übersetzungen fort – dort vor allem in den aramäischen Targumim. Die Liste ließe sich mit weiteren Beispielen aus den Büchern Samuel und Könige und dem Chronikbuch und der übrigen Hebräischen Bibel beliebig lange fortsetzen.[6] Der Hyparchetyp wird ebenfalls zahlreiche solcher und ähnlicher Bearbeitungen enthalten, ohne dass hier die unbearbeitete Vorlage durch gefundene oder aufbewahrte Handschriften erhalten geblieben ist.

11.2 Methoden der Rekonstruktion

Die Methoden der Rekonstruktion sind in der alttestamentlichen Forschung allgemein bekannt und können in den gängigen Methodenlehrbüchern nachgeschlagen werden.[7] Zu den wichtigsten Indizien gehören Dubletten, Doppel- und Mehrfachüberlieferungen, theologische und sachliche Spannungen und Akzentverschiebungen, Wiederaufnahmen, Differenzen in Redeweise und Stil, zeitliche Sprünge, veränderte historische Voraussetzungen und Spracheigentümlichkeiten.[8] Solche und ähnliche Beobachtungen können auf die historische Uneinheitlichkeit eines Textes hinweisen und eine Unterscheidung zwischen Vorlage und Bearbeitung ermöglichen. Liegen mehrere solcher Indizien vor, müssen sowohl der Nachweis

---

aktuellerem Forschungsstand vgl. Kratz, *Komposition*, und die Einordnung der Ergebnisse in ein historisches Gesamtbild in Kratz, *Israel*.

6 Für weitere Beispiele vgl. z. B. Müller/Pakkala/Ter Haar Romeny, *Editing*; Ulrich, *Composition*.

7 Z. B. in Becker, *Exegese*; Steck, *Exegese*; Utzschneider/Nitsche, *Arbeitsbuch*; Vieweger u. a., *Arbeitsbuch*.

8 Angelehnt an die Aufzählung bei Becker, *Exegese*, 59–62.

einer nachträglichen Bearbeitung als auch das Postulat der Einheitlichkeit begründet werden. Wer die Beweislast trägt, steht nicht *a priori* fest, sondern hängt von der Kontur des jeweiligen Textes ab. Was der Fall ist, muss stets neu entschieden werden. Nicht jede Rekonstruktion ist dabei gleich wahrscheinlich; die Wahrscheinlichkeiten sind für jeden Fall neu abzuwägen und der jeweiligen Begründung in der Analyse zu entnehmen. Mal ist ein Nachweis redaktioneller Eingriffe unzweideutig möglich; mal ist ein Befund uneindeutig oder unterhalb der Nachweisgrenze; mal können einzelne der oben genannten Indizien auch bei Texten auftreten, die aus einem Guss sind. Ob die Indizien einen eindeutigen Nachweis möglich machen oder nur auf mögliche Bearbeitungen hindeuten können, entscheidet sich an der Kontur des jeweiligen Textes.

Anhand der durch Textzeugen belegten Überarbeitung der Tempelweiherzählung wird deutlich, in welchen Fällen die nachträglichen Bearbeitungen auch ohne handschriftliche Textevidenz erkennbar sind. Ein Beispiel ist der Nachtrag von 2Chr 7,6 in den Zusammenhang von 2Chr 7,4–5 = 1Kön 8,62–63 und 2Chr 7,7 = 1Kön 8,64 (Vorlage, *chronistisches Sondergut*):

> 4 Und der König und das ganze Volk brachten Schlachtopfer dar vor JHWH. 5 Und der König Salomo brachte als Schlachtopfer 22.000 Rinder und 120.000 Schafe dar. So weihten der König und das ganze Volk das Haus Gottes ein. *6 Und die Priester standen in ihren Dienstabteilungen und die Leviten mit den Musikinstrumenten JHWHs, die der König David gemacht hatte, um JHWH zu preisen: Denn seine Gnade währt ewig! – wenn David auf ihnen den Lobpreis darbrachte. Und die Priester bliesen die Trompeten ihnen gegenüber, und ganz Israel stand.* 7 Und Salomo heiligte die Mitte des Vorhofes, der vor dem Haus JHWHd lag. Denn dort bereitete er die Brandopfer und die Fettstücke der Heilsopfer zu. Denn der bronzene Altar, den Salomo gemacht hatte, konnte das Brandopfer und das Speisopfer und die Fettstücke nicht fassen.

Ein Schreiber der Chronik fügt durch 2Chr 7,6 einen Kommentar zu der Anordnung der Priester und Leviten ein und trennt damit die Verse aus 2Chr 7,4–5 (= 1Kön 8,62–63) von ihrer ursprünglichen Fortsetzung in 2Chr 7,7 (= 1Kön 8,64). Mit der Partizipialkonstruktion עמדים ... והכהנים unterbricht er den Handlungsverlauf, um eine spezifische Detailinformation zu ergänzen. Das gibt 2Chr 7,6 als Nachtrag zu erkennen. Eine Rekonstruktion wäre deswegen auch möglich, wenn die Vorlage nicht durch Kön textlich bezeugt wäre. Der Schreiber fügte den zusätzlichen Text ein und übernahm den Text aus der Voralge (fast) unverändert. Zieht man 2Chr 7,6 vom Text ab, erhält man einen intakten Vorlagentext, der einmal ohne den zusätzlichen Kommentar existiert hat. Die Opfer und Heiligung des Vorhofes in 2Chr 7,7 (= 1Kön 8,64) schließt inhaltlich an die Opfer und Einweihung aus 2Chr 7,4–5 (=

1Kön 8,62–63) an. An diesem inhaltlichen Zusammenhang könnte man erkennen, dass diese Verse einmal direkt aneinander angeschlossen haben.[9]

Der Einschub von neuem Text erzeugte nicht selten bruchstückhafte Übergänge. Der Schreiber nahm sie in Kauf, um den bestehenden Text der Vorlage nicht ändern zu müssen. Dadurch hinterließ er Bearbeitungsspuren, die die Identifizierung des Eingriffes auch ohne textliche Bezeugung des unbearbeiteten Textes möglich machen. Als Beispiel kann die Umstellung des Tempelweihspruches in Kgtm dienen (Vorlage, *umgestellter Tempelweihspruch*):

> 52 Und deine Augen und deine Ohren seien geöffnet für die Bitte deines Dieners und für die Bitte deines Volkes Israel, 53 [...] Herr, Herr. *53a Damals sprach Salomon über das Haus, als er es zu bauen vollendet hatte: Die Sonne hat am Himmel bekannt gemacht der Herr, er hat gesagt, im Dunkel zu wohnen. Baue mein Haus , ein hervorragendes Haus für dich, um auf eine neue Art und Weise zu wohnen. Siehe, ist dies nicht aufgeschrieben im Buch des Liedes?* 54 Und es geschah als Salomon geendet hatte, das ganze Gebet und diese Bitte zum Herrn zu beten, da stand er von (dem Platz) vor der Opferstätte des Herrn auf, wo er auf seinen Knien gekniet hatte und wobei seine Hände zum Himmel ausgebreitet waren.[10]

Der Schreiber riss den Zusammenhang zwischen dem Bittgebet („Gebet" und „Bitte") und der dazugehörigen Abschlussnotiz aus 8,54 auseinander. Nimmt man 8,54 beim Wort, schloss der Vers (wie in Kön) an das Bittgebet; der Tempelweihspruch stand ursprünglich nicht dazwischen.[11]

Von den verschiedenen Bearbeitungstechniken ist in der Textgeschichte der Tempelweiherzählung die Wiederaufnahme bezeugt. Ein Schreiber der Chronik fügte über den Weg den Vers aus 2Chr 6,13 an die Redeeinleitung aus 2Chr 6,12 (= 1Kön 8,22) an (Vorlage, *chronistisches Sondergut*, Wiederaufnahme):

> 12 Und er trat vor den Altar von Jhwh angesichts der ganzen Versammlung Israels und breitete seine Hände aus. 13 *Denn Salomo hatte ein Gestell aus Bronze gemacht und es mitten in den Hof gestellt: fünf Ellen lang und fünf Ellen breit und drei Ellen hoch. Und er trat darauf und kniete angesichts der ganzen Versammlung Israels auf seine Knie nieder, breitete seine Hände aus zum Himmel* 14 und sprach: Jhwh, Gott Israels! Kein Gott ist dir gleich im Himmel und auf der Erde,

---

9 Als ein weiteres Beispiel aus der Tempelweiherzählung könnte das Sondergut aus 2Chr 5,11b–13a dienen (vgl. Kap. 3.5 ab S. 95). Auch dieser Einschub könnte vermutlich ohne textliche Bezeugung mithilfe der hinterlassenen Bearbeitungsspuren im Text erkannt werden (vgl. Fn. 109 auf S. 95).
10 Übersetzung aus Karrer/Kraus (Hrsg.), *Septuaginta Deutsch*.
11 Warum der Tempelweihspruch an diese Stelle umgestellt wurde, bleibt schwer zu greifen (vgl. dazu S. 125ff.). Ohne die textliche Bezeugung durch Kön wird man in diesem Fall vermutlich auch weder den Eingriff als eine Umstellung identifizieren noch die ursprüngliche Position des Spruches in 8,12–13 erahnen können.

Zunächst schrieb der Schreiber die Redeeinleitung aus 1Kön 8,22 = 2Chr 6,12 aus seiner Vorlage ab. Dann ergänzte er mit 2Chr 6,13 spezifische Details zur Haltung Salomo: Er kniete auf einer selbstgebauten Kanzel aus Bronze. Dann nahm der Schreiber den letzten Teil der Redeeinleitung aus 1Kön 8,22 = 2Chr 6,12 wieder auf, kehrte damit zu seiner Vorlage zurück und setzt das Abschreiben dieser fort („und er breitete seine Hände aus" > „und er breitete seine Hände aus zum Himmel"). An der Wiederaufnahme und dem Charakter von 2Chr 6,13 als Kommentar über spezifische Details ist der Nachtrag gut zu erkennen – selbst wenn die Vorlage nicht durch Textzeugen erhalten wäre.

Diese kleine Auswahl an Beispielen aus der Tempelweiherzählung belegt, dass literargeschichtliche Rekonstruktionen möglich sind. Selbst wenn der Vorlagentext nicht durch Textzeugen belegt ist, kann man unter bestimmten Umständen nachträglichen Bearbeitungen nachweisen und auch den unbearbeiteten Vorlagentext rekonstruieren.[12] Wenn genügend textinterne Bearbeitungsspuren vorliegen und die ursprünglichen Textzusammenhänge erhalten geblieben sind, können Vorlage und Bearbeitungen voneinander abgehoben werden.

Der textgeschichtliche Befund zeigt aber auch Grenzen solcher Rekonstruktionen an. Bei Auslassungen oder Textänderungen ist der ursprüngliche Text ohne textliche Bezeugung in der Regel unwiederbringlich verloren.[13] Wie er aussah, kann man in den meisten Fällen nicht wissen; Spekulationen sind zu vermeiden. Die meisten kleineren Zusätze im Umfang von einzelnen Wörtern, Wortverbindungen oder Teilsätzen sind ebenfalls ohne Textbezeugung nicht zu erkennen. Nimmt man die Chronik als Testfall, würde man ohne Wissen um den Vorlagentext die wenigsten Eingriffe rekonstruieren können. Auch bei größeren Zusätzen hinterlassen die Schreiber oft keine Bearbeitungsspuren, die eine Rekonstruktion möglich machen würden.[14]

Für die Literargeschichte gilt insgesamt das gleiche wie für die Textgeschichte. Unser Wissen über die historische Genese der Texte ist begrenzt. Das Ziel kann nur ein Modell sein, das den zur Verfügung stehenden Befund bestmöglich erklärt. Mal sind zwei unterschiedliche Fassungen textlich belegt und man kann die Genese des Textes trotzdem kaum erklären; mal sind nur textinterne Bearbeitungsspuren erhalten, diese sind aber derart eindeutig, dass ein zweifelsfreier Nachweis möglich ist. Die Genese eines Textes lässt sich nur so weit rekonstruieren, wie es die textliche

---

12 Für weitere Beispiele vgl. Müller/Pakkala, *Techniques*, und Müller/Pakkala/Ter Haar Romeny, *Editing*.

13 Vgl. z.B. die Auslassung von Salomos Schlussworten aus 1Kön 8,55–61 in der Chronik oder die Textänderungen in 2Chr 7,8–10.

14 Vgl. z.B. den Zusatz von 2Chr 7,1–3 oder die Überarbeitung von 1Kön 8,1–5 im Königebuch.

Bezeugung und die vorhandenen Bearbeitungsspuren hergeben. Die Aufgabe besteht darin, den Spuren des Textes so weit zu folgen, wie sie reichen.

Glücklicherweise lässt der Text der Tempelweiherzählung eine ganze Reihe an Rückschlüssen auf literargeschichtliche Vorstufen zu. An vielen Stellen sind die ursprünglichen literarischen Anschlüsse im Text erhalten geblieben. Oft fügten die Schreiber Text ein, ließen aber den Wortlaut der Vorlage unangetastet. Das erzeugte bruchstückhafte Übergänge, die bis heute auf die Arbeit dieses Schreibers hinweisen und Nachweise von literargeschichtlichen Bearbeitungen möglich machen. Das in dieser Studie erarbeitete literargeschichtlichen Modell hat sich aus diesen konkreten Anhalten im Text ergeben und ist an diesen zu messen. Welche Bearbeitungsspuren, Bruchstellen und Uneinheitlichkeit auf literargeschichtliche Bearbeitungen hinweisen, wird sich in der folgenden Analyse in den Kapiteln 12–14 ergeben und in Teil III dieser Studie zusammengefasst (vgl. dazu Kap. 16.2 ab S. 465).

12 Die Überführung der Lade und der Einzug der Wolke (8,1–11)

Die Komposition von 1Kön 8 nahm in 8,1–6 ihren Anfang. Die Verse schließt an die Abschlussnotiz zu den Arbeiten am Tempel aus 1Kön 7,51a an und erzählen von der Überführung der Bundeslade in den Tempel.

Mögliche Alternativen für literarhistorische Anfänge sind in Kapitel 8 nicht erkennbar. Das Grundgerüst der Erzählung besteht aus einer Anfangsnarration (8,1–11), Redeüberleitungen (8,12.14.22.54–55) und einer Schlussnarration (8,62–66). Alle diese Abschnitte sind auf 8,1–6 als Einführung angewiesen:

> 7,51 Und alle Arbeiten waren vollendet, die [der König] Salomo gemacht hatte (am/für das) Haus JHWHS. [...] "
> 8,1 Damals versammelte Salomo [die/alle] Ältesten Israels nach Jerusalem, um heraufzubringen die Lade des Bundes JHWHS [...] 6 Und die Priester brachten (hinein) die Lade an ihren Ort [...] 10 Und es geschah, als die Priester herausgegangen waren aus dem Heiligen, da erfüllte die Wolke das Haus [JHWHS]. [...]
> 12 Damals sprach Salomo: Der Herr beabsichtigt, im Wolkendunkel zu wohnen [...]
> 14 Daraufhin wandte der König sein Angesicht und segnete [die] ganz[e Versammlung] Israel, während die ganze Versammlung Israels (da)stand. 15 und er sprach: Gepriesen sei JHWH [...]
> 22 Und Salomo trat vor den Altar JHWHS, im Angesicht von der ganzen Versammlung Israels, und breitete seine Hände zum Himmel aus 23 und sprach: JHWH, Gott Israels! Keiner ist dir gleich [...]
> 54 Und es geschah, als Salomo dieses ganze Gebet und Flehen zu JHWH zu Ende gebetet hatte, da stand er auf von der Stelle vor dem Altar JHWHS, wo er auf den Knien gelegen hatte, seine Hände zum Himmel ausgebreitet. 55 Und er trat hin und segnete die ganze Versammlung Israels mit lauter Stimme, indem er sprach: 56 Gepriesen sei JHWH [...]
> 62 Und der König und das ganze Volk brachten vor JHWH Schlachtopfer dar. 63 [...] Und [er weihte/sie weihten] das Haus Gottes ein, der König und das ganze Volk. [...]
> 65 Und Salomo veranstaltete zu jener Zeit das Fest und ganz Israel mit ihm, eine große Versammlung [...] sieben Tage lang. [...] 66 [Und] am achten Tag entließ er das Volk.

In 8,1–6 werden Salomo und das Volk Israel eingeführt. In Vers 1 versammelt Salomo die Repräsentanten des Volkes („die Ältesten Israels"); im letzten Vers 66 entlässt er das Volk. Alles dazwischen ist durch Überleitungen miteinander verbunden. 8,14.22.54f. sprechen von „ganz Israel" bzw. „der ganzen Versammlung Israels", ohne diese Personengruppe einzuführen. Ihre Anwesenheit wird als bekannt vorausgesetzt. Diese Redeeinleitungen sind damit auf 8,1–6 als Einführung angewiesen und können nicht ohne diesen Text existiert haben.

Der Tempelweihspruch aus 8,12–13 hat zwar eine mit 8,1 vergleichbare Einleitung (אז + Verb). Das „damals sprach Salomo" aus 8,12 kann die Einleitung

https://doi.org/10.1515/9783111290973-012

von 8,1 aber nicht ersetzen.[1] Das Volk wird hier nicht eingeführt, sondern bleibt unerwähnt. Der Tempelweihspruch kommt damit nicht als potentieller literarhistorischer Anfang von 1Kön 8 infrage.[2]

In der redaktionsgeschichtlichen Forschung zu 1Kön 8,1–11 ging man bisher mehrheitlich davon aus, dass in 8,1–6* literarischer Überreste aus der Königszeit enthalten seien.[3] Dementsprechend identifizierte man alle Verse und Textteile als Nachträge, die „priesterschriftliche" Sprache beinhalten – z. B. der Verweis auf das „Allerheiligste" in Vers 6 und den Einzug der Wolke in den Versen 10–11.[4] Dabei gehen die meisten in ihrer Rekonstruktion allerdings von dem Masoretischen Text aus (vgl. 3ff.). Dieser Kurzschluss wird sich als folgenschwer erweisen. Der ältere Text ist in diesem Fall nur in dem wesentlich kürzeren Text der Septuaginta erhalten (vgl. Kap. 3.2). Rekonstruiert man die Literargeschichte auf dieser Textgrundlage[5] und bezieht die Erkenntnisse der neueren redaktionsgeschichtlichen Forschung ein,[6] ergibt sich ein anderes Bild:

In 8,1–6 kommen am ehesten die Verse 3–5 als Nachtrag infrage (s. u. S. 325ff.).[7] Die Erzählung ergibt auch ohne die Verse 3–5 einen guten Sinn und ist auf diese nicht angewiesen. Die Nachträge wurden entweder als Ganzes oder schrittweise ergänzt. Vers 4 verdoppelt das Hifil עלה aus 8,2 und ergänzt das wandernde Zeltheiligtum. Vers 3 definiert die Priester als Träger der Lade und des Zeltheiligtums. Vers 5 extrapoliert die hohen Opferzahlen aus 8,63 (22.000 Rinder und 120.000 Schafe) ins Unzählbare (Kgtm: „in nicht zählbarer Anzahl"; Kön, Chr: „die nicht gezählt und deren Menge nicht berechnet werden konnte"). In Vers 1 wurde zudem noch der Kommentar „das ist Zion" nachgetragen (s.u. S. 324ff.).

Die Verse 7–9 unterbrechen den Zusammenhang zwischen 8,6 und 8,10.[8] Die Priester bringen die Lade an ihren Ort (8,6) und als sie herauskamen, erfüllte die Wolke den Tempel (8,10). Dieser Faden wurde auseinandergerissen, um er-

---

1 Das gilt auch für die längere Einleitung aus OGKgtm („Damals sprach Salomo über das Haus, als er vollendet hatte, es zu bauen").

2 Vgl. bereits Noth, *I. Könige 1–16*, 175, der literarkritisch ausdrücklich den Charakter des Tempelweihspruches als Nachtrag zu 1Kön 8,1–11* betont. Ähnlich Würthwein, *1. Könige 1–16*, 88, der den Tempelweihspruch als literarhistorisches „Anhängsel" an 1Kön 8,1–11* betrachtet (ebd., 86.88).

3 Für eine ausführlichere Darstellung der Forschung vgl. S. 5ff.

4 Vgl. Noth, *I. Könige 1–16*, 168–181; Würthwein, *1. Könige 1–16*, 84–88; Jepsen, *Quellen*, 23f. Nentel, *Trägerschaft*, 195–200; Kasari, *Promise*, 111–125.

5 Vgl. den Hyparchetyp in Kap. 10 ab S. 308.

6 Vgl. S. 5ff.

7 Für den Charakter von Vers 5 als Nachtrag vgl. z. B. Würthwein, *1. Könige 1–16*, 85. Teile der Verse 3–4 wurden häufig zur Grundschrift gezählt. Für Details und die Probleme bei diesen alternativen Rekonstruktionen vgl. Kap. 1.2.

8 Für eine Identifikation von 8,7–9 als Nachtrag vgl. bereits ebd., 85.87f. Kasari, *Promise*, 124.

zählerische Kommentare zu spezifischen Details einzufügen. Vers 7 erläutert die Positionierung der Lade „unter den Flügeln der Cherubim" aus 8,6b (s. u. S. 328ff.). Vers 8 beschreibt, von wo aus die Enden der Tragestangen aus 8,7 sichtbar waren (s. u. S. 329ff.). Vers 9 informiert über den Inhalt der Lade – die Gesetzestafeln (s. u. S. 331ff.). Der Kommentar zur Sichtbarkeit der Tragestangen in 8,8 setzt deren Erwähnung in 8,7 voraus. Der Kommentar zum Inhalt der Lade (8,9) schließt wie 8,7 an die Einbringung der Lade in Vers 6 an (in 8,8 geht es um die Tragestangen und in 8,7 um den beschirmten „*Platz* der Lade").

Übrig bleibt eine Narration bestehend aus 8,1*–2.6.10–11 (s. u. Kap. 12.2). Diese Grundschrift kennt bereits das Wüstenheiligtum und stammt damit aus der Zeit des Zweiten Tempels. Sie wurde nachträglich an die Abschlussnotiz aus 7,51a angehängt und trennte 9,1 von dem Baubericht ab.[9]

Diese Rekonstruktion entspricht der Erzähldynamik: Die Verse 1.6.10 treiben die Handlung voran. Salomo versammelt die Ältesten, um die Lade in den Tempel zu bringen (8,1). Die Priester bringen die Lade in den Tempel (8,6). Als die Priester wieder herauskamen, erfüllt nach dem Vorbild von Ex 40,34–35 *die* Wolke das Heiligtum (8,10–11). Jhwh ist in den Tempel eingezogen.

Als ein Zeugnis literarischer Überreste aus der Königszeit kann 8,1–11* nicht gelten. Ein königszeitlicher Grundbestand lässt sich in diesen Versen nicht nachweisen. Man kann ihn überhaupt nur finden, wenn man den Quellenwert der Septuaginta als Textzeugen herunterspielt und die neuere redaktionsgeschichtliche Forschung ausblendet (s. u. Kap. 12.3). Damit erübrigt sich auch die Annahme einer priesterlichen Bearbeitung von 1Kön 8,1–11* (s. o.). Die „priesterliche" Sprache ist kein Kennzeichen einzelner Nachträge sondern integraler Bestandteil der Grundschrift. Wenn man eine Frühdatierung aufgibt, kann man die genannten Verweiszusammenhänge voraussetzen und muss die Bezüge nicht mithilfe von masoretischem Sondergut aus der Grundschicht streichen.

12.1 Nachträge (1Kön 7,51b; 8,1b⁴.3–5.7.8.9)

Salomo bringt die Geräte in den Tempel (7,51b)

In 7,51b brachte Salomo die geheiligte Beute Davids aus 2Sam 8,10 in den Tempel. Dieser Teil könnte nachträglich zwischen 7,51a und 8,1–2 gestellt worden sein. Aus dem Tempel- und Palastbaubericht ergeben sich keine Assoziationen mit 2Sam 8. Den Schreiber auf Davids Beute aus 2Sam 8 gebracht haben könnte die Herkunft

---

9 Zu 1Kön 9,1–9 vgl. Kap. 14 ab S. 431.

der Lade aus der „Stadt Davids" in 1Kön 8,1. Damit wäre 7,51b die Überführung der Lade als Text bereits bekannt.

⟨7,51⟩ Und es wurde vollendet die ganze Arbeit, die ⟨+ der König⟩ Salomo gemacht hatte (für) das Haus JHWHs. *Und es brachte hinein Salomo die heiligen Dinge Davids, seines Vaters; das Silber, das Gold und die Geräde gab er in die Schatzkammer des Hauses JHWHs.*

Die beiden Teilsätze von 7,51b stehen in einem Parallelismus zueinander: „und es brachte hinein Salomo die heiligen Dinge Davids, seines Vaters // das Silber, das Gold und die Geräte gab er in die Schatzkammer des Hauses JHWHs".[10] Der zweite Teil ergänzt die im Ersten fehlende Ortsangabe („in die Schatzkammer des Hauses JHWHs"). Die Wendung „heiligen Gaben Davids" findet sich in 1Sam–2Chr nur hier.[11] Der Bezug zu Davids Beute aus 2Sam 8,10f. wird über die Begriffe כסף, זהב und כלי hergestellt. Die Kombination von כלי + זהב + כסף findet sich in 1Sam–2Kön vor 1Kön 7,51 nur in 2Sam 8,10 (danach in 1Kön 10,21.25; 15,15; 2Kön 12,14; 14,14; 20,13). In der Chronik ist diese Identifizierung der heiligen Gabe über 1Chr 18,10f. (= 1Sam 8,10f.) ebenfalls naheliegend.[12] Salomo deponierte die Beute Davids in der „Schatzkammer" (אוצר). Von dieser Schatzkammer fehlt im Baubericht jede Spur; man erfährt von ihrer Existenz hier das erste Mal. Der Schreiber kannte sie vielleicht aus späteren Texten (2Kön 12,19; 14,14; 16,8; 18,15; 20,13.15). In der Chronik wird der Bau der Schatzkammer von David in 1Chr 28,12 angeordnet (vgl. zudem 1Chr 26,20.22.24.26); ihr Bau wird aber ebenfalls nicht erzählt.

„Das ist Zion" in 8,1b
In Vers 1 wurde mithilfe eines deiktisch gebrauchten Personalpronomens היא der erklärende Kommentar „das ist Zion" (היא ציון) nachgetragen („aus der Stadt

---

10 Für diese Segmentierung vgl. den Vers in Richter, *BHt*:
a *wa = tišlam kul[l] ha = mālā(')kā*
aR *'ăšr 'aśā ha = malk ŠLMH bēt YHWH*
b *wa = yabē*(') ŠLMH 'at qudăšē DWD 'abī = w*
c *'at ha = kasp w = 'at ha = zahab w = 'at ha = kilīm natan b = 'ō*ṣărōt bēt YHWH.*
11 Für Gaben bzw. Beute von Königen ist das Substantiv קדש nur noch in 1Kön 15,15 und 2Kön 12,19 ohne Bezug auf David gebraucht. In 2Kön 12,19 bezeichnet der Begriff die geheiligten Gaben der Väter Joasch sowie seine eigenen Gaben. Sie befanden sich in der Schatzkammer des Tempels und wurden von Joasch als Tribut für Hasael, den König von Aram verwendet. In 1Kön 15,15 ist in der analoger Weise zu 1Kön 7,51 davon die Rede, dass Asa die heiligen Gaben seines Vaters (Rehabeam) und seine Eigenen in den Tempel brachte. Spätestens das nach-klappende Begriffspaar כסף וזהב וכלים („Silber, Gold und Geräte") erinnert an das את הכסף ואת הזהב ואת הכלים in 1Kön 7,51.
12 Wären die Anfertigungen für den Tempeldienst gemeint (vgl. כסף + זהב + כלי in 1Chr 28,14), wäre wie in 1Chr 28,14 z. B. der Begriff כלי עבודה („Geräte des Dienstes") zu erwarten gewesen, deren Anfertigung David in diesem Vers gegenüber Salomo anordnet.

Davids [...] – das ist Zion"). Damit wird die „Stadt Davids" nachträglich als „Zion" identifiziert. Diese Identifikation setzt die Kenntnis von 2Sam 5,7.9 voraus. In 2Sam 5,7 wird die „Bergfestung Zion" (מצדת ציון) von David erobert.[13] In 2Sam 5,9 wird diese Bergfestung zu „Stadt Davids" umbenannt. In 2Sam 5,7 erscheint dabei ein ähnlicher Kommentar mit derselben grammatischen Form: „Und David eroberte die Bergfestung Zion – *das ist die Stadt Davids* (היא עיר דוד)."

Die Kommentare in 2Sam 5,7 und 1Kön 8,1 werden zunächst als Randlesart existiert haben und von dort in den Text aufgenommen worden sein.[14] In 2Sam 5 wird die Bergfestung Zion erst in Vers 9 zu „Stadt Davids" umbenannt; der Kommentar „das ist die Stadt Davids" kommt in Vers 7 verfrüht. Er war ursprünglich wohl nur als erklärende Randlesart gedacht und wurde erst nachträglich in den Text aufgenommen. Das hat die erwähnte Spannung zu Vers 9 erzeugt. In 1Kön 8,1 trennt der deiktische Kommentar die Monatsangabe vom Rest des Satzes ab („um heraufzubringen die Lade des Bundes Jhwhs in die Stadt Davids – das ist Zion – *im Monat Etanim*"). Auch hier war der Kommentar zunächst als Randlesart gedacht. Der Einbau in den Fließtext reißt den Satz künstlich auseinander.

Priester tragen die Lade und das Zelt der Begegnung hinauf (8,3–4)

Der älteste Text dieser Verse ist nur als griechische Übersetzung in der Septuaginta erhalten; in Kön und Chr wurden die Verse substanziell fortgeschrieben.[15] Der Vers 3 wurde mit Blick auf Vers 1 in den Text eingefügt. Salomo versammelt dort die Ältesten Israels mit dem Ziel, die Lade in den Tempel heraufzubringen (Hifil עלה). Wer genau die Lade getragen hat, bleibt in der Schwebe; die Erzählung ist an dieser Information zunächst nicht interessiert.[16] Der Schreiber von Vers 3 füllt diese Leer-

---

13 ציון kommt in Gen–1Kön nur an diesen beiden Stellen vor. ציון in der HB 154 Mal; davon in Gen–2Chr nur in 2Sam 5,7; 1Kön 8,1; 2Kön 19,21.31; 23,17; 1Chr 11,5; 2Chr 5,2.

14 Zu dieser Art von deiktischen Schreiber-Kommentaren vgl. das Kapitel „2. Lexical and Explicative Comments. A The Use of Deictic Elements" in Fishbane, *Biblical Interpretation*, 44–55. In den masoretischen Archetypen (MT^L und MT^A) fehlen solche Kommentare als Randnotizen vollkommen, genauso wie entsprechende Glossen-Markierungen im Text und direkte Text-Anmerkungen zwischen den Zeilen. Sie hat es in antiken hebräischen Handschriften aber in großer Zahl gegeben. Viele Randnotizen wurden also vermutlich von den masoretischen Schreibern in den Text aufgenommen (vgl. ebd., 41). Ob es sich um eine ehemalige Randnotiz handeln könnte, muss von Fall zu Fall entschieden werden (vgl. ebd., 41).

15 Für die Überarbeitung in Kön und Chr vgl. Kap. 3.2.2 ab S. 74. Die Textgrundlage für die Verse 3–4 bildet der Hyparchetyp aus Kap. 10 ab S. 308 und dessen deutsche Übersetzung im Textschaubild in Kap. 15.1 ab S. 449.

16 Der Vers 1 sollte nicht so missverstanden werden, dass die Ältesten Israels die Lade hinaufgetragen haben. In der Chronik kann David das Volk ebenso versammeln, um die Lade heraufzubringen (Hifil עלה + ארון in 1Chr 15,3.25), obwohl hier eindeutig nur die Leviten die Lade tragen. Das wird

stelle und definiert die Priester als Träger der Lade. Die Formulierung stammt aus dem Josuabuch. „Priester, die die Lade trugen" ist dort eine feststehende Wendung (הכהנים נשׂאי ארון in Jos 3,8.13–15.17; 4,9–10.16.18; 6,12). Hier wie dort erscheinen die Priester als Träger der Lade, ohne dass sie als Leviten näher bestimmt werden (vgl. Jos 3,6.8.13–15.17; 4,9–10.16.18; 6,6.12 und danach erst wieder in 1Kön 8,3).

Der Vers 4 verdoppelt das Hifil עלה aus 8,2 und ergänzt das wandernde Zeltheiligtum.[17] In den Versen 1 und 6 wird die Lade allein und ohne jedes Zubehör erwähnt. Ein Schreiber vermisste das Zelt der Begegnung und trug es mit Vers 4 nach. Wäre dem Schreiber der Grundschrift die explizite Inklusion des wandernden Zeltheiligtums wichtig gewesen, hätte er es wohl bereits in Vers 1 erwähnt (z. B. „um heraufzubringen die Lade und das Zelt der Begegnung und alle Geräte des Heiligtums, die im Zelt waren" oder „um heraufzubringen das Zelt der Begegnung"). Durch den verschobenen Akzent ist Vers 4 noch als Nachtrag zu erkennen.

Die Wendung „das Zelt der Begegnung und alle Geräte des Heiligtums, die in dem Zelt waren" (ואת אהל מועד ואת כל כלי הקדשׁ אשׁר באהל) schließt an Num 4,15 an.[18] Dannach kommt der Ausdruck כל כלי הקדשׁ erst wieder in 1Kön 8,4 vor (später nur noch in 1Chr 9,29; 2Chr 5,5). Über Num 4 erfährt man zudem, welche Geräte gemeint sind. Aufgezählt werden u. a. der Vorhang, der Schaubrottisch und der Leuchter, sowie der goldene Altar (vgl. Num 4,5–14 mit Ex 25–26.30).

Die Leserschaft des Königebuches wird sich zudem an „alle Geräte" (כל הכלים) erinnern, die Hiram für den Tempel anfertigte (1Kön 7,45: כל הכלים האלה אשׁר עשׂה חירם למלך שׁלמה בית יהוה; vgl. 1Kön 7,47) sowie an alle goldenen Geräte aus 1Kön 7,48, die Salomo für den Tempel anfertigte.[19] Die von Salomo angefertigten Kultgeräte unterscheiden sich in nichts von denen des Zeltheiligtums. Welche Geräte letztlich im Tempel benutzt wurden, ist zweitrangig; wichtig ist nur: Das wandernde Zeltheiligtum geht im Jerusalemer Tempel auf. Der eine, zentralisierte Kult begleitete Israel die ganze Zeit auf ihrer Reise in das verheißene Land und erreicht mit dem Jerusalemer Tempel den für ihn bestimmten Ort. Sobald

---

mal dazugesagt (1Chr 15,12.14) und mal nicht (1Chr 15,25.28; 16,1). In 1Chr 15,28 kann dann auch wiederum Israel als Gemeinschaft die Lade „heraufbringen" (1Chr 15,28), ohne dass das in einem Erkennbaren Widerspruch zu den Leviten als Trägern steht.

17 Der Anfang von Vers 4 „und sie brachten die Lade herauf" ist in Kgtm aufgrund eines Augensprunges ausgefallen. Vgl. Kap. 3.2.2 ab S. 74.

18 „Und wenn Aaron und seine Söhne beim Aufbruch des Lagers das Zudecken des Heiligtums und aller Geräte des Heiligtums (ואת כל כלי הקדשׁ) beendet haben, dann sollen danach die Söhne Kehats kommen, um es zu tragen (Verb נשׂא)" *Elberfelder Bibel*.

19 „Und Salomo machte alle Geräte (כל הכלים), die (für) das Haus JHWHs (bestimmt waren): den goldenen Altar; und Tisch, auf dem die Schaubrote waren, den Goldenen".

der Tempel steht und Jнwн in Form des Zeltheiligtums in den Tempel eingezogen ist, verliert das Zeltheiligtum seine Funktion und wird nicht mehr gebraucht.

Der Begriff אהל מועד ist eine der möglichen Bezeichnungen für das Zeltheiligtum (neben משכן und אהל העדת). Die Bezeichnung אהל מועד dominiert in den Büchern Levitikus (Lev 1,1)[20] und Numeri (Num 1,1)[21] und wird in Jos 18,1; 19,51; 1Sam 2,22 (MT) und danach nur noch in 1Kön 8,4 verwendet.

Die Prozession wird von Opfer begleitet (8,5)

Der älteste Text dieses Verses ist nur als griechische Übersetzung in der Septuaginta erhalten; in Kön und Chr wurde der Vers substanziell fortgeschrieben.[22] Vers 5 kennt bereits die hohe Zahl der Opfer aus 8,63 und extrapoliert sie ins Unzählbare. Salomo und ganz Israel begleiten das Tragen der Lade mit kontinuierlichen Opfern. Wie in 8,63 opferten sie Kleinvieh (צאן) und Großvieh (בקר) in einer sehr großen Anzahl. In 8,63 sind es 22.000 בקר und 120.000 צאן, in 8,5 eine „unzählbare" (Kgtm: אין מספר) Menge bzw. nach Kön und Chr eine Menge, „die nicht gezählt und deren Menge nicht berechnet werden konnte" (אשר לא יספרו ולא ימנו מרב). Die Motive des Tragens (נשא) und Heraufbringens (עלה) der Lade sowie die gemeinsame Beteiligung von „David und dem ganzen Haus Israel" ודוד וכל בית ישראל; vgl. 1Kön 8,5: והמלך וכל ישראל) könnten den Schreiber an 2Sam 6,15 erinnert haben. Über 2Sam 6,13–15 wird der Schreiber von 1Kön 8,5 auf die Idee der begleitenden Opfer bei der Prozession gekommen sein. In 2Sam 6,13 wird die Prozession ebenfalls mit kontinuierlichen Opfern begleitet.[23] Was in 2Sam 6 nach

---

20 Insg. in Lev in Lev 1,1.3.5; 3,2.8.13; 4,4–5.7.14.16.18; 6,9.19.23; 8,3–4.31.33.35; 9,5.23; 10,7.9; 12,6; 14,11.23; 15,14.29; 16,7.16–17.20.23.33; 17,4–6.9; 19,21; 24,3.

21 Insg. in Num in Num 1,1; 2,2.17; 3,7–8.25.38; 4,3–4.15.23.25.28.30–31.33.35.37.39.41.43.47; 6,10.13.18; 7,5.89; 8,9.15.19.22.24.26; 10,3; 11,16; 12,4; 14,10; 16,18–19; 17,7–8.15.19; 18,4.6.21–23.31; 19,4; 20,6; 25,6; 27,2; 31,54.

22 Für die Überarbeitung in Kön und Chr vgl. Kap. 3.2.2 ab S. 74. Die Textgrundlage für Vers 5 bildet der Hyparchetyp aus Kap. 10 ab S. 308 und dessen deutsche Übersetzung im Textschaubild in Kap. 15.1 ab S. 449.

23 2Sam 6,12b–13: „Da ging David hin und holte die Lade Gottes mit Freuden aus dem Haus Obed-Edoms in die Stadt Davids herauf. 13 Und es geschah, wenn die Träger der Lade des HERRN sechs Schritte gegangen waren, opferte er einen Stier und ein Mastkalb (ויהי כי צעדו נשאי ארון יהוה ששה צעדים ויזבח שור ומריא)." (*Elberfelder Bibel*). Anders OGSam nach Rahlfs: καὶ ἦσαν μετ' αὐτῶν αἴροντες τὴν κιβωτὸν ἑπτὰ χοροὶ καὶ θῦμα μόσχος καὶ ἄρνα = „*Und es waren sieben Chöre dabei*, die die Truhe trugen, und als *Opfertiere* (dienten) ein Jungstier und Lämmer." (Karrer/Kraus (Hrsg.), *Septuaginta Deutsch*; kursiv wurde übernommen). Das Opfern ist in beiden Versionen enthalten. Porzig hält MTKön für ursprünglich (vgl. Porzig, *Lade*, 166).

einem Zwischenfall praktiziert wurde,[24] wird in 1Kön 8 für den Weg der Lade von der Stadt Davids in den Tempel beibehalten.

Aus der Anwesenheit der obersten Repräsentanten Israels („die Ältesten") wird die Anwesenheit von ganz Israel geschlossen. Das gemeinsame Opfern von „dem König und ganze Israel" (8,5: וְהַמֶּלֶךְ וְכֹל יִשְׂרָאֵל) könnte von 8,63 inspiriert sein (8,63 MTKön: וְהַמֶּלֶךְ וְכֹל יִשְׂרָאֵל).

Zur Anordnung von Cherubim und Lade (8,7)

Vers 7 schließt mit einem כִּי an Vers 6 an. Es ist emphatisch bzw. hinweisend gebraucht[25] und am besten entweder als „nämlich" wiederzugeben (Menge, *Heilige Schrift*) oder man lässt es unübersetzt (Joüon/Muraoka, *Grammar*, § 164b). Mithilfe eines solchen כִּי können zusätzliche Kommentare in einen Text eingetragen werden, wie das Beispiel des chronistischen Zusatzes von 2Chr 6,13 zwischen 2Chr 6,12 (= 1Kön 8,22) und 2Chr 6,14 (= 1Kön 8,23) zeigt. Der כִּי-Anschluss aus 1Kön 8,7 wird in 2Chr 5,8 später in ein וַיִּהְיוּ geändert und der Übergang damit geglättet (und an Ex 37,9 angepasst).

Der Vers 7 erläutert näher, wie man sich die Positionierung der Lade „unter den Flügeln der Cherubim" (8,6b) vorzustellen hat (vgl. 1Kön 6,23–27): Sie beschirmen die Lade von oben her. Diese Vorstellung ist vom Bericht über die Bundeslade im Ex 25–40 inspiriert. Dort erfährt man von zwei Cherubim, die sich auf der Deckplatte der Bundeslade befinden und diese Kapporet von oben beschirmen. Bei der Komposition von 1Kön 8,7 Pate stand der Auftrag zum Bau der Lade aus Ex 25,20[26] und die Bauausführung in Ex 37,9.[27] An beiden Stellen breiten (Qal פרש) die Cherubim (הכרבים) ihre Flügel (כנפים) nach oben aus (לְמַעְלָה) und bildeten damit einen Schirm über die Kapporet (Qal סבב + עַל). Alle diese Elemente finden sich genauso in 1Kön 8,7: Die Cherubim (הכרבים) breiteten (Qal פרש) ihre Flügel

---

24 David will die Lade nach Jerusalem bringen. Der erste Versuch schlug allerdings fehl; Usa berührte verbotener-weise die Lade und wurde von Jʜᴡʜ mit dem Tod bestraft. Die Lade wurde vorübergehend in das Haus Obed-Edoms gebracht. Beim zweiten Versuch wurde das Vorgehen angepasst und die Prozession mit kontinuierlichen Opferungen begleitet

25 Vgl. die „Asseverative clause" in Joüon/Muraoka, *Grammar*, § 164, bes. b); gelistet als „Kommentaradverbialien" bei Lettinga/Siebenthal, *Grammatik BH*, § 742,10. Ausführlich zum emphatischen Gebrauch von כִּי in Muraoka, *Emphatic*, 158–164.

26 Ex 25,20: „Und die Cherubim sollen die Flügel nach oben ausbreiten, die Deckplatte mit ihren Flügeln überdeckend, *während ihre Gesichter einander zu[gewandt] sind. Der Deckplatte sollen die Gesichter der Cherubim zu[gewandt] sein.*" (*Elberfelder Bibel*; kursiv MF).

27 Ex 37,9: „Und die Cherubim breiteten die Flügel nach oben aus (וַיִּהְיוּ הַכְּרֻבִים פֹּרְשֵׂי כְנָפַיִם לְמַעְלָה), die Deckplatte mit ihren Flügeln überdeckend, und ihre Gesichter waren einander zu[gewandt], gegen die Deckplatte waren die Gesichter der Cherubim [gerichtet]." (ebd.).

(כנפים) über den Platz der Lade aus und bildeten damit von oben (מלמעלה) einen Schirm über der Lade und ihren Tragestangen (Qal סבב + על).

Auch im Baubericht des Jerusalemer Tempels breiten die Cherubim ihre Flügel aus (1Kön 6,27); allerdings sind sie nicht wie auf der Kapporet zueinander gewandt, sondern breiten ihre Flügel seitlich aus.[28] In der Chronik ist das Verhältnis zwischen Cherubim und Lade von Anfang an geklärt. In 1Chr 28,18 übermittelt David an Salomo u. a. den Plan für die Cherubim, „die ihre Flügel ausbreiten und die Lade des Bundes JHWHs bedecken" (הכרבים זהב לפרשים וסככים על ארון ברית יהוה).

Die Chronik wählt mit כסה Piel („bedecken") eine andere Vokabel für das Verb (Kön: ויסכו vs. Chr: ויכסו). Die Cherubim haben damit dieselbe Funktion wie der Vorhang im Wüstenheiligtum. In Num 4,5 wird die Lade für den Transport mit dem Vorhang des Allerheiligsten bedeckt (Piel כסה; vgl. 4,8–9.11–12.15). Im Wüstenheiligtum selbst „verdeckt" der Vorhang das Allerheiligste und damit auch die Lade (Qal סבב + על).

Beschirmt werden in 1Kön 8,7 neben der Lade (על הארון) auch ihre Tragestangen (ועל בדיו). Die Stangen werden in Ex 25–40 mehrfach erwähnt (Ex 25,14–15; 35,12; 37,5; 39,35; 40,20) und sind ein integraler Bestandteil der Lade. Nach Ex 25,15 dürfen sie nicht mehr entfernt werden, nachdem sie einmal angebracht wurden.

Zur Sichtbarkeit der Tragestangen (8,8)

Der Hyparchetyp von 8,8 ist nur in Kön und Chr erhalten geblieben; in Kgtm wurde die historisierende Notiz am Versende gestrichen.[29] Nach Vers 8 konnte man sich visuell vergewissern, dass die Lade im Debir stand. Lade und Tragestangen werden zwar von dem Cherubim beschirmt (8,7); die Enden der Tragestangen seien aber sichtbar gewesen (8,8). Im Tempel könne man die Stangen sehen (מן הקדש על פני הדביר = „vom Heiligen aus vor dem Debir"), von draußen (החוצה) aber nicht.[30]

Die Beschirmung der Tragestangen aus 8,7 (ועל בדיו) lässt sich nicht aus Ex 25–40 ableiten. In Num 4,5 wird mit dem Vorhand des Allerheiligsten nur die Lade selbst bedeckt (Piel כסה); die Stangen braucht man zum Tragen. Trotzdem schreibt 1Kön 8,7 von einer Beschirmung *der Tragestangen*. Dieser Umstand wird

---

28 1Kön 6,27: „Und er stellte die Cherubim in die Mitte des inneren Hauses; *und die Cherubim breiteten die Flügel aus, so dass der Flügel des einen [Cherubs] die [eine] Wand berührte und der Flügel des andern Cherubs die andere Wand berührte; ihre Flügel zur Mitte des Hauses hin aber berührten sich gegenseitig, Flügel an Flügel."* (ebd.; kursiv MF).

29 Vgl. den Hyparchetyp in Kap. 10 ab S. 308 mit der Synopse in Kap. 3.3 ab S. 84.

30 Vor dem Hauptraum des Tempels befindet sich die Vorhalle (1Kön 6,3: והאולם על פני היכל הבית), vor dem Debir befindet sich der Hauptraum (1Kön 8,8: מן הקדש על פני הדביר). „Draußen" entspricht nach 1Kön 6,3 also der Vorhalle (האולם). Das הקדש entspricht dem היכל (vgl. 1Kön 6,3), während das Allerheiligste dem Debir entspricht (1Kön 6,16).

zum Nachdenken über die Tragestangen geführt und die Komposition von 1Kön 8,8 ausgelöst haben.

Wie genau der Schreiber des Verses sich die Sichtbarkeit der Tragestangen vorgestellt hat, bleibt ein Rätsel. Bisher hat niemand eine ansatzweise zufriedenstellende Interpretation des Verses finden können.[31] Das Verb des ersten Teilsatzes (Kön: ויארכו; Chr: ויאריכו) lässt sich in zwei Richtungen deuten. Liest man die Konsonanten des Verbs ארך als Qal (ויארכו = וַיַּאַרְכוּ), dann wäre zu übersetzen: „die Stangen waren lang" (vgl. die meisten Bibel-Übersetzungen). Liest man ארך als Hifil (וַיַּאֲרִיכוּ), wie die Vokalisation der Massoreten es empfiehlt (MTKön: וַיַּאֲרִכוּ) und wie die Chronik es durch das zusätzliche Jod fordert (ויאריכו), wäre ein kausatives Moment enthalten (Buber-Rosenzweig: „Man ließ die Stangen nun so lang vorragen"; vgl. OGKgtm: καὶ ὑπερεῖχον = „und sie ragten heraus").

Die Vergewisserungs-Möglichkeit wird zusätzlich durch die historisierende Notiz am Ende betont: „Und sie waren dort bis auf diesen Tag" (Kön, Chr; in Kgtm ist die Notiz wohl gestrichen worden; vgl. Kap. 3.3 ab S. 84). Es geht dem Schreiber um die mögliche Vergewisserung an sich, ohne das er einen spezifischen Zeitpunkt im Blick hat.

Eine mögliche Interpretation dieses Verses liefert der Targum Chronik. Durch mehrere Zusätze wird dort erklärt, wie die Enden der Tragestangen sichtbar sein können.[32] Der Schreiber des Targum setzt voraus, dass das Debir wie das Allerheiligste im Wüstenheiligtum durch einen Vorhang vor Blicken geschützt ist. Dieser Vers erklärt nun, man sich trotzdem vergewissern konnte, dass die Lade im Debir stand. Die Enden der Tragestangen waren so lang, dass sie den Vorhang ein wenig ausbeulten. Auf diese Weise konnte man sich deren Existenz versichern, ohne in das Debir schauen zu müssen.

---

31 Vgl. Würthwein über V. 8, „bei dem noch kein Kommentator hat plausibel machen können, weshalb ein so nebensächlicher Gegenstand wie die Tragestangen so ausführlich behandelt wird. Vielleicht ist hier ein Spezialinteresse am Werk, das wir nicht mehr durchschauen" (Würthwein, *1. Könige 1–16*, 87).

32 TgChr: „Und die Stangen waren lang, *und sie beulten (den Vorhand des Allerheiligsten) aus,* und die Enden der Stangen waren sichtbar *wie zwei (die Kleidung ausbeulenden) Brüste* in Richtung des Hauses der Versöhnung blickend, und sie waren nicht sichtbar von außerhalb *des Vorhanges* und sie sind dort bis zu diesem Tag." Kursiv = Zusätze im TgChr. Auf Aramäisch: ואריכו נגריא והוון בליטין ומתחזיין רישי נגריא הי כתרתין תדיין על על אפי בית כפורי ולא מתחזן לברא מן פרגודא והוון תמן עד יומא הדין.

Zum Inhalt der Lade (8,9)

Nach 8,9 soll sich nichts in der Bundeslade befunden haben außer die zwei Tafeln aus Stein (אין בארון רק שני הלחות|/לחות האבנים).[33] In den Büchern Samuel und Könige war bisher von keinem Inhalt der Lade die Rede. Im Gegenteil diente die Lade an sich als Kultobjekt und repräsentierte die göttliche Gegenwart (1Sam 4–6; 2Sam 6). Bei der Auffindung des Gesetzes unter Josia fehlt von der Lade ebenso jede Spur. Josia findet das Buch des Gesetzes (ספר התורה in 2Kön 22,8) zur Überraschung aller irgendwo im Tempel und eben nicht in der Lade (vgl. dagegen Dtn 10,8; 31,5–6).

Von dem Inhalt der Lade weiß der Schreiber aus dem Zusammenhang von Dtn 5 und Dtn 9–10. Im Deuteronomium werden in Dtn 5,6–21 die Zehn Gebote offenbart, von Jhwh auf zwei Steintafeln (על שני לחת אבנים) geschrieben und Mose übergeben (Dtn 5,22). Wiederaufgenommen wird dieser Erzählfaden ab Dtn 9,9 (vgl. Dtn 9,9–10 mit Dtn 5,22). Mose zerschmettert die ersten Tafeln wegen des goldenen Kalbes (Dtn 9,11–25). Danach erhält er den Auftrag, sich zwei weitere Steintafeln zurechtzuhauen und zudem eine hölzerne Lade anzufertigen. In diese legt er die neuen Tafeln, nachdem Jhwh sie mit denselben Worten beschrieben hat, die bereits auf den ersten Tafeln standen (Dtn 10,1–5).

In 1Kön 8,9 wird durch die zwei אשר-Sätze auf Dtn 5 und Dtn 9–10 Bezug genommen: „die (אשר) Mose dort hineingelegt hatte am Horeb, wo (אשר) Jhwh mit den Söhnen Israels (einen Bund) geschlossen hatte, nachdem sie aus dem Land Ägypten gezogen sind." Auf das Hineinlegen der Tafeln in Dtn 10,2.5 nimmt der erste Relativsatz Bezug („die Mose dort hineingelegt hatte am Horeb").[34] Der zweite אשר-Satz bezieht sich auf בחרב und bildet dazu einen Relativsatz („am Horeb, wo Jhwh (einen Bund) geschlossen hatte").[35] Von einem Bundesschluss am Horeb (חרב + כרת) ist nur noch in Dtn 5,2 die Rede (יהוה אלהינו כרת עמנו ברית בחרב). Eine Verknüpfung der „Tafeln" mit der „Lade" ist nur in Dtn 10,1–3.5

---

33 Für diese Textgrundlage vgl. den Hyparchetyp in Kap. 10 ab S. 308 sowie die Synopse zu dem Vers in Kap. 3.4 ab S. 89.
34 Auftrag an Mose in Dtn 10,2: ושמתם בארון. Ausführung in Dtn 10,5: ואשם את הלחת בארון אשר עשיתי. Rückverweis in 1Kön 8,9: אשר הנח שם משה בחרב.
35 In der Sprache der BHt ist das zweite 'ašr = „RPRON(8,9bR 5 6)" („5 6" referenziert auf b' = ḤRB in 8,9bR) innerhalb der folgenden Textsegmentierung bei Richter, *BHt*:
a 'ēn b' = [h]a = 'arōn
b raq[q] šinē lū*ḥōt ha = 'ăbanīm
bR 'ašr hinī*ḥ šam[m] MŠH b' = ḤRB
bRR 'ašr karat YHWH 'im[m] bănē YŚR'L
bRRI b' = ṣē(')t-a = m mi[n] = 'arṣ MṢR-aym.

belegt.[36] Der konkrete Wortlaut אֲשֶׁר כָּרַת יְהוָה עִם בְּנֵי יִשְׂרָאֵל findet sich in sehr ähnlicher Form in Dtn 9,9 und mag von dort inspiriert sein (Dtn 9,9: בַּעֲלֹתִי הָהָרָה לָקַחַת לוּחֹת הָאֲבָנִים לוּחֹת הַבְּרִית אֲשֶׁר כָּרַת יְהוָה עִמָּכֶם; daneben nur noch in Ex 24,8).[37]

Der Schreiber weiß also aus Dtn 10, dass sich die Gesetzestafeln in der Lade befanden. Auf dieser Grundlage ging er einen Schritt weiter und schloss weitere Inhalte explizit aus („Es war *nichts* in der Lade *außer*…"). Vielleicht hat er dabei an die goldenen Beulen und Mäuse aus 1Sam 6,3–5 gedacht. 2Sam 6,3a und 2Sam 6,8 sind sich uneinig darin, ob sie sich in oder neben der Lade befunden haben.[38] Von einem weiteren Gegenständen, die sich in der Lade befunden haben, spricht später der Hebräerbrief (vgl. Hebr 9,3–4 mit Ex 16,33 und Num 17,23).

Der Verweis auf den Auszug durch den Inf. cs. von יצא mit Suffix könnte durch Dtn 4,45–46 inspiriert sein. Die Verb-Form findet sich in Kombination mit בְּנֵי יִשְׂרָאֵל neben 1Kön 8,9 nur noch dort.[39]

---

36 In Ex 25,16.21; 40,21 werden die Gesetzestafeln als „Zeugnis" (עֵדוּת) und nicht als „Tafeln" (לוּחֹת) bezeichnet. Die Bezeichnung „Tafeln aus Stein" kommt neben Dtn 4,13; 5,22; 9,9–11; 10,1.3 nur noch in Ex 24,12; 31,18; 34,1.4 vor – dort jeweils aber ohne die Lade.

37 Die grammatische Struktur ist in Dtn 9,9 aber eine andere. Das Bezugswort ist הַבְּרִית. In 1Kön 8,9 hingegen bezieht sich der Relativsatz nicht auf die Tafeln, sondern auf בַחֹרֵב. Aus Dtn 9,9 wird man also nicht ableiten können, dass לוּחֹת הַבְּרִית auch in 1Kön 8,9 zu stehen hat (gegen Porzig, *Lade*, 196). Der Wortlaut des Relativsatzes in 1Kön 8,9 mag durch Dtn 9,9 inspiriert sein; das Bezugswort ist aber ein anderes und die grammatische Verwendung ist verschieden.

38 2Sam 6,3aα: „Und sie sprachen: Wenn ihr die Lade des Gottes Israels zurückschickt, dann sollt ihr sie nicht leer (רֵיקָם; alternativ: „mit leeren Händen") zurückschicken". Anders 2Sam 6,8: „Und nehmt die Lade des HERRN und stellt sie auf den Wagen! Und die goldenen Gegenstände, die ihr ihm als Sühnegabe entrichtet, tut in ein Kästchen (בָאַרְגַז) an ihre Seite (מִצִּדּוֹ) und sendet sie hin und lasst sie gehen!" (*Elberfelder Bibel*).

39 יצא als Inf. cs. mit Suffix insg. in Ex 16,1; Num 1,1; 9,1; Dtn 4,45–46; Jos 5,4–5; 1Kön 8,9; 2Chr 5,10; Ps 105,38.

12.2 Grundschrift (8,1–2.6.10–11)

Der älteste Text von 8,1–6 ist nur als griechische Übersetzung in der Septuaginta erhalten.[40] Zieht man von diesem ältesten Text die identifizierten Nachträge ab, erhält man eine Grundschrift bestehend aus 1Kön 8,1–2.6.10–11 (VORAUSGESETZTER NAHKONTEXT; Grundschrift):

...[KAP. 6–7: BERICH ÜBER DEN TEMPEL- UND PALASTBAU] ...
⟨7,51⟩ Und es wurde vollendet die ganze Arbeit, die ⟨+ der König⟩ Salomo gemacht hatte (für) das Haus JHWHS. [...]
8,1 Damals versammelte Salomo $\frac{⟨|die|⟩}{\{⟨alle⟩\}}$ Ältesten Israels |in Jerusalem|, um heraufzubringen die Lade des Bundes JHWHS aus der Stadt Davids [...] 2 {⟨im Monat Etanim⟩} [...] 6 Und die Priester brachten (hinein) die Lade ⟨|+ des Bundes JHWHS|⟩ an ihren Ort, ins Debir des Hauses, in das Allerheiligste unter die Flügel der Cherubim. [...] 10 Und es geschah, als die Priester herausgegangen waren aus dem Heiligen, {⟨da erfüllte die Wolke⟩} das Haus ⟨|+ JHWHS|⟩. 11 Und die Priester konnten nicht herantreten, um ihren Dienst zu verrichten wegen der Wolke, denn die Herrlichkeit JHWHS erfüllte das Haus ⟨+ JHWHS⟩.
9,1 UND ES GESCHAH, NACHDEM SALOMO BEENDET HATTE ZU BAUEN DAS HAUS JHWHS UND DAS HAUS DES KÖNIGS...

In den Versen 1–2 versammelt Salomo die Ältesten Israels mit dem Ziel, die Lade in den Tempel hinaufzubringen.[41] Die Lade wird mit ihrem vollen Titel eingeführt („Lade des Bundes JHWHS"). In Vers 6 bringen Priester die Lade in den Tempel an den für sie bestimmten Ort. Als die Priester wieder herauskamen, erfüllt nach dem Vorbild von Ex 40,34–35 *die* Wolke das Heiligtum. JHWH ist in den Tempel eingezogen.

Diese Grundschrift will das Wüstenheiligtum am Sinai mit dem Jerusalemer Tempel verbinden. JHWH nimmt beide Heiligtümer in Form einer Wolke in Besitz (vgl. Ex 40,34–35 mit 1Kön 8,10–11). Das Debir entspricht dem Allerheiligsten im Zeltheiligtum (vgl. 1Kön 8,6). Die Bundeslade wandert von einem zum anderen; sie bricht in Num 10,33 vom Sinai auf und kommt in 1Kön 8,1–11* im Jerusalemer Tempel an. Über die konkrete Herkunft der Lade aus der „Stadt Davids" wird der Bezug zu 2Sam 6 hergestellt und die Ladeepisode aus dem Samuelbuch eingebunden. Die Lade wird aus der Stadt Davids geholt; dorthin hat David sie gebracht (2Sam 6), nachdem sie von den Philistern zurückgekehrt war (1Sam 4–6).

Die historische Einordnung der Grundschrift wird durch die vorausgesetzten Bezugstexte verraten. Das mosaische Wüstenheiligtum repräsentiert den Zweiten Tempel in Jerusalem; die Einrichtung des Wüstenheiligtums im Exodusbuch bildet

---

40 Vgl. die Rekonstruktion der Textgeschichte von 8,1–6 in Kap. 3.2 ab S. 63.
41 Für die Identifikation von אז יקהל שלמה את־זקני ישראל als Anfang der Grundschrift vgl bereits Kasari, *Promise*, 124.

dessen literarische Gründungslegende.[42] Die Einrichtung des Zweiten Tempels geschah in der Perserzeit, vermutlich unter Dareios I. in den Jahren 520–515 v. Chr.[43] Damit ist ein historischer Zeitpunkt gegeben, ab dem die entsprechenden Texte entstanden sein könnten (*terminus a quo*). Archäologisch lassen sich Spuren einer zentralistischen Religionspolitik mit Fokus auf Jerusalem (ein Gott, ein Kult) ab der hasmonäischen Zeit nachweisen (160–63 v. Chr.).[44]

Der Einbau dieses Textes trennte die Erzählung aus 9,1–9* von den Bauberichten ab.[45] Der Wortlaut von 9,1 verrät, dass Kapitel 8 ursprünglich nicht dazwischen stand.

Nach vorne wurde die Grundschrift gemeinsam mit 7,51b an die Abschlussnotiz aus 7,51a angeschlossen. Alle Arbeiten am Tempel waren vollendet (7,51a). Salomo brachte daraufhin die „heiligen Gaben Davids" in den Tempel (7,51b). Damals versammelte Salomo zudem die Ältesten Israels, um auch die Bundeslade in den Tempel zu bringen (8,1–2). Dieser Zusammenhang ist im Text des Königebuches bis heute erhalten (⟨7,51⟩).[46]

7,51a beschließt die Bautätigkeiten Salomos mit der Aussage: „Und es war vollendet die ganze Arbeit, die [der König] Salomo gemacht hatte (für) das Haus Jhwhs". Der Satz steht parallel zur Abschlussnotiz der Anfertigungen Hirams aus 1Kön 7,40 (= 3Kgtm 7,26): „Und Hiram vollendete, was er tat, die ganze Arbeit, die er tat für den König Salomo (für) das Haus Jhwhs".[47] An beiden Stellen findet sich der Begriff כל המלאכה („die ganze Arbeit"; vgl. noch 1Kön 7,14.22) und בית יהוה ohne Präposition.[48] Dadurch ergibt sich folgende parallele Struktur: 1Kön 7,40 schließt den Bericht über die Anfertigungen Hirams ab (1Kön 7,13–39) und 1Kön

---

42 Bei dieser theologiegeschichtlichen Einordnung ist man sich seit Wellhausen im Grunde einig. Vgl. Wellhausen, *Prolegomena*, 1–162.217–223.291–293.367–421; Noth, *ÜP*, 7–20.45–246.247–267; Kratz, *Komposition*, 116–117.248.327–329.

43 Vgl. Kratz, *Israel*, 42. Jahreszahlen gemäß der Zeittafel aus ebd., 307.

44 Vgl. ebd., 181–300. Jahreszahlen gemäß der Zeittafel aus ebd., 308.

45 Zu 1Kön 9,1–9 vgl. Kap. 14 ab S. 431.

46 In der Septuaginta (Kgtm) wurde nachträglich der Palastbau umgestellt und zwischen 7,51 und 8,1 eingefügt; in diesem Zuge bekam 8,1 in Kgtm noch eine zusätzliche Überleitung (vgl. dazu Kap. 3.1 ab S. 57).

47 ויכל חירם לעשות את כל המלאכה אשר עשה למלך שלמה בית יהוה. Eine ähnliche Abschlussnotiz findet sich nochmal in 2Chr 8,16 bei der offiziellen Inauguration des Kultes von Salomo (ותכן כל מלאכת שלמה עד היום מוסד בית יהוה ועד כלתו שלם בית יהוה ס; vgl. 2Chr 8,12–16; in 1Kön 9,25 besteht die Abschlussnotiz nur aus: ושלם את הבית).

48 In beiden Versen (7,40 und 7,51) ist בית יהוה als lokaler Akkusativ zu verstehen und die Präposition entsprechend mitzudenken („*für* das Haus Jhwhs"; vgl. השמים תשמע in 1Kön 8,32.34.36.39.43.45.49; 2Chr 6,27). Vgl. Lettinga/Siebenthal, *Grammatik BH*, §700,3(b) und Joüon/Muraoka, *Grammar*, §126.h.3). Waltke/O'Connor nennen ihn „Adverbial Accusative" und führt zahlreiche Beispiele an (vgl. Waltke/O'Connor, *Syntax*, 10.2.2). In der Chronik wird eine entspre-

7,51 erklärt die Anfertigungen von Salomo aus 1Kön 7,48–50 für beendet. In 7,48 „macht" (עשׂה) Salomo die (goldenen) Geräte für das Haus JHWHs (בית יהוה ohne Präp.); in 7,51 werden die Arbeiten für das Haus JHWHs (בית יהוה ohne Präp.), „die Salomo machte," (אשׁר עשׂה המלך שׁלמה) für beendet erklärt.

Die Verse 1–2 setzen sich zusammen aus Bezügen zu 2Sam 6 und aus Vokabular von Ex–Jos (2Sam 6: Herkunft der Lade aus der Stadt Davids; Ex–Jos: Hifil קהל; „Lade *des Bundes JHWHs*"). In 2Sam 6 versammelt David das Volk Israel (אסף in 6,2), um die Lade in die Stadt Davids (עיר דוד in 6,12.16) hinaufzubringen (להעלות in 6,2). In 1Kön 8,1–2 versammelt Salomo analog dazu die Ältesten, um die Lade aus der Stadt Davids (עיר דוד) in den Tempel hinaufzubringen (להעלות).

Als Verb für „versammeln" verwendet der Text das Hifil קהל anstatt des geläufigeren אסף. Hifil קהל kommt in den erzählenden Büchern der HB nur in der Tora und der Chronik vor (Ausnahme 1Kön 12,21).[49] In Ex–Num wird die העדה („Gemeinde") versammelt (Ex 35,1; Lev 8,3; Num 1,18; 8,9; 16,19; 20,8). Besonders nah steht die Versammlung Israels in Lev 8,3 anlässlich der Weihe der aaronitischen Priesterklasse (Lev 8–9). Von einer Versammlung der Ältesten Israels ist in Dtn 31,28 die Rede (הקהילו אלי את כל זקני שׁבטיכם). In der chronistischen Erzählung zur Lade wird das Hifil קהל systematisch verwendet: David versammelt ganz Israel (Hifil קהל) in 1Chr 13,5 (um die Lade von Kirjat-Jearim zu holen), in 1Chr 15,3 (um die Lade nach Jerusalem [אל ירושׁלם] heraufzubringen [להעלות]), und in 2Chr 28,1 (um Salomo als seinen Nachfolger zu einsetzen). In 2Chr 5,1 (= 1Kön 8,1) versammelt Salomo ganz Israel, um die Lade in den zu bringen. Immer steht das Hifil קהל.

Versammelt werden die „[ganzen] Ältesten Israels" (את [כל]זקני ישׂראל).[50] Damit sind nicht die im Orient allseits bekannten Stadt-Ältesten gemeint, sondern die Ältesten *Israels*. Sie repräsentieren das Exodusvolk und treten in der HB an heilsgeschichtlichen Schlüsselereignissen in Erscheinung.[51] Die Inspirationsquelle für den Ausdruck „[alle] Ältesten Israels" bleibt uneindeutig. In 2Sam 5,3 salben

---

chende Präposition an beiden Stellen ergänzt (2Chr 4,11: בבית האלהים; und 2Chr 5,1: לבית יהוה). Gleiches geschieht in vielen Übersetzungen (3Kgtm 7,26: ἐν οἴκῳ κυρίου; PKön 7,26: ܒܒܝܬܐ ܕܡܪܝܐ und 7,51: ܕܡܪܝܐ; in TgJ erst in späteren Handschriften (vgl. Sperber, *Bible Vol. 1*, zu den entsprechenden Stellen.).

49 Hifil קהל in Ex 35,1; Lev 8,3; Num 1,18; 8,9; 10,7; 16,19; 20,8.10; Dtn 4,10; 31,12.28; 1Kön 8,1; 12,21; 1Chr 13,5; 15,3; 28,1; 2Chr 5,2; 11,1; Ijob 11,10; Ez 38,13.

50 Kgtm = כל זקני ישׂראל את = πάντας τοὺς πρεσβυτέρους Ισραηλ. Chr = את זקני ישׂראל. Der Wortlaut von Kön ist unsicher. Vgl. die Synopse zum Vers auf S. 63.

51 Vgl. זקני ישׂראל in Ex 3,16.18; 12,21; 17,5–6; 18,12; 24,1.9; Lev 9,1; Num 11,16.30; 16,25; Dtn 27,1; 31,9; Jos 7,6; 8,10; 24,1; 1Sam 4,3; 8,4; 2Sam 3,17; 5,3; 17,4.15; 1Kön 8,1.3; 1Chr 11,3; 15,25; 2Chr 5,2.4; Ez 14,1; 20,1.3. כל זקני ישׂראל in Ex 12,21; 18,12; Dtn 31,9; 1Sam 8,4; 2Sam 5,3; 17,4; 3Kgtm 8,1; 1Kön 8,3; 1Chr 11,3; 2Chr 5,4. Vgl.Conrad, *Art.* זָקֵן, *in: ThWAT II*, 647–649.

„alle Ältesten Israels" David zum König, bevor er die Lade zurückerobert. „Versammelt" (קהל) werden „alle Ältesten Israels" in Dtn 31,28 (s. o.). Nahestehend ist zudem Lev 8,3 + 9,1. In 8,3 „versammelt" Mose die ganze Gemeinde (קהל; s. o.); in 9,1 ruft er dann die „Ältesten Israels" zusammen. Beides geschieht anlässlich der Weihe der aaronitischen Priester und der Einweihung des Zeltheiligtums durch die ersten Opfer.

In Vers 1 wird die Lade mit ihrer vollen Bezeichnung eingeführt: „die Lade des Bundes JHWHs" (ארון ברית יהוה). Die Bezeichnung „Lade des Bundes JHWHs" wird in der HB in Num 10,33 eingeführt.[52] Dort bricht das Volk vom Sinai in Richtung des verheißenen Landes auf und „die Lade des Bundes JHWHs zog vor ihnen her [...], um für sie einen Ruheplatz (מנוחה) zu erkunden" (Num 10,33). In Jos 3–8 begleitet die „Lade des Bundes" bzw. „Lade des Bundes JHWHs" die Israeliten auf dem Weg in das verheißene Land.[53] Danach ist von der „Lade des Bundes JHWHs" erst wieder in 1Kön 6,19 und hier in 1Kön 8,1.6 die Rede. In dem Ladezyklus von 1Sam 4–6; 2Sam 6 wird die Lade in der Regel nicht so bezeichnet. Dort ist von der „Lade JHWHs" (ארון יהוה[54]), der „Lade Gottes" (ארון האלהים[55]) oder der „Lade des Gottes Israel" (ארון אלהי ישראל[56]) die Rede.[57]

Bei dem „Monat Etanim" (בירח האתנים) in Vers 2 handelt es sich um einen kanaanäisch-phönizischen Monatsnamen.[58] In der HB findet er sich nur hier. Im AT belegt sind von diesen Monatsnamen noch Abib (אביב in Ex 13,4; 23,15; 34,18; Dtn 16,1), Siw (זו in 1Kön 6,1.37), und Bul (בול in 1Kön 6,38). Der Grundstein des Tempels wurde „im Monat Siw" (בירח זו) gelegt (1Kön 6,1.37 = 3Kgtm 6,1c); fertiggestellt wurde er „im Monat Bul" (בירח בול in 1Kön 6,38 = 3Kgtm 6,1d).[59] Die Monatsangabe in 1Kön 8,2 entspricht in ihrer Form den Datierungen im Bericht des

---

52 Insg. in Num 10,33; 14,44; Dtn 10,8; 31,9.25–26; Jos 3,3.17; 4,7.18; 6,8; 8,33; 1Sam 4,3–5; 1Kön 6,19; 8,1.6; 1Chr 15,25–26.28–29; 16,37; 17,1; 22,19; 28,2.18; 2Chr 5,2.7; Jer 3,16.

53 Das ארון ברית dort in Jos 3,3.6.8.11.14.17; 4,7.9.18; 6,6.8; 8,33. Davon ארון ברית יהוה in Jos 3,3.17; 4,7.18; 6,8. Im Deuteronomium taucht der Begriff vorrangig bei der Bezeichnung der Leviten als Träger der *Bundes*lade auf (בני לוי הנשאים את ארון ברית יהוה in Dtn 31,9; את הלוים נשאי ארון ברית יהוה in Dtn 31,25).

54 1Sam 4,6; 5,3–4; 6,1–2.8.11.15.18–19.21; 2Sam 6,9–11.13.15–17.

55 1Sam 4,13.17–19.21–22; 5,1–2.10; 2Sam 6,2–4.6–7.12.

56 1Sam 5,7–8.10–11; 6,3.

57 Einzige Ausnahme ist 1Sam 4,3–5, wo sich die „Lade des Bundes JHWHs" dreimal als Bezeichnung findet, wobei diese Wendung in Vers 4 abweichend von den bisherigen Belegen zu „Lade des Bundes JHWHs Zebaot, der thront (über) den Cherubim" (ארון ברית יהוה צבאות ישב הכרבים) spezifiziert wird.

58 Vgl. Albani, *Kalender (AT)*, Kap. 2.3.1.

59 Der Abschluss des Tempelbaus im achten Monat Bul (1Kön 6,38) hat für die Datierung der Tempelweihe in den siebten Monat Ethanim keine Bewandtnis. Nach dem Abschluss des siebenjährigen Tempelbaus vergehen noch weitere 13 Jahre (1Kön 7,1), in denen der Palast gebaut wird

Tempelbaus; der Schreiber von 8,1–11* richtete sich nach dem Datierungssystem seines Vortextes und verwendete deswegen genauso wie 1Kön 6,1.38 den selteneren Begriff ירח anstatt חדש für Monat und einen kanaanäisch-phönizischen Monatsnamen.[60] Die Datierung wichtiger heilsgeschichtlicher Ereignisse in Festmonate ist gute alttestamentliche Praxis und der siebte Monat ist der zentrale Festmonat im alttestamentlichen Festkalender.[61] Später wird die Tempelweihe noch konkreter mit dem Laubhüttenfest verbunden.

In Vers 6 bringen Priester die Lade in den Tempel an den für sie bestimmten Ort. Für den Schreiber war es selbstverständlich, dass ihnen die Aufgabe des Transportes der Lade zufällt. Die Gruppe der Priester muss deswegen vorher nicht eingeführt werden.[62] Die Beteiligung der Priester ergab sich für den Schreiber aus Ex–Jos.[63] In Ex–Num verwalten sie das Wüstenheiligtum am Sinai und sind allgegenwärtig. In Jos 3–8 sind sie ständige Begleiter und Träger der Lade auf ihrem Weg in das verheißene Land.

Der für die Lade bestimmte Ort ist durch vier אל-Konstruktionen näher bestimmt: „an ihren Ort, in das Debir des Hauses, in das Allerheiligste, unter die Flügel der Cherubim" (אל מקומו אל דביר הבית אל קדש הקדשים אל תחת כנפי הכרובים). Das Debir ist der Innenraum des Tempels und durch den Baubericht

---

(1Kön 7,1–12) und weitere Geräte für den Tempel angefertigt werden (1Kön 7,13–50). Der Tempel wird erst eingeweiht, nachdem alle Bauarbeiten und Anfertigungen abgeschlossen waren (1Kön 7,51).

60 Vgl. Albani, *Kalender (AT)*, Kap. 2.3.1. und 4.1.

61 Das Passahfest und das Fest der ungesäuerten Brote soll an den Auszug aus Ägypten erinnern (Ex 12–13; Dtn 16,1–8; Lev 23,3–8). Spätere heilsgeschichtliche Schlüsselereignisse ließ man mit den großen jüdischen Festen zusammenfallen. Der Wiederaufbau des Brandopferaltars (Esra 3) und die Vorlesung des Gesetzes durch Esra (Neh 8) wurde mit dem Laubhüttenfest verbunden, und die Vollendung des Zweiten Tempels (Esra 6) sowie die Auffindung des Gesetzes durch Josia (2Kön 23,22f.; 2Chr 35) mit der Feier des Passah. Dieselbe Tendenz wird dazu geführt haben, die Tempelweihe in den siebten Monat zu datieren. In diesem Monat (heute ca. September) wird seit jeher die Einfuhr der Ernte gefeiert (vgl. Ex 23,16; 34,22; Dtn 16,13); an ihm finden die meisten jüdischen Feste statt (Lev 23,23–43; Num 29); Vgl. Körting, *Fest (AT)*.

62 Vgl. 1Chr 15–16. Hier versammelt David das Volk, um die Lade heraufzubringen (Hifil עלה + ארון in 1Chr 15,3.25). Die Leviten als Träger der Lade werden ebenfalls nicht sofort eingeführt, obwohl nur sie in der Chronik die Lade tragen. Letzteres wird mal dazugesagt (1Chr 15,12.14) und mal nicht (1Chr 15,25.28; 16,1). In 1Chr 15,28 kann Israel als Gemeinschaft die Lade „heraufbringen" (1Chr 15,28), ohne dass das in einem Erkennbaren Widerspruch zu den Leviten als Trägern steht.

63 In der Ladeepisode aus 1Sam 4–6 und 2Sam 6 spielen Priester keine Rolle; von ihrer Beteiligung am Transport der Lade weiß diese Erzählung nichts. Die einzige Ausnahme ist die Erwähnung der Leviten als Träger der Lade in 1Sam 6,15. Bei diesem Vers handelt es sich um einen späten Nachtrag. Die Leviten waren der Erzählung der Samuelbücher ebenfalls sehr lange unbekannt (das berühmte „Leviten-Schweigen") und wurden erst ganz spät in der Literargeschichte vereinzelnd nachgetragen. Vgl. dazu vor allem: Porzig, *Lade*; Samuel, *Von Priestern*.

bekannt. Es wird in 1Kön 6,19–20 gebaut und ist nach 6,19 als Ort für die Lade bestimmt (הכין לתתן שם את ארון ברית יהוה): „es wurde hergerichtet, um dort hinzustellen die Lade des Bundes Jhwhs"). Die Cherubim sind ebenfalls aus dem Bericht des Tempelbaus bekannt (vgl. 1Kön 6,23–27). Wie bereits in 1Kön 6,16 wird das Debir als „Allerheiligstes" bezeichnet und dadurch mit dem Allerheiligsten des Zeltheiligtums gleichgesetzt (Ex 26,33; Num 4,19).

In den Versen 10–11 zieht Jhwh in Form einer Wolke bzw. seiner Herrlichkeit in den Tempel ein. Die Verse haben Ex 40,34–35 zum Vorbild, wo Jhwh auf dieselbe Weise in das Wüstenheiligtum einzieht:

> Ex 40,34–Lev 1,1 (Grundschrift; Nachtrag; *2. Grades*):
> 34 Und die Wolke bedeckte das Zelt der Begegnung; und die Herrlichkeit Jhwhs erfüllte die Wohnung. 35 Und Mose konnte nicht hineingehen in das Zelt der Begegnung, denn die Wolke hatte sich auf es niedergelassen und die Herrlichkeit Jhwhs erfüllte die Wohnung. *36 Sooft sich die Wolke erhob von über der Wohnung, zogen die Söhne Israels weiter während allen ihren Wanderungen. 37 Und wenn die Wolke sich nicht erhob, dann brachen sie nicht auf, bis zu dem Tag, an dem sie sich erhob. 38 Denn tagsüber (war) die Wolke Jhwhs über der Wohnung und ein Feuer war nachts auf ihm vor den Augen des ganzen Hauses Israel während allen ihren Wanderungen.* Lev 1,1 Und Jhwh rief zu Mose und redete zu ihm aus dem Zelt der Begegnung und sprach:...[64]

1Kön 8,10–11 nimmt auf Ex 40,34–35 als Ganzes Bezug; der Zusammenschluss der Verse 34 und 35 ist bereits vorausgesetzt. 1Kön 8,10–11 hält sich grob an die Struktur von Ex 40,34–35 und imitiert auch die Wiederaufnahme (8,11b: „denn die Herrlichkeit Jhwhs erfüllte das Haus [Jhwhs]" = 8,10b: „und es erfüllte die Wolke das Haus [Jhwhs]"). Der Wortlaut wird aber variiert; zwischen Wolke und Herrlichkeit wird nicht mehr genau unterschieden. Analog zum Wüstenheiligtum

---

64 Vgl. Kratz, *Komposition*, 106–108, für diese Rekonstruktion und die folgenden Textbeobachtungen: Die beiden Verse 34 und 35 stammen dabei nicht von derselben Hand. Ex 40,34 schließt den Bau des Zeltheiligtums aus Ex 25–40* ab. In Ex 40 wird es von Mose aufgerichtet und der Altar eingeweiht. Mit dem Einzug der Wolke in Ex 40,34 ist das Zeltheiligtums vollständig eingerichtet. Der Vers differenziert gezielt zwischen der Wolke und der Herrlichkeit. Jhwhs Herrlichkeit erfüllt den Tempel von innen, die Wolke setzt sich von außen auf das Zeltheiligtum und bedeckt es für alle sichtbar. Ex 40,35 setzt neu an und wird durch Lev 1,1 fortgesetzt. Mose konnte wegen der Wolke und der Herrlichkeit nicht in das Zeltheiligtum hineingehen (Ex 40,35); stattdessen redete Jhwh aus dem Zeltheiligtum mit dem draußen stehenden Mose und offenbarte ihm das Gesetz (Lev 1,1). Die Erfüllung des Zeltes mit Jhwhs Herrlichkeit erklärt, warum Mose nicht reingehen konnte und Jhwh in Lev 1,1 aus dem Zelt zu dem draußen stehenden Mose spricht. Die Verse 36–38 wiederum unterbrechen diesen Zusammenhang zwischen Ex 40,35 und Lev 1,1 und tragen nachträglich eine Vorwegnahme von Num 9,15ff. in den Text ein. Dort wird das Prinzip des wandernden Zeltheiligtums erklärt und damit der Aufbruch vom Sinai in Num 10 vorbereitet.

zieht Jhwh in Form einer Wolke in den Jerusalemer Tempel ein; die Erzählung aus
1Kön 8,1–11* hat ihr Ziel erreicht.

Die Unterschiede zu Ex 40,34–35 erklären sich aus dem Zusammenhang von
1Kön 8,1–11. Die Priester waren bereits einmal in den Tempel hineingegangen, um
die Lade hereinzubringen (8,6: ויבאו). Der Schreiber wird Ex 40,35 nicht Wort-
für-Wort nachgeahmen (Ex 40,35: לבוא ... ולא יכל = „und Mose konnte nicht
hineingehen"). Anstatt dessen lässt er die Priester in 8,10 herauskommen und
ersetzt das „Nicht-Hineingehen-Können" durch eine stehende Wendung für den
Tempeldienst der Priester: „und sie konnten nicht hinzutreten, um ihren Dienst zu
verrichten" (ולא יכלו הכהנים לעמד לשרת; vgl. Dtn 10,8; 18,5; 2Chr 29,11).

12.3 Zur Annahme einer königszeitlichen Grundschrift

In 8,1–6 wurde und wird eine königszeitliche Grundschicht gefunden (vgl. S. 5ff.).
Die Ergebnisse dieser Studie geben allerdings der neuen Forschung Recht, die dem
widerspricht (vgl. ebd). Wer trotzdem eine königszeitliche Herkunft von 8,1–6*
behaupten will, dem stehen drei Einwände als Hindernis im Weg:

(1) Die Lade wird in 8,1–11* nicht eingeführt und muss der Leserschaft aus
dem Vortext bekannt gewesen sein. Der Text verweist explizit auf die Herkunft der
Lade aus der „Stadt Davids", wohin David die Lade in 2Sam 6 gebracht hat. Wenn
8,1–11* königszeitlich sein soll, muss der vorausgesetzte Textzusammenhang es
auch sein. Die Bezugstexte aus dem Samuelbuch sind nun aber viel jünger, als
man ursprünglich dachte.

> Der Befund lässt sich nach R. Kratz und P. Porzig folgendermaßen zusammenfassen: Als
> „vor-deuteronomistisch" kommt einzig eine kurze Ladeepisode aus 1Sam 4* infrage, in der
> die Lade zunächst unwiederbringlich verloren gegangen ist.[65] Innerhalb von 1Sam 4* erklärt
> der Verlust der Lade den Tod Elis.[66] Die Niederlage gegen die Philister und des Verlustes
> der Lade aus 1Sam 4* verdeutlicht exemplarisch die Philistergefahr, wie sie ab 1Sam 7* bzw.
> 1Sam 9* vorherrscht und von der Saul Israel befreien soll (und wird).[67]

---

[65] Nach ebd., 179: 4,1b–2.11–22. Nach Porzig, *Lade*, 141: 1Sam 4,1b–2aα.10aα2–
17aα.[aβ–bβ?.]bγ–18a.

[66] Er fürchtet die philistinische Bedrohung und fällt deswegen bei der Nachricht des Raubes
der Lade tot um. Von dem Ersten Gebot und Jhwhs eigener Durchsetzungskraft scheint weder Eli
noch der Erzähler dieser Episode etwas zu wissen. Sonst würde man sich nicht um Jhwhs Lade
sorgen, sondern um das Verhalten des Volkes.

[67] Vgl. Porzig, *Lade*, 153. 1Sam 9 könnte mal direkt an 1Sam 4* angeschlossen haben (vgl. ebd.,
152–153). 1Sam 7* nimmt die Philisternot aus 1Sam 9* vorweg. Anlass für die Versammlung in
1Sam 7,5ff. ist eine akute Gefahr durch die Philister; von dieser Gefahr erzählt 1Sam 4* (vgl. Kratz,

1Sam 5,1 und 1Sam 6,1 setzen jeweils neu an. Der Kampf zwischen Dagon und Jhwh in 1Sam 5 setzt das Erste Gebot und die alttestamentliche Götzenpolemik voraus.[68] Die wundersame Rückkehr der Lade in 1Sam 6 fußt auf der zerstörerischen Macht der Lade in 1Sam 5. Die positive Wendung aus 1Sam 5–6 unterbricht den Zusammenhang zwischen 1Sam 4* und 1Sam 9* bzw. 1Sam 7*.[69] Für 2Sam 6 ist ebenfalls keine vor-exilische Herkunft nachweisbar. Zum Grundbestand zählen im Nahkontext vermutlich nur Jerusalemer Hofgeschichten rund um die Thronnachfolge Davids (2Sam 9–1Kön 2), die (wohl erst nachträglich) durch die Aufstiegserzählung in 1Sam 16–2Sam 5* mit der Saul-Überlieferung verzahnt wurden.[70] 2Sam 6 hingegen stilisiert David zum Erwählten Jhwhs und Gründer des Jerusalemer Kultes. Mit diesem Davidbild befindet sich die Redaktion bereits auf dem Weg zur Chronik.[71]

Ein durchlaufender Erzählfaden mit vor-exilischer Herkunft lässt sich in den Ladeerzählungen des Samuelbuches nicht nachweisen. Wenn aber die Bezugstexte Jahrhunderte jünger sind, dann muss das auch für 1Kön 8,1–11* gelten.

(2) M. Noth und die anderen Frühdatierenden rekonstruieren königszeitliche Grundschriften mithilfe von masoretischem Sondergut, ohne die anzunehmenden Auslassungen in der Septuaginta textkritisch zu begründen (vgl. S. 3ff.). Sie führen lediglich literarkritische Gründe an und ignorieren textkritische Plausibilitäten. Literarkritische Gründe reichen allerdings für die Identifikation der ältesten Lesart nicht aus (vgl. die textkritische Regel in Kap. 2 ab S. 17). Ohne technische oder redaktionelle Gründe sind sporadische Auslassungen in den antiken Übersetzungen und dessen handschriftlichen Überlieferungen sehr selten und deswegen wenig wahrscheinlich – insbesondere bei Übersetzungen wie OGKgtm, die sich sonst sehr nah am Vorlagentext orientieren. Man braucht nur eine Stichprobe zu machen und andere Übersetzungen wie die Targumim, die Peshitta und die Vulgata und ihre Überlieferung durchzuschauen. Es gibt einzelne Textzeugen, die *systematisch* kürzen; für punktuelle Kürzungen in solchem Umfangs wird man länger suchen

---

Komposition, 179). Beide Erzählungen sind aufeinander abgestimmt. Porzig beschreibt 1Sam 7 in Anschluss an J. Wellhausen, M. Noth und T. Veijola als „Gegengeschichte zu 1Sam 4" (Porzig, *Lade*, 153.). Vgl. ferner Wellhausen, *Prolegomena*, 240; Noth, *ÜSt*, 56; Veijola, *Königtum*, 37ff. In beiden Erzählungen wird in Eben-Eser gekämpft. In 1Sam 4 erleiden die Israeliten eine empfindliche Niederlage gegen die Philister; in 1Sam 7 gewinnen sie. Die Lade wird in 1Sam 7 mit keinem Wort erwähnt, weil sie verloren und nicht mehr von Interesse ist. Der Erzähler sorgt sich um die Philister. In diesem Zuge haben sich in 1Sam 7–8 dann zahlreiche späte Fortschreibungen für und wider das Königtum eingelagert haben (vgl. dazu ausführlich: Müller, *Königtum*, 72–75.119–147).

68 Näheres dazu bei Porzig, *Lade*, 143f.

69 Mit 1Sam 5–6 als Vortext wird in 1Sam 7* nicht einsichtig, warum die Philister ab 1Sam 7 als Gefahr wahrgenommen werden. Wurden die Philister doch gerade eben in 1Sam 5–6 von Jhwh selbst kolossal gedemütigt.

70 So die Idee von Kratz, *Komposition*, 179–190. Vgl. dort die zentralen Textbeobachtungen, die für eine solche Redaktionsabfolge sprechen.

71 Vgl. ebd., 187.

müssen. Grundsätzlich gilt deswegen bei größeren Plus/Minus in der Textkritik: Wenn die längere Lesart einen inhaltlichen Mehrwert hat, ist die kürzere Lesart die ältere (*lectio brevior potior*) – es sei denn, es gibt Anlässe für Augensprünge, die zu versehentlichen Auslassungen geführt haben könnten. Analysiert man den konkreten Text, bestätigt sich diese allgemeine Richtlinie. Das Sondergut von Kön ist Teil einer gezielten Fortschreibung von 8,1–6 im Königebuch (vgl. Kap. 3.2.2 ab S. 74); der kürzere OG-Text ergibt in 8,1–3 einen plausiblen Text für den Hyparchetyp. Einen Anlass für eine Auslassung gibt es nur in 3Kgtm 8,4a. Dort dürfte ein Schreiber von Kgtm die Wendung „und sie brachten herauf die Lade" aufgrund eines Augensprungs übersehen haben (Lade Lade). Für die Annahme weiterer Auslassungen gibt es keine technischen oder inhaltlichen Hinweise im Text.

Geht man von dem kürzeren Text aus Kgtm aus, dann erhält man eine Grundschrift, die in allen Teilen Bezüge zum Wüstenheiligtum aufweist und deswegen nicht vor der Zeit des Zweiten Tempels entstanden sein kann. Die Bezeichnung „Lade des Bundes Jhwhs" aus 1Kön 8,2.6 wird in Num 10,33 eingeführt und hauptsächlich in Num–Jos verwendet.[72] Im Samuelbuch wird die Lade in der Regel anders genannt.[73] Das Hifil קהל („versammeln") aus 8,1 findet sich vorher nur in Ex–Dtn (vgl. z. B. Lev 8,3 und Dtn 31,28). Auch das Auftreten der Priester kommt mit Blick auf das Samuelbuch überraschend; sie sucht man dort vergebens (vgl. 1Sam 4–6 + 2Sam 6). Ihre Beteiligung ergibt sich erst mit Blick auf das Zeltheiligtum und seine Kultordnungen aus Ex–Num. Eine Grundschrift, die nur an die Ladeepisode aus 1Sam 4–6; 2Sam 6 anschließt, wäre anders formuliert worden.[74]

(3) Für positive Hinweise auf eine königszeitliche Herkunft wird man in der Regel auf den Wortlaut von 8,1–11* verwiesen. In den Worten von M. Noth:

> Sichere Spuren eines vordeuteronomistischen Bestandes liegen vor in יָרֵד הָאֵתָנִים 2a (mit dem alten Wort יָרֵד statt חֹדֶשׁ [...]), ferner in dem singulären Ausdruck דְּבִיר הַבַּיִת 6 [...]; mit großer Wahrscheinlichkeit vordeuteronomistisch ist auch der Ausdruck אֲרוֹן יהוה in 4a sowie die Verwendung des term techn. הַדְּבִיר in 8a. Damit ist nicht nur das Vorhandensein eines alten Grundbestandes erwiesen, sondern auch angedeutet, wo etwa die Elemente dieses Grundbestandes zu suchen sind.[75]

---

72 Vgl. אֲרוֹן + בְּרִית in Num 10,33; 14,44; Dtn 10,8; 31,9.25–26; Jos 3,3.6.8.11.14.17; 4,7.9.18; 6,6.8; 8,33; Ri 20,27; 1Sam 4,3–5; 2Sam 15,24; 1Kön 3,15; 6,19; 8,1.6.21; 1Chr 15,25–26.28–29; 16,6.37; 17,1; 22,19; 28,2.18; 2Chr 5,2.7; 6,11; Jer 3,16.

73 „Lade Jhwhs" in 1Sam 4,6; 5,3–4; 6,1–2.8.11.15.18–19.21; 2Sam 6,9–11.13.15–17, „Lade Gottes" in 1Sam 4,13.17–19.21–22; 5,1–2.10; 2Sam 6,2–4.6–7.12, „Lade des Gottes Israel" in 1Sam 5,7–8.10–11; 6,3.

74 Eine solche Grundschrift könnte beispielsweise lauten: „Damals versammelte (אָסַף wie in 2Sam 6,1) Salomo ganz Israel (2Sam 6,5.15) nach Jerusalem und sie brachten herauf die Lade Jhwhs/Gottes (1Sam 4–6; 2Sam 6) aus der Stadt Davids an ihren Ort in das Debir des Hauses".

75 Noth, *I. Könige 1–16*, 174.

In der Tat steht 8,1–11 durch diese Wortwahl dem Grundbestand aus 1Kön 6–7* nah.[76] Die Verwendung dieser „altertümlichen" Begriffe allein kann aber keine königszeitliche Herkunft der Grundschicht begründen. Die Nähe zum Grundbestand von 1Kön 6–7* besteht in 1Kön 8,1–11 nur auf der Oberfläche. 8,1–11* wurde nachträglich zwischen den Tempel- und Palastbau und 9,1 gestellt und befindet sich redaktionell nicht auf derselben Ebene. Der Schreiber von 8,1–11* benutzte einen kanaanäisch-phönizischen Monatsnamen (בירח האתנים), weil sein Vortext es tat und er sich an das Datierungssystem des Bauberichtes halten wollte (vgl. 1Kön 8,2 mit 1Kön 6,1.37–38). Auch der *terminus technicus* הדביר stammt von dort (vgl. 1Kön 8,6 mit 1Kön 6,16–22).

Wer also eine königszeitliche Herkunft von 8,1–11* behaupten möchte, ist auf eine zunehmende Zahl von Hilfshypothesen angewiesen. Viel näher liegt bei 8,1–11* eine Grundschrift aus der Zeit des Zweiten Tempels. Man kann die genannten Verweiszusammenhänge voraussetzen und muss die Bezüge zum Wüstenheiligtum nicht mithilfe von masoretischem Sondergut aus der Grundschicht streichen.

---

76 Nach R. Kratz gehören die alten Monatsnamen im Tempelbaubericht zur „deuteronomistischen" Grundschicht (Dtr[G]). Vgl. die Rekonstrukion von Kratz in Kratz, *Komposition*, 167.190–193. Der von ihm angegebene Grundbestand lautet mit der *Elberfelder Bibel* als Textgrundlage: „6,1 Und es geschah [...] im vierten Jahr [...], im Monat Siw, [...] da baute er das Haus für den HERRN. [...] 7 Und als das Haus gebaut wurde, wurde es aus Steinen erbaut, die vom Steinbruch her unbehauen waren. Hammer und Meißel [oder] irgendein [anderes] eisernes Werkzeug waren im Haus nicht zu hören, als es erbaut wurde. [...] 37 Im vierten Jahr wurde die Grundmauer des Hauses des HERRN gelegt, im Monat Siw; 38 und im elften Jahr, im Monat Bul [...] war das Haus vollendet, nach all seinen Teilen und nach all seinen Erfordernissen; so hatte er sieben Jahre daran gebaut."

13 Die Reden Salomos und die Weihe des Tempels (8,12–66)

13.1 Überblick

1Kön 8,12–66 besteht aus vier Reden (V. 12–13, 15–21, 22–54, 55–61) und einer Schlussnarration (8,62–66). Bei den Versen 12–13 handelt es sich um den Tempelweihspruch. Darauf folgt ein Abschnitt über David als Dynastie- und Kultgründer in 8,15–21, ein großes Bittgebet von Salomo in den Versen 23–53 und Schlussworte Salomos in den Versen 56–61. 8,62–66 erzählt von Opfern und der Einweihung des Tempels (8,62–63.64) sowie von der Feier des Laubhüttenfestes (8,65–66).

Die Reden Salomos schließen über 8,12 und 8,14 an die Überführung der Lade aus 8,1–11 an. Wie im vorhergehenden Kapitel gesehen, wurde vielfach eine Herkunft von 8,1–11* aus der Königszeit angenommen (s. o. Kap. 12 ab S. 321). Unter dieser Voraussetzung suchte und fand man in 8,12–13 einen königszeitlichen Tempelweihspruch (vgl. S. 8ff.). Den Rest aus 8,14–66 schrieb man einem oder mehreren „Deuteronomisten" zu, die den Text einige Jahrhunderte später fortschrieben (vgl. S. 5ff.). Im vorherigen Kapitel 12 hat sich die Annahme eines königszeitlichen Grundbestandes von 8,1–11* aber als unplausibel erwiesen; der Grundbestand des Textes stammt am ehesten aus der Zeit des Zweiten Tempels. Das lässt Zweifel an der königszeitlichen Herkunft des Tempelweihspruches entstehen[1] und eröffnet die Möglichkeit, den Tempelweihspruch als gewollte Eröffnung der Reden Salomos zu begreifen. Man ist zudem nicht mehr auf den Abschnitt über David aus 8,15–21* als Anfang der „deuteronomistischen" Reden angewiesen. Schaut man sich die redaktionelle Kontur der Reden Salomos aus 8,12–66 unter diesen neuen Vorzeichen an, dann ergibt ein neues Bild ihrer Genese:

Der Tempelweihspruch eröffnet die Reden Salomos und schreibt die Erzählung aus 8,1–11* gezielt fort (s. u. Kap. 13.2.1). Die älteren Lesarten beim Tempelweihspruch sind dabei allesamt im hebräischen Königebuch enthalten (zur Textgeschichte vgl. Kap. 4 ab S. 97). Die Überführung der Lade und den Einzug der Wolke verbindet den Jerusalemer Tempel mit dem Wüstenheiligtum am Sinai (vgl. 8,1–11 mit Num 10,33 und Ex 40,34–35). Der Tempelweihspruch folgt dieser Spur und verbindet weitere Theophanie- und Kult-Motive aus Ex–Num mit der Inauguration des Jerusalemer Tempels: JHWH wohnt wie am Sinai im „Wolkendunkel" (vgl. 1Kön 8,12 mit Ex 20,21; Dtn 4,11; 5,22); die „Stätte deines Thrones" bildet in Ex 15,17 den Ziel des Auszuges und wird in 1Kön 8,13 mit dem Jerusalemer Tempel identifiziert.

---

1 Zur Auseinandersetzung mit dieser Annahme s. u. Kap. 13.2.2.

https://doi.org/10.1515/9783111290973-013

Die Redeeinleitung aus 8,14 schließt ebenfalls an 8,1–11* an. Nach den Geschehnissen in 8,10–11 wendet sich Salomo in Vers 14 für seine Reden zum Volk. 8,14 befindet sich redaktionell aber nicht auf derselben Ebene. Sowohl die Ältesten aus Vers 1 als auch die Priester aus Vers 6 werden nicht mehr erwähnt. Statt von den „Ältesten Israels" (8,1) ist von der „ganzen Versammlung Israels" die Rede (8,14) bzw. von „ganz Israel" in 3Kgtm 8,14.

Über die Dublette aus 8,14 = 8,55 lässt sich der Tempelweihspruch und die Redeeinleitung mit dem Grundbestand der Schlussworte Salomos aus 8,56–57.61 verbinden.[2] Damit haben die Schlussworte mal mit 8,1–14* eine relative Einheit gebildet. Zwei Indizien weisen darauf hin: (1) Inhaltlich kündigt die Redeeinleitung einen Segen an („und Salomo segnete Israel und sprach"). Wünsche oder Segensworte finden sich aber erst in den Schlussworten Salomos in Vers 57. (2) Mit 8,1–11 haben die Schlussworte den Bezug zu Num 10,33 gemeinsam. In Num 10,33 bricht die „Lade des Bundes Jhwhs" vom Sinai auf, um מנוחה (einen Ruheplatz) zu suchen. In 1Kön 8,1–6 erreicht die „Lade des Bundes Jhwhs" den Jerusalemer Tempel. In 1Kön 8,56 preist Salomo Jhwh für die Gabe von מנוחה (einen Ruheplatz, ebenfalls undeterminiert). Diese inhaltliche Nähe von 8,56–61* zu 8,1–14* weist auf einen redaktionellen Zusammenhang hin, der erst nachträglich durch den Einschub des Bittgebetes aus 8,23–53 und des Abschnittes über David aus 8,15–21 auseinandergerissen wurde.

Aus diesen roten Fäden ergibt sich also 8,12–13.14.56–57.61 als relative Einheit und mögliche Grundschrift der Reden Salomos. Die Verse aus 8,59–60 stellt nachträglich eine Verbindung zum Bittgebet her,[3] in Vers 58 bittet Salomo Jhwh um Führung des menschlichen Herzens (s. u. Kap. 13.2.4 ab S. 360). Die Schlussnarration aus 8,62–63* könnte ursprünglich den Abschluss dieser Grundschrift gebildet haben (s. u. 13.2.5). Die Feier des Laubhüttenfestes (8,65–66) und die Heiligung des Vorhofes (8,64) wurden dort nachträglich ergänzt.

Geht man subtrahierend vor und zieht die jüngeren Textteile nacheinander ab, kommt man auf dieselbe Grundschrift der Reden Salomos aus 8,12–13*.14.56–57.61: Die Reden Salomos wurde blockartig erweitert und zwar als erstes durch das große Bittgebet aus 8,23–53 und als zweites durch den Abschnitt über David als Dynstie- und Kultgründer aus 8,15–21. Zieht man erst 8,15–21 und dann 8,23–53 vom Text ab, dann werden Textzusammenhänge mit eigenständigen literarischen Fäden sichtbar, die durch die nachträgliche Erweiterung auseinandergerissen, gestört oder überlagert wurden. Als die Schreiber die Blöcke einfügten, ließen sie den

---

2 Vgl. die einseitige Übersicht in Kap. 15.2 auf S. 456.

3 Der Charakter von 8,59–60 als Nachtrag ist in der Forschung weitestgehend Konsens. Vgl. z. B. Würthwein, *1. Könige 1–16*, 96; Noth, *I. Könige 1–16*, 190; Veijola, *Verheißung*, 154.

bestehenden Text unverändert. Dadurch hinterließen sie abrupte Übergänge und inhaltliche Sprünge, an denen die blockartigen Erweiterungen der Reden bis heute erkennbar sind. Nur an zwei Stellen wurden nachträglich Bezüge zu diesen zwei Blöcken hergestellt (8,24–26 und 8,59–60). Diese Querverbindungen reichen nicht bis in das Grundgerüst der jeweiligen Reden und lassen sich leicht aus dem Text herauslösen. Der Text ist auf sie nicht angewiesen. Es handelt sich also um Zusätze, mit denen später sporadische Querverweise zu den jeweiligen Blöcken hergestellt wurden.

Gestützt wird diese Annahme einer blockartigen Erweiterung der Reden Salomos durch eine ganze Reihe an Indizien und konkreten Textbeobachtungen:

Man erkennt 8,15–21 als letzten, eingefügten Block am David-Schweigen im Rest des Kapitels. In 8,15–21 spielt David die Hauptrolle. Der Bau des Tempels und das Königtum gehen auf ihn zurück. Salomo ist lediglich ausführende Kraft und steht ganz im Schatten seines Vaters. Ab dem Bittgebet ist dann plötzlich Salomo der Knecht Jhwhs und die zentrale Identifikationsfigur und David spielt keine mehr Rolle. Nur in 8,24–26 wird das David-Schweigen sporadisch ausgebessert und nachträglich ein Bezug zu David hergestellt (s. u. Kap. 13.3.3 ab S. 385). Ab 8,27 kommt David nicht mehr vor; Bezüge zu ihm sucht man vergebens (erst wieder in 8,66). Dabei würde sich besonders im Bittgebet an vielen Stellen ein Bezug zu David aufdrängen, wenn David wie in 8,15–21 als wichtigster Verheißungsgarant betrachtet wird.[4] Dieser Umstand lässt sich nur redaktionsgeschichtlich erklären: Der Abschnitt zu David aus 8,15–21 stand bei der Komposition des Bittgebetes und der anderen Reden noch nicht im Text. Die Schreiber der anderen Reden Salomos kannten 8,15–21 noch nicht. Sie sahen deswegen keine Notwendigkeit David zu erwähnen und stellte keine Bezüge zu ihm her.

Tendenzkritische Beobachtungen sprechen ebenfalls für eine späte Datierung von 8,15–21*. Dieser Block vermittelt ein Bild von David als Dynastie- und Kultgründer, wie wir es aus der Chronik kennen, und setzt die Verheißung des Tempelbaus aus 2Sam 7,12–13 voraus.[5] Das Chronikbuch belegt Redaktionen mit einem besonderes Interesse an David für die letzte Phase der alttestamentlichen

---

4 In der Beschreibung der Bußfertigkeit und Frömmigkeit des Betenden könnte man z. B. ein David-gemäßes Leben als weiteres Frömmigkeits-Zeichen erwarten (vgl. 1Kön 9,4; 11,4.6; 14,8; etc.). Lauten könnte der Text gemäß 1Kön 9,4 „(und wenn) sie wandeln vor dir, wie mein Vater David gewandelt ist mit reinem Herzen und in Aufrichtigkeit" oder gemäß 1Kön 11,4 „(und wenn) ihr Herz ungeteilt bei Jhwh ist, wie das Herz Davids", usw. (vgl. ferner 1Kön 11,6; 14,8, etc.). Auch die Erwählungsaussagen in den Versen 44.48 bieten eine gute Gelegenheit für Bezüge zu David. Kleine Exkurse zu David und seiner Erwählung oder seinen Tempelbauplänen wären ebenfalls möglich gewesen (vgl. die Mose-Bezüge in 8,51.53).

5 In der neueren redaktionsgeschichtlichen Forschung wird 2Sam 7 zunehmend als Teil von späten Redaktionen des 2. Samuelbuches eingeordnet, die sich in ihrem Davidbild auf dem Weg

Literaturgeschichte. 1Kön 8,15–21 könnte ein erster Vorläufer dieser Redaktion im Buch der Könige sein.

Inhaltlich vermitteln die Verse 15–21 die Nathansverheißung aus 2Sam 7 mit Jhwhs Erwählung von Jerusalem. In 2Sam 7 will David Jhwh einen Tempel bauen (2Sam 7); Jhwh teilt ihm daraufhin mit, dass sein Sohn ihm einen Tempel bauen wird. Der Schreiber von 1Kön 8,15–21 setzt diesen Zusammenhang voraus und füllt die Leerstellen von 2Sam 7. Jhwh hat Jerusalem als Tempelstadt und Wohnort für seinen Namen erwählt und David dies offenbart (8,16).[6] Daraufhin entstand bei David der Wunsch, Jhwh einen Tempel zu bauen (vgl. 8,17 mit 2Sam 7,1–2). Dieser Wunsch wurde von Jhwh gewürdigt (8,18; keine explizite Würdigung in 2Sam 7). Gemäß der Verheißung aus 2Sam 7,12–13 werde aber erst sein Sohn diesen Tempel bauen (8,19). Mit dem Tempelbau unter Salomo hat sich diese Verheißung nun erfüllt (8,20). In 2Sam 7,2 gab die Existenz der Lade „in Zelttüchern" David den Anstoß, einen festen Tempel zu bauen; dieser Wunsch hat sich unter Salomo erfüllt, indem Salomo einen „Ort" (מקום) für die Lade geschaffen hat (8,21).

Ausgelöst haben könnte die Komposition von 8,15–21* die Herkunft der Lade aus der „Stadt Davids" in 1Kön 8,2. Über dieses Stichwort wird man an 2Sam 6 erinnert, wo David die Lade in die „Stadt Davids" bringen lässt. Dieser Zusammenhang könnte einen Schreiber inspiriert haben, die Tempelweihe mit den Verheißungen aus 2Sam 7 zu verbinden und 8,15–21 zu verfassen.

Weil im vorgegebenen Text aus 8,1–11 die Lade mit David assoziiert war, wurde 8,15–21 an den Anfang der Reden Salomos gestellt. Nur der Tempelweihspruch aus 8,12–13 wurde als Eröffnung der Reden Salomos beibehalten, weil er über das Motiv des Wolkendunkels (8,12) mit dem Einzug Jhwhs als Wolke aus 8,10 verbunden war. Diese Verbindung wollte der Schreiber offensichtlich nicht auseinanderreißen.

Die erste Erweiterung der Reden Salomos bildet das Bittgebet aus 8,23–53. Es wurde nachträglich zwischen den Tempelweihspruch (8,12–13) und die Schlussworte Salomos (8,56–61*) gestellt.

Das Bittgebet nimmt in seiner Tempeltheologie auf den Tempelweihspruch Bezug. Aus 8,13 stammt die Wendung „Stätte deines Thrones" als Beschreibung für das irdische Heiligtum und sein kosmisches Urbild (vgl. 8,13 מקום שבתך, mit 8,39.43.49 מכון שבתך und 8,30 מקום שבתך). Der Vers 8,27 nimmt bis in die gram-

————

zur Chronik befinden. Vgl. Kratz, *Komposition*, 174–193, bes. 187; Rudnig, *König*, 426–446. Über letzteren Aufsatz gelangt man zur weiteren (uferlosen) Forschungsliteratur über 2Sam 7.

6 Die Erwählung Jerusalems wurde oft für einen Nachtrag in der Textgeschichte gehalten, weil dieser Teil im Masoretischen Text des Königebuches fehlt (sowie in TgJ und PKön). Dieser Teil ist aber im OG-Text von 3. Königtümer und im Chronikbuch erhalten und durch 4QKgs auch als Text für das Königebuch belegt und lediglich in der gemeinsamen Vorlage von MTKön, TgJ und PKön aufgrund eines Augensprunges ausgefallen. Vgl. S. 133ff.

matische Struktur hinein auf 8,12–13 Bezug (s. u. Kap. 13.3.3). Die Bezüge sind Teil einer Akzentverschiebung im Bittgebet auf die kosmisch-transzendenten Dimensionen von Jhwh und seinem Heiligtum. Die erneuerte Tempel- und Wohnvorstellung reicht dabei bis in das Grundgerüst des Bittgebetes hinein und zeichnete es von Anfang an aus (vgl. 8,23.27–30). An diesen Verbindungen ist der ursprünglichen Zusammenhang zwischen Spruch und Bittgebet bis heute erkennbar; letzteres schloss mal direkt an 8,13 an. Die Querbezüge zu David aus 8,24–26 hingegen verbinden das Bittgebet mit 8,15–21* nur auf der Oberfläche. 8,24–26 reißt den Zusammenhang zwischen 8,23 und 8,27 auseinander (s. u. Kap. 13.3.3). Ab Vers 27 sucht man Bezüge zu David vergebens, obwohl man sie mit 8,15–21 als Vortext an vielen Stellen erwarten würde (s. o.). Beide Beobachtungen führen zu derselben redaktionsgeschichtlichen Annahme: Als der Grundbestand des Bittgebetes komponiert wurde, stand der Abschnitt über David aus 8,15–21 noch nicht im Text; dieser wurde erst nachträglich vor das Bittgebet gestellt und beides durch 8,24–26 nur sporadisch miteinander verbunden.

Der Einschub des Bittgebetes trennte zudem die Schlussworte aus 8,56–61* von ihrem ursprünglichen Vortext aus 8,1–14. Man erkennt diesen redaktionellen Schnitt noch an dem unvermittelten Übergang zwischen den Klagen des Bittgebetes aus 8,23–53* und dem Lobpreis in Vers 56. Im Bittgebet ist Jhwhs Treue wegen des anhaltenden Mangels fraglich; in 8,56 hingegen preist Salomo Jhwh für seine Treue, ohne dass eine Beseitigung des Mangels angezeigt ist. Der Übergang von der Klage in den Lobpreis kommt abrupt und wird nicht vorbereitet. Der Schreiber musste dies in Kauf nehmen, um das Bittgebet direkt an den Tempelweihspruch anschließen zu können.

Auch inhaltlich setzt sich das Bittgebet deutlich von den anderen Teilen der Tempelweiherzählung ab. Allen anderen Abschnitten aus 1Kön 8 sind Fortschreibungen und schriftgelehrte Ausschmückungen der heiligen Geschichte, in denen verschiedenen innerbiblischen Erzählstränge miteinander verbunden werden. Die Grundlage dafür bilden Assoziationen, die sich aus der Welt der Erzählungen selbst ergeben. Bei dem Bittgebet handelt es sich hingegen um eine Klage. In ihr verarbeitet der Schriftgelehrte seine eigene historische (Mangel-)Erfahrung. Er leidet trotz seiner bußfertigen Frömmigkeit weiterhin Mangel; der versprochene Segen bleibt aus. Stellvertretend lässt der Schriftgelehrte den König Salomo um die göttliche Zuwendung bitten.

Geschrieben wurde das Bittgebet in der Zeit des zweiten Tempels. Bereits der Grundbestand aus 8,1–11* gehört in diese Zeit (s. o.). Die klare Ausrichtung auf Jerusalem und den Tempel setzt die Existenz des Zweiten Tempels zur Zeit der

Verfasser voraus.[7] Die vorausgesetzte Mangelerfahrung passt gut zu den Realitäten dieser Zeit: Das Jerusalemer Heiligtum war wieder aufgebaut; die historische Situation entsprach aber nicht dem Ideal der Heiligen Schriften, sondern war fragil und deutungsbedürftig. Indirekt bestätigt wird diese Einordnung zudem durch die Nähe des Bittgebetes zu den Gebeten aus Neh 1 und Dan 9. Diese späten Schriften aus den Ketubim sind die einzigen wirklichen Parallelen zum Bittgebet von Salomo innerhalb der erzählenden Bücher der HB. Die inhaltliche Nähe wird auch eine zeitliche und historische Nähe bedeuten.

Damit bleibt auch bei dem Subtraktionsverfahren derselbe Grundbestand aus 8,12–13.14.56–61* als relative Einheit übrig. Am Ende der blockartigen Erweiterung trennen 40 Verse die Überführung der Lade und den Tempelweihspruch von ihrer ursprünglichen Fortsetzung in den Schlussworten Salomos ab Vers 56 (8,1–14 <8,15–55> 8,56–66). Das Bittgebet und der Abschnitt zu David bildeten die neuen Keimzellen, von denen aus die Redaktion der anderen Abschnitte vorangetrieben wurde (vgl. 8,24–26; 8,59–60; 9,3.4–5). Dadurch kam es zu der isolierten Stellung des Tempelweihspruches und der Schlussworte Salomos am Anfang und am Ende der Reden Salomos.

Mit Blick auf die Forschung ist dieser redaktionsgeschichtliche Entwurf neu. Bisher hat niemand bei der Genese der Reden Salomos an eine blockartige Erweiterung durch 8,23–53* und 8,15–21* gedacht.[8] Erklären könnte man das vielleicht mit der vorausgesetzten Unterscheidung zwischen einer königszeitlichen Herkunft von 8,1–13* und einem deuteronomistischen Ursprung von 8,14–66. Weil man stets von dieser Unterscheidung ausging, übersah man die inhaltlichen Verbindungen zwischen 8,1–11.14* und 8,56. Mangels Alternativen musste man 8,15–21* als Beginn der deuteronomistischen Reden annehmen und übersah dementsprechend auch das David-Schweigen im Bittgebet und in den Schlussworten. Eine schlüssige Redaktionsgeschichte konnte man ausgehend von 8,14–21* aber bisher nicht entwickeln.[9]

---

7 In 8,33–34 lässt der Schreiber die Realität der Zeit des Zweiten Tempels punktuell durchscheinen. Die Bitte setzt sowohl die Existenz eines Diasporajudentums als auch einen Zugang zum (Zweiten) Tempel voraus. Die Niederlage im Krieg war offensichtlich mit einer Deportation verbunden; in 8,34 bittet Salomo um Rückführung in das Land der Väter. Trotz dessen lässt der Schreiber dasselbe bußfertige Volk in 8,33 wie selbstverständlich „im Tempel" beten. Der Zugang zum Tempel ist trotz eines Lebens in der Diaspora möglich. Die leibliche Präsenz des Betenden am Tempel war dem Schreiber offensichtlich wichtiger als eine genaue Ausdifferenzierung über Gebetsrichtungen oder eine Wallfahrt von Israeliten.

8 Im Ansatz ähnlich aber bereits bei Jepsen, *Quellen*, 18, der 8,15–21 ebenfalls als nachträglich eingeschobenen Block begreift.

9 Würthwein, *1. Könige 1–16*, 95: „Über diesen langen Abschnitt [8,14–66, Anm. MF] hat sich noch keine völlig einhellige Auffassung entwickelt." Vgl. z. B. die Modelle von ebd., 91–103; Hölscher, *Könige*, 166–170; Veijola, *Verheißung*, 150–156; Nentel, *Trägerschaft*, 225–262. T. Veijola sieht die

Auch der textkritisch und literarkritisch komplexe Befund bei den Redeeinleitungen aus 8,14.22.54–55 könnte eine Rolle gespielt haben. Die Redeeinleitungen und die im heutigen Bibeltext auf sie folgenden Reden liegen auf unterschiedlichen redaktionsgeschichtlichen Ebene.[10] Weil 8,14 inhaltlich mit 8,10–11 verbunden war, mussten die Schreiber diese Redeeinleitung für den eingefügten Block beibehalten und am Ende des Blockes eine neue Überleitung herstellen (s. u. die Kap. 13.3.2 und 13.4.2).

Im Vergleich zu den bisherigen Lösungsversuchen konzentriert sich die vorliegende Aufarbeitung der Redaktionsgeschichte stärker auf die redaktionellen Schnittstellen und Übergänge zwischen den Reden und literarischen Einheiten, die wegen ihres disruptiven Charakters im Text der uns erhaltenen Fassungen nach einer diachronen Erklärung verlangen: Ankündigung des Segens und Segenswort in 8,14/55 und 8,57; inhaltliche Nähe zwischen 8,1–11* und 8,56 über den gemeinsamen Bezug zu Num 10,33; Bezüge zwischen Tempelweihspruch und Bittgebet vs. David-Schweigen im Bittgebet, spätestens ab 8,27; Konnex zwischen 8,23.27 und keine erkennbare Verbindung zwischen 8,24–26 und 8,27; unvermittelter Übergang zwischen den Klagen des Bittgebetes und dem Lobpreis in 8,56; nachträglich eingefügter Bezug zum Bittgebet in 8,59–60. Die meisten dieser auseinandergerissenen Textzusammenhängen, Brüchen und Spannungen sind in der Forschung bisher noch nicht in der Form aufgefallen (nur 8,59–60 als Nachtrag ist Konsens). Zukünftige Forschende mit alternativen Lösungsmodellen werden sich stärker auf diese Schnittstellen und Übergänge konzentrieren und die genannten Beobachtungen redaktionsgeschichtlich erklären müssen.

13.2 Die Grundschrift (8,12–13*.14.56–66*)

Zieht man aus 8,12–66 alle erkennbaren Nachträge ab, bleibt ein Grundbestand von sich inhaltlich relativ nahestehenden Texten übrig (s. o. Kap. 13.1 ab S. 343). Es handelt sich um den Tempelweihspruch, die Redeeinleitung in 8,14, die Schlussworte

---

Anfänge der Grundschrift in 8,14.15abα.17–21 als Dtr[H]. J. Nentel fasst 8,14–21 als einheitlichen Anfang auf, ebenfalls Dtr[H].

Nur A. Jepsen, E. Talstra und P. Kasari sehen die redaktionsgeschichtlichen Anfänge der Reden Salomos nicht in 8,15–21, sondern im Bittgebet Salomos (vgl. Jepsen, *Quellen*, 18; Kasari, *Promise*, 126–139; Talstra, *Prayer*, 276–287). Sie übersehen aber wiederum, dass das Bittgebet ebenfalls erst nachträglich als Block in den Text von 1Kön 8 kam.

10 Ähnlich bereits bei Jepsen, *Quellen*, 18, der davon ausgeht, dass 8,15–21 erst nachträglich an 8,14 angehängt wurde.

Salomos aus 8,56–61* und eine kurze Narration über Opfer und die Einweihung des Tempels in 8,62–63*:

⟨8,12⟩ Damals sprach Salomo: Jʜwʜ beabsichtigt, im Wolkendunkel zu wohnen. 13 ⟨Hiermit⟩ ⟨|habe ich gebaut|⟩ ein Haus der Erhabenheit für dich, ⟨|eine Stätte für dein Thronen in Ewigkeiten.|⟩
14 Daraufhin wandte der König sein Angesicht und segnete (die) ganz(e) ⟨|+Versammlung|⟩ Israel, während die ganze Versammlung Israels (da)stand. 15 und er sprach: [...] 56 Gepriesen sei Jʜwʜ} {+am heutigen Tag}, {⟨der seinem Volk Israel Ruhe (מנוחה) gegeben hat, exakt wie er verheißen hat. Nicht ein einziges Wort ist hinfällig geworden⟩} ⟨von seinem ganzen guten Wort⟩, {⟨das er verheißen hat durch die Hand von Mose seines Knechtes. 57 Jʜwʜ unser Gott sei mit uns, wie er auch mit unseren Vätern war. Möge er uns nicht verlassen und uns nicht verwerfen. [...] 61 Und es sei}⟩ {unser Herz} {⟨ungeteilt mit Jʜwʜ, unserem Gott, zu gehen in seinen Ordnungen und zu bewahren seine Gebote wie am heutigen Tag!)}
62 Und der König und $\frac{\langle\text{ganz Israel mit ihm}\rangle}{\{\text{alle Söhne Israels}\}}$ brachten Schlachtopfer dar vor Jʜwʜ. 63 [...] 22.000 Rinder und 120.000 Schafe. Und sie weihten das Haus {⟨Jʜwʜs⟩} ein [...]

Dieser Grundbestand schreibt die Erzählung aus 8,1–11* gezielt fort. Die Überführung der Lade und den Einzug der Wolke verbindet den Jerusalemer Tempel mit dem Wüstenheiligtum am Sinai (vgl. 8,1–11 mit Num 10,33 und Ex 40,34–35). Die Grundschrift von 8,12–66* folgt dieser Spur und verbindet weitere Theophanie- und Kult-Motive aus Ex–Num mit der Inauguration des Jerusalemer Tempels: Jʜwʜs Theophanie am Sinai im „Wolkendunkel" (vgl. 1Kön 8,12 mit Ex 20,21; Dtn 4,11; 5,22); die „Stätte deines Thrones" als Ziel des Auszuges (vgl. 1Kön 8,13 mit Ex 15,17); der Aufbruch des Volkes und der Lade vom Sinai zu einem Ruheplatz = מנוחה (vgl. 1Kön 8,56 mit Num 10,33 und Dtn 12,9).

13.2.1 Der Tempelweihspruch (8,12–13)

Die Textgeschichte des Tempelweihspruches wurde in Kap. 4 ausführlich aufgearbeitet. Stellt man die älteren Lesarten zusammen, ergibt sich für den Tempelweihspruch folgender Hyparchetyp:

⟨8,12–13⟩ ⟨אז אמר שלמה יהוה אמר לשכן בערפל⟩ {⟨בנה⟩} ⟨|בניתי|⟩
בית זבל לך ⟨|מכון לשבתך עולמים|⟩

⟨8,12–13⟩ Damals sprach Salomo: Jʜwʜ beabsichtigt, im Wolkendunkel zu wohnen. ⟨Hiermit⟩ ⟨|habe ich gebaut|⟩ ein Haus der Erhabenheit für dich, ⟨|eine Stätte für dein Thronen in Ewigkeiten.|⟩

Dieser eklektisch rekonstruierte Hyparchetyp entspricht dem hebräischen Text des Königebuches (vgl. Kap. 4.5 ab S. 126). Der Chronik-Text weicht geringfügig ab (vgl. Kap. 4.3 ab S. 117). In der LXX-Tradition wurde der Spruch zwischen 8,53 und 8,54 umgestellt und umfassend überarbeitet (vgl. dazu Kap. 4.4 ab S. 121).

Dieser Tempelweihspruch wurde nachträglich an 8,1–11* angehängt und für den Zusammenhang geschaffen, in dem er im Königebuch heute noch steht. Die Einleitung des Tempelweihspruches aus 8,12a imitiert dem Anfang von 8,1 (אז + Verb) und historisiert den Spruch als ein Ausspruch Salomos in Reaktion auf die Ereignisse in 8,10–11: „10 und die Wolke erfüllte das Haus …12 Damals sprach Salomo…". Der Erzähler wendet sich mit dem Spruch direkt an die Leserschaft; das Volk muss er deswegen nicht erwähnen. Die Anwesenheit des Volkes bzw. seiner Repräsentanten ergibt sich aus dem Nahkontext (8,1–2.14). In 8,1 steht noch אז mit einem Verb in der PK (אז יקהל); in 8,12 hingegen steht אז mit einem Verb in der AK (אז אמר). Dieser Gebrauch von אז + AK anstatt PK könnte eine spät-biblische Sprachentwicklung darstellen, wie man sie z. B. in der Chronik findet.[11]

In 8,12b gibt Salomo mit Blick auf den Einzug der Wolke bekannt: „Jhwh beabsichtigt, im Wolkendunkel zu wohnen" (יהוה אמר לשכן בערפל) oder übers. als indirekte Rede: „Jhwh hat gesagt, er wolle im Wolkendunkel wohnen."). Indirekte Rede mit אמר + ל-Inf. cs. wird häufig für spät-biblisches Hebräisch gehalten.[12] Diese Absichtserklärung ist aus den Theophanien am Sinai und am Wüstenheiligtum erschlossen. Im Exodusbuch kann „die Wolke" (הענן) sowohl auf dem Sinai als auch auf dem Zelt der Begegnung „wohnen" (Sinai: Ex 24,16; Zelt: Ex 40,35; Num 9,17–18.22; 10,12; hier שכן iSv. niederlassen). In Ex 40,34–Lev 1,1 „wohnt" die Wolke über dem Zeltheiligtum und die Herrlichkeit Jhwhs erfüllt es (Ex 40,34). Jhwh ist in der Wolke bzw. Herrlichkeit präsent und spricht von dort zu dem draußen stehenden Mose (vgl. Ex 40,35 mit Lev 1,1). Auf dem Sinai ist Jhwh im „Wolkendunkel" (ערפל) präsent und spricht aus ihm zu Mose (Ex 20,21b–22: „Mose aber näherte sich dem Wolkendunkel, in welchem Gott war. 22 Und Jhwh sprach zu Mose:…"). Nach Lev 16,2 erscheint Jhwh „in der Wolke" (בענן) über der Deckplatte der Bundeslade. Was sich in diesen Theophanien im Exodusbuch zeigt, ist in 1Kön 8,12b in eine Absichtserklärung Jhwhs festgeschrieben. Jhwh bevorzugt wolkenar-

11 Vgl. אז + AK in 1Chr 15,2; 16,7; 20,4 (= 2Sam 21,18); 2Chr 6,1 (= 1Kön 8,12); 8,12.17; 24,17. אז + PK nur in 2Chr 5,1 (1Kön 8,1) und 2Chr 21,10 (= 2Kön 8,22), dort jeweils aus der Vorlage übernommen. Vgl. für diese Beobachtung mit Verweis auf die Chronik: Kropat, *Syntax*, 17; Sáenz-Badillos, *Hebrew Language*, 119; Kutscher, *Hebrew Language*, 82. Für eine Übersicht inkl. Verweis auf diese Studien vgl. Young/Rezetko/Ehrensvärd, *Linguistic Dating. Vol 2*, 163.
12 Vgl. 1Kön 8,29: אשר אמרת שמי שם mit 2Chr 6,20: אשר אמרת לשום שמך שם; sowie 1Chr 17,25 mit 2Sam 7,27 und 1Chr 21,1 mit 2Sam 24,1. Vgl. Kropat, *Syntax*, 65. Bezogen auf Ben Sira mit einer Zuordnung zu LBH in Peursen, *System*, 257.296. Ähnlich Porzig, *Lade*, 203 mit Verweis auf Jos 22,33; Jer 18,10; Ez 33,10; Ps 119,57; Est 1,17; 1Chr 21,17; 2Chr 6,20; 21,7; 35,21; und Hendel/Joosten, *How old*, 165, Fn. 22 in Bezug auf Dan 1,3.

tige Naturphänomene als primäre Medien seiner Präsenz. Der Schreiber könnte „die Wolke" aus 8,10 durch „das Wolkendunkel" in 8,12b ersetzt haben, um die Sinai-Theophanie aus Ex 20,21 zu integrieren (vgl. zudem Dtn 4,11 und 5,22). Die wolkenähnliche Erscheinungsform Jhwhs war dem Schreiber wichtiger als die genaue phänomenologische Unterscheidung zwischen einer „Wolke" und dem „Wolkendunkel". Innerhalb der Theophanien am Sinai kann sowohl „die Wolke" als auch ein Wolkendunkel erscheinen und Jhwh aus beidem zu Mose sprechen (vgl. Ex 20,21; 24,26; Ex 40,34–Lev 1,1).

Das Motiv des *Wohnens im* Wolkendunkel (שׁכן + בּ) lehnt sich an Aussagen über Jhwhs Wohnen in Jerusalem bzw. Zion an (שׁכן + בּ mit Zion: Jes 8,18; Joel 4,17.21; Ps 68,17; 74,2; Jerusalem: Sach 8,3; 1 Chr 23,25). Einer Wohnabsicht Jhwhs in Zion ist in Ps 68,17 und 132,13–14 belegt.[13] 1Kön 8,12b setzt Jhwhs Festlegung auf den Tempelberg voraus und schreibt nun seine Erscheinungsformen fest.

In Vers 13 richtet sich Salomo direkt an Jhwh: „Hiermit habe ich (es) gebaut, ein Haus der Erhabenheit für dich, eine Stätte für dein Thronen in Ewigkeit(en)!" (בנה בניתי בית זבל לך מכון לשׁבתך עולמים). Der Text wechselt damit von der 3. Person in 8,12b in eine direkte Anrede Jhwhs in der 2. Person Singular. Die Deklaration beginnt mit dem intensivierenden Inf. abs. בנה + Pf. בניתי (MT: בָּנֹה בָנִיתִי). Ein Inf. abs. von בנה findet sich in der HB nur hier. Die Bedeutung von בית זבל = „Haus der Erhabenheit/Fürstlichkeit" (= „fürstliches Haus"[14]) kann man sich über das Ugaritische erschließen, wo *zbl* als Genitivattribut belegt ist (vgl. z. B. das mehrfache *ḫṯ zblhm* = „Throne ihrer Erhabenheit" in KTU 1.2 I).[15] Die HB und die Qumranliteratur bezeugen זבל nur alleinstehend oder als *nomen regens* (Ps 49,15; Jes 63,15; Hab 3,11).[16] Die Bedeutung „Haus der Erhabenheit"

---

13 In Ps 68,17 ist Zion der Berg, „den Gott begehrt hat für sein Thronen/Wohnen; Ja, Jhwh wohnt (dort) für immer" (ההר חמד אלהים לשׁבתו אף יהוה ישׁכן לנצח). Nach Ps 132,13–14 hat Jhwh Zion erwählt und begehrt ihn als seine Wohnstätte, um dort für immer zu wohnen (hier ישׁב). Ps 132,13–14: Denn der HERR hat Zion erwählt, hat ihn begehrt zu seiner Wohnstätte: 14 "Dies ist meine Ruhestatt für immer, hier will ich wohnen, denn ich habe ihn begehrt. (*Elberfelder Bibel*). MT: כי בחר יהוה בציון אוה למושב לו זאת מנוחתי עדי עד פה אשׁב כי אותיה
14 So übersetzt bei: Noth, *I. Könige 1–16*, 172; Hartenstein, *Sonnengott*, 56; Metzger, *Wohnstatt 1970*, 139.
15 Vgl. die entsprechenden Einträge zu *zbl* in Olmo Lete/Sanmartín (Hrsg.), *Dictionary*: *zbl* (I) „Prince" = Fürst; *zbl* (II) „Principality" = Fürstlichkeit, Erhabenheit, Herrschaftlichkeit mit Verweis auf *ḫṯ zblhm* in KTU 1.2 I. Zum Ugaritischen vgl. ebenfalls Gamberoni, *Art.* זְבֻל, in: *ThWAT II*, 532. Dort wird *ḫṯ zblhm* ebenfalls erwähnt. Text und Übersetzung von KTU 1.2 I in Smith, *Baal Cycle*. Auf das Ugaritische verweisen ebenfalls z. B. Noth, *I. Könige 1–16*, 172; Spieckermann, *Heilsgegenwart*, 90, Fn. 3; Rehm, *Könige*, 90.
16 Es bezeichnet in Jes 63,15 Jhwhs himmlische „Wohnstätte deiner Heiligkeit" (הבט משׁמים וראה מזבל קדשׁך) und in Hab 3,11 mit einem direktionalen He die „Wohnstätte" (זבלה) des Mondes. In

passt zu der Parallelstellung von בֵית זְבֻל und מָכוֹן לְשִׁבְתְּךָ. Der Tempel wird als Stätte des herrschaftlichen Gottesthrones (מָכוֹן לְשִׁבְתְּךָ) aufgefasst; bei בֵית זְבֻל ist entsprechend an den Tempel als Jhwhs Herrschaftshaus gedacht. Die Interpretation als Genitivattribut wird von der OGKgtm bezeugt, wo זְבֻל als Adjektiv ἐκπρεπής („hervorragend"[17]) bzw. εὐπρεπής („angemessen"[18]) übersetzt ist.[19]

Das מָכוֹן לְשִׁבְתְּךָ („Stätte für dein Thronen") steht genauso im Moselied in Ex 15,17 und ist von dort zitiert. Dort gibt Mose den „Berg deines Erbteils" als Ziel des Auszuges aus und nennt ihn „Stätte für dein Thronen" = מָכוֹן לְשִׁבְתְּךָ. Gemeint ist der Jerusalemer Tempelberg Zion („Erbteil" = verheißene Land). In 1Kön 8,13 identifiziert Salomo den Tempel mit dieser „Stätte". Israel hat sein Ziel erreicht. Salomo hat den Tempel gebaut. Jhwh hat ihn in Besitz genommen und kann dort für immer thronen. Die im Motiv enthaltene Vorstellungswelt hat Friedhelm Hartenstein bisher am genauesten beschrieben.[20] Sie lässt sich an der Verwendung von מָכוֹן in den Psalmen erschließen (Ps 33,13f.; 89,15; 97,2; Ps 104,5).[21] Man stellte sich den Tempel als Stätte des kosmischen Gottesthrones vor. Jhwh thront über dem Tempel(berg) auf einem in die kosmischen Sphären ragenden Gottesthron. Der Tempel bildet den irdischen Haftpunkt dieses kosmischen Gottesthrones und repräsentiert das *Fundament* bzw. *Podest* (= מָכוֹן; vgl. Ps 89,15), von dem aus der vorgestellte Gottesthron in den Himmel ragt (לְשִׁבְתְּךָ = „für dein Thronen").

Der Plural עוֹלָמִים erscheint in Gen–2Kön nur hier ist auch sonst in der HB recht selten (עוֹלָם im Plural in 1Kön 8,13; 2Chr 6,2; Ps 61,5; 77,6.8; 145,13; Koh 1,10; Jes 26,4; 45,17; 51,9; Dan 9,24). Der Singular kommt bezogen auf Jhwhs Wohnen im Tempel in 1Kön 9,3 und 2Kön 21,7 vor („um meinen Namen dort niederzulegen *für ewig*") und in 1Kön 2,45 und 1Kön 9,5 in Bezug auf den davidischen Thron. Die Pluralform steht im Verdacht, wie כֹּל עוֹלָמִים erst in der späteren Sprachentwicklung des Hebräischen in Gebrauch gekommen zu sein.[22]

---

der Qumranliteratur steht es entweder für Jhwhs Wohnung (z. B. זבול רום זבול כבוד זבול קדוש רומים) oder den Ort der Gestirne. Vgl. den entsprechenden Eintrag in Kratz/Steudel/Kottsieper (Hrsg.), *HWATTM Bd. 2*.

17 Gemoll/Vretska, *Handwörterbuch*: hervorleuchtend; ausgezeichnet; Muraoka, *Lexicon*: preeminent; Liddell/Scott/Jones, *Lexicon*: distinguished out of all, preëminent, remarkable.

18 Gemoll/Vretska, *Handwörterbuch*: 1. anständig, schicklich, angemessen; 2. in die Augen fallend, stattlich, schön; 3. einen ehrbaren Eindruck machen, schön klingend.

19 Darauf verweist ebenfalls: Rehm, *Könige*, 90.

20 Vgl. zu Folgendem Hartenstein, *Unzugänglichkeit*, 148f. Hartenstein, *Sonnengott*, 55–56.

21 מָכוֹן in der HB insgesamt in Ex 15,17; 1Kön 8,13.39.43.49; 2Chr 6,2.30.33.39; Esra 2,68; Ps 33,14; 89,15; 97,2; 104,5; Jes 4,5; 18,4; Dan 8,11.

22 Zu [כֹּל] עוֹלָמִים vgl. z. B. Wright/Graham, *Linguistic Evidence*, 68–71.129 und die Übersicht in Young/Rezetko/Ehrensvärd, *Linguistic Dating. Vol 2*, 203, mit zusätzlichen Verweisen auf Qimron, *Hebrew*, 68.93 und Hurvitz, *Linguistic Study*, 44.

13.2.2 Die alternativen Lösungsmodelle zum Tempelweihspruch

Eine königszeitliche Herkunft oder eine lange literarhistorische Vorgeschichte des Tempelweihspruches lässt sich nicht nachweisen (zur Forschungsgeschichte vgl. S. 5ff. und S. 8ff.). M. Noth konnte den Tempelweihspruch noch für alt halten, weil er auch in 8,1–11* von einem königszeitlichen Kern ausging. Wie sich bereits gezeigt hat, ist 8,1–11* nun aber Jahrhunderte jünger (s. o. Kap. 12 ab S. 321). Damit fehlt die redaktionelle Grundlage, die eine Suche nach königszeitlichem Textgut in 8,12–13 rechtfertigt. Man kann nicht ohne weiteres eine königszeitliche Herkunft einzelner Verse annehmen, wenn ein dazu passender königszeitlicher „Fundkontext" fehlt. Für alternative redaktionelle Einordnungen des Tempelweihspruches fehlen Anhalte im Text wie auseinandergerissene Textanschlüsse oder andere Bruchstellen.

Viele beachten diese redaktionsgeschichtlichen Voraussetzungen einer königszeitlichen Herkunft allerdings nicht oder übersehen den veränderten Forschungsstand zu 8,1–11* (vgl. dazu S. 8ff.). In der Regel verweist man auf die Verwendung althergebrachter Begriffe (hier z. B. ערפל, זבל und מכון) und hält das hohe Alter des Spruches deswegen für offensichtlich.[23] Das Vorkommen der Begriffe allein kann aber nicht für ein hohes Alter des Spruches bürgen. Die genannten Begriffe und Motive haben zwar eine lange Geschichte und wären vermutlich auch in der Königszeit für Beschreibungen von Tempeln und Theophanien JHWHs gebraucht worden. Berührungspunkte mit möglichen königszeitlichen Theophanie-Schilderungen (z. B. Jes 6*; Ps 18*; 29*; 97*) bestehen beim Tempelweihspruch aber nur auf der äußersten Oberfläche.[24]

Das Lexem זבל ist in der HB als Genitivattribut zwar nur im Tempelweihspruch belegt. Es gibt keine Hinweise darauf, dass es mit dem Exil aus dem Gebrauch gekommen ist. Der OG-Übersetzer von Kgtm hat es als Genitivattribut erkannt und übersetzt.[25] Erst später hatten einige Übersetzer Verständnisprobleme.[26] Die Lexeme ערפל und מכון sind in der alttestamentlichen Literaturgeschichte nicht aus

---

23 Zu derselben Begründung bei den königszeitlichen Datierungen von 8,1–11* vgl. Kap. 12.3 ab S. 339.

24 Zu Jes 6 vgl. Hartenstein, *Unzugänglichkeit*, zu den Wettertheophanien in den Psalmen vgl. Müller, *Wettergott*.

25 OG-Vorlage: בית זבל לך = „ein Haus der Erhabenheit/Fürstlichkeit für dich" > OG-Text: οἶκον $\frac{ἐκπρεπῆ}{εὐπρεπῆ}$ σεαυτῷ, = „ein hervorragendes/prächtiges Haus für dich". S. o. ab S. 110.

26 בית זבל in PKön: „das Haus, das Haus des Wohnsitzes für dich"; PChr: „das Haus für dich"; VgKön: „ein Haus an deinem Aufenthaltsort"; VgChr: „ein Haus für seinen Namen "; OGChr: „ein Haus für deinen Namen, ein heiliges für dich". Vgl. Kap. 4.3 ab S. 117.

dem Gebrauch gekommen.[27] Das ערפל ist in den Theophanien am Sinai belegt (Ex 20,21; Dtn 4,11; 5,22). מכון wird im Bittgebet Salomos wiederverwendet. Dort bittet er JHWH mehrfach explizit darum, das Gebet „vom Himmel, von der Stätte deines Thrones" zu erhören (1Kön 8,30.39.43.49). Die viel zitierte Erklärung dafür lautet: In der Königszeit habe man noch vom Tempel als מכון לשׁבתך sprechen können; nach dem Exil sei dies wegen dem veränderten Fokus auf den Himmel als Wohnraum JHWHs nicht mehr denkbar gewesen.[28] Diese Erklärung beruht allerdings auf Kurzschlüssen. Zwar wird der Akzent im Bittgebet erkennbar von späteren Schreibern verschoben. An der Behauptung stimmt auch, dass das Wohnen JHWHs „im Himmel" erst in der alttestamentlichen Literatur nach 587 v. Chr. explizit gemacht wurde.[29] Nur ist das unmodifizierte Motiv deswegen nicht per Definition „vor-exilisch". Das Motiv מכון לשׁבתך beschreibt den Tempel lediglich als Stätte oder Podest/Fundament des *kosmischen* Gottesthrones (s. o. Kap. 13.2.1). Der vorgestellte Thron ragt in die Sphären des Himmels; JHWH thront im Kosmos über dem Tempel. Diese Vorstellung impliziert also nicht, dass JHWH im Tempel wohnt, und steht damit in keinem erkennbaren Widerspruch zu der nach-exilischen Betonung des Himmels als Wohnort JHWHs. Deswegen haben die Schreiber das unmodifizierte Motiv in 8,12 belassen und den Text dort nicht geändert. Die Schreiber von 1Kön 8,30.39.43.49 gingen nur noch ein Schritt weiter und verlagern auch bei dem Tempel den Fokus vom irdischen Abbild zum seinem kosmisch-transzendenten Urbild (ausführlich dazu in Kap. 13.3.1 ab S. 13.3.1). Diese Akzentverschiebung ist in jeder Epoche der alttestamentlichen Literaturgeschichte möglich.

Andere Formulierungen im Tempelweihspruch deuten auf eine spätere Entstehung hin und widerstreben einer historischen Zuordnung zur Königszeit (vgl. zu Folgendem Kap. 13.2.1 ab S. 350). Mehrere grammatische Konstruktionen stehen im Verdacht, erst ihm Rahmen der nach-exilischen und spät-biblischen Sprachentwicklung entstanden oder zunehmend gebraucht worden zu sein (vgl. das עולמים und den zunehmenden Gebrauch von ל + אמר-Inf. cs. für indirekte Rede und ein erzählendes אז + AK in der Chronik). Das Motiv des „Wolkendunkel" ist in diesem Fall Teil einer göttlichen *Absichtserklärung*. Diese Absichtserklärung ist im Stile von JHWHs Festlegung auf Jerusalem formuliert und am ehesten aus den Sinai-Theophanien des Exodusbuches erschlossen (vgl. Kap. 13.2.1). Ein vor-exilischer

---

27 Vgl. ערפל: Ex 20,21; Dtn 4,11; 5,22; 2Sam 22,10; 1Kön 8,12; 2Chr 6,1; Ijob 22,13; 38,9; Ps 18,10; 97,2; Jes 60,2; Jer 13,16; Ez 34,12; Joel 2,2; Zef 1,15. מכון: Ex 15,17; 1Kön 8,13.39.43.49; 2Chr 6,2.30.33.39; Esra 2,68; Ps 33,14; 89,15; 97,2; 104,5; Jes 4,5; 18,4; Dan 8,11.

28 Das Argument findet sich bereits in Noth, *I. Könige 1–16*, 175, und ist in der Forschungsliteratur sehr verbreitet. Es findet sich z. B. in Gerhards, *Sonne*, 209; Metzger, *Wohnstatt 2003*, 22, Erstveröffentlichung inMetzger, *Wohnstatt 1970*.

29 Vgl. dazu grundlegend Koch, *Wohnstatt*, und darüber die weitere Literatur.

Reichs- und Wettergott Jhwh ist von Natur aus mit wolkenartigen Phänomenen verbunden; das bedarf keiner Festschreibung.[30] Die Wendung „Stätte deines Thronens" (מכון לשׁבתך) ist aus Ex 15,17 zitiert. Dort wird der Tempelberg als Ziel des Auszuges ausgegeben und damit die Kultzentralisation vorausgesetzt („Erbteil" = verheißene Land). Diese Kultzentralisation wiederum wurde erst als Reaktion auf den Verlust von Tempel und Königtum im Jahr 587 v. Chr. umfassend in die heilige Geschichte eingeschrieben wurde.

Andere vermuten die älteren Lesarten in dem stark abweichenden Text der Septuaginta-Tradition (Kgtm) und finden in diesem einen (ur-)alten Überlieferungskern aus der Königszeit.[31] Für alt gehalten werden die jeweiligen Lesarten vielfach nur aus literarhistorischen Gründen. Wie die anderen Lesarten aus der vermeintlich ältesten entstanden sind, wird oft nicht oder nur unzureichend erklärt (vgl. im Gegensatz dazu die textkritische Regel in Kap. 2 ab S. 17). Arbeitet man hingegen die Textgeschichte des Tempelweihspruches wie in Kap. 4 gründlich auf, erweisen sich die jeweiligen Rekonstruktionen als textkritisch und übersetzungstechnisch unplausibel. An einigen Stellen im griechischen Tempelweihspruch kann man nicht hinter die Aussage des griechischen Textes zurückgehen; wie die hebräische OG-Vorlage aussah, entzieht sich unserer Kenntnis. Ist aber die Textgrundlage derart unsicher, dann sollte man den Text nicht als Beleg für weitreichende religionsgeschichtliche Deutungen anführen.

Der textkritische und übersetzungstechnische Befund lässt es beispielsweise nicht zu, hinter der Aussage zur Sonne einen hebräischen Vorlagentext mit einer gänzlich anderen Aussageabsicht zu rekonstruieren (s. o. S. 8ff. für die Deutungen von J. Pakkala und O. Keel). Wie die hebräische Vorlage von Ἥλιον ἐγνώρισεν ἐν οὐρανῷ lautet, entzieht sich unserer Kenntnis: בשׁמים [?] שׁמשׁ (vgl. zu Folgendem Kap. 4.2 ab S. 108). Als Äquivalent für γνωρίζω nachweisbar ist nur das Hifil von ידע. Der daraus resultierende Vorlagentext (שׁמשׁ הודיע בשׁמים) ergibt aber nur eine unvollständige Aussage; es fehlt ein direktes Objekt („[Die] Sonne hat [wen oder was?] bekannt gemacht am Himmel"). Weder grammatische Uminterpretationen noch Konjekturen können dieses Problem zufriedenstellend lösen. Alle bisherigen Lösungsvorschläge sind aus textkritischen, sprachlichen oder übersetzungstechnischen Gründen nicht möglich. Dem Befund gerecht wird nur das Eingeständnis,

---

30 Friedhelm Hartenstein deutet die Aussage zwar als Teil einer vor-exilischen Jerusalemer Tempeltheologie (vgl. dazu S. 8ff.), erklärt aber nicht, wie die konkrete Formulierung der Absichtserklärung mit אמר + ל-Inf. cs. in diesem Kontext zu deuten wäre und ob es Parallelen zu solch einer Absichtserklärung im Kontext altorientalischer Wettergott-Theophanien gibt.
31 S. o. S. 8ff. für die religionsgeschichten Deutungen von Othmar Keel, Juha Pakkala, Martin Leuenberger und Ernst A. Knauf.

dass unser Wissen über die hebräische OG-Vorlage begrenzt ist und man nicht hinter den Sinn des OG-Textes zurückgehen kann.

Auch der Baubefehl aus der griechischen Übersetzung lässt sich nicht zur ältesten Lesart erklären. (Kgtm: „Bau mein Haus ein Haus der Erhabenheit für Dich" = בנה ביתי בית זבל לך = Οἰκοδόμησον οἶκόν μου οἶκον $\frac{ἐκπρεπῆ}{εὐπρεπῆ}$ σεαυτῷ; Kön: „Hiermit habe ich gebaut ein Haus der Erhabenheit für dich" = בנה בניתי בית זבל לך). Alle diesbezüglichen Vorschläge sind aus textkritischen oder inhaltlichen Gründen unplausibel. Die einen versuchen dem Baubefehl nach dem Tempelbau mithilfe von religionsgeschichtlichen Theorien einen Sinn abzugewinnen, sind dabei aber auf Rekonstruktionen angewiesen, die gegen textkritische und übersetzungstechnische Grundsätze verstoßen.[32] Andere interpretieren „Haus" als Metapher für „Dynastie" erklären den Spruch zu einem „Dynastieweihspruch", ohne das es dafür konkrete Anhalte im Text des Tempelweihspruch gibt.[33] Wieder andere bessern den Text mithilfe einer altlateinischen Randlesart (LaM) aus fünf mittelalterlichen Vulgatakodizes aus, ohne dabei die Entstehung der anderen Lesarten aus diesem Text zu erklären (s. o. ab S. 103). Dabei entstand der Baubefehl aus Kgtm vermutlich aufgrund eines versehentlichen Abschreibefehlers (vgl. Kap. 4.4 ab S. 121). Auf diese Weise kam es zu dem merkwürdigen Baubefehl von zwei Häusern, als der Tempel- und Palast schon längst fertig gestellt wurden. Die ältere Lesart ist in diesem Fall im hebräischen Königebuch erhalten (Kön: „Hiermit habe ich gebaut ein Haus der Erhabenheit für dich" = בנה בניתי בית זבל לך). Diese textgeschichtliche Genese erklärt alle vorhandenen Lesarten am besten.

13.2.3 Die Redeeinleitung aus Vers 14

Vers 14 bildet die ursprüngliche Einleitung der Schlussworte Salomos (8,56–61*). 8,14 kündigt nämlich einen Segen an: „Und der König wandte sein Angesicht und segnete ganz Israel". Elemente eines Segens sind aber nur in den Schlussworten Salomos erhalten in Vers 57: „JHWH unser Gott sei mit uns…".[34] Zwischen 8,14 und 8,57 sucht man Wünsche oder Segensworte vergebens. Vers 14 ist durch das „Umwenden" Salomos mit den Geschehnissen aus 8,10–11 verbunden. Spätere Schreiber konnten den Vers deswegen nicht von seinem Vortext trennen und mussten die zwei Blöcke (8,15–21 und 8,23–53) jeweils an Vers 14 anschließen.

---

32 S. o. S. 8 für die Deutung von O. Keel. Zu den relevanten Einwänden s. o.
33 S. o. S. 121 für die Deutungen von A. Schenker und M. Rösel.
34 Vgl. die Definition von Koehler/Baumgartner/Dietrich, *KAHAL*: „segnen = heilvolle Kraft anwünschen". Ähnlich: Keller/Gerhard, *Art. brk pi. segnen, in: THAT I*.

Die Schreiber schuf mit Vers 55 aber ein Duplikat, um die Ankündigung eines Segens als Einleitung für die Schlussworte Salomos zu erhalten.

Inhaltlich schließt Vers 14 an den Einzug der Wolke aus 8,10 an: „Und Salomo wandte sein Angesicht (um)" (ויסב המלך את פניו). Er wird sich von dem Ereignis aus 8,10 ab und zu dem Volk hingewendet haben. In der Regel steht bei פנה = סבב + „sein Angesicht (um/ab)wenden" eine genauere Angabe darüber zu erwarten, von wo er sich ab/umwendet (2Sam 14,24; 1Kön 21,4; 2Chr 29,6; 2Chr 35,22; Ez 7,22) bzw. wohin er sich wendet (2Sam 14,24; 2Kön 20,2; Jes 38,2). Eine solche Lokalangabe kann aber auch fehlen (vgl. Jdc 18,23). Wie in Jdc 18,23 wird ein „umwenden" zum Volk gemeint sein.[35]

Wen Salomo segnete, ist textkritisch unsicher. Das direkte Objekt lautet gemäß Kgtm את כל ישראל = τὸν πάντα Ἰσραήλ = „ganz Israel" und nach Kön und Chr את כל קהל ישראל = „die ganze Versammlung Israels".[36] In 8,14b steht einheitlich כל קהל ישראל („und die ganze Versammlung Israels stand"; vgl. S. 128). In 8,22.54 ist in allen drei Archetypen die כל קהל ישראל angesprochen und in 8,55 auch Empfänger von Salomos Segens.[37]

Nach Kgtm wäre כל ישראל = „ganz Israel" Adressat des Segens und der ersten Rede. Dieser Personenkreis ist bereits aus 8,5 bekannt, wo Salomo und „ganz Israel" (כל ישראל) die Überführung der Lade mit kontinuierlichem Opfern begleiten. Dem entspricht die Anwesenheit von dem „ganzen Volk" bzw. „ganz Israel" in der Schlussnarration (8,62: וכל בני ישראל in Kgtm oder עמו ישראל in Kön; 8,63: וכל בני ישראל; 8,65: וכל ישראל עמו).

Auf das Segnen Salomos folgt eine Notiz zur Haltung des Volkes: „Und die ganze Versammlung Israels stand" (וכל קהל ישראל עמד). Das Motiv des stehenden Volkes ist an heilsgeschichtlichen Schlüsselstellen belegt. In Jos 8,33 stand das Volk bei der Verlesung des Gesetzes (וכל ישראל וזקניו ושטרים ושפטיו עמדים, gemäß Dtn 27,12 und Jos 8,33 ein „Segnen" (לברך). In Neh 8 stand das Volk bei der Verlesung des Gesetzes durch Esra in 8,5 (עמדו כל העם) und der Belehrung im Gesetz in 8,7 (והעם על עמדם). Das Gesetz ist nach Dtn 31,10–11 am Laubhüttenfest zu verlesen (vgl. Neh 8,18); an dem selben Termin fand die Tempelweihe statt (vgl. 1Kön 8,65). Diese oder ähnliche Assoziationsketten könnten die Betonung des stehenden Volkes in 1Kön 8,14 ausgelöst haben; ein eindeutiger Zusammenhang ist aber nicht erkennbar.

---

35 Vgl. Mulder, *1 Kings 1–11*, 404. So auch bereits Josephus zu dieser Stelle: ἀπέστρεψεν εἰς τὸ πλῆθος τοὺς λόγους (Ant 8,109).

36 Vgl. die Synopse zu Vers 14 auf S. 128.

37 Vgl. die Synopsen zu 8,22 auf S. 149 und zu 8,54f. auf S. 235.

Der Terminus „die ganze Versammlung Israels" ist in der HB selten und wird im Vortext durch Lev 16,17; Dtn 31,30 und Jos 8,35 geprägt.[38] In Dtn 31,28–30 und Jos 8,33–35 steht die „ganze Versammlung Israels" (כל קהל ישׂראל) parallel zu den „Ältesten" (זקן im Plural). Die כל קהל ישׂראל in Dtn 31,30 und Jos 8,35 kann als Bezeichnung der in Dtn 31,28 und Jos 8,33 genannten Gruppe um die Ältesten aufgefasst werden.[39] Über diese beiden Stellen kann man von der Versammlung der „Ältesten Israels" in 8,2 auf die Anwesenheit der „ganzen Versammlung Israels" in 8,14(Kön).22.54 kommen.

Insgesamt ist die Formulierung aus 8,14 aber rätselhaft sperrig: „Salomo segnete [die ganze Versammlung]Israel, während die ganze Versammlung Israels stand". Bei einem offiziell gesprochenen Segen wäre die Formulierung „und er stellte sich hin und segnete…" (עמד + ברך) zu erwarten. Sie findet sich bei Salomo in 8,55 sowie indirekt (auf dem Podest stehend) in 2Chr 6,13 und in der HB beispielsweise in Gen 47,7 (Segen Jakobs an den Pharao) Dtn 27,12 und Jos 8,33 (Verkündigung des Segens und Fluches nach Jordanüberquerung).[40] Eventuell handelt es sich bei עמד ישׂראל קהל וכל in 1Kön 8,14 um einen klärenden Nachtrag. Unpunktiert könnten die Konsonanten von וַיְבָרֶךְ („und er segnete") auch als וַיִּבְרַךְ („und er kniete sich hin") gelesen werden, sodass man den Text auch als „und er kniete bei/mit der ganzen Versammlung Israels" missverstehen könnte. In 2Chr 6,13 kniete sich Salomo auf ein Podest (וַיִּבְרַךְ).[41] Diesem möglichen Missverständnis wird durch die anschließende Bemerkung „und die ganze Versammlung Israels stand" vorgebeugt. Salomo segnete das Volk, während dieses stand (und nicht mit ihm kniete).

---

38 In der HB nur in Lev 16,17; Dtn 31,30; Jos 8,35; 1Kön 8,14.22.55; 12,3; 1Chr 13,2; 2Chr 6,3.12–13.
39 Dtn 31,28: „Versammelt zu mir alle Ältesten eurer Stämme und eure Aufseher" = 31,30: „Und Mose redete vor den Ohren der ganzen Versammlung Israels". Jos 8,33: „Und ganz Israel sowie seine Ältesten und Aufseher und Richter standen […] den Priestern, den Leviten, gegenüber." 8,35: „vor der ganzen Versammlung Israels (und/sowie) [OG + den Männern und] den Frauen und den Kindern und den Fremden". Ausführlicher zu diesen Stellen: Lohfink, *Fabel*, 240–244. Bei Jos 8,35 gibt es wie in 1Kön 8,14 textkritische Unsicherheiten (vgl. ebd., 241–242).
40 עמד … ברך innerhalb von 6 Worten in Gen 47,7; Dtn 27,12; 1Kön 8,55; 2Chr 6,13; Ps 26,12.
41 Vgl. zum chronistischen Sondergut aus 2Chr 6,13 Kap. 6.1 ab S. 149.

13.2.4 Die Schlussworte (8,56–61)

Das Grundgerüst der Schlussworte bilden die Verse 56–57 und 61. Dieses Gerüst wurde später um die Verse 58 und 59–60 erweitert (*Nachtrag*):

> 56 Gepriesen sei JHWH⟩} {+am heutigen Tag}, {⟨der seinem Volk Israel Ruhe gegeben hat, exakt wie er verheißen hat. Nicht ein einziges Wort ist hinfällig geworden⟩} ⟨von seinem ganzen guten Wort⟩, {⟨das er verheißen hat durch die Hand von Mose seines Knechtes. 57 JHWH unser Gott sei mit uns, wie er auch mit unseren Vätern war. Möge er uns nicht verlassen und uns nicht verwerfen, *58 um so unsere Herzen zu ihm zu neigen, damit wir gehen auf all seinen Wegen und bewahren⟩}* $\frac{\text{\{seine ganzen Gebote und seine Ordnungen\}}}{\text{⟨seine Gebote und seine Satzungen und seine Rechtsbestimmungen⟩}}$, {⟨*die er unseren Vätern geboten hat. 59 Und es seien diese meine Worte, mit denen ich gefleht habe vor JHWH, JHWH unserm Gott nahe Tag und Nacht, sodass er seinen Knecht und sein Volkes Israel zum Recht verhelfe – die Sache eines (jeden) Tages an ihrem Tag –, 60 damit alle Völker der Erde erkennen: JHWH ist Gott; sonst (ist) keiner.* 61 Und es sei⟩} {unser Herz} {⟨ungeteilt mit JHWH, unserem Gott, zu gehen in seinen Ordnungen und zu bewahren seine Gebote wie am heutigen Tag!⟩}

Grundbestand (8,56–57.61)

Die ursprüngliche Redeeinleitung bildete 8,14 (s. o. Kap. 13.2.3 ab S. 357). Der Vers kündigt wie 8,55 einen Segen an, der in Vers 57 folgt. Dazwischen steht ein Lobpreis in 8,56: „Gepriesen sei" = ברוך יהוה. Gen 14,19–20 und 1Kön 1,47–48 belegen einen ähnlich engen Zusammenhang zwischen dem Segnen von Menschen und dem ברוך-Lobes Gottes.[42] Der direkte Anschluss eines ברוך-Lob Gottes (8,56) an die Redeeinleitung „Mensch X segnet Mensch Y" (8,14/8,55) ist also nicht ungewöhnlich.[43]

In 8,56a preist Salomo JHWH für die Gabe von „Ruhe/einem Ruheplatz" (מנוחה) für sein Volk. Die Näherbestimmung ככל אשר דבר („exakt wie er verheißen hat") macht explizit, dass sich der Text auf bestehende Verheißungen bezieht.[44] Das Stichwort מנוחה führt zu Num 10,33 und Dtn 12,9.[45] In Num 10,33 bricht die Lade vom Sinai auf, um מנוחה zu suchen. In Dtn 12,9 wird das verheißene Land als Ruheplatz (אל המנוחה) und als Erbteil (ואל הנחלה) bezeichnet, welches JHWH

---

42 Vgl. Keller/Gerhard, *Art. brk pi. segnen*, in: *THAT I*, 358, für diesen Hinweis.
43 Gegen E. Würthwein. Er weist darauf hin, dass 8,56 kein Segensspruch ist, und identifiziert den Vers auf dieser Grundlage als Nachtrag (vgl. Würthwein, *1. Könige 1–16*, 101). Mit diesem literarkritischen Vorschlag löst er das Problem nicht, sondern verschiebt es nur auf eine andere Ebene. Man müsste dann erklären, warum der Lobspruch nachträglich an dieser Stelle eingefügt wurde, wenn die Einleitung doch einen Segensspruch ankündigt.
44 Für die Übersetzung von ככל mit „exakt wie" vgl. Joüon/Muraoka, *Grammar*, 139e, Fn. 3)
45 In der HB מנוחה in Gen 49,15; Num 10,33; Dtn 12,9; Ri 20,43; Rut 1,9; 2Sam 14,17; 1Kön 8,56; 1Chr 22,9; 28,2; Ps 23,2; 95,11; 132,8.14; Jes 11,10; 28,12; 32,18; 66,1; Jer 45,3; 51,59; Mi 2,10; Sach 9,1.

Israel gegeben hat (אֲשֶׁר יְהוָה אֱלֹהֶיךָ נֹתֵן לָךְ), aber zu dem Zeitpunkt noch nicht
erreicht ist. Durch die Überführung der Lade aus 8,1–6* besteht bereits ein Bezug zu
Num 10,33 (s. o.). Dort erreicht die „Lade des Bundes JHWHs" (אֲרוֹן בְּרִית יְהוָה) aus
Num 10,33 ihr Ziel und kommt im Jerusalemer Tempel an. Der Schreiber von 8,56a
könnte darüber auf Num 10,33 gekommen sein und den Lobpreis auf Grundlage von
Num 10,33 und Dtn 12,9 formuliert haben. Die nicht-determinierte Verwendung von
מְנוּחָה entspricht Num 10,33; Dtn 12,9 spricht wie 1Kön 8,56 von einer *Gabe* (נתן)
der Ruhe. Mit dem Bau des Jerusalemer Tempels und der Ankunft der Lade ist Israel
מְנוּחָה gegeben. Der gemeinsame Bezug zu Num 10,33 beweist die ursprüngliche
Nähe der Schlussworte Salomos zur Überführung der Lade aus 8,1–11*.

8,56b interpretiert die Gabe eines Ruheplatzes als Beleg für JHWHs Bundestreue: „nicht ein Wort ist hinfällig geworden von seinem ganzen guten Wort"
(לֹא נָפַל דָּבָר אֶחָד מִכֹּל דְּבָרוֹ הַטּוֹב). Diese konkrete Formulierung könnte auf die
heilsgeschichtlichen Rückblicke des Josuabuches anspielen (vgl. Jos 23,14 und
21,45).[46] In Jos 23,14–15 wird dem „ganze gute Wort" das „ganze unheilvolle Wort"
(כָּל הַדָּבָר הָרָע) gegenübergestellt. Beides zusammen verweisen auf die Ankündigung von Segen und Fluch im Deuteronomium. Der Bezug auf das Deuteronomium
wird in 1Kön 8,56 durch den Verweis auf die Worte des Mose explizit gemacht:
„die er verheißen hat durch die Hand des *Mose*, seines Knechtes" (אֲשֶׁר דִּבֶּר בְּיַד
מֹשֶׁה עַבְדּוֹ). Mit dem Summarium aus Jos 21,43–45 hat 1Kön 8,56 das Motiv der
Ruhe gemeinsam; dort ist allerdings die Ruhe vor den Feinden gemeint und des
Verb נוח gebraucht (Jos 21,44: וַיָּנַח יְהוָה לָהֶם מִסָּבִיב ... וְלֹא עָמַד אִישׁ בִּפְנֵיהֶם מִכֹּל
אֹיְבֵיהֶם). Beide Texte aus dem Josuabuch interpretieren die erfolgte Landnahme
als Beleg dafür, dass JHWHs Ankündigung von Segen sich bewahrheitet hat: Nicht
ein einziges seiner guten Worte sei hinfällig geworden. Ähnlich geht 1Kön 8,56
vor. Das Jerusalemer Zentralheiligtum ist gebaut, JHWH dort eingezogen (Lade +
Wolke) und dem Volk damit Ruhe (מְנוּחָה) gegeben; das belegt die Erfüllung des
angekündigten Segens.

Der in 8,14 (= 8,55) angekündigte Segen findet sich in Vers 57; dort wünscht
Salomo dem Volk JHWHs Mit-sein bzw. seinen Beistand – erst im Jussiv (יְהִי) dann
im Prohibitiv (אַל + Jussiv): „JHWH unser Gott sei mit uns, wie er auch mit unseren
Vätern war. Möge er uns nicht verlassen und uns nicht verwerfen." Der Vers hat in
Jos 1,5b eine enge Parallele.[47] Beide Verse haben ein היה + עם mit einem unterge-
ordneten Relativsatz in derselben Form (כַּאֲשֶׁר + היה + עם) sowie als Verneinung

---

46 Jos 21,45: כִּי לֹא נָפַל דָּבָר אֶחָד מִכֹּל הַדְּבָרִים הַטּוֹבִים אֲשֶׁר דִּבֶּר יְהוָה אֱלֹהֵיכֶם עֲלֵיכֶם. Jos 23,14:
לֹא נָפַל דָּבָר מִכֹּל הַדָּבָר הַטּוֹב אֲשֶׁר דִּבֶּר יְהוָה אֶל בֵּית יִשְׂרָאֵל.
47 כַּאֲשֶׁר הָיִיתִי עִם מֹשֶׁה אֶהְיֶה עִמָּךְ לֹא אַרְפְּךָ וְלֹא אֶעֶזְבֶךָּ = „Wie ich mit Mose gewesen bin, (so)
werde ich mit Dir sein. Ich werde Dich nicht im Stich lassen und Dich nicht verlassen."

formulierte Bitten.[48] Die Kombination der Verben עזב und נטש ist in Ps 27,9 (אל
תטשני ואל תעזבני) und Ps 94,14 (כי לא יטש יהוה עמו ונחלתו לא יעזב) belegt.

In Vers 61 ermahnt Salomo das Volk abschließend zum Gesetzesgehorsam. Ihr
Herz soll auch weiterhin ungeteilt bei Jhwh bleiben. Gefordert wird ein „ungeteiltes
Herz" (והיה לבבכם שלם עם יהוה אלהינו). Diese Formulierung kommt abgesehen
von Jes 38,3 nur in dem Königebuch und der Chronik vor (vgl. 1Kön 8,61; 11,4; 15,3.14;
2Kön 20,3; 1Chr 12,39; 28,9; 29,9.19; 2Chr 15,17; 16,9; 19,9; 25,2). Die Infinitivreihe
ללכת ... ולשמר ist aus der HB gut bekannt.[49] Die Kombination aus „in Satzungen
gehen" und „Gebote bewahren" ist vor allem in Ezechiel belegt (vgl. Ez 11,20; 18,9;
20,18.19,21; 36,27; 37,24 aber auch Lev 26,3).

Nachträge (8,58.59–60)

Durch den Nachtrag von 8,59–60 wurde die Schlussworte Salomos nachträglich
mit dem Bittgebet verbunden. Der Einschub ist offensichtlich und in der Forschung
weitestgehend Konsens.[50] Das Anwünschen um Jhwhs Mit-sein in Vers 57 wird
als Gelegenheit genutzt, um Jhwh nochmal um die Erhörung des Bittgebetes zu
bitten: „Diese meine Worte seien dir nah…".

„Diese meine Worte" (דברי אלה) sind das Bittgebet aus 8,22–53. Die Bezugnahme wird durch den אשר-Satz explizit gemacht: „diese meine Worte, *die ich gefleht
habe vor Jhwh*" (דברי אלה אשר התחננתי לפני יהוה). Das Verb חנן bezeichnet in
8,33.47 das Bittgebet und kommt sonst in 1Kön nicht vor.[51] In 9,3 wird mit nahezu
demselben Relativsatz ebenfalls auf das Bittgebet Bezug genommen (9,3: שמעתי
את תפלתך ואת תחנתך אשר התחננתה לפני).
Das Motiv des nahen Wortes ist aus Dtn 30,14 bekannt.[52] Das Wort des Gesetzes
soll nach Dtn 30,14 den Israeliten nah sein (vgl. Dtn 30,11–15). Dieses Motiv wird in

---

48 Die Konstruktion היה + עם mit einem untergeordneten Relativsatz in der Form היה + כאשר +
עם ist in der HB nur in Jos 1,5.17; 3,7; 1Sam 20,13; 1Kön 1,37; 8,57 zu finden.
49 Ex 10,28; Lev 26,3; Dtn 13,5; 26,17; 30,16; Jos 22,5; Ri 2,22; 1Kön 2,3; 3,14; 8,58.61; 11,10; 2Kön
23,3; 2Chr 34,31; Spr 2,20; 6,22; Ez 11,20; 18,9; 20,18–19.21; 36,27; 37,24; Sach 3,7
50 Vgl. z. B. Würthwein, *1. Könige 1–16*, 96; Noth, *I. Könige 1–16*, 190; Veijola, *Verheißung*, 154;
Braulik, *Spuren*, 20–33; O'Brien, *History*, 158f. Anders nur J. Nentel und P. Kasari, die 8,57–61 als
Ganzes DtrS zuordnen (vgl. Nentel, *Trägerschaft*, 231–236; Kasari, *Promise*, 158).
51 Derivate der Wurzeln פלל und חנן sind die zentralen Begriffs, mit denen in 8,23–53 das Bittgebet bezeichnet wird. Vgl. das Verb חנן in 8,33.47.59 und פלל in 8,28–30.33.35.42.44.48.54 sowie
תפלה in 8,28–29.38.45.49.54 und תחנה in 8,28.30.38.45.49.52.54.
52 Dtn 30,14: כי קרוב אליך הדבר מאד בפיך ובלבבך לעשתו.

1Kön 8,59 gewendet und auf Jhwh angewandt: Salomos Bittgebet soll *Jhwh* nah sein.[53]

Das Bittgebet soll Jhwh „Tag und Nacht" (יומם ולילה) nah sein. In Jos 1,8 soll Josua und in Ps 1,2 jeder einzelne Gerechte die Torah „Tag und Nacht" (יומם ולילה) meditieren soll.[54] Nach 1Kön 8,29 sind Jhwhs Augen und Ohren dem Heiligtum „Tag und Nacht" zugewandt. Einer dieser Kontexte könnte die Wiederholung von „Tag und Nacht" in 8,59 ausgelöst haben.

Das nahe Gesetz soll nach Dtn 30,14 beim Menschen zur Konsequenz haben, dass er dies tut (לעשתו ... כי קרוב אליך הדבר). Das nahe Gebet soll nach 1Kön 8,59 bei Jhwh zur Konsequenz haben, dass er seinem Knecht und seinem Volk zu ihrem Recht verhilft (לעשות משפט עבדו ומשפט עמו ישראל). Das Motiv des „zum Recht verhelfen" (לעשות משפט) hat der Schreiber aus 1Kön 8,49 entnommen. Dort ist dieses „zum Recht verhelfen" Teil der Bitte um Gebetserhörung (ועשית משפטם in 8,49).[55] Gemeint ist die Beseitigung des Mangels, den der Fromme nach wie vor leidet.

Die Formulierung „die Sache eines (jeden) Tages an ihrem Tag" (דבר יום ביומו) wird hauptsächlich in kultischen Kontexten verwendet, also wenn es um das Feiern von Festen, Opferordnungen oder den täglichen Dienst von Priestern und Leviten geht, und findet sich hauptsächlich in späten Schriften (in diesem Gebrauch neben Lev 23,37 vor allem Chr, Ezr, Neh).[56] Dieses Motiv wird hier auf Jhwhs Handeln übertragen. Genauso wie der tägliche Dienst die Aufgabe der Priester ist, ist es Jhwhs tägliche Sache, die Rechtsforderungen des Gesetzes anzuwenden und seinem Volk bei zu unrecht erlittenem Leid zu ihrem Recht zu verhelfen.

Das Ziel und die Folge ist die Gotteserkenntnis aller Völker der Erde in Vers 60 (למען דעת כל עמי הארץ כי יהוה הוא האלהים אין עוד). Alle Menschen werden Jhwh als einzig wahren Gott erkennen, wenn Jhwh seinem Volk konsequent zu seinem Recht verhilft und dadurch seine umfassende Gerechtigkeit sichtbar wird.

Den Blick für „alle Völker der Erde" hat der Schreiber aus 8,41–43. In diesem Beispielszenario des Bittgebetes geht es um die Gotteserkenntnis des Nicht-Israeliten (הנכרי). Wenn dieser umkehrt und in Jerusalem zu Jhwh betet, dann soll Jhwh

---

53 Für die einzigartige Nähe zwischen Jhwh und seinem Volk vgl. bes. Dtn 4,7. Darüber hinaus: Ps 34,19; 145,18; 119,151; Jes 50,8; 55,6; Jer 12,2; 23,23.
54 Die Formulierung יומם ולילה ist nach Jos 1,8 erst wieder hier in 1Kön 8,29.59 zu finden.
55 In der HB 46 Mal in Gen 18,19.25; Ex 28,15; Lev 9,16; Dtn 10,18; 33,21; 2Sam 8,15; 1Kön 3,28; 8,45.49.59; 10,9; 2Kön 17,34; 1Chr 16,12; 18,14; 28,7; 2Chr 6,35.39; 9,8; Ps 9,5; 105,5; 119,84.121; 146,7; 149,9; Spr 21,3.7.15; Jes 58,2; Jer 5,1; 7,5; 9,23; 22,3.15; 23,5; 33,15; Ez 5,7–8; 11,12; 18,5.21.27; 33,14.19; Mi 6,8; 7,9.
56 דבר יום ביומו in Ex 5,13.19; 16,4; Lev 23,37; 1Kön 8,59; 2Kön 25,30; 1Chr 16,37; 2Chr 8,13–14; 31,16; Esra 3,4; Neh 11,23; 12,47; Jer 52,34; Dan 1,5.

ihn erhören, damit „alle Völker der Erde" seinen Namen erkennen (8,43: לְמַעַן יֵדְעוּן כָּל עַמֵּי הָאָרֶץ אֶת שְׁמֶךָ).[57]

Inhalt der Gotteserkenntnis ist das monotheistischen Bekenntnis „JHWH ist Gott; sonst (ist es) keiner" (יהוה הוא האלהים אין עוד). Diese Aussage steht genauso in Dtn 4,35.39 und könnte von dort übernommen sein.[58] In Dtn 4 soll *Israel* zur Erkenntnis kommen; in 1Kön 8,60 sind es mit Blick auf 1Kön 8,43 *die Völker*.

Vor diese Verse 59–60 wurde zusätzlich der Vers 58 gestellt.[59] Durch die suffigierten Jussive in 57b ist das Anwünschen des göttlichen Beistandes eigentlich abgeschlossen. Durch Vers 58 wurde nachträglich eine weitere Bitte als Inf. cs.-Konstruktion angehängt. JHWH soll das Herz der Betenden zu ihm lenken, damit diese nach dem Gesetz leben. Der Schreiber von Vers 58 reflektiert die Voraussetzungen des frommen Lebenswandels und geht damit weit über den Grundbestand von 8,56–61* hinaus. Ohne eine göttliche (Herzens)Führung kann sich der Schreiber keinen durchgehend frommen Lebenswandel vorstellen (vgl. Ps 119,36). JHWH soll das Herz der Betenden zu ihm lenken, damit diese nach dem Gesetz leben. Auf das Herz als Motiv könnte der Schreiber über Dtn 30,14 als Hauptbezugstext von 1Kön 8,59 gekommen sein. Dort soll das Wort des Gesetzes dem Menschen nah und „in deinem Herzen" (ובלבבך) sein. Die Verbindung des Motives „Herz neigen" mit Gesetzesgehorsam ist durch 1Kön 11 belegt, wo die vielen Frauen sein Herz zu anderen Göttern neigen (vgl. 11,2–4) – oder in 11,9 Salomo selbst.

Die Formulierung „damit wir gehen auf all seinen Wegen und bewahren seine [ganzen] Gebote und seine Ordnungen [und seine Rechtsbestimmungen], die er unseren Vätern geboten hat" aus 8,58b ist durch das Deuteronomium geprägt.[60] Die engste Parallele bildet Dtn 26,17–18.[61] Beide Stellen sind syntagmatisch und

---

57 Die Formulierung כל עמי הארץ findet sich mit dem Plural von עם nur neun Mal in Dtn 28,10; Jos 4,24; 1Kön 8,43.53.60; 2Chr 6,33; 32,13; Ez 31,12; Zef 3,20.

58 Dtn 4,35: וידעת היום והשבת Dtn 4,39 אתה הראת לדעת כי יהוה הוא האלהים אין עוד מלבדו. אל לבבך כי יהוה הוא האלהים בשמים ממעל ועל הארץ מתחת אין עוד. Grammatisch wird in 1Kön 8,60 der Inf.cs. von ידע im Gegensatz zu Dtn 4,35 und 1Kön 8,43 mit dem vorangestellten Partikel למען gebraucht ist (Dtn 4,35: לדעת; 1Kön 8,43: למען ידעון; 1Kön 8,60: למען דעת). Ein solcher Gebrauch des Inf.cs. ידע ist selten in der HB (im Qal neben 1Kön 8,60 nur viermal in Jos 4,24; Ri 3,2; Ez 38,16; Mi 6,5; im Hif. nur in Dtn 8,3).

59 Ähnlich bereits Jepsen, *Quellen*, 18, der 8,58 ebenfalls als Nachtrag identifiziert.

60 Vgl. Dtn 6,1: „Dies ist das Gebot, die Ordnungen und Rechtsbestimmungen, die Jhwh euch befohlen hat" (וזאת המצוה החקים והמשפטים אשר צוה יהוה אלהיכם). Die markante Aufzählungsfolge in 1Kön 8,58 MT (מצוה ... חק ... משפט) findet sich in Dtn 5,31 und 6,1. Die Aufzählung des OG (מצוותיו וחקיו) ist in Dtn 5,31 (hier mit vorhergehendem כל = πᾶς vgl. 3Kgt 8,58); 6,1; 27,10 anzutreffen. Auch die Kombination von דרך + הלך mit folgendem שמר ist im Deuteronomium in Dtn 26,17 und 30,16 zu finden.

61 את יהוה האמרת היום להיות לך לאלהים וללכת בדרכיו ולשמר חקיו ומצותיו ומשפטיו ולשמע בקלו ויהוה האמירך היום להיות לו לעם סגלה כאשר דבר לך ולשמר כל מצותיו

strukturell eng verwandt. Das וללכת בדרכיו ולשמר חקיו ומצותיו ומשפטיו aus
Dtn 26,17 ist dem ללכת בכל דרכיו ולשמר [כל] מצותיו] וחקיו [ומשפטיו] in 1Kön
8,58 sehr ähnlich.

Beim ersten Inf. cs. להטות לבבנו אליו ist Jhwh (8,57a: יהוה אלהינו) als
handelndes Subjekt aufzufassen: „(Jhwh verlasse uns nicht), um so unsere Herzen
zu ihm zu neigen."[62] Er soll das Herz der Betenden zu ihm lenken, damit diese
nach dem Gesetz leben. Die engste Parallele für 8,58a bildet Ps 119,36. Dort bittet
der Betende Jhwh darum, sein Herz zu ihm zu neigen (הט לבי אל עדותיך).[63] Im
Kontext von Ps 119,33–37 handelt es sich um eine weitere Variation der Bitte um
göttliche Führung und Wegweisung.

13.2.5 Die Schlussnarration (8,62–66)

Die Schlussnarration aus 8,62–63* könnte ursprünglich den Abschluss dieser
Grundschrift gebildet haben (s. o. Kap. 13.1 ab S. 343). Alle anderen Textteile sind
der Schlussnarration erst nachträglich zugewachsen (*Nachtrag*):

> 62 Und der König und $\frac{\langle ganz\ Israel\ mit\ ihm\rangle}{\{alle\ Söhne\ Israels\}}$ brachten Schlachtopfer dar vor Jhwh. 63 Und {|+der
> König|} *Salomo opferte Schlachtopfer, {⟨die er vor Jhwh opferte,⟩}* 22.000 Rinder und 120.000
> Schafe. Und sie weihten das Haus {⟨Jhwhs⟩} ein, *der König und {⟨alle Söhne Israels.⟩}*
> *64 {⟨An jenem Tag heiligte der König⟩} die Mitte des Vorhofes, der vor dem Haus Jhwhs lag.*
> *Denn dort opferte er {⟨Brandopfer⟩} ⟨und Speiseopfer⟩ und die Fettstücke des Schlachtopfers.*
> *Denn der bronzene Altar, der (war) {⟨vor Jhwh⟩}, war (zu) klein* $\frac{\langle um\ zu\ fassen\rangle}{\{er\ vermochte\ nicht\ zu\ fassen\}}$ *die*
> *Brandopfer und Speisopfer ⟨und die Fettstücke des Schlachtopfers⟩.*
> *65 Und Salomo veranstaltete ⟨zu jener Zeit das (Laubhütten)Fest⟩ und ganz Israel mit ihm,*
> *eine große Versammlung von da, wo man nach Hamat hineinkommt, bis an den Bach Ägyptens,*
> *{⟨vor Jhwh [?] sieben Tage lang.⟩} 66 Am achten Tag entließ er das Volk. {⟨Und sie segneten*
> *den König und sie gingen⟩}* $\frac{\langle zu\ ihren\ Zelten|\rangle}{\{ein\ jeder\ zu\ seinen\ Zelten\}}$, *fröhlich und guten Mutes über ⟨all⟩ das Gute,*
> *das Jhwh getan hat an David {⟨seinem Knecht⟩} und seinem Volk Israel.*

Nachdem Salomo das Volk bzw. seine Repräsentanten gesegnet hat, opfern sie
gemeinsam eine immense Zahl an Tieren und weihen damit den Tempel ein. Wie
in der Redeeinleitung aus 8,14 wird Salomo als „der König" (המלך) bezeichnet.

---

62 Vgl. die BHt: Syntagment = „P(1 2) *K1(8,57a 1 4)* 2(2 4) 6(4 6) ePP3(8,54aI 2 3) ePP5(8,57a 1 4)"
(K1 = Subjekt kontextgetilgt; 8,57a 1 4 = *YHWH* ʾilō*hē = nū). Relationen: „P(pon) *1(erg;div,ind)*
2(add;hum,partcorp) 6(dislok;pi-dir;div,ind)" (1erg = handelndes Subjekt; div = göttlich = Jhwh).
Beide Male kursiv MF zur Hervorhebung.

63 Die grammatische Form als Inf. cs. להטות in 1Kön 8,58 könnte durch Dtn 26,17–18 inspiriert sein
(s. o.). Hier wie dort sind Inf.cs.-Formen aneinandergereiht. Hier wie dort wechselt das Bezugswort
innerhalb der Inf.cs. Reihe von Jhwh auf das Volk.

Die Bezeichnungen für das Volk sind textkritisch unsicher; legt man in 8,14 den Text aus Kgtm zugrunde, ist beide Male von dem „ganzen Volk" die Rede (vgl. 8,14 in Kgtm: כל ישראל; mit 8,62: כל בני ישראל in Kgtm/עמו ישראל in Kön).

Grundbestand: Opfer und Einweihung (8,62–63*)

8,62–63 erzählen von Opfern und der Einweihung des Tempels. Die Verse bilden den Kern der Schlussnarration. Mit der *Einweihung* des Tempels in 8,63 kommt die Tempel*weih*erzählung zu ihrem Ziel. Das Gerüst besteht aus drei aufeinanderfolgenden Teilsätzen mit ein- und demselben Verb זבח (opfern). In 8,63a ist Salomo allein das handelnde Subjekt; in 8,62 opfert er gemeinsam mit dem Volk. Am Ende von Vers 63 klappt das zweiteilige Subjekt nach: „Und sie weihten das Haus Gottes ein, *der König und das ganze Volk*."). Es wurde an das Ende des Verses angehängt. Das זבח ליהוה („opfern vor Jhwh") im Relativsatz nimmt das vorhergehende זבחים זבח לפני יהוה („sie opferten Opfer vor Jhwh") auf.

Der Wechsel im Numerus in Kombination mit dem dreifach wiederholten זבח weist auf eine nachträgliche Bearbeitung hin. Beim Abheben von Bearbeitung und Vorlage wird man sich für ein handelndes Subjekt entscheiden müssen – also entweder für „Salomo und das Volk" in 8,62 oder für „Salomo" in 8,63a. Die Entscheidung fällt zugunsten von Vers 62 und dem zweiteiligen Subjekt („Salomo und das Volk").[64] Die oben genannte Wiederaufnahme gibt den Ausschlag. Das Ende von Vers 62 wurde verdoppelt (לפני יהוה > ליהוה), um der gemeinsamen Opferung ein Opfer gegenüberzustellen, in dem Salomo allein handelndes Subjekt ist.[65] Der Nachtrag stellt Salomo als alleiniges handelndes Subjekt in den Vordergrund – vielleicht weil gemäß der späteren Bestimmungen der Tora das Volk nicht befugt war, Opferungen am Tempel auszuführen.

Ungewöhnlich ist zudem die unregelmäßige Bezeichnung Salomos: „62 Und der *König* (והמלך) und das Volk opferten ...63 und {|+*der König*|} *Salomo* opferte (ויזבח שלמה) ...und der König (והמלך) und das Volk weihten ...".[66] Idealerweise wäre die Vollversion המלך שלמה an den Anfang zu stellen; darauffolgend könnte man zwischen „König", „Salomo" und „König Salomo" variieren. In der Textgeschichte ist hier auf allen Ebenen der Überlieferung Varianz zu beobachten

---

64 Ähnlich: Nentel, *Trägerschaft*, 214f. O'Brien, *History*, 151–153. Beide sehen in 8,62.63b die Grundschrift.

65 Einschub *kursiv*, Wiederaufnahme <u>unterstrichen</u>: „Und der König und das Volk opferten Opfer vor Jhwh; *und Salomo opferte Schlachtopfer, was er tat (wörtlich: opferte)* vor Jhwh."

66 Für die Markierungen vgl. den Hyparchetyp in Kap. 10 ab 308 und das Textschaubild in Kap. 15.1 ab S. 449.

(König/Salomo/König Salomo).[67] In der Litarargeschichte wird es nicht anders gewesen sein. Möglicherweise ist uns der Wortlaut des ursprünglichen Textes hier nicht mehr erhalten. Sowohl für die Text- als auch für die Literargeschichte bleibt der genaue Bearbeitungsverlauf allerdings Spekulation.[68]

Die großen Opferzahlen von 22.000 Rindern und 120.000 Schafen könnten zur Grundschrift gehören.[69] Die Nennung von übertriebenen Opferzahlen ist gute altorientalische Praxis in den Erzählungen von Tempelweihen.[70] Durch 8,5 werden die Opferzahlen später ins Unzählbare gesteigert (Kgtm: אֵין מִסְפָּר; Kön/Chr: אֲשֶׁר לֹא יִסָּפְרוּ וְלֹא יִמָּנוּ מֵרֹב). In der Anfangsnarration gehören die unzählbaren Opfer aus Vers 5 nicht zum Grundbestand der Erzählung; hier vermutlich schon.

Die Einweihung des Tempels in Vers 63b schließt die Grundschrift von 8,12–66* ab: „Und sie weihten das Haus JHWHs ein, der König und alle Söhne Israels".[71] Die Pluralform (וַיַּחְנְכוּ: „und sie weihten ein") schließt an das zweiteilige Subjekt aus Vers 62 an (Salomo und das Volk). Die nachklappende Wiederholung dieses zweiteiligen Subjekts am Ende von Vers 63 könnte erst nachträglich an den Vers gehängt worden sein.

Die in Vers 63b beschriebene Einweihung des Tempels (וַיַּחְנְכוּ אֶת בֵּית יְהוָה) hat redaktionsgeschichtlich in der HB keine Vorläufer;[72] sie wird dafür im biblischen und nach-biblischen Judentum an einschlägigen Stellen rezipiert. In Neh 12,27–47 wird die Einweihung der Mauer von Jerusalem erzählt. Ps 30 ist laut seiner Überschrift ein „Lied zur Einweihung des Hauses" (שִׁיר חֲנֻכַּת הַבַּיִת). In Num 7 ist das einzige Mal in Verbindung mit dem Wüstenheiligtum von einer Einweihung die Rede. Num 7,10–11.84.88 spricht dabei von der „Einweihung des Altars" (חֲנֻכַּת הַמִּזְבֵּחַ), was dazu führt, dass die Chr die *Tempel*weihe aus 1Kön 8 zu einer *Altar*weihe gemacht hat (vgl. 2Chr 7,9). In Esra 6,16–17 wird von der Vollendung und Einweihung des zweiten Tempels berichtet.

---

67 Vgl. die synoptische Gegenüberstellung zum Vers in Kap. 8.2 ab S. 252.

68 So auch Stade: „is is impossible to say how the original text reads" (Stade, *Kings*, 108).

69 Anders z. B. Nentel, *Trägerschaft*, 214f. O'Brien, *History*, 151–153. Beide gehen von einem höheren Alter von 8,5 aus und sehen in 8,63b deswegen einen Nachtrag.

70 Vgl. Montgomery, *Kings*, 200, für mögliche Beispiele.

71 So ebenfalls Würthwein, *1. Könige 1–16*, 94.102; Nentel, *Trägerschaft*, 214f. O'Brien, *History*, 151–153.

72 Lexeme der Wurzel חָנַךְ (Verb und Nomen חֲנֻכָּה) sind in der HB selten: 10 Mal in Num 7,10–11.84.88; Dtn 20,5; 1Kön 8,63; 2Chr 7,5.9; Neh 12,27; Ps 30,1. Im aramäischen Teil der HB kommt חֲנֻכָּה viermal vor in Esra 6,16–17; Dan 3,2–3.

Nachträge (8,64.65–66)

Bei 8,64 handelt es sich um einen Nachtrag.[73] Der Vers unterbricht den Handlungsverlauf und setzt neu an (ביום ההוא = „An jenem Tag"). Das Erzählte aus 8,62–63
wird in anderen Worten wiederholt, um spezifische Informationen zu ergänzen.
Die Opferung fand *in der Mitte des Vorhofes* statt. Dort wurde geopfert, weil der
bronzene Altar zu klein für die immense Opferzahl war. Ein- und derselbe Schreiber
hätte die Lokalangabe in V. 63 ergänzt (z. B. „und Salomo opferte in der Mitte des
Vorhofes") und so die Notwendigkeit eines erzählerischen Kommentars vermieden.

Beim zweiten Versteil kann es sich um einen Nachtrag zweiten Grades handeln,
der über eine Wiederaufnahme eingebaut wurde.[74] Der Schreiber fügte nach ואת
חלבי השלמים eine Begründung für den ungewöhnlichen Ort der Opferung ein –
der Altar war zu klein – und kehrt am Ende durch die Wiederholung der Opferarten
zu seiner Vorlage zurück (ואת חלבי השלמים) bevor er dann mit dem Abschreiben
fortsetzte.[75]

Der Bezugstext für diesen Vers war nicht der Bericht des Tempelbaus aus
1Kön 6. Dort wird weder ein „Vorhof" (החצר)[76] noch ein „bronzener Altar" (מזבח

---

73 So bereits: Würthwein, *1. Könige 1–16*, 94.102; Veijola, *Verheißung*, 151–153; Hentschel, *1 Könige*,
64; Noth, *I. Könige 1–16*, 191; O'Brien, *History*, 153.

74 Eine ähnliche redaktionelle Aufteilung des Verses findet sich bei Kasari, *Promise*, 159, der
allerdings 8,64a für einen Nachtrag hält.

75 Einschub *kursiv*, Wiederaufnahme <u>unterstrichen</u>: „{⟨An jenem Tag heiligte der König⟩} die
Mitte des Vorhofes, der vor dem Haus Jʜᴡʜs lag. Denn dort opferte er {⟨Brandopfer⟩} ⟨und
Speiseopfer⟩ und die Fettstücke des Schlachtopfers. *Denn der bronzene Altar, der (war)* {⟨vor
Jʜᴡʜ⟩}, war (zu) klein $\frac{(um\ zu\ fassen)}{\{er\ vermochte\ nicht\ zu\ fassen\}}$ die Brandopfer und Speisopfer ⟨und die Fettstücke
des Schlachtopfers⟩. Für die Markierungen und deren Zuordnung vgl. Kap. 10 ab S. 308 und Kap. 15.1
ab S. 449.

76 Im Baubericht ist von einem היכל (vgl. 1Kön 6,2), einem darin liegenden דביר (vgl. 1Kön
6,16–20) und einem vor dem Tempel liegenden אולם (vgl. 1Kön 6,3) die Rede. Zudem wird in
1Kön 6,36 der Bau eines inneren Vorhofes (החצר הפנימית) berichtet, wobei der „äußeren Vorhof"
als begriffliches Pendant dazu (החצר החיצנה) vgl. Ez 10,5; 40,17.20.31.34.37; 42,1.3.7–9.14; 44,19;
46,20–21) nicht erwähnt wird. Dieser החצר הפנימית בית יהוה wird dann in 1Kön 7,12 indirekt
im Palastbaubericht vom „Vorhof des Hauses" (לאלם הבית) unterschieden. In 2Kön 21,5 und
23,12 ist zudem von „zwei Vorhöfen" des Tempels die Rede (שתי חצרות בית יהוה). Ob der innere
Vorhof (החצר הפנימית) aus 1Kön 6,36 dem inneren Vorhof aus Ezechiel entspricht (Ez 10,3;
40,19.23.27–28.32.44; 42,3; 43,5; 44,17.21.27; 45,19; 46,1), ob er einer der in 2Kön 21,5 und 23,12
genannten zwei Vorhöfen ist und in welchem Verhältnis er zur Vorhalle (אולם) und zum Tempel
(היכל) selbst steht, ist schwer zu sagen. Die verschiedenen Bezeichnungen sind kaum miteinander
in Einklang zu bringen. Vermutlich wurden unterschiedliche Tempelvorstellungen (vielleicht
auch aus verschiedenen Zeiten) redaktionell ineinandergearbeitet. Anders ist der Befund kaum
zu erklären. Keiner der hier erwähnten Vorhöfe kann zweifelsfrei mit dem in 1Kön 8,64 erwähnten
Vorhof in Verbindung gebracht werden.

(הנחשת)[77] erwähnt. Der Schreiber wird an das Wüstenheiligtum gedacht haben, bei dem ein bronzener Altar im Vorhof stand. Es handelt sich um einen mit Bronze überzogener Altar aus Akazienholz (Ex 27,1.6.9; Ex 38,1.6.9), der vor dem Eingang in das Zelt der Begegnung (לפני פתח משכן in Ex 40,6) in dessen Vorhof (החצר) stand (Ex 40,6.8 im Kontext von Ex 40,1–8). Dieser Altar wird später durch Opfer- und Salbungsriten geheiligt (Ex 29,36f.; 40,10; Lev 8,15). Der bronzene Altar in 1Kön 8,64 stand analog dazu vor dem Haus Jhwhs (לפני בית יהוה). Von der Heiligkeit des Vorhofes ist vor allem im Ezechielbuch die Rede.[78]

Das redaktionelle Motiv für den Einschub von Vers 64 bleibt unklar. Eine Heiligung der „Mitte des Vorhofes" ist singulär in der HB. Die Bemerkung zur Altargröße ist trivial. Selbstverständlich ist ein einzelner Altar für diese Menge an Opfertieren zu klein. Möglicherweise wollte ein erster Schreiber den Ort der Opferung genauer angeben. Aus 8,22 wusste er, dass Salomo vor dem bronzenen Altar stand. Im Wüstenheiligtum stand dieser Altar im Vorhof. Die Heiligung durch die Opfer aus 8,62–63 muss also *im Vorhof* stattgefunden haben. Wieso aber von *der Mitte* des Vorhofes (את תוך החצר) die Rede ist, bleibt ein Rätsel. Ein zweiter Schreiber fügte durch 8,64b die Erklärung hinzu, dass der Altar zu klein war und die immensen Opferzahlen nicht fassen konnte.

Die zahlreichen Opferarten in Vers 64 entsprechen den großen Opferzahlen in Vers 63. Die Wiederholung des Erzählten wird als Gelegenheit genutzt, um eine Vielzahl von Opferarten aufzuzählen, die bei der Einweihung praktiziert wurden: מנחה, עולה und זבח bzw. השלמים/זבחי השלמים. Eine Kombination dieser Begriffe findet sich in der HB nur hier.[79] Die verschiedenen Opferarten können historisch

---

Die Chronik kennt eine Vielzahl an Vorhöfen (Pl. החצרות in 1Chr 23,28; 28,6.12; 2Chr 23,5; 2Chr 33,5 [//2Kön 21,5]) und unterscheidet in ihrer Version des Bauberichtes zwischen einem Vorhof der Priester (חצר הכהנים in 2Chr 4,9), einem großen Vorhof (העזרה הגדולה in 2Chr 4,9) und einer Vorhalle (האולם in 2Chr 3,4 parallel zu 1Kön 6,3). Bei Hiskia wird dann nochmal in 2Chr 29,16 zwischen dem „Inneren des Tempels" (פנימה בית יהוה), in den nur aaronitische Priester durften, und dem „Vorhof des Tempels" (חצר בית יהוה) unterschieden, wobei Könige und Volk sich offensichtlich in dem letztgenannten Vorhof aufhalten durften (vgl. 2Chr 24,21).

77 Laut 7,48 brachte Salomo einen „goldenen Altar" = את מזבח הזהב gemeinsam mit anderen Geräten in den Tempel. In 6,20 wird das Debir mit Gold überzogen sowie ein „Altar aus Zedernholz" (מזבח ארז). Nach 6,22 überzog Salomo den ganzen Tempel ואת כל הבית mit Gold sowie „der ganze Alter, der vor dem Debir (stand)" וכל המזבח אשר לדביר. Der Bau dieses Altars wird allerdings nirgends erwähnt. Ob 1Kön 6–7 mal einen Altarbaubericht hatte, bleibt Spekulation.

78 Achenbach verweist zurecht auf Ez 10,4f.; 44,17.21.27; 45,19; 46,20; Sach 3,7; Lev 6,19 (vgl. Achenbach, *Pentateuch*, 251).

79 Die Kombination von עלה, מנחה und שלם kommt nur in Lev 7,37; Num 29,39; Jos 22,23; 1Kön 8,64; 2Kön 16,13; 2Chr 7,7; Ez 45,15.17; Am 5,22 vor, wobei Num 29,39 als Opferregelung für das Laubhüttenfest am meisten hervorsticht. Der Begriff השלמים חלבי bzw. החלבים stammen aus

und innerbiblisch mal mehr mal weniger scharf definiert werden.[80] Dem Text geht es aber nicht um präzise Definitionen, sondern darum, *dass* eine möglichst große Zahl bekannte Opferarten bei der Einweihung praktiziert wurden. Dem entspricht die Austauschbarkeit und Fluktuation der Begriffe in der Textgeschichte (vgl. Kap. 8.3 ab S. 259). Mit einem stabilen Text ist auch in der Literargeschichte an dieser Stelle nicht zu rechnen.

Mit den Versen 65–66 wird die Einweihung des Tempels aus 8,63 nachträglich um eine Festfeier erweitert.[81] Der Vers 65 setzt neu an und ist mit dem vorhergehenden nur lose verbunden („in jener Zeit" = בעת ההיא).[82] In Vers 66 wird überraschend David anstatt Salomo als Empfänger des göttlichen Segens erwähnt (die auffällige Nicht-Erwähnung Davids in 1Kön 8,27–65* hat redaktionsgeschichtliche Gründe; vgl. Kap. 13.4 ab S. 420).

8,65–66 soll die Einweihung des Jerusalemer Tempels mit einem jüdischen Fest verzahnen. Die Verbindung von heilsgeschichtlichen Schlüsselereignissen mit bestimmten jüdischen Festen ist in der HB gängige Praxis.[83] Die Einweihung des Tempels fand gemäß 1Kön 8,2 im siebten Monat statt („im Monat Ethanim" = der siebte Monat im atl. Kalender). Über den Festkalender aus Dtn 16 kam der Schreiber auf das Laubhüttenfest – hebr. Sukkot (חג הסכת).[84] Es fand im siebten Monat statt und dauert sieben Tage (Dtn 16,13–15). Es ist das große jüdische Fest im siebten Monat (החג) und muss deswegen in 1Kön 8,65 nicht mit Namen genannt werden.[85]

Levitikus. Der Begriff חלבי השלמים kommt neben dieser Stelle und ihrer Chronikparallele nur noch in Lev 4,26; 6,5; 2Chr 29,35 vor. Der Plural החלבים findet sich neben 2Chr 7,7 nur in Lev 8,26; 9,19–20.24; 10,15.

80 Übersetzt werden die Opferarten nach Dahm, *Opfer (AT)*: עולה = Brandopfer; מנחה = Speiseopfer; השלמים/זבחי השלמים/זבח = Schlachtopfer. Ausführlicher und mit zahlreichen Literaturverweisen: Fabry/Moshe, *Art.* מִנְחָה, *in: ThWAT IV*; Ringgren/Bergman/Lang, *Art.* זבַח, *in: ThWAT II*; Seidl, *Art.* שְׁלָמִים, *in: ThWAT VIII*; Kellermann, *Art.* עוֹלָה, *in: ThWAT VI*.

81 So auch: Würthwein, *1. Könige 1–16*, 102; Nentel, *Trägerschaft*, 215; O'Brien, *History*, 152f.

82 Vgl. Würthwein, *1. Könige 1–16*, 102.

83 Vgl. den Wiederaufbau des Brandopferalters (Esra 3) und die Vorlesung des Gesetzes durch Esra (Neh 8) ebenfalls am Laubhüttenfest, sowie die Vollendung des Zweiten Tempels am Passafest (Esra 6; vgl. ferner Josia und das Passah). Die Datierungen in Esra 3 und Neh 8 sind mit Blick auf die Tempelweiherzählungen kein Zufall. Neh 8–9 ist durchzogen von Bezügen zur Tempelweiherzählung (1Kön 8/2Chr 5–7), die diesem Text als strukturgebende Vorlage diente. Der Wiederaufbau des Brandopferaltars und die Wiederaufnahme des Opferdienstes in Esra 3 am Laubhüttenfest wird ebenfalls kaum Zufall sein.

84 חג הסכת in Lev 23,34; Dtn 16,13.16; 31,10; 2Chr 8,13; Esra 3,4; Sach 14,16.18–19.

85 Mit dieser Feier des Laubhüttenfestes in Konflikt steht auf den ersten Blick Neh 8,17. Dort wird ausgesagt, dass das Sukkot so wie bei Nehemia seit der Zeit Josuas nicht mehr gefeiert wurde. Diese Aussage hat aber wohl die Verlesung der Tora als Bestandteil des Laubhüttenfestes im Blick

Der Satz aus 8,65 ist überladen und wurde in der Textgeschichte weiter aufgebläht (vgl. Kap. 8.4 ab S. 265). Möglicherweise war der Vers einmal kürzer. Das grammatische Grundgerüst des Verses bildet את החג ... שלמה ויעש = „Und Salomo machte ... das Fest" (Verb > Subj. > AkkO). Alle anderen Bestandteile des Verses sind als Ergänzungen in diesem Hauptsatz integriert: der zweite Subjektteil „ganz Israel mit ihm, eine große Versammlung", zwei Temporalangaben („zu jener Zeit"; „sieben Tage") und zwei Lokalangaben („von dem Eingang zu Hamat bis zum Fluss Ägyptens"; „vor dem Herrn, unserem Gott"). Welche Textteile nachträglich und in welcher Reihenfolge ergänzt wurden, kann nicht mehr rekonstruiert werden. Definitiv fehlerhaft ist das לפני יהוה אלהינו („vor JHWH, unserem Gott"). Vermutlich lautete der Text einmal לפני יהוה אלהים und das finale Mem wurde versehentlich in ein Waw + Nun verlesen (ם > נו; vgl. Fn. 46 auf S. 268).

Das כל ישראל עמו („und ganz Israel mit ihm") ist aus 1Kön 8,62 MT bekannt und findet sich neben 1Kön 8 nur noch im Buch Josua (7,24; 10,15.29.31.34.36.38.43) und ein paar anderen Stellen (1Kön 16,17; 2Chr 12,1). Die Formulierung קהל גדול („eine große Versammlung") ist ebenfalls selten und neben dieser Stelle nur in Jer 31,8; 44,15 und Ez 38,15 belegt.[86] Durch die Aneinanderreihung von כל ישראל עמו und קהל גדול wird an das כל קהל ישראל aus 1Kön 8,14.22.55 angeknüpft und damit an Schlüsseltexte wie Lev 16,17, Dtn 31,30 und Jos 8,35 angeschlossen.[87]

Die Beschreibung der Grenzen Israels vom „der Zugang nach Hamath" (לבוא חמת) bis zum „Fluss Ägyptens" (מצרים + נחל) findet sich in der HB nur noch in Num 34 (V. 5.8) und wird von dort inspiriert sein (sonst nur noch 1Chr 13,5 vermutlich unter Rückbezug auf 1Kön 8,65).[88] Die Formulierung מלבוא ... עד („von ... bis") ist in 2Kön 14,25 und Am 6,14 belegt.

(vgl. Dtn 31,10ff. und zieht daran anknüpfend eine Linie zwischen Jos 1 und Neh 8, wobei 1Kön 8 aufgrund der fehlenden Verknüpfung zwischen Laubhüttenfest und Toralektüre übergangen wird. Für eine ausführliche Auseinandersetzung vgl. Körting, *Schall*, 353.

86 Ähnlich ist die Formulierung קהל רב, die sich in Esra 10,1; Ps 22,26; 35,18; 40,10–11; Ez 17,17; 38,4 findet.

87 Das כל קהל ישראל findet sich in der HB nur in Lev 16,17; Dtn 31,30; Jos 8,35; 1Kön 8,14.22.55; 12,3; 1Chr 13,2; 2Chr 6,3.12–13

88 Der Ort Hamath (חמת) ist in 1Sam–2Kön aus 2Sam 8,9 bekannt (vgl. auch Jos 19,35 und Ri 3,3) und kommt nach 1Kön 8 im Königebuch mehrfach vor (2Kön 14,25.28; 17,24.30; 18,34; 19,13; 23,33; 25,21). Die Formulierung לבוא חמת („der Zugang nach Hamath") ist seltener. Mit dieser Formulierung wird in Num 34,8 die Grenze des verheißenen Landes angegeben (vgl. auch Num 13,21 im Kontext des Auskundschaftens des verheißenen Landes). Daran anschließend wird in Jos 13,5 und Ri 3,3 die Landesgrenze mit demselben Begriff beschrieben (darüber hinaus in 1Kön 8,65; 2Kön 14,25; 1Chr 13,5; 2Chr 7,8; Ez 47,20; 48,1). Die Kombination der Begriffe נחל und מצרים zu „Fluss Ägyptens" stammt ebenfalls aus den Angaben der Landesgrenzen in Num 34 (נחלה מצרים in

Die Entlassung am achten Tag in Vers 66 ergibt sich aus einer Festdauer des Sukkot von sieben Tagen nach Dtn 16,13.15. Der Festkalender aus Lev 23 war dem Schreiber noch unbekannt. Dort ist beim Laubhüttenfest am achten Tag noch eine Festversammlung (עצרה) vorgesehen (vgl. Lev 23,36 und Num 29,35). Erst die Chronik passt den Text an diesen neueren Festkalender an (vgl. Kap. 8.5 ab S. 272).

In Vers 14 „segnet" Salomo das Volk zum Beginn seiner Reden, hier in Vers 66 „segnet" das Volk den König zum Abschied. Es mag an ein „grüßen" gedacht sein; der Inhalt muss nicht ausgeführt werden. 2Kön 4,29 belegt solch einen Gebrauch von ברך im Piel.[89] Das Schema „A (inferior) *brk* B (superiorem)" ist in der HB selten, aber möglich (vgl. z. B. Gen 47,7.10; 2Sam 14,22).[90] Textkritisch nicht möglich ist die Rekonstruktion eines ויברכהו = „und er (Salomo) segnete es (das Volk)" mit LXX[B] (καὶ εὐλόγησεν αὐτόν). Es handelt sich um eine innergriechische Lesart in B (und den Hs. 509 460); Rahlfs folgt dem B-Text an dieser Stelle zu Unrecht (vgl. Kap. 8.5 ab S. 272). Eine Änderung von „und sie segneten den König" (καὶ εὐλόγησαν τὸν βασιλέα) zu „und der König segnete es (das Volk)" (καὶ εὐλόγησεν αὐτόν) ist unplausibel.

Eine nahestehende Parallele für 8,66 ist Jos 22,6 (ויברכם יהושע וישלחם וילכו אל אהליהם).[91] In beiden Versen werden dieselben Verben benutzt (שלח, ברך und הלך). In beiden Fällen entlässt der jeweilige Anführer die Israeliten und sie gingen in ihre Zelte. Der einzige Unterschied ist, dass in Jos 22,6 Josua das Volk segnet, während in 1Kön 8,66 das Volk Salomo segnet. Die Formulierung וילכו לאהליהם von Kön entspricht Jos 22,6 vollkommen.

Die Formulierung טובה ... אשר ... עשה findet sich in Ex 18,9; Ri 8,35; 2Sam 2,6; 2Chr 7,10; Neh 5,19; Jer 33,9 (כל הטובה in Ex 18,9; 1Kön 8,66; 33,9; טובה in 2Sam 2,6; 2Chr 7,10). Die nahestehensten Parallelen sind Ex 18,9 (כל הטובה אשר עשה יהוה לישראל) und Ri 8,35 (ככל הטובה אשר עשה עם ישראל). Für die Formulierung שמחים וטובי לב ist Est 5,9 (שמח וטוב לב) die nächste Parallele.[92]

Num 34,5) und hat von da aus Verwendung in Jos 15,4.47 gefunden (darüber hinaus in 2Kön 24,7; 2Chr 7,8; Jes 27,12).

89 2Kön 4,29: „Da sagte er zu Gehasi: Gürte deine Hüften und nimm meinen Stab in deine Hand und geh hin! Wenn du jemandem begegnest, *grüße ihn nicht* (לא תברכנו), *und wenn jemand dich grüßt* (וכי יברכך), antworte ihm nicht! Und lege meinen Stab auf das Gesicht des Jungen!" (*Elberfelder Bibel*; kursiv MF). Auf diese Parallele verweist ebenfalls Šanda, *Könige*, 221.

90 Vgl. Scharbert, *Art.* ברך, *in: ThWAT I*, 823 mit diesen und weiteren Belegstellen.

91 שלח ... עם hat als nächste Parallelen Jos 24,28; Ri 2,6; 3,18; 1Sam 10,25. Die einzige Parallele neben Jos 22,6, bei der eine Vielzahl an Personen eine oder mehrere andere Personen segnet, ist Neh 11,2, wo das Volk die zukünftigen Bewohner von Israel segnet.

92 Die Lexeme werden noch in Spr 12,25; 15,30 kombiniert.

13.3 Erweiterung I: Das Bittgebet (8,23–53*)

In Kap. 13.1 (ab S. 343) hat sich bereits gezeigt, dass das Bittgebet nicht von Anfang an im Text der Reden Salomos aus 8,12–61* stand. Die literarhistorischen Anfänge der Reden Salomos liegen in 8,12–13.14.56–57.61. Der Grundbestand des Bittgebetes wurde nachträglich zwischen den Tempelweihspruch und die Schlussworte Salomos aus 8,56–57.61 gestellt. Die Nicht-Erwähnung Davids im Grundbestand des Bittgebetes verrät, dass der Abschnitt zu David aus 8,15–21 noch nicht im Text stand (zu 8,24–26 s. u. Kap. 13.3.3). Der Bezug zum Tempelweihspruch erweist sich durch die (modifizierende) Aufnahme seiner Tempelvorstellung. Nach hinten erzeugte der Einschub des Bittgebetes einen unvermittelten Übergang von den Klagen des Gebetes zum Lobpreis in Vers 56. Literarisch eingebettet wurde das Bittgebet durch die Abschlussnotiz aus 8,54a und die Verdoppelung von Vers 14 in Vers 55 (s. u. Kap. 13.3.2).

Das Bittgebet selbst ist auch nicht aus einem Guss. 8,44–51 ist als Nachtrag größtenteils akzeptiert.[93] Bei den weiteren Beispielbitten aus 8,31–43 hat man sich bisher nicht auf eine Genese einigen können.[94] Entscheidend ist die redaktionelle Analyse des Anfangs mit den Schnittstellen in 8,23.24–26.27.28–30. Viele sehen in dem Bezug zu David aus 8,23–26 den Kern des Bittgebetes; die Beispielbitten aus 8,31–51* seien hingegen eine nachträglich Erweiterung – entweder mit oder ohne 8,29–30.52–53 als Rahmen.[95] 8,27 stört und wird als isolierter Nachtrag aussortiert.[96] Dabei übersah man allerdings die vollständige Nicht-Erwähnung Davids ab 8,27, obwohl sich ein Bezug mit 8,23–26 als Vortext an vielen Stellen aufdrängt (vgl.

---

[93] Vgl. u. a. Stipp, *Fürbitte*, 245–268; Dietrich, *Prophetie*, 74, Fn. 39; Würthwein, *1. Könige 1–16*, 97; Šanda, *Könige*, 233f. Jepsen, *Quellen*, 15f. Thenius, *Könige*, 140. Dagegen nur: Nentel, *Trägerschaft*, 226–229. Für eine ausführlichere Darstellung der Forschung zu diesen Versen vgl. Stipp, *Fürbitte*, 245–268.
[94] Vgl. die unterschiedlichen Entwürfe von Jepsen, *Quellen*, 15–24; Dietrich, *Prophetie*, 74, Fn. 39; Dietrich, *Königszeit*, 91f. Würthwein, *1. Könige 1–16*, 91–100; Veijola, *Verheißung*, 150–156; Leverson, *I Kings 8*, 143–166; Knoppers, *Two Nations*, 105–108; Knoppers, *Prayer*, 229–254; Talstra, *Prayer*, 108–127.171–238; Nentel, *Trägerschaft*, 206–211.225–241; Kasari, *Promise*, 126–173.
[95] Für einen Grundbestand inkl. des Rahmens vgl. W. Dietrich (GS 8,14–26.28–30a.53–61 (DtrN); erste Erweiterung: 8,27.30b–43, später 8,44–51. nach Dietrich, *Prophetie*, 74, Fn. 39), J. Nentel (vgl. Nentel, *Trägerschaft*, 236 DtrH = 8,14-21.22–25a.26.28-29. DtrS = 8,25b.30–41.42b–54a). Den Rahmen zu der ersten Erweiterung zählen E. Würthwein (vgl. Würthwein, *1. Könige 1–16*, 95); T. Veijola (vgl. Veijola, *Verheißung*, 150–154: DtrN^1 = 8,15bβ.16.22–26.28 > DtrN^2 = 29–30.31–43*.52–53). G. Braulik hält 8,52–53 für einen späten Zusatz: Braulik, *Spuren*, 20–33.
[96] 8,27 als Zusatz u. a. bei Burney, *Notes*, 114f. Gray, *I & II Kings*, 205; Veijola, *Verheißung*, 151; Würthwein, *1. Könige 1–16*, 95.97; Fritz, *Könige*, 94; Hentschel, *1 Könige*, 59f. Šanda, *Könige*, 235.246; Nentel, *Trägerschaft*, 207–208.

Fn. 4 auf S. 345).[97] Auch der Konnex zwischen 8,23.27 wird übersehen. 8,27 steht in keiner erkennbaren Verbindung zu 8,24–26. Der Bezug zu David aus 8,24–26 jedoch schließt gezielt an 8,23 an. Das deutet darauf hin, dass 8,24–26 in den Zusammenhang von 8,23.27 nachgetragen wurde. Anders wird man kaum erklären können, warum 8,27 in den heutigen Fassungen an dieser Stelle steht.[98] Nimmt man diese redaktionellen Beobachtungen zu den Schnittstellen ernst, dann steht der Bezug zu David aus 8,24–26 nicht am Anfang, sondern am Ende der Redaktion des Bittgebetes.[99] Das Bittgebet wurde erst im Nachhinein durch 8,24–26 sporadisch mit dem Abschnitt zu David aus 8,15–21 verbunden.

13.3.1 Aufbau und Struktur

Das Bittgebet besteht aus dreißig Versen (8,23–53) und bildet die größte Sinneinheit der Tempelweiherzählung. Eingeleitet wird das Gebet durch einen Lobpreis der unvergleichbaren Größe Jhwhs (8,23a.27) und der Treue Jhwhs zu seinen Verheißungen (8,23b.24–26). Am Anfang und am Ende bittet Salomo allgemein um die Erhörung des Gebetes (8,28–30.52–53). Dazwischen stehen sieben unterschiedliche Beispielszenarien, die jeweils mit einer Bitte um Erhörung abgeschlossen werden (vgl. die Tab. auf S. 376). In allen sieben Fällen wird zunächst eine Situation beschrieben, in der jemand am oder zum Tempel betet. Dann bittet Salomo darum, dass Jhwh das jeweilige Gebet aus dem Himmel erhört und sich dem Anliegen des Betenden annimmt.

Der Bedingungssatz wird mit unterschiedlichen Konjunktionen eingeleitet. Verwendet wird את אשר in V. 31, ב + Inf. cs. in V. 33 und V. 35, כי + PK in V. 37, V. 44 und V. 46 sowie ein einfaches ו + AK in V. 42 (ובא). In der Chronik sind die Konjunktionen stärker vereinheitlicht. Chr ersetzt das את אשר in V. 31 sowie das ב in V. 33 durch ein אם. Die übrigen Konjunktionen sind aus der Vorlage übernommen.

Die Form des Bittgebetes ist durch Wiederholungen geprägt. Vier Elemente kehren dabei immer wieder: 1) Die konsequente Tempelorientierung des Gebets; 2)

---

97 Vgl. auch die Verwendung des Ehrentitels עבד. In 8,23.28–30.32.36.52 bezeichnet Salomo sich und das Volk mit dem Ehrentitel „Knecht(e)", während in 8,24–26 David so genannt wird. Die Unterscheidung zwischen Salomo als עבד in 8,28–29.52 und dem Volk in 8,30.32.36 ist hingegen wegen der kollektiven Bezeichnung לעבדיך in 8,23 und textkritischer Anfälligkeit der Wendung für Varianz (vgl. z. B. 8,32) redaktionell wenig aussagekräftig (gegen Veijola, *Verheißung*, 156).

98 Wer die genannte Forschungsliteratur durchschaut, wird einem kollektiven Schweigen zu der Frage begegnen, warum 8,27 als Nachtrag an diese Stelle eingefügt worden sein soll.

99 Ähnlich bereits A. Jepsen, der eine Grundschrift bestehend aus 8,14.22.27–29aα vermutet, in die 8,15–21 und 23–26 nachgetragen wurden (vgl. Jepsen, *Quellen*, 18.23).

eine einheitliche Jhwh-Wohnvorstellung; 3) Die *Bitte* an Jhwh um Gebetserhörung; 4) Das Schema „Sündigen > Umkehren > Bitte um Vergebung".

1) Die gesprochenen Gebete orientieren sich konsequent am Tempel. Der Jerusalemer Tempel bildet den zentralen Haftpunkt für die menschlichen Gebete. In allen Beispielen sind die Gebete auf den Tempel ausgerichtet (vgl. die Tab. auf S. 376). Es kann gelobt (ידה Hifil in 8,33.35), gebetet (פלל Qal in 8,33.35.42.44.48; vgl. 8,28–30.54), gefleht (חנן Hitpael in 8,33.47; vgl. 8,59) und können die Hände erhoben (פרש כפיו in 8,38; vgl. 8,22.54) werden. Gebetet werden soll „in diesem Tempel" (בבית הזה in 8,33), „an diesem Ort" (אל המקום הזה in 8,29.30.35) oder „an diesem Tempel" (אל הבית הזה in 8,42).[100] Die Hände werden entweder zum Tempel oder zum Himmel erhoben (ופרש כפיו אל הבית הזה in 8,38; mit ויפרש כפיו השמים in 8,22 und וכפיו פרשות השמים in 8,54). Die mit dem bedingten Beschwörungseid belegte Person soll zwar nicht beten, aber in den Tempel kommen und den Fluch vor den Altar bringen (vgl. בבית הזה in 8,31).

In den ersten fünf Bitten wird direkt am oder im Tempel gebetet; der Betende ist dort stets leiblich präsent. Sogar der Nicht-Israelit kommt aus einem fernen Land nach Jerusalem, um dort zu beten (vgl. 8,41f.). In den Beispielen (6) und (7) befinden sich die Betenden außerhalb des Landes; sie müssen für das Gebet nicht nach Jerusalem wallfahren (wie 8,33–34 noch voraussetzt), sondern beten 8,47 „im Land der Gefangenschaft" (והתחננו בארץ שבים). Gesprochen wird das Gebet *in Richtung* (דרך) des erwählten Tempels (8,44.48) bzw. in Richtung der erwählten Tempelstadt (8,44.48) und in Richtung des den Vätern gegebenen Landes (8,48).

2) Diese Tempelorientierung ist kombiniert mit einer einheitlichen Jhwh-Wohnvorstellung: Sie wird in 8,23.27–30 ausdifferenziert und durchzieht das ganze Bittgebet. Der Fokus liegt auf den kosmisch-transzendenten Dimensionen von Jhwhs Präsenz. Keiner ist ihm gleich weder im Himmel noch auf der Erde (8,23). Er wohnt nicht unter den Menschen; weder der Tempel noch die Himmel können ihn fassen (8,27).

Dementsprechend wird im Bittgebet die „Stätte" und der "Ort deines Thrones" im Himmel verortet: 8,30: „Erhöre es von dem Ort deines Thrones, vom

---

100 Für eine ausführliche Untersuchung dieser Wendung vgl. Wilson, *Praying to the Temple: Divine Presence in Solomon's Prayer.* Er plädiert für ein Verständnis der Konstruktion als „praying to this place/house". „Place/house" stehe metonymisch für Jhwh als Inhaber/Bewohner des Tempels (vgl. z. B. ebd., 64f.). In jedem Fall sollte man zwischen die Präpositionen ב = „in" und אל = „an" (diesem Haus/Ort) keinen semantischen Keil treiben und eine Unterscheidung zwischen „beten in = " (ב) und „beten zu" (אל) vermuten. Beide drücken dieselbe (oder eine sehr ähnliche) Tempel- und Jhworientierung aus, ohne dabei ein Gebet aus größerer Distanz im Blick zu haben. Ein Beten aus größerer Distanz *in Richtung* des Tempels wird im Bittgebet mit דרך ausgedrückt (vgl. 8,44.48). Das אל könnte der Kombination mit המקום הזה entsprungen sein, iSv. „beten an diesem Ort" oder eben „beten zu dem Ort = Jhwh meinen.

Tab. 13.1: Gemeinsame Formmerkmale der Beispielbitten (8,31–51)

Die sieben Beispielsituationen	Tempelorientiertes Gebet	Bitte um Gebetserhörung
(1) 8,31–32: Beschwörungseid	ובא [?] לפני מזבחך בבית הזה	ואתה תשמע השמים
(2) 8,33–34: Niederlage im Krieg	והודו את שמך והתפללו והתחננו בבית הזה	ואתה תשמע השמים
(3) 8,35–36: Kein Regen	והתפללו אל המקום הזה והודו את שמך	ואתה תשמע השמים
(4) 8,37–40: Alle Arten von Unheil	כל תפלה כל תחנה אשר תהיה לכל האדם לכל עמך ישראל ... ופרש כפיו אל הבית הזה	ואתה תשמע השמים מכון שבתך
(5) 8,41–43: Nicht-Israeliten	ובא והתפלל אל הבית הזה	[ו]אתה תשמע השמים מכון שבתך
(6) 8,44–45: Heiliger Krieg	והתפללו אליך דרך העיר אשר בחרת בה והבית אשר בנתי לשמך	ושמעת השמים את תפלתם ואת תחנתם
(7) 8,46–51: Diaspora-Exilanten	והתחננו אליך בארץ שבי[ה]ם ... והתפללו [אליך] דרך ארצם אשר נתתה לאבותם [ו]העיר אשר בחרת והבית אשר בניתי לשמך	ושמעת השמים מכון שבתך [את תפלתם ואת תחנתם]

Himmel" (השמים אל שבתך מקום אל); 8,39.43.49: „Erhöre es vom Himmel, von der Stätte deines Thrones" (שבתך מכון השמים). Der Begriff stammt aus dem Tempelweihspruch. Dort wird der irdische Tempel als לשבתך מכון = „Stätte deines Thrones" bezeichnet. Der Tempel bildet das „Podest/Fundament" eines imaginierten Thrones. Der Tempelplatz ist damit der irdische Haftpunkt des kosmischen Gottesthrones, der von dort aus in die Sphären des Himmels ragt (vgl. dazu Kap. 13.2.1 ab S. 350). Im Bittgebet wird der Akzent verschoben. Es betont die kosmisch-transzendenten Dimensionen des Heiligtums, indem es die Lokalangaben „im Himmel" und „von der Stätte deines Thrones" nebeneinanderstellt. JHWH soll die Gebete von dem himmlischen „Ort" seines Thrones erhören. Die weltanschaulichen Voraussetzungen dieser Akzentverschiebung hat Christoph Koch bisher am genauesten beschrieben.[101] Nach altorientalischer Vorstellung

---

101 Vgl. zu Folgendem Koch, *Wohnstatt*, 15–43.229–230.234–235.

handelt es sich bei einem irdischen Tempel um das uneigentliche Abbild eines kosmisch-transzendenten Heiligtums. Ähnlich wie bei einem Kultbild stehen kosmisches Urbild und irdisches Abbild in einem Entsprechungs- und Repräsentationsverhältnis. Der Jerusalemer Tempelplatz bleibt der irdische Haftpunkt für die menschlichen Gebete und den vorgestellten Tempel in der unsichtbaren Welt; die eigentliche „Stätte" des Tempels befindet sich aber genauso wie Jhwh selbst in den kosmischen Sphären des Himmels. Dementsprechend dürfte es auch ein himmlisch-unsichtbares מכון gegeben haben, dem das irdische מכון entspricht. Auf dieser Grundlage kann der Schreiber des Bittgebetes den Akzent verschieben, ohne mit dem vorgegebenen Motiv aus dem Tempelweihspruch in Konflikt zu geraten. Die Wohnvorstellungen schließen sich nicht gegenseitig aus; es handelt sich um komplementäre Vorstellungen. Deswegen musste der Schreiber des Bittgebetes den Tempelweihspruch auch nicht anpassen. Weil er den Tempelweihspruch unverändert übernahm, ist der redaktionelle Schnitt bis heute erkennbar.

Explizit greifbar wird eine solche kosmische Entsprechung zwischen dem irdischen Abbild und dem kosmisch-transzendenten Urbild des Jerusalemer Tempel z. B. in der Wiedergabe des Tempelweihspruches im Targum Chronik: „Und ich habe gebaut ein Haus des Heiligtums vor dir, ein Ort bereitet als Haus für deine Shekina, (aus)gerichtet gemäß des Thrones deines Hauses, wo du wohnst, das (ist) im Himmel in Ewigkeit." (vgl. 2Chr 6,2 im TgChr in Kap. 4.3 ab S. 117). Die eigentliche Tempelstätte befindet sich seit jeher im Himmel. Das von Salomo erbaute Heiligtum bildet es ab; der Bau ist an dem Urbild orientiert. Für sich existieren kann nur das kosmische Heiligtum. Seine (Prä-)Existenz wird im Targum der Chronik ebenfalls an einer Stelle explizit gemacht. Während im TgChr von 1Chr 21 (= 2Sam 24) der Engel die Strafe an David und dem Volk vollzog, sah Jhwh beim späteren Tempelplatz gemäß eines aramäischen Zusatzes neben der Asche des Altars von Isaak u. a. „das Haus des Heiligtums, welches oben war" = ובית מוקדשא דלעיל, bevor es ihn gereute (vgl. TgChr im Textzusammenhang in Fn. 58 auf S. 120). Das kosmische Heiligtum existierte bereits, bevor der irdische Tempel gebaut wurde.

Jhwh selbst wohnt bzw. thront also in den himmlischen Sphären über dem Jerusalemer Tempel. Er blickt von dort auf den Tempel herab. Dementsprechend soll Jhwh die Gebete *aus dem Himmel* erhören ([ו]אתה תשמע השמים) in 8,32.34.36.39.43; ושמעת השמים in 8,45.49) und mit geöffneten Augen (und offenen Ohren) auf den Tempel bzw. Tempelplatz und auf die dort gesprochenen Gebete blicken (vgl. 8,29 und 8,52). Das Motiv der geöffneten Augen (עין + פתח) ist außerhalb von 1Kön 8,29.52; 2Chr 6,20.40; 7,15 nur noch aus Jes 35,5 und Neh 1,6 bekannt. Mit dem Motiv der „aufmerkenden Ohren" wie in Kgtm wird es in 2Chr 6,40; 7,15 sowie Neh 1,6 kombiniert.[102] Die einzige direkte Parallele zu einer Bitte um Erhörung aus dem Himmel ist Neh 9,27–28.

Der Tempel wurde für den *Namen* (שֵׁם) JHWHs gebaut (8,44.48: הַבַּיִת אֲשֶׁר בָּנִיתִי לִשְׁמֶךָ). Er ist „*der* Ort" (הַמָּקוֹם), von dem JHWH gesagt hat, „dass mein Name dort sei" (8,29: הַמָּקוֹם אֲשֶׁר אָמַרְתָּ יִהְיֶה שְׁמִי שָׁם). Die Bezeichnung des Tempelplatzes als הַמָּקוֹם „Ort" für den Namen (שֵׁם) JHWHs stammt bekanntlich aus dem Deuteronomium. Sie kommt dort prominent vor und erscheint danach erst wieder in 1Kön 8,29.[103] Die Formulierung, dass der Name JHWHs dort „sei" mit יהיה ist allerdings keine geprägte Formulierung aus dem Deuteronomium, sondern findet sich nur noch in 1Kön 8,16 und 2Kön 23,27, sowie in den entsprechenden Chronikparallelen (2Chr 6,5–6; 7,16). Aus dem Deuteronomium bekannt ist die Formulierung mit שִׂים oder wie in Neh 1,9 mit שׁכן.[104] In Form eines Relativsatzes mit אשׁר + אמר wird dies ebenfalls nur in 2Kön 23,27 und 2Chr 6,20 ausgedrückt. Gemäß dieser Terminologie kann dann auch der *Name* JHWHs gelobt (8,33.35) oder von Nicht-Israeliten erkannt werden (8,43).

3) Nach jedem Beispielszenario bittet Salomo mit immer denselben Worten um die Erhörung der Gebete (Qal שׁמע; entweder וְאַתָּה תִשְׁמַע oder וְשָׁמַעְתָּ; vgl. die Tab. auf S. 376). Dadurch ähnelt der Text den Bitten und Bittgebeten aus dem Psalterbuch. Terminologische Verbindungen zum Psalterbuch bestehen vor allem für die Bitte um Gebetserhörung. Das Verb Qal שׁמע wird als Aufforderung an Gott („Erhöre") vorrangig in den Psalmen verwendet,[105] in den erzählenden Büchern der HB aber nur sehr selten (z. B. 1Kön 19,16; Neh 3,36; 9,27–28; Dan 9,17-19). Noch auffälliger sind die Verbindungen ins Psalterbuch bei den Kombinationen von שׁמע („hören") mit תפלה („Gebet") und/oder תחנון/תחנה („Bitten"). Es handelt sich um zentrale Begriffe des Bittgebetes, die ebenso schwerpunktmäßig im Psalterbuch vorkommen.[106] Man vergleiche exemplarisch die folgenden Wendungen: Ps 4,2: „Höre mein Gebet" (שׁמע תפלתי); Ps 6,10: „Höre JHWH mein Bitten;

---

102 Das Motiv des geöffneten Ohres (אזן + פתח) ist aber auch in Jes 35,5; 48,8; 50,5 für sich und (bis auf Jes 35,5) ohne einen Bezug zum Auge belegt.

103 Vgl. שָׁם שֵׁם ... מָקוֹם in Dtn 12,5.11.21; 14,23–24; 16,2.6.11; 26,2; 1Kön 8,29; 2Chr 6,20; Neh 1,9; Jer 7,12.

104 Mit שִׂים in Dtn 12,21; 14,24; 1Kön 9,3; 11,36; 2Chr 6,20; mit שׁכן in Dtn 12,11; 14,23; 16,2.6.11; 26,2; Jer 7,12; Neh 1,9

105 Vgl. z. B. Vgl. Ipv. שְׁמַע oder Ipf. תִּשְׁמַע oder Pf. cons. וְשָׁמַעְתָּ in Ps 4,2; 5,4; 17,1.6; 27,7; 28,2; 30,11; 39,13; 50,7; 54,4; 61,2; 64,2; 81,9; 84,9; 102,2; 119,149; 130,2; 143,1.

106 שׁמע + תפלה + תחנון/תחנה in 1Kön 8,28.45.49; 9,3; 2Chr 6,19.35.39; Ps 6,10; 143,1; Dan 9,17. שׁמע + תפלה in 1Kön 8,28–29.45.49; 9,3; 2Kön 19,4; 20,5; 2Chr 6,19–20.35.39; 7,12; 30,27; Neh 1,6; Ps 4,2; 6,10; 17,1; 39,13; 54,4; 61,2; 65,3; 66,19; 84,9; 102,2; 143,1; Spr 15,29; 28,9; Jes 1,15; 37,4; 38,5; Jer 7,16; 11,14; Dan 9,17. שׁמע + תחנון/תחנה in 1Kön 8,28.30.45.49.52; 9,3; 2Chr 6,19.21.35.39; 33,13; Ps 6,10; 28,2.6; 31,23; 116,1; 130,2; 143,1; Jer 3,21; 37,20; Dan 9,17–18.

JHWH, mein Gebet nimm an." (שמע יהוה תחנתי יהוה תפלתי יקח); Ps 17,1: „Höre,
JHWH [...] horche auf mein Flehen, nimm zu Ohren mein Gebet" (שמעה יהוה צדק
הקשיבה רנתי האזינה תפלתי); Ps 61,2: „Höre, Gott, mein Flehen, horche auf mein
Gebet" (שמעה אלהים רנתי הקשיבה תפלתי); sowie „Höre mein Gebet" in Ps 39,13;
54,4; 84,9; 102,2; 143,1. Die Begriffe תפלה („Gebet") und תחנון/תחנה („Bitten")
kommen für sich genommen ebenfalls in Gen–1Kön so gut wie nicht vor, werden
in Salomos Bittgebet mehrfach wiederholt und finden sich danach in ähnlicher
Konzentration nur noch im Psalterbuch.[107] Dazu kommen weitere Formulierungen
im Bittgebet mit erkennbaren Bezügen in das Psalterbuch. Die Wendung „und sie
preisen deinen Namen" mit ידה Hif + את שם aus 1Kön 8,33.35 findet sich genauso
nur noch in Ps 138,2 und mit לשם oder שם in Ps 54,8; 99,3; 106,47; 122,4; 138,2;
140,14; 142,8 (sonst nur noch in 1Chr 16,35 und Jes 25,1).

Auch sonst führt die konkordantische Nachverfolgung vieler Motive des Bittgebetes in das Psalterbuch. In 8,35 wird wie in den Psalmen das fromme Gebet
mit der Gewissheit begründet, dass JHWH antwortet (für כי תענם vgl. Ps 17,6; 86,7;
117,21). In 8,36 wird JHWH parallel zu den Psalmen als Lehrer menschlicher Wege
aufgerufen (vgl. Ps 25,4f.; 32,8). Die Wendung „um deines Namens willen" (למען
שמך) aus 8,41 ist ebenfalls hauptsächlich aus den Psalmen bekannt (Ps 23,3; 25,11;
31,4; 79,9; 106,8; 109,21; 143,11).[108] In 8,46 verbindet die Verwendung von אנף im
Qal („zürnen" anstatt Hif. „zornig werden" in 1Kön 11,9; 2Kön 17,19) die Stelle mit
den Psalmen (Qal in Esra 9,14; Ps 2,12; 60,3; 79,5; 85,6; Jes 12,1). Das Sündenbekenntnisse in der 1. Person Plural aus 8,47 findet sich noch in Ps 106,6 und Dan
9,5.15. Auch die Bitten um Vergebung und um gerechtes Richten finden sich in den
Psalmen wieder.[109]

Über die Psalmen hinaus nah stehen noch Nehemias Gebet aus Neh 1 (vgl. vor
allem 1Kön 8,29 mit Neh 1,6) und Daniels Gebet in Dan 9 nah (vgl. 9,17–19) – und
sonst nur einzelne Verse wie z. B. 2Kön 19,16.

---

107 תפלה in 2Sam 7,27; 1Kön 8,28–29.38.45.49.54; 9,3; 2Kön 19,4; 20,5; 2Chr 6,19–20.29.35.39–40;
7,12.15; 30,27; 33,18-19; Neh 1,6.11; 11,17; Ijob 1,22; 16,17; 24,12; Ps 4,2; 6,10; 17,1; 35,13; 39,13; 42,9;
54,4; 55,2; 61,2; 65,3; 66,19–20; 69,14; 72,20; 80,5; 84,9; 86,1.6; 88,3.14; 90,1; 102,1–2.18; 109,4.7;
141,2.5; 142,1; 143,1; Spr 15,8.29; 28,9; Jes 1,15; 37,4; 38,5; 56,7; Jer 7,16; 11,14; 23,13; Klgl 3,8.44; Dan
9,3.17.21; Jona 2,8; Hab 3,1. תחנון/תחנה in Jos 11,20; 1Kön 8,28.30.38.45.49.52.54; 9,3; 1Chr 4,12; 2Chr
6,19.21.29.35.39; 33,13; Esra 9,8; Ijob 40,27; Ps 6,10; 28,2.6; 31,23; 55,2; 86,6; 116,1; 119,170; 130,2;
140,7; 143,1; Spr 18,23; Jer 3,21; 31,9; 36,7; 37,20; 38,26; 42,2.9; Dan 9,3.17–18.20.23; Sach 12,10.
108 Sonst nur noch in Jes 48,9; 66,5; Jer 14,7.21; Ez 20,9.14.22.44.
109 Ipv. סלח oder Ipf. תסלח oder Pf. cons. וסלחת in Ex 34,9; Num 14,19; 1Kön 8,30.34.36.39.50;
2Chr 6,21.25.27.30.39; Ps 25,11; Dan 9,19; Am 7,2. Ipv. שפט oder Ipf. תשפט oder Pf. cons. ושפטת in
Lev 19,15; 1Kön 8,32; 2Chr 1,11; 6,23; 20,12; Ps 7,9; 26,1; 35,24; 43,1; 67,5; 82,8; Spr 31,9; Klgl 3,59; Ez
20,4; 22,2; 23,36.

4) Die Bitten (2), (3) und (7) haben zudem das Schema „Sündigen (חטא) > Umkehren (שוב) > Bitte um Vergebung (סלח)" gemeinsam:

Tab. 13.2: Schema: Sünde > Umkehr > Bitte um Vergebung in 1Kön 8,31–51

	Verse	Inhalt	Sünde (חטא)	Umkehr (שוב)	Bitte um Vergebung (סלח)
1	8,31–32	Beschwörungs-eid	את אשר יחטא איש לרעהו	-	-
2	8,33–34	Niederlage im Krieg	כִּי אֲשֶׁר יחטאו לך	ושבו [אליך]	וסלחת לחטאת עמך ישראל
3	8,35–36	Kein Regen	כי יחטאו לך	ומחטאתם ישובון	וסלחת לחטאת עבדיך ועמך ישראל
4	8,37–40	Alle Arten von Unheil	-	-	וסלחת
5	8,41–43	Nicht-Israeliten	-	-	-
6	8,44–45	Heiliger Krieg	-	-	-
7	8,46–51	Diaspora-Exilanten	כי יחטאו לך כי אין אדם אשר לא יחטא לאמר חטאנו	ושבו ושבו אליך בכל לבבם ובכל נפשם	וסלחת לעמך לעונם אשר חטאו לך

Die konkrete Anwendung des Schemas in 1Kön 8,31–51 ist einmalig. Nirgends in der HB wird es derart konzentriert und dicht formuliert. Worin die Sünde besteht, wird durch den Bezug auf die Fluchandrohungen in Dtn 28 deutlich. Die Flüche drohen, wenn das Volk gegen Jhwh sündigt, indem es von ihm abfällt und die Gebote missachtet. Bei den Motiven Sünde (חטא) und Umkehr (שוב) steht eine lange Tradition prophetischer Geschichtsdeutungen im Hintergrund.[110] Klassischerweise wird in den Vorderen und Hinteren Propheten vor dieser Sünde gewarnt und Umkehr gefordert bzw. der Untergang von Nord- und Südreich mit der Sünde gegen das Erste Gebot und der mangelnden Umkehr begründet. Paradigmatisch ist z. B. der Götzendienst Jerobeams durch den Bau der goldenen Kälber – dem ersten Vorkommen der Wurzel חטא nach Salomos Bittgebet (vgl. 1Kön 12,30 z. B. mit 2Kön 17,7). Hier im Bittgebet ist die Sünde aber schon längst begangen und eingestanden. Der Betende ist umgekehrt und Salomo bittet für ihn um Vergebung. Von einer

---

110 Für einen Überblick zum Gesamtbefund für שוב vgl. Graupner/Fabry, *Art.* שוב, in: *ThWAT VII*; Soggin, *Art. šûb zurückkehren*, in: *THAT II*; für חטא vgl. Koch, *Art.* חָטָא, in: *ThWAT II*; Knierim, *Art. ḥṭ' sich verfehlen*, in: *THAT I*.

möglichen Wieder-Zuwendung JHWHs auf Grundlage einer umfassenden Umkehr von dieser Sünde könnte der Schreiber aus Dtn 4,29–31 und Dtn 30,1–10 gewusst haben. Beide Texte verheißen JHWHs Zuwendung und im Falle von Dtn 30 auch die Rückkehr aus der Gefangenschaft unter der Bedingung einer Umkehr. Das Prinzip ist dasselbe: Die Abkehr von JHWH hat konkretes Unheil im Sinne der Bundesflüche zur Folge (Dtn 30,1; הברכה והקללה verweist auf Dtn 28). Wenn das Volk Israel in dieser Situation aber zu JHWH umkehrt (30,2: ושבת עד יהוה אלהיך und 30,8: ואתה תשוב), wird sich JHWH erbarmen, die Gefangenschaft beenden und Israel an umfassendem Segen teilhaben lassen. In Dtn 30 wird diese Möglichkeit allgemein verheißen. Auf Grundlage dieses Versprechens wird in Salomos Bittgebet unter Bezug auf konkrete Fluchbeispiele um JHWHs erneute Zuwendung gebeten.

Die Bitte um Vergebung ist in den Bitten (2), (3) und (7) ebenfalls Teil dieses Schemas. Immer steht סלח im Qal Pf. cons. (וסלחת in 8,30.34.36.39.50). Die Bitte um Vergebung kann aber auch ohne das Schema „Sündigen > Umkehren" verwendet werden; in der allgemeinen Anfangsbitte und in der Bitte (4) wird ohne Bezug auf das Schema um Vergebung gebeten (vgl. וסלחת in 8,30.39). In 8,30 ist zudem die Verantwortlichkeit und Schuld des Volkes noch nicht erwähnt. Diese Diskrepanzen können redaktionsgeschichtlich erklärt werden. Vermutlich bildet die Bitte (4) zusammen mit den allgemeinen Anfangs- und Schlussbitten den ursprünglichen Kern des Bittgebetes. Dieser Kern enthielt zunächst nur die Bitte um Vergebung. Das theologische Konzept wurde erst nachträglich durch den Einschub der Bitten (2) und (3) zu dem oben genannten Schema „Sündigen > Umkehren > Bitte um Vergebung" ausgebaut und die Verbindung zwischen 8,30 und 8,39 damit auseinandergerissen (alles weitere dazu in Kap. 13.3.5 ab S. 396). Innerbiblisch geprägt wird diese Bitte vor allem durch Ex 34,9. Dort bittet Mose wegen der Sünde des goldenen Kalbes um Vergebung „für unsere Schuld und unsere Sünde" (וסלחת לעוננו ולחטאתנו). Eine solche Bitte um Vergebung wird noch einmal in Num 14,19 wiederholt und erscheint danach erst wieder in 1Kön 8,30.34.35.39.50 (alles weitere zur Motivgeschichte ebenfalls in Kap. 13.3.5).

Eine Durchsicht der innerbiblischen Parallelen macht zudem deutlich, dass Vergebung Teil eines Schemas mit „Sündigen > Umkehren" sein kann, aber nicht muss. Das Schema „Sündigen > Umkehren" kann auch für sich stehen. Jer 36,3 ist die einzige Parallele, in der alle drei Motive ebenfalls an einer Stelle vorkommen. JHWH hofft hier darauf, dass das Haus Juda auf das Unheil hört (שמע) und von seinen bösen Wegen umkehrt (ישובו איש מדרכו הרעה), damit er ihnen ihre Schuld und Sünde vergeben kann (וסלחתי לעונם ולחטאתם). Hier ist aber nicht von einer menschlichen Bitte um göttliche Vergebung die Rede! In Neh 9 wird das Schema „Sündigen > Umkehren" in einer sehr ähnlichen Weise verwendet; dort fehlt aber die Bitte um Vergebung mit סלח. Die einzige Parallele für eine *Bitte* um Erhörung und Vergebung ist das Bußgebet aus Dan 9. Auch hier werden alle Motive des

Schemas kombiniert. Daniel bekennt stellvertretend die Sünde und mangelnde Umkehr des Volkes und bittet Jhwh um Erhörung und Vergebung (Dan 9,17–19).

13.3.2 Redeeinleitung und Abschlussnotiz (8,14.54–55)

Die blockartige Erweiterung der Reden Salomos durch das Bittgebet (s. o. Kap. 13.1) geschah am ehesten über die Verdoppelung von der Redeeinleitung aus Vers 14 zu 8,14 = 8,54a.55. Die Redeeinleitung aus 22 kam erst zusammen mit dem Abschnitt über David aus 8,15–21 in den Text (s. u. Kap. 13.4). Aus dem Erheben der Hände *zum Tempel* (8,38) wurde in 8,22 später ein Erheben der Hände *zum Himmel* gemacht.

Vers 14 wurde also zunächst als Redeeinleitung für das neue Bittgebet übernommen. Der Schreiber war zu diesem ungewöhnlichen Schritt gezwungen, weil 8,14 durch das „Umwenden" Salomos mit den Geschehnissen aus 8,10–11 verbunden ist und deswegen nicht von seinem Vortext getrennt werden konnte. Der Schreiber schuf aber mit Vers 55 ein Duplikat, um die Ankündigung eines Segens als Einleitung für die Schlussworte Salomos zu erhalten. Deswegen blieb Vers 14 als Überleitung von dem Einzug der Wolke zu den Reden Salomos erhalten, obwohl sich der angekündigte Segen erst in den Schlussworten Salomos findet. Vielleicht hat der Schreiber das יברך in 8,14 als „begrüßen" oder „grüßen" verstanden und konnte deswegen mit 8,14 als Einleitung für den Abschnitt über David aus 8,15–21 leben.[111] 2Kön 4,29 belegt solch einen Gebrauch von ברך im Piel.[112] Das יברך wäre damit ähnlich gebraucht wie יברכו in 8,66. In 8,14 „segnet" der König das Volk zur Begrüßung, in 8,66 „segnet" das Volk den König zum Abschied.

Fortan bildete 8,55 die Einleitung der Schlussworte „und Salomo segnete die ganze Versammlung Israels mit lauter Stimme, indem er sprach." Von der Anwesenheit der כל קהל ישׂראל („ganzen Versammlung Israels") weiß der Schreiber aus 8,14 (vgl. dazu Kap. 13.2.3 ab S. 357). Die Wendung „mit lauter Stimme" (קול גדול) ist aus der HB gut bekannt und wird oft im Kontext von göttlichem Sprechen, menschlicher Klage oder lautem Rufen (קרא) verwendet.[113] Ein Sprechen (אמר)

---

111 So z. B. Thenius, *Könige*, 131; Kittel, *Könige*, 74; Šanda, *Könige*, 221. Ähnlich Noth, *I. Könige 1–16*, 183; Würthwein, *1. Könige 1–16*, 96.

112 2Kön 4,29: „Da sagte er zu Gehasi: Gürte deine Hüften und nimm meinen Stab in deine Hand und geh hin! Wenn du jemandem begegnest, *grüße ihn nicht* (לא תברכנו), *und wenn jemand dich grüßt* (וכי יברכך), antworte ihm nicht! Und lege meinen Stab auf das Gesicht des Jungen!" (*Elberfelder Bibel*; kursiv MF). Auf diese Parallele verweist ebenfalls Šanda, *Könige*, 221.

113 קול גדול in Gen 39,14; Dtn 5,22; 1Sam 7,10; 28,12; 2Sam 15,23; 19,5; 1Kön 8,55; 18,27–28; 2Kön 18,28; 2Chr 15,14; 20,19; 32,18; Esra 3,12; 10,12; Neh 9,4; Spr 27,14; Jes 29,6; 36,13; Jer 51,55; Ez 8,18; 9,1; 11,13.

mit lauter Stimme ist nur noch in Esra 10,12[114] belegt – hier als Einwilligung in die Erneuerung des Bundes (vgl. dazu auch 2Chr 15,14[115]). Möglicherweise könnte sich der Schreiber auch an das singuläre קול רם aus Dtn 27,14[116] erinnert und es bewusst oder unbewusst durch das geläufigere קול גדול ersetzt haben.

In 8,54a wird der Abschluss des Bittgebetes notiert, und es wird zur neu geschaffenen Einleitung der Schlussworte Salomos aus 8,55 übergeleitet: „54a *Und es geschah, als Salomo beendet hatte, zu beten zu Jhwh das ganze Gebet und dieses Bitten* [...], 55 und er trat hin und segnete die ganze Versammlung Israels mit lauter Stimme, indem er sprach: ...". Die Stichworte תפלה und תחנה nehmen die Selbstbezeichnung des Bittgebetes auf (תפלה in 1Kön 8,28–29.38.45.49.54; תחנה in 1Kön 8,28.30.38.45.49.52.54). Der Versteil 54b wurde erst später nachgetragen. Die Konstruktion mit ויהי + Adverbiale (כ + Inf. cs.) wurde also ursprünglich durch den Ipf.cons. „und er trat hin" fortgesetzt – wie es auch sonst im biblischen Hebräisch üblich ist (ויהי ככלות שלמה להתפלל ... ויעמד).

Vers 54b reißt diesen Zusammenhang auseinander und ergänzt nachträglich Zusatzinformationen zu Salomos Gebetshaltung (kursiv): „54 Und es geschah, als Salomo beendet hatte, zu beten zu Jhwh das ganze Gebet und dieses Bitten, *da stand er auf von vor dem Altar, wo er auf seinen Knien gekniet und seine Hände zum Himmel ausgebreitet hatte*, 55 und er trat hin und segnete die ganze Versammlung Israels mit lauter Stimme, indem er sprach:....‟[117] Der Schreiber interpretierte das ויעמד = „und er trat hin" durch den Nachtrag als Aufstehen (קם) und erzeugte damit eine Redundanz, die den Charakter von 8,54b als Zusatz verrät: ויהי ככלות שלמה להתפלל ... קם ... ויעמד = „und es geschah, als Salomo beendet hatte zu beten, ...*da stand er auf* ...*und trat hin*". Zu erkennen ist der Nachtrag auch an seiner grammatischen Form. Die Konstruktion ויהי + Adverbiale (כ + Inf. cs.) wird im klassisch Bibelhebräisch in der Regel mit einem Ipf. cons. wie das ויעמד fortgesetzt.[118] Erst in späten Sprachstufen kann in solchen Fällen ein einfaches Perfekt

---

114 „Und die ganze Versammlung antwortete und sprach *mit lauter Stimme*: Ja, nach deinem Wort obliegt es uns zu handeln!" (*Elberfelder Bibel*; kursiv MF).

115 „Und sie schworen dem Herrn *mit lauter Stimme* und mit Jauchzen und unter Trompeten- und Hörner[schall]." (ebd.; kursiv MF).

116 „Und die Leviten sollen anfangen und zu allen Männern von Israel *mit erhobener Stimme* (קול רם) sprechen." (ebd.; kursiv MF).

117 Der Nachtrag von 8,54b ist allgemein anerkannt. Davon gehen u. a. ebenfalls aus: Würthwein, *1. Könige 1–16*, 100; Noth, *I. Könige 1–16*, 189; Veijola, *Verheißung*, 151, Fn. 33; Nentel, *Trägerschaft*, 239; Hentschel, *1 Könige*, 63; Eissfeldt, *Könige*, 515.

118 ויהי ככלות שלמה להתפלל ... ויעמד = „und es geschah, als Salomo beendet hatte zu beten, ...*und er trat hin* ...".

ohne Waw wie קם verwendet werden.[119] Weil der Zusatz erst sehr spät vorgenommen wurde, lag es für den bearbeitenden Schreiber näher, die Konstruktion ויהי + Adverbiale (כ + Inf. cs.) mit dem einfachen Perfekt קם fortzusetzen.

Der Nachtrag kennt Vers 22. Die ausgebreiteten Hände entsprechen Salomos Haltung aus 8,22. Auch die Position Salomos „vor dem Altar" entspricht 8,22 (8,22: מלפני מזבח יהוה = 8,54: לפני מזבח יהוה). Nach 8,54b habe sich Salomo zudem für das Bittgebet hingekniet: „da stand er auf von vor dem Altar, *wo er auf seinen Knien gekniet* (מכרע על ברכיו)." In Vers 22 ist von einem Hinknien Salomos aber noch keine Rede. Konkreter Auslöser für einen solchen Nachtrag *in 8,55* könnte das wieder-aufgenommene ויעמד = „und er trat hin" gewesen sein. In 8,22 leitet es die Rede ein, hier in 8,55 wird es wiederholt. Das macht 8,55 redundant und das ויעמד = „und er trat hin" erklärungsbedürftig. Der Schreiber interetiert das zweite ויעמד durch den Zusatz von 8,54b als ein Aufstehen von den Knien (ויעמד = ... קם מכרע על ברכיו).

Als „innerbiblische" Inspirationsquelle infrage kommt z. B. Esra 9,5, wo Esra ebenfalls ein Bußgebet spricht. Er kniet sich dafür auf seine Knie und breitet seine Hände zu Jhwh aus (ואכרעה על ברכי ואפרשה כפי אל יהוה אלהי). Wenn Buß- und Klagegebete gemäß Esra 9,5 im Knien gesprochen werden, wird das auch für Salomo gegolten haben. An beiden Stellen wird כרע + ברך für „auf seine Knie knien" gebraucht (anstatt ברך + ברך wie in 2Chr 6,13).

Der Zusatz könnte aber auch durch das chronistische Sondergut aus 2Chr 6,13 inspiriert sein.[120] Dann würde es sich bei 8,54b um eine post-chronistische Bearbeitung im gemeinsamen Vorfahren von Kön und Kgtm handeln. In der Chronik wird nach 1Kön 8,22 = 2Chr 6,12 mit 2Chr 6,13 ein Zusatz ergänzt, in dem Salomo sich zu Beginn des Bittgebetes niederkniet.[121] Der Schreiber von 8,54b wusste aus 2Chr 6,13, dass sich Salomo zu Beginn des Bittgebetes niedergekniet hatte. Er setzt das Wissen um die chronistische Version voraus und kann deswegen in 8,54 eine Notiz über das Aufstehen Salomos von seinen Knien einfügen.

---

119 ויהי ככלות שלמה להתפלל ... קם = „und es geschah, als Salomo beendet hatte zu beten, *...da stand er auf ...*".

120 So z. B. bereits Eissfeldt, *Könige*, 515, und viele andere.

121 2Chr 6,12: „Und er trat hin vor den Altar Jhwhs gegenüber von der ganzen Versammlung Israels und breitete seine Hände aus. *13 Salomo hatte nämlich ein bronzenes Podest gemacht und es in die Mitte des Vorhofes gestellt. Fünf Ellen (war) seine Länge und fünf Ellen seine Breite und drei Ellen seine Höhe. Und er stieg auf es und kniete auf seine Knie gegenüber von der ganzen Versammlung Israels und er breitete seine Hände zum Himmel aus. 14 und sprach...*" Für eine Analyse dieses Sondergutes vgl. Kap. 6.1 ab S. 149.

13.3.3 Der Lobpreis JHWHs (8,23.27 + 8,24–26)

Der Lobpreis beginnt in 8,23 mit einem Lobpreis über JHWHs kosmischer Unvergleichbarkeit und seine Bundestreue gegenüber denen, die auf seinen Wegen wandeln. Dieser Lobpreis wurde ursprünglich fortgesetzt von der Aussage über JHWHs unfassbare Größe in Vers 27. Die Himmel können ihn genauso wenig fassen wie das Jerusalemer Heiligtum als irdischer Tempel. Die Verse 24–26 standen ursprünglich nicht dazwischen (*Nachtrag*):[122]

> 23 JHWH, Gott Israels, es gibt {keinen Gott wie du} im Himmel {⟨oben⟩} und auf der Erde {⟨unten⟩}, der den Bund und die Barmherzigkeit bewahrt für ⟨|deine Knechte, die wandeln vor dir mit ihrem ganzen Herzen,|⟩ *24 ganz wie du deinem Knecht David, meinen Vater, bewahrt hast,* ⟨|was du ihm zugesagt hast;|⟩ *was du zugesagt hattest durch deinen Mund, das hast du (tatsächlich) durch deine Hand erfüllt an diesem Tag. 25 Und nun JHWH, Gott Israels, bewahre deinem Knecht David, meinem Vater, was du ihm zugesagt hast, als du sprachst: Es soll dir nicht an jemandem fehlen vor meinem Angesicht, der sitzt auf dem Thron Israels, wenn nur deine Söhne auf ihren Weg achten, indem sie (wohlgefällig) wandeln* {⟨vor meinem Angesicht⟩}, *wie du (wohlgefällig) gewandelt bist vor meinem Angesicht. 26 Und nun* {|JHWH|}, *Gott Israels, möge sich* {|dein Wort|} *als zuverlässig erweisen,* ⟨|das Du zugesagt hast deinem Knecht|⟩ {⟨David, meinem Vater.⟩} 27 Ja, sollte Gott wirklich {|+mit den Menschen|} auf der Erde wohnen? ⟨Siehe, der Himmel⟩ und die Himmel der Himmel können dich nicht fassen; wie viel weniger dieses Haus, das ich gebaut habe {+für deinen Namen}!

Das Bittgebet setzt in 8,23 mit dem Vokativ יהוה אלהי ישׂראל ein („JHWH, Gott Israels"). Darauf folgen Aussagen über die Unvergleichbarkeit JHWHs: „Es gibt keinen Gott wie Du im Himmel oben und auf der Erde unten" (אין אלהים כמוך בשׁמים ממעל ועל הארץ מתחת). Eine solche Unvergleichbarkeit und Einzigartigkeit kann von israelitischen Königen ausgesagt werden[123] und wird in der HB vielfach auf JHWH übertragen (Ex 9,14; 2Sam 7,22; Ps 86,8; Jer 10,6–7). In 1Kön 8,23 wird dabei nicht wie in vielen anderen Parallelstellen die Existenz anderer Gottheiten ausgeschlossen, z. B. durch ein אין עוד = „es gibt keinen sonst" oder אין זולתך = „es ist keiner außer dir" (vgl. z. B. Dtn 4,35.39; 2Sam 7,22; 1Kön 8,60; Jes 45,5–6.14.18.21–22; 46,9). Andererseits wird die Existenz anderer Gottheiten auch nicht wie z. B. in Ps 86,8 explizit ausgesagt (אין כמוך באלהים) „keiner ist wie Du unter den Göttern").

---

122 Dieser Konnex zwischen 8,23.27 wurde in der Forschung bisher übersehen. Man sortierte anstatt dessen 8,27 als isolierten Nachtrag aus (ausführlich dazu am Anfang von Kap. 13.3 mit Fn. 96 auf S. 373). Ähnlich nur A. Jepsen, der ebenfalls 23–26 für nachgetragen hält (vgl. Jepsen, *Quellen*, 18.23).

123 אשׁר כמוך לא היה לפניך in 1Kön 3,12 und כי אין כמהו בכל העם in 1Sam 10,24 über Saul; ואחריו לא היה כמהו בכל אשׁר לא היה כמוך איש במלכים כל ימיך in 1Kön 3,13 über Salomo; וכמהו לא היה לפניו מלך über Hiskia; מלכי יהודה über Josia.

Ähnlich kurze Aussagen über JHWHs Unvergleichbarkeit finden sich in Ex 9,14 (כִּי אֵין כָּמֹנִי בְּכָל הָאָרֶץ) und Jer 10,6 (יהוה) (מֵאֵין כָּמוֹךָ).

Die Lokalangabe „im Himmel oben und auf der Erde unten" (בַּשָּׁמַיִם מִמַּעַל וְעַל הָאָרֶץ מִתַּחַת) expliziert die kosmische Dimension der Aussage. Die Wendung erinnert an das Götterbildverbot aus Ex 20,4 (לֹא תַעֲשֶׂה לְךָ פֶסֶל וְכָל תְּמוּנָה אֲשֶׁר בַּשָּׁמַיִם מִמַּעַל וַאֲשֶׁר בָּאָרֶץ מִתַּחַת), das in Dtn 4,39 und 5,8 wiederaufgenommen und in 4,39 zudem mit einer Ausschließlichkeitsformel (אֵין עוֹד) verbunden ist.

Bei der Bezeichnung von JHWH als Bewahrer von Bund und Gnade (שֹׁמֵר הַבְּרִית וְהַחֶסֶד) handelt es sich um eine stehende Wendung, die vor 1Kön 8,23 = 2Chr 6,14 in Dtn 7,9.12 belegt ist, dazu noch in Neh 1,5; 9,32; Ps 89,29; Dan 9,4. Vermutlich bilden die Segensverheißungen aus Dtn 7,9.12 den Ausgangspunkt, von dem aus die Formulierung in die anderen Texte übernommen wurde (vgl. z. B. das wörtliche Zitat in Neh 1,5).

JHWH bewahrt seinen Bund dabei nur für diejenigen (im Plural!), die JHWH lieben und seine Gebote halten (nur Ps 89,29 bezieht sich auf David als Einzelperson, formuliert aber keine Bedingung). Dem entspricht die Vorstellung in 1Kön 8,23 von JHWH als Bewahrer gegenüber „seinen Knechten, die wandeln vor dir mit ihrem ganzen Herzen" (לַעֲבָדֶיךָ הַהֹלְכִים לְפָנֶיךָ בְּכָל לִבָּם). Das בְּכָל לִבָּם = „in ihren ganzen Herzen" zitiert das Schma Israel (dort: בְּכָל לְבָבְךָ = „mit deinem ganzen Herzen"). Die Wendung „gehen vom ganzen Herzen" (בְּכָל + הלך + לֵב) steht für einen gesetzestreuen Lebenswandel. Das wird durch die parallelen Formulierungen in 1Kön 14,8[124] und 2Kön 10,31[125] deutlich. Das לֵב + בְּכָל kommt dabei üblicherweise in Paränesen vor, kann aber auch den Gesetzesgehorsam (wie in 1Kön 14,8 von David; oder 2Kön 23,25 von Josia oder 2Chr 31,21 von Hiskia) oder wie in 2Kön 10,31 den Ungehorsam beschreiben. Der Lobpreis von JHWHs bisheriger Bundestreue gegenüber den Gehorsamen zusammen mit der Bitte um weiteren Beistand kommt den Belegstellen in den Psalmen am nächsten (vgl. z. B. Ps 119,2.10.34.58.69.145). Die exakte Formulierung בְּכָל לֵב + לְפָנֶיךָ + הלך ("gehen vor dir mit ganzem Herzen") findet sich genauso in 1Kön 2,4. Hier wird die Aufrechterhaltung der Dynastieverheißung (vgl. לֹא יִכָּרֵת לְךָ אִישׁ מֵעַל כִּסֵּא יִשְׂרָאֵל) daran gebunden, dass Davids Nachfolger „wandeln vor mir in Wahrheit und von ganzem Herzen und von ganzer Seele" (לָלֶכֶת לְפָנַי בֶּאֱמֶת בְּכָל לְבָבָם וּבְכָל נַפְשָׁם). Auch hier wird wieder durch das בְּכָל לְבָבָם וּבְכָל נַפְשָׁם das Schma Israel zitiert (בְּכָל לְבָבְךָ וּבְכָל נַפְשְׁךָ).

Die Verse 24–26 reißen den Zusammenhang zwischen Vers 23 und Vers 27 auseinander, um Bezüge zu David in den Text einzuschreiben. Der Grundbestand des

---

124 כְּעַבְדִּי דָוִד אֲשֶׁר שָׁמַר מִצְוֹתַי וַאֲשֶׁר הָלַךְ אַחֲרַי בְּכָל לְבָבוֹ.
125 לָלֶכֶת בְּתוֹרַת יהוה אֱלֹהֵי יִשְׂרָאֵל בְּכָל לְבָבוֹ.

Bittgebetes kannte den Abschnitt zu David aus 8,15–21 noch nicht; dessen Schreiber sahen deswegen nicht die Notwendigkeit, David zu erwähnen. Mit 8,15–21 als Vortext kann man David hingegen im Bittgebet erwarten bzw. vermissen (vgl. Kap. 13.1 und dort vor allem Fn. 4 auf S. 345). Durch 8,24–26 stellten spätere Schreiber deswegen eine Verbindung zum Abschnitt über David her. Der Charakter von 8,24–26 als Nachtrag ist im heutigen Textzusammenhang noch gut zu erkennen. Vers 27 steht in keiner erkennbaren Verbindung zu den vorhergehenden drei Versen 24–26; der Übergang zu 8,27 ist bruchstückhaft. Die Position von 8,27 wird nur verständlich, wenn man den Vortext aus 8,24–26 als Nachtrag betrachtet. Ein Schreiber hat 8,24–26 an 8,23 angefügt, wollte aber den bestehenden Text seiner Vorlage nicht ändern und nahm deswegen die isolierte Stellung von 8,27 in Kauf.

Der Schreiber von 8,24–26 dachte bei dem Lobpreis von Jhwhs Bundestreue gegenüber den Frommen in 8,23 wohl an David. Der Nachtrag schließt an 8,23b an. In 8,23b preist Salomo Jhwh als „Bewahrer" (Ptz. שֹׁמֵר) der Bundeszusagen gegenüber denjenigen, die sich an sein Gesetz halten. Dieser Teil gehört noch zum Grundbestand des Bittgebetes und legt den Grundstein für die Bitte des Frommen um Jhwhs Zuwendung. Weil Jhwh seine Bundeszusagen hält, kann der Fromme um Jhwhs Segen bitten und seine Zuwendung betend erwarten. Die Wendung in 8,23b kann aber auch mit David in Verbindung gebracht werden. Die Formulierung „gehen vor dir mit ganzem Herzen" (בכל לב + לפניך + הלך) wird in 1Kön 2,4 von David gebraucht. Dort bildet der Gesetzesgehorsam die Bedingung für die Nichtausrottungsformel. Letztere wird in 1Kön 8,25 zitiert. Jhwh bewahrt diejenigen Frommen, die auf seinen Wegen gehen; David *ist* der idealtypische Fromme, der in Jhwhs Wegen ging. In 2Sam 7,15 und 1Kön 3,6 ist von der göttlichen חסד gegenüber David und seinem Königreich die Rede.[126] Eine dieser möglichen Assoziationen von 8,23b mit David könnte den Nachtrag von 8,24–26 mit dem Anschluss an 8,23b verursacht haben.

Der Nachtrag selbst besteht aus zwei Teilen (24.25–26). Vers 24 bezieht sich auf das bereits bewahrte Verheißungswort an David aus 8,16 (s. u.). In 8,25–26 bittet

---

[126] In 2Sam 7,15 ist von der חסד die Rede, die nicht von David abweichen soll (וחסדי לא יסור ממנו), wie sie von Saul abgewichen ist. Besonders nah verwandt mit 1Kön 8,23 ist 1Kön 3,6. Dort betet Salomo zu Jhwh: „Du hast deinem Knecht, meinem Vater David, große Gnade erwiesen, weil er gewandelt ist vor Dir in Wahrheit und in Gerechtigkeit und in der Aufrichtigkeit seines Herzens" (אתה עשית עם עבדך דוד אבי חסד גדול כאשר הלך לפניך באמת ובצדקה ובישרת לבב). Besonders die Partizipialkonstruktion Qal-Ptz. הלך + לפניך + eine Modalangabe mit לב kommt der Partizipialkonstruktion von 3Kgtm 8,23 (ההלך לפניך בכל לבו) = „der geht vor dir von ganzem Herzen") sehr nah.

חסד in 1Sam–2Kön insg. 21 Mal in 1Sam 4,3–5; 11,1; 18,3; 20,8; 23,18; 2Sam 3,12–13.21; 5,3; 15,24; 23,5; 1Kön 3,15; 5,26; 6,19; 8,1.6.21.23; 11,11; 15,19; 19,10.14; 20,34; 2Kön 11,4.17; 13,23; 17,15.35.38; 18,12; 23,2–3.21.

Salomo in Manier des folgenden Bittgebetes um JHWHs Treue zu seiner Verheißung eines beständigen Thrones für all diejenigen Herrscher, die sich an JHWHs Gebote halten. Vers 26 wiederholt und variiert Vers 25. Beide Verse fangen mit demselben Vokativ an, der auch schon aus 8,23 bekannt ist (יהוה אלהי ישראל in 8,23.25.26). Immer wird mit אשר-Sätzen + das Verb דבר auf bestehende Verheißungen Bezug auf David genommen: „[bewahre/du hast bewahrt] das, was du David verheißen hast" (את אשר דברת לו in 8,24 (nur Kön/Chr); אשר דברת לו לאמר in 8,25 und אשר דברת לעבדך דוד אבי in 8,26).

Der Vers 24 wird mit einem אשר an 8,23b angehängt, das man z. B. komparativ interpretieren kann: „(Du bist ein) Bewahrer von Bund und Gnade für deine Knechte [...], *ganz wie* (אשר) du deinem Knecht David, meinem Vater, bewahrt hast, was du ihm zugesagt hast".[127] JHWH bewahrt den Frommen Bund und Gnade, wie (oder kausal: weil) er David bewahrt hat, was er ihm zugesagt hat.

Was JHWH David zugesagt hat, wird über ein Zitat deutlich gemacht: „was du zugesagt hattest durch deinen Mund, das hast du (tatsächlich) durch deine Hand erfüllt an diesem Tag". Diese Wendung aus 8,14b zitiert 8,15 und verweist damit auf die Verheißung aus 8,16. Weil sie bereits im Vortext genannt ist, muss sie hier nicht nochmal wiederholt werden.

In 8,25–26 bittet Salomo um JHWHs Treue zu seiner Verheißung eines beständigen Thrones aus 1Kön 2,4. Der Inhalt der Verheißung wird in 8,25aβ–b angegeben: „Es soll dir nicht an jemandem fehlen vor meinem Angesicht, der sitzt auf dem Thron Israels, wenn nur deine Söhne auf ihren Weg achten, indem sie wandeln vor meinem Angesicht, wie du gewandelt bist vor meinem Angesicht."

Der Text ist aus 1Kön 2,4 (und 9,4–5) zitiert bzw. zusammengestellt. An allen drei Stellen wird mit „es soll dir nicht an einem Mann fehlen auf dem Thron Israels" (לא יכרת לך איש מעל כסא ישראל) dieselbe Nichtausrottungsformel in nahezu identischem Wortlaut erwähnt[128] (vgl. dazu den Kommentar zu 9,4) und mit einem אשר-Satz mit dem Verb דבר sowie einem לאמר als Zitat einer direkten Rede JHWHs an David eingeleitet.[129] An allen drei Stellen wird die Erfüllung der Verheißung an den Gesetzesgehorsam als notwendige Bedingung geknüpft.[130] In 2,4 ist der Text streckenweise vollständig identisch (אם ישמרו בניך את דרכם ללכת לפני)

---

127 Für eine komparative Interpretation des אשר vgl. z. B. Richter, *BHt*, zur Stelle: „Partikelfunktionen: KONJ5(komp)".

128 In 8,25 allerdings מלפני ישב anstatt מעל und in 3Kgtm 9,5//2Chr 7,18 מושל בישראל anstatt des מעל כסא ישראל in 1Kön 9,5.

129 In 8,25: אשר דבר עלי לאמר (OG ohne עלי; in 9,4: כאשר; In 2,4: את אשר דברת לו לאמר; דברתי על דוד אביך לאמר (hier Chr abweichend: כאשר כרתי לדויד אביך לאמר).

130 Nach Nentel, *Trägerschaft*, 207f. ist der Verweis auf den Gesetzesgehorsam in 8,25b eine Nachtrag.

und die Bedingung ebenfalls Teil der JHWHrede an David; jedoch bleibt hier der Davidvergleich unerwähnt (vermutlich weil David selbst spricht). In 9,5b zitiert sich JHWH mit der Verheißung selbst (9,3b–9 ist Gottesrede an Salomo). Gemeinsam mit 8,25 ist der sehr ähnlich ausgedrückte Davidvergleich (in 8,25: ללכת לפני כאשר הלכת לפני; in 9,4: אם תלך לפני כאשר הלך דוד אביך). Die zitierte Verheißung besteht in 9,5b nur aus dem Versprechen der Herrscher-Sukzession (vgl. 9,5b); die Bedingung ist vor das Zitat in 9,4 gestellt.

Es gibt aber auch einen entscheidenden Unterschied: In 1Kön 2,4 und 1Kön 9,5 ist Salomo der Adressat der Verheißung; von ihm wird erwartet, dass er sich an den menschlichen Teil der Verheißung hält. Hier richtet sich Salomo an JHWH. JHWH soll sich an den göttlichen Teil der Verheißung halten – eine ungebrochene Herrscher-Sukzession. Damit wird der Grundgedanke des Bittgebetes auf die bedingte Davidverheißung angewendet: Der Fromme bittet JHWH um Erhörung, weil die genannte Verheißung trotz seiner Buße und Gesetzestreue noch nicht Realität geworden ist. Damit steht 8,25–26 den Bitten in dem weiteren Gebet Salomos (vgl. 1Kön 8,28–53) sowie z. B. dem Psalm 89 (vgl. vor allem V. 29–38 mit 47–52) inhaltlich viel näher als 1Kön 2 und 1Kön 9. Eine solche Bitte um JHWHs Treue mit שמר als Imperativ ist begrifflich einmalig in der HB.[131] 1Kön 8,25 ist die einzige Stelle in Gen–2Kön, in der der Betende JHWH zum Bewahren (שמר Qal Ipv) auffordert. Das Lexem שמר Qal ist als Imperativ an JHWH nur in den Psalmen ("Bewahre mich" in Ps 16,1; 17,8; 140,5; 141,9; "Bewahre meine Seele" in Ps 25,20; 86,2) und in 1Chr 29,18 belegt.[132]

---

131 Eine Parallele zur Bitte um JHWHs Treue zu seiner bedingten Verheißung der Herrscher-Sukzession bildet Ps 132,10–12. Die Bedingung der Verheißung ist an beiden Stellen identisch mit אם ישמרו בניך eingeleitet. In Ps 132 wird JHWH – in anderen Worten – um Treue zu seiner Verheißung gebeten (V. 10: "wende dich nicht ab vom Angesicht deines Gesalbten") und sich seiner Treue vergewissert (vgl. V. 11). In beiden Texten wird JHWH um seine Treue zu Zuwendung gebeten, was an beiden Stellen vor dem Hintergrund einer bedingten Dynastieverheißung die Erfahrung ausbleibenden Segens trotz Gesetzestreue voraussetzt. Im Hintergrund von Ps 132 steht eine ausdifferenzierte Tempel- und Dynastietheologie. In 1Kön 8,25 wird durch 1Kön 8,23–26 (mit bewusstem Rückbezug zu 1Kön 8,15–21) eine vergleichbare Dynastietheologie entworfen. Die Herrscher-Sukzession ist mit Salomo als Thronnachfolger Davids gegeben. Der Erhalt des institutionellen Thrones sowie der Daviddynastie im allgemeinen hängt dabei vom Gesetzesgehorsam ab. Dies hat das institutionelle Königtum zu Fall gebracht. Die Dynastie der Davididen besteht allerdings weiterhin – mit dem Gesetzesgehorsam als notwendige Bedingung für erfahrbaren Segen. Die Verse 25–26 gehen nun aber von einem ausbleibenden Segen *trotz* menschlichen Gesetzesgehorsams aus.

132 Dabei ist 1Chr 29,18 die einzige wirkliche Parallelstelle zu 1Kön 8,25, in der ein ähnlicher Gedanke formuliert wird. Dort soll allerdings JHWH "die Gesinnung die Herzensgedanken des Volkes" (ליצר מחשבות לבב עמך) bewahren und "ihr Herz auf dich ausrichten" (והכן לבבם

Vers 26 wiederholt die Bitte um Jhwhs Treue aus Vers 25. Die Gesetzestreue als Bedingung und der Inhalt der Verheißung bleiben unerwähnt. Die Bitte ist mit dem Nifal Jussiv 3. Sg. [נא] יֵאָמֶן ausgedrückt. Jhwhs bedingte Verheißung der Herrscher-Sukzession aus V. 25 soll sich als zuverlässig/wahr/verlässlich erweisen. Während die Bitte an Jhwh um Bewahrung des Bildes (Ipv שְׁמֹר) in V. 25 singulär in der HB ist, hat die Bitte aus V. 26 in 1Chr 17,23–24 und 2Chr 1,9 zwei Parallelen (אמן Nif Jus. 3Sg. neben 1Kön 8,26 = 2Chr 6,17 nur noch in 1Chr 17,23–24 und 2Chr 1,9).[133] Beide Verse beginnen ebenfalls mit וְעַתָּה + Vokativ (1Chr 17,23: וְעַתָּה יְהוָה und 1Chr 1,9: [ו]עתה יהוה אלהים[134]). Der Text von 2Chr 1,9 kommt Kgtm sehr nah (2Chr 1,9 יֵאָמֵ֗ן דברך נא יֵאָמֶן) =דְּבָרְךָ [לְ]דָוִד אָבִי und 1Chr 17,23 hat wie Kön und Chr einen Relativsatz mit אֲשֶׁר דִּבַּרְתָּ (vgl. 2Chr 17,23: אֲשֶׁר דִּבַּרְתָּ עַל עַבְדְּךָ וְעַל בֵּיתוֹ). In allen drei Stellen wird darum gebeten, dass sich Jhwhs Verheißung als zuverlässig erweist.

Vers 27 steht in keiner erkennbaren Verbindung zu 8,24–26; er schließt inhaltlich an Vers 23 und die Unvergleichbarkeit Jhwhs an und könnte direkt an diesen Vers angeschlossen gewesen sein.[135] In 8,23a wird die Unvergleichbarkeit Jhwhs mit allen Wesen im Himmel und auf der Erde ausgesagt; hier werden die Konsequenzen dieser Unvergleichbarkeit ausgeführt: Weil Jhwh unvergleichlich groß ist und die Himmel ihn nicht fassen können, ist ein dem Menschen ähnliches Wohnen Jhwhs auf der Erde oder in seinem Tempel völlig unmöglich.

Das כִּי am Anfang von 8,27 ist emphatisch gebraucht[136] und hier mit einem הַאֻמְנָם kombiniert (אֻמְנָם = „wirklich?" + Fragepartikel).[137] Eine ähnliche Kombina-

---

אֵלָיו). Jhwh wird nicht direkt um Treue zu seiner Verheißung gebeten, sondern darum, dass er die Gesetzestreue des Volkes bewahrt und erhält.

133 In 1Chr 17,23 wurde der Imperativ הָקֵם („halte aufrecht!") aus 2Sam 7,25 durch den Jussiv יֵאָמֵן ersetzt, sodass sich die begriffliche Parallele zu 1Kön 8,26 = 2Chr 6,17 erst in der Chronik ergibt. Schon 2Sam 7,25 drückt aber denselben Gedanken aus und bildet eine inhaltliche Parallele (vgl. zudem Ps 119,38!). Bei 2Chr 1,9 sieht die Vorlage in 1Kön 3,7 noch ganz anders aus.

134 Das Waw fehlt hier wohl ursprünglich; die Konjunktion wurde aber beispielsweise im OG-Text nachgetragen (καὶ νῦν).

135 8,27 könnte auch nachträglich zwischen 8,23 und 8,28–30 eingeschoben worden sein. Der Vers lässt sich leicht aus dem Text herauslösen. Eine inhaltliche oder theologische Bruchstelle ist aber nicht erkennbar. 8,27 passt gut zu der Betonung der kosmisch-transzendenten Dimensionen von Jhwhs Gegenwart und nimmt genauso wie das Bittgebet auf die Wohnvorstellung des Tempelweihspruches Bezug. In jedem Fall stand aber 8,24–26 noch nicht im Text, als Vers 27 komponiert wurde. Mit 8,24–26 als Vortext lässt sich nicht erklären, warum 8,27 an diese Stelle eingefügt worden sein soll. Vgl. dazu und zur bisherigen Forschung den Anfang von Kap. 13.3 mit Fn. 96 auf S. 373

136 Lettinga/Siebenthal, *Grammatik BH*, §596.

137 Ein אֻמְנָם ist in der HB wie hier nur mit dem Fragepartikel ה belegt. Vgl. Gen 18,13; Num 22,37; Ps 58,2.

tion ist in dem כי אמנם aus Rut 3,12 und Ijob 36,4 belegt (אָמְנָם = „gewiss, wirklich, wahrlich"[138]).

Der Vers bezieht sich in Inhalt und Form auf den Tempelweihspruch und ist ihm strukturell nachgebildet:

1Kön 8,12 Damals sprach Salomo: *JHWH beabsichtigt, im Wolkendunkel zu wohnen*. 13 Hiermit habe ich gebaut ein Haus der Erhabenheit für DICH, eine Stätte für *dein* Thronen in Ewigkeiten.

1Kön 8,27 *Ja sollte Gott denn wirklich [+mit dem Menschen] auf der Erde wohnen?* Siehe, der Himmel und die Himmel der Himmel können DICH nicht fassen; wie viel weniger dieses Haus, das ich gebaut habe [+ für deinen Namen]!

In beiden Versen steht eine allgemeine Aussage über JHWH (*kursiv*) gefolgt von einer Anrede JHWHs in der 2. Person Singular (KAPITÄLCHEN). Der bekräftigenden Inf.abs.-Konstruktion בנה בניתי in 8,12 entspricht das אמנם („gewiss, wahrlich") zu Beginn von 8,27. Dem Tempel als Thron und Wohnsitz JHWHs steht die Unmöglichkeit von JHWHs Wohnen auf der Erde gegenüber (מכון לשבתך vs. כי האמנם ישב אלהים על הארץ; beide male ישב).

Nimmt man diese Bezüge zum Tempelweihspruch ernst, dann erscheint 8,27 als gezielte Akzentverschiebung. Der Fokus sollte nicht auf dem irdischen Tempel liegen. Er kann JHWH ohnehin nicht fassen. Dazu passt die (vermutlich bewusst) überspitzt formulierte rhetorische Frage am Anfang: „Ja sollte Gott denn wirklich [+mit dem Menschen] auf der Erde wohnen?" (כי האמנם ישב אלהים [את האדם] על הארץ). Die Frage beansprucht Zustimmung für den Gemeinplatz, dass ein Wohnen Gottes auf der Erde unter den Menschen völlig unmöglich ist. Sie hat in der HB keine Parallele. Das Motiv des Wohnens auf der Erde (ישב ... על ... ארץ) findet sich in der HB nur im Zusammenhang mit dem Wohnen des Volkes im Land Kanaan (vgl. Lev 25,18 und Ez 37,25). על + ישב ist in den allermeisten Fällen auf einen Thron (כסא) bezogen[139] und beschreibt eigentlich das Thronen JHWHs (vgl. Jes 6,1; Ps 47,9; in Jes 40,22: הישב על חוג הארץ).[140]

Der zweite Versteil geht (analog zur Unvergleichbarkeit JHWHs in 8,23) von einer unfassbaren Größe JHWHs aus und vergleicht den Kosmos mit dem Tempel: Wenn schon die verschiedenen Sphären des Himmels JHWH nicht fassen können, dann erst recht nicht der von Salomo erbaute Tempel. Diese Aussage hat in Jes

---

138 Vgl. den entsprechenden Eintrag in Koehler/Baumgartner/Dietrich, *KAHAL*.

139 Ein על כסל + ישב findet sich in der HB 44 Mal in Ex 11,5; 12,29; Dtn 17,18; 1Kön 1,13.17.20.24.27.30.35.46.48; 2,12.19; 3,6; 8,20.25; 16,11; 22,10.19; 2Kön 10,30; 11,19; 13,13; 15,12; 1Chr 28,5; 29,23; 2Chr 6,10.16; 18,9.18; Est 1,2; 5,1; Ps 47,9; Spr 9,14; 20,8; Jes 6,1; Jer 13,13; 17,25; 22,2.4.30; 33,17; 36,30; Sach 6,13.

140 Zu Jes 40,22 vgl. Koch, *Wohnstatt*, 105 sowie Berges, *Jesaja*, 149.

66,1 eine enge Parallele.[141] An beiden Stellen wird in jeweils anderen Worten die Unzulänglichkeit des Tempels als Wohnung Jhwhs ausgesagt. In Jes 66,1–4 fällt die Aussage allerdings im Kontext einer prophetischen Tempel- und Kultkritik. Diese findet sich in 8,27 sowie im Bittgebet nicht. Der Tempel bleibt der zentrale Haftpunkt für Jhwhs Thron sowie das menschliche Gebet; die Ausrichtung am Tempel wird zu keinem Zeitpunkt kritisiert. Das השמים ושמי השמים in 1Kön 8,27b („der Himmel und die Himmel der Himmel") findet sich noch in Dtn 10,14 und Neh 9,6; beide Stellen betonen das Geschaffensein der Himmel und ihre Zugehörigkeit zur Schöpfung Jhwhs. Die Konstruktion „ein Haus (בית), das (אשר) ich gebaut habe (Qal בנה)" ist aus dem Buch der Könige wohlbekannt (1Kön 6,2.12; 8,27.43–44.48; 9,3.24; 10,4; 11,38; 16,32; 22,39 = 1Chr 5,36; 2Chr 2,4.8; 6,18.33–34.38; 8,11; 9,3; 35,3) und kommt außerhalb dessen nur noch in Jes 66,1 vor (mit לשמך = „für deinen Namen" nur noch in 1Kön 8,44.48 = 2Chr 6,34.38).

1Kön 8,27 diente später als Vorlage für 2Chr 2,5.[142] Der Vers greift erkennbar auf 1Kön 8,27 (= 2Chr 6,18) zurück und schreibt den Vers fort. Die Aussage „die Himmel und die Himmel der Himmel können (Jhwh) nicht fassen" kommt in der HB nur an diesen zwei Stellen vor. Auch ein Relativsatz mit אשר + בנה findet sich in 2Chr 2,5 wieder. Die Unzulänglichkeit des Tempels in 1Kön 8,27 ist in 2Chr 2,5 in die Unzulänglichkeit Salomos als Erbauer des Tempels transformiert.

---

141 Jes 66,1: „So spricht Jhwh: Der Himmel (ist) mein Thron (השמים כסאי) und die Erde der Schemel meiner Füße (והארץ הדם רגלי). Wo wäre denn das Haus, das ihr mir bauen könntet, und wo denn der Ort meines Ruhesitzes?"
142 2Chr 2,5: „Aber wer kann ihm ein Haus bauen? Denn der Himmel und die Himmel der Himmel können ihn nicht fassen (כי השמים ושמי השמים לא יכלכלהו). Und wer bin ich, dass ich ihm ein Haus bauen sollte, es sei denn, um Rauchopfer darzubringen vor ihm?"

13.3.4 Allgemeine Anfangs- und Schlussbitten (8,28–30.52–53)

Am Anfang und am Ende bittet Salomo allgemein um die Erhörung seines Gebetes (8,28–30.52–53). Die Verse 28–30 sind repetitiv; Teile könnten nachträglich gedoppelt und bearbeitet worden sein. Nachweisen lassen sich mögliche Nachträge[143] ohne zusätzliche Textevidenz an dieser Stelle aber nicht (mehr):

> 28 Und (so) wende dich ⟨|zu dem Gebet deines Knechtes und zu seinem Bitten|⟩ Jhwh $\frac{\langle|\text{mein Gott}|\rangle}{\{\text{Gott Israels}\}}$ um zu hören auf das Flehen und auf das Gebet, das dein Knecht {⟨heute⟩} vor dir betet. 29 Lass deine Augen Nacht und Tag geöffnet seien über diesem Haus, Tag und Nacht über den Ort, von dem du gesagt hast: {⟨„Mein Name soll dort sein!"⟩}, um zu hören auf das Gebet, das dein Knecht an diesem Ort betet. 30 Und höre auf {⟨das Bitten⟩} deines Knechtes und deines Volkes Israel, das sie an diesem Ort beten werden. Du selbst mögest es hören an dem Ort deines Thrones, im Himmel. $\frac{\langle|\text{Höre}|\rangle}{\{\text{Handle}\}}$ und vergib!
>
> [...]
>
> 52 {⟨Öffne deine Augen⟩} {+und Ohren} {⟨für das Gebet deines Knechtes und für das Bitten deines Volkes Israel, um zu hören, so oft sie zu dir rufen! 53 Denn du hast sie ausgesondert für dich zum Erbteil aus allen Völkern der Erde, genauso wie du geredet hast⟩} ⟨durch Mose deinen Knecht⟩, {⟨als du unsere Väter herausgeführt hast aus⟩} {+dem Land} {⟨Ägypten. Herr! Jhwh!⟩}

Die Verse 28–30 gehören inhaltlich zusammen. In ihnen bittet Salomo Jhwh um die Erhörung seines Gebetes. Das Gebet wird hier wie im gesamten Bittgebet mit den Begriffen תפלה („Gebet" in 8,28–29.38.45.49.54) und תחנה („Bitten" in 8,28.30.38.45.49.52.54) bezeichnet. Zusammen kommen diese Begriffe in 1Kön 8 sechs Mal vor (8,28.38.45.49.54; 9,3) und sind sonst nur noch in Ps 6,10; 55,2 zu finden. Die Bezeichnung als רנה („Klage, Flehen") findet sich nur in 8,28.[144]

Jhwh soll sich Salomos Gebet „zuwenden" (אל + פנה in 8,28), es „erhören" (שמע) und dem Betenden „vergeben" (סלח in 1Kön 8,30.34.36.39.50). Die Wendung אל + פנה ist innerbiblisch wohlbekannt. In der HB beschreibt sie menschlicherseits nur die Zuwendung zu fremden Göttern (vgl. Lev 19,4; Dtn 31,18.20) und bösen Dingen (Lev 19,31; 20,6); kann aber auch als Bitte um seine Zuwendung an Jhwh gerichtet werden (Ps 25,16; 86,16; 102,18) bzw. seine Zuwendung beschreiben

---

143 J. Nentel z. B. sieht in 8,30 eine sekundäre Überleitung zu 8,31–53 (vgl. Nentel, *Trägerschaft*, 208). T. Veijola und E. Würthwein sehen 8,29–30 als sekundär hinzugefügten Rahmen mit 8,52–53 (vgl. Würthwein, *1. Könige 1–16*, 95); Veijola, *Verheißung*, 150–154). Vgl. zu diesem Teil der Forschung den Anfang von Kap. 13.3.

144 רנה in der HB in 1Kön 8,28; 22,36; 1Chr 4,20; 2Chr 6,19; 20,22; Ps 17,1; 30,6; 42,5; 47,2; 61,2; 88,3; 105,43; 106,44; 107,22; 118,15; 119,169; 126,2.5–6; 142,7; Spr 11,10; Jes 14,7; 35,10; 43,14; 44,23; 48,20; 49,13; 51,11; 54,1; 55,12; Jer 7,16; 11,14; 14,12; Zef 3,17.

(Lev 26,9; 2Kön 13,23) oder von Jhwh als Aufforderung zur Umkehr formuliert werden (Jes 45,22).[145]

Die Bitte um Vergebung steht in 8,30 wie in 8,39 für sich und ist nicht mit dem Schema „Sündigen > Umkehren" verbunden (vgl. zum Schema die Tab. auf S. 380, und dort die Erklärungen). Dadurch entsteht eine Verbindung zwischen 8,30 und der vierten Bitte aus 8,37–40, die einen ursprünglichen Zusammenhang anzeigen könnte (vgl. die Analyse von 8,37–40 in Kap. 13.3.5 ab S. 396; alles weitere zum Motiv ist dort nachzuschlagen).

In 8,30 schließt Salomo das Volk Israel als betende Instanz ein: „(erhöre) deinen Knecht und dein Volk Israel" (עבדך ועמך ישראל). Salomo spricht das Gebet repräsentativ für Israel sowie jeden Frommen, der zu Jhwh umgekehrt ist und nun um seine (Wieder-)Zuwendung betet. Sich selbst bezeichnet er als Jhwhs „Knecht" (עבד).

In Gen–1Kön hat das Bittgebet keine Vorläufer. Nah stehen die Bittgebete der Psalmen. Eine enge Parallele findet sich aber erst in dem Bittgebet aus dem Nehemiabuch (vgl. Neh 1,6 im Kontext).[146] Nah kommt auch das Gebet Davids aus 2Sam 7, wo in Vers 27 das Verb das Hitpael פלל und der Begriff תחנה das letzte Mal vorkommen.[147]

Das Gebet ist hier wie auch im gesamten Bittgebet ausgerichtet auf den Tempel. Jhwh soll stets das Gebet erhören, das am Tempelplatz (אל המקום הזה in 8,29.30.35) bzw. im Tempel (בבית הזה in 8,33.42) gebetet wird. Der Tempel bildet den irdischen Haftpunkt für die Gebete und den göttlichen Haftpunkt für die Erhörung der Gebete.

Dieser Tempelfokus wird mit einer differenzierten Jhwh-Wohnvorstellung verknüpft. Jhwh wohnt im Himmel und blickt von dort auf den Tempel herab; der Tempel ist für den *Namen* Jhwhs gebaut. Das Lexem שמע wird in 8,28–30 fünf Mal wiederholt und über diesen Weg die Vorstellung über Jhwhs Gegenwart in Relation

---

145 In der HB in Ex 16,10; Lev 19,4.31; 20,6; 26,9; Num 16,15; 17,7; Dtn 9,27; 31,18.20; Jos 15,7; Ri 6,14; 1Sam 13,17; 2Sam 9,8; 1Kön 8,28; 2Kön 13,23; 2Chr 6,19; 20,24; 26,20; Ijob 21,5; 36,21; Ps 25,16; 40,5; 69,17; 86,16; 102,18; 119,132; Jes 45,22; Jer 2,27; 32,33; Ez 36,9; Hos 3,1; Hag 1,9; Mal 2,13.

146 Neh 1,6: „6 Lass doch dein Ohr aufmerksam und deine Augen offen sein, dass du auf das Gebet deines Knechtes hörst, das ich heute, Tag und Nacht, für die Söhne Israel, deine Knechte, vor dir bete und mit dem ich die Sünden der Söhne Israel bekenne, die wir gegen dich begangen haben! Auch ich und meines Vaters Haus, wir haben gesündigt." (*Elberfelder Bibel*).

147 פלל Hitpael findet sich in Gen–2Kön in Gen 20,7.17; Num 11,2; 21,7; Dtn 9,20.26; 1Sam 1,10.12.26–27; 2,1.25; 7,5; 8,6; 12,19.23; 2Sam 7,27; 1Kön 8,28–30.33.35.42.44.48.54; 13,6; 2Kön 4,33; 6,17–18; 19,15.20; 20,2.

Die Lexeme תחנה und רנה kommen als Gebetsbezeichnung in der HB vor 1Kön 8 nicht vor (תחנה nur noch in Jos 11,20, hier aber nicht als Gebetsbezeichnung). Das Substantiv תפלה findet sich in Gen–2Kön in 2Sam 7,27; 1Kön 8,28–29.38.45.49.54; 9,3; 2Kön 19,4; 20,5.

zum Tempel ausdifferenziert (alles weitere zur Jhwh-Wohnvorstellung in Kap. 13.3.1 ab S. 374). In 8,30 soll Jhwh das Gebet zusätzlich „von dem Ort deines Thrones, vom Himmel" erhören (אל מקום שבתך אל השמים). Diese Wendung nimmt das מכון לשבתך = „Stätte deines Thrones" aus dem Tempelweihspruch aus 8,13 auf und expliziert damit die kosmisch-transzendenten Dimensionen des Jerusalemer Heiligtumes (alles weitere zu diesem Motiv in Kap. 13.3.1 ab S. 374).

Die Verse 52–53 bilden die Schlussbitte und damit das Pendant zur allgemeinen Anfangsbitte in 8,28–30.[148] Vers 52 bittet um Jhwhs geöffnete Augen (und Ohren in Kgtm) für das Gebet Salomos und wiederholt damit die Bitte aus 8,29. Bereits in Vers 29 beginnt der Vers mit demselben Wortlaut (להיות עיניך פתחות); das könnte den Einsatz von 8,52 mit dem Inf. cs. להיות erklären. Wie schon in 8,30 bezeichnet sich Salomo als „Knecht" und schließt das Volk Israel mit ein (אל תחנת עבדך ואל תחנת עמך ישראל).

Den zweiten Teil des Verses bildet die Bitte, „sie zu erhören in allem, was sie zu dir rufen" (לשמע אליהם בכל [אשר] קראם אליך). Die Wendung כל + Inf.cs. קרא + אל findet sich genauso in Dtn 4,7 und nur dort.[149] Jhwh ist nach Dtn 4,7 seinem Volk in einzigartiger Art und Weise nah in allem, worin sie zu ihm rufen (בכל קראנו אליו). Die Wendung erinnert sprachlich zudem an das ועשית ככל אשר יקרא אליך in 1Kön 8,43. Dort soll Jhwh gemäß allem handeln, was der Nicht-Israelit zu ihm ruft. Hier soll er alles hören, was der Betende zu ihm ruft.

Vers 53 begründet, warum Jhwh sich dem Gebet seines Volkes zuwenden soll. Jhwh hat Israel aus allen Völkern der Erde als sein Erbteil ausgesondert. Dies geschah gemäß der Worte Moses, als er Israel aus Ägypten führte. Der Vers könnte gegenüber 8,52 nachgetragen worden sein. Er erscheint als Appendix des Bittgebetes und ist Vers 51 sehr ähnlich (Satzanfang mit כי + das Volk als Jhwhs Erbteil = נחלה + Verweis auf den Auszug).

Mit dem Motiv des Aussonderns (Hifil בדל) Israels zum Erbteil kombiniert 8,53a Elemente von Lev 20,24.26 und Ps 33,12. Der Erwählungsgedanke wird mit בדל nur noch in Lev 20,24.26 ausgedrückt: Jhwh hat Israel aus den Völkern ausgesondert (Lev 20,24: אני יהוה אלהיכם אשר הבדלתי אתכם מן העמים; Lev 20,26: ואבדל אתכם מן העמים).[150] Die Erwählung *zum Erbteil* (לנחלה) findet sich in

---

148 T. Veijola und E. Würthwein sehen 8,29–30 zusammen mit 8,52–53 als sekundär hinzugefügten Rahmen (vgl. Würthwein, *1. Könige 1–16*, 95); Veijola, *Verheißung*, 150–154). Vgl. zu diesem Teil der Forschung den Anfang von Kap. 13.3. Von G. Braulik werden die Verse 8,52–53 als später Zusatz zusammen mit 8,59–60 betrachtet. Vgl. Braulik, *Spuren*, 20–33.

149 Ohne כל nur noch in Ps 4,4: יהוה ישמע בקראי אליו.

150 Das Motiv des Aussonderns (Hifil בדל) wird hauptsächlich in priesterlich-gesetzlichen Texten verwendet und auf sakrale Verhältnisse bezogen (Aussonderung von Priestern oder Priesterklassen,

Ps 33,12 mit בחר: „Das Volk hat er für sich zum Erbteil erwählt (העם בחר לנחלה לו).[151]

Das כל עמי הארץ = „von allen Völkern der Erde" kommt an keiner der beiden Stellen vor; es könnte aus 1Kön 8,43 stammen, wo wie in Dtn 28,10 und Jos 4,24 von der Gotteserkenntnis aller Völker der Erde (כל עמי הארץ) die Rede ist.[152]

Der Verweis auf das durch Mose verkündete Gotteswort nach dem Auszug macht den Bezug zur heutigen Tora explizit (8,53bα: כאשר דברת ביד משה עבדך = „wie du verheißen hast durch die Hand des Mose, deines Knechtes, als du herausgeführt hast unsere Väter aus dem Land Ägypten"). Entweder ist an das Motiv der Aussonderung aus Levitikus gedacht (s. o.). Oder ausgehend von dem Motiv des Erbens (נחל*) könnte der Verweis auf Ex 34,9 anspielen. In Ex 34,9 bittet Mose JHWH um Vergebung für den Götzendienst des Volkes: „Vergib unsere Schuld und unsere Sünde und *nimm uns als Erbteil an*" (וסלחת לעוננו ולחטאתנו ונחלתנו); darauf folgt der (zweite) Bundesschluss.[153] Die Parallelen zu Salomos Gebet sind auffällig (סלח לחטאת in 1Kön 8,34.36; Volk als JHWHs Erbe in 8,51.53). Neben David und Salomo wird nun auch Mose als „Knecht" bezeichnet (משה עבדך; David in 8,24–26; Salomo in 8,28–30.52; Mose hier und in 8,56).

Der Ausruf „(mein) Herr, JHWH" (אדני יהוה) beschließt die zweite Rede Salomos. Er ist aus den Psalmen bekannt (vgl. Ps 69,7; 71,5.16). Im Vortext ist der Ausruf selten,[154] findet sich aber auffällig häufig in dem Gebet Davids in 2Sam 7 (אדני יהוה in 2Sam 7,18–20.22.28–29).

13.3.5 Die sieben Beispielbitten (8,31–51)

In den Versen 31–51 stehen sieben unterschiedliche Beispielszenarien, die jeweils mit einer Bitte um Erhörung abgeschlossen werden. In allen sieben Fällen wird zunächst eine Situation beschrieben, in der jemand am oder zum Tempel betet. Dann bittet Salomo darum, dass JHWH das jeweilige Gebet aus dem Himmel erhört

---

etc.). Vgl. vor allem die Belegstellen in der Tora (für eine Übersicht über die Belegstellen vgl. Otzen, *Art.* בדל, *in: ThWAT I*, 518f.).

151 Ps 33,12 ist die einzige Parallele zu 1Kön 8,53 für die Konstruktion: Verb für „auswählen" (בחר, בדל, etc.) + ל + לנחלה + ל+Suffix. Für eine Übersicht über die Belegstellen, in denen das Volk als נחלה bezeichnet wird, vgl. Lipiński, *Art.* נָחַל, *in: ThWAT V*, 356f.

152 Insgesamt in Gen 42,6; Dtn 28,10; Jos 4,24; 1Kön 8,43.53.60; 2Kön 11,14.18–20; 16,15; 2Chr 6,33; 23,13.20–21; 32,13; Jer 34,19; Ez 31,12; 39,13; 45,16.22; Dan 9,6; Zef 3,20; Hag 2,4; Sach 7,5.

153 Dtn 4,20; 9,26.29 stehen zwar auch nah, beziehen sich aber wie 1Kön 8,53 bereits auf den Exodus als vergangenes Geschehen zurück. Vgl. Lipiński, *Art.* נָחַל, *in: ThWAT V*, 356.

154 Vor 1Kön 8,53 begegnet אדני יהוה in Gen 15,2.8; Dtn 3,24; 9,26; Jos 7,7; Ri 6,22; 16,28; 2Sam 7,18–20.22.28–29; 1Kön 2,26.

und sich dem Anliegen des Betenden annimmt. Die Situationen umfassen (1) einen bedingten Beschwörungseid in 8,31–32, (2) eine Niederlage im Krieg in 8,33–34, (3) das Ausbleiben von Regen in 8,35–36, (4) die Bedrohung durch Naturkatastrophen, Epidemien und Feinde in 8,37–40, (5) die Wallfahrt von Nicht-Israeliten in 8,41–43, (6) einen heiligen Krieg in 8,44–45, und (7) die Umkehr von Exilanten in der Diaspora in 8,46–51.

Alle sieben Bitten haben ein tempelorientiertes Gebet und die Bitte um Erhörung aus dem Himmel gemeinsam (vgl. die Tab. auf S. 376). Die wiederholte Bitte um Erhörung hat ihre nächsten Parallelen in den Klagen und Bitten des Psalterbuches (vgl. dazu Kap. 13.3.1 ab S. 374). Die Beispielsituationen sind jeweils als Konditionalsätze vorangestellt: „Wenn ...XY ..., dann erhöre...". Diese Form dürfte den Ankündigungen von Fluch und Segen aus dem Deuternomium nachempfunden sein (vor allem Dtn 28). Das Schema „menschliche Untreue > Fluch/menschliche Treue > Segen" wird transformiert zu „Fluch > tempelorientiertes Gebet des Frommen > Bitte um Erhörung und Rückkehr des Segens". Die Beispiele bilden nicht die Konsequenz, sondern den Ausgangspunkt. Nicht das Volk, sondern JHWH wird zum Handeln aufgefordert.

Die sieben Beispielbitten stammen nicht alle von derselben Hand. Die Bitten (6) und (7) wurden nachgetragen. Das ist in der Forschung weitestgehend Konsens.[155] Bei den ersten fünf Bitten hat man sich bisher nicht auf ein Entstehungsmodell einigen können.[156] Als relative Entstehungschronologie könnte am ehesten infrage kommen: Grundbestand = (4) aus 8,37–40;[157] Erweiterung durch die Bitten (2) und (3) aus 8,33–36; Erweiterung durch die Bitten (1) aus 8,31–32 und (5) aus 8,41–43; Erweiterung durch die Bitten (6) und (7) aus 8,44–51.

Bitte (4): Alle Arten von Unheil (8,37–40)

Die Komposition der Beispielbitten könnte mit der Bitte (4) begonnen haben.[158] Sie ist durch das Motiv der Vergebung mit der allgemeinen Anfangsbitte verbunden (וסלחת in 8,30.39) sowie durch die Erhörung „vom Himmel, von der Stätte/dem Ort für dein Thronen" (8,30: השמים מכון שבתך אל השמים; 8,39: אל מקום שבתך אל השמים). Die-

---

155 Vgl. Fn. 93 auf S. 373.
156 Vgl. die unterschiedlichen Entwürfe von Jepsen, *Quellen*, 15–24; Dietrich, *Prophetie*, 74, Fn. 39; Dietrich, *Königszeit*, 91f. Würthwein, *1. Könige 1–16*, 91–100; Veijola, *Verheißung*, 150–156; Talstra, *Prayer*, 108–127.171–238; Nentel, *Trägerschaft*, 206–211.225–241; Kasari, *Promise*, 126–173.
157 Von der Bitte (4) als literarhistorischer Anfang geht auch Eep Talstra aus. Er zählt zum Grundbestand aber noch die Bitten (1) und (5). Vgl. Talstra, *Prayer*, 171–256.
158 Von der Bitte (4) als Keimzelle der Redaktion geht auch Eep Talstra aus. Vgl. ebd., 171–256.

se Stichwortverbindungen könnten auf einen ursprünglichen Textzusammenhang hindeuten, der nachträglich durch weitere Bitten auseinandergerissen wurde.

8,37 nennt zuerst *pars pro toto* einzelne Mangelszenarien und schließt dann explizit jede mögliche Plage oder Krankheit sowie jedes mögliche Gebet aus einer Mangelerfahrung ein. Ausgangspunkt bildete vermutlich die bekannte Trias Hungersnot (רעב), Pest (דבר) und Schwert (חרב), wie sie hauptsächlich aus Jeremia und Ezechiel bekannt ist.[159] Der Begriff „Schwert" (חרב) wird in diesem Fall durch das Motiv der feindlichen Belagerung ersetzt (8,37aβ: כי יצר לו איבו).

In 2Sam 24 darf sich David zwischen Hungersnot, Flucht vor Feinden und der Pest als Strafe für sein Vergehen entscheiden.[160] Was David als Strafe zur Auswahl steht, kann nach 1Kön 8,37 Israel ereilen. Aus der Fluchandrohung in Dtn 28 sind die Begriffe רעב und דבר ebenfalls bekannt (vgl. Dtn 28,21.48); sie treten nur nicht zusammen in einem Vers auf.

Die Wendung [?] כי יצר לו איבו[161] beschreibt eine feindliche Belagerung als Bedrohung („wenn es [dein Volk] bedrängt wird von seinem Feind [?]") und wird aus Dtn 28,52 stammen.[162] Dort wird nahezu dieselbe Wendung gebraucht (2x והצר לך בכל שעריך) und damit die Bedrängung durch Feinde als Fluch beim Bundesbruch angekündigt. Die Kombination von צרר + ל-d.Prs. entspricht dem üblichen Gebrauch und kommt vor 1Kön 8,37 nur noch in Dtn 28,52 vor (dannach in 2Chr 28,20.22; 33,12; Neh 9,27; Jer 10,18). Das Subjekt (איבו: „sein Feind") ist hinter diese Konstruktion gestellt.

Über die Fluchandrohungen aus Dtrn 28 ist der Schreiber auf die grundlegende Struktur gekommen, die später für alle anderen Bitten übernommen wird („Wenn XY, dann erhöre..."; s. o.). Die Trias wurde mit weiteren Fluchszenarien aus Dtn 28 aufgefüllt: Zwei Getreidekrankheiten (שדפון ירקון) und zwei Begriffe für Heuschreckenplagen (ארבה חסיל). Die Begriffskombination שדפון ירקון ארבה חסיל könnte aus Dtn 28,22.38 abgeleitet sein. Die Begriffe שדפון (Getreidebrand) und ירקון (Gilbe) kommen in der HB nur als Paar und im Vortext nur in Dtn 28,22 vor (sonst nur noch in Am 4,9 und Hag 2,17; ירקון alleine in Jer 30,6).

---

159 Außerhalb von Jeremia und Ezechiel treten die Begriffe רעב (Hungersnot) und דבר (Pest) nur noch in 2Sam 24,13 (=1Chr 21,12) und 2Chr 20,9 in einem Vers auf. דבר + רעב + חרב in 1Chr 21,12; 2Chr 20,9; Jer 14,12; 21,7.9; 24,10; 27,8.13; 29,17–18; 32,24.36; 34,17; 38,2; 42,17.22; 44,13; Ez 5,12.17; 6,11–12; 7,15; 12,16; 14,21.

160 In 2Sam 24,13 fehlt dabei ebenfalls der Begriff חרב. In der Chronikparallele zu dem Vers dagegen wird er in Anlehnung an die Trias hinzugefügt (vgl. 1Chr 21,12).

161 Für einen Nachtrag gehalten von Noth, *I. Könige 1–16*, 170; Würthwein, *1. Könige 1–16*, 93; Veijola, *Verheißung*, 151, Fn. 32.

162 Kön, Chr: כי יצר לו איבו בארץ שעריו = „wenn es [dein Volk] bedrängt wird von seinem Feind, im Land seiner Tore". Die Ortsangabe בארץ שעריו hat keinen Sinn. Der Hyparchetyp ist an dieser Stelle korrupt gewesen – deswegen [?] כי יצר לו איבו. Vgl. S. 195ff.

Was in Dtn 28,22 angedroht wird, ist hier in 1Kön 8,37 sowie in Am 4,9 und Hag 2,17 eingetroffen. Die Begriffe ארבה (Heuschreckenplage) und חסיל (Wanderheuschreckenplage) werden außerhalb von 1Kön 8,37 in den Gerichtsworten von Ps 78,46; Joel 1,4; 2,25 kombiniert. Allein steht חסיל nur in Jes 33,4. Das Lexem ארבה ist häufiger.[163] Hervor sticht zudem Dtn 28,38, wo ארבה mit dem Verb חסל (abfressen) kombiniert wird.

Das Begriffspaar כל נגע כל מחלה („jede Plage, jede Krankheit") schließt am Ende explizit *jede* mögliche Art von Unheil ein. Die Kombination der Begriffe נגע und מחלה findet sich in der HB aber nur hier in 1Kön 8,37. Die Konstruktion könnte Dtn 28,61 nachempfunden sein. Auch dieser Vers schließt am Schluss der Fluchankündigungen alle möglichen Arten von Unheil ein: „und auch alle Krankheiten und alle Plagen, die nicht in diesem Buch des Gesetzes geschrieben sind" (גם כל חלי וכל מכה אשר לא כתוב בספר התורה הזאת). Beide Verse verwenden ein Begriffspaar sowie ein doppeltes כל. Die Substantive נגע und מחלה sind in 1Kön 8,37 gewählt worden, um einen Bezug zu den Plagen als Stafgericht an Ägypten und dem Pharao herzustellen.[164] Der Begriff נגע (Schlag, Plage, Leiden) ist durch Gen 12,17 und Ex 11,1 mit den Plagen verbunden,[165] und der Begriff מחלה mit Ex 15,26.[166]

Im gleichen Stil ist dann in 8,38 von jedem Gebet und jeder Bitte die Rede (כל תפלה כל תחנה). Das אשר תהיה (Kön) bzw. אשר יהיה (Chr) entspricht in der Funktion dem כי יהיה aus 8,37: „jede Plage, jede Krankheit, jedes Gebet, jede Bitte, *wenn sie geschieht* bei jeder Person". Die Wendung לכל האדם für „von jeder

---

163 30 Mal in Gen 7,11; 8,2; Ex 10,4.12–14.19; Lev 11,22; Dtn 28,38; Ri 6,5; 7,12; 1Kön 8,37; 2Kön 7,2.19; 2Chr 6,28; Ijob 39,20; Ps 78,46; 105,34; 109,23; Spr 30,27; Koh 12,3; Jes 24,18; 25,11; 60,8; Jer 46,23; Hos 13,3; Joel 1,4; 2,25; Nah 3,15.17; Mal 3,10.

164 Gegenprobe: Ginge es dem Text um das Einholen aller möglichen Krankheiten, hätte der Text z. B. כי יהיה ggf. mit כל חלי oder כל מכה oder im Sinne des bereits verwendeten Stilmittels *pars pro toto* מחלה מכה כי יהיה lauten können (vgl. 1Kön 8,37a).

165 Der Begriff kommt in der HB insg. vor in Gen 12,17; Ex 11,1; Lev 13,2–6.9.12-13.17.20.22.25.27.29–32.42-47.49–59; 14,3.32.34–37.39–40.43–44.48.54; Dtn 17,8; 21,5; 24,8; 2Sam 7,14; 1Kön 8,37–38; 2Chr 6,28–29; Ps 38,12; 39,11; 89,33; 91,10; Spr 6,33; Jes 53,8. In Lev ist er t.t. für eine spezielle Krankheit (נגע צרעת). In Dtn geht es um Rechtsangelegenheiten. Beide Korpora haben deswegen für den heilsgeschichtlichen Gebrauch von נגע keine Relevanz. Alles weitere bei: Schwienhorst, *Art.* נֶגַע, נָגַע, *in:* ThWAT V.

166 Das מחלה findet sich in der HB nur in Ex 15,26; 23,25; 1Kön 8,37; 2Chr 6,28; 21,15; Spr 18,14. Das Derivat חלי in Dtn 7,15; 28,59.61; Jos 19,25; 1Kön 17,17; 2Kön 1,2; 8,8–9; 13,14; 2Chr 16,12; 21,15.18–19; Ps 41,4; Spr 25,12; Koh 5,16; 6,2; Hld 7,2; Jes 1,5; 38,9; 53,3–4; Jer 6,7; 10,19; Hos 5,13. Das Derivat תחלאים in Dtn 29,21; 2Chr 21,19; Ps 103,3; Jer 14,18; 16,4.

Person" ist einmalig in der HB. Das כָּל הָאָדָם in Ri 16,17 kommt dem Gebrauch hier wohl am nächsten (Simson: „ich werde schwach *wie jede [andere] Person*").[167]

In 8,38 wird die Mangelerfahrung zusätzlich personalisiert und auf das Innere des Menschen angewendet mit der einzigartigen Formulierung: „wenn sie (es) erkennen, ein jeder die Plage seines Herzens" (אֲשֶׁר יֵדְעוּן אִישׁ נֶגַע לְבָבוֹ).[168] Später tritt an die Stelle dieser Formulierung eine Sünden- und Bußtheologie („Sündigen > Umkehren"). Das Motiv Erkennen (ידע) wird in der HB sehr oft mit לֵב (Herz) kombiniert; an vielen Stellen ist לֵב direktes Objekt von ידע (vgl. Dtn 8,2.5; Jos 23,14; 1Kön 2,44; 2Chr 32,31; Ps 44,22; 139,23; Ecc 7,22).[169] Das könnte den Schreiber zu der einmaligen Wendung „ein-jeder erkennt die Plage *seines Herzens*" inspiriert haben. Solche Verbindungen mit „Herz" als *nomen rectum* sind möglich. Die engste Parallele bildet Ps 44,22 mit כִּי הוּא יֹדֵעַ תַּעֲלֻמוֹת לֵב = „denn er (JHWH) erkennt die Geheimnisse des Herzens".

Nach 8,39 soll JHWH das Gebet „vom Himmel, von der Stätte für dein Thronen" erhören. Zu dem Motiv „Stätte für dein Thronen" wurde bereits in Kap. 13.3.1 ab S. 374 alles nötige gesagt.

Die Bitte um Vergebung steht in 8,39 noch für sich. Die Abwendung des Unheils wird erhofft und erbeten. Innerbiblisch geprägt wird diese Bitte vor allem durch Ex 34,9. Dort bittet Mose wegen der Sünde des goldenen Kalbes um Vergebung „für unsere Schuld und unsere Sünde" (וְסָלַחְתָּ לַעֲוֺנֵנוּ וּלְחַטָּאתֵנוּ). Eine solche Bitte um Vergebung wird noch einmal in Num 14,19 wiederholt und erscheint danach erst wieder in 1Kön 8,30.34.35.39.50 (darüber hinaus nur noch in Ps 25,11; Dan 9,19; Am 7,2).[170] Wie Mose in Ex 34 bittet Salomo in 1Kön 8 stellvertretend für den umgekehrten und bußfertigen Frommen aus den Beispielsituationen um Vergebung. Wie in 1Kön 8,39 ist hier noch keine differenzierte Umkehrtheologie im Blick.

In 8,39 soll dann JHWH jedem gemäß seiner Wege vergelten, „so wie du (JHWH) sein Herz kennst" (אֲשֶׁר תֵּדַע אֶת לְבָבוֹ).[171] Das Vergelten gemäß seiner Wege (ונתת

---

167 Ein כָּל הָאָדָם mit einer vorangestellten Präposition findet sich noch in Num 12,3 und 1Kön 5,11 mit מִן.

168 Für einen Nachtrag gehalten von Noth, *I. Könige 1–16*, 170; Würthwein, *1. Könige 1–16*, 93; Veijola, *Verheißung*, 151, Fn. 32.

169 ידע + *לֵב in der HB in Gen 20,6; Dtn 4,39; 8,2.5; 13,4; Jos 23,14; 1Sam 17,28; 2Sam 14,1; 1Kön 2,44; 8,38–39; 1Chr 28,9; 29,17; 2Chr 6,30; 32,31; Ps 36,11; 44,22; 90,12; 139,23; Spr 24,12; 27,23; Koh 7,22; 8,5; Jes 42,25; 51,7; Jer 12,3.

170 Qal סלח im Imv., Pf. cons. und Ipf. in der HB insg. in Ex 34,9; Num 14,19; 1Kön 8,30.34.36.39.50; 2Chr 6,21.25.27.30.39; Ps 25,11; Dan 9,19; Am 7,2. Für einen Überblick über den Gesamtbefund zu סלח vgl. Hausmann, *Art.* סָלַח, *in: ThWAT V*.

171 Zusammen mit 8,40 für einen Nachtrag gehalten von Noth, *I. Könige 1–16*, 170; Würthwein, *1. Könige 1–16*, 93; Veijola, *Verheißung*, 151, Fn. 32.

לתת לאיש) (לאיש כדרכיו ist aus Jer 17,10 (ו[ר]כדרכ לאיש ולתת) und Jer 32,19 (לאיש
כדרכיו) bekannt. In Jer 17,10 wird die individuelle Vergeltung ebenfalls mit einer
göttlichen Prüfung der Herzen in Verbindung gebracht (אני יהוה חקר לב). Die
göttliche Kenntnis des menschlichen Herzens ist zudem aus Dtn 8,2 bekannt (sowie
aus Ps 44,22; 139,23 und 2Chr 32,3).[172] In Dtn 8 bestraft Jhwh die Israeliten mit
der Wüstenwanderung, um sie zu prüfen (לנסתך) und an ihrer Herzenshaltung
zu erkennen (לדעת את אשר בלבבך), ob sie seine Gebote halten. Jhwh erhebt die
menschliche Gesetzestreue anhand seiner Herzenshaltung. Denselben Gedanken
drückt auch 1Kön 8,39 aus. Jhwh vergilt jedem gemäß seiner Herzenshaltung.
Zusätzlich begründet wird das in 1Kön 8,39 mit dem Kommentar „denn du allein
kennst das Herz eines jeden Menschensohnes" (כי אתה לבדך ידעת את לבב כל
בני האדם).[173] Die Doppelung der Aussage könnte darauf hinweisen, dass diese Begründung in den Text nachgetragen wurde. Auffällig parallel steht dazu Ps 33,13–15:
Jhwh blickt vom Himmel auf „alle Söhne der Menschen" = כל בני האדם herab
(33,13), von der Stätte seines Thrones (33,14: ממכון שבתו), der ihnen allesamt ihr
Herz gebildet hat (33,15: היצר יחד לבם) und auf ihre Werke achtet.

Am Ende wird der erwünschte Folgezustand definiert: Das Volk wird Jhwh alle
Tage seines Lebens fürchten in dem Land, das Jhwh seinen Vätern gegeben hat.[174]
Mit der Gottesfurcht aller im Land lebenden Israeliten ist der Wunschzustand
erreicht. Die Beispielbitten könnten hier einmal geendet haben.

In 8,40 ist dieser Teil ganz in der Sprache des Deuteronomiums verfasst. Er
liest sich, als wäre er aus Zitaten aus Dtn 4,10/31,13; Dtn 12,1 und Dtn 6,2 zusammengestellt. Das fürchten Gottes „alle Tage, solange sie auf dem Land leben" (כל
ליראה) (הימים אשר הם חיים על פני האדמה findet sich wortwörtlich in Dtn 4,10 (האדמה
אתי כל הימים אשר הם חיים על האדמה). Die Wendung ist feststehend; sie wird
ebenfalls in Dtn 12,1 und 31,13 verwendet (beide כל הימים אשר אתם חיים על

---

172 Das Lexem לב als direktes Objekt von ידע findet sich in der HB insg. in Dtn 8,2.5 Jos 23,14;
1Kön 2,44; 2Chr 32,31; Ps 44,22; 139,23; Ecc 7,22. Von göttlicher Erkenntnis ist in Dtn 8,2; 2Chr 32,31;
Ps 44,22; 139,23 die Rede.
173 Der Konstruktus בני האדם wird hier nicht kollektiv, sondern wie schon bei לכל האדם in
8,38 individuell gebraucht und [כל בני] האדם ist dementsprechend mit „der einzelnen [eines
jeden] Menschen" zu übersetzen (vgl. Gesenius/Meyer/Donner, *Handwörterbuch* unter בן, das
für den indiv. Gebrauch von בני האדם auf 1Sam 26,19; 1Kön 3,39; Ps 33,13; Koh 9,12 und 2Chr 6,30
verweist. Für den indiv. Gebrauch vgl. auch Koehler/Baumgartner/Dietrich, *KAHAL* unter בן („der
(einzelnen) Menschen") und Haag, *Art.* בֶּן־אָדָם, *in: ThWAT I*. Der Begriff בני [ה]אדם wird auffällig
oft in der Weisheitsliteratur verwendet (23 Mal in den Psalmen; 10 Mal in Klgl; 3 Mal in Spr) und
findet sich außerhalb dessen nur noch in Gen 11,5; Dtn 32,8; 1Sam 26,19; 2Sam 7,14; Jes 52,14; Jer
32,19; Ez 31,14; Dan 10,16; Joel 1,12; Mi 5,6.
174 Zusammen mit 8,39b für einen Nachtrag gehalten von Noth, *I. Könige 1–16*, 170; Würthwein, *1.
Könige 1–16*, 93; Veijola, *Verheißung*, 151, Fn. 32.

הַאֲדָמָה). Außerhalb des Deuteronomiums ist sie nicht zu finden. Dtn 31,13 hat mit 1Kön 8,40 die Gottesfurcht gemeinsam (ירא); Dtn 12,1 spricht wie 1Kön 8,40 vom Land, das den Vätern gegeben wurde (בָּאָרֶץ אֲשֶׁר נָתַן יהוה אֱלֹהֵי אֲבֹתֶיךָ לָךְ). Der Finalsatz ירא + לְמַעַן („um zu fürchten") findet man in Dtn 6,2 (und sonst nur noch in Jos 4,24; Neh 6,13; Ps 130,4) und mit einem לְמַד dazwischen in Dtn 14,23 und 17,19. Das chronistische „und zu gehen in deinen Wegen" (לָלֶכֶת בִּדְרָכֶיךָ) verstärkt die Verbindungen ins Deuteronomium zusätzlich. Die Wendung ist im Deuteronomium überaus häufig (דרך + בְּ + לָלֶכֶת mit Bezug auf Jнwнs Wege in Dtn 8,6; 10,12; 11,22; 19,9; 26,17; 30,16) und sonst nur noch in Jos 22,5; 1Kön 2,3; 8,58 zu finden. In Dtn 8,6 und 10,12 tritt sie wie hier zusammen mit dem Fürchten (ירא) auf.

Die Bitten (2) und (3): Niederlage im Krieg und Ausbleiben von Regen (8,33–34 und 8,35–36)

Ausgehend von den Fluchandrohungen des Deuteronomiums wurden mit den Bitten (2) und (3) zwei konkrete Einzelfälle vorangestellt.[175] Diese zwei Bitten gehören eng zusammen (Konditionalsatz mit בְּ + Inf. cs.; כִּי יֶחֶטְאוּ לָךְ וְהוֹדוּ אֶת; וְסָלַחְתָּ לְחַטַּאת ... וְעַמְּךָ יִשְׂרָאֵל; שְׁמֶךָ; Chiasmus „umkehren > loben > beten ...beten > loben > umkehren").

Das Beispiel der Niederlage im Krieg aus 1Kön 8,33 beruht auf der Fluchandrohung in Dtn 28,25. Die Wendung „geschlagen werden vor Feinden" (נגף + לִפְנֵי + אֹיֵב) findet sich das letzte Mal in Dtn 28,7.25 und danach erst wieder hier in 1Kön 8,33 (sonst nur noch in Lev 26,17; Num 14,42; Dtn 1,42). Dieser Fluch ist im Beispiel aus 1Kön 8,33 eingetreten: Israel wurde von Feinden geschlagen, weil sie gegen Jнwн gesündigt haben.

Der ausbleibende Regen wird in 8,35 mit den Worten beschrieben: „wenn (der) Himmel verschlossen bleibt und es nicht regnet" (בְּהֵעָצֵר [הַ]שָּׁמַיִם וְלֹא יִהְיֶה מָטָר).[176] Die gesamte Wendung steht genauso in der Fluchankündigung aus Dtn 11,17. Wer anderen Göttern dient, für den wird Jнwн den Himmel verschließen, sodass es nicht regnet (11,17: וְעָצַר אֶת הַשָּׁמַיִם וְלֹא יִהְיֶה מָטָר); wer auf Jнwнs

---

175 Ähnlich Talstra, *Prayer*, 209–216.
176 Das Verb עצר in der HB 45 Mal in Gen 16,2; 20,18; Num 17,13.15; 25,8; Dtn 11,17; 32,36; Ri 13,15–16; 1Sam 9,17; 21,6.8; 2Sam 24,21.25; 1Kön 8,35; 14,10; 18,44; 21,21; 2Kön 4,24; 9,8; 14,26; 17,4; 1Chr 12,1; 21,22; 29,14; 2Chr 2,5; 6,26; 7,13; 13,20; 14,10; 20,37; 22,9; Neh 6,10; Ijob 4,2; 12,15; 29,9; Ps 106,30; Jes 66,9; Jer 20,9; 33,1; 36,5; 39,15; Dan 10,8.16; 11,6. Im Niphal wird es verwendet in Num 17,13.15; 25,8; 1Sam 21,8; 2Sam 24,21.25; 1Kön 8,35; 1Chr 21,22; 2Chr 6,26; Ps 106,30. Das Nomen מטר findet sich 36 Mal in der HB in Ex 9,33–34; Dtn 11,11.14.17; 28,12.24; 32,2; 1Sam 12,17–18; 2Sam 1,21; 23,4; 1Kön 8,35–36; 17,1; 18,1; 2Chr 6,26–27; 7,13; Ijob 5,10; 28,26; 29,23; 36,27; 37,6; 38,28; Ps 72,6; 135,7; 147,8; Spr 26,1; 28,3; Jes 4,6; 5,6; 30,23; Jer 10,13; 51,16; Sach 10,1.

Gebote hört, dem wird Jнwн Regen geben (11,14: ונתתי מטר ארצכם). In Dtn 11 verschließt allerdings Jнwн selbst den Himmel und straft (עצר im Qal „verschließen"), während in 1Kön 8,35 Jнwн als Verursacher vermieden wird; der Himmel „bleibt verschlossen" (עצר im Nifal „verschlossen bleiben/sein"). In Dtn 28 wird dasselbe Beispiel in anderen Worten verwendet. Auf Jнwнs Stimme zu hören bedeutet Regen (28,12); wer es nicht tut, auf den wird Jнwн statt des Regens Asche und Staub regnen lassen (28,24). Die Wendung „Regen geben auf das Land" (נתן + ארץ + מטר) in 8,36 findet sich in der HB nur noch in Dtn 11,14; 28,12.(24).[177]

Die Bitte um Vergebung aus 8,30.39 wird hier zu einer differenzierten Umkehrtheologie mit dem Schema „Sündigen (חטא) > Umkehren (שוב) > Bitte um Vergebung (סלח)" ausgebaut. Zu den motiv- und traditionsgeschichtlichen Hintergründen des Schemas vergleiche Kap. 13.3.1 ab S. 374. Konkret wird in 8,33.35 mit „weil sie gegen dich gesündigt haben" (כי יחטאו לך) begründet, warum die Israeliten den beschriebenen Mangel erleiden (Krieg, kein Regen). Eine solche Begründung mit כי חטא ל- findet sich in der HB hauptsächlich im Jeremiabuch (Jer 8,14; 14,20; 40,3) und darüber hinaus noch in Ps 41,5; Ez 14,13; Dan 9,11; Mi 7,9. Bei der Umkehr (שוב) steht in 8,33 das ושבו für sich. In 8,34 ist von der Umkehr „von ihrer Sünde" die Rede (8,35: ומחטאתם ישובון). Diese Wendung ist in Ez 18,21 (ישוב מכל חטאתו) und 33,14 (ושב מחטאתו) belegt und erinnert an das Nicht-Abweichen „von der Sünde" Jerobeams (מן + חטאת in 2Kön 13,6; 15,9.24.28; 21,16) sowie die bußfertige Haltung des Betenden „wegen meiner Sünde" (מחטאתי) in Ps 38,19 und 51,4. In 8,34.36 ist dann von dem Vergeben „der Sünde für dein Volk Israel" bzw. „für deine Knechte und dein Volk Israel" die Rede (in 8,34: וסלחת לחטאת עמך ישראל; in 8,36: וסלחת לחטאת עבדיך ועמך ישראל). Die „Sünde" (לחטאת) als Objekt ist aus Ex 34,9 und Jer 36,3 bekannt. Das Volk Israel als Empfänger ergibt sich daraus, dass Salomo die Bitten stellvertretend für Israel betet.

Anders als bei der Bitte (4) wird nicht mehr von einem repräsentativen Individuum gesprochen, sondern vom Volk Israel. Gemeinsam haben alle drei Bitten den konsequenten Fokus auf das *Land Israel* als Haftpunkt für die Flüche und die Rahabilitierung. Deutlich wird das vor allem an dem parallelen Ende der Bitten: Vers 34: „und führe sie zurück in das Land, das du ihren Vätern gegeben hast" (והשבתם אל האדמה אשר נתת לאבותם) = Vers 36: „und gib Regen auf dein Land, das du deinem Volk zum Erbe gegeben hast" (ונתתה מטר על ארצך אשר נתתה לעמך לנחלה).

---

177 Die Kombination von נתן + מטר + ארץ findet sich in der HB in Dtn 11,14; 28,12.24; 1Kön 8,36; 2Chr 6,27; die Wendung מטר + נתן in Dtn 11,14; 28,12.24; 1Sam 12,17; 1Kön 8,36; 18,1; 2Chr 6,27; Ijob 5,10; Jes 30,23.

Die Rückkehr des Regens wird in 8,36 dezidiert nur für das Land Israel erbeten. Die gebrauchte Wendung „Land, das (Jhwh) gegeben hat als Erbe" wird durch das Deuteronomium geprägt und hier wiederverwendet. Eine Näherbestimmung von ארץ durch einen אשר-Satz mit נחלה + נתן findet sich außerhalb von 1Kön 8,36 (= 2Chr 6,27) in der HB nur noch in Dtn 4,21; 15,4; 19,10; 24,4; 25,19; 26,1 (vgl. Jos 11,23). Ein Aufenthalt des Betenden im Land Israel wird vorausgesetzt.

In 8,34 bittet Salomo mit ähnlichen Worten um die Rückführung in das Land der Väter: „und führe sie zurück in das Land, das du ihren Vätern gegeben hast" (והשבתם אל האדמה אשר נתת לאבותם). Die Niederlage im Krieg aus 8,33 war offensichtlich mit einer Deportation verbunden war; das vom Fluch getroffene Volk befindet sich nicht mehr im verheißenen Land. Begrifflich hat die Wendung ihre nächste Parallele in den Verheißungen der Rückführung im Buch Jeremia (Jer 16,15; 30,3; 42,12).[178] Bei der Niederlage steht damit die Erinnerung an die Eroberung und Wegführung durch die Babylonier im Hintergrund.

Diesem Fokus auf das verheißene Land entspricht der Fokus auf den Tempel als Gebetsort in 8,33. Die Frommen beten in 8,33 „im Tempel" (בבית הזה), obwohl sie nach 8,34 deportiert wurden. Viele deuten diese Aussagen als Widerspruch, der auf eine literarhistorische Bearbeitung hindeutet.[179] Und in der Tat wechselt das Subjekt nicht; die Rede ist beide Male von „deinem Volk Israel" (עמך ישראל in 8,33.34), das nach 8,33 im Tempel betet, obwohl es sich nach 8,34 nicht im Land Israel befindet. Mit einer literarkritischen Lösung verschiebt man das Problem aber nur auf eine andere Ebene; man muss dann erklären, warum der bearbeitende Schreiber diesen Widerspruch erzeugt hat. Dem Schreiber war in diesem Fall vermutlich der Fokus auf den Jerusalemer Tempel als Ort des echten, bußfertigen Gebets wichtiger als eine genaue Differenzierung zwischen Israeliten in der Diaspora und im Land Israel. Er konnte den Zugang zum Jerusalemer Tempel voraussetzen, weil er aus der Zeit des Zweiten Tempels schreibt. In dieser Zeit konnten theoretisch auch Israeliten aus der Diaspora nach Jerusalem kommen und um ihre kollektive Rückführung beten – genauso wie die wallfahrenden Nicht-Israeliten in 8,41–42. Eine zweite Hand wird man allein mit Verweis auf die inhaltliche Spannnung also nicht nachweisen können.[180]

---

[178] Außerhalb von 1Kön 8,34 (= 2Chr 6,25) findet sich die Wendung שוב ... אשר ... נתן ... אב nur noch in Jer 16,15; 30,3 und die Wendung שוב Hif. + אדמה nur noch in Jer 16,15; 42,12. In Dtn 30,1–30 wird die Rückführung in Vers 4 mit der Wurzel קבץ („sammeln") und dem Hifil von בוא ausgedrückt. Die Landesverheißung an die Väter findet sich dort in Vers 5.

[179] Vgl. z. B. Kasari, *Promise*, 171, der והשבתם אל האדמה אשר נתת לאבותם für einen Nachtrag hält.

[180] Vgl. Talstra, *Prayer*, 115.212, der aus denselben Gründen für die literargeschichtliche Einheit dieser Bitte argumentiert.

In 1Kön 8,35 wird das fromme Gebet am Tempel zusätzlich mit der Gewissheit begründet, dass Jhwh es erhört. Die Konsonanten כי תענם waren ursprünglich als „weil du ihnen antwortest" = כִּי תַעֲנֵם gemeint (und nicht als כִּי תְּעַנֵּם = „weil du sie demütigst"; vgl. S. 189ff.). Eine solche Begründung des frommen Gebetes mit כִּי + עֲנִי₁ = „antworten" ist in den Psalmen belegt, z. B. als „ich rufe dich an, denn du erhörst mich (כִּי תַעֲנֵנִי)" (Ps 17,6; 86,7) oder als „ich will dich preisen, denn du hast mich erhört (אוֹדְךָ כִּי עֲנִיתָנִי)" (in Ps 118,21).

In der Bitte (3) wird Jhwh zusätzlich als Lehrer des guten Weges aufgerufen: „denn du lehrst sie den guten Weg, den sie gehen sollen" (כִּי תוֹרֵם אֶת הַדֶּרֶךְ הַטּוֹבָה אֲשֶׁר [יֵלְכוּ/לָלֶכֶת] בָּהּ).[181] Als Lehrer der menschlichen Wege kommt Jhwh sonst nur noch in den Psalmen vor, z. B. in Ps 25,4–5 und 32,8.[182] Im Vortext aus Gen–1Kön erinnert dieses Motiv an die Torabelehrung durch die levitischen Priester in Dtn 17,10–11 und an 1Sam 12,23, wo Samuel die Israeliten den „guten und richtigen Weg" (בְּדֶרֶךְ הַטּוֹבָה וְהַיְשָׁרָה) lehren will (beide Male ירה Hifil).[183] Das Motiv des „*guten* Weges" (אֶת הַדֶּרֶךְ הַטּוֹבָה) könnte von hier inspiriert sein. Das ילכו בה in Kön und Chr ist wortwörtlich in Ex 18,20 zu finden und wohl von dort übernommen. In beiden Kontexten geht es um die Unterweisung in den Wegen Jhwhs (וְהוֹדַעְתָּ לָהֶם אֶת הַדֶּרֶךְ יֵלְכוּ בָהּ). Die Wendung אֶת הַדֶּרֶךְ ... אֲשֶׁר יֵלְכוּ בָהּ findet sich noch wortwörtlich in Neh 9,12.19. Dort leitet die Wolken- und Feuersäulen den Israeliten den Weg, den sie gehen sollen. Das לָלֶכֶת בָּהּ in Kgtm ist wortwörtlich in Dtn 13,6 zu finden (הַדֶּרֶךְ אֲשֶׁר צִוְּךָ יְהוָה אֱלֹהֶיךָ לָלֶכֶת בָּהּ). Dort ist es ebenfalls der Weg, auf dem Jhwh zu wandeln geboten hat.

Mit der Bitte (4) aus 8,37–40 haben die Bitten (2) und (3) den konsequenten Fokus auf das Land gemeinsam[184] sowie den Bezug zu Fluchandrohungen aus dem Deuteronomium. Durch diese Gemeinsamkeiten bilden die Bitten 2–4 eine relative Einheit, die einmal für sich existiert haben könnte (vgl. das Textschaubild zur Literargeschichte in Kap. 15.1 ab S. 449).

Bitte (5): Wallfahrt von Nicht-Israeliten (8,41–43)
Nach hinten wurde die vierte Bitte nachträglich um die Bitte (5) erweitert (vgl. וְגַם = *„und auch* der Nicht-Israelit"). Das Beispiel beschreibt als Szenario keine

---

181 Für einen Nachtrag gehalten von Noth, *I. Könige 1–16*, 170; Würthwein, *1. Könige 1–16*, 93; Veijola, *Verheißung*, 151, Fn. 32.
182 Vgl. Talstra, *Prayer*, 116, für den Hinweis auf diesen Zusammenhang.
183 Vgl. Müller, *Königtum*, 195f. zu 1Sam 12,23 im Kontext dieser Motivik.
184 Vers 34: „und führe sie zurück in das Land, das du ihren Vätern gegeben hast" = Vers 36: „und gib Regen auf dein Land, das du deinem Volk zum Erbe gegeben hast" = Vers 40: „damit sie dich fürchten |+(und) gehen auf allen deinen Wegen| alle Tage, die sie leben ⟨|auf dem Land|⟩, die du unseren Vätern gegeben hast."

Mangelerfahrung mehr. Der Fokus verschiebt sich auf fromme Nicht-Israeliten, die aus fernen Ländern nach Jerusalem wallfahren, um am Tempel zu beten. Der angestrebte Folgezustand nimmt den letzten Teil der vierten Bitte auf. Wenn JHWH ihr Gebet erhört, werden sie ihn wie das Volk Israel fürchten (8,40.43). Auch das Motiv der himmlischen „Stätte für dein Thronen" (מכון שבתך) wird übernommen (vgl. 8,39 mit 8,43).[185] Elemente des Schemas „Sünde > Umkehr > Bitte um Vergebung" hingegen fehlen, was am veränderten Fokus auf Nicht-Israeliten liegen dürfte.

Der Nicht-Israelit wird als הנכרי („Ausländer"[186]) bezeichnet und explizit als jemand definiert, der „nicht von deinem Volk (Israel)" ist ([ישראל] אשר לא מעמך הוא). Er kommt in diesem Szenario „aus einem fernen Land" (מארץ רחוקה) nach Jerusalem. Der Relativsatz hat seine nächsten Parallelen in Dtn 17,15: „ein Nicht-Israelit, der nicht von deinen Brüdern ist" (נכרי אשר לא אחיך הוא); sowie Ri 19,12: „ein Nicht-Israelit, der nicht von den Söhnen Israels ist" (נכרי אשר לא מבני ישראל הנה). Das Motiv eines aus „dem fernen Land" (מארץ רחוקה) kommenden Nicht-Israelit (הנכרי) ist aus Dtn 29,21 bekannt (והנכרי אשר יבא מארץ רחוקה מארץ noch in Jos 9,6.9; 2Kön 20,14 Jes 39,3). Inhaltlich wird der Begriff נכר in der HB sonst nirgends im Zusammenhang mit der Zuwendung eines Nicht-Israeliten zu JHWH gebraucht sondern nur seine Derivate.[187] Inhaltlich und begrifflich nah steht vor allem die Zuwendung der Nicht-Israeliten zu JHWH in Tritojesaja (vgl. בן הנכר und בני הנכר in Jes 56,3.6).

Die Wendung „um deines Namens willen" (למען שמך) ist aus den Psalmen bekannt (Ps 23,3; 25,11; 31,4; 79,9; 106,8; 109,21; 143,11)[188] und wird stets im Zusammenhang mit der Hoffnung auf JHWHs Handeln gebraucht. JHWHs „großer Name" (שמך הגדול) begegnet in der HB seltener als man erwarten würde (nur in Jos 7,9; 1Sam 12,22; Ps 99,3; Jer 44,26; Ez 36,23). Am nächsten an 1Kön 8,42 kommt 1Sam 12,22: „Denn JHWH wird sein Volk *um seines großen Namens willen* (בעבור שמו הגדול) nicht verlassen".

8,42a wird gemeinhin für einen Nachtrag gehalten.[189] Die Motive der „starken Hand" und des „ausgestreckten Arms" werden besonders häufig im Deuteronomium kombiniert (Dtn 4,34; 5,15; 7,19; 11,2; 26,8; daneben nur noch in Ps 136,12; Ez 20,33-34) und dort immer auf den Exodus bezogen: JHWH habe das Volk Israel „mit

---

185 Zu dem Motiv „Stätte für dein Thronen" vgl. Kap. 13.3.1 ab S. 374.

186 Koehler/Baumgartner/Dietrich, *KAHAL*.

187 נכרי in der HB 45 Mal in Gen 31,15; Ex 2,22; 18,3; 21,8; Dtn 14,21; 15,3; 17,15; 23,21; 29,21; Ri 19,12; Rut 2,10; 2Sam 15,19; 1Kön 8,41.43; 11,1.8; 2Chr 6,32–33; Esra 10,2.10–11.14.17–18.44; Neh 13,26–27; Ijob 19,15; Ps 69,9; Spr 2,16; 5,10.20; 6,24; 7,5; 20,16; 23,27; 27,2.13; Koh 6,2; Jes 2,6; 28,21; Jer 2,21; Klgl 5,2; Obd 1,11; Zef 1,8.

188 Sonst nur noch in Jes 48,9; 66,5; Jer 14,7.21; Ez 20,9.14.22.44.

189 Vgl. Noth, *I. Könige 1–16*, 170; Würthwein, *1. Könige 1–16*, 93; Veijola, *Verheißung*, 151, Fn. 32.

starker Hand und ausgestrecktem Arm" aus Ägypten herausgeführt. Zur rechten Gotteserkenntnis gehört, sich an diese „Zeichen" und „Wunder" Jhwhs in Ägypten zu erinnern (Dtn 4,34; 7,19; 11,2; 26,8). In Dtn 11,2 wird das Doppelmotiv zusätzlich mit Jhwhs „Größe" (את גדלו) kombiniert. Für 1Kön 8,41–42 bedeutet der Exodus-Bezug durch das Einspielen dieser Motive: Der Nicht-Israelit in 1Kön 8,41 hat von den „Zeichen" und „Wunder" Jhwhs in Ägypten gehört und kommt deswegen zu seinem zentralen Kultort nach Jerusalem.

Die Wendung „und handle gemäß allem, was der Nicht-Israelit zu dir ruft" (ועשית ככל אשר יקרא אליך הנכרי) ist eigenwillig. Normalerweise handelt Gott gemäß allem (ככל + עשה), was er „geboten hat" oder „wie geschrieben steht".[190] Was der Nicht-Israelit ruft bzw. betet, bleibt unerwähnt. Sicher ist nur, dass er durch sein Handeln und Beten Jhwh als den einen Gott anerkennt.

Die Wallfahrt der Nicht-Israeliten hat drei Ziele bzw. Zwecke: Erstens sollen alle Völker der Erde Jhwh erkennen, zweitens sollen sie Jhwh fürchten wie das Volk Israel und drittens sollen sie verstehen, dass dieser Gott seinen Anbetungsort am Jerusalemer Tempel hat.

Das erst-genannte Ziel ist die Gotteserkenntnis der Völker. Die Gotteserkenntnis „aller Völker der Erde" wird in 8,60 wieder aufgenommen. In 2Kön 19,19 spricht Hiskia von der Gotteserkenntnis „aller Königreiche der Erde" (כל ממלכות הארץ). In beiden Fällen wird die Alleinherrschaft Jhwhs als Inhalt der Gotteserkenntnis expliziert (אתה יהוה אלהים לבדך in 8,60; יהוה הוא האלהים אין עוד in 2Kön 19,19); hier in 1Kön 8,43 ist dieser Inhalt mitzudenken. Das כל עמי הארץ („alle Völker der Erde") ist eine stehende Wendung und aus Dtn 28,10; Jos 4,24; 1Kön 8,43.53.60; 2Chr 6,33; 32,13; Ez 31,12; Zef 3,20 bekannt. Besonders nah steht Jos 4,24, wo ebenfalls von einer Gotteserkenntnis „aller Völker der Erde" (למען דעת כל עמי הארץ) sowie von der Gottesfurcht (למען יראתם את יהוה) die Rede ist. Die Wendung למען + ידע führt ebenfalls zu Ex 8,6.18; 9,29; 11,7.[191] Die Formulierung „den Namen (Jhwhs) erkennen" (ידע + שם) ist in der HB singulär, in der zweiten Rede aber zu erwarten. Sonst findet sich die Wendung nur noch in Jes 64,1, und dort mit ידע im Hifil. Die nächsten Parallelen wären Ps 83,19; Jes 52,6; 64,1; Jer 16,21.

Das zweite Ziel ist die Gottesfurcht der Nicht-Israeliten „wie das Volk Israel". Das Motiv der vergleichenden Gottesfurcht ist in der HB einzigartig. Die konkrete

---

190 Die Wendung עשה + ככל findet sich in der HB in Dtn 12,8; 17,10; 20,18; 24,8; 26,14; Jos 1,7–8; Rut 3,6; 1Kön 8,43; 9,4; 14,24; 2Kön 21,8; 22,13; 2Chr 6,33; 7,17; 34,21; Est 4,17; Jer 35,10.18; 50,21.
191 Die Wendung למען + ידע findet sich in der HB in Ex 8,6.18; 9,29; 11,7; Lev 23,43; Dtn 8,3; 29,5; Jos 4,24; Ri 3,2; 1Kön 8,43.60; 2Chr 6,33; Ijob 19,29; Ps 78,6; Jes 43,10; 45,3.6; Jer 44,29; Ez 38,16; Mi 6,5. Im Zusammenhang mit Gotteserkenntnis wird sie verwendet in Ex 8,6.18; 9,29; 11,7; Dtn 29,5; Jos 4,24; 1Kön 8,60; Jes 43,10; 45,3.6.

Wendung „zu fürchten wie" (כ + ירא) findet sich nur noch in Jos 4,14, wo das Volk Josua genauso fürchtet wie Mose. Gotteserkenntnis und Gottesfurcht der כל עמי הארץ („alle Völker der Erde") wird ebenfalls in Jos 4,24 kombiniert. Diese Stelle mag bei der Formulierung von 1Kön 8,43 Pate gestanden haben.

Zuletzt geht es um die Anerkennung des Jerusalemer Heiligtums als Jhwhs zentralem Kultort. Die Nicht-Israeliten sollen erkennen, dass über dieses Heiligtum Jhwhs Name ausgerufen sei. Die Wendung ist in nahezu identischer Form in Dtn 28,10 belegt (וראו כל עמי הארץ כי שם יהוה נקרא עליך). Der Name des Herrn liegt dort aber auf dem Volk, wenn es sich an Jhwhs Gebote hält. Der Tempel ist nicht im Blick. In 2Sam 6,2 ist der Name des Herrn über die Lade ausgerufen. Über den Tempel wird der Name des Herrn nur in Jeremia ausgerufen (vgl. Jer 7,10.11.14.30, 32,34, 34,15). Der Zusatz „das ich gebaut habe" (אשר בניתי) ist aus 1Kön 8,27.44.48; 9,3.10 bekannt.

Bitte (1): Ein bedingter Beschwörungseid (8,31–32)

Das erste Beispiel in 8,31–32 beschreibt einen bedingten Beschwörungseid (אלה). Der Angeklagte kommt zum Tempel vor Jhwh und soll von ihm ein gerechtes Urteil erhalten.

Der Text ist an zwei Stellen korrupt und der ursprüngliche Wortlaut uns unbekannt. Bei der Wendung ונשא בו אלה bleibt unklar, ob ונשא als ונשא mit שׂ oder als ונשא mit שׁ zu lesen ist. ונשא בו אלה lässt sich entweder als ונשא בו אלה = „und er verlangt ihm einen Fluch ab" oder als ונשא בו אלה = „und er spricht einen Fluch über ihn aus" deuten. Mit beiden Verben ist die Wendung in der HB einmalig. Das Verb נשׂא (eigentlich „leihen") steht sonst auch mit ב (vgl. Dtn 19,2; 24,10; Jes 24,2). נשׂא = „sprechen" liegt semantisch näher, steht aber in solchen Zusammenhängen nur mit על („aussprechen *über*").

Im letzten Teilsatz wissen wir zudem nicht, welche Konsonanten auf das ובא folgten ([?] ובא). Das ובא אלה aus Kön und Chr ist unverständlich; alle anderen Übersetzungen haben diesen Text als Ausgangspunkt und bessern aus. Die Konsonanten בו אלה und das ובא אלה sind sich graphisch auffällig ähnlich. Der Text könnte auf beiden Seiten Ergebnis von Abschreibefehlern durch Kontaminationen und Augensprünge gewesen sein. Was genau vorgefallen ist, entzieht sich aber unserer Kenntnis.

Bisher hat noch niemand erklären können, warum ein derart spezielles Beispiel am Anfang der Beispielsituationen steht. Diese Unklarheiten könnten an der kurzen Beschreibung oder an dem korrupten Text des Hyparchtypes liegen. Vielleicht hat Dtn 28,30 und der dort beschriebene Ehebruch als Folge des Fluches einen Schreiber an den zu diesem Anlass ausgesprochenen Beschwörungseid in Num 5,12–31 erinnert und ihn auf diese Weise auf einen bedingten Beschwörungseid als mögliches Beispiel für das Bittgebet gebracht.[192] Die erwartete Klärung des Falles am Altar erinnert an das Altarasyl (vgl. z. B. Ex 21,13f. und 1Kön 1,50–53; 1Kön 2,28–34).[193]

Konkret soll ein bedingter Beschwörungseid (אלה) zur Klärung der Schuldfrage über die angeklagte Person ausgesprochen werden. Vers 31 erklärt die zugrundeliegende Ausgangssituation. Vers 32 betet um ein gerechtes Urteil Jhwhs. Er soll den Schuldigen schuldig und den Gerechten gerecht sprechen.

Durch die Beispielsituationen in Ri 17,2, Lev 5,1 und Num 5,16–28 wird deutlich, wie solch ein bedingter Fluch funktioniert. In allen Fällen wird ebenfalls אלה als Verb und Substantiv gebraucht.[194] Bei einem Vergehen kann der Fluch in einem Gerichtsverfahren direkt über einen Verdächtigen ausgesprochen werden (Num 5) oder öffentlich über einen anonymen Täter (vgl. Ri 17,2; Lev 5,1). Ziel ist, die Schuldfrage zu klären. Durch den bedingten Fluch soll der Täter zum Geständnis bewegt werden. Wurde der Fluch bereits ausgesprochen und stellt sich daraufhin der Täter, kann dieser zurückgenommen werden (vgl. Ri 17,2). Gesteht der Schuldige nicht oder wird er nicht gefunden, soll ihn der Fluch ereilen. Zum Einsatz kommt der Fluch auch in Gerichtsverfahren, wenn Aussage gegen Aussage steht

---

192 Vgl. Dtn 28,30: „Eine Frau wirst du dir verloben, aber ein anderer Mann wird mit ihr schlafen." (*Elberfelder Bibel*) mit Num 5,12ff.: „12 Wenn die Frau irgendeines Mannes auf Abwege gerät und Untreue gegen ihn begeht, [...] 14 und der Geist der Eifersucht kommt über ihn, und er wird eifersüchtig auf seine Frau, und sie hat sich [wirklich] unrein gemacht; oder [aber] der Geist der Eifersucht kommt über ihn, und er wird eifersüchtig auf seine Frau, und sie hat sich nicht unrein gemacht: 15 Dann soll der Mann seine Frau zum Priester bringen [...] 19 Und der Priester soll sie beschwören und zu der Frau sprechen: Wenn kein Mann bei dir gelegen hat und wenn du, die du unter deinem Mann bist, nicht auf Abwege geraten bist in Unreinheit, dann bleibe unversehrt von diesem Fluch bringenden Wasser der Bitterkeit! 20 Wenn du aber, die du unter deinem Mann bist, auf Abwege geraten bist und dich unrein gemacht hast und ein Mann bei dir gelegen hat außer deinem [eigenen] Mann - 21 und [so] soll der Priester die Frau beschwören mit dem Schwur der Verfluchung; [...]." (ebd.).

193 Ein Überblick über das Asylrecht und sakrales Asyl in der HB bietet z. B.: Wagner, *Asyl/Asylrecht (AT)*.

194 אלה als Substantiv oder Verb findet sich in Gen–2Kön in Gen 24,41; 26,28; Lev 5,1; Num 5,21.23.27; Dtn 29,11.13.18–20; 30,7; Ri 17,2; 1Sam 14,24; 1Kön 8,31; 13,14. Klammert man die Bundesflüche aus (Dtn 29,11.13.18–20; 30,7; Neh 10,30), schließt 1Kön 8,31 konkordantisch an Ri 17,2, Num 5 und Lev 5,1 an (für 1Sam 14,24 s.u.). Andere Schlagen den Reinigungseid aus Ex 22,6ff. als alternativen Verstehenshintergrund für 1Kön 8,31 vor (vgl. z. B. Noth, *I. Könige 1–16*, 186). Beide Parteien kommen vor Jhwh und ein von beiden zu leistender Eid soll klären, welche Partei schuldig ist. Das Kommen vor Jhwh als gerechter Richter haben zwar beide Texte gemeinsam. Allerdings wird hier das Lexem שבועה und weder אלה noch נשא iSv. „auferlegen; sprechen" verwendet. Von einem Schwur zwischen zwei Parteien (Ex 22,10: שבעת יהוה תהיה בין שניהם) ist in 1Kön 8 auch nicht gedacht.

und die Schuldfrage nicht geklärt werden konnte (vgl. Num 5). Ist der Verdächtige schuldig, wird ihn der Fluch treffen; ist er es nicht, bleibt er verschont.

Die genaue Ausgangssituation in 1Kön 8,31 bleibt allerdings unklar. Das hat mit einem möglichen Subjektwechsel nach 8,31aα zu tun und mit der Frage, worin genau das „Sündigen" (יחטא) besteht. Der Text lässt sich in zwei Richtungen deuten:

(1) Der Kläger könnte seinen Nächsten ohne wirklichen Grund durch die Aussprache eines bedingten Fluches angeklagt (ונשא בו אלה להאלתו) und den Ruf seines Nächsten damit leichtfertig aufs Spiel gesetzt haben. Zu übersetzen wäre dann:

> „Wenn *jemand* gegen seinen Nächsten sündigt und ihm einen Fluch abverlangt (/einen Fluch auf ihn legt), indem er ihn schwören lässt, und *er (der Angeklagte)* kommt [?] vor deinen Altar in diesem Tempel, dann erhöre es vom Himmel..."

In dieser Interpretation wäre der „jemand" (איש) auch Subjekt von ונשא בו אלה.[195] Die Annahme eines Subjektwechsels wäre nicht nötig (Subjekte in der Übersetzung durch *kursiv* gekennzeichnet). Der Kläger spricht leichtfertig und ohne handfeste Gründe einen אלה-Fluch über jemanden aus und schädigt damit den Ruf des Angeklagten. Der Angeklagte sucht im Tempel vor Gott ein gerechtes Urteil.

(2) Oder man geht von einem nicht weiter definierten Vergehen (יחטא) aus, das nicht mehr durch Zeugen aufgeklärt werden kann. Der Geschädigte reagiert darauf, indem es einen bedingten Beschwörungseid über den vermeintlichen Täter ausspricht. Zu übersetzen wäre dann:

> „Wenn *jemand* (vermeintlich) gegen seinen Nächsten sündigt und *man* ihm einen Fluch abverlangt (/einen Fluch auf ihn legt), indem man ihn schwören lässt, und *er (der Angeklagte)* kommt [?] vor deinen Altar in diesem Tempel, dann erhöre es vom Himmel..."

In diesem Fall wechselt das Subjekt in 8,31aβ (*kursiv* in der Übersetzung). Der zum Opfer gewordene Nächste (לרעהו) oder ein allgemeines „man" verlangt den bedingten Beschwörungseid, um die Schuldfrage zu klären.[196] Der Angeklagte besteht auf seiner Unschuld und sucht vor Gott im Tempel ein gerechtes Urteil.

Alle weiteren Bestandteile des Textes lassen sich gut verstehen. Das את אשר ist als Einleitung eines Konditionalsatzes ungewöhnlich, aber möglich.[197] Das Hifil

---

195 So z. B. Talstra, *Prayer*, 110f. mit Verweis auf Van den Born, *Koningen*, 58. Vgl. auch die Übersetzung in Blau, *Gebrauch*, 19: „Dass jemand fehlt gegen seinem Nächsten und ihm einen Eid auferlegt, ihn zu beeidigen."
196 So z. B. Noth, *I. Könige 1–16*, 186; Würthwein, *1. Könige 1–16*, 92.97f.
197 Vielleicht wie Ehrlich vermutet „was das betrifft, dass [...] = wenn" (Ehrlich, *Randglossen*, 233; ihm folgt Talstra, *Prayer*, 109f.) oder alternativ את אשר als Objektsatz zu 8,32 iSv. „Dass jmd.

לְהַאֲלֹתוֹ beschreibt das Veranlassen eines Beschwörungseides entweder mit Fokus auf den Ausspruch des Angeklagten („jmd. schwören lassen/eine Selbstverfluchung auferlegen"[198]) oder den Veranlasser („einen Fluch auferlegen; unter einen Fluch stellen").[199] Das Hifil אלה findet sich in der HB sonst nur noch in 1Sam 14,24, wo Saul eigenmächtig und aus unlauteren Motiven dem Volk einen Schwur abverlangt.

Der Fluch soll zur Aufklärung der Schuldfrage „vor deinem Altar in diesem Haus" (לִפְנֵי מִזְבַּחֲךָ בַּבַּיִת הַזֶּה) gebracht werden. Aus 8,22 ist ein Altar bekannt, vor dem Salomo steht (לִפְנֵי מִזְבַּח יְהוָה = „vor dem Altar Jhwhs"). Die Erwähnung des Altars erklärt sich durch den Bedrohungseid als Beispielszenario. In Num 5,25–26 bringt der Priester für die mit einem Bedrohungseid angeklagte Frau ein Opfer auf dem Räucheraltar. In 1Kön 8,31–32 nimmt Jhwh die Rolle des Priesters vor dem Altar ein und soll Recht und Gerechtigkeit schaffen.

Die Bitte „erhöre aus dem Himmel" (הַשָּׁמַיִם + שמע) in Vers 32 begleitet fortan die gesamte zweite Rede Salomos. Sie wird in allen sieben Bitten gebraucht (8,32.34.36.39.43.45.49). Mit dem Begriffspaar וְעָשִׂיתָ וְשָׁפַטְתָּ („und handle und richte") wird Jhwh zum Handeln aufgefordert. Das Verb שפט ist in 1Kön 8 singulär. Das Verb עשה wird in ähnlicher Weise noch in Vers 39 verwendet und steht dort in der Form וְעָשִׂיתָ in einer Reihe mit וְסָלַחְתָּ und וְנָתַתָּ לָאִישׁ כְּכָל דְּרָכָיו.

Zum Recht verholfen werden soll „deinem Volk Israel" (Kgtm: וְשָׁפַטְתָּ עַמְּךָ יִשְׂרָאֵל) bzw. „deinen Knechten" (Kön/Chr: וְשָׁפַטְתָּ אֶת עֲבָדֶיךָ). Die Bitte um Gerechtigkeit in Vers 32 bezieht sich also nicht mehr nur auf die zwei Konfliktparteien aus Vers 31; sie wird verallgemeinert zu der Bitte an Jhwh, unter seinem Volk Recht und Gerechtigkeit zu schaffen. In 8,23 wird das Volk bereits als לַעֲבָדֶיךָ bezeichnet, in 8,30 als עַמְּךָ יִשְׂרָאֵל. Fortan werden nur noch Fallbeispiele beschrieben, die das ganze Volk betreffen (vgl. עַמְּךָ יִשְׂרָאֵל in 8,33.34.36).

Enger auf das Fallbeispiel des Ausspruches eines bedingten Alah-Fluches bezogen ist die Bitte in 8,32aβ–b, den den Schuldigen schuldig und den Gerechten gerecht zu sprechen (לְהַרְשִׁיעַ רָשָׁע לָתֵת דַּרְכּוֹ בְּרֹאשׁוֹ וּלְהַצְדִּיק צַדִּיק לָתֶת לוֹ כְּצִדְקָתוֹ). Die *figura etymologica* Hif. רשע + Subst. רֶשַׁע sowie Hif. צדק + Subst. צַדִּיק ist in der HB noch in Dtn 25,1 belegt (וְהִצְדִּיקוּ אֶת הַצַּדִּיק וְהִרְשִׁיעוּ אֶת הָרָשָׁע). In Dtn 25,1–3 geht es dabei um die Veranstaltung eines ordentlichen Gerichtsverfahrens und eine damit zusammenhängende genaue Einhaltung der auferlegten

---

sündigt gegen seinen Nächsten …, höre es […] " (vgl. Blau, *Gebrauch*, 19; Saydon, *Meanings*, 208). Für אֲשֶׁר als Einleitung eines Konditionalsatzes vgl. z. B. Lev 4,22 (vgl. Gesenius/Meyer/Donner, *Handwörterbuch*, unter Bdt. Nr. 10. Für את als „Bedingungspartikel" vgl. Brockelmann, *Syntax*, §164d, mit Verweis auf 1Kön 8,31.

198 Vgl. Gesenius/Meyer/Donner, *Handwörterbuch*.
199 Vgl. Koehler/Baumgartner/Dietrich, *KAHAL*.

Strafe (40 Schläge), um den Schuldigen vor einer unverhältnismäßigen Strafe und Entehrung zu schützen (vgl. Dtn 25,3!).[200] Die Wendung לתת דרכו בראשׁו ("zu bringen seinen Weg über sein Haupt") hat ihre nächsten Parallelen in Ezechiel (vgl. Ez 9,10; 11,21; 16,43; 22,31; siehe auch 17,19). Immer beschreibt die Wendung eine Strafe JHWHs. Die Formulierung (נתן + דרך + ראשׁ) ist sonst immer negativ konnotiert und beschreibt eine Strafe JHWHs. Der positive Gebrauch in 1Kön 8,32 mit לתת לו כצדקתו = „ihm zu geben nach seiner Rechtschaffenheit" ist in der HB nur hier belegt; sie wurde mit Blick auf das negative לתת דרכו בראשׁו für den Parallelismus in 1Kön 8,32 geschaffen (am nächsten kommt wohl Ps 72,1).

Die Bitten (6) und (7): Krieg im Namen JHWHs und frommes Diaspora-Judentum (8,44–45.46–51)

Die Bitten (6) und (7) rekapitulieren die Motive Krieg und Gefangenschaft aus 8,33–34, um neue Akzente zu setzen. Durch die Doppelung von 8,33–34 zeigt sich der Charakter von 8,44–51 als Nachtrag im heutigen Textzusammenhang.[201] Die sprachlichen und inhaltlichen Besonderheiten von 8,44–51 bestätigen diesen Befund.[202] Beide verwenden den AK. cons. ושׁמעת anstatt [ו]אתה תשׁמע in 8,30.32.34.36.39.43. Zudem wird das Volk in beiden Bitten nicht mit „dein Volk Israel" bezeichnet wie zuvor in 8,30.33–34.36.38.41.43. Die Bezeichnung „Israel" wird vermieden; es heißt einfach „dein Volk" (עמך in 8,44.49.50). Vor allem aber wird in beiden Bitten nicht mehr leiblich präsent in Jerusalem gebetet. Im bisherigen Bittgebet wird das noch konsequent durchgehalten. Das Gebet in leiblicher Präsenz am Tempel ist selbstverständlich. Sogar der Nicht-Isaelit pilgert in 8,41–43 aus einem fernen Land nach Jerusalem, um am Tempel zu beten. Ganz anders ist dies in 8,44–51. Der Tempel bleibt zwar Haftpunkt der Gebete; die Gebete werden aber aus der Ferne in Richtung (דרך) des Tempels gesprochen. Das Volk befindet sich zum Zeitpunkt des Gebets „im Land der Gefangenschaft" (8,47: והתחננו אליך בארץ שׁבים). Die konkrete Formulierung des Gebetes in Richtung des Tempels ist in beiden Beispielen (fast) identisch: 8,44: „und sie beten [...] in Richtung (דרך) der Stadt, die du erwählt hast, und (in Richtung) des Hauses, das ich gebaut habe für deinen Namen" = 8,48: „und sie beten [...] in Richtung (דרך) des Landes, das du ihren Vätern gegeben hast, (in Richtung) der Stadt, die du erwählt hast, und (in Richtung) des Hauses, das ich gebaut habe für deinen Namen". Das Motiv des Gebetes in Richtung der erwählten Stadt und des gebauten Tempels ist einmalig in der HB und eine Besonderheit von 1Kön 8,44–51. Die Verwendung von דרך iSv. „in

---

200 Vgl. Otto, *Das Deuteronomium*, 276.
201 Das ist in der Forschung weitestgehend Konsens. Vgl. Fn. 93 auf S. 373.
202 Vgl. dazu vor allem Stipp, *Fürbitte*, 249–252, mit Verweis auf Nelson, *Redaction*, 71–73.

Richtung" mit dem Genitiv des Ortes entspricht aber dem üblichen Gebrauch.[203] Die Erwählung der Stadt als Konstruktion mit Relativsatz findet sich im Königebuch an zentralen Schlüsselstellen (1Kön 11,32.36; 14,21; 2Kön 23,27) und sonst nirgends in der HB. Hier wird die Erwählung wie in 1Kön 14,21 fast beiläufig eingespielt.[204]

Ausgelöst haben könnte den Nachtrag der Bitten (6) und (7) die besondere Kontur der zweiten Bitte. Der Israelit betet in 8,33 im Tempel, während Salomo in 8,34 um seine Rückführung in das verheißene Land bittet. Die siebte Bitte löst diese Spannung auf in ein differenziertes Szenario mit neuen Akzenten. Die Existenz des Diasporajudentums wird nach wie vor mit der Sünde des Volkes erklärt. Die Bitte um die Rückführung des Volkes wird zwar nicht wiederholt, bleibt aber im Blick. Sie wird durch die Bitte um „Erbarmen vor dem Angesicht ihrer Eroberer" angedeutet (vgl. 8,50 mit Jer 42,12). Dem bußfertigen Israeliten in der Diaspora wird nun aber explizit die Möglichkeit eingeräumt, aus der Ferne in Richtung des Tempels zu beten. Er muss nicht mehr leiblich präsent im oder am Jerusalemer Tempel beten, um als bußfertig und fromm zu gelten. Damit wird dem Diasporajudentum die Perspektive eines frommen Lebens eröffnet, die vorher im Bittgebet nicht bestand.

Das Beispiel (6) beschreibt als Szenario einen Krieg im Namen Jhwhs. Das Volk zieht im Auftrag Jhwhs in den Krieg: „Wenn dein Volk auszieht in den Krieg gegen seinen Feind auf dem Weg, den du sie sendest" (כי יצא עמך למלחמה על איבו בדרך אשר תשלחם in 8,44). Die Formulierung כי יצא עמך למלחמה על איבו findet sich nahezu wortwörtlich zwei Mal im Kriegsgesetz in Dtn 20–21 und könnte von dort inspiriert sein (כי תצא למלחמה על איביך in Dtn 20,1; 21,1).[205] Die Bedeutung „in den Krieg senden" für שלח ist durch Jos 8,3; 14,11; 1Sam 18,5 belegt. Die Wendung שלח + בדרך אשר hat eine Parallele in 1Sam 15,20.

Nachdem das Volk in den heiligen Krieg gezogen ist, betet es von dort aus in Richtung (דרך) der Stadt Jerusalem und in Richtung des Tempels. Jhwh soll das Gebet und die Bitte vom Himmel erhören und dem Volk zu seinem Recht verhelfen.

Schwer zu greifen ist das genaue Szenario hinter 8,44. Die Targumim gehen von einer Unterdrückung durch eine Fremdherrschaft aus, von der man sich im Namen Gottes mit einem heiligen Krieg befreit. Sie geben das Motiv „Recht verschaffen" (ועשית משפטם) dementsprechend als „und räche ihre Unterdrückungen" wiedergeben (s. o. S. 211ff.).[206] Und in der Tat kann die Wendung „Recht verschaf-

---

203 Vgl. Gesenius/Meyer/Donner, *Handwörterbuch* unter דרך 1.d).

204 Für alles Weitere zum Erwählungsmotiv vgl. die Analyse von 8,16 in Kap. 13.4.2 ab S. 424.

205 יצא + מלחמה in der HB 18 Mal in Dtn 20,1; 21,10; Ri 3,10; 20,14.20.28; 1Sam 17,8; 2Sam 10,8; 21,17; 1Kön 8,44; 20,39; 1Chr 7,11; 12,34.37; 14,15; 19,9; 2Chr 6,34; Jes 42,13.

206 Vgl. *The Aramaic Bible*: „Tg reflects the later experience of Israel under the empires." (Harrington, *Targum*, 230, Fn. 70). „Tg. Chr gives a picture of a defeated and humiliated Israel not found in the MT and reflecting perhaps later defeats." (Beattie/McIvor, *Targums*, 157, Fn. 68).

fen" für Unterdrückte und vulnerable Gruppen verwendet werden (vgl. z. B. Dtn 10,18).[207] Man kann diese Situation also auch von Anfang an für 8,44 annehmen.[208] Dazu passt aber nicht, dass das Volk in den Krieg auszieht und aus der Ferne in Richtung Jerusalems betet. Es befindet sich während der kriegerischen Auseinandersetzung nicht im Land Israel. Nimmt man diese Formulierung ernst, könnte an jüdische Söldner gedacht sein, die im Namen Jhwhs für nicht-israelitische Könige kämpfen.[209] Die Existenz judäischer Söldner ist durch die judäische bzw. „aramäische" Militärkolonien auf Elephantine belegt.[210] Von solchen Söldnern könnte der Schreiber also aus seiner Zeitgeschichte gewusst haben. Die aus der HB bekannte Stilisierung von Kyros als Herrscher im Auftrag Jhwhs (Jes 45,1; 2Chr 36,22f.; Esra 1,1f.) könnte den Schreiber auf die theologische Befürwortung eines frommen Söldnerwesens gebracht haben.

Im letzten Beispiel (7) entbrennt Jhwhs Zorn wegen Israels Sünde und er gibt sie dahin vor Feinden und sie werden gefangen weggeführt in ein fernes oder nahes Land.

Das Schema „Sündigen (חטא) > Umkehren (שׁוב) > Bitte um Vergebung (סלח)" wird aus den Bitten (2) und (3) übernommen und weiter ausdifferenziert (vgl. die Tab. auf S. 380). Zu den motiv- und traditionsgeschichtlichen Hintergründen des Schemas vergleiche Kap. 13.3.1 ab S. 374. In 8,46 wird das Szenario mit כי יחטאו לך eingeleitet: „Wenn sie gegen dich gesündigt haben…". Auf das Sündigen folgt die Gefangennahme und Deportation in ein fernes Land. Nach dem Verweis auf das Sündigen findet sich zusätzlich der Kommentar „denn es gibt keinen Menschen, der nicht sündigt" (כי אין אדם אשׁר לא יחטא).[211] Inspirationsquelle könnte die weisheitliche Einsicht aus Koh 7,20 gewesen sein: „Denn kein Mensch auf der Erde ist gerecht, dass er Gutes tut und nicht sündigt" (כי אדם אין צדיק בארץ אשׁר יעשׂה טוב ולא יחטא). Der Kommentar geht in 1Kön 8,46 weit über das Beispiel (7) hinaus und wurde hier vermutlich erst sekundär nachgetragen. Diese allgemeine anthropologische Grundkonstante steht dem spezifischen Beispiel der Deportation entgegen. Der Kommentar wurde vermutlich an dieser Stelle nachgetragen, weil hier das Szenario mit dem Sündigen anfängt und nicht mit der Beschreibung

---

207 In der HB 46 Mal in Gen 18,19.25; Ex 28,15; Lev 9,16; Dtn 10,18; 33,21; 2Sam 8,15; 1Kön 3,28; 8,45.49.59; 10,9; 2Kön 17,34; 1Chr 16,12; 18,14; 28,7; 2Chr 6,35.39; 9,8; Ps 9,5; 105,5; 119,84.121; 146,7; 149,9; Spr 21,3.7.15; Jes 58,2; Jer 5,1; 7,5; 9,23; 22,3.15; 23,5; 33,15; Ez 5,7–8; 11,12; 18,5.21.27; 33,14.19; Mi 6,8; 7,9.

208 So z. B. Würthwein, *1. Könige 1–16*, 99–100.

209 Ich bedanke mich bei Reinhard Kratz, der mich darauf aufmerksam gemacht hat.

210 Vgl. u. a. die Einführung zum Archiv von Elephantine in Porten, *Elephantine*.

211 Dieser Kommentar wird für einen Nachtrag gehalten von Noth, *I. Könige 1–16*, 170; Würthwein, *1. Könige 1–16*, 93; Veijola, *Verheißung*, 151, Fn. 32.

eines Mangels. Das bietet die Gelegenheit, das Thema des Sündigens zu genera-
lisieren, bevor ein konkreter Mangel als Folge beschrieben wird. In 8,47 findet
sich dann noch ein kollektives Sündenbekenntnis der Betenden aus dem Land
ihrer Gefangenschaft: „wir haben gesündigt, wir haben uns schuldig gemacht, wir
haben gottlos gehandelt" (חטאנו והעוינו רשענו). Parallele Sündenbekenntnisse
in der ersten Person Plural finden sich in Ps 106,6 und Dan 9,5.15.[212] Der inhaltliche Zusammenhang ist derselbe – ein Bußgebet für den Verstoß gegen das Erste
Gebot. In Ps 106,6 wird die Exodus-Generation aufgerufen: חטאנו עם אבותינו
העוינו הרשענו („wir haben gesündigt mit unseren Vätern, wir haben uns schuldig
gemacht, wir haben gottlos gehandelt (Hifil!)"). Dan 9,5 ist ein Bußgebet aus der
babylonischen Gefangenschaft: חטאנו ועוינו [ו]הרשענו („wir haben gesündigt,
wir haben falsch gehandelt (Qal!), wir haben gottlos gehandelt"). Die vielen Wiederholungen in 8,46–51 ermöglichen auch eine vielfältige Beschreibung der Umkehr.
In 8,47 wird Hifil שוב mit לב (Herz) kombiniert: „und sie es sich zu Herzen nehmen
(והשיבו אל לבם) in dem Land, in das sie weggeführt wurden". Das Hifil von שוב +
לב („sich zu Herzen nehmen") ist eine geprägte Wendung, die im Vortext durch
Dtn 4,39; 30,1 geprägt wird und sonst noch aus Jes 44,19; Klgl 3,21 bekannt ist. Dtn
30,1 steht am nächsten: Wenn Segen und Fluch über Israel gekommen sind und
sie es sich in der Diaspora zu Herzen nehmen (30,1: והשבת אל לבבך בכל הגוים
(אשר הדיחך יהוה אלהיך שמה) und zu Jhwh umkehren, dann wird sich Jhwh ihrer
Erbarmen, Israel sammeln und es in das verheißene Land zurückführen (vgl. Dtn
30,1–5). In Dtn 30 soll das Volk allerdings in das Land Israel heimkehren. In 1Kön
8,47–50 soll das Volk hingegen in Richtung Jerusalems beten; von einer Heimkehr
fehlt jede Spur. In 8,48 wird dann nochmal Qal שוב mit לב kombiniert: „und sie
kehren um zu dir mit ihrem ganzen Herzen und mit ihrer ganzen Seele im Land
ihrer Feinde" (ושבו אליך בכל לבבם ובכל נפשם בארץ איביהם). Die Wendung
Qal שוב + לב wird durch Dtn 30,10 geprägt. Dort dient eine solche Umkehr als
Bedingung für Segen und göttliche Zuwendung. Sonst findet sich das Motiv nur
noch in 2Kön 23,25. Dort wird Josia als Vorbild für eine solche Umkehr inszeniert.
Die formelhafte Wendung „von ganzem Herzen und ganzer Seele" ist aus dem
Schma Israel bekannt und ebenfalls hauptsächlich im Deuteronomium belegt.[213]
Das „Land der Feinde" (בארץ איביהם) ist als Formulierung für Lev 26 prägend.

---

212 Das Verb חטא im Qal Pf. 1c. Sg. ist überaus häufig (Num 12,11; 14,40; 21,7; Dtn 1,41; Ri 10,10.15;
1Sam 7,6; 12,10; 1Kön 8,47; 2Chr 6,37; Neh 1,6; Ps 106,6; Jes 42,24; Jer 3,25; 8,14; 14,7.20; 16,10; Klgl
5,16; Dan 9,5.8.11.15). עוה im Hifil Pf. 1c. Sg. findet sich nur noch in Ps 106,6; Dan 9,5 ist die einzige
Belegstelle für עוה im Qal Pf. 1c. Sg. Das Verb רשע im Qal Pf. 1c. Sg. findet sich nur noch in Dan
9,15; in Ps 106,6 (sowie in Neh 9,33 und Dan 9,5) steht רשע im Hifil Pf. 1c. Sg.
213 כל נפש ... כל לבב in Dtn 4,29; 6,5; 10,12; 11,13; 13,4; 26,16; 30,2.6.10; Jos 22,5; 23,14; 1Kön 2,4;
8,48; 2Kön 23,3.25; 2Chr 6,38; 15,12; 34,31; Jer 32,41.

Die Sünde des Volkes hat in 8,46 den Zorn Gottes zur Folge (בם ואנפת: „und du zürnst gegen sie"). Die Verwendung von אנף im Kontext einer Deportation als Strafe für Sünde führt zu 2Kön 17,18: „Und der Herr wurde sehr zornig (Hif. אנף) gegen Israel und schaffte sie fort von seinem Angesicht" (Hif. אנף dazwischen nur noch in 1Kön 11,9). Durch das Lexem אנף besteht also ein Verweiszusammenhang, der direkt zur Deportation des Nordreiches führt. Wichtige Vorläufer hat das Motiv in Dtn 1,37; 4,21; 9,8.20.[214] An all diesen Stellen wird allerdings das Hifil והתאנפת בם verwendet („und du zornig wirst gegen sie"), während in 1Kön 8,46 das Qal steht. Die Verwendung von אנף im Qal („zürnen" anstatt Hif. „zornig werden") verbindet die Stelle mit den Belegstellen in den Psalmen (Qal in Esra 9,14; Ps 2,12; 60,3; 79,5; 85,6; Jes 12,1). Das „Dahin-Geben vor dem Angesicht der Feinde" (ונתתם לפני אויב) ist in Dtn 28,25 als Fluch bei Untreue gegen das Erste Gebot angedroht (יתנך יהוה נגף לפני איביך). Es kommt zudem noch in Lev 26,17 und Jer 15,9 vor.

Strafe für die Sünde ist die Deportation: „und ⟨|ihre Eroberer|⟩ werden sie gefangen wegführen in das Land {⟨der Feinde⟩} (sei es) ein Fernes ⟨|oder|⟩ Nahes".[215] Bei der Wendung ושבום אל ארץ רחוקה [או /ו]קרובה („und sie sie gefangen wegführen in ein Land, nah oder fern") ist speziell an die babylonische Gefangenschaft gedacht. Innerbiblisch ist die Vokabel Qal שבה in der prophetischen Tradition in besonderer Weise mit dem babylonischen Exil verbunden.[216] Wie in 1Kön 8,46–50 steht der Gebrauch oft in Zusammenhang mit Drohung, Strafe und Verheißung (vgl. z. B. Jes 61,1; Jer 13,17).[217] Für die babylonische (und assyrische) Eroberung wird es vor allem in den Ketubim verwendet (vgl. 2Chr 30,9). Das שבה in 8,47–48 kommt dabei dem Gebrauch eines einfachen *terminus technicus* gleich, wie man ihn bei Derivaten von שבה aus Esra und Nehemia kennt (vgl. שבי in Esra 2,1.42; 3,8; 8,35; 9,7; Neh 1,2–3; 7,6.45; 8,17).[218] Beschrieben wird der Aufenthalts- und Gebetsort der Israeliten (בארץ איביהם אשר שבו שם in 8,47; בארץ שביהם und בארץ אשר נשבו שם אתם in 8,48). Das רחוקה [או /ו] קרובה] („fern und/oder nah") ist in der HB eine

---

214 Das Verb אנף kommt insgesamt nur 14 Mal in der HB vor: Dtn 1,37; 4,21; 9,8.20; 1Kön 8,46; 11,9; 2Kön 17,18; 2Chr 6,36; Esra 9,14; Ps 2,12; 60,3; 79,5; 85,6; Jes 12,1.

215 Für die Markierungen und die Herkunft des Textes vgl. Kap. 10 ab S. 308 und Kap. 15.1 ab S. 449. Das Partizip שביהם von שבה Qal beschreibt diejenigen, die jmd. gefangen wegführen (vgl. 1Kön 8,50; 2Chr 30,9; Ps 106,46). Vielfach wird mit „ihre Bezwinger" übersetzt (vgl. *Elberfelder Bibel, Zürcher Bibel*, Menge, *Heilige Schrift*).

216 Vgl. Otzen, *Art.* שָׁבָה, *in: ThWAT VII*, 953–957 für eine Analyse der Belegstellen. Qal שבה in der HB 42 Mal in Gen 14,14; 31,26; 34,29; Ex 22,9; Num 21,1; 24,22; 31,9; Dtn 21,10; Ri 5,12; 1Sam 30,2–3.5; 1Kön 8,46–48.50; 2Kön 5,2; 6,22; 1Chr 5,21; 2Chr 6,36–38; 14,14; 21,17; 25,12; 28,5.8.11.17; 30,9; Ps 68,19; 106,46; 137,3; Jes 14,2; 61,1; Jer 13,17; 41,10.14; 43,12; 50,33; Ez 6,9; Obd 1,11.

217 In 1Sam–2Kön wird außerhalb von 1Kön 8 Qal שבה nur an theologisch unbedeutenden Stellen verwendet (1Sam 30,2–3.5; 2Kön 5,2; 6,22).

218 Vgl. Otzen, *Art.* שָׁבָה, *in: ThWAT VII*, 957.

stehende Wendung.[219] Sie ist in Dtn 13,8 mit אוֹ und ansonsten mit Waw belegt (OGKgtm: μακρὰν καὶ ἐγγύς; vgl. Est 9,20; Jes 57,19; Jer 25,26; 48,24; Ez 22,5; Dan 9,7). Im Zusammenhang mit Drohung und Strafe bzw. Heil und Verheißung wird es in Jes 33,13; 57,19; Jer 25,26; Ez 22,5; Dan 9,7 gebraucht. Durch das Begriffspaar הקרבים ודהרחקים sind Jer 35,26 und Dan 9,7 miteinander verbunden. An beiden Stellen geht es um den Zeitpunkt der Befreiung Judas aus der babylonischen Gefangenschaft (Jer 25 = 70 Jahre; Dan 9 = 70 Jahrwochen).

Die Wendung אֶל אֶרֶץ הָאוֹיֵב in 1Kön 8,46 („in das Land der Feinde"; in 3Kgtm und 2Chr fehlt הָאוֹיֵב!) ist ein durch Lev 26 geprägter Begriff (vgl. Lev 26,34.36.38–39.41.44; sonst nur noch in Jer 31,16; Ez 39,27). In Lev 26 wird mit diesem Begriff die Deportation als Strafe für Ungehorsam angedroht; hier in 1Kön 8,46 wird diese Strafe durch die Deportation vollzogen.[220]

Der häufige Gebrauch der graphisch und phonetisch ähnlichen Wurzeln שׁוּב und שׁבה hat stilistische Gründe und ist als Wortspiel gedacht. In Vers 48a wird die graphisch und laut-gleiche Pf. 3.Sg.-Form verwendet: „und sie kehren um (שָׁבוּ) …im Land ihrer Feinde/Gefangenschaft, in das sie sie gefangen weggeführt haben (שָׁבוּ)". Das verdoppelte Grundgerüst bietet die Möglichkeit, durch Wiederholung zu betonen und durch Varianz verschiedene Motive zu kombinieren.

Ab Vers 47 wird die Wurzel שׁבה nur noch in Lokalangaben verwendet (8,47: „in dem Land, in das sie gefangen weggeführt wurden" = בָּאָרֶץ אֲשֶׁר נִשְׁבּוּ שָׁם). Dieselbe Konstruktion mit LokA + אֲשֶׁר-Satz mit Nifal שׁבה + שָׁם findet sich noch in Ez 6,9 (בַּגּוֹיִם אֲשֶׁר נִשְׁבּוּ שָׁם).[221]

In 8,47b wird erstmals im Gebet Salomos nicht der Tempelplatz, sondern das „Land der Gefangenschaft/der Eroberer" ([שֹׁבֵיהֶם/שֹׁבִים] בָּאָרֶץ) als Ort des Gebetes angegeben. Das Verb חנן wird das letzte Mal in 8,33 gebraucht; sonst wird פלל verwendet. Der Betende soll „im Land der Gefangenschaft" beten und eine Rückkehr bleibt unerwähnt. Die Wendung בָּאָרֶץ שֹׁבֵיהֶם („im Land ihrer Bezwinger") findet sich nur in 1Kön 8,47–48; die Wendung בָּאָרֶץ שֹׁבִים („im Land ihrer Gefangenschaft") ist neben 2Chr 6,37–38 in Jer 30,10; 46,27 (dort מֵאֶרֶץ שֹׁבִים) belegt.

---

219 15 Mal in Dtn 13,8; 1Kön 8,46; 2Chr 6,36; Est 9,20; Ps 38,12; Spr 27,10; Jes 33,13; 57,19; Jer 12,2; 23,23; 25,26; 48,24; Ez 6,12; 22,5; Dan 9,7.

220 In 1Kön 8,48 ist der Link zu Lev 26 noch eindeutiger (אֹיְבֵיהֶם in 1Kön 8,48 = 26,36.41.44). Wobei sich auffälliger-weise Lev 26,44 und 1Kön 8,48 wortwörtlich entsprechen (בְּאֶרֶץ אֹיְבֵיהֶם) und in Lev 26,.44 Heil für die Diaspora angekündigt wird, ohne das von einer Rückführung geredet wird.

221 Nifal שׁבה insg. in Gen 14,14; Ex 22,9; 1Sam 30,3.5; 1Kön 8,47; 2Chr 6,37; Jer 13,17; Ez 6,9. Die Konstruktion אֲשֶׁר + שׁבה im Qal findet sich noch in 1Kön 8,48; 2Kön 6,22; 2Chr 6,38; 28,11; Jer 41,14.

Am Anfang von Vers 50 soll JHWH in Kön und Chr „deinem Volk" (לעמך) und in Kgtm ihre Schuld (לעונם; oder לעונתיהם/לעונתם) vergeben. Wie der Hyparchetyp hier aussah, wissen wir nicht. Das Volk als Empfänger der Vergebung ist aus 8,34.36 bekannt. Hier ist das Motiv der Vergebung wie bereits in den Bitten (2) und (3) Teil des Schemas „Sündigen > Umkehren > Bitte um Vergebung" (vgl. dazu Kap. 13.3.1 ab S. 374). Liest man mit Kgtm לעונם, dann kann ולכל פשעיהם als Fortsetzung und zweites direktes Objekt von וסלחת aufgefasst werden: „und vergib ihre Schuld (Sg. לעונם)/ihre Missetaten (Pl. לעונתיהם/לעונתם), die sie gegen dich gesündigt haben, und alle ihre Vergehen, mit denen sie sich gegen dich vergangen haben". Diese parallele Struktur könnte gewollt sein: „und vergib" + ל + direktes Objekt + Relativsatz; „und" + ל + direktes Objekt. Mit diesem Text steht 1Kön 8,50 zudem parallel zu Jer 33,8, wo Jeremia die Erlösung von Babylon prophezeit: „Und ich werde sie reinigen von all ihrer Schuld, mit der sie sich an mir versündigt haben (מכל עונם אשר חטאו לי). Und ich werde alle ihre Missetaten vergeben, mit denen sie sich an mir versündigt haben (וסלחתי לכל עונותיהם אשר חטאו לי) und durch die sie sich an mir vergangen haben (ואשר פשעו בי)." Eine Konstruktion mit סלח + עון + אשר mit חטא findet sich in der HB nur an diesen beiden Stellen.[222] Auch das Motiv der Zusage der Vergebung hat insgesamt einen Schwerpunkt im Jeremiabuch (vgl. Jer 5,1.7; 31,34; 33,8; 36,3; 50,20).[223] In Jer 31,34 und und 36,3 ist ebenfalls von der Vergebung von Schuld und Sünde die Rede (אסלח לעונם ולחטאתם in Jer 31,34; וסלחתי לעונם ולחטאתם in Jer 36,3).

Vers 50 ist insgesamt aus prophetischem Vokabular gestrickt. Die einzelnen Wendungen (נתן ... רחמים; פשע + ב; עון + סלח; סלח sowie Piel רחם) sind in ähnlichen Zusammenhangen aus den Hinteren Propheten gut bekannt.

Die figura etymologica ולכל פשעיהם אשר פשעו בך in 8,50 ist aus Ez 18,31 bekannt (את כל פשעיכם אשר פשעתם בם), wo der Prophet das Volk auffordert, alle ihre Vergehen von sich zu werfen. Die Wendung „Vergehen gegen JHWH" (פשע + ב) ist außerhalb von 1Kön 8,50 nur in den Hinteren Propheten zu finden (Jes. 1,2; 43,27; 66,24; Jer 2,8.29; 3,13; 33,8; Ez 2,3; 18,31; 20,38; Hos 7,13; Zef 3,11).[224]

Die Doppelformulierung „Erbarmen geben" (נתן ... רחמים[225]) + „erbarmen" (רחם) aus 8,50 findet sich noch in Dtn 13,18 (ונתן לך רחמים ורחמך) im Kontext der Strafe für falsche Propheten und in Jer 42,12 (ואתן לכם רחמים ורחם) innerhalb von Jeremias Antwort an Juden, die nach Ägypten fliehen wollen. Das Piel רחם ist im Zusammenhang der Änderung einer Strafsituation zudem noch prominent in Dtn

---

222 סלח + עון in der HB insg. in Ex 34,9; Num 14,19; Ps 25,11; 103,3; Jer 31,34; 33,8; 36,3.

223 Vgl. Hausmann, *Art.* סָלַח, *in:* ThWAT V, 862f. Die Belege im priesterlichen Bereich sind aufgrund des anderen Zusammenhangs nicht relevant.

224 Vgl. Seebass, *Art.* פֶּשַׁע, *in:* ThWAT VI, 803f.

225 In der HB in Gen 43,14; Dtn 13,18; 1Kön 8,50; Neh 1,11; Ps 106,46; Jes 47,6; Jer 42,12.

30,3 belegt (dazu noch Jes 55,7; 2Kön 13,23; Ez 39,25; Jer 12,14f.).[226] Die Rückführung in das Verheißene Land wird nicht explizit erwähnt, ist aber in diesem Motiv mitenthalten. JHWH soll seinem Volk vor ihren ausländischen Eroberern Erbarmen geben, sodass ihre Unterdrücker sich ihrer erbarmen und Israel in das verheißene Land zurückkehren kann (vgl. 1Kön 8,50 mit Jer 42,12 und Dtn 30,3). In Jer 42,12 ist die explizite Folge des Erbarmens die Rückkehr in das Land Israel.[227] In Dtn 30,3 ist in diesem Zusammenhang von einem Sammeln Israels die Rede.[228] In dieselbe Richtung gehen Ps 106,46 und 2Chr 30,9, die mit 1Kön 8,50 die Wendung „Erbarmen finden *vor ihren Eroberern* (לפני שביהם)" teilen.[229] In 2Chr 30 rufen die Boten das zerstreute Israel zur Umkehr auf. Dann werden sie vor JHWH Erbarmen finden und in das Land zurückkehren (ולשוב לארץ הזאת). In Ps 106,46 erbarmt sich JHWH über das sich in der Diaspora befindende Volk. In Vers 47 bittet der Psalmist um das Sammeln von den Heiden (וקבצנו מן הגוים).

Mit Vers 51 wird an die vorherige Bitte aus 8,49–50 ein Grund (כי = denn, weil) angeschlossen, warum sich JHWH seines Volkes erbarmen soll: Sie sind sein Volk und sein Erbteil (עמך ונחלתך), das er aus dem Schmelzofen Ägyptens (מתוך כור הברזל) herausgeführt hat.[230] Das Bild Ägpytens als Schmelzofen für Eisen (מתוך כור הברזל: „mitten aus dem Schmelzofen für Eisen") kommt in der HB nur noch in Dtn 4,20 und Jer 11,4 vor. In Dtn 4,20 findet sich auch das Motiv des Volkes als JHWHs Erbteil wieder: „und er (JHWH) hat euch herausgeführt aus dem Schmelzofen für Eisen (מכור הברזל), aus Ägypten, das Volk des Erbteils für ihn zu sein (להיות לו לעם נחלה)." Dtn 9,26.29 überliefern mit עמך ונחלתך exakt dieselbe Formulierung wie in 1Kön 8,51[231] – in 9,26 sogar ebenfalls in einer Konstruktion mit הם (והם עמך ונחלתך). Die Bezeichnung des Volkes als „Erbteil" (נחלה) ist in den atl. Schriften nichts ungewöhnliches.[232] Auffälligerweise wird das Volk Gottes jedoch im Deuteronomium nur an diesen drei Stellen (Dtn 4,20; 9,26.29) als נחלה bezeichnet. 1Kön 8,51 könnte also gut aus Dtn 4,20 und 9,26 zusammengestellt worden sein.

---

226 Vgl. Simian-Yofre, *Art.* רחם, *in: ThWAT VII*, 465.

227 Jer 42,12: „Und ich werde euch Erbarmen geben, dass er sich über euch erbarmt und euch in euer Land zurückkehren lässt." (*Elberfelder Bibel*).

228 Dtn 30,3: „dann wird der HERR, dein Gott, dein Geschick wenden und sich über dich erbarmen. Und er wird dich wieder sammeln aus all den Völkern, wohin der HERR, dein Gott, dich zerstreut hat." (ebd.).

229 Ps 106,46: לרחמים לפני כל שוביהם. 2Chr 30,9: ויתן אותם לרחמים לפני שוביהם.

230 Dieser Vers wird z. B. von E. Talstra für einen Nachtrag gehalten (vgl. Talstra, *Prayer*, 284–286).

231 Sonst nur noch עמי ונחלתי in Ps 94,14 und עמי ונחלתי in Joel 4,2.

232 Dtn 4,20; 9,26.29; 1Sam 10,1; 2Sam 20,19; 21,3; 1Kön 8,51.53; 2Kön 21,14; Jes 19,25; 47,6; 63.17; Jer 10,16; 12,8f.; 51,59; Joel 2,17; 4,2; Mi 7,14.18; Ps 28,9; 33,12; 74,2; 78,62.71; 94,5.14; 106,5.40. Stellenangaben aus: Lipiński, *Art.* נָחַל, *in: ThWAT V*, 356.

13.4 Erweiterung II: Der Abschnitt über David (1Kön 8,15–21)

In Kap. 13.1 (ab S. 343) hat sich bereits gezeigt, dass der Abschnitt über David aus 8,15–21 als einer der letzten Texte komponiert und in die Reden Salomos eingefügt wurde. Die Verfasser des Bittgebetes kannte diesen Abschnitt noch nicht und sahen deswegen nicht die Notwendigkeit, David zu erwähnen; mit 8,15–21 als Vortext wären Bezüge zu David aber an vielen Stellen zu erwarten. Erst nachträglich wurde das Bittgebet durch 8,24–26 sporadisch mit dem Abschnitt zu David verzahnt (s. o. Kap. 13.3.3). 8,15–21 vermittelt zudem ein Bild von David als Dynastie- und Kultgründer, wie wir es aus der Chronik kennen, und setzt die Verheißung des Tempelbaus aus 2Sam 7,12–13 voraus. Das spricht ebenfalls für eine späte Datierung.

Für sich genommen, könnte 8,15–21 nahezu aus einem Guss sein.[233] Handfeste Indizien auf nachträgliche Bearbeitungen liegen nur in 8,15–16 vor. In 8,16 redet Jhwh David an, spricht aber über ihn in 3. Person: „15 (Jhwh) sprach durch seinen Mund *mit David* meinem Vater: 16 [...] Ich habe *David* erwählt [...]." In Vers 16 fand eine nachträgliche Bearbeitung statt, die diesen bruchstückhaften Übergang verursacht hat. Die Kontur des Textes gibt keinen Anlass, den gesamten Vers 16 oder die Verse 16–18 als Nachtrag auszusortieren (8,15bβ–16 bei T. Veijola, P. Kasari und M. Pietsch; 8,16–18aα bei T. Steiner; s. u. Kap. 13.4.1). Oft wird auch 8,21 für einen Nachtrag gehalten oder innerhalb dieses Verses Nachträge vermutet.[234] Dafür gibt es aber keine handfesten Indizien wie auseinandergerissene Textzusammenhänge oder bruchstückhafte Übergänge etc.

Weil die Lade in 1Kön 8,1–11 mit David assoziiert ist (8,2), wurde 8,15–21* an den Anfang der Reden gestellt (s. o. Kap. 13.1). 8,14 ist ebenfalls mit 8,1–11 verbunden (8,10–11). Deswegen war der Schreiber von 8,15–21* gezwungen, die Redeeinleitung aus 8,14 für 8,15–21* zu übernehmen. Mit Vers 22 schuf er eine neue, zum Bittgebet besser passende Redeeinleitung. Sie gibt zunächst die Position von Salomo präzise an. Salomo stand nach 8,22 „vor dem Altar Jhwhs gegenüber der ganzen Versammlung Israels" (לִפְנֵי מִזְבַּח יהוה נֶגֶד כָּל קְהַל יִשְׂרָאֵל). Wie genau sich der Schreiber die Aufstellung von Salomo und der Versammlung im Verhältnis zum Altar vorstellte, wissen wir nicht; dafür sind die Angaben zu ungenau.[235] Als Inspirationsquelle könnte die Aufstellung aus Jos 8,33 gedient haben. Dies ist die

---

233 Davon gehen z. B. aus: Noth, *I. Könige 1–16*, 182–184; Würthwein, *1. Könige 1–16*, 96f. Jepsen, *Quellen*, 18; Nentel, *Trägerschaft*, 201–206. Dagegen: Veijola, *Verheißung*, 152–154; Kasari, *Promise*, 127.138; Pietsch, *Von Königen*, 35, Fn. 193 (dazu s. u. in Kap. 13.4.1).

234 Z. B. bei Talstra, *Prayer*, 276f. Kasari, *Promise*, 138.

235 Für einen möglichen Erklärungsversuch vgl. z. B. Lohfink, *Fabel*, 243: „Salomo tritt נֶגֶד כָּל קְהַל יִשְׂרָאֵל vor den Altar, also ihnen zugewandt, hebt die Hände und spricht das Tempelweihgebet. Bedeutet נֶגֶד ,gegenüber' und ist die Gebetsrichtung zum Tempelhaus hin anzunehmen, dann

einzige Parallelstelle, wo sich zwei Parteien „gegenüber" stehen (נגד + עמד) und auch ein Altar aufgestellt ist (Jos 8,30–31). Aber auch eine solche Abhängigkeit von Jos 8,33 bleibt wegen der ungenauen Lokalangaben in 1Kön 8,22 unklar. Als Gestus breitete Salomo die Hände zum Himmel aus (ויפרש כפיו השמים). Das Ausstrecken *in Richtung des Himmels* ist in der HB singulär, korreliert aber mit der Wohnvorstellung des Bittgebetes (vgl. 8,28–30). In der HB werden sonst die Hände im Gebet *zu JHWH* ausgebreitet (Ex 9,29.33 und Esra 9,5). In 1Kön 8,38 streckt der Fromme seine Hände zum Tempel aus (ופרש כפיו אל הבית הזה). Diese Differenz in der Haltung könnte anzeigen, dass 8,22 nicht zum Grundbestand des Bittgebetes gehört, sondern erst später durch den Schreiber von 8,15–21* eingefügt wurde.

Der handschriftlich bezeugte Text von 8,15–21 ist stabil. Der Hyparchetyp ist in den drei Texttraditionen Kgtm, Kön oder Chr größtenteils erhalten geblieben; abweichende Lesarten sind selten (vgl. dazu Kap. 5 ab S. 128). Nur für Vers 16 sind zahlreiche abweichende Lesarten belegt (vgl. ebd.). Dort ist in Kön (MT, Tg, P) ein substanzieller Teil des Verses aufgrund eines Augensprunges ausgefallen.[236] Der ältere Text ist entweder in Kgtm[237] oder in Chr (= 4QKgs)[238] enthalten.[239]

13.4.1 Nachtrag der Erwählung Davids in 8,16

Die Hand eines zweiten Schreibers lässt sich in diesem Abschnitt nur in Vers 16 nachweisen. Der Hyparchetyp enthielt sowohl die Erwählung Jerusalems als auch die Erwählung Davids.[240] Die Existenz von „|+ Und ich habe keinen Mann erwählt,

---

stand כל קהל ישראל dem Volk zugewandt zwischen dem König und dem Tempelhaus – natürlich zu beiden Seiten des Altars."

236 Kön: „Ich habe nicht erwählt eine Stadt aus allen Stämmen Judas, um darin ein Haus zu bauen, damit mein Name dort sei. Und ich habe erwählt David, zu sein über meinem Volk Israel." Ausgefallen ist entweder „Aber ich habe Jerusalem erwählt, dass mein Name dort sei" aus Kgtm oder „Und ich habe nicht erwählt einen Mann, zu sein ein Fürst über mein Volk Israel. Und ich habe erwählt Jerusalem, damit mein Name dort sei" aus Chr (= 4QKgs). Alles weitere auf S. 133ff.

237 Kgtm: „Ich habe nicht erwählt eine Stadt von einem der Stämme Judas, um darin ein Haus zu bauen, damit mein Name dort sei. Und ich habe erwählt Jerusalem, damit mein Name dort sei und ich habe erwählt David, zu sein ein Fürst über meinem Volk Israel."

238 Chr (4QKgs): „Ich habe nicht erwählt eine Stadt aus allen Stämmen Judas, um darin ein Haus zu bauen, damit mein Name dort sei. Und ich habe nicht erwählt einen Mann, zu sein ein Fürst über mein Volk Israel. Und ich habe erwählt Jerusalem, damit mein Name dort sei und ich habe erwählt David, zu sein über meinem Volk (über) Israel."

239 Für den Hyparchetyp vgl. Kap. 10 ab S. 308. Für eine Synopse der Archetypen vgl. S. 133.

240 Vgl. Kap. 10 ab S. 308 und die Synopse zum Vers auf S. 133. In Kön (MT, Tg, P) ist der Text zur Erwählung Jerusalems und Nicht-Erwählung eines Mannes aufgrund eines Augensprunges ausgefallen. Alles weitere zur Textgeschichte auf S. 133ff.

⌈um zu sein ein Fürst über mein Volk⌉ Israel" im Hyparchetyp ist unsicher.[241] Dieser Teil ist durch Chr und (fragmentarisch) durch 4QKgs belegt, fehlt aber in Kgtm. Ursprünglich erwähnte dieser Vers nur die Erwählung Jerusalems (und ggf. die Nicht-Erwählung eines Mannes).[242] Sie soll Davids Wunsch in 8,17 begründen, Jhwh einen Tempel zu bauen (*Nachtrag*):

> 15 Gepriesen sei Jhwh der Gott Israels, <u>der gesprochen hat durch seinem Mund mit meinem Vater David</u> und (heute) durch seiner Hand erfüllt hat, was er sagte: 16 Von dem Tag an, als ich mein Volk aus |+dem Land| Ägypten geführt hatte, habe ich nicht erwählt eine Stadt $\frac{\langle|\text{von allen}|\rangle}{\{\text{in einem der}\}}$ Stämme(n) Israels, um darin ein Haus zu bauen, damit mein Name dort sei. |+ *Und ich habe keinen Mann erwählt,* ⌈*um zu sein ein Fürst über mein Volk*⌉ *Israel.*| {|Aber ich habe Jerusalem erwählt, damit mein Name dort sei|} *und ich habe David erwählt, um zu sein über meinem Volk Israel.*

Man erkennt die Arbeit einer zweiten Hand an dem bruchstückhaften Übergang zwischen 8,15 und 8,16 (<u>unterstrichen</u>). Mit Vers 15 wird ein Verheißungswort angekündigt, das Jhwh zu David gesprochen hat; in Vers 16 wird dann aber über David in der 3. Person gesprochen: „(Jhwh) sprach durch seinen Mund *mit David* meinem Vater: [...] Ich habe *David* erwählt [...]." Ein Schreiber fügte die Erwählung Davids in 8,16 ein und übersah die Spannung zu 8,15. Er schaute nur auf den Parallelismus in Vers 16 und ergänzt den zusätzlichen Text dementsprechend in der 3. Person Singular: „ich habe erwählt Jerusalem (בירושלם) [...] *und ich habe erwählt David (בדוד)* ...". Von Vers 15 kommend hätte ein- und derselbe Schreiber die Erwählung Davids in der 2. Person Singular ausgedrückt („(Jhwh) sprach durch seinen Mund zu David meinem Vater: [...] Ich habe dich (בך) erwählt [...]."). Der Parallelismus „Nicht-Erwählung einer Stadt // Erwählung Jerusalems" bietet die Möglichkeit, die Erwählung Davids zum Fürsten und König über Israel als Pendant zu ergänzen (vgl. 2Sam 5,2; 6,21; 7,8; 1Kön 1,35).

Der bruchstückhafte Übergang gibt keinen Anlass dafür, den ganzen Vers 16 als Nachtrag auszusortieren. Till M. Steiner identifiziert 8,16–18aα als Nachtrag;[243]

---

241 Vgl. S. 133ff. und zu den Markierungen Kap. 10 ab S. 308.

242 Dieser ursprüngliche Grundbestand von Vers 16 blieb in der Forschung bisher unentdeckt (s. u.). Vielleicht scheute man davor zurück, die Erwählung Jerusalems zum Grundbestand zu zählen, weil sie im Masoretischen Text des Königebuches fehlt. Sie ist dort aber aufgrund eines Augensprunges ausgefallen. Der Fund von 4QKgs hat das bestätigt. Der textkritische Befund ist selten derart eindeutig (vgl. dazu S. 133ff.). Das Fehlen der Erwählung Jerusalems im MT von 1Kön sollte sich nicht auf die literargeschichtlichen Rekonstruktionen auswirken.

243 Vgl. Steiner, *Salomo*, 262. Der ursprüngliche Text würde nach T. Steiner lauten: „15 Gepriesen sei Jhwh der Gott Israels, der gesprochen hat durch seinem Mund mit meinem Vater David und (heute) durch seine Hand erfüllt hat, als er sprach: [...] 18aβ–b Weil es dir auf dem Herzen lag, meinem Namen ein Haus zu bauen...; daran hast du gut getan, dass es dir auf dem Herzen lag. ..."

nach Timo Veijola, Petri Kasari und Michael Pietsch wurde 8,15bβ–16 sekundär hinzugefügt.[244] Die Wendung „er hat geredet mit dem Mund und erfüllt mit seiner Hand" in 8,15 fordert aber das Nennen dessen, was gesagt wurde und sich erfüllt hat (vgl. die Wendung in Jer 44,25).[245] Die Erwählung Jerusalems zur Tempelstadt aus 8,16 hat sich im Tempelbau von Salomo erfüllt. Ohne Vers 16 fehlt das angekündigte Gotteswort.[246] Vers 17 kann also Vers 15 nicht ursprünglich fortgesetzt haben (gegen T. Veijola, M. Pietsch, P. Kasari). Die Würdigung von Davids Tempelbauplänen in Vers 18 ist keine Verheißung und kann 8,16 deswegen nicht ersetzen (gegen T. Steiner).

Die Erwählung Davids geht auf 1Sam 16 zurück. Samuel erwählt dort David aus den Söhnen Isais (בחר in 16,8–10). Das Motiv der Erwählung Davids zum *Fürsten* und König *über Israel* schließt an 2Sam 5–7 an. In 2Sam 6,21 bezeichnet David selbst sich als von Gott erwählten Fürsten über Israel (בחר בי ... לצות אתי אל ישראל; נגיד על עם יהוה על ישראל + בחר + דוד sonst nur noch in 1Kön 11,34). Die Inf.cs.-Konstruktion „um [ein Nagid] über mein Volk [über] Israel zu sein" ([נגיד] להיות [על] עמי [על] ישראל)[247] hat neben 2Sam 6,21 Parallelen in 2Sam 5,2; 7,11; 1Kön 1,35.[248] Bei נגיד handelt es sich um einen Schlüsselbegriff der Bücher Samuel und Könige, mit dem David als herausragender Dynastiegründer Israels bezeichnet wird (vgl. 1Sam 9,16; 10,1; 13,14; 25,30; 2Sam 5,2; 6,21; 7,8; 1Kön 1,35; 14,7; 16,2).[249]

Der Erwählung Davids steht in 4QKgs und Chr die Aussage über die *Nicht-Erwählung eines Anführers* vom Auszug bis zur Zeit Davids gegenüber. Ob dieser Teil im Hyparchetyp stand, ist unsicher; in Kgtm fehlt dieser Text (vgl. S. 133).

---

244 Vgl. Veijola, *Verheißung*, 152–154; Kasari, *Promise*, 127.138; Pietsch, *Von Königen*, 35, Fn. 193. Der ursprüngliche Text würde demnach lauten: „15 Gepriesen sei Jнwн der Gott Israels, der gesprochen hat durch seinem Mund mit meinem Vater David und (heute) durch seine Hand erfüllt hat. [...] 17 Und es lag meinem Vater David auf dem Herzen, ein Haus zu bauen für den Namen Jнwнs des Gottes Israels. ..."

245 Die Wendung in 1Kön 8,24 zitiert 8,15. Die Verheißung wurde vorher in Vers 16 genannt und muss in Vers 24 nicht wiederholt werden.

246 So auch bereits Nentel, *Trägerschaft*, 205.

247 נגיד nur in Kgtm. Das zweite על nur in 4QKgs.

248 Der Zusammenhang mit diesen Stellen besteht auch ohne den Begriff נגיד. Vgl. על עמי ישראל in 1Sam 9,16; 2Sam 7,11; 1Kön 8,16; 14,7; 16,2; 1Chr 11,2; 17,7.10; 2Chr 6,5–6 sowie על עמי על ישראל in 2Sam 7,8, על עם יהוה ועל ישראל in 2Sam 6,21, על ישראל ועל יהודה in 1Kön 1,35 und על עמו in 1Sam 13,14. Jeweils mit היה in 2Sam 5,2 und 7,8.

249 Das Lexem נגיד findet sich in der HB 43 Mal, davon 32 Mal in 1Sam–2Kön + Chr. Insgesamt in 1Sam 9,16; 10,1; 13,14; 25,30; 2Sam 5,2; 6,21; 7,8; 1Kön 1,35; 14,7; 16,2; 2Kön 20,5; 1Chr 5,2; 9,11.20; 11,2; 12,28; 13,1; 17,7; 26,24; 27,4.16; 28,4; 29,22; 2Chr 6,5; 11,11.22; 19,11; 28,7; 31,12–13; 32,21; 35,8; Neh 11,11; Ijob 29,10; 31,37; Ps 76,13; Spr 28,16; Jes 55,4; Jer 20,1; Ez 28,2; Dan 9,25–26; 11,22.

Wenn die Aussage im Hyparchetyp stand, wurde sie gemeinsam mit der Erwählung Davids in den Text nachgetragen.

Für die Nicht-Erwählung eines Anführers gibt es keine innerbiblische Parallele; sie wurde vermutlich nur eingefügt, um einen viergliedrigen Parallelismus herstellen zu können (Nicht-Erwählung Stadt // Nicht-Erwählung Mann // Erwählung Jerusalems // Erwählung Davids).[250] Indirekt bekräftigt die Aussage die Depotenzierung Sauls. Er wird zwar auch zum König über Israel erwählt (1Sam 10,24; 12,13), aber später von Samuel im göttlichen Auftrag abgesetzt und durch David ersetzt (1Sam 15,28; 2Sam 7,15 MT).

13.4.2 Grundbestand

Vers 15 kündigt eine Verheißung an, die Jhwh einst ausgesprochen und nun erfüllt hat. Die Erfüllung der Verheißung ist der Grund des Lobpreises: „Gepriesen sei Jhwh, der Gott Israels heute". Der Abschnitt wird mit ברוך יהוה genauso eröffnet wie die Schlussworte Salomos (8,55).[251] In 8,15 ist der Gottesname zu יהוה אלהי ישראל erweitert.[252] An beiden Stellen findet sich in Kgtm ein היום = σήμερον.[253]

Konkret wird die Verheißung mit der Formulierung angekündigt „er hat geredet mit dem Mund und erfüllt mit seiner Hand, indem er sprach" (דבר בפיו את דוד אבי ובידו מלא לאמר). Dabei handelt es sich um eine stehende Wendung. Die Verheißung wurde von Jhwh so wie sie geäußert wurde (דבר בפיו) verwirklicht und umgesetzt (ובידו מלא).[254] Die Hand (ובידך) steht analog zum Arm Gottes (זרוע; vgl. z. B. Ps 89,14) für die göttliche Fähigkeit, die Verheißung nicht nur verbal in Aussicht zu stellen, sondern auch durch konkrete Taten zu erfüllen.[255]

---

250 Eine Kombination von בחר + איש in der HB findet sich in Gen 13,11; Ex 17,9; 18,25; Num 16,7; 17,20; Dtn 17,15; Jos 8,3; Ri 20,15–16.34; 1Sam 13,2; 24,3; 26,2; 2Sam 16,18; 17,1; 2Chr 6,5; 13,3.17; Ps 25,12; Spr 3,31; Jes 66,3. Keine der Belegstellen ist nahestehend.

251 ברוך יהוה findet sich in der HB sonst noch in Gen 9,26; 24,27.31; 26,29; Ex 18,10; Ri 17,2; Rut 2,20; 3,10; 4,14; 1Sam 15,13; 23,21; 25,32.39; 2Sam 2,5; 18,28; 1Kön 1,48; 5,21; 8,15.56; 1Chr 16,36; 29,10; 2Chr 2,11; 6,4; Esra 7,27; Ps 28,6; 31,22; 41,14; 72,18; 89,53; 106,48; 115,15; 119,12; 124,6; 135,21; 144,1; Jes 65,23; Ez 3,12; Sach 11,5.

252 ברוך יהוה אלהי ישראל findet sich in der HB noch in 1Sam 25,32; 1Kön 1,48; 8,15; 1Chr 16,36; 2Chr 2,11; 6,4; Ps 41,14; 106,48. Eine Kombination von ברוך mit folgendem אשר + Bezug auf Taten am היום, für die Jhwh gepriesen wird ist zu finden in Rut 4,14; 1Sam 25,32–33; 1Kön 1,48.

253 Vgl. 1Kön 1,48: היום ... אשר ישראל אלהי יהוה ברוך und 5,21: ברוך יהוה היום.

254 Für diese Redensart und ihre Bedeutung vgl. Snijders, *Art.* מָלֵא, *in: ThWAT IV*, 880.

255 Vgl. Ackroyd, *Art.* יָד, *in: ThWAT III*, 446–450 für weitere Beispiele und Belegstellen. Dementsprechend kann bezüglich des Syntagmas „das Wort erfüllen" (vgl. 1Kön 1,14; 2,27; 2Chr 36,21) מלא auch durch שלם (und קום) ersetzt werden (vgl. Jes 44,26). Für weitere Belegstellen vgl. Snijders, *Art.* מָלֵא, *in: ThWAT IV*, 880.

Die Redensart ist außerhalb von 1Kön 8 noch in Jer 44,25 belegt ist.[256] Sie fordert das Nennen dessen, was gesagt wurde und sich erfüllt hat. In Jer 44,25 wird das mit dem Mund gesprochene Wort ebenfalls mit einem folgenden לֵאמֹר zitiert.[257]

Das אֵת in דבר בפיו את דוד אבי ist als Präposition mit der Bedeutung „mit/zu" zu verstehen („JHWH sprach mit/zu David").[258] Zu erwarten wäre eigentlich לְדוד oder אֶל דוד als Hebräischer Text für „JHWH sprach *zu* David" (vgl. אֲשֶׁר דברת לו in 8,24f.; דברת לעבדך דוד in 8,26; וַיֹּאמר יהוה אֶל דוד in 8,18). Der Gebrauch von אֵת mit דבר ist wesentlich seltener. Vielleicht gab das דבר יהוה את משֶׁה aus Num 3,1 den Anstoß für das אֵת in 1Kön 8,15. JHWH redete *mit* (אֵת) David genauso wie er es *mit* (אֵת) Mose in Num 3,1 tat (vgl. auch Jos 17,14: וַיְדברו בני יוסף את יהושע). Der ungewöhnliche Gebraucht von אֵת hat in der Textgeschichte zu Texteingriffen und freieren Wiedergaben geführt (vgl. S. 130ff.).

Vers 16 nennt die Verheißung, die in Vers 15 angekündigt wird. JHWH hat Jerusalem als Tempelstadt und Wohnort für seinen Namen erwählt und David dies offenbart (8,16). Der Vers besteht aus einem Parallelismus. Seit dem Auszug aus Ägypten hat JHWH keine Stadt erwählt, um dort einen Tempel für seinen Namen zu bauen; JHWH hat aber Jerusalem erwählt als Ort für sein Zentralheiligtum, damit sein Name dort sei. Die Erwählung Davids war ursprünglich kein Bestandteil dieses Verses; sie wurde erst nachträglich in diesen Vers eingetragen (s. o. Kap. 13.4.1 ab S. 421). Die Erwählung Jerusalems ist später in der Textgeschichte aufgrund eines Augensprunges in Kön (MT, Tg, P) ausgefallen (vgl. dazu S. 133ff.).

Die Erwählung einer Heiligtumsstadt ist aus dem Königebuch bekannt (בחר + עיר in 1Kön 11,32.36; 14,21; 23,27). Das Motiv der Nicht-Erwählung einer Heiligtumsstadt seit dem Auszug ist in der HB singulär.[259] Der Schreiber könnte es sich aber aus 2Sam 7,6 erschlossen haben. Nach 2Sam 7,6 hat JHWH seit dem Auszug nie in einem Haus (בבית) gewohnt, sondern nur in dem Zelt und der Wohnung (באהל ובמשכן). Der Vers bildet die einzige Parallele für eine heilsgeschichtliche

---

256 Die Konstruktion דבר + ב + פה findet sich in der HB noch in Ex 4,15; Num 23,5.16; Dtn 18,18; 23,24; 2Sam 14,3; 1Kön 8,15.24; 2Chr 6,4.15; Jes 51,16; Jer 1,9; 5,14; 9,7; 44,25. Die Konstruktion מלא + ב + יד findet sich nur in 1Kön 8,15.24; 2Chr 6,4.15; Jer 44,25.

257 Dieselbe Wendung findet sich ansonsten nur noch in 1Kön 8,24. Sie zitiert dort 8,15. Die Verheißung wurde vorher in Vers 16 genannt und muss deswegen in Vers 24 nicht nochmal wiederholt werden.

258 Vgl. Gesenius/Meyer/Donner, *Handwörterbuch*, unter אֵת₂ mit 1Kön 8,15 als Beispiel dieser Bedeutung.

259 8,16a: „Von dem Tag an, als ich mein Volk {⟨+Israel⟩} aus |+dem Land| Ägypten geführt hatte, habe ich nicht erwählt eine Stadt $\frac{⟨|von allen|⟩}{\{in einem der\}}$ Stämme(n) Israels, um darin ein Haus zu bauen, damit mein Name dort sei."

Periodisierung vom Auszug bis zu David.[260] JHWH wohnte bis zu seinem Einzug in den Jerusalemer Tempel in einem wandernden Zeltheiligtum („„Zelt in Wohnung" in 2Sam 7,6) und hat dementsprechend auch keine andere Stadt außer Jerusalem als Heiligtumsstadt erwählt.

Das Motiv der Erwählung Jerusalems zur Heiligtumsstadt aus allen/einem der Stämme Israels[261] schließt im Vortext an die Erwählung eines Kultortes (מקום) aus dem Deuteronomium an. Die parataktische Formulierung „dass [JHWHs] Name dort (sei/wohne/etc.)" (Verb + Nomen שם + Adverb שם) steht mit Bezug auf den Tempelplatz hier das erste Mal in 1Sam–2Kön[262] und ist davor nur im Deuteronomium zu finden (vgl. Dtn 12,5.11.21; 14,23–24; 16,2.6.11; 26,2).[263] Das Motiv der Erwählung Jerusalems (ירושלם + בחר) ist aus der fortlaufenden Erzählung des Königebuches bekannt und kehrt dort an einigen Schlüsselstellen wieder.[264] In 1Kön 11,13.32.36; 14,21, 2Kön 21,7 und 2Kön 23,27 ist Jerusalem „die Stadt, die (JHWH) erwählt hat"; der Relativsatz scheint eine stehende Wendung gewesen zu sein. In nahezu allen Versen ist auch vom Einwohnen von JHWHs Namen die Rede.

Vers 17 berichtet von Davids Wunsch, JHWH ein Heiligtum zu bauen. Davids Tempelbauwunsch ist aus 2Sam 7,2 bekannt. Dort deutet David ihn durch die Gegenüberstellung seines fürstlichen Zedernhauses mit dem Wohnen der Lade „inmitten von Zelttüchern" (בתוך היריעה) an. Diese Andeutung interpretiert 1Kön 8,17 als einen dezidierten Wunsch Davids. Es lag David auf dem Herzen (ויהי עם לבב דוד אבי), dem Namen JHWHs einen Tempel zu bauen (לבנות בית לשם יהוה אלהי ישראל). Der lange Gottesname aus dem Lobpreis in 8,15 wird wiederholt

---

260 2Sam 7,6: „Wahrhaftig, nie habe ich in einem Haus gewohnt *von dem Tag an, als ich die Söhne Israel aus Ägypten heraufgeführt habe, bis zum heutigen Tag* (למיום העלתי את בני ישראל ממצרים ועד היום הזה); sondern ich bin umhergezogen in Zelt und Wohnung." (*Elberfelder Bibel*; kursiv MF)

261 Das מכל שבטי ישראל aus Kön und Chr ist belegt in 1Kön 11,32; 14,21; 2Kön 21,7 und das באחד שבטי ישראל aus Kgtm in 2Sam 7,7.

262 Die einzige Stelle, wo vor 1Kön 8 die Eigentumserklärung vorkommt ist 2Sam 6,2. Dort wird über die Bundeslade ausgesagt, dass über sie „der Name JHWHs Zebaot der über den Cherubim thront ausgerufen ist" (את ארון האלהים אשר נקרא שם שם יהוה צבאות ישב הכרבים עליו).

263 Insg. findet sich die Konstruktion Verb + Nomen שם + Adverb שם in der HB 22 Mal in Dtn 12,5.11.21; 14,23–24; 16,2.6.11; 26,2; 1Kön 8,16.29; 9,3; 11,36; 14,21; 2Kön 23,27; 2Chr 6,5–6.20; 7,16; 12,13; Neh 1,9; Jer 7,12. In nahezu allen diesen Stellen ist wie in 1Kön 8,16 ein בחר gebraucht („בחר + [Ort] + „dass [JHWHs] Name [שם] dort [שם] sei/wohne/etc."). Im Deuteronomium bezieht sich das בחר bekanntlich auf מקום (vgl. Dtn 12,5.11.21; 14,23–24; 16,2.6.11; 26,2), in 1–2 Kön auf ירושלם oder עיר (vgl. 1Kön 8,16; 11,36; 14,21; 2Kön 23,27). Außerhalb von Deuteronomium und 1–2 Kön findet sich diese Formulierung (abgesehen von den chronistischen Parallelstellen) nur noch in Neh 1,9 in Bezug auf מקום.

264 ירושלם + בחר in der HB in 1Kön 11,13.32.36; 12,21; 14,21; 2Kön 21,7; 23,27; 2Chr 11,1; 12,13; 33,7; Sach 1,17; 2,16; 3,2.

(יהוה אלהי ישראל). Die Formulierung „und es lag David auf dem Herzen" (ויהי עם
לבב דוד אבי) in 1Kön 8,17 mag dabei von 2Sam 7,3 inspiriert sein. Dort antwortet
Nathan auf Davids angedeuteten Tempelbauwunsch mit den Worten „alles, was
dir auf dem Herzen liegt, das tue!" (כל אשר בלבבך לך עשׂה).

Folgt man der Erzählung von 8,16–17, entstand Davids Wunsch, nachdem Jhwh
ihm die Erwählung Jerusalems offenbart hat. Dadurch entsteht ein Zusammenhang
zwischen der göttlichen Erwählung Jerusalems und Davids Tempelbauwunsch.
In 2Sam 7 will David Jhwh noch einen Tempel bauen, ohne dass ein göttliches
Verheißungswort vorausgeht. Durch 1Kön 8,16–17 wird diese Leerstelle gefüllt und
Davids Bauvorhaben aus der Erwählung Jerusalems abgeleitet.

In den Versen 18–19 zitiert Salomo ein weiteres Gotteswort an David (ויאמר
יהוה אל דוד אבי). Mit Vers 18 füllt der Schreiber eine weitere Leerstelle von 2Sam 7.
In 2Sam 7 ist Jhwhs Antwort auf Davids angedeuteten Tempelbauwunsch viel-
schichtig und mehrdeutig. Sie kann in 2Sam 7 auch als eine Zurückweisung des
Tempelbauwunsches (2Sam 7,7) oder als eine Umdeutung zugunsten einer Dynastieverheißung (2Sam 7,11) gelesen werden.[265] Hier beruht Davids Tempelbauwunsch
auf der Erwählung Jerusalems in Vers 16 und wird deswegen von Jhwh explizit
gewürdigt: „Du hast gut daran getan, dass es dir auf dem Herzen lag" (כי הטיבת
היה עם לבבך).

Die grammatische Form der Würdigung gibt hingegen Rätsel auf. Vers 18b
enthält die vollständige Würdigung: „du hast gut daran getan, dass es dir auf dem
Herzen lag" הטיבת כי היה עם לבבך. Davor wird nun aber ein Nebensatz gestellt,
bei dem der zu erwartende Hauptsatz fehlt: „Weil es dir auf dem Herzen lag, meinem
Namen ein Haus zu bauen…;" (יען אשר היה עם לבבך לבנות בית לשׁמי).[266] Dieser
Nebensatz wiederholt lediglich, was mit dem כי-Satz bereits gesagt ist („Weil es
dir auf dem Herzen lag, meinem Namen ein Haus zu bauen" vs. „dass es dir auf
dem Herzen lag"). Damit ergibt der Vers keine sinnvolle Aussage.[267] Es könnte

---

265 Vgl. dazu z. B. Rudnig, *König*, und darüber die weitere Forschungsliteratur zu 2Sam 7.

266 Vgl. Mulder, *Die Partikel ya ʿan*, 66–67, Fn. 2. und Mulder, *1 Kings 1–11*, 408. So übersetzt in
ebd., 400, und Kittel, *Könige*, 74–75.

267 Um das Gemeinte verständlich zu machen, wird in modernen deutschen Übersetzungen
frei übersetzt. Vgl. folgende Auswahl an Bibelübersetzungen, die alle unterschiedlich mit der
Schwierigkeit umgehen, den Text sinnvoll ins Deutsche zu übersetzen: Menge, *Heilige Schrift*:
„Dass du den Wunsch gehegt hast, meinem Namen ein Haus zu bauen, an diesem Vorhaben
hast du wohl getan;" *Luther84*: „Dass du im Sinn hast, meinem Namen ein Haus zu bauen,
daran hast du wohlgetan, dass du dir das vornahmst." Die *Zürcher Bibel*: „Dass es dir am Herzen
liegt, meinem Namen ein Haus zu bauen, daran hast du gut getan. Es liegt dir am Herzen!".
Einheitsübersetzung: „Wenn du dir vorgenommen hast, meinem Namen ein Haus zu bauen, hast
du einen guten Entschluss gefasst."

sich um ein Anakoluth handeln.[268] Der mit אֲשֶׁר יַעַן begonnene Satz bricht ab und wird nicht fortgeführt (vgl. die Übersetzung oben). Allerdings ist der Sinn und die Funktion eines Anakoluth in der Regel offensichtlich. Eine überzeugende Erklärung für den Wortlaut von Vers 17 hat bisher niemand finden können. Alle Versuche, den Vers als grammatisch vollständigen Satz zu interpretieren, scheitern an der Widerspenstigkeit des hebräischen Textes.[269] Spekuliert wird auch über eine Entstehung durch einen Abschreibefehler.[270] Andere sehen den Satz als ein Beispiel eines wenig gelungenen יַעַן-Satzes.[271] Ohne zusätzliche Textevidenz wird man den Text hinnehmen müssen, wie er dasteht.

Vers 19 vermittelt Jhwhs Würdigung aus Vers 18 mit dem Gotteswort aus 2Sam 7,12–13. In 2Sam 7,13a verkündet Jhwh über Davids Nachfolger: „er wird *ein* Haus bauen für meinen Namen" (הוּא יִבְנֶה בַיִת לִשְׁמִי in MT). Hier wird noch undeterminiert von einem Tempel geredet. In 1Kön 8,19 verkündet Jhwh dieselbe Verheißung: „Er wird *das* Haus bauen für meinen Namen" (הוּא יִבְנֶה הַבַּיִת לִשְׁמִי; zitiert ebenfalls in 1Kön 5, und 2Chr. Diesmal wird „Haus" mit Blick auf den gebauten Tempel determiniert (הַבַּיִת). Die Formulierung „dein Sohn, der herauskommt aus deinen Lenden" (בִּנְךָ הַיֹּצֵא מֵחֲלָצֶיךָ) stammt aus 2Sam 7,12, wo sich mit אֲשֶׁר ... אֶת זַרְעֲךָ יֵצֵא מִמֵּעֶיךָ eine inhaltlich eng verwandte Formulierung findet (wörtlich: „dein Nachkomme, der aus deinem Inneren kommen wird").[272]

---

268 Vgl. Mulder, *Die Partikel yaʿan*, 66–67, Fn. 2. und Mulder, *1 Kings 1–11*, 408. Ähnlich Schenker, *Implizieren*, 72, der von einer Ellipse oder Aposiopese spricht.

269 Als Beispiel sei auf den Lösungsversuch von Steiner verwiesen (vgl. Steiner, *Salomo*, 165f.). In Abgrenzung zu Mulders These der fehlenden Apodosis schreibt er in Bezug auf den כִּי-Satz: „Wenn man den כִּי-Satz jedoch als Beginn von V. 19 liest, ergibt sich ein schlüssiger Text, der perspektivisch Vergangenheit und Zukunft einholt. V. 18aβγ.bα lässt Davids Tempelbauabsicht in den Augen Gottes als »gute Tat« erscheinen. V. 18bβ interpretiert die Tempelbauabsicht nochmals als Davids Herzensanliegen, stellt ihr aber entsprechend 2 Sam 7,12–13a die Aussage an die Seite, dass erst sein Sohn das Vorhaben umsetzen wird. V. 19 nimmt dementsprechend 2 Sam 7,12f. auf." (ebd., 266). Wie schlüssig der so gelesene Text ist, könnte man an einer Übersetzung erkennen, die Steiner allerdings nicht bietet. Auch die Möglichkeit eines Anschluss des כִּי-Satzes an einen Hauptsatz mit vorangestelltem einschränkenden רַק ist philologisch nachweispflichtig und kann nicht einfach behauptet werden. Welche Art von Nebensatz der כִּי-Satz in dieser Interpretation bildet, verrät er ebenfalls nicht.

270 So die Vermutung von Schenker (vgl. Schenker, *Implizieren*, 71–76). In der Tat ist eine Textpassage mit so vielen Wiederholungen gleicher Formulierungen (vgl. die Verse 17–18) anfällig für Dittographien oder Augensprünge. Ohne handfeste Textevidenz bleibt dies allerdings Spekulation.

271 So Gowan, der in seinem Artikel zu יַעַן diese Stelle als „somewhat mangled form of the standard, prophetic oracle" (Gowan, *Use of yaʿan*, 181) bzw. gemeinsam mit 1Kön 11,31–33 als „poor constructions"(ebd., 173) von יַעַן-Satzes bezeichnet.

272 Das entsprechende Syntagma יֵצֵא + מִן + חֲלָצִים („herauskommen aus den Lenden") aus 1Kön 8,19 ist in der HB singulär. Das liegt daran, dass das Lexem חֲלָצִים („Lenden, Hüfte") in der

Mit Vers 20 ergreift Salomo wieder das Wort. JHWH hat sein Wort gehalten (8,20a). Mit seiner Inthronisierung und seinem Tempelbau haben sich JHWHs Verheißungen an David erfüllt (8,20b).

Die Wendung „und JHWH hat sein Wort gehalten, das er gesprochen hat" in 1Kön 8,20a (ויקם יהוה את דברו אשר דבר) könnte auf 2Sam 7,25 anspielen. Dort bittet David JHWH darum, die Verheißung an ihn und seine Dynastie für immer aufrechtzuerhalten (הדבר אשר דברת על עבדך ועל ביתו הקם עד עולם) und zu tun, wie er verheißen hat (ועשה כאשר דברת).[273]

Auch die Inthronisierung Salomos als Nachfolger Davids geschah, „wie JHWH verheißen hatte" (8,20bα: כאשר דבר יהוה), also gemäß der in 8,19 zitierten Verheißung aus 2Sam 7,12–13. Durch die Wendung אב/דוד + תחת +Suff. ist 1Kön 8,20bα zusätzlich mit der Thronfolgeerzählung verbunden (1Kön 1–2; 1Kön 3,7; 5,15 und 8,20). In 1Kön 1–2 tritt Salomo die Nachfolge Davids an (ואקם תחת דוד אבי)[274] und setzt sich auf seinen Thron (ואשב על כסא ישראל).[275]

Der Abschnitt schließt in Vers 21 mit einem Verweis auf die Lade. Salomo hat mit dem gebauten Tempel einen Ort für die Lade geschaffen (ואשם שם מקום לארון). In 2Sam 7,2 gab die Existenz der Lade „in Zelttüchern" David den Anstoß,

---

HB relativ selten ist (10 Mal in Gen 35,11; 1Kön 8,19; 2Chr 6,9; Ijob 31,20; 38,3; 40,7; Jes 5,27; 11,5; 32,11; Jer 30,6.). Belegbar ist der Zusammenhang zwischen 1Kön 8,19 und 2Sam 7,12 allerdings durch die konkordantische Nachverfolgung der Wendung מן + יצא. Als Metapher für „Nachwuchs bekommen" findet sich dieses Syntagma vor 1Kön 8,19 (neben der inhaltlich kaum verwandten Stelle aus 2Sam 16,11) erst wieder in 2Sam 7,12.

273 Die Kombination von Hifil קום + דבר mit einem dazugehörigen Relativsatz bestehend aus דבר + אשר findet sich vor 1Kön 8 in 2Sam 7,25, 1Kön 2,4; 6,12. 1Kön 2,3–4 und 6,12 fallen als Parallelstellen weg. Dort geht es um die menschliche Treue als Bedingung dafür, dass Gott seine Verheißung aufrechterhält. In der Chronik ist der Link zwischen 2Sam 7 und 1Kön 8 noch offensichtlicher. Die Wendung „das Wort, das gesprochen hat" (Nomen דבר + Relativsatz mit אשר + Verb דבר) findet sich vor 2Chr 6,10 (= 1Kön 8,20) nur noch in 1Chr 17,23 (=2Sam 7,25).

274 Qal קום + אב תחת דוד findet sich in der HB nur hier in 1Kön 8,20 (nah kommt dem nur noch Num 32,14). Die Verwendung des Qal קום ist wohl durch die Formulierung im Vortext (ויקם יהוה את דברו) inspiriert. Am nächsten kommen 1Kön 3,7 המלכת את עבדך תחת דוד אבי auch in 2Chr 1,8) und 1Kön 5,15 (כי אתו משחו למלך תחת אביהו) sowie 2Chr 29,23 in der Chronik (וישב שלמה על כסא יהוה למלך תחת דויד אביו). Ansonsten ist das תחת iSv. „anstelle" im Kontext einer Machtübergabe noch aus dem analistischen Rahmen des Königebuches bekannt (1Kön 11,43; 14,31; 15,8.24; 22,51; 2Kön 8,24; 12,22; 15,7.38; 16,20).

275 Vgl. כסא in 1Kön 1,13.17.20.24.27.30.35.37.46–48; 2,4.12.19.24.33.45. Auch die syntagmatischen Verbidungen ישב + כסא und על כסא ישראל weisen in Richtung 1Kön 1–2 (vgl. כסא על ישראל in der HB in 1Kön 2,4; 8,20.25; 9,5; 10,9; 2Kön 10,30; 15,12; 2Chr 6,10.16. ישב + כסא על in Ex 11,5; 12,29; Dtn 17,18; 1Kön 1,13.17.20.24.27.30.35.48; 2,12.19.24; 3,6; 8,20.25; 16,11; 22,19; 2Kön 11,19; 13,13; 1Chr 28,5; 2Chr 6,10.16; 18,18; Est 5,1; Ps 47,9; Spr 20,8; Jes 6,1; Jer 17,25; 22,2.30; 33,17; 36,30. ישב + על כסא ישראל findet sich nur in 1Kön 8,20.25; 2Chr 6,10.16.

einen festen Tempel zu bauen; dieser Wunsch hat sich unter Salomo erfüllt, indem Salomo einen „Ort" (מקום) für die Lade geschaffen hat (8,21).

Der folgende Relativsatz bestimmt die Lade gemäß 1Kön 8,9 als Behälter der Bundestafeln näher: אשר שם ברית יהוה = „in der der Bund Jhwhs ist" (wörtl: „die Lade, von der gilt: dort ist der Bund Jhwhs"). Die Relativsätze entsprechen sich bis in den Wortlaut hinein: אשר כרת יהוה עם בני ישראל בצאתם מארץ מצרים aus 8,9b = אשר כרת עם אבתינו בהוציאו אתם מארץ מצרים aus 8,21b.

14 Jнwн erscheint Salomo nach dem Tempelbau (9,1–9)

9,1–9 besteht aus einer Einleitung (9,1), einer erzählten Erscheinung Jнwнs (9,2), einer Gebetserhörung (9,3), einer Dynastieverheißung (9,4–5) und einer Androhung der Tempelzerstörung (9,6–9).

Allgemein akzeptiert ist der Nachtrag von 1b = „und den ganzen Wunsch Salomos, der (ihm) gefiel zu tun" auf Grundlage von 1Kön 9,19 (s. u. S. 434ff.).[1] Einige zählen auch „und das Haus des Königs" (ואת־בית המלך) zu den Nachträgen.[2] 1* lautete ursprünglich „und es geschah, nachdem Salomo beendet hatte zu bauen das Haus Jнwнs". Ob ואת־בית המלך aber ursprünglich dazugehört, bleibt aber schwer zu entscheiden, weil eindeutige Kriterien fehlen. Zudem steht es bereits in der Vorlage aus 9,10. Deswegen wird die Wendung in dieser Studie zum Grundbestand gezählt.

In der redaktionsgeschichtlichen Forschung wird dieser Text für „deuteronomistisch" gehalten und in der Regel DtrN zugeordnet.[3] 9,1–9 sei als göttliche Antwort auf das Bittgebet Salomos konzipiert und liege auf derselben oder einer nah verwandten redaktionsgeschichtlichen Ebene (vgl. 8,23–54 mit 9,2). Der Text springt ab 9,6 in die 2. Person Plural. Aus einer Rede an Salomo wird eine Anrede des gesamten Volkes und dessen Nachkommen (9,6: „ihr und eure Kinder"). Die einen halten 9,6–9 deswegen für einen Nachtrag;[4] andere sehen keinen Grund für eine literarkritische Zäsur und klassifizieren 9,4–9 als deuteronomistische „Alternativpredigt", wie man sie z. B. aus Jer 7,1–15; 22,1–5; 17,19–27; 42,10–17 kennt.[5]

Schaut man aber genauer hin, ergibt sich ein komplexeres Bild. Die verschiedenen Teile von 9,1–9 haben unterschiedliche Bezugstexte und setzen andere Akzente. Die Abschlussnotiz aus 9,1 doppelt 9,10 und schließt an den Tempel- und Palastbau

---

1 Vgl. Särkiö, *Historiographie*, 99f. Kasari, *Promise*, 187; Veijola, *Verheißung*, 156, Fn. 59; Würthwein, *1. Könige 1–16*, 103; Šanda, *Könige*, 248.

2 So Veijola, *Verheißung*, 156, Fn. 59; Würthwein, *1. Könige 1–16*, 103; Šanda, *Könige*, 248.

3 Dietrich, *Prophetie*, 72, Fn. 35: „9,1–9 ist von DtrN verfaßt (sic!)". Ebenso: Veijola, *Verheißung*, 156–158; Särkiö, *Historiographie*, 99f. Kasari, *Promise*, 187. Andere ordnen 1Kön 9,1–5 DtrH zu: Nentel, *Trägerschaft*, 244f. O'Brien, *History*, 159f. Fritz, *Könige*, 99f.

4 Würthwein, *1. Könige 1–16*, 103–106; Nentel, *Trägerschaft*, 243–245; O'Brien, *History*, 159f. Fritz, *Könige*, 99f. Knoppers, *Two Nations*, 109f. Nelson, *Redaction*, 73f. Cross, *Myth*, 287; Görg, *Gott-König-Reden*, 124; Friedman, *Exile*, 12–13; McKenzie, *Trouble*, 140.

5 Veijola, *Verheißung*, 157–158; Särkiö, *Historiographie*, 99. Jeweils mit Verweis auf Thiel, *Redaktion*, 290–295, nach Särkiö der Entdecker dieser Gattung (vgl. Särkiö, *Historiographie*, 99, Fn. 135). Für eine Einheitlichkeit votieren ebenfalls: Noth, *I. Könige 1–16*, 196; Gray, *I & II Kings*, 124; Halpern, *Historians*, 167.

https://doi.org/10.1515/9783111290973-014

aus 1Kön 6–7 an.[6] Die Erscheinung Jhwhs aus 9,2 ist als Parallele zur Erscheinung bei Gibeon gestaltet. Mit der Gebetserhörung aus 9,3 antwortet Jhwh auf Salomos Bittgebet aus 8,22–53. Die Dynastieverheißung aus 9,4–5 basiert auf Jhwhs Worten an David aus 1Kön 2,3–4 und schreibt diese Dynastieverheißung im Lichte von 2Sam 7 fort. In 9,6–9 droht Jhwh dem Volk mit der Verwerfung und Zerstörung des Jerusalemer Tempels, wenn es sich nicht an das Erste Gebot hält.

Dazu kommen mehrere Doppelungen und Auffälligkeiten in 9,1–3, die den Textfluss stören und nach einer redaktionsgeschichtlichen Erklärung verlangen. Nimmt man 9,1 beim Wort, dann schließt der Text *an den Tempel- und Palastbau* aus 1Kön 6–7 an und nicht an das Bittgebet: „1 Und es geschah, nachdem Salomo beehndet hatte zu bauen das Haus Jhwhs und das Haus des Königs…" (ויהי ככלות שלמה לבנות את־בית־יהוה ואת־בית המלך).[7] Bestünde der Bezug zu Salomos Bittgebet in 9,1–9* von Anfang an, ließe sich mithilfe von 8,54 leicht eine dazu passende Überleitung konstruieren: „Und es geschah, als Salomo vollendet hatte, dieses ganze Gebet und Bitten zu Jhwh zu beten…da erschien Jhwh Salomo und sprach: …" (ויהי ככלות שלמה להתפלל אל יהוה את כל התפלה והתחנה הזאת). Der Text von 9,1 sieht nun aber gerade nicht so aus. Mit שמעתי … הקדשתי stehen zudem zwei AK-Formen ohne Waw nebeneinander. Dadurch lässt sich einer der beiden Sätze literarkritisch ohne Probleme aus dem Text herauslösen.[8] Im hinteren Teil von 9,3 existieren des Weiteren zwei Teilsätzen mit jeweils unterschiedlichen Jhwh-Wohnvorstellungen: „…um meinen Namen dort niederzulegen auf ewig." vs. „und es seien meine Augen und mein Herz dort alle Tage".[9] Erstere stimmt mit 9,7 überein („und [dieses] Haus, das ich geheiligt habe für meinen Namen"). Letztere Wendung hat in der HB keine Parallele und fällt hinter die Namens-Theologie zurück oder bildet eine Vorform dessen.

---

6 9,1: „Und es geschah, als Salomo beendet hatte (כלה) zu bauen das Haus Jhwhs und das Haus des Königs und den ganzen Wunsch Salomos, der (ihm) gefiel zu tun;"

9,10: „Und es geschah am Ende (מקצה) der zwanzig Jahre, in denen Salomo gebaut hatte die beiden Häuser, das Haus Jhwhs und das Haus des Königs"

In 3Kgtm 9,10 findet sich davor ein Plus (*kursiv*), das in Kön in 1Kön 9,24 zu finden ist: „*Damals brachte Salomon die Tochter des Pharao aus der Stadt Davids in sein Haus hinauf, das er für sich in jenen Tagen gebaut hatte. 10 20 Jahre lang, in denen Salomon die beiden Häuser, das Haus des Herrn und das Haus des Königs, baute.*" (Karrer/Kraus (Hrsg.), *Septuaginta Deutsch*; kursiv MF). An dem Anschluss des Wortlautes von 9,10 an den Tempel- und Palastbau ändert dieses Plus nichts. Vermutlich wurde die Notiz zur Tochter Pharaos erst nachträglich hier hin umgestellt. Die LXX-Fassung von 3Kgtm 9 wäre aber ein Thema für sich, das in dieser Studie nicht umfassend bearbeitet werden kann.

7 Ähnlich Kratz, *Komposition*, 167.

8 Vgl. für diese Beobachtung z. B. Görg, *Gott-König-Reden*, 121f. 127f.

9 Darauf verweist ebenfalls bereits: ebd., 128f.

Diese Beobachtungen weisen auf redaktionelle Bearbeitungen in 9,1–3 hin. Die Lösungsmodelle der bisherigen Forschung geben aber keine zufriedenstellenden Antworten. Der Wortlaut von 9,1 wird in den Analysen entweder übergangen[10] oder nur ansatzhaft besprochen.[11] Mögliche redaktionelle Implikationen werden nicht bedacht, weil das die jeweiligen redaktionsgeschichtlichen Lösungen stören würde.[12] Vielleicht kam man wegen der vorausgesetzten Datierung von 8,1–13* in die Königszeit nicht auf die Idee, dass 9,1–9* über 9,1 mal direkt an den Bericht des Tempel- (und Palast)bau anschloss. Die Wendung „und es seien meine Augen und mein Herz dort alle Tage" aus 9,3b wird als Nachtrag aussortiert;[13] dabei wird aber nicht erklärt, warum eine JHWH-Wohnvorstellung in den Text eingefügt worden sein soll, die hinter die Namens-Theologie von 9,3.7 zurückfällt.[14]

Nimmt man den Text aus 9,1–9* hingegen beim Wort und die genannten Beobachtungen in 9,1–3 ernst, dann ergibt sich ein anderes redaktionsgeschichtliches Bild: 9,1–9* wurde erst nachträglich zu einer Erhörung von Salomos Bittgebet umgestaltet (s. u. S. 435ff.). Der Verweis auf die Erscheinung bei Gibeon in 9,2 brachte einen Schreiber darauf, in 9,2–3 im Stile der Erscheinung bei Gibeon aus 1Kön 3,4–15 eine Gebetserhörung von JHWH nachzutragen. Als letztes kamen die Dynastieverheißung aus 9,4–5 und die Ankündigung der Tempelzerstörung aus 9,6–9 in den Text (s. u. 437ff.). Dabei kann offen bleiben, ob 9,4–9 von Anfang an als „Alternativpredigt" gedacht war oder erst nachträglich durch den Zusatz von 9,6–9 zu einer gemacht wurde.

Zieht man alle erkennbare Nachträge ab (Kap. 14.1), bleibt eine kurze Narration in 9,1–3* übrig (Kap. 14.2).[15] Sie schloss mit 9,1 ursprünglich an den Tempel- (und Palast)bau aus 1Kön 6–7* an. Nachdem Salomo den Tempel fertiggestellt hatte

---

10 T. Veijola geht auf den Wortlaut von 9,1 nicht ein und übergeht den Vers komplett in seiner Analyse (vgl. Veijola, *Verheißung*, 156f.).

11 Vgl. Särkiö, *Historiographie*, 100f. Er stellt fest, dass 9,1 Vers 10 vorwegnimmt und beide Verse enge Parallelen bilden. 9,1 sei aus 9,10 und 8,54a verfasst.

12 Vgl. das Eingeständnis bei Noth, *I. Könige 1–16*, 196f. „Viel Gewicht ist dem Nebensatz von 1 nicht beizulegen. Man darf auch kaum fragen, welchen genauen Zeitpunkt für die zweite Gotteserscheinung Dtr im Auge gehabt habe."

13 Vgl. z. B. Veijola, *Verheißung*, 157, Fn. 60; Särkiö, *Historiographie*, 100; Nentel, *Trägerschaft*, 245; Kasari, *Promise*, 187.

14 Vergleiche z. B. die notgedrungene Erklärung bei Veijola, *Verheißung*, 157, Fn. 60: „Vers 3b ist wieder ein Zusatz, der – eher schlecht als recht – einen nachträglichen Rückbezug auf 1Kön 8,29.52 (DtrN^2) herzustellen versucht." Anders aber ähnlich unscharf bei Särkiö, *Historiographie*, 100: „V. 3b erweckt den Eindruck, als werde hier der Versuch gemacht, Jahwe im Tempel mehr präsent sein zu lassen."

15 Ähnlich G. Knoppers, der von einem dreifachen Wachstum 9,1–3 > 9,4–5 > 9,6–9 ausgeht, dies aber nicht weiter begründet. Vgl. Knoppers, *Two Nations*, 109.

(9,1*), macht Jhwh sich diesen als sein Zentralheiligtum zu eigen. Er erscheint Salomo (9,2) und erklärt den Tempel für heilig (9,3*) mit dem Versprechen, dass seine Augen und sein Herz allezeit im Tempel gegenwärtig sein werden.[16]

Ein solches Modell passt gut zu den Ergebnissen aus Kap. 12 (S. 321ff.). 8,1–11 stammt nicht aus der Königszeit sondern aus der Zeit des Zweiten Tempels. Dementsprechend könnte 9,1/9,10 mal an den Bericht zum Tempel- (und Palast)bau angeschlossen haben, wenn der Bezug zum Bittgebet in 9,3 erst nachträglich hergestellt wurde.[17] Eine genauere Einordnung in die Redaktionsgeschichte des Königebuches hängt von den Bezugstexten aus 1Kön 3,4–15* und 1Kön 9,10(–25) ab (s. u. Kap. 14.2).

14.1 Nachträge (9,1b.3*.4–5.6–9)

Der ganze Wunsch Salomos (9,1b)

Nach 9,1b vollendete Salomo nicht nur den Tempel- und Palastbau, sondern auch „den ganzen Wunsch (חֵשֶׁק) Salomos, der (ihm) gefiel (חָפֵץ) zu tun."[18] Dabei wird es sich um einen Nachtrag gegenüber 9,1a handeln (*Nachtrag*):[19]

> 9,1 Und es geschah, nachdem Salomo beendet hatte zu bauen das Haus Jhwhs und das Haus des Königs *und den ganzen Wunsch Salomos, der (ihm) gefiel zu tun.*

9,1a bezieht sich noch direkt auf den Bau von Tempel und Palast in 1Kön 6–7*. 9,1b hingegen hat nicht mehr 1Kön 6–7* vor Augen. Dieser Versteil will Salomo als erfolgreichen Bauherr herausstellen. Salomo habe alle seine umfangreichen Wünsche in die Tat umgesetzt und alle seine Baupläne vollendet.

9,1b setzt sich aus Elementen aus 9,11a und 9,19 zusammen. In 1Kön 9,19 findet man die Wendung als *figura etymologica*: „und den Wunsch (חֵשֶׁק) Salomos, dem

---

16 Einen ähnlichen Kernbestand von 9,3* rekonstruiert Görg, *Gott-König-Reden*, 130f.

17 Ähnlich z. B. Kratz, *Komposition*, 167f. Allen, die genau an dieser Stelle skeptisch sind, sei gesagt: Das Modell zu 1Kön 8 aus Kap. 12–13 ist indessen nicht auf die hier präsentierte Redaktionsgeschichte von 9,1–9 angewiesen. Sollte (aus zu erbringenden Gründen!) der Bezug zu Salomos Bittgebet in 9,1–9* doch von Anfang an bestanden haben, dann bleibt alles beim Alten und 9,1–9* wurde erst in den Text eingefügt, als das Bittgebet bereits im Text stand. Weder das Modell zu 8,1–11 (Kap. 12) noch die vorgeschlagene Redaktionsgeschichte der Reden Salomos (Kap. 13) wäre dadurch infrage gestellt. Allerdings müssten dafür zunächst die Doppelungen und Auffälligkeiten in 9,3 sowie der Wortlaut von 9,1 plausibel erklärt werden.

18 Dieser Versteil schließt grammatisch an וַיְהִי כְּכַלּוֹת שְׁלֹמֹה an. Vgl. die Segmentierung in BHt.

19 Das ist in der Forschung weitestgehend Konsens (s. o. am Anfang von Kap. 14).

er angehangen (חשק) hatte, zu bauen [...] ".[20] In 1Kön 9,11 wird vom Abschluss der Werke Hirams „gemäß all der Wünsche" Salomos (לכל חפצו) berichtet und dabei wie in 9,1b die Wurzel חפץ verwendet.[21]

Man erkennt den Nachtrag auch an der Wiederholung von Salomos Eigennamen (ויהי ככלות שלמה ... ואת כל חשק שלמה) sowie an der Stellung als nachklappender Anhang zu 9,1a.[22] Die Wendung kann ersatzlos gestrichen werden, ohne dass etwas entscheidendes wegfällt.

Gebetserhörung und Einwohnung des Namens in 9,3

Der Vers 3 ist im Laufe der Literargeschichte auf die doppelte Länge angewachsen. Weil die Schreiber den vorgegebenen Text nicht änderten, sind Vorlage und Bearbeitung noch gut zu erkennen (*Nachtrag*):[23]

> 3 Und es sprach ⟨JHWH zu ihm⟩: *Ich habe erhört* {+*die Stimme*} *dein(es) Gebet(es) und* {*das Bitten*}, *mit dem du vor mir gefleht hast*. (Hiermit) heilige / weihe ich dieses Haus, {⟨das du gebaut hast,⟩} *um meinen Namen dort einzusetzen auf ewig; und meine Augen und mein Herz werden dort sein alle Tage.*

In $9,3a\alpha^2$ wurde der Bezug zu Salomos Bittgebet aus 8,22–54 nachgetragen und das Gotteswort damit zu einer Gebetserhörung umgeformt: „Ich habe gehört dein Gebet (תפלה) und das Bitten (תחנה), mit dem du vor mir gefleht hast (חנן)." Dieser Satz ist an den Anfang der direkten Rede in Vers 3 gestellt und grammatisch nicht mit der folgenden AK-Form verbunden (שמעתי ... הקדשתי). Der Nachtrag lässt sich damit gut aus dem Text herauslösen. Mit den Begriffen תפלה (Gebet) und תחנה (Bitte/Flehen) wird auf Salomos Bittgebet aus 8,22–53 Bezug genommen. Sie werden dort fünf Mal als Begriffspaar verwendet (1Kön 8,28.38.45.49.54). In 1Kön 8,29.30.45 bittet Salomo explizit darum, dass JHWH seine תפלה bzw. תחנה erhören

---

20 1Kön 9,19 im Zusammenhang: „Und alle Vorratsstädte, die Salomo hatte, und die Wagenstädte und die Pferdestädte *und [alles,] was Salomo sonst noch zu bauen wünschte* (ואת חשק שלמה אשר חשק לבנות) in Jerusalem und auf dem Libanon und im ganzen Land seiner Herrschaft -:" (*Elberfelder Bibel*; kursiv MF).

21 1Kön 9,11a im Zusammenhang: „Hiram, der König von Tyrus, hatte Salomo unterstützt mit Zedernholz, mit Wacholderholz und mit Gold *ganz nach seinem Wunsch* (לכל חפצו)" (ebd.; kursiv MF).

22 Gegenprobe: Wären die Elemente aus 9,1b von Anfang an Teil des Verses, wäre z. B. ein Text zu erwarten wie: „Und es geschah, als Salomo vollendet hatte den ganzen Wunsch Salomos, der (ihm) gefiel zu tun, [indem er baute] das Haus JHWHs und das Königshaus." = ויהי ככלות שלמה את כל חשק שלמה אשר חפץ לעשות [לבנות] את בית יהוה ואת בית המלך; oder in Anlehnung an die Chronik: ויהי ככלות שלמה את כל חשק שלמה אשר חפץ לעשות בבית יהוה ובבית המלך.

23 Zu einem ähnlichen Ergebnis kommt z. B. Görg, *Gott-König-Reden*, 128f.130f.

soll. Das Verb חנן (bitten, flehen) beschreibt in 1Kön 8,33.47 das Bitten um Jʜwʜs Erhörung (vgl. zudem 8,59).

Der Wortlaut von Vers 1 verrät, dass dieser Bezug nicht von Anfang an bestand, sondern der Text ursprünglich an den Tempel- und Palastbau anschloss. Wenn 9,1 das Bittgebet noch nicht kannte, dann wird auch der Bezug zum Bittgebet in 9,3 nachgetragen worden sein.

Auslöser dieser Bearbeitung war die Komposition des Bittgebetes in 1Kön 8,23–53. Innerhalb von 1Kön 8 bleiben Salomos Bitten an Jʜwʜ aus 8,22–53 unbeantwortet. Das regte einen Schreiber an, in 9,1–9* eine Gebetserhörung nachzutragen. Dabei dürfte der Schreiber auch an die erste Erscheinung Jʜwʜs aus 1Kön 3,4–15* gedacht haben. Jʜwʜ hatte hier schon einmal Salomos Bitte erhört; eine göttliche Erhörung kann deswegen auch für Salomos Bitten aus 8,23–53 erwartet werden.

Der Vergleich mit 1Kön 3,4–15* bestätigt, dass 1Kön 9,1–9* erst nachträglich zu einer Gebetserhörung umgeformt wurde. Das Schema „Bitte > Erhörung" gehört zum Grundgerüst von 1Kön 3,4–15* und bildet die Essenz der Erzählung. Jʜwʜ erscheint Salomo in Gibeon und erlaubt Salomo eine Bitte. Salomo bittet um Weisheit. Jʜwʜ erhört seine Bitte und gibt ihm Reichtum und Macht dazu. In 1Kön 8–9 hingegen wurde das Schema dem Erzählstoff aus 1Kön 8–9 nachträglich aufgesetzt. Salomos Bitten finden sich in 1Kön 8,23–53, die Erscheinung und Erhörung hingegen erst ein Kapitel später in 9,2–3 nach einem Lobpreis Salomos, einer Schlussnarration und einer Abschlussnotiz aus 9,1, die an den Tempel- und Palastbau anschließt (s. o.).

Einen weiteren Nachtrag in 9,3 bildet die Einwohnung von Jʜwʜs Namen aus 9,3aγ: „um meinen Namen dort niederzulegen auf ewig" (לָשׂוּם שְׁמִי שָׁם עַד עוֹלָם). Vorgegeben war dem bearbeitenden Schreiber 9,3b: „und meine Augen und mein Herz sind dort alle Tage". Zu erkennen ist der Nachtrag an der inhaltlichen Doppelung sowie an dem doppelten שָׁם und der Verdoppelung des כָּל הַיָּמִים („alle Tage") durch עַד עוֹלָם („in Ewigkeit"). Das Motiv in 9,3b ist singulär in der HB. Das hat den Eintrag der klassischen Vorstellung der Einwohnung von Jʜwʜs *Namen* ausgelöst (vgl. 1Kön 8,16–20.28–30.44.48). 9,3aγ wiederholt 9,3b in anderen Worten. Die singuläre Wendung in 9,3b wird damit theologisch eingeordnet und als Teil dieser gewohnten Vorstellung begriffen.

Der Nachtrag wurde als Inf.-Konstruktion an den Relativsatz אֲשֶׁר בָּנִתָה angehängt: „Ich habe dieses Haus geweiht/geheiligt, das du gebaut hast, *um meinen Namen dort niederzulegen auf ewig*" (הִקְדַּשְׁתִּי אֶת הַבַּיִת הַזֶּה אֲשֶׁר בָּנִתָה לָשׂוּם שְׁמִי שָׁם עַד עוֹלָם). Der Inf.cs. bezieht sich auf הִקְדַּשְׁתִּי אֶת הַבַּיִת הַזֶּה: „Ich habe dieses

Haus geweiht/geheiligt, [...] um meinen Namen dort niederzulegen auf ewig".[24]
Dieser Sinn ist offensichtlich, die Reihenfolge der Teilsätze aber ungewöhnlich.
Rein grammatisch könnte auch *Salomo* JHWHs Namen in den Tempel hineingelegt
haben („das du gebaut hast, um meinen Namen dort niederzulegen auf ewig").
Der Schreiber musste diese Ungenauigkeit in Kauf nehmen, um 9,3ay einfügen zu
können.[25] Weil der Schreiber den Relativsatz im Text beließ, lässt sich der Nachtrag
noch gut erkennen. In der Chronik wurde der Relativsatz (אשר בנתה) wegen dieser
Ungenauigkeit gestrichen (2Chr 7,16a: „Und jetzt habe ich dieses Haus erwählt und
geheiligt, damit mein Name dort sei für ewig").

Dynastieverheißung (9,4–5)
Mit 9,4–5 wird eine Dynastieverheißung in den Text von 9,1–9* eingetragen (vgl.
das Textschaubild in Kap. 15.1 ab S. 449). Die Verse wiederholen die bedingte
Dynastieverheißung aus 1Kön 2,3–4 und schreiben sie fort. Ergänzt werden ein
David-Vergleich und Bezüge zu 2Sam 7.

Der Schreiber dieser Verheißung kennt bereits das Bittgebet aus 8,23–53 und
ahmt es subtil nach. Die Einleitung der Kondition mit ואתה אם („und du, wenn...")
ist ungewöhnlich und singulär in der HB. Es erklärt sich aber mit Blick auf das
Bittgebet. Das vorangestellte ואתה aus 9,4 imitiert das ואתה aus 8,32.34.36.39. Dort
spricht Salomo JHWH direkt an und bittet ihn um Erhörung: „Und Du erhöre es vom
Himmel" (ואתה תשמע השמים in 8,32.34.36.39). In 9,4 sprich JHWH Salomo direkt
an, um ihm die Bedingungen für den Bestand seiner Dynastie einzuschärfen: „Und
Du, wenn du wandelst..." (ואתה אם תלך).

Wegen dieser Nachahmung des Bittgebetes ist der Charakter von 9,4–5 als
Nachtrag noch gut zu erkennen. Der Grundbestand von 9,1–3* schloss ursprünglich
direkt an den Tempel- und Palastbau an und wurde erst nachträglich zu einer
Gebetserhörung umgeformt (s. o.). Die Dynastieverheißung aus 9,4–5 wurde also
erst nachträglich an 9,3 angeschlossen.

---

24 Vgl. die Aufteilung bei Richter, *BHt*:
c *hiqdaštī ʾat ha = bayt ha = zä*
cR *ʾăšr banī*ta(h)*
cI *la = šūm šim = ī šam[m] ʿad ʿōlam.*
Das c ist der übergeordnete Teilsatz. Der Relativsatz ist ihm untergeordnet (cR). Der folgende Inf.cs.
ist ebenfalls c untergeordnet (cI) und nicht dem Relativsatz (das wäre cRI).
25 Vgl. zur Gegenprobe: 1Kön 9,7: „„...der Tempel, den ich geheiligt habe für meinen Namen" (ואת
הבית אשר הקדשתי לשמי); sowie 2Kön 21,7: „von dem JHWH gesagt hatte zu David und Salomo
seinen Sohn: In diesem Haus und in Jerusalem, das ich erwählt habe von den Stämmen Israels,
habe ich meinen Namen niedergelegt auf ewig" (אשר אמר יהוה אל דוד ואל שלמה בנו בבית הזה
ובירושלם אשר בחרתי מכל שבטי ישראל אשים את שמי לעולם).

Der Blick auf das Bittgebet wird auch die Komposition der Dynastieverheißung aus 9,4–5 ausgelöst haben. Im Bittgebet steht die Klage im Mittelpunkt; Jʜᴡʜ soll sich dem Frommen zuwenden. In 9,3 erscheint Jʜᴡʜ Salomo und gibt ihm bekannt, er habe das Bittgebet erhört. Auf dieser Grundlage kann Salomo in 9,4–5 wieder in die Pflicht genommen werden – in Manier seines eigenen Bittgebetes. Eine lückenlose Herrscher-Sukzession hängt an *seinem* Gesetzesgehorsam.

Die Textgestalt von 9,4–5 ergibt sich aus den genannten Bezugstexten. Der Großteil des Textes stammt von den letzten Worten Davids an Salomo aus 1Kön 2,3–4:

> 1Kön 2,3–4 (David zu Salomo): 3 Und halte dich an die Anordnungen Jʜᴡʜs deines Gottes, damit du auf seinen Wegen gehst und hältst seine Satzungen, seine Gebote und seine Rechtsbestimmungen und seine Zeugnisse, wie sie geschrieben sind im Gesetz des Mose, damit du Erfolg hast in allem was du tust und in allem, dem du dich zuwendest. 4 Damit Jʜᴡʜ in Erfüllung gehen lässt seine Verheißung, die er verheißen hat über mich, als er sprach: Wenn deine Söhne auf ihre Wege acht haben, indem sie vor meinem Angesicht wandeln in Wahrhaftigkeit, mit ihrem ganzen Herzen und mit ihrer ganzen Seele; und als ich fortsetze: Dann soll es dir nicht an jemandem fehlen auf dem Thron Israels.[26]

> 1Kön 9,4–5 (Jʜᴡʜ zu Salomo): 4 Und wenn du wandelst vor meinem Angesicht, wie David dein Vater gewandelt ist mit reinem Herzen und in Aufrichtigkeit, indem du alles tust, was ich dir geboten habe und meine Satzungen und Rechtsbestimmungen hältst; 5 dann werde ich den Thron deines Königtums aufrecht erhalten für immer, wie ich verheißen habe über David deinen Vater, indem ich sprach: Es soll dir nicht an jemandem fehlen [auf dem Thron Israels/der über Israel herrscht].

Die Dynastieverheißung hat in beiden Fällen die Form einer Konditionalperiode. Wenn Salomo dem Vorbild seines Vaters David folgt und sich an das Erste Gebot hält, wird seine Herrschaftsdynastie und sein Thron über seinen Tod hinaus Bestand haben. Kern der Verheißung ist in beiden Fällen die sogenannte *Nichtausrottungsformel*: „Es soll dir nicht an jemandem fehlen [auf dem Thron Israels/der über Israel herrscht]" (לֹא יִכָּרֵת לְךָ אִישׁ [מֵעַל כִּסֵּא יִשְׂרָאֵל/מוֹשֵׁל בְּיִשְׂרָאֵל]). Bei diesem Spruch handelt es sich um eine feststehende Redensart mit einem stabilen Wortlaut.[27] Vers 9,5bα weist wie 2,4a die Nichtausrottungsformel als ein Wort Jʜᴡʜs über David aus (2,4: „die er verheißen hat *über* mich" = 9,5: „wie ich ver-

---

26 Gemäß MTKön: וְשָׁמַרְתָּ אֶת מִשְׁמֶרֶת יהוה אֱלֹהֶיךָ לָלֶכֶת בִּדְרָכָיו לִשְׁמֹר חֻקֹּתָיו מִצְוֺתָיו וּמִשְׁפָּטָיו וְעֵדְוֺתָיו כַּכָּתוּב בְּתוֹרַת מֹשֶׁה לְמַעַן תַּשְׂכִּיל אֵת כָּל אֲשֶׁר תַּעֲשֶׂה וְאֵת כָּל אֲשֶׁר תִּפְנֶה שָׁם לְמַעַן יָקִים יהוה אֶת דְּבָרוֹ אֲשֶׁר דִּבֶּר עָלַי לֵאמֹר אִם יִשְׁמְרוּ בָנֶיךָ אֶת דַּרְכָּם לָלֶכֶת לְפָנַי בֶּאֱמֶת בְּכָל לְבָבָם וּבְכָל נַפְשָׁם לֵאמֹר לֹא יִכָּרֵת לְךָ אִישׁ מֵעַל כִּסֵּא יִשְׂרָאֵל.
27 1Kön 2,4: לֹא יִכָּרֵת לְךָ אִישׁ מֵעַל כִּסֵּא יִשְׂרָאֵל 1Kön 8,25: לֹא יִכָּרֵת לְךָ אִישׁ מִלְּפָנַי יֹשֵׁב עַל כִּסֵּא. Darüber hinaus noch in Jer 1Kön 9,5: לֹא יִכָּרֵת לְךָ אִישׁ [מֵעַל כִּסֵּא יִשְׂרָאֵל/מוֹשֵׁל בְּיִשְׂרָאֵל] 33,17.18; 35,19. Vgl. Hasel, *Art.* כָּרַת, *in: ThWAT IV*, 363–364.

heißen habe *über* David"). In beiden Fällen erging die Verheißung „über" David (2,4b: עלי; 9,b: על דוד) und nicht „an" David (das wäre לי bzw. לדוד). In 2,3 und 9,4b ist der Gesetzesgehorsam in sehr ähnlicher Form als Bedingung für die Dynastieverheißung formuliert (שמר + משפט/מצוה/חוק/חק). Das Motiv des Wandelns vor Jhwhs Angesicht in 9,4a nimmt 1Kön 2,4a auf (לפני + הלך = wandeln vor Jhwhs Angesicht).

Der Text von 1Kön 9,4–5 unterscheidet sich aber auch von 1Kön 2,3–4. In 2,3 ist noch von Salomo und seinen Söhnen die Rede („Wenn *deine Söhne* auf ihre Wege acht haben); in 9,4–5 wird die Verheißung allein auf Salomo bezogen. Neu ist zudem der David-Vergleich in 9,4. Neben das Gesetz des Mose tritt das Leben Davids. In 2,3–4 sollen Salomo und seine Söhne im „Gesetz des Mose" wandeln – und zwar gemäß des Schma Israel „mit ihrem ganzen Herzen und mit ihrer ganzen Seele" (בכל לבבם ובכל נפשם; vgl. Dtn 6,5); in 1Kön 9,4 soll Salomo „wandeln vor meinem Angesicht *wie David dein Vater gewandelt ist*" (תלך לפני כאשר הלך דוד אביך).

Die in 1Kön 9,4a gewählte Charakterisierung Davids „mit reinem Herzen und in Aufrichtigkeit" (בתם לבב ובישר) ist in verschiedenen Spielarten hauptsächlich in weisheitlichen Texten zu finden.[28] Besonders nahestehend ist Ps 101,2, wo David danach strebt, „mit reinem Herzen zu wandeln" (אתהלך בתם לבבי).

Durch Vers 5a werden Stichworte aus der Dynastieverheißung in 2Sam 7 in den Text eingetragen. Bezüge zu 2Sam 7 lassen sich in 1Kön 2,3–4 noch nicht erkennen; sie werden erst mit 1Kön 9,4–5 in die bedingte Segensverheißung eingeschrieben. Der Begriff ממלכה (Königtum) kommt in 2Sam 7,12.13.16 vor und danach erst wieder hier in 1Kön 9,5. Anstelle des Aufrechterhaltens der göttlichen Verheißung in 1Kön 2,4a (Hifil קום + דבר Jhwhs) tritt in 1Kön 9,5 gemäß 2Sam 7 das Aufrechterhalten des Thrones: „ich werde aufrecht erhalten den Thron deines (Salomos) Königtums über Israel für immer" (Hifil קום + כסא u. על). Nach 2Sam 7 wird Jhwh Davids Sohn an seine Stelle treten lassen (7,12: Hifil קום + אחרי) und sein Königtum (7,12: ממלכה) bzw. den Thron seines Königreiches (7,13: כסא ממלכתו) festigen (Hifil כון in 7,12; Polel כון in 7,13). Auch das „für immer/ewig" (לעולם) in 1Kön 9,5a wird aus 2Sam 7 stammen; es steht dort in 2Sam 7,13[29] und 7,16[30] und kehrt in 2Sam 7,24.25.26.29 wieder.

---

28 תם + ישר in 1Kön 9,4; Ijob 1,1.8; 2,3; Ps 25,21; 37,37; Spr 2,7; 29,10. הלך + תם in 2Sam 15,11; 1Kön 9,4; Ps 101,2; Spr 2,7; 10,9; 19,1; 20,7; 28,6. תם לבב in Gen 20,5–6 (Abimelech); 1Kön 9,4; Ps 78,72 (Jhwh); 101,2 (David).

29 „Und ich werde festigen den Thron seines Königreiches für immer (עד עולם)."

30 „Und Salomos Thron wird Jhwh gefestigt sein lassen für immer (עד עולם)"

Androhung der Tempelzerstörung (9,6–9)

Mit 9,6–9 wurde ein Drohwort in den Text nachgetragen (vgl. das Textschaubild in Kap. 15.1 ab S. 449).[31] Wenn das Volk Israel von Jhwh abfällt und anderen Göttern dient (V. 6), wird Jhwh das Volk aus dem Land Israel ausrotten (V. 7aα), den Tempel verwerfen (V. 7aβ) und Israel zum Spott unter den Völkern machen (V. 7b). Die Verse 8–9 setzen die Strafandrohung aus 9,6–7 fort und sind als Strafgrunderfragung gestaltet. Vorbeigehende Nicht-Israeliten werden den zerstörten Tempel sehen, sich nach dem Grund hinter dieser offensichtlichen Bestrafung Israels erkundigen (9,8) und die aus 9,6 bekannte Antwort erhalten: Israel hat Jhwh verlassen und sich anderen Göttern zugewendet (vgl. 9,9 mit 9,6).

9,6–9 setzt sich formal und inhaltlich vom Vortext ab. Der Text wechselt von der 2. Person Singular (9,4: „Und du…") in die 2. Person Plural.[32] In Vers 6 richtet Jhwh seine Rede an „euch und eure Söhne" (אתם ובניכם) – also an das gesamte Volk Israel inklusive aller zukünftigen Generationen.[33] Salomo empfängt die Ermahnung stellvertretend für das ganze Volk.

Redaktionell ist 9,6–9 als warnendes Gegenstück zur Dynastieverheißung aus 9,4–5 konzipiert. Jhwhs Erscheinung eignet sich gut für einen (un)heilsgeschichtlichen Blick in Zukunft. Der Schreiber hat den Ausgang des Königebuches im Blick und nimmt die Erklärung vorweg, wie es zur Tempelzerstörung durch die Babylonier kommen konnte (vgl. 2Kön 24–25). Mit 9,6–9 verbindet er seinen Bau und seine Zerstörung bzw. seine Weihe und seine Entweihung.

Die Strafandrohung aus 9,6–7 ist aus Motiven zusammengesetzt, die vor allem aus dem Deuteronomium sowie den Vorderen und Hinteren Propheten bekannt sind. Der Vers 6 beschreibt die Bedingungen, unter denen die Strafe eintreffen wird. Wenn das Volk sich von Jhwh abwendet (Inf.abs. + Impf. מאחרי + שׁוב), sich nicht an Jhwhs Gebote hält (שׁמר + לא), wenn es hingeht (הלך), anderen Göttern dient (אלהים אחרים + עבד) und sich vor ihnen niederwirft (Hishtaphel חוה), dann wird Jhwh sein Volk und seinen Tempel verwerfen. Derselbe Bedingungssatz mit Inf.abs. + Impf. von שׁוב steht in Josuas Abschiedrede in Jos 23,12 (אם שׁוב תשׁובו).[34] Die Wendung „abwenden von (hinter) mir" (מאחרי + שׁוב) ist im Josuabuch an-

---

31 Zur den unterschiedlichen Forschungsmeinungen s. o. am Anfang von Kap. 14).

32 Ob sich 9,6–9 dadurch als Nachtrag zu erkennen gibt, ist umstritten. S. o. am Anfang von Kap. 14).

33 Die Wendung אתם ובניכם findet sich nur noch in Dtn 12,12 als Teil einer Aufzählungsreihe (Dtn 12,12: „ihr und eure Söhne und eure Töchter und eure Sklaven und eure Sklavinnen und der Levit, der in euren Toren wohnt")und in Jer 35,6, wo das Begriffspaar das (gegenwärtige und zukünftige) Volk der Rechabiter bezeichnet (אתם ובניכם עד עולם).

34 Für Inf.abs. + Impf. von שׁוב vgl. des Weiteren Gen 18,10; 1Kön 22,28; 2Chr 18,27).

zutreffen (22,16.18.23.29), daneben noch in Jer 3,19; Num 32,15.[35] Das Motiv des Bewahrens (שמר) von Geboten und Satzungen hat unzählige Parallelen, vor allem im Deuteronomium und in den Vorderen Propheten.[36] Die Satzungen und Gebote sind nach Kön und Chr von Jʜwʜ gegeben (Kgtm: אשר נתן משה לפניכם; Kön/Chr: אשר נתתי לפניכם). Die Angabe von Jʜwʜ als Geber der Gebote in der Form eines solchen Relativsatzes ist breit bezeugt (לפני + נתן + אשר in Dtn 4,8; 11,32; 30,1; Jer 9,12; 26,4; 44,10; Dan 9,10). 1Kön 9,6b („und ihnen folgt und anderen Göttern dient und euch vor ihnen niederwerft") besteht aus geprägten Wendungen, die in der HB häufig zusammenstehen. Das Dienen anderer Götter (ועבדתם אלהים אחרים) kehrt im Königebuch (2Kön 5,17 ausgeklammert) erst wieder in 2Kön 17,35 wieder und ist in der HB am häufigsten im Deuteronmium anzutreffen.[37] Die Kombination mit dem Hishtaphel von חוה (niederwerfen) ist überaus häufig.[38] Oft steht noch wie hier ein הלך dabei.[39]

Der Vers 7 schildert, was Israel beim Abfall droht: Jʜwʜ wird Israel aus ihrem Land ausrotten (V. 7aα) und den Tempel verwerfen (V. 7aβ); Israel wird zum Spott unter den Völkern werden (V. 7b). Das Motiv des Ausrottens mit כרת im Hifil findet sich als Ausdruck des Gottesgerichtes in den Völkersprüchen der Hinteren Propheten.[40] Jʜwʜ ist bereit, Israel genauso wie die Völker vor ihnen auszurotten (vgl. Dtn 12,29; 19,1).[41] Die Lokalangabe מעל [פני] האדמה („[ausrotten] aus dem Land") ist typisch für Jʜwʜs Strafandrohung und findet sich an zentraler Stelle in 2Kön 17,23 und 25,21.[42]

Als zweites droht Jʜwʜ an, den Tempel zu verwerfen. Der Satz wird durch einen Realtivsatz unterbrochen: „([diesen] Tempel, den ich geheiligt habe für

---

35 שוב ohne מאחרי iSv. „abfallen" noch in Ri 2,9; 8,33; Jer 8,4; Ps 78,41.

36 Für לא + שמר + מצוה/חק/מצוה vgl. beispielsweise 1Kön 13,21; 2Kön 17,19; Neh 1,7 und 1Kön 11,11.

37 עבד + אלהים + אחר in Dtn 7,4; 8,19; 11,16; 12,30; 13,3.5.7.14; 17,3; 28,14.36.64; 29,25; 30,17; 31,20; Jos 23,16; 24,2.16.20; Ri 2,19; 10,13; 1Sam 8,8; 12,14; 26,19; 1Kön 9,6.9; 2Kön 5,17; 17,35; 2Chr 7,19.22; 34,33; Jer 11,10; 13,10; 16,11.13; 22,9; 25,6; 35,15; 44,3.

38 Dtn 8,19; 11,16; 17,3; 29,25; 30,17; Jos 23,16; Ri 2,19; 1Kön 9,6.9; 2Kön 17,35; 2Chr 7,19.22; Jer 13,10; 16,11; 22,9; 25,6.

39 Dtn 8,19; 17,3; 29,25; Jos 23,16; Ri 2,19; 1Kön 9,6; 2Chr 7,19; Jer 13,10; 16,11; 25,6.

40 Vgl. Hasel, *Art.* כָּרַת, in: *ThWAT IV*, 360f. der als Belegstellen anführt: Jes 14,22; Jer 47,4; 48,2; 51,62; Ez 21,8–9; 25,7.13.16; 29,8; 30,15; 35,7; Am 1,5.8; 2,3; Obd 1,14.

41 In den Büchern Samuel und Königen ist von der Ausrottung Israels nur hier in 1Kön 9,7 die Rede (vgl. Jer 44,7.11; Ez 21,8). Dort trifft die Ausrottung sonst nur Geisterbeschwörer und Zeichendeuter (1Sam 28,9), Edom (1Kön 11,16), das Haus Jerobeam (1Kön 14,10.14) und die Nachfolger Ahabs (1Kön 22,21; 2Kön 9,8). Vgl. ebd., 361.

42 Insg. מעל אדמה in Dtn 29,27; 2Kön 17,23; 25,21; 2Chr 7,20; Jer 12,14; 27,10; 52,27; Am 7,11.17; 9,15. מעל האדמה in Dtn 28,21.63; Jos 23.13.15; 1Kön 14,15; 2Chr 33,8; Jer 24,10 מעל פני האדמה in Gen 4,14; 6,7; 7,4; 8,8; Ex 32,12; Dtn 6,15; 1Sam 20,15; 1Kön 9,7; 13,34; Jer 28,16; Am 9,8; Zef 1,2–3.

meinen Namen" (אֲשֶׁר הִקְדַּשְׁתִּי לִשְׁמִי). Damit wird die Strafandrohung mit dem Anfang der Jʜwʜ-Rede in 9,3 verbunden (9,3: „ich habe dieses Haus geheiligt, das du gebaut hast, um dort niederzulegen meinen Namen für immer"). Jʜwʜ wird den Tempel „von vor meinem Angesicht" (מֵעַל פָּנָי) verwerfen. Diese Lokalangabe wird überaus häufig verwendet, wenn Jʜwʜ das Volk Israel für ihren Abfall bestraft (vgl. 1Kön 9,7; 13,34; 2Kön 13,23; 17,18.23; 23,27; 24,3.20). Mit שׁלך iSv. „verwerfen" wird sie in 2Kön 13,23; 24,20; 2Chr 7,20; Jer 7,15; 52,3 gebraucht (vgl. ferner Dtn 29,27). Die Verwerfung eines Tempels ist in der HB singulär; שׁלך Hifil iSv. „verwerfen" wird sonst nur auf Menschen und Personengruppen und nicht auf Gebäude bezogen. Dieser Sprachgebrauch wird in 1Kön 9,7 auf den Tempel als direktes Objekt übertragen. Das Motiv des Werdens Israel zum מָשָׁל („Sprichwort")[43] und zum שְׁנִינָה („Gespött")[44] unter den Völkern ist feststehend und findet sich noch in Dtn 28,37 und Jer 24,9. Das שַׁמָּה („Entsetzen")[45] kommt in Dtn 28,37 dazu und hat von dort aus vermutlich Eingang in 3Kgtm 9,7 gefunden.

Die Verse 8–9 setzen die Strafandrohung aus 9,6–7 fort und sind in ihrer Form als Strafgrunderfragung gestaltet. Enge innerbiblische Parallelen bilden die Strafgrunderfragungen aus Dtn 29,21–27 und Jer 22,8–9. Vorbeigehende Nicht-Israeliten sehen den zerstörten Tempel und erkundigen sich nach dem Grund hinter dieser offensichtlichen Bestrafung Israels. Die Auskunft bestätigt den Grund, der bereits in der vorhergehenden Drohung genannt wurde. Israel hat Jʜwʜ verlassen und sich anderen Göttern zugewendet (vgl. 9,9 mit 9,6). Insgesamt stehen in diesem Vers die Bezüge zum Jeremiabuch im Vordergrund. 1Kön 9,8aβ findet sich auf Jerusalem bezogen in Jer 19,8 („jeder, der an ihm vorbeigeht, wird zurückschrecken und pfeifen) und ferner in Jer 49,17; 50,3 und Lam 2,15f. Das Motiv des Unheil-Bringens aus 9,9b findet sich ebenfalls überaus häufig im Jeremiabuch. Alles dazwischen ist aus Elementen zusammengesetzt, die sich in Jer 22,8–9 und Dtn 29,21–27 finden.

Wie der erste Teilsatz aus 9,8aα ursprünglich lautete, wissen wir nicht („Und dieses Haus [?]"). Die erhaltene Textgeschichte geht von MTKön aus, wo die älteste Lesart erhalten ist; dieser ist aber unverständlich und fehlerhaft („und dieses Haus wird erhaben sein"). Alle anderen Textzeugen versuchen durch Texteingriffe, einen verständlichen Text herzustellen (vgl. Kap. 13.3 ab S. 373). Die ursprüngliche Aussageabsicht von 9,8aα ist aufgrund des Text-Zusammenhanges trotzdem gut zu erahnen. Der Anfang von Vers 8 verbindet die Strafandrohung aus 9,6–7 mit Straf-

---

43 Gesenius/Meyer/Donner, Handwörterbuch: Spottspruch; Koehler/Baumgartner/Dietrich, KAHAL: Sprichwort.
44 Gesenius/Meyer/Donner, Handwörterbuch: Spott, Schimpf; Koehler/Baumgartner/Dietrich, KAHAL: Spottwort, scharfer Spott, Gespött.
45 Gesenius/Meyer/Donner, Handwörterbuch: Entsetzen; Koehler/Baumgartner/Dietrich, KAHAL: Entsetzliches.

grunderfragung ab 9,8. Die Strafgrunderfragung ab 9,8aβ setzt seine offensichtliche Zerstörung oder Verwüstung voraus, aufgrund derer die Vorbeigehenden schockiert anhalten und sich nach dem Grund der Strafe erkundigen. Der Tempel war verwüstet bzw. lag in Trümmern. Das bildet den Grund der Strafgrunderfragung. Genau diese Erwähnung des zerstörten und verwüsteten Tempel wäre für 9,8aα zu erwarten. Der korrupte Teil 9,8aα steht zudem mit 9,7b parallel. Dadurch legt sich für 9,8aα die Struktur ל היה הזה הבית והבית nah: Vgl. „9,7b Und es wird werden (והיה) Israel zum (ל) Gespött und zum (ל) [Sprichwort/Entsetzen] unter allen Völkern" mit 9,8aα „Und dieses Haus wird werden (יהיה) zur (ל) Trümmerstätte [und zu einem Trümmerhaufen]." Wie genau der Text aber aussah, lässt sich nicht mehr eindeutig rekonstruieren (vgl. S. 298ff.).

Die Strafgrunderfragung beginnt mit dem Zurückschrecken der Vorbeigehenden in 8aβ: „und jeder, der an ihm (den Tempel) vorübergehen, wird zurückschrecken und pfeifen" (כל עבר עליו ישם ושרק ואמרו). Dieser Teil der Strafgrunderfragung aus 8aβ findet sich in demselben Wortlaut in Jer 19,8 (כל עבר עליה ישם וישרק); dort geht es um die zerstörte Stadt Jerusalem (vgl. auch Lam 2,15f.). In Jer 49,17 und 50,13 wird dieses Motiv dann gegen die Völker gewendet (immer כל עבר + על + שרק + שמם; vgl. Zef 2,15). Das Pfeifen geschieht in Furcht („sich entsetzen, starr vor Entsetzen sein, schaudern"; [46] vgl. den Parallelismus mit שמם) und kann als Gestus zur Abwehr von Unheil und/oder dämonischer Kräfte interpretiert werden (vgl. Jer 19,8; 49,17; 50,13).[47]

Die Strafgrunderfragung ab 9,8b findet sich in frappierend ähnlicher Form in Dtn 29,21–27 und Jer 22,8–9 (vgl. ferner Jer 5,19; 13,22; 16,10–13).[48] Die Frage nach dem Strafgrund ist in allen drei Fällen bis in den Wortlaut hinein dieselbe: „Warum hat JHWH so gehandelt an ..." (על מה עשה יהוה ככה ל).[49] In Dtn 29,21–27 fragen künftige Generationen sowie Nicht-Israeliten nach dem desolaten Zustand des Landes. In Jer 22,8f. fragen die Völker aufgrund des Zustandes der Stadt Jerusalem. Im Unterschied zu Dtn 29,21–27 und Jer 22,8–9 bezieht sich 1Kön 9,8–9 auf den Jerusalemer Tempel und seine Zerstörung (wobei Jer 22,5 eine Anspielung auf die

---

46 Gesenius/Meyer/Donner, *Handwörterbuch*.

47 Vgl. Koehler/Baumgartner/Dietrich, *KAHAL*. Sowie Gesenius/Meyer/Donner, *Handwörterbuch* (mit Fragezeichen) und Schmoldt, *Art.* שׁרק, *in: ThWAT VIII*, 475f. der dies für wahrscheinlich hält. Ggf. könnte das Pfeifen über Vers 7,b ggf. auch als Gestus des Hohns interpretiert werden (vgl. Lam 2,15f.; Zef 2,15).

48 Vgl. Skweres, *Strafgrunderfragung*, 181–197, für diese innerbiblischen Belege und für weitere altorientalische Paralleltexte. Vgl. ferner: Thiel, *Redaktion*, 295–300; Long, *Schemata*, 129–139.

49 1Kön 9,8: עשה יהוה ככה לארץ הזאת ולבית הזה [בנה/על מה]

Dtn 29,23: על מה עשה יהוה ככה לארץ הזאת

Jer 22,8: על מה עשה יהוה ככה לעיר הגדולה הזאת.

Tempelzerstörung und ein Zitat von 1Kön 9,8a enthalten könnte). Die Antwort auf die Strafgrunderfragung ist in allen drei Fällen die gleiche: Jʜwʜ hat Israel für seinen Verstoß gegen das Erste Gebot bestraft. Der Anfang der Antwort ist identisch: „Und (dann) wird man sagen: Weil sie verlassen haben Jʜwʜ, ihren Gott/den Bund Jʜwʜs, ihres (Väter-)Gottes (יהוה [ברית] את עזבו אשר על ואמרו אלהיהם).[50] In Dtn 29,24 folgt wie in 1Kön 9,9 per אשר-Satz ein Rückbezug auf den Exodus. Alle drei Texte beschreiben den Götzendienst mit den Motiven des Niederwerfens (Hishtaphel חוה in Dtn 29,25; 1Kön 9,6.9; Jer 22,9) und Dienens im Hinblick auf andere Götter (Qal עבד in Dtn 29,25; 1Kön 9,6.9; Jer 22,9).

Der Motiv des schuldhaften Verlassens Jʜwʜ aus 9,9a („weil sie Jʜwʜ, ihren Gott, verlassen haben") ist aus der HB wohlbekannt und wird an vielen theologischen Schlüsselstellen verwendet.[51] In Unheilsbegründungen erscheint es neben 1Kön 8,9 noch in Jer 5,19; 16,11 mit direktem Bezug auf Jʜwʜ; in Jer 22,9 und Dtn 29,24 über das Motiv des Bundes (Bund verlassen) und in Jer 9,12 über das Motiv des Gesetzes (Gesetz verlassen). In Kgtm ist das Motiv „Haus der Sklaverei" (בית עבדים) hinzugefügt. In Exodusverweisen (עבדים מבית ... מצרים ... יצא) kommt es in Ex 13,3.14; 20,2; Dtn 5,6; 6,12; 8,14; 13,11; Jer 34,13 vor.[52]

Das Motiv des Sich-Festhalten (Hifil חזק) an fremden Göttern aus 9,9a wird in der HB nur hier gebraucht („und ihr euch festgehalten habt an anderen Göttern"). In der Regel sind der Bund, die Gebote oder negativ der Irrtum Gegenstand des frommen bzw. törichten Festhaltens (vgl. Jes 27,5; 56,2.4.6; Jer 8,5; Ijob 2,3.9; 27,6; Spr 3,18; 4,13).[53] Am nächsten kommt Jes 64,6.

Die Sequenz Niederwerfen und Dienen (ויעבדום להם [ו]וישתחו) ist bereits aus Vers 6 bekannt (להם והשתחויתם אחרים אלהים ועבדתם) und wird hier wiederaufgenommen. Sie tritt in der Regel gemeinsam mit הלך auf,[54] das hier allerdings fehlt. Das הלך fehlt auffälligerweise nur noch in Jer 22,9 (sowie in Dtn 16,11; 2Kön

---

50 1Kön 9,9: ואמרו על אשר עזבו את יהוה אלהיהם
Dtn 29,24: ואמרו על אשר עזבו את ברית יהוה אלהי אבתם
Jer 22,9: ואמרו על אשר עזבו את ברית יהוה אלהיהם.
51 עזב + אלהים/יהוה את in Lev 19,10; 23,22; Dtn 29,24; Jos 24,16.20; Ri 2,12–13; 10,6.10.13; 1Sam 8,8; 12,10; 1Kön 9,9; 11,33; 18,18; 2Kön 17,16; 21,22; 22,17; 1Chr 14,12; 2Chr 7,22; 12,1; 13,10; 21,10; 24,18.20.24; 28,6; 32,31; Esra 9,9; Neh 10,40; 13,11; Ps 9,11; 27,9–10; 38,22; Jes 1,4.28; 49,14; 54,6; 58,2; 65,11; Jer 1,16; 2,17.19; 5,7.19; 16,11; 17,13; 22,9; Ez 8,12; 9,9. Weiterführend: Gerstenberger, *Art.* עָזַב, in: *ThWAT* V, 1206f.
52 בית עבדים in der HB insg. in Ex 13,3.14; 20,2; Dtn 5,6; 6,12; 7,8; 8,14; 13,6.11; Jos 24,17; Ri 6,8; 2Sam 9,12; Jer 34,13; Mi 6,4.
53 Für die Belegstellen vgl. Heese, *Art.* חָזַק, in: *ThWAT* II, 854.
54 הלך + חוה + אחר + אלהים + עבד - in Dtn 8,19; 17,3; 29,25; Jos 23,16; Ri 2,19; 1Kön 9,6; 2Chr 7,19; Jer 13,10; 16,11; 25,6.

17,35). Mit Jer 22,9 hat der Text zudem die Wortreihenfolge וישתחוו ... ויעבדו[55] sowie die Form ויעבדום[56] gemeinsam.

Das Motiv des Unheil-Bringens aus 9,9b („deswegen brachte Jhwh über sie dieses ganze Unheil") findet sich in wichtigen Schlüsseltextes des Königebuches (vgl. 1Kön 14,10; 21,21.29; 2Kön 21,12; 22,16) und im Jeremiabuch (vgl. Jer 6,19; 11,11.23; 17,18; 19,3; 23,12; 45,5; 49,37). Der Bezug zu Jeremia verstärkt sich (zumindest statistisch) durch das כל הרעה in Kön und Chr. 9 von 24 Belegstellen liegen im Jeremiabuch. Besonders nah stehen insgesamt Jer 32,42[57] und Neh 13,18[58] wegen des את כל הרעה הזאת. In Dan 9,12f. bezeichnet dieses Unheil-Bringen (Hifil בוא + רעה) die Invasion der Babylonier (vgl. 2Kön 21,12; 22,16; Neh 13,18).

14.2 Grundschrift (9,1*.2.3*)

Zieht man alle erkennbaren Nachträge ab (s. o.), bleibt eine kurze Narration über ein Gotteswort übrig, in dem Jhwh den Tempel für heilig erklärt (VORAUSGESETZTER NAHKONTEXT; Grundschrift):

> 9,1 Und es geschah, nachdem Salomo beendet hatte zu bauen das Haus Jhwhs und das Haus des Königs (1Kön 9,10) [...]; 2 und es erschien Jhwh dem Salomo zum zweiten Mal, wie er ihm in Gibeon erschienen war (1Kön 3,4; 11,9). 3 Und es sprach ⟨Jhwh zu ihm⟩: [...] (Hiermit) heilige/weihe ich dieses Haus, {⟨das du gebaut hast,⟩} [...] und meine Augen und mein Herz werden dort sein alle Tage.
> 10 UND ES GESCHAH AM ENDE DER ZWANZIG JAHRE (1Kön 6,38; 7,1), IN DENEN SALOMO GEBAUT HATTE DIE BEIDEN HÄUSER, DAS HAUS JHWHS UND DAS HAUS DES KÖNIGS (1Kön 9,1)...

Nachdem Salomo den Tempel und Palast fertiggestellt hatte, erscheint Jhwh ihm und erklärt den Tempel für heilig. Diese Erscheinung war nicht die erste. Sie wird durch Vers 2b explizit mit der Erscheinung in Gibeon aus 1Kön 3,4–15 verbunden. Diese Verbindung offenbart einen redaktionellen Zusammenhang, der zur Komposition von 9,1–3* geführt haben könnte. In 1Kön 3,4–15 bestätigt Jhwh Salomos Königtum über ganz Israel (vgl. 1Kön 2,46b), indem er ihm erscheint und ihm Weisheit und Reichtum schenkt. In 1Kön 9,1–3* bestätigt Jhwh den neu erbauten Tempel als sein Zentralheiligtum, indem er Salomo zum zweiten Mal erscheint und

---

55 Beide Verben in der 3. Person Plural und dieser Wortreihenfolge in der HB nur in 1Kön 9,9; 2Chr 7,22; Jer 22,9.
56 In der HB in 2Sam 10,19; 1Kön 9,9; 2Chr 7,22; Jer 16,11; 22,9.
57 כאשר הבאתי אל העם הזה את כל הרעה הגדולה הזאת כן אנכי מביא עליהם את כל הטובה.
58 ויבא אלהינו עלינו את כל הרעה הזאת ועל העיר הזאת.

den Tempel für heilig erklärt. Damit sind die Reichs- und Kulteinheit Israels unter Salomo von Jhwh legitimiert und bestätigt.

Die Narration schloss ursprünglich direkt an den Tempel- und Palastbau aus 1Kön 6–7* an. Das geht aus dem Wortlaut von 9,1 hervor.[59] Die Abschlussnotiz aus 9,1/9,10 wurde verdoppelt, um 9,1–3* einzufügen und in den Erzählzusammenhang einzubetten. Man schrieb die Abschlussnotiz aus der Vorlage ab, fügte zusätzlichen Text ein, und kehrte dann zum Vorlagentext zurück, indem man die Abschlussnotiz (in leicht abweichender Form) wiederaufnahm und das Abschreiben fortsetzte. Der letzte Teil wurde wortwörtlich wiederholt: 9,1aβ: „das Haus Jhwhs und das Haus des Königs" = 9,10b: „das Haus Jhwhs und das Haus des Königs". Auf diese Weise entstand der wiederholte Anschluss an den Tempel- und Palastbau in 9,1.10. Später unterbrach der Schreiber von 1Kön 8,1–11* den Zusammenhang zwischen dieser Abschlussnotiz aus 9,1 und dem Tempel- und Palastbau, um eine Tempelweihe zu erzählen (s. o. Kap. 12). Der Schreiber tastete den bestehenden Text nicht an, sodass die Dublette aus 9,1/9,10 im Text bestehen blieb. 9,1–9* wurde zwar nachträglich zu einer Erhörung von Salomos Bittgebet umgestaltet (s. o. S. 435ff.); aber auch diese Schreiber tasteten den Text von 9,1 nicht an. Das ermöglicht uns heute, die genannten Bearbeitungsprozesse voneinander abzuheben.

Beide Abschlussnotizen teilen denselben Anfang („und es geschah" = ויהי) und die Bezeichnung „das Haus Jhwhs und das Haus des Königs" (את בית יהוה ואת בית המלך). Das Verb כלה aus 9,1 könnte aus einer der vorhergehenden Abschlussnotizen in 1Kön 6,9.14.38; 7,1.40 übernommen worden sein. Die zwanzig Jahre in 1Kön 9,10 sind aus 1Kön 6,38 und 7,1 errechnet.[60]

Das Gotteswort wird durch 9,2–3aα[1] als Erscheinung inszeniert. Jhwh erschien dem Salomo, um zu ihm zu sprechen. Das verbindet die Narration mit 1Kön 3,4–15. Dort erscheint Jhwh dem Salomo in Gibeon (beide Male Nifal von ראה). Vers 2b verweist explizit auf diese Erscheinung bei Gibeon: „Jhwh erschien Salomo *zum zweiten Mal, wie er ihm in Gibeon erschienen war*" (שנית כאשר נראה אליו בגבעון).

Zieht man in Vers 3 alle erkennbaren Nachträge ab (s. o. Kap. 14.1 ab S. 434), bleibt ein Grundbestand übrig, in dem Jhwh den Tempel für heilig erklärt: „(Hiermit) heilige ich dieses Haus, das du gebaut hast, [...] und meine Augen und mein Herz werden dort sein alle Tage."[61] Das הקדשתי kann als Vollzugsperfekt interpre-

---

59 Diese redaktionsgeschichtliche Konsequenz wurde bisher kaum gezogen. Vgl. dazu den Anfang von Kap. 14.

60 1Kön 6,38 = 3Kgtm 6,1d: „Und im elften Jahr, im Monat Bul, das ist der achte Monat, war das Haus vollendet (כלה), in all seinen Teilen und nach all seinen Plänen; sieben Jahre hatte man es gebaut." 1Kön 7,1 = 3Kgtm 7,38.50: „Und an seinem Haus baute Salomo dreizehn Jahre und er vollendete (כלה) sein ganzes Haus."

61 Zu einem ähnlichen Ergebnis in 9,3 kommt z. B. Görg, *Gott-König-Reden*, 130f.

tiert werden („Hiermit heilige ich").[62] Nachdem Salomo den Tempel- und Palastbau vollendet hatte, erklärt er ihn für heilig und macht ihn sich damit als sein Zentralheiligtum zu eigen. Damit einher geht Jhwhs Zusage, dass seine Augen und sein Herz alle Tage dort sein werden: „Und meine Augen und mein Herz werden dort sein alle Tage" (והיו עיני ולבי שם כל הימים). Diese Wendung ist singulär in der HB und möglicherweise ein Vorläufer der späteren Vorstellung, Jhwhs Augen und Ohren seien im Himmel (vgl. 1Kön 8,29.52).[63] Das Motiv der Zuwendung von Auge und Herz ist in Jer 22,17 belegt und eine solche Kombination von Auge und Herz damit anscheinend möglich.

Zu den vorausgesetzten Bezugstexten dieses Grundbestandes gehören ein Bericht über den Tempel- und Palastbau aus 1Kön 6–7* (vgl. 9,1), die Erscheinung Jhwhs bei Gibeon aus 1Kön 3,4–15* und die Abschlussnotiz aus 9,10. Der Schreiber von 9,1–3* muss diese Texte gekannt haben; das geht aus dem Inhalt dieses Grundbestandes hervor.

An welche Fassung von 1Kön 6–7* die Abschlussnotizen aus 9,1 anschloss, wissen wir (noch) nicht. Aus dem Text von 9,1 geht dies nicht hervor; er kann an alle denkbaren Vorstufen von 1Kön 6–7* angeschlossen werden. Eine detaillierte Aufarbeitung der Text- und Literargeschichte von 1Kön 6–7 könnte mehr Klarheit schaffen. Im Rahmen einer monographischen Studie wurde eine solche Aufarbeitung bisher aber noch nicht angegangen.[64]

Detaillierte monographische Aufarbeitungen wären auch für 1Kön 3,4–15 und 1Kön 9,10(–25) wünschenswert und könnten das Profil der Grundschrift aus 1Kön 9,1–3* zusätzlich schärfen. 1Kön 9,1–3* setzt durch 9,2 die Existenz von 1Kön 3,4–15* voraus.[65] In 1Kön 3,4–15 gehört Gibeon als Schauplatz zum Grundbestand der Erzählung (vgl. 1Kön 3,4.5), genauso wie die Inszenierung als (Erscheinung im) Traum aus 1Kön 3,5a.15a. 5a bereitet die Gottesrede ab 5b vor und gibt sie als Erscheinung im Traum aus; in 15a erwacht Salomo aus dem Traum. Mindestens auf Vers 15a ist der Text angewiesen.

---

62 Für die Möglichkeit der Übersetzung der hebräischen Sufformativ-Konjugation mit dem Vollzugsperfekt („perfectum declarativum/performativum") vgl. Lettinga/Siebenthal, *Grammatik BH*, § 710,7.

63 In 1Kön 8,29.52 sind die Augen Jhwhs über sein Tempel geöffnet; in 3Kgm 8,52 = 2Chr 6,40 und 2Chr 7,15 ist von den geöffneten Augen und Ohren Jhwhs über dem Tempel die Rede (vgl. Neh 1,6). Die Motive Augen und Ohren werden noch kombiniert in Jes 6,10; 32,3; 35,5; 64,3; Ez 40,4; 44,5; Ijob 13,1. Keine dieser Stellen ist aber inhaltlich nahestehend.

64 Zu Grundzügen der Literargeschichte von 1Kön 6–7* vgl. z. B. Kratz, *Komposition*, 167–168.

65 Das Grundgerüst von 1Kön 9,1–3* würde aber auch ohne 9,2 einen sinnvollen Text ergeben; Jhwh kann ohne eine Einleitung zum Ort oder Modus zu Menschen sprechen (vgl. Jos 1,1; 4,1; 1Sam 16,1 [Samuel]; 2Kön 10,30 [Jehu]).

Noch komplizierter ist die Überlieferungslage bei 1Kön 9,10(–25) als in 9,1–3*
vorausgesetzter Nahkontext. Ein alter Grundbestand wird für 1Kön 9,10–25* in der
Regel angenommen; sein Umfang ist aber umstritten.[66] In 1Kön 9,10–25 scheinen
zahlreiche kurze Notizen mit unterschiedlichen Inhalten ineinander gearbeitet
worden zu sein. Verkompliziert wird eine Orientierung zusätzlich durch die LXX-
Überlieferung, in der Teile von 1Kön 9,10–25 an andere Stellen im Königebuch
umgestellt wurden.[67] Fragt man nach der Grundschrift von 9,10–25*, wird man
aber vermutlich auf 9,10 als Einleitung nicht verzichten können.[68] Als Fortsetzung
von 9,10 käme z. B. die weiteren Baumaßnahmen Salomos aus 9,17–19* infrage.
Eine solche Notiz über weitere Baumaßnahmen Salomos wurde zusammen mit 9,10
eine organische Fortsetzung des Tempel- und Palastbaus bilden. Die Notiz aus 9,25
könnte auch zum Grundbestand gezählt haben.[69] Mit dem Bau des Jerusalemer
Zentralheiligtums wird die Einheit des Kultes von Salomos begründet. Mit der
dreimal im Jahr stattfindende Wallfahrt nach Jerusalem in 1Kön 9,25a setzt er selbst
sie das erste mal um. Die Kulteinheit gilt seitdem Tempelbau für alle zukünftigen
Generationen (vgl. 1Kön 3,2). Der Tempelbau kommt deswegen in 1Kön 9,25b zu
seinem endgültigen Abschluss: „Und er vollendete (damit) das Haus" (את שלם
הבית).

---

66 Dtr[G] nach Kratz in 9,(15–23).24–25. Vgl. Kratz, *Komposition*, 192. Anders bei Noth, *I. Könige
1–16*; Würthwein, *1. Könige 1–16*. Am ausführlichsten ist Särkiö, *Historiographie*.
67 1Kön 9,15 = 3Kgtm 2,35i; für 1Kön 9,16–17 vgl. 3Kgtm 5,14b und 3Kgtm 2,35i; 1Kön 9,19–22 =
3Kgtm 10,22a–c; 1Kön 9,23 = 3Kgtm 2,35h; für 1Kön 9,24 vgl. 3Kgtm 2,35f und 9,9a; 1Kön 9,25 =
3Kgtm 2,35g.
68 Das את in 9,11b kann die Einleitung aus 9,10 nicht ersetzen. Mit 9,11b als ursprünglichen Anfang
von 9,10–25* müsste 9,10 als Nachtrag begriffen werden. Redaktionelle Gründe für einen Nachtrag
von 9,10 sind aber auf den ersten Blick nicht erkennbar. Der Text aus 9,11a bildet keine organische
Fortsetzung von 9,10. 9,11a wird in 9,14 fortgesetzt. Beide Verse sind am ehesten als Nachtrag zu
begreifen, der die Unterstützung Hirams durch Holz- und Goldlieferungen zum Thema macht.
In 9,1b ist von dem ganzen Wunsch Salomos die Rede, den er sich „wünschte zu tun" (אשר חפץ
לעשות); der Vers aus 9,11a verbindet diesen Wunsch mit der Unterstützung Hirams (לכל חפצו).
Zwischen 9,11a und 9,14 wurde nachträglich die Anekdote zur Namens-Etymologie des Landes
Kabul in 9,11b–13 eingeschoben. Die „Sache mit den Zwangsarbeitern" (וזה דבר המס) aus 9,15
mit der Fortsetzung in 9,20–22 kommt nicht als Textanschluss für 9,10 infrage – allein schon aus
grammatischen Gründen. Der Vers 16 trägt eine Notiz zu Geser (9,15.17) nach.
69 Vgl. Kratz, *Komposition*, 192. Anders Noth, *I. Könige 1–16*, 220f.

15 Die Ergebnisse im Überblick

15.1 Die Literargeschichte als Textschaubild

Im Folgenden werden die Ergebnisse zur Literargeschichte in einem Textschaubild zusammengefasst. Die Schriftarten veranschaulichen die wichtigsten Entwicklungsstufen der literargeschichtliche Genese. Textgrundlage bildet der Hyparchetyp aus Kap. 10 ab S. 308. Die Markierungen geben Auskunft über die Herkunft des Textes und textkritische Entscheidungen. Auf die Darstellung kleinerer Nachträge und weitere Abstufungen wurde gelegentlich zugunsten der Übersichtlichkeit verzichtet (vgl. z. B. 8,31–51 oder 8,65–66). Alle dargestellten Nachträge und Fortschreibungen sind unterschiedlich wahrscheinlich; die jeweiligen Begründungen sind den Kap. 12–14 zu entnehmen.

Legende zum Text (vgl. Kap. 10 ab S. 308)
Bibeltext = deutsche Übersetzung des Hyparchetyps aus Kap. 10
(Text) = Ergänzung in der deutschen Übersetzung
(Bibelstelle) = wichtige Parallelstelle
Unmarkierter Text = gemeinsamer Text von Kön, Kgtm und Chr
⟨Lesart⟩ = Kön; ⟨Vers-Nummer⟩ = Position des Verses aus Kön
{Lesart} = Kgtm; {Vers-Nummer} = Position des Verses aus Kgtm
|Lesart| = Chr
⌜Lesart⌝ = 4QKgs
$\frac{X}{Y}$ = alternative Lesarten, Textbestand unsicher; ⟨⟩ = Kön; {} = Kgtm; || = Chr
⟨+ Lesart⟩ oder {+ Lesart} oder |+ Lesart| = Plus im angegebenen Textzeugen, kein Text in den anderen Archetypen, Textbestand ist unsicher
[?] = Text des Hyparchetyp ist korrupt

Legende zur Literargeschichte
**Relative Chronologie von oben (alt) nach unten (jung)
VORAUSGESETZTE BEZUGSTEXTE: 1KÖN 3,4–15*; 6–7*; 9,10
GRUNDSCHICHT ERSCHEINUNG 9,1–9*; NACHTRÄGE
Grundschicht Lade 8,1–11* + 7,51a als vorausgesetzter Nahkontext; Nachträge
Grundschicht Tempelweihe 8,12–13.14.56–61.62–66*; Nachträge*
Ergänzung I: Das Bittgebet Salomos 8,23–55*; Nachträge; + Rückbezug in 8,59f.
Ergänzung II: David & der Tempelbau 8,15–22; Nachträge; + David-Bezüge 8,24–26; 9,4–5

https://doi.org/10.1515/9783111290973-015

Erscheinung bei Gibeon (1Kön 3,4–15*)
4 UND DER KÖNIG GING NACH GIBEON, UM DORT ZU OPFERN ... 5 IN GIBEON
ERSCHIEN JHWH DEM SALOMO ... UND GOTT SPRACH: ...

Der Tempelbaubericht (1Kön 6–7*)
6,1 UND ES GESCHAH ... IM VIERTEN JAHR DER REGIERUNG SALOMOS IM
MONAT SIW ... DA BAUTE ER DAS HAUS FÜR JHWH. ... 38 UND IM ELFTEN
JAHR, IM MONAT BUL ... WAR DAS HAUS VOLLENDET...; SO HATTE ER SIEBEN
JAHRE DARAN GEBAUT 7,1 UND AN SEINEM HAUS BAUTE SALOMO DREIZEHN
JAHRE ...

Abschlussnotiz zum Tempelbau
⟨**7,51**⟩ **Und es wurde vollendet die ganze Arbeit, die** ⟨**+ der König**⟩ **Salomo gemacht hatte (für) das Haus** JHWHS. Und es brachte hinein Salomo die heiligen
Dinge Davids, seines Vaters (2Sam 8,10–11); das Silber, das Gold und die Geräde
gab er in die Schatzkammer des Hauses JHWHS.

Die Überführung der Lade in den Tempel
8,1 Damals versammelte Salomo $\frac{\langle|die|\rangle}{\{\langle alle\rangle\}}$ **Ältesten Israels** (2Sam 5,3; Lev 8,3;
9,1; Dtn 31,28) |**in Jerusalem**|, **um heraufzubringen** (2Sam 6,2) **die Lade des
Bundes** JHWHS (Num 10,33–34) **aus der Stadt Davids** (2Sam 6,12) – das ist Zion
(2Sam 5,7) – **2** {⟨**im Monat Etanim**⟩} **3 und** {⟨die Priester⟩} **trugen die Lade** (Jos
3–4) **4** ⟨|und sie brachten herauf die Lade|⟩ und das Zelt der Begegnung und alle
Geräte des Heiligtums, die (vorher) im Zelt (waren) (Num 4; 9,15–10,28). **5** Und
der König und ganz Israel, (waren) vor der Lade, (und) opferten Kleinvieh und
Großvieh (2Sam 6,13) $\frac{\{in\ nicht\ z\ddot{a}hlbarer\ Anzahl\}}{\langle|die\ nicht\ gez\ddot{a}hlt\ und\ deren\ Menge\ nicht\ berechnet\ werden\ konnte|\rangle}$ (1Kön
8,63) **6 Und die Priester brachten (hinein) die Lade** ⟨|**+ des Bundes** JHWHS|⟩ **an
ihren Ort, ins Debir des Hauses** (1Kön 6,19f.), **in das Allerheiligste** (Ex 26,33;
Num 4,19; 1Kön 6,19) **unter die Flügel der Cherubim** (1Kön 6,23–27).

7 Die Cherubim breiteten nämlich ihre Flügel aus (1Kön 6,27) über dem Ort
der Lade und die Cherubim {⟨bildeten einen Schirm⟩} über die Lade und ihre
Tragstangen von oben her (Ex 25,30; 37,9). **8** Und die Stangen ragten heraus und
die Enden der Stangen waren zu sehen {⟨vom Heiligen aus⟩} vor dem Debir; von
draußen aber waren sie nicht zu sehen. ⟨Und sie waren |dort bis zu diesem Tag|⟩.

9 Es war nichts in der Lade außer die zwei Tafeln {⟨+aus Stein⟩}, die Mose
{⟨dort⟩} hineingelegt hatte am Horeb (Dtn 10,1–5), wo JHWH einen Bund geschlossen hat mit den Söhnen Israels, als sie herauszogen aus {⟨+dem Land⟩} Ägypten.

10 Und es geschah, als die Priester herausgegangen waren aus dem Heiligen, {⟨da erfüllte die Wolke⟩} das Haus ⟨|+ Jhwhs|⟩ (Ex 40,34). 11 Und die Priester konnten nicht herantreten, um ihren Dienst zu verrichten wegen der Wolke, denn die Herrlichkeit Jhwhs erfüllte das Haus ⟨+ Jhwhs⟩ (Ex 40,35).

Der Tempelweihspruch
⟨*8,12–13*⟩ *Damals sprach Salomo: Jhwh beabsichtigt, im Wolkendunkel zu wohnen (Ex 20,21; Dtn 4,11; 5,22). ⟨Hiermit⟩ ⟨|habe ich gebaut|⟩ ein Haus der Erhabenheit für dich, ⟨|eine Stätte für dein Thronen (Ex 15,17) in Ewigkeiten.|⟩*

Der Abschnitt zu David
14 Und der König wandte sein Angesicht und segnete ⟨|+die|⟩ ganz⟨|+e|⟩ ⟨|+Versammlung|⟩ Israel, während die ganze Versammlung Israels (da)stand. *15 und er sprach: Gepriesen sei Jhwh der Gott Israels, der gesprochen hat durch seinem Mund mit meinem Vater David und (heute) durch seiner Hand erfüllt hat, was er sagte: 16 Von dem Tag an, als ich mein Volk aus |+dem Land| Ägypten geführt hatte, habe ich nicht erwählt eine Stadt $\frac{\langle|von\ allen|\rangle}{\{in\ einem\ der\}}$ Stämme(n) Israels, um darin ein Haus zu bauen, damit mein Name dort sei. |+ Und ich habe keinen Mann erwählt, ⌐um zu sein ein Fürst über mein Volk⌐ Israel. {|Aber ich habe Jerusalem erwählt, damit mein Name dort sei|} und ich habe David erwählt, um zu sein über meinem Volk Israel (2Sam 6,21). 17 Und es lag meinem Vater David auf dem Herzen, ein Haus zu bauen für den Namen Jhwhs des Gottes Israels (2Sam 7,2–3). 18 Und Jhwh sprach zu meinem Vater David: Weil es dir auf dem Herzen lag, meinem Namen ein Haus zu bauen…; daran hast du gut getan, dass es dir auf dem Herzen lag. 19 Jedoch wirst du selbst nicht das Haus bauen, sondern dein Sohn, der aus deinen Lenden hervorkommen wird (2Sam 7,12). Er wird das Haus für meinen Namen bauen (2Sam 7,13a). 20 Und Jhwh hat sein Wort aufrecht erhalten, das er gesprochen hatte, und ich bin an die Stelle Davids meines Vaters getreten und ich habe auf dem Thron Platz genommen Israels, wie Jhwh verheißen hatte, und ich habe das Haus gebaut für den Namen Jhwhs, des Gottes Israels. 21 Und ich habe dort {⟨einen Ort für die Lade⟩} hergerichtet (1Kön 8,6), in der der Bund Jhwhs ist (1Kön 8,9), den er geschlossen hat {⟨mit unseren Vätern, als er sie aus dem Land Ägypten herausführte.⟩}*

Das Bittgebet
22 Und {⟨Salomo⟩} trat hin vor den Altar Jhwhs gegenüber von der ganzen Versammlung Israels und breitete seine Hände aus {⟨zum Himmel.⟩} 23 Und er

sprach: JHWH, Gott Israels, es gibt {keinen Gott wie du} im Himmel {⟨oben⟩} und auf der Erde {⟨unten⟩}, der den Bund und die Barmherzigkeit bewahrt (Dtn 7,9.12) für ⟨|deine Knechte, die wandeln vor dir mit ihrem ganzen Herzen,|⟩ 24 *ganz wie du deinem Knecht David, meinen Vater, bewahrt hast,* ⟨|*was du ihm zugesagt hast;*|⟩ *was du zugesagt hattest durch deinen Mund, das hast du (tatsächlich) durch deine Hand erfüllt an diesem Tag (1Kön 8,15).* **25** *Und nun* JHWH, *Gott Israels, bewahre deinem Knecht David, meinem Vater, was du ihm zugesagt hast, als du sprachst: Es soll dir nicht an jemandem fehlen vor meinem Angesicht, der sitzt auf dem Thron Israels (1Kön 2,4; 9,5), wenn nur deine Söhne auf ihren Weg achten, indem sie (wohlgefällig) wandeln* {⟨*vor meinem Angesicht*⟩}*, wie du (wohlgefällig) gewandelt bist vor meinem Angesicht.* **26** *Und nun* {|JHWH|}*, Gott Israels, möge sich* {|dein Wort|} *als zuverlässig erweisen,* ⟨|*das Du zugesagt hast deinem Knecht*|⟩ {⟨*David, meinem Vater.*⟩} **27** Ja, sollte Gott wirklich {|+mit den Menschen|} auf der Erde wohnen? ⟨Siehe, der Himmel⟩ und die Himmel der Himmel können dich nicht fassen; wie viel weniger dieses Haus, das ich gebaut habe {+für deinen Namen}!

28 Und (so) wende dich ⟨|zu dem Gebet deines Knechtes und zu seinem Bitten|⟩ JHWH $\frac{⟨|\text{mein Gott}|⟩}{\{\text{Gott Israels}\}}$ um zu hören auf das Flehen und auf das Gebet, das dein Knecht {⟨heute⟩} vor dir betet. **29** Lass deine Augen Nacht und Tag geöffnet seien über diesem Haus, Tag und Nacht über den Ort, von dem du gesagt hast: {„,Mein Name soll dort sein!"} }, um zu hören auf das Gebet, das dein Knecht an diesem Ort betet. **30** Und höre auf {⟨das Bitten⟩} deines Knechtes und deines Volkes Israel, das sie an diesem Ort beten werden. Du selbst mögest es hören an dem Ort deines Thronens, im Himmel (1Kön 8,13). $\frac{⟨|\text{Höre}|⟩}{\{\text{Handle}\}}$ und vergib!

(1) Der bedingte Beschwörungseid
31 Wenn jemand gegen seinen Nächsten sündigt und (er / man) ihm einen Fluch abverlangt (/einen Fluch auf ihn legt), indem (er / man) ihn schwören lässt (vgl. Ri 17,2, Lev 5,1 und Num 5,16–28), und er (der Angeklagte) kommt [?] vor deinen Altar in diesem Tempel, **32** dann erhöre es vom Himmel und handle und schaffe Recht $\frac{⟨|\text{für deine Knechte}|⟩}{\{\text{für dein Volk Israel}\}}$, {⟨um für schuldig zu erklären⟩} den Schuldigen (und) zu bringen seinen Weg über sein Haupt und um den Gerechten für gerecht zu erklären (und) ihm zu geben nach seiner Rechtschaffenheit.

(2) Niederlage im Krieg
33 Wenn dein Volk Israel geschlagen wird vor Feinden, weil sie gegen dich gesündigt haben (Dtn 28,25), und sie umkehren ⟨+zu dir⟩ und sie loben deinen Namen und beten und bitten ⟨+zu dir⟩ in diesem Haus, **34** dann erhöre du es vom Himmel und vergib die Sünde deines Volkes Israel und führe sie zurück in das Land, das {⟨du ihren Vätern gegeben hast.⟩}

(3) Das Ausbleiben von Regen
35 Wenn (der) Himmel verschlossen bleibt und es keinen Regen mehr gibt, weil sie gegen dich gesündigt haben (Dtn 11,17) und sie beten an diesem Ort und lo-

ben deinen Namen ⟨+ und⟩ sie von ihrer Sünde umkehren, denn du antwortest ihnen, **36** dann erhöre du es vom Himmel und vergib die Sünde deiner Knechte und deines Volkes Israel, denn du lehrst sie den guten Weg, auf den sie gehen sollen, und du gibst Regen auf dein Land, das du deinem Volk als Erbe gegeben hast.

(4) Naturkatastrophen und Epidemien
37 Eine Hungersnot, wenn sie geschieht, eine Pest, wenn sie geschieht, Getreidebrand, ⟨|Gilbe|⟩ (Dtn 28,22), eine Heuschreckenplage, eine Wanderheuschreckenplage (Dtn 28,38), wenn sie geschehen, wenn {⟨sein Feind⟩} es (das Volk) belagert [?] (Dtn 28,52), jede Plage (und) jede Krankheit (Dtn 28,61; Ex 11,1; 15,26), **38** jedes Gebet (und) jede Bitte, die geschieht bei jeder Person, wenn sie (es) erkennen, jeder die {⟨Plage seines Herzens⟩}, und es (das Volk) seine Hände ausbreitet an diesem Haus, **39** dann erhöre du es vom Himmel der Stätte deines Thrones und vergib {⟨+und handle⟩} und gebe einem jeden nach all seinen Wegen, so wie du sein Herz kennst, denn du allein kennst das Herz {⟨eines jeden⟩} Menschensohnes, **40** damit sie dich fürchten |+(und) gehen auf allen deinen Wegen| alle Tage, die sie leben ⟨|auf dem Land|⟩, die du unseren Vätern gegeben hast.

(5) Wallfahrt der Nicht-Israeliten
41 Und auch der Nicht-Israelit, der nicht ist von deinem Volk ⟨|+ Israel|⟩, ⟨|wenn er kommt aus einem fernen Land wegen deines Namens|⟩, **42** ⟨weil sie gehört haben deinen großen Namen⟩ ⟨|und deine starke Hand und deinen ausgestreckten Arm|⟩, {⟨und er kommt und betet⟩} an diesem Haus, **43** dann erhöre du es (vom) Himmel, der Stätte deines Thrones und handle gemäß allem, was der Nicht-Israelit zu dir gerufen hat, damit alle Völker der Erde deinen Namen erkennen {|+ und|} dich fürchten wie dein Volk Israel und erkennen, dass dein Name ausgerufen ist über diesem Haus, das ich gebaut habe.

(6) Der heilige Krieg
44 Wenn dein Volk in den Krieg zieht ⟨gegen seinen Feind⟩ auf dem Weg, den ⟨|du sie sendest|⟩, und sie beten |zu dir| in Richtung der Stadt, die du erwählt hast, und (in Richtung) des Hauses, das ich gebaut habe für deinen Namen, **45** dann erhöre vom Himmel ⟨|ihr Gebet und ihre Bitte|⟩ und verhelfe (ihnen) zu ihrem Recht.

(7) Israeliten in der Diaspora
46 Wenn sie gegen dich sündigen – denn es gibt keinen Menschen, der nicht sündigt – ⟨|und du zürnst gegen sie|⟩ und du sie dahin gibst vor dem Angesicht der Feinde, und ⟨|ihre Eroberer|⟩ sie gefangen wegführen in das Land {⟨der Feinde⟩} (sei es) ein Fernes ⟨|oder|⟩ Nahes, **47** und sie es sich zu Herzen nehmen in dem Land, in das sie weggeführt wurden, und sie umkehren und beten zu dir im Land ⟨+ihrer⟩ Deportierer, indem sie sprechen: „Wir haben gesündigt ⟨+und⟩ uns schuldig gemacht |+und| gottlos gehandelt!" **48** Und sie kehren um zu dir mit ihrem ganzen Herzen und mit ihrer ganzen Seele im Land {⟨ihrer Feinde⟩}, die sie gefangen weggeführt haben,

und sie beten {⟨+ zu dir⟩} in Richtung des Landes, das du ihren Vätern gegeben hast, {|+und|} (in Richtung) der Stadt, die ⟨|du|⟩ erwählt hast, und (in Richtung) des Hauses, das {|ich|} gebaut habe für deinen Namen, dann erhöre du (es) vom Himmel 50 und vergib $\frac{⟨|deinem\ Volk|⟩}{\{ihre\ Missetaten\}}$, die sie gegen dich begangen haben, {⟨und alle ihre Vergehen, mit denen sie sich gegen dich vergangen haben, und lass sie Erbarmen finden im Angesicht ihrer Deportierer, sodass sie ihnen Erbarmen erweisen. 51 Denn⟩} ⟨sie sind⟩ {⟨dein Volk und dein Erbteil, das du herausgeführt hast aus⟩} {+dem Land} {⟨Ägypten, mitten aus dem Schmelzofen für Eisen.⟩}

52 {⟨Öffne deine Augen⟩} {+und Ohren} {⟨für das Gebet deines Knechtes und für das Bitten deines Volkes Israel, um zu hören, so oft sie zu dir rufen! 53 Denn du hast sie ausgesondert für dich (Lev 20,24.26) zum Erbteil aus allen Völkern der Erde, genauso wie du geredet hast⟩} ⟨durch Mose deinen Knecht⟩, {⟨als du unsere Väter herausgeführt hast aus⟩} {+dem Land} {⟨Ägypten. Herr! JHWH!⟩}

Die Schlussworte

54 {⟨Und es geschah,⟩} als Salomo beendet hatte, zu beten {⟨zu JHWH das ganze Gebet und dieses Bitten, da stand er auf von vor dem Altar, wo er auf seinen Knien gekniet und seine Hände zum Himmel ausgebreitet hatte, 55 und er trat hin und segnete die ganze Versammlung Israels mit lauter Stimme, indem er sprach: 56 *Gepriesen sei JHWH*⟩} {*+am heutigen Tag*}, {⟨*der seinem Volk Israel Ruhe (מנוחה)* *gegeben hat, exakt wie er verheißen hat (Num 10,33; Dtn 12,9). Nicht ein einziges Wort ist hinfällig geworden*⟩} ⟨*von seinem ganzen guten Wort*⟩ *(Jos 23,14; 21,45),* {⟨*das er verheißen hat durch die Hand von Mose seines Knechtes. 57 JHWH unser Gott sei mit uns, wie er auch mit unseren Vätern war. Möge er uns nicht verlassen und uns nicht verwerfen, 58 um so unsere Herzen zu ihm zu neigen (Ps 119,36), damit wir gehen auf all seinen Wegen und bewahren⟩}* $\frac{\{seine\ ganzen\ Gebote\ und\ seine\ Ordnungen\}}{⟨seine\ Gebote\ und\ seine\ Satzungen\ und\ seine\ Rechtsbestimmungen⟩}$, {⟨*die er unseren Vätern geboten hat. 59 Und es seien diese meine Worte, mit denen ich gefleht habe vor JHWH* (1Kön 8,22–53), *JHWH unserm Gott nahe (Dtn 30,14) Tag und Nacht, sodass er seinen Knecht und sein Volkes Israel zum Recht verhelfe (1Kön 8,45.49) – die Sache eines (jeden) Tages an ihrem Tag –, 60 damit alle Völker der Erde erkennen (1Kön 8,43): JHWH ist Gott; sonst (ist) keiner (Dtn 4,35.39). 61 Und es sei*⟩} {*unser Herz*} {⟨*ungeteilt mit JHWH, unserem Gott, zu gehen in seinen Ordnungen und zu bewahren seine Gebote wie am heutigen Tag!*⟩}

Die Schlussnarration

62 *Und der König und* $\frac{⟨ganz\ Israel\ mit\ ihm⟩}{\{alle\ Söhne\ Israels\}}$ *brachten Schlachtopfer dar vor JHWH.* **63** *Und* {|+der König|} *Salomo opferte Schlachtopfer,* {⟨*die er vor JHWH opferte,*⟩} **22.000 Rinder und 120.000 Schafe.** *Und sie weihten das Haus* {⟨*JHWHs*⟩} *ein, der König und* {⟨*alle Söhne Israels.*⟩}

64 {⟨*An jenem Tag heiligte der König*⟩} *die Mitte des Vorhofes, der vor dem Haus J*HWHs *lag. Denn dort opferte er* {⟨*Brandopfer*⟩} ⟨*und Speiseopfer*⟩ *und die Fettstücke des Schlachtopfers. Denn der bronzene Altar (Ex 27,1–2; 38,1–2), der (war)* {⟨*vor J*HWH⟩}, *war (zu) klein* $\frac{\langle um\ zu\ fassen\rangle}{\{er\ vermochte\ nicht\ zu\ fassen\}}$ *die Brandopfer und Speisopfer* ⟨*und die Fettstücke des Schlachtopfers*⟩.

65 *Und Salomo veranstaltete* ⟨*zu jener Zeit das (Laubhütten)Fest*⟩ *und ganz Israel mit ihm, eine große Versammlung von da, wo man nach Hamat hineinkommt, bis an den Bach Ägyptens,* {⟨*vor J*HWH *[?] sieben Tage lang (Dtn 16,13–15).*⟩} **66** *Am achten Tag entließ er das Volk (≠ Lev 23,36).* {⟨*Und sie segneten den König und sie gingen*⟩} $\frac{\langle|zu\ ihren\ Zelten|\rangle}{\{ein\ jeder\ zu\ seinen\ Zelten\}}$, *fröhlich und guten Mutes über* ⟨*+all*⟩ *das Gute, das J*HWH *getan hat an David* {⟨*seinem Knecht*⟩} *und seinem Volk Israel.*

JHWH erscheint Salomo

9,1 UND ES GESCHAH, NACHDEM SALOMO BEENDET HATTE ZU BAUEN DAS HAUS JHWHS UND DAS HAUS DES KÖNIGS (1KÖN 9,10) UND DEN GANZEN WUNSCH SALOMOS, DER (IHM) GEFIEL ZU TUN (1KÖN 9,11.19); **2** UND ES ERSCHIEN JHWH DEM SALOMO ZUM ZWEITEN MAL, WIE ER IHM IN GIBEON ERSCHIENEN WAR (1KÖN 3,4). **3** UND ES SPRACH ⟨JHWH ZU IHM⟩: Ich habe erhört {+die Stimme} dein(es) Gebet(es) und {das Bitten}, mit dem du vor mir gefleht hast (1Kön 8,22–53). (HIERMIT) HEILIGE / WEIHE ICH DIESES HAUS, {⟨DAS DU GEBAUT HAST,⟩} UM MEINEN NAMEN DORT EINZUSETZEN AUF EWIG; UND MEINE AUGEN UND MEIN HERZ WERDEN DORT SEIN ALLE TAGE.

4 *Und du (1Kön 8,30.32.34.36.39), wenn du vor mir lebst, wie dein Vater David gelebt hat indem du alles tust, was ich dir geboten habe,* {|+*und*|} *(wenn du) meine Ordnungen und meine* $\frac{\{Gebote\}}{\langle|Rechtsbestimmungen|\rangle}$ *bewahrst (1Kön 2,4),* **5** *dann werde ich Bestand haben lassen den Thron deines Königtums* {⟨*über Israel für immer*⟩} *(2Sam 7,13), so wie* {⟨*ich über deinen Vater David geredet habe,*⟩} *als ich sprach: Es soll dir nicht an jemandem fehlen* $\frac{\langle auf\ dem\ Thron\ Israels\rangle}{\{|der\ über\ Israel\ herrscht|\}}$ *(1Kön 2,4).*

6 WENN IHR EUCH ABWENDET, IHR {⟨UND EURE KINDER, UND NICHT BEWAHRT MEINE GEBOTE (UND) MEINE ORDNUNGEN,⟩} DIE ⟨|ICH|⟩ EUCH GEGEBEN HABE, SONDERN HINGEHT UND ANDEREN GÖTTERN DIENT UND EUCH VOR IHNEN NIEDERWERFT, **7** {⟨DANN WERDE ICH ISRAEL AUSROTTEN⟩} AUS DEM LAND, DAS ICH IHNEN GEGEBEN HABE; UND {|+DIESES|} HAUS, DAS ICH GEHEILIGT HABE FÜR MEINEN NAMEN (1KÖN 9,3), {|WERDE ICH VERWERFEN|} VON VOR MEINEM ANGESICHT. {⟨UND ISRAEL WIRD⟩} ZUM SPRICHWORT UND ZUM GESPÖTT WERDEN (DTN 28,37; JER 24,9) UNTER ALLEN VÖLKERN. **8** UND DIESES HAUS [?]; JEDER, DER AN IHM VORÜBERGEHT, WIRD ZURÜCKSCHRECKEN {⟨UND PFEIFEN (JER 19,8; LAM 2,15F.). UND SIE WERDEN SAGEN:⟩} WARUM HAT JHWH SO GEHANDELT AN DIESEM LAND UND AN DIESEM HAUS (DTN 29,23; JER 22,8)? **9** UND (DANN) WIRD MAN SAGEN: WEIL SIE VERLASSEN HABEN JHWH,

{⟨IHREN GOTT,⟩} DER HERAUSGEFÜHRT HAT {⟨IHRE VÄTER⟩} AUS DEM LAND ÄGYPTEN {+AUS DEM HAUS DER SKLAVEREI}, UND SIE SICH FESTGEHALTEN HABEN AN ANDERE GÖTTER UND SICH NIEDERGEWORFEN HABEN VOR IHNEN UND IHNEN GEDIENT HABEN (JER 22,9; DTN 29,24), DARUM HAT {|+JHWH|} DIESES ⟨|+GANZE UNHEIL|⟩ ÜBER SIE GEBRACHT (JER 32,42; NEH 13,18).

1Kön 9,10–25*
10 UND ES GESCHAH AM ENDE DER ZWANZIG JAHRE (1KÖN 6,38; 7,1), IN DE-NEN SALOMO GEBAUT HATTE DIE BEIDEN HÄUSER, DAS HAUS JHWHS UND DAS HAUS DES KÖNIGS (1KÖN 9,1)...

15.2 Die Literargeschichte auf einen Blick

**pro Einzug = eine Bearbeitungsebene (B1–5); für die Schriftarten vgl. S. 449.

1Kön 3,4–15* Erscheinung bei Gibeon: „**4 UND DER KÖNIG GING NACH GIBE-ON, UM DORT ZU OPFERN ... 5 IN GIBEON ERSCHIEN JHWH DEM SALOMO ... UND GOTT SPRACH: ...**"

1Kön 6–7* Tempel- und Palastbau: „**6,1 UND ES GESCHAH ... IM VIERTEN JAHR DER REGIERUNG SALOMOS IM MONAT SIW ... DA BAUTE ER DAS HAUS FÜR JHWH. ... 38 UND IM ELFTEN JAHR, IM MONAT BUL ... WAR DAS HAUS VOLLENDET...; SO HATTE ER SIEBEN JAHRE DARAN GEBAUT 7,1 UND AN SEI-NEM HAUS BAUTE SALOMO DREIZEHN JAHRE ...**

B2 **1Kön 8,1–11*** Überführung der Lade: „Damals versammelte Salomo (alle) Ältesten Israels .., um heraufzubringen die Lade ... 6 Und die Priester brachten (hinein) die Lade an ihren Ort ... 10 ... da erfüllte die Wolke das Haus ..."

B3 *1Kön 8,12–13 Tempelweihspruch: „Damals sprach Salomo: JHWH beabsichtigt im Wolkendunkel zu wohnen. 13 Hiermit habe ich ein Haus der Erhabenheit für dich gebaut, eine Stätte für dein Thronen in Ewigkeiten."*

B3 *1Kön 8,14: „Und der König wandte sein Angesicht und segnete (die) ganz(e) Versammlung) Israel, während die ganze Versammlung Israels (da)stand. 15 Und er sprach:"*

B5 *1Kön 8,15–22 Abschnitt zu David: „15 Gepriesen sei JHWH, der durch seinen Mund mit David geredet hat: … . 22 Und [Salomo] trat hin vor den Altar vor die ganze Versammlung Israels und breitete seine Hände aus zum Himmel. 23 Und er sprach: "*

B4 1Kön 8,23–55 Bittgebet: „23 JHWH, Gott Israels … 54 Und es geschah, als Salomo beendet hatte zu beten … 55 und er trat hin und segnete die ganze Versammlung Israels … mit lauter Stimme, indem er sprach:"

B5 + 8,24–26: „wie er bewahrt hat für David, was er verhieß… "

B3 *1Kön 8,56–61* Schlussworte Salomos: „56 Gepriesen sei JHWH …, der seinem Volk Ruhe () gegeben hat … JHWH unser Gott sei mit uns … 61 Und unser Herz sei ungeteilt mit JHWH, unserem Gott…"*

B4 + 8,59–60: „Es seien JHWH meine Worte nah, die ich (im Bittgebet) gefleht habe…"

B3 *1Kön 8,62–66* Opfer und Einweihung: „Und der König und* ⟨ganz Israel mit ihm⟩/{alle Söhne Israels} *brachten Schlachtopfer dar … 63 Und sie weihten das Haus JHWHs ein."*

B1 1KÖN 9,1–9* WEIHNOTIZ: „1 UND ES GESCHAH, NACHDEM SALOMO BEENDET HATTE ZU BAUEN DAS HAUS JHWHS UND DAS HAUS DES KÖNIGS … 2 UND ES ERSCHIEN JHWH DEM SALOMO ZUM ZWEITEN MAL, WIE ER IHM ERSCHIENEN WAR IN GIBEON. 3 UND ES SPRACH JHWH ZU IHM: … 9B (HIERMIT) HEILIGE ICH DIESES HAUS, DAS DU GEBAUT HAST … UND MEINE AUGEN UND MEIN HERZ WERDEN DORT SEIN ALLE TAGE."

B4 + 9,3a: „Ich habe dein (Bitt-)Gebet gehört (8,22–54)…"

B5 + 9,4–5: „Und wenn du wandelst wie dein Vater David… "

1Kön 9,10* Abschlussnotiz Tempel- und Palastbau: „UND ES GESCHAH AM ENDE DER ZWANZIG JAHRE (1KÖN 6,38; 7,1), IN DENEN SALOMO GEBAUT HATTE DIE BEIDEN HÄUSER, DAS HAUS JHWHS UND DAS HAUS DES KÖNIGS (1KÖN 9,1) …"

In der bisherigen Forschung wird in der Regel unterschieden zwischen einer königszeitlichen Herkunft von 8,1–13* und einem deuteronomistischen Ursprung von 8,14–9,9* (vgl. Kap. 1.2).[1] Diese Unterscheidung hat sich in den vorangegangenen Kapiteln als unplausibel erwiesen; sie wird der redaktionellen Kontur von 1Kön 8,1–9,9 nicht gerecht. Insbesondere die Annahme einer königszeitlichen Herkunft von 1Kön 8,1–13 sollte aufgegeben werden. Die literarhistorischen Anfänge dieses Textes – und damit von 1Kön 8,1–66 insgesamt – liegen viel eher in der Zeit des Zweiten Tempels (vgl. die Kap. 12–13).

Analysiert man auf dieser Grundlage das redaktionelle Gefälle der Tempelweiherzählung, dann ergibt sich folgende relative Chronologie der Genese von 1Kön 8,1–9,9: Die literarhistorischen Anfänge liegen nicht (wie bisher angenommen) in Kapitel 8, sondern in Kapitel 9. Alles begann mit einer kurzen Weihnotiz, die noch in den 1Kön 9,1–3* erkennbar ist (Kap. 14). In der Weihnotiz vorausgesetzt werden Grundbestände der Erscheinung bei Gibeon aus 1Kön 3,4–15, des Tempel- und Palastbaus aus 1Kön 6–7* und die Abschlussnotiz aus 1Kön 9,10*. In diesen Zusammenhang dürfte die Weihnotiz eingefügt worden sein.

Die literarhistorischen Anfänge von Kapitel 8 liegen in dem Grundbestand aus 1Kön 8,1–11*, der Überführung der Lade und Einwohnung der Wolke in den Tempel (Kap. 12).

Der Grundbestand von 1Kön 8,12–66* schließt an diesen Vortext an (Kap. 13); mit 8,63 wird aus der Erzählung eine Tempelweihe („und sie weihten das Haus JHWHs ein"). Die literarhistorischen Anfänge von 8,12–66* liegen in dem Tempelweihspruch (8,12–13), der Redeeinleitung aus 8,14, den Schlussworten Salomos aus 8,56–57.61 und einer kurzen Schlussnarration über Opfer und die Einweihung des Tempels aus 8,62–63* (Kap. 13.2). Vermutlich bildeten diese Texte mal eine relative Einheit. Sie schreiben 8,1–11* fort und verbinden weitere Theophanie- und Kult-Motive aus Ex–Num mit der Inauguration des Jerusalemer Tempels.[2]

Diese Grundschrift wurde zweimal blockweise erweitert. Als erste Block kam der Grundbestand des Bittgebetes in den Text (1Kön 8,23–53* + die Überleitung in 8,54–55*; vgl. Kap. 13.3). Mit dem Abschnitt über David wurde ein zweiter Block

---

1 Für eine ausführlichere Auseinandersetzung mit der bisherigen Forschung vgl. Kap. 1.2, den Anfang von Kap. 12 zu 8,1–11, das Kap. 13.1 zu 8,12–66 und den Anfang von Kap. 14 zu 9,1–9.

2 JHWHs Theophanie am Sinai im „Wolkendunkel" (vgl. 1Kön 8,12 mit Ex 20,21; Dtn 4,11; 5,22); die „Stätte deines Thrones" als Ziel des Auszuges (vgl. 1Kön 8,13 mit Ex 15,17); der Aufbruch des Volkes und der Lade vom Sinai zu einem Ruheplatz = מנוחה (vgl. 1Kön 8,56 mit Num 10,33 und Dtn 12,9).

in diese Zusammenhänge eingefügt (1Kön 8,15–21 + die Überleitung aus 8,22; vgl. Kap. 13.4).[3]

Der Einschub dieser beiden Blöcke hat auch in den anderen Teilen der Tempelweiherzählung Bearbeitungen ausgelöst. 1Kön 9,1–9* wurde durch die Zusätze in 9,3 nachträglich zu einer Erhörung des Bittgebetes umgestaltet (Kap. 12). Durch 8,59–60 wurden die Schlussworte Salomos nachträglich mit dem Bittgebet aus 8,23–53* verbunden (Kap. 13.2.4). Mit 8,24–26 wurde das Bittgebet nachträglich mit dem Abschnitt über David aus 8,15–21 verbunden (Kap. 13.3.3). Vermutlich wurde auch die Dynastieverheißung aus 9,4–5 erst eingefügt, als der Abschnitt über David bereits im Text stand (vgl. S. 437ff.).

---

3 Die Redeeinleitung aus 8,14 wurde jeweils als Einleitung für die zwei neuen Blöcke übernommen, weil sie inhaltlich mit dem Einzug der Wolke verbunden war („daraufhin wandte der König sein Angesicht"). Sie kündigt aber einen Segen an („und [Salomo] segnete [...] Israel"), der nur in den Schlussworten Salomos in Vers 57 zu finden ist („Jhwh unser Gott sei mit euch"). Die Redeeinleitung aus Vers 14 muss also ursprünglich zu den Schlussworten Salomos gehört haben.

Teil III: **Gesamtergebnis**

16 Die Genese der Tempelweiherzählung

Diese Studie hat die Genese der Tempelweiherzählung ausgehend von 1Kön 8,1–9,9, 3Kgtm 8,1–9,9 und 2Chr 5–7 rekonstruiert (vgl. Kap. 1). In Teil I wurden die bestehenden Lücken in der textgeschichtlichen Grundlagenforschung geschlossen (Kap. 2–9). Die Textgeschichte der Septuaginta wurde textkritisch sowie übersetzungstechnisch detailliert aufgearbeitet und die älteren Lesarten jeweils mit den anderen zwei Fassungen (Kön und Chr) verglichen. Das ist notwendig, um zu dem ältesten Text der Tempelweiherzählung (Hyparchetyp) zu gelangen, den man wiederum als Startpunkt für die Rekonstruktion der Literargeschichte braucht. Die Aufarbeitung der Textgeschichte besteht aus hunderten textkritischen Einzelentscheidungen, die hier nicht zusammengefasst werden können. Einen Überblick über systematische Überarbeitungen in der Textgeschichte findet man in Kap. 2. Die Rekonstruktion der Textgeschichte bis zum Hyparchetyp findet in Kap. 3–9 statt. In Kap. 10 wird der Hyparchetyp als fortlaufender, hebräischer Text dargeboten.

In Teil II wird auf dieser Grundlage die Literargeschichte der Tempelweiherzählung rekonstruiert – also ihre Bearbeitung und Fortschreibung *vor* der Textgeschichte. Kap. 11 entfaltet kurz die Notwendigkeit dieses Schrittes und die Methoden der Rekonstruktion, in Kap. 12–14 wird die Literargeschichte dann rekonstruiert, Kap. 15 fasst die Ergebnisse dieser Rekonstruktion mithilfe eines Textschaubildes und eines einseitigen Überblickes zusammen.

Erstmalig wird damit die Genese der Tempelweiherzählung auf Grundlage eines systematischen Einbezuges der Septuaginta-Überlieferung rekonstruiert. In 1Kön 8,1–13 ändert sich die Textgrundlage für die literargeschichtliche Analyse und dadurch das historische Gesamtbild. Die vielfach vorausgesetzte Unterscheidung zwischen einer königszeitlichen Herkunft von 8,1–13* und einem deuteronomistischen Ursprung von 8,14–9,9* erweist sich als unplausibel; sie wird dem Text und seinem redaktionellen Gefälle nicht gerecht. Weder 1Kön 8,1–11 noch der Tempelweihspruch können als literarische Überreste aus der Königszeit gelten.

16.1 Keine königszeitlichen Ursprünge von 1Kön 8,1–13

Für die Überführung der Lade aus 1Kön 8,1–11 kann die Annahme von königszeitlichen Ursprüngen im Lichte der neueren redaktionsgeschichtlichen Forschung bereits als veraltet gelten (vgl. zu Folgendem Kap. 1.2 ab S. 3 und Kap. 12.3 ab S. 339). Früher nahm man noch eine königszeitliche Herkunft des Ladezyklus aus 1Sam 4–6*; 2Sam 6* an und konnte auf der Grundlage dasselbe hohe Alter für 1Kön 8,1–11* behaupten. Neuere Studien von Reinhard Kratz und Peter Porzig haben

https://doi.org/10.1515/9783111290973-016

aber gezeigt, dass diese Bezugstexte aus dem Samuelbuch viel jünger sind, als man ursprünglich dachte. Wenn aber die Bezugstexte Jahrhunderte jünger sind, dann muss das auch für 1Kön 8,1–11* gelten.

Die Ergebnisse dieser Studie bestätigen diese Einordnungen (vgl. zu Folgendem Kap. 3 ab S. 57 und Kap. 12 ab S. 321). Die königszeitlichen Grundschriften wurden mithilfe von masoretischem Sondergut rekonstruiert, ohne die anzunehmenden Auslassungen in der Septuaginta textkritisch zu begründen. Sporadische Auslassungen sind in Übersetzungen aber sehr selten und ohne Anlässe für Augensprünge textkritisch unwahrscheinlich. Auch der Gebrauch althergebrachter Begriffe (הדביר, ביר האתנים) kann das hohe Alter von 8,1–11* nicht begründen. Der Schreiber benutzte die Begriffe, weil sein Vortext es tat. Zudem befindet sich 8,1–11* redaktionell nicht auf derselben Ebene wie ein möglicherweise königszeitlicher Grundbestand von 1Kön 6–7*.

Damit fehlt die redaktionelle Grundlage, um in 8,12–13 nach königszeitlichem Textgut zu suchen. Der Tempelweihspruch ist durch 8,12 von 8,1–11 als Vortext abhängig. Für alternative redaktionelle Einordnungen des Tempelweihspruches fehlen Anhaltspunkte im Text wie auseinandergerissene Textanschlüsse oder andere Bruchstellen. Die konkreten Formulierungen weisen zudem auf eine spätere Entstehung hin. Mehrere grammatische Konstruktionen stehen im Verdacht, erst ihm Rahmen der spät-biblischen Sprachentwicklung entstanden oder zunehmend gebraucht worden zu sein (vgl. das עולמים und den zunehmenden Gebrauch von אמר + ל-Inf. cs. für indirekte Rede und ein erzählendes אז + AK in der Chronik). Das Motiv des „Wolkendunkels" ist in diesem Fall Teil einer göttlichen *Absichtserklärung* („Jhwh beabsichtigt, im Wolkendunkel zu wohnen"). Diese Absichtserklärung ist im Stile von Jhwhs Festlegung auf Jerusalem formuliert und am ehesten aus den Sinai-Theophanien des Exodusbuches erschlossen. Die Wendung „Stätte deines Thronens" (מכון לשבתך) ist aus Ex 15,17 zitiert. Dort wird der Tempelberg als Ziel des Auszuges ausgegeben („Erbteil" = verheißene Land) und damit die Kultzentralisation vorausgesetzt. Die Vorstellung vom Tempel als „Stätte" oder „Fundament/Podest" (מכון) des kosmischen Gottesthrones ist keineswegs per Definition „vor-exilisch" (vgl. S. 354ff. für diese populäre Sichtweise). Die Schreiber des Bittgebetes verlagern zwar den Fokus vom irdischen Abbild des Tempels zum seinem kosmisch-transzendenten Urbild und bitten Jhwh, die Gebete von der himmlischen Stätte seines Thrones zu erhören (vgl. 1Kön 8,30.39.43.49). Diese Akzentverschiebung ist aber in jeder Epoche der alttestamentlichen Literaturgeschichte möglich.

Die griechische Fassung des Tempelweihspruches aus der Septuaginta kann man aus textkritischen und übersetzungstechnischen Gründen nicht für Rekonstruktionen eines königszeitlichen Textkernes gebrauchen (für solche Versuche vgl. S. 8ff.). An den entscheidenden Stellen kann man nicht hinter die Aussage

des griechischen Textes zurückgehen. Der textgeschichtliche Befund lässt es beispielsweise nicht zu, hinter der Aussage zur Sonne einen hebräischen Vorlagentext
mit einer gänzlich anderen Aussageabsicht zu rekonstruieren (so J. Pakkala und
O. Keel; s. o. S. 8). Wie die hebräische Vorlage von Ἥλιον ἐγνώρισεν ἐν οὐρανῷ
lautet, entzieht sich unserer Kenntnis: בשמים [?] שֶׁמֶשׁ. Auch der Baubefehl aus der
griechischen Übersetzung[1] lässt sich nicht zur ältesten Lesart erklären. Dieser entstand vermutlich aufgrund eines versehentlichen Abschreibefehlers (vgl. S. 121ff.).
Auf diese Weise kam es zu dem merkwürdigen Baubefehl von zwei Häusern, als der
Tempel- und Palast schon längst fertig gestellt wurden. Inhaltliche Interpretationen können dieses Sinn-Defizit im Vergleich zum Text aus Kön nicht kompensieren.
Die Ausbesserung des OG-Textes mithilfe einer altlateinischen Randlesart aus
fünf mittelalterlichen Vulgatakodizes (La^M) ist aus textkritischen Gründen nicht
möglich (vgl. S. 103ff.).

Angesichts dieser Sachlage entstehen ernsthafte Zweifel an einer königszeitlichen Herkunft von 1Kön 8,1–13. Wer daran festhalten möchte, ist auf eine zunehmende Zahl von Hilfshypothesen angewiesen. Wo sich derart viele Hilfshypothesen
türmen, wird man darüber nachdenken müssen, die Annahme insgesamt aufzugeben. Näher liegt eine Entstehung von 8,1–13* – und damit von 1Kön 8,1–66
insgesamt – in späterer Zeit. Alle Abschnitte von 1Kön 8 inklusive 8,1–13 sind
Ausdruck voraussetzungsreicher Schriftgelehrsamkeit (vgl. die Kap. 12–13). Die
Kenntnis der Sinai-Theophanien und des Wüstenheiligtums sowie der Inhalt des
Bittgebetes deuten auf eine Entstehung in der Zeit des Zweiten Tempels hin.

16.2 Das Gesamtmodell im Überblick

Im Folgenden wird abschließend die Genese der Tempelweiherzählung zusammengefasst, wie sie in dieser Studie rekonstruiert wurde. Das Modell bezieht sowohl
die textlich bezeugte als auch die literargeschichtliche Genese ein. Es setzt sich
aus allen größeren Überarbeitungen und markanteren Fortschreibungen zusammen und reicht von den möglichen literarhistorischen Anfängen bis zu den drei
genannten Textfassungen (Kön, Kgtm, Chr) und ihrer Überlieferung. Die jeweiligen
Textschaubilder zur Literargeschichte mit den verschiedenen Schriftarten stammen aus Kap. 15.1 ab S. 449. Die einseitige Übersicht aus Kap. 15.2 auf S. 456 kann
ebenfalls beim Nachvollzug helfen.

---

1 „Bau mein Haus ein Haus der Erhabenheit für Dich" = בנה ביתי בית זבל לך = Οἰκοδόμησον
οἶκόν μου οἶκον $\frac{ἐκπρεπῆ}{εὐπρεπῆ}$ σεαυτῷ,; Kön: „Hiermit habe ich gebaut ein Haus der Erhabenheit für
dich" = בנה בניתי בית זבל לך.

Jнwн erklärt den Tempel für heilig (9,1–9)

In Kap. 16.1 wurde vorgeschlagen, die Annahme einer königszeitlichen Herkunft von 8,1–13* aufzugeben. Damit ist der Weg frei, 9,1 = 9,10 beim Wort zu nehmen und von einem ursprünglichen Zusammenhang zwischen der Erscheinung Jahwes aus 9,1–9* und dem Bericht über den Tempel- (und Palast)-bau auszugehen. Die literarhistorischen Anfängen der Erzählungen zur Tempelweihe würden dann nicht in Kapitel 8 sondern in Kapitel 9 liegen. Und in der Tat eröffnet eine genaue Analyse von 1Kön 9,1–9* diese Möglichkeit.[2]

Grundschrift

Zieht man in 9,1–9 alle erkennbaren Nachträge vom Text ab, dann könnte alles mit einer kurzen Narration begonnen haben, die in den Versen 9,1–3* erhalten ist (VORAUSGESETZTER NAHKONTEXT; Grundschrift):

> 9,1 Und es geschah, nachdem Salomo beendet hatte zu bauen das Haus Jнwнs und das Haus des Königs […]; 2 und es erschien Jнwн dem Salomo zum zweiten Mal, wie er ihm in Gibeon erschienen war. 3 Und es sprach ⟨Jнwн zu ihm⟩: […] (Hiermit) heilige / weihe ich dieses Haus, {⟨das du gebaut hast,⟩} […] und meine Augen und mein Herz werden dort sein alle Tage.
> 10 UND ES GESCHAH AM ENDE DER ZWANZIG JAHRE, IN DENEN SALOMO GEBAUT HATTE DIE BEIDEN HÄUSER, DAS HAUS JНWНS UND DAS HAUS DES KÖNIGS…

Nachdem Salomo den Tempel und Palast fertiggestellt hatte (9,1*), erscheint Jнwн ihm (9,2) und erklärt den Tempel für heilig (9,3*). In diesen Überresten könnten die literarhistorischen Anfänge von 1Kön 8,1–9,9 liegen. Die Narration aus 9,1–3* schloss ursprünglich an den Tempel- und Palastbau aus 1Kön 6–7* an. Das geht aus dem Wortlaut von 9,1a hervor. Die Abschlussnotiz aus 9,1/9,10 wurde verdoppelt, um den Grundbestand von 9,1–9* einzufügen und in den Erzählzusammenhang einzubetten. Vers 2b verbindet die Erscheinung mit derjenigen in Gibeon aus 1Kön 3,4–15. Dieser redaktionelle Zusammenhang könnte hinter der Komposition von 9,1–3* gestanden haben. Die Reichs- und Kulteinheit in Israel wird von Jнwн durch zwei Erscheinungen legitimiert. In 1Kön 3 bestätigt Jнwн Salomos Königtum über ganz Israel, indem er erscheint und ihm Weisheit und Reichtum schenkt (vgl. 1Kön 2,46b mit 3,4–15). In 1Kön 9,1–3* macht Jнwн sich den neu erbauten Tempel als sein Zentralheiligtum zu eigen, indem er Salomo zum zweiten Mal erscheint und den Tempel für heilig erklärt. Eine noch genauere Einordnung in die Redaktionsgeschichte des Königebuches hängt an der Einordnung der Bezugstexte

---

2 Vgl. zu Folgendem Kap. 14 ab S. 431. Dort findet sich auch eine ausführliche Auseinandersetzung mit der bisherigen Forschung zu 9,1–9.

aus 1Kön 3,4–15* und 1Kön 9,10(–25) und könnte durch eine monographische Aufarbeitung zu diesen Abschnitten ermöglicht werden. An dieser Stelle besteht weiterer Forschungsbedarf.

Weitere Literargeschichte

Im Laufe der Literargeschichte wurde der Grundbestand aus 9,1–3* mehrfach fortgeschrieben und bearbeitet. 9,3* wurde nachträglich zu einer Erhörung von Salomos Bittgebet aus 8,23–53 umgeformt (vgl. S. 435ff.). Folgende Aussagen wurden ergänzt (*Nachtrag*):[3]

> 3 Und es sprach ⟨Jhwh zu ihm⟩: *Ich habe erhört* {+*die Stimme*} *dein(es) Gebet(es) und* {*das Bitten*}, *mit dem du vor mir gefleht hast.* (Hiermit) heilige / weihe ich dieses Haus, {⟨das du gebaut hast,⟩} *um meinen Namen dort einzusetzen auf ewig; und meine Augen und mein Herz werden dort sein alle Tage.*

Die eingefügte Gebetserhörung am Versanfang wurde grammatisch nicht mit der folgenden AK-Form verbunden und lässt sich deswegen aus dem Text herauslösen (שמעתי ... הקדשתי). Nimmt man Vers 1 beim Wort, bestand dieser Bezug zum Bittgebet nicht von Anfang an. Der Einbau des Bittgebetes in 1Kön 8 regte einen Schreiber an, in 9,1–9* eine Gebetserhörung nachzutragen. Die Gebetserhörung in 9,3 ist der Erscheinung bei Gibeon nachgebildet (vgl. 1Kön 9,1–3 mit 3,4–15*). Das Schema „Bitte > Erhörung" gehört in 1Kön 3,4–15* zum Grundgerüst der Erzählung. In 1Kön 8–9 wurde das Schema dem Erzählstoff nachträglich aufgesetzt. Salomos Bitten finden sich in 1Kön 8,23–53, die Erscheinung und Erhörung hingegen erst ein Kapitel später in 9,2–3.

An 9,3 wurde mit 9,4–5 nachträglich eine Dynastieverheißung angehängt (vgl. S. 437ff.). Die Verse wiederholen die bedingte Dynastieverheißung aus 1Kön 2,3–4 und schreiben sie im Lichte von 2Sam 7 fort (vgl. 9,5a mit 2Sam 7,12.13.16). Die Form von 9,4–5 ahmt das Bittgebet nach (vgl. ואתה = „und du" in 9,4 mit ואתה in 8,32.34.36.39). Während das Bittgebet die Frömmigkeit des Betenden voraussetzt, nimmt 9,4–5 Salomo in die Pflicht. Eine lückenlose Herrscher-Sukzession hängt an *seinem* Gesetzesgehorsam.

---

3 Wer genau an dieser Stelle skeptisch ist, dem sei gesagt: Weder das Modell zu 8,1–11 (Kap. 12) noch die vorgeschlagene Redaktionsgeschichte der Reden Salomos (Kap. 13) wäre infrage gestellt, wenn in 9,1–9* (aus zu erbringenden Gründen!) der Bezug zu Salomos Bittgebet doch von Anfang an bestand. Dann wäre 9,1–9* schlicht erst in den Text eingefügt worden, als das Bittgebet bereits im Text stand – so wie man es bisher annimmt. Allerdings müssten dafür zunächst die Doppelungen und Auffälligkeiten in 9,3 sowie der Wortlaut von 9,1 plausibel erklärt werden.

Mit 9,6–9 wurde ein Drohwort in den Text nachgetragen (vgl. S. 440ff.). Der Text wechselt von der 2. Person Singular (9,4: „Und du…") in die 2. Person Plural (9,6: „euch und eure Söhne"). Er ist als warnendes Gegenstück zur Dynastieverheißung aus 9,4–5 konzipiert. Wenn das Volk Israel von JHWH abfällt und anderen Göttern dient (V. 6), wird JHWH das Volk aus dem Land Israel ausrotten (V. 7aα), den Tempel verwerfen (V. 7aβ) und Israel zum Spott unter den Völkern machen (V. 7b–9). Der Schreiber hat den Ausgang des Königebuches im Blick und nimmt die Erklärung vorweg, wie es zur Tempelzerstörung durch die Babylonier kommen konnte (vgl. 2Kön 24–25). Mit 9,6–9 verbindet er den Bau des Tempels mit seiner Zerstörung und die Weihe des Tempels mit seiner Entweihung.

Textgeschichte
In der Textgeschichte setzt sich die Bearbeitung von 9,3 fort. In Kgtm werden die Bezüge zur Erscheinung bei Gibeon verstärkt. Der zusätzliche Teilsatz in Kgtm „ich habe getan für dich gemäß deiner ganzen Gebete"[4] ist 1Kön 3,12 nachgebildet („siehe, ich habe getan gemäß deiner Worte") und stellt einen zusätzlichen Bezug zur Erscheinung bei Gibeon her. Die Schreiber des griechischen L-Textes von 3Kgtm glichen den Satz noch stärker an 1Kön 3,12 an. Sie veränderten den OG-Text von 3Kgtm 9,3 zu „*Siehe* (ἰδού), ich habe getan gemäß deines ganzen Gebetes" (3,12: הנה עשׂיתי כדבריך = ἰδοὺ πεποίηκα κατὰ τὸ ῥῆμά σου).

Die Chronisten bauten die Gebetserhörung in 1Kön 9,3 zu einer ausführlichen Antwort JHWHs aus (Änderungen *kursiv*, ausführlich dazu in Kap. 9.2 ab S. 280):

> 2Chr 7,12b und er (JHWH) sprach *zu ihm*: Ich habe dein Gebet erhört *und diesen Ort auserwählt für mich als Opferhaus. 13 Wenn ich den Himmel verschließe und kein Regen fällt und wenn ich Heuschrecken gebiete, das Land abzufressen und wenn ich eine Pest sende unter mein Volk, 14 und mein Volk, über das mein Name ausgerufen ist, sich dann demütigt, und sie beten und mein Angesicht suchen und umkehren von ihren bösen Wegen, dann werde ich es erhören vom Himmel und ihre Sünde vergeben und ihr Land heilen. 15 Und nun sollen meine Augen offen und meine Ohren aufmerksam sein auf das von diesem Ort gesprochene Gebet. 16 Und nun habe ich erwählt* und geheiligt dieses Haus, dass mein Name dort *sei* bis in alle Ewigkeit und meine Augen und mein Herz dort sei alle Tage.

In den Zusätzen stellt JHWH die Verantwortlichkeit *des Betenden* in den Mittelpunkt und dreht damit die Pointe des Bittgebetes aus 1Kön 8,23–53 = 2Chr 6,14–42 um (zum Bittgebet s. u. S. 473ff.). Wenn der Betende seine Frömmigkeit durch Umkehr, Buße und ein gesetzestreues Leben beweist, wird JHWH ihn erhören. Die Beschrei-

---

4 עשׂיתי לך ככל תפלתך = πεποίηκά σοι κατὰ πᾶσαν τὴν προσευχήν σου in 3Kgtm 9,3. Vgl. Kap. 9.2 ab S. 280.

bung der Mangelerfahrungen wird theologisch verschärft. Jhwh beschreibt sich in 2Chr 7,13 als direkter Verursacher der erlittenen Not. Im Bittgebet sind die Mangelerfahrungen noch im Passiv oder als Zustand beschrieben (vgl. 2Chr 7,13 mit 2Chr 6,26.28).

Überführung der Lade und Einzug der Wolke (8,1–11)

Grundschrift

8,1–11 erzählt die Überführung der Bundeslade und den Einzug *der* Wolke in den Tempel. Die Komposition von 1Kön 8 nahm hier ihren Anfang. In 8,1–6 werden das Volk bzw. seine Repräsentanten eingeführt; in allen anderen Redeeinleitungen wird deren Anwesenheit nicht erwähnt (8,12) oder vorausgesetzt (8,14.22.54–55). Zieht man alle erkennbaren Nachträge in 8,1–11 ab, erhält man eine Grundschrift bestehend aus 1Kön 8,1–2*.6.10–11 (VORAUSGESETZTER NAHKONTEXT; Grundschrift):[5]

> ⟨7,51⟩ UND ES WURDE VOLLENDET DIE GANZE ARBEIT, DIE ⟨+ DER KÖNIG⟩ SALOMO GEMACHT HATTE (FÜR) DAS HAUS JHWHS. [...]
> 8,1 Damals versammelte Salomo ⟨die⟩/{⟨alle⟩} Ältesten Israels |in Jerusalem|, um heraufzubringen die Lade des Bundes Jhwhs aus der Stadt Davids [...] 2 {⟨im Monat Etanim⟩} [...] 6 Und die Priester brachten (hinein) die Lade ⟨|+ des Bundes Jhwhs|⟩ an ihren Ort, ins Debir des Hauses, in das Allerheiligste unter die Flügel der Cherubim. [...] 10 Und es geschah, als die Priester herausgegangen waren aus dem Heiligen, {⟨da erfüllte die Wolke⟩} das Haus ⟨|+ Jhwhs|⟩. 11 Und die Priester konnten nicht herantreten, um ihren Dienst zu verrichten wegen der Wolke, denn die Herrlichkeit Jhwhs erfüllte das Haus ⟨+ Jhwhs⟩.
> 9,1 UND ES GESCHAH, NACHDEM SALOMO BEENDET HATTE ZU BAUEN DAS HAUS JHWHS UND DAS HAUS DES KÖNIGS...

Salomo versammelt die Ältesten, um die Bundeslade in den Tempel zu bringen (8,1). Die Priester bringen die Lade in den Tempel (8,6). Als die Priester wieder herauskamen, erfüllt *die* Wolke das Heiligtum (8,10–11). Jhwh ist in den Tempel eingezogen. Der Einbau dieser Grundschrift trennte 9,1* von den Bauberichten aus 1Kön 6–7* ab. Nach vorne wurde die Grundschrift an die Abschlussnotiz aus 7,51* angeschlossen (Kgtm stellt 7,51 um; s. u.).

Diese Grundschrift will das Wüstenheiligtum am Sinai mit dem Jerusalemer Tempel verbinden. Jhwh nimmt beide Heiligtümer in Form einer Wolke in Besitz (vgl. Ex 40,34–35 mit 1Kön 8,10–11). Die Bundeslade (ארון ברית יהוה) wandert von einem zum anderen; sie bricht in Num 10,33 vom Sinai auf und kommt in 1Kön 8,1–11* im Jerusalemer Tempel an. Über die angegebene Herkunft der Lade aus der

---

5 Vgl. zu Folgendem Kap. 12 ab S. 321. Dort findet sich auch eine ausführliche Auseinandersetzung mit den alternativen Rekonstruktionsversuchen.

„Stadt Davids" (8,1) wird ein Bezug zu 2Sam 6 hergestellt und die Ladeepisode aus dem Samuelbuch eingebunden. Die historische Herkunft der Grundschrift wird durch die vorausgesetzten Bezugstexte verraten. Das mosaische Wüstenheiligtum repräsentiert den Zweiten Tempel in Jerusalem; die Einrichtung des Wüstenheiligtums im Exodusbuch bildet dessen literarische Gründungslegende.

Weitere Literargeschichte
Die Grundschrift wurde an mehreren Stellen fortgeschrieben. Zwischen 8,2 und 8,6 wurden die Verse 3–4 und 5 nachgetragen (vgl. S. 325ff.):

> 8,1 Damals versammelte Salomo $\frac{\langle|die|\rangle}{\{\langle alle\rangle\}}$ Ältesten Israels |in Jerusalem|, um heraufzubringen die Lade des Bundes Jhwhs aus der Stadt Davids – *das ist Zion* – 2 {⟨im Monat Etanim⟩} *3 und {⟨die Priester⟩} trugen die Lade 4 und sie brachten herauf die Lade und das Zelt der Begegnung und alle Geräte des Heiligtums, die (vorher) im Zelt (waren). 5 Und der König und ganz Israel, (waren) vor der Lade, (und) opferten Kleinvieh und Großvieh* $\frac{\{in\ nicht\ z\ddot{a}hlbarer\ Anzahl\}}{\langle|die\ nicht\ gez\ddot{a}hlt\ und\ deren\ Menge\ nicht\ berechnet\ werden\ konnte|\rangle}$ 6 Und die Priester brachten (hinein) die Lade ⟨|+ des Bundes Jhwhs|⟩ an ihren Ort, ins Debir des Hauses, in das Allerheiligste unter die Flügel der Cherubim.

Die Erzählung ergibt ohne die Verse 3–5 einen guten Sinn und ist auf sie nicht angewiesen. Der Grundbestand lässt in 8,1 offen, wer die Lade getragen hat. Der Schreiber von Vers 3 füllt diese Leerstelle und definiert gemäß Jos 3–4 die Priester als Träger. Vers 4 ergänzt das wandernde Zeltheiligtum und dessen Geräte (Num 4; 9,15–10,28). An der plötzlichen Erwähnung des Zeltheiligtums und der Wiederholung des Hifil עלה ("hinaufbringen") ist der Nachtrag gut zu erkennen. Vers 5 kennt die hohen Zahl der Opfer aus 8,63 und steigert sie ins Unzählbare. Der Vers ist auf die Prozession in 8,3–4 bezogen. Den Impuls für den Einschub gab 2Sam 6,13–15. Dort wird der Transport der Lade mit Opfern begleitet. Diese Praxis wird für den Weg der Lade von der Stadt Davids in den Tempel beibehalten.

Die Verse 7–9 unterbrechen den Zusammenhang zwischen 8,6 und 8,10 und ergänzen spezifische Details:

> 6 Und die Priester brachten (hinein) die Lade ⟨|+ des Bundes Jhwhs|⟩ an ihren Ort, ins Debir des Hauses, in das Allerheiligste unter die Flügel der Cherubim. *7 Die Cherubim breiteten nämlich ihre Flügel aus über dem Ort der Lade und die Cherubim {⟨bildeten einen Schirm⟩} über die Lade und ihre Tragstangen von oben her. 8 Und die Stangen ragten heraus und die Enden der Stangen waren zu sehen {⟨vom Heiligen aus⟩} vor dem Debir; von draußen aber waren sie nicht zu sehen. ⟨Und sie waren |dort bis zu diesem Tag|⟩. 9 Es war nichts in der Lade außer die zwei Tafeln {⟨+aus Stein⟩}, die Mose {⟨dort⟩} hineingelegt hatte am Horeb, wo Jhwh einen Bund geschlossen hat mit den Söhnen Israels, als sie herauszogen aus {⟨+dem Land⟩} Ägypten. 10 Und es geschah, als die Priester herausgegangen waren aus dem Heiligen, {⟨da erfüllte die Wolke⟩} das Haus* ⟨|+ Jhwhs|⟩...

Der Vers 7 erläutert auf der Grundlage von Ex 25,20 = Ex 37,9 näher, wie man sich die Positionierung der Lade unter den Flügeln der Cherubim aus 1Kön 6,23–27 vorzustellen hat (vgl. dazu S. 328ff.). In 8,7 werden die Lade *und deren Tragstangen* beschirmt. Dieser Umstand wird zum Nachdenken über die Tragstangen angeregt. Das könnte die Komposition von 1Kön 8,8 ausgelöst haben (vgl. dazu S. 329ff.). Vers 9 klärt auf Grundlage von Dtn 5 und Dtn 9–10 auf, was sich in der Lade befand und schließt weitere Inhalte explizit aus (vgl. dazu S. 331ff.).

Textgeschichte
Die Genese von 8,1–11 setzt sich in der Textgeschichte fort (vgl. dazu Kap. 3.2.2 ab S. 74). In Kgtm wurden die Verse wie folgt bearbeitet (*kursiv*):

> {*3Kgtm 7,37*} Und es war vollendet die ganze Arbeit, die Salomo gemacht hatte (für) das Haus Jhwhs. Und es brachte hinein Salomo die heiligen Dinge Davids, seines Vaters, {*+und die heiligen Dinge Salomos*}; das Silber, das Gold und die Geräte gab er in die Schatzkammer des Hauses Jhwhs.
> {*38*} Und sein Haus baute Salomon in 13 Jahren. […] {*39–49*} […] {*50*} Und Salomon vollendete sein ganzes Haus.
> {*+ 8,1a Und es geschah, als Salomo beendet hatte, das Haus Jhwhs und sein eigenes Haus zu bauen nach 20 Jahren,*} 8,1 da versammelte Salomo {alle} Ältesten Israels...

In Kön erscheinen Tempel- und Palastbau als Teil desselben Bauvorhabens. In Kgtm wurde der Palastbau aus 1Kön 7,1–12 an das Ende des Bauberichtes zwischen 1Kön 7,51 und 8,1 umgestellt und 8,1 mit einer Einleitung (8,1a) versehen (3Kgtm 7,38 = 1Kön 7,1a; 3Kgtm 7,39–49 = 1Kön 7,2–12; 3Kgtm 7,50 = 1Kön 7,1b; + 3Kgtm 8,1a). Damit handelt es sich beim Bau von Tempel und Palast um zwei getrennte Bauprojekte. Der Palast ist in seiner Bedeutung depotenziert (vgl. Josephus, Ant. 8,130–132). Aus demselben Grund lässt Chr den Palastbau ganz aus.

In Kön werden vor allem die Verse 1–5 überarbeitet (vgl. Kap. 3.2.2). Sie sind dort auf die doppelte Länge angewachsen (*Bearbeitung in Kön*; *post-chronistische Zusätze*):

> 8,1 Damals versammelte Salomo $\frac{die}{alle}$ Ältesten Israels, ⟨+ *und* alle Oberhäupter der Stämme, die Vorsteher der Väterhäuser unter den Söhnen Israels [PKön: + und sie versammelten sich] zum König Salomo⟩ in Jerusalem, um heraufzubringen die Lade des Bundes Jhwhs aus der Stadt Davids – das ist Zion – 2 ⟨+ Und es versammelten sich zum König Salomo alle Männer Israels⟩ im Monat Etanim ⟨+ zum Fest – dies ist der siebte Monat.⟩ 3 ⟨+ und es kamen hin alle Ältesten Israels⟩ und die Priester trugen die Lade 4 und sie brachten herauf die Lade ⟨+ Jhwhs⟩ und das Zelt der Begegnung und alle Geräte des Heiligtums, die (vorher) im Zelt (waren). ⟨+ und die Priester und Leviten brachten sie herauf⟩ 5 Und der König ⟨+ Salomo⟩ und ⟨+ die⟩ ganz⟨+e Gemeinde⟩ Israel, ⟨+ die sich versammelt hatten um ihn mit ihm,⟩ (waren) vor der Lade, (und) opferten Kleinvieh und Großvieh, ⟨die nicht gezählt und deren Menge nicht berechnet werden konnte.⟩

In Vers 1 werden weitere Personengruppen aus den hierokratischen Ordnungen des Numeribuches ergänzt. Die besondere Stellung der Ältesten Israels wird durch ihre nochmalige Erwähnung in Vers 3 beibehalten. In Vers 2 wird auf Grundlage von 1Kön 8,65 eine Festversammlung einberufen. Die Glosse „das ist der siebte Monat" (הוא החדש השביעי) ordnet den Monatsname „Etanim" in die alttestamentliche Monatszählung ein. Durch den Zusatz in Vers 4b werden die Leviten am Transport der Lade beteiligt. In Vers 5 macht der Bearbeiter aus „ganz Israel" die „ganze Gemeinde Israels, die sich um ihn versammelt hat" (vgl. z. B. Ex 12,3.6.19.47; Num 10,3–4 oder Jos 18,1).

Die Chronik hatte diesen Text von Kön zur Vorlage (vgl. Kap. 3.2.2). Sie tilgt den Monatsnamen Etanim und macht in 1Kön 8,3b = 2Chr 5,4b aus den „Priestern" gemäß Dtn 10,8 die „Leviten" zu Trägern der Lade (Kön: „und die Priester trugen die Lade"; Chr „und die *Leviten* trugen die Lade").

Die Schreiber des TgChr sahen bei Vers 8 in der Sichtbarkeit der Gegenstände im Allerheiligsten ein Problem (vgl. 2Chr 3,14 mit Ex 40,21) und lösten es mit Texteingriffen (vgl. dazu Kap. 3.3 ab S. 84):

> TgChr 2Chr 5,9: Und die Stangen waren lang, *und sie beulten (den Vorhand des Allerheiligsten) aus,* und die Enden der Stangen waren sichtbar *wie zwei (die Kleidung ausbeulenden) Brüste* in Richtung des Hauses der Versöhnung blickend, und sie waren nicht sichtbar von außerhalb *des Vorhanges* und sie sind dort bis zu diesem Tag.

Die Stangen beulten den Vorhang aus und waren deswegen sichtbar, ohne das man sie unmittelbar sehen könnte. Dieselbe Interpretation ist auch aus dem Talmud bekannt (b. Yom. 54a und b. Men. 98a–b).

Der Vers 9 wird in den Targumim bearbeitet (vgl. Kap. 3.4 ab S. 89). Die Zusätze klären das Schicksal der zerbrochenen Tafeln aus Ex 32–34 auf:

> TgJ 1Kön 8,9 Randnotiz im Kodex Reuchlinianus: Es ist nichts verwahrt in der Lade, nur die zwei Tafeln des Bundes *und die zwei zerbrochenen Tafeln,* die Mose dort hineingelegt hatte, *als sie zerbrochen waren wegen der Anfertigung des Kalbes am Horeb.*
> TgChr 2Chr 7,10: Es ist nichts verwahrt in der Lade, nur die zwei Tafeln, die Mose dort hineingetan hat, *nachdem sie zerbrochen wurden wegen des Kalbes, das sie am Horeb gemacht hatten, und die zwei anderen richtigen Tafeln, auf die in einer klaren Schrift die zehn Worte graviert sind. Dies sind die Tafeln des Bundes,* den der Herr mit den Söhnen Israels beschlossen hat, nachdem er sie aus Ägpyten herausgeführt hat.

In der Lade befanden sich neben den eigentlichen Tafeln (Dtn 10,1–5) zusätzlich die von Mose zerbrochenen Tafeln (Ex 32–34). Dieselbe Interpretation ist im Talmud bezeugt (b. B. B. 14a–b).

8,10–11 wird in Chr um eine Anordnung des Kultpersonals erweitert (vgl. S. 95ff.). Den Chronisten erschien das Herausgehen der Priester erklärungsbedürftig:

> 11 Und es geschah, als die Priester herausgegangen waren aus dem Heiligen, – *denn alle anwesenden Priester hatten sich geheiligt, ohne sich an die Abteilungsordnung zu halten –, 12 Und die Leviten, die Sänger waren, mit ihnen allen waren Asaf, Heman, Jeduton und ihre Söhne und ihre Brüder, bekleidet mit Byssus, mit Zimbeln und mit Harfen und mit Kastenleier standen sie östlich von dem Altar und mit ihnen 120 Priester, die auf Trompeten trompeteten. 13 Und als die Trompeter und Sänger wie ein Mann waren, um mit einer Stimme einzusetzen (wörtl: hören zu lassen), um zu loben und zu preisen J*HWH*. Und als sie die Stimme erhoben mit Trompeten und Zimbeln und Musikinstrumente, um J*HWH zu loben: „Denn er ist gut und ewig ist seine Gnade"* da wurde das Haus J*HWH*s von einer Wolke erfüllt, 14 Und die Priester konnten nicht herantreten, um ihren Dienst zu verrichten wegen der Wolke, denn die Herrlichkeit J*HWH*s erfüllte das Haus Gottes.

Die (aaronitischen) Priester durften sich eigentlich im Tempel aufhalten. 2Chr 5,11b klärt, warum sie für den Einzug aus dem Heiligen herausgehen mussten. Sie hatten sich zwar geheiligt, aber nicht an die Abteilungsordnung gehalten. Mit der Aufstellung der Priester und Leviten in 2Chr 5,12–13 erhält der Einzug der Wolke ein würdiges Setting.

Die Reden Salomos und die Weihe des Tempels (8,12–66)

1Kön 8,12–66 besteht aus vier Reden (V. 12–13, 15–21, 22–54, 55–61) und einer Schlussnarration (8,62–66). Der Text hat keinen eigenständigen Anfang. Er wurde nachträglich an die Überführung der Lade angefügt. Sowohl die Ältesten aus Vers 1 als auch die Priester aus Vers 6 werden nicht mehr erwähnt. Statt von den „Ältesten Israels" wie in 8,1 ist von der „ganzen Versammlung Israels" die Rede (8,14[Kön/Chr].22.55) bzw. von „ganz Israel" in 3Kgtm 8,14.

Die Konturen der einzelnen Reden aus 8,12–61 deuten auf eine block-weise Entstehung hin.[6] In ihrem Grundbestand bauen die Reden nicht aufeinander auf. Bei den Versen 12–13 handelt es sich um den berühmten Tempelweihspruch. Darauf folgt ein Abschnitt über David als Dynstie- und Kultgründer in 8,15–21, ein großes Bittgebet von Salomo in den Versen 23–53 und ein Lobpreis Salomos in den Versen 56–61. Bei den wenigen Querverbindungen handelt es sich um Nachträge, mit denen die Reden erst im Nachhinein sporadisch miteinander verbunden wurden

---

6 Vgl. zu Folgendem sowie zur bisherigen Forschung Kap. 13.1 ab S. 343.

(8,24–26; 8,59–60). Die Querverbindungen reichen nicht bis in das Grundgerüst der jeweiligen Reden und lassen sich leicht aus dem Text herauslösen.

Als nachträglich eingefügte Blöcke kommen der Abschnitt zu David aus 8,15–21 und das Bittgebet aus 8,23–53 infrage. Die erste Erweiterung bildet das Bittgebet aus 8,23–53 (vgl. Kap. 13.1 ab S. 343). Die Nicht-Erwähnung Davids im Grundbestand des Bittgebetes verrät, dass der Abschnitt zu David aus 8,15–21 noch nicht im Text stand (zu 8,24–26 vgl. Kap. 13.3.3). Das Bittgebet nimmt auf den Tempelweihspruch Bezug (vgl. 8,13 mit 8,27.30.39.43.49) und wurde deswegen zwischen ihn und die Schlussworte Salomos (8,56–61*) gestellt. Im Tempelweihspruch wird der irdische Tempel als מכון לשֶׁבתך = „Stätte deines Thrones" bezeichnet (8,13; s. o.). Im Bittgebet wird der Akzent verschoben. Jhwh soll die Gebete von dem himmlischen „Ort" (8,30) und der himmlischen „Stätte" seines Thrones erhören (8,39.43.49). Nach altorientalischer Vorstellung repräsentiert jeder Tempel das Urbild desselben Tempels aus der unsichtbaren Welt.[7] Die eigentliche „Stätte" des Tempels befindet sich in den kosmischen Sphären über dem irdischen Abbild. Weil es sich um eine komplementäre Vorstellung handelt, kann die Bezeichnung des irdischen Tempels als „Stätte deines Thrones" in 8,13 im Text belassen werden. Nach hinten erzeugte der Einschub des Bittgebetes einen unvermittelten Übergang von den Klagen des Gebetes zum Lobpreis in Vers 56. Vers 14 wurde als Redeeinleitung für das neue Bittgebet übernommen, weil der Vers mit 8,10–11 verbunden ist. Der Schreiber schuf mit Vers 55 ein Duplikat, um die Ankündigung eines Segens als Einleitung für die Schlussworte Salomos zu erhalten.

Der Abschnitt zu David aus 8,15–21 kam als letzter Block in die Tempelweiherzählung. Man erkennt dies an den fehlenden Bezügen zu David in den anderen Reden. Deren Schreiber wussten nichts von der besonderen Erwähnung Davids in 8,15–21 und sahen deswegen keine Notwendigkeit, ihn zu erwähnen. Dieses „David-Schweigen" wurde später nur sehr sporadisch ausgebessert (vgl. den Nachtrag von 8,24–26 und die plötzliche Erwähnung in 8,66). Ausgelöst haben könnte die Komposition von 8,15–21* die Herkunft der Lade aus der „Stadt Davids" (vgl. 1Kön 8,2 mit 2Sam 6). Dieser Verweis auf 2Sam 6 könnte einen Schreiber inspiriert haben, die Tempelweihe mit den Verheißungen aus 2Sam 7 zu verbinden und 8,15–21 zu verfassen. Weil die Lade mit David assoziiert ist, wurde 8,15–21 an den Anfang der Reden Salomos gestellt. Nur der Tempelweihspruch aus 8,12–13 wurde als Eröffnung der Reden Salomos beibehalten, weil er über das Motiv des Wolkendunkels (8,12) mit dem Einzug Jhwhs als Wolke aus 8,10 verbunden war.

---

7 Im Folgenden nach C. Koch, der die weltanschaulichen Voraussetzungen dieser Akzentverschiebung bisher am genauesten beschrieben hat. Vgl. Kap. 13.3.1 ab S. 374 mit Fn. 101 auf S. 376.

Der Schreiber übernahm Vers 14 als Einleitung für den neu eingefügten Block (s. o.) und schuf mit Vers 22 eine zum Bittgebet passende Redeeinleitung.

Das Bittgebet und der Abschnitt zu David bildeten die neuen Keimzellen, von denen aus die Redaktion der anderen Reden vorangetrieben wurde (vgl. 8,24–26; 8,59–60; 9,3.4–5). Auf diese Weise kam es zu der isolierten Stellung des Tempelweihspruches und der Schlussworte Salomos am Anfang und am Ende der Reden Salomos. Am Ende dieser Entwicklungen stehen die vollständige Überarbeitung des Tempelweihspruches in Kgtm und TgChr (s. u.) und die Auslassung der Schlussworte in der Chronik (s. u.).

Die Grundschrift von 8,12–66*

Zieht man die genannten Blöcke ab, bleiben der Tempelweihspruch und die Schlussworten Salomos aus 8,56–61* übrig. Beide Texte bilden mit 8,1–11 eine relative Einheit und könnten mal den Grundbestand der Reden Salomos gebildet haben (vgl. dazu Kap. 13.2 ab S. 349). Die Opfer und die Einweihung des Tempels in 8,62–63* könnten den Abschluss dieses Grundbestandes gebildet haben:

> ⟨8,12⟩ Damals sprach Salomo: Jhwh beabsichtigt, im Wolkendunkel zu wohnen. 13 ⟨Hiermit⟩ ⟨|habe ich gebaut|⟩ ein Haus der Erhabenheit für dich, ⟨|eine Stätte für dein Thronen in Ewigkeiten.|⟩
> 14 Daraufhin wandte der König sein Angesicht und segnete (die) ganz(e) ⟨|+Versammlung|⟩ Israel, während die ganze Versammlung Israels (da)stand. 15 und er sprach: [...] 56 Gepriesen sei Jhwh⟩} {+am heutigen Tag}, {⟨der seinem Volk Israel Ruhe (מנוחה) gegeben hat, exakt wie er verheißen hat. Nicht ein einziges Wort ist hinfällig geworden⟩} ⟨von seinem ganzen guten Wort⟩, {⟨das er verheißen hat durch die Hand von Mose seines Knechtes. 57 Jhwh unser Gott sei mit uns, wie er auch mit unseren Vätern war. Möge er uns nicht verlassen und uns nicht verwerfen. [...] 61 Und es sei⟩} {unser Herz} {⟨ungeteilt mit Jhwh, unserem Gott, zu gehen in seinen Ordnungen und zu bewahren seine Gebote wie am heutigen Tag!⟩}
> 62 Und der König und $\frac{\langle ganz\ Israel\ mit\ ihm\rangle}{\{alle\ Söhne\ Israels\}}$ brachten Schlachtopfer dar vor Jhwh. 63 [...] 22.000 Rinder und 120.000 Schafe. Und sie weihten das Haus {⟨Jhwhs⟩} ein [...]

Dieser Grundbestand schreibt die Erzählung aus 8,1–11* gezielt fort. Die Überführung der Lade und den Einzug der Wolke verbindet den Jerusalemer Tempel mit dem Wüstenheiligtum am Sinai (vgl. 8,1–11 mit Num 10,33 und Ex 40,34–35). Die Grundschrift von 8,12–66* folgt dieser Spur und verbindet weitere Theophanie- und Kult-Motive aus Ex–Num mit der Inauguration des Jerusalemer Tempels: Jhwhs Theophanie am Sinai im „Wolkendunkel" (vgl. 1Kön 8,12 mit Ex 20,21; Dtn 4,11; 5,22); die „Stätte für dein Thronen" als Ziel des Auszuges (vgl. 1Kön 8,13 mit Ex 15,17); der Aufbruch des Volkes und der Lade vom Sinai zu einem Ruheplatz = מנוחה (vgl. 1Kön 8,56 mit Num 10,33 und Dtn 12,9).

Die Einleitung des Tempelweihspruches aus 8,12a imitiert den Anfang von 8,1 (אָז + Verb) und historisiert den Spruch als einen Ausspruch Salomos in Reaktion auf die Ereignisse in 8,10–11 (vgl. Kap. 13.2.1 ab S. 350). Diese Absichtserklärung ist im Stile von Jhwhs Festlegung auf Jerusalem formuliert[8] und am ehesten aus den Theophanien des Exodusbuches erschlossen.[9] In Vers 13 richtet sich Salomo direkt an Jhwh. Die Wendung מכון לשׁבתך („Stätte für dein Thronen") ist aus Ex 15,17 zitiert. Dort wird der Tempelberg als Ziel des Auszuges ausgegeben („Erbteil" = verheißene Land). In 1Kön 8 hat Israel sein Erbteil erreicht; fortan bildet der neu erbaute Tempel die „Stätte für dein Thronen". Wie man sich den Tempel als Stätte des göttlichen Thronens vorzustellen hat, wird an der Verwendung von מכון in den Psalmen deutlich (Ps 33,13f.; 89,15; 97,2; Ps 104,5).[10] Jhwh thront über dem Tempel(berg) auf einem in die kosmischen Sphären ragenden Gottesthron. Der Tempelberg sowie der Tempel selbst repräsentiert dessen „Fundament/Podest" (מכון) und bilden damit den irdischen Haftpunkt dieses kosmischen Gottesthrones (לשׁבתך = „für dein Thronen").

Über Vers 14 lässt sich 8,1–13* mit dem Grundbestand der Schlussworte Salomos aus 8,56–57.61 verbinden (8,58–60 wurden später nachgetragen, s. u.). 8,14 kündigt einen Segen an, der in Vers 57 folgt: „Jhwh unser Gott sei mit uns..." (vgl. Kap. 13.2.3 ab S. 357). Vers 14 ist durch das „Umwenden" Salomos mit den Geschehnissen aus 8,10–11 verbunden. Spätere Schreiber konnten den Vers deswegen nicht von seinem Vortext trennen und mussten die zwei Blöcke (8,15–21 und 8,23–53) jeweils an Vers 14 anschließen. Mit 8,1–11 haben die Schlussworte zudem den Bezug zu Num 10,33 gemeinsam. In Num 10,33 bricht die „Lade des Bundes Jhwhs" vom Sinai auf, um מנוחה (einen Ruheplatz) zu suchen. In 1Kön 8,1–6 erreicht die „Lade des Bundes Jhwhs" den Jerusalemer Tempel. In 1Kön 8,56 preist Salomo Jhwh für die Gabe von מנוחה (einen Ruheplatz, ebenfalls undeterminiert). Diese Zusammenhänge könnte auf literarische Fäden hinweisen, der erst nachträglich durch den Einschub des Bittgebetes aus 8,23–53 und des Abschnittes über David aus 8,15–21 auseinandergerissen wurde. In Vers 61 ermahnt er es abschließend zum Gesetzesgehorsam (alles weitere zu 8,56–61 in Kap. 13.2.4 ab S. 360).

8,62–63* berichtet zum Abschluss kurz über gemeinsame Opfer und die Einweihung (חנך) des Tempels (vgl. Kap. 13.2.5 ab S. 365). Alle anderen Textteile sind der Schlussnarration erst nachträglich zugewachsen (zu 8,64.65–66 s. u.).

---

8 Jhwh erscheint dort vorrangig als „die Wolke" oder im Wolkendunkel und kann aus beidem zu Mose sprechen (vgl. Ex 20,21; 24,26; Ex 40,34–Lev 1,1; Lev 16,2).

9 Das Motiv des *Wohnens im* Wolkendunkel (שׁכן + ב) lehnt sich an Aussagen über Jhwhs Wohnen in Jerusalem bzw. Zion an (שׁכן + ב mit Zion: Jes 8,18; Joel 4,17.21; Ps 68,17; 74,2; Jerusalem: Sach 8,3; 1 Chr 23,25). Einer Wohn*absicht* Jhwhs in Zion ist in Ps 68,17 und 132,13–14 belegt.

10 Hier dargestellt nach F. Hartenstein (vgl. Fn. 20 auf S. 353); ausführlich in Kap. 13.2.1 ab S. 350.

Erweiterung I: Das Bittgebet aus 8,23–53

Die erste Erweiterung bildet das Bittgebet aus 8,23–53 (s. o. S. 473). Es stammt aus der Zeit des Zweiten Tempels. Bereits der Grundbestand aus 8,1–11* gehört in diese Zeit (s. o.). Im Bittgebet setzen die Ausrichtung auf Jerusalem und den Tempel die Existenz des Zweiten Tempels zur Zeit der Verfasser voraus.

Das Bittgebet beginnt in 8,23 mit einem Lobpreis über JHWHs kosmischer Unvergleichbarkeit und seine Bundestreue gegenüber denen, die auf seinen Wegen wandeln (zu 8,23–27 vgl. Kap. 13.3.3 ab S. 385). Dieser Lobpreis wurde ursprünglich fortgesetzt von der Aussage über JHWHs unfassbare Größe in Vers 27. Die Verse 24–26 bilden einen späten Zusatz (s. u.).

In den Versen 28–53 folgt das Bittgebet (vgl. Kap. 13.3 ab S. 373). Am Anfang und am Ende bittet Salomo allgemein um die Erhörung seines Gebetes (vgl. zu 8,28–30.52–53 Kap. 13.3.4 ab S. 393). Dazwischen stehen sieben unterschiedliche Beispielszenarien, die jeweils mit einer Bitte um Erhörung abgeschlossen werden. In allen sieben Fällen wird zunächst eine Situation beschrieben, in der jemand am oder zum Tempel betet. Dann bittet Salomo darum, dass JHWH das jeweilige Gebet aus dem Himmel erhört und sich des Anliegens des Beters annimmt (vgl. die Tab. auf S. 376). Die Situationen umfassen (1) einen bedingten Beschwörungseid in 8,31–32, (2) eine Niederlage im Krieg in 8,33–34, (3) das Ausbleiben von Regen in 8,35–36, (4) Bedrohung durch Naturkatastrophen, Epidemien und Feinde in 8,37–40, (5) die Wallfahrt von Nicht-Israeliten in 8,41–43, (6) einen heiligen Krieg in 8,44–45, und (7) die Umkehr von Exilanten in der Diaspora in 8,46–51.

Die sieben Beispielbitten stammen nicht alle von derselben Hand. Die Komposition der Beispielbitten könnte mit der Bitte (4) begonnen haben (vgl. Kap. 13.3.5 ab S. 396). Sie ist durch das Motiv der Vergebung mit der allgemeinen Anfangsbitte verbunden (וסלחת in 8,30.39) sowie durch die Erhörung „vom Himmel, von der Stätte / dem Ort für dein Thronen" (8,30: אל מקום שבתך אל השמים; 8,39: השמים מכון שבתך). Diese Stichwortverbindungen könnten auf einen ursprünglichen Zusammenhang hindeuten, der nachträglich durch weitere Bitten auseinandergerissen wurde.

Ausgehend von den Fluchandrohungen des Deuteronomiums wurden mit den Bitten (2) und (3) zwei konkrete Einzelfälle vorangestellt (vgl. 1Kön 8,33 mit Dtn 28,25 und 1Kön 8,35 mit Dtn 11,17). Die Bitte um Vergebung aus 8,30.39 wird zu einer differenzierten Umkehrtheologie mit dem Schema „Sünde > Umkehr > Bitte um Vergebung" ausgebaut (vgl. die Tab. auf S. 380). In beiden Bitten wird das Land wie bereits in 8,39 durch einen Relativsatz als von JHWH *gegebenes* Land qualifiziert (אשׁר + נתן). Durch diese Gemeinsamkeit bilden die Bitten 2–4 eine relative Einheit, die einmal für sich existiert haben könnte (vgl. das Textschaubild zur Literargeschichte in Kap. 15.1 ab S. 449).

Das erste Beispiel in 8,31–32 beschreibt einen bedingten Beschwörungseid (vgl. dazu Ri 17,2, Lev 5,1 und Num 5,12–31). Nach hinten wurde die vierte Bitte nachträglich um die Bitte (5) erweitert (vgl. וגם = *und auch* der Nicht-Israelit"). Der Fokus verschiebt sich auf fromme Nicht-Israeliten, die aus fernen Ländern nach Jerusalem wallfahren, um am Tempel zu beten. Die Bitten (6) und (7) rekapitulieren die Motive Krieg und Gefangenschaft aus 8,33–34, um neue Akzente zu setzen. In diesen Bitten wird nicht mehr leiblich präsent in Jerusalem gebetet. Der Tempel bleibt zwar Haftpunkt der Gebete; die Gebete werden aber aus der Ferne in Richtung (דרך) des Tempels gesprochen. Das Volk befindet sich zum Zeitpunkt des Gebets „im Land der Gefangenschaft" (8,47). Damit wird dem Diasporajudentum die Perspektive eines frommen Lebens eröffnet, die vorher im Bittgebet nicht bestand. Durch die Doppelung der Kriegsmotivik aus 8,33–34 und den sprachlichen Besonderheiten von 8,44–51 ist dessen Charakter als Nachtrag im heutigen Textzusammenhang noch gut zu erkennen (ושמעת anstatt אתה תשמע[ו]; die Bezeichnung „Israel" wird vermieden).

Erweiterung II: Der Abschnitt zu David aus 8,14–21

Der Abschnitt zu David aus 8,15–21 kam als zweiter Block in die Tempelweiherzählung (s. o. S. 473). Er prägt ein Bild von David als Dynastie- und Kultgründer, wie wir es aus der Chronik kennen. Das Chronikbuch belegt Redaktionen mit einem besonderes Interesse an David für die letzte Phase der alttestamentlichen Literaturgeschichte.

Die Verse 15–21 vermitteln die Nathansverheißung aus 2Sam 7 mit JHWHs Erwählung von Jerusalem. In 2Sam 7 will David JHWH einen Tempel bauen (vgl. 2Sam 7,1–2); JHWH teilt ihm daraufhin mit, dass sein Sohn ihm einen Tempel bauen wird (2Sam 7,12–13). Der Schreiber von 1Kön 8,15–21 setzt diesen Zusammenhang voraus und füllt die offenen Leerstellen. Die Verse 15–18 leiten Davids Wunsch nach einem Tempelbau aus der Erwählung Jerusalems ab und würdigen im Namen JHWHs diese Initiative von David. Gemäß der Verheißung aus 2Sam 7,12–13 werde aber erst sein Sohn diesen Tempel bauen (8,19). Mit dem Tempelbau unter Salomo hat sich diese Verheißung nun erfüllt (8,20). In 2Sam 7,2 gab die Existenz der Lade „in Zelttüchern" David den Anstoß, einen festen Tempel zu bauen; dieser Wunsch hat sich unter Salomo erfüllt, indem Salomo einen „Ort" (מקום) für die Lade geschaffen hat (8,21).

Die weitere Literargeschichte von 8,12–66

Die Ergänzung der Blöcke 8,23–53* und 8,15–21* hat zu sporadischen Nachträgen von Querverbindungen in den anderen Reden geführt. In den Schlussworten aus

8,56–61* sind die Verse 58.59–60 dazugekommen. Durch diesen Zusatz wurden die Schlussworte nachträglich mit dem Bittgebet verbunden:

> 56 Gepriesen sei Jᴀᴡ̣ʜ)} {+am heutigen Tag}, {⟨der seinem Volk Israel Ruhe gegeben hat, exakt wie er verheißen hat. Nicht ein einziges Wort ist hinfällig geworden)} ⟨von seinem ganzen guten Wort⟩, {⟨das er verheißen hat durch die Hand von Mose seines Knechtes.
> 57 Jʜᴡʜ unser Gott sei mit uns, wie er auch mit unseren Vätern war. Möge er uns nicht verlassen und uns nicht verwerfen. *58 um so unsere Herzen zu ihm zu neigen, damit wir gehen auf all seinen Wegen und bewahren)}* $\frac{\{seine\ ganzen\ Gebote\ und\ seine\ Ordnungen\}}{\langle seine\ Gebote\ und\ seine\ Satzungen\ und\ seine\ Rechtsbestimmungen\rangle}$, {⟨*die er unseren Vätern geboten hat. 59 Und es seien diese meine Worte, mit denen ich gefleht habe vor Jʜᴡʜ, Jʜᴡʜ unserm Gott nahe Tag und Nacht, sodass er seinen Knecht und sein Volkes Israel zum Recht verhelfe – die Sache eines (jeden) Tages an ihrem Tag –, 60 damit alle Völker der Erde erkennen: Jʜᴡʜ ist Gott; sonst (ist) keiner. 61 Und es sei)}* {unser Herz} {⟨*ungeteilt mit Jʜᴡʜ, unserem Gott, zu gehen in seinen Ordnungen und zu bewahren seine Gebote wie am heutigen Tag!*⟩}

Das Anwünschen um Jʜᴡʜs Mit-sein in Vers 57 wird als Gelegenheit genutzt, um Jʜᴡʜ um die Erhörung des Bittgebetes zu bitten: „Diese meine Worte seien dir nah...". Das Motiv des nahen Wortes aus Dtn 30,14 wird gewendet und auf Jʜᴡʜ angewandt: Der Fromme ist umgekehrt und bußfertig; das Wort des Gesetzes ist ihm nah und trotzdem leidet er Mangel. Jetzt soll Salomos Gebet *Jʜᴡʜ* nah sein und Jʜᴡʜ sich den bußfertigen Gebeten der Frommen zuwenden. Vor diese Verse wurde zusätzlich der Vers 58 gestellt. Der Schreiber von Vers 58 reflektiert die Voraussetzungen des frommen Lebenswandels. Der Vers bildet eine Bitte um göttliche (Herzens-)Führung, ohne die sich der Schreiber keinen durchgehend frommen Lebenswandel vorstellen kann (vgl. Ps 119,36).

Die Verse 24–26 tragen eine Erwähnung Davids im Bittgebet nach (vgl. dazu Kap. 13.3.3 ab S. 385). Ein Schreiber dachte bei den frommen Knechten in 8,23 an David und stellt nachträglich einen Bezug zu ihm her:

> 23 Jʜᴡʜ, Gott Israels, es gibt {keinen Gott wie du} im Himmel {⟨oben⟩} und auf der Erde {⟨unten⟩}, der den Bund und die Barmherzigkeit bewahrt für ⟨|deine Knechte, die wandeln vor dir mit ihrem ganzen Herzen,|⟩ *24 ganz wie du deinem Knecht David, meinen Vater, bewahrt hast, ⟨|was du ihm zugesagt hast;|⟩ was du zugesagt hattest durch deinen Mund, das hast du (tatsächlich) durch deine Hand erfüllt an diesem Tag. 25 Und nun Jʜᴡʜ, Gott Israels, bewahre deinem Knecht David, meinem Vater, was du ihm zugesagt hast, als du sprachst: Es soll dir nicht an jemandem fehlen vor meinem Angesicht, der sitzt auf dem Thron Israels, wenn nur deine Söhne auf ihren Weg achten, indem sie (wohlgefällig) wandeln* {⟨*vor meinem Angesicht*⟩}, *wie du (wohlgefällig) gewandelt bist vor meinem Angesicht. 26 Und nun* {|*Jʜᴡʜ*|}, *Gott Israels, möge sich* {|*dein Wort*|} *als zuverlässig erweisen, ⟨|das Du zugesagt hast deinem Knecht|⟩* {⟨*David, meinem Vater.*⟩} 27 Ja, sollte Gott wirklich {|+mit den Menschen|} auf der Erde wohnen? ⟨Siehe, der Himmel⟩ und die Himmel der Himmel können dich nicht fassen; wie viel weniger dieses Haus, das ich gebaut habe {+für deinen Namen}!

Der Schreiber riss den Zusammenhang zwischen 8,23 und 8,27 auseinander. Diese isolierte Stellung von Vers 27 war der Preis, den der Schreiber für seinen Eingriff in Kauf nehmen musste.

Die Schlussnarration aus 8,62–66* wurde unter anderem um die Verse 8,64.65–66 erweitert (*kursiv* = Zusätze):

> 62 Und der König und $\frac{\langle\text{ganz Israel mit ihm}\rangle}{\{\text{alle Söhne Israels}\}}$ brachten Schlachtopfer dar vor JHWH. 63 *Und {|+der König|} Salomo opferte Schlachtopfer, {⟨die er vor JHWH opferte,⟩}* 22.000 Rinder und 120.000 Schafe. Und sie weihten das Haus {⟨JHWHS⟩} ein, *der König und {⟨alle Söhne Israels.⟩}*
> *64 {⟨An jenem Tag heiligte der König⟩} die Mitte des Vorhofes, der vor dem Haus JHWHs lag. Denn dort opferte er {⟨Brandopfer⟩} ⟨und Speiseopfer⟩ und die Fettstücke des Schlachtopfers. Denn der bronzene Altar, der (war) {⟨vor JHWH⟩}, war (zu) klein* $\frac{\langle\text{um zu fassen}\rangle}{\{\text{er vermochte nicht zu fassen}\}}$ *die Brandopfer und Speisopfer ⟨und die Fettstücke des Schlachtopfers⟩.*
> *65 Und Salomo veranstaltete ⟨zu jener Zeit das (Laubhütten)Fest⟩ und ganz Israel mit ihm, eine große Versammlung von da, wo man nach Hamat hineinkommt, bis an den Bach Ägyptens, {⟨vor JHWH [?] sieben Tage lang.⟩}* 66 Am achten Tag entließ er das Volk. {⟨*Und sie segneten den König und sie gingen*⟩} $\frac{\langle\text{|zu ihren Zelten|}\rangle}{\{\text{ein jeder zu seinen Zelten}\}}$, fröhlich und guten Mutes über ⟨+all⟩ das Gute, das JHWH getan hat an David {⟨seinem Knecht⟩} und seinem Volk Israel.

8,64 und 8,65–66 setzen jeweils neu an (8,64: „an jenem Tag"; 8,65: „zu jener Zeit"). Vers 64 wiederholt das Geschehene in anderen Worten, um Informationen zu ergänzen: Salomo heiligte *die Mitte des Vorhofes* vor dem Tempel; die Opfer fanden dort statt, weil der bronzene Altar zu klein war und die immense Opferzahl nicht fassen konnte. Mit den Versen 65–66 wird eine siebentägige Feier des Laubhüttenfestes ergänzt („das Fest" = Sukkot). Die Verbindung von heilsgeschichtlichen Schlüsselereignissen mit jüdischen Festen ist in der HB gängige Praxis. Die Einweihung des Tempels fand im siebten Monat statt (vgl. 8,2); über diese Zeitangabe ist der Schreiber auf die Laubhüttenfest gekommen. Es findet nach Dtn 16,13 ebenfalls im siebten Monat statt und wird sieben Tage gefeiert.

Die Textgeschichte von 8,12–66

Der Tempelweihspruch wurde in der Textgeschichte vielfach überarbeitet. VgChr und OGChr schreiben die „Namens"-Theologie in den Tempelweihspruch ein. Der Tempel wurde für JHWHs „Namen" gebaut; dieser Name (und nicht JHWH selbst) sei dort gegenwärtig (vgl. dazu Kap. 4.3 ab S. 117).[11] Im TgJ wird in 8,12 die wolkenartige Theophanie getilgt und durch eine Umschreibung ersetzt: „Der Herr beabsichtigt,

---

11 2Chr 6,2 in VgChr: „Aber ich habe gebaut *ein Haus für seinen Namen* (*domum nomini eius*), dass er dort wohne (*ut habitaret ibi*) für immer." (zum Text vgl. Fn. 52 auf S. 118) in OGChr: „Ich aber habe gebaut *ein Haus für deinen Namen* (οἶκον τῷ ὀνόματί σου), *ein heiliges für dich* (ἅγιόν σοι) und bereitet, *um (dort) zu wohnen* (τοῦ κατασκηνῶσαι) in Ewigkeiten." (vgl. Fn. 53 auf S. 118).

seine Shekina wohnen zu lassen in Jerusalem." (vgl. Fn. 54 auf S. 119). Im TgChr wurde der Spruch am stärksten bearbeitet:

> TgChr: 6,1 Damals sprach Salomo: Der Herr beabsichtigt, *seine Shekina wohnen zu lassen in der Stadt Jerusalem im Haus des Heiligtums, das ich gebaut habe für den Namen Memra; und* eine dunkle Wolke (war) *der Schemel vor ihm.* (2Sam 22,10 = Ps 18,10 in Tg) 2 Und ich habe gebaut ein Haus *des Heiligtums* vor dir, *ein Ort bereitet als Haus für deine Shekina, (aus)gerichtet gemäß des Thrones deines Hauses, wo du wohnst, das (ist) im Himmel* in Ewigkeit.[12]

Die Wohnabsicht JHWHs im Wolkendunkel wird durch die „Namens"-Theologie und ein Zitat aus 2Sam 22,10 = Ps 18,10 ersetzt. Vers 2 wird ebenfalls vollständig umgeschrieben. Der Tempel sei ein Ort für JHWHs „Shekina" und als solcher dem kosmisch-transzendenten Heiligtum im Himmel nachgebildet. Von dessen Präexistenz erfährt man in der Paraphrase von 1Chr 21,15 (= 2Sam 24,16) im TgChr (vgl. Fn. 58 auf S. 120).

In der Septuaginta (Kgtm) wurde der Tempelweihspruch ebenfalls substanziell überarbeitet. Die Bearbeitung fand hauptsächlich auf der Ebene der hebräischen OG-Vorlage statt:

> 3Kgtm 8,53a Damals sprach Salomo über das Haus, {+als er vollendet hatte, es zu bauen:} „{+(Die) Sonne [?] am Himmel;} JHWH hat gesagt, um im Wolkendunkel zu wohnen: ,{Baue mein Haus,} ein Haus der Erhabenheit für dich, [?]'" {+Steht dies nicht geschrieben in dem Buch des Gesanges?}[13]

Im Zentrum dieser Fassung steht der Baubefehl von zwei Häusern („mein Haus" vs. „ein Haus für dich").[14] Dieser Baubefehl entstand vermutlich durch einen Abschreibefehler aus בנה בניתי = „Hiermit habe ich gebaut" in Kön. Das zweite Nun wurde entweder übersehen (בנה ביתי > בנה בנּיתי) oder bei defektiver Schreibweise für ein Jod gehalten (בנה בנתי / בנה ב'תי > בנה ביתי). Auf diese Weise kam es zu dem merkwürdigen Baubefehl von zwei Häusern, als der Tempel- und Palast schon längst fertig gestellt wurden. Dieser Baubefehl könnte die weiteren Änderungen ausgelöst haben. Ein Schreiber vermutete auf Grundlage von 1Kön 5,12 und Ps 30,1, der Baubefehl könnte einmal in Form eines Liedes im Psalterbuch existiert haben und fügte den Quellenverweis ein: „Steht dies nicht geschrieben in dem Buch des Gesanges?" Die hebräische Vorlage des Teilsatzes über die Sonne lässt sich nicht mehr vollständig rekonstruieren (בשמים [?] שמש = Ἥλιον ἐγνώρισεν ἐν οὐρανῷ κύριος). Liest man den griechischen Text, wie er dasteht, lässt sich eine kosmologi-

---

12 Zum Text vgl. Fn. 55 auf S. 119.
13 Für diese Rekonstruktion der hebräischen Vorlage vgl. Kap. 4.2 ab S. 108.
14 בנה ביתי בית זבל לך = Οἰκοδόμησον οἶκόν μου οἶκον $\frac{ἐκπρεπῆ}{εὐπρεπῆ}$ σεαυτῷ,.

sche und/oder schöpfungstheologische Aussage erahnen. Ein Schreiber könnte Ps 18,10 mit 19,1–6 und/oder Ps 97,2 mit 97,6 kombinieren und auf dieser Grundlage die Aussage über die Sonne gebildet haben. Im Zuge dieser Überarbeitungen dürfte der Zusatz in der Redeeinleitung dazu gekommen sein. Zusammen mit dem Quellenverweis betont er die Erfüllung des göttlichen Baubefehls. Salomo sprach, *als er den Tempel vollendet hatte*: „Jhwh sprach (einst) [...]: ‚Bau mein Haus!' [...] Steht dies nicht geschrieben im Buch des Gesanges?" In Kgtm wurde der Spruch irgendwann zwischen 8,53 und 8,54 umgestellt. Dort unterbricht er den Zusammenhang zwischen dem Bittgebet Salomos (8,22–53) und der dazugehörigen Abschlussnotiz aus 8,54a. Wieso (und wann) der Spruch an diese Position umgestellt wurde, entzieht sich unserer Kenntnis.

Der Abschnitt über David aus 8,15–21 wurde in der Textgeschichte nicht substanziell fortgeschrieben. Das gleiche gilt für das Bittgebet. Nur der Anfang und das Ende des Bittgebetes wurden in der Chronik überarbeitet. Die Chronik erweitert die Redeeinleitung aus 1Kön 8,22 = 2Chr 6,12 um einen weiteren Vers (vgl. Kap. 6.1). Nach 2Chr 6,13 habe sich Salomo auf einer selbstgebauten Kanzel in der Mitte des Vorhofes hingekniet. Inspiriert sein könnte dieser Zusatz aus 8,54b, wo Kgtm/Kön von einem Aufstehen Salomos von den Knien berichten.

Die chronistischen Schreiber verzahnten zudem das Bittgebet mit der Schlussnarration. Dafür überarbeiten sie das Ende des Bittgebetes aus 1Kön 8,50–53 und übergingen die Schlussworte Salomos aus 1Kön 8,56–61. Den gewonnenen Platz nutzt sie für Zusätze in ca. demselben Umfang (*Änderungen*; Zitat aus Ps 132,8–10):

> 2Chr 6,39–7,7: 39 Und erhöre vom Himmel von der Stätte für dein Thronen das Gebet und die Bitte und verschaffe ihnen Recht und vergib deinem Volk, das gegen dich gesündigt hat. 40 *Nun, mein Gott, es seien deine Augen geöffnet und deine Ohren aufmerksam auf das Gebet an diesem Ort.* 41 Und nun erhebe dich Jhwh, Gott zu deinem Ruhen du und die Lade deiner Stärke. Deine Priester Jhwh, Gott sollen sich in Heil kleiden und deine Frommen sollen sich am Guten erfreuen! 42 Jhwh, Gott weise das Angesicht deines/r Gesalbten nicht ab. Denke (doch) an die Gnadenerweise für David deinen Knecht.
>
> 7,1 Und als Salomo beendet hatte, zu beten, *da kam Feuer vom Himmel herab und es verzehrte das Brandopfer und das Schlachtopfer. Die Herrlichkeit Jhwhs aber erfüllte das Haus. 2 Und die Priester konnten nicht in das Haus Jhwhs hineingehen, denn die Herrlichkeit Jhwhs erfüllte das Haus Jhwhs. 3 Und als alle Söhne Israels das herunterkommende Feuer und die Herrlichkeit Jhwhs auf dem Haus sahen, knieten sie sich nieder mit dem Angesicht zur Erde auf das Pflaster. Und sie warfen sich nieder und lobten Jhwh, dass er gut sei und seine Gnade ewig währe. 4 Und der König und das ganze Volk opferten Opfer vor Jhwh. 5 Und der König* Salomo opferte 22.000 Rinder und 120.000 Schafe. So weihten der König und das ganze *Volk* das Haus *Gottes* ein. 6 *Die Priester aber standen in ihren Abteilungsordnung sowie die Leviten mit den Musikinstrumenten Jhwhs, die König David gemacht hatte zum Lobpreis Jhwhs – denn seine Gnade (währet) ewig. Während in ihren (den Leviten) Händen der Lobpreis Davids war, trompeteten die Priester gegenüber von ihnen. Alle Israeliten aber standen.* 7 Und Salomo heiligte die Mitte des Vorhofes...

Die Verse aus 2Chr 6,41–42 zitieren Ps 132,8–10 (vgl. dazu Kap. 6.3 ab S. 232). Durch das Zitat endet das Bittgebet mit einem Wallfahrtslied über David als Inititator des Tempelbaus. Dieser Fokus auf David wird zu einer sporadischen Tilgung der Exodusbezüge aus 1Kön 8,51.53 geführt haben. 2Chr 6,40 ersetzt 1Kön 8,50aβ–51 und ist genau auf 2Chr 7,15 abgestimmt (vgl. S. 227ff.). Die Einweihung des Altars in 2Chr 7,1 und die Erfüllung des Tempels durch die Herrlichkeit in 2Chr 7,2 werden als Antwort auf Salomos Bittgebet inszeniert (zu 2Chr 7,1–3 vgl. Kap. 8.1 ab S. 249). Die temporale Einleitung „Und als Salomo beendet hatte, zu beten" aus 8,54 eignet sich, um die gewünschte Ereignisfolge zu explizieren und wurde deswegen übernommen. Die Schlussworte Salomos aus 1Kön 8,55–61 stand dafür im Weg und wurde ausgelassen (vgl. ebd. Kap. 8.1). Die Einweihung des Altars in 2Chr 7,1 ahmt Lev 9,24 nach. Die Priester konnten in 2Chr 7,2a wie Mose in Ex 40,35 wegen dem Einzug der Wolke nicht in das Heiligtum herein gehen. Der Lobpreis von „seiner Gnade" (חסדו) in 2Chr 7,3 verbindet den Text mit Davids Überführung der Lade nach Jerusalem (vgl. 2Chr 6,42 mit 1Chr 16,34.41). Die Verse aus 1Kön 8,62–63 werden von den Chronisten in 2Chr 7,4–5 grob übernommen. Mit 2Chr 7,6 wurde ein Vers zur feierlichen Anordnung der Priester und Leviten ergänzt, um ordnungsgemäße Voraussetzungen für die Heiligung des Vorhofes in 2Chr 7,7 zu schaffen. Ein ähnlicher Zusatz findet sich bereits in 2Chr 5,11–14. In 2Chr 5 wird das Herausgehen der Priester damit begründet, dass sie sich nicht an die Abteilungsordnung gehalten haben. In 2Chr 7,6 befindet sich alles von Anfang an in bester Ordnung.

Die Festfeier in 1Kön 8,65–66 wurde von den Chronisten ebenfalls überarbeitet. Die Vorlage war der Text aus Kön: „65 Und Salomo veranstaltete das Fest [...] sieben Tage und sieben Tage, vierzehn Tage. 66 Und am achten Tag entließ er das Volk...". Die chronistischen Schreiber überarbeiteten diesen Text, um den Widerspruch zu 8,66 aufzulösen und die Feier mit den Vorschriften aus Lev 23 (und Num 29) in Übereinstimmung zu bringen:

> 1Kön 8,65–66a: „65 Und Salomo veranstaltete [...] das Fest [...] sieben Tage und sieben Tage, vierzehn Tage. 66 Und am achten Tag entließ er das Volk....“
> 2Chr 7,8–10a: „8 Und Salomo veranstaltete das Fest [...] *sieben Tage. [...] 9 Und er veranstaltete am achten Tag eine Festversammlung. 9 Denn die Weihe des Altars (dauerte) sieben Tage und das Fest (dauerte) sieben Tage. 10 Und am 23. des siebten Monats* entließ er das Volk...“

Gemäß Lev 23,36 fand „am achten Tag" eine „Festversammlung" (עצרת) statt. Die Weihe des Altars dauerte wie das Laubhüttenfest sieben Tage (2Chr 7,8.9). Die Interpretation der Tempelweihe als *Altar*weihe in 2Chr 7,9 ergibt sich bereits aus den Versen 2Chr 7,1–3 und deren Verbindung zur Altarweihe in Lev 9.

Der Targum der Chronik bringt in 7,10 das chronistische Geschichtsbild durch eine Aufzählung der heilsgeschichtlichen Verdienste von David und Salomo auf den Begriff:

> 9 Und am achten Tag hielten sie ein Versammlung *vor Jhwh*, denn sie hatten die Einweihung des Altars sieben Tage gefeiert und das *Sukkot*-Fest weitere sieben Tage. 10 Am 23. Tag des siebten Monats sandte er das Volk zu ihren Zelten und sie gingen in ihre Städte, fröhlich und guten Mutes über *all* das Gute, dass Jhwh getan hat für *seinen Knecht* David – *denn die Tore des Hauses des Heiligtums wurden geöffnet aufgrund seines Verdienstes* – und für *seinen Sohn* Salomo – *dessen Gebete Jhwh erhört hat, und die Shekina Jhwhs nahm (daraufhin) das Haus des Heiligtums in Besitz* – und für Israel, sein Volk – *denn ihre Opfer wurden in Wohlgefallen angenommen und das Feuer kam herab vom Himmel und ließ sich auf den Altar herab und verzehrte ihre Opfer.*

Die Gründung des ersten Jerusalemer Tempels geht auf David zurück (vgl. 1Chr 21–29). Salomos Hauptleistung war das große Bittgebet aus 1Kön 8,23–53 = 2Chr 6,14–42; es hat den Einzug Jhwhs in sein Heiligtum bewirkt (s. o. zu 2Chr 6,39–7,3).

Schluss: Ausgangspunkte und Grenzen des Modells

Die Tempelweiherzählung wurde in ihrer Genese immer wieder überarbeitet und fortgeschrieben. Bei der Textgeschichte ist dies offensichtlich, da hier Vorlage und Bearbeitung textlich bezeugt sind. Die große Zahl von textinternen Bearbeitungsspuren im Hyparchtyp legen dasselbe für die Literargeschichte nahe. An vielen Stellen sind die ursprünglichen literarischen Anschlüsse im Text erhalten geblieben. Oft fügten die Schreiber Text ein, ließen aber den bestehenden Wortlaut der Vorlage unangetastet. Das erzeugte bruchstückhafte Übergänge, die bis heute auf die Arbeit dieses Schreibers hinweisen und Nachweise von literargeschichtlichen Bearbeitungen möglich machen (vgl. Kap. 11.2 ab S. 316). Das in dieser Studie erarbeitete Modell geht von diesen konkreten Anhalten im Text aus und ist an diesen zu messen.

Der Erkenntniswert des Modells hat aber auch Grenzen (vgl. ebd.). Wurde in der Literargeschichte Text geändert oder ausgelassen, dann ist dieser Text verloren. Schreiber könnten zudem Text jeglichen Umfangs ohne erkennbare Bearbeitungsspuren hinzugefügt haben. Ob und in welchem Umfang dies geschehen ist, entzieht sich unserer Kenntnis.

Die Genese eines Textes lässt sich also nur so weit rekonstruieren, wie es die textliche Bezeugung und die vorhandenen Bearbeitungsspuren hergeben. Das Modell ist der Versuch, den Spuren des Textes so weit zu folgen, wie sie reichen.

Teil IV: **Anhang**

Synopse der hebräischen Archetypen

Im Folgenden werden die drei (mit 4QKgs stellenweise vier) hebräischen Archetypen der Tempelweiherzählung als fortlaufende Synopse dargeboten. Es handelt sich um die in dieser Studie rekonstruierten Texte. Ein textkritischer Apparat wäre wünschenswert gewesen, hätte aber den Umfang des Anhangs gesprengt. Die responsiven Möglichkeiten des Digitalen werden hier dringend benötigt. Einleitendes zu den Textzeugen und den rekonstruierten Archetypen findet sich in Kap. 2 ab S. 17. Die alternativen Lesarten sowie die textkritischen und übersetzungstechnischen Begründungen finden sich in den Kapiteln 3–9. Der Hyparchetyp als gemeinsamer Vorfahre aller vorhandenen Textzeugen ist in Kap.10 ab S. 308 als fortlaufender Text zusammengestellt.

Kgtm (OG)	Kgtm (Vorl.)	Kön	4QKgs	Chr
[1a] Καὶ ἐγένετο ἐν τῷ συντελέσαι Σαλωμὼν τοῦ οἰκοδομῆσαι τὸν οἶκον κυρίου καὶ τὸν οἶκον ἑαυτοῦ μετὰ εἴκοσι ἔτη,	ויהי [1a] ככלות שלמה לבנות את בית יהוה ואת ביתו מְקֵּי עשרים שנים			
[1] τότε ἐξεκκλησίασεν ὁ βασιλεὺς Σαλωμὼν πάντας τοὺς πρεσβυτέρους Ισραηλ ἐν Σιων	[1] אז יקהל המלך שלמה את כל זקני ישראל אל ציון	[1] אז יקהל שלמה את [כל] זקני ישראל [ו]את כל ראשי המטות נשיאי האבות לבני ישראל [ויקהלו] אל המלך שלמה ירושלם	[1] ר[א]שי המטות נשיא[י]	[5,2] אז יקהיל שלמה את זקני ישראל ואת כל ראשי המטות נשיאי האבות לבני ישראל אל ירושלם
τοῦ ἀνενεγκεῖν τὴν κιβωτὸν διαθήκης κυρίου ἐκ πόλεως Δαυιδ, (αὕτη ἐστὶν Σιων)	להעלות את ארון ברית יהוה מעיר דוד היא ציון	להעלות את ארון ברית יהוה מעיר דוד היא ציון	[ברית] יהוה מעיר ד[וד]	להעלות את ארון ברית יהוה מעיר דויד היא ציון
[2] ἐν μηνὶ Αθανιν.	[2] בירח האתנים	[2] ויקהלו אל המלך שלמה כל איש ישראל בירח האתנים בחג	[2] האתני[ם בחג]	[5,3] ויקהלו אל המלך כל איש ישראל בחג בחג

https://doi.org/10.1515/9783111290973-017

Kgtm (OG)	Kgtm (Vorl.)	Kön	4QKgs	Chr
		הוא החדש	הוא חדש	הוא החדש
		השביעי	הש[ביעי	השביעי
		3 ויביאו כל	3	5,4 ויביאו כל
		זקני ישראל		זקני ישראל
3 καὶ ἦραν οἱ ἱερεῖς τὴν κιβωτὸν	3 וישׂאו הכהנים את הארון	וישׂאו הכהנים את הארון		וישׂאו הלוים את הארון
4 καὶ τὸ σκήνωμα τοῦ μαρτυρίου καὶ τὰ πάντα σκεύη τὰ ἅγια	4 ואת אדל מועד ואת כל כלי הקדש	4 ויעלו את ארון יהוה ואת אדל מועד ואת כל כלי הקדש	4 וי[עלו את ארון יהוה ואת אה]ל	5,5 ויעלו את הארון ואת אדל מועד ואת כל כלי הקדש
τὰ ἐν τῷ σκηνώματι τοῦ μαρτυρίου,	אשר באדל מועד	אשר באדל	אשר באדל	אשר באדל
		ויעלו אתם הכהנים והלוים	ה]כהנים והלוים	העלו אתם הכהנים והלוים
5 καὶ ὁ βασιλεὺς καὶ πᾶς Ισραηλ ἔμπροσθεν τῆς κιβωτοῦ θύοντες πρόβατα καὶ βόας	5 והמלך וכל ישׂראל לפני הארון מזבחים צאן ובקר	5 והמלך שלמה וכל עדת ישׂראל הנועדים עליו אתו לפני הארון מזבחים צאן ובקר	5 והמלך שלמה וכ[ל] מז[בחים צאן ובקר	5,6 והמלך שלמה וכל עדת ישׂראל הנועדים עליו לפני הארון מזבחים צאן ובקר
ἀναρίθμητα.	אין מספר	אשר לא יספרו ולא ימנו מרב	אשר לא יספרו ולא]	אשר לא יספרו ולא ימנו מרב
6 καὶ εἰσφέρουσιν οἱ ἱερεῖς τὴν κιβωτὸν εἰς τὸν τόπον αὐτῆς, εἰς τὸ δαβιρ τοῦ οἴκου, εἰς τὰ ἅγια τῶν ἁγίων, ὑπὸ τὰς πτέρυγας τῶν χερουβιν·	6 ויבאו הכהנים את הארון אל מקומו אל דביר הבית אל קדש הקדשים אל תחת כנפי הכרובים	6 ויבאו הכהנים את ארון ברית יהוה אל מקומו אל דביר הבית אל קדש הקדשים אל תחת כנפי הכרובים	6 [יהוה אל מקמו לדביר הבית אל קדש]	5,7 ויביאו הכהנים את ארון ברית יהוה אל מקומו אל דביר הבית אל קדש הקדשים אל תחת כנפי הכרובים
7 ὅτι τὰ χερουβιν διαπεπετασμένα ταῖς πτέρυξιν ἐπὶ τὸν τόπον τῆς κιβωτοῦ,	7 כי הכרובים פרשׂים כנפים אל מקום הארון	7 כי הכרובים פרשׂים כנפים אל מקום הארון	7 הכרוב[ ]ם אל	5,8 ויהרו הכרובים פרשׂים כנפים על מקום הארון

Kgtm (OG)	Kgtm (Vorl.)	Kön	4QKgs	Chr
καὶ περιεκάλυπτον τὰ χερουβιν ἐπὶ τὴν κιβωτὸν καὶ ἐπὶ τὰ ἅγια αὐτῆς ἐπάνωθεν,	ויסכו הכרבים על הארון ועל בדיו מלמעלה	ויסכו הכרבים על הארון ועל בדיו מלמעלה	[ויסכו	ויסכו הכרבים על הארון ועל בדיו מלמעלה
[8] καὶ ὑπερεῖχεν τὰ ἡγιασμένα,	[8] ויאריכו הבדים	[8] ויאריכו הבדים	8	[5,9] ויאריכו הבדים
καὶ ἐνεβλέποντο αἱ κεφαλαὶ τῶν ἡγιασμένων ἐκ τῶν ἁγίων εἰς πρόσωπον τοῦ δαβιρ	ויראו ראשי הבדים מן הקדש על פני הדביר	ויראו ראשי הבדים מן הקדש על פני הדביר	[ראשי הבדים מן הקדש]	ויראו ראשי הבדים מן הארון על פני הדביר
καὶ οὐκ ὠπτάνοντο ἔξω.	ולא יראו החוצה	ולא יראו החוצה		ולא יראו החוצה
		ויהיו שם עד היום הזה		ויהי שם עד היום הזה
[9] οὐκ ἦν ἐν τῇ κιβωτῷ πλὴν δύο πλάκες λίθιναι, πλάκες τῆς διαθήκης,	[9] אין בארון רק שני לחות האבנים לחות הברית	[9] אין בארון רק שני לחות האבנים	[9] רק שני הלחות האבנים]	[5,10] אין בארון רק שני הלחות
ἃς ἔθηκεν ἐκεῖ Μωυσῆς ἐν Χωρηβ,	אשר שם [?] משה בחרב	אשר הנח שם משה בחרב		אשר נתן משה בחרב
ἃς διέθετο κύριος μετὰ τῶν υἱῶν Ισραηλ	אשר כרת יהוה עם בני ישראל	אשר כרת יהוה עם בני ישראל		אשר כרת יהוה עם בני ישראל
ἐν τῷ ἐκπορεύεσθαι αὐτοὺς ἐκ γῆς Αἰγύπτου.	בצאתם מארין מצרים	בצאתם מארין מצרים		בצאתם ממצרים

Kgtm (OG)	Kgtm (Vorl.)	Kön	Chr
[10] καὶ ἐγένετο	[10] ויהי	[10] ויהי	[5,11] ויהי
ὡς ἐξῆλθον οἱ ἱερεῖς ἐκ τοῦ ἁγίου,	בצאת הכהנים מן הקדש	בצאת הכהנים מן הקדש	בצאת הכהנים מן הקדש
			כי כל הכהנים הנמצאים התקדשו אין לשמור למחלקות

Kgtm (OG)	Kgtm (Vorl.)	Kön	Chr
			5,12 והלוים
			המש־ררים לכלם
			לאס־ להימן
			לידתון ולבניהם
			ולאחידהם מלבשים
			בוץ במצלתים
			ובנבלים וכנרות
			עמדים מזרח
			למזבח
			ועמהם כהנים
			למאה ועשרים
			מחצ־רדים
			בחצצרות
			5,13 ויהי כאח־
			למחצצרים
			ולמשררים
			להשמיע קול אחד
			להלל
			ולהדות ליהוה
			וכהרים קול
			בחצצרות
			ובמצלתים ובכלי
			השיר
			ובהלל ליהוד
			כי טוב
			כי לעולם חסדו
καὶ ἡ νεφέλη ἔπλησεν τὸν οἶκον·	והענן מלא את בית	והענן מלא את בית יהוה	והבית מלא עןן בית יהוה
¹¹ καὶ οὐκ ἠδύναντο οἱ ἱερεῖς	¹¹ ולא יכלו הכהנים	¹¹ ולא יכלו הכהנים	5,14 ולא יכלו הכהנים
στῆναι	לעמד	לעמד	לעמוד
λειτουργεῖν	לשרת	לשרת	לשרת
ἀπὸ προσώπου τῆς νεφέλης,	מפני הענן	מפני הענן	מפני הענן
ὅτι ἔπλησεν δόξα κυρίου τὸν οἶκον.	כי מלא כבוד יהוה את בית	כי מלא כבוד יהוה את בית יהוה	כי מלא כבוד יהוה את בית האלהים
↓ in 53a Τότε ἐλάλησεν Σαλωμων ὑπὲρ τοῦ οἴκου, ὡς συνετέλεσεν τοῦ οἰκοδομῆσαι αὐτόν	↓ in 53a אז [...] שלמה ַצֶל הבית ככלות לבנותי	↓ in 53a אז אמר שלמה	6,1 אז אמר שלמה
		8,12 אז אמר שלמה	
Ἥλιον ἐγνώρισεν ἐν οὐρανῷ	שמש [?] בשמים		

Kgtm (OG)	Kgtm (Vorl.)	Kön	Chr
κύριος, εἶπεν τοῦ κατοικεῖν ἐν γνόφῳ	יהוה אמר לשכן בערפל	יהוה אמר לשכן בערפל	יהוה אמר לשכן בערפל
Οἰκοδόμησον οἶκόν μου οἶκον ἐκπρεπῆ/εὐπρεπῆ σεαυτῷ,	בנה ביתי בית זבל לך	13 בנה ביתי בית זבל לך	2 ואני בניתי בית זבל לך
τοῦ κατοικεῖν ἐπὶ καινότητος.	[:]	מכון לשבתך עולמים	ומכון לשבתך עולמים
οὐκ ἰδοὺ αὕτη γέγραπται ἐν βίβλῳ τῆς ᾠδῆς;	הלא היא כתובה על ספר השיר		
14 Καὶ ἀπέστρεψεν ὁ βασιλεὺς τὸ πρόσωπον αὐτοῦ,	14 ויסב המלך את פניו	14 ויסב המלך את פניו	6,3 ויסב המלך את פניו
καὶ εὐλόγησεν ὁ βασιλεὺς τὸν πάντα Ισραηλ,	ויברך [המלך] את כל ישראל	ויברך את כל קהל ישראל	ויברך את כל קהל ישראל
καὶ πᾶσα ἡ ἐκκλησία Ισραηλ εἱστήκει.	וכל קהל ישראל עמד	וכל קהל ישראל עמד	וכל קהל ישראל עומד
15 καὶ εἶπεν	15 ויאמר	15 ויאמר	6,4 ויאמר
Εὐλογητὸς κύριος ὁ θεὸς Ισραηλ σήμερον,	ברוך יהוה אלהי ישראל היום	ברוך יהוה אלהי ישראל	ברוך יהוה אלהי ישראל
ὃς ἐλάλησεν ἐν στόματι αὐτοῦ περὶ Δαυιδ τοῦ πατρός μου	אשר דבר בפיו את דוד אבי	אשר דבר בפיו את דוד אבי	אשר דבר בפיו את דויד אבי
καὶ ἐν ταῖς χερσὶν αὐτοῦ ἐπλήρωσεν	וביד[י]ו מלא	ובידו מלא	ובידיו מלא
λέγων	לאמר	לאמר	לאמר

Kgtm (OG)	Kgtm (Vorl.)	Kön	4QKgs	Chr
16 Ἀφ᾽ ἧς ἡμέρας	16a1 מיום	16a1 מן היום	16a1	6,5a1 מן היום
ἐξήγαγον τὸν λαόν μου Ισραηλ ἐξ Αἰγύπτου,	הוצאתי את עמי את ישראל ממצרים	אשר הוצאתי את עמי את ישראל ממצרים		אשר הוצאתי את עמי מארץ מצרים
οὐκ ἐξελεξάμην ἐν πόλει ἐν ἑνὶ σκήπτρῳ Ισραηλ	a2 לא בחרתי בעיר באחד	a2 לא בחרתי בעיר מכל	a2	a2 לא בחרתי בעיר מכל
τοῦ οἰκοδομῆσαι οἶκον	שבטי ישראל לבנות בית	שבטי ישראל לבנות בית	שבטי ישראל לבנות בית

Kgtm (OG)	Kgtm (Vorl.)	Kön	4QKgs	Chr
τοῦ εἶναι τὸ ὄνομά μου ἐκεῖ·	לְהִיוֹת שְׁמִי שָׁם	לְהִיוֹת שְׁמִי שָׁם		לְהִיוֹת שְׁמִי שָׁם
	a3	a3	a3	b וְלֹא בָחַרְתִּי בְאִישׁ
			לְ]הִיוֹת נָגִיד עַל עַמ]י	לִהְיוֹת נָגִיד עַל עַמִּי יִשְׂרָאֵל
καὶ ἐξελεξάμην ἐν Ιερουσαλημ	b1 וָאֶבְחַר בִּירוּשָׁלַם	b1	b1	6,6a וָאֶבְחַר בִּירוּשָׁלַם
εἶναι τὸ ὄνομά μου ἐκεῖ	לְהִיוֹת שְׁמִי שָׁם			לִהְיוֹת שְׁמִי שָׁם
καὶ ἐξελεξάμην τὸν Δαυιδ	b2 וָאֶבְחַר בְּדָוִד	b2 וָאֶבְחַר בְּדָוִד	b2	b וָאֶבְחַר בְּדָוִיד
τοῦ εἶναι ἡγούμενον ἐπὶ τὸν λαόν μου Ισραηλ.	לִהְיוֹת נָגִיד עַל עַמִּי יִשְׂרָאֵל	לִהְיוֹת עַל עַמִּי יִשְׂרָאֵל	[לִהְיוֹת עַל עַמִּי עַל]	לִהְיוֹת עַל עַמִּי יִשְׂרָאֵל
[17] καὶ ἐγένετο ἐπὶ τῆς καρδίας Δαυιδ τοῦ πατρός μου	[17] וַיְהִי עִם לְבַב דָּוִד אָבִי	[17] וַיְהִי עִם לְבַב דָּוִד אָבִי	[17]	6,7 וַיְהִי עִם לְבַב דָּוִיד אָבִי
οἰκοδομῆσαι οἶκον τῷ ὀνόματι κυρίου θεοῦ Ισραηλ.	לִבְנוֹת בַּיִת לְשֵׁם יְהוָה אֱלֹהֵי יִשְׂרָאֵל	לִבְנוֹת בַּיִת לְשֵׁם יְהוָה אֱלֹהֵי יִשְׂרָאֵל	י]שְׂרָאֵל	לִבְנוֹת בַּיִת לְשֵׁם יְהוָה אֱלֹהֵי יִשְׂרָאֵל
[18] καὶ εἶπεν κύριος πρὸς Δαυιδ τὸν πατέρα μου	[18] וַיֹּאמֶר יְהוָה אֶל דָּוִד אָבִי	[18] וַיֹּאמֶר יְהוָה אֶל דָּוִד אָבִי	[18] וַיֹּאמֶר]	6,8 וַיֹּאמֶר יְהוָה אֶל דָּוִיד אָבִי
Ἀνθ' ὧν ἦλθεν ἐπὶ τὴν καρδίαν σου	יַעַן אֲשֶׁר בָּא עַל לְבָבְךָ לְבָבֶךָ	יַעַן אֲשֶׁר הָיָה עִם לְבָבְךָ		יַעַן אֲשֶׁר הָיָה עִם לְבָבְךָ
τοῦ οἰκοδομῆσαι οἶκον τῷ ὀνόματί μου,	לִבְנוֹת בַּיִת לִשְׁמִי	לִבְנוֹת בַּיִת לִשְׁמִי		לִבְנוֹת בַּיִת לִשְׁמִי
καλῶς ἐποίησας	הֱטִיבֹתָ	הֱטִיבֹתָ		הֱטִיבוֹת
ὅτι ἐγενήθη ἐπὶ τὴν καρδίαν σου·	כִּי הָיָה עִם לְבָבֶךָ	כִּי הָיָה עִם לְבָבֶךָ		כִּי הָיָה עִם לְבָבֶךָ

Kgtm (OG)	Kgtm (Vorl.)	Kön	Chr
[19] πλὴν σὺ οὐκ οἰκοδομήσεις τὸν οἶκον,	[19] רַק אַתָּה לֹא תִבְנֶה הַבָּיִת	[19] רַק אַתָּה לֹא תִבְנֶה הַבָּיִת	6,9 רַק אַתָּה לֹא תִבְנֶה הַבָּיִת

Kgtm (OG)	Kgtm (Vorl.)	Kön	Chr
ἀλλ' ἢ ὁ υἱός σου ὁ ἐξελθὼν ἐκ τῶν πλευρῶν σου,	כי אם בנך היצא מחלציך	כי אם בנך היצא מחלציך	כי בנך היוצא מחלציך
οὗτος οἰκοδομήσει τὸν οἶκον τῷ ὀνόματί μου.	הוא יבנה הבית לשמי	הוא יבנה הבית לשמי	הוא יבנה הבית לשמי
[20] καὶ ἀνέστησεν κύριος τὸ ῥῆμα αὐτοῦ,	[20] ויקם יהוה את דברו	[20] ויקם יהוה את דברו	[6,10] ויקם יהוה את דברו
ὃ ἐλάλησεν,	אשר דבר	אשר דבר	אשר דבר
καὶ ἀνέστην ἀντὶ Δαυιδ τοῦ πατρός μου	ואקם תחת דוד אבי	ואקם תחת דוד אבי	ואקום תחת דויד אבי
καὶ ἐκάθισα ἐπὶ τοῦ θρόνου Ισραηλ,	ואשב על כסא ישראל	ואשב על כסא ישראל	ואשב על כסא ישראל
καθὼς ἐλάλησεν κύριος,	כאשר דבר יהוה	כאשר דבר יהוה	כאשר דבר יהוה
καὶ ᾠκοδόμησα τὸν οἶκον τῷ ὀνόματι κυρίου θεοῦ Ισραηλ.	ואבנה הבית לשם יהוה אלהי ישראל	ואבנה הבית לשם יהוה אלהי ישראל	ואבנה הבית לשם יהוה אלהי ישראל
[21] καὶ ἐθέμην ἐκεῖ τόπον τῇ κιβωτῷ,	[21] ואשם שם מקום לארון	[21] ואשם שם מקום לארון	[6,11] ואשים שם את הארון
ἐν ᾗ ἐστιν ἐκεῖ διαθήκη κυρίου,	אשר שם ברית יהוה	אשר שם ברית יהוה	אשר שם ברית יהוה
ἣν διέθετο κύριος μετὰ τῶν πατέρων ἡμῶν	אשר כרת [יהוה] עם אבתינו	אשר כרת עם אבתינו	אשר כרת עם בני ישראל
ἐν τῷ ἐξαγαγεῖν αὐτὸν αὐτοὺς ἐκ γῆς Αἰγύπτου.	בהוציאו אתם מארץ מצרים	בהוציאו אתם מארץ מצרים	
[22] Καὶ ἔστη Σαλωμων κατὰ πρόσωπον τοῦ θυσιαστηρίου κυρίου ἐνώπιον πάσης ἐκκλησίας Ισραηλ	[22] ויעמד שלמה לפני מזבח יהוה נגד כל קהל ישראל	[22] ויעמד שלמה לפני מזבח יהוה נגד כל קהל ישראל	[6,12] ויעמד לפני מזבח יהוה נגד כל קהל ישראל
καὶ διεπέτασεν τὰς χεῖρας αὐτοῦ εἰς τὸν οὐρανὸν	ויפרש כפיו השמים	ויפרש כפיו השמים	ויפרש כפיו

[6,13] כי עשה שלמה

כיור נחשת

ויתנהו בתוך

העזרה

חמש אמות ארכו

וחמש אמות רחבו

ואמות שלוש קומתו

ויעמד עליו

ויברך על ברכיו

נגד כל קהל

ישראל

Kgtm (OG)	Kgtm (Vorl.)	Kön	Chr
			ויפרש כפיו השמימה
²³ καὶ εἶπεν	²³ ויאמר	²³ ויאמר	⁶˒¹⁴ ויאמר
κύριε ὁ θεὸς Ισραηλ	יהוה אלהי ישראל	יהוה אלהי ישראל	יהוה אלהי ישראל
οὐκ ἔστιν θεὸς ὡς σὺ ἐν τῷ οὐρανῷ ἄνω καὶ ἐπὶ τῆς γῆς κάτω	אין אלהים כמוך בשמים ממעל ועל הארץ מתחת	אין כמוך אלהים בשמים ממעל ועל הארץ מתחת	אין כמוך אלהים בשמים ובארץ
φυλάσσων διαθήκην καὶ ἔλεος τῷ δούλῳ σου	שמר הברית והחסד לעבדך	שמר הברית והחסד לעבדיך	שמר הברית והחסד לעבדיך
τῷ πορευομένῳ ἐνώπιόν σου ἐν ὅλῃ καρδίᾳ αὐτοῦ	ההלך לפניך בכל לבו	ההלכים לפניך בכל לבם	ההלכים לפניך בכל לבם
²⁴ ἃ ἐφύλαξας τῷ δούλῳ σου Δαυιδ τῷ πατρί μου	²⁴ אשר שמרת לעבדך דוד אבי	²⁴ אשר שמרת לעבדך דוד אבי	⁶˒¹⁵ אשר שמרת לעבדך דויד אבי
		את אשר דברת לו	את אשר דברת לו
καὶ ἐλάλησας ἐν [τῷ] στόματί σου	ותדבר בפיך	ותדבר בפיך	ותדבר בפיך
καὶ ἐν χερσίν σου ἐπλήρωσας ὡς ἡ ἡμέρα αὕτη.	ובידך מלאת כיום הזה	ובידך מלאת כיום הזה	ובידך מלאת כיום הזה
²⁵ καὶ νῦν,	²⁵ ועתה	²⁵ ועתה	⁶˒¹⁶ ועתה
κύριε ὁ θεὸς Ισραηλ,	יהוה אלהי ישראל	יהוה אלהי ישראל	יהוה אלהי ישראל
φύλαξον τῷ δούλῳ σου Δαυιδ τῷ πατρί μου	שמר לעבדך דוד אבי	שמר לעבדך דוד אבי	שמר לעבדך דויד אבי
ἃ ἐλάλησας αὐτῷ	את אשר דברת לו	את אשר דברת לו	את אשר דברת לו
λέγων	לאמר	לאמר	לאמר
Οὐκ ἐξαρθήσεταί σοι ἀνὴρ ἐκ προσώπου μου καθήμενος ἐπὶ θρόνου Ισραηλ,	לא יכרת לך איש מלפני ישב על כסא ישראל	לא יכרת לך איש מלפני ישב על כסא ישראל	לא יכרת לך איש מלפני יושב על כסא ישראל
πλὴν ἐὰν φυλάξωνται τὰ τέκνα σου τὰς ὁδοὺς αὐτῶν	רק אם ישמרו בניך את דרכם	רק אם ישמרו בניך את דרכם	רק אם ישמרו בניך את דרכם
τοῦ πορεύεσθαι ἐνώπιον μοῦ,	ללכת לפני	ללכת לפני	ללכת בתורתי
καθὼς ἐπορεύθης ἐνώπιον μοῦ ἐμοῦ·	כאשר הלכת לפני	כאשר הלכת לפני	כאשר הלכת לפני
²⁶ καὶ νῦν,	²⁶ ועתה	²⁶ ועתה	⁶˒¹⁷ ועתה
κύριε ὁ θεὸς Ισραηλ,	יהוה אלהי ישראל	אלהי ישראל	יהוה אלהי ישראל
πιστωθήτω δὴ τὸ ῥῆμά σου	יאמן נא דברך	יאמן נא דבריך	יאמן דברך

Kgtm (OG)	Kgtm (Vorl.)	Kön	Chr
τῷ Δαυιδ τῷ πατρί μου.	דוד אבי	אשר דברת לעבדך דוד אבי	אשר דברת לעבדך לדויד
27 ὅτι εἰ ἀληθῶς κατοικήσει ὁ θεὸς μετὰ ἀνθρώπων ἐπὶ τῆς γῆς;	27 כי האמנם ישב אלהים את האדם על הארץ	27 כי האמנם ישב אלהים על הארץ	6,18 כי האמנם ישב אלהים את האדם על הארץ
εἰ ὁ οὐρανὸς καὶ ὁ οὐρανὸς τοῦ οὐρανοῦ οὐκ ἀρκέσουσίν σοι,	הן השמים ושמי השמים לא יכלכלוך	הנה השמים ושמי השמים לא יכלכלוך	הנה שמים ושמי השמים לא יכלכלוך
πλὴν καὶ ὁ οἶκος οὗτος,	אף כי הבית הזה	אף כי הבית הזה	אף כי הבית הזה
ὃν ᾠκοδόμησα τῷ ὀνόματί σου;	אשר בניתי לשמך	אשר בניתי	אשר בניתי
28 καὶ ἐπιβλέψῃ ἐπὶ τὴν δέησίν μου,	28 ופנית אל תחנתי	28 ופנית אל תפלת עבדך ואל תחנתו	6,19 ופנית אל תפלת עבדך ואל תחנתו
κύριε ὁ θεὸς Ισραηλ,	יהוה אלהי ישראל	יהוה אלהי	יהוה אלהי
ἀκούειν τῆς τέρψεως, καὶ τῆς προσευχῆς	לשמע אל הרנה ואל התפלה	לשמע אל הרנה ואל התפלה	לשמע אל הרנה ואל התפלה
ἧς ὁ δοῦλός σου προσεύχεται ἐνώπιόν σου πρὸς σὲ σήμερον,	אשר עבדך מתפלל לפניך אליך היום	אשר עבדך מתפלל לפניך היום	אשר עבדך מתפלל לפניך
29 τοῦ εἶναι ὀφθαλμούς σου ἠνεῳγμένους εἰς τὸν οἶκον τοῦτον ἡμέρας καὶ νυκτός, εἰς τὸν τόπον,	29 להיות עיניך פתחות אל הבית הזה יומם ולילה אל המקום	29 להיות עינך פתחות אל הבית הזה לילה ויום אל המקום	6,20 להיות עיניך פתחות אל הבית הזה יומם ולילה אל המקום
ὃν εἶπας	אשר אמרת	אשר אמרת	אשר אמרת
Ἔσται τὸ ὄνομά μου ἐκεῖ,	יהיה שמי שם	יהיה שמי שם	לשום שמך שם
τοῦ εἰσακούειν τῆς προσευχῆς,	לשמע אל התפלה	לשמע אל התפלה	לשמוע אל התפלה
ἧς προσεύχεται ὁ δοῦλός σου εἰς τὸν τόπον τοῦτον ἡμέρας καὶ νυκτός.	אשר יתפלל עבדך אל המקום הזה יומם ולילה	אשר יתפלל עבדך אל המקום הזה	אשר יתפלל עבדך אל המקום הזה
30 καὶ εἰσακούσῃ τῆς δεήσεως τοῦ δούλου σου καὶ τοῦ λαοῦ σου Ισραηλ,	30 ושמעת אל תחנת עבדך ועמך ישראל	30 ושמעת אל תחנת עבדך ועמך ישראל	6,21 ושמעת אל תחנוני עבדך ועמך ישראל
ἃ ἂν προσεύχωνται εἰς τὸν τόπον τοῦτον,	אשר יתפללו אל המקום הזה	אשר יתפללו אל המקום הזה	אשר יתפללו אל המקום הזה
καὶ σὺ εἰσακούσῃ ἐν τῷ τόπῳ τῆς κατοικήσεώς σου ἐν οὐρανῷ	ואתה תשמע אל מקום שבתך אל השמים	ואתה תשמע אל מקום שבתך אל השמים	ואתה תשמע ממקום שבתך מן השמים

Kgtm (OG)	Kgtm (Vorl.)	Kön	Chr
καὶ ποιήσεις	וְעָשִׂיתָ	וְשָׁמַעְתָּ	וְשָׁמַעְתָּ
καὶ ἵλεως ἔσῃ.	וְסָלַחְתָּ	וְסָלַחְתָּ	וְסָלַחְתָּ
³¹ ὅσα ἂν ἁμάρτῃ ἕκαστος τῷ πλησίον αὐτοῦ,	³¹ אֵת אֲשֶׁר יֶחֱטָא אִישׁ לְרֵעֵהוּ	³¹ אֵת אֲשֶׁר יֶחֱטָא אִישׁ לְרֵעֵהוּ	6,22 אִם יֶחֱטָא אִישׁ לְרֵעֵהוּ
καὶ ἐὰν λάβῃ ἐπ᾽ αὐτὸν ἀρὰν	וְנָשָׁא בוֹ אָלָה	וְנָשָׁא בוֹ אָלָה	וְנָשָׁא בוֹ אָלָה
τοῦ ἀράσασθαι αὐτόν,	לְהַאֲלֹתוֹ	לְהַאֲלֹתוֹ	לְהַאֲלֹתוֹ
καὶ ἔλθῃ	וּבָא	וּבָא	וּבָא
καὶ ἐξαγορεύσῃ κατὰ πρόσωπον τοῦ θυσιαστηρίου σου ἐν τῷ οἴκῳ τούτῳ,	וְהִתְוַדָּה לִפְנֵי מִזְבֵּחַ בְּבֵית הַזֶּה	אָלָה לִפְנֵי מִזְבְּחַךָ בַּבַּיִת הַזֶּה	אָלָה לִפְנֵי מִזְבַּחֲךָ בַּבַּיִת הַזֶּה
³² καὶ σὺ εἰσακούσῃ ἐκ τοῦ οὐρανοῦ	³² וְאַתָּה תִּשְׁמַע הַשָּׁמַיִם	³² וְאַתָּה תִּשְׁמַע הַשָּׁמַיִם	6,23 וְאַתָּה תִּשְׁמַע מִן הַשָּׁמַיִם
καὶ ποιήσεις	וְעָשִׂיתָ	וְעָשִׂיתָ	וְעָשִׂיתָ
καὶ κρινεῖς τὸν λαόν σου Ισραηλ	וְשָׁפַטְתָּ עַמְּךָ יִשְׂרָאֵל	וְשָׁפַטְתָּ אֶת עֲבָדֶיךָ	וְשָׁפַטְתָּ אֶת עֲבָדֶיךָ
ἀνομῆσαι ἄνομον	לְהַרְשִׁיעַ רָשָׁע	לְהַרְשִׁיעַ רָשָׁע	לְהָשִׁיב לְרָשָׁע
δοῦναι τὴν ὁδὸν αὐτοῦ εἰς κεφαλὴν αὐτοῦ	לָתֵת דַּרְכּוֹ בְּרֹאשׁוֹ	לָתֵת דַּרְכּוֹ בְּרֹאשׁוֹ	לָתֵת דַּרְכּוֹ בְּרֹאשׁוֹ
καὶ τοῦ δικαιῶσαι δίκαιον	וּלְהַצְדִּיק צַדִּיק	וּלְהַצְדִּיק צַדִּיק	וּלְהַצְדִּיק צַדִּיק
δοῦναι αὐτῷ κατὰ τὴν δικαιοσύνην αὐτοῦ.	לָתֵת לוֹ כְּצִדְקָתוֹ	לָתֵת לוֹ כְּצִדְקָתוֹ	לָתֵת לוֹ כְּצִדְקָתוֹ
³³ ἐν τῷ πταῖσαι τὸν λαόν σου Ισραηλ ἐνώπιον ἐχθρῶν,	³³ בְּהִנָּגֵף עַמְּךָ יִשְׂרָאֵל לִפְנֵי אוֹיֵב	³³ בְּהִנָּגֵף עַמְּךָ יִשְׂרָאֵל לִפְנֵי אוֹיֵב	6,24 וְאִם יִנָּגֵף עַמְּךָ יִשְׂרָאֵל לִפְנֵי אוֹיֵב
ὅτι ἁμαρτήσονταί σοι,	כִּי יֶחֶטְאוּ לָךְ	אֲשֶׁר יֶחֶטְאוּ לָךְ	כִּי יֶחֶטְאוּ לָךְ
καὶ ἐπιστρέψουσιν	וְשָׁבוּ	וְשָׁבוּ אֵלֶיךָ	וְשָׁבוּ
καὶ ἐξομολογήσονται τῷ ὀνόματί σου	וְהוֹדוּ אֶת שְׁמֶךָ	וְהוֹדוּ אֶת שְׁמֶךָ	וְהוֹדוּ אֶת שְׁמֶךָ
καὶ προσεύξονται	וְהִתְפַּלְלוּ	וְהִתְפַּלְלוּ	וְהִתְפַּלְלוּ
καὶ δεηθήσονται ἐν τῷ οἴκῳ τούτῳ,	וְהִתְחַנְנוּ בַּבַּיִת הַזֶּה	וְהִתְחַנְנוּ אֵלֶיךָ בַּבַּיִת הַזֶּה	וְהִתְחַנְנוּ לְפָנֶיךָ בַּבַּיִת הַזֶּה
³⁴ καὶ σὺ εἰσακούσῃ ἐκ τοῦ οὐρανοῦ	³⁴ וְאַתָּה תִּשְׁמַע הַשָּׁמַיִם	³⁴ וְאַתָּה תִּשְׁמַע הַשָּׁמַיִם	6,25 וְאַתָּה תִּשְׁמַע מִן הַשָּׁמַיִם
καὶ ἵλεως ἔσῃ ταῖς ἁμαρτίαις τοῦ λαοῦ σου Ισραηλ	וְסָלַחְתָּ לְחַטַּאת עַמְּךָ יִשְׂרָאֵל	וְסָלַחְתָּ לְחַטַּאת עַמְּךָ יִשְׂרָאֵל	וְסָלַחְתָּ לְחַטַּאת עַמְּךָ יִשְׂרָאֵל
καὶ ἐπιστρέψεις αὐτοὺς εἰς τὴν γῆν,	וַהֲשֵׁבֹתָם אֶל הָאֲדָמָה	וַהֲשֵׁבֹתָם אֶל הָאֲדָמָה	וַהֲשֵׁיבוֹתָם אֶל הָאֲדָמָה

Kgtm (OG)	Kgtm (Vorl.)	Kön	Chr
ἣν ἔδωκας τοῖς πατράσιν αὐτῶν.	אשר נתת לאבותם	אשר נתת לאבותם	אשר נתתה להם ולאבתיהם
35 ἐν τῷ συσχεθῆναι τὸν οὐρανὸν	35 בהעצר [ה] שמים	35 בהעצר שמים	6,26 בהעצר השמים
καὶ μὴ γενέσθαι ὑετόν,	ולא יהיה מטר	ולא יהיה מטר	ולא יהיה מטר
ὅτι ἁμαρτήσονταί σοι,	כי יחטאו לך	כי יחטאו לך	כי יחטאו לך
καὶ προσεύξονται εἰς τὸν τόπον τοῦτον	והתפללו אל המקום הזה	והתפללו אל המקום הזה	והתפללו אל המקום הזה
καὶ ἐξομολογήσονται τῷ ὀνόματί σου	והודו את שמך	והודו את שמך	והודו את שמך
καὶ ἀπὸ τῶν ἁμαρτιῶν αὐτῶν ἐπιστρέψουσιν,	[ו] מחטאתם ישובון	ומחטאתם ישובון	מחטאתם ישובון
ὅταν ταπεινώσῃς αὐτούς,	כי תענם	כי תענם	כי תענם
36 καὶ εἰσακούσῃ ἐκ τοῦ οὐρανοῦ	36 ואתה תשמע השמים	36 ואתה תשמע השמים	6,27 ואתה תשמע השמים
καὶ ἵλεως ἔσῃ ταῖς ἁμαρτίαις τοῦ δούλου σου καὶ τοῦ λαοῦ σου Ισραηλ·	וסלחת לחטאת עבדיך ועמך ישראל	וסלחת לחטאת עבדיך ועמך ישראל	וסלחת לחטאת עבדיך ועמך ישראל
ὅτι δηλώσεις αὐτοῖς τὴν ὁδὸν τὴν ἀγαθὴν	כי תורם את הדרך הטובה	כי תורם את הדרך הטובה	כי תורם אל הדרך הטובה
πορεύεσθαι ἐν αὐτῇ	ללכת בה	אשר ילכו בה	אשר ילכו בה
καὶ δώσεις ὑετὸν ἐπὶ τὴν γῆν,	ונתתה מטר על ארצך	ונתתה מטר על ארצך	ונתתה מטר על ארצך
ἣν ἔδωκας τῷ λαῷ σου ἐν κληρονομίᾳ.	אשר נתתה לעמך לנחלה	אשר נתתה לעמך לנחלה	אשר נתתה לעמך לנחלה
37 λιμὸς	37 רעב	37 רעב	6,28 רעב
ἐὰν γένηται,	כי יהיה	כי יהיה בארץ	כי יהיה בארץ
θάνατος	דבר	דבר	דבר
ἐὰν γένηται,	כי יהיה	כי יהיה	כי יהיה
ὅτι ἔσται ἐμπυρισμός, βροῦχος, ἐρυσίβη	שדפון ארבה חסיל	שדפון ירקון ארבה חסיל	שדפון וירקון ארבה וחסיל
ἐὰν γένηται,	כי יהיה	כי יהיה	כי יהיה
καὶ ἐὰν θλίψῃ αὐτὸν ἐχθρὸς αὐτοῦ ἐν μιᾷ τῶν πόλεων αὐτοῦ,	[ה] כי יצר לו איבו בארץ שעריו	כי יצר לו איבו בארץ שעריו	כי יצר לו אויביו בארץ שעריו
πᾶν συνάντημα, πᾶντα πόνον,	כל נגע כל מחלה	כל נגע כל מחלה	כל נגע וכל מחלה

Kgtm (OG)	Kgtm (Vorl.)	Kön	Chr
³⁸ πᾶσαν προσευχήν, πᾶσαν δέησιν,	³⁸ כל תפלה כל תחנה	³⁸ כל תפלה כל תחנה	⁶,²⁹ כל תפלה כל תחנה
ἐὰν γένηται παντὶ ἀνθρώπῳ,	אשר יהיה לכל האדם	אשר תהיה לכל האדם לכל עמך ישראל	אשר יהיה לכל האדם ולכל עמך ישראל
ὡς ἂν γνῶσιν ἕκαστος ἀφὴν καρδίας αὐτοῦ	אשר ידעו איש נגע לבבו	אשר ידעון איש נגע לבבו	אשר ידעו איש נגעו ומכאבו
καὶ διαπετάσῃ τὰς χεῖρας αὐτοῦ εἰς τὸν οἶκον τοῦτον,	ופרש כפיו אל הבית הזה	ופרש כפיו אל הבית הזה	ופרש כפיו אל הבית הזה
³⁹ καὶ σὺ εἰσακούσῃ ἐκ τοῦ οὐρανοῦ ἐξ ἑτοίμου κατοικητηρίου σου	³⁹ ואתה תשמע השמים מכון שבתך	³⁹ ואתה תשמע השמים מכון שבתך	⁶,³⁰ ואתה תשמע מן השמים מכון שבתך
καὶ ἵλεως ἔσῃ	וסלחת	וסלחת	וסלחת
καὶ ποιήσεις	ועשית	ועשית	
καὶ δώσεις ἀνδρὶ κατὰ τὰς ὁδοὺς αὐτοῦ,	ונתת לאיש ככל דרכיו	ונתת לאיש ככל דרכיו	ונתתה לאיש ככל דרכיו
καθὼς ἂν γνῷς τὴν καρδίαν αὐτοῦ,	כאשר תדע את לבבו	אשר תדע את לבבו	אשר תדע את לבבו
ὅτι σὺ μονώτατος οἶδας τὴν καρδίαν πάντων υἱῶν ἀνθρώπων,	כי אתה לבדך ידעת את לבב כל בני האדם	כי אתה ידעת לבדך את לבב כל בני האדם	כי אתה לבדך ידעת את לבב בני האדם
⁴⁰ ὅπως φοβῶνταί σε	⁴⁰ למען יראוך	⁴⁰ למען יראוך	⁶,³¹ למען ייראוך
πάσας τὰς ἡμέρας,	כל הימים	כל הימים	ללכת בדרכיך כל הימים
ἃς αὐτοὶ ζῶσιν ἐπὶ τῆς γῆς,	אשר הם חיים [?]	אשר הם חיים על פני האדמה	אשר הם חיים על פני האדמה
ἧς ἔδωκας τοῖς πατράσιν ἡμῶν.	אשר נתתה לאבתינו	אשר נתתה לאבתינו	אשר נתתה לאבתינו
⁴¹ καὶ τῷ ἀλλοτρίῳ,	⁴¹ וגם אל הנכרי	⁴¹ וגם אל הנכרי	⁶,³² וגם אל הנכרי
ὃς οὐκ ἔστιν ἀπὸ τοῦ λαοῦ σου οὗτος,	אשר לא מעמך הוא	אשר לא מעמך ישראל הוא	אשר לא מעמך ישראל הוא
		ובא מארץ רחוקה למען שמך	ובא מארץ רחוקה למען שמך
		⁴² כי ישמעון את שמך הגדול ואת ידך החזקה וזרעך הנטויה	הגדול וידך החזקה וזרועך הנטויה
⁴² καὶ ἥξουσιν	⁴² ובא	⁴² ובא	⁴² ובאו

Kgtm (OG)	Kgtm (Vorl.)	Kön	Chr
καὶ προσεύξονται εἰς τὸν τόπον τοῦτον,	אל [ו]התפלל[ו] הבית הזה	והתפלל אל הבית הזה	והתפללו אל הבית הזה
[43] καὶ σὺ εἰσακούσῃ ἐκ τοῦ οὐρανοῦ ἐξ ἑτοίμου κατοικητηρίου σου	[43] [ו]אתה תשמע מן השמים מכון שבתך	[43] אתה תשמע השמים מכון שבתך	[6,33] ואתה תשמע השמים ממכון שבתך
καὶ ποιήσεις κατὰ πάντα,	ועשית ככל	ועשית ככל	ועשית ככל
ὅσα ἂν ἐπικαλέσηταί σε ὁ ἀλλότριος,	אשר יקרא אליך הנכרי	אשר יקרא אליך הנכרי	אשר יקרא אליך הנכרי
ὅπως γνῶσιν πάντες οἱ λαοὶ τῆς γῆς τὸ ὄνομά σου	למען ידעו כל עמי הארץ את שמך	למען ידעון כל עמי הארץ את שמך	למען ידעו כל עמי הארץ את שמך
καὶ φοβῶνταί σε καθὼς ὁ λαός σου Ισραηλ	[ו]ליראה אתך כעמך ישראל	ליראה אתך כעמך ישראל	וליראה אתך כעמך ישראל
καὶ γνῶσιν	ולדעת	ולדעת	ולדעת
ὅτι τὸ ὄνομά σου ἐπικέκληται ἐπὶ τὸν οἶκον τοῦτον,	כי שמך נקרא על הבית הזה	כי שמך נקרא על הבית הזה	כי שמך נקרא על הבית הזה
ὃν ᾠκοδόμησα.	אשר בניתי	אשר בניתי	אשר בניתי
[44] ὅτι ἐξελεύσεται ὁ λαός σου εἰς πόλεμον ἐπὶ τοὺς ἐχθροὺς αὐτοῦ ἐν ὁδῷ,	[44] כי יצא עמך למלחמה על איב[י]ו בדרך	[44] כי יצא עמך למלחמה על איבו בדרך	[6,34] כי יצא עמך למלחמה על אויביו בדרך
ἢ ἀποστρέψεις αὐτούς,	אשר [?]	אשר תשלחם	אשר תשלחם
καὶ προσεύξονται ἐν ὀνόματι κυρίου ὁδὸν τῆς πόλεως,	והתפללו [?] דרך העיר	והתפללו אל יהוה דרך העיר	והתפללו אליך דרך העיר הזאת
ἧς ἐξελέξω ἐν αὐτῇ,	אשר בחרת בה	אשר בחרת בה	אשר בחרת בה
καὶ τοῦ οἴκου,	והבית	והבית	והבית
οὗ ᾠκοδόμησα τῷ ὀνόματί σου,	אשר בנתי לשמך	אשר בנתי לשמך	אשר בניתי לשמך
[45] καὶ εἰσακούσει ἐκ τοῦ οὐρανοῦ τῆς δεήσεως αὐτῶν καὶ τῆς προσευχῆς αὐτῶν	[45] ושמעת השמים את תחנתם ואת תפלתם	[45] ושמעת השמים את תפלתם ואת תחנתם	[6,35] ושמעת מן השמים את תפלתם ואת תחנתם
καὶ ποιήσεις τὸ δικαίωμα αὐτοῖς.	ועשית משפטם	ועשית משפטם	ועשית משפטם
[46] ὅτι ἁμαρτήσονταί σοι	[46] כי יחטאו לך	[46] כי יחטאו לך	[6,36] כי יחטאו לך
– ὅτι οὐκ ἔστιν ἄνθρωπος	כי אין אדם	כי אין אדם	כי אין אדם
ὃς οὐχ ἁμαρτήσεται –	אשר לא יחטא	אשר לא יחטא	אשר לא יחטא
καὶ ἐπάξεις ἐπ' αὐτοὺς	[?]	ואנפת בם	ואנפת בם

Kgtm (OG)	Kgtm (Vorl.)	Kön	Chr
καὶ παραδώσεις αὐτοὺς ἐνώπιον ἐχθρῶν	ונתתם לפני אויב	ונתתם לפני אויב	ונתתם לפני אויב
καὶ αἰχμαλωτιοῦσιν αὐτοὺς οἱ αἰχμαλωτίζοντες εἰς γῆν μακρὰν $\frac{ἤ}{καί}$ ἐγγύς,	ושבום שבים אל ארץ האויב רחוקה אוֹ קרובה	ושבום שביהם אל ארץ האויב רחוקה או קרובה	ושבום שוביהם אל ארי רחוקה או קרובה
47 καὶ ἐπιστρέψουσιν καρδίας αὐτῶν ἐν τῇ γῇ,	47 והשיבו אל לבם בארץ	47 והשיבו אל לבם בארץ	6,37 והשיבו אל לבבם בארץ
οὗ μετήχθησαν ἐκεῖ,	אשר נשבו שם	אשר נשבו שם	אשר נשבו שם
καὶ ἐπιστρέψωσιν	ושבו	ושבו	ושבו
καὶ δεηθῶσίν σου ἐν γῇ μετοικίας αὐτῶν	והתחננו אליך בארץ שבים	והתחננו אליך בארץ שביהם	והתחננו אליך בארץ שבים
λέγοντες	לאמר	לאמר	לאמר
Ἡμάρτομεν	חטאנו	חטאנו	חטאנו
ἠνομήσαμεν	העוינו	והעוינו	העוינו
ἠδικήσαμεν,	רשענו	רשענו	ורשענו
48 καὶ ἐπιστρέψωσιν πρὸς σὲ ἐν ὅλῃ καρδίᾳ αὐτῶν καὶ ἐν ὅλῃ ψυχῇ αὐτῶν ἐν τῇ γῇ ἐχθρῶν αὐτῶν,	48 ושבו אליך בכל לבם ובכל נפשם בארץ איביהם	48 ושבו אליך בכל לבם ובכל נפשם בארץ איביהם	6,38 ושבו אליך בכל לבב ובכל נפשם בארץ שבים
οὗ μετήγαγες αὐτούς,	אשר שבו אתם	אשר שבו אתם	אשר שבו אתם
καὶ προσεύξονται πρὸς σὲ ὁδὸν γῆς αὐτῶν,	והתפללו אליך דרך ארצם	והתפללו אליך דרך ארצם	והתפללו דרך ארצם
ἧς ἔδωκας τοῖς πατράσιν αὐτῶν,	אשר נתתה לאבותם	אשר נתתה לאבותם	אשר נתתה לאבותם
καὶ τῆς πόλεως,	[ו]העיר	העיר	והעיר
ἧς ἐξελέξω,	אשר בחרת[י]	אשר בחרת	אשר בחרת
καὶ τοῦ οἴκου,	והבית	והבית	ולבית
οὗ ᾠκοδόμηκα τῷ ὀνόματί σου,	בניתי[ו] לשמך	בנית[י] לשמך	בניתי לשמך
49 καὶ εἰσακούσῃ ἐκ τοῦ οὐρανοῦ ἐξ ἑτοίμου κατοικητηρίου σου	49 ושמעת השמים מכון שבתך	49 ושמעת השמים מכון שבתך את תפלתם ואת תחנתם ועשית משפטם	6,39 ושמעת מן השמים ממכון שבתך את תפלתם ואת תחנתידהם ועשית משפטם
50 καὶ ἵλεως ἔσῃ ταῖς ἀδικίαις αὐτῶν,	50 וסלחת לעונתם	50 וסלחת לעמך	50 וסלחת לעמך
αἷς ἥμαρτόν σοι,	אשר חטאו לך	אשר חטאו לך	אשר חטאו לך

Kgtm (OG)	Kgtm (Vorl.)	Kön	Chr
καὶ κατὰ πάντα τὰ ἀθετήματα αὐτῶν,	וככל פשעיהם	ולכל פשעיהם	
ἃ ἠθέτησάν σοι,	אשר פשעו בך	אשר פשעו בך	
καὶ δώσεις αὐτοὺς εἰς οἰκτιρμοὺς ἐνώπιον αἰχμαλωτευσάντων αὐτούς,	ונתתם לרחמים לפני שביהם	ונתתם לרחמים לפני שביהם	
καὶ οἰκτιρήσουσιν αὐτούς·	ורחמום	ורחמום	
51 ὅτι λαός σου καὶ κληρονομία σου,	51 כי עמך ונחלתך [הם]	51 כי עמך ונחלתך הם	
οὓς ἐξήγαγες ἐκ γῆς Αἰγύπτου ἐκ μέσου χωνευτηρίου σιδήρου.	אשר הוצאת מארץ מצרים מתוך כור הברזל	אשר הוצאת ממצרים מתוך כור הברזל	
52 καὶ ἔστωσαν οἱ ὀφθαλμοί σου καὶ τὰ ὦτά σου ἠνεωγμένα εἰς τὴν δέησιν τοῦ δούλου σου καὶ εἰς τὴν δέησιν τοῦ λαοῦ σου Ισραηλ	52 עיניך ואזניך פתדות אל תחנת עבדך ואל תחנת עמך ישראל	52 להיות עיניך פתחות אל תחנת עבדך ואל תחנת עמך ישראל	6,40 עתה אלהי יהיו נא עיניך פתחות ואזניך קשבות
εἰσακούειν αὐτῶν ἐν πᾶσιν, οἷς ἂν ἐπικαλέσωνταί σε,	לשמע אליהם בכל אשר קראם אליך	לשמע אליהם בכל קראם אליך	לתפלת המקום הזה
53 ὅτι σὺ διέστειλας αὐτοὺς σεαυτῷ εἰς κληρονομίαν ἐκ πάντων τῶν λαῶν τῆς γῆς,	53 כי אתה הבדלתם לך לנחלה מכל עמי הארץ	53 כי אתה הבדלתם לך לנחלה מכל עמי הארץ	
καθὼς ἐλάλησας ἐν χειρὶ δούλου σου Μωυσῇ	כאשר דברת ביד עבדך משה	כאשר דברת ביד משה עבדך	
ἐν τῷ ἐξαγαγεῖν σε τοὺς πατέρας ἡμῶν ἐκ γῆς Αἰγύπτου,	בהוציאך את אבתינו מארץ מצרים	בהוציאך את אבתינו ממצרים	
κύριε κύριε.	אדני יהוה	אדני יהוה	
	Ps 132,8–10		
	קומה	ועתה קומה	6,41
	יהוה	יהוה אלהים	
	למנוחתך	לנוחך	
	אתה וארון עזך:	אתה וארון עזך	
	כהניך	כהניך	
	יהוה אלהים		
	ילבשו צדק	תשועה ילבשו	
	וחסידיך ירננו:	וחסידיך	
		ישמחו בטוב	

Kgtm (OG)	Kgtm (Vorl.)	Kön	Chr
			6,42 יהוה אלדים
		10 בעבור דוד עבדך	אל־תשב פני משיחיך
			זכרה לחסדי דויד עבד־:
53a Τότε ἐλάλησεν Σαλωμων ὑπὲρ τοῦ οἴκου, ὡς συνετέλεσεν τοῦ οἰκοδομῆσαι αὐτόν	53a אז דבב שלמה על הבית ככלות לבנותו	↑ in 8,12 אז אמר שלמה	↑ in 6,1 אז אמר שלמה
Ἥλιον ἐγνώρισεν ἐν οὐρανῷ	שמש [?] בשמים		
κύριος, εἶπεν τοῦ κατοικεῖν ἐν γνόφῳ	יהוה אמר לשכן בערפל	יהוה אמר לשכן בערפל	יהוה אמר לשכן בערפל
Οἰκοδόμησον οἶκόν μου οἶκον $\frac{ἐκπρεπῆ}{εὐπρεπῆ}$ σεαυτῷ,	בנה ביתי בית זבל לך	13 בנה בניתי בית זבל לך	2 ואני בניתי בית זבל לך
τοῦ κατοικεῖν ἐπὶ καινότητος.	[?]	מכון לשבתך עולמים	ומכון לשבתך עולמים
οὐκ ἰδοὺ αὕτη γέγραπται ἐν βίβλῳ τῆς ᾠδῆς;	הלא היא כתובה על ספר השיר		
54 Καὶ ἐγένετο	54 ויהי	54 ויהי	
ὡς συνετέλεσεν Σαλωμων	ככלות שלמה	ככלות שלמה	7,1 ככלות שלמה
προσευχόμενος πρὸς Κύριον ὅλην τὴν προσευχὴν καὶ τὴν δέησιν ταύτην,	להתפלל אל יהוה את כל התפלה והתחנה הזאת	להתפלל אל יהוה את כל התפלה והתחנה הזאת	להתפלל
καὶ ἀνέστη ἀπὸ προσώπου τοῦ θυσιαστηρίου κυρίου	קם מלפני מזבח יהוה	קם מלפני מזבח יהוה	
ὀκλακὼς ἐπὶ τὰ γόνατα αὐτοῦ	מכרע על ברכיו	מכרע על ברכיו	
καὶ αἱ χεῖρες αὐτοῦ διαπεπετασμέναι εἰς τὸν οὐρανόν.	וכפיו פרשות השמים	וכפיו פרשות השמים	
55 καὶ ἔστη	55 ויעמד	55 ויעמד	
καὶ εὐλόγησεν πᾶσαν ἐκκλησίαν Ισραηλ	ויברך את כל קהל ישראל קול גדול	ויברך את כל קהל ישראל קול גדול	
φωνῇ μεγάλῃ λέγων	לאמר	לאמר	
56 Εὐλογητὸς κύριος σήμερον,	56 ברוך יהוה היום	56 ברוך יהוה	
ὃς ἔδωκεν κατάπαυσιν τῷ λαῷ αὐτοῦ Ισραηλ κατὰ πάντα,	אשר נתן מנוחה לעמו ישראל ככל	אשר נתן מנוחה לעמו ישראל ככל	

Kgtm (OG)	Kgtm (Vorl.)	Kön	Chr
ὅσα ἐλάλησεν·	אשר דבר	אשר דבר	
οὐ διεφώνησεν λόγος εἷς ἐν πᾶσιν τοῖς λόγοις αὐτοῦ τοῖς ἀγαθοῖς,	לא נפל דבר אחד בכל דבריו הטוב	לא נפל דבר אחד מכל דבריו הטוב	
οἷς ἐλάλησεν ἐν χειρὶ Μωυσῆ δούλου αὐτοῦ.	אשר דבר ביד משה עבדו	אשר דבר ביד משה עבדו	
57 γένοιτο κύριος ὁ θεὸς ἡμῶν μεθ᾽ ἡμῶν,	57 יהי יהוה אלהינו עמנו	57 יהי יהוה אלהינו עמנו	
καθὼς ἦν μετὰ τῶν πατέρων ἡμῶν·	כאשר היה עם אבתינו	כאשר היה עם אבתינו	
μὴ ἐγκαταλίποιτο ἡμᾶς	אל יעזבנו	אל יעזבנו	
μηδὲ ἀποστρέψοιτο ἡμᾶς	ואל יטשנו	ואל יטשנו	
58 ἐπικλῖναι καρδίας ἡμῶν πρὸς αὐτὸν	58 להטות לבבנו אליו	58 להטות לבבנו אליו	
τοῦ πορεύεσθαι ἐν πάσαις ὁδοῖς αὐτοῦ	ללכת בכל דרכיו	ללכת בכל דרכיו	
καὶ φυλάσσειν πάσας τὰς ἐντολὰς αὐτοῦ καὶ [τὰ] προστάγματα αὐτοῦ,	ולשמר כל מצותיו וחקיו	ולשמר מצותיו וחקיו ומשפטיו	
ἃ ἐνετείλατο τοῖς πατράσιν ἡμῶν.	אשר צוה את אבתינו	אשר צוה את אבתינו	
59 καὶ ἔστωσαν οἱ λόγοι οὗτοι,	59 ויהיו דברי אלה	59 ויהיו דברי אלה	
οὓς δεδέημαι ἐνώπιον κυρίου θεοῦ ἡμῶν σήμερον,	אשר התחננתי לפני יהוה אלהינו היום	אשר התחננתי לפני יהוה	
ἐγγίζοντες πρὸς κύριον θεὸν ἡμῶν ἡμέρας καὶ νυκτὸς	קרבים אל יהוה אלהינו יומם ולילה	קרבים אל יהוה אלהינו יומם ולילה	
τοῦ ποιεῖν τὸ δικαίωμα τοῦ δούλου σου καὶ τὸ δικαίωμα [τοῦ] λαοῦ σου Ισραηλ ῥῆμα ἡμέρας ἐν ἡμέρᾳ αὐτοῦ,	לעשות משפט עבדך ומשפט עמו ישראל דבר יום ביומו	לעשות משפט עבדו ומשפט עמו ישראל דבר יום ביומו	
60 ὅπως γνῶσιν πάντες οἱ λαοὶ τῆς γῆς	60 למען דעת כל עמי הארץ	60 למען דעת כל עמי הארץ	
ὅτι	כי	כי	
κύριος ὁ θεός,	יהוה	יהוה	
αὐτὸς θεὸς	הוא האלהים	הוא האלהים	
καὶ οὐκ ἔστιν ἔτι.	אין עוד	אין עוד	

Kgtm (OG)	Kgtm (Vorl.)	Kön	Chr
⁶¹ καὶ ἔστωσαν αἱ καρδίαι ἡμῶν τέλειαι πρὸς κύριον θεὸν ἡμῶν καὶ ὁσίως	⁶¹ והיה לבבנו שלם עם יהוה אלהינו [?]	⁶¹ והיה לבבכם שלם עם יהוה אלהינו	
πορεύεσθαι ἐν τοῖς προστάγμασιν αὐτοῦ	ללכת בחקיו	ללכת בחקיו	
καὶ φυλάσσειν ἐντολὰς αὐτοῦ ὡς ἡ ἡμέρα αὕτη.	ולשמר מצותיו כיום הזה	ולשמר מצותיו כיום הזה	
			והאש ירדה
			מהשמים
			ותאכל העלה
			והזבחים
			וכבוד יהוה מלא
			את הבית
			⁷ˎ² ולא יכלו
			הכהנים
			לבוא אל בית יהוה
			כי מלא כבוד יהוה
			את בית יהוה
			⁷ˎ³ וכל בני ישראל
			ראים
			ברדת האש
			וכבוד יהוה על
			הבית
			ויכרעו אפים
			ארצה על הרצפה
			וישתחוו
			והודות ליהוה
			כי טוב
			כי לעולם חסדו
⁶² Καὶ ὁ βασιλεὺς καὶ πάντες οἱ υἱοὶ Ισραηλ ἔθυσαν θυσίαν ἐνώπιον κυρίου.	⁶² והמלך וכל בני ישראל זבחים זבח לפני יהוה	⁶² והמלך וכל ישראל עמו זבחים זבח לפני יהוה	⁷ˎ⁴ והמלך וכל העם זבחים זבח לפני יהוה
⁶³ καὶ ἔθυσεν ὁ βασιλεὺς Σαλωμων τὰς θυσίας τῶν εἰρηνικῶν	⁶³ ויזבח המלך שלמה את זבח השלמים	⁶³ ויזבח שלמה את זבח השלמים	⁷ˎ⁵ ויזבח המלך שלמה את זבח
ἃς ἔθυσεν τῷ κυρίῳ,	אשר זבח ליהוה	אשר זבח ליהוה	
βοῶν δύο καὶ εἴκοσι χιλιάδας· προβάτων ἑκατὸν καὶ εἴκοσι χιλιάδας	בקר עשרים ושנים אלף [ו]צאן מאה ועשרים אלף	בקר עשרים ושנים אלף וצאן מאה ועשרים אלף	הבקר עשרים ושנים אלף וצאן מאה ועשרים אלף

Kgtm (OG)	Kgtm (Vorl.)	Kön	Chr
καὶ ἐνεκαίνισεν τὸν οἶκον κυρίου ὁ βασιλεὺς καὶ πάντες οἱ υἱοὶ Ισραηλ.	ויחנך את בית יהוה המלך וכל בני ישראל	ויחנכו את בית יהוה המלך וכל בני ישראל	ויחנכו את בית האלהים המלך וכל העם
			7,6 והכהנים על משמרותם עמדים והלוים בכלי שיר יהוה אשר עשה דויד המלך להדות ליהוה כי לעולם חסדו בהלל דויד בידם והכהנים מחצצרים נגדם וכל ישראל עמדים
⁶⁴ τῇ ἡμέρᾳ ἐκείνῃ ἡγίασεν ὁ βασιλεὺς τὸ μέσον τῆς αὐλῆς τὸ	⁶⁴ ביום ההוא קדש המלך את תוך החצר	⁶⁴ ביום ההוא קדש המלך את תוך החצר	7,7 ויקדש שלמה את תוך החצר
κατὰ πρόσωπον τοῦ οἴκου κυρίου·	אשר לפני בית יהוה	אשר לפני בית יהוה	אשר לפני בית יהוה
ὅτι ἐποίησεν ἐκεῖ τὴν ὁλοκαύτωσιν καὶ τὰς θυσίας καὶ τὰ στέατα τῶν εἰρηνικῶν,	כי עשה שם את העלה [?] ואת חלבי השלמים	כי עשה שם את העלה ואת המנחה ואת חלבי השלמים	כי עשה שם העלות ואת חלבי השלמים
ὅτι τὸ θυσιαστήριον τὸ χαλκοῦν	כי מזבח הנחשת	כי מזבח הנחשת	כי מזבח הנחשת
τὸ ἐνώπιον κυρίου	אשר לפני יהוה	אשר לפני יהוה	אשר עשה שלמה
μικρὸν	קטן	קטן	
τοῦ μὴ δύνασθαι	לא יכול		לא יכול
δέξασθαι τὴν ὁλοκαύτωσιν καὶ τὸ δῶρον καὶ τὰς θυσίας τῶν εἰρηνικῶν.	להכיל את העלה ואת המנחה ואת [?] השלמים	מהכיל את העלה ואת המנחה ואת חלבי השלמים	להכיל את העלה ואת המנחה ואת החלברים
⁶⁵ καὶ ἐποίησεν Σαλωμων τὴν ἑορτὴν ἐν τῇ ἡμέρᾳ ἐκείνῃ	⁶⁵ ויעש שלמה את [?] החג	⁶⁵ ויעש שלמה בעת ההיא את החג	7,8 ויעש שלמה את החג בעת ההיא שבעת ימים
καὶ πᾶς Ισραηλ μετ' αὐτοῦ, ἐκκλησία μεγάλη ἀπὸ τῆς εἰσόδου Ημαθ ἕως ποταμοῦ Αἰγύπτου,	וכל ישראל עמו קהל גדול מלבוא חמת עד נחל מצרים	וכל ישראל עמו קהל גדול מלבוא חמת עד נחל מצרים	וכל ישראל עמו קהל גדול מאד מלבוא חמת עד נחל מצרים
ἐνώπιον κυρίου θεοῦ ἡμῶν	לפני יהוה אלהינו	לפני יהוה אלהינו	

Kgtm (OG)	Kgtm (Vorl.)	Kön	Chr
ἐν τῷ οἴκῳ,	בבית		
ᾧ ᾠκοδόμησεν,	אשר בנה		
ἐσθίων καὶ πίνων καὶ εὐφραινόμενος	אכל ושתה ושמח		
ἐνώπιον κυρίου θεοῦ ἡμῶν	לפני יהוה אלהינו		
ἑπτὰ ἡμέρας.	שבעת ימים	שבעת ימים ושבעת ימים ארבעה עשר יום	
			7,9 ויעשׂו ביום השמיני עצרת כי חנכת המזבח עשׂו שבעת ימים והחג שבעת ימים
66 καὶ ἐν τῇ ἡμέρᾳ τῇ ὀγδόῃ ἐξαπέστειλεν τὸν λαὸν	66 [ו]ביום השמיני שלח את העם	66 ביום השמיני שלח את העם	7,10 וביום עשׂרים ושׁלשׁה לחדשׁ השׁביעי **שלח את העם**
καὶ εὐλόγησαν τὸν βασιλέα,	ויברכו את המלך	ויברכו את המלך	
καὶ ἀπῆλθον ἕκαστος εἰς τὰ σκηνώματα αὐτοῦ χαίροντες, καὶ ἀγαθῇ καρδίᾳ ἐπὶ τοῖς ἀγαθοῖς,	וילכו איש לאהליו שׂמחים וטובי לב על הטובה	וילכו לאהליהם שׂמחים וטובי לב על כל הטובה	**שׂמחים** לאהליהם **וטובי לב על הטובה**
οἷς ἐποίησεν Κύριος τῷ Δαυιδ δούλῳ αὐτοῦ καὶ τῷ Ισραηλ λαῷ αὐτοῦ.	אשר עשׂה יהוה לדוד עבדו ולישׂראל עמו	אשר עשׂה יהוה לדוד עבדו ולישׂראל עמו	**אשׁר עשׂה יהוה** לדויד ולשׁלמה **ולישׂראל עמו**
9,1 Καὶ ἐγενήθη	9,1 ויהי	9,1 ויהי	
ὡς συνετέλεσεν Σαλωμων	ככלות שלמה	ככלות שלמה	7,11 **ויכל שׁלמה את** בית יהוה ואת בית המלך
οἰκοδομῆσαι τὸν οἶκον κυρίου καὶ τὸν οἶκον τοῦ βασιλέως	לבנות את בית יהוה ואת בית המלך	לבנות את בית יהוה ואת בית המלך	
καὶ πᾶσαν τὴν πραγματείαν Σαλωμων,	ואת כל חשׁק שלמה	ואת כל חשׁק שלמה	**ואת כל הבא על לב שׁלמה**
ὅσα ἠθέλησεν	אשר חפץ	אשר חפץ	
ποιῆσαι,	לעשׂות	לעשׂות	**לעשׂות** בבית יהוה ובביתו הצליח

Kgtm (OG)	Kgtm (Vorl.)	Kön	Chr
² καὶ ὤφθη κύριος τῷ Σαλωμων δεύτερον,	² וירא יהוה אל שלמה שנית	² וירא יהוה אל שלמה שנית	7,12a וירא יהוה אל שלמה בלילה
καθὼς ὤφθη ἐν Γαβαων,	כאשר נראה בגבעון	כאשר נראה אליו בגבעון	
³ καὶ εἶπεν πρὸς αὐτὸν κύριος	³ ויאמר אליו יהוה	³ ויאמר יהוה אליו	7,12b ויאמר לו
Ἤκουσα τῆς φωνῆς τῆς προσευχῆς σου καὶ τῆς δεήσεως,	שמעתי את קול תפלתך ואת תחנה	שמעתי את תפלתך ואת תחנתך	שמעתי את תפלתך
ἧς ἐδεήθης ἐνώπιόν μου·	אשר התחננתה לפני	אשר התחננתה לפני	
πεποίηκά σοι κατὰ πᾶσαν τὴν προσευχήν σου,	עשיתי לך ככל תפלתך		
			ובחרתי במקום הזה לי לבית זבח 7,13 הן אעצר השמים
			ולא יהיה מטר והן אצוה על חגב לאכול הארין ואם אשלח דבר בעמי
			7,14 ויכנעו עמי אשר נקרא שמי עליהם ויתפללו ורבקשו פני וישבו מדרכיהם הרעים ואני אשמע מן השמים ואסלח לחטאתם וארפא את ארצם
			7,15 עתה עיני עיני יהיו פתחות ואזני קשבות לתפלת המקום הזה 7,16 ועתה בחרתי

Kgtm (OG)	Kgtm (Vorl.)	Kön	Chr
ἡγίακα τὸν οἶκον τοῦτον,	הקדשתי את הבית הזה	הקדשתי את הבית הזה	והקדשתי את הבית הזה
ὃν ᾠκοδόμησας,	אשר בנתה	אשר בנתה	
τοῦ θέσθαι τὸ ὄνομά μου ἐκεῖ εἰς τὸν αἰῶνα,	לשום שמי שם עד עולם	לשום שמי שם עד עולם	להיות שמי שם עד עולם
καὶ ἔσονται οἱ ὀφθαλμοί μου ἐκεῖ καὶ ἡ καρδία μου / καὶ ἡ καρδία μου ἐκεῖ πάσας τὰς ἡμέρας.	והיו עיני ולבי שם כל הימים	והיו עיני ולבי שם כל הימים	והיו עיני ולבי שם כל הימים
4 καὶ σὺ ἐὰν πορευθῇς ἐνώπιόν μου,	4 ואתה אם תלך לפני	4 ואתה אם תלך לפני	7,17 ואתה אם תלך לפני
καθὼς ἐπορεύθη Δαυιδ ὁ πατήρ σου, ἐν ὁσιότητι καρδίας καὶ ἐν εὐθύτητι	כאשר הלך דוד אביך בתם לבב ובישר	כאשר הלך דוד אביך בתם לבב ובישר	כאשר הלך דויד אביך
καὶ τοῦ ποιεῖν κατὰ πάντα,	ולעשות ככל	לעשות ככל	ולעשות ככל
ἃ ἐνετειλάμην αὐτῷ,	אשר [?]	אשר צויתיך	אשר צויתיך
καὶ τὰ προστάγματά μου καὶ τὰς ἐντολάς μου φυλάξῃς,	וחקי ומצותי תשמר	חקי ומשפטי תשמר	וחקי ומשפטי תשמור
5 καὶ ἀναστήσω τὸν θρόνον τῆς βασιλείας σου ἐπὶ Ισραηλ εἰς τὸν αἰῶνα,	5 והקמתי את כסא ממלכתך על ישראל לעלם	5 והקמתי את כסא ממלכתך על ישראל לעלם	7,18 והקימותי את כסא מלכותך
καθὼς ἐλάλησα Δαυιδ τῷ πατρί σου	כאשר דברתי על דוד אביך	כאשר דברתי על דוד אביך	כאשר כרתי לדויד אביך
λέγων	לאמר	לאמר	לאמר
Οὐκ ἐξαρθήσεταί σοι ἀνὴρ ἡγούμενος ἐν Ισραηλ.	לא יכרת לך איש מושל בישראל	לא יכרת לך איש מעל כסא ישראל	לא יכרת לך איש מושל בישראל
6 ἐὰν δὲ ἀποστραφέντες ἀποστραφῆτε ὑμεῖς καὶ τὰ τέκνα ὑμῶν ἀπ' ἐμοῦ	6 אם שוב תשבון אתם ובניכם מאחרי	6 אם שוב תשבון אתם ובניכם מאחרי	7,19 ואם תשובון אתם
καὶ μὴ φυλάξητε τὰς ἐντολάς μου καὶ τὰ προστάγματά μου,	ולא תשמרו מצותי וחקתי	ולא תשמרו מצותי [ו]חקתי	ועזבתם חקותי ומצותי
ἃ ἔδωκεν Μωυσῆς ἐνώπιον ὑμῶν,	אשר נתן משה לפניכם	אשר נתתי לפניכם	אשר נתתי לפניכם
καὶ πορευθῆτε	והלכתם	והלכתם	והלכתם
καὶ δουλεύσητε θεοῖς ἑτέροις	ועבדתם אלהים אחרים	ועבדתם אלהים אחרים	ועבדתם אלהים אחרים
καὶ προσκυνήσητε αὐτοῖς,	והשתחויתם להם	והשתחויתם להם	והשתחויתם להם

Kgtm (OG)	Kgtm (Vorl.)	Kön	Chr
⁷ καὶ ἐξαρῶ τὸν Ισραηλ ἀπὸ τῆς γῆς	⁷ והכרתי את ישראל מעל האדמה	⁷ והכרתי את ישראל מעל פני האדמה	7,20 ונתשתים מעל אדמתי
ἧς ἔδωκα αὐτοῖς,	אשר נתתי להם	אשר נתתי להם	אשר נתתי להם
καὶ τὸν οἶκον τοῦτον,	ואת הבית הזה	ואת הבית	ואת הבית הזה
ὃν ἡγίασα τῷ ὀνόματί μου,	אשר הקדשתי לשמי	אשר הקדשתי לשמי	אשר הקדשתי לשמי
ἀπορρίψω ἐκ προσώπου μου,	אשליך מעל פני	אשלה מעל פני	אשליך מעל פני
καὶ ἔσται Ισραηλ εἰς ἀφανισμὸν καὶ εἰς λάλημα εἰς πάντας τοὺς λαούς.	והיה ישראל למשל ולשנינה בכל העמים	והיה ישראל למשל ולשנינה בכל העמים	ואתננו למשל ולשנינה בכל העמים
⁸ καὶ ὁ οἶκος οὗτος ὁ ὑψηλός,	⁸ והבית הזה יהיה	⁸ והבית הזה יהיה	7,21 והבית הזה אשר היה
	עליון	עליון	עליון
πᾶς ὁ διαπορευόμενος δι' αὐτοῦ ἐκστήσεται	כל עבר עליו ישם	כל עבר עליו ישם	כל עבר עליו ישם
καὶ συριεῖ	ושרק	ושרק	
καὶ ἐροῦσιν	ואמרו	ואמרו	ואמר
Ἕνεκεν τίνος ἐποίησεν κύριος οὕτως τῇ γῇ ταύτῃ καὶ τῷ οἴκῳ τούτῳ;	על מה עשה יהוה ככה לארץ הזאת ולבית הזה	על מה עשה יהוה ככה לארץ הזאת ולבית הזה	במה עשה יהוה ככה לארץ הזאת ולבית הזה
⁹ καὶ ἐροῦσιν	⁹ ואמרו	⁹ ואמרו	7,22 ואמרו
Ἀνθ' ὧν ἐγκατέλιπον κύριον θεὸν αὐτῶν,	על אשר עזבו את יהוה אלהיהם	על אשר עזבו את יהוה אלהים	על אשר עזבו את יהוה אלהי אבתהם
ὃς ἐξήγαγεν τοὺς πατέρας αὐτῶν ἐξ Αἰγύπτου ἐξ οἴκου δουλείας,	אשר הוציא את אבתם ממצרים מבית עבדים	אשר הוציא את אבתם מארץ מצרים	אשר הוציא מארץ מצרים
καὶ ἀντελάβοντο θεῶν ἀλλοτρίων	ויחזקו באלהים אחרים	ויחזקו באלהים אחרים	ויחזיקו באלהים אחרים
καὶ προσεκύνησαν αὐτοῖς	וישתחוו להם	וישתחו להם	וישתחוו להם
καὶ ἐδούλευσαν αὐτοῖς,	ויעבדם	ויעבדם	ויעבדום
διὰ τοῦτο ἐπήγαγεν κύριος ἐπ' αὐτοὺς τὴν κακίαν ταύτην.	על כן הביא יהוה עליהם את הרעה הזאת	על כן הביא יהוה עליהם את כל הרעה הזאת	על כן הביא עליהם את כל הרעה הזאת

Verzeichnis verwendeter Literatur

Textausgaben

Baer, Seligmann, *Liber Chronicorum*, Lipsiae 1888.

Baer, Seligmann, *Liber Regum*, Lipsiae 1895.

Beattie, Derek und Staley McIvor, *The Targums of Ruth and Chronicles (The Aramaic Bible, Vol. 19)*, Edinburgh 1993.

Brooke, Alan England, Norman Mc Lean und Henry St. John Thackeray, *The Old Testament in Greek. Vol. 2.1: 1–2 Samuel*, London 1927.

Brooke, Alan England, Norman Mc Lean und Henry St. John Thackeray, *The Old Testament in Greek. Vol. 2.2: 1–2 Kings*, London 1930.

CAL – Comprehensive Aramaic Lexicon Project, http://cal.huc.edu/index.html, Hebrew Union College-Jewish Institute of Religion, Cincinnati, USA.

Clementz, Heinrich, *Des Flavius Josephus Jüdische Altertümer (Bd. 1: Buch I – X)*, Halle an der Saale 1900.

Codex Coislin 8 (Ra: 243), aus der Bibliothèque Nationale in Paris, https://gallica.bnf.fr/ark:/12148/btv1b11004841d/.

Codex Vaticanus Graecus 1209 aus der Biblioteca Apostolica Vaticana. Digitalisiert von der Bibliothek des Vatikan (DVL – DigiVatLib), https://digi.vatlib.it/mss/detail/Vat.gr.1209.

Coisl. 1, „Codex Coislinianus" (M), aus der Bibliothèque Nationale in Paris, https://gallica.bnf.fr/ark:/12148/btv1b84683074/.

de Lagarde, Paul A., *Bibliothecae Syriacae*, Göttingen 1892.

De Rossi, Johannis B., *Variae lectiones Veteris Testamenti. Vol 1–4*, 1784–1788.

Déaut, Roger Le (Hrsg.), *Targum des Chroniques (Cod. Vat. Urb. Ebr. 1)*, Rom 1971.

Die Bibel. Nach der Übersetzung Martin Luthers (revidierte Fassung von 1984), Stuttgart 1984.

Doederlein, Christoph und Johann Heinrich Meisner, *Biblia Hebraica*, Lipsiae 1793.

Einheitsübersetzung der Heiligen Schrift, Stuttgart 1980.

Elberfelder Bibel (revidierte Fassung von 2006), Witten 2006.

Elliger, Karl und Wilhelm Rudolph (Hrsg.), *Biblia Hebraica Stuttgartensia (BHS)*, 5. Aufl., Stuttgart 1997.

Fernández Marcos, Natalio und Jose Ramon Busto Saiz, *Theodoreti Cyrensis Quaestiones in Reges et Paralipomena. Editio Critica*, Madrid 1984.

Fernández Marcos, Natalio und José Ramon Busto Saiz, *El Texto Antioqueno de la Biblia Griega II, 1–2 Reyes*, Madrid 1992.

Field, Frederick, *Origenis Hexaplorum quae supersunt sive veterum interpretum Graecorum in totum Vetus Testamentum fragmenta. 1 Prolegomena. Genesis - Esther*, 1875.

Field, Frederick, *Origenis Hexaplorum quae supersunt sive veterum interpretum Graecorum in totum Vetus Testamentum fragmenta. 2 Jobus - Malachias. Auctarium et indices*, 1875.

Fox, Michael V., *Proverbs: An Eclectic Edition with Introduction and Textual Commentary (HBCE 1)*, Atlanta 2015.

Freedman, David Noel (Hrsg.), *The Leningrad Codex. A Facsimile Edition*, Michigan 1998.

https://doi.org/10.1515/9783111290973-018

Ginsburg, Christian David, *The Massorah. Compiled from Manuscripts (Vol I: Aleph - Yod)*, London und Vienna 1880.

Ginsburg, Christian David, *The Massorah. Compiled from Manuscripts (Vol. 2: Caph - Tav)*, London und Vienna 1880.

Ginsburg, Christian David, *Vetus Testamentum ('Eśrim we-'arba'ā sifrē ha-qodeš)*, London 1894.

Gordon, Robert P., *Chronicles*, in: The Peshitta Institute Leiden (Hrsg.), The Old Testament in Syriac according to the Peshiṭta Version, Leiden und Boston 1998.

Goshen-Gottstein, Moshe H. (Hrsg.), *The Aleppo Codex: Provided with Massoretic Notes and Pointed by Aaron ben Asher. The Codex Considered Authoritative by Maimonides*, Jerusalem 1976.

Goshen-Gottstein, Moshe H. (Hrsg.), *The Hebrew University Bible. The Book of Isaiah (HUB)*, Jerusalem 1997.

Goshen-Gottstein, Moshe H. und Shemaryahu Talmon (Hrsg.), *The Hebrew University Bible. The Book of Ezekiel (HUB)*, Jerusalem 2004.

Gottlieb, Hans, *The Books of Kings*, in: The Peshitta Institute Leiden (Hrsg.), The Old Testament in Syriac according to the Peshiṭta Version, Leiden und Boston 1976.

Greenberg, Gillian u. a., *Kings. The Syriac Peshitta Bible with English Translation*, Piscataway, New Jersey 2018.

Hanhart, Robert, *Paralipomenon Liber II. Septuaginta Vetus Testamentum Graecum Bd. 7,2*, Göttingen 2014.

Harrington, Daniel, *Targum Jonathan of the Former Prophets (The Aramaic Bible, Vol. 10)*, Edinburgh 1987.

Homes, Roberto und Jacobus Parsons, *Vetus Testamentum Graecum cum Variis Lectionibus. Vol 2 (Josua – Könige)*, 1818.

Hooght, Everardi van der, *Biblia Hebraica (ed. A. Hahn)*, Philadelphia 1878.

Hooght, Everardi van der, *Biblia Hebraica (ed. C. G. G. Theile)*, Lipsiae 1889.

Israel Antiquities Authority (Hrsg.), *The Leon Levy Dead Sea Scrolls Digital Library (https://www.deadseascrolls.org.il/home)*.

Karrer, Martin und Wolfgang Kraus (Hrsg.), *Septuaginta Deutsch. Das griechische Alte Testament in deutscher Übersetzung*, Stuttgart 2009.

Kennicott, Benjamin, *Vetus Testamentum Hebraicum. cum variis lectionibus (Vol. 1)*, Hildesheim, Zürich, New York 1776.

Kennicott, Benjamin, *Vetus Testamentum Hebraicum. cum variis lectionibus (Vol. 2)*, Hildesheim, Zürich, New York 1776.

Kenyon, Frederic George (Hrsg.), *The Codex Alexandrinus (Royal MS. 1 D. V–VIII) in reduced photographic facsimile (1909)*, London 1909.

Kiraz, George, Joseph Bali und Robert P. Gordon (Hrsg.), *1 & 2 Chronicles According to the Syriac Peshitta Version with English Translation*, New Jersey 2019.

Kittel, Rudolf (Hrsg.), *Biblia Hebraica (BHK)*, 5. Aufl., Stuttgart 1974.

Lactantius, *The Divine Institutes*, in: Philip Schaff (Hrsg.), Ante-Nicene Fathers Vol 7. Fathers of the Third and Fourth Centuries: Lactantius, Venantius, Asterius, Victorinus, Dionysius, Apostolic Teaching and Constitutions, Homily, and Liturgies, Grand Rapids 1994.

Lamsa, George M., *Holy Bible. From the Ancient Eastern Text: George M. Lamsa's Translation From the Aramaic of the Peshitta*, 1985.

Letteris, Meir, *Torah, Neviim u-Khetuvim*, New York 1910.

McNamara, Martin (Hrsg.), *The Aramaic Bible. The Targums*, Edinburgh 1987ff.

Menge, Hermann, *Die Heilige Schrift. Übersetzt von Hermann Menge*, Stuttgart 1928.

Michaelis, Johann Heinrich, *Biblia Hebraica*, Halle 1720.

Miqrâ'ôt gĕdôlôt hak-Keter. Sēfer Mĕlāḵîm 1 – 2, Ramat-Gan 1996.

Moreno Hernández, Antonio, *Las glosas marginales de Vetus Latina en las Biblias Vulgatas Españolas. 1–2 Reyes*, Madrid 1991.

Niese, Benedictus, *Flavii Josephi opera edidit et apparatu critico instruxit Benedictus Niese*, Berlin 1887.

Offizielles Verzeichnis der Rahlfs-Sigeln. Herausgegeben vom Septuaginta-Unternehmen der Akademie der Wissenschaft zu Göttingen. Stand Dezember 2012.

Pietersma, Albert und Benjamin G. Wright (Hrsg.), *A New English Translation of the Septuagint (NETS)*, Oxford und New York 2007.

Rabin, Chaim und Emanuel Tov (Hrsg.), *The Hebrew University Bible. The Book of Jeremiah (HUB)*, Jerusalem 1998.

Rahlfs, Alfred, *Septuaginta: Id est Vetus Testamentum iuxta LXX interpretes edidit Alfred Rahlfs (Bibleworks 9)*, Stuttgart 1935.

Rahlfs, Alfred und Robert Hanhart, *Septuaginta: Id est Vetus Testamentum iuxta LXX interpretes edidit Alfred Rahlfs*, Stuttgart 2006.

Reider, Joseph und Nigel Turner, *An Index to Aquila. Greek-Hebrew, Hebrew-Greek, Latin-Hebrew; With the Syriac and Armenian Evidence. Completed and Revised by N. Turner*, Leiden und Boston 1966.

Richter, Wolfgang, *Biblia Hebraica transcripta (BHt). Forschungsdatenbank 3.0: das ist das ganze Alte Testament transkribiert, mit Satzeinteilungen versehen, morphologisch, morphosyntaktisch und syntaktisch analysiert, sodann mit Funktionen für Dokumentation, Kommentierung, Suche, Analyse und Visualisierung bereichert*, Online unter https://www.bht.gwi.uni-muenchen.de/.

Sauma, Assad, *Gregory Bar-Hebraeus's Commentary on the Book of Kings from his Storehouse of Mysteries. A Critical Edition with an English Translation, Introduction and Notes*, Uppsala 2003.

Septuaginta Vetus Testamentum Graecum auctoritate Academiae Scientiarum Gottingensis editum, Göttingen 1931–.

Simonis, Johannis, *Biblia Hebraica Manualia*, Halle 1822.

Sperber, Alexander, *The Bible In Aramaic. Vol. 1. Based On Old Manuscripts And Printed Texts*, 3., Leiden und Boston 2004.

Sperber, Alexander, *The Bible in Aramaic. Vol. 2. Based on Old Manuscripts and Printed Texts*. 3., Leiden und Boston 2012.

The Peshitta Institute Leiden (Hrsg.), *The Old Testament in Syriac according to the Peshiṭta Version*, Leiden und Boston 1966–2019.

Trebolle Barrera, Julio, *4QKgs*, in: Eugene Ulrich und Frank M. Cross (Hrsg.), Qumran Cave 4: IX. Deuteronomy, Joshua, Judges, Kings (DJD XIV), Oxford 1995, 171–183.

Ulrich, Eugene, *The Biblical Qumran Scrolls. Transcriptions and Textual Variants*, Leiden / Boston 2010.

Vercellone, Carlo und Guiseppe Cozza (Hrsg.), *Bibliorum Sacrorum Graecus Codex Vaticanus*, Rom 1867.

Vercellone, Carolus, *Variae Lectiones Vulgatae Latinae Bibliorum. Tomus II: Complectens Libros Iosue, Iudicum, Ruth Et Quatuor Regum*, Rom 1864.

Weber, Robert und Roger Gryson (Hrsg.), *Biblia Sacra iuxta Vulgatam Versionem, Editio quinta.* hrsg. von Robert WEBER und Roger GRYSON, Stuttgart 2007.

Whiston, William, *The Works of Flavius Josephus*, Auburn und Buffalo, NY 1895.

Zohrab, Giovanni, *Zohrabs Armenische Bibel. Vol 1–4*, Venedig 1805.

Zürcher Bibel, 2. Aufl., Zürich 2008.

Übrige Literatur

Achenbach, Reinhard, *Der Pentateuch, seine theokratischen Bearbeitungen und Josua – 2 Könige*, in: Thomas Römer und Konrad Schmid (Hrsg.), Les dernières rédactions du Pentateuque, de l'Hexateuque et de l'Ennéateuque, Leuven 2007, 225–253.

Achenbach, Reinhard, *Die Vollendung der Tora. Studien zur Redaktionsgeschichte des Numeribuches im Kontext von Hexateuch und Pentateuch*, Wiesbaden 2003.

Ackroyd, Peter, *Art.* יָד. זְרוֹעַ, יָמִין, כַּף; אֶצְבַּע, in: ThWAT III, Darmstadt (WBG Sonderdruck 2020) 1982, 425–455.

Aejmelaeus, Anneli, *Kaige Readings in a Non-Kaige Section in 1 Samuel*, English, in: Anneli Aejmelaeus und Tuukka Kauhanen (Hrsg.), The Legacy of Barthélemy (De Septuaginta Investigationes 9), Göttingen 2017, 169–184.

Aejmelaeus, Anneli, *What can we know about the Hebrew Vorlage of the Septuagint?*, in: On the Trail of the Septuagint Translators: Collected Essays, 2. Aufl. (CBET 50), Leuven, Paris und Dudley 2007, 71–106.

Aitken, James K. (Hrsg.), *The T & T Clark Companion to the Septuagint*, Bloomsbury 2015.

Albani, Matthias, *Kalender (AT)*, in: Michaela Bauks, Klaus Koenen und Stefan Alkier (Hrsg.), Das wissenschaftliche Bibellexikon im Internet (WiBiLex), http://www.wibilex.de/stichwort/Ätiologie, 2017.

Albrecht, Felix, *Die Septuaginta: Einführung und Forschungsstand*, in: BN (148) 2011, 35–66.

Albrecht, Felix, *The History of Septuagint Studies: Editions of the Septuagint*, English, in: Alison Salvesen und Timothy Michael Law (Hrsg.), The Oxford Handbook of the Septuagint, Oxford 2021, 53–70.

Albrecht, Felix, *Von der hebraica veritas zur vera graecitas: Origenes – Hesych – Lukian*, in: BN (184) 2020, 105–141.

Arneth, Martin, *Sonne der Gerechtigkeit. Studien zur Solarisierung der Jahwe-Religion im Lichte von Psalm 72*, Wiesbaden 2000.

Auld, A. Graeme, *I and II Samuel. A Commentary*, Louisville und Kentucky 2011.

Auld, A. Graeme, *Kings without Privilege. David and Moses in the Story of the Bible's Kings*, Edinburgh 1994.

Auld, A. Graeme (Hrsg.), *Samuel at the Threshold. Selected Works of Graeme Auld*, Aldershot 2004.

Auld, A. Graeme, *What was the Main Source of the Books of Chronicles?*, in: M. Patrick Graham und Steven L. McKenzie (Hrsg.), The Chronicler as Author. Studies in Text and Texture, Sheffield 1999, 91–99.

Barthélemy, Dominique, *Critique textuelle de l'Ancien Testament: 1. Josué, Juges, Ruth, Samuel, Rois, Chroniques, Esdras, Néhémie, Esther*, Göttingen und Fribourg 1982.

Bauer, Hans und Pontus Leander, *Historische Grammatik der hebräischen Sprache des Alten Testamentes*, Halle 1922.

Becker, Uwe, *Exegese des Alten Testaments. Ein Methoden- und Arbeitsbuch*, 4. Aufl., Tübingen 2015.

Becker, Uwe und Hannes Bezzel (Hrsg.), *Rereading the relecture? The Question of (Post)chronistic Influence in the Latest Redactions of the Books of Samuel*, Tübingen 2014.

Beentjes, Pancratius C., *Tradition and Transformation in the Book of Chronicles*, Leiden und Boston 2008.

Benzinger, Immanuel, *Die Bücher der Könige* (Kurzer Hand-Commentar zum Alten Testament 9), Freiburg, Leipzig und Tübingen 1899.

Berges, Ulrich, *Das Buch Jesaja. Komposition und Endgestalt*, Freiburg [u.a.] 1998.

Berlejung, Angelika, *Erster Hauptteil: Quellen und Methoden*, in: Jan Christian Gertz (Hrsg.), Grundinformation Altes Testament. Eine Einführung in Literatur, Religion und Geschichte des Alten Testaments, Göttingen 2006, 187–302.

Berlejung, Angelika, *There is nothing better than more! Text and images on Amulet 1 from Arslan Tash*, in: JNES 2010, 1–42.

Berlinger, Jakob, *Die Peschitta zum 1 (3) Buch der Könige und ihr Verhältnis zu MT, LXX und Trg. 2.*, 2012.

Blau, Joshua, *Zum angeblichen Gebrauch von את vor dem Nominativ*, in: VT (4) 1954, 7–19.

Bösenecker, Jobst, *Basileion III / Regnorum III / Das dritte Buch der Königtümer / Das erste Buch der*
Könige, in: Martin Karrer und Wolfgang Kraus (Hrsg.), Septuaginta Deutsch – Erläuterungen und Kommentare, Bd. 1: Genesis bis 4. Makkabäer, Stuttgart 2011, 898–945. Bösenecker, Jobst, *Text und Redaktion. Untersuchungen zum hebräischen und griechischen Text*
von 1 Könige 1–11, Rostock 2000.

Braulik, Georg, *Spuren einer Neubearbeitung des deuteronomistischen Geschichtswerkes in 1 Kön*
8,52–53.59–60, in: Biblica 52.1 (1971), 20–33.

Brockelmann, Carl, *Hebräische Syntax*, 2. Aufl., Neukirchen-Vluyn 2004.

Brown, Francis, S. R. Driver und Charles A. Briggs, *The Brown-Driver-Briggs Hebrew and English*
Lexicon: With an appendix containing Biblical Aramaic (Bibleworks 9), Oxford 1907. Burkitt, Francis C., *The Lucianic Text of 1 Kings VIII 53b*, in: JThS 10 (1909), 439–446.

Burney, Charles Fox, *Notes on the Hebrew Text of the Books of Kings*, Oxford 1903.

Carbajosa, Ignacio, *1.3.4 Peshitta*, in: Armin Lange und Emanuel Tov (Hrsg.), Textual History of the Bible (THB) Volume 1: Hebrew Bible, Leiden und Boston 2016.

Carbajosa, Ignacio, *1.4.5 Syro-Hexapla*, in: Armin Lange und Emanuel Tov (Hrsg.), Textual History of the Bible (THB) Volume 1: Hebrew Bible, Leiden und Boston 2016.

Chike, Julian C., *The Literary Development of MT 1 Kings 8:1–11 in Light of the Septuagint*, in: Textus 28.1 (2019), 45–66.

Clancy, Frank, *The Chronicler's Vorlage, Kalimi verses Auld*, in: SJOT 33 2019, 95–110.

Cogan, Mordechai, *1 Kings. A New Translation with Introduction and Commentary* (AB 10), New York 2001.

Conrad, Justus B., *Art.* זָקֵן . זָקֵן, זְקֵנָה, זְקֻנִים, in: ThWAT II, Darmstadt (WBG Sonderdruck 2020) 1982, 639–650.

Cross, Frank, *Canaanite Myth and Hebrew Epic. Essays in the History of the Religion of Israel*, Cambridge, Mass 1973.

Dahm, Ulrike, *Opfer (AT)*, in: Michaela Bauks, Klaus Koenen und Stefan Alkier (Hrsg.), Das wissen-schaftliche Bibellexikon im Internet (WiBiLex), http://www.wibilex.de/stichwort/Ätiologie, 2006.

De Vries, Simon John, *1 Kings* (WBC 12), Nashville 1985.

de Wette, Wilhelm Martin Leberecht, *Beiträge zur Einleitung in das Alte Testament Teil 1: Historisch-kritische Untersuchung über die Bücher der Chronik*, Halle 1806.

Delitzsch, Friedrich, *Die Lese- und Schreibfehler im Alten Testament nebst den dem Schrifttexte einverleibten Randnoten klassifiziert*, Berlin und Leipzig 1920.

Dickie, Matthew M., *20.3.6 Post-Hexaplaric Greek Translations*, in: Armin Lange und Emanuel Tov (Hrsg.), Textual History of the Bible (THB) Volume 1: Hebrew Bible, Leiden und Boston 2016.

Dietrich, Walter, *Die frühe Königszeit in Israel. 10. Jahrhundert v. Chr.* Stuttgart, Berlin und Köln 1997.

Dietrich, Walter, *Prophetie und Geschichte. Eine redaktionsgeschichtliche Untersuchung zum deuteronomistischen Geschichtswerk*, Bd. FRLANT 108, Göttingen 1972.

Dillard, Raymond B., *2 Chronicles* (WBC 15), Waco 1987.

Dillmann, Augustus, *Veteris Testamenti Aethiopici. Tomus Secundus*, Leipzig 1861.

Dray, Carol, *Translation and Interpretation in the Targum to the Books of Kings*, Leiden und Boston 2005.

Dubovský, Peter, *The Building of the First Temple. A Study in Redactional, Text-Critical and Historical Perspective*, Tübingen 2015.

Dyk, Janet W und Percy S. F. van Keulen (Hrsg.), *Language System, Translation Technique, and Textual Tradition in the Peshitta of Kings*, Leiden und Boston 2013.

Ego, Beate, *1.3.3 Targumim*, in: Armin Lange und Emanuel Tov (Hrsg.), Textual History of the Bible (THB) Volume 1: Hebrew Bible, Leiden und Boston 2016.

Ego, Beate u. a., *Biblia Qumranica. Volume 3B: Minor Prophets*, Leiden und Boston 2005.

Ehrlich, Arnold B., *Randglossen zur Hebräischen Bibel*, Bd. Siebenter Band, Leipzig 1914.

Eissfeldt, Otto, *Das erste Buch der Könige*, 4. umgearbeitete Aufl., Bd. Erster Band: 1. Mose bis Ezechiel (Die Heilige Schrift des Alten Testaments), Tübingen 1922.

Fabry, Heinz-Josef und Weinfeld Moshe, *Art.* מִנְחָה, in: ThWAT IV, Darmstadt (WBG Sonderdruck 2020) 1984, 987–1001.

Feldman, Louis H., *Josephus' View of Solomon*, in: Lowell K. Handy (Hrsg.), The Age of Solomon. Scholarship at the Turn of the Millennium, Leiden und New York 1997, 348–374.

Fischer, Alexander A., *Der Text des Alten Testaments. Neubearbeitung der Einführung in die Biblia Hebraica von Ernst Würthwein*, Stuttgart 2009.

Fishbane, Michael, *Biblical Interpretation in Ancient Israel*, Oxford 1985.

Friedman, Richard E., *The Exile and Biblical Narrative*, Bd. HSM 22, Chico, CA 1981.

Fritz, Volkmar, *Das erste Buch der Könige*, Bd. Züricher Bibelkommentare: AT; 10,1, Zürich 1996.

Gallagher, Edmon L., *20.3.7 Vulgate*, in: Armin Lange und Emanuel Tov (Hrsg.), Textual History of the Bible (THB) Volume 1: Hebrew Bible, Leiden und Boston 2016.

Gamberoni, Johann, *Art.* זָבַל, in: ThWAT II, Darmstadt (WBG Sonderdruck 2020) 1984, 531–534.

Gemoll, Wilhelm und Karl Vretska, *Griechisch- Deutsches Schul- und Handwörterbuch. Neubearbeitung*, 10. Aufl., 2006.

Gentry, Peter J., *1.3.1.2 Pre-Hexaplaric Translations, Hexapla, post-Hexaplaric translations*, in: Armin Lange und Emanuel Tov (Hrsg.), Textual History of the Bible (THB) Volume 1: Hebrew Bible, Leiden und Boston 2016.

Gentry, Peter J., *Origen's Hexapla*, English, in: Alison Salvesen und Timothy Michael Law (Hrsg.), The Oxford Handbook of the Septuagint, Oxford 2021, 553–572.

Gerhards, Meik, „Die Sonne lässt am Himmel erkennen Jahwe …". Text- und religionsgeschichtliche Überlegungen zum Tempelweihspruch, in: UF 42 (2010), 191–260.

Gerleman, Gillis, Art. dābār Wort, in: THAT I, 6., Gütersloh 2004, 433–445.

Gerstenberger, Erhard S., Art. עָזַב. עִזְבוֹנִים, in: ThWAT V, Darmstadt (WBG Sonderdruck 2020) 1984, 1200–1208.

Gertz, Jan Christian, I. Tora und Vordere Propheten, in: Jan Christian Gertz (Hrsg.), Grundinformation Altes Testament. Eine Einführung in Literatur, Religion und Geschichte des Alten Testaments, Göttingen 2006, 187–302.

Gesenius, Wilhelm, Emil Kautzsch und Gotthelf Bergsträsser, Hebräische Grammatik, 28. Aufl., 1909, ND, Hildesheim 1962.

Gesenius, Wilhelm, Rudolf Meyer und Herbert Donner, Hebräisches und Aramäisches Handwörterbuch über das Alte Testament, 18. Aufl., Berlin, Heidelberg und New York 2013.

Ginsburg, Christian David, Introduction to the Massoretico-Critical Edition of the Hebrew Bible, London 1807.

Gooding, David W., Ahab according to the Septuagint, in: ZAW 76 (1964), 269–280.

Gooding, David W., Pedantic Timetabling in 3rd Book of Reigns, in: VT 1965, 153–66.

Gooding, David W., Problems of Text and Midrash in the Third Book of Reigns, in: Textus 7 (1969), 1–29.

Gooding, David W., Relics of Ancient Exegesis. A Study of the Miscellanies in 3 Reg. 2, Bd. MSSOTS 4, Cambridge 1976.

Gooding, David W., Temple Specifications: A Dispute in Logical Arrangement betweenthe MT and the LXX, in: VT 17 (1967), 143–172.

Gooding, David W., Text-sequence and Translation-revision in 3 Reg. IX 10–X33, in: VT 19 (1969), 448–463.

Gooding, David W., The Septuagint's Rival Versions of Jeroboam's Rise to Power, in: VT 17 (1967), 173–189.

Gooding, David W., The Septuagint's Version of Solomon's Misconduct, in: VT 15 (1965), 325–335.

Görg, Manfred, Die Gattung des sogenannten Tempelweihspruchs (1 Kg 8,12f.) In: Manfred Görg (Hrsg.), Studien zur biblisch-ägyptischen Religionsgeschichte, Stuttgart 1992, 32–46.

Görg, Manfred, Gott-König-Reden in Israel und Ägypten, Stuttgart u. a. 1975.

Gottlieb, Leeor, 20.3.3 Targum, in: Armin Lange und Emanuel Tov (Hrsg.), Textual History of the Bible (THB) Volume 1: Hebrew Bible, Leiden und Boston 2016.

Gottlieb, Leeor, Targum Chronicles and Its Place Among the Late Targums, Leiden und Boston 2020.

Gowan, Donald E., The Use of ya'an in Biblical Hebrew, in: Vetus Testamentum 21.2 (1971), 168–185.

Graupner, Axel und Heinz-Josef Fabry, Art. שׁוב. שׁוּבָה, מְשׁוּבָה, תְּשׁוּבָה, in: ThWAT VII, Darmstadt (WBG Sonderdruck 2020) 1984, 1118–1176.

Graves, Michael, 1.3.5 Vulgate, in: Armin Lange und Emanuel Tov (Hrsg.), Textual History of the Bible (THB) Volume 1: Hebrew Bible, Leiden und Boston 2016.

Gray, John, I & II Kings, 3., London 1977.

Haag, Herbert, Art. בֶּן־אָדָם, in: ThWAT I, Darmstadt (WBG Sonderdruck 2020) 1984, 682–689.

Halpern, Baruch, The First Historians. The Hebrew Bible and History, San Francisco 1988.

Hartenstein, Friedhelm, *Die Unzugänglichkeit Gottes im Heiligtum. Jesaja 6 und der Wohnort JHWHs in der Jerusalemer Kulttradition*, Neukirchen-Vluyn 1997.

Hartenstein, Friedhelm, *Sonnengott und Wettergott in Jerusalem? Religionsgeschichtliche Beobachtungen zum Tempelweihspruch Salomos im masoretischen Text und in der LXX (1Kön 8,12f. // 3Reg 8,53)*, in: Julia Mannchen und Torsten Reiprich (Hrsg.), „Mein Haus wird ein Bethaus für alle Völker genannt werden" (Jes 56,7), Neukirchen-Vluyn 2007, 53–69.

Hasel, Gerhard F., *Art.* בָּרַת. בְּרִיתוֹת, בְּרִיתֶת, in: ThWAT IV, Darmstadt (WBG Sonderdruck 2020) 1984, 355–367.

Hatch, Edwin und Henry A. Redpath, *A Concordance to the Septuagint and the Other Greek Versions of the Old Testament (including the Apocryphal Books)*, Oxford 1897.

Hausmann, Jutta, *Art.* נָתַשׁ, in: ThWAT V, Darmstadt (WBG Sonderdruck 2020) 1984, 727–730.

Hausmann, Jutta, *Art.* סָלַח. חֹ סַלָּח, סְלִיחָה, in: ThWAT V, Darmstadt (WBG Sonderdruck 2020) 1984, 859–867.

Heese, Franz, *Art.* חָזַק. חָזֵק, חָזָק, חֵזֶק, חֹזֶק,חִזְקָה,חֶזְקָה, in: ThWAT II, Darmstadt (WBG Sonderdruck 2020) 1984, 846–857.

Hendel, Ronald und Jan Joosten, *How old is the Hebrew Bible? A lLnguistic, Textual, and Historical Study*, New Haven und London 2018.

Hentschel, Georg, *1 Könige*, Bd. Die Neue Echter Bibel, Würzburg 1984.

Hoftijzer, Jacob und Karel Jongeling, *Dictionary of the North-west Semitic inscriptions*, Leiden New York 1995.

Hölscher, Gustav, *Das Buch der Könige, seine Quellen und seine Redaktion*, in: Hans Schmidt (Hrsg.), EYΧAΡΙΣΤHΡΙΟΝ. Studien zur Religion und Literatur des Alten und Neuen Testaments. FS. Hermann Gunkel zum 60. Geburtstag. 1. Teil, Göttingen 1923, 158–213.

Horst, Friedrich, *Das Privilegrecht Jahwes*, in: Hans Walter Wolff (Hrsg.), Gottes Recht. Gesammelte Studien zum Recht im Alten Testament (FS für Friedrich Horst), München 1961, 17–154.

Houtman, Alberdina und Harry Sysling, *Alternative Targum Traditions. The Use of Variant Readings for the Study in Origin and History of Targum Jonathan*, Leiden und Boston 2009.

Hugo, Philippe, *1–2 Kingdoms (1–2 Samuel)*, in: James K. Aitken (Hrsg.), The T & T Clark Companion to the Septuagint, Bloomsbury 2015, 127–146.

Hugo, Philippe, *Les deux visages d'Élie: Texte massorétique et Septante dans l'histoire la plus ancienne de 1 Rois 17–18*, Bd. OBO 217, Göttingen 2006.

Hugo, Philippe, *Text History of the Books of Samuel: An Assessment of the Recent Research*, in: P. Hugo und A. Schenker (Hrsg.), Archaeology of the Books of Samuel: The Entangling of the Textual and Literary History, Bd. VTSup 132, Leiden 2010, 1–19.

Hugo, Philippe und Adrian Schenker, *5.2 Textual History of Kings*, in: Armin Lange und Emanuel Tov (Hrsg.), Textual History of the Bible (THB) Volume 1: Hebrew Bible, Leiden und Boston 2016.

Hugo, Philippe und Adrian Schenker, *5.3.2 Masoretic Texts and Ancient Texts Close to MT*, in: Armin Lange und Emanuel Tov (Hrsg.), Textual History of the Bible (THB) Volume 1: Hebrew Bible, Leiden und Boston 2016.

Hurowitz, Victor, *I have built you an Exalted House. Temple Building in the Bible in the Light of Mesopotamian and North-West Semitic Writings*, Sheffield 1992.

Hurvitz, Avi, *A Linguistic Study of the Relationship Between the Priestly Source and the Book of Ezekiel. A New Approach to an Old Problem*, Paris 1982.

Janowski, Bernd, *JHWH und der Sonnengott: Aspekte der Solarisierung JHWHs in vorexilischer Zeit*, in: Joachim Mehlhausen (Hrsg.), Pluralismus und Identität. VIII. Europäischer Theologenkongreß in Wien vom 20. bis zum 24. September 1993, Gütersloh 1995, 214–241.

Janowski, Bernd, *JHWH und der Sonnengott: Aspekte der Solarisierung JHWHs in vorexilischer Zeit*, in: Bernd Janowski (Hrsg.), Die rettende Gerechtigkeit. Beiträge zur Theologie des Alten Testamens 2, Neukirchen-Vluyn 1999, 192–219.

Japhet, Sara, *2 Chronik* (HThKAT), Freiburg, Basel und Wien 2003.

Jastrow, Marcus, *A Dictionary of the Targumim, the Talmud Babli and Yerushalmi, and the Midrashic Literature*. New York 1950.

Jepsen, Alfred, *Die Quellen des Königbuches*, Halle 1953.

Jobes, Karen H. und Moisés Silva, *Invitation to the Septuagint*, Grand Rapids 2000.

Johnstone, William, *Review of A.G. Auld, Kings without Privilege*, in: SJTh 50 1997, 256–258.

Joüon, Paul und Takamitsu Muraoka, *A Grammar of Biblical Hebrew* (SB 14), Rom 1991.

Kalimi, Isaac, *Die Quelle(n) der Textparallelen zwischen Samuel-Könige und Chronik*, in: Uwe Becker und Hannes Bezzel (Hrsg.), Rereading the relecture? The Question of (Post)chronistic Influence in theLatest Redactions of the Books of Samuel, Tübingen 2014, 11–30.

Kalimi, Isaac, *The Reshaping of Ancient Israelite History in Chronicles*, Winona Lake, Ind 2005.

Kalimi, Isaac, *Zur Geschichtsschreibung des Chronisten. Literarisch-historiographische Abweichungen der Chronik von ihren Paralleltexten in den Samuel- und Königsbüchern*, Berlin und New York 1995.

Kamphausen, Adolf, *Die Bücher der Könige*, 3. überarb. Aufl., Bd. Die Heilige Schrift des Alten Testaments, Tübingen 1909.

Kasari, Petri, *Nathan's Promise in 2 Samuel 7 and Related Texts*, Helsinki 2009.

Kató, Szabolcs-Ferencz, *Der Tempelweihspruch Salomos (I Reg 8,12–13/LXX III Bas 8,53): Ein neuer Vorschlag*, in: ZAW 131.2 (2019), 220–234.

Kauhanen, Tuukka, *Lucifer of Cagliari and the Text of 1–2 Kings*, Atlanta 27. Juli 2018.

Kauhanen, Tuukka, *The Proto-Lucianic and Antiochian Text*, English, in: Alison Salvesen und Timothy Michael Law (Hrsg.), The Oxford Handbook of the Septuagint, Oxford 2021, 537–552.

Kauhanen, Tuukka, *The Proto-Lucianic Problem in 1 Samuel*, Göttingen 2012.

Kauhanen, Tuukka und Timothy Michael Law, *Methodological Remarks on the Textual History of Reigns: A Response to Siegfried Kreuzer*, English, in: BIOSCS 2010.43 (2010), 73–87.

Kauhanen, Tuukka und Leonardo da Silva Pinto Pessoa, *Recognizing Kaige-Readings in Samuel – Kings*, English, in: Journal of Septuagint and Cognate Studies 2020, 67–86.

Kauhanen, Tuukka u. a., *The Books of Kings*, English, in: Alison G. Salvesen und Timothy M. Law (Hrsg.), The Oxford Handbook of the Septuagint (Oxford Handbooks), Oxford 2021, 225–234.

Keel, Othmar, *Der Salomonische Tempelweihspruch: Beobachtungen zum religionsgeschichtlichen Kontext des Ersten Jerusalemer Tempels*, in: Othmar Keel und Erich Zenger (Hrsg.), Gottesstadt und Gottesgarten, Freiburg 2002, 269–306.

Keel, Othmar, *Die Geschichte Jerusalems und die Entstehung des Monotheismus (Teil 1)*, Göttingen 2007.

Keel, Othmar, *Fern von Jerusalem. Frühe Jerusalemer Kulttraditionen und ihre Träger und Trägerinnen*, in: Ferdinand Hahn u. a. (Hrsg.), Zion Ort der Begegnung. Festschrift für Laurentius Klein zur Vollendung des 65. Lebensjahres, Athenäum, Hain und Hanstein 1993, 439–501.

Keel, Othmar, *Minima methodica und die Sonnengottheit von Jerusalem*, in: Izaak J. de Hulster und Rüdiger Schmitt (Hrsg.), Iconography and Biblical Studies, Münster 2009, 213–223.

Keel, Othmar, *Seth-Baal und Seth-Baal-Jahwe – interkulturelle Ligaturen*, in: Gerd Theißen (Hrsg.), Jerusalem und die Länder. Ikonographie - Topographie - Theologie. Festschrift für Max Küchler zum 65. Geburtstag, Göttingen 2009, 87–107.

Keel, Othmar, *Sturmgott-Sonnengott-Einziger: Ein neuer Versuch, die Entstehung des jüdischen Monotheismus historisch zu verstehen*, in: Bibel und Kirche 49/1 (1994).

Keel, Othmar und Christoph Uehlinger, *Jahwe und die Sonnengottheit von Jerusalem*, in: Walter Dietrich und Martin A. Klopfenstein (Hrsg.), Ein Gott allein? JHWH-Verehrung und biblischer Monotheismus im Kontext der israelitischen und altorientalischen Religionsgeschichte, Freiburg 1994, 296–306.

Keller, Carl Albert und Wehmeier Gerhard, *Art. brk pi. segnen*, in: THAT I, 6., Gütersloh 2004, 353–376.

Kellermann, Diether, *Art.* עוֹלָה, in: ThWAT VI, Darmstadt (WBG Sonderdruck 2020) 1984, 105–124.

Kelley, Page H., Daniel S. Mynatt und Timothy G. Crawford, *The Masorah of Biblia Hebraica Stuttgartensia*, 1. Feb. 1998.

Kittel, Rudolf, *Die Bücher der Könige*, Bd. Handkommentar zum Alten Testament, Göttingen 1900.

Klein, Ralph W., *2 Chronicles*, Minneapolis 2012.

Klostermann, August, *Die Bücher Samuelis und der Könige*, Nördlingen 1887.

Knauf, Ernst Axel, *1 Könige 1–14* (HThKAT), Freiburg, Basel und Wien 2016.

Knauf, Ernst Axel, *Le roi est mort, vive le roi! A Biblical Argument for the Historicity of Solomon*, in: The Age of Solomon. Scholarship at the Turn of the Millennium, Leiden und New York 1997, 81–95.

Knierim, Rolf, *Art. ḥṭʾ sich verfehlen*, in: THAT I, 6., Gütersloh 2004, 541–549.

Knoppers, Garry N., *Review of A. G. Auld, Kings without Privilege*, in: AThJ 27 1995, 118–121.

Knoppers, Garry N., *Two Nations under God. The Deuteronomistic History of Solomon and the Dual Monarchies*, Bd. Volume I: The Reign of Solomon and the Rise of Jeroboam (HSM 53), Atlanta 1993.

Knoppers, Gary N., *20.3.1 Septuagint*, in: Armin Lange und Emanuel Tov (Hrsg.), Textual History of the Bible (THB) Volume 1: Hebrew Bible, Leiden und Boston 2016.

Knoppers, Gary N., *I Chronicles, 1–9. A new Translation with Introduction and Commentary*, New York 2004.

Knoppers, Gary N., *I Chronicles, 10–29. A new Translation with Introduction and Commentary*, New York 2004.

Knoppers, Gary N., *Prayer and Propaganda. Solomon's Dedication of the Temple and the Deuteronomist's Program*, in: CBQ 57.2 (1995), 229–254.

Koch, Christoph, *Gottes himmlische Wohnstatt*, Tübingen 2018.

Koch, Klaus, *Art.* חָטָא. חֵטְא, חֲטָאָה, חַטָּאָה, חַטָּאת, חֵטְא, in: ThWAT II, Darmstadt (WBG Sonderdruck 2020) 1984, 857–870.

Koehler, Ludwig und Walter Baumgartner, *Hebräisches und aramäisches Lexikon zum Alten Testament (HALAT)*, Nachdruck der 3. Aufl. von 1967–1996, Leiden 2004.

Koehler, Ludwig, Walter Baumgartner und Walter Dietrich, *Konzise und aktualisierte Ausgabe des Hebräischen und Aramäischen Lexikons zum Alten Testament (KAHAL)*, 2013.

Koehler, Ludwig, Walter Baumgartner und Mervyn E. J. Richardson, *The Hebrew and Aramaic lexicon of the Old Testament Online (HALOT Online)*, Leiden und Boston 2017.

Körting, Corinna, *Der Schall des Schofar. Israels Feste im Herbst*, Berlin 1999.

Körting, Corinna, *Fest (AT)*, in: Michaela Bauks, Klaus Koenen und Stefan Alkier (Hrsg.), Das wissenschaftliche Bibellexikon im Internet (WiBiLex), http://www.wibilex.de/stichwort/Ätiologie, 2007.

Kratz, Reinhard Gregor, *Die Komposition der erzählenden Bücher des Alten Testaments. Grundwissen der Bibelkritik*, Stuttgart 2000.

Kratz, Reinhard Gregor, *Historisches und biblisches Israel. Drei Überblicke zum Alten Testament*, 2. Aufl., Tübingen 2017.

Kratz, Reinhard Gregor, *Innerbiblische Exegese und Redaktionsgeschichte im Lichte empirischer Evidenz*, in: Reinhard Gregor Kratz (Hrsg.), Das Judentum im Zeitalter des Zweiten Tempels, Tübingen 2004, 126–156.

Kratz, Reinhard Gregor, *Redaktionsgeschichte / Redaktionskritik I. AT*, in: TRE 28 1997, 367–378.

Kratz, Reinhard Gregor, Annette Steudel und Ingo Kottsieper, *Hebräisches und aramäisches Wörterbuch zu den Texten vom Toten Meer (HAWTTM). Band 1*, Göttingen 2017.

Kratz, Reinhard Gregor, Annette Steudel und Ingo Kottsieper (Hrsg.), *Hebräisches und aramäisches Wörterbuch zu den Texten vom Toten Meer (HWATTM). Band 2 ב – ת*, Berlin und Boston 2018.

Kreuzer, Siegfried, *5.5 Septuagint (Kings)*, in: Armin Lange und Emanuel Tov (Hrsg.), Textual History of the Bible (THB) Volume 1: Hebrew Bible, Leiden und Boston 2016.

Kreuzer, Siegfried, *Kaige and 'Theodotion'*, English, in: Alison Salvesen und Timothy Michael Law (Hrsg.), The Oxford Handbook of the Septuagint, Oxford 2021, 449–458.

Kropat, Arno, *Die Syntax des Autors der Chronik verglichen mit der seiner Quellen. Ein Beitrag zur historischen Syntax des Hebräischen*, Gießen 1909.

Kuhl, Curt, *Die „Wiederaufnahme" — ein literarkritisches Prinzip?*, in: ZAW 64.1 (1952), 1–11.

Kutscher, Edward Yechezkel, *A History of the Hebrew Language*, Jerusalem 1982.

Kutter, Juliane, *nūr ilī. Die Sonnengottheiten in den nordwestsemitischen Religionen von der Spätbronzezeit bis zur vorromischen Zeit*, Bd. AOAT 346, Münster 2008.

Lagarde, Paul de, *Orientalia*, Göttingen 1879.

Landersdorfer, Simon, *Die Bücher der Könige*, Bonn 1927.

Lange, Armin, *1.2.2 Ancient and Late Ancient Hebrew and Aramaic Jewish Texts*, in: Armin Lange und Emanuel Tov (Hrsg.), Textual History of the Bible (THB) Volume 1: Hebrew Bible, Leiden und Boston 2016.

Lange, Armin, *1.7.1 Jewish Quotations and Allusions*, in: Armin Lange und Emanuel Tov (Hrsg.), Textual History of the Bible (THB) Volume 1: Hebrew Bible, Leiden und Boston 2016.

Lange, Armin, *5.3.1 Ancient and Late Ancient Manuscript Evidence*, in: Armin Lange und Emanuel Tov (Hrsg.), Textual History of the Bible (THB) Volume 1: Hebrew Bible, Leiden und Boston 2016.

Lange, Armin und Emanuel Tov (Hrsg.), *Textual History of the Bible (THB) Volume 1: Hebrew Bible*, Leiden und Boston 2016.

Law, Timothy Michael, *3–4 Kingdoms (1–2 Kings)*, in: James K. Aitken (Hrsg.), The T & T Clark Companion to the Septuagint, Bloomsbury 2015, 147–166.

Law, Timothy Michael, *How Not to Use 3 Reigns. A Plea to Scholars of the Books of Kings*, in: VT 61.2 (2011), 280–297.

Law, Timothy Michael, *Origenes Orientalis. The Preservation of Origen's Hexapla in the Syrohexapla of 3 Kingdoms* (DSI 2), Göttingen 2011.

Lettinga, Jan P. und Heinrich von Siebenthal, *Grammatik des Biblischen Hebräisch*, Gießen und Riehen 2016.

Leuenberger, Martin, *Gott in Bewegung. Religions- und theologiegeschichtliche Beiträge zu Gottesvorstellungen im alten Israel*, Tübingen 19. Juli 2011.

Leverson, Jon Douglas, *From Temple to Synagogue: I Kings 8*, in: Baruch Halpern und Jon Levenson (Hrsg.), Traditions in Transformation. Turning Points in Biblical Faith. Essays Presented to Frank Moore Cross, Jr. Winona Lake, IN 1981, 143–166.

Levin, Christoph, *Das Alte Testament*, 5. überarb. Aufl., 2018.

Levy, Jacob, *Chaldäisches Wörterbuch über die Targumim und einen grossen Theil der rabbinischen Schrifttums*, London 1867.

Liddell, Henry G., Robert Scott und Henry S. Jones, *The Online Liddell-Scott-Jones Greek-English Lexicon (LSJ)*, 2011.

Liljeström, Marketta, *The Syrohexapla*, English, in: Alison Salvesen und Timothy Michael Law (Hrsg.), The Oxford Handbook of the Septuagint, Oxford 2021, 655–670.

Lipiński, Edward, *Art. נַחַל. נַחֲלָה*, in: ThWAT V, Darmstadt (WBG Sonderdruck 2020) 1984, 342–360.

Lohfink, Norbert, *Zur Fabel in Dtn 31–32*, in: Norbert Lohfink (Hrsg.), Studien zum Deuteronomium und zur deuteronomistischen Literatur IV, Stuttgart 2000, 218–245.

Long, Burke O., *Two Question and Answer Schemata in the Prophets*, in: JBL 90.2 (1971), 129–139.

Loretz, Oswald, *Der Torso eines Kanaanäisch-Israëlitischen Tempelweihspruches in 1 Kg 8,12–13*, in: UF 6 (1974), 478–480.

Louw, Johannes E. und Eugene A. Nida, *Greek-English Lexicon of the New Testament: Based on Semantic Domains*, 2. Aufl., New York 1989.

Lumby, Rawson, *The First Book of the Kings*, Cambridge 1886.

Lust, Johan, Erik Eynikel und Katrin Hauspie, *Greek-English Lexicon of the Septuagint*, 2. Aufl., Stuttgart 2003.

Martín-Contreras, Elvira, *1.5 Medieval Masoretic Text*, in: Armin Lange und Emanuel Tov (Hrsg.), Textual History of the Bible (THB) Volume 1: Hebrew Bible, Leiden und Boston 2016.

Maskow, Lars, *Tora in der Chronik. Studien zur Rezeption des Pentateuchs in den Chronikbüchern*, Göttingen 2019.

McKenzie, Steven L., *1 Kings 8: A Sample Study into the Texts of Kings Usedby the Chronicler and Translated by the Old Greek*, in: BIOSCS 19 (1986), 15–34.

McKenzie, Steven L., *1–2 Chronicles* (AOTC), Nashville und Tennessee 2004.

McKenzie, Steven L., *The Trouble with King Jehoshaphat*, in: Robert Rezetko, Timothy H. Lim und W.Brian Aucker (Hrsg.), Reflections and Refraction. Studies in Biblical Historiography in Honour of A. Graeme Auld, Boston und Leiden 2007, 299–314.

McKenzie, Steven L., *The Trouble with Kings. The Composition of the Book of Kings in the Deuteronomistic History*, Bd. VTSup 42, Leiden 1991.

Meade, John D., *20.3.5 Hexaplaric Greek Translations*, in: Armin Lange und Emanuel Tov (Hrsg.), Textual History of the Bible (THB) Volume 1: Hebrew Bible, Leiden und Boston 2016.

Meiser, Martin, *1.7.2 Christian Quotations and Allusions*, in: Armin Lange und Emanuel Tov (Hrsg.), Textual History of the Bible (THB) Volume 1: Hebrew Bible, Leiden und Boston 2016.

Metzger, Markus, *Himmlische und irdische Wohnstatt Jahwes*, in: UF 2 (1970), 139–158.

Metzger, Markus, *Himmlische und irdische Wohnstatt Jahwes*, in: Markus Metzger (Hrsg.), Schöpfung, Thron und Heiligtum. Beiträge zur Theologie des Alten Testaments, Neukirchen-Vluyn 2003, 1–38.

Migne, Jacques-Paul, *Patrologiae Cursus Completus, Series Graeca*, Paris 1857–1866.

Mittellateinisches Wörterbuch. digitalisierte Fassung im Wörterbuchnetz des Trier Center for Digital Humanities (Version 01/21), https://www.woerterbuchnetz.de/MLW.

Montgomery, James A., *A Critical and Exegetical Commentary on the Books of Kings*, Edinburgh 1951.

Mulder, Martin J., *1 Kings. Volume 1: 1 Kings 1–11*, Peeters und Leuven 11. Jan. 1998.

Mulder, Martin J., *Die Partikel ya'an*, in: OTS 18 (1973), 49–83.

Müller, Reinhard, *Jahwe als Wettergott. Studien zur althebräischen Kultlyrik anhand ausgewählter Psalmen*, Berlin 2008.

Müller, Reinhard, *Königtum und Gottesherrschaft. Untersuchungen zur alttestamentlichen Monarchiekritik*, Tübingen 2004.

Müller, Reinhard und Juha Pakkala, *Editorial Techniques in the Hebrew Bible. Toward a Refined Literary Criticism*, Atlanta 2022.

Müller, Reinhard, Juha Pakkala und Bas Ter Haar Romeny, *Evidence of Editing. Growth and Change of Texts in the Hebrew Bible*, Atlanta 2014.

Muraoka, Takamitsu, *A Greek-English Lexicon of the Septuagint*, Louvain, Paris und Walpole 1. Mai 2009.

Muraoka, Takamitsu, *Emphatic Words and Structures in Biblical Hebrew*, 1. Dez. 1985.

Nelson, Richard D., *The Double Redaction of the Deuteronomistic History*, Sheffield 1981.

Nentel, Jochen, *Trägerschaft und Intentionen des deuteronomistischen Geschichtswerks*, Berlin [u.a.] 2000.

Noth, Martin, *I. Könige 1–16* (BK.AT (IX/1)), Neukirchen-Vluyn 1968.

Noth, Martin, *Überlieferungsgeschichte des Pentateuch*, Stuttgart 1948.

Noth, Martin, *Überlieferungsgeschichtliche Studien. Die sammelnden und bearbeitenden Geschichtswerke im Alten Testament. Die sammelnden und bearbeitenden Geschichtswerke im Alten Testament*, 3. unveränderte Auflage, Darmstadt 1967.

O'Brien, Mark A., *The Deuteronomistic History Hypothesis. A Reassessment*. Bd. OBO 92, Göttingen 1989.

Olmo Lete, Gregorio del und Joaquín Sanmartín (Hrsg.), *A Dictionary of the Ugaritic Language in the Alphabetic Tradition. Third Revised Edition*, Leiden und Boston 2015.

Otto, Eckart, *Das Deuteronomium*, Berlin und New York 21. Juni 1999.

Otzen, Benedikt, *Art.* בדל, in: ThWAT I, Darmstadt (WBG Sonderdruck 2020) 1984, 518–520.

Otzen, Benedikt, *Art.* שָׁבָה, in: ThWAT VII, Darmstadt (WBG Sonderdruck 2020) 1984, 950–958.

Pajunen, Mika, *20.2.2 (Proto-)Masoretic Texts and Ancient Texts Close to MT*, in: Armin Lange und Emanuel Tov (Hrsg.), Textual History of the Bible (THB) Volume 1: Hebrew Bible, Leiden und Boston 2016.

Pakkala, Juha, *God's Word Omitted. Omissions in the Transmission of the Hebrew Bible*, Göttingen 2013.

Pakkala, Juha, *Yhwh, the Sun-god, Wants a New Temple: Theological Corrections in 1Kgs 8:12-13/ 3Reg 8:53'*, in: Timothy Michael Law, Marketta Liljestrom und Kristin De Troyer (Hrsg.), In the Footsteps of Sherlock Holmes: Studies in the Biblical Text in Honor of Anneli Aejmelaeus, Leuven 2013, 377–390.

Payne Smith, Jessie, *A Compendious Syriac Dictionary*, Oxford 1903.

Person, Raymond F. Jr., *The Deuteronomic History and the Book of Chronicles. Scribal Works in an Oral World*, Atlanta 2010.

Person, Raymond F. Jr., *The Deuteronomic History and the Books of Chronicles. Contemporary Competing Historiographies*, in: Robert Rezetko, Timothy H. Lim und W.Brian Aucker (Hrsg.), Reflections and Refraction. Studies in Biblical Historiography in Honour of A. Graeme Auld, Boston und Leiden 2007, 315–336.

Peterca, Vladimir, *Ein midraschartiges Auslegungsbeispiel zugunsten Salomos. 1 Kön 8,12–13 – 3Reg 8,53a*, in: BZ 31 (1987), 270–275.

Peursen, Wido Th. van, *The Verbal System in the Hebrew Text of Ben Sira*, Leiden und Boston 2004.

Phillips, David, *20.3.4 Peshitta*, in: Armin Lange und Emanuel Tov (Hrsg.), Textual History of the Bible (THB) Volume 1: Hebrew Bible, Leiden und Boston 2016.

Pietsch, Michael, *Von Königen und Königtümern. Eine Untersuchung zur Textgeschichte der Königsbücher*, in: ZAW 119 (2007), 39–58.

Piquer Otero, Andrés, *20.1 Textual History of Chronicles*, in: Armin Lange und Emanuel Tov (Hrsg.), Textual History of the Bible (THB) Volume 1: Hebrew Bible, Leiden und Boston 2016.

Polak, Frank H., *The Septuaginta Account of Solomon's Reign. Revision and Ancient Recension*, in: B. A. Taylor (Hrsg.), X Congress of the International Organization for Septuagint and Cognate Studies. Oslo, 1998, Atlanta 2001, 139–164.

Porten, Bezalel, *Archives from Elephantine. The Life of an Ancient Jewish Military Colony*, Berkeley und Los Angeles 1968.

Porzig, Peter C., *Die Lade Jahwes im Alten Testament und in den Texten vom Toten Meer*, Berlin 2009.

Porzig, Peter C., *Postchronistic Traces in the Narratives about the Ark?*, in: Uwe Becker und Hannes Bezzel (Hrsg.), Rereading the relecture? The Question of (Post)chronistic Influence in theLatest Redactions of the Books of Samuel, Tübingen 2014, 93–106.

Qimron, Elishaʿ, *The Hebrew of the Dead Sea Scrolls*, Atlanta 1986.

Rahlfs, Alfred, *Lucians Rezension der Königsbücher. Septuaginta-Studien Vol. 3*, Göttingen 1911.

Rahlfs, Alfred, *Verzeichnis der griechischen Handschriften des Alten Testaments* (MSU 2), Berlin 1914.

Rahlfs, Alfred, *Verzeichnis der griechischen Handschriften des Alten Testaments. Vol I,1: Die Überlieferung bis zum VIII. Jahrhundert*, hrsg. v. Detlef Fraenkel (Septuaginta Vetus Testamentum Graecum auctoritate Academiae Scientiarum Gottingensis editum Supp I,1), Göttingen 2004.

Rehm, Martin, *Das erste Buch der Könige*, Würzburg 1979.

Rehm, Martin, *Textkritische Untersuchungen zu den Parallelstellen der Samuel-Königsbücher und der Chronik*, Münster 1937.

Richelle, Matthieu, *How to Edit an Elusive Text? The So-called Poem of Solomon (1 Kgs 8:12–13 MT // 8:53a LXX) as a Case Study*, in: Textus 27.1 (2018), 205–228.

Ringgren, Helmer, Jan Bergman und Bernhard Lang, *Art. זָבַח. זֶבַח*, in: ThWAT II, Darmstadt (WBG Sonderdruck 2020) 1984, 509–531.

Rohde, Michael, *Wo wohnt Gott? Alttestamentliche Konzeptionen der Gegenwart Jahwesam Beispiel des Tempelweihgebets 1 Könige 8*, in: BTZ 26 2009, 165–183.

Römer, Thomas, *Die Erfindung Gottes. Eine Reise zu den Quellen des Monotheismus*, Darmstadt 2018.

Römer, Thomas C., *The So-Called Deuteronomistic History. A Sociological, Historical and Literary Introduction*, London 2007.

Rösel, Martin, *Salomo und die Sonne. Zur Rekonstruktion des Tempelweihspruchs I Reg 8,12f*, in: ZAW 121 (2009), 402–417.

Rost, Leonhard, *Die Überlieferung von der Thronnachfolge Davids*, Bd. BWANT 42, Stuttgart 1926.

Rudnig, Thilo Alexander, *König ohne Tempel. 2 Samuel 7 in Tradition und Redaktion*, in: VT 61.3 (2011), 426–446.

Rudolph, Wilhelm, *Chronikbücher* (Handbuch zum Alten Testament 21), Tübingen 1955.

Rudolph, Wilhelm, *Zum Text der Königsbücher*, in: ZAW 63 (1951), 201–215.

Sáenz-Badillos, Angel, *A History of the Hebrew Language*, übers. v. John Elwolde, 3. Aufl., Cambridge 2002.

Salvesen, Alosin G. und Timothy Michael Law (Hrsg.), *The Oxford Handbook of the Septuagint*, Oxford 2021.

Samuel, Harald, *Von Priestern zum Patriarchen. Levi und die Leviten im Alten Testament*, Berlin und Boston 2014.

Šanda, Albert, *Die Bücher der Könige. Das erste Buch der Könige*, Münster i.Westf. 1911.

Särkiö, Pekka, *Die Weisheit und Macht Salomos in der israelitischen Historiographie. Eine traditions- und redaktionskritische Untersuchung über 1 Kön 3–5 und 9–11*, Helsinki 1994.

Saydon, P. P., *Meanings and Uses of the Particle אֵת*, in: VT (14) 1964, 192–210.

Schäfer, Christian, *Alfred Rahlfs (1865–1935) und die kritische Edition der Septuaginta. Eine biographisch-wissenschaftsgeschichtliche Studie*, Berlin und Boston 2016.

Scharbert, Josef, *Art. בָּרַךְ. בְּרָכָה*, in: ThWAT I, Darmstadt (WBG Sonderdruck 2020) 1984, 808–841.

Schenker, Adrian, *Älteste Textgeschichte der Königsbücher: die hebräische Vorlage der ursprünglichen Septuaginta als älteste Textform der Königsbücher* (OBO 199), Fribourg und Göttingen 2004.

Schenker, Adrian, *Die Zwei Erzählungen von Joabs Tod (1 Kön 2:28-34) im Masoretischen Text und in der LXX*, in: B.A. Taylor (Hrsg.), X Congress of the International Organization for Septuagint and Cognate Studies, Oslo, 1998, Bd. SBLSCS 51, Atlanta 2001, 27–35.

Schenker, Adrian, *Implizieren 1 Kön 8,18 und 2 Chr 6,8 einen Archetyp? Ein gemeinsamer Schreibfehler im masoretischen Text und in der Septuaginta der Bücher der Könige und Chronik*, in: Jonathan M. Robker, Frank Ueberschaer und Thomas Wagner (Hrsg.), Theologie und Text. Septuaginta und Masoretischer Text als Äußerungen Theologischer Reflexion Veranstaltung 2015, Wuppertal, Tübingen 2018, 71–76.

Schenker, Adrian, *Septante et texte massorétique dans l'histoire la plus ancienne du texte de 1 Rois 2–14*, Bd. CahRB 48, Paris 2000.

Schenker, Adrian, *The Ark as Sign of God's Absent Presence in Solomons Temple. 1 Kings 8:6–8 in the Hebrew and Greek Bibles*, in: Adrian Schenker (Hrsg.), Anfänge der Textgeschichte des Alten Testaments. Studien zu Entstehung und Verhältnis der frühesten Textformen, Stuttgart 2011, 99–110.

Schmid, Hans Heinrich, *Art. 'mr sagen*, in: THAT I, 6., Gütersloh 2004, 211–216.

Schmid, Konrad, *II. Hintere Propheten (Nebiim)*, in: Jan Christian Gertz (Hrsg.), Grundinformation Altes Testament. Eine Einführung in Literatur, Religion und Geschichte des Alten Testaments, Göttingen 2006, 303–361.

Schmoldt, Hans, *Art. שָׁרַק. שְׁרֵקָה, heb, heb*, in: ThWAT VIII, Darmstadt (WBG Sonderdruck 2020) 1984, 475–477.

Schwertner, Siegfried M., *IATG³. Internationales Abkürzungsverzeichnis für Theologie und Grenzgebiete*, 3., überarbeitete und erweiterte Aufl., Berlin und Boston 2014.

Schwienhorst, Ludger, *Art. נָגַע. נֶגַע*, in: ThWAT V, Darmstadt (WBG Sonderdruck 2020) 1984, 219–226.

Seebass, Horst, *Art. פֶּשַׁע*, in: ThWAT VI, Darmstadt (WBG Sonderdruck 2020) 1984, 793–810.

Seeligmann, Isac Leo, *Indications of Editorial Alteration and Adaptation in the Massoretic Text and the Septuagint*, in: VT 1961, 201–221.

Seidl, Theodor, *Art. שְׁלָמִים*, in: ThWAT VIII, Darmstadt (WBG Sonderdruck 2020) 1984, 101–111.

von Siebenthal, Heinrich, *Griechische Grammatik zum Neuen Testament*, Gießen 2011.

Simian-Yofre, Horacio, *Art. רחם. רַחֲמִים, רָחוּם, רַחֲמָנִי*, in: ThWAT VII, Darmstadt (WBG Sonderdruck 2020) 1984, 460–476.

Skweres, Dieter Eduard, *Das Motiv der Strafgrunderfragung in biblischen und neuassyrischen Texten*, in: BZ 14.2 (1970), 181–197.

Smend, Rudolf, *Die Entstehung des Alten Testaments* (ThW 1), Stuttgart / Berlin / Köln / Mainz 1978.

Smith, Mark S., *The Ugaritic Baal Cycle. Volume I. Introduction with Text, Translation and Commentary of KTU 1.1–1.2*, Leiden, New York und Köln 1994.

Snijders, Lambertus A., *Art. מָלֵא. מְלֵא, מִלְאָה, מְלֵאִים, מִלּוּא*, in: ThWAT IV, Darmstadt (WBG Sonderdruck 2020) 1984, 876–886.

Soggin, Jan Alberto, *Art. šūb zurückkehren*, in: THAT II, 6., Gütersloh 2004, 884–891.

Spieckermann, Hermann, *Heilsgegenwart. Eine Theologie der Psalmen*, Göttingen 1989.

Stade, Bernhard, *The Book of Kings*, übers. v. R. E. Brünnow und Paul Haupt, Leipzig 1904.

Steck, Odil Hannes, *Exegese des Alten Testaments. Leitfaden der Methodik. Ein Arbeitsbuch für Proseminare, Seminare und Vorlesungen*, 14. durchges. u. erw., Neukirchen-Vluyn 1999.

Steiner, Till Magnus, *Salomo als Nachfolger Davids. Die Dynastieverheißung in 2 Sam 7,11b–16 und ihre Rezeption in 1 Kön 1–11*, Göttingen 2017.

Stipp, Hermann-Josef, *Jeremia / Jeremiabuch*, in: Michaela Bauks, Klaus Koenen und Stefan Alkier (Hrsg.), Das wissenschaftliche Bibellexikon im Internet (WiBiLex), http://www.wibilex.de/stichwort/Ätiologie, 2019.

Stipp, Hermann-Josef, *Textkritische Synopse zum Jeremiabuch*, 15., korrigierte interne Auf., München und Stellenbosch April 2021.

Stipp, Hermann-Josef, *Die sechste und siebte Fürbitte des Tempelweihegebets (1 Kön 8,44–51) in der Diskussion um das Deuteronomistische Geschichtswerk*, in: Hermann-Josef Stipp (Hrsg.), Alttestamentliche Studien. Arbeiten zu Priesterschrift, Deuteronomistischem Geschichtswerkund Prophetie, Berlin und Boston 2013, 245–268.

Stolz, Fritz, *Strukturen und Figuren im Kult von Jerusalem*, Bd. BZAW 118, Leiden 1970.

Swete, Henry Barclay, *The Old Testament in Greek according to the Septuagint. Vol I. Gen–4Kings*, Cambridge 1909.

Talshir, Ziporah, *1 Kings and 3 Kingdoms – Origin and Revision: Case Study – The Sins of Solomon (1 Kgs 11)*, in: Textus 21 (2002), 71–105.

Talshir, Ziporah, *Is the Alternate Tradition of the Division of the Kingdom (3 Kgdms 12:24a-z) Non-Deuteronomistic?*, in: G.J. Brooke und B. Lindars (Hrsg.), Septuagint, Scrolls and Cognate Writings: Papers Presented to the International Sym-posium on the Septuagint and Its Relations to the Dead Sea Scrolls and Other Writings, Manchester, 1990, Bd. SBLSCS 33, Atlanta 1992, 599–621.

Talshir, Ziporah, *The Alternative Story of the Division of the Kingdom: 3 Kingdoms 12:24a–z*, Bd. Jerusalem Biblical Studies 6, 1993.

Talshir, Ziporah, *The Contribution of Diverging Traditions Preserved in the Septuagint to the Literary Criticism of the Bible*, in: VIII Congress of the International Organization for Septuagint and Cognate Studies, Paris 1992, Atlanta 1995, 21–40.

Talshir, Ziporah, *The Reign of Solomon in the Making: Pseudo-Connections between 3 Kingdoms and Chronicles*, in: VT 50 (2000), 233–249.

Talstra, Eep, *Solomon's Prayer*, Leiden 1993.

Teeter, Andrew, *Scribal Laws. Exegetical Variation in the Textual Transmission of Biblical Law in the Late Second Temple Period*, Tübingen 2014.

Thackeray, Henry St. John, *New Light on the Book of Jashar (A Study of 3 Regn. VIII 53b LXX)*, in: JThS 11 (1910), 518–532.

Thackeray, Henry St. John, *The Greek Translators of the Four Books of Kings*, in: JThS 8 (1907), 262–278.

Thenius, Otto, *Die Bücher der Könige*, 2. Aufl., Leipzig 1873.

Thiel, Winfried, *Art.* שׁלךְ. שָׁלַךְ, שְׁלֶכֶת, in: ThWAT VIII, Darmstadt (WBG Sonderdruck 2020) 1984, 84–93.

Thiel, Winfried, *Die deuteronomistische Redaktion von Jeremia 1–25*, Neukirchen-Vluyn 1973.

Torczyner, Harry, *A Hebrew Incantation against Night-Demons from Biblical Times*, in: JNES 1947, 18–29.

Tov, Emanuel, *1.1.1.1 Nature of Textual Criticism*, in: Armin Lange und Emanuel Tov (Hrsg.), Textual History of the Bible (THB) Volume 1: Hebrew Bible, Leiden und Boston 2016.

Tov, Emanuel, *Textual Criticism of the Hebrew Bible*, 2. Aufl., Minneapolis 2001.

Tov, Emanuel, *Textual Criticism of the Hebrew Bible*, 3. überarb. Aufl., Minneapolis 2012.

Tov, Emanuel, *The Qumran Hebrew Texts and the Septuagint - An Overview*, in: Siegfried Kreuzer, Martin Meiser und Marcus Sigismund (Hrsg.), Die Septuaginta – Entstehung, Sprache, Geschichte, Tübingen 2012, 3–17.

Tov, Emanuel, *The Text-Critical Use of the Septuagint in Biblical Research*, 2. Aufl. (JBS 8), Jerusalem 1997.

Tov, Emanuel, *Three Strange Books of the LXX: 1 Kings, Estherand Daniel Compared with Similar Rewritten Compositions from Qumran and Elsewhere*, in: Emanuel Tov (Hrsg.), Hebrew Bible, Greek Bible, and Qumran. Collected Essays, Tübingen 2008, 281–305.

Tov, Emanuel und Frank Polak, *The Revised CATSS Hebrew-Greek Parallel Text (Bibleworks 9)*, Philadelpha 2004.

Tov, Emanuel und Eugene Ulrich, *1.1.1.2 Textual Theories*, in: Armin Lange und Emanuel Tov (Hrsg.), Textual History of the Bible (THB) Volume 1: Hebrew Bible, Leiden und Boston 2016.

Trebolle Barrera, Julio, *From Secondary Versions through Greek Recensions to Hebrew Editions. The Contribution of the Old Latin Version*, in: Andrés Piquer Otero und Pablo A. Torijano Morales (Hrsg.), The Text of the Hebrew Bible and Its Editions, Leiden und Boston 2016, 180–216.

Trebolle Barrera, Julio, *From the Old Latin, through the Old Greek to the Old Hebrew (2 Kings 10:23–25)*, in: Textus 11 (1984), 17–36.

Trebolle Barrera, Julio, *Kings, First and Second Books of*, in: Lawrence H. Schiffman (Hrsg.), Encyclopedia of the Dead Sea scrolls. 1/2, Oxford 2000, 1:467–468.

Trebolle Barrera, Julio, *Old Latin, Old Greek and Old Hebrew in the Books of Kings (1 Ki. 18:27 and 2 Ki. 20:11)*, in: Textus 13 (1986), 85–94.

Trebolle Barrera, Julio, *Redaction, Recension, and Midrash in the Books of Kings*, in: BIOSCS 15 (1982), 12–35.

Trebolle Barrera, Julio, *Salomón y Jeroboán. Historia de la recen-sión y redacción de 1 Reyes 2–12, 14*, Bd. Institución San Jerónimo 10, Valencia 1980.

Trebolle Barrera, Julio, *The Text-Critical Use of the Septuagint in the Books of Kings*, in: Claude E. Cox (Hrsg.), VII Congress of the International Organization for Septuagint and Cognate Studies, Leuven 1989, Bd. SBLSCS 31, Atlanta 1991, 285–299.

Turkanik, Andrzej S., *Of Kings and Reigns. A Study of Translation Technique in the Gamma/Gamma Section of 3 Reigns (1 Kings)*, Bd. FAT 2/30, Tübingen 2008.

Ulrich, Eugene, *1.1.1.3 Nature of the Textual Evidence*, in: Armin Lange und Emanuel Tov (Hrsg.), Textual History of the Bible (THB) Volume 1: Hebrew Bible, Leiden und Boston 2016.

Ulrich, Eugene, *The Dead Sea Scrolls and the Developmental Composition of the Bible*, Leiden / Boston 2015.

Utzschneider, Helmut und Stefan Ark Nitsche, *Arbeitsbuch literaturwissenschaftliche Bibelauslegung. Eine Methodenlehre zur Exegese des Alten Testaments*, 4, vollständig überarb. und erg., Gütersloh 2014.

Van den Born, Adrian, *Van den Koningen uit de grondtekst vertaald en uitgelegd*, Roermond en Maaseik 1958.

Van den Born, Adrian, *Zum Tempelweihspruch (1 Kg viii 12f.)* In: OTS 14 (1965), 235–244.

van der Meer, Michael N., *Symmachus*, English, in: Alison Salvesen und Timothy Michael Law (Hrsg.), The Oxford Handbook of the Septuagint, Oxford 2021, 469–480.

Van Keulen, Percy S. F., *Two Versions of the Solomon Narrative: An Inquiry Into the Relationship Between MT 1 Kgs. 2-11 and LXX 3 Reg. 2-11*, Leiden 2004.

Vaux, Roland de, *Les Livres des Rois*, Paris 1958.

Veijola, Timo, *Das Königtum in der Beurteilung der deuteronomistischen Historiographie. Eine redaktionsgeschichtliche Untersuchung*, Helsinki 1977.

Veijola, Timo, *Verheißung in der Krise. Studien zur Literatur und Theologie der Exilszeit anhand des 89. Psalms*, Helsinki 1982.

Veltri, Giuseppe und Alison G. Salvesen, *Aquila*, English, in: Alison Salvesen und Timothy Michael Law (Hrsg.), The Oxford Handbook of the Septuagint, Oxford 2021, 459–458.

Vieweger, Dieter u. a., *Proseminar Altes Testament. Ein Arbeitsbuch*, 3. Aufl., Stuttgart 2019.

Wagner, Volker, *Asyl/Asylrecht (AT)*, in: Michaela Bauks, Klaus Koenen und Stefan Alkier (Hrsg.), Das wissenschaftliche Bibellexikon im Internet (WiBiLex), https://www.bibelwissenschaft.de /stichwort/14153/, 2017.

Walsh, Jerome T., *1 Kings*, Collegeville, Minnesorta 1996.

Walter, Donald M., *Studies in the Peshitta of Kings. The Transmission and Revision of the Text, Relations with other Texts, and Translation Features*, New Jersey 2009.

Waltke, Bruce K. und Michael P. O'Connor, *An Introduction to Biblical Hebrew Syntax*, Winona Lake 1990.

Wellhausen, Julius, *Die Composition des Hexateuchs und der historischen Bücher des Alten Testaments*, 4., Berlin 1963.

Wellhausen, Julius, *Prolegomena zur Geschichte Israels*, 6., Berlin und New York 1927.

Werlitz, Jürgen, *Die Bücher der Könige*, Bd. Neuer Stuttgarter Kommentar; AT 8, Stuttgart 1. Jan. 2002.

Wevers, John W., *A Study in the Exegetical Principles Underlying the Greek Text of 2 Sm 11:2 – 1 Kings 2:11*, in: CBQ 15 (1953), 30–45.

Wevers, John W., *A Study in the Textual History of Codex Vaticanus in the Books of Kings*, in: ZAW 64.1 (1952), 178–189.

Wevers, John W., *Exegetical Principles underlying the Septuagint Text of 1 Kings II,12 – XXI,43*, in: OTS 5 (1950), 300–322.

Wevers, John W., *Principles of Interpretation Guiding the Fourth Translator of the Books of the Kingdoms (3 K. 22:1–4 K. 25:30)*, in: CBQ 14 (1952), 40–56.

Williams, Peter, *Studies in the Syntax of the Peshitta of 1 Kings*, Leiden und Boston 2001.

Williamson, Hugh G. M., *A Response to A. G. Auld*, in: JSOT 27 1983, 33–39.

Wilson, Ian, *Praying to the Temple: Divine Presence in Solomon's Prayer*, Leuven, Paris und Bristol, CT 2022.

Wiseman, Donald J., *1 and 2 Kings. An Introduction and Commentary*, Leicester 1993.

Wright, Rick und M. Patrick Graham, *Linguistic Evidence for the Pre-Exilic Date of the Yahwistic Source*, London und New York 2005.

Würthwein, Ernst, *Das Erste Buch der Könige. Kap. 1–16*, Bd. ATD 11,1, Göttingen 1977.

Würthwein, Ernst, *Erwägungen zum sog. deuteronomistischen Geschichtswerk. Eine Skizze*, in: Ernst Würthwein (Hrsg.), Studien zum Deuteronomistischen Geschichtswerk, Berlin und New York 1994, 1–11.

Young, Ian, Robert Rezetko und Martin Ehrensvärd, *Linguistic Dating of Biblical Texts. Volume 2*, London und New York 2017.

Zahn, Molly M., *Genres of Rewriting in Second Temple Judaism. Scribal Composition and Transmission*, Cambridge, New York und Melbourne 2020.

Zsengellér, József (Hrsg.), *Rewritten Bible after Fifty Years. a Last Dialogue with Geza Vermes*, Leiden 2014.

Stellenregister

Aufgenommen wurde eine Auswahl von Stellen (Kapitel- und Versangaben nach MT[L]). Register zu Lesarten in der Textgeschichte finden sich in Kap. 2 (LXX, Hexapla, Kaige, etc.).

Exodus
3,7 201
12 79
15,1 112, 124
15,17 353
25,16 92
25,20 328
25,21 92
27,1 152
34,9 381, 400
37,9 328
38,1 152
40,20 92
40,34–35 338
40,35 251

Levitikus
5,1 409
8,3 335, 336
8,4 77
9 250
9,1 336
9,24 250, 257
23,33–36 78
23,34 274
23,36 274
23,40 270
26,25 285
23 274

Numeri
4 326
4,5 371
4,8 371
4,15 326
5,16–28 409

7,2 77
10,3–4 79
10,33 336, 341, 360
29 274

Deuteronomium
4,20 419
4,29–31 381
4,35 245, 364
4,39 245, 364
5 331
9–10 331
9,9 92, 332
9,11 92
9,26 419
10,2 92, 331
10,5 92, 331
10,8 82
11,17 285, 402
12,9 360
16,13 372
16,13–15 370
16,14 270
16,15 372
26,17–18 364
27,14 77
28,10 286
28,25 402
29,9 77
29,21–27 442, 443
29,27 298
30,1 415
30,1–10 381
30,14 362, 363

31,28 335, 336

Josua
1,5 361
10 257
10,12 110
10,12–13 113
18,1 78, 80
21,45 361
22,6 372
23,14 361

Richter
17,2 409

1. Samuel
2,22 56
4–6 5, 6, 339–340
4 6
6,3–5 332

2. Samuel
5,3 335
5,7 325
5,9 325
6 5, 6, 335, 339–340
6,2 335
6,12 335
6,13 327
6,15 327
6,16 335
7 427
7,2 426, 429
7,3 280, 427
7,6 425
7,7 137, 257, 427

https://doi.org/10.1515/9783111290973-019